ALBER THESEN

Zu diesem Buch:
Mit dieser Abhandlung wird zum ersten Mal eine Gesamtübersicht zur Problematik der Urteilsenthaltung (ἐποχή) vorgelegt. Die Argumentation der Studie bewegt sich von einer »Phänomenologie«, d. h. einer aufweisenden Darstellung und abwägenden Diskussion, der sogenannten Urteilsenthaltung innerhalb der westlichen Spekulation zur Darstellung der Epoché der Phänomenologie als einer neuzeitlichen Erkenntnismethode. Die dabei erzielten Forschungsergebnisse werden anschließend einem interkulturellen Vergleich unterzogen. Einerseits dienen sie zur Einschätzung indischer Lehrgegenstände entsprechender Art, andererseits wird das abendländische Verständnis von ἐποχή an den hinduistischen und buddhistischen Formen dieser »Kategorie« gemessen.

About this book:
In this treatise a general survey of the subject of the suspension of judgment (ἐποχή) is given. The discussion shifts from the phenomenology of the ἐποχή within western speculation to the Epoché of Phenomenology as a contemporary method of cognition. The results of this presentation then are subjected to an intercultural comparison. On the one hand they are used to evaluate analogous Indian teachings, on the other hand the occidental understanding of the ἐποχή is measured by Hindu and Buddhist types of this »category«.

Der Autor
Priv.-Doz. Dr. phil. Dipl.-Soz. Hans P. Sturm, geb. 1952, ist derzeit wissenschaftlicher Angestellter am Lehrstuhl für Philosophie der Universität Augsburg. Arbeitsschwerpunkte: Geschichte und Systematik der abendländischen und indischen Metaphysik, Erkenntnistheorie, Ethik und Weisheitslehren, interkulturell-vergleichende Philosophie (Comparative Philosophy). Hauptveröffentlichung: Weder Sein noch Nichtsein. Der Urteilsvierkant (catuṣkoṭi) und seine Korollarien im östlichen und westlichen Denken (1996), ausgezeichnet mit dem Universitätspreis 1996 der Freunde der Universität Augsburg.

Hans P. Sturm

Urteilsenthaltung

Alber-*Reihe* Thesen

Band 18

Hans P. Sturm

Urteilsenthaltung

oder
Weisheitsliebe zwischen
Welterklärung und Lebenskunst

Verlag Karl Alber Freiburg/München

Die Deutsche Bibliothek – CIP-Einheitsaufnahme

Sturm, Hans-P.:
Urteilsenthaltung / oder Weisheitsliebe zwischen Welterklärung und Lebenskunst / Hans P. Sturm. – Freiburg (Breisgau) ; München : Alber, 2002
(Alber-Reihe Thesen ; Bd. 18)
ISBN 3-495-48046-3

Texterfassung: Autor

Gedruckt auf alterungsbeständigem Papier (säurefrei)
Printed on acid-free paper

Einband gesetzt in der Rotis SemiSerif von Otl Aicher
Satzherstellung: SatzWeise, Föhren
Inhalt gesetzt in der Aldus und Gill Sans
Druck und Bindung: Difo-Druck, Bamberg 2002
ISBN 3-495-48046-3

Von den Gleichnissen

Viele beklagen sich, daß die Worte der Weisen immer wieder nur Gleichnisse seien, aber unverwendbar im täglichen Leben, und nur dieses allein haben wir. Wenn der Weise sagt: ›Gehe hinüber,‹ so meint er nicht, daß man auf die andere Seite hinübergehen solle, was man immerhin noch leisten könnte, wenn das Ergebnis des Weges wert wäre, sondern er meint irgendein sagenhaftes Drüben, etwas, das wir nicht kennen, das auch von ihm nicht näher zu bezeichnen ist und das uns also hier gar nichts helfen kann. Alle diese Gleichnisse wollen eigentlich nur sagen, daß das Unfaßbare unfaßbar ist, und das haben wir gewußt. Aber das, womit wir uns jeden Tag abmühen, sind andere Dinge.

Darauf sagte einer: ›Warum wehrt ihr euch? Würdet ihr den Gleichnissen folgen, dann wäret ihr selbst Gleichnisse geworden und damit schon der täglichen Mühe frei.‹

Ein anderer sagte: ›Ich wette, daß auch das ein Gleichnis ist.‹

Der erste sagte: ›Du hast gewonnen.‹

Der zweite sagte: ›Aber leider nur im Gleichnis.‹

Der erste sagte: ›Nein, in Wirklichkeit; im Gleichnis hast du verloren.‹[1]

---

[1] F. Kafka, Sämtliche Erzählungen 33, p. 411; Erläuterungen bei J.-D. Lee, Taoistische Weltanschauung im Werke Franz Kafkas, pp. 222–242.

Mein Dank gilt

Herrn Professor Dr. Arno Baruzzi (Augsburg) für seine Förderung. Für seine wissenschaftliche Beratung und Unterstützung Herrn Professor Dr. Ram Adhar Mall (München), der mich auch zur Abfassung dieser Studie ermunterte. Frau Dr. Katharina Ceming für zahllose gedankliche Anstöße und Verbesserungen. Herrn Privatdozenten Dr. Manfred Negele für seine philosophische, philologische und die EDV betreffende Begleitung. Für ihre gutachterliche Tätigkeit den Professoren Alois Halder und Severin Müller (beide Augsburg). Dem Leiter des Husserl-Archivs an der Universität zu Köln, Herrn Privatdozenten Dr. Dieter Lohmar, für seine freundliche Betreuung und kompetente wissenschaftliche Beratung. Herrn Professor Kamaleswar Bhattacharya (Paris) für wertvolle Hinweise und Korrekturvorschläge, indologische Feinheiten betreffend. Der Universitätsbibliothek Augsburg und allen hilfsbereiten Bibliotheken im In- und Ausland, ohne welche meine Forschung nicht durchführbar wäre.

Dem Leiter des Husserl-Archivs Louvain/Belgien, Herrn Professor Dr. Samuel IJsseling, für die Erlaubnis, aus bisher unveröffentlichten Manuskripten Edmund Husserls zitieren zu dürfen.

Inhaltsverzeichnis

Vorbemerkung

Diese Studie stellt einen Versuch dar, aus dem Schrifttum mehrerer Kulturkreise zu philosophieren. In diesem Sinne ist sie nicht eigentlich interkulturell-vergleichend, auch wenn ihre Resultate aufgrund des bisherigen Fehlens griffiger philosophiewissenschaftlicher Ordnungsraster der ›Comparative Philosophy‹ zugerechnet werden können. Jedoch mißt sie sich deswegen ebensowenig den Titel der »Weltphilosophie« zu, den Karl Jaspers in Zusammenhang mit seinem Nachdenken über eine Weltgeschichte der Philosophie einführte. Das liegt an ihrem ahistorischen, nein, apriorischen Schwerpunkt der Methode des Durchgehens relevanten Traditionsguts im Hinblick auf die Rekonstruktion der Struktur, die seine Ansprüche auf Gültigkeit begründet und die daraus abgeleiteten Forderungen nach daseinsmäßiger Verwirklichung rechtfertigt. Vielmehr werden in dieser Abhandlung auch noch die Bedingungen reflektiert, unter denen die von den Hauptvertretern der Weltphilosophie und der Interkulturellen Philosophie formulierten Bereichsbestimmungen stehen: Beschränktheit und Aspektualität jeder möglichen Ausdrucksform der *philosophia perennis* und orthafte Ortlosigkeit der *philosophia perennis,* in welchen bereits ein methodisches philosophisches Bewußtsein und Selbstbewußtsein, die Idee einer zusammenhaltenden Mitte (K. Jaspers) oder eine höherstufige reflexiv-meditative Instanz eines interkulturell-hermeneutischen Subjekts oder Beobachters mitgedacht ist, dem die Idee der Kultur an sich korrespondiert (R. A. Mall). Dadurch wird nicht nur deren Prinzip des trans-perspektivischen Perspektivismus (meine Benennung) durch Anwendung seines Gültigkeitsanspruchs auf seinen propositionalen Gehalt in die Widersprüchlichkeit (Aporie) getrieben, sondern die Philosophie ganz allgemein, da diese analog ihr Postulat der einen, ungeteilten Wahrheit innerhalb des differenzkonstituierten und differenzkonstituierenden Denkens nicht einlösen kann. Diese Demonstration der Begrenzung aller Reflexionsphilosophie weist auf den Raum jenseits der Gedankenbarriere, die Möglichkeit, via ›meditative Vernunft‹ in eine transkategoriale Universalität überzusetzen und die Fähigkeit, sich zwischen den in Kategoriengefügen (categorial frameworks) erschlossenen und weithin verschlossenen Welten hin und her zu bewegen (Ashok K. Gangadean). Sie weist demnach auf die Sphäre zu lebenden – und letztlich auch gelebten – Wissens, das man im Mittelalter auf der Basis einer falschen Etymologie ('Etymogelei') des lateinischen Wortes für Weisheit, ›*sapientia*‹, die ›*sapida scientia*‹, das geschmeckte, gespürte, empfundene, eingesehene und einsichtige Wissen nannte.

Es dürfte für den Leser dieses Buches nicht unerheblich sein zu wissen, daß die in meinen Schriften eingeschlagene Richtung der Wiederaneignung antiken philosophischen Geistes, die, wie bereits angedeutet, aus der Einsicht heraus gewählt wurde, daß dieser Geist auch lebendig und leibhaftig wurde, den Intentionen der Grundlagenforschung von Pierre Hadot, durch welche der von den Griechen eröffnete Weg zur Weisheit als ein Gesamt von philosophischem Diskurs und philosophischer Lebensform akademisch wieder salonfähig gemacht wurde, bis zu einem gewissen Grad konform ist, auch wenn beide Entwürfe unabhängig voneinander entwickelt wurden. Gegen den harmonisierenden Ansatz Hadot's und seine explizite Beschränkung auf das Abendland schreiten wir jedoch auch und gerade die Brüche und das Nicht-Zusammenstimmende innerhalb der und zwischen den konkurrierenden Lehrtraditionen ab, über die Grenzen unserer Kultur hinaus und damit auf ein Menschentum zu, in dem die Suche nach Wahrheit nicht nur durch eine noch viel engere Wechselbeziehung zwischen Welterklärung (dianoetisch-dialektische Praxis), Moral (ethisch-sympath(et)ische Praxis) und spiritueller Übung (kontemplativ-asketische Praxis) gekennzeichnet war und teilweise noch ist, sondern auch durch eine Tendenz, alle Begrenzungen überhaupt, und damit ebenso alles Kulturelle als solches, zu überschreiten.

Daß ich beim Bedenken der polymorphen und zum Teil bizarren Gestaltungen der verschiedenen metaphysischen Entwürfe nicht den Durchblick verlor, verdanke ich zu einem erheblichen Maß der Erschließungsarbeit des 1947 verstorbenen anglo-tamilischen Denkers und Kunsttheoretikers Ananda K. Coomaraswamy, entlang welcher ich meine hermeneutischen Fertigkeiten seit vielen Jahren schule. Er wußte wie keiner sonst den verborgenen Sinn und die Symbole der Metaphysik(en) zu entziffern, zu ordnen und in einer weithin verstehbaren, fast hätte ich gesagt, einer universalen Sprache der *catena aurea*, der goldenen Kette der Weisheit, weiterzugeben. Und dafür, daß es angebracht ist, in einem Zeitalter, in dem man auf der wissenschaftlichen Seite Rationalität durch Machbarkeit, Wahrheit durch Bewährung bestätigt wähnt, und auf der philosophischen darauf nur mit bewunderndem Kopfnicken oder einer nachgerade pathologischen Verstandes- und Vernunftflucht zu reagieren weiß, dafür also, daß es angebracht und nötig ist, beim Denken in weisheitlicher Absicht am logisch stringenten Re-flektieren bis zu seinem Ende und Umstürzen (*katastrophḗ*), das früh genug eintritt, festzuhalten, fand ich Rückhalt in der bahnbrechenden Forschung des indisch-amerikanischen Physikers, Logikers und Philosophen Ramakrishna Puligandla, die uralten Weisheitswege Indiens mit den modernen wissenschaftlichen Methoden Europas und Amerikas zu konfrontieren und auf diese Weise das oben genannte Ideal verlebendigten Wissens (*jñāna*) zu befördern.

Das Übergewicht okzidentaler Lehrgehalte in dieser Monographie zeugt nicht vom Eurozentrismus des Verfassers und noch viel weniger von der Materialarmut der asiatischen, speziell der indischen, Weisheitstradition im allgemeinen und des diesbezüglich im Blickpunkt stehenden Forschungsgegenstandes der sogenannten Urteilsenthaltung im besonderen. Vielmehr ist das Phänomen im indischen Streben nach dem höchsten Gut nahezu allgegenwärtig und in unzähligen Variationen beschrieben. Daraus mehr als einige paradigmatische Typen vorzustellen, hieße betreffs der Philosophie des Subkontinents, Eulen nach Athen zu tragen und betreffs der westlichen, den Zugang zu der zu beforschenden Sache durch eine verfrühte Differenzierung und Komplizierung und eine unangemessene Überfrachtung zu erschweren, gar zu verstellen. Dies wäre meiner Forschungsabsicht zuwidergelaufen, die in der modernen, aufgeklärten Welt nahezu vergessene und verdrängte Urbedeutung eines philosophischen Grundbegriffs durch den Blick auf eine fremde und den Rückblick auf die eigene Überlieferung, die mir allerdings fremder ist als die fremde, zu erhellen.

Ein letzter Einwand: daß in diesem Buch, wie in so vielen anderen Gelehrtenwerken des Fachs, wieder nur eine Philosophie der Idole, gepaart mit einer Philosophie über Idole, vorgetragen wird, orientiert sich die Darstellung doch vornehmlich an bedeutenden Persönlichkeiten, den ›Großen‹ der Denkgeschichte. Diesem Einspruch ist grundsätzlich und mit Bedauern stattzugeben. Aber ich möchte all jener Weisheitsliebenden und Weisen, die zu unserer Thematik etwas zu sagen gehabt hätten, hier aber nicht genannt wurden, weil ihre Schriften mir nicht bekannt wurden, und sie womöglich verkannt, verbannt oder verbrannt wurden, wenigstens in diesem Hinweis gedenken. Jenen still Gebliebenen indes, die es vorzogen, sich dem Denken und Andenken in der ἐποχή ganz und gar zu entziehen, will ich entsprechen, indem ich sie ohne Bedauern mit der Urteilsenthaltung bedenke und unentschuldigt über sie schweige.

Zum wissenschaftlichen Apparat

a) Zitierweise und formale Gestaltung

- Bibliographische Nachweise werden in den Fußnoten aus Gründen der Übersichtlichkeit und Platzersparnis in Kurzform gegeben: Verfasser- oder Herausgebernamen mit vorangestellten Initialen der Vornamen, Haupttitel und Seitenangabe. Bei mehrbändigen Werken entfällt das Kürzel für die Seiten »p.« oder »pp.«; es werden nur die Bandnummer und, einem Punkt ohne Leerstelle folgend, die Seitenzahl angegeben. Eventuell vorhandene Zeilenangaben stehen in Kleinschreibung, wiederum nach einem Punkt ohne Leerstelle. Bei klassischen Werken verfahren wir nach den üblichen Zitierweisen. Die vollständigen bibliographischen Daten sind im Literaturverzeichnis nachzulesen.
- Zeilenangaben bei Zitatnachweisen wurden nach diesbezüglich exakten Editionen gegeben, auch wenn der Text Ausgaben entnommen wurde, die in der Zeilennumerierung keine zuverlässige Trennschärfe aufweisen.
- Edmund Husserls gesammelte Werke sind durchgängig als Husserliana angeführt, auch dort, wo wir den Text der Ausgabe von E. Ströker: Edmund Husserl, Gesammelte Schriften (GS), entnahmen. Bei dem Werk ‹Cartesianische Meditationen› entsprechen Text wie Zitation den Gesammelten Schriften, Bd. 8 (eine Seitenkonkordanz zu Husserliana 1 befindet sich in GS 8.162–164). Die Zitierweise bei Typoskripten des Husserl-Archivs folgt dem Schema: E. Husserl, Ms. Signatur, Seitenangabe, wobei Ms. für Manuskript steht. In der Dokumentation des Anhangs wurden die Sperrungen der Originaltexte weggelassen.
- Die Einführung einiger Siglen für öfter zitierte Literatur bekannter Autoren erfolgt jeweils bei der ersten Zitation und dem dort gegebenen bibliographischen Nachweis. Die Sigle, die

allerdings nie ohne Nennung des Autors verwendet wird, ist auch in der Literaturliste an gegebener Stelle angeführt. Wegen der Fülle der zitierten Literaturen wurde auf Siglen weitgehend verzichtet und somit die Leseökonomie über die vordergründige Überschaubarkeit und Platzersparnis gestellt.

- Für die Auslassung eines Wortes in Zitaten stehen zwei .. Punkte; drei ... Punkte für Auslassungen bis zur Länge eines Satzes; zweimal zwei ...... Punkte für das Überspringen längerer Textpassagen; entgegen der Duden-Regel zu den Auslassungspunkten setzen wir mitunter Satzzeichen zwischen den Punkten oder an deren Ende, um einen umrißhaften Eindruck von der Satzstruktur des nicht zitierten Textteils zu vermitteln.
- Anführungsstriche werden in der französischen Form » « gegeben. Innerhalb von Originalen (Zitat im Zitat) sind sie nur einfach › ‹ gesetzt.
- Schriftvarianten (Styles) der Originale wurden, soweit dies mit dem benutzten Textverarbeitungs- und Satzprogramm realisiert werden konnte, durch vergleichbare Schriftgestaltung wiedergegeben.
- Falsche Genetiv- und Pluralendungen von Fremdwörtern (auch Namen), die aus gewissen Gründen nicht übertragen werden sollten oder konnten, wurden mit einem Apostroph abgesetzt.
- Ergänzungen, Erläuterungen bzw. Korrekturen des Verfassers, Ein-/Ausklammerungen von Kasusendungen etc. zur Angleichung des Originalzitats an den aktuellen grammatikalischen Zusammenhang des Fließtexts und mehrere Wörter umfassende Übersetzungsvarianten befinden sich in eckigen Klammern [ ].
- Querverweise innerhalb dieser Studie erfolgen meist mit Pfeil ↗ und Stellenangabe.
- Wo die Versform von Originalen aus Platzgründen nicht dargestellt werden kann, deutet ein Schrägstrich / mit vorhergehender und nachfolgender Leerstelle das jeweilige Ende der Verszeilen an.
- Lebensdaten berühmter Philosophen und historischer Persönlichkeiten sind jeweils bei der ersten Nennung im Haupttext angegeben (nicht innerhalb von Zitaten); wenn der Name nur im Text der Fußnoten vorkommt, dann dort, nicht jedoch im Rahmen von Zitatnachweisen.
- Aus Gründen der Dokumentation lasse ich in erster Linie die Originale zu Wort kommen, welche auf diese Weise selbst spre-

chen sollen. Die (unvermeidliche) Interpretation steckt dabei in ihrer Auswahl, Zusammenstellung und der Art ihrer Präsentation. Etwaige Überbetonungen und Vereinseitigungen sind als hermeneutische Hilfsmittel und Instrumente der Demonstration gewollt und bezwecken, die Aufmerksamkeit des Lesers auf Sachverhalte zu lenken, die in der bisherigen Forschung unterbelichtet blieben oder in ein falsches Licht gerückt wurden. Da es mir vornehmlich um Philosophie in der Sache, d. h. im Vollzug, und nicht vornehmlich um Namen und Daten geht, müssen doxographische Subtilitäten unberücksichtigt bleiben, auch wenn ich mich in den einschlägigen Sekundärliteraturen zu gewissen Forschungsgegenständen, deren Verfassern ich hier meinen Dank abstatten will, kundig gemacht habe.

b) Hinweise zu den Übersetzungen

- Wo nicht anders vermerkt, sind die Übersetzungen aus klassischem Schrifttum von mir, auch wenn der Zitatnachweis bei Verwendung einer zweisprachigen Ausgabe mit »⟨ed./tr.⟩ …« angegeben oder die Stelle zusätzlich in einer deutschsprachigen Edition nachgewiesen ist. Die entsprechenden Textpassagen der Originale wurden nahezu ausnahmslos mitgeführt, nicht zuletzt deshalb, weil eine beträchtliche Anzahl der herangezogenen Werke, insbesondere indischer, nur schwer zugänglich ist. Die Originalzitate sind kursiv gedruckt, um sie graphisch von unseren Übersetzungen abzuheben. Wo originalsprachliche Textstücke wegen der paraphrasierenden und komprimierenden Zitierweise im Haupttext mitgeführt werden mußten, erleichtert die Kursivierung das Überspringen der Dokumentation und trägt so zur besseren Lesbarkeit des deutschen Fließtexts bei. Man beachte, daß die Kursivierungen der Originale in Umkehrform, d. h. in Normalschrift erscheinen.
- Textnahe Umschreibungen sind von Verbatim-Übertragungen durch ihre Kennzeichnung mit einfachen Anführungsstrichen ‘ ’ und der Versehung des Quellennachweises mit cf. (confer! vergleiche!) unterschieden.
- An vielen Stellen werden freiere Übertragungen, bei welchen z. B. vereinzelte Wörter ausgelassen oder verändert, das Satzgefüge umgestellt oder einzelne grammatikalische Umformun-

gen vorgenommen wurden, um den Gegebenheiten unserer Argumentation gerecht zu werden, ohne Kenntlichmachung durch Anführungszeichen wiedergegeben. Abgesehen von den singulären Veränderungen wird der jeweilige Wortlaut indes gemäß unserer Methode der Eins-zu-eins-Übersetzung berücksichtigt. Zur Kontrolle der wissenschaftlichen Texttreue ist der relevante Originalpassus zitiert.

– Die Schwerfälligkeit semantischer und syntaktischer Wortwörtlichkeit wurde, wo nötig, stilistischer Geschliffenheit vorgezogen, um einen unmittelbaren Eindruck von der Ausdruckskraft der Urtexte zu vermitteln.
– Divergierende Übersetzungen derselben Fremdsprachentermini rechtfertigen sich aus deren Bedeutungsschwankungen und -spektrum und/oder der Verfügbarkeit austauschbarer Synonyme in unserer Philosophiesprache. Um auf die Verwendung eines Begriffs als Terminus technicus hinzuweisen, wurde mitunter eine Schreibweise gewählt, welche abweichend von der deutschen Rechtschreibung an die Orthographie der Sprache angelehnt ist, aus welcher er stammt, z. B. »Intellect«.
– Stellen aus moderner fremdsprachiger (Sekundär-)Literatur werden durchgängig in eigener Übertragung ohne Angabe des Originaltextes in Normalschrift wiedergegeben.
– Äquivalente Termini folgen gewöhnlich nach einem Schrägstrich /. Bei mehr als zwei gleichwertigen Begriffen sind sie aus Gründen der Übersichtlichkeit größtenteils in eckigen Klammern [ ] nachgestellt.
– Den philologischen Fachgelehrten aller Epochen und Himmelsrichtungen darf ich für ihre Kompetenz und ihren unermüdlichen Fleiß eigens noch meine Anerkennung aussprechen. Ohne ihre Arbeit wäre die interkulturell-komparative Philosophiewissenschaft, wie sie hier betrieben wird, kaum möglich.

c) Transkription

– Griechisch: Schreib- und drucktechnisch bedingte Transliteration bei zitierten Originaltexten nach International Organization for Standardization (ISO), wie sie im Duden für Rechtschreibung verzeichnet ist (mit unerheblichen, kommentarlos einleuchtenden Veränderungen beim rho mit Spiritus asper, sowie phi und chi, bei welchen beiden wir aus Günden der Deutlichkeit der klassischen Transliteration folgen). Akzente werden meist nach den syntaktischen Gegebenheiten des Originals gesetzt, auch wenn sie im isolierten Passus oder Wort dann falsch sind; in einigen Fällen binden wir die Stelle in Auslassungspünktchen ein. Nur Wortformen von ἐπέχειν und in Zitaten vorkommende (sowie in Indices bzw. Wörterbüchern nachzuschlagende) Wörter in griechischer Schrift werden auch in griechischem Alphabet wiedergegeben.

– Sanskrit und Pāli: Wiedergabe nach international verbindlicher Transliteration. Bei Komposita werden die einzelnen Bestandteile meist durch Bindestriche kenntlich gemacht und für die Übersetzung in den Passagen, in welchen es uns um buchstäbliche Dokumentation geht, jeweils dem entsprechenden deutschen Terminus einzeln in Klammern nachgestellt. Wo sich dabei schwerwiegende Veränderungen in der Schreibweise gemäß den Lautgesetzen des Sanskrit und Pāli (*sandhi*) ergeben, machen wir dies, wenn es angezeigt erscheint, durch Voranstellung und/oder Anfügung eines Bindestrichs (Divis) am betreffenden Wort kenntlich.

Einleitung

In dieser vier Hauptabschnitte umfassenden Studie wird versucht, die Problematik der ›Urteilsenthaltung‹ zu entfalten, wie sie sich durch die abendländische und indische Weisheitstradition zieht. Von einer systematischen, die philosophiehistorischen Zusammenhänge berücksichtigenden Beschreibung und Erläuterung, einer Phänomenologie, sozusagen, der ἐποχή altertümlicher, mittelalterlicher und moderner westlicher Spekulation, schreiten wir zur Darstellung der Epoché der Phänomenologie als einer zeitgenössischen Erkenntnismethode. Indem wir die dabei erzielten Resultate einerseits bei der Einschätzung indischer Lehrgegenstände entsprechender Art anwenden, andererseits jene an den Formen dieser messen, müßte sich am Ende eine Typik des ›Ansichhaltens des Urteils‹ abgezeichnet haben, die anhand des jeweiligen Leistungssinns der ἐποχή generellen Aufschluß über die Zielvorstellungen der in Betracht kommenden Denkwege zu geben vermag. In strenger philosophischer Fachsprache müßte der Titel der vorliegenden Monographie ‹Ἐποχή, Yoga und die Reduktion der Phänomenologie› lauten.

Zum Ausgangspunkt unseres Aufrisses (Kapitel 1.1) wählen wir den Lehrbestand der Weisheitsschulen, innerhalb dessen ›ἐποχή‹ zum ersten Mal als Terminus technicus Verwendung findet, die leider nur in spärlichen Resten und zerstreut erhaltenen Dokumente zur Auseinandersetzung zwischen den Gründern von Stoa und Mittlerer Akademie. Es darf jedoch nicht unterlassen werden zu erwähnen, daß die Sache, die mit diesem Begriff bezeichnet wurde, nicht nur in Europa schon Bestandteil des Philosophierens war, bevor ein fixer Name für sie gefunden war, und in späteren Zeiten nachzuweisen ist, ohne daß der spezifische Ausdruck vorkommt, wir werden das belegen, sondern auch von den frühesten Zeiten an zum Grundbestand des indischen Weisheitsstrebens gehörte. Fiele das Wort mit dem bezeichneten Faktum zusammen, dann könnte es diesbezüglich selbstverständlich weder eine intrakulturell-vergleichende Betrachtung zwischen verschiedenen Traditionslinien der Wahrheitssuche geben, da, wie bekannt ist, fast jede einen eigenen Begriffsfundus aufweist oder zumindest ein abgezirkeltes Reich von Bedeutungen gegründet hat, noch viel weniger aber eine interkulturelle, so sich nicht massive Fremdeinflüsse und direkte Übernahmen nachweisen ließen. Da letzteres nicht der Fall ist, müssen wir über die Beschreibung des Grundverständnisses des Innehaltens (Ephektik) und die Erschließung der darin enthaltenen Implikationen unser ›Phänomen‹ selbst erst umreißen, um in der Konfrontation seiner unterschiedlichen Erscheinungsformen sowohl sein Zentrum als auch seine Peripherie (sich aufdrängender Folgeüberlegungen) zu bestimmen. Die Herausarbeitung erhellender Differenzen soll dabei nicht einer vorschnellen (hermeneutischen) Harmonisierung und Nivellierung geopfert werden.

Nahezu parallel zur Ausbildung der ›Urteilsenthaltung‹ im Streit zwischen den Akademikern und Stoikern verläuft die Etablierung einer philosophischen Schulrichtung, die dem Einhalten nicht minder entschieden zugetan war als die Vertreter der Neuen Akademie und sich neben ihr als skeptische Konkurrenz-Bewegung etablieren sollte, der Pyrrhonismus (Kapitel 1.2). Der Grundzug der von seinem (unfreiwilligen) Stifter vertretenen Lehre und Lebensform steht der prinzipiellen Ausrichtung des weisheitlichen Bemühens, das später Mystik genannt wurde, derart nahe, daß wir diese zwei Erscheinungen der Geistesgeschichte nacheinander in einem großen Gedankenbogen zu umkreisen suchen. Ohne daß im Mystizismus das Wort ἐποχή Verwendung gefunden hätte, kann anhand einer Gegenüberstellung von Ausführungen zur Grundoperation der eudaimonistischen Urskepsis und einiger maßgeblicher abendländischer Vertreter der Einswerdungsmystik in wenigen Sätzen erwiesen werden, daß es sich hier um eine Gleichartigkeit zweier durchaus eigenständiger weisheitlicher Verfahren der Selbstdisziplinierung handelt, die bis in deren Radikalität hinein reicht (Kapitel 1.3). Daß insbesondere die christliche Mystik die oberste Gattung noch mit dem herkömmlichen Gottesbegriff belegt, fällt hier kaum noch ins Gewicht, weil dieser so sehr zum Privativen, Negativen und Neutralen oder Hyperbolischen hin gewendet ist, daß man ihm, zumindest in der theoretischen Explikation, kaum mehr denn die Aufgabe zuzusprechen vermag, sakraler Zierrat zur Benennung einer Denknotwendigkeit zu sein, die von den Anfängen der Philosophie an das

Eine, das Gute, das Wahre, das Sein, ja das Weise und Absolute hieß. Daß die ersteren vier Bezeichnungen in der Scholastik unter dem Titel Transzendentalien oder Transzendentien geführt wurden, dürfte allenthalben bekannt sein. Auf der Grundlage dieser Erörterungen sollte zum einen der Schritt zu indischen Weisheitslehren, die nicht selten eine Synthese von konsequenter Skepsis und kompromißloser Mystik darstellen, vorgezeichnet, zum andern der Hintergrund aufgespannt sein, vor dem sich der eigentümliche Gebrauch der ›Urteilsenthaltung‹ als Instrument der Glaubenssicherung innerhalb konfessioneller Gruppierungen und der Auseinandersetzung zwischen denselben sowie als Mittel zur Wissensgewinnung und -sicherung innerhalb profaner Erkenntnisbestrebungen bis hin zur Phänomenologie besonders deutlich abzeichnet.

Bei dem Prozeß der instrumentellen Umdeutung des ursprünglichen Verständnisses von Urteilsenthaltung, den wir im zweiten Hauptteil unserer Abhandlung nachzeichnen, nimmt der jüdisch-hellenistische Denker Philon aus Alexandreia (ca. 20 v. Chr. – 50 n. Chr.) hinsichtlich der Dogmengeschichte des Abendlandes eine Zwischenstellung ein. Von den philosophischen Gründervätern des-Christentums wurde er häufigst gelesen und höchst geachtet. Er machte in seinen Allegoresen des Alten Testaments, die er unter Zuhilfenahme einer Zahl von Philosophemen der heidnischen Welt anstellte, nicht nur das ἐπέχειν (Ansichhalten) der eigentlichen Philosophie der theologisierenden Spekulation und dem Glaubensvollzug dienstbar, sondern deutete damit einhergehend die Lehre, der er jenes entlehnte, die Skepsis, durch eine einseitige, verzerrende und karikierende Auslegung in eine Unsinnsphilosophie um (Kapitel 2.1). Dadurch sicherlich mitbedingt verlor diese ihre Relevanz als eigenständiger Weisheitsweg auf Dauer. Aus der selbstverantworteten rettenden Maßnahme der (Urteils-)Enthaltung wird ein Mittel zur Erwirkung eines ins Göttlich-Transzendente verlegten oder von dort hereinbrechenden Heils. Während Philon so tat, als bestünde die Skepsis nur aus Theorie, die Theorie der Skepsis jedoch in erster Linie aporetischen, dialektischen, eristischen oder polemischen Charakter hat, konnte er ihre Vertreter ganz einfach der Streit-, Verneinungs-, Widerlegungs- und Zweifelsucht, des Defätismus sowie Amoralismus, anklagen und dieserart abfertigen, gleichzeitig aber den praktischen Teil ihrer Lehre zu religiösen Zwecken ausschlachten, ohne daß irgendein Verdacht des Negativismus, Antirationalismus, der Sophisterei und Skeptisiererei, Anschuldigungen, die er mit

Verachtung und Entrüstung der Skepsis entgegenwarf, auf ihn selbst gefallen wäre.

Anschließend daran wird diskutiert, wie die Retention selbst, nicht nur der Ideenkontext, in den sie eingebunden war, einer Uminterpretation unterzogen wurde. Das ging sowohl von den Befürwortern wie von den Gegnern des Skeptizismus aus (Kapitel 2.2 & 2.3). Durch Fehleinschätzungen der Rolle, des Sinnes und des Ranges der Urteilsverhaltung, die einesteils aufgrund der Undeutlichkeiten in den Berichten über die Urlehren der Skepsis entstanden (ihre Stifter haben bekanntlich nur mündlich gelehrt), andernteils den absichtlichen Manipulationen und unabsichtlichen Verfälschungen späterer übereifriger oder unfähiger Anhänger und mißgünstiger, verständnisloser oder schlecht informierter Gewährsleute (oder was man dafür hielt) und Feinde zuzuschreiben sind, geriet die ἐποχή, der häufig eine Stellvertreterfunktion für den Skeptizismus als ganzen zugeschoben wurde, in das Spannungsfeld zwischen Sicherheit und Ungewißheit, Erkenntnis und Unwissenheit, Wahrheit und Glauben. Kurz, sie wurde in das Dilemma des Zweifels verstrickt, aus dem sie ursprünglich gerade befreien sollte, um schließlich ihres eigentlichen Zwecks einer heilspragmatischen Letztmaßnahme vollkommen verlustig zu gehen und als Helferin und Magd innerhalb von Glauben und Religion genauso gut wie innerhalb von Erkenntnislehre und Philosophie ge- und mißbraucht zu werden.

Der bisher letzte bedeutende Versuch, die Urteilsenthaltung als Denkverfahren, und nicht, wie von ihren Erfindern ersonnen, als Verfahren zur Überwindung des Denkens, anzuwenden, wurde von Edmund Husserl (1859–1938) unternommen. Es trägt die Namen ›phänomenologische Reduktion‹ oder ›Epoché‹. Letztere Bezeichnung suggeriert, daß es sachliche Gemeinsamkeiten zwischen der basalen geistigen Operation der Phänomenologie und der Skeptik oder Stoa geben müsse. Mit dem Vergleichswert der antiken ἐποχή im Bewußtsein hat unser Aufweis von Grundzügen der phänomenologischen Epoché und deren wichtigsten Korollarien den Charakter einer Differentialdiagnose (Teil 3). Diese läßt das Verständnis, das für den Umgang Edmund Husserls, des Gründers der Phänomenologie, mit der antiken Vorläuferin seiner zentralen Methodenkategorie bestimmend war, nachgerade als traditionsbedingtes Vorurteil dieser gegenüber sichtbar werden. Es dürfte erheblich dadurch bedingt gewesen sein, daß Husserl den Großteil seines Wissens um das ›Anhalten des Urteilens‹ nicht den ältesten Lehrbeständen direkt entnahm, sondern Schrifttum, das schon einige Entwicklungsstufen und Vermittlungsstadien durchlaufen hatte bzw. diese in gelehrter Wiedergabe spiegelte und somit die alten Gehalte nur noch in voreingenommener, entstellter, ja verkehrter Form wiederzugeben vermochte.

Schwieriger als die Verhältnisbestimmung von Phänomenologie und Skepsis, gar abwegig, scheint die Verhältnisbestimmung von Phänomenologie und Mystik, abend- wie morgenländischer, weil die Vergleichspunkte weniger deutlich zutage liegen. Doch ist unser Versuch nicht nur durch Bemerkungen der Hauptvertreter der Phänomenologie selbst gerechtfertigt, sondern durch diskussionswürdige und diskussionsbedürftige Äußerungen in der Interpretationsliteratur zu Entsprechungen von und Unterschiedlichkeiten zwischen Mystik und Phänomenologie geradezu gefordert. Die diesbezüglichen Äußerungen von Phänomenologiegelehrten sollen als Anhaltspunkte für unsere Untersuchung und deren Resultate dienen. Ob und in welcher Weise sie einer eingehenden Überprüfung standhalten, wird sich am Ende unserer Diskussion herausgestellt haben. Weit davon entfernt, ein endgültiges Resultat vorlegen zu können und einen Abschluß darzustellen – was aufgrund der Textlage, d.h. des Tatbestands unmöglich ist, daß eine ungeheure Menge an Manuskripten Husserls noch unveröffentlicht, und deshalb nur mit Mühe aufzuarbeiten ist –, erhebt unser Forschen diesbezüglich vielmehr nur den Anspruch, die Wichtigkeit dieses Unterfangens (der intra- und interkulturell vergleichenden Philosophie) auszuweisen und die Richtung vertiefter hermeneutischer Bemühungen anzuzeigen. Dabei müssen werkhistorische wie textkritische bzw. editorische Belange außer acht bleiben, was mit einigermaßen gutem Gewissen geschehen kann, wenn man die von uns bei der Erschließung und Vergleichung angewandte typisierende Orientierung in Anschlag bringt.

Zum Aufbau dieses Abschnitts unserer Monographie ist noch zu vermerken, daß wir nach einer Abgrenzung der Epoché oder Reduktion der Phänomenologie gegen das Zweifelsexperiment von René Descartes (1596–1650) ihre transzendentalen Vertiefungsstufen entfalten werden, um anschließend die beiden Hauptaspekte der phänomenologischen Methode hinsichtlich ihrer Vereinbarkeit zu hinterfragen, auf Skepsis und Mystik zu beziehen und ihre Reichweite zu ermitteln, indem sie den in Mystik und Skepsis propagierten Ziel- und Endpunkten gegenübergestellt werden. Eine chronologisch geordnete Sammlung von Definitionen und Umschreibungen der Reduktion/Epoché aus Husserls Werken fügen wir zu Vergleichs- und Überprüfungszwecken unserer Studie als Anhang bei.

Im verbleibenden vierten Hauptteil wenden wir unseren Blick nach Indien (Kapitel 4.1). Wir bemühen uns jedoch, das bis hierhin Diskutierte nicht aus dem Auge zu verlieren und skizzieren zunächst mit aller Vorsicht einige Verbindungslinien zwischen der phänomenologischen Reduktion und analogen Verfahren, die in der asiatischen Geistesschulung zur Anwendung kommen, um daran anschließend eine Bereichsbestimmung der jeweiligen Methoden zur Bündelung des Aufmerksamkeitsstrahls vorzunehmen. Anschließend wird der Hauptgedanke zur ›ἐποχή‹ aus der Grundschrift östlichen ›Anhaltens‹, dem ‹Yoga-Sūtra› oder ‹Leitfaden des Yoga› näher vorgestellt. Und weil es sich aufgrund der verblüffenden Gleichartigkeit anbot, haben wir daran umgehend die Platonischen Beschreibungen der dem Philosophen geziemenden Seelenzügelung und Geistkontrolle angefügt. Es würde mich nicht wundern, wenn dadurch manchem die Ausrichtung früher abendländischer Weisheitsbemühungen in einem neuen Licht erschiene. Da der Yoga, der in der vorliegenden Betrachtung nicht als eines der sechs orthodox-hinduistischen Lehrsysteme (*darśana*) verstanden wird, sondern rein funktional als Technik der Stillstellung geistiger Abläufe und neutrales wie universales Instrument zur Verwirklichung eines theoretisch vorgezeichneten Heilsziels, die disziplinäre, exerzitienspezifische Basis aller indischen Weisheitsströmungen darstellt, war es in bezug auf die Fragestellung dieser Abhandlung erforderlich, seine Äquivalente innerhalb einiger wichtiger Weisheitsschulen Indiens zu eruieren, im Kontext der jeweiligen Reflexionsgebäude zu interpretieren, einige Berührungspunkte mit abendländischen Entsprechungen zu pointieren und schlußendlich mit der Phänomenologie zu konfrontieren.

Letzteres geschieht (Kapitel 4.2) aber nicht durch einen einfachen Vergleich unsererseits, sondern einmal dadurch, daß der bisher einzige wissenschaftliche Versuch referiert wird, die ἐποχή des Mittelwegbuddhismus unter Verwendung phänomenologischen Gedankenguts zu erläutern, wodurch die Tauglichkeit der Phänomenologie zur Beschreibung außereuropäischer Wissens- und Weisheitslehren, wenigstens bis zu einem gewissen Grad, erwiesen wird, zum andern dadurch, daß wir die Vorstellungen Husserls zum Denken, oder besser, Denkverzicht der Inder rekonstruieren, damit auf diese Weise der Unterschied zwischen seiner Methode der Epoché und der indischen, wenn von letzterer einmal so pauschal geredet werden darf, noch klarer zu Tage tritt.

Eine abschließende Rückfrage auf unsere Forschungsresultate vollziehen wir anhand der Kritik, welche an Husserls Theorie der Epoché aus den Reihen der Phänomenologie selbst, von Max Scheler (1874–1928) nämlich, geäußert wurde. Interessanterweise beruft sich diese gerade auf die yogische und buddhistische »Bio- und Seelentechnik der Selbsterlösung« und erweist dadurch mittelbar aus einer aktuellen westlichen Perspektive die Zulässigkeit des hier vorliegenden Versuches, die Instrumentalisierung des ›Einhaltens‹, wie sie im Laufe von zwei Jahrtausenden stattgefunden hat, aus dem Blickwinkel sehr alter Weisheitswege von Ost und West aufzudecken und einer Kritik zu unterziehen.

1
Die klassische ἐποχή

1.1 Ἐποχή – Skepsis versus Stoa

1.1.1 Urteilsenthaltung gleich Nichtzustimmung

Das Wort ἐποχή bedeutet unter anderem Hin-, Entgegen-, Fest-, Inne-, Ein-, Zu-, Zurück-, Auf-, An-, Ansichhalten, Verhaltung, Abstandnahme. Zum philosophischen Terminus technicus wurde es während des Streits zwischen den Gründern der Stoa und der Akademischen Skepsis. Welche Seite den Begriff als erste in die Diskussion geworfen hat, ist schwer zu entscheiden. »Es ist wohl möglich, daß das Wort von Arkesilaos stammt, die Sache aber stoisch ist.«[1] Nein, die Sache ist noch älter. Allerdings wurde sie zunächst mit dem Namen der Sprachlosigkeit (*aphasía*) und Meinungslosigkeit (*adoxástous eĩnai*) benannt.[2] Diese Haltung, welche schon Pyrrhon von Elis (360–270) konsequent wahrt, »kommt der von späteren Skeptikern, Akademikern wie Pyrrhoneern, empfohlenen ἐποχή, d. i. der Zurückhaltung der Zustimmung zu einer dem Subjekt sich darbietenden 'Vorstellung', sehr nahe. Aber der Terminus ἐποχή begegnet bei Pyrrhon noch nicht (…); vielleicht ist er von der Stoa oder von Arkesilaos geprägt worden (…).«[3] Pyrrhon's Sprach-, Zustim-

---

[1] P. Couissin, L'origine et l'évolution de l'ΕΠΟΧΗ, p. 392, cf. o. c., p. 396. A. A. Long, Stoa and Sceptical Academy, p. 163: »der älteste Beleg ist Chrysippus, *ap.* Plutarch, *Mor.* 1036a = *Stoic. rep.* 10«. Es handelt sich hierbei um eine Umschreibung für diejenigen, welche die Argumentation für (und wider) Position und Gegenposition pflegen: dies zu tun ist denen auferlegt, die die Enthaltung (des Urteils) hinsichtlich allem schätzen (›*toĩs mèn gàr epochẽn ágousi perì pántōn epibállei*‹ *phēsì* ›*toũto poieĩn* …‹), den Akademikern nämlich; cf. auch Ploutarchos, De Stoicorum repugnantiis (Moralia) 1037B.

[2] Cf. Eusebeios, Praeparatio evangelica 14.18.3–4 (758d).

[3] W. Görler, Älterer Pyrrhonismus. Jüngere Akademie. Antiochos aus Askalon, pp. 744–745, cf. o. c., p. 813, 817–818. Diese Einschätzung liegt nahe, da, wie noch ausführlich gezeigt werden wird, die Pyrrhonsche Forderung von Vorstellungs- und Sprachlosigkeit die Konsequenz aus der Einsicht in die Dinge als in gleicher Weise un-

mungs- und Meinungslosigkeit ist als Proto-Epochē genau genommen also eine Pro-Epochē, eine Epochē vor der »Epochē«.

Was konnte das nun aber für eine gemeinsame Sache zwischen den beiden bedeutenden, sich bekämpfenden philosophischen Schulen der nach-aristotelischen Ära, der Akademie und der Stoa sein, die den Ausgangspunkt für den Verzicht auf Zustimmung bildeten? Es war die absolute Forderung von, der unumstößliche Entschluß zu Wissen und Weisheit auf beiden Seiten. Zenon's (336–264) Ansicht wird von Cicero (106–43) zusammengefaßt: »Seine Auffassungen und Lehren sind von folgender Art: … der Weise vermeint nichts, bereut nichts, täuscht sich in nichts, ändert niemals seine Auffassung.«[4]

Eine Charakterisierung der Wahrheitsliebe seines Kontrahenten finden wir ebenfalls bei Cicero: »Arkesilaos wäre aber nicht um des Kritisierens/Entgegenwirkens willen mit Zenon im Streite gelegen, sondern hätte das Wahre finden/entdecken wollen«[5]. Während Zeno Citieus indes annahm, daß die Weisheit auf einem unfehlbaren Wissen (*epistḗmē/scientia*) beruhe, das jede Möglichkeit des Meinens (*dóxa/opinio*), d.h. der Zustimmung (*sugkatáthesis/adsensio*) zu

unterscheidbar oder ununterschieden (*adiáphora*), unmeßbar, unberechenbar, unauslotbar, unwägbar, unstet oder nicht zu beurteilen (*astáthmēta*) und unbestimmbar oder unbeurteilbar (*anepíkrita*) darstellt, cf. Eusebeios, Praeparatio evangelica 14.18.3–4 (758d). Zudem umfaßt der Terminus *phēmí* nicht nur akustisch vernehmbares, sondern auch mentales Sprechen, d.h. Denken, Meinen und Glauben, so daß *aphasía* sowohl als äußere Sprachlosigkeit und Verstummung verstanden werden muß wie auch als eine innere der Gedanken-, Meinungs- und Glaubenslosigkeit, und somit die allzu wörtlichen Übersetzungen »Ent-sagung« oder »Ver-zicht« angebracht wären, cf. F. Mauthner Beiträge zu einer Kritik der Sprache 3.631. P. Couissin, The Stoicism of the New Academy, p. 35: »Hat Arkesilaos die *epochē* erfunden? Diogenes Laertios (IV 28) sagt das, aber vielleicht soll das so verstanden werden, daß er der erste *in der Akademie* war, der sich des Urteils enthalten hat. Daneben echot Diogenes anderswo eine andere Tradition, die die Einführung der *epochē* Pyrrhon zuschreibt.« Die Bemerkung zu Pyrrhon bezieht sich auf Diogenes Laërtios, De vitis dogmatis … 9.61–62.

[4] M. T. Cicero, Oratio pro L. Murena 29.61, zitiert nach und übersetzt in Anlehnung an: K. Hülser, Die Fragmente zur Dialektik der Stoiker 2.408/409, Fragment 373: *huius sententiae sunt et praecepta eius modi: … sapientem nihil opinari, nullius rei paenitere, nulla in re falli, sententiam mutare numquam.* Cf. K. Hülser, Die Fragmente zur Dialektik der Stoiker, Fragmente 370, 374, 375, 375 A, 376, 377.

[5] M. T. Cicero, Academica 2. (Lucullus) XXIV.76: *Arcesilan vero non obtrectandi causa cum Zenone pugnavisse, sed verum invenire voluisse*; cf. o.c. XVIII.60; idem, Academica 1.XII.44. Zu Karneades vgl. idem, De natura deorum 1.II.4.

Falschem (*pseúdei*) verhindere,[6] führte ihm Arkesilaos von Pitane (315–241), der Gründer der sogenannten Zweiten Akademie, mit Hilfe seiner unübertrefflichen Eristik vor, daß nichts wahr-genommen und begriffen werden könnte (*akatalēpsía*), daß es die von Zenon behaupteten begreifbaren Bewußtseins- oder Sinnesdaten (*katalēptikḗ phantasía*), welche sich niemals als falsch erwiesen, gar nicht gäbe,[7] da kein eindeutiges Kriterium zur Unterscheidung des Wahren vom Falschen existierte.

Man kann geradezu von einem Grund-Lehrsatz der Akademischen Skeptiker reden, wenn sie behaupten, daß alles unbegreiflich sei,[8] daß da nichts sei, was ergriffen [in Worte gefaßt] und begriffen [wahr-genommen] werden könne,[9] womit aber »niemals gesagt sein solle, daß entweder Farbe oder Geschmack oder Ton«, das Wahrgenommene also, »nichts sei«, sondern daß »ihnen kein eigentümliches Kennzeichen des Wahren und Bestimmten innewohne, das nirgend sonst vorfindlich wäre«[10]. Dies ist die exakte Definition des Aparallaxie-, Adiaphorie- oder Indifferenz-Prinzips, zu welchem Karl Jaspers (1883–1969) den abschätzigen Kommentar gibt: »Ahnungslose Unphilosophie des unentschiedenen Skeptizismus!«[11]

---

[6] Cf. Diogenes Laërtios, De vitis dogmatis … 7.121.

[7] Zur Widerlegung der *katálēpsis* (Be-/Ergreifen) benötigt Arkesilaos nach Sextos Empeirikos, Adversus Mathematicos 7.150–153 = K. Hülser, Die Fragmente zur Dialektik der Stoiker 2.406/407, Fragment 370, gerade mal einen Satz; cf. M. T. Cicero, Academica 2. (Lucullus) XIII.40, XXIV.77–78. Die dialektische Zerschmetterung durch Sextos selbst steht dem an nichts nach, cf. Sextos Empeirikos, Pyrrhoneion Hypotyposeon 3.241–242.

[8] Sextos Empeirikos, Pyrrhoneion Hypotyposeon 1.226: *akatálēpta eĩnai pánta phasí.* Cf. o. c. 1.3; 1.227–235; idem, Adversus Mathematicos 7.156–157; Eusebeios, Praeparatio evangelica 14.7.4 (734d); 14.7.15 (736d); 14.8.6 (738a). Handelt es sich nur um eine Ungenauigkeit, wenn derselbe o. c. 14.17.10 (758a) und der im 2. Jh. schreibende Aulus Gellius, Noctes Atticae 11.V.8, das gleiche auch für Pyrrhon und seine Schülerschaft, die sogenannten Skeptiker konstatieren?

[9] M. T. Cicero, Academica 2. (Lucullus) XLVIII.148: *nihil esse quod comprehendi et percipi possit;* cf. o. c. XVIII.59; idem, Academica 1.XII.45.

[10] M. T. Cicero, Academica 2. (Lucullus) XXXII.103: *numquam dictum sit aut colorem aut saporem aut sonum nullum esse, illud sit disputatum, non inesse in iis propriam quae nusquam alibi esset veri et certi notam.* Cf. idem, De natura deorum 1.V.11–12.

[11] K. Jaspers, Der philosophische Glaube angesichts der Offenbarung, p. 145. Die von der unsrigen in vielem deutlich abweichende Einschätzung der Skepsis und des Skeptizismus durch Karl Jaspers kann hier leider nicht im einzelnen diskutiert werden. Cf. o. c.,

Nicht um eine Unphilosophie handelt es sich hier, und schon gar nicht um eine ahnungslose, sondern um die bewußte Durchsetzung des philosophischen Prinzips logischer Stimmigkeit bis zu seinem Ende. Aus der Selbstverteidigung der Akademiker geht dies unzweideutig hervor. »... wir negieren nicht, daß es etwas Wahres gibt; daß man es begreifen/erfassen könne, negieren wir«[12]. Das bedeutete, daß das stoische Weisheitsideal gnoseologisch umgepolt werden mußte, was Arkesilaos nicht ohne Spott vollführte. Nur das totale Nichtzustimmen (*asugkatatheteĩn*), die Aufhebung des Wissensdünkels von Wähnen und Meinen führe zur Unfehlbarkeit des Weisen.[13]

---

pp. 143–145; idem, Psychologie der Weltanschauungen, pp. 285–303; idem, Philosophie 1.246–255; idem, Von der Wahrheit, pp. 724–745, insbesondere pp. 724–732. Es dürfte kein Zufall sein, daß wir in der Interpretation der Skepsis in gleicher Weise wie in der des Buddhismus und der Mystik von Jaspers abweichen. Zu letzteren cf. idem, Der philosophische Glaube angesichts der Offenbarung, pp. 399–423; idem, Psychologie der Weltanschauungen, pp. 84–90, 451–462.

[12] M. T. Cicero, Academica 2. (Lucullus) XXIII.73: ... *veri esse aliquid non negamus, percipi posse negamus*; cf. o.c. XXXIV.111; Sextos Empeirikos, Pyrrhoneion Hypotyposeon 1.2–3. Zu Karneades cf. zusätzlich Eusebeios, Praeparatio evangelica 14.8.6 (738a); 14.8.14 (739a). A. Goedeckemeyer, Geschichte des griechischen Skeptizismus, p. 59: »Und wie bei Arcesilaus treten uns daher auch bei ihm jene Erklärungen entgegen, daß das Wahre oder Wirkliche, dessen Existenz zu leugnen auch ihm nicht in den Sinn kam, ja nicht einmal die ›evidentesten‹ mathematischen Sätze mit Sicherheit erkannt werden könnten, daß vielmehr alles in tiefes Dunkel gehüllt sei, das wohl die Augen eines Gottes, nicht aber die schwachen Kräfte des Menschen zu durchdringen vermöchten, ...«

[13] Zum *nihil opinari* (nichts vermeinen) der Akademiker cf. M. T. Cicero, Academica 2. (Lucullus) XVIII.59, XX.66-XXI.67, XLVIII.148; M. T. Cicero, Hortensius, Lucullus, Academici libri, p. 98, Nr. 92; Eusebeios, Praeparatio evangelica 14.6.6 (731c); 14.6.14 (733d). Stellen zum pyrrhonischen *adoxástous eĩnai* (meinungslos sein): Eusebeios, Praeparatio evangelica 14.18.3 (758d); Sextos Empeirikos, Pyrrhoneion Hypotyposeon 1.15; 1.239; 2.258 et al. Diogenes Laërtios, De vitis dogmatis ... 9.104; 9.69; o.c. 9.70: *mēd' échein ti dógma* (überhaupt kein Dogma vertreten). Photios, Bibliotheca, Cod. 212 (169^b41): *pantòs apoleluménoi dógmatos* (frei von jedem Dogma). Folgende Studien zur Meinungslosigkeit des Skeptikers seien noch genannt, wegen ihrer sehr speziellen Zugangsweisen und/oder ihres problematischen Vorverständnisses der Skepsis hier jedoch nicht diskutiert: G. Striker, Sceptical Strategies, pp. 54–83; M. Frede, Des Skeptikers Meinungen, pp. 102–129; idem, The Sceptic's two Kinds of Assent and the Question of the Possibility of Knowledge, pp. 255–278; J. Barnes, The Belief of a Pyrrhonist, pp. 5–43; M. F. Burnyeat, Can the Skeptic Live His Skepticism?, pp. 117–148; C. L. Stough, Sextus Empiricus on Non-Assertion, pp. 137–164.

Kirchenvater Augustinus (354–430) brachte dieses antidogmatische Lehrstück auf den Punkt, ohne wohl, wie wir später zeigen werden, seine philosophische Weite und Tiefe ganz zu ermessen. »Und da sie [die Akademiker] von selbigem Zenon übernahmen, daß nichts schändlicher sei als zu vermeinen, schlossen sie sehr schlau, daß, wenn nichts begriffen/wahr-genommen werden könnte und das Vermeinen schändlichst wäre, der Weise zu nichts je seine Billigung/Zustimmung gäbe.«[14] Lassen wir den zentralen Quellentext unseres Wissens über diesen Streit um die Nicht-Wißbarkeit selbst sprechen, um uns einen Eindruck von der Entschiedenheit zu verschaffen, mit welcher sie von den Akademischen Skeptikern verfochten wurde. »Und so bestritt Arkesilaos, daß es irgend etwas gebe, das man wissen könnte, selbst jenes nicht einmal, das sich Sokrates vorbehalten hatte: daß er wisse, nichts zu wissen; so sehr, meinte er, sei alles im Verborgenen versteckt; es gebe auch nicht irgend etwas, das unterschieden und eingesehen werden könne; aus diesen Gründen sei es angemessen, weder etwas zu bekennen/versichern noch zu behaupten, noch irgend etwas durch Zustimmung zu billigen/anzuerkennen, sondern an sich zu halten [sich zu zügeln] (*cohibere*) und seine Unüberlegtheit von jedem Fehlurteil [Fehlgriff/Fehltritt] zurückzuhalten (*continere*), welche [Unüberlegtheit] dann unverkennbar vorläge, wenn entweder Falsches oder Unbekanntes/Unerkennbares gebilligt würde; und es wäre nichts schändlicher, als wenn Zustimmung und Billigung/Anerkennung der Erkenntnis und dem Erfassen/Begreifen vorauseilten.«[15] Nichtbilligung bzw. Zustim-

[14] A. Augustinus, Contra Academicos 2.5.11, zitiert nach und übersetzt in Anlehnung an K. Hülser, Die Fragmente zur Dialektik der Stoiker 2.410/411, Fragment 376: *Et cum ab eodem Zenone accepissent* (sc. Academici) *nihil esse turpius quam opniari, confecerunt callidissime, ut, si nihil percipi posset et esset opinatio turpissima, nihil umquam sapiens approbaret.* Cf. M. T. Cicero, Academica 2. (Lucullus) XXI.67–68, XXIV.76–78; Sextos Empeirikos, Adversus Mathematicos 7.150–165.

[15] M. T. Cicero, Academica 1.XII.45; wegen des vollständigeren Textes ausnahmsweise nicht zitiert nach ⟨ed./tr.⟩ H. Rackham, sondern nach M. T. Cicero, Hortensius, Lucullus, Academici libri, ⟨edd./trr.⟩ L. Straume-Zimmermann & F. Broemser & O. Gigon, pp. 306/307: *itaque Aracesilas negabat esse quicquam quod sciri posset, ne illud quidem ipsum, quod Socrates sibi reliquisset, ut nihil scire se sciret; sic omnia latere censebat in occulto, neque esse quicquam quod cerni aut intellegi posset; quibus de causis nihil oportere neque profiteri neque affirmare quemquam neque assensione approbare, cohibereque semper et ab omni lapsu continere temeritatem, quae tum esset insignis cum*

mungsverweigerung – das also ist die ἐποχή, »denn das Nicht-

---

aut falsa aut incognita res approbaretur, neque hoc quicquam esse turpius quam cognitioni et perceptioni assensionem approbationemque praecurrere. Cf. P. Couissin, The Stoicism of the New Academy, p. 45: »*Epochē* ... war für Arkesilaos eine Konsequenz der Nichtexistenz des stoischen Kriteriums; sie war die Haltung, die dem unfehlbaren Weisen aufgezwungen wurde, der in der Tat den Irrtum vermeidet unter der Bedingung, daß er sich zu nichts äußert.« Zur Polemik von Arkesilaos und Karneades gegenüber den Stoikern cf. o. c., pp. 34–36, 45–46. Man vergleiche die Darstellung der Argumentation bei H. J. Krämer, Platonismus und hellenistische Philosophie, pp. 40–44. Zum Selbsteinschluß der Unwißbarkeit bei Karneades cf. M. T. Cicero, Academica 2. (Lucullus) IX.28: »Wer nämlich verneinte, daß es etwas gäbe, das begriffen werden könnte, der dürfte nichts davon ausnehmen; folglich könnte notwendigerweise nicht einmal dies irgendwie er- und begriffen werden, weil es [eben] nicht ausgenommen wäre.« (*qui enim negaret quicquam esse quod perciperetur, eum nihil excipere; ita necesse esse ne id ipsum quidem, quod exceptum non esset, comprendi et percipi ullo modo posse.*) Dasselbe sprach Aulus Gellius, Noctes Atticae 11.V.8, den Akademikern zu lehren ab und den Pyrrhoneern zu, worauf sich auch Sextos Empeirikos, Pyrrhoneion Hypotyposeon 1.3; 1.226–234, versteifte, die klassischen Stellen, an welchen die Neuakademiker als (Negativ-)Dogmatiker gegen die Pyrrhonisten abgesetzt werden. Das scheinbar gleiche Argument von M. T. Cicero, Academica 2. (Lucullus) XXXIV.109–110, auch dem Dogma oder der Entscheidung (*decretum*), nichts könne begriffen werden, könne nur Billigkeit/Glaubwürdigkeit (*probabilitas*) zugemessen werden, befindet sich wörtlich verstanden im Konflikt mit der hier dargestellten Reflexion; bei Sextos Empeirikos, Adversus Mathematicos 8.473–481, ist die Inanspruchnahme des Glaubhaften (*pithanón*) in ähnlicher Gedankenführung schulspezifisch, obwohl er am Ende die stimmige Lösung via Einführung verschiedener Reflexionsniveaus dann doch vorführt. Es ist nämlich zweierlei, kategorisch zu behaupten, nichts könne begriffen werden, und nicht einmal das, oder zu billigen [für glaubwürdig zu halten], alles sei nur billig/glaubwürdig, einschließlich dieser Billigung oder dieses Für-glaubwürdig-Haltens selbst. Letzteres mündete in die Zweifelsdiskussion, die wir noch vorstellen werden. Um die Konsistenz der Akademischen Negativ-Reflexion zu wahren, muß diese im Sinne der Positionslosigkeit von Karneades bzw. seines Schülers Kleitomachos, die wir in Zusammenhang mit der zweifachen Schichtung der Nichtzustimmung gegen Ende unserer Studie noch kennenlernen werden, gelesen werden. Ohne nun Einsicht in die Sache zu haben, sah Lactantius, daß die re-flektierte Reflexion in ihrem 'Selbstmord' enden muß, cf. L. C. F. Lactantius, Opera omnia, Pars 1: Divinae institutiones et epitome divinarum institutionum 3.5.8.7–9, ⟨ed.⟩ S. Brandt: »Was beförderte Arkesilaos also, außer daß, nachdem er alle Philosophen niedergestreckt hat, auch sich selbst mit demselben Schwert durchbohrte?« (*quid ergo promouit Arcesilas nisi quod confectis omnibus philosophis se quoque ipsum eodem mucrone transfixit?*) Eine moderne Parallele dazu findet sich in Bradley's (1846–1924) Erwägung eines glücklichen Selbstmordes des Denkens, »thought's ... happy suicide«, F. H. Bradley, Appearance and Reality, p. 152; cf. o. c., pp. 147–148, 150, 319, welcher von ihm in letzter Konsequenz aber für unvollziehbar erklärt wird.

zustimmen ist nichts anderes als das Ansichhalten;«[16] »ἐποχή, d. h. das Zurückhalten der Zustimmung«[17].

Diese bezieht sich, wie es zunächst scheint, nur auf Aussagen, Feststellungen, Urteile und Thesen, und zwar in ihrer bejahenden/zustimmenden und verneinenden/ablehnenden Form. Nicht umsonst spricht Sextos der Empiriker (1. Jh.) vom Ansichhalten und

---

[16] Sextos Empeirikos, Adversus Mathematicos 7.157: *tò dè asugkatatheteĩn oudèn 'éterón estin ẽ tò epéchein'* Weitere antike Zeugnisse zur pyrrhonistischen ἐποχή finden sich bei: idem, Pyrrhoneion Hypotyposeon 1.29; 1.196 et passim; Diogenes Laërtios, De vitis dogmatis ... 9.69–70: ἐφεκτικοί; 9.76; 9.79; 9.81: ἐφεκτέον; 9.84; 9.105; 9.107; Aulus Gellius, Noctes Atticae 11.V.6: ἐφεκτικοί; F. Philostratos, Vitae sophistarum 491; F. Decleva Caizzi, Pirrone Testimonianze, Index, p. 297, s. v. ἐπέχειν, ἐποχή, ἐφεκτικός. Eine gelungene Parodie pyrrhonischer Begrifflichkeit, ἐποχή inbegriffen, findet sich bei dem Satiriker Lukian (ca. 125–200), cf. Loukianos, Vitarum auctio 27. Ad ἐποχή zusätzlich: idem, Ikaromenippos 25; idem, Verae Historiae 2.18. An Lukians Burlesken erinnert die derbe Parodie der Schule der Pyrrhonianer, Aporetiker, Skeptiker und Ephektiker (*escholle des Pyrrhoniens, Aporrheticques, Scepticques et Ephectiques*), die Rabelais (1494–1553) im 35. und 36. Kapitel seines dritten Buches der Abenteuer von ‹Gargantua und Pantagruel› aus dem Jahre 1546, cf. F. Rabelais, Œuvres complètes, ⟨ed.⟩ M. Huchon, pp. 461–467 = ⟨trr.⟩ W. Widmer & K. A. Horst: F. Rabelais, Gargantua und Pantagruel 1.704–712, zum besten gibt. Sie wurde von Molière (1622–1673) in der 5. Szene seines kurzen Lustspiels ‹Die erzwungene Heirat› aus dem Jahre 1664 nachgeahmt. Der pyrrhonianische Doktor stellt seine Position darin folgendermaßen vor, cf. Molière, Œuvres complètes 1.727 = Sämtliche Werke 3.227: »Unsere Philosophie ordnet an, überhaupt keine entschiedene/bestimmte Behauptung zu äußern, über alles mit Unsicherheit/Ungewißheit zu reden, immer sein Urteil zu suspendieren [in der Schwebe zu halten], ... (*Notre philosophie ordonne de ne point énoncer de proposition décisive, de parler de tout avec incertitude, de suspendre toujours son jugement, ...*).

[17] M. T. Cicero, Academica 2. (Lucullus) XVIII.59: ἐποχή, *id est adsensionis retentio.* Cf. o. c. XII.39, XIX.62, XX.66-XXI.67, XXXIII.108; idem, Academica 1.XII.45–46; idem, Hortensius, Lucullus, Academici libri, p. 98, Nr. 92. Gleichwertig mit *retinere/retentio* gebraucht Cicero die Termini technici *tollere, sustinere, cohibere, continere.* Anstelle von *ad-/assensio* steht auch *ad-/approbare.* In idem, Epistulae ad Atticum 13.XXI.3, p. 886, Nr. 43, teilt Cicero mit, daß er mit der Übersetzung *inhibere* für ἐποχῇ nicht mehr zufrieden sei. Dieser nautische Ausdruck passe nicht, weil Ruderer beim Anhalten ihres Bootes nicht die Riemen gegenhielten, sondern rückwärts ruderten (*non enim sustinent, sed alio modo remigant*). Man könne es nicht besser als Lucilius sagen: »Du mögest den Wagen und die Pferde anhalten, wie es oftmals der gute Wagenlenker tut.« (›*sustineas currum ut bonus saepe agitator equosque.*‹). Zur Akademischen ἐποχή siehe auch Diogenes Laërtios, De vitis dogmatis ... 4.28; Aulus Gellius, Noctes Atticae 11.V.6; Galenos, De optimo docendi genere 1.1; 2.3; 2.4; 3.3; Ploutarchos, De Stoicorum repugnantiis (Moralia) 1036A; 1037B; idem, Adversus Colotem (Moralia) 1120C; 1122A-F; 1123C-1124B; idem, De primo frigido (Moralia) 955C: »Vergleiche, o Favorinus, das Gesagte mit den Aussagen von anderen; und wenn es an Glaubwürdigkeit weder unter- noch weit überlegen ist, verabschiede die Meinungen, überzeugt, daß das Sich-(des-Urteils-)Enthalten bei Nicht-Offenbarem philosophischer ist als das Zustimmen.« (*Taũt', õ*

Nicht-Definieren/Nichtbestimmen in einem Atemzug;[18] vom Gegensatz zwischen Enthaltung und dem Versichern, daß etwas ist oder nicht ist.[19] Man könne nicht finden, sagt er, daß Arkesilaos über die Existenz oder Inexistenz von irgend etwas Darlegungen gegeben habe, vielmehr habe er universale ἐποχή geübt.[20] Schließlich hält er in einem Kontext, in dem er die stoische Doktrin vom Begreifen (*katálēpsis*) aus den Angeln hebt, fest, daß die Zustimmung nicht in bezug auf die Vorstellungsbilder statthat, sondern in bezug auf Vernunft und Urteil, denn Zustimmungen gäbe man Axiomen,[21] i.e. Propositionen bzw. ohne Beweis als wahr angenommenen Sätzen und philosophischen Lehren. Und Diogenes Laërtios (3. Jh.) überliefert nicht nur die von Timon aus Phleious (ca. 325–234) gegebene Definition des skeptischen Schlagworts ›*ou mãllon*‹ (nicht mehr; nicht eher) als »das nichts Bestimmen, demgegenüber Nichtbeistimmen«[22], sondern jener schreibt auch in seiner biographischen Notiz zu Arkesilaos diesem zu, der erste gewesen zu sein, der sich [bejahender wie verneinender] Aussagen angesichts der Widersprüche/Gegensätzlichkeit der Urteile enthielt[23].

Phabōrĩne, toĩs eirēménois 'uph' 'etérōn parában'lle· kàn mḗte leípētai tẽj pithanótēti mḗth' 'uperéchēj polú, chaírein éa tàs dóxas, tò epéchein en toĩs adḗlois toũ sugkatatíthesthai philosophṓteron 'ēgoúmenos.) Eine kurze Übersicht zum Thema ἐποχή geben J. Schroeter, Plutarchs Stellung zur Skepsis, pp. 21–26 (Kurzeinschätzung dazu bei P. De Lacy, Plutarch and the Academic Sceptics, pp. 82–83) und D. Babut, Parerga, pp. 549–581: Du scepticisme au dépassement de la raison: Philosophie et foi religieuse chez Plutarque, insbesondere pp. 549, 572–581.

[18] Sextos Empeirikos, Adversus Mathematicos 8.298: *epéchein kaì aoristeĩn.*

[19] Sextos Empeirikos, Adversus Mathematicos 1.28: *tõn mèn eĩnai taũta diabebaiouménōn tõn dè mḕ eĩnai, tõn dè epechóntōn·*

[20] Sextos Empeirikos, Pyrrhoneion Hypotyposeon 1.232: *oúte gàr perì 'upárxeōs ḕ anuparxías tinòs apophainómenos 'eurísketai … allà perì pántōn epéchei.*

[21] Sextos Empeirikos, Adversus Mathematicos 7.154: *'óti 'ē sugkatáthesis ou pròs phantasían gínetai allà pròs lógon ⟨tõn gàr axiōmátōn eisìn 'ai sugkatathéseis⟩.*

[22] Cf. Diogenes Laërtios, De vitis dogmatis … 9.74–76; wörtlich zitierter Text: *tò mēdèn 'orízein all' aprostheteĩn.* Wegen des Unwissens über die Wahrheit, welches Timon aufgrund der allgemeinen Gegensätzlichkeit der Dinge (hinsichtlich ihres Seins oder Nichtseins) und der Widersprüchlichkeit der darauf bezogenen Urteile an dieser Stelle konstatierte, könnte man diesen Slogan die formale Anzeige der ἐποχή nennen.

[23] Diogenes Laërtios, De vitis dogmatis … 4.28: *prõtos epischṑn tàs apopháseis* [!] *dià tàs enantiótētas tõn lógōn.* Es muß ausdrücklich darauf hingewiesen werden, daß das Wort *apóphasis* sowohl die Bedeutung von Affirmation als auch von Negation trägt, und daß diese Zweideutigkeit hier beabsichtigt sein dürfte.

1.1.2 Skeptische Urteilsverhaltung: Gedankenstillstand, Gleichgültigkeit, Sanftmut

Bei der ἐποχή der Skeptiker handelt es sich indessen, zumindest nach ihrer Formulierung des Ideals, nicht nur um ein triviales Zurückhalten von Urteilen qua sprachlicher Äußerungen von Gedachtem, d. h. um ein Nicht-Aussprechen von Gedanken; auch nicht bloß, wie in Immanuel Kants (1724–1804) Antinomienlehre, um den »skeptischen Stillstand der reinen Vernunft«[24], eine kurzzeitige Verblüffung ob der Isosthenie, des Gleichstands oder der gleich starken Überzeugungskraft von Argumenten pro und contra einige metaphysische Maximalkategorien, sondern auch und in erster Linie um die anhaltende Einstellung gedanklicher Setzungen, den Stillstand des diskursiven Denkens, des Meinens und Glaubens (*dóxa/opinio*) überhaupt. Er erstreckt sich auf alles und jedes,[25] so daß dem »Keiner-von-beiden-Alternativen-Zustimmen«[26] Stillstand und Anhalten des Verstandes/Denkens und Verstummung,[27] innere wie äußere Sprachlosigkeit folgen:

»Epoché nun ist (*epochē dé esti*) der Stillstand des Verstandes/Denkens (*stásis dianoías*), durch den wir weder irgend etwas aufheben noch setzen.«[28] »Und das Ansichhalten (*'ē epochē*) ist benannt nach dem Anhalten des Verstandes/Denkens (*epéchesthai tēn diánoian*), so daß er/es weder irgend etwas setzt noch aufhebt, wegen der Gleich-

---

[24] I. Kant, ‹Fortschrittsschrift› A97, zitiert nach (ed.) W. Weischedel, 5.628, cf. o. c. A21, A44, A67, A193; cf. J. Kopper, Die Stellung der ›Kritik der reinen Vernunft‹ in der neueren Philosophie, pp. 1–19. D. Hume, Enquiries concerning Human Understanding, p. 157, stellt fest, daß angesichts der rationalen skeptischen Absurditätsbeweise der Verstand in eine Art von Verblüffung (*amazement*) und Schwebe, Suspension oder Ungewißheit (*suspence*) geworfen werde (*Reason here seems to be thrown into a kind of amazement and suspence*).

[25] Sextos Empeirikos, Pyrrhoneion Hypotyposeon 1.30; 1.205; 1.232; idem, Adversus Mathematicos 7.157–158; 11.168: *'ē perì pántōn epochē*. Ploutarchos, Adversus Colotem (Moralia) 1120C; 1122A; 1122C; idem, De Stoicorum repugnantiis (Moralia) 1036A; M. T. Cicero, Academica 2. (Lucullus) XXIV.77–78; o. c. XXI.67: der Weise wird keiner Sache zustimmen (*sapiens … nulli .. rei adsentietur*); Galenos, De optimo docendi genere 2.3; Eusebeios, Praeparatio evangelica 14.4.15 (726d).

[26] Sextos Empeirikos, Pyrrhoneion Hypotyposeon 1.190: *tēn pròs mēdéteron sugkatáthesin*.

[27] Cf. Sextos Empeirikos, Pyrrhoneion Hypotyposeon 1.192; 2.211; Eusebeios, Praeparatio evangelica 14.18.4 (758d); Ploutarchos, Adversus Colotem (Moralia) 1123C.

[28] Sextos Empeirikos, Pyrrhoneion Hypotyposeon 1.10: *epochē dé esti stásis dianoías di' 'ēn oúte aíromén ti oúte títhemen*.

kräftigkeit des Untersuchten.«[29] »Die Sprachlosigkeit (*aphasía*) nun ist das Abstandnehmen vom Versichern/Reden im allgemeinen Sinne, dem sozusagen sowohl Bejahung/Behauptung als auch Verneinung/ Bestreitung untergeordnet sind, so daß die Sprachlosigkeit (*aphasían*) ein Erleiden/Erlebnis (*páthos*) von uns ist, dessentwegen wir sagen, daß wir weder irgend etwas setzen noch aufheben.«[30]

Erlebnis, Passion, Emotion und Affektion ist es also, was in Zusammenhang mit der sogenannten Urteilsenthaltung eintritt, das Heil des Skeptikers. Jedoch, der Affekt, um welchen es sich hier handelt, ist der Affekt der Affektlosigkeit, das Erleiden, welches hier gemeint ist, das von Leid- und Leidenschaftslosigkeit, das Pathos der A-pathie,[31] die Erregung der Regungslosigkeit, Unerschütterlichkeit und Unverwirrbarkeit, kurz, der Ataraxie.[32] Wie die widersinnige

---

[29] Sextos Empeirikos, Pyrrhoneion Hypotyposeon 1.196: *kaì ʻē epochḕ dè eírētai apò toũ epéchesthai tḕn diánoian ʻōs mḗte tithénai ti mḗte anaireĩn dià tḕn isosthéneian tõn zētouménōn.* J. Barnes, The Belief of a Pyrrhonist, pp. 6–7, behauptet, daß die pyrrhonische ἐποχή stückweise (piecemeal) verfahre und kein Gesamtzustand (global state) sei.

[30] Sextos Empeirikos, Pyrrhoneion Hypotyposeon 1.192: *ʻē oũn aphasía apóstasís esti tẽs koinõs legoménēs pháseōs, ʻẽj ʻupotássesthai légomen tḗn te katáphasin kaì tḕn apóphasin, ʻōs eĩnai aphasían páthos ʻēméteron di' ʻò oúte tithénai ti oúte anaireĩn phamén.* Cf. Ploutarchos, Adversus Colotem (Morlia) 1124A–B; Photios, Bibliotheca, Cod. 212 (169ᵇ41–170ᵃ14; 170ᵃ33–37). T. McEvilley, Pyrrhonism and Mādhyamika, pp. 4–5: »Diese Praxis scheint philosophisch der Zurückweisung sprachlicher Kategorien qua ont(olog)ischer Realien und meditativ der Praxis von *vipaśyanā* [der unmittelbaren, intuitiven Einsicht in die drei Merkmale des Daseins (*trilakṣaṇa*) und das Wesen der Dinge als Leerheit] des Mādhyamika zu korrespondieren, in der der Fluß von Momenten direkt und einfach erfahren wird, ohne daß ihnen irgendetwas Leidenschaftliches oder Theoretisches beigefügt wird. Sie steht in deutlichem Zusammenhang mit der Beschreibung des Erleuchteten im *Sutta Nipāta*: Er bildete nicht die leiseste Meinung und Konzeptualisierung über das, was hier gesehen, gehört oder gedacht wird, aus (*Sn.*, 802.). Aus diesem meinungsbefreiten, zwischen Bejahung und Verneinung schwebenden Standpunkt, erwuchs die Dialektik der Skepsis und des Mādhyamika.«

[31] Zu diesem 'Pathos' der Skeptiker, das nach dem Suchen, d.h. nach der Urteilsenthaltung eintrete, cf. Diogenes Laërtios, De vitis dogmatis … 9.70. Zur skeptischen *apátheia* (Leid(enschafts)–, Affekt-, Begierdelosigkeit, Unempfindlichkeit) cf. o.c. 9.108; M. T. Cicero, Academica 2. (Lucullus) XLII.130; Ploutarchos, Quomodo quis suos in virtute sentiat profectus (Moralia) 82E–F; Eusebeios, Praeparatio evangelica 14.18.18 (761d); F. Decleva Caizzi, Pirrone Testimonianze, Index, p. 296; K. Janáček, Sextvs Empiricvs, Vol. 4: Indices, p. 32, jeweils s.v. ἀπάθεια, ἀπαθής. Für den Kynismus cf. Diogenes Laërtios, De vitis dogmatis … 6.2; 6.15; (Pseudo-)Diogenes von Sinope, Brief an Amynander, ⟨ed.⟩ A. J. Malherbe, p. 114.7–9, Nr. 21.

[32] Zur *ataraxía* (Unerschütterlichkeit, Unverwirrbarkeit, Unbeirrtheit, Gelassenheit, Ruhe) cf. Sextos Empeirikos, Pyrrhoneion Hypotyposeon 1.8; 1.10; 1.12; 1.18; 1.25;

Ausdrucksweise schon anzeigt, handelt es sich bei der Apathie genau genommen nicht um den disjunktiven Gegensatz zum Pathos. Was die Privationstermini von Apathie, Ataraxie usw. andeuten sollen, ist die Neutralität, Indifferenz oder Gleichgültigkeit gegenüber beiden dieser Zustände: eben der unvorstellbare, weil durch Einstellung allen Vorstellens zu erlangende, Mittelbereich oder Nicht-Zustand zwischen Pathos und Apathie, in dem keines mehr Erheblichkeit besitzt.[33]

1.26–31; 1.205; 1.215; 1.232; idem, Adversus Mathematicos 11.118; 11.130; 11.141; 11.144; Diogenes Laërtios, De vitis dogmatis … 9.68; 9.107; Eusebeios, Praeparatio evangelica 14.18.4 (758d), 14.18.18 (761d). Die Entwicklung und Parallelen des Ausdrucks in der (frühen) griechischen Philosophie dokumentiert T. McEvilley, Penelope's Night Work: Negative Thinking in Greek Philosophy, p. 52. Für den Kynismus cf. (Pseudo-)Krates, Brief an Aper, ⟨ed.⟩ A. J. Malherbe, p. 88.16–17, Nr. 35. Es folgen Nachweise zu den wichtigsten Äquivalenten der Apathie und Ataraxie (vornehmlich in der Skepsis): Sextos Empeirikos, Pyrrhoneion Hypotyposeon 1.10; 1.29: *aochlēsía* (Ungestörtheit, Unbelästigtheit). Idem, Adversus Mathematicos 11.117: *amérimnos eĩnai* (sorgenfrei sein). Epiktetos, Diatribae 2.XX.20: *'oi atalaíporoi Akadēmaïkoì* (die unbekümmerten Akademiker). Sextos Empeirikos, Adversus Mathematicos 11.1; 11.141; Diogenes Laërtios, De vitis dogmatis … 9.65; Ploutarchos, Adversus Colotem (Moralia) 1124A: *'ēsuchía* (Ruhe, Stille, Stillschweigen, Friede, Einsamkeit, Zufriedenheit, Sorglosigkeit). Sextos Empeirikos, Adversus Mathematicos 11.130: *eirēnaĩos bíos* (friedlichen Leben). Äquivalente der Gleichgültigkeit innerhalb der Skepsis finden sich bei H. P. Sturm, Weder Sein noch Nichtsein, p. 361 (mit Nachweisen): *aphugẽs kaì anaíretos* (ohne Meiden und Ergreifen); *aklineĩs kaì ákradántous eĩnai* (neigungslos/unbeugsam und ohne Schwanken sein); *arrepsía* (Neigungslosigkeit, Gleichgewicht, Neutralität, Ausgeglichenheit – zusätzlich Diogenes Laërtios, De vitis dogmatis … 9.74); *adiaphoría* (Gleichgültigkeit, Indifferenz, Unentschiedenheit); *isótatos bíos* (ein zutiefst ausgeglichenes Leben); *'rẽjsta* (Leichtigkeit, Mühelosigkeit, Nachsicht). Textstellen zur Seelenruhe in Plutarchs Werk bei D. Wyttenbach, Lexicon Plutarcheum, pp. 174, 1157, 1218–1219 (*apátheia/páthos*); pp. 273, 1520–1521 (*ataraxía/tarachḗ*); p. 705 (*euthumía*); p. 757 (*ēremía*); pp. 757–758 (*'ēsuchía*). Zur Sanftmut, Milde und Lindheit (*prajótēs*) bei demselben cf. o. c., pp. 1314, 1316–1317. Generell zur Streitlosigkeit (*avirodha*) und Ausgeglichenheit, Sanftmut, Milde und Gelassenheit (*prajótēs*): H. P. Sturm, Ethische Evokationen der Sophistik, pp. 144–146; idem, Weder Sein noch Nichtsein, pp. 14–15, 37–38, 104–105, 156, 255[221], 262, 319–321, 360–366, 388. Zur Seelenruhe cf. P. Probst (I.) & U. Dierse (II.), Seelenruhe, in: Historisches Wörterbuch der Philosophie 9.94–105. Das in der Philosophie allgemein anerkannte Ziel sei der Seelenfrieden, meint P. Hadot, Philosophie als Lebensform, p. 180. Daß dieser als Zustand jenseits von Urteils- oder Bewertungsgegensätzen zu verstehen ist, geht hervor aus idem, Wege zur Weisheit oder Was lehrt uns die antike Philosophie?, pp. 256–260; dasselbe mit Hinweis auf die östliche Weisheit o. c., pp. 269–270, 318–320.

[33] Zu dieser Gegensatzlosigkeit vgl. eine Eintragung von Franz Kafka (1883–1924) in das 4. Oktavheft, abgedruckt in F. Kafka, Hochzeitsvorbereitungen auf dem Lande und andere Prosa aus dem Nachlaß, p. 80 (Notiz vom 4. Februar 1918): »Das Leiden ist das

Die unmißverständlichsten Belege für das hier Gemeinte stammen selbstverständlich aus dem Lande der Meister des Gleichmuts, aus Indien. Hier nur ein Beispiel: »Für mich existieren weder Körper noch Nicht-Körper, weder Intellect/Vernunft noch Ratio/Verstand, noch auch, in der Tat, die Sinne; wie soll ich von Leidenschaft und Leidenschaftslosigkeit sprechen, der ich des Eigenwesens/Selbstseins Verlöschen [Windstille/Nirvāṇa], der Mangellose/Schadlose bin?«[34] »Wenn es die Unterscheidung zwischen Verwirrung und Nicht-Verwirrung, zwischen Begierde und Begierdelosigkeit wahrlich nicht gibt, sondern nur das Eine, Ununterschiedene/Ununterbrochene, Allselige, wie kann es da nicht-unterscheidendes und unterscheidendes Denken geben?«[35]

Damit ist gezeigt, daß die Skeptiker in der Zielvorstellung ihrer Philosophie dem an nichts nachstehen, was als das fraglos anerkannte ethische Ideal indischer Weisheit gilt. »Unparteilichkeit, Apathie, Ataraxie, Geduld, *upekṣā, sama-dṛṣṭi* [Gleichmut, Neutralität], dies sind die unerläßlichen Voraussetzungen für jegliche wahre Tätigkeit; die sogenannten Handlungen, die ›ökonomisch‹ durch Vorlieben und Abneigungen bestimmt sind, sind nicht wahrhaft Taten, sondern nur eine passive, pathetische Reaktion oder Behaviorismus.«[36] Eine pau-

---

positive Element dieser Welt, ja es ist die einzige Verbindung zwischen dieser Welt und dem Positiven. Nur hier ist Leiden Leiden. Nicht so, als ob die, welche hier leiden, anderswo wegen dieses Leidens erhöht werden sollen, sondern so, daß das, was in dieser Welt leiden heißt, in einer andern Welt, unverändert und nur befreit von seinem Gegensatz, Seligkeit ist.«

[34] Avadhūta-Gītā 4.12: *na ca-asti deho na ca me videho buddhir-mano me na hi ca-indriyāṇi | rāgaṃ virāgaṃ ca kathaṃ vadāmi svarūpa-nirvāṇam-anāmayo 'ham ||*. Der Weise fragt sich deshalb o. c. 3.4, wie er, als solcher, von der »lustlosen Lust« (*niṣkāma-kāmam-iha*) sprechen könne, und er gibt o. c. 3.12, selbst die Antwort: ich habe keine Vorstellung vom Weg der begierdelosen Begierde (*nirlobha-lobha-padavī-iti na me vikalpo*).

[35] Avadhūta-Gītā 6.23: *na hi moha-vimoha-vicāra iti na hi lobha-vilobha-vicāra iti | yadi ca-eka-nirantara-sarva-śivaṃ hy-aviveka-viveka-matiś-ca katham ||*. Cf. o. c. 5.13. Der Weise (*jñaḥ*) ist nach der Aṣṭāvakra-Gītā 18.96: »Weder ein Glücklicher noch auch ein Leidender, weder ein Leidenschaftsloser noch ein mit Leidenschaft Behafteter, weder ein nach Erlösung Strebender noch auch ein Erlöster, weder irgend so etwas noch irgend so etwas.« (*na sukhī na ca vā duḥkhī na virakto na rāgavān | na mumukṣur na vā mukto na kiṃcin na ca kiṃcana ||*).

[36] A. K. Coomaraswamy, Selected Papers 1.209[31]. Hier eine Aufzählung sanskritischer Äquivalente für Leid(enschafts)losigkeit, Geistesruhe und Gelassenheit, für die wegen ihrer selbstverständlichen Verwendung und weiten Verbreitung in der indischen Orthodoxie wie Heterodoxie keine Stellennachweise gegeben zu werden brauchen: *virāga, vairāgya, naiṣkāmya, upaśama, śama, śamatha, samarasa, śānti, nirveda, nirvega, śi-*

schale Antwort auf die Frage, ob die antiken abendländischen Philosophen im allgemeinen und die Skeptiker im besonderen das von ihnen postulierte Ideal der Eudaimonie qua Apathie, wie die Inder, für vollkommen aktualisierbar, d. h. gemäß der theoretischen Einsicht und dem daraus abgeleiteten Postulat für praktisch ›erfahrbar‹ hielten, kann u. E. nicht gegeben werden. Zwar sprechen die in unserer Studie beigebrachten Dokumente und deren Erläuterung dafür, daß wenigstens einige unerschütterliche Philosophen des europäischen Altertums den Orientalen hierin in nichts nachstanden, doch ist damit noch nichts über die vorherrschende Einschätzung der Weisheits- und Glücksfähigkeit des Philosophen in der griechischen und von den Griechen beeinflußten Welt ausgesagt.

Den Ausführungen von Cicero, Seneca (3–65) und Aristoteles (384–322) jedenfalls ist zu entnehmen, daß sie weniger die Vollziehbarkeit der absoluten Gleichgültigkeit für umstritten hielten, als deren Sinn und Wert. So wirft Cicero dem leid(enschafts)losen Pyrrhon vor, er habe sich in seiner *apátheia* nicht nur, wie Ariston von Chios (3. Jh. v. Chr.), bei den in der Mitte zwischen gut und schlecht liegenden Dingen in keine von beiden Richtungen bewegen lassen, welches Verharren von dem Stoiker Indifferenz (*adiaphoría*) genannt worden wäre, sondern er, Pyrrhon, habe diese Dinge nicht einmal gespürt.[37] Und ähnlich polemisiert Seneca dagegen, daß von Stilpon dem Megareer (ca. 380–300) wie von den Kynikern als das *summum bonum* der *animus inpatiens*, der leid- und leidenschaftslose Geist, das apathische Gemüt angesehen werde; unser Weiser, ergänzt er, indem er zwei Bedeutungen des Begriffs der *apátheia* bzw. *inpatientia* unterscheidet, den stoischen und den kynischen, um sich auf diese Weise von Stilpon und den Kynikern zu distanzieren, »unser Weiser besiegt zwar alle Unpäßlichkeit, aber empfindet sie, der [Weise] jener fühlt sie nicht einmal.«[38] Gleichzeitig wirft er den Peripatetikern aber vor,

---

va, prasāda, upekṣā. Daß diese ethische Maxime für die westliche ›Mystik‹ in gleicher Weise gilt, werden wir noch sehen.

[37] Cf. M. T. Cicero, Academica 2. (Lucullus) XLII.130: *Aristonem, qui cum Zenonis fuisset auditor, re probavit ea quae ille verbis, nihil esse bonum nisi virtutem nec malum nisi quod virtuti esset contrarium; in mediis ea momenta quae Zeno voluit nulla esse censuit. Huic summum bonum est in his rebus neutram in partem moveri, quae* ἀδιαφορία *ab ipso dicitur; Pyrrho autem ea ne sentire quidem sapientem, quae* ἀπάθεια *nominatur.*

[38] Cf. L. A. Seneca, Ad Lucilium Epistulae morales 9.1 & 9.3; wörtlich zitierter Text:

ihre Leidenschaften/Affekte (*adfectus*) nur zu mäßigen und nicht, wie die Stoiker, sie aufzuheben oder zu beseitigen,[39] auch wenn er sie demjenigen, der sie beherrscht, dann wieder zugesteht.[40]

Aristoteles hatte einerseits zwischen der Beherrschung (*egkráteia*) von Zorn, Heftigkeit, Wut, Erregbarkeit, Reizbarkeit oder Leidenschaft (*orgḗ*) und der Sanftmut, Milde oder Freundlichkeit (*praótēs*) derart differenziert, daß er diese den Gegensatz (*enantíon*) jener Gefühlsdispositionen, -zustände oder -ausbrüche und deren Beilegung und Beruhigung[41] bzw. eine gänzliche Apathie ihnen gegenüber nannte,[42] während ihm andererseits der tugendhafte, in der ethischen Mitte (*méson/mesótēs*) zu verortende Sanfte, als einer galt, der zwar unerschütterlich war (*'o prãos atárachos eĩnai*) und nicht von der Leidenschaft angetrieben wurde (*kaì mḕ ágesthai 'upò toũ páthous*),

---

noster sapiens vincit quidem incommodum omne, sed sentit; illorum ne sentit quidem. O. c. 13.4, wo versichert wird, daß wir öfter aufgrund unserer Meinung als der Wirklichkeit wegen litten (*saepius opinione quam re laboramus*).

39 Cf. L. A. Seneca, Ad Lucilium Epistulae morales 116.1: *Nostri illos expellunt, Peripatetici temperant.* O. c. 85.4: *Non his tollunt adfectus, sed temperant.* Aulus Gellius, Noctes Atticae 12.V.10, konstatiert, ein Weiser könne zwar naturbedingte Belästigungen aushalten und ertragen, es sei ihm aber nicht möglich, sie in seinem Geist überhaupt nicht zuzulassen, weshalb Analgesie und Apathie sogar von einigen Weiseren des Portikus selbst, wie z. B. von Panaitios von Rhodos (ca. 185–109), nicht anerkannt und verworfen worden wären.

40 Cf. L. A. Seneca, Ad Lucilium Epistulae morales 116.1.

41 Cf. Aristoteles, Ars rhetorica 1380^{b}2–3; 1380^{a}6–9: »Während also der Gegensatz zum Zürnen die Besänftigung und zum Zorn die Sanftmut ist, … Es sei nun die Besänftigung die Beilegung und Beruhigung des Zorns.« (*Epeì dè tõj orgízesthai enantíon tò praǘnesthai kaì orgḕ praótēti, … Éstō dḕ práunsis katástasis kaì ērémēsis orgẽs.*).

42 Cf. Aristoteles, Topica 125^{b}20–27: »Es begehen aber auch die einen Fehler, die eine Haltung unter das entsprechende Vermögen ordnen, wie Sanftmut unter die Beherrschung des Zorns/Ungestüms und Mut/Tapferkeit sowie Gerechtigkeit unter die Beherrschung von Furcht und List/Eigennutz. Der Mutige/Energische und Sanftmütige wird denn auch der Leidenschafts-/Affektlose genannt, der (Selbst-)Beherrschte/Enthaltsame dagegen der Leidenschafts-/Affektbehaftete, doch davon nicht Bestimmte. Zweifellos geht ja wohl ein solches Vermögen mit beiden einher, daß, wenn Leidenschaften/Affekte [eintreten], man nicht von ihnen beherrscht wird, sondern sie beherrscht; jedenfalls verhält es sich einerseits beim Mutig-/Tapfersein, andererseits beim Sanftmütigsein gerade nicht so, vielmehr [sind sie] das völlige Leidenschaftslos-/Affektfrei-Sein unter solchen Umständen.« (*Diamartánousi dè kaì 'oi tḕn 'éxin eis tḕn akolouthoũsan dúnamin táttontes, 'oĩon tḕn praótēta egkráteian orgẽs kaì tḕn andrían kaì tḕn dikaiosúnēn phóbōn kaì kerdõn· andreĩos mèn gàr kaì prãos 'o apathḕs légetai, egkratḕs d' 'o páschōn kaì mḕ agómenos. ísōs mèn oũn akoloutheĩ dúnamis 'ekatérōj toiaútē, 'õst' ei páthoi, mḕ ágesthai allà krateĩn· ou mḕn toũtó g' estì tõj mèn andreíōj tõj dè práōj eĩnai, allà tò 'ólōs mḕ páschein 'upò tõn toioútōn mēdén.*).

der aber zumindest unter den Umständen, aus dem Anlaß und so lange zürnte oder aufbrauste, wie es die Vernunft anordnete, wiewohl er eher zum Mangel (*élleipsin*) hin fehlzugehen schien. In seiner Extremform bestand dieser Mangel in der völligen Zornlosigkeit, Unerregbarkeit oder Gleichgültigkeit (*aorgēsía*). Wer daran litt, der in seiner Gesinnung oder Einstellung durch und durch Sanftmütige und Linde, erschien ihm nicht nur als einfältig/verwirrt (*ēlíthioi*), sondern schien überhaupt nicht zu empfinden noch auch zu leiden (*ouk aisthánesthai oudè lupieĩthai*), weshalb er als sklavisch (*andrapodõdes*) angesehen worden wäre.[43] Eine ähnliche Unterscheidung wie die zwischen der Beherrschung des Zorns oder der Heftigkeit und der Sanftheit hatte der Stagirit zwischen der Selbstbeherrschung oder Besonnenheit (*sōphrosúnē*) als mittiger und rechter Haltung und dem Extrem des Stumpfsinns, der Gefühllosigkeit oder Unemp-

---

[43] Cf. Aristoteles, Ethica ad Nicomachum 1125^{b}26–1126^{b}10. Definitionen der *praótēs* an der angegebenen Stelle und idem, Ethica Eudemia 1220^{b}38, 1231^{b}5–26, idem, Magna Moralia 1191^{b}23–38: Sanftmut, Gelassenheit, Milde, Freundlichkeit, Lindheit, Gleichgültigkeit (*praótēs*) ist eine Haltung gegenüber dem Leid (*lúpē*), das aus der Gemütswallung, der Leidenschaft, dem Zorn, Ungestüm oder begierigen Willen (*thumós*) entsteht, und ist bestimmt als Mitte (*méson*/*mesótēs*) beim Zorn, bei der Wut, Erregung oder Heftigkeit (*orgḗ*), liegend zwischen den exzessiven Extremen von Jähzorn, Zornmütigkeit, Reizbarkeit (*orgilótēs*), Härte/Strenge (*chalepótēs*), Wild-/Rohheit (*agriótēs*), Bitterkeit (*pikría*), Jähzorn, Ungestüm (*akracholía*) und den defizitären Extremen der Zornlosigkeit, Antriebslosigkeit, Trägheit (*aorgēsía*), Einfalt, Torheit (*ēlithiótēs*), Gefühllosigkeit (*analgēsía*), des Stumpfsinns, der Unempfindlichkeit (*anaisthēsía*), knechtischer Gesinnung, der Sklavenmentalität (*andrapodṓdēs*). Eine konzise Bearbeitung der Thematik findet sich bei A. G. Nikolaidis, Aristotle's Treatment of the Concept of ΠΡΑΟΤΗΣ, pp. 414–422. Textstellen zur Sanftmut (mit den übrigen Wortformen) bei H. Bonitz, Index Aristotelicus, pp. 631–632. In einem Fragment Epiktets, das Stobaios (5. Jh.) den Aufzeichnungen des Arrianos (2. Jh.) entnahm, wird vor gewissen Beherzten, Großmütigen oder Hochherzigen gewarnt, die sanft, ruhig und gewissermaßen unerregt/gelassen alles, was die heftig vom Eifer, Zorn, Ungestüm oder Affekt Fortgerissenen tun, auch tun (*Megalóthumoi prájōs eisí tines 'ēsuchẽj kaì 'oĩon aorgḗtōs prấttontes 'ósa kaì 'oi sphódra tõj thumõj pherómenoi.*) Man müsse vor dem Unannehmbaren dieser als vor etwas viel Schlimmerem, denn vor dem ausgelassensten Gefühlsausbruch/Erregtsein auf der Hut sein, da die vom (Jäh-)Zorn Fortgerissenen schnell Befriedigung durch die Rache erlangten, jene aber die Sache auf lange Zeit ausdehnten wie schwach Fiebernde, cf. Epiktetos, Fragment 12 (ad 71), apud Stobaeum 3.20.47, ⟨ed./tr.⟩ W. A. Oldfather, 2.456. Bei der Einschätzung dieses Fragments bemerkt man, wie wichtig es ist zu berücksichtigen, daß ethisches Verhalten nicht nur aus der Handlung selbst, sondern zudem, und vielleicht noch mehr, aus den Intentionen, Handlungsmotiven, der Einstellung und der Haltung verstanden werden muß, die das Verhalten bedingen und begleiten.

findlichkeit (*anaisthēsía*) eingeführt.[44] Letztere sprach er denen zu, denen nichts angenehm und voneinander verschieden war, was er für unmenschlich hielt.[45]

Seine generelle Zurückweisung der Definition der Tugend (*aretḗ*), d.h. des Rechten, Besten, Passenden und Füglichen,[46] qua Apathie und uneingeschränkte Ruhe oder Stille (*ēremías*) ohne limitierende Zufügung von »soll«, »soll nicht« und »wann« etc. als unrichtig,[47] ist gemäß diesen Begriffsdefinitionen nur konsequent: »Der Gefühllose aber ist der, der ein Zuwenig aufweist, und auch da, wo es besser und der Natur gemäß wäre, keine Begierde hat, sondern leid(enschafts)los/empfindungslos ist wie ein Stein.«[48] Damit ist

---

[44] Cf. Aristoteles, Ethica ad Nicomachum 1117^{b}24–1119^{b}18; idem, Ethica Eudemia 1221^{a}2; 1230^{a}37–1231^{b}4; idem, Magna Moralia 1191^{a}37–1191^{b}22.

[45] Cf. Aristoteles, Ethica ad Nicomachum 1119^{a}6–11; wörtlich zitierter Text: *tōj mēthén estin ‘ēdù mēdè diaphérei ‘éteron ‘etérou … ou gàr anthrōpikḗ estin*. Iteriert von A. Augustinus, De civitate dei 14.9. Dort auch Augustins Definition der Apathie, die in o.c. 9.4, von Bedeutung ist, wo er diskutiert, ob der Weise Passionen ausgesezt sei und wie dies auch für die Stoiker gelte, die damit nicht das geringste zu tun haben wollten; letztlich seien ihre Ansichten denen der Platoniker und Peripatetiker gleich, der Unterschied bestünde nur in den Worten. Zur ‘Ähnlichkeit’ der Platonischen, Peripatetischen und Stoischen Lehre von der Leidenschaft und ihrer Kontrolle durch die Vernunft cf. idem, o.c. 9.4–5.

[46] Mit unseren Übersetzungsvarianten wollen wir auf die Etymologie und Grundbedeutungen der indogermanischen Wortwurzel *ar-* hinweisen, aus welcher *aretḗ* abgeleitet wird, cf. A. Walde, Vergleichendes Wörterbuch der indogermanischen Sprachen 1.69–76. Zu beachten ist der Zusammenhang mit den altindischen Wortbildungen aus *ṛta-*, passend, recht.

[47] Aristoteles, Ethica ad Nicomachum 1104^{b}24–26: *diò kaì ‘orízontai tàs aretàs apatheías tinàs kaì ēremías· ouk eũ dé, ‘óti ‘aplõs légousin, all’ ouch ‘õs deĩ kaì ‘õs ou deĩ, kaì ‘óte, kaì ‘ósa álla prostíthetai* … Cf. o.c. 1104^{a}11–1105^{a}16; idem, Ethica Eudemia 1222^{a}1–5; idem, Physica 246^{b}19–20. Ad ‘*ēdonḗ – lúpē* cf. idem, Ethica ad Nicomachum 1152^b–1154^b. Zur ‘Apathie’ als Voraussetzung neuzeitlicher Tugend cf. I. Kant, Anthropologie in pragmatischer Hinsicht B205–207/A206–208; idem, Die Metaphysik der Sitten A51–53. Erhellend zur stoischen (und kynischen) Ethik, in manchem jedoch ungerecht, A. Schopenhauer, Philosophische Vorlesungen 1.427–441; idem, Sämtliche Werke 1.140–145 (Die Welt als Wille und Vorstellung 1, 1. Buch § 16); 2.190–206 (Die Welt als Wille und Vorstellung 2, 2. Buch, Kap. 16); 4.69–74 (Parerga § 6). Es bedarf kaum der Erwähnung, daß weder mit der antiken noch mit der modernen weisheitlichen Apathie das gemeint ist, was man heute allgemein und medizinisch darunter faßt, eine krankhafte Teilnahmslosigkeit und Gleichgültigkeit, oder das, was A. Baruzzi, Mensch und Maschine, pp. 167–172, unter der Überschrift: »Die Praxis der Apathie« als »Sadismus« oder den »Nihilismus der Leidenschaften im Hinblick auf eine neue Leidenschaft« (o.c., p. 169) bei Marquis de Sade (1740–1814) expliziert, o.c., pp. 205–207, 210, im Kontext einer Praxis (des Denkens) *sub specie machinae* (in Gestalt der Maschine) diskutiert und zu Recht kritisiert.

[48] Aristoteles, Ethica Eudemia 1221^{a}21–23: *anaísthētos dè ‘o elleípōn kaì mēd’ ‘óson*

kundgetan, daß Aristoteles den eudaimonistischen oder soteriologischen Aspekt der Indolenzlehre, der über die Polisethik hinaus ins Kosmische, gar Überkosmische reicht, verkannte oder wenigstens nicht anerkannte. Hinreichende Bestätigung findet dies durch seinen Bericht über Speusippos (†339 v. Chr.). Der Schwiegersohn und Nachfolger Platon's (428/7–348/7) habe eingewendet, daß, wie das Größere sowohl zum Kleineren als auch zum Gleichen (*ísōj*) Gegensatz sei, so sei das Gute weder Lust/Freude noch Schmerz/Leid, keines von beiden (*tō̃j mēdetérōj*), die Neutralität also. Das hätte, wie wir wissen, der Position Pyrrhon's und der indischen Weisen entsprochen. Der Stagirit erklärt dieses Argument (logisch betrachtet) zwar nicht grundsätzlich für falsch, im Kontext seiner praktischen Fragestellungen der Ethik aber doch für unwahr, womit es also verworfen ist.[49] Aus einer Mitteilung des Geographen Strabon (63 v.–20 n. Chr.), das sei ergänzend noch erwähnt, geht eindeutig hervor, daß die Bekanntschaft der Griechen mit der indischen Neutralitätshaltung zeitlich mindestens bis in die Alexanderfeldzüge, also bis in die Lebenszeit von Aristoteles, zurückreicht. In Strabon's Beschreibungen wird diesbezüglich berichtet, daß das, was der indische Gymnosophist Mandanis (Dandamis) dem Kyniker Onesikritos (flor. 330 v. Chr.), der von Alexander dem Großen (356–323) zu jenem ge-

---

béltion kaì katà tèn phúsin epithumō̃n, all' apathès 'ṓsper líthos· A. & C. Guillaumont, Évagre le Pontique: Traité pratique ou le moine 1.99, zitieren aus einem Brief des Hl. Hieronymos (ca. 347/48–419/20), cf. S. E. Hieronymos, Epistulae 133, ⟨ed.⟩ I. Hilberg, 3.246.4–7, in dem dieser Evagrios vorwirft, daß »er ein Buch und Sentenzen ‹Über die Leidenschaftslosigkeit› verfaßt hat, die wir Empfindungslosigkeit und Unerregbarkeit nennen können, da ja der Geist niemals durch irgendeinen Gedanken und Fehler beunruhigt/gerührt wird und, um es geradeheraus zu sagen, entweder ein Stein oder (ein) Gott ist.« (*edidit librum et sententias* περὶ ἀπαθείας, *quam nos* '*inpassibilitatem*' *uel* '*imperturbationem*' *possumus dicere, quando numquam animus ulla cogitatione et uitio commouetur et – ut simpliciter dicam – uel saxum uel deus est.*) In seinem Jeremias-Kommentar wiederholt er diesen Vorwurf, der gekoppelt ist an den Vorwurf der Sündlosigkeit oder Unfehlbarkeit (*anamartēsía/inpeccantia*), und dehnt ihn auf Origenes, Rufinus (ca. 345–410) und den römischen Häretiker Iovinianus (gest. vor 406) aus, Apathie und Sündlosigkeit/Unfehlbarkeit dabei »die Häresie von Pythagoras und Zenon« (*heresis Pythagorae et Zenonis* ἀπαθείας *et* ἀναμαρτησίας, *id est 'inpassibilitatis' et 'inpeccantiae'*) nennend, cf. S. E. Hieronymos, In Hieremiam 4.1.2, ⟨ed.⟩ S. Reiter, p. 174. Die Spannung zwischen den beiden von Hieronymos eröffneten Alternativen wird uns noch ausgiebig beschäftigen, insbesondere unter dem Aspekt, daß sich viele Jünger der Weisheit, sowohl Aristoteles' als auch Hieronymos' Vorstellungen von Tugend und Untugend widerstreitend, für die zweite Möglichkeit entschieden.

[49] Cf. Aristoteles, Ethica ad Nicomachum 1173^{a}5–11; 1153^{b}4–7.

schickt worden war, sagte, darauf hinauslief, daß die beste Lehre die sei, die Lust/Freude und Leid/Schmerz aus der Seele beseitige.[50]

Weder die Verwandtschaft zwischen der Leidenschaftslosigkeits- und Sanftmutslehre der Aristoteliker noch deren gemeinsamer Problempunkt blieb den Philosophen der gegnerischen Schulrichtungen verborgen. Beide nahm Cicero innerhalb eines einzigen Gedankengangs von (s)einer stoischen (und skeptischen?) Warte aus ins Visier, was zu berücksichtigen ist, um den Sinn der von ihm verwandten Begriffe richtig einzuschätzen: »Dessenthalben macht es keinen Unterschied, ob sie maßvolle/gemäßigte Leidenschaften, maßvolle/gemäßigte Ungerechtigkeit, maßvolle/gemäßigte Trägheit/Feigheit oder maßvolle/gemäßigte Zügellosigkeit/Unmäßigkeit billigen. Wer nämlich den Mängeln/Lastern ein Maß hinzufügt/beilegt [oder: eine Grenze setzt], unterstützt einen Teil der Mängel/Laster, was nicht nur an sich verwerflich, sondern umso ärgerlicher ist, weil sie sich auf schlüpfrigem Untergrund befinden und einmal in Bewegung versetzt den Hang hinabgleiten und keinesfalls zurückgehalten (*sustineri*) werden können. Was soll man gar dazu sagen, daß dieselben Peripatetiker die Leidenschaften, solche, von denen wir annehmen, daß sie auszurotten sind, nicht nur natürlich, sondern auch naturgegeben nützlich nennen? ...... Außerdem bestreiten sie, daß einer, der nicht in der Lage ist zu zürnen, für einen Mann gehalten werden kann, und das, was wir Milde [Sanftmut/Gelassenheit/Ruhe] nennen, belegen sie mit dem lästerlichen Namen der Schlaffheit [Trägheit/Laxheit/Phlegma/Indifferentismus].«[51]

---

[50] Cf. Strabon, Geographica C 716 (15.1.65): *'ōs eíē lógos áristos, 'òs 'ēdonèn kaì lúpēn psuchē̃s aphairḗsetai.*C 713 (15.1.59).

[51] M. T. Cicero, Tusculanae disputationes 4.XVIII.42–XIX.43: *Quam ob rem nihil interest utrum moderatas perturbationes approbent an moderatam iniustitiam, moderatam ignaviam, moderatam intemperantiam; qui enim vitiis modum apponit, is partem suscipit vitiorum; quod cum ipsum per se odiosum est, tum eo molestius, quia sunt in lubrico incitatique semel proclivi labuntur sustinerique nullo modo possunt. Quid? quod iidem Peripatetici perturbationes istas, quas nos exstirpandas putamus, non modo naturales esse dicunt, sed etiam utiliter a natura datas; ...... Virum denique videri negant, qui irasci nesciat, eamque, quam lenitatem nos dicimus, vitioso lentitudinis nomine appellant.* Zur Sanftmut, Milde, Gelassenheit und Mäßigung bei Cicero cf. H. Merguet, Lexikon zu den Schriften Cicero's 2.1.339 (*benignitas*); 2.1.510–512 (*constantia*); 2.1.433 (*clementia*); 2.2.445 (*lenitas*); 2.2.522 (*mansuetudo*); 2.2.556–557 (*mitigo, mitis*); 2.2.560–563 (*moderatio, modestia, modicus*); 2.3.29–31 (*patientia*); 2.3.88–90 (*placatio, placo*). Das Bild von der Schlüpfrigkeit findet sich auch in M. T. Cicero, Academica 2. (Lucullus) XXI.68, anläßlich der Gewohnheit des Zustimmens (*consuetudo adsentiendi*). Von Cicero dürfte es zu Plutarch gelangt sein, cf. Ploutarchos, De de-

Ploutarchos (ca. 50–125) differenziert zwischen der Leidenschaftslosigkeit und der Sanftmut derart, daß er erstere als Zielbeschreibung, zweitere als Wegcharakterisierung von Weisheit definiert. Einerseits nennt er die perfekte Apathie groß und göttlich, andererseits das (weisheitliche) Wachsen eine Art Nachgeben und Milde/Sanftheit der Leidenschaften.[52] Im zwischenmenschlichen Verkehr spricht er der Sanftmut aber durchaus den Grad höchster verhaltens- und haltungsethischer Tugend zu: »Denn heftiges Aufgescheucht-/Erregtsein und unangebrachtes Verlangen und Streben oder umgekehrt Abwendung/Abwehr und Abneigung angesichts der Tatsachen/-bestände erzeugen gegenüber den Menschen, durch die wir, wie wir meinen, einerseits um etwas gebracht, von denen uns andererseits etwas zugefügt wurde, Mißtrauen und Unverträglichkeit«, sagt Plutarch und fährt fort: »Wer aber gewohnt ist, sich gelind und gemäßigt in die Umstände/Tatsachen zu fügen, dem wird es möglich, mit den Menschen als äußerst Heiterer/Gelassener und Sanftmütiger/Milder Umgang zu pflegen.«[53]

Die Ablehnung von Apathie und Sanftmut als Weisheitsziel durch den Stagiriten dürfte an seinem polis-orientierten, quantitativ-dynamischen, oder eigentlich: energetischen, handlungs- und verhaltensspezifischen Begriff von der praktischen Mitte liegen (Tatethik), der dem transpolitischen, qualitativ-statischen, einstellungs- und haltungsspezifischen einer zum äußersten entschlossenen Heilslehre gegenübersteht (Seinsethik).[54] Anhand des transzendenzorientierten

---

fectu oraculorum (Moralia) 431A: Auf dem schlüpfrigen Boden bei der Diskussion um die Grenzenlosigkeit des Kosmos müßten wir uns eines Übermaßes an Glauben entledigen (*aphairõmen*) und uns festhalten/zusammennehmen (*diasõjzõmen*). M. de Montaigne, Les Essais 2.12.237.22–23/Œuvres complètes (Sigle: OC), p. 490 = O. Flake & W. Weigand ⟨trr.⟩, Gesammelte Schriften Michel de Montaignes (Sigle: GS) 3.320/⟨tr.⟩ J. D. Tietz, 2.169, fragt anläßlich dieser Einsicht rein rhetorisch: »Was bedeutet dieses ständig Wiederholte: An einem glatten und rutschigen Ort laßt uns unseren Glauben suspendieren [in die Schwebe bringen]?« (*Que signifie ce refrein: En vn lieu glissant & coulant suspendons nostre creance?*).

[52] Cf. Ploutarchos, Quomodo quis suos in virtute sentiat profectus (Moralia) 83E: *'ẽ pantelẽs apátheia méga kaì theĩon, ⟨en⟩ endósei dé tini kaì praótẽti pathõn 'õs légomen 'ẽ prokopẽ́, …*

[53] Ploutarchos, De tranquillitate animi (Moralia) 468E-F: *'ai gàr sphodraì perì tà prágmata ptoĩai kaì par' axían ephéseis kaì diõxeis ẽ pálin apostrophaì kaì diabolaì tàs pròs anthrõpous eggennõsin'upopsías kai duskolías, 'uph' 'õn tà mèn apostereĩsthai toĩs dè peripíptein dokoũmen· 'o dè toĩs prágmasin ethistheìs elaphrõs sumperiphéresthai kaì metríõs eukolõtatos anthrõpois 'omileĩn gínetai kaì praótatos.*

[54] Diese These habe ich anläßlich eines Vergleichs des vom Lykeion ausgehenden, sich

Apathie- und Milde-Gedankens von Clemens Alexandrinus (ca. 140/150–215/16) und des quasi-transzendenzorientierten von Euagrios Pontikos (345–399) wird unten aufgewiesen werden, daß man die Begriffsbestimmungen des Peripatos als Grundlage anerkennen kann, ohne darin befangen bleiben zu müssen. Es darf folglich nicht verwundern, wenn ersterer trotz seines ideellen Abstands zur Aristotelik die Mitte als das Gute preist,[55] und letzterer, obwohl er Milde, Erbarmen, Menschen- und Gottesliebe über alle anderen Trefflichkeiten stellt, Tugend mit Aristoteles als Mitte definiert und sowohl in der hinsichtlich ihrer Authentie nicht völlig geklärten Schrift über die Zeichen der Ruhe/Hesychie als auch in einem Brief an einen Mönchsfreund rät, sich an die Mitte und in dieser Mitte des Königswegs zu halten.[56] Mit der Lehre des byzantinischen Theologen Maximus Confessor (580–662), die hinsichtlich der Ausgestaltung des christlichen Dogmas einen nicht zu unterschätzenden Einfluß ausübte, verhält es sich nicht viel anders. Obwohl in ihr als Ziel der Ethik, wie gleich gezeigt, ganz unaristotelisch die uneingeschränkte Sanftmut ausgegeben wird, beruft sie sich in den Tugenden nichtsdestotrotz auf die peripatetische Mitte (*toutéstin tēn mesótēta tōn aretōn metéchetai*).[57] Ein Zitat aus der ‹Vaterunser-Auslegung› von ihm erspart uns viele Worte, die mystisch-asketische Wendung der Tugend-, Mitten-, Apathie- und Sanftmutslehre ausführlich zu erörtern. »Mir scheint nun aber ›Erde‹ den Logos, die festgefügte, völlig unveränderliche und vom Guten nicht abzubringende Verfassung und Fähigkeit des Sanftmütigen zu bezeichnen, wie sie beim Herrn immerdar vorhanden ist, unablässige Freude birgt, das von jeher bereitete Reich betreten hat und einer Stätte und eines Rangs im Himmel für würdig erachtet wurde, als eine Art Erde, die die Mittenlage des Alls, den Maßstab/Logos der Tugend, einnimmt. Diesem gemäß

---

zusehends differenzierenden westlichen und des buddhistischen Mitten-Begriffs in H. P. Sturm, Weder Sein noch Nichtsein, pp. 80–94, versucht zu erweisen. Zum Unterschied zwischen ‘ethischem’ Besitzen und Ausüben, Haltung und Handlung, cf. Aristoteles, Ethica ad Nicomachum 1098^{b}30–1099^{a}7.

[55] Cf. Clemens Alexandrinus, Paedagogus 2.1.16.4; die stoische Mitte ist in idem, Stromata 4.26.164.3–4 & 7.3.17.3, angesprochen.

[56] Zum ersten Argumentteil cf. Euagrios Pontikos, Scholia ad Proverbia 53.1; zum zweiten Argumentteil cf. idem, Admonitio de signis quietis, ⟨ed./tr.⟩ J. Muyldermans, Evagriana Syriaca, p. 155 = idem, Über die acht Gedanken, ⟨tr.⟩ G. Bunge, p. 32 (Prolog); idem, Epistulae 16.1 (Ad Abbam Lukion), Zählung und Übersetzung ⟨tr.⟩ G. Bunge, p. 227 = ⟨ed.⟩ W. Frankenberg, Euagrius Ponticus, pp. 576/577.

[57] Cf. Maximus Confessor, Qvaestiones et dvbia 27.3–15.

bleibt der Sanftmütige leidenschaftslos in der Mitte zwischen Ruhm und Schmach, weder durch Lobreden aufgeblasen noch durch Schmähreden verhärtet/verschlossen. Denn der Logos ist naturgemäß von dem befreit; vom Verlangen Abstand genommen habend empfindet er die Angriffe dieser Belästigungen/Beunruhigungen nicht; indem er sich von den Wallungen/Stürmen angesichts dieser losgerissen hat, trachtet die ganze Kraft der Seele nach der göttlichen und herrenlosen/unverkäuflichen Freiheit. Indem der Herr wünscht, die Seinen an dieser teilhaben zu lassen, sagt er: ›*Nehmt mein Joch auf euch und lernt von mir, denn ich bin sanftmütig und demütig von/im Herzen und ihr werdet Ruhe finden für eure Seele.*‹ [Mt 11.29] Ruhe nennt er die Macht des göttlichen Reiches, wie sie in den Würdigen eine von aller Knechtschaft entbundene Herrschaft hervorbringt.«[58] Die definitorischen Grundlegungen der lebenswelt-

---

[58] Maximus Confessor, Expositio orationis dominicae 313–333 ≈ Patrologia Graeca (Sigle: PG) 90.885D/888B: *Allà nũn gẽn pháskein oĩmai tòn lógon, tền pagían kaì pantelõs ametátheton apò toũ kaloũ tẽs tõn praéōn atrepsías ʻéxin kaì dúnamin, ʻōs aeì sùn kuríōj ʻupárchousan, kaì charàn anékleipton échousan, kaì basileías anékathen ʻētoimasménēs epeilēmménēn, kaì tẽs en ouranõj stáseōs te kaì táxeōs ēxiōménēn, ʻoĩa dề gẽn tina mésēn toũ pantòs thésin apolaboũsan, tẽs aretẽs tòn lógon· kath' ʻòn mésos euphēmías kaì dusphēmías ʻupárchōn ʻo prãos apathès diaménei, mếte taĩs euphēmíais phusṓmenos, mếte taĩs dusphēmíais stegnoúmenos· ʻõn gàr ʻo lógos ʻupárchei katà phúsin eleútheros, apostếsas tền éphesin, toútōn diochloúntōn taĩs prosbolaĩs ouk aisthánetai, katapaúsas ʻeautòn tẽs perì taũta zálēs kaì pròs tền theían kaì ápraton eleutherían ʻólēn tẽs psuchẽs methormếsas tền dúnamin· ʻẽs toĩs ʻeautoũ mathētaĩs ʻo kúrios metadoũnai pothõn,* Árate *phēsì* tòn zugón mou eph' ʻumãs kaì máthete ap' emoũ ʻóti prãós eimi kaì tapeinòs tẽj kardíaj, kaì ʻeurésete anápausin taĩs psuchaĩs ʻumõn, *anápausin légōn tò tẽs theías basileías krátos, ʻōs pásēs apēllagménēn douleías toĩs axíois empoioũn despoteían.* Man vergleiche die gesamte Textstelle o. c. 270–518 ≈ PG 90.885A/896A. Euagrios Pontikos, Kephalaia Gnostica 1.5, griechisches Textfragment 5, in J. Muyldermans, Evagriana, p. 57, definiert die Mitte als das, was sowohl schafft als auch geschaffen ist, während die Extreme weder schaffen noch geschaffen sind (*ʻAi akrótētes oúte gennõsin, oúte gennõntai· ʻē dè mesótēs kaì gennãj kaì gennãtai.*). Stimmte die These, daß es sich bei dieser Mitte um den Logos-Nous des christlichen Neoplatonismus handelt, dann müßte es sich bei der Logos-Mitte von Maximus um einen entfalteten Grundgedanken von Evagrius, dem christlichen Meister der Sanftmut, handeln. Zur Milde siehe auch Maximus Confessor, Ambigua 21, Zählung E. Ponsoye = PG 91.1249A-B (199[a]): »Denn aus diesen vier generellen Tugenden [sc. Klugheit, Tapferkeit, Besonnenheit, Gerechtigkeit] hinwiederum entstehen durch Synthese, so wird gelehrt, zwei [noch] generellere Tugenden, die Weisheit und die Sanftmut, wobei die Weisheit auf der einen Seite das Ziel im Erkennen, die Sanftmut auf der anderen Seite das Ziel im Handeln ist. Aus der Klugheit und Gerechtigkeit entsteht gewissermaßen die Weisheit, insofern sie der zusammenhaltende Grund der Erkenntnis gemäß der Klugheit und des Wissens gemäß der Gerechtigkeit darstellt und dadurch, wie gesagt,

lichen Ethik durch Aristoteles und ihre Weiterführungen innerhalb der Stoa und anderer hellenistischer Weisheitsschulen sind durch die philosophierenden Kirchenlehrer so tief in die christliche Morallehre

---

das Ziel im Erkennen erlangt; aus der Tapferkeit und der Besonnenheit die Sanftmut, die nichts anderes als die völlige Unbeweglichkeit von Ungestüm/Zornmut und Begierde gegenüber dem Widernatürlichen erlangt, welche manche Leidenschaftslosigkeit/Apathie nennen, und die dadurch das Ziel im Handeln darstellt. Diese [beiden] hinwiederum nenne ich als generellste Tugend von allen die Liebe, da sie zusammenzieht, was von ihr absteht, anzieht, was durch sie ist und vereinigt, was in ihr gründet, bewegt wird und liegt und bei allen die Vergöttlichung herbeiführt.« (*Ek dè toútōn aũthis tõn genikõn tessárōn aretõn dúo genikōtéras katà súnthesin aretàs poieĩn ekdidásketai, tèn sophían phēsì kaì tèn praótēta, tèn mèn sophían, 'ōs péras oũsan tõn gnōstõn, tõn dè praktõn, tèn praótēta· 'oĩon ek mèn tẽs phronéseōs kaì tẽs dikaiosúnēs poieĩ tèn sophían, 'ōs gnṓseōs tẽs katà tèn phrónēsin kaì tès katà tèn dikaiosúnēn epistḗmēs 'upárchousan sunektikèn aitían, kaì dià toũto péras tõn gnōstõn, 'ōs eĩpon, tugchánousan· ek dè tẽs andreías kaì tẽs sōphrosúnēs tèn praótēta, mēdèn állo tugchánousan è thumoũ kaì epithumías pantelẽ pròs tà parà phúsin akinēsían, 'ḗn tines ekálesan apátheian, kaì dià toũto tõn praktõn télos 'upárchousan. Taútas dè pálin eis tèn tõn sunágei, ekstatikèn oũsan tõn ex autẽs kaì prosagōgikèn tõn di' autẽs kaì 'enopoiētikèn tõn eis autèn arxaménōn te kaì kinēthéntōn kaì lēxántōn, kaì diapheróntōs epì pãsi theopoiētikèn.*) Diese Lehre wurde übernommen von J. S. Eriugena, De divisione Naturae 5.31 = Patrologia Latina (Sigle: PL) 122.946C. Zur Sanftheit auch Maximus Confessor, Ambigua 56, Zählung E. Ponsoye = PG 91.1380A (250[b]–251[a]); idem, Capita de caritate 1.80; 2.47; 2.57; 3.47; idem, Liber asceticus 45; idem, Capita gnostica 1.16; idem, Epistolæ 2 (220) = PG 91.396A (Sanftmut als eine Art des Guten, die in der Liebe enthalten ist und sowohl Tadel wie Lob ohrfeigt, die Belästigung der entgegengesetzten Übel von Ehre und Schande abschlägt und ein unveränderliches Gemüt [Gleichmut] gegenüber denen aufrechterhält, die einem Böses zufügen, so daß man überhaupt nicht in Groll versetzt wird); o.c. 4 (234) = PG 91.417B (Sanftmut als In-der-Auslage-Bleiben und Haltung, die die widernatürlichen Regungen von Ungestüm und Begierde abschlägt); o.c. 13 (292) = PG 91.509D/512A (ähnlich der vorhergenden Definition mit Zitat von Psalm 25.9); idem, Qvaestiones et dvbia 29.24–27 (Sanftmut als Ziel der ethischen Philosophie und eine der drei Städte im Inneren, die den Gnostikern zugeteilt sind); 99.19–20 (Sanftmut als ein Charakteristikum des Antlitzes Gottes); 191.34–46, 53–55 (Sanftmut als Bewegungslosigkeit von Gemütswallung und Begierde und als ein Kennzeichen des Körpers des Logos, des Wesens der Tugend); I.1 (Sanftmut als eine von mehreren Tugenden der Seele, entfernt verwandt zum Umkreis der Stellen idem, Epistolæ 2 (220) & 2 (226) = PG 91.393D/396B & 91.405A; zu ersterer Stelle später mehr); III.1.10–13 (im Kontext der göttlichen Güte, zusammen mit Apathie und Langmut). Zum Ausfließen des Schmachtens der Leidenschaften aus dem Leib und dem Süß- und Mildwerden der Seele (*tèn 'ugrótēta tõn pathõn aporréōn … glukeínetai kaì 'apalúnetai tèn psuchèn*) cf. o.c. 8. Zur Warnung, sich nicht von den falschen Urteilen der äußerst dummen und falschen Gedanken und des leeren Wähnens der Sterblichen hinreißen zu lassen und die Leidenschaft zu zügeln sowie zur Güte und Heiterkeit Gottes cf. die eindringliche Stelle J. S. Eriugena, De divisione Naturae 5.36 = PL 122.968B-C; zur Sanfheit und Milde bei Eriugena cf. G. H. Allard, Johannis Scoti Eriugenae Periphyseon indices generales, p. 71 (*clementia*), p. 310 (*mansuetudo*), p. 321 (*mitis*).

eingedrungen, daß man sie heute kaum mehr als griechisch-heidnische Dogmen erkennt, während ihre mystisch-asketischen Aus- und Umformungen, hierin den spätantik-heidnischen Erneuerungsbewegungen der Philosophie ähnlich, gewissermaßen zur überweltlichen Ethik der vor-hellenistischen Mysterienbewegungen zurückkehren, die in der Akademie ihren kunstvollsten Ausdruck fanden.

Wüßte man nicht, daß die folgende Zwecksetzung der Philosophie von dem seit über zwei Jahrtausenden unbegründet wegen seines vermeintlichen Hedonismus geschmähten Epikouros (341–270) verkündet wurde, man könnte sie spielend den Stoikern oder Skeptikern zuschreiben: »Leer ist jenes Philosophen Wort, durch das kein Pathos [Leiden(schaft)/Affekt/Erregung] geheilt wird. Wie nämlich die Heilkunde, die die Krankheiten nicht aus dem Körper vertreibt, keinen Nutzen hat, so auch nicht die Philosophie, wenn sie nicht das Pathos der Seele vertreibt.«[59] Die anschließend wiedergegebene Lob-

[59] Epikouros, Epicurea, ⟨ed.⟩ H. Usener, p. 169.14–17, Fragment 221 (Incertae sedis fragmenta opinionvmque testimonia) = Porphyrios, Ad Marcellam 31, ⟨ed.⟩ Nauck, p. 209, 23: *kenòs ekeínou philosóphou lógos, ‘uph’ ‘oũ mēdèn páthos anthrṓpou therapeúetai· ‘ṓsper gàr iatrikẽs oudèn óphelos mè̄ tàs nósous tõn sōmátōn ekballoúsēs, ‘oútōs oudè philosophías, ei mè̄ tò tẽs psuchẽs ekbállei páthos.* Zwar nennt Eusebeios, Praeparatio evangelica 14.18.4 (758d), die ‘*ēdonḗ* als Heil des Skeptikers, Sextos Empeirikos, Pyrrhoneion Hypotyposeon 1.215; 3.187; idem, Adversus Mathematicos 11.73–74; 11.179, jedoch polemisiert gegen die ‘Lust’ als Ziel der Philosophie bei den Kyrenaikern und bei Epikouros und lehnt sie für den Pyrrhonismus ab. Platon, Philebos 53b-55c, hatte die Lust dem Werden zugeordnet, das um des Seins willen stattfinde. Damit sei ersteres dem letzteren, dem der Rang des Guten zukomme, unterlegen, weshalb dann o. c. 65c, auch ausgeführt werden kann, daß die Lust das Täuschendste von allem ist (‘*Ēdonè̄ mèn gàr ‘apántōn alazonístaton*). Daß mit diesem Begriff bei Epikur aber nicht dem Hedonismus des Lüstlings das Wort geredet werden sollte, und daß dieser somit der Skepsis lebenspraktisch gesehen sehr wohl zur Ehre gereichen würde, obwohl er ziemlich ‘realistisch’ zu verstehen ist, erhellt aus der Charakterisierung des höchsten Guts, der ‘*ēdonḗ*, durch den Meister des Gartens: er verlegt das Gute in die tiefste Ruhe wie in einen wellenlosen und stillen Hafen (*tagathòn en tõj bathutátōj tẽs ‘ēsuchías ‘ṓsper en aklústōj liméni kaì kōphõj tithémenos*), cf. Ploutarchos, Maxime cum principibus philosopho esse disserendum (Moralia) 778C = ⟨ed.⟩ H. Usener, Epicurea, p. 325, Vestigia, Nr. 544 – in die *autárkeia,* Selbstgenügsamkeit/In-sich-Gründen/In-sich-Ruhen (Clemens Alexandrinus, Stromata 6.2.24.8 = ⟨ed.⟩ H. Usener, Epicurea, p. 303, Vestigia, Nr. 476; et al.) – und setzt es gleich mit den Privationstermini *ataraxía,* Unerschütterlichkeit (Epikouros, Epistula 3.128 (Brief an Menoikeos); idem, Sententiae selectae 144, Nr. XVII = ⟨ed.⟩ H. Usener, Epicurea, p. 75; Clemens Alexandrinus, Stromata 6.2.24.10 = ⟨ed.⟩ H. Usener, Epicurea, p. 317, Vestigia, Nr. 519; et al.), mit *ataraxía* und *aochlēsía,* Unbelästigtheit (Epikouros, Fragment LXXIX, ⟨ed./tr.⟩ C. Bailey, pp. 118/119), mit *aochlēsía* und *alupía,* Leidlosigkeit (Clemens Alexandrinus, Stromata 2.23.138.4 = ⟨ed.⟩ H. Usener, Epicurea, pp. 319–320, Vestigia, Nr. 526), mit *alupía* und *praótēs pathõn,* Milde

rede ist bei Cicero also nicht ohne Grund überliefert: »Schulden wir ihm nicht den größten Dank, der die Stimme der Natur gleichsam deutlich vernommen habend, so fest und ernst auffaßte, daß er alle Wohlverständigen auf den Weg eines besänftigten, ruhigen, stillen, glücklichen Lebens hinführte?«[60]

Wenn man bedenkt, daß an jedem geistigen Akt unzertrennlich, und deshalb nur analytisch unterscheidbar, die drei menschlichen Grundvermögen von Fühlen, Wollen und Denken, wie man sie im Abend- wie Morgenland gleichermaßen anerkennt, beteiligt sind, dann wird mit einem Schlage klar, daß die vollständige Aussetzung einer ihrer Funktionen, der affektiv-emotiven, der voluntativ-konativen oder der intellektiv-kognitiven, zur Stillstellung auch der übrigen führte und die Intentionalstruktur unseres Bewußtseins – von außen betrachtet – in sich zusammenstürzte. Positiv ausgesprochen und bezogen auf den Neoplatonimus als Beispiel heißt das: »Das Ziel, das er sich setzt, ist die Vereinigung des Menschen mit Gott durch die Entwicklung des Geistes, der die Wahrheit sucht, des Willens, der das

---

[Gleichgültigkeit/Gelassenheit] des Empfindens (Ploutarchos, De audiendis poetis (Moralia) 37A = ⟨ed.⟩ H. Usener, Epicurea, p. 325, Vestigia, Nr. 548), sowie mit *doloris amotio, dolore carere, privatio doloris, vacuitas doloris, nihil dolore, non dolendi status* (M. T. Cicero, De finibus bonorum et malorum 1.XI.37–39; 2.IX.28), *doloris detractio* (M. T. Cicero, De officiis 3.XXXIII.118), und *toũ algoũntos 'upexaíresis* (Sextos Empeirikos, Adversus Mathematicos 1.273), d. h. mit der Leid- und Leidenschaftslosigkeit. Interessant in bezug auf die Diskussion um den buddhistischen Mittelweg dürfte sein, daß nach M. T. Cicero, De finibus bonorum et malorum 1.XI.38 & Ploutarchos, Adversus Colotem (Moralia) 1123A, Epikouros nicht anerkannt hätte (*non placuit Epicuro*), daß es gewissermaßen eine Mitte zwischen Leid und Freud' gebe (*medium esse quiddam inter dolorem et voluptatem*). Denn genau das, was von einigen als die Mitte/Neutralität angesehen werden würde (*illud enim ipsum quod quibusdam medium videretur*), sei, da es allen Leides/Schmerzes entbehre, nicht nur Freude, sondern in Wahrheit die höchste Lust [Wonne/Seligkeit] (*cum omni dolore careret, non modo voluptatem esse verum etiam summam voluptatem*). Damit dürfte Cicero nicht nur seiner Verwunderung darüber, daß gerade jener (Epikur) viel an vielen Stellen über Zurückhaltung und Maßhalten spricht (*de continentia et temperantia dicit ille quidem multa multis locis*), durch sich selbst benommen, sondern auch einer Antwort auf seine damit einhergehende Frage in M. T. Cicero, De officiis 3.XXXIII.117, durch sich selbst enthoben sein: wie derjenige, der das höchste Gut in die Lust verlegt, die Mäßigung [Besänftigung/Enthaltsamkeit] preisen kann (*qui potest temperantiam laudare is, qui ponat summum bonum in voluptate?*).

[60] M. T. Cicero, De finibus bonorum et malorum 1.XXI.71: *nonne ei maximam gratiam habere debemus qui hac exaudita quasi voce naturae sic eam firme graviterque comprehendit ut omnes bene sanos in viam placatae, tranquillae, quietae, beatae vitae deduceret?*

Gute erreichen will, des Empfindens, das sich um die Schönheit bemüht.«[61] Bevor wir dazu ein Schema vorlegen, einige Belege aus der sogenannten westlichen und östlichen Mystik. Wir beginnen mit einem abendländischen Dokument des Eckhart-Schülers Johannes Tauler (1300–1361), in welchem der Zustand beschrieben ist, der eintritt, wenn der Mensch in seinen Grund gelangt, der zugleich der göttliche Abgrund ist.

»In dem Abgrund verliert sich der Geist so tief und in so grundloser Weise, daß er von sich selbst nicht(s) weiß; er weiß da weder Wort noch Weise, weder Empfinden noch Fühlen, weder Erkennen noch Lieben, denn es ist alles ein lauterer, bloßer, einfaltiger Gott, ein unaussprechlicher Abgrund, ein Sein/Wesen, ein Geist; … … Davon ausgehend läßt sich sagen, daß man erkenntnis-los und lieb-los und taten-los und geist-los werde.«[62] »Diejenigen Menschen, welche mit dem Heiligen Geist erfüllt werden wollen, müssen zuvor ihr Herz entleeren von eigener Liebe, von eigenem Meinen/Denken und von eigenem Willen und gelassen sein in Beschwernis und Mißgeschick. … … Ja, so viel du in Wahrheit geleert bist, so viel empfängst du auch: je weniger dieses, desto mehr jenes: eigene Liebe, eigenes Meinen/Denken, eigener Wille, ja von all dem sollst du gar abgegangen sein.«[63]

---

[61] F. Picavet, Hypostases Plotiniennes et trinité chrétienne, p. 11.

[62] J. Tauler, Die Predigten Taulers, ⟨ed.⟩ F. Vetter, p. 109.20–23 & p. 257.35–37: *In dem abgrunde verlúret sich der geist so tief und in so grundeloser wisen das er von ime selber nút enweis, er enweis do noch wort noch wise, noch smacken noch fůlen, bekennen noch minnen, danne es ist alles ein luter blos einvaltig Got, ein unsprechenliches abgrunde, ein wesen, ein geist; … … Us disem mag man sprechen das man werde kennelos und minnelos und werklos und geistlos.*

[63] J. Tauler, Die Predigten Taulers, ⟨ed.⟩ F. Vetter, p. 304.8–11 & p. 306.8–10: *wele menschen erfüllet werden súllent mit dem heiligen geiste, die můssent vor irre hertzen lidigen von eiginer minnen, von eigener meinunge und von eigeme willen und gelossen sin in sworheit und in ungeschicketheit. … … Ja ob du wol in der worheit geitelt bist, so enphahest du och als vil: als vil dis minre, als vil jens mere: eigener minne, eigener meinunge, eigens willen, ja des solt du alles gar sin us gegangen.* Zur Leerung vgl. die zweierlei Werke des Heiligen Geistes in o. c., pp. 305.20–306.30, insbesondere p. 305.22–25: den Menschen zu leeren (*iteln*) und im Gegenzug diese Leere zu füllen (*er füllet das ital als verre und als vil als er ital vindet*). Hier zu nennen auch die geistliche Armut bei Meister Eckhart, Die deutschen Werke (Sigle: DW) 2.486–506, Predigt 52: Beati pauperes spiritu, welche erfordert, daß der Mensch leer sei von Willen, Wissen und Haben; die Originaldefinition des Eckhartschen armen Menschen wird im Kapitel 1.3.4 gegeben. Cf. Johannes Scheffler (1624–1677), bekannt geworden unter dem Pseudonym A. Silesius, Cherubinischer Wandersmann 1.19, 1.24, 1.45. Theologia Deutsch, ⟨ed.⟩ H. Mandel, pp. 13–14, Kapitel 5: »*Wie man das versten soll, das man weißlos, willoß,*

In seiner Abhandlung zur Gottesliebe verwendet der Hl. Franziskus von Sales (1567–1622) das ternäre Funktionsmodell der Seele innerhalb seiner vierstufigen Ekstasenhierarchie theistisch und positiv gewendet. Neben der sehr schändlichen Ekstase oder abscheulichen Entrückung der sinnlichen Ebene[64] existierten drei Arten von heiligen und erstrebenswerten Ekstasen: die des Erkennens, die der Gemütsregung und die des Handelns. Die erste bestehe im Glanz und geschehe durch Bewunderung; die zweite bestehe in der Inbrunst und geschehe durch Hingabe; die dritte bestehe im Werk und geschehe durch das Tun.[65] In den ersten beiden heiligen Ekstasen spielen Denken, Fühlen und Wollen nun folgendermaßen ineinander: »Der unübertrefflich gute und schöne Gott, Vater allen Lichts, zieht durch seine Schönheit nun unser Erkennen an, Ihn zu schauen, und durch seine Güte unseren Willen, Ihn zu lieben. Wegen seiner Schönheit ergießt Er seine Liebe in unseren Willen, indem Er unser Erkennen mit Wonne überhäuft; wegen seiner Güte treibt Er unser Erkennen an, Ihn zu schauen, indem er unseren Willen mit seiner Liebe erfüllt; die Liebe reizt uns zur Schauung und die Schauung zur Liebe. … die Liebe ist es, die das Erkennen zur Schauung und den Willen zur Ei-

---

liebloß und begirdloß und bekenloß und des gleichen werden soll«. (Pseudo-)Juan de la Cruz (Johannes vom Kreuz), Tratado breve (Kurze Abhandlung), ⟨ed.⟩ G. de San Juan de la Cruz (Sigle: OEC), 3.305 (Capítulo IV, 4) = Sämtliche Werke (Sigle: SW) 5.336–337: Um zur perfekten Einung mit Gott zu gelangen (*para alcanzar la perfecta unión con Dios*), ist es (nach dem Heiligen Dionys) nötig, alle Sinnes- und Verstandestätigkeit (*operaciones de los sentidos y del entendimiento*) zu lassen (*dejar*), ganz und gar entäußert, entblößt/nackt und leer aller Wahrnehmung, Neigung und Lust am Geschaffenen zu sein (*ésta requiere que esté el alma del todo desapropiada, desnuda y vacía de toda aprehensión, afición y deleite en las criaturas*). Zum u. E. zwiespältigen Innehalten (*parar*) durch bloßes Nichtsdenken (*allí sólo en no pensar nada*) bei Juan werden wir einen Hinweis anläßlich der geistigen Leerung (*vacatio*) in der mystischen Theologie geben ↗Kapitel 1.3.3. Wie aus einigen Aussprüchen von Philosophen im Umkreis von Neoplatonik und Neopythagoreismus zur seelisch-geistigen Entblößung, die wir anschließend vorstellen werden, hervorgeht, gehörte das von uns skizzierte Dreierschema, welches der platonischen Dreiteilung der Seele entspricht, zu den anerkannten Ordnungsmustern innerhalb antiker Weisheitslehren.

[64] Cf. François de Sales, Œuvres complètes 2.158: *la tres-infame extase ou abominable ravissement qui arrive à l'ame .. par les amorces des playsirs brutaux, … l'extase sensuelle;* = Deutsche Ausgabe der Werke 4.45.

[65] Cf. François de Sales, Œuvres complètes 2.159: *quant aux extases sacrées, elles sont de trois sortes: l'une est de l'entendement, l'autre de l'affection, et la troisieme de l'action; l'une est en la splendeur, l'autre en la ferveur, et la troisieme en l'œuvre; l'une se fait par l'admiration, l'autre par la devotion, et la troisieme par l'operation.* = Deutsche Ausgabe der Werke 4.45.

nung bewegt ...«[66] Die dritte Form erstrebenswerter Verzückung, die des Werks und Lebens, eine und kröne gewissermaßen die niedereren, indem wir inmitten der Welt und in diesem sterblichen Leben gegen alle Meinungen und Maximen der Welt und gegen das Fließen des Stroms dieses Lebens durch täglichen Verzicht, tägliche Entsagung und Selbstverleugnung in einem andauernden Außer-sich-Sein eines übermenschlichen Lebens außer und über uns lebten.[67]

Als subkontinentales Pendant zu diesen christlichen Figurierungen des funktionalen Dreierschemas der Seele und seiner mystischen Transzendierung ein Vers aus der ‹Anu-Gītā› des ‹Mahābhārata›, einem der beiden größten Epen Indiens und zugleich einem der bedeutendsten der gesamten Weltliteratur: »Diejenigen, die durch Gleichmütigkeit/-gültigkeit gegenüber allem Gewordenen und durch Leidenschaftslosigkeit ohne Verlangen/Begehren sind und überall dasselbe sehen [einsehen/erkennen], können diesen Weg gehen.«[68] Parallel dazu eine Sequenz aus einer Weisheitsschrift, die dem anderen Riesenepos der Hindus, dem Rāmāyana, sehr nahe steht. Auch aus ihr geht hervor, daß die Retentionskunst dreigliedrig ist, bestehend aus einem Kognitionsmoment, einem Intentionsmoment und einem Emotionsmoment. »Und wenn du dir Mühe gibst mit dem vollständigen Verzicht auf Neigungen/Dispositionen, dann wird alles Unglück und Leid augenblicklich von dir abfallen (34). Solange der Verstand nicht verschwunden ist, so lange [tritt] die Auslöschung der Neigun-

---

[66] Cf. François de Sales, Œuvres complètes 2.161 = Deutsche Ausgabe der Werke 4.47: *Ainsy Dieu, pere de toute lumiere, souverainement bon et beau, par sa beauté attire nostre entendement à le contempler, et par sa bonté il attire nostre volonté à l'aymer. Comme beau, comblant nostre entendement de delices, il respand son amour dans nostre volonté; comme bon, remplissant nostre volonté de son amour, il excite nostre entendement à le contempler, l'amour nous provoquant à la contemplation, et la contemplation à l'amour. ... c'est l'amour qui porte l'entendement à la contemplation, et la volonté à l'union ...*

[67] Cf. François de Sales, Œuvres complètes 2.164–166: *la troisieme espece d'extase ... coronne les deux autres; et c'est l'extase de l'œuvre et de la vie. ... ... et en fin vivre emmy le monde et en cette vie mortelle contre toutes les opinions et maximes du monde, et contre le courant du fleuve de cette vie, par des ordinaires resignations, renoncemens et abnegations de nous-mesmes: ce n'est pas vivre humainement, mays surhumainement; ce n'est pas vivre en nous, mays hors de nous et au-dessus de nous: ... un ravissement continuel et une extase perpetuelle d'action et d'operation.* = Deutsche Ausgabe der Werke 4.50–51.

[68] Mahābhārata (Anu-Gītā) 14.50.38, ⟨edd.⟩ V. S. Sukthankar & S. K. Belvalkar = P. Deussen ⟨tr.⟩, p. 995: XIV.51.39 (1463b-1464a): *samena sarva-bhūteṣu niḥspṛheṇa nirāśiṣā | śakyā gatir-iyaṃ gantuṃ sarvatra sama-darśinā ||.*

gen/Dispositionen nicht [ein]; solange die Neigungen/Dispositionen nicht geschwunden sind, so lange kommt das Gemüt/der Geist nicht zur Ruhe (35). Solange die Erkenntnis der Wirklichkeit/Wahrheit nicht [eingetreten] ist, woher [sollte da] die Ruhe des Gemüts/Geistes [kommen]? Solange das Zur-Ruhe-Kommen des Gemüts/Geistes (*cittopaśamo*) nicht [stattgefunden hat], so lange [gibt es] die Wahrnehmung der Wirklichkeit/Wahrheit nicht (36). Solange es die Vernichtung der Neigungen/Dispositionen nicht gibt – woher [sollte da] die Erlangung der Wirklichkeit/Wahrheit [kommen]? Solange die Erfassung der Wirklichkeit/Wahrheit nicht [vollzogen ist], so lange [gibt es] die Auslöschung der Neigungen/Dispositionen nicht (37). Die Erkenntnis der Wirklichkeit/Wahrheit, die Vernichtung des Geistes und auch die Auslöschung der Neigungen/Dispositionen sind, indem sie sich gegenseitig Ursache sind, einzeln etwas schwer zu Verwirklichendes (38). Deshalb, o Rāghu, seien, nachdem man das Verlangen nach Genuß mit mannhafter Anstrengung und Unterscheidung/Urteil weit hinter sich gelassen hat, diese drei die Zuflucht (39). Lange gleichzeitig geübt tragen sie Früchte, o Weiser/Schweigender. Mit Hilfe dieser drei, unermüdlich geübt, platzen alle Knoten (40).«[69] Oder nehmen wir hier schon einmal die Definition von Yoga mit den Worten eines modernen indischen Vertreters dieser alten Weisheitslehre vorweg: »Patañjali definiert in seinen *Yoga Sutras* Yoga als die Auflösung der Szintillationen *vrittis* (abwechselnde Gedanken-, Begehrens-, Gefühlsfunken) im *chitta* oder Ur-Empfinden (das Gesamt des individualisierten Bewußtseins), das aus den Neigungen und Abneigungen entsteht, welche durch den Kontakt des Geistes mit den Sinnen

[69] Yogavāsiṣṭha[-Saṅgraha] 19.34–40, ⟨ed.⟩ P. Thomi, p. 44: *vāsanā–saṃparityāge yadi yatnaṃ karoṣi vā | tat-te śithilatāṃ yānti sarva-ādhi-vyādhayaḥ kṣaṇāt ||34|| yāvad-vilīnaṃ na mano na tāvad-vāsanā-kṣayaḥ | na kṣīṇā vāsanā yāvac-cittaṃ tāvan-na śāmyati ||35|| yāvan-na tattva-vijñānaṃ tāvac-citta-śamaḥ kutaḥ | yāvan-na citta-upaśamo na tāvat-tattva-vedanam ||36|| yāvan-na vāsanā-nāśas-tāvat tattva-āgamaḥ kutaḥ | yāvan-na tattva-saṃprāptir-na tāvad-vāsanā–kṣayaḥ ||37|| tattva-jñānaṃ mano-nāśo vāsanā–kṣaya eva ca | mithaḥ kāraṇatāṃ gatvā duḥsādhyāni sthita-anyataḥ ||38|| tasmād-rāghava yatnena pauruṣeṇa vivekinā | bhoga-icchāṃ dūratas-tyaktvā trayam-etat-samāśraya ||39|| sama-kāla-cira-abhyastā bhavanti phaladā mune | tribhir-ebhiś-cira-abhyastais-truṭyanti granthayo-'khilāḥ ||40||* Cf. den Parallelpassus der Langfassung: Yogavāsiṣṭha 5.92.9–22, ⟨ed.⟩ V. L. S. Pansikar. Zudem Bhagavad-Gītā 2.62–63; Bhagavad-Gītā 6.18 = Śrīmad-Bhagavad-Gītā 6.18: »Wenn der/das angehaltene Geist/Gemüt im Selbst allein ruht, dann wird einer, frei vom Verlangen nach allerlei Gelüsten, angejocht/angeschirrt genannt.« (*yadā viniyataṃ cittam-ātmany-eva-avatiṣṭhate | niḥspṛhaḥ sarva-kāmebhyo yukta ity-ucyate tadā ||*).

hervorgerufen werden. Yoga wurde in den Schriften ebenso definiert als das Ablassen von allen begehrlichen Gedanken und als die Erlangung eines Zustands von ›Gedankenlosigkeit‹.«[70] (siehe das folgende Schema)[71]

<table>
<tr><td colspan="2">Typik der Retentions- oder Einhaltetechnik
(Limes- oder Infinitesimalbetrachtung)</td></tr>
<tr><td rowspan="2">Gefühl/Fühlen (bhakti-yoga):
Apathie, Ataraxie =
= Leiden(schaft)slosigkeit,
Unerschütterlich-, Gleichgültigkeit</td><td>voluntativ-konativ
Fehlen der Motivations-Erregung; kein Anlaß zur Zustandsänderung, da kein Lustgefälle vorhanden</td></tr>
<tr><td>intellektiv-kognitiv
Impressionslosigkeit, Nicht-Affizierung; dem Denken ist nichts, kein Sinneseindruck, kein ‘Stoff’ gegeben, der beur-teilt werden könnte</td></tr>
<tr><td rowspan="2">Wille/Wollen (karma-yoga):
Athymie = Nicht-Wollen, Wunschlosigkeit, Indifferenz, Gelassenheit, Gleichmütigkeit</td><td>affektiv-emotiv
Duldung und Ertragen aller Gemütsbewegungen, Hinnahme, Nichts-etwas-anderem-Vorziehen</td></tr>
<tr><td>intellektiv-kognitiv
Aufhebung der Intentional-Struktur wegen Fehlen der Ziel-Projektion (= Gegen-stand) und Selektion: Bewußtsein von nichts (Bestimmtem)</td></tr>
<tr><td rowspan="2">Erkenntnis/Denken (jñāna-yoga):
Agnosie, Atyphie, Akrisie
Ur-teils-, Wissens-Enthaltung,
Gleich-Gültigkeit</td><td>affektiv-emotiv
Ununterscheidbarkeit der Gefühlsgegensätze von Lust – Leid etc., d. h. Eliminierung der Toleranzgrenzen</td></tr>
<tr><td>voluntativ-konativ
Verschwimmen fest umrissener Willensziele und Antriebsfaktoren (Motive)</td></tr>
</table>

[70] Yogananda Paramahansa, God Talks With Arjuna. The Bhagavad Gita 2.592–593; cf. Ś. Aurobindo, Birth Centenary Library 18.28[1], 75, 254–255; 19.637.

[71] Die Grobgliederung unserer Typik ist auch in der Phänomenologie Husserls anerkannt, indem das »cogito« als »die Komplexe meiner mannigfach wechselnden Spontaneitäten des Bewußtseins« in drei Hauptgruppen eingeteilt ist, in die »des theoretisierenden Bewußtseins« und »die vielgestaltigen Akte und Zustände des Gemüts und des Wollens«, cf. Husserliana 3/1.58.34–59.11. Der hier vorliegenden Typik der Retentions- oder Einhalte-Technik werde ich in einer eigenständigen kleinen Studie eine Typik der

Wenn ἐποχή also mit *Urteils*enthaltung übersetzt wird, dann wird ihre existentielle Tiefendimension eigentlich verdeckt, weil man mit dem Wort ›Urteil‹ heutzutage eine rein theoretische, abstrakt-logische Konnotation verknüpft,[72] und alle Theorie, da ist man mit dem deutschen Dichterfürsten fraglos einig, ist bekanntlich grau, grün nur des Lebens goldner Baum.[73] Will man die ἐποχή auf das Urteilen beschränken, dann muß man ins Bewußtsein rufen, daß ihr Bereich das innere Stellungnehmen, Werten, Billigen, Anerkennen, Berührtsein, Betroffensein u. s. w. in positiver wie negativer Ausprägung mit umfassen kann und muß, daß sie qua Nicht-Zustimmung eine Komponente der Empfindung und des Entschlusses einschließt: Distanziertheit und Reserve, Nicht-Identifikation, Abstandnahme, Nicht-Übereinstimmung, Gefühlsneutralität, Gleichgültigkeit durch gleiche Un-/Gültigkeit.

Die Urteilsenthaltung der Skeptiker dürfte somit im daseinsmäßig fundamentalen Sinne zu verstehen sein, als Vermeidung der Ur-Teilung. Sie stellt einen Haltungswandel, eine radikale Umorientierung des Lebensinteresses aus Einsicht in die Notwendigkeit endgültigen Heils dar, einen Schutzwall der Verhaltung gegen den An-

---

Protentions-, Amplexions- oder Zuwendungstechnik, entsprechend der Feststellung von Ś. Aurobindo, Birth Centenary Library 22.404: »… man kann den Versuch unternehmen, das Höchste durch die *neti neti* wie auch durch die *iti iti* Methode zu erreichen.« Cf. o. c. 18.476, 477, gegenüberstellen, um in einer Infinitesimalbetrachtung zu zeigen, wie die Plus- und Minusverfahren der via inclusionis und exclusionis bzw. Positiven und Negativen, oder besser, Mystischen Theologie unter Betonung verschiedener Wesensaspekte der menschlichen Persönlichkeit auf verschiedenen Wegen zum selben Ziel gelangen. Cf. A. K. Coomaraswamy, Rebirth and Omniscience in Pāli Buddhism, p. 25: »Innerhalb dieser via remotionis wird auf Gott in der christlichen Literatur oft als ‘Nichts’ Bezug genommen; die Upaniṣads verkünden in der gleichen Weise: Er, der Geist, Ātman, ‘IST NICHT, IST NICHT’ (*nêti, nêti,* BU., IV, 4, 22), eine Aussage, die nicht kontradiktorisch, sondern als komplementär zu der der via affirmativa, ‘ER IST’ (*asti,* KU., VI, 13), verstanden werden muß.« Cf. G. Vallin, Lumière du Non-dualisme, pp. 86–90. Nahe steht diese Idee auch der Lehrmethode (*máthēma*) des Plotinos, bestehend aus Aufhebung (*aphaíresis*) und Analogie (*analogía*), cf. Plotinos, Enneaden 6.7.36.7 § 279.

[72] Eine einleuchtende Differenzierung zwischen Prädikation oder logischer Semantik (Sinnfunktion), Urteil oder logischer Epistemik (Wahrheitsfunktion) und Sprechakt oder logischer Pragmatik findet sich in A. K. Gangadean, Between Worlds, pp. 299–317. Diese Trennschärfe ist für die Zwecke der Sprachlogik und formalen Ontologie des genannten Verfassers durchaus angezeigt, innerhalb unserer Abhandlung jedoch nicht notwendig und/oder durchzuhalten, weshalb wir den Urteils-Begriff nicht so restriktiv handhaben. Die Bedeutung, welche wir ihm beimessen, dürfte ohne eigene Definition aus dem Kontext unserer Gedankenführung hervorgehen.

[73] Cf. J. W. v. Goethe, Sämtliche Werke 5.203, Faust 1, Verszeilen 2038–2039.

sturm der heillosen geistigen 'Inkontinenz'. »... denn er [Arkesilaos] hielt wie die Tintenfische die Tinte das Innehalten zum Schutze vor sich«.[74] »Und Karneades vergleicht die Enthaltung stets mit der Auslage des Faustkämpfers und dem Anhalten des Wagenlenkers.«[75] Hätte Arkesilaos die ἐποχή sonst als sein ultimatives Ziel, die Vollendung, Vollkommenheit, das Summum bonum (*télos*) ausgegeben? »... er hielt hinsichtlich allem an sich. Das Telos sei ja das Ansichhalten, mit welchem zusammen, wie wir sagten, die Unerschütterlichkeit eintritt.«[76] »... einige Akademiker, sagt man, hätten festgesetzt,

---

[74] Eusebeios, Praeparatio evangelica 14.6.6 (731c): ... *'ősper dè tò mélan tàs sēpías probállesthai prò 'eautoũ tḕn epochḗn;* cf. o. c. 14.17.10 (758a).

[75] M. T. Cicero, Epistulae ad Atticum 13.XXI.3, p. 886, Nr. 43: *semperque Carneades* προβολὴν *pugilis et retentionem aurigae similem facit* ἐποχῇ. Aulus Gellius, Noctes Atticae 17.XV.1–2, berichtet, Karneades habe, wenn er daranging, gegen die Bücher von Zenon zu schreiben, seinen oberen Bauchraum mit weißer Nieswurz (einem Brechmittel) gereinigt, damit keiner der üblen Säfte im Magen bis zum Sitz des Geistes überfließe und die Geistesgegenwart und Geisteskraft beeinträchtige. In Zusammenhang mit Karneades' Pathos-Lehre cf. M. T. Cicero, 2. (Lucullus) XLII.131: »Sogar Karneades brachte vor, das höchste Gut wäre, die Dinge zu genießen, die die Natur als die ersten anempfohlen hätte – dies aber nicht, weil er das selbst guthieß, sondern um den Stoikern Paroli zu bieten.« (*Introducebat etiam Carneades, non quo probaret sed ut opponeret Stoicis, summum bonum esse frui rebus iis quas primas natura conciliavisset.*) Aus dieser Feststellung mit T. Rüther, Die sittliche Forderung der Apatheia in den beiden ersten christlichen Jahrhunderten und bei Klemens von Alexandrien, p. 14, unter Berufung auf E. Zeller, Die Philosophie der Griechen in ihrer geschichtlichen Entwicklung 3.1.536 sqq., Aulus Gellius, Noctes Atticae 12.V.7 und moderne Autoren zu schließen: »Im Zusammenhang damit mußte die Apatheia als unmöglich bezeichnet werden.«, halten wir für voreilig. Der Grund dafür wird anhand der Frage nach dem Verhältnis von Urteilsenthaltung und Probabilismus in der Lehre von Karneades noch deutlich werden. Die antiken Materialien zu seiner Ethik trägt E. Zeller an der angegebenen Stelle zusammen. Die dort formulierte Kritik daran ist nicht nur wegen Zellers falscher Vorannahmen (»Theorie des absoluten Zweifels«) zurückzuweisen.

[76] Sextos Empeirikos, Pyrrhoneion Hypotyposeon 1.232: ... *perì pántōn epéchei. kaì télos mèn eĩnai tḕn epochḗn, 'ẽj suneisérchesthai tḕn ataraxían 'ēmeĩs epháskomen.* Dieser Tatbestand wird von P. Couissin, The Stoicism of the New Academy, p. 34, ausbzw. umgedeutet: Sextos' Unterstellung der ἐποχή als von Arkesilaos hochgehaltenes und erklärtes Ziel sei eine reine Schikane, um ihn als Dogmatiker hinzustellen und von den Pyrrhonisten abzusondern, obwohl es schiene, daß jener, Sextos nämlich, exakt die gleichen Thesen verfochten habe. Das im Haupttext oben anschließende Zitat von Cicero widerlegt diese These eindeutig. Timon und Ainesidemos sollen nach Diogenes Laërtios, De vitis dogmatis ... 9.107, die ἐποχή als allgemeine Zielsetzung der Skeptiker verkündet haben. Das Problem, ob und wie bei Arkesilaos und Karneades Urteilsenthaltung und Heilsvollzug bruchlos zusammenpassen, wird im Kapitel 4.1.4 in Zusammenhang mit der strukturell vergleichbaren Lehre des Madhyamaka kurz angerissen werden.

daß das höchste der Güter und die größte Pflicht des Weisen dies sei, sich den Vorstellungen/Eindrücken zu widersetzen (*obsistere visis*) und sich seiner Zustimmung (*assensus*) standhaft zu enthalten (*sustinere*).«[77] Hätte Timon aus Phleious seinen Lehrer Pyrrhon andernfalls geradezu wie einen Erlösten besingen können? »O Alter, o Pyrrhon, wie und warum hast du ein Entkommen gefunden / aus dem Dienst der Meinungen [des Scheins] und dem leeren Wahn der Sophisten / und die Fessel aller Täuschung und Überredung gelöst?«[78] Das Anhalten der Tätigkeit des Ur-teilens bedeutete gemäß diesen Ausführungen das Unterbinden mentaler Impression und Projektion, der egozentrierten Vor-stellung und Ich-Welt-Setzung, modern gesprochen, der Subjekt-Objekt-Spaltung in ihrer Gänze.

---

[77] M. T. Cicero, De finibus bonorum et malorum 3.IX.31: *quidam Academici constituisse dicuntur, extremum bonorum et summum munus esse sapiens obsistere visis assensusque suos firme sustinere.* Cf. idem, Academica 2. (Lucullus) XXXIV.108. In idem, Academica 1.XI.40 & idem, Academica 2. (Lucullus) VI.18, wird *visum* im Kontext des Sinnesvermögens (*sensus*) ausdrücklich als Übersetzungsterminus für das stoische *phantasía* eingeführt und definiert als »eine Art von außen dargebotener Anstoß/Impuls« (*... quasi impulsione oblata extrinsecus*). In idem, De finibus bonorum et malorum 3.IX.31, wird die Lehre, welche zum Ziel hat, sich den Sinnesdaten, d.h. den Vorstellungen zu widersetzen [!], genau wie die, die das höchste Gut als ein Leben unter der Anleitung von Wissen(schaft) (*cum scientia vivere ultimum bonorum*) versteht, als völlig ungereimt (*perabsurdus*) bezeichnet. Ebenso die, welche behauptet, es sei kein Unterschied zwischen den Dingen (*nullam rerum differentiam esse*), weshalb der Weise dann glückselig [genannt] werde, wenn er nichts etwas anderem in irgendeinem Augenblick vorziehe (*ita sapientem beatum fore, nihil aliud alii momento ullo anteponentem*). Mit letzterer ist gemäß o.c. 5.VIII.23; 2.XIII.43; 3.III.11; 4.XVI.43; idem, Academica 2. (Lucullus) XLII.130, die quasi-skeptische Indifferenzlehre des Schülers von Zenon, Ariston von Chios, und besonders die Gleichwertigkeits- und Fühllosigkeitsdoktrin Pyrrhon's gemeint. Aus Cicero's Entrüstung gegenüber den radikalen Ausdrucksformen des Akademismus, Stoizismus und Pyrrhonismus geht hervor, daß er deren ungeheuren existentiellen Anspruch sehr wohl erahnte und fürchtete. Und daraus, daß er die jeweiligen Kernverhalten gemeinsam kritisierte, ist zu schließen, daß er auch ihre Verwandtschaft erkannt hatte. Diese zentralen Weisen des Verhaltens und der Verhaltung, sich den Vorstellungen/Eindrücken zu widersetzen oder keinen Unterschied zwischen den Dingen mehr wahrzunehmen, entsprechen sehr genau dem, was Nāgārjuna unter den Termini technici *draṣṭavya-upaśama* und *dharmā nirudhyante* (*dharma-nirodha*) faßte. Dazu und zu entsprechenden Konzepten indischen Weisheitsvollzugs werden wir noch mehrmals, im letzten Hauptteil vertieft, kommen.

[78] Diogenes Laërtios, De vitis dogmatis ... 9.64, Zählung nach ⟨ed./tr.⟩ R. D. Hicks: DL 9.65, zitiert nach F. Decleva Caizzi, Pirrone Testimonianze, p. 58, Fragment 60 = Fragment 48 Diels: *õ géron, õ Púrrōn, põs è póthen ékdusin ʻeũres / latreíēs doxõn* [*te*] *keneophrosúnēs te sophistõn / kaì pásēs apátēs peithoũs t' apelúsao desmá.*

1.1.3 Unfehlbares Urteil, Apathie und das Stoische Problem ihrer metaphysischen Grundlegung

Das, was bei dem antik-skeptischen ἐπέχειν mitgedacht werden muß, soll dieses als existentiell einschneidendes und durchgreifendes Verfahren geistig-seelischer Disziplin verstanden werden, läßt sich wohl am überzeugendsten anhand der Annahmen derer diskutieren, die die Skepsis am heftigsten bekämpften und die sozusagen ihre Antipoden waren. Aufgrund des Effekts, der infolge der vordergründig im Gegensatz zur Urteilsenthaltung stehenden Maßnahme absoluten Erfassens oder Begreifens (*katálēpsis*) eintritt, ihre sprichwörtliche Ruhe, wurden sie unsterblich: die Stoiker. Wenn, wie Cicero mitteilt, gemäß ihrem Lehrstandpunkt alle Leidenschaften, Affekte oder Verwirrungen durch Urteil und Meinung erzeugt werden,[79] alle – Zenon hielt jene für willensabhängig, sie entstünden durch Urteilen auf der Basis des Vermeinens und als deren aller Mutter nahm er eine Art unmäßiger Zügellosigkeit an[80] –, wenn die Leidenschaften sogar, wie Chrysippos (281/78–208/4) behauptet, nicht nur Meinungen und schlechte Urteile,[81] ein schlechter und ungezügelter Logos aufgrund leichtsinnigen und verfehlten Urteilens,[82] sondern Urteile schlechtweg sind,[83] dann kann doch nicht anders gefolgert werden, als daß in

[79] M. T. Cicero, Tusculanae disputationes 4.VII.14 = Stoicorum veterum fragmenta III, Nr. 380, ⟨ed.⟩ J. v. Arnim, 3.92.32–93.1: *omnes perturbationes iudicio censent fieri et opinione*; cf. Stoicorum veterum fragmenta III, Nr. 382.

[80] M. T. Cicero, Academica 1.X.39: *nam et perturbationes voluntarias esse putabat opinionisque iudicio suscipi et omnium perturbationum matrem esse arbitrabatur immoderatam quandam intemperantiam.* Cf. idem, Tusculanae disputationes 4.IX.22. C. Lévy, Le ‹Scepticisme› de Philon d'Alexandrie, p. 32 (mit Hinweis auf »Cicéron, Luc. 29, 94 et Ep. ad Att., XIII, 21.«), trifft folgende Unterscheidung, die an den Resultaten unserer Darstellung zu messen wäre: »Während die pyrrhonische Urteilssuspension ein Gleichgewicht der Waagschalen hervorruft, vergleichen die voluntaristischeren Stoiker und Akademiker die ἐποχή mit dem Akt, ein Pferd anzuhalten, um zu verhindern, daß es auf ein Hindernis losstürzt – fallweise bei ersteren, dauerhaft bei letzteren.« Auf die Zügelung und das Gleichnis vom Gespann werden wir im Fortgang unserer Ausführungen noch öfter stoßen.

[81] Chrysippos, Stoicorum veterum fragmenta III, Nr. 459, ⟨ed.⟩ J. v. Arnim, 3.111.33–34 = Ploutarchos, De virtute morali (Moralia) 447A: *dóxas eĩnai kaì kríseis ponērás.*

[82] Chrysippos, Stoicorum veterum fragmenta III, Nr. 459, ⟨ed.⟩ J. v. Arnim, 3.111.24–25 = Ploutarchos, De virtute morali (Moralia) 441D: *tò páthos eĩnai lógon ponēròn kaì akólaston, ek phaúlēs kaì diēmartēménēs kríseōs.*

[83] Chrysippos, Stoicorum veterum fragmenta III, Nr. 456, ⟨ed.⟩ J. v. Arnim, 3.110.38–39 = Diogenes Laërtios, De vitis dogmatis … 7.111: *tà páthē kríseis eĩnai*; cf. Stoicorum veterum fragmenta III, Nr. 476. Der Gleichsetzung von Affekt und Urteil entspricht,

der Apathie die Neigungen, das Nachgeben/Weichen, die Zustimmungen und Triebe etc., die spezifischen Funktionen des Hegemonikons also,[84] welche von dieser Leitinstanz zugleich zu überwachen und steuern wären [!], gänzlich unterbunden werden, und sich die Seele damit selbst in völliger Inaktivität befindet. Das würde von einem kognitiven Standpunkt aus betrachtet bedeuten, daß alles (ver)meinend-urteilende Erkennen zur Akrisie, zur Urteilslosigkeit, verurteilt wäre.

Selbstverständlich muß nach solch einem Schluß die Frage aufgeworfen werden, ob die Charakterisierung der (im weiteren Sinne) realistischen Weisen und Vernünftigen, sprich, der Leidenschafts- und Meinungslosen des Portikus, nicht genau auf das hinausläuft, was die (leichthin gesprochen) irrealistischen Apathiker und Adoxi-

---

was M. T. Cicero, Academica 2. (Lucullus) XXXIII.108, berichtet, daß »die Stoiker nämlich sagen, Sinnesreize als solche seien Zustimmungen« (*dicunt enim Stoici sensus ipsos adsensus esse*). M. Pohlenz, Die Stoa 1.141–153 (mit Erläuterungen 2.77–83), und idem, Kleine Schriften 1.1–38 (Zenon und Chrysipp), diskutiert die Problematik der Pathos-Lehre von Chrysippos und setzt sie schroff gegen die von Zenon aus Kition ab. Cf. J. Dillon, The Golden Chain, VIII, *Metriopatheia* and *Apatheia:* Some Reflections on a Controversy in Later Greek Ethics, p. 509: »… Chrysippos hielt die Leidenschaften tatsächlich für ›Urteile‹ (*kriseis*), während Zenon sie für Beunruhigungen in der Seele hielt, die nach (irgendeinem) Urteil entstehen.« Galenos, De Hippocratis et Platonis placitis 5.1; 4.3 = Stoicorum veterum fragmenta I, Nr. 209, ⟨ed.⟩ J. v. Arnim, 1.51.19–25: Zenon nimmt an, nicht die Urteile selbst, sondern (*Zḗnōn ou tàs kríseis autàs allà*) die nach ihnen entstehenden (*epigignoménas autaĩs*) unvernünftigen Zusammenziehungen [Engen/Furchtsamkeiten] (*alógous sustolàs*) und Zerstreuungen (*diachúseis*), Erhebungen (*epárseis*) und Abstürze/Erniedrigungen (*ptṓseis/tapeinṓseis*) sowie Bisse (*dḗxeis*) der Seele (*tẽs psuchẽs*) seien Pathos (*eĩnai tà páthē*). Einen Versuch, zwischen der diesbezüglichen Lehre Zenon's und Chrysippos' zu vermitteln, unternimmt J. M. Rist, Stoic Philosophy, pp. 30–36. Porphyrios, De abstinentia 1.38.3–39.2, lehrt, daß der weltzugewandten Seele keine Beurteilung/Entscheidung (*epíkrisis*) ohne Leidenschaft oder Affekt (*páthos*) möglich sei, cf. o. c., Introduction, ⟨edd.⟩ J. Bouffartigue et al. 1.XLVIII-LI; Eusebeios, Praeparatio evangelica 4.11.1 (149b-c); Eusebeios, Demonstratio evangelica 3.3.10 (105a-b), ⟨ed.⟩ I. A. Heikel, p. 111.7–16, der reine Geist hingegen sei immer frei davon.

[84] Chrysippos, Stoicorum veterum fragmenta III, Nr. 459, ⟨ed.⟩ J. v. Arnim, 3.111.34–35 = Ploutarchos, De virtute morali (Moralia) 447A: *'ólou toũ 'ēgemonikoũ 'ropàs kaì eíxeis kaì sugkatathéseis kaì 'ormàs.* Die o. c. 446F sqq. formulierte Kritik Plutarchs an der Stoischen Auffassung, daß Verstand und Leidenschaft nicht unterschieden seien (*ouch 'éteron eĩnai toũ lógou tò páthos*), mag mit dem Maßstab des Augenscheinlichen bewertet zwar einleuchtend sein, reicht aber nicht ganz in die Tiefe des Problems. Die indische Entsprechung zum Hegemonikon ist der *antar-yāmi*, der innere Kontrolleur und Lenker.

ker,[85] die Skeptiker nämlich, ihren Weisen zusprachen: nichts Bestimmtes, nicht irgend etwas, d. h. nichts, begreifen zu können. Wenn die Krankheit des Pathos im verschärften Sinne von Chrysipp mit dem Urteil (der Meinung) identisch ist, müßte den wackeren Stoikern notgedrungen alles Urteilen als leichtsinnig, verfehlt und pathogen erscheinen, vollendete Vernünftigkeit Erkenntnis von nichts (Bestimmtem) sein, Agnosie und Alogie, das perfekte, absolute, zur Apathie führende Urteil ein Nicht-Urteil, kein Urteil, Urteilsenthaltung, kurz: die ἐποχή. Gestünde man dennoch zu, daß es nur die falschen Urteile sind, die Leidenschaft erzeugen, so müßte man die Stoiker fragen, wie absolut richtige, sprich, absolute Urteile über das relative Wißbare, über ihre erfaßbaren Sinnesdaten also, möglich sind. Wäre das dadurch gewonnene Wissen tatsächlich absolut und unfehlbar, so dürfte es auf nichts referieren, um nicht in die Perspektivik gegenstandsbezogenen, d. h. doxischen Erkennens involviert zu werden. Kurz, es wäre Wissen von nichts und die Akademiker hätten wieder die Oberhand. Andersherum ausgedrückt: Wissen von etwas, Urteilen und Beurteilen überhaupt, und sei es noch so universal, kann insofern nicht die Haltung des stoischen Weisen repräsentieren, als es die Spannung zwischen Wissen(dem) und Gewußtem, Subjekt und Objekt, mit sich führt, egal, welchen Namen man für die Pole, die das Erkennen konstituieren, auch immer wählt. Und diese Entgegensetzung macht sich in der Seele kraft Gegen-ständlichkeit als Empfindung von Begrenzung und Widerstand, als Pathos, Leiden(schaft) im weitesten Sinne oder Affiziertsein bemerkbar. Nur unter der Bedingung, daß er unter Synkatathese und Katalepsis Asynkatathetein und Akatalepsie, d. h. ἐποχή verstanden hätte, ach du verkehrte Welt, könnten ihm diese Vorwürfe erspart werden.

Um zu erklären, warum der Stoizist trotz der von ihm vertretenen Metaphysik nicht in einer makabren Teilnahmslosigkeit oder Totenstarre versank, wenn er sein Seelenheil, die Extinktion von Doxa (Krisis) und Pathos erlangt hatte, führte er die Kategorie der Eu-

---

[85] Cf. A. K. Coomaraswamy, Notes on the Kaṭha Upaniṣad, p. 94[1]: »… Sextus weist darauf hin, daß die Skeptiker, von denen behauptet wird, daß sie ›die Phänomene aufheben‹, nichts dergleichen tun; sie akzeptieren die Tatsächlichkeit der Phänomene, aber ›wir fragen, ob der darunterliegende Gegenstand so ist, wie er erscheint, und unser Zweifel betrifft nicht die Erscheinung selbst, sondern die Aussage, welche über diese Erscheinung gemacht wird‹; .. das scheint die vedantische Position zu sein, *māyāvāda* … … die Position der Skeptiker, wie sie .. zitiert wurde, ist von der der Upaniṣads ununterscheidbar. Wir sind weit davon entfernt, ›indischen Einfluß‹ anzunehmen …«.

pathie, des rechten, temperierten und vernunftgeleiteten Empfindens ein.[86] Damit konnte er zwar die heillose Konsequenz seiner auf der Grundlage eines monistischen Materialismus beruhenden Heilslehre vermeiden: die unausweichliche Handlungsunfähigkeit oder Apraxie, durch das Hintertürchen hat sich so aber wieder das alte Problem der Beunruhigung eingeschlichen: Eu-pathie ist, wenn auch wohlgeleitetes, wohldosiertes Empfinden, logos-kontrollierte Emotion, eben auch Pathos! Welche Benennung ich für dieses In-Mitleidenschaft-gezogen-Werden wähle, ob Passion, Affektion oder Emotion, Pathos, Metriopathie oder Eupathie, ob ich es gut, vernünftig, gehörig, tadellos, recht (*eũ*), ob ich es maßvoll, angemessen, geziemend, passend oder gemäßigt (*métrion*) nenne, bleibt irrelevant.[87] Immer

---

[86] Cf. Diogenes Laërtios, De vitis dogmatis … 7.116. Bei den drei erwünschten Gefühlszuständen handelt es sich um den Gegensatz zur Lust, die Freude/Seligkeit (*chará*), definiert als vernünftige/wohlüberlegte Hochstimmung (*eúlogos éparsis*), den Gegensatz zur Furcht, die Vorsicht (*eulábeia*), definiert als vernünftiges/wohlüberlegtes Aus-, Zurückweichen (*eúlogos ékklisis*) und den Gegensatz zur Begierde, den (guten) Willen, das Wohl-wollen oder (mit einem Schopenhauer'schen Wort) die Gernwilligkeit (*boúlēsis*), definiert als vernünftiges/wohlüberlegtes Streben (*eúlogos órexis*). Wie die vier Haupt-Leidenschaften, die wir infra noch komplett aufzählen werden, sind auch die drei Haupt-Eupathien wieder in Unterklassen untergliedert.

[87] Eine aufschlußreiche Diskussion und Kritik dieser Lehrbestände gibt schon Galenos, De placitis Hippocratis et Platonis, ⟨ed./tr.⟩ P. De Lacy. Zur Auseinandersetzung um die *apátheia* (Empfindungslosigkeit), *metriopátheia* (gemäßigtes/mittelmäßiges Empfinden) und *eupátheia* (rechtes/verstandesgeleitetes Empfinden) im Umkreis des Stoizismus cf. J. Dillon, The Golden Chain. Studies in the Development of Platonism and Christianity, VIII, *Metriopatheia* and *Apatheia:* Some Reflections on a Controversy in Later Greek Ethics, pp. 508–517. Die Feststellung des Autors, o. c. VIII, p. 510: »Der stoische Weise ist im Grunde kein vollkommen leidenschaftsloser Yogi«, welche durch die von J. Stelzenberger, Die Beziehungen der frühchristlichen Sittenlehre zur Ethik der Stoa, p. 246: »Aber Theorie ist die völlige Affektlosigkeit wie im Buddhismus« aufzuwiegen wäre, zeugt von einer kompletten Unkenntnis der hier relevanten indischen Lehre über die Dispositionen (*saṃskāra/vāsanā*), sowie die verschiedenen Arten von Karma und ihre Anwendbarkeit auf den Befreiten in der yogischen Heilspragmatik, in welcher (analog zur Eupathie- und Metriopathie-Problematik innerhalb der Stoa) selbstverständlich bedacht wurde, daß auch der Leidenschaftslose zur Ausführung seiner Handlungen bis zum Verlassen der Körperhülle auf seine geistig-seelischen Funktionen angewiesen ist, d. h. mit Apathie = *virāga* = *upekṣā* eben keine substantielle Auslöschung dieser Funktionen, sondern die Nicht-Identifikation mit ihnen gemeint ist. Erhellend die Zusammenfassung zu den drei Phasen karmischer Effizienz im Vedānta bei H. Zimmer, Philosophie und Religion Indiens, pp. 395–399 & R. K. Rai, Encyclopedia of Yoga, p. 56: a) zusammengetragenes, angehäuftes Karma, das nur keimhaft vorhanden ist, sich aber noch nicht auswirkt (*sañcita*); b) der Teil der erstem Klasse, der im gegenwärtigen Dasein begonnen hat, als Ereignisse, Umstände, Persönlichkeitsmerkmale und Willenstendenzen wirksam zu werden (*prārabdha*); c) das gegenwärtig erzeugte,

müßte damit eine Regung und Bewegung, eine Aufscheuchung bzw. ein (Auf-)Flattern (*ptoía*)[88] der Seele oder ihrer Leit- und Kontrollinstanz, des Hegemonikons, und damit eine Störung der unerschütterlichen Ruhe einhergehen. Der Ausweg, die Eupathie als hyperbolische Apathie jenseits von Pathos und Apathie zu verstehen, als allumfassende und zugleich allüberschreitende Sympathie, vergleichbar dem buddhistischen Mitleids-Ideal (*karuṇā*), ist einem unitistisch-substantialistischen Dogmatismus versperrt. Gerade den radikal-ethischen Entweder-oder-Rationalisten der Säulenhalle sollte man diese Ungenauigkeit indes nicht nachsehen,[89] waren sie selbst doch auch nicht gerade freigebig mit Nachsicht, Mitleid, Barmherzigkeit, Erbarmen (*éleos*), Milde, Gnade und Nachsicht (*epieíkeia*).[90]

---

auf den Menschen zukommende (neue) Karma, das durch in Unwissenheit vollbrachte Handlungen entsteht (*vartamāna/āgāmi*). Cf. J. Dahlmann, Die Sâṃkhya-Philosophie als Naturlehre und Erlösungslehre, pp. 277–278: »Die enge Uebereinstimmung zwischen dem ethischen Ideal der Stoa und des Sâṃkhya springt sofort in die Augen, wenn wir der ἀταραξία, ›Unerschütterlichkeit‹, das indische *acalatvam,* ›Unbeweglichkeit‹, der ἀπαθία [richtig: ἀπάθεια] das *asangatvam,* ›Leidenschaftslosigkeit‹, gegenüberstellen. Wie aus der stoischen ἀταραξία und ἀπαθία [richtig: ἀπάθεια] jene vollkommene Ruhe des Geistes fliesst, so ist das Ergebniss der ›Leidenschaftslosigkeit‹ im indischen Ideal der unbedingte Friede (*çânti*), der in so mannigfachen Bildern beschrieben wird.«

[88] Cf. Stoicorum veterum fragmenta I, Nr. 206 & III, Nrn. 378; 476.

[89] Eine sehr aufschlußreiche Synopse zu dieser Schwarz-weiß-Logik gibt M. Pohlenz, Die Stoa 1.153–158; cf. o. c. 1.153: »Die Stoiker kennen in ihrer Ethik im Prinzip nur das Entweder-Oder. Sie ziehen überall scharfe Grenzlinien und haben ihre Freude daran, die Scheidung bis zur Paradoxie durchzuführen.« Cf. Diogenes Laërtios, De vitis dogmatis … 7.120; 7.122–123 (die beiden Textpassagen sind in der Fragmentsammlung zur alten Stoa in viele kurze Sinneinheiten aufgespalten und über den Band III verstreut verzeichnet, siehe Stoicorum veterum fragmenta, ⟨ed.⟩ J. v. Arnim, Index fontium, IV, p. 198). Diesbezüglich berühmt geworden ist das Gleichnis vom Ertrinkenden, der keine Luft bekommt, ob er sich nun eine Handbreit unter Wasser oder schon in der Tiefe befindet, cf. M. T. Cicero, De finibus bonorum et malorum 3.XIV.48 = Stoicorum veterum fragmenta III, Nr. 530, ⟨ed.⟩ J. v. Arnim, 3.142.13–20.

[90] Zur Milde und Nachsicht siehe unter dem jeweiligen Stichpunkt in Stoicorum veterum fragmenta, ⟨ed.⟩ J. v. Arnim, IV, pp. 49, 54. Cf. A. Augustinus, De civitate dei 9.5. Die bei Stobaios überlieferte Aufforderung, der (stoische) Weise möge sanftmütig, milde oder gelassen (*prāos*) sein, wobei Milde/Sanftmut definiert wird als Haltung, gemäß der man sich in allem milde/gelassen verhält hinsichtlich der Erledigung seiner Angelegenheiten [des Anfallenden] und in nichts zu Zorn [Leidenschaft/Heftigkeit] hinreißen läßt. (*Eĩnai dè kaì prãon, tẽs praótētos oúsēs ‘éxeōs kath’ ‘ẽn práōs échousi pròs tò poieĩn tà epibállonta en pãsi kaì mḕ ekphéresthai eis orgḕn en mēdení.*), cf. Stobaios, Eclogae 2.115.10 sqq. (Wachsmuth) = Stoicorum veterum fragmenta III, Nr. 632, ⟨ed.⟩ J. v. Arnim, 3.161.20–22, mag zum allgemein gezeichneten Bild von den Portikusjüngern oberflächlich betrachtet nicht ganz passen. Wie die stoische Sekte trotz der Härte (*duram*), die ihr

Nicht die stoische Eu- und Apathologie per se, das gilt es allerdings zu beachten, sondern ihr Aufruhen auf einer henistischen, pneumatisch-pantheistischen Usiologie, ich darf den einheitstheoretischen Logosfeuer-Essentialismus der Stoiker einmal fachterminologisch so nennen, ist der Angriffspunkt berechtigter Kritik. Sie haben es zwar vermieden, in einen Dualismus zu flüchten, wie das von den Anhängern der in ihren ethischen Konsequenzen entsprechenden Weltanschauungssystemen Indiens geschah, im klassischen Sāṃkhya mit seinen vielen Unbedingten (*puruṣāḥ* = [Ur-] Menschen) oder im Yoga mit seinem einen Unbedingten (*puruṣa-viśeṣa* = der besondere [Ur-] Mensch und *Īśvara* = der Herr), doch hätte ihr Monismus, um im Einklang mit ihrer Empfindungs- und Morallehre konsistent vertreten werden zu können, von einer Erscheinungslehre im Stile des Eleatismus/Platonismus (und damit auch des Skeptizismus) oder des Advaita-Vedānta/Mahāyāna ausgehen müssen. Unter Berufung auf den Materialismus, Spielarten inbegriffen, ist man nicht in der Lage, eine Ethik, geschweige denn eine Soteriologie, zu begründen, und braucht es auch nicht. Für den Realisten, Materialisten, Substantialisten oder Essentialisten muß ja gelten: ›Was ist, ist, nicht mehr und nicht weniger, Punktum und gut so! Wozu streben,

---

angeblich von schlecht Informierten unterstellt wurde, als die wohlwollendste, sanfteste, menschenfreundlichste und auf das Gemeinwohl am meisten bedachte (*nulla secta benignior leniorque est, nulla amantior hominum et communis boni adtentior*) verstanden werden kann, ist nachzulesen bei L. A. Seneca, De clementia 2.V.2–5. Dazu auch Diogenes Laërtios, De vitis dogmatis... 7.123. Ploutarchos, De tranquillitate animi (Moralia) 468D, berichtet, daß einige Philosophen auch das Mitleid/Erbarmen (*tòn éleon*) ablehnten, das man den Unglücklichen entgegenbringt, da es zwar gut sei, dem Nächsten zu helfen, nicht aber, mit ihm mitzuleiden und ihm nachzugeben (*ou toũ sunalgeĩn kaì sunendidónai toĩs plēsíon óntos*). Aber noch wichtiger sei, daß sie auch zurückwiesen, dann, wenn wir unsere eigenen Verfehlungen und schlechten Stimmungen wahrnähmen, verzagt und ungeduldig zu sein, vielmehr sei das Übel ohne Betrübnis [schmerzlos] zu kurieren, wie es sich gehöre. Eine zwar pauschalisierende, für den hiesigen Lehrgegenstand trotzdem erhellende kurze Diskussion zur Apathie bei den Stoikern, Hindus und Buddhisten (mit Gegenüberstellung von Lehrsätzen der Stoa und Textstellen aus der Bhagavad-Gītā) im Gegensatz zur christlichen Liebesethik findet sich bei E. Bevan, Stoics and Sceptics, pp. 67–70, 77–81. Wohl auf die vermutlich phönikischen Wurzeln Zenon's anspielend meint W. Durant, Kulturgeschichte der Menschheit 3.408: »Viele Bestandteile des stoischen Glaubensbekenntnisses waren der Herkunft nach asiatisch, einige spezifisch semitisch. Im wesentlichen war der Stoizismus eine grundlegende Stufe des Triumphs des Orients über die hellenistische Kultur.« Ob der Verfasser diese Feststellung angesichts der Dokumentation in unserem Buch auch noch getroffen hätte?

wozu meiden?‹[91] Für den vollendeten stoischen Apathiker trifft das ja auch zu, nur sollte er nicht mehr philosophieren, lehren und die Welt erklären wollen.

Die Urteils- und Empfindungsdoktrin der Stoa ist zwar im unbarmherzig stoischen Geiste, doch gegen ihren gnoseologischen und metaphysischen Gesamtsinn rücksichtslos Akademisch zu lesen. Auf diese Weise bekommt man umgekehrt auch einen Eindruck von dem, was ἐποχή in der skeptischen Philosophie sagen müßte, unabhängig davon, ob nun die einzelnen Vertreter der skeptischen Lebenskunst diese bis zum letzten beherrschten oder nicht. Um in die Pathos- und Krisislehren von Mittlerer Akademie und Stoa innere Stimmigkeit zu bringen, müßten die affektspezifischen Implikationen der Akademischen Urteilslehre gewissermaßen stoisch und die urteilsspezifischen Implikationen der stoischen Affektenlehre Akademisch ausgelegt werden (oder das Ganze im Sinne Pyrrhon's). Die folgend zitierte Sentenz Cicero's, der selbst ja mit dem Lehrbestand beider Schulen wohlvertraut war und diesen auch nach Belieben übernahm, bestätigt unsere Forderung. Für die Beunruhigungen, das Durcheinander, die Erregungen, Irritationen und Leidenschaften des Geistes (*perturbationes animorum*)[92], deren es nach stoischer Doktrin vier hauptsächliche gibt, Schmerz/Unwohlsein (*aegritudo/lúpē*), Furcht/Angst (*formido/metus/phóbos*), Begierde (*libido/epithumía*) und Lust (*laetitia/voluptas/'ēdonḗ*), und die das Leben der Toren unglücklich und bitter machten, seien nicht die Einflüsse der Natur verantwortlich, »die Verwirrungen/Leiden(schaften) werden nun aber von keiner Naturkraft erregt, sondern sie sind alle Meinungen und Urteile des Leichtsinns; deshalb wird der Weise ihrer immer leer/bloß sein.«[93]

---

[91] Eine drastische Dar- und Bloßstellung der Un-Tugend-Lehre altindischer Materialisten findet sich bei J. Dahlmann, Buddha, pp. 97–104.

[92] *Perturbatio* scheint ihm, wie er sagt, der beste Lateinbegriff für *páthos* zu sein, cf. M. T. Cicero, De finibus bonorum et malorum 3.X.35 & idem, Tusculanae disputationes 4.V.10-VI.11. U.E. steht die *perturbatio* der *tarachḗ* bedeutungsmäßig nicht weniger nah, das Freisein von ihr wäre damit auch mit der *ataraxía* identisch.

[93] Cf. M. T. Cicero, De finibus bonorum et malorum 3.X.35 = Stoicorum veterum fragmenta III, Nr. 381, ⟨ed.⟩ J. v. Arnim, 3.93.10–15: *perturbationes autem nulla naturae vi commoventur, omniaque ea sunt opiniones ac iudicia levitatis; itaque his sapiens semper vacabit.* M. T. Cicero, Tusculanae disputationes 5.VI.16: »... jene sind glücklich, die keine Furcht/Besorgnis ängstigt, kein Kummer/Gram aufzehrt, keine Wollust [Begierde/Leidenschaft] erregt, keine nichtigen/eitlen, ausgelassenen Freuden durch erschlaffende Vergnügungen schwächen. Wie man also die Meeresstille daran erkennt, daß eben

Ein Wort noch zur ›Urteilsenthaltung‹ bei Cicero. Wie er auf der einen Seite mithalf, unsere Zweifel hinsichtlich der existentiell profunden Bewertung der ἐποχή zu nehmen, so spielte er auf der anderen Seite auch eine wichtige Rolle dabei, den Begriff in Richtung Logik und Epistemologie aus- und umzudeuten, und damit dazu beizutragen, dessen Tiefenschichten zu verschütten.[94] Sollte das etwa seinem dogmatischen, akademisch-stoischen Synkretismus geschuldet sein, in den die Fünfte Akademie mit Antiochos aus Askalon (ca. 130–68), bei dem Cicero in Athen studierte, übergegangen war?[95] Es gehört nicht viel Phantasie dazu, seine erläuternde lateinische Übersetzung des Wortes ἐποχή als einen direkten Vorläufer zweifelskontrollierten Nachdenkens und Forschens und einen indirekten Vorläufer des Falsifikationsethos und Paradigmenwechselgedankens positiver empirischer Wissenschaften oder des Theorems vom modern-postmodernen Wahrheiten-Pluralismus aufzufassen. Stellt er doch die skeptische Forschungs- und Argumentationsmethode über die dogmatische, indem er behauptet, daß die Vertreter ersterer Frei-

---

nicht der geringste Lufthauch die Wogen aufwühlt, so sieht man deutlich den stillen und ruhigen Zustand des Gemüts/Geistes, da keine Leidenschaft vorhanden ist, die es/ihn irgendwie in Unruhe versetzen/erschüttern könnte.« (*... illi beati, quos nulli metus terrent, nullae aegritudines exedunt, nullae libidines incitant, nullae futiles laetitiae exsultantes languidis liquefaciunt voluptatibus. Ut maris igitur tranquillitas intelligitur nulla ne minima quidem aura fluctus commovente, sic animi quietus et placatus status cernitur, cum perturbatio nulla est qua moveri queat.*) O. c. 5.XVI.48: »... wir haben gesagt, daß der Weise immer bar aller Beunruhigung [Leidenschaft/Aufregung] des Geistes ist, die ich Verwirrung [Leidenschaft/Erregung] nenne, daß in seinem Geist immer der ruhigste Frieden ist« (*... locuti sumus, sapientem ab omni concitatione animi, quam perturbationem voco, semper vacare, semper in animo eius esse placidissimam pacem*) Zur Seelenruhe bei Cicero cf. H. Merguet, Lexikon zu den Schriften Cicero's 2.3.694–695 (*tranquillitas*); 2.3.509 (*serenitas*); 2.3.88–90 (*placatio*); 2.3.578 (*stabilitas*); 2.3.68–70 (*perturbatio*, verneint).

[94] Auf »Ciceros persönliche Form akademischer Skepsis, die Wendung ins Positive und zur zuversichtlichen Erwartung, man werde immer näher und näher an die Wahrheit herankommen«, weist W. Görler, Ein sprachlicher Zufall und seine Folgen. 'Wahrscheinliches' bei Karneades und bei Cicero, pp. 167–171, hier p. 169; cf. o. c., p. 168: »Für Karneades war die Anerkennung von Wahrscheinlichem eine ungern vollzogene Konzession, ein Notbehelf, um menschliches Handeln überhaupt zu ermöglichen. Cicero dagegen macht es an vielen Stellen deutlich, daß für ihn das *probare* alles andere ist als ein Notbehelf. Er 'billigt' mit wahrer Begeisterung (Luc. 66): ›Ich bin nicht der Mann, der niemals etwas Falsches billigt, der nie zustimmt, der nie in Meinung verfällt ... Ich selbst bin ganz groß im Meinen (bin doch kein Weiser), ...‹«.

[95] Zu Antiochos cf. die informative und materialreiche Studie von J. Glucker, Antiochus and the Late Academy.

heit und Ungebundenheit genössen, weil das Urteil noch ganz/vorurteilsfrei in ihrer Macht stünde und sie damit nicht durch irgendeine Notwendigkeit gezwungen wären, alles, was ihnen von irgend jemand vorgeschrieben und geradezu befohlen wurde, zu verteidigen, während diejenigen, die an der Wahrheit dessen, was sie vertreten, nicht zweifelten,[96] bereits festgelegt seien, bevor sie beurteilen könnten, was das Beste sei, über unbekannte/unerkennbare Dinge urteilten und sich wie an einen Felsen an die Lehre klammerten, zu der sie gleichsam der Sturm verschlagen hätte.[97]

Das weisheitliche Leben der späteren Stoiker läßt sich in seiner Quintessenz, d.h. hinsichtlich der Zügelung von Urteil und Affekt, vom skeptischen kaum unterscheiden. Dem philosophierenden Kaiser Marcus Aurelius (121–180) ist demgemäß das Leben, ja alles, Annehmen/Dafürhalten. Beschwerden rührten aus dem inneren Annehmen allein her[98] und seien durch Aufhebung des Meinens oder

---

[96] Cf. M. T. Cicero, Academica 2. (Lucullus) III.8: *illi non dubitant quin ea vera sint quae defendunt, … integra nobis est iudicandi potestas nec ut omnia quae praescripta a quibusdam et quasi imperata sint defendamus necessitate ulla cogimur.*

[97] Cf. M. T. Cicero, Academica 2. (Lucullus) III.8: *Nam ceteri primum ante tenentur adstricti quam quid esset optimum iudicare potuerunt, deinde … de rebus incognitis iudicant, et ad quamcumque sunt disciplinam quasi tempestate delati ad eam tamquam ad saxum adhaerescunt.* Michel de Montaigne garnierte mit diesem Ausspruch seine Polemik gegen die sogenannten Dogmatiker. Er warf ihnen vor, daß sie ohne Urteil und ohne Wahl [!] entweder durch Landesgewohnheiten, Anordnung der Eltern oder zufälliges Auffinden wie von einem Sturm von dieser zu jener Meinung, zur stoischen oder epikureischen Sekte geworfen würden, von der sie sich unterjocht, an die sie sich verpfändet und geklebt fänden, wie an eine Beute, von der sie nicht ablassen könnten, cf. M. de Montaigne, Les Essais 2.12.227.29–228.5/OC, p. 484 = GS 3.308/⟨tr.⟩ J. D. Tietz, 2.151–152: *… sont portez, ou par la coustume de leur païs, ou par l'institution des parens, ou par rencontre, comme par vne tempeste, sans iugement & sans chois … à telle ou telle opinion, à la secte ou Stoïque ou Epicurienne, à laquelle ils se treuuent hippothequez, asseruiz & collez comme à vne prise qu'ils ne peuuent desmordre:* –. Mit Wortumstellung in der freien Übersetzung aus stilistischen Gründen. Das relevante Zitat aus Cicero's Werk folgt im Original der oben angegebenen Stelle. Frei wiedergegeben findet es sich auch bei P. Charron, De la Sagesse, Livre second, Chapitre 2 = Œuvres 1.21. Dieser Passus des ‹Lucullus› dürfte auch bei den Formulierungen des Wissenschaftsideals von Descartes und Hume, denen wir unten noch begegnen werden, Pate gestanden haben. Bezug nehmend auf die Paraphrase Cicero's bietet Montaigne – welch widersinnige Wendung – als Panacea den Eintritt in das Leben der Unschlüssigkeit, des sich nach beiden Seiten Neigens (*considerer comme ambigue*) und der Zweifelei (*douter*) durch Aussetzen des Urteils oder der Überzeugung (*demeurer en suspens/suspendre sa persuasion*) an, cf. M. de Montaigne, Les Essais 2.12.227.2–228.17/OC, pp. 483–484 = GS 3.308–309/⟨tr.⟩ J. D. Tietz, 2.151–152.

[98] Cf. Marcus Aurelius, In se ipsum 2.15: *'Óti pãn 'upólēpsis.* O. c. 4.3: *'ai dè ochlēseis ek*

Annehmens, sprich, des Urteilens, zu kurieren: Man müsse sich dessen eingedenk sein, »Daß alles Annahme und diese in deiner Gewalt ist. Also tu ab, wenn du willst, die Annahme, und wie wenn du die Landzunge umfahren hättest, herrscht Meeresstille, ist alles ruhig und die Bucht ohne Wogen.«[99] Ähnliches lehrt schon Epiktetos (ca. 50–120), dessen kynismus-freundliche Stoik das Philosophieren des nachdenklichen Kaisers merklich beeinflußte. Wer die beiden Worte *anéchou kaì apéchou*, laß zu, halte aus, halte stand, halte dich zurück, sei gelassen, und laß ab, enthalte dich, halte an dich, halte Abstand, halte dich fern, beherzigte und sie ausführte, indem er sich beherrschte und beobachtete, würde meistenteils ohne Fehl und Tadel sein und ein Leben in tiefster (Wind-/Meeres-)Stille führen.[100] Da-

---

mónēs tē̃s éndon ʻupolḗpseōs· … *ʻo bíos ʻupólēpsis.* Zur Verhülltheit der Dinge und deren Wandelbarkeit – weshalb sie nicht wenigen bedeutenden Philosophen völlig unbegreiflich, den Stoikern immerhin schwer begreiflich schienen – und dem richtigen Verhalten ihnen gegenüber: sie für wertlos zu erachten und sich um sie nicht zu kümmern, cf. o. c. 5.10.

[99] Marcus Aurelius, In se ipsum 12.22: *ʻÓti pánta ʻupólēpsis kaì ʻaútē epì soí. ãron oũn, ʻóte théleis, tȇn ʻupólēpsin kaì ʻõsper kámpsanti tȇn ákran galḗnē, statherà pánta kaì kólpos akúmōn.* Cf. o. c. 5.2; 8.28. Zur Disziplinierung des Urteils oder der Zustimmung in der späteren Stoa cf. P. Hadot, Philosophie als Lebensform, pp. 86–93, mit Vermerk zu der hier übersetzten Stelle, o. c., p. 199[24]: »Ich übersetze *hypolepsis* mit ›Urteil‹.«

[100] Cf. Epiktetos, Fragment 10 (179), apud A. Gellium 17.19.5–6, ⟨ed./tr.⟩ W. A. Oldfather, 2.454: ›*itaque*‹, inquit, ›*si quis haec duo verba cordi habeat eaque sibi imperando atque observando curet, is erit pleraque inpeccabilis vitamque vivet tranquillissimam.*‹ verba haec duo dicebat: ›ἀνέχου‹ et ›ἀπέχου‹. Das Begriffspaar des ›Geschehen- und Seinlassens‹ findet sich innerhalb einer Aufzählung auch in Epiktetos, Diatribae 4.8.20. An der Stelle Marcus Aurelius, In se ipsum 5.33, bezieht sich das Ertragen und Meiden (*anéchesthai kaì apéchesthai*) auf die Menschen. Man kann diese Maxime auch anders ausdrücken, cf. o. c. 3.12: nichts erwartend/ertragend, noch auch meidend/fliehend (*mēdèn periménōn mēdè pheúgōn*). Das heißt, daß man sich gegenüber den Gegensätzen (von Schmerz und Lust, Tod und Leben, Ruhm und Schande) gleich(gültig) zu verhalten habe (*epísēs diakeĩsthai*), cf. o. c. 9.1. Eine pragmatische Erläuterung des entsprechenden Prinzips aus skeptischer Sicht gibt Sextos Empeirikos, Adversus Mathematicos 11.160–167. Um möglichen Mißverständnissen vorzubeugen, ist in Betracht zu ziehen, daß Epiktets Urteilslehre im engeren Sinne von der klassisch stoischen Maxime ausging, dem Wahren zuzustimmen, das Falsche abzulehnen und sich bei unoffenbarem/undeutlichem (des Urteils) zu enthalten (*pròs tò ádēlon epéchein*), cf. Epiktetos, Diatribae 3.3.2 & 1.18.1–2. Daß die Menschen nicht die Dinge (*tà prágmata*), sondern die Meinungen oder Dogmen (*dógmata*) über die Dinge verwirrten, erschütterten oder beunruhigten (*tarássei*), findet man in seinem ‹Handbüchlein›, cf. idem, Encheiridion 5 & 16. O. c. 14, rät er, bei der Einübung in die Unerschütterlichkeit im Kleinen anzufangen und sich schon bei unbedeutenden Mißlichkeiten zu sagen: »›Das ist der Preis für die Leidenschaftslosigkeit, das für die Unerschütterlichkeit‹. Umsonst bekommt man

mit wären wir exakt beim Vollzug dessen angekommen, was in religiösen Kontexten der griechisch sprechenden Welt späterer Zeit *mueîn* (Verschließen der Augen, des Mundes, der Sinne) und der Sanskrit sprechenden *mauna* (Stilleschweigen) oder *nirodha* (Stillstellung) genannt wurde und die innere Windstille zum Ziel hat: *galḗnē, nēnemía, tranquillitas, nirvāṇa.*

Das in die Formel vom Zulassen und Ablassen gekleidete skeptisch-stoische Ideal der Gelassenheit als Enthaltung von Urteil, Leidenschaft und Egoismus hat auch in die christliche Lehre Eingang gefunden. So griff es kein Geringerer als der Hl. Augustinus auf und machte es zu einem Thema einer seiner Predigten.[101] Zwar ist die Reihenfolge der Begriffe in seinem Leitspruch, gemessen am genuin stoischen, vertauscht, doch kann dies nicht darüber hinwegtäuschen, daß die darin gefaßte Lehre ihren Ausgang in der Philosophie der Heiden nimmt. Für unser gleichsam beschwerliches/mühseliges Leben werden zwei Tugenden empfohlen: Zurückhalten oder Sich-Enthalten und Aushalten oder Standhalten (*continere/continentia* und *sustinere/sustinentia*), die Enthaltsamkeit und die Duldsamkeit. Sie reinigten die Seele und machten sie für das Göttliche aufnahmefähig. Um die Leidenschaften zu zügeln und die Lüste in Schranken zu halten, damit das, was verderblich lockt, nicht verführe und das beglückend Genannte nicht schwäche, brauchten wir die Zurückhaltung, um nicht dem irdischen Glück zu trauen/glauben. Wie es nun aber ein Zeichen des Zurückhaltens sei, dem Glück der Welt nicht zu trauen/glauben, so sei es ein Zeichen des Aushaltens, sich dem Unglück der Welt nicht zu überlassen.[102] Zu beiden dieser stoischen Tugenden verfaßte Augustinus einen eigenen kleinen Traktat. Der zur Enthaltsamkeit trägt den Titel ‹De continentia›. Darin weist er eine zu enge Definition, nach der sie nur das Zügeln der Fleischeslust (*solas libidines corporis cohibere definiunt*) bedeute, ab. »Die Begierde werde als ein Laster angesehen, das nicht nur zum Leib, sondern

---

nämlich nichts.« (›*tosoútou pōleîtai apátheia, tosoútou ataraxía*‹· *proîka dè oudèn períginetai.*).

[101] Darauf weist M. Pohlenz, Die Stoa 2.169, ad o.c. 1.346.

[102] Cf. A. Augustinus, Sermones 38.1, ⟨ed./tr.⟩ Péronne, 16.202–203: *Illa continentia, ista sustinentia vocatur. Duæ virtutes quæ mundant animam, et capacem faciunt divinitatis. In frenandis libidinibus, et coercendis voluptatibus, ne seducat quod male blanditur, et enervet quod prosperum dicitur, continentia nobis opus est: non credere felicitati terrenæ, … Ut autem est continentiæ, felicitati mundi non credere: ita sustinentiæ est, infelicitati mundi non cedere.*

wahrlich auch zur Seele [zum Geist] gehört. Wenn nämlich die Begierde des Körpers in Unzucht und Trunkenheit besteht, werden dann Feindschaft, Streitsucht, Eifersucht und letztlich Erbitterung etwa in Form von körperlichen Lüsten und nicht eher in Form von Regungen und Verwirrungen/Leidenschaften der Seele [des Geistes] hervorgerufen? … Es ist die Pflicht der Enthaltsamkeit, dafür Sorge zu tragen, daß aller Genuß des Verlangens, der der Freude der Weisheit entgegensteht, ganz und gar bezähmt und geheilt/beruhigt werde.«[103] Das Schriftchen zur Duldsamkeit trägt abweichend von der nach obigem Wahlspruch zu erwartenden Bezeichnung den Titel ‹De patientia›. Die Definition von *patientia* ist aber der von *sustinentia* nicht unähnlich: »Als Geduld [Zulassen oder Fähigkeit gleichgültigen Ertragens] des Menschen, die richtig, lobenswert und des Namens der Tugend würdig ist, wird bezeichnet, wodurch wir gleichmütig das Übel ertragen, damit wir nicht ungleichgültigen Geistes das Gute aufgeben, durch das wir zum Besseren gelangen.«[104]

[103] A. Augustinus, De continentia 13.28, ⟨ed./tr.⟩ Péronne, 21.472 (Reihenfolge der beiden Sätze von mir in der Übersetzung umgestellt): *omnibus prorsus delectationibus concupiscentiæ, quæ adversantur delectationi sapientiæ, coercendis atque sanandis invigilat officium continentiæ. … Quæ cupiditas in vitio ponitur, nec tantum est corporis, verum et animi. Etenim si cupiditas corporis est in fornicationibus et ebrietatibus, numquid inimicitiæ, contentiones, æmulationes, postremo animositates, in corporis voluptatibus, ac non potius in animi motibus et perturbationibus exercentur?* Daß die vorgeführten Formulierungen ihren Ausgang von Cicero nehmen, weist der Übersetzer der Schrift ins Deutsche, P. Keseling, Aurelius Augustinus: Die Enthaltsamkeit, p. 59, nach.

[104] A. Augustinus, De patientia 1.2, ⟨ed./tr.⟩ Péronne, 22.170–171: *Patientia hominis, quæ recta est atque laudabilis et vocabulo digna virtutis, ea perhibetur qua æquo animo mala toleramus, ne animo iniquo bona deseramus, per quæ ad meliora perveniamus.*

1.2 Wo Skeptik und Mystik zusammenfallen

1.2.1 Die mystische Dimension der Pro-Epochē. Pyrrhon: Vorstellungslosigkeit, Gleichmut und heiliges Nichtstun

»Die alte Skepsis bereitet den mystischen Neuplatonismus und die christliche Askese vor.«[1] Was hier von einer historischen Warte aus formuliert ist und bei Philo Iudaeus vorgeführt werden wird, stellt gleichwohl nur die Außenseite einer inneren Logik des Zusammenhangs zwischen Skepsis, Religiosität und Mystik dar, für welche bisher allerdings kein befriedigendes Erklärungsraster erarbeitet wurde. Äußerlich scheint vieles dafür zu sprechen, daß es zwischen beiden nicht nur ein historisches, sondern gleichlaufend auch ein systematisches Bedingungsgefälle gibt. Es ist zu erweisen, daß es sich hierbei vielmehr um eine strukturelle Entsprechung handelt. »Wir werden in der Tat feststellen, daß der Pantheismus in Verbindung mit dem Mystizismus keine seltene Begleiterscheinung des Skeptizismus ist, wenn auch eher als Ziel, denn als Ausgangspunkt.«[2] So weit die For-

---

[1] M. Horkheimer, Die gesellschaftliche Funktion der Philosophie, p. 218; cf. o. c., p. 221; T. Gomperz, Griechische Denker 2.518; M. Hossenfelder, Einleitung in: Sextus Empiricus. Grundriß der pyrrhonischen Skepsis, p. 88. Es scheint, als ginge diese Einsicht auf F. Nietzsche, Kritische Studienausgabe (Sigle: KSA) 12.340.8–14 {9[3]} (Nachgelassene Fragmente, Herbst 1887) = Kritische Gesamtausgabe (Sigle: KGW) 8.2.4, zurück. Cf. E. de Faye, The Influence of Greek Scepticism on Greek and Christian Thought in the First and Second Centuries, p. 719: »Der Skeptizismus … trug dazu bei, die Menschen dem Mystizismus entgegenzutreiben.« E. Friedell, Das letzte Gesicht, p. 6: »Skeptizismus und Mystik sind die unsterblichen Formen des menschlichen Denkens. Jeder Skeptizismus hat die Aufgabe, in eine neue Mystik überzuleiten, in eine neue Wahrheit, die sich in dem dunkeln, aber fruchtbaren Boden des menschlichen Gattungsbewußtseins geheimnisvoll vorbereitet: dies ist seine göttliche Mission, sein einziger Sinn.« Ähnlich argumentiert G. Landauer, Skepsis und Mystik, p. 3. Vom psychologischen Standpunkt aus wird diese Einsicht von H. Frick, Ghazālīs Selbstbiographie. Ein Vergleich mit Augustins Konfessionen, pp. 22, 81, geltend gemacht.

[2] J. Owen, The Skeptics of the Italian Renaissance, p. 71. Vom Gedanken der Zufälligkeit aus betrachtet, mit der die Wahrheitssuche am Ziel anlangt, so meint J. Grenier,

schungsvorgabe, die unser weiteres Nachdenken aus dem Hintergrund leiten soll. Dieses besteht in einer Doppelstrategie: einerseits durch Freilegung der mystischen Tiefenschicht der beiden skeptischen Urlehren wenigstens die gröbsten Vor- und Fehlurteile auszuschalten, die sich im Laufe der Jahrhunderte gegenüber der Skepsis herausgebildet haben. Gegenläufig dazu andererseits die verborgene skeptische Dimension mystischer Theoria aufzudecken, um unserem Strukturvergleich vom diametralen Vergleichspunkt aus weitere Überzeugungskraft zu verleihen.

Bereits in unseren Eingangskapiteln führten wir im Zusammenhang mit der Urteilsenthaltung im engeren Sinne aus, daß weder die Stifter der Mittleren Akademie, und noch viel weniger der Erzvater der skeptischen Schwesterpartei, Pyrrhon, vor der übermenschlichen Aufgabe resignierten, ihr Weisheitsziel der ›Resignation‹ zu realisieren. Der letztere demonstrierte den Impetus zum unerschütterlichen Fundament der Wahrheit, in seinem Falle könnte man auch zur fundamentalen Wahrheit der Unerschütterlichkeit sagen, er demonstrierte also seine Entschlossenheit zur Erreichung des Wahren in der kategorischen Beantwortung dreier philosophischer Fundamentalfragen, die sich zwei Jahrtausende später ganz ähnlich auch Immanuel Kant stellte, welcher in ihnen 'alles Interesse seiner Vernunft (das spekulative sowohl, als das praktische) vereinigt'[3] sah. »Pyrrhon

---

L'exigence d'intelligibilité du Sceptique grec, p. 362, mit Verweis auf Juan de la Cruz, »... verbindet sich der Skeptiker mit dem Mystiker, denn dieser ist in dem Augenblick, in dem er die Glückseligkeit empfangen soll, gleichermaßen passiv.« Cf. M. J. Monrad, Ueber den sachlichen Zusammenhang der neuplatonischen Philosophie mit vorhergehenden Denkrichtungen, besonders mit dem Skepticismus, pp. 164–165: »Geht man also vom Skepticismus als dem Grundbewusstsein der Zeit aus, so wird es die Frage sein, wie zu diesem der Neuplatonismus sich verhält. Vorläufig kann an die immer stattfindende Verbindung zwischen einer skeptischen und einer mystischen Richtung erinnert werden; denn als eine Art von Mysticismus ist allerdings die letztgenannte Philosophie wenigstens nach einer Seite zu charakterisieren. Das Verzichten auf jede klar bewusste, auf Gründe gestützte Erkenntnis der Wahrheit muss bald zur Vorstellung von einem unmittelbaren oder durch übernatürliche Mittel zu bewirkenden Schauen der absoluten Wahrheit hinführen. Das Bewußtsein von der sich selbst auflösenden Relativität des Relativen ruft zunächst einen Drang, sich gleichsam in das Absolute zu überstürzen, hervor.« Die Analysen des Pyrrhonismus und Plotinismus in diesem Essay sind in vielen Passagen unvergleichlich erhellend. Die hegelianistischen Schlüsse und Lösungen, welche daraus gezogen werden, dagegen schlechtweg naiv. Auf den engen Zusammenhang zwischen Skepsis und Mystik weist auch E. R. Dodds, Proklos: Elementa Theologiae, Appendix I, p. 312.

[3] I. Kant, Kritik der reinen Vernunft B832–833/A804–805, ⟨ed.⟩ W. Weischedel, 4.677:

von Elis ... hinterließ nichts Geschriebenes; wer nun allerdings, sagt sein Schüler Timon, in Zukunft glückselig sein will, hat auf dreierlei zu achten: erstens, wie beschaffen die Dinge sind; zweitens, in welcher Weise wir uns gegenüber diesen verhalten sollen; letztlich, was für die sich so Verhaltenden (als Ergebnis) herauskommt. Die Dinge nun, sagt er, habe jener als in gleicher Weise ununterscheidbar/ununterschieden, unmeßbar [unberechenbar/unauslotbar/unstet] und unbeurteilbar/unbestimmbar (*anepíkrita*) aufgezeigt. Deshalb seien weder die Sinneswahrnehmungen noch die Vorstellungen/Meinungen von uns wahr oder falsch. Darum dürfe man diesen also auch nicht glauben/vertrauen, sondern man müsse ohne Vorstellung/meinungslos, neigungslos [ohne (Hin-und-her-)Schwanken] und unerschütterlich [ohne Hin-und-her-Pendeln/Zittern] sein, während über jedes einzelne zu sagen sei, daß es nicht eher/mehr ist als nicht ist, als sowohl ist wie auch nicht ist, als weder ist noch nicht ist. Den sich derart Verhaltenden freilich ergibt sich, sagt Timon, zuerst Sprachlosigkeit/Verstummung, dann Unerschütterlichkeit/Unverwirrbarkeit, nach Ainesidemos hingegen Freude/Glückseligkeit.«[4]

Verwunderlich kann diese Entschiedenheit allerdings dann nicht sein, wenn man zusätzlich zu seiner Prägung durch die griechischen

---

»Alles Interesse meiner Vernunft (das spekulative sowohl, als das praktische) vereinigt sich in folgenden drei Fragen: / 1. Was kann ich wissen? / 2. Was soll ich tun? / 3. Was darf ich hoffen?« Cf. idem, Logik · Einleitung A25, ⟨ed.⟩ W. Weischedel, 5.447–448. J. E. Erdmann, Grundriß der Geschichte der Philosophie 1.178: »Wer [nach Pyrrhon] das Lebensziel, die Glückseligkeit, erreichen will, der muss folgende drei Punkte erwägen: wie die Dinge beschaffen sind? was unser Verhalten zu ihnen sein muss? endlich aber, was der Erfolg dieses richtigen Verhaltens sein wird? (Fast gleichlautend [s. §302, 1] formuliert nach zwei Jahrtausenden *Kant* die Aufgabe der Philosophie).« K. Jaspers, Psychologie der Weltanschauungen, p. 297[2]: »Man hat diese Fragen im Vergleich zu den drei Kantischen Fragen gestellt: ... z. B. ERDMANN, Geschichte der Philos. I, 162.«

[4] Eusebeios, Praeparatio evangelica 14.18.2–4 (758c-d): *Púrrhōn ʻo Ēleĩos .. autòs mèn oudèn en graphẽj kataléloipen, ʻo dé ge mathētḕs autoũ Tímōn phēsì deĩn tòn méllonta eudaimonḗsein eis tría taũta blépein· prõton mén, ʻopoĩa péphuke tà prágmata· deúteron dé, tína chrḕ trópon ʻēmãs pròs autà diakeĩsthai· teleutaĩon dé, tí periéstai toĩs ʻoútōs échousi. Tà mèn oũn prágmatá phēsin outòn apophaínein ep' ísēs adiáphora kaì astáthmēta kaì anepíkrita, dià toũto mḗte tàs aisthḗseis ʻēmõn mḗte tàs dóxas alētheúein ȅ pseúdesthai· dià toũto oũn mēdè pisteúein autaĩs deĩn, all' adoxástous kaì aklineĩs kaì ákradántous eĩnai, perì ʻenòs ʻekástou légontas ʻóti ou mãllon éstin ȅ ouk éstin ȅ kaì ésti kaì ouk éstin ȅ oúte éstin oúte ouk éstin· toĩs méntoi ge diakeiménois ʻoútō periésesthai Tímōn phēsì prõton mèn aphasían, épeita d' ataraxían, Ainēsídēmos d' ʻēdonḗn.* Zur Seins- und Erkenntnislehre Pyrrhon's cf. Hippolytos, Refutatio omnium haeresium 1.23.1–3.1–11.

Meister philosophischer Denkungs- und Lebensart seiner Zeit in Betracht zieht, daß er in seinem Streben nach Weisheit sogar den Indienfeldzug Alexanders begleitete, auf diese Weise den Yogis und Sadhus begegnete und von diesen inspiriert worden sein dürfte. »Er war zunächst Maler; und er kam, wie Alexander in seinen ‹Nachfolgern› [schreibt], zu Stilpon's Sohn Bryson, dann zu Anaxarchos, ihn überallhin begleitend, so daß er mit den Gymnosophisten [nackten Weisen] in Indien und den [persischen] Magiern zusammentraf, woraus anscheinend ein äußerst edelmütiges Philosophieren [erwuchs], das die Ansicht der Unbegreiflichkeit und der Urteilsenthaltung einführte (*tò tē̃s akatalēpsías kaì epochē̃s eĩdos eisagagṓn*), wie Askanios von Abdera sagte. Denn nichts, sagte er, ist weder schön noch häßlich, weder gerecht noch ungerecht, und [er sagte] gleichermaßen von allem, daß nichts in Wahrheit sei, sondern aus Konvention/Satzung und Gewohnheit/Brauch [bestehe/sei] das gesamte Treiben/Handeln der Menschen; jedes einzelne [Ding] sei nämlich nicht mehr/eher das da als das da. Und dem entsprechend war er auch in seinem Leben ...«[5]: alles aushaltend/ausstehend, immer in derselben Gefaßtheit, Indifferenz/Gleichgültigkeit und Affektionslosigkeit, ruhend in Nichtstun/Untätigkeit,[6] d.h. der Haltung des absichtslosen

[5] Diogenes Laërtios, De vitis dogmatis ... 9.61–62: *próteron ē̃n zōgráphos, kaì ḗkouse Brúsōnos toũ Stílpōnos, 'ōs Aléxandros en Diadochaĩs, eĩt' Anaxárchou, xunakolouthō̃n pantachoũ, 'ōs kaì toĩs Gumnosophistaĩs en Indíaj summíxai kaì toĩs Mágois. 'óthen gennaiótata dokeĩ philosophē̃sai, tò tē̃s akatalēpsías kaì epochē̃s eĩdos eisagagṓn, 'ōs Askánios 'o Abdērítēs phēsín· oudèn gàr éphasken oúte kalòn oút' aischròn oúte díkaion oút' ádikon· kaì 'omoíōs epì pántōn mēdèn eĩnai tē̃j alē̃jtheíaj, nómōj dè kaì éthei pánta toùs anthrṓpous prátteín· ou gàr mãllon tóde ḕ tóde eĩnai 'ékaston. Akólouthos d' ē̃n kaì tō̃j bíōj ...* Logisch korrekt lautet der Satz »Denn nichts, sagte er, ist weder schön noch häßlich, weder gerecht noch ungerecht ...« folgendermaßen: »Denn nichts, sagte er, ist schön oder häßlich, gerecht oder ungerecht ...«.

[6] Cf. Diogenes Laërtios, De vitis dogmatis ... 9.62–64: *'ápanta 'uphistámenos, ... aeí t' eĩnai en tō̃j autō̃j katastḗmati, ... autòs Anáxarchos epē̃jnei tò adiáphoron kaì ástorgon autoũ. ... Kaì dḕ kaì zēlōtàs eĩche polloùs tē̃s apragmosúnēs·* Zur Eudaimonologie der auf Pyrrhon zurückgehenden Bewegung cf. Diogenes Laërtios, De vitis dogmatis ... 9.108: »Gewisse sagen aber auch, das von den Skeptikern verkündete Ziel sei die Leidenschaftslosigkeit/Apathie (*apátheian*), andere hinwiederum, die Sanftmut/Gelassenheit (*prajótēta*).« (*tinès dè kaì tḕn apátheian, álloi dè tḕn prajótēta télos eipeĩn phasi toùs skeptikoús.*) Allegationen zur Apathie und Ataraxie Pyrrhon's unter den jeweiligen griechischen Ausdrücken bei F. Decleva Caizzi, Pirrone Testimonianze, Index. F. Nietzsche, KSA 13.276.28–277.24 {14[99]} (Nachgelassene Fragmente, Frühjahr 1888) = KGW 8.3.68–69: »Die weise Müdigkeit. Pyrrho. Der Buddhist. Vergleich mit Epikur. ... ... Auf der Hut gegen Wissenschaft und Geist, auch Alles, was bläht ... Einfach unbeschreiblich geduldig, unbekümmert, mild. ἀπάθεια, mehr noch πραΰτης. Ein Buddhist

und zweckfreien Handelns, das ganz ähnlich im Hinduismus als leidenschaftsloses Handeln ohne Erwartung einer Gegenleistung und ohne Beachtung des Handlungszwecks (*niṣkāma-karma*)[7] und im Taoismus als handelndes Nichthandeln (*wei-wu-wei*) praktiziert wird.[8]

---

für Griechenland, zwischen dem Tumult der Schulen aufgewachsen; ... Er hat Alexander gesehen, er hat die indischen Büßer gesehen. ...... Süßigkeit; Helle; Gleichgültigkeit; keine Tugenden, die Gebärden brauchen. Sich auch in der Tugend gleichsetzen: letzte Selbstüberwindung, letzte Gleichgültigkeit.« Cf. idem, KSA 13.264–265, 347, 378 = KGW 8.3.56–57, 139, 170. Man vergleiche auch, wie in idem, KSA 2.645.11–646.23 (Menschliches, Allzumenschliches II §213) = KGW 4.3.283–284, Pyrrhon's edelmütige Philosophie lächerlich gemacht wird – und wie diese Posse, wohlverstanden, dann doch die komplizierte Dialektik oder Perspektivik ernst gemeinter Skepsis beschreibt.

[7] Cf. Bhagavad-Gītā 4.18: der Einsichtige (*buddhimān*) wünscht im Handeln Nichthandeln zu erblicken und im Nichthandeln Handeln (*karmaṇyakarma yaḥ paśyedakarmaṇi ca karma yaḥ*). O. c. 4.20: »Der ewig Zufriedene, Bodenlose/Untergrundlose [Unabhängige] – obwohl im Höchstmaß mit Tun beschäftigt, tut er überhaupt nichts, da er auf die Früchte des Handelns verzichtet hat.« (*tyaktvā karma-phalāsaṅgam nityatṛpto nirāśrayaḥ | karmaṇyabhipravṛtto'pi naiva kiñcitkaroti saḥ ||*). Wörtlich entspricht der *apragmosúnē* von Pyrrhon das sanskritische *naiṣkarmya*. Der direkte Śaṅkara-Schüler Sureśvara (8. Jh.) stellte diese Idee ins Zentrum des Weisheitsstrebens. Sein Hauptwerk trägt entprechend den Titel ‹Vollendung durch Nicht-Tun›, cf. Sureśvara, Naiṣkarmyasiddhi, insbesondere 1. Kapitel.

[8] Zum nondualen Handeln und *wei-wu-wei* cf. D. Loy, Nonduality, pp. 96–132; H. P. Sturm, Weder Sein noch Nichtsein, pp. 254–256. M. Heinrichs, Synderesis und Apatheia, p. 659: »Hier bleibt nur noch *ein* typischer Begriff zu erörtern, nämlich das *Nichthandeln* (wu wei), ... Das Nichthandeln impliziert den Begriff der Ruhe und der geheimnisvollen Leere (hsüan hsü). Dem Ersten Prinzip wird ein Wirken durch Nichthandeln zugeschrieben [Tao te ching 37], so wie Augustinus im gleichen Sinne vom göttlichen Wirken sagen wird: *novit quiescens agere et agens quiescere* [De civitate Dei 12.17.2: er weiß in Ruhe verbleibend zu wirken und wirkend ruhig zu bleiben].« Zu Apathie und Nichthandeln (*wu wei*) cf. o. c., pp. 656–665; speziell zur chinesischen Philosophie idem, M. Heinrichs, Wu wei et Apatheia, pp. 615–641; o. c., p. 623: »Mit der Apathie ist immer wu wei, d. h. Nicht-Handeln eng verknüpft. Wu wei kann die edelste Manifestation dieser Tugend der Apathie genannt werden.« R. B. Blakney, Meister Eckhart. A Modern Translation, p. 328[6] (ad 27): »Die Eckhartsche ›Gottheit‹ entspricht Lao Tzu's Beschreibung des Tao: *Wei wu wei*, sie handelt, ohne zu handeln.« Das Handeln »ohne Warum« bei Meister Eckhart ist dargestellt in K. Ceming, Mystik und Ethik bei Meister Eckhart und Johann Gottlieb Fichte, pp. 130–133. Cf. Meister Eckhart, DW 1.90; 2.298; 2.492; weitere Loci in DW 1.80[8]–81. M. Porete, Le mirouer des simples ames 81.26–27; 91.19–20; 135.12. A. Silesius, Cherubinischer Wandersmann 1.289–294. Cf. Epiktetos, Encheiridion 8. Im Anschluß an diesen lehrt der im 6. Jh. lebende Dorotheos von Gaza, Sentenzen 12, §202 = PG 88.1809C & idem, Epistula 2, §187 = PG 88.1804B, ⟨edd./trr.⟩ L. Regnault & J. de Préville, pp. 528/529, 502/503, daß der Mensch ohne Eigenwillen immer das tut, was er will, weil er nicht will, daß die Dinge so sind/

Außerdem ist bekannt, daß er in seiner Vaterstadt zum Hohepriester ernannt worden war.[9] Und aus einem Vers, der durch seinen Schüler Timon überliefert ist, läßt sich schließen, daß er zum höchsten Maßstab das Göttliche und Gute genommen hat, welches als Wesen des Wirklichen, Wahren und Tugendhaften folgerichtig das Indifferenz und Gleichförmigkeit Verleihende, und damit doch wohl selbst das diesen Nicht-Charakter irgendwie Repräsentierende, als Ewiges zudem das Zeitlose, Unwandelbare, Irrelative, sein mußte.

»'Wahrlich, nennen will ich dir, so wie es sich mir darstellt,
ẽ gàr egȍn eréō 'ṓs moi kataphaínetai eĩnai,
ein Wort der Wahrheit, denn ich besitze die rechte Richtschnur (oder: ein Wort, denn ich besitze die rechte Richtschnur der Wahrheit):
mũthon alētheíēs orthòn échōn kanóna,
dass das Wesen der Gottheit und des Guten ewig ist,
'ōs zẽj toũ theíou te phúsis kaì tagathoũ aieí,
von denen her den Menschen ein ganz und gar gleichförmiges [gleichmütiges/gleichgültiges/ausgeglichenes] Leben zuteil wird.'«
ex 'õn isótatos gínetai andrì bíos.[10]

---

werden, wie er sie will, sondern weil er sie so will, wie sie sind/werden. Auf diese Weise befinde er sich nicht in der Gefangenschaft der Anhänglichkeit/Leidenschaft (*mè échōn prospátheian*), und aus der Gelassenheit/Affekt(ions)losigkeit (*ek tẽs aprospatheías*) komme er zur Apathie (*apátheian*), cf. idem, Didaskaliai 1, §20 = PG 88.1636D = ⟨edd./trr.⟩ L. Regnault & J. de Préville, pp. 178/179.

9 Cf. Diogenes Laërtios, De vitis dogmatis … 9.64. W. Durant, Kulturgeschichte der Menschheit 3.407: »bei Pyrrhon führte wie bei Pascal der Skeptizismus nicht von der Religion weg, sondern auf sie zu, und Pyrrhon selbst endete als verehrter Hoherpriester seiner Stadt.« Daß das Verständnis und Verhältnis von Religion und Skepsis bei Pascal ein ganz anderes ist als bei Pyrrhon, erwähnt der zitierte Verfasser allerdings nicht. Dieser Sachverhalt ist aber entscheidend für unsere Diskussion und wird noch Gegenstand unserer Abhandlung werden.

10 Sextos Empeirikos, Adversus Mathematicos 11.20, in der Übersetzung von W. Görler, Älterer Pyrrhonismus. Jüngere Akademie. Antiochos aus Askalon, p. 741 (von mir als Interlinearversion gestaltet). Hierher gehört die Feststellung von M. T. Cicero, De finibus bonorum et malorum 3.IV.12; 2.XIII.43; 4.XVI.43, daß dem Pyrrhon Sittlichkeit (*honestum*) bzw. Tugend (*virtus*) nicht nur das höchste, sondern auch das einzige Gut zu sein schien, neben welchem er sonst nichts Erstrebenswertes übrigließ. Dieses Gut ist, wie wir sahen und aus o.c. 3.IX.31, zu schließen ist, selbstverständlich die Haltung, nichts etwas anderem vorzuziehen (*ita sapientem beatum fore, nihil aliud alii momento ullo anteponentem*), die totale Neigungslosigkeit. Sehr klare Erläuterungen zu diesem Lehrstück geben W. Görler, Älterer Pyrrhonismus. Jüngere Akademie. Antiochos aus Askalon, pp. 740–743; A. A. Long, Hellenistic Philosophy, pp. 76–78. Man sollte einmal

Mehr noch, Pyrrhon selbst wurde von seinem Schüler geradezu als ein Gott verehrt. »Dies, o Pyrrhon, ersehnt mein Herz zu vernehmen, / wie(so) du, der du noch Mensch bist, leichtesten Herzens [äußerst gelassen] in Ruhe dahinlebst, / immer sorglos und unbewegt im selben [Zustand] dahin, / ohne auf die Schwindeleien einer süßlich redenden Weisheit zu achten, / denn du allein bist Führer unter den Menschen nach Art des Gottes, / der die ganze Erde erreichend umläuft/wandelt, / den feuerglühenden Kreis der wohlgezirkelten Kugel zeigend.«[11]

Es erscheint aufgrund dieser Tatbestände fast gerechtfertigt, ihn »eine Art buddhistischen *arhat* [Würdigen/Heiligen]«[12] zu nennen.

überlegen, ob als strukturelle mittelwegbuddhistische Analogie dazu nicht Nāgārjuna, Acintya-Stava 44–45, ⟨edd./trr.⟩ F. Tola & C. Dragonetti, pp. 119/131, paßt; cf. Acintya-Stava 13. Die Verblüffung über diese Lehrstücke, die sich nach gängiger Auslegung nicht in die Doktrin ihrer jeweiligen Stifter zu fügen scheinen, könnte in beiden Lagern von Interpreten ganz einfach zerstreut werden, so man sich entschließen würde, sie mit interkulturellem Doppelblick zu betrachten. Es muß nicht eigens betont werden, daß das im Wahrspruch Pyrrhon's gepriesene zutiefst gleichmütige, gleichgültige und ausgeglichene Leben (*isótatos bíos*) sehr an das Lebensideal von *sama-rasa/sama-dṛṣṭi/sama-citta* bzw. *samatā/samatva* (Abstraktnomenbildung aus skr. *sama*, gr. *'omoĩos, 'eĩs*, lat. *similis*, engl. same, dt. eins, samt) erinnert, das sowohl die indische Orthodoxie als auch Heterodoxie hochschätzt.

[11] Timon, Fragment 67 Diels, zitiert nach F. Decleva Caizzi, Pirrone Testimonianze, pp. 58–59, Fragment 61A: *toũtó moi, õ Púrrōn, 'imeíretai ẽtor akoũsai, / põs pot' anèr diágeis 'rẽjsta meth' 'ēsuchíēs / aieì aphrontístōs kaì akinḗtōs katà tautá, / mḕ prosḗchōn dínois 'ēdulógou sophíēs / moũnos d' anthrṓpoisi theoũ trópon 'ēgemoneúeis, / 'òs perì pãsan 'elõn gaĩan anastréphetai, / deiknùs eutórnou sphaírēs purikaútora kúklon.*) Cf. Fragmente 58–60; 61B-D. Die vorangehend zitierten Verdikte seines Meisters könnten nun gerade die Antworten auf die eben und im Kapitel 1.1.2 vorgestellte Frage Timon's darstellen, wie und warum es jenem gelang, in die Gefilde übermenschlicher Weisheit vorzudringen. F. Picavet, Essais sur l'histoire générale et comparée des théologies et des philosophies médiévales, pp. 141–143, untermauert seine Aussage, daß die pyrrhonische Schule der Religion nie feindselig gegenüberstand, mit einem Hinweis auf eine vierzeilige Inschrift aus dem 1./2. Jh., in der griechischen Originalsprache abgedruckt in idem, Explication d'une inscription importante pour l'histoire du Pyrrhonisme, pp. 185–186, in deren Schlußzeile sich die Bezeichnung »Pyrrhoniast« findet. Aus philologischen Überlegungen zu diesem Terminus leitet der Gelehrte ab, daß es sich bei den Pyrrhonikern um eine religiöse Gruppierung handelte. Er schließt seine Argumentation mit folgenden Worten, cf. idem, Essais sur l'histoire générale et comparée des théologies et des philosophies médiévales, p. 143: »Es bleibt übrig, daß man darauf abzielt, die Philosophen, selbst Pyrrhon, wie die Könige, den Göttern anzunähern, um sie dadurch zu Oberhäuptern religiöser Gemeinschaften zu machen; daß der Mensch darauf abzielt, sich mit dem Göttlichen zu vermengen oder daß das Göttliche, wenn man das vorzieht, größeren Raum im sozialen Leben einnimmt.«

[12] J. Burnet, »Sceptics«, p. 229. Kurze Kommentare dazu bei E. Flintoff, Pyrrho and

»Wie sehr oder wenig Pyrrhon auch von indischen Fakiren beeinflußt gewesen sein mag, er dürfte sehr wohl als ein Guru beschrieben werden, ein Typ von einem Weisen, der in der griechischen Welt vom 6. Jahrhundert an, und vermehrt, so scheint es, in der zweiten Hälfte des 4. Jahrhunderts auftaucht.«[13] »Wir wissen, daß Pyrrho mit Alexander dem Großen in Indien gewesen ist. Sobald man einmal erkannt hat, daß die Pyrrhoneische Skepsis nicht nur Erkenntnistheorie und Logik ist, sondern diese Mittel zur Metaphysik benutzt, wird die Ver-

---

India, p. 108[31] (weitgehend befürwortend); K. N. Jayatilleke, Early Buddhist Theory of Knowledge, p. 130 (kritisch). Cf. M. Sprung, The Origins and Issues of Scepticism: East and West, p. 80 ≈ idem, Nietzsche and Nāgārjuna, p. 166: »Nietzsche übte die pyrrhonische *epochē* nicht aus und konnte sie nicht ausüben; Nāgārjuna tut es, und radikaler als Pyrrho.« B. Mal, The Religion of the Buddha and Its Relation to Upaniṣadic Thought, pp. 47–48: »Sañjaya und seine Schule des Denkens lehrten die Kultivierung einer Haltung von Indifferenz und zurück-/angehaltenem Urteil … In dieser Beziehung kann Sañjaya mit Pyrrho, dem großen Lehrer der Skepsis in Griechenland, der ähnliche Ansichten vertrat, verglichen werden.« Im gleichen Sinne (und gegen K. N. Jayatilleke, Early Buddhist Theory of Knowledge, p. 130) argumentiert B. K. Matilal, Logical and Ethical Issues of Religious Belief, pp. 61–62. B. Barua, A History of Pre-Buddhistic Indian Philosophy, pp. 331–332; H. Nakamura, A Comparative History of Ideas, p. 163. R. P. Hayes, Nāgārjuna's Appeal, p. 351, weist auf Ähnlichkeiten zwischen einigen Trends im Buddhismus und den pyrrhonischen Werten der Nicht-Behauptung (*aphasia*), verstanden als Zustand, keine Meinungen zu haben, und der inneren Ruhe (*ataraxia*), verstanden als Geistesfrieden, der aus der Eliminierung der emotionalen Verhaftungen resultiert, welche daraus resultieren, daß man Überzeugungen hat; idem, Dignāga on the Interpretation of Signs, p. 52: »Die Parallele zwischen der pyrrhonischen *ataraxia* und der buddhistischen Ansicht vom *nirvāṇa*, das nur durch das Aufgeben von Meinungen (*dṛṣṭi; diṭṭhi*) möglich wird, ist frappant.« E. Conze, Der Buddhismus, pp. 133–134, stellt eine Verbindung zwischen den Lehren der Digambara-Jainas und Pyrrhon's her. Zu dieser Thamatik auch B. Nanajivako, The Indian Origin of Pyrrho's Philosophy of Epoche, pp. 322–334 (historiographisch unhaltbar), cf. o. c., p. 327: »So bleibt Pyrrho's Theorie der *epoché* sowohl in ihrer historischen Herkunft als auch ihrem systematischen Schema auf halbem Wege zwischen dem kosmologischen Interesse der Jainas und dessen akosmischer Umkehrung durch Buddha.« P. Hadot, Wege zur Weisheit oder Was lehrt uns die antike Philosophie?, p. 135, nennt eine Anekdote über Pyrrhon bei Diogenes Laërtios, De vitis dogmatis … 9.66, in der berichtet wird, daß jener aus Gleichgültigkeit auch ein Schwein gewaschen habe, »sehr ähnlich dem, was Zhuangzi [Chuang Tzu, Buch 7, ⟨tr.⟩ B. Watson, p. 97] über den chinesischen Philosophen Li-Zhun [Lieh Tzu] erzählt«.

13 A. A. Long, Timon of Phlius: Pyrrhonist and Satirist, p. 70. E. Zeller, Die Philosophie der Griechen in ihrer geschichtlichen Entwicklung 3.1.498: »… und wenn die Lebensweise der indischen Asketen seinen Beifall fand, wird man derselben doch für seine Lebensansicht um so weniger eine entscheidende Bedeutung beilegen können, da ihm der Grundsatz der Apathie und Adiaphorie vorher schon durch Stilpo und die Cyniker an die Hand gegeben war.« Cf. o. c. 3.1.497.

wandtschaft des Eigentümlichen gerade dieser Metaphysik mit dem Buddhismus einleuchten und die ›sich selbst aufhebende Urteilsenthaltung‹ als der griechische Ausdruck des Nirwana erscheinen. …… Die unio mystica [mystische Vereinigung] ist ein Zustandsaugenblick wie die ›sich selbst aufhebende Urteilsenthaltung‹. Mystik ist emotionale Skepsis, Skepsis ist rationale Mystik.«[14]

Ob und inwieweit die Theorie der Skepsis im allgemeinen und der Verhaltenheit im besonderen zu einer systematischen, dem *yoga-sādhana* (Disziplin der Vervollkommnung durch/im Yoga) vergleichbaren Lebens- und Weisheitspraxis führte oder diese begleitete, ist schwer zu beurteilen. Für Pyrrhon selbst, einem der konsequentesten westlichen Meister der Gleichmütigkeit und die von ihm ausgehende Lehre, kann man guten Gewissens behaupten, daß sie ein Leitfaden der weisheitlichen Lebensführung (*agōgḗ*) war, welche der Erlangung der Geistesklarheit, fast wagte man zu sagen, der Erleuchtung, diente bzw. diese begleitete. »Pyrrhon liebte die Meditation, an welcher ebenso Buddha Gefallen fand.«[15] »… die Urteilsenthaltung und Ataraxie, die ihr wie ein Schatten folgt, werden nicht durch eine einfache Ansicht über die Instabilität der Dinge erlangt; da braucht es lange Übung und Meditation, welche die Formeln leiten, die Timon dem Pyrrhon zuschreibt, und die von nun an einen Bestandteil der skeptischen Tradition bilden.«[16] »Pyrrhon und seine Schüler praktizierten also Meditationsmethoden.«[17] Von den sogenannten Selbstgesprächen bei Pyrrhon[18] und Philon von Athen[19] (3. Jh. v. Chr.) möchte man demnach fast annehmen, daß sie mantrischen, d. h. den Charakter heiliger Formeln besessen hätten.[20] Nicht zu Unrecht ist

---

[14] M. Raphael, Die pyrrhoneische Skepsis, p. 47 & p. 69; es ist darauf hinzuweisen, daß weder die »sich selbst aufhebende Urteilsenthaltung« noch die »emotionale Skepsis« und »rationale Mystik« in ihrer exakten Bedeutung innerhalb der zitierten Studie mit unserer Auslegung entsprechender skeptischer, mystischer und buddhistischer Konzepte in Einklang stehen. Was ein »Zustandsaugenblick« ist, weiß ich leider nicht.

[15] M. M. Patrick, The Greek Sceptics, p. 63.

[16] É. Bréhier, Histoire de la philosophie 1.329.

[17] P. Hadot, Wege zur Weisheit oder Was lehrt uns die antike Philosophie?, p. 137.

[18] Cf. Diogenes Laërtios, De vitis dogmatis … 9.64.

[19] Cf. Diogenes Laërtios, De vitis dogmatis … 9.69.

[20] Cf. P. Hadot, Philosophie als Lebensform, p. 25: »In dem Bild, das Platon und Aristophanes von ihm entwerfen, erscheint Sokrates nicht nur als Meister des Gesprächs mit anderen, sondern auch als Meister des Gesprächs mit sich selbst, mithin als Meister in der Anwendung geistiger Übungen. …… Das Zwiegespräch mit sich selbst, die Meditation, scheint bei den Schülern des Sokrates sehr beliebt gewesen zu sein.« O. c., pp. 25–

ein moderner Interpret, welcher die antike Philosophie sehr treffend als das Zusammen von Diskurs (diskursivem Denken) und Lebensform, Lebensweise oder Lebenswahl auslegt, der Ansicht: »Für die Skeptiker ist die eigentliche geistige Übung die Aufhebung des Urteils (*epoché*)«[21]. Der Philosoph, Indologe und Buddhologe Edward Conze (1904–1979) führt die Zurückhaltung der Zustimmung in seiner Liste von Lehrsätzen abendländischer Philosophen mit verblüffender Ähnlichkeit zu denen der Mādhyamika's und anderer späterer Buddhisten. Wie diese verträten die Akademiker die Ansicht, »daß ›nichts wahrgenommen‹ oder begriffen (*comprehendi, anupalabdhi*) werden kann und ›der Weise alle Akte der Zustimmung zurückhält‹ (*adsensus, abhiniveśa*).«[22]

Diese Sachverhalte hat man bei der Bewertung der Skepsis allzu oft übersehen. Ansonsten wäre der Konnex des Pyrrhonismus mit der Akademie, der durch Arkesilaos' Bekanntschaft mit und Wertschätzung der pyrrhonischen Weltanschauung und Lebensführung (wenn auch nur in eine Richtung) allein schon gesichert ist,[23] und den Sextos (Arkesilaos ausgenommen) geschickt herunterzuspielen wußte, um so deutlicher zum Vorschein gekommen, und damit die strukturelle Verwandtschaft der Skepsis zu kritisch-dialektischen wie mystisch-eudaimonistischen Tendenzen der Sokratik/Platonik sowie ihrer Vorläufer und Nachfolger. Sextos selbst nennt Arkesilaos sogar einen verkappten Platonisten.[24] Und hinter der skeptischen Aka-

---

26, werden antike Belege zu bzw. von Antisthenes, Pyrrhon, Philon von Athen, Kleanthes (331–233), Epiktetos, Horaz (65–8) und Homer (9. Jh. v. Chr.) vorgelegt. Cf. idem, Wege zur Weisheit oder Was lehrt uns die antike Philosophie?, pp. 208–209. Zu Sokrates' »tiefen Meditationen« cf. S. Radhakrishnan, Eastern Religions and Western Thought, p. 143. In der christlichen Tradition nannte man diese Art der Konzentration *ruminatio* (Wiederkäuen), cf. N. Cusanus, De coniecturis 1.2, Philosophisch-theologische Schriften (Sigle: PTS) 2.4.

[21] P. Hadot, Philosophie als Lebensform, p. 180.

[22] E. Conze, Buddhist Studies 1934–1972 [1.] 219, mit Verweisen auf die jeweiligen Stellen in den ‹Academica›. Ad *anupalambha* (nicht zu er-/begreifen, kein Gegenstand des Er-/Begreifens) in der indischen Tradition cf. K. Bhattacharya, L'ātman-brahman dans le Bouddhisme ancien, pp. 67[3]–69.

[23] Cf. A. Goedeckemeyer, Geschichte des griechischen Skeptizismus, pp. 32–33 (mit Belegstellen). J. J. Brucker, Historia critica philosophiae 1.1332 ≈ idem, Kurtze Fragen aus der Philosophischen Historie 1.2.759, konstatiert, daß der Unterschied zwischen Akademischer und pyrrhonischer Skepsis eher in den Worten als in der Sache liege.

[24] Cf. Sextos Empeirikos, Pyrrhoneion Hypotyposeon 1.232–234; H. J. Mette, Zwei Akademiker heute: Krantor von Soloi und Arkesilaos von Pitane, pp. 88–89.

demie vermutet Augustinus nach einer Bemerkung Cicero's gar einen Mysterienzirkel.[25]

Es stimmt zwar durchaus, daß insbesondere Karneades von Kyrene (214–129) nicht müde wurde, die Göttervorstellungen seiner Zeit mit Hilfe der Dialektik, und hier wiederum vornehmlich der

[25] Cf. M. T. Cicero, Academica, Fragmenta editionis posterioris librorum incertorum §21, überliefert bei A. Augustinus, Contra Academicos 3.20.43; cf. o.c. 2.10.24; idem, Epistolae 1; 118.3.16; 118.3.20; 118.5.33. Dazu bestärkend: E. Conze, Buddhist Studies 1934–1972, [1.] 218–219; einschränkend: J. J. O'Meara, St. Augustine: Against the Academics, Intro., pp. 17–18[Fn.73]. Ablehnend: H. J. Krämer, Platonismus und hellenistische Philosophie, pp. 54–56, mit Belegstellen o.c., p. 55[212]; A. A. Long, Hellenistic Philosophy, p. 93 (mit Belegstelle der Gegenposition von O. Gigon). Um unseren Ausführungen, die den Schwerpunkt in erster Linie nicht auf Philosophiehistorisches, sondern auf die innere ›Logik‹ der Skepsis legen, Gewicht zu verleihen, muß an dieser Stelle recht ausführlich referiert werden, was W. Görler, Untersuchungen zu Ciceros Philosophie, p. 196 (mit Fn. pp. 196[25]–197, ab den Auslassungspunkten), zur Skepsis von Cicero und Arkesilaos in gedrängter Form konstatiert: »Die ἐποχή gegenüber den Sinneswahrnehmungen ermöglicht [Cicero] den Glauben an eine höhere Seinsordnung, und aus der ἐποχή gegenüber allen metaphysischen Dogmen ergibt es sich, daß es beim Glauben bleiben muß. … In ähnlichem Sinne hat Olof Gigon (Zur Geschichte der sogenannten Neuen Akademie, Museum Helveticum 1, 1944, 47–64; jetzt auch in: O. G., Studien zur antiken Philosophie, hrsg. von Andreas Graeser, Berlin u. New York 1972, 412–431) den Skeptizismus des Arkesilaos interpretiert. Die von ihm gelehrte ἐποχή sei auf das Gebiet der sinnlichen Wahrnehmung beschränkt; sie ‹lasse durchaus den Raum frei für die Ideenschau Platons› (53/419). Arkesilaos habe durch seinen Skeptizismus ‹den Boden gereinigt für einen positiven Aufbau des platonischen Wissens› (55/421). Wenn diese These richtig ist, hätte Cicero in der besonderen Ausprägung seines Skeptizismus einen prominenten Vorläufer gehabt. Einiges spricht dafür: Wie sonst hätte sich Arkesilaos als Platoniker bezeichnen können? Auf der anderen Seite ist es auffällig, daß eine so klare Beschränkung der ἐποχή auf den Bereich des Sensiblen, wie Gigon sie annimmt, nirgends bezeugt ist. Stattdessen sprechen einige Quellen von einem esoterischen Dogmatismus des Arkesilaos. Gigon hält diese Nachricht (Euseb., PE 14,6,6; Sextus Emp. P 1,234; Cic. Luc 60 u.a.) für glaubwürdig und sieht darin eine Stütze seiner These.« Daß die Allianz zwischen dem Skeptizismus und dem Appell zur Überschreitung der Vernunft bei Cicero mit Plutarchs Quasi-Fideismus vergleichbar sei, meint D. Babut, Parerga, p. 581[172]. Da für Platon die Ideen nicht das letzte waren, könnte in Verschärfung der Argumentation Görlers (bzw. Gigons) auch die auf die Ausschaltung des Sensiblen aufgestufte ephektische Aufhebung der Ideen selbst (in das Gute und Eine hinein) unter Berufung auf die Platonik einsichtig und hinsichtlich der Akademischen Skeptiker plausibel gemacht werden. Mit Hilfe derselben Gedankenführung könnte man, das nur nebenbei, auch den doxographischen Streit zwischen den Gelehrten schlichten, die annehmen, daß die Megariker die Ideen aufhoben und denen, die das nicht tun: danach hätten beide recht und unrecht, mit der Einschränkung, daß erstere wohl am Ende recht behielten. Als Übersichtsliteratur zu den Megarikern cf. R. Muller, Les Mégariques. Clemens Alexandrinus, Stromata 5.9.56.1–5.9.59.6, unterstellt neben den Pythagoreern und Platon auch den Epikureern, Stoikern und Peripatetikern, ja in

Häufelschlüsse (*sōrítēs*), zu zersetzen.[26] Eines blieb dabei aber auch hier meistens unbeachtet: daß sich diese Angriffe in ihrem philosophischen Aspekt auf die götzenhaften Verdinglichungen des objektivierenden Geistes bezogen haben, deren Auswüchse Xenophanes (ca. 565–488) schon mit Spott bedachte. Darin impliziert wäre die Erkenntis, daß die religiösen Ideen der dogmatischen Philosophen sich von denen der abergläubischen Volksreligiosität letztendlich in nichts unterschieden. Gegen die Götter*vorstellungen* wäre der Ikonoklasmus der Akademiker also gerichtet gewesen, nicht gegen ein höchstes und oberstes Wesen, das das Ziel der Wahrheitssuche innerhalb unseres symbolisch-wissensmäßig erschlossenen Kosmos als das letztlich Wahre und Gute verkörperte und personifizierte. »Dies brachte Karneades vor, nicht um die Götter abzuschaffen (denn was schickte sich für einen Philosophen weniger?), sondern um zu beweisen, daß die Stoiker über die Götter nichts aussagen können.«[27] Darf man dem Bericht des Kirchenlehrers Epiphanios von Salamis (ca. 310/20–402) Glauben schenken, dann sollen die beiden Koryphäen des Akademischen Skeptizismus folgendes gelehrt haben: »Arkesilaos sagte, der Gottheit allein ist das Wahre erreichbar, dem Menschen dagegen nicht; Karneades lehrte dasselbe wie Arkesilaos.«[28]

---

gewisser Weise auch Herakleitos (544–483) und Parmenides (ca. 540–480), geheime, esoterische Lehren besessen zu haben.

[26] Cf. Sextos Empeirikos, Adversus Mathematicos 9.182–194; P. Couissin, Les sorites de Carnéade contre le polythéisme, pp. 43–57; A. Goedeckemeyer, Geschichte des griechischen Skeptizismus, pp. 73–74.

[27] M. T. Cicero, De natura deorum 3.XVII.44: *Haec Carneades aiebat, non ut deos tolleret (quid enim philosopho minus conveniens?) sed ut Stoicos nihil de dis explicare convinceret.* Cf. o. c. 1.II.4. Ploutarchos, De sera numinis vindicta (Moralia) 549E, und dazu D. Babut, Parerga, p. 579: »Wenn nun Plutarch aus den Unzulänglichkeiten des menschlichen Verstandes den Schluß zieht, an die ›Gottesfurcht, die von den Philosophen der Akademie praktiziert wurde‹, zu appellieren, tut er in gewissem Sinne nichts anderes, als daß er die in der Platonischen Schule klassische Unterscheidung zwischen menschlichem und göttlichem Wissen wieder aufnimmt.« O. c., pp. 580–581: ».. die Bezugnahme [Plutarchs] auf die ἐποχή der Neuen Akademie wäre … weder durch Einflüsse oder gelegentliche Anleihen noch durch eine oberflächliche und begrenzte Ausbeutung von Materialien, die für rein polemische oder parteiliche Zwecke wichtig sind, zu erklären, sondern es ist im Gegensatz dazu angemessen, darin das Merkmal einer authentischen Erfahrung zu erblicken, den Ausdruck einer ernsthaften Reflexion, die darauf abzielt, auf rationale, wenn auch negative Weise, die Gültigkeit eines religiösen Glaubens an eine supra-rationale Wahrheit zu rechtfertigen.« Ich darf hier noch auf das Zitat von J. Schroeter, Plutarchs Stellung zur Skepsis, p. 52, verweisen, das anläßlich der nämlichen Problematik im Philosophieren Philon's gegeben werden wird ↗ Kapitel 2.1.2.

[28] Epiphanios, Adversus haereses 3.29–30, zitiert nach H. J. Mette, Zwei Akademiker

Unter Berücksichtigung dieser in Vergessenheit geratenen oder unbeachtet gebliebenen Lehrgehalte bekommt der Skeptizismus der Akademie ein ganz anderes Gepräge. In die Dunkelheit der mittelakademischen Daseinswelt scheint durchaus das Licht des Jenseits hineinzuleuchten, wenn auch nur sehr schwach, als theoretisches Pendant des Diesseits, entsprechend der schuleigenen Methode akribischer Berücksichtigung beider Seiten eines dia-lektischen Gegensatzes (*dis-putatio in utramque partem*), und streng nach dem Motto: »wer ›dunkel‹ sagt, muß auch ›hell‹ denken«. »Vor allem ist übersehen worden, daß auch der *Skeptizismus* eine Antwort auf die kosmische Lichtflut darstellt. Es ist ja durchaus kein Schul›unfall‹, daß die Skepsis inmitten der platonischen Akademie ausbricht; es ist auch dies eine Stellungnahme zu dem ontologischen Grundvorgang der Transzendenz des Lichts, und es ist gleichfalls eine Haltung der Flucht, der Weltausschaltung, der Absage an die θεωρία in der ἐποχή. … Der Skeptiker ist der Mystiker im Negativ: auch er verschließt die Augen, aber nicht vor der blendenden Überfülle des absoluten Lichts, sondern vor der fragenden und verwirrenden Andringlichkeit der *obscuritas rerum* [Dunkelheit der Dinge].«[29]

Was es mit der Flucht der Skeptiker so auf sich hat, das haben wir bereits angedeutet, und wir werden es (wie die Sache mit dem

heute: Krantor von Soloi und Arkesilaos von Pitane, p. 73, Fragment F15 = H. J. Mette, Weitere Akademiker heute (Fortsetzung von Lustrum 26, 7–94): Von Lakydes bis zu Kleitomachos, p. 97, Fragment F8c: *Arkesílaos éphaske tõi theõi ephiktòn eĩnai mónõi tò alēthés, anthrṓpõi dè oú· Karneádēs tà autà tõi Arkesiláõi edóxasen.* Cf. Eusebeios, Praeparatio evangelica 14.4.15 (726d), zitiert nach H. J. Mette, Zwei Akademiker heute: Krantor von Soloi und Arkesilaos von Pitane, p. 58, Fragment T3, wonach Arkesilaos das Apophthegma des Hesiod (8. Jh. v. Chr.), daß die Götter den Menschen die Einsicht verborgen hätten (*krúpsantes gàr échousi theoì nóon* (*bíon* Hes.) *anthrṓpoisin*), gepriesen habe.

[29] H. Blumenberg, Licht als Metapher der Wahrheit, p. 435. Dem wollen wir eine Bemerkung von W. Weischedel, Die Frage nach Gott im skeptischen Denken, pp. 29–30, gegenüberstellen: »Es gäbe kein radikales Fragen, wenn es kein Geheimnis gäbe, das jenes anzieht. Die Wirklichkeit des Geheimnisses gehört somit wesentlich zum skeptischen Denken. … Nimmt man so das Geheimnis als Wirklichkeit und als letzte Wirklichkeit an, dann scheint man in die Nähe von Mystik und christlichem Glauben zu geraten. Denn auch für die Mystik ist das erste das Mysterium der Gottheit, das weder als Sein noch als Nichtsein, weder als Grund noch als Abgrund, also in keiner eindeutigen Aussage, angemessen gefaßt werden kann. Das Wissen von der Gottheit ist so ebensosehr Erkenntnis wie Verzicht auf Erkenntnis: ein Umkreisen des Geheimnisses. … Doch man muß sich an diesem Punkte hüten, voreilig den Schluß zu ziehen, das im skeptischen Denken anvisierte Geheimnis sei mit dem Gott der Mystik oder des Christentums gleichzusetzen.«

absoluten Licht oder der Düsternis der Mystiker) später noch einmal diskutieren. Der Eskapismus-Vorwurf an die Skepsis (wie an die Mystik) ist eher ein Symptom dafür, wie sich diejenigen ihre Weltbilder ausmalen, die ihn vorbringen. Jene Anschauungen zeugen nur sehr wenig von dem, was die tiefsinnigen Verkünder dieser Erkenntniswege tatsächlich gemeint haben. Eines wird aber in diesem Zitat ganz deutlich: die Orientierung, auch der Mittleren Akademiker, an den Gegenbegriffen von Immanenz und Transzendenz; nur hat unser Interpret deren Widerspiel nicht zu Ende gedacht. Beide fallen als Denkinhalte, und somit als weltimmanente Erkenntnisgegenstände, derselben dialektischen Zernichtung zum Opfer wie alle anderen Opposita auch. In gedankenscharfer Poesie bringt dies die älteste Schrift des Chan-Buddhismus, ‹Hsin-hsin-ming› (Die Gravur vom Vertrauen auf den Geist) von Seng-Ts'an (†606) zum Ausdruck: »Zwei existiert abhängig vom Einen, aber man darf auch nicht bei dem Einen verharren.«[30] Ob das ›*probabile*‹, das im »methodischen Gegeneinanderausspielen der Thesen, wie es die akademische Skepsis übt«[31], aufleuchtet, nur einen düsteren Grauton hat, wollen und können wir nicht entscheiden. Wir können nur darauf hinweisen, daß auch das ›Wahrscheinliche‹ in der Klammer der ἐποχή verbleibt: »– der Probabilismus bewegt sich *innerhalb* der Epoché«[32] und ist deshalb kein Ausdruck eines gemäßigten Skeptizismus, wie häufig behauptet wurde.[33]

Das Innehalten müßte u. E. – wie das mystische Stillewerden – in die Einfalt des geläuterten Nichtwissens jenseits von Licht und Schatten führen. Bestätigt das etwa der Eklektiker Maximos Tyrios (um 150 n. Chr.), wenn er überliefert, daß Unwissen (*ágnoian*) das gewesen sei, wohin(ein) Karneades versetzt/gesandt (*pémpei*) worden sei?[34] »Die ἀπροσπτωσία [Freisein von Voreiligkeit] ist …

[30] Seng-Ts'an, Hsin-hsin-ming 23, ⟨tr.⟩ U. Jarand, p. 72. Übersetzung der Ausgabe ⟨tr.⟩ T. Deshimaru-Roshi, p. 68: »Die Zwei ist abhängig von dem Einen. Doch haftet nicht an dem Einen.« Diesem Postulat liegt zugrunde, daß das (metaphysische) Eine nichts Zählbares und insofern ›nichts‹ ist, cf. H. P. Sturm, Weder Sein noch Nichtsein, pp. 236–237; idem, Leere im Herzen, pp. 129–130 (jeweils mit Nachweisen); N. Cusanus, De filiatione Dei 3 & 4, PTS 2.620/622 & 2.628/630. Man vergleiche die Reflexionen von al-Halāj, Kitāb al-Tawāsīn 8–11, ⟨tr.⟩ H. Mason (von ⟨tr.⟩ L. Massignon), 3.316–325.

[31] H. Blumenberg, Licht als Metapher der Wahrheit, p. 435.

[32] H. J. Krämer, Platonismus und hellenistische Philosophie, p. 49; dazu mehr im Kapitel 4.1.4.

[33] Diese Fehleinschätzung hatte, wie noch gezeigt wird, in David Hume einen bedeutenden und einflußreichen Vertreter.

gleichbedeutend mit der ἐποχή oder der ἄγνοια, welche MAX. TYR. Diss. 35, 7 Schl. als Ziel des Karneades bezeichnet.«[35] Sollte die ἐποχή (Verhaltenheit) von den Akademischen Skeptikern tatsächlich als mit der *ágnoia* (Wissensenthaltsamkeit) identisch gelehrt worden sein, so müßte hier eine überformte und übersteigerte Weise des Nichtwissens vorliegen – jenseits der an manchen Stellen dem guten Sextos zu unterstellenden Allerweltsunwissenheit des reifen Pyrrhoniers[36] und der »kunstmäßigen und szientifischen Unwissenheit«, die Immanuel Kant am Skeptizismus als Grundsatz fürchtet, »welcher die Grundlagen aller Erkenntnis untergräbt, um, wo möglich, überall keine Zuverlässigkeit und Sicherheit derselben übrig zu lassen«[37], ein Überunwissen (*'uperágnoia*)[38], das als Zielbeschreibung in der Programmatik der platonisierenden Mystik eines Plotinos (204/5–270), Proklos (412–485), Damaskios (geb. 462), Dionysios Areopagita (5./6. Jh.), Maximus Confessor, Joannes Scotus Eriugena oder Erigena

---

[34] Cf. Maximos Tyrios, Philosophumena, ⟨ed.⟩ H. Hobein, 29.7.k.8 (123a), p. 349 (Apparat zu Zeile 8). Der Haupttext hat die Lesart *'agneían* (Reinheit, Lauterkeit, Keuschheit) für *ágnoian*, die m. E. jedoch nicht sehr überzeugend ist, weshalb man sich besser für die alte Lesart entscheiden sollte, die zudem von keinem Geringeren in Sachen antike Philosophie verbürgt ist als Eduard Zeller (1814–1908); siehe nächstes Zitat mit Fußnote. Zur 'Ignoranz' der Skeptiker in kritischer Hinsicht cf. L. A. Seneca, Ad Lucilium Epistulae morales 88.44. L. C. F. Lactantius, Divinae institutiones 3.6.7.11–14, wo Arkesilaos ein »*ignorantiae magister*«, ein Meister der Ignoranz genannt wird, der »unter Berufung auf Sokrates als Urheber den Satz annahm zu behaupten, daß man nichts wissen könne.« (*auctore Socrate suscepit hanc sententiam, ut adfirmaret sciri nihil posse.*) Eine lesenswerte Posse zur pyrrhonischen Ignoranz reißt Loukianos, Vitarum auctio 27 = ⟨ed./tr.⟩ A. M. Harmon, 2.506–511.

[35] E. Zeller, Die Philosophie der Griechen in ihrer geschichtlichen Entwicklung 3.1.531²–532.

[36] Wir meinen den vorgeblichen subjektiven Agnostizismus des Empiricus. Es darf darauf hingewiesen werden, daß in einigen Lehren des Abend- wie Morgenlandes die Rückkehr zur Alltäglichkeit expressis verbis das Ziel des Weisheitsstrebens darstellte, so z. B. im Kynismus und im Zen, und nimmt man Nāgārjuna's Diktum ernst, daß *saṃsāra* (Daseinskreislauf) gleich Nirvāṇa et vice versa ist, dann kann man den außerordentlichen Sinn dieser zunächst trivial erscheinenden Lehren sehr wohl verstehen, cf. T. McEvilley, Early Greek Philosophy and Mādhyamika, pp. 155–159; idem, Pyrrhonism and Mādhyamika, pp. 33⁴⁵–34. P. Hadot, Philosophie als Lebensform, p. 41: »Die Skeptiker übrigens weigerten sich ausdrücklich, philosophisch zu leben, sie entschieden sich wissentlich für ein ›Leben wie jedermann‹ (aber nach einem Umweg über die Philosophie, der immerhin so groß war, daß man Mühe hat zu glauben, daß ihr ›alltägliches Leben‹ wirklich so ›alltäglich‹ war, wie sie es glauben machen wollten).«

[37] I. Kant, Kritik der reinen Vernunft B451/A424, ⟨ed.⟩ W. Weischedel, 4.412.

[38] Damaskios, De principiis 1.84.18 = ⟨ed.⟩ Ruelle, 1.56; Maximus Confessor, Capita de caritate 3.99.1–2.

(ca. 810–877) oder der hochmittelalterlichen und frühneuzeitlichen Mystiker vorfindlich sein könnte und es teilweise auch ist. »Die Mystik trifft hier mit der kritischen Philosophie zusammen, die behauptet, daß unsere Vorstellungen dem nicht in der begrenzten Form der Erfahrung Auftretenden gegenüber nicht genügen. Schon im Altertum finden wir diese Verwandtschaft des Kritizismus mit der Mystik, denn zwischen Karneades und Plotinos ist in der erkenntnistheoretischen Religionsphilosophie eine gewisse Ähnlichkeit vorhanden.«[39]

Meister Eckhart (1260–1327), der christlich-neuplatonische Mystiker und Prediger, skizzierte die Doktrin vom Nichtwissen in einer Wechselbestimmung des relativen und absoluten Standpunkts, die als Schlüssel zur Klärung manch verwirrend klingender Stelle spekulativer Texte verschiedener Philosophietraditionen dienen könnte. »Man soll hier in ein überformtes Wissen kommen, dennoch soll dieses Unwissen nicht aus der Unwissenheit kommen, sondern vom Wissen soll man in ein Unwissen kommen. Dann sollen wir wissend werden mit dem göttlichen Unwissen, und dann wird unser Unwissen mit dem übernatürlichen Wissen geadelt und geziert.«[40]

Mit Hilfe der erhellenden Kraft dieser Sentenz kann auch die Platonische Aufstiegsdialektik aus der Schattenwelt der Höhle zur Sonne (der Idee) des Guten leichter einsichtig gemacht werden. Ohne jetzt auf die Einzelheiten dieser Met-hodos näher eingehen zu kön-

---

[39] H. Høffding, Religionsphilosophie, p. 73. Cf. M. Horkheimer, Die gesellschaftliche Funktion der Philosophie. Ausgewählte Essays, p. 221: »Wie die mystische Religiosität im Altertum skeptische Züge trägt, so stimmt der Protestantismus mit Montaignes Kritik am Wissen überein.« R. Wahle, Geschichtlicher Überblick über die Entwicklung der Philosophie bis zu ihrer letzten Phase, p. 42: »Erst in der zweiten großen Periode der Philosophie kommt die Zeit, da der Skepticismus der Untergrund wird für den Idealismus …«; cf. o. c., pp. 44–45. F. Nietzsche, KSA 10.86.3–4, Nr. 274 (Nachgelassene Fragmente, Sommer-Herbst 1882) = KGW 7.1.86: »Wenn Skepsis und Sehnsucht sich begatten, entsteht die Mystik.« Es scheint kein Zufall zu sein, daß die vernichtenden Resultate der ›skeptischen‹ Dialektik in Platon's Parmenides-Dialog zu Ur-Formeln späterer philosophischer ›Mystik‹ wurden, cf. R. Klibansky, The Continuity of the Platonic Tradition during the Middle Ages, p. 25; idem, Plato's Parmenides in the Middle Ages, pp. 4–8 (= 284–288), 29–32 (= 309–312); E. R. Dodds, The *Parmenides* of Plato and the Origin of the Neoplatonic 'One'; R. Mortley, From Word to Silence 1.157–158.

[40] Meister Eckhart, ⟨ed.⟩ F. Pfeiffer, p. 15.5–10: *Man sol hie komen in ein überformet wizzen, noch diz unwizzen ensol niht komen von unwizzenne, mêr: von wizzenne sol man komen in ein unwizzen. Danne sullen wir werden wizzende mit dem gotlîchen unwizzenne unde danne wirt geadelt unde gezieret unser unwizzen mit dem übernâtiurlîchen wizzenne.* Man achte bitte auf die ›Dialektik‹ von Wissen und Unwissen, die analog zu der vom doppelten Sein und zweifachen Nichts zu verorten ist.

nen, dürfen wir referieren, wie diese von einem bedeutenden Gelehrten in Sachen ›Ungeschriebene Lehre‹ zusammengefaßt wird. »Sowohl der Charakter der 'Abbildhaftigkeit' als auch die prinzipielle Spannung, die den Logos erst ermöglicht, läßt deutlich erkennen, daß das philosophische 'Nichtwissen' des Sokrates in bestimmter Weise bis in die systematische Lehre Platons hereinreicht. Die 'Aporie' des menschlichen Wissens wird hier nicht etwa einfach aufgehoben, sondern in ihrer grundsätzlichen Notwendigkeit erst eigentlich sichtbar gemacht. Eine Unzulänglichkeit zeigt sich hier nicht nur darin, daß das ethische Wissen, das wahrhaft 'Gute' nicht lehrhaft mitgeteilt werden kann; vielmehr wird darüber hinaus erkennbar, daß gerade die konsequente und vollständige Systematisierung letzten Endes eine wesensmäßige *Defizienz des im Logos erreichbaren Wissens* nicht zu überwinden vermag.«[41] »... die Erkenntnis der Seinsprinzipien *an sich* ist dem Logos entzogen und einer intuitiv-'mystischen' Erfahrung vorbehalten. Zwischen dieser höchsten Einsicht und dem in den Dialogen Dargestellten ist nun aber, als systematisch vermittelnde Instanz, die mündliche Lehre zu denken, die zu jener unmittelbaren 'Synopsis' hinführt und andererseits über die Prinzipienschau so genau wie möglich Rechenschaft gibt.«[42]

Das Gemeinsame von Nullifikationsskepsis und Unifikationsmystik besteht erstens also in der Einsicht, daß der Allgrund, die alleinige und alleinige Realität oder das Sein an sich keinem Gedanken faßbar und ergründbar ist. David Hume brachte das auf den Punkt: »Oder wie unterscheidet ihr *Mystiker*, die ihr die absolute Unbegreiflichkeit der Gottheit annehmt, euch von Skeptikern oder Atheisten, die behaupten, daß die erste Ursache von allem unbekannt und uneinsehbar ist?«[43] Es besteht zweitens darin, daß daraus in beiden geschlossen wird, man könne nur dann ganz werden, d.h. sich der

---

[41] K. Gaiser, Platons ungeschriebene Lehre, p. 10.

[42] K. Gaiser, Platons ungeschriebene Lehre, p. 5.

[43] D. Hume, Dialogues concerning Natural Religion, ⟨ed.⟩ J. V. Price, p. 181.8–11: *Or how do you* Mystics, *who maintain the absolute Incomprehensibility of the Deity, differ from Sceptics or Atheists, who assert, that the first Cause of All is unknown and unintelligible?* Es ist bemerkenswert, daß Hume o.c., p. 261.13–15, die ‹Dialoge› mit der fideistischen Feststellung seines Protagonisten Philo schließt: »Ein philosophischer Skeptiker zu sein, ist für einen Gebildeten der erste und wesentlichste Schritt, um ein guter, gläubiger Christ zu sein;« (*To be a philosophical Sceptic is, in a man of Letters, the first and most essential Step towards being a sound, believing Christian;*). Dazu meint R. H. Popkin, Scepticism in the Enlightenment, p. 1334: »Jedoch, da er jenen ersten und wesentlichsten Schritt offensichtlich nicht tun konnte, war er mit der furchterregenden

Ganzheit anähneln und an sie anschmiegen, mit ihr eins, und damit Eins werden, wenn man sich von dem Spaltenden und Teilenden, dem Unterschiede produzierenden Unterscheiden verabschieden kann – mit Hilfe der ἐποχή.

Genau besehen ist das aber keine Flucht aus der Welt, sondern eine Flucht in sie hinein, zum Wesentlichen, Wirklichen, und wenn man so will, ins eine Sein, mit anderen Worten, der Gewinn des Eigentlichen und an sich Guten jenseits von gut und böse. Damit soll jedoch keinesfalls gesagt sein, daß die Skepsis nur eine negativ-destruktive Dienerfunktion gegenüber der positiven, seinsergebenen Mystik hätte, so wie das auch von einem indischen Gelehrten suggeriert wird, der das hier relevante Verhältnis am indischen Seinsdenker par excellence expliziert. »Śaṅkara .. ist kein reiner Skeptiker. Er könnte Mystiker genannt werden; aber er ist kein Mystiker der pathologischen Art. Sein Mystizismus ist auf den Rationalismus gegründet. Er ist Ergebnis eines Systems philosophischen Denkens und wird nicht als eine Methode angenommen. Wir könnten deshalb sagen, daß er Skeptiker in der Methode ist – ohne zu vergessen, daß er sich sogar hier von Descartes unterscheidet – und ein Mystiker in den Ergebnissen. Jede Form des Mystizismus kann, indem er die Wahrheit einer letzten Wirklichkeit annimmt, die durch die Sinne und den Intellekt nicht zu realisieren ist, als methodischer Skeptizismus angesehen werden. In diesem Sinne sind Platon, Aristoteles, Spinoza, Kant, Bergson, Bradley und eine Anzahl anderer großer Philosophen Mystiker und Skeptiker.«[44]

Wenn man das Grundgerüst von skeptischer Aporetik und mystischer Aphairetik akribisch betrachtet, drängt sich dagegen der Eindruck auf, daß die zwei gleichrangig, ja austauschbar sind, verschiedene Ausdrucksformen ein und derselben Sache. Wie nämlich originär skeptisches Denken ein Wahres anerkennt, so gesteht das mystisch zu nennende ein, daß dieses ›nichts‹ ist.[45] Doch wo bleibt das *Un*sagbare, wenn das Sagen aufgegeben ist? In der Offenheit der

Einsicht der Unsicher-/Ungewißheit, Bedeutungslosigkeit und Leere seiner Welt konfrontiert, und die Schrecken konnten ihn nur verlassen, wenn ihn die Natur gütig und auf wunderbare Weise aus dem philosophischen Studierzimmer holte und in die Zerstreuungen der Alltagswelt schickte.«

[44] P. T. Raju, Scepticism and its Place in Śaṅkara's Philosophy, p. 50.

[45] In diesem Sinne kann man dann auch gelten lassen, was für beide im Kontext tiefsten und innigsten indischen Denkens und Erkennens, der vom anschließend zitierten Autor so genannten Selbstoffenbarung des Seins der »Ātmanstufe«, schon einmal festgehalten

Akrisie, Atyphie und Agnosie, der Toleranz der Athymie und der Ruhe der Apathie fallen Skeptizismus und Mystizismus (in sich) zusammen – durch den Akt der ἐποχή. »Der pyrrhonische Skeptizismus, so wie in den Werken von Sextus Empiricus beschrieben, wird letzten Endes zu einem Lebensweg, nachdem er eingesehen hat, daß die Geistesruhe (ataraxia) nur durch Urteilsenthaltung zu erreichen ist. Man kann zu Recht eine geheime Verbindung zwischen dem Skeptizismus und dem Mystizismus vermuten.«[46]

Ist die Skepsis nur eine Mystik ohne Transzendenz? Wir geben unumwunden zu, daß die Betonung des Tranzendenten mit all seinen Korollarien die Mystik auf den ersten Blick von der Skepsis deutlich zu unterscheiden scheint. Was den Skeptiker auszeichnet, das ist sein Verfahren, das 'transzendente' Kriterium für Wahrheit bei seinem denkerischen Treiben so weit wie möglich im Hintergrund zu halten. Es bildet den verborgenen Maßstab, mit dem die Welt gemessen wird. »Unvollkommenheit wahrzunehmen heißt, gemäß dem Perfekten zu urteilen …«[47] Ist es in dieser Funktion bewußt, kann es von jedweder Verdinglichung – außer der, zunächst immer noch ein Gedankending zu sein – freigehalten werden. »Dieses Bewußtsein der Endlichkeit oder Relativität von ihrer Relativität gegenüber dem absoluten Ideal enthält aber schon in sich, oder ist an sich, ein Ueberschreiten der Endlichkeit. Der Skepticismus ist ein Resultat, bei dem man nicht stehen bleiben kann. Denn es enthält in sich die Unmöglichkeit, bei irgend einem Resultate stehen zu bleiben, und kann also nicht einmal bei sich selbst stehen bleiben. Auch dies weiss

---

wurde, cf. L. Gabriel, Vom Brahma zur Existenz, p. 30: »Wir haben das Paradoxon eines Denkansatzes im dialektischen Gegensatz zum Denken, im dialektischen Umschlagen des Denkens (einem wahren Salto ›mortale‹) zum Sein und a forteriori im Gegensatz zur Sinneserfahrung, zum Phänomen. … Das mystische Aphaton [Unsagbare] klingt auf, wo die Skepsis ihre letzte Spitze zeigt, die ihr durch das absolute Sein gebrochen wird. Es steigt hintergründig empor als letztes Erkenntnisziel, das nur in der Selbstaufgabe und restlosen Hingabe des Denkens an das Sein erreicht wird. So bricht die höhere, schöpferische Einheit von Mystik und Skepsis durch, die im ontologischen Urgrund-Denken ihren Ausdruck formt.« Es ist darauf hinzuweisen, daß diese Aussage im Kontext der Darstellungen Gabriels bei weitem moderater verstanden werden muß als sie in unseren Ausführungen hier erscheint, was allein schon aus dem von uns nicht vertretbaren Nachsatz (l. c.) erhellt: »Diese Synthesis von Mystik und Skepsis begegnet uns auch in der modernen Existentialphilosophie, wodurch sich ein für die Denkentwicklung kennzeichnender und abschließender Zusammenhang erweist.«

[46] R. A. Mall, Humes Erfahrungsphilosophie oder sein gemäßigter Skeptizismus als die wahre Philosophie, p. 198.

[47] F. H. Bradley, The Principles of Logic p. 489; cf. idem, Appearance and Reality, p. 454.

wenigstens der spätere Skepticismus, der gerade mit den scharfsinnigsten Formeln sich dagegen zu verwahren sucht, in irgendetwas, was als eine endliche – d. h. hier abschliessende – Erkenntniss aussehen könne, festgehalten zu werden. Indem er also alle dogmatische Erkenntnis auflöst, muss er damit enden, sich selbst aufzulösen. Auf der anderen Seite hat er selbst dazu beitragen müssen, factisch zu beweisen, dass in dem als endlich angesehenen Menschengeist doch der Begriff von einer absoluten Erkenntniss lebt, möge diese auch als ein unerreichtes und unerreichbares Ideal dastehen. Also ist doch der Geist nicht so ganz ausgemacht und in jeder Beziehung endlich, wie angenommen wurde; das Unendliche ist ihm nicht schlechthin fremd, insofern er einen – wenn auch negativen – Begriff davon hat, welchen er als einen Massstab an das Endliche anlegt; er fühlt vielmehr einen unabweisbaren Drang nach der absoluten Wahrheit, einen Drang, welchen er nur durch eine im Grunde unwillige Resignation sich selbst verbergen will.«[48]

---

[48] M. J. Monrad, Ueber den sachlichen Zusammenhang der neuplatonischen Philosophie mit vorhergehenden Denkrichtungen, besonders mit dem Skepticismus, pp. 165–166. Auf der Basis des scheinbaren Widerspruchs zwischen der absoluten Wahrheitsforderung des Skeptikers und seiner Demonstration der Schein-, oder besser, Erscheinungshaftigkeit alles Erkannten beruht der Großteil vermeintlicher Widerlegungen der Skepsis, wie sie sich durch die gesamte Philosophietradition ziehen. Vgl. beispielhaft I. Kant, Logik · Einleitung A131, ⟨ed.⟩ W. Weischedel, 5.515: »Der absolute Skeptizism gibt alles für Schein aus. Er unterscheidet also Schein von Wahrheit und muß mithin doch ein Merkmal des Unterschiedes haben; folglich ein Erkenntnis der Wahrheit voraussetzen, wodurch er sich selbst widerspricht.« Schon Platon, Sophistes 249c, fordert auf, diejenigen zu widerlegen, die Wissenschaft, Einsicht oder Vernunft beseitigen und [dennoch] etwas, wie auch immer, fest versichern. Der derzeitige Stand der wissenschaftstheoretischen Diskussion um die Nicht-Widerlegbarkeit der Universalskepsis spiegelt sich in W. Stegmüller, Metaphysik Skepsis Wissenschaft, pp. 377–399. Die Ausführungen Stegmüllers müßten allerdings im Lichte der Reflexionslogik seines Schülers U. Blau, Wahrheit von innen und außen, überdacht werden. Daß die scheinbare Widerlegung des Mittelwegbuddhismus, und damit der Mystik, ähnlichen Bahnen folgt, demonstriert B. K. Matilal, Mysticism and Reality: Ineffability, p. 250: »Genau so, wie der sogenannte Skeptiker in der westlichen Philosophie seit den Zeiten Plato's mit einem genauen Begriff von Erkenntnis arbeitet, während er die Möglichkeit von Erkenntnis leugnet, so scheint der Mystiker die Wirklichkeit der Welt – der erscheinungshaften Welt – zu verwerfen, nur indem er an einer bestimmten Ansicht über die Natur der Wirklichkeit festhält … So widerlegt der Mādhyamika die Wirklichkeit der erscheinungshaften Welt, weil sie in Abhängigkeit entsteht und bezieht darin ein, daß die Wirklichkeit unabhängig existent und unbedingt ist.« Die Abwehr des Selbstwiderlegungs-Vorwurfs an »die großen Skeptiker – Nagarjuna, Sextus Empiricus und Chuang Tzu« durch D. Daor, Modes of Argument, pp. 191–195, ist zwar wohlgemeint, entpuppt sich angesichts der Fehleinschätzung des Status von Thesen, der Rolle von Metaebenen

Meister in der Methode, das Kriterium der Wahrheit im Hintergrund und so die Mitte zwischen Skepsis und Mystik zu halten, war, das zum Beschluß dieses Abschnitts, der buddhistische Weise Ārya Nāgārjuna (ca. 2. Jh.). »Seine Philosophie ist bald der Skepsis, bald der Mystik näher. ... Seine Skepsis ist buddhistisch, während sein Absolutismus von den Upaniṣads herrührt.«[49] Für ihn gilt in gesteigertem Maße, was für die indische Wahrheitssuche ganz allgemein ausgesprochen wurde. »Es gab im großen und ganzen eine deutliche Verbindung zwischen indischer Skepsis und indischer Mystik.«[50] »Die bemerkenswerte dialektische Anstrengung der Verfasser der Prajñā-pāramitās, von Nāgārjuna und seiner Schule, bezeugt nicht weniger spekulativen Skeptizismus, als man davon bei Karneades oder Pyrrhon findet; aber bei ersteren und bei den Yogācāras, die sich an die Mādhyamikas noch anfügen, versöhnt sich dieser mit einem Mystizismus, der dem der Alexandriner vergleichbar ist. Das Denken Pascals und die fideistische Einstellung zeugen von einer ähnlichen Versöhnung.«[51] »Auf die überraschende Affinität der Mystik zur Skepsis ist man in der philosophischen Literatur wiederholt aufmerksam geworden. Al Ghazālī und Pascal sind neben Pyrrhon als Beispiele zitiert worden. Stellt man in diese Reihe die Mādhyamikas, so darf die spezifische Eigenart dieser buddhistischen ›mystischen Skepsis‹ nicht übersehen werden: daß es sich hier nicht um eine Zweifelskrise handelt, die schließlich durch die Mystik gelöst und überwunden wird, sondern vielmehr um ein gegenseitiges Durchdringen und

---

und dem daraus resultierenden Selbstwiderlegungs-Vorwurf an die Akademische Skepsis jedoch als nicht zwingend. Nur als Nebenbemerkung möchte ich aus gegebenem Anlaß hier noch erwähnen, daß in fast allen Versuchen, Formen des Skeptizismus interkulturell zu vergleichen, das Verkennen der Akademischen Skepsis eklatant ist. Eine der wenigen Ausnahmen, vielleicht sogar die einzige, ist die bereits zitierte von E. Conze, Buddhist Studies 1934–1972 [1.] 217–220.

49 S. Radhakrishnan, Indian Philosophy 1.644. Cf. G. Bugault, La notion de ‹prajñā› ou de sapience selon les perspectives du ‹Mahāyāna›, p. 187: »... skeptisch-mystischer Radikalismus der Mādhyamikas ...« Die Einschätzungen, daß das Madhyamaka Skepsis und Mystik in einem sei, sind nahezu unzählbar. Da die darin zum Ausdruck gebrachten Vorstellungen von Skepsis und Mystik meist haltlos vage sind, halte ich die Fleißarbeit, die Nachweise hierfür aus meinem Karteikasten hierher zu übertragen, für eine vergebliche Mühe.

50 B. K. Matilal, Logical and Ethical Issues of Religious Belief, p. 65.

51 P. Masson-Oursel, La philosophie comparée, p. 122. Unsere Einstellung zu Pascal und der »fideistischen Einstellung«, und somit die Korrektur des Schlußsatzes dieser Feststellung, ist unzweideutig aus der Diskussion des Kapitels 2.3.3 dieser Studie herauszulesen.

Ausgeglichensein der beiden Momente, so daß wir eine geschlossene Weltanschauung und nicht nur eine ›weltanschauliche Grenzsituation‹ vor uns haben.«[52]

Genau so, wie vom zuletzt zitierten Forscher festgehalten, wollen wir das Verhältnis von Skepsis und Mystik in seiner Grundform verstanden wissen. Was für den Buddhismus des Mittleren Weges festgestellt wurde, das äußerte man auch schon zur chinesischen Lehre vom ›Weg‹, dem Taoismus, dessen Bibel das ‹Tao te ching› ist. Dessen »Text kann, mit seinen eigenen Prinzipien übereinstimmend, keinen Weg offen lassen zwischen der Bindung an eine mystische, unaussprechliche Entität und einer Skepsis gegenüber ihr. Vom Standpunkt dessen aus betrachtet, was von der Skepsis und Mystik gesagt, geschrieben und interpretiert werden kann – sind diese beiden eins!«[53] Diesen rein theoretischen Evaluationen gemäß wurde der Taoismus ganz allgemein ein »mystischer Skeptizismus«[54] genannt.

---

[52] S. Schayer, Ausgewählte Kapitel aus der Prasannapadā, p. XXXIII. Mit der Skepsis von al-Ghazālī verbindet man in erster Linie sein Werk ‹Widerlegung der (griechischen) Philosophen›, cf. al-Ghazālī, Tahāfut al-falāsifah. Zu seinem methodischen Zweifel als Weg zur bzw. der Mystik werden wir betreffs der Vorstellung der Descarteschen Zweifelsmethode noch einige Meinungen aus der Forschungsliteratur zitieren.

[53] C. Hansen, Linguistic Skepticism in the Lao Tzu, p. 334.

[54] H. G. Creel, Chinese Thought from Confucius to Mao Tsê-tung, pp. 94–114 (Kapitelüberschrift und Kopfzeile zu Kapitel VI: The Mystical Skepticism of the Taoists). Cf. L. Raphals, Skeptical Strategies in the *Zhuangzi* and *Theaetetus*, p. 505, wo die Verfasserin zeigt, daß es möglich ist, Chuang Tzu auf skeptische Weise zu lesen, ohne einen mystischen Zugang auszuschließen. Zur Urteilsenthaltung in der chinesischen Philosophie cf. Cheng Chung-ying, Nature and Function of Skepticism in Chinese Philosophy, p. 142, darin zitiert: Lao Tzu, Tao te king, Spruch 16 der Standardfassung = Spruch 60 der Mawangdui-Fassung: »Der Zustand der Unterscheidungslosigkeit oder der Zustand, in dem keine relative Unterscheidung Aufmerksamkeit erheischt, wird von Lao Tzu als der der *Leere* (*kung*) und/oder der Zustand von *Ruhe* (*ching*) beschrieben. Es ist ein Zustand, in dem allem und jedem zugestanden wird, zu gedeihen, und man kann eine natürliche Rückkehr dieser zu ihrem Ursprung sehen – dem *tao.* So sagt Lao Tzu: ›Leere erlangen bis zum Höchsten, Stille standhaft bewahren; die zehntausend Dinge werden zugleich gedeihen – und ich werde ihre Rückkehr (*fu*) sehen.‹« Cf. o.c., p. 145. P. Kjellberg, Skepticism, Truth, and the Good Life: A Comparison of Zhuangzi and Sextus Empiricus, p. 116: »Trotz stilistischer Differenzen wenden Zhuangzi und Sextus ähnliche Argumente zu dem ähnlichen Zweck an, den Leser zu veranlassen, sich des Urteils über Dinge, deren er sich nicht sicher sein kann, zu enthalten.« O.c., p. 123: »Wie also *ataraxia* durch *epoche* erlangt wird, entsteht Gleichmut aus der Urteilsenthaltung oder, um Zhuangzi's Begrifflichkeit zu verwenden, aus dem ›Vergessen‹ (*wang*) der Meinungen und Werte, die man vorher vertrat.« Daß der Taoismus von den gleichen Grundvorstellungen durchdrungen ist wie abendländische und indische Weisheitslehren: Lee-

1.2.2 Sich-Enthalten oder hüllenlos und unumnebelt

»Pyrrhon sagte, daß es schwierig ist, ἐκδῦναι τὸν ἄνθρωπον, sich des Menschen zu entledigen. Diese erstaunliche Formel ist eine andere Form, sein Ideal der ἀπάθεια auszudrücken, …«[55] Wörtlich und bildlich gesprochen heißt *ekdũnai tòn ánthrōpon:* »den Menschen ausziehen«. Eines der abstrakten Urparadigmen für diesen Gedanken ist sicherlich Platon's Definition der Dialektik als Aufhebungs- und Aufdeckungsmethode, die in der ‹Politeia› gegeben wird. Dort lesen wir, daß die dialektische Methode allein in der Weise, daß sie die Voraussetzungen/Unter-Stellungen aufhebt, zum Grunde selbst durch-/vorstößt, um sich zu erfüllen, und das wirklich in einem scheußlichen Schlamm vergrabene Auge der Seele sanft heraufzieht und aufwärtsführt.[56] Ein konkretes Musterbeispiel liegt in Platon's Beschreibung des von Zeus eingesetzten Totengerichts vor: Beim Gericht der Götter über die dem Tode Nahen sollen die Urteile darüber, ob sie zu den Inseln der Seligen oder in die Unterwelt des Tartaros kommen, nicht mehr ungerecht gefällt werden. Wurden die Todeskandidaten bisher schon an ihrem letzten Lebenstag abgeurteilt, während sie also noch von ihren Körpern, Verwandten und Reichtümern verhüllt/bekleidet (*ampechómenoi*), und die Richter selbst von Augen, Ohren und dem ganzen Leib verhüllt/bekleidet (*ampechómenoi*) waren, die Wesensschau somit durch eine doppelseitige Ver-

re, Ruhe, Stille, Abstandnahme von sich selbst, kann am besten nachvollzogen werden bei der Lektüre der Schriften von Lao Tzu, Chuang Tzu (4. Jh. v. Chr.) und Lieh Tzu (5. Jh. v. Chr.); eine Auswahl aus der Unzahl von Übertragungen findet sich im Literaturverzeichnis meiner Studie.

[55] C. Lévy, Cicero Academicus, p. 29[82], mit Verweis auf die beiden Überlieferungsstellen: Diogenes Laërtios, De vitis dogmatis … 9.66; Eusebeios, Praeparatio evangelica 14.18.26 (763a). Es ist hier auch an die bereits zitierte *ékdusis,* das Entkommen, Entrinnen, Entschlüpfen, Ausziehen oder Entkleiden zu erinnern, durch das sich Pyrrhon nach seinem Schüler Timon des leeren Wähnens und der Meinungen der Vernüftler entledigte, cf. Diogenes Laërtios, De vitis dogmatis … 9.64. Cf. P. Hadot, Wege zur Weisheit oder Was lehrt uns die antike Philosophie?, pp. 136–137. J. E. Erdmann, Grundriß der Geschichte der Philosophie 1.178: »Je mehr man nun dieser Weisung [Pyrrhon's] folgt, um so sicherer wird .. die Unerschütterlichkeit (ἀταραξία) erreicht, welche allein den Namen der ἀπάθεια [Leidenschaftslosigkeit] verdient. Da die gewöhnlichen Menschen stets von ihren πάθεσι [Leidenschaften] geleitet werden, so kann es als die Aufgabe des Weisen bestimmt werden, den Menschen auszuziehen.«

[56] Cf. Platon, Politeia 533c-d: *'ē dialektikḕ méthodos mónē taútēj poreúetai, tàs 'upothéseis anairoũsa, ep' autḕn tḕn archḕn 'ína bebaiṓsētai, kaì tō̃j ónti en borbórōj barbarikō̃j tini tò tē̃s psuchē̃s ómma katorōrugménon ēréma 'élkei kaì anágei ánō, …*

bergung behindert wurde, so verfügt Zeus nun eine neue Gerichtsbarkeit. Erstens sollte der Tod nicht mehr, wie bisher, im voraus bekannt sein und »Zweitens ist über sie zu urteilen, während sie all dieser Dinge bloß (*gumnoùs*) sind. Denn über Gestorbene ist zu urteilen. Auch der Richter soll nackt (*gumnòn*) sein, ein Gestorbener, mit der Seele selbst die Seele selbst betrachtend, plötzlich, wenn jeder gestorben ist, aller Verwandtschaft entblößt (*erẽmon*) und all jenen Schmuck auf der Erde zurückgelassen habend, damit das Urteil gerecht sei.«[57]

Plotinos leitete als treuer Anhänger des Meisters aus solchen Lehrstücken seine sowohl in der Sache wie im Ausdruck konforme Aufforderung ab, alles andere als das Eine und Absolute, d.h. die Kleider um das pure Selbst, abzuwerfen. Freilich ist sein Anspruch eindringlicher formuliert und in eine Systematik eingebunden, wie sie Platon nicht entwarf. »Tu alles ab!«[58] Wenn die Seele am Ziel ihres Strebens nach dem wahrhaft Guten angelangt ist, »bedarf sie außerdem nichts, im Gegenteil ist es aber nötig, das andere/verschiedene abzulegen und in Diesem allein stillzustehen und bloß Dieses zu werden, das übrige, was uns umgibt/umkleidet, abschlagend.«[59] »Das Erreichen aber von Diesem [geschieht], indem wir hinaufsteigen zum Oberen und zurückkehren und ausziehen, was wir als Absteigende angezogen haben (wie die Reinigungen, das Ablegen der zuvor getragenen Gewänder und das Nackt-Hinaufgehen für die, die zum Heiligtum der Heiligtümer emporsteigen); bis man denn beim Aufstieg an allem, was Gott fremd ist, vorbeigehend, mit dem bloßen Selbst das Bloße selbst erblickt, sonnenklar, einfach, rein, von dem alles abhängt und auf das hin man schaut und auf das hin ausgerichtet man ist und lebt und denkt, denn es ist Ursache des Lebens, des Geistes und des Seins.«[60]

---

[57] Cf. Platon, Gorgias 523c-e, wörtlich zitierter Text: *Épeita gumnoùs kritéon 'apántōn toútōn· tethneõtas gàr deĩ krínesthai. Kaì tòn kritèn deĩ gumnòn eĩnai, tethneõta, autẽj tẽj psuchẽj autèn tèn psuchèn theōroũnta exaíphnēs apothanóntos 'ekástou, erẽmon pántōn tõn suggenõn kaì katalipónta epì tẽs gẽs pánta ekeĩnon tòn kósmon, 'ína dikaía 'ē krísis ẽj.* Idem, Kratylos 403b. F. Schleiermacher übersetzt das, was wir wörtlich als »mit der Seele selbst die Seele selbst betrachtend« wiedergaben, sachlich konsequent mit: »um mit der bloßen Seele die bloße Seele eines jeden anzuschauen«.

[58] Plotinos, Enneaden 5.3.17.38 § 162: *áphele pánta.*

[59] Plotinos, Enneaden 6.9.9.50–52 § 67: *deĩ oudenòs éti, tounantíon dè apothésthai tà álla deĩ kaì en mónōj stẽnai toútōj kaì toũto genésthai mónon perikópsanta tà loipà 'ósa perikeímetha.*

[60] Plotinos, Enneaden 1.6.7.4–12 § 33: *teũxis dè autoũ anabaínousi pròs tò ánō kaì epi-*

Diese Archetypen liegen der Lehre von den drei Bedeckungen der Seele und der Möglichkeit ihrer Ablösung zugrunde, die die späten Schüler Platon's, die Schüler Plotins und deren Schüler wiederum während der letzten Blüte der griechischen Philosophie vortrugen. Freilich fügt sich diese derart bruchlos in die Grundlehre, daß man denen, die sie darlegten, beinahe die Behauptung abnimmt, sie hätten nur die Worte des Meisters selbst wiedergegeben. So liege nach dem Buch ‹Περὶ ἀποχῆς› (Über die Enthaltung), des Plotin-Schülers Porphyrios (234–310) bei unserem Trachten, zum Ursprung zurückzukehren,[61] unsere Aufgabe darin, die zahlreichen Kleider/Gewänder (der Seele) auszuziehen, die äußeren wie inneren,[62] von der Sinneswahrnehmung und Vorstellung/Einbildung wie auch von der Unvernunft und den Leidenschaften zufolge derselben Abstand zu nehmen in dem Maße, wie die Notwendigkeit des Daseins nicht dazu treibe,[63] sowie uns (den beiden Gattungen von Gewändern gemäß) der (sichtbaren) Tätigkeiten als auch der (unsichtbaren) Anhänglichkeit und Leidenschaft denselben gegenüber zu entledigen.[64] Proklos charakterisiert den Abstieg der Seele in die Sphäre von Körperlichkeit und

---

strapheĩsi kaì apoduoménois 'à katabaínontes ēmphiésmetha ('oĩon epì tà 'ágia tõn 'ierõn toĩs anioũsi katharseis te kaì 'imatíōn apothéseis tõn prìn kaì tò gumnoĩs aniénai)· 'éōs án tis parelthõn en tẽj anabásei pãn 'óson allótrion toũ theoũ autõj mónōj autò mónon ídēj eilikrinés, 'aploũn, katharón, aph' 'oũ pánta exẽrtētai, kaì pròs autò blépei kaì ésti, kaì zẽj kaì noeĩ· zõẽs gàr aítios kaì noũ kaì toũ eĩnai· Weitere Loci zum Aufheben, Abwerfen und Seinlassen aus den ‹Enneaden› in der entsprechenden Fußnote im Kapitel 1.3.1.

[61] Cf. Porphyrios, De abstinentia 1.31.1, ⟨edd.⟩ J. Bouffartigue et al., 1.66: *eíper anastréphein pròs tà ex archẽs espoudákamen.*

[62] Cf. Porphyrios, De abstinentia 1.31.3–4, ⟨edd.⟩ J. Bouffartigue et al., 1.66: *Apoduteón ára toùs polloùs 'ēmĩn chitõnas … tà mèn ẽn éxōthen tõn endumátōn, tà dè ésōthen …* Weitere Allegationen der Herausgeber zum Gewand/Kleid der Seele o. c. 1.37–41: Empedokles, H. Diels & W. Kranz, Die Fragmente der Vorsokratiker 1.362.4-9, Fragment B126; Platon (bei Athenaios), Philon, Noumenios (2. Jh.), Methodios von Olympos (3. Jh.), Origenes, Gregorios von Nazianz, Gregorios von Nyssa, A. Augustinus, Gnosis, Genesis 3.21.

[63] Cf. Porphyrios, De abstinentia 1.31.1, ⟨edd.⟩ J. Bouffartigue et al., 1.66: *aisthẽseōs mèn aphístasthai kaì phantasías tẽs te taútais 'epoménēs alogías kaì tõn kat' autẽn pathõn kath' 'óson mẽ epeígēj 'ẽ anágkẽ tẽs genéseōs.*

[64] Cf. Porphyrios, De abstinentia 1.31.5, ⟨edd.⟩ J. Bouffartigue et al., 1.66–67: *metà tõn érgōn apostatéon kaì tẽs pròs autà prospatheías kaì toũ páthous.* Zur Nacktheit in Zusammenhang mit Selbsterkenntnis, Abstandnahme von leidenschaftlichem Dem-Körper-zugetan-Sein und Annäherung an das Göttliche cf. auch Porphyrios, Ad Marcellam 32–33.

Materie als Anziehen irrationaler, mit dem Werden/Entstehen beschäftigter Lebenskräfte und Vermögen und den Aufstieg als das Rein- und Nacktwerden, d.h. als das Sich-Entledigen all dieser Vermögen.[65] Dabei sei zuletzt der Ehrgeiz abzulegen, der von Platon das letzte Kleid der Seele genannt worden sei. Während die Geringschätzung von Reichtum und die Verachtung der Leidenschaft auch mittelmäßigeren Seelen möglich sei, seien Ehre, Ruhm und Macht aber schon viele unterlegen, auch die Starken, die glaubten, bestehen zu können. »Bei unserem Aufstieg und der Ablegung der Leidenschaften und Kleider, die wir uns beim Abstieg angelegt haben, ist nun als letztes Kleid das des Ehrgeizes abzustreifen, um, wie der Spruch sagt, nackt (*gumnẽtes*) geworden bei der Gottheit zu sitzen/verweilen, reiner und sonnenklarer Logos geworden …«[66]

Der Spruch, den Proklos meint, stammt, wie Fachgelehrte nachwiesen, aus den ‹Chaldäischen Orakeln›. Er ist bei ihm selbst überliefert und lautet: »Denn das Göttliche ist den Sterblichen, denen der Leib denkt, nicht erreichbar, sondern allen, welche nackt emporeilen in die Höhe.«[67] Die ‹Orakel› und die Hermetischen Schriften, denen die anschauliche Formel von der Nacktheit der Psyche nicht weniger bekannt waren,[68] sind typische Dokumente für das esoterische Philosophieren in der späten Antike. Einzelne Gedankensplitter und tiefste Einsichten der unterschiedlichsten Überlieferungen werden, gepaart mit symbolisch aufgeladenen Bildern und okkulten Sentenzen, in ein oft frei schwebendes Theoretisieren eingebunden und mit theurgischen Praktiken verknüpft zu einer synkretistischen Geistig-

[65] Cf. Proklos, Elementa Theologiae 209.

[66] Cf. Proklos, In Platonis Alcibiadem 138,8–139,5 Westerink, nach H. Dörrie & M. Baltes, Der Platonismus in der Antike. Grundlagen – System – Entwicklung 2.54, Baustein 43.4, wörtlich zitierter Text, Baustein 43.4.12–16: *anioũsin oũn ʽẽmĩn kaì apoduoménois tà páthẽ kaì toùs chitõnas ʽoùs katióntes proseilẽ́phamen, éschatos chitṍn estin apodutéos ʽo tẽs philotimías, ʽína gumnẽtes, ʽós phẽsi tò lógion, gegonótes ʽeautoùs tõj theõj prosidrúsõmen, lógos katharòs kaì eilikrinẽ̀s genómenoi* … Cf. H. Dörrie et al., o.c. 2.56, Baustein 43.5: Olympiodoros, In Platonis Phaedonem 6,2,1–5 Westerink. H. Dörrie et al., o.c. 2.52–57 (Quellentexte), 2.292–303 (Kommentar).

[67] Cf. Oracula Chaldaica, Fragment 116, ⟨ed./tr.⟩ É. des Places, p. 95 = Proklos, In Platonis Cratylum, p. 88, 4–5 Pasquali: *ou gàr ephiktà tà theĩa brotoĩs toĩs sõma nooũsin, all' ʽóssoi gumnẽtes ánõ speúdousi pròs ʽúpsos.* Das wörtliche »denen der Leib denkt« will »die dem Leib gemäß denken« sagen. In einer Note zum Fragment 116 der Ausgabe ⟨ed./tr.⟩ É. des Places sind auf p. 141 weitere Textstellen zur philosophischen Nacktheit aufgelistet, und zwar Plotinos und Psellos (geb. 1020).

[68] Cf. Hermes Trismegistos, Corpvs Hermeticvm 1.26, ⟨edd.⟩ A. D. Nock & A.-J. Festugière, 1.16.4–15.

keit amalgamiert, die sowohl die Grenzen zwischen Orient und Okzident als auch zwischen Philosophie und Magie überschreitet. Mit Damaskios, dem letzten Scholarchen der Akademie, kommt diese phantastische Spekulation, wenigstens in ihrer heidnischen und scholastisch durchkonstruierten Form, zu ihrer Vollendung und ihrem Ende. Zum Thema der Entkleidung lesen wir bei ihm in Weiterführung der Darstellungen von Proklos, Platon habe gelehrt, daß das letzte und besonders schwer zu entfernende Gewand hinsichtlich des Strebens der Ehrgeiz, hinsichtlich der Erkenntnis die Vorstellung sei, und daß er es für würdig erachtete, daß der Philosoph nun auch dieses Gewand, nachdem er das erste vermittelst Lust und Verlangen ausgezogen hat, ablege.[69]

Auch im frühen Christentum hatte die weisheitliche Grundregel von der Entblößung Gültigkeit. So unterwies der Kirchenlehrer Klemens, Vorsteher der Alexandrinischen Katechetenschule und einer der ersten, die im größeren Stile Philosopheme der verschiedenen denkerischen Strömungen in die christliche Bewegung einführten, seine Schüler folgendermaßen: »Sobald die Seele des Gnostikers der stofflichen Hülle/Haut bloß/bar (*gumnȅn*) wird, frei von körperlichen Nichtigkeiten und allen Leidenschaften, wie sie das leere und falsche Annehmen/Dafürhalten hervorruft, [und] die fleischlichen Gelüste/Begierden auszieht (*apodusaménēn*), wird sie notwendig durch das Licht geweiht/geheiligt. Die meisten Menschen aber hegen, indem sie in das Sterbliche hineinkriechen wie die Schnecken [in ihr Haus] und sich um ihre Unenthaltsamkeit wie die Igel kugelig

[69] Cf. Damaskios, In Platonis Phaedonem I 111 Westerink, nach H. Dörrie & M. Baltes, Der Platonismus in der Antike. Grundlagen – System – Entwicklung 2.56, Baustein 43.6: *'Óti éschatos chitȍn kaì málista dusaphaíretos katà mèn órexin 'ē philotimía, katà dè gnȭsin 'ē phantasía. … diò nũn kaì toũton apodúsasthai axioĩ tòn philósophon. tòn dè prȭton apéduse dià tȭn erṓtōn kaì tȭn epithumiȭn·*

[0] Clemens Alexandrinus, Stromata 5.11.67.4–5.11.68.1: *epeidḕ gumnȅn tȇs 'ulikȇs dorãs genoménēn tȅn gnōstikȅn psuchȅn áneu tȇs sōmatikȇs phluarías kaì tȭn pathȭn pántōn, 'ósa peripoioũsin 'ai kenaì kaì pseudeĩs 'upolḗpseis, apodusaménēn tàs sarkikàs epithumías, tõj phōtì kathierōthȇnai anágkē. 'oi dè pleĩstoi tȭn anthrṓpōn tò thnētòn enduómenoi katháper 'oi kochlíai kaì perì tàs 'autȭn akrasías 'ṓsper 'oi echĩnoi sphairēdòn 'eiloúmenoi perì toũ makaríou kaì aphthártou theoũ toiaũta 'oĩa kaì perì 'autȭn doxázousin.* Der Übersetzer der ‹Teppiche› ins Deutsche, O. Stählin, Des Clemens von Alexandreia ausgewählte Schriften aus dem Griechischen übersetzt 4.178[34], weist als Herkunft der vorgetragenen Stelle Philon, De sacrificiis Abelis et Caini 84 & 95, nach; es darf ergänzt werden, daß die Übereinstimmung bis in die Verwendung der einzelnen Begriffe und Bilder reicht, weswegen die Zitierung Philon's hier unterbleiben kann. In unserer Abhandlung sind wir einer solchen Maxime fast wörtlich bereits bei Cicero

einrollen/herumwinden, über den seligen und unvergänglichen Gott eine gleichartige Meinung wie über sich selbst auch.«[70]

In einem Brief an einen Mönchskollegen, in dem er seinem Adressaten die Differenz zwischen der Kontemplation des (bedingten) Seienden und der Kontemplation des (unbedingten) Göttlichen

---

begegnet, was allein schon auf ihre stoische Provenienz hindeutet. Daß die Bloßheit betreffs der Leidenschaft zweifach ist, auf seiten des Menschen und auf seiten der Gottheit, wird in o. c. 6.9.72.1; 6.9.73.6–74.1; 7.3.13.3, ausgesprochen. Stellenverzeichnis zu den Kleidern und zur Nacktheit bei Klemens im Wort- und Sachregister ⟨ed.⟩ O. Stählin, Clemens Alexandrinus 4.810 & 4.320–321. Dasselbe zu Philon bei G. Mayer, Index Philoneus, pp. 66–67, 304; L. Cohn & P. Wendland, Philonis Alexandrini opera quae supersunt VII.1.170–171 & VII.2.857. Zum Einfluß der stoischen Apathie auf das Christentum vergleiche man J. Stelzenberger, Die Beziehungen der frühchristlichen Sittenlehre zur Ethik der Stoa, pp. 245–276. Zur Apathie im frühen Christentum und speziell bei Klemens: T. Rüther, Die sittliche Forderung der Apatheia in den beiden ersten christlichen Jahrhunderten und bei Klemens von Alexandrien, pp. 50–102. Cf. Clemens Alexandrinus, Stromata 6.9.71.2: »Er [der Heiland] selbst aber war ein für allemal ganz und gar leid(enschafts)los, ihn beschlich keine Gemütsbewegung, weder Lust noch Leid.« (*autòs dè 'apaxaplō̃s apathè̄s ē̃n, eis 'òn oudèn pareisdúetai kínēma pathētikòn oúte 'ēdonè̄ oúte lúpē.*) Cf. o. c. 3.5.43.1. Siehe auch o. c. 6.9.74.1, wo der Gnostiker und Vollendete (*gnōstikòn .. kaì téleion*) als jeglicher Seelenregung enthoben (*exairetéon … apò pantòs psuchikoũ páthous*) gepriesen wird. In o. c. 4.23.152.1, wird mitgeteilt, daß der Heiland mit der Begierde (*epithumías*) auch die Gemütswallung, das Ungestüm bzw. den Zorn (*thumón*) völlig aufgehoben hat (*sunanḗjrei*), der Verlangen/Begierde nach Rache ist; durch die Leidenschaftslosigkeit (*apátheian*) aber wird der göttlich werdende Mensch ein unbefleckt einheitlicher/monadischer. Weil sich der Gedanke von der Apathie wie ein roter Faden durch das Werk von Klemens zieht, da hat er sehr viel mit Philo Alexandrinus gemein, können und müssen hier keine weiteren Dokumente angeführt werden. Ein Verzeichnis der Stellen findet sich im Wort- und Sachregister ⟨ed.⟩ O. Stählin, Clemens Alexandrinus 4.252 & 4.613–614, s. v. ἀπάθεια, ἀπαθής, πάθος. Cf. Clemens Alexandrinus, Stromata 5.4.27.7–5.4.28.2, wo Pythagoras als Verkünder der Lehre vorgestellt wird, daß keine Spur von Zorn, Heftigkeit, Wut oder Leidenschaft zurückgelassen werden darf (*mēdè orgē̃s íchnos apolipeĩn*); die Vorlage dazu bildet Ploutarchos, Quaestiones convivales (Moralia) 728B. Folgende Definition bei Clemens Alexandrinus, Stromata 5.5.27.10: »Wut [Heftigkeit/Zorn/Leidenschaft] erweist sich nämlich als begehrliches Streben einer linden/milden Seele, indem sie vor allem auf unvernünftige Weise zur Vergeltung/Verteidigung antreibt.« (*thumòs gàr 'eurísketai 'ormè̄ epithumías 'ēmérou psuchē̃s kat' exochèn amúnēs ephetikòs alógōs.*) Stellen zur *prajótēs* und *'ēmerótēs* bei Klemens von Alexandrien im Wort- und Sachregister ⟨ed.⟩ O. Stählin, Clemens Alexandrinus 4.668–669 & 4.451. Der Kirchenlehrer sagte, daß die Liebe u.a. als Sanftmut gedacht wird, cf. Clemens Alexandrinus, Stromata 2.18.87.2; dieser Gedanke wird, wie noch gezeigt werden wird, von Evagrius Ponticus weiter tradiert. Und o. c. 7.3.13.4, steht, daß die Richtwerte für die gnostische Gott-Verähnlichung Sanftmut/Milde, Menschenfreundlichkeit/Herzensgüte und großmütige/erhabene Frömmigkeit seien (*'ēmerótēs d', oĩmai, kaì philanthrōpía kaì megaloprepè̄s theosébeia gnōstikē̃s exomoiṓseōs kanónes.*). Idem, Protrepticus 1.3.2, heißt es, daß uns Christus vor Augen führt, bedient sich der Wüstenvater Euagrios Pontikos in gleicher Weise des Bildes von der Nacktheit. »Die Schau des Gewordenen umfaßt nämlich viele Informationen. Die Gnosis aber der Heiligen Trinität ist einfach, denn sie ist eine wesenhafte Erkenntnis, die sich dem von den Leidenschaften und dem Körperlichen entblößten

---

zu dem sanften und menschenfreundlichen Joch der Frömmigkeit/Gottesfurcht hinführt (*tòn prãon kaì philánthrōpon tẽs theosebeías metágōn ʻēmãs zugòn*).

[0] Euagrios Pontikos, Epistulae 58.4 (Ad Hymettion), Zählung nach ⟨tr.⟩ G. Bunge, Briefe aus der Wüste, p. 277; griechisches Textfragment bei P. Géhin, Nouveaux fragments grecs des lettres d'Évagre, p. 143.7–10 ≈ C. Guillaumont, Fragments grecs inédits d'Evagre le Pontique, p. 218.5–8: *ʻē mèn gàr tõn gegonótōn theōría pollàs échei tàs ʻistorías, ʻe dè tẽs ʻagías triádos estì monoeidḕs gnõsis, ousiṓdēs gàr gnõsís esti gumnõj ⟨nõj⟩ pathõn kaì sōmátōn emphanizoménē. Adúnaton dè sōthẽnai tòn noũn mḕ epì toũto tò óros anadramónta·* In der griechischen Rückübersetzung des syrischen Texts von ⟨ed.⟩ W. Frankenberg, Euagrius Ponticus, pp. 606/607 (ohne diakritische Zeichen), lautet die relevante Passage: *noi pathōn gumnōi apokaluptomenēs.* Cf. Euagrios Pontikos, Skemmata 12(gr.)/23(lat.); idem, Kephalaia Gnostica 3.6; 3.8; 3.15 (S_2); 3.19; 3.70; idem, Scholia ad Psalmos 118.98μγ = Origenes, In Psalmos 98.95/J. B. Pitra, Analecta sacra 3.288 = Origenes, Selecta in Psalmos 118.98.1/PG 12.1605D, Textidentifikation M.-J. Rondeau. Erläuterungen zum »nackten Geist« im ‹Melania-Brief› und den ‹Kephalaia Gnostica› bei M. Parmentier, Evagrius of Pontus' »Letter to Melania«, pp. 31–32. Zum Ausziehen und Ablegen der drei Schalen des »alten Menschen«: a) der Apathie, b) der bloßen Gedanken und c) sogar der pneumatischen/geistlichen Schau (und Anlegen des neuen Menschen) cf. Euagrios Pontikos, De malignis cogitationibus 39–40, ⟨edd./trr.⟩ P. Géhin et al., pp. 287–291 (mit Verweis auf Kol 3.9–10 & Eph 4.22–24). Zum Abstreifen des »alten Menschen« auch idem, Epistulae 39.5; 60.4; 61.3, Zählung und Übersetzung ⟨tr.⟩ G. Bunge, p. 253; p. 281; p. 282 = ⟨ed.⟩ W. Frankenberg, Euagrius Ponticus, pp. 592/593; 610/611; 610/611. In der Traditionslinie des Evagrius übernahm die Nacktheit des Intellects Maximus Confessor, Liber asceticus 19 & 24 = PG 90.925D/926A & 90.929B-C; idem, Qvaestiones ad Thalassivm 25.1–159 = PG 90.329B/336C; zur Bedeutung des Rocks und der viergeteilten Kleider von Joh 19.23 (mit Bezug auf Mt 10.10; Lk 9.3; Mk 6.9) cf. o. c. 4 = PG 90.276C–277B; zum »Ausziehen« der Fürstentümer und Gewaltigen von Kol 2.15 und seiner christlich-ethischen Auslegung cf. o. c. 21 = PG 90.312B/316D. Idem, Expositio orationis dominicae 341–387 ≈ PG 90.888C–889B (sehr eindringliche Stelle mit Gleichnis vom Schaffell/Mantel des Elia, dem Zusammennehmen der generellen Tugenden gleich feuriger Rosse, der Überwindung der Gegensätze wie Entstehen und Vergehen und der damit zusammenhängenden unausgeglichenen Gemütszustände … *tàs anísous diathéseis*); idem, Ambigua 10, Zählung E. Ponsoye = PG 91.1153B-C (157[b]), wird dargelegt, daß man ganz zuletzt, indem man sich exzessiv aller Aktivitäten der Wahrnehmung, des Verstandes und Intellects entkleide/entblöße (*apogumnṓsas*), auf unaussprechliche und unerkennbare Weise die göttliche Freude/Heiterkeit über Verstand und Intellect erlange. Cf. o. c. 45, Zählung E. Ponsoye = PG 91.1352B/1356C (240[a]–242[a]), woraus ein Abschnitt in J. S. Eriugena, De divisione Naturae 4.19 = PL 122.834C–835C, zitiert ist. Das Wegnehmen des »alten Menschen« zur Erlangung der Atyphie, Apathie, Sündlosigkeit und ununterschiedenen Einung findet sich auch bei Clemens Alexandrinus, Stromata 7.3.14.1–2, der von Evagrius ausgiebig rezipiert wur-

(*gumnō̃j*) Intellect offenbart. Es ist dem Intellect unmöglich, gerettet zu werden, wenn er diesen Berg nicht erklimmt.«[71] Mit der Enthüllung des Intellects indes, die zur immateriellen, bloßen Kontemplation befähigt, so derselbe in seiner ‹Epistula fidei›, geht komplementär die Annäherung an die nackte, unverhüllte Gottheit einher. »›Christi Reich‹ nämlich, sagt man, sei die ganze materielle Erkenntnis, das ›(Reich) Gottes und des Vaters‹ aber sei die immaterielle Kontemplation gleichsam der unverhüllten (*gumnē̃s*) Gottheit selbst. … Da jedoch unser Intellekt, grob geworden, mit der Erde verbunden ward und mit dem Lehm vermengt und in einer bloßen (*psilē̃j*) Kontemplation zu betrachten unfähig ist, so betrachtet er, geleitet durch die seinem Körper verwandten Welten, die Kräfte des Schöpfers und erkennt diese Dinge einstweilen aus den vollbrachten Werken, damit er, auf diese Weise allmählich zunehmend, schließlich fähig sei, sich auch der unverhüllten (*gumnē̃j*) Gottheit selbst zu nahen.«[72] Durch die christliche Mystik sowie die Negative und Mystische Theologie zieht sich die Redeweise von der Nacktheit, dem Bloß- oder Barsein (der Seele und/oder Gottheit) als derart gebräuchliche Charakterisierung des Weisheitsziels von Reinheit und Sündlosigkeit (*via purgativa/purgatio*), Geistesklarheit oder Erleuchtung (*via illuminativa/illuminatio*) und Gottergebenheit, Gottähnlichkeit oder Gottgleich-

de. Die Umkehrung dieses Bildes, die Bekleidung des Körpers mit der Seele, der Unsterblichkeit und Unvergänglichkeit, ist im Christentum ebenso bekannt, cf. Origenes, De principiis 2.3.2 (mit Bezug auf 1 Kor 15.53–56). Beides in einem, wie es Eph 4.22–24 bereits fordert, bei Clemens Alexandrinus, Paedagogus 1.6.32.4, sowie Euagrios Pontikos, De malignis cogitationibus 39.

[72] Euagrios Pontikos, Epistulae 63.22–23 (Epistula fidei), Zählung und Übersetzung nach ⟨tr.⟩ G. Bunge, Briefe aus der Wüste, p. 294. Der Text ist der des 8. Basilius-Briefes, ⟨ed./tr.⟩ M. Forlin Patrucco, Basilii Caesariensis Epistulae 8.7.22–24, 31–36, 1.100: *Christoũ gàr basileían phasìn eĩnai pãsan tèn énulon gnō̃sin, toũ dè Theoũ kaì Patròs tèn áülon kaì, ‘ōs àn eípoi tis, autē̃s gumnē̃s tē̃s theótētos theōrían. … All’ epeidḕ nũn pachuntheìs ‘ēmō̃n ‘o noũs tō̃j choï̀ sunedéthē kaì tō̃j pēlō̃j sumphúretai kaì psilē̃j tē̃j theōríaj enatenízein adunateĩ, dià tō̃n suggenō̃n toũ sṓmatos autoũ kósmōn podēgoúmenos tàs energeías toũ ktístou katanoeĩ kaì taũta ek tō̃n apotelesmátōn téōs epiginṓskei, ‘ín’ ‘oútō katà mikròn auxētheìs ischúsēj potè kaì autē̃j gumnē̃j proseltheĩn tē̃j theótēti.* Erläuterungen zum Sinn der doppelseitigen Unverborgenheit aufgrund der Empedokleischen Maxime, daß Gleiches nur durch Gleiches erkannt werden kann, werden wir noch öfters geben; zum Bloßen, Unverschleierten, Baren und Nackten cf. H. P. Sturm, Weder Sein noch Nichtsein, pp. 460–461. H. Koch, Pseudo-Dionysius Areopagita in seinen Beziehungen zum Neuplatonismus und Mysterienwesen, pp. 165–168, 216–218. A. Silesius, Cherubinischer Wandersmann 1.297: »Nicht Nakt und doch unbekleidt. / *Nakt darf ich nicht für Gott; und muß doch unbekleidt / Jns Himmelreich eingehn / weil es nichts fremdes leidt.*«

heit (*via unitiva/unio/perfectio*), daß wir hier keine weiteren Beispiele anführen müssen. Sie nimmt damit gewissermaßen, wenn auch bedeutungsmäßig gefächert und theistisch gerahmt oder überformt, den Platz der heidnischen *atuphía* des Altertums ein. Meister Eckhart überbietet die Formel von der mystischen Unbedecktheit sogar noch, wenn er feststellt: »… im nackten/entblößten und übernackten/überentblößten Intellect jedoch sind wir nicht gut, sondern glückselig.«[73]

Die Atyphie genau ist es, die nun einen zweiten, mindestens gleich wichtigen Aspekt von Pyrrhon's erstaunlicher Entkleidungsformel darstellt. Ob jene Sicht mehr auf die Empfindungsseite und/oder das Innermenschliche und diese eher auf die Erkenntnisseite und/oder das Zwischenmenschliche zielt, sollte jeder nach unserer Darstellung für sich entscheiden. Wie dem auch immer sei, sind beide Qualitäten aufeinander bezogen. Demzufolge würdigen die antiken Berichterstatter Pyrrhon, diesen ›Hans im Glück‹ der Skepsis, nicht nur mit dem Epitheton des Apathikers, sondern auch mit dem des Atyphikers, meinend einen Menschen von Geistesklarheit, Unumnebeltheit, Unaufgeblasenheit, frei von Dünkel, Eitelkeit, Einbildung, Hohlheit, Illusionen und Wissensqualm (*atuphía*).[74] Mehr noch als die Apathie verkörpert die Atyphie die Unverstelltheit, Offenheit und Transparenz, die Bescheidenheit, Selbstlosigkeit, ja, Ichlosigkeit des Weisen.

Gemäß ihrem Lebenswandel legten die radikal-ethischen Kyniker auf sie den allergrößten Wert. Ihre unnachahmlich derbe Lebensführung diente dem Wegblasen des intellektuellen Dunstes (*tũphos*), ihre Philosophie somit der schnellstmöglichen Überwindung der Phi-

---

[73] Meister Eckhart, Die lateinischen Werke (Sigle: LW) 4.62.5: … *intellectu autem nudo et supernudo non boni, sed beati sumus.* Cf. M. Porete, Le mirouer des simples ames/ Specvlvm simplicivm animarvm 52.15–18, 40–42: »Denn ganz so, sagt die Liebe, wie das Eisen vom Feuer ummantelt/umkleidet ist und seinen eigenen Charakter verloren hat, … ganz so ist diese Seele von diesem Mehr ummantelt/bekleidet … Dieses Mehr zeigt ihr ihr Nichts, nackt, ohne Bedeckung, welche Nacktheit ihr den Allmächtigen durch die Güte göttlicher Gerechtigkeit zeigt.« (*Car tout ainsy, dit Amour, comme le fer est vestu du feu, et a la semblance perdue de luy, … tout aussi est ceste Ame vestue de ce plus, … Ce plus luy monstre son nient, nu, sans couverture; lequel nu luy monstre le Tout Puissant, par la bonté de divine droicture.*).

[74] Cf. Eusebeios, Praeparatio evangelica 14.18.19 (761d); 14.18.27 (763b). F. Decleva Caizzi, Τῦφος, pp. 59–62. Zum Gebrauch von Einbildung, d. h. Typhos im späteren Pyrrhonismus cf. Sextos Empeirikos, Pyrrhoneion Hypotyposeon 1.62; 3.193; 3.237; idem, Adversus Mathematicos 1.55.

losophie selbst. Das geht unzweideutig aus der Antwort von Antisthenes (450–370), dem Vater des Kynismus, auf die Frage, was die notwendigste Erkenntnis/Lehre sei, hervor: »Gefragt, welches Lernen/Wissen das nötigste sei, sagte er: ›das Wegnehmen [Abtun/Abziehen] und Verlernen‹.«[75] Mit *tũphos* »können wir die ständig wiederholten Beteuerungen der Prajñāpāramitā-Texte vergleichen …, daß alle Dinge wie Schaum oder Blasen oder Rauch oder Wolken sind, ›leer, falsch und flüchtig‹, ›wie ein Illusionsschauspiel, das den Verstand betrügt‹, wie ein Blitzstrahl, ein Tautropfen, ein Traum u. s. w. Von der zentralen Idee des *typhos* aus entwikelten die Kyniker eine Ethik, die wiederum bemerkenswerterweise wie die der buddhistischen Schulen ist, die auf dem Mādhyamika beruhen.«[76]

Einen entscheidenden Anstoß zu ihrer Forderung nach Illusionslosigkeit dürften die Kyniker von Sokrates (470/69–399) erhalten haben, weshalb man ihn fast den Großvater der Kynik heißen könnte.[77] Von seiner Unaufgeblasenheit (*atuphía*) und Schlichtheit/Einfalt (*aphéleia,* Synonym für sein berühmtes Nichtwissen), und davon, wie Sokrates diese und das Freisein von Irrtum, Eitelkeit und Lästigkeit durch seine Widerlegungs-, Überführungs- und Prüfreden (*élegchos*), die die Wirkung eines Abführmittels gehabt hätten, auch bei anderen herbeiführte, ohne selbst eigene Meinungen zu vertreten, berichtet Ploutarchos.[78] In gewisser Weise wird das Entkommen

[75] Diogenes Laërtios, De vitis dogmatis … 6.7: *erōtētheìs tí tõn mathēmátōn anagkaiótaton, ›tò periaireĩn‹ éphē ›tò apomanthánein‹.* Cf. T. McEvilley, Early Greek Philosophy and Mādhyamika, pp. 155 sqq. Zur Atyphie bei den Kynikern cf. auch A. J. Malherbe, The Cynic Epistles, p. 114.7-11 (Brief von Diogenes von Sinope an Amynandros). Von derselben bei dem Kyniker Monimos von Syrakus (flor. um 340 v. Chr.) werden wir noch in Zusammenhang mit der alttestamentlichen Schrift ‹Kohelet› hören.

[76] T. McEvilley, Early Greek Philosophy and Mādhyamika, p. 156.

[77] P. Hadot, Wege zur Weisheit oder Was lehrt uns die antike Philosophie?, pp. 132–134, diskutiert, ob und in welcher Weise der Kynismus Philosophie genannt werden kann, und in welchem Verhältnis er zur Gestalt des Sokrates steht.

[78] Cf. Ploutarchos, De genio Socratis (Moralia) 582B & idem, Platonicae Quaestiones (Moralia) 999E–F. P. Courcelle, Opvscvla selecta, p. 343. F. W. J. v. Schelling, Werke 13.97: »… sagt Plutarch von Sokrates: er habe den Schwulst, die Aufgeblasenheit (τῦφον) als eine Art Rauch in der Philosophie (ὥσπερ τινὰ καπνὸν φιλοσοφίας) auf seine Gegner zurückgeblasen.« Schelling bezieht sich hier auf Ploutarchos, De genio Socratis (Moralia) 580B; statt »Gegner« steht im Original »Sophisten«. Cf. F. W. J. v. Schelling, Werke 12.6; idem, System der Weltalter, p. 150; idem, Philosophie der Offenbarung 1841/42, pp. 139–140; idem, Urfassung der Philosophie der Offenbarung, p. 19. Stellen zur Atyphie, zum *tũphos* und Typhon im Werk Plutarchs bei D. Wyttenbach, Lexicon Plutarcheum, pp. 278, 1568. Zum Sokratischen Wortspiel auf der Basis der Homonymie von *tũphos* und Typhon, einem rauchenden, schwelenden Ungetüm der

aus den Schwaden dunstartiger Einbildungen schon mit dem Weisheitsziel der ersten Philosophen in Verbindung gebracht. So ordnen mehrere Gewährsleute den Gründer des Eleatismus, Xenophanes, in die Rubrik *'upátuphos*, ziemlich unumnebelt, fast nicht aufgebläht, beinahe ohne Wissensqualm, ein[79] und einer der ersten christlichen Philosophen berichtet von einem der ersten Philosophen überhaupt, von Pythagoras (ca. 582–497/6), er habe mit seiner Anordnung, nach dem Wegnehmen eines Topfes vom Feuer den Abdruck nicht in der Asche zu belassen, andeuten wollen, daß man neben jeglicher Spur von Zorn auch den Dünkel zum Verschwinden bringen müsse.[80]

Von den Kynikern wurde die Atyphie der Stoa vererbt – Zenon war bekanntlich Schüler des Krates von Theben (flor. um 320 v. Chr.). Neben der (harten) Gleichgültigkeit gegenüber Ehre und Schande, Schlechtem und Gutem[81] ist sie dem Stoiker, wie Seneca überliefert,

---

griechischen Sagenwelt, cf. Platon, Phaidros 230a, wo Sokrates, seinen Mangel an Selbsterkenntnis eingestehend, darüber nachgrübelt, ob er etwa ein Ungeheuer sei, noch vielfältiger verschlungen (*poluplokõteron*) und ungestümer (*epitethumménon*) als der hundert-schlangenköpfige Typhon, oder aber ein sanftmütigeres (*'ēmerõterón*) und einfacheres Lebewesen (*'aploústeron zõjon*), das am göttlichen und geistesklaren/dünkellosen Rang naturgemäß teilhat (*theías tinòs kaì atúphou moíras phúsei metéchon*). Die Parallelisierung von Einfachheit/Einfalt, Sanftmut, Göttlichkeit und Atyphie und ironische Kontrastierung gegen die Verschlungenheit, Kompliziertheit, ja Perplexität bzw. den geistigen Rauch oder Dunst und das Ungestüm, Verlangen, die Triebhaftigkeit und Leidenschaft des mythischen Unterweltwesens spricht für sich und bedarf keines Kommentars. Indirekt wird ein solcher nachgeliefert mit den Ausführungen zum ›Yoga‹ bei Platon im Kapitel 4.1.2. Cf. Ploutarchos, Adversus Colotem (Moralia) 1119B-C; Sextos Empeirikos, Pyrrhoneion Hypotyposeon 2.22; idem, Adversus Mathematicos 7.264. Origenes, Commentaria in evangelium secundum Matthaeum 15.18 = PG 13.1305A.

79 Cf. Sextos Empeirikos, Pyrrhoneion Hypotyposeon 1.224; Diogenes Laërtios, De vitis dogmatis … 9.18. Zur generellen Entwicklung der Idee des Typhos und der Atyphie von Sokrates (Platon) über die Kyniker und Pyrrhon zu den Stoikern cf. F. Decleva Caizzi, Tῦφος. P. Courcelle, Opvscvla selecta, pp. 330–332.

80 Cf. Clemens Alexandrinus, Stromata 5.4.27.8: *ou gàr tòn tũphon aphanízein mónon deĩn ējnítteto, allà mēdè orgẽs íchnos apolipeĩn, …*

81 Cf. Diogenes Laërtios, De vitis dogmatis … 7.117: »Der Weise sei auch dünkellos, denn er verhalte sich gleich(gültig) gegenüber Ehre/Ruhm und Schande/Verachtung.« (*atuphón t' eĩnai tòn sophón· ísōs gàr échein prós te tò éndoxon kaì tò ádoxon.*) Clemens Alexandrinus, Stromata 7.3.17.4–7.3.18.2; dort auch, daß der Gnostiker in der Welt und doch über der Welt lebt. Einen Aufruf zur Ausgeglichenheit in Glück und Unglück gibt Horatius, Carmina 2.3.1–4, 21–28. F. Kafka, Hochzeitsvorbereitungen auf dem Lande und andere Prosa aus dem Nachlaß, p. 80 (4. Oktavheft, Notiz vom 5. Februar 1918): »Es gibt für uns zweierlei Wahrheit, so wie sie dargestellt wird durch den Baum der Erkenntnis und den Baum des Lebens. Die Wahrheit des Tätigen und die Wahrheit des Ruhenden. In der ersten teilt sich das Gute vom Bösen, die zweite ist nichts anderes als das Gute

Ausdruck seiner (linden) Heiterkeit. »Sein Sinn ist heiter, und es kann nichts geschehen, was ihn umwölkt.«[82] Marc Aurel faßt die Metaphern von der Entblößung und der Verschleierung in einem einzigen Sinnspruch zusammen, wobei darin eine doppelte Vernebelung bzw. Aufklarung angezeigt wird, da sich das Ausziehen auf die Objekte, die Verblendung auf das Subjekt bezieht. »Wo die Dinge allzu glaubwürdig erscheinen, sind sie auszuziehen/bloßzulegen und ihre Nichtigkeit zu durchschauen wie ihr Nimbus, mit dem sie prangen, ringsum abzuziehen. Denn die Geistverqualmung/Einbildung ist ein fürchterlicher Betrüger/Täuscher…«[83]

Kaum eine Philosophenschule bis zum Beginn der Neuzeit blieb von dem Postulat der Unumwölktheit des Geistes unbeeindruckt. Aus dem Mittelplatonismus ist Philon der Jude der einflußreichste Denker, der sie übernahm. Davon werden wir eigens noch im Kapitel

---

selbst, sie weiß weder vom Guten noch vom Bösen. Die erste Wahrheit ist uns wirklich gegeben, die zweite ahnungsweise. Das ist der traurige Anblick. Der fröhliche ist, daß die erste Wahrheit dem Augenblick, die zweite der Ewigkeit gehört, deshalb verlischt auch die erste Wahrheit im Licht der zweiten.« Es findet sich übrigens kaum eine indische Weisheitsschrift, in der ein gleichartiger Spruch zur Indifferenz gegenüber den Gegensätzen des Lebens und der Welt nicht irgendwie vorfindlich wäre. Einige Verweise auf orthodoxe Quellenschriften sollen hier genügen: Mahābhārata (Mokṣa-Dharma) 12.237.14 & 12.237.36, ⟨edd.⟩ V. S. Sukthankar & S. K. Belvalkar = P. Deussen ⟨tr.⟩, p. 380 & p. 382: XII.245.14 & XII.245.36 (8928 & 8950); Patañjali, Yoga-Sūtra 1.33; (Pseudo-)Śaṅkara, Moha-Mudgara 9 (von mir an die Standard-Transliteration angeglichen): »Kümmere dich nicht um Feind, Freund, Sohn und Verwandten, um Zwietracht oder Eintracht, sei überall/immer gleichmütig, gerade wenn du umgehend die Göttlichkeit/Viṣṇunatur erstrebst.« (*śatrau, mitre, putre, bandhau, / mā kuru yatnaṃ vigraha-sandhau; / bhava sama-cittaḥ sarvatra tvaṃ, / vā-añcasy acirād yadi viṣṇutvaṃ.*) Eine schöne Stelle aus der indischen Heterodoxie findet sich in der letzten der ‹Kurzen Lehrschriften› des Pāli-Kanon, cf. Cariyā-Piṭaka 6.3.3–4 (3.15.3–4), Übersetzung nach H. Oldenberg, Buddha, pp. 305–306 (mit meinen kleineren Veränderungen): »Die mir Schmerz zufügen und die mir Freude bereiten, gegen alle bin ich gleich; Zuneigung und Haß kenne ich nicht. In Freude und Leid bleibe ich ausgeglichen, in Ehren und Unehren, überall bin ich gleich. Das ist die Vollendung meines Gleichmuts.« (*ye me dukkhaṃ upadahanti ye ca denti sukhaṃ mama sabbesaṃ samako homi daya-kopo na vijjati* || *sukha-dukkhe tulā-bhūto yasesu ayasesu ca sabbattha samako homi esā me upekkhā-pāramī-ti* ||).

82 L. A. Seneca, De clementia 2.V.4: *serena eius mens est, nec quicquam incidere potest, quod illam obducat.* Über die (Selbst-)Einschätzung Seneca's, daß die stoische die wohlwollendste, sanfteste und menschenfreundlichste Philosophenschule sei, berichteten wir bereits im Kapitel 1.1.3.

83 Marcus Aurelius, In se ipsum 6.13: *'ópou lían axiópista tà prágmata phantázetai, apogumnoũn autà kaì tèn eutéleian autõn kathorãn kaì tèn euopsían, eph' 'ẽj semnúnetai, periaireĩn. deinòs gàr 'o tũphos paralogistès…* Cf. o.c. 2.17; 12.27.

zu seinem Eklektizismus berichten. Auch von den ersten christlichen Denkern wurde sie wie selbstverständlich in ihre Lehre integriert. Einer der Hauptverantwortlichen dafür ist sicher der Kirchenlehrer Klemens. Er wirkte in der Heimatstadt Philon's, in Alexandreia, weswegen er nicht unbeeinflußt von dem großen jüdischen Denker geblieben sein konnte. Dies gilt auch hinsichtlich des Sachverhalts der geistigen Unumwölktheit. Klemens läßt es an Anschaulichkeit nicht mangeln, wenn er schreibt: »Wie sich nämlich die Ausdünstungen der Erde und Sümpfe zu Nebeln und wolkenartigen Zusammenballungen verdichten, so fügen die Aufwallungen fleischlicher Verlangen der Seele ein Gebrechen zu, während sie Trugbilder der Lust vor der Seele ausbreiten. Sie verfinstern also das Vernunftlicht, während die Seele den Aufwallungen aus dem Verlangen nachgibt und die Zusammenballungen der Leidenschaften durch den Fortgang der Lüste verdichtet.«[84] Etwas prosaischer sein junger Kollege Origenes (ca. 185–254), der vermutlich Schüler von Ammonios Sakkas (175–242), dem legendären Begründer des Neuplatonismus, und damit Bruderschüler von Plotinos, war. Er identifiziert den Gipfelpunkt der geistlichen Bemühungen ganz lakonisch mit der Wolkenlosigkeit. »Und wenn wir so weit vorangekommen sind, daß wir keineswegs Fleisch und Leib, vielleicht nicht einmal Seelen gewesen sein werden, sondern Geist und Sinn, zur Vollkommenheit gelangend und von keiner Bewölkung der Verwirrung/Leidenschaft verdüstert, [dann] wird man die vernünftigen und geistig vernehmbaren Wesenheiten 'von Angesicht zu Angesicht' [1 Kor 13.12] schauen.«[85] Es dürfte kaum

---

[84] Clemens Alexandrinus, Stromata 2.20.115.3–2.20.116.1: *'ṓsper gàr 'ai anathumiáseis 'aí te gē̃then 'aí te apò telmátōn eis 'omíchlas sunístantai kaì nephelṓdeis sustrophás, 'oútōs 'ai tō̃n sarkikō̃n epithumiō̃n anadóseis kachexían prostríbontai psuchē̃j, kataskedannúousai tà eídōla tē̃s 'ēdonē̃s epíprosthe tē̃s psuchē̃s. episkotoũsi goũn tō̃j phōtì tō̃j noerō̃j epispōménēs tē̃s psuchē̃s tàs ek tē̃s epithumías anadóseis kaì pachunoúsēs tàs sustrophàs tō̃n pathō̃n endelecheíaj 'ēdonō̃n.* Stellen zur Atyphie und zum Typhos sind im Wort- und Sachregister von ⟨ed.⟩ O. Stählin, Clemens Alexandrinus 4.284 & 4.763, verzeichnet. Eine Sammlung von Texten bei den Kirchenvätern und -lehrern bis ins Mittelalter gibt P. Courcelle, Opvscvla selecta, pp. 345–370: Klemens von Rom (um 100), Eirenaios von Lyon, Hippolytos von Rom, Klemens von Alexandrien, Methodios von Olympos, Athanasios von Alexandrien (ca. 295/300–373), Basileios von Kaisareia, Gregor von Nyssa, Ambrosius von Mailand (339–397), Eusebeios von Kaisareia (ca. 260/64–340). Mehr als fünfzig Stellen bei Augustinus (o.c., pp. 353–364); einige weitere in der Epoche zwischen der Lebenszeit der Genannten bis zu Bernard de Clairvaux (1091–1153).

[85] Origenes, De principiis 2.11.7, Text nach Hieronymos, Epistulae 124.7, ⟨edd./trr.⟩ H. Görgemanns & H. Karpp, p. 456: *Cumque in tantum profecerimus, ut nequaquam*

überraschen, wenn uns in einer Kirchengeschichte aus dem 5. Jh. über den großen Asketen dieser Traditionslinie, Evagrius Ponticus, berichtet wird: »Der Charakter [von Evagrius] wurde aber auch gemäßigt/bescheiden genannt, Dünkel/Eitelkeit (*túphou*) und Hochmut bezwang er derart, daß er sich weder, zu Recht gelobt, durch den Beifall aufblähte (*ogkoũsthai*), noch daß er, zu Unrecht getadelt, über die Kränkung unwillig wurde.«[86] Und es ist ebenso nicht verwunderlich, wenn derjenige Kirchenschriftsteller, der die Einsichten des Meisters der Sanftmut am eifrigsten verbreitete, Maximus Confessor, folgendes als Lehrsatz aufstellte: »›*Lernet von mir*‹, sagte er, ›*denn ich bin sanftmütig und demütig von/im Herzen*‹ [Mt 11.29] usw. Die Sanftmut erhält den muthaft-willensartigen [Seelenteil] unerschütterlich/unverwirrt; die Demut befreit den Intellect von Einbildung/Eitelkeit und Dünkel (*túphou kaì kenodoxías*).«[87]

---

carnes et corpora, forsitan ne animae quidem fuerimus, sed mens et sensus ad perfectum veniens nulloque perturbationum nubilo caligatus, intuebitur rationabiles intellegibilesque substantias ‘facie ad faciem’.

[86] H. Sozomenos, Historia ecclesiastica 6.30 = PG 67.1184B: *Elégeto dè kaì tò ẽthos métrios, túphou te kaì ‘uperopsías tosoũton krateĩn, ‘ōs mē̃te dikaíōs epainoúmenos ogkoũsthai toĩs krótois, mē̃te adíkōs loidoroúmenos aganakteĩn epì taĩs ‘úbresin.* Cf. o.c. 7.7 = PG 67.1432A-B. Zur Wolke als Geistverfinsterung durch die Dämonen cf. Euagrios Pontikos, Kephalaia Gnostica 3.90 & idem, Skemmata 26(gr.)/13(lat.). Idem, De oratione 68 = PG 79.1181, vergleicht den Rauch mit allem form- und bildhaften Wissen, den Feuerschein aber mit dem geistlichen, bild- und formlosen Erkennen. Von den Nachstellungen der Dämonen, die den Geist mitunter verqualmen (*kapnizómenos*), spricht Maximus Confessor, Capita de caritate 3.95.

[87] Maximus Confessor, Capita de caritate 1.80: Máthete ap’ emoũ, *phēsìn*, ‘óti prãós eimi kaì tapeinòs tẽj kardíaj, *kaì tà ‘exẽs. ‘Ē mèn praótēs atárachon tòn thumòn diaphuláttei· ‘ē dè tapeínōsis túphou kaì kenodoxías tòn noũn eleutheroĩ.* Die Atyphie im Kontext von 1 Kor 8.1 begegnet in o.c. 4.59. In (Pseudo-)Maximus Confessor, Diversa capita 5.5–7 = PG 90.1349C/1352A, wird eine Definition von *tũphos* gegeben: er sei eine verfluchte Leidenschaft (*páthos*), bestehend oder gemischt aus zwei Lastern (*ek dúo kakõn*), dem Hochmut/Stolz (*‘uperēphanía*), durch den Gott geleugnet und die Vorsehung gotteslästerlich verworfen werde und der Ruhmsucht oder hier besser: dem leeren Wähnen und Meinen (*kenodoxía*), das die Natur teile (*merízein*), dabei erniedrige (*‘úphesin*) und widernatürlich behandle (*parà tē̃n phúsin metacheirízetai*). Mit dieser Definition von (Pseudo-)Maximus ist exakt die Haltung des Weltlings beschrieben, der keinen Sinn hat für die höhere Geordnetheit und das aus der Einheit gestiftete Zusammenstimmen des Kosmos; sie ist ein Konglomerat aus Arroganz und Ignoranz. Die zitierten Aphorismen stellen das Exzerpt einer Allegorese in einer authentischen Schrift des Konfessors dar, in der die Geistverrauchung zur Beschimpfung der Juden herhalten muß, cf. Maximus Confessor, Qvaestiones ad Thalassivm 64.538–611 = PG 90.716A-717C. Die Metapher wird mit den Glutwinden Euroklydon und Typhonikon ergänzt. Das Argument von der Teilung der Natur fehlt, dafür ist vom Austrocknen der

Wie im Falle der Nacktheit ist es die mittelalterliche Mystik mit ihren Begleitlehren, in der die Metapher, vielgestaltig ausgeschmückt, zu höchsten Ehren kommt. Ein beeindruckendes Beispiel muß hier genügen, Hugo von St. Viktors (1096–1141) Veranschaulichung der einzelnen Stufen des spirituellen Aufstiegs zur Gottesschau mit Hilfe des Bildes vom Rauch und Feuer. In seiner Auslegung des alttestamentlichen Buches ‹Kohelet› wird der in der Meditation, dem Anfangsstadium des dreistufigen geistlichen Weges zur Wahrheit, von frommer Hingabe entflammte Geist noch als umwölkt von der lästig auftretenden Verwirrung/Beunruhigung fleischlicher Leidenschaften beschrieben.[88] Deshalb wird diese Eingangsphase versinnbildlicht durch das Feuer mit Flamme und Rauch (*ignis cum flamma, et fumo*), während für die fortgeschrittenere Phase der Spekulation (*speculatio*) oder Anfängerstufe der Kontemplation das Feuer mit Flamme ohne Rauch (*cum flamma sive* [lies *sine*] *fumo*) und für die oberste der Kontemplation (*contemplatio*) oder Vollendungsstufe der Kontemplation die reine Glut ohne Flamme und Rauch (*ignis purus sine flamma, et fumo*) steht.[89] »So ist freilich das fleischliche Herz sozusagen ein grünes Holz und die Feuchtigkeit fleischlichen Verlangens noch nicht ausgetrocknet;

Herzen der Ungläubigen, vom Verwelken frommer Worte/Gedanken über die Gottheit und richtiger Worte/Gedanken über die Natur angesichts dieses Sengens die Rede und davon, daß der *tũphos* die Leidenschaft des Gottes- und Menschenhasses sei. Er erzeuge eine große Unruhe/Erschütterung (*tarachḕn*) in der Seele und erfülle das Erkennen mit dem Dunkel der Unwissenheit (*skótous agnoías*). Zu Typhos/Atyphie in den ‹Quaestiones et dubia› cf. ⟨ed.⟩ J. H. Leclerck, Index verborum, p. 194 & p. 232. In idem, Epistolæ 2 (220) = PG 91.396A, wird die Demut als Grund aller Tugend gepriesen, durch die wir uns selbst erkennen und das leere/eitle Geschwulst des Hochmuts zum Platzen bringen können. Von der Wolke als fleischlicher Leidenschaft, die die Leitinstanz der Seele verdüstere und der Verhüllung als dem Trug beim Wahrnehmen, der sich durch Sinnenschein derselben entgegenstemme und den Durchgang zum Denkbaren versprerre, ist in idem, Ambigua 10, Zählung E. Ponsoye = PG 91.1112A-B (138[a]), die Rede. Die Wolken finden sich bei Joannes Scotus Eriugena sowohl als Bild für leere Phantasien (*nubes vanarum phantasiarum*) und die Verschleierung durch Materie und Fleisch (*licet superata materia et carne, veluti quibusdam nubibus et velaminibus transcensis, …*) als auch als verschiedene Erscheinungen göttlicher Gedanken/Vorstellungen (*divinarum phantasiarum diversas apparitiones*); zum ersteren cf. J. S. Eriugena, De divisione Naturae 3.10 & 5.38 = PL 650B & 1015B; zum zweiteren o. c. 5.31 & 5.38 = PL 122.945D-946A & 998B–1002B.

[88] Cf. Hugo de Santo Victore, In Salomonis Ecclesiasten homiliae = PL 175.118B: *Prima est meditatio; secunda, speculatio; tertia, contemplatio. In meditatione, mentem pia devotione succensam perturbatio passionum carnalium importune exsurgens obnubilat.*

[89] Cf. Hugo de Santo Victore, In Salomonis Ecclesiasten homiliae = PL 175.117D.

fängt es einmal irgendein Fünklein von Gottesfurcht und Gottesliebe auf, so steigt als erstes sicherlich, während sich die verkehrten Verlangen widersetzen, der Rauch der Leidenschaften und Verwirrungen auf. Alsdann wird es, ist der Verstand mit der Flamme der Liebe gestärkt, sowohl stärker zu brennen als auch heller zu strahlen beginnen; bald verschwindet der ganze Rauch der Leidenschaften/Verwirrungen: und ist der Verstand gereinigt, zerfließt der Geist sogleich in der Kontemplation der Wahrheit. Endlich aber, nachdem das Herz von der beständigen Kontemplation der Wahrheit durchdrungen und in die Quelle der höchsten Wahrheit mit dem ganzen Ergriffensein/Affekt der Seele bis ins Mark eingedrungen sein wird, dann kommt es in diesem selbst, sozusagen gänzlich von Lieblichkeit glühend und in Liebesglut umgewandelt, in völligem Frieden vor allem Lärm und aller Beunruhigung/Leidenschaft, zur Ruhe.«[90] Derselben Motivgattung entstammt Meister Eckharts Gleichnis von der Wolke, dem Nebel, dem kranken Auge, welche für die Verdeckung des Sonnenscheins der Wahrheit und Erleuchtung stehen.[91]

---

[90] Hugo de Santo Victore, In Salomonis Ecclesiasten homiliae = PL 175.117D-118A: *Sic nimirum carnale cor quasi lignum viride, et necdum ab humore carnalis concupiscentiæ exsiccatum, si quando aliquam divini timoris seu dilectionis scintillam conceperit, primum quidem pravis desideriis reluctantibus passionum et perturbationum fumus exoritur; deinde roborata mente cum flamma amoris, et validius ardere et clarius splendere cœperit, mox omnis perturbationum caligo evanescit: et jam pura mente animus ad contemplationem veritatis se diffundit. Novissime autem postquam assidua veritatis contemplatione cor penetratum fuerit, et ad ipsum summæ veritatis fontem medullitus toto animæ affectu intraverit, tunc in idipsum dulcedinis quasi totum ignitum, et in ignem amoris conversum, ab omni strepitu et perturbatione pacatissimum requiescit.* Eine Verbindung der Kleider- mit der Feuermetapher stellt Franz Kafka her, cf. M. Schreiber, »Ihr sollt euch kein Bild – …«, p. 388[66]: »Ein Beispiel dieser mystischen Entwerdung, der Nichtung des Selbst, die Raum gewährt für eine unio mystica [mystische Vereinigung], ist Kafkas Aphorismus über das Allerheiligste (…).« F. Kafka, Hochzeitsvorbereitungen auf dem Lande und andere Prosa aus dem Nachlaß, p. 77 (3. Oktavheft, 3. Eintragung vom 25. 1. 1918): »Vor dem Betreten des Allerheiligsten mußt du die Schuhe ausziehen, aber nicht nur die Schuhe, sondern alles, Reisekleid und Gepäck, und darunter die Nacktheit und alles, was unter der Nacktheit ist, und alles, was sich unter dieser verbirgt, und dann den Kern und den Kern des Kerns, dann das übrige und dann den Rest und dann noch den Schein des unvergänglichen Feuers. Erst das Feuer selbst wird vom Allerheiligsten aufgesogen und läßt sich von ihm aufsaugen, keines von beiden kann dem widerstehen.« J.-D. Lee, Taoistische Weltanschauung im Werke Franz Kafkas, p. 119 (mit Verweis auf W. Emrich, Franz Kafka, Bonn – Frankfurt/M. 1965, pp. 59, 424): »Für ihn [Kafka] liegen Weg und Ziel des Denkens und Lebens darin, das im Menschen verborgene Sein, ja, ›eine absolute Leere‹ zu erreichen.«

[91] Cf. Meister Eckhart, DW 5.113.17–21; idem, LW 4.129.6–8 (mit Bezug auf Boëthius,

Wem die Bedeutung dieser Idee immer noch nebulös vorkommt, der sollte sie sich endlich mit Hilfe der parallelen indischen Askese-Tradition durchsichtig machen. Nach der ‹Taittirīya-Upaniṣad› ist der innere, wahre Mensch (*puruṣa/ātman*) nämlich von fünf Hüllen des äußeren, unerleuchteten Menschen, der aus Nahrung/Grobstofflichkeit (*anna*), Lebensenergie/Feinstofflichkeit (*prāṇa*), Denken/Verstand (*manas*), Einsicht/Intellegentia (*vijñāna*) und Seligkeit (*ānanda*) bestehenden (*maya*) Hülle (*kośa*), verdeckt.[92] Der Weg zu *mokṣa*, zur Ab-, Los- und Erlösung, besteht danach nun in der Kunst, diese Kleider sozusagen auszuziehen, eine jede dieser Schichten (nacheinander) abzuwerfen, wie man einen Grashalm aus dem ihn umhüllenden Blatt herausschält.[93] Ist die vollkommene Entblößung oder Ent-

---

Consolatio philosophiae 1.7.c): »d. h. die Sinnlichkeit oder Leidenschaft, die dumm genannt wird, … weil sie nach Boëthius das Licht der Weisheit umwölkt« (*id est sensualitatem sive passionem, quae stulta dicitur, … quia lumen sapientiae obnubilat secundum Boethium*); weitere Textstellen zu diesem Themenkomplex in DW 5.125^{28}–126. Von der Unaufgeblasenheit (wörtlich gesprochen) werden wir im Kontext der Spekulation von Nicolaus Cusanus und des Neuen Testaments berichten. Wie der Seelenwipfel unumwölkt sein sollte, so solle man umgekehrt auch Gott selbst nicht unter einem Kleid oder Fell, dem Kleid von Güte und Liebe, nehmen, sondern gemäß der Vernunft, bloß, entkleidet von Güte, Sein, von allen Namen und Zufügungen, cf. Meister Eckhart, LW 4.130.6–131.16; DW 1.152.1–153.9; 1.91.2–92.6; 1.122.5–123.3 (mit Nennung verwandter Stellen durch den Herausgeber in DW 1.123^{1}). Anonymus (Meister Eckhart), Granum sinapis 5–7 (mit lateinischem Kommentar). In einem mittelalterlichen geistlichen Lied, das ab Verszeile 20 von L. Gnädinger, Deutsche Mystik, pp. 478–481, unter der Rubrik der schwäbischen Mystikerin Christine Ebner (1277–1355) abgedruckt und übersetzt ist, wird folgendermaßen dazu aufgerufen, um die Erlösung vom *tūphos* zu bitten, cf. K. Bartsch, Beiträge zur Quellenkunde der altdeutschen Literatur, p. 317.37–38: »Außen und innen verqualmt und gedankenlos/ruchlos: / Nun bittet, daß ich erlöst werde.« (*usse und ynne vertômet vnd verrůchet: / nún bittent dz ich werd erlost.*) L. Gnädinger, Deutsche Mystik, p. 479, übersetzt: »außen und innen im Dunst und in Kummer…« Ich bin mir nicht sicher, ob das *vertômet* von *toumen*, rauchen, qualmen, dunsten, herzuleiten ist oder von *vertüemen*, verurteilen, verdammen; letzterenfalls lautete der Text: »außen und innen verdammt und verrucht …« und wäre als Beispiel hier zu streichen. Man achte auf den Titel der berühmten englischen Mystik-Schrift eines Anonymus, The Cloud of Unknowing and Related Treatises, 〈ed.〉 P. Hodgson, in der der Wolke des Nichtwissens ein positiver Wert zukommt.

92 Cf. Taittirīya-Upaniṣad 2.1–6 = 2.2.1–2.6.1, 〈ed./tr.〉 S. Radhakrishnan, pp. 543–548, mit Kommentar von Śaṅkara; idem, Brahma-Sūtra-Bhāṣya 1.1.12–19 (rabulistisch); idem, Vivekacūḍāmaṇi 153–212; Sadānanda, Vedāntasāra 21–48; H. Zimmer, Philosophie und Religion Indiens, pp. 370–371. Die Lehre von den *kośa*'s (Hüllen) stellt nichts anderes dar als eine differenzierte Form der Doktrin von der Überlagerung des innersten Wesens bzw. Un-Wesens (*upādhi/adhyāsa/adhyāropa/samāropa*).

93 Cf. Maitrāyaṇyupaniṣad (= Maitrī-Upaniṣad) 6.23, 〈ed./tr.〉 S. Radhakrishnan,

kleidung vollbracht, dann, so ist gegen Ende des Yoga-Sūtra zu lesen, »Dann ist wegen der Unendlichkeit der von allen Hüllen/Verhüllungen und Unreinheiten befreiten Erkenntnis [nur noch] wenig/Unbedeutendes zu erkennen.«[94] Śaṅkara (8./9. Jh.), der bedeutendste aller Hindu-Philosophen, führt für die Verhüllung und Verdunklung des reinen Bewußtseins, griechisch gesprochen, für den *tũphos,* die Gleichnisse von der Sonnenfinsternis und der Bewölkung des Himmels an. »Das unteilbare, ewige, nicht-zweiheitliche Selbst, mit seinem unendlichen Glanz, das durch die Macht der Einsicht hervorleuchtet, wird durch die aus Dunkelheit bestehende Verhüllungskraft verschleiert, wie es die Verfinsterung [oder: der Dämon Rāhu] mit der Sonnenscheibe macht (139). Wenn das reinst glänzende eigene Selbst verborgen ist, indentifiziert sich der Mensch durch eine Bewußtseinstrübung mit dem Nichtselbst, dem ›Ich‹, dem Körper. Dann beunruhigt jenen die starke Kraft der Aktivität/Regung (*rajas*), genannt Dispersions-/Projektionskraft, durch die bindenden Eigenschaften von Lust, Zorn u. s. w. (140). Einer, der der Selbsterkenntnis bloß/entleert ist, weil sie der Haifisch der großen Verblendung verschlungen hat, ahmt die verschiedenen Zustände des Intellects selbst nach, wobei die [jeweils angenommene] Eigenschaft mit diesem [Intellect selbst einhergeht]. Er wirbelt umher im uferlosen Ozean des Daseinskreislaufs, der vom Gift der sinnlichen Dinge/Freuden überschwemmt ist, wo [es] ein [ständiges] Sinken und Auftauchen [gibt]; ein schlimmer Gedanke, ein jämmerlicher Lebensgang (141). Wie sich eine Zusammenballung von Wolken, die durch die Sonnenstrahlen erzeugt wurde, während sie die Sonne verhüllt, überallhin ausdehnt, [so] breitet sich der Egoismus, der sich aus dem Selbst erhob, indem er die Wahrheit des Selbst verhüllt, überallhin (wie) von selbst aus (142). Wie an einem Schlechtwetter-Tag, da der Herr des Tages [= die Sonne] von dichten Wolken verschlungen ist, diese ein fürchterliches Sturmesbrausen und Windeswehen in Aufruhr [Unruhe/Bewegung/Erschütterung] versetzt, so versetzt die heftige Dispersions-/Projektionskraft den Dummkopf in vielfältige Leiden/Qualen, wenn das Selbst von ununterbrochener Dunkelheit verhüllt ist (143).«[95]

pp. 837–838; S. S. Yukteswar, The Holy Science, pp. 15–18. Das Bild vom Grashalm findet sich in Śaṅkara, Vivekacūḍāmaṇi 153.

[94] Patañjali, Yoga-Sūtra 4.31: *tadā sarva-āvaraṇa-mala-apetasya jñānasya-ānantyāj-jñeyam-alpam* |.

[95] Śaṅkara, Vivekacūḍāmaṇi 139–143: *akhaṇḍa-nitya-advaya-bodha-śaktyā sphurantama-ātmānam-ananta-vaibhavam* | *samāvṛṇoty-āvṛti-śaktir-eṣā tamo-mayī rāhur-*

Vom kompromißlosen ‘Seelenstriptease’[96] und der Wahnfreiheit indischer Lebemeister scheint bereits der Kirchenlehrer Hippolytos (vor 189–235), Schüler von Eirenaios (vor 177–202), vielleicht sogar im Zusammenhang mit der von uns angedeuteten abendländischen Form, gewußt zu haben, wenn er schreibt: »Dieses Licht aber, sagen sie, das sie Logos/Vernunft(grund) und Theos/Gott nennen, (er-)kennen nur die Brahmanen selbst – dadurch, daß sie allein das leere Wähnen/Meinen [die eitle Ruhmsucht] ablegen/abwerfen, das das letzte Kleid der Seele ist.«[97] Dafür, daß die Griechen indische und andere orientalische Meister und Heilige ›Gymnosophisten‹, nackte Weise, nannten, könnte man demnach nicht nur die äußerliche körperliche Blöße dieser *Śramaṇa*'s (Asketen), *Sādhu*'s

---

iva-akra-bimbam ||139|| *tiro-bhūte sva-ātmany-amalatarate-jovati pumān-anātmānaṃ mohād-aham-iti śarīraṃ kalayati* | *tataḥ kāma-krodha-prabhṛtibhir-amuṃ bandhana-guṇaiḥ paraṃ vikṣepa-ākhyā rajas uru-śaktir-vyathayati* ||140|| *mahā-moha-grāha-grasana-galita-ātma-avagamano dhiyo nāna-avasthāṃ svayam-abhinayaṃs-tad-guṇa-tayā* | *apāre saṃsāre viṣaya-viṣa-pūre jalanidhau nimajya-unmajyāyaṃ bhramati ku-matiḥ kutsita-gatiḥ* ||141|| *bhānu-prabhāsaṃ-janita-abhra-paṅktir-bhānuṃ tirodhāya vijṛmbhate yathā* | *ātma-udita-ahaṃ–kṛtir-ātma-tattvaṃ tathā tirodhāya vijṛmbhate svayam* ||142|| *kavalita-dina-nāthe dur-dine sāndra-meghair-vyathayati hima-jhaṃjhā-vāyur-ugro yatha-etān* | *avirata-tamas-ātmany-āvṛte muḍha-buddhiṃ kṣapayati bahu-duḥkhair-tībra-vikṣepa-śaktiḥ* ||143||. Aktivität, Regung, das Bewegliche, Dynamische (*rajas*) ist nach der Konstituentenlehre des Sāṃkhya die zweite der drei Urqualitäten (*guṇa*), aus denen sich alles Naturhafte (*prakṛti/pradhāna*) zusammensetzt. Der erste und werthaft niederste Bestandteil ist *tamas*, das Dumpfe, Finstere, Verblendungshafte und Träge. Der höchste Konstituent ist *sattva*, wörtlich die Seiendheit, bedeutend das Klare, Wahre, Gute und Heitere.

[96] Nicht zu verwechseln mit der Entkleidungsvorführung in der ironischen »Erkenntnistheorie des Strip-tease« von L. Kolakowski, Leben trotz Geschichte, p. 98, auch wenn die »Strip-tease-Schau« dort verstanden wird als »eine Art Ersatz-Befriedigung von der Kultur oder Ersatz-›Rückkehr zu sich selbst‹, zur Selbstidentifikation.«

[97] Cf. Hippolytos, Refutatio omnium haeresium 1.24.2.10–12: *toũto dè tò phõs, 'ó phasi lógon kaì theón, 'autoùs mónous eidénai Brachmãnes légousin dià tò aporrĩpsai mónous tèn kenodoxían, 'ó⟨s⟩ esti chitõn tẽs psuchẽs éschatos.* Versteht man Kenodoxie als eitle Ruhmsucht oder Prahlerei, dann läßt sie sich als Äquivalent zum Ehrgeiz (*philotimía*) lesen, das nach platonischer Lehrtradition letzte, äußerste Kleid der Seele bzw. des Strebeteils der Seele, und es wäre zu konstatieren, daß der Spruch eine Übertragung griechischer Ideen auf das indische Weisheitsstreben wäre. Die mehr auf das Wissen bezogene Bedeutung »leeres Wähnen«, »nichtige Meinung«, »eitler Dünkel« wäre hingegen ganz allgemein dem Unwissen (*avidyā*), Falschwissen (*mithyā-jñāna*) oder der Verwirrung, Verblendung, Bewußtseinsverfinsterung, Konfusion, dem Irrtum (*moha, bhrama, saṃbhrama, bhrānti, bhrāma*) usw. indischen Philosophierens gleichzustellen. Zu Hippolyt und seinen Kenntnissen indischer Philosophie, insbesondere der *kośa*'s (Hüllen), cf. das gesamte Kapitel 24 des 1. Buches der ‹Refutatio›; J. Filliozat, La doctrine des brâhmanes d'après saint Hippolyte, pp. 69–79, 86–87.

(Perfekten) und *Digambara's* (Raum-/Luftbekleideten), sondern einen geistigen Hintergrund vorbringen. Letztlich sollte damit wohl die vollkommene Freilegung des menschlichen Wesenskerns, worin er auch immer bestehen und wie er auch immer benannt sein mochte, seine Entblößung von allen Überlagerungen, Verhüllungen und Verunreinigungen, von allen ›Gewändern‹ angedeutet werden.[98]

Eine solche Entbergung des Wesentlichen mag in dem Pyrrhonschen Diktum von der seelisch-geistigen Nudität, von dem unsere Erwägung ausging, durchaus angesprochen sein. Die nackte Wahrheit ist damit indes noch nicht zum Vorschein gekommen. Wir sollten uns nicht damit zufriedengeben, aus ihm zu entnehmen, der Mensch möge nur das Gewand des Unwesentlichen ablegen, um wesentlich Mensch zu werden, nein, es ist darüber hinaus anzunehmen, Pyrrhon habe gefordert, der Mensch möge sich des Gewandes des Menschlichen überhaupt entledigen, die Häute seines zwiebelgleichen Wesens bis zur letzten Schicht abziehen.[99] Doch was bliebe üb-

---

[98] Cf. G. R. S. Mead, Apollonius of Tyana, pp. 99–100: »Wer waren nun diese mysteriösen ›Gymnosophisten‹, wie sie üblicherweise genannt werden, und woher [kommt] ihr Name? Damis nennt sie einfach die ›Nackten‹ (γυμνοί) und es ist überdeutlich, daß der Begriff nicht als 'bloß physisch nackt' verstanden werden darf; in der Tat kann der Begriff weder auf die Inder noch auf diese Asketen des obersten Ägypten in seiner rein physischen Bedeutung angemessen angewendet werden, wie das aus den Beschreibungen von Damis und Philostratos deutlich wird. Ein beiläufiger Satz, der von den Lippen einer dieser Asketen fällt, liefert uns einen Schlüssel zur wirklichen Bedeutung des Begriffs. ›Im Alter von vierzehn Jahren‹, erzählt er Apollonius, ›ließ ich mein Vaterland zurück in Richtung auf jene, die nach diesen Dingen verlangten, und *nackt* suchte ich die *Nackten*‹ ([F. Philostratos, Vita Apollonii] VI.16).« Die Nackten (*Gumnoĩs*) werden hier mit Majuskel geschrieben. Für einen unbelegten Hinweis zu den Gymnosophisten, den der Verfasser auf Philon von Alexandrien gibt, würde ich die Stelle: Philon, Quod omnis probus liber sit 43, mit Fn. 4 der deutschen Übersetzung von K. Bormann, Werkausgabe 7.15^4, angeben. U. Wilcken, Alexander der Große und die indischen Gymnosophisten, pp. 176–177, geht von einer Prägung des Wortes »Gymnosophist« durch Onesikritos den Kyniker aus. Dieser war im Gefolge der Armee Alexanders des Großen zusammen mit Pyrrhon und dem Demokriteer Anaxarchos aus Abdera (flor. 340 v. Chr.), welcher ähnlich dem unerschütterlichen Skeptiker wegen seiner Leidenschaftslosigkeit und Heiterkeit [Genügsamkeit/Gelassenheit] der Glückselige ganannt wurde (*dià tèn apátheian kaì eukolían toũ bíou Eudaimonikòs ekaleĩto*), bis Indien vorgedrungen, cf. Diogenes Laërtios, De vitis dogmatis … 9.60.

[99] Hat nämliches nicht auch Meister Eckhart gefordert, wenn er die »völlige Vollkommenheit« im Abstandnehmen von der Kreatur und dem Herausschälen oder Herausschlüpfen aus ihr (*longe fieri et exui creatura*) sieht, cf. Meister Eckhart, LW 4.69.7–9 (Übersetzung des gesamten Satzes im Kapitel 1.3.3, Anmerkung zu Eckharts Passionslosigkeit und Gleichmut)?

rig, wenn der Mensch sein Menschsein auszöge? Der Unmensch, der Nicht-Mensch, der Übermensch? Eine praktisch orientierte 'Antwort' darauf gibt der Buddhismus mit seiner Therapie des Essentialismus und des damit einhergehenden Ego-ismus. Indem Buddha das Abstreifen aller (die psychophysische Person konstituierenden) fünf Daseinsmomente (*skandha*) verordnete, empfahl er seinen Jüngern eine Selbst-Vivisektion, die als Wesensgrund nichts, d. h. die Wesen- und Grundlosigkeit, pure Bloßheit oder totale Leere übrigläßt, nichts dahinter und darunter. Ein Gleichnis der Mahāyānins für diese Art von Entwesentlichung ist das Abziehen der Schichten eines Bananenbaum-Stamms (*kadalī*).[100] Die Hīnayāna-Buddhisten versinnbildlichten diesen Reduktionsvorgang mit der Analyse eines Kutschenwagens, die keinen letztbestimmenden Grundbestandteil übrigläßt.[101] Und es versteht sich, daß wir auch schon im Pāli-Buddhismus das Bild vom Bananenbaum vorfinden, eingelassen in eine Bloßstellung der Leer- und Bloßheit der (fünf) Daseinsfaktoren (*skandha*), die selbst im Śūnyavāda nicht überboten werden konnte: »Einer Schaummasse gleich ist das Körperhafte/Sinnliche, / einer (Wasser-)Blase gleich die Empfindung, / phantomgleich die Wahrnehmung, / dem Bananenbaum gleich sind die Dispositionen/Willenstendenzen / und dem Zaubertrug gleich ist das Bewußtsein. So wurde es vom Verwandten der Sonne aufgezeigt. Wie man so nachsinnt, bis zum Grund untersucht: es ist hohl und leer für den, der so bis auf den Grund sieht.«[102] Wie die Doktrin von der absoluten Bloßheit vertreten werden kann, ohne daß man sich in einem absurden Nihilismus verliert, sollte im Laufe unserer weiteren Diskussionen ersichtlich werden.

---

[100] Cf. Nāgārjuna, Acintya-Stava 18, ⟨edd./trr.⟩ F. Tola & C. Dragonetti, pp. 117/128; idem, Suhṛllekha 58, ⟨ed./tr.⟩ D. Kalupahana, p. 79 (mit Angabe von weiteren Stellen im Pāli-Kanon durch den Herausgeber); Candrakīrti, Madhyamakavṛttiḥ (Prasannapadā), pp. 41.10, 109.10, 200.10; Śāntideva, Bodhicaryāvatāra 9.151.

[101] Cf. Milindapañha, ⟨ed.⟩ V. Trenckner, pp. 25–28 = ⟨tr.⟩ Nyanatiloka, pp. 50–53: Unpersönlichkeit.

[102] Saṃyutta-Nikāya 22.95.15.1–2, ⟨ed.⟩ L. Feer, 3.142: *Pheṇapiṇḍūpamam rūpaṃ* || *vedanā bubbuḷupamā* || *Marīcikūpamā saññā* || *saṅkhāra kadalūpamā* || *Māyūpamañca viññāṇaṃ* || *dīpitādiccabandhunā* ||1|| *Yathā yathā nijjhāyati* || *yoniso upaparikkhati* || *rittakaṃ tucchakaṃ hoti* || *yo nam passati yoniso* ||2||. Cf. o. c. 22.95 ganz, ⟨ed.⟩ L. Feer, 3.140–143.

1.2.3 Der Buddha vom Bodensee: F. Mauthner, himmelferne Skepsis und erdennahe Mystik

Ein mystischer Skeptizismus oder skeptischer Mystizismus tritt in jüngster Vergangenheit vor allem bei Fritz Mauthner (1849–1923) wieder in Erscheinung.[103] Mit seiner sprachkritischen Skepsis oder erkenntniskritischen Mystik versucht dieser, jede Reifikation durch Sprache und Denken, und damit das Beharren des Dogmatikers Mensch auf der Vielzahl seiner Standpunkte, zu unterminieren. ».. diese Skepsis ist nur Resignation an den Grenzen der Menschheit, ist nicht Verzweiflung über den Widerspruch des Weltganzen. Widersprüche gibt es nur in der Sprache, nur durch die Sprache. Die Natur, wie sie nur einmal da ist, ist auch einheitlich. Diese Einheit können wir nicht entdeken, wenn wir denken oder sprechen, diese Einheit können wir fühlen, wenn wir leben, ungetrennt von der Natur, wie Kinder im Mutterleibe der Natur. Man kann das auch Mystik nennen, erkenntniskritische, sprachkritische Mystik, zum Unter-

[103] Durch F. Mauthner inspiriert entwickelte Gustav Landauer (1870–1919) eine vergleichbare (Nicht-)Position, cf. G. Landauer, Skepsis und Mystik. Versuche im Anschluß an Mauthners Sprachkritik. Von der religiösen Haltung Franz Kafkas, einem Zeitgenossen Mauthners und Landauers, spricht R. Rochefort, Kafka oder die unzerstörbare Hoffnung, p. 38, als »von einer Art mystischen Nihilismus … oder von einer verneinenden Mystik«. J.-D. Lee, Taoistische Weltanschauung im Werke Franz Kafkas, pp. 102–103 (mit Zitaten aus F. Baumer, Franz Kafka, Berlin 1960, pp. 24–25, 34–35), »… sieht in Kafkas Vorstellungen eine gewisse Ähnlichkeit mit der chinesischen Weisheitslehre, da Kafka das Wissen um die nur bedingte Tragfähigkeit der Worte hat, die ›dem eigenen Gefühle nicht genügen‹ (…), da zwischen ›tatsächlichem Gefühl und vergleichender Beschreibung … wie ein Brett eine zusammenhanglose Voraussetzung eingelegt‹ sei, ›eben die Voraussetzung der Trughaftigkeit unserer Erkenntnis überhaupt‹, während ›aus der Wortskepsis, verbunden mit der frühen Demutshaltung, im Verlauf der Jahre das Kafka so eigene esoterische Wissen um die Bedingung des Stummseins und des Stillhaltens als den einzigen Verhaltensweisen der Welt gegenüber reift, wenn sie entlarvt werden soll‹.« Zur modernen, neuen »Mystik ohne Okkultismus« im ‹Mann ohne Eigenschaften› von Robert Musil (1880–1942) meint H. P. Balmer, »Taghelle Mystik«, p. 70: »Die legitime, die ›taghelle Mystik‹ (1089 [ed. A. Frisé]) … ist verwandt mit der skeptischen Enthaltung (epochè) von Urteil sowie von Begreifen und vorschnellem Verstehen.« In bezug auf die Philosophie von Ludwig Wittgenstein (1889–1951) meint R. J. Fogelin, Wittgenstein and Classical Scepticism, p. 9: »Ein richtiges Verstehen des Skeptizismus legt nahe, daß die Äußerungen des Skeptikers Seite an Seite mit Wittgensteins eigenen mystischen Bemerkungen gestellt werden.« Angesichts der literarischen Zeugnisse gegenwärtigen skeptischen Mystizismus muß freilich die Frage erlaubt sein, inwieweit es sich nur um einen solchen der Worte handelt.

schiede von der dem abgründigen Meister Eckhart nachgestammelten Schablone der vielzuvielen gottseligen Mystiker.«[104]

»Nur die ganz großen Skeptiker waren auch Mystiker«[105], sagt Mauthner. »Die großen Mystiker aus der Nachfolge Buddhas und Jesus hatten den Sinn der Welt gefunden, in ihrem Gefühl, jeder für sich, nicht mitteilbar. Wollte einer für dieses nicht mitteilbare Gefühl vom Sinne der Welt das tote Wort Gott wieder gebrauchen, so hätte die Sprache ja nichts dagegen. Ich liebe nur die Worte nicht, die keine mitteilbare Vorstellung ausdrücken können. Auch den großen Mystikern war Gott nur in ihrem Gefühl, unsagbar; wie sie ihn nannten, wurde er zum Götzen.«[106]

Es ist allerdings nicht leicht zu entscheiden, ob Mauthner unter seiner »erkenntniskritischen Skepsis« oder Gefühlsmystik, gebraucht man den Begriff »Gefühl« nicht in einer unzulässig weit gefaßten, hyperbolischen Bedeutung, nicht etwas anderes verstand als die entschlossenen Skeptiker oder Mystiker selbst. Nichtdenken, Nichtsprechen, die Rückwendung in den »Mutterleib der Natur« einer »gottlosen Mystik« als Rückkehr in das Fühlen zu charakteri-

---

[104] F. Mauthner, Fritz Mauthner (Selbstdarstellung), pp. 139–140. Zur Skepsis als Mystik oder umgekehrt cf. auch idem, Wörterbuch der Philosophie 2.373 (Pseudo-Dionysios, Joannes Scotus Eriugena, Spinoza); 2.375 (Al Ghazali); 2.383–384; o. c. 3.228: »Diese Heiterkeit verliert, wer nicht in den mystischen Abgrund springt, wer jede Mystik für das Asyl der Verzweiflung hält und doch die Verzweiflung nicht fürchtet, wenn nur heiliger Zweifel zu ihr führt.« Cf. idem, Spinoza, p. 44: »Wäre Spinoza ein Skeptiker gewesen, wie ja doch die Juden geborene Skeptiker sein sollen, seine Bücher wären der Schlußstein menschlichen Denkens.« O. c., pp. 156–157: »Wir aber wollen uns nicht scheuen, die Weltanschauung Spinozas zumeist mit derjenigen zu vergleichen, die die ganz wenigen wahren Mystiker des Ostens und des Westens, der alten und der neueren Zeit, verbindet. Spinoza war ein Mystiker, weil er eigentlich nichts wußte, trotz all seiner Denkkraft, als seine Einheit in der Welt, mit der Welt, seine Einheit in der Gottnatur, mit der Gottnatur. …… Spinozas Mystik ist eine gottfremde, eine gottlose Mystik.« Cf. idem, Skeptizismus und Judentum, pp. 295–296; idem, Der Atheismus und seine Geschichte 4.447. Idem, Beiträge zu einer Kritik der Sprache 1.XV: »Es gab … Stunden, in denen ich die Macht fühlte, erdenfeste und erdennahe Mystik mit himmelheiterer und himmelferner Skepsis zu verbinden, in denen ich meine Aufgabe gelöst zu haben glaubte: Unmöglichkeit von menschlicher Welterkenntnis zu lehren. Denn unsere vielgerühmte Beherrschung der Natur ist nur Ausbeutung der Natur, ohne Verständnis.« Hinweis: das Büchlein: F. Mauthner, Gottlose Mystik, bleibt unberücksichtigt, weil es lediglich eine Zusammenstellung von Passagen aus Mauthners Hauptwerken, welche wir unserer Studie zugrundelegen, darstellt.

[105] F. Mauthner, Beiträge zu einer Kritik der Sprache 3.617.

[106] F. Mauthner, Wörterbuch der Philosophie 2.15.

sieren, ist unter dem grenzenlosen Anspruch von Entwerdungsmystik und Auflösungsskeptik, wie wir sahen, nur dann angebracht, wenn unter Fühlen dessen vollkommene Überwindung, das heißt ein unvorstellbares Jenseits von Gefühl und Fühllosigkeit gefaßt wird, in der Weise, wie das von Mauthner entsprechend für das Urteilen gefordert wird: »... Bejahung und Verneinung gelten nur auf den Gebieten des armen Menschenwissens, sind Gegensätze nur in der Logik und Mathematik, nicht dort, wo alle scholastischen Welterklärungen durch ein bescheidenes und doch sicheres Weltgefühl abgelöst werden. Dort gibt es keinen Widerspruch mehr, nicht einmal den von Bejahung und Verneinung«[107]. Wie sollte es im Fühlen aber keinen Gegensatz von angenehm und unangenehm, von Freud' und Leid geben? Oder wie sollte es ein Fühlen geben ohne seine erkenntnismäßigen Repräsentanten: Ideen, Vorstellungen, Kennzeichen?[108]

Hat Mauthner nicht zu Ende gedacht, wenn er folgende Selbsteinschätzung vorbringt? »Ich lehre die Befreiung der Menschen von der Sprache als einem untauglichen Erkenntniswerkzeuge; aber ich wüßte nicht, wie man sich befreien könnte von der Macht der Sprache über die Sitte, die Gewohnheit, das Handeln, das Leben. Denn auch Sittenlosigkeit ist nur neue Sitte, neues Handeln, Tyrannei einer neuen Sprache.«[109] Hat er nicht zu Ende gedacht, wenn er die erfaßbare Welt in zwei Etagen unterteilt bestehen läßt? ».. das inbrünstige Erfassen dieser Welt des Seins kann sich in begnadeten Naturen steigern zu einer Welt der *Mystik*, die der Erfahrungswelt

---

[107] F. Mauthner, Der Atheismus und seine Geschichte 4.427; cf. idem, Skeptizismus und Judentum, p. 296.

[108] Zur Lehre über den Zusammenhang von (Sinnes-)Empfindung, (Ich-, Lust-)Gefühl und »Denken oder.. Sprache«, die für einen skeptischen Sprachkritiker recht simpel und gutgläubig klingt, cf. F. Mauthner, Die drei Bilder der Welt, pp. 83–90. Daß er sich in diesem Lehrgegenstand von der christlichen Lehre und dem Weg des Buddha unterscheidet, scheint ihm durchaus bewußt gewesen zu sein, cf. o.c., pp. 83–84: »Nach altgewohntem Sprachgebrauch gehört ›Wollust‹ der substantivischen Welt an; sie ist ein Gut. Wie jede Lust, jede Freude. Wie jeder Schmerz ein negatives Gut wäre. Danach würde die Wollust, wie alle Lust- und Unlustgefühle, der Welt des Scheins angehören, was sich ja recht gut mit der echten christlichen Lehre und mit dem Weg des Buddha vertrüge. Offenbar ist aber diese Bewertung der Wollust einseitig und ergänzungsbedürftig. ... Die Wollust geht nicht durch die Sprache oder das Denken hindurch.« O.c., pp. 88–90, dürfte der Unterschied zur antiken Skepsis und radikalen Mystik am deutlichsten werden.

[109] F. Mauthner, Die Sprache, p. 84.

gegenüber das höhere Stockwerk ist. In welchem man nicht dauernd wohnen, in welchem man aber ruhig träumen kann.«[110]

Erst eine Erhebung über oder ein Rückgang hinter alle Disjunktionen und Widersprüche hätte doch die Lösung dargestellt. Es scheint, daß er den von ihm selbst vertretenen »Parallelismus von Denken und Sprechen« der Art, daß »Sprechen und Denken nur Eins sind«, und damit die Bedeutung des »Entsagens«, »Absagens«, des »Verzichts auf die Sprache«, kurz, der »Aphasie«, sowohl in seiner Welt- oder Seinsrelevanz als auch in seiner Gefühls- und Willensrelevanz durch Überbetonung des sprachlichen Standpunkts einerseits, bei gleichzeitigem Festhalten am animalisch-menschlichen, dem von ihm so genannten »Hominismus« andererseits, verharmlost hat.[111] Sage er mir doch bitte, was von einem Sein, einer Natur, einem Gefühl oder Handeln, von Sitte und Sittenlosigkeit, von den Sphären des Traumes und der Erfahrung, ja gar von der Einsheit bleibt, sofern davon nicht gewußt, keine Idee, kein Begriff davon gebildet werden kann!

In der scheinbar mangelnden Rigorosität des von ihm selbst vertretenen »Monismus«[112], auf den seine »substantivische Weltbetrachtung«[113] hinausläuft, der Spaltung seiner Welt in eine des Wachseins und eine des Träumens und der damit einhergehenden Uneinlösbarkeit seiner Forderung der »Einswerdung«[114] könnte nun sein Mißverständnis gegenüber der antiken Skepsis, welche das Wah-

---

[110] F. Mauthner, Wörterbuch der Philosophie 3.366.

[111] Zur Problematik, die sich um die hier zitierten Splitter der Argumentation Mauthners rankt, cf. F. Mauthner, Fritz Mauthner (Selbstdarstellung), pp. 15–17; idem, Beiträge zu einer Kritik der Sprache 3.630–631. O. c. 3.631: »›Tun ohne Reden muß jetzt unsere Losung sein‹. Wußte Goethe am Ende, daß er damit eine Lieblingsidee der griechischen Skeptiker aufnahm? Sie leiteten aus unserem Nichtwissen die Pflicht ab, sich im Urteile zurückzuhalten, ja sich jeder Behauptung zu enthalten. Und für diese Enthaltung, für diese Resignation (resignare im Sinne von verzichten ist eine seltsame Metapher, die vom ›Entsiegeln‹ einen weiten Weg genommen hat) hatten die Griechen seltsamerweise neben anderen Bezeichnungen auch die: Aphasie. Der letzte Verzicht des Denkens war auch ihnen ein Entsagen, ein Absagen, ein Verzicht auf das Wort.«

[112] Cf. F. Mauthner, Wörterbuch der Philosophie 2.338–357; idem, Der Atheismus und seine Geschichte 4.426–428; idem, Die drei Bilder der Welt, pp. 25, 28, 91–92.

[113] Cf. F. Mauthner, Die drei Bilder der Welt, pp. 12–17 (zum »substantivischen Weltbild«, das o. c., p. 40, »das schönste und das falscheste Weltbild, das dingliche Weltbild der Mystik«, genannt wird), pp. 37–43, 77–81 (zur »substantivischen Wissenschaft«). Zur »substantivischen Welt« cf. auch idem, Wörterbuch der Philosophie 3.262–267.

[114] F. Mauthner, Der Atheismus und seine Geschichte 4.427; idem, Wörterbuch der Philosophie 2.339, 341, 343–344, 354.

re ja erlangen wollte, wurzeln, wenn er sie in Absetzung von der (sprach-)kritischen und zweifelnden[115] »dogmatisch« und »unerträglich durch ihre fast talmudische Dialektik und einen kleinlichen Wortaberglauben in bezug auf ein paar skeptische Schlagwörter und Finten«[116] nennt. Doch auch die ›zweifelnde‹ »skeptische Lehre des Pyrrhon« bleibt – wenigstens hinsichtlich ihrer Folgen – nicht verschont von einer ungerechtfertigt harschen Kritik: »Es läßt sich .. nicht leugnen, daß die Menschen, wenn man sie an der Möglichkeit der Wahrheit erst verzweifeln lehrt, schlaff und dekadent werden. So endet der große Zug der Skepsis leicht in einem Spiele mit skeptischen Gedanken; anstatt die hohe Skepsis streng auf Erkenntnistheorie oder Sprachkritik zu konzentrieren, wird ein skeptisches Geschwätz beliebt, eine geistreiche Bummelphilosophie.«[117]

Legt man bei der Abwägung des folgenden Bekenntnisses Mauthners, das mit Blick auf orientalische Weisheitstraditionen zustandegekommen zu sein scheint, auf die er sich in der Darlegung seiner Gedanken mitunter explizit bezog,[118] seine abschließende Einsicht zum Monismus zugrunde: »Wir werden den Wortaberglauben an den Monismus ebenso überwinden müssen – durch ihn hindurch, nicht an ihm vorbei – …«[119], dann ist man sich allerdings nicht mehr

[115] Cf. F. Mauthner, Wörterbuch der Philosophie 3.409: »Skepsis ist Zweifel. Wer glaubt, glaubt an Wahrheit.«

[116] F. Mauthner, Wörterbuch der Philosophie 3.403–404; cf. o. c. 1.137–138; idem, Fritz Mauthner (Selbstdarstellung), p. 17; idem, Beiträge zu einer Kritik der Sprache 3.617; idem, Skeptizismus und Judentum, pp. 290, 297.

[117] F. Mauthner, Wörterbuch der Philosophie 1.138. Mauthner spricht hier allerdings nur indirekt, indem er die §§ 26–126 von Francis Bacon's (1561–1626) ‹Novum organum› paraphrasiert; cf. F. Mauthner, Wörterbuch der Philosophie 1.128: »Ich hatte einmal dieses merkwürdige Stück kurz in meine Sprache übersetzt, oft recht frei in den Worten, doch getreu in der Sache, um die Übereinstimmung Bacons mit der Skepsis der Sprachkritik hervorzuheben.«

[118] Cf. F. Mauthner, Der Atheismus und seine Geschichte 4.412–416, 444–447; idem, Wörterbuch der Philosophie 2.366–369; 3.267–270; idem, Der letzte Tod des Gautama Buddha.

[119] F. Mauthner, Spinoza, p. 142. Cf. idem, Die drei Bilder der Welt, pp. 78–79: »Die substantivische Wissenschaft oder die Ontologie ist im Begriffe, zu einer neuen Mystik zu werden; und wenn man spotten wollte, diese meine gottlose Mystik sei überdies geistlos, kraftlos und gegenstandslos (Ding-Gegenstand), so hätte ich gegen einen solchen Scherz nichts einzuwenden, wenn man nur genau auf den eigentlichen Inhalt jedes dieser Wörter horchen wollte: die Mystik, wenn sie nicht zu schweigen vorzieht, redet nach wie vor von Göttern, Geistern, Kräften und Dingen, aber sie weiß, daß Götter wie Dinge nur eine symbolische Wesenheit besitzen, nur im menschlichen Denken sind oder in der Sprache. Daß also die substantivische Wissenschaft zwar notwendig ist, sich in

ganz sicher, ob er über eine Mystik in der Idee hinaus nicht doch die Höhen oder Tiefen der Unermeßlichen anvisierte, die seinen Ehrennamen »Buddha vom Bodensee«[120] rechtfertigten: »Ich flüchte also aus der in allen letzten Fragen bankrotten ›Wissenschaft‹ in das eingestandene Nichtwissen, aus dem Reiche der Vernunft in das innere Jenseits des Übervernünftigen, aus dem Markttreiben der Wortwechsler in die Geborgenheit und Verborgenheit der Mystiker. In die letzte Einheit, in welcher kein Unterschied mehr besteht zwischen meinem Ich und der übrigen Natur, in welcher die Welt oder die Natur nur einmal da ist, in welcher ein Tautropfen, eine Tanne, ein Tier oder irgendein anderes Ich, wie z. B. das meinige, nur das gleiche Recht eines Gefühles hat, ein Traum, ein Werk der Sehnsucht ist, oder eine Illusion und dennoch das einzig Wirkliche.«[121]

---

dem Flusse der nichtseienden Welt vor Versinken und Ohnmacht zu bewahren, daß sie jedoch, für sich allein wenigstens, ein irgend angemessenes Bild der Welt niemals schaffen könnte oder kann.«

[120] Cf. L. Lütkehaus, Der Buddha vom Bodensee. Fritz Mauthners »Atheismus«, in: Die Zeit 46 (10. 11. 1989), Rubrik Literatur, Hamburg, p. 13.

[121] F. Mauthner, Der Atheismus und seine Geschichte 4.427–428.

1.3 Μυεῖν – das ἐπέχειν der sogenannten Mystik

Wenn man die Beschreibungen sammelt, die in mystisch-spekulativen und mystisch-asketologischen Traktaten dem Akt zugedacht werden, mit Hilfe dessen das höchste Ziel und Gut, die Einung (*'énōsis*/*'áplōsis*/*unio*) und Schauung (*theōría*/*théa*/*ópsis*/*visio*) etc. herbeigeführt werden soll, dann wird der Zusammenhang von skeptischem Einhalten und mystischem Innehalten überdeutlich, obwohl der Begriff der ἐποχή im Mystizismus nicht ein einziges Mal fällt. Lassen wir dazu vor dem Hintergrund der bisherigen Darstellung einige herausragende Vertreter der heidnischen, und daran im nächsten Kapitel anschließend, der christlichen ›Mystik‹ zu Wort kommen. Dabei bitte ich ausdrücklich darum, die Texte mit unserer Retentionstypik im Hinterkopf zu lesen, genau auf die verwandte Diktion zu achten und sie mit der von den Skeptikern, Stoikern und von Philo Alexandrinus, bei welchem, wie noch aufgewiesen werden wird, teilweise eine Mischung dieser beiden Lehrtraditionen vorliegt, zu vergleichen.

1.3.1 Beruhigung des Gemüts als heidnischer Rückzug aus der Vielheit

Man könne des Grundes oder Prinzips,[1] das gleichwohl in anderem Sinne Nicht-Grund/Nicht-Prinzip ist,[2] des aporetischen[3] Einen,[4]

[1] Plotinos, Enneaden 6.8.8.9 § 68: *archḗ*.
[2] Plotinos, Enneaden 6.8.8.9 § 68: *kaítoi állon trópon ouk archḗ*.
[3] Plotinos, Enneaden 6.9.3.52–55 § 23: … *taĩs perì autò aporíais*.
[4] Stellenverzeichnis zum *'én* bei J. H. Sleeman, & G. Pollet, Lexicon Plotinianum, s. v. *eĩs* a), coll. 322–328.

des einfachen Ersten,[5] ja Nicht-Vielen,[6] des Gestalt-/Eigenschaftslosen,[7] Formlosen/Amorphen,[8] Unendlichen,[9] Unsagbaren,[10] Absoluten,[11] des Jenseits,[12] des »Keinerart«[13] und »›Irgend-etwas‹ auch nicht«[14], man könne dessen, von welchem auch das ›Ist‹ beseitigt wird,[15] von dem »weder das So … noch hinwiederum das Nicht-So«[16] auszusagen ist, dessen, was unseiend[17] oder eigentlich nichts ist,[18]

---

[5] Plotinos, Enneaden 6.7.37.18–19 §287: *tò dè prõton ʻaploũn.*

[6] Plotinos, Enneaden 5.5.6 §44: *A-póllōn.* 3.8.10.15–17 §72: Nicht-Vielheit (*ou plẽthos, mḕ plẽthos*). 6.9.5.21–6.9.6.16 §§ 33–40. Bei den Pythagoreern ist nach Ploutarchos, Moralia 354F, 381F, 388F, 393C, *Apóllōn* wegen der Einfachheit der Monade (*di' ʻaplótēta tẽs monádos*) Verneinung des Vielen und Negation von Mehrheit (*arnoúmenos tà pollà kaì tò plẽthos apopháskōn*).

[7] Plotinos, Enneaden 6.7.33.13, 21 §253, §254: *aneídeon.*

[8] Plotinos, Enneaden 6.9.3.39 §21; 6.7.33.30 §257: *ámorphon.*

[9] Plotinos, Enneaden 5.5.11.1 §71; 6.9.6.10 §40: *ápeiron.*

[10] Plotinos, Enneaden 5.5.6.24 §43: *ou ʻrētón.* 5.3.13.1 §118: in Wahrheit unsagbar (*árrēton tẽj alētheíaj*). 6.9.5.30–42 §§ 35–37; 6.8.8.ca.1–25 §§ 67–71. 3.8.10.29–30 §75: während nichts von ihm [dem Einen] ausgesagt werden kann, weder Sein, noch Wesen, noch Leben (*mēdenòs autoũ katēgoreĩsthai dunaménou, mḕ óntos, mḕ ousías, mḕ zōẽs*).

[11] Plotinos, Enneaden 5.1.9.2 §50: *chōristòn.*

[12] Plotinos, Enneaden 3.8.9.2 §59; 5.3.11.1 §98: *tò epékeina.*

[13] Plotinos, Enneaden 5.5.6.22 §43: *tò ouch ʻoĩon.*

[14] Plotinos, Enneaden 5.5.6.23 §43: *mēdè tò ›ti‹.* Cf. 6.9.3.51–52 §23: ferner darf es genau gesagt weder ›jenes‹ noch seiend genannt werden (*deĩ dè mēdè tò ›ekeĩno‹ mēdè óntōs légein akribõs légonta*).

[15] Plotinos, Enneaden 6.8.8.14 §69: *tò ›éstin‹ aphairoũmen.* Cf. J. G. Fichte, GA 2.8.114/115.4–17 (Die Wissenschaftslehre II. Vortrag im Jahre 1804) = SW 10.146–147.

[16] Plotinos, Enneaden 6.8.9.39–40 §83: *oudè tò ʻoútōs … oud' aũ tò mḕ ʻoútōs.* Cf. 6.9.3.36–54 §§ 21–23; 6.7.34.5–8 §260; 5.5.6.13 §40. Diese universale Sprechweise vom Ultimum habe ich in meinen Schriften ausführlich erforscht. Dazu hier nur ein wichtiger ergänzender Nachweis aus dem christlichen Neuplatonismus in der Traditionslinie von Dionysios Areopagita: Maximus Confessor, Mystagogia, Prooemium = PG 91.664A-C.

[17] Plotinos, Enneaden 6.9.5.30 §35: *ʻò mḕ ón estin.* Cf. 6.9.3.38 §21. Porphyrios, Sententiae 26; (Pseudo-)Porphyrios, Les textes porphyriens dans l'œuvre théologique de Marius Victorinus I.19, Ad Candidum 13.10–14.4, ⟨ed.⟩ P. Hadot, 2.19: »Nichtseiendes ist Gott also. Was ist nun jenes Nichtseiende über dem Seienden? Was nicht als Seiendes und auch nicht als Nichtseiendes erkannt wird, sondern als erkennbar im Nichtwissen, da es ja seiend und nichtseiend ist, weil seine eigene Potenz das Seiende zur Manifestation veranlaßt und erzeugt hat.« (Μὴ ὄν *ergo deus est. Quid autem istud* τὸ μὴ ὄν *super* τὸ ὄν *est? Quod non intellegatur ut* ὄν *neque ut* μὴ ὄν, *sed ut in ignoratione intellegibile, quoniam* ὄν *et quoniam non* ὄν, *quod sua ipsius potentia* τὸ ὄν *in manifestationem adduxit et genuit.).*

durch Wissen(schaft),[19] Denk-/Vernunfterkenntnis[20] oder Erkennbares[21] gemäß Plotinos gar nicht eingedenk/inne werden,[22] da Wahrnehmen und Denken, unterscheidendes und (ein-)teilendes Erkennen (*noeĩn/epinoeĩn, merízōn noũs*), auf Zahl (*arithmós*), Unterschied (*'eterótēs*), Vielheit (*pólla/plẽthos*), Mehrheit (*pléon*), Teilung (*méros*), Zwei(heit) (*dúo*), Mannigfaltigkeit (*poikilía*) und Trennung (*dicházein*) beruhten.[23]

Diese Diversität komme zustande, so erläutert Plotin die Genese der seelenspezifisch-rationalen Erkenntnis innerhalb seines von ihm selbst als pures Konstrukt des Reflektierens verstandenen dreiphasigen Hypostasenmodells des Geist- und Weltgeschehens,[24] diese Diversifikation und Ent-faltung komme also zustande, weil sich die Seele beim Erkennen und Handeln auf Logoi, d.h. Begriffe, Urteile und Gründe berufe bzw. diese hervorhole (*prophérei*), auswähle, bestimme oder zur Hand nehme (*procheirízetai*), die sie ursprünglich nicht besessen, sich jedoch angeeignet hätte, während sie mit ihnen

---

[18] Plotinos, Enneaden 6.8.21.24 § 186: *mãllon dè oudèn.*

[19] Plotinos, Enneaden 6.9.4.1–4 § 24: *epistḗmē.*

[20] Plotinos, Enneaden 6.9.4.1–4 § 24: *nóēsis.*

[21] Plotinos, Enneaden 6.9.4.3 § 24: *noētá.*

[22] Plotinos, Enneaden 6.9.4.2 § 24: *súnesis.* Das Absolute oder Eine liegt nämlich nach o.c. 5.6.6.29–30 § 27 & 5.4.1.10 § 3, jenseits von Wesenhaftem/Seiendem und Denken (*epékeina ousías ónti kaì toũ noeĩn epékeina eĩnai*) und nach 5.3.13.2–3 § 119, jenseits von allem und jenseits des erhabenen Geistes (*epékeina pántōn kaì epékeina toũ semnotátou noũ*). Nach Simplikios (6. Jh.) erkenne auch Aristoteles etwas über dem Geist und dem Seienden/Wesen an (*ennoeĩ ti kaì 'upèr tòn noũn kaì tḕn ousían*), wenn er sagt, daß Gott entweder Geist oder etwas jenseits des Geistes ist (*'óti 'o theòs ḕ noũs estìn ḕ epékeiná ti toũ noũ*), cf. Aristoteles, Fragment 49 (Über das Gebet), ⟨ed.⟩ V. Rose, p. 55; cf. W. Jaeger, Aristoteles, pp. 163[4]–164, 169–170.

[23] Cf. Plotinos, Enneaden 6.9.4.1–16 §§ 24–26; 5.9.8.15–22 § 34; 5.3.10.7–52 §§ 87–97. Proklos, Parmenides usque ad finem primae hypothesis nec non Procli commentarium in Parmenidem, p. 72.8–10, konstatiert vom Widerspruchsprinzip oder -axiom, bis hin zu Vernunftgegenstand und Vernunft/Intellect zu gelten, darüberhinaus aber nicht (*stare usque ad intellectualem causam et intellectum, supra* ⟨*autem intellectum non iam valere principium contradictionis affirmavit*).

[24] Darüber, daß Plotin ein noch klareres methodisches Bewußtsein vom 'konstruktivistischen' Charakter und Leistungssinn seiner Ausführungen besaß als die heutigen Konstruktivisten von ihren eigenen Konstrukten, habe ich in meinem Aufsatz: H. P. Sturm, Hypostasen, Geist und Absolutes: die Struktur der Erkenntnis als Fünffachheit bei Plotin und Fichte, Auskunft gegeben. Ich hoffe, daß sich für ihn bald eine Publikationsmöglichkeit ergibt.

noch nicht geeint sei (*'enōthē̃nai*), sie ihr also noch nicht eigen (*oikeĩon*), vielmehr äußerlich (*éxōthen*) seien, Erkennendes (*tò ginõskon*) mit dem Erkannten (*tõj gnōsthénti*) nicht vereinigt (*eis 'èn … érchetai*), sondern zwei (*dúo*), eines verschieden vom anderen (*tò mèn állo, tò dè állo*). Und durch das Begreifen/Verstehen und selektive Er-fassen der Begriffe werde die Seele von sich selbst verschieden und erblicke das andere im Durchdenken [diskursiven Denken] als Verschiedenes/anderes (*kaì katamanthánei, tẽj procheirísei 'oĩon 'etéra 'autẽs gínetai, kaì dianooumérnē blépei 'ōs állo òn állo*). »Denn das Urteilen erzeugt auseinandersetzend den Verlauf [das Nacheinander] …«[25] Mit dem Ur-teilen vermöge unterscheidender, gegenstandsbezogener Logoi – in der mittelalterlichen Gelehrtensprache *rationes* genannt – gespalten in Vernunft- und Seinsgründe, *rationes essendi* und *rationes cognoscendi,* ist durch die und in der Seele die Ur-Teilung in Subjekt und Objekt und die Objekte untereinaner vollzogen und die Unruhe des intentionalen, diskursiven Denkens in Gang gesetzt, mit Hilfe dessen die Seele den Mangel gegenüber der ihr vorgeordneten, vollkommeneren Intellecterkenntnis (*elleípei tõj prò autẽs*) dadurch wettzumachen sucht, daß sie ein Mehr an Begreifen/Verstehen des Betrachteten und an Einsicht, gewonnen aus Untersuchung/Überlegung, besitzen will (*ephieménē mãllon échein tèn toũ theōrēthéntos katamáthēsin kaì theōrían tèn ex episképseōs*). Der ernsthaft Bestrebte (*'o spoudaĩos*) indes sei (durch Ablassen vom Durchdenken des Verschiedenen) bereits ausgerichtet auf das Eine und Stillstehende/Ruhende, nicht nur abgewandt vom Äußerlichen, sondern auch im Abstand gegenüber sich selbst, und alles sei innerlich (*ḗdē gàr 'oũtos pròs tò 'èn kaì pròs tò 'ē̃suchon ou mónon tõn éxō, allà kaì pròs 'autón, kaì pánta eísō.*).[26]

Sein Ernst und Mühen umfaßt Tugend, Katharsis, Läuterung und Askese,[27] das Loslassen jeglichen Lasters,[28] leid(enschafts)loses

---

[25] Plotinos, Enneaden 6.7.35.28–29 § 274: *'o gàr lógos didáskōn ginómena poieĩ …*

[26] Die Argumentation dieses Abschnitts, von uns gestrafft, umgestellt und dadurch etwas verändert, ist ausgeführt in Plotinos, Enneaden 3.8.6.1–40 §§ 36–43.

[27] Cf. Plotinos, Enneaden 6.7.36.8–9 § 279; 2.9.15.17 § 142; 6.8.6.25 § 49.

[28] Plotinos, Enneaden 6.9.3.19–20 § 18: *kakías te pásēs apēllagménon eĩnai.*

Verharren,[29] Tilgung von Schmerzen,[30] und wo das nicht möglich ist, sanft-/gleichmütiges Ertragen dieser,[31] sanftmütiges/mildes Hinnehmen alles Naturnotwendigen,[32] mehr noch, die Lebensregel, der Natur von allem, das dem Ersten nachsteht, diesem (Ersten) in der

[29] Plotinos, Enneaden 1.2.5.7 §23: *apathõs échousan.* Nach o. c. 1.2.3.11–21 §§ 14–15, ist die Seele gut und tugendhaft, wenn sie weder mit dem Körper mitmeint/mitwähnt (*mḗte sundoxázoi*) noch ihm gleich affiziert wird oder Leidenschaft empfindet (*mḗte 'omopathḕs eíē*). Sämtliche Textstellen zur Apathie in den ‹Enneaden› sind verzeichnet in J. H. Sleeman, & G. Pollet, Lexicon Plotinianum, coll. 113–114. Eine wichtige Diskussion zur Apathie im Werk Plotins findet sich bei P. O. Kristeller, Der Begriff der Seele in der Ethik des Plotin, pp. 32–43. Der Autor faßt die Resultate (o. c., p. 43) in einer kurzen Gegenüberstellung der relevanten Punkte Plotins und der Stoiker zusammen. Dabei macht er letzteren u. a. einen ähnlichen Vorwurf wie J. Dillon im Kapitel 1.1.3 den Yogis: »Zudem sind die Pathe im Zustand der stoischen Apathie objektiv aufgehoben. Bei Plotin dagegen bleibt, wie wir sahen, ihre Objektivität erhalten, nur die ταραχή, die aktuale Bindung des Bewußtseins an die Affekte, wird aufgehoben.« Die Kritik an der Stoa ist mit Hinweis auf das Metriopathie-Argument, das J. Dillon in Rechtfertigung jener vorbrachte, zu relativieren. F. Petrarca, De vita solitaria 1.4, ⟨ed.⟩ P. Stoppelli = ⟨tr.⟩ H. Heintze, pp. 514–515, erläutert die Tugendlehre Plotins, indem er sie in vier Steigerungsgrade einteilt, denen vier Verminderungsgrade der Leidenschaft parallellaufen. Den untersten Rang bilden die politischen Tugenden; sie mäßigen die Leidenschaften (*passiones … temperant*). Den zweiten die reinigenden, die die Leidenschaften aus der Seele reißen (*passiones quidem animi, … he convellunt*). Den nächsthöheren die Tugenden der gereinigten Seele, deren Aufgabe es ist, die Leidenschaften, die die politischen Tugenden gemildert und die reinigenden ausgerissen haben, vergessen zu machen (*purgati animi virtutes .., quarum munus est proprium, passiones, quas politice mollierunt, purgatorie convulserint, oblivisci*). Den obersten Rang nehmen die exemplarischen oder ideenhaften Tugenden ein, die über dem Menschen sind, nur im Geist Gottes wohnen, und aus denen die anderen drei Gattungen menschlicher Tugenden hervorgegangen sind; ihre Wirkung gegenüber den Leidenschaften ist nicht wie bei den übrigen, sondern allein schon den Namen Leidenschaft zu hören, ist hier geradezu ein Frevel und Sakrileg (*sed ipsum passionis nomen audiri nefarium prorsus atque sacrilegum.*). Proklos, De providentia 2.VIII.27.1–12, ⟨ed.⟩ H. Boese, Tria opuscula, pp. 136/137 (Text nach dem griechischen Fragment von o. c., p. 137), siedelt die Erziehung (*paideía*) als Reinigung von der Maßlosigkeit der Leidenschaften (*kátharsís esti ametrías pathõn*), als Abschütteln der Befleckung, herstammend von der Bühne der Leidenschaften (*pánta dè tòn ek tẽs skēnẽs tõn pathõn molusmòn ektinassoménou*), ja sogar als Weg von der Mäßigung in den Leidenschaften zur Leidenschaftslosigkeit (*pollõj mãllon 'ē apò metriopatheías eis apátheian 'odós*) auf der untersten der fünf von ihm angegebenen Erkenntnisweisen an.

[30] Plotinos, Enneaden 1.2.5.10 §23: *algēdónas aphairoũsan.*

[31] Plotinos, Enneaden 1.2.5.10–11 §23: *kaì, ei mḕ 'oĩón te, prájōs phérousan.* Übersetzungsvariante: »… Ertragen dieser ohne Bitterkeit«.

[32] Cf. Plotinos, Enneaden 2.9.9.72–74 §91, wo es von den Gottgeliebten heißt, daß sie [sich in] das vom Kosmos her auf sie Zukommende milde/sanftmütig ertragen/hinneh-

Sanftmut gleich, sanftmütig/milde Raum zu lassen.[33] Dadurch, daß man Wissen(schaft), Wißbares[34] und alle Form[35] hinter sich lasse, werde man in die Lage versetzt, im Stillstand,[36] ja Aus-stand,[37] in ruhigem/gelassenem Stehenbleiben/Zustand,[38] einem über dem Logos liegenden Anwesen[39] und Schauen,[40] einer unmittelbaren Intuition,[41] das Eine und Einzige, das nichts anderes sei als das Selbst,[42] zu berühren[43]. »Denn nicht derjenige, der schöner Farben und Körper

---

men [fügen], was auch immer ihnen aufgrund des Laufs des Alls an Notwendigem/Unvermeidlichem widerfährt (*kaì andrõn 'oì àn theõj õsi phíloi, prájõs mèn tà parà toũ kósmoũ phérontes, eí ti ek tẽs tõn pántõn phorãs anagkaĩon autoĩs sumbaínei*').

[33] Plotinos, Enneaden 2.9.13.5–6 §121: *toĩs cheírosi tõn prõtõn .. prájõs sugchõrẽtéon tẽj pántõn phúsei.* Wenn der mit dem Einen oder Guten Vereinte der Milde ist, dann impliziert das natürlich, daß dieses Eine und Gute selbst das Milde ist, cf. Plotinos, Enneaden 5.5.12.33–34 §81: »Und es ist überdies wahrlich das Sanfte und Milde und Weichere/Zartere und wie es jemand vermag/wünscht, diesem gegenwärtig.« (*kaì ésti dè tò mèn ẽpion kaì prosẽnès kaì 'abróteron kaí, 'õs ethélei tis, paròn autõj*). Cf. P. Hadot, Plotin ou la simplicité du regard, pp. 103–135: Kapitel VI. »Milde«; folgende Allegationen gegen Ende der angegebenen Stelle: 1.2.5.5; 1.2.5.21 sqq.; 2.9.9.44; 5.5.12.33. Es zeugt von der weisheitlichen Statur Plotins, wenn wir in der von seinem Schüler Porphyrios verfaßten Vita über jenen lesen, cf. Porphyrios, De vita Plotini 9.18–20 §52: »Und ferner war er sanftmütig und war für alle da, die mit ihm, wie auch immer, Umgang pflegten.« (*Ẽn dè kaì prãjos kaì pãsin ekkeímenos toĩs 'opõsoũn pròs autòn sunẽtheian eschẽkósi.*) O.c. 23.1–2 §129: »Hierin wird nun also gesagt, daß er als ›milde‹ geschätzt worden ist und gütig und ganz besonders sanft und freundlich …« (*En dẽ toútois eírẽtai mèn 'óti ›aganòs‹ gégone kaì ẽpios kaì prãjós ge málista kaì meílichos, …*) Cf. o.c. 13.8–10 §68.

[34] Cf. Plotinos, Enneaden 6.9.4.9 §25; 5.4.1.9 §2; 5.6.6.29–34 §28; 5.3.12.47–50 §117.

[35] Plotinos, Enneaden 6.7.34.4 §259: *morphḗ.*

[36] Plotinos, Enneaden 6.9.11.15 §75; 6.9.9.51 §67; 4.8.1.7 §1: *stásis.* 6.8.10.19 §89: »man soll hier stehenbleiben und nichts weiter über ihn sagen« (*stẽnai entaũtha deĩ kaì mẽdèn éti perì autoũ légein*). 6.7.35.42 §277: »die Psyche wird alsdann aber nicht bewegt« (*oudè kineĩtai 'ẽ psuchẽ tóte*).

[37] Plotinos, Enneaden 6.9.11.23 §76: *ékstasis.*

[38] Plotinos, Enneaden 5.1.2.14 §6: *'ẽsúchõj .. katastásei.* Cf. 5.1.2.15–18 §6.

[39] Plotinos, Enneaden 6.9.4.3 §24: *parousía.*

[40] Plotinos, Enneaden 6.9.4.14–30 §§ 26–28: *théa.* 6.9.9.56–58 §68: »soweit Schauen hier das Rechte ist« (*'õs 'orãn thémis*), »… , vielmehr Licht selbst, rein, schwerelos, leicht/gleichgültig, Gott geworden, mehr sogar: seiend« (*… mãllon dè phõs autò katharón, abarẽ, koũphon, theòn genómenon, mãllon dè ónta*).

[41] Plotinos, Enneaden 3.8.9.21–22 §62; 6.7.39.1–2 §296; 6.7.35.21 §272: *epibolẽj athróaj.*

[42] Zum »Selben« oder »Selbst« (*'o autós; tò autón*) cf. Plotinos, Enneaden 6.9.3.19–22 §18; 6.8.14.41–42 §133; 6.8.21.30–33 §188; 6.9.8.32–37 §59; 6.9.7.28–34 §53; 5.8.10.39 §72–5.8.12.26 §84; 5.3.4.20 §31 – 5.3.5.26 §38; 6.9.9.55–60 §68; 6.9.10.9–17 §§ 70–71.

[43] Cf. Plotinos, Enneaden 6.9.11.24 §76; 5.3.10.42 §96; 5.3.17.25–26, 34 §§ 159–162: *aphḗ.* 6.7.36.4 §278: Be-, Anrührung (*epaphḗ*). 6.9.4.27 §28: anfassen und berühren (*ephápsasthai kaì thigeĩn*).

nicht teilhaftig wird, nicht auch, wer weder Macht noch Herrschaft, noch Königswürden erlangt, ist erfolglos/unglücklich, sondern derjenige, der dies (wirklich) Einzige [nicht erlangt], um dessen Erlangung willen es nötig ist, sowohl die Königswürde als auch die Herrschaft über die ganze Erde, das Meer und den Himmel zu lassen; jemand, der dies hinter sich läßt und darüber hinwegsieht, würde, an Jenes gekehrt [in Jenes verwandelt], schauen/gewahren.«[44]

Der zum Einen Geeinte, so der gedrängte Bericht des Einsgewordenen (sc. Plotins) von seinem Einssein, ».. war aber auch selbst eins, in sich weder einen Unterschied in bezug auf sich selbst noch auch hinsichtlich anderem habend; nicht irgend etwas bewegte sich nämlich bei ihm, kein Wille/Verlangen, kein Gelüst/Begehren nach anderem/Verschiedenem war da in ihm, dem Emporgestiegenen, vielmehr nicht einmal ein Logos, noch auch irgendein Einsehen [Intuieren/Erkennen], und auch er selbst überhaupt nicht, wenn auch das gesagt sein soll, sondern gleichsam weggerissen oder still verzückt ist er zum Stehen gekommen in Abgeschiedenheit [Leerheit/Bloßheit] und einem regungslosen Ruhe(zu)stand, in seinem Sein/Wesen niemals abgelenkt, auch nicht zu sich selbst hingewendet, ist er allenthalben stillstehend und gewissermaßen zum Stillstand geworden; auch vom Schönen nicht [abgelenkt] ist er indessen sogar über das Schöne hinausgeeilt, überschritten habend jetzt auch den Chor/Reigen der Tugenden, ...«[45]

---

[44] Plotinos, Enneaden 1.6.7.34–39 § 36: *ou gàr ʻo chrōmátōn ḕ sōmátōn kalō̃n mḕ tuchṑn oudè dunámeōs oudè archō̃n oudè ʻo basileías mḕ tuchṑn atuchḗs, all' ʻo toútou kaì mónou ʻupèr ʻoũ tē̃s teúxeōs kaì basileías kaì archàs gē̃s ʻapásēs kaì thaláttēs kaì ouranoũ proésthai chreṓn, ei katalipṑn tis taũta kaì ʻuperidṑn eis ekeĩno strapheìs ídoi.* Zum Aufheben, Abwerfen, Seinlassen, Entlassen etc. des Nicht-Einen cf. o. c. 6.9.4.8 § 25: *apostē̃nai;* 6.9.4.33 § 29: *apostàs.* 5.3.17.38 § 162; 5.5.6.21 § 42; 6.8.19.3–4 § 170; 6.8.21.25–28 §§ 186–187; 6.8.15.22 § 139: »das andere dagegen [los-/fallen-/fahren-] gelassen habend« (*tà d' álla aphéntes*). M.-J. Krahe, Von der Wesensart negativer Theologie, p. 99 (mit Zitaten K.-H. Volkmann-Schluck, Plotin als Interpret der Ontologie Platons, Frankfurt/M. ^{2}1957, p. 3 und Plotinos, Enneaden 5.3.17.38 § 162): »Der Rück- und Aufstieg zum hén erreicht sein Ziel in der hénosis: ›Erkennen des Ursprungs ist zugleich die Einigung mit ihm‹. Daher kann von Stufe zu Stufe nicht anders als in Negationen gesprochen werden. Dem ethischen ‘Lassenswerk’, dem Ablegen aller irdischen Hüllen entspricht noetisch gesehen das Nichtwissen: ›Tu alles weg!‹.«

[45] Plotinos, Enneaden 6.9.11.8–17 §§ 73–75: *ē̃n dè ʻèn kaì autòs diaphoràn en ʻautō̃j oudemían pròs ʻeautòn échōn oúte katà álla (ou gàr ti ekineĩto par' autō̃j, ou thumós, ouk epithumía állou parē̃n autō̃j anabebēkóti) – all' oudè lógos oudé tis nóēsis· oud' ʻólōs autós, ei deĩ kaì toũto légein, all' ʻósper ʻarpastheìs ḕ enthousiásas ʻēsuchē̃ en erḗmōj kaì katastásei gegénētai atremeĩ, tē̃j autoũ ousíaj oudamē̃ apoklínōn oudè perì*

Nicht viel anders liest sich die Beschreibung des letzten Erkenntnisschrittes, des Schrittes über die Kenntnisse hinaus, bei Proklos, der neben Plotinos eine kaum zu überschätzende Wirkung auf die gesamte spätere Spekulation, insbesondere die mystisch genannte, ausübte. »Alles wird nämlich durch Ähnliches erkannt: das sinnlich Wahrnehmbare durch die Sinneswahrnehmung, das Wißbare durch das Wissen, das Intellectuale/Geistige durch den Intellect/Geist, das Eine durch Einung. Sicherlich erkennt die Seele auch noch intelligierend [durch Geisteinsicht/Intuition] sowohl sich selbst, als auch vernimmt sie geistig das sie Berührende, wie wir sagten; übergeistig vernehmend aber vergißt sie sowohl sich selbst als auch jenes [sie Berührende], wodurch sie, angrenzend an das Eine, an der Ruhe/Stille Gefallen findet, [die Sinne] verschlossen gegenüber den Erkenntnissen/Urteilen, stumm geworden und ein inneres Schweigen schweigend. Denn wie könnte sie sich, wie auch immer, mit dem Unaussprechlichsten von allem anders verbinden, denn alle Stimmen in sich in Schlummer zu versetzen? Sie möge also eins werden, um das Eine zu sehen, mehr noch, um das Eine nicht zu sehen: sehend wird sie nämlich das Intellectuale sehen und nicht das Überintellectuale, und sie hätte Einsicht in irgendein eines, nicht aber in das An-sich-Eine [Eine selbst]. Während jemand, mein Freund, diesen göttlichsten Akt der Seele vollzieht, nur sich selbst vertrauend, gleichsam der Blüte des Geistes, und selbst nicht nur fern äußerer, sondern auch innerer Bewegungen stillsteht, nachdem er in der Seele so weit wie möglich Gott geworden ist, dann nur wird er erkennen, gleichwie die Götter alles auf unaussprechliche Weise erkennen, die einzelnen gemäß dem Einen, welches das Ihrige selbst ist. Solange wir uns aber den Dingen darunter zuwenden, werden wir ungläubig darüber verharren, daß nämlich vom Göttlichen alles ungeteilt und überewig erkannt wird, daß das [wahrhaft, d.h. ideenhaft] Seiende ewig ist, daß aber alles, was wird, in der Zeit wird, während es im Einen weder Zeit noch Ewigkeit gibt.«[46]

'autòn strephómenos 'estȍs pántē kaì 'oĩon stásis genómenos· oudè tõn kalõn· allà kaì tò kalòn ḗdē 'upertheṓn, 'uperbàs ḗdē kaì tòn tõn aretõn chorón, … Zahlreiche Stellen zum mystischen Ruhen und Schweigen im Platonismus, bei Ploutarchos, Iamblichos († 330) bzw. Pythagoras, Philon, Platon, Plotinos, Poimandres bzw. Hermes Trismegistos (Schriftzeugnis aus dem 3. Jh.), Porphyrios, Proklos, Marinos (5. Jh.) und Dionysios Areopagita trägt H. Koch, Pseudo-Dionysius Areopagita in seinen Beziehungen zum Neuplatonismus und Mysterienwesen, pp. 123–134, zusammen.

[46] Proklos, De providentia 2.VIII.31.7–32.9, ⟨ed.⟩ H. Boese, Tria opuscula, pp. 139–141:

Die Aufforderung, Geistesruhe mittels Urteilsenthaltung zu erlangen, nimmt bei Proklos mitunter hymnische Züge an: »... laßt uns die vielgestaltigen Kenntnisse wegräumen, all die Buntheit [Mannigfaltigkeit/Veränderlichkeit] des Lebens aus uns verbannen und in der Ruhe aller Abläufe [Vorgänge/Ereignisse] dem Allgrund nahekommen; auch möge in uns weder nur die Ruhe des Meinens noch auch des Vorstellens, noch auch der Stillstand der Leidenschaften sein, die unser unbändiges [in die Höhe führendes] Streben nach dem Ersten behindern, sondern die Luft ruhig- und dieses All da stillstehen; alles hebe uns so durch eine regungslose/ruhige Kraft zur Gemeinschaft mit dem Unaussprechlichen empor.«[47]

Omnia enim simili cognoscuntur: sensibile sensu, scibile scientia, intelligibile intellectu, unum uniali. Intelligens quidem etiam anima et se ipsam cognoscit et quecumque intelligit contingentia, sicut diximus; superintelligens autem et se ipsam et illa ignorat, quo adiaciens le unum quietem amat, clausa cognitionibus, muta facta et silens intrinseco silentio. Et enim quomodo utique adiaciet indicibilissimo omnium aliter quam soporans que in ipsa garrulamina? Fiat igitur unum ut videat le unum, magis autem ut non videat le unum: videns enim intellectuale videbit et non supra intellectum, et quoddam unum intelliget et non le autounum. Hanc, o amice, divinissimam enter operationem anime aliquis operans, soli credens sibi ipsi, scilicet flori intellectus, et quietans se ipsum non ab exterioribus motibus, sed ab interioribus, deus factus ut anime possibile, cognoscet solummodo, qualiter dii omnia indicibiliter cognoscunt singuli secundum le unum quod sui ipsorum. Donec autem circa ea que deorsum volvimur, increduliter habemus circa hec, scilicet omnia divino cognoscente impartibiliter et supereternaliter, esse quidem eternaliter entia, fieri autem temporaliter que fiunt, neque tempore neque eterno ente in le uno. Wir zitierten hier ausschließlich den lateinischen Text der mittelalterlichen Übersetzung von Wilhelm von Moerbeke (ca. 1215–1286), da er den Sinn einwandfrei wiedergibt, auch wenn manche Formulierung in der Prägnanz den von H. Boese aus einer griechischen Abschrift des Byzantiners Isaak I. Komnenos Sebastokrator (†1061) zusammengetragenen Originalpassagen ein wenig nachsteht. Zur Anfertigung unserer Übersetzung waren die deutschen Übertragungen und Noten von ⟨tr.⟩ T. Borger und ⟨tr.⟩ M. Erler, Proklos Diadochos. Über die Vorsehung, das Schicksal und den freien Willen an Theodoros, den Ingenieur (Mechaniker), hilfreich. Noten zu einigen Spezialproblemen und Termini dieses Passus auch in: ⟨ed./tr.⟩ D. Isaac, Proclus. Trois études sur la providence 2.93–94. Zum vierstufigen Aufstieg des Erkennens cf. auch Proklos, De providentia 2.XIII.51.15–52.15, ⟨ed.⟩ H. Boese, Tria opuscula, pp. 160–163; idem, In Platonis Alcibiadem 245.6–248.4, ⟨ed./tr.⟩ A. Ph. Segonds, 2.293.6–295.4; idem, In Platonis Theologiam libri VI 1.3, 1.13.8–15.21; idem, Parmenides usque ad finem primae hypothesis nec non Procli commentarium in Parmenidem, p. 48.14–19.

[47] Proklos, In Platonis Theologiam libri VI 2.11, 2.64.11–19 = Proklos, Hymni, ⟨ed./tr.⟩ H. D. Saffrey, p. 58.1–9: *tàs polueideĩs aposkeuasómetha gnṓseis, kaì pãn tò poikílon tẽs zōẽs exorísōmen aph' 'ēmõn, kaì pántōn en ēremíaj genómenoi tõj pántōn aitíõj prosíōmen eggús· éstō dè 'ēmĩn mḕ mónon dóxēs mēdè phantasías ēremía, mēdè 'ēsuchía tõn pathõn 'ēmõn empodizóntōn tḕn pròs tò prõton anagōgòn 'ormḗn, allà 'ésuchos*

Auch in der Hermetischen Schriftensammlung ist eine der ἐποχή vergleichbare Beruhigung aller mit dem Körperlichen bzw. Sinnlichen in Verbindung stehenden Geistfunktionen dokumentiert: »Während meine körperlichen Sinne/Empfindungen zurückgehalten [verhalten/unterdrückt] waren, wie bei denen, die wegen Übersättigung oder körperlicher Überanstrengung vom Schlaf übermannt sind«,[48] »wurde mir augenblicklich alles blitzartig eröffnet und ich gewahre eine grenzenlose Schau, alles ist (zu) Licht geworden, meeresruhig/windstill und heiter; und geschaut habend, war ich von Liebe ergriffen.«[49] »Stelle die Tätigkeit der körperlichen Wahrnehmungen/Sinne ein und die Geburt des Göttlichen wird sich einstellen; reinige dich von den irrationalen Peinigungen/Strafen der Materie!«[50] »Die Schönheit jenes Guten, das Unvergängliche, Unfaßbare zu erkennen, … die Gnosis desselben ist sowohl göttliches (Stille-)Schweigen als auch Inaktivierung [Außer-Kraft-Setzung] aller Empfindungen/Sinne.«[51]

---

mèn aḕr 'ésuchon dè tò pãn toũto· pánta dè atremeĩ tẽj dunámei pròs tḕn toũ arrḗtou metousían 'ēmãs anateinétō. Cf. die gesamte Passage Proklos, In Platonis Theologiam 2.64.10–65.26 (mit den Noten der Herausgeber und Übersetzer, die Parallelstellen bei Proklos selbst, bei Plotinos u.a. enthalten) = Proklos, Hymni, pp. 58/60. Zu diesem Komplex lese man auch die gedrängten Darstellungen von Proklos, Parmenides usque ad finem primae hypothesis nec non Procli commentarium in Parmenidem, 〈edd./trr.〉 R. Klibansky & C. Labowsky, pp. 74.3/76.7, normalisierter lateinischer Text mit deutscher Übersetzung: Proklos, Kommentar zu Platons Parmenides 141E-142A, 〈tr.〉 R. Bartholomai, pp. 74–76. Eine Bemerkung zu diesem Problemkreis in den Schriften von Proklos findet sich bei J. Tauler, Die Predigten Taulers, 〈ed.〉 F. Vetter, pp. 300.27–301.3. Der Unterscheidung einer ›subjektiven‹ und ›objektiven‹ Perspektive, welche in unseren Zitaten in der Formulierung des Stillstands von Geist/Gemüt und Luft/All und des Stillstands, fern innerer und äußerer Bewegungen, so wie schon bei Plotinos, Enneaden 5.1.2.11–17 §6, und im Anschluß daran, bei A. Augustinus, Confessiones 9.10.25, ganz ähnlich ausgesprochen ist, entspricht die Differenzierung von *prapañca-upaśama/citta-cakra-nirodha* und *draṣṭavya-upaśama/dharmā nirudhyante* bei Nāgārjuna, worauf wir noch im vierten Hauptteil unserer Studie zurückkommen werden.

[48] Hermes Trismegistos, Corpvs Hermeticvm 1.1, 〈edd.〉 A. D. Nock & A.-J. Festugière, 1.7.3–5: *kataschetheisõn mou tõn sōmatikõn aisthḗseōn, katháper 'oi 'úpnōj bebarēménoi ek kórou trophẽs ḕ ek kópou sṓmatos…*

[49] Hermes Trismegistos, Corpvs Hermeticvm 1.4, 〈edd.〉 A. D. Nock & A.-J. Festugière, 1.7.15–17: *euthéōs pánta moi ḗnoikto 'ropẽj, kaì 'orõ théan aóriston, phõs dè pánta gegenēména, eúdión te kaì 'ilarón, kaì ērásthēn idṓn.*

[50] Hermes Trismegistos, Corpvs Hermeticvm 13.7, 〈edd.〉 A. D. Nock & A.-J. Festugière, 2.203.5–7: *katárgēson toũ sṓmatos tàs aisthḗseis, kaì éstai 'ē génesis tẽs theótētos· kátharai seautòn apò tõn alógōn tẽs 'úlēs timōriõn.*

[51] Hermes Trismegistos, Corpvs Hermeticvm 10.5, 〈edd.〉 A. D. Nock & A.-J. Festugière,

1.3.2 Askese und Psychostase: vom Seelenfrieden antik-christlicher Gottsucher

Im platonisierenden Christentum findet sich ähnliches wie im heidnischen Neuplatonismus und in der Hermetik. So fordert Euagrios Pontikos, der Schüler von Gregor von Nazianz (ca. 326–390) und Basileios von Kaisareia (229/330–379) und durch die Lehren von Origenes beeinflußt war, als christlicher Wüstenmönch in Unterägypten lebte und 150 Jahre nach seinem Tode in der Folge des zweiten origenistischen Streits von der Orthodoxie mit einem Anathema belegt wurde, in seinen Anweisungen zum rechten Beten, Aufstieg des Geistes zu Gott und letzlich auch Schau Gottes selbst,[52] während welchem man – wozu er in seiner ‹Gebetsschrift› ermuntert – um eine dreifache Läuterung flehen solle, die Katharsis von Leidenschaft, von Unwissenheit sowie von Versuchung und Verlassenheit,[53] dazu auf, nicht nur Begierde/Ungestüm und Gemütswallung/Verlangen zu beherrschen, sondern auch jenseits/außerhalb des affektbeladenen/leidenschaftsverhafteten Denkens/Verstandes zu stehen,[54] um sich Dem anzugleichen, Der über allem Denken und Wahrnehmen/Empfinden ist.[55]

1.115.11–14: *tò kállos toũ agathoũ ekeínou tò áphtharton, tò álēpton. … 'ē gàr gnõsis autoũ kaì theía siōpḗ esti kaì katargía pasõn tõn aisthḗseōn.*

[52] Cf. Euagrios Pontikos, De oratione 35 = PG 79.1173D: *Proseuchḗ estin anábasis noũ pròs Theón.* K. Rahner, Die geistliche Lehre des Evagrius Pontikus, p. 35: »Diese Gottesschau, der höchste Gipfel, die Krone des beschaulichen Lebens wird oft von E.[vagrius] einfach ›Gebet‹ oder ›reines Gebet‹ (προσευχὴ καθαρά) genannt. Da dieses ›reine Gebet‹ (…) in genau der gleichen Weise beschrieben wird wie die Gottesschau (θεολογία), wie die Schau der hl. Dreifaltigkeit (ὄψις τῆς ἁγίας τριάδος), so ist es ganz sicher, daß es sich immer um den gleichen Zustand handelt, so daß auch hier in der Beschreibung kein Unterschied gemacht werden muß.«

[53] Cf. Euagrios Pontikos, De oratione 37 = PG 79.1176A: *Proseúchou próteron perì toũ katharthẽnai tõn pathõn, kaì deúteron perì toũ 'rusthẽnai apò tẽs agnōsías, kaì tríton apò pantòs peirasmoũ kaì egkataleípseōs.* Wenn man Versuchung und Verlassenheit als Seelenqualen auffaßt, die eng mit dem Streben zusammenhängen, indem der Asket bei Verlockungen etwas will, das er meint, meiden (und fliehen) zu sollen, und bei Einsamkeit und Isolation etwas nicht will, das er meint, akzeptieren (gar herbeisehnen) zu sollen, entspricht der Leistungskatalog des Gebetsvollzugs bei Evagrius ziemlich genau unserer dreigliedrigen Typik der Retention.

[54] Euagrios Pontikos, De oratione 53 = PG 79.1177C: *Ou mónon thumoũ, kaì epithumías deĩ árchein … álla kaì ektòs empathoũs noḗmatos genésthai.*

[55] Cf. Euagrios Pontikos, De oratione 4 = PG 79.1168: … *põs autòs tòn 'upèr pãsan énnoian kaì aísthēsin ideĩn boulómenos, kaì sunómilos autõj genésthai, ou lúeis ek soũ pãn nóēma empathés;*

Umkreisen wir das multiple Ineinandergreifen der konativ-affektiven und kognitiven Aspekte der Ephektik des asketischen Wüstenvaters mit Hilfe einer Zusammenstellung seiner oft schwer zu verortenden und keinesfalls bedeutungskonstanten Worte selbst: »Das Feststehen im Gebet ist die Haltung der Leidenschaftslosigkeit/Apathie.«[56] »Die Sanftmut (oder Liebe) … ist ein ›Sproß der Leidenschaftslosigkeit‹ …«[57]. »Die Wollust des Gerechten ist die Fül-

[56] Euagrios Pontikos, De oratione 52 = PG 79.1177C: *Katástasis esti proseuchē̃s 'éxis apathḕs.* In idem, De malignis cogitationibus 11, 20, 29, finden sich drei Seligpreisungen der Apathie. Sie ist im gesamten Werk von Evagrius gegenwärtig und hat verschiedene Perfektionsgrade. Idem, Capita practica ad Anatolium 64.1–3: »Ein Kennzeichen/Beweis der Leidenschaftslosigkeit ist, daß der Intellect begonnen hat, sein eigenes Leuchten zu sehen, daß er angesichts der Traumbilder ruhig bleibt und die Dinge gelassen/unbeeindruckt betrachtet.« (*Apatheías tekmē̃rion, noũs arxámenos tò oikeĩon phéggos 'orãn, kaì pròs tà kath' 'úpnon phásmata diaménōn 'ē̃suchos, kaì leĩos blépōn tà prágmata.*) Zum Selbst-Aufleuchten des Intellects cf. die Bemerkungen der Editoren und des Übersetzers der Schrift ins Deutsche, ⟨tr.⟩ G. Bunge, Evagrios Pontikos: Praktikos oder der Mönch, pp. 202–203. Die wichtigsten Stationen der christlichen Apathie-Lehre bis zum Ende der patristischen Zeit zeichnet G. Bardy, Apatheia, nach; beachtlichen Raum nehmen dabei die Darstellungen von Evagrius und Maximos ein, cf. o.c., coll. 734–736, 742–744.

[57] G. Bunge, Drachenwein und Engelsbrot, p. 84, mit Zitat von Euagrios Pontikos, Capita practica ad Anatolium 81.1: »Der Apathie Verwandter/Nachkomme ist die Liebe [das Zugetan-Sein];« (*Apatheías éggonon agápē·*). Cf. G. Bunge, Briefe aus der Wüste, p. 133, Einleitung B.3 (mit Fußnote o.c., p. 159[98], nach den Auslassungspunkten): »Die *Liebe ist ihrem Wesen nach Sanftmut,* Milde (πραΰτης). … Vgl. *Ep.* 56, 3, wo Liebe und Sanftmut ohne weiteres als Synonyme behandelt werden!« Idem, Drachenwein und Engelsbrot, p. 68: »Wer die Schriften des Evagrios aufmerksam liest, wird feststellen, daß er stets und ohne weitere Begründung die Liebe mit der *Sanftmut* gleichsetzt.« Wichtiger Beleg aus den Originalen: Euagrios Pontikos, Tractatus ad Eulogium monachum 10 = PG 79.1105D: »Der Sanftmütige: auch wenn er das Schrecklichste erleidet, nimmt er von der Liebe nicht Abstand.« (*'O praũs, kàn páschēj tà deinà, tē̃s agápēs ouk exístatai·*). Eine eigene Abhandlung zur Sanftmut bei Evagrius liegt vor mit G. Bunge, Drachenwein und Engelsbrot. Die Lehre des Evagrios Pontikos von Zorn und Sanftmut; prägnant auch in idem, Geistliche Vaterschaft, pp. 31, 40–44. Obwohl der genannte Autor keine Möglichkeit ausläßt, das spezifisch Christliche von Evagrius' Lehre zu betonen, erläutert er dessen Sanftmuts-Lehre unter Zuhilfenahme eines tiefen Gedankens des heidnischen Plotinos zur Sanftmütigkeit, den wir oben bereits wiedergaben. Freilich nennt der Besagte die Quelle seiner Idee nicht, cf. o.c., p. 31: »Die Sanftmut ist jene Form der Liebe, die den, der sie besitzt, dazu drängt, dem anderen Raum zu eigenem Sein zu geben – bis hin zur Selbstaufgabe.« Stellen zur alt- und neutestamentlichen Sanftmut (die in das Werk von Euagrios aufgenommen sind) finden sich in idem, Briefe aus der Wüste, pp. 133–136, Einleitung B.3; idem, Drachenwein und Engelsbrot, p. 36 (mit Noten); idem, Geistliche Vaterschaft, p. 43 (mit Noten 36 & 37). Siehe auch die Tetraglott-Ausgabe des ‹Novum Testamentum› an der Bibelstelle Mt 5.5, der Seligpreisung der Sanftmütigen, zitiert in Euagrios Pontikos, Scholia ad Ecclesiasten 38.22–23;

le des Friedens, die Fülle des Friedens ist aber die Leidenschaftslosigkeit der Seele mitsamt der wahren Gnosis des Seienden.«[58] »Ich bin nämlich überzeugt, daß die Sanftmut dir zu einer Ursache großer Gnosis geworden ist … Keine Tugend ist so geeignet, die Weisheit hervorzubringen, wie die Sanftmut.«[59] »Der Sanftmütige wird das Wahrheitswasser trinken; das Wasser aber des Trugs wird dem Jäh-

zudem Eph 4.1–3, zitiert in idem, Scholia ad Ecclesiasten 23.7-10. Zur Evagrischen Gelassenheit vgl. auch K. Rahner, Die geistliche Lehre des Evagrius Pontikus, pp. 25–29. Die Ähnlichkeiten zwischen Evagrius' Vorstellungen von der Apathie, der Liebe und der Sanftmut hinsichtlich des Gnostikers und denen von Clemens Alexandrinus dokumentiert A. Guillaumont, Études sur la spiritualité de l'orient chrétien, pp. 154–160. In H. U. v. Balthasar, Metaphysik und Mystik des Evagrius Ponticus, pp. 46[151]–47, wird der Liebesbegriff bei Euagrios Pontikos in die Nähe des buddhistischen Verständnisses von Liebe gerückt. Sie werde als Milde, Güte und Sanftmut ausgelegt, sei »nur die positive Sicht und Frucht der Apatheia und mit dem ganzen praktischen Weg nur ein Hilfsmittel, eine Vorstufe zur Gnosis« und »die wichtigste Tugend«. Ausgehend von dieser Einsicht können die Gesinnungs-Tönungen, die in der differenzierten Tugendlehre des asketischen Wüstenmöchs gefordert sind, in einem Spektrum wiedergegeben werden, dessen Farben vom kalten Blau der Leidenschaftslosigkeit, Empfindungslosigkeit und des Gleichmuts (*apátheia/anaisthēsía/upekṣā/virāga*) über das kühle Grün der gewährenlassenden, alleserduldenden Langmütigkeit, Lindheit, Gnade und Nachsicht (*makrothumía/kṣamā*) weiter zum lauen Gelb leidverhütenden und leidabwendenden Mitleids, Mitempfindens oder Erbarmens, der Sanftmütigkeit und Milde (*prajótēs/éleos/ēpiótēs/karuṇā/dayā*) und darüber hinaus zum temperierten Orange der in gelassener/unparteiischer Mitfreude verbundenen Gunst, Huld oder des Wohlwollens (*epieikés/muditā*) bis hin zum warmen Rot verständnisvoller, ja fördernder Zuwendung, Liebe, Freund(schaft)lichkeit und Güte (*agápē/maitrī*) reichen. Was die indische Philosophie angeht, so haben wir hier, um eine Kategorie erweitert, die vier göttlichen Verweilzustände oder Unermeßlichkeiten des Buddhismus vorliegen, die, wie noch gezeigt werden wird, auch in der Yoga-Lehre bekannt und als ethisch unverzichtbar anerkannt sind. Daß bei den genannten Ausdrücken die Bedeutungsfelder ineinander übergehen und deswegen eine starre, exklusive Fixierung der Sinngehalte und Vereindeutigung nur gewaltsam durchzuführen wäre, wird jeder feststellen, der selbst einmal versucht, den Sinn dieser Termini zu eruieren.

[58] Euagrios Pontikos, Scholia ad Psalmos 36.11ια = PG 12.1317B (Origenes, Selecta in Psalmos, Textidentifikation M.-J. Rondeau): *Truphḕ dikaíou plē̂thos eirḗnēs, plē̂thos dè eirḗnēs estìn apátheia psuchē̂s metà gnṓseōs tō̂n óntōn alēthoū̂s.*

[59] Euagrios Pontikos, Epistulae 36.3: *pepeismai gar oti ē prautēs sou aitia pollēs gnōseōs … Oudemía tō̂n aretō̂n 'oútōs péphuke tíktein sophían 'ōs praūtēs.* Der syrische Text des ersten Satzes mit griechischer Rückübersetzung (ohne diakritische Zeichen) findet sich in ⟨ed.⟩ W. Frankenberg, Euagrius Ponticus, pp. 590/591; Zählung und Übersetzung nach ⟨tr.⟩ G. Bunge, Briefe aus der Wüste, p. 250 (mit minimaler Veränderung); griechischer Originaltext des zweiten Satzes bei P. Géhin, Nouveaux fragments grecs des lettres d'Évagre, p. 134; cf. Euagrios Pontikos, Ad monachos 99: »Aus der Sanftmut wird die Gnosis erzeugt; aus der Dreistigkeit aber die Agnosie.« (*Ek praūtētos tíktetai gnō̂sis, ek dè thrasútētos agnōsía.*).

zornigen/Ungestümen gereicht werden.«[60] »Gebet ist ein Sproß der Sanftmut und Zornlosigkeit/Gelassenheit.«[61] »Will einer die 'Wege des Herrn' erkennen, so werde er sanftmütig. Es heißt ja: 'Er wird die Sanftmütigen seine Wege lehren'. Sanftmütige aber sind jene, die den ruhelosen Kampf des Jähzorns und des Begehrens in der Seele

---

[60] Euagrios Pontikos, Skemmata 57(gr.)/8(armen.): *'Údōr alēthinòn piétai anḕr praús· 'údōr dè pseúdous dothḗsetai andrì orgílōj:–.*

[61] Euagrios Pontikos, De oratione 14 = PG 79.1169D: *Proseuchḗ esti praótētos kaì aorgēsías blástēma.* Idem, Scholia ad Psalmos 131.1α = PG 12.1649C (Origenes, Selecta in Psalmos; Textidentifikation M.-J. Rondeau), Übersetzung G. Bunge, Drachenwein und Engelsbrot, p. 68: »Sanftmut nämlich ist Unerschütterlichkeit des Jähzorns, die dank des Verzichtes auf vergängliche Freuden zustande kommt.« (*Praótēs gàr estin ataraxía thumoũ katà stérēsin 'ēdonõn prosginoménē phthartõn.*) Kommentare G. Bunge, l. c.: »Sanftmut ist also zunächst *Abwesenheit von Zorn* und was diesem folgt, eine ›Unerschütterlichkeit‹ (ἀταραξία) des Jähzorns inmitten aller Versuchungen, sich aufzuregen.« Euagrios Pontikos, Scholia ad Psalmos 6.8δ = PG 12.1176C ≈ 30.10δ = PG 12.1301A (Origenes, Selecta in Psalmos; nach Textidentifikation M.-J. Rondeau und Hinweis G. Bunge, Drachenwein und Engelsbrot, p. 42): »Nichts blendet/verdunkelt den Geist/das Denken derart, wie eine aufgewühlte Gemütswallung [der entfachte Jähzorn].« (*Oudèn 'oútō tuphloĩ/skoteĩ noũn/diánoian 'ōs thumòs tarassómenos.*) Cf. Euagrios Pontikos, Ad virginem 19 & 45: »Eine sanftmütige Jungfrau liebt der Herr; aber eine jähzornige/aufbrausende Jungfrau wird verabscheut werden. … … Besser eine sanftmütige Frau als eine jähzornige/aufbrausende und wilde/zornmütige Jungfrau.« (*Parthénon praeĩan agapãj 'o kúrios, parthénos dè orgílos misēthḗsetai. … … Kreíssōn gunḕ praeĩa parthénou orgílou kaì thumṓdous.*) Dieselbe Bewertung wie zwischen Ehefrau und Jungfrau wird in idem, Ad monachos 34, hinsichtlich des Weltlings und des Mönchs getroffen. G. Bunge, Drachenwein und Engelsbrot, p. 38 (mit Noten), weist darauf, daß Evagrius die Definitionen für Zorn und Wut von Clemens Alexandrinus, Stromata 4.23.152.1; 5.5.27.10, übernahm und übersetzt sie aus dem bisher unveröffentlichten Psalmenkommentar des Wüstenmönchs, cf. Euagrios Pontikos, Scholia ad Psalmos 36.8ϛ & 36.8ζ/6.2α = PG 12.1317A/12.1173C (Origenes, Selecta in Psalmos; Textidentifikation M.-J. Rondeau). Dem auf dem Weg zur Weisheit Befindlichen gesteht Evagrius nicht nur zu, Zorn und Haß den seelischen Widersachern, d. h. den Dämonen und deren Gedanken gegenüber als Waffen einzusetzen, sondern er fordert es geradewegs, cf. G. Bunge, Drachenwein und Engelsbrot, pp. 36–37, 63–69 (mit Angabe von Stellen in den Originalschriften). Zu beachten gilt es allerdings, daß der perfekte Haß, der nicht den Fehlenden, sondern nur den Fehler bekämpft und weder im Tun noch im Denken fehlt, Kennzeichen der größten und ersten Apathie/Leidenschaftslosigkeit ist, cf. Euagrios Pontikos, De malignis cogitationibus 10.13–15 & idem, Scholia ad Ecclesiasten 56.8–13, und daß dem Hund des Zorns beizubringen ist, nur die Wölfe, sprich Dämonen, zu zerreißen und nicht die Schafe, d. h. das Begehren/Verlangen nach Tugend und Wahrheit, aufzufressen, 'indem man allen Menschen alle Sanftheit (*praótēta*) erweist', cf. o. c. 13.18–21, einschließlich Bibelstelle Tit 3.2 (Zitat im Zitat). Zum Hund auch o. c. 5; idem, Skemmata 5–6(gr.)/9–10(lat.). Das Streiten in Sanftmut, Milde und Nachsicht (*epieikés*) wird in idem, Tractatus ad Eulogium monachum 10 = PG 79.1105C-D; idem, Epistulae 16.6 (Ad Abbam Lukion) & 24.2 (An Johannes von Jerusalem), Zählung

zur Ruhe gebracht haben, sowie den Kampf der von diesen angestifteten Leidenschaften.«[62] »Leidenschaftslosigkeit/Apathie aber nenne ich nicht das Verhindern von Sünden beim Handeln – das wird nämlich (Selbst-)Beherrschung/Enthaltsamkeit genannt –, sondern das Abhauen/Abschneiden von leidenschaftlichen Gedanken bei der Verstandestätigkeit …«[63] »In einem sanften Herzen wird die Weisheit ruhen; ein Thron der Leidenschaftslosigkeit ist sodann die in der Praktik versierte/perfekte Seele.«[64] »Die Apathie/Leidenschaftslosigkeit ist der Ruhe(zu)stand der vernunfthaften/vernünftigen Seele, bestehend aus Sanftmut und Besonnenheit [Wohlverständigkeit/Genügsamkeit].«[65] »Aber nichts von dem über die Heilige Dreifaltigkeit

und Übersetzung ⟨tr.⟩ G. Bunge, p. 227 & p. 235 = ⟨ed.⟩ W. Frankenberg, Euagrius Ponticus, pp. 576/577 & pp. 580/581, thematisiert.

[62] Euagrios Pontikos, Scholia ad Psalmos 24.4γ = PG 12.1269C (Origenes, Selecta in Psalmos; Textidentifikation M.-J. Rondeau), Übersetzung von G. Bunge, Drachenwein und Engelsbrot, p. 90: *'O thélōn gnō̃nai tàs 'odoùs toũ Kuríou genésthō praṻs· ‹Didáxei› gàr, phēsì, ‹praeĩs 'odoùs autoũ,› toùs katapaúsantas tḕn en tē̃j psuchē̃j ápauston máchēn thumoũ kaì epithumías kaì tō̃n toútois 'upobeblēménōn pathō̃n.*

[63] Euagrios Pontikos, De malignis cogitationibus 35.17–19: *apátheian dè légō ou tḕn kōlúousan tàs kat' enérgeian 'amartías – 'aútē gàr egkráteia légetai –, allà tḕn katà diánoian toùs empatheĩs logismoùs perikóptousan, …* Idem, Epistulae 27.4, Zählung und Übersetzung ⟨tr.⟩ G. Bunge, p. 239 = ⟨ed.⟩ W. Frankenberg, Euagrius Ponticus, pp. 584/585: »Die Enthaltsamkeit unterdrückt allein den Leib, die Sanftmut aber macht den Intellekt zum Seher!« Für die Enthaltsamkeit oder (Selbst-)Beherrschung (*egkráteia*) gibt idem, De vitiis quae opposita sunt virtutibus 2 = PG 79.1141B, neben anderen folgende Definitionen: Zaumzeug der Gedanken (*logismō̃n damastḗrion*) und Aufhalten/Hemmen der Leidenschaften (*pathō̃n anastolḕ*). Zur Zügelung des Pferdes als Gleichnis für die Kasteiung des Leibes durch Fasten cf. idem, De octo spiritibus malitiae 3 = PG 79.1148C, ⟨tr.⟩ G. Bunge, Über die acht Gedanken 1.35, p. 42. Und in idem, Capita practica ad Anatolium 38.5, wird die Liebe das Zaumzeug (*chalinós*) des Jähzorns genannt. Der am Ziel Angekommene übt ebensowenig Enthaltsamkeit/(Selbst-)Beherrschung aus wie der Leidenschaftslose etwas erträgt/erduldet, weil das Ertragen/Dulden dem Leidenschaftsbehafteten und die Enthaltsamkeit/(Selbst-)Beherrschung dem Beunruhigten/Belästigten zugehört, cf. idem, Capita practica ad Anatolium 68 (& 70); Clemens Alexandrinus, Stromata 4.22.138.1; 2.18.81.1; Maximus Confessor, Expositio orationis dominicae 354–373 ≈ PG 90.888D-889A. Es ist darauf aufmerksam zu machen, daß hier die Begriffsbestimmungen von Aristoteles zur Anwendung kommen, daß sie jedoch axiologisch umgedeutet verwendet werden.

[64] Euagrios Pontikos, Ad monachos 31: *En kardíaj praeíaj anapaúsetai sophía, thrónos dè apatheías psuchḕ praktikḗ.* Zum Motiv der Sanftmut, Milde oder Gelassenheit (*prajótēs*) im ‹Mönchsspiegel› cf. Euagrios Pontikos, Ad monachos, Index griechischer Wörter der Ausgabe ⟨ed./tr.⟩ J. Driscoll, pp. 389–396, unter dem angegebenen Eintrag. Interpretationen dazu bei J. Driscoll, Gentleness in the *Ad Monachos* of Evagrius Ponticus.

[65] Euagrios Pontikos, Skemmata 2(gr.)/3(lat.): »*Apátheiá esti katástasis ēremaĩa psuchē̃s logikē̃s, ek praútētos kaì sōphrosúnēs sunistaménē:–*«.

Ausgesagten ist festzuhalten. Im Stilleschweigen soll man das Unsagbare anbeten.«[66] »Das Gebet ist nämlich das Ablegen der Gedanken.«[67]

---

[66] Euagrios Pontikos, Gnosticus 41.3–4: *oudèn dè epì tẽs 'agías Triádos tõn eirēménōn ésti labeĩn. Siōpẽj proskuneísthō tò árrēton.* Herkunfts- und Vergleichsstellen in den Bemerkungen der Herausgeber ⟨edd./trr.⟩ A. & C. Guillaumont, pp. 166–169.

[67] Euagrios Pontikos, De oratione 70 = PG 79.1181C: *proseuchè gár estin apóthesis noēmátōn.* Cf. idem, Skemmata 17(gr.)/26(lat.). S. Tugwell, Ways of Imperfection, p. 31: »Es scheint folglich, daß es nicht wirklich einen großen Unterschied macht, ob man den höchsten Zustand Wissen oder Unwissen von Gott nennt. Evagrius spricht an wenigstens zwei Stellen von einem Unwissen, das keine Grenzen hat, welches er mit dem Wissen, das keine Grenzen hat, in Übereinstimmung zu bringen scheint [Capita practica ad Anatolium 87; Kephalaia Gnostica III 63]. Das folgt sicherlich aus der Behauptung, daß Gott selbst keine Grenzen, keine Definition besitzt. Er kann niemals in etwas enthalten sein, das wir verstandesmäßig erfassen.« Zum unendlichen Nichtwissen cf. auch Euagrios Pontikos, Kephalaia Gnostica 1.71; 3.88 (S_1). Zum Thema der unendlichen Unwissenheit oder des unendlichen Wissens, das allein schon durch die Textvarianten der verschiedenen Manuskripte der Kephalaia Gnostica 3.88, kontrovers diskutiert wurde, liefert ein französischsprachiger Gelehrter zwei einschlägige Studien. In der ersten, cf. I. Hausherr, Ignorance infinie, wird versucht, die Evagrische Agnosie als differenziert in verschiedene Geltungsbereiche einsichtig zu machen, sie von einem mystischen oder ekstatischen Verständnis im Sinne des Areopagiten fernzuhalten und als Annäherungsprozeß ins Unbestimmte (*apérantos,* verstanden als *indéfini*) zu deuten, cf. o.c., p. 336. Im zweiten, cf. idem, Ignorance infinie ou science infinie?, strebt der Verfasser dasselbe Ziel an, mehr aber via Betonung des Unterschieds zwischen der Gnosis Gottes, grammatikalisch verstanden als genetivus subiectivus und genetivus obiectivus. In beiden Essays soll die Unterstellung abgewehrt werden, Evagrius habe die unchristliche Lehre des Monismus oder Buddhismus vertreten. Wer die Mehrdeutigkeit als Mittel der Metaphysik kennt (dazu werden wir noch zwei eminent wichtige Beispiele geben), wird den Verfasser freilich fragen, wie es wäre, wenn man diese Doppeldeutigkeit des Genetivs, die er selbst nur hypothetisch desambiguiert, als verschiedene Darstellungsweisen ein und derselben Sache auslegte, die nicht auf eine Möglichkeit, die des genetivus subiectivus, zu reduzieren ist, sondern in ihrer vexierbildhaft zwei-einfachen Aufeinanderbezogenheit ihre weisheitliche Tiefe gerade erst er- und behielte. Ich will hier nicht endgültig entscheiden, ob die Ergebnisse dieser Studien doxographisch wenigstens einigermaßen zutreffen oder nicht, und ich kann es aufgrund der mythischen Bildhaftigkeit und mitunter schillernden Gedankenführung des »Philosophen in der Wüste« auch nicht. Identifizierte man die Argumente Hausherrs, basierend auf denkerisch problematischen Voraussetzungen und noch problematischeren Folgerungen, mit der Metaphysik jenes Gottesmannes, so müßte man die Versuche, diese philosophisch stimmig zu rekonstruieren, einstellen und man könnte ihn und seine Lehre der Theologie überlassen, innerhalb welcher sie mehr einem Glaubensdogma genügen muß, was sie anscheinend eineinhalb Jahrtausende erst recht nicht tat. Der zwischen der platonischen und der areopagitischen Gnoseologie gezogene Graben – bruchloser Erkenntnisaufstieg dort, Sprung in die Erkenntnislosigkeit hier – existiert m.E. nur in den Köpfen, die ausschließlich mit Wörtern philosophieren und keine metaphysischen Äquivalenzen aufdecken können. Beide Lehren sind nichts als unterschiedliche Betonungen oder Aus-

Die Erlangung der Apathie/Affektlosigkeit, Ziel des tätigen Lebens (Praktikē/Ethikē) und erste Stufe des spirituellen Weges,[68] reiche allein nicht aus, weil man schon durch die bloßen Gedanken und die Erforschung derselben zerstreut/abgelenkt werden könnte und weit von Gott abgehalten würde.[69] Das Beschauen der Dinge, die Naturbetrachtung (Physikē), zweite Stufe, niederer Grad des Spiritualweges, das Sinnen vermittelst der sie bezeichnenden Worte, hinterließe, auch wenn es nur bloße Worte wären, indem sie wenigstens als Gedachtes/Gedanken der Dinge existierten, im Geist gleichsam Abdrücke/Spuren; auf diese Weise würde er weit von Gott weggeführt.[70] Und selbst wenn sich der Geist oberhalb des Beschauens des körperhaft Natürlichen befände, auf dem höheren Grad der Physikē, d.h. der Kontemplation geistiger, unkörperlicher Wesenheiten, schaute er noch nicht den vollkommenen Ort Gottes, vielmehr könnte er sich in der Erkenntnis des Intelligiblen (geistig Vernehmbaren) aufhalten und zufolge dieser variiert/vermannigfacht werden.[71] Der Grund von Irre oder Täuschung sei das leere Wähnen/Meinen des Geistes, durch welches erregt [beunruhigt/veranlaßt] derselbe versuchte, das Göttliche vermittelst Gestalt und Form zu

drucksformen ein und desselben Verfahrens zur Erlangung von Weisheit und Beschreibungen unterschiedlicher Weisen des Erlebens oder Erfahrens, das sich dabei einstellt, je nach Naturell, Ausgangs- und Aufstiegsbedingungen des einzelnen. Betrachtet man die Platonischen Beschreibungen des Ansichhaltens genau, wie wir dies gegen Ende unserer Studie tun werden, dann erweist sich die Behauptung eines solchen Unterschieds schon auf der doxographischen Ebene als falsch. Daß viele große Geister nicht nur eine, sondern je nach Kontext aspektuell unterschiedliche Deskriptionen und Erläuterungen eines Grundsachverhalts geben, kompliziert zwar die Sache, spricht aber gerade für meine Feststellung und macht es erforderlich, eben diesen Sachverhalt in seiner funktionalen Bedeutung freizulegen, was allerdings nicht ohne die Rekonstruktion der Gesamtstruktur eines oder des Metaphysik- und Geistgebäudes zu bewerkstelligen ist.

[68] Cf. Euagrios Pontikos, De oratione 141 = PG 79.1198A: Sofern man den Leidenschaften (*toīs páthesin*) nicht entsage und der Geist Tugend und Wahrheit entgegengesetzt sei, werde man das duftende Räucherwerk in seiner Brust nicht finden.

[69] Cf. Euagrios Pontikos, De oratione 55 = PG 79.1177D: *Ouch 'o apatheías tetuchēkṑs, ḗdē kaì proseúchetai alēthō̃s· dúnatai gàr en toīs psiloīs noḗmasi eīnai kaì en taīs 'istoríais autō̃n perispásthai kaì makràn apéchein apò Theoū̃.*

[70] Cf. Euagrios Pontikos, De oratione 56 = PG 79.1177D/1180A: *dúnatai gàr en tē̃j theōríaj eīnai tō̃n pragmátōn, kaì en toīs lógois autō̃n adoleschein, 'áper, kaì ei psilà 'rḗmatá eisin, all' 'ōs pragmátōn ónta theōrḗmata, tupoū̃si tòn noū̃n, kaì makràn apágousin apò Theoū̃.*

[71] Cf. Euagrios Pontikos, De oratione 57 = PG 79.1180A: *Kā̃n 'upèr tḕn theōrían tē̃s sōmatikē̃s phúseōs 'o noū̃s génētai, ... dúnatai gàr en tē̃j tō̃n noētō̃n eīnai gnṓsei, kaì poikíllesthai pròs autḗn.*

umschreiben [begrenzen/bestimmen],[72] wohingegen der Geist selig sei, der perfekte Form-/Gestaltlosigkeit[73] und perfekte Empfindungslosigkeit [Wahrnehmungslosigkeit/Insensibilität] besitze,[74]

---

[72] Cf. Euagrios Pontikos, De oratione 116 = PG 79.1193A: *Archḕ plánēs, noũ kenodoxía, ex 'ẽs kinoúmenos 'o noũs, en schḗmati kaì morphaĩs perigráphein peirãtai tò Theĩon.* Wir übersetzen *kenodoxía* in diesem speziellen Fall rein epistemologisch mit »leeres Wähnen«, »hohles Meinen«, »nichtige Einbildung«, »bloßer Schein«; die Bedeutung »eitle Ruhmsucht«, die aufgrund des 7. der acht schädlichen Gedanken aus den Schriften: idem, De octo spiritibus malitiae 15–16 = PG 79.1160C-1161B & idem, Capita practica ad Anatolium 13, 30–32; idem, De octo vitiosis cogitationibus 8 = PG 40.1273D/1276A, angezeigt wäre, scheint in diesem speziellen Kontext zu wenig ›technisch‹. Als mittlere Lösung böte sich »hohler Dünkel« an. Wenn wir hier in unserer Übertragung ausnahmsweise von der gängigen Bedeutung der Kenodoxie bei Evagrius abweichen, so ist das dadurch zu rechtfertigen, daß in idem, De malignis cogitationibus 14.4–6, der Kenodoxie die destruktive Funktion zugeschrieben wird, den Geist des Anachoreten zu erniedrigen, indem sie ihn mit vielen Wörtern und Dingen anfüllt und seine Gebete verdirbt (*diò kaì pánu tapeinoĩ toũ anachōroũntos tòn noũn pollõn lógōn kaì pragmátōn autòn plērõn kaì tàs proseuchàs autoũ lumainómenos*); cf. idem, De vitiis quae opposita sunt virtutibus 4 = PG 79.1144C-D.

[73] Cf. Euagrios Pontikos, De oratione 117 = PG 79.1193A: *Makáriós 'o noũs, 'òs… teleían amorphían ektḗsato.* Die Lehre von den Vorstellungen und/oder den Gedanken, die entweder Eindrücke erzeugen oder nicht, stellen ⟨edd./trr.⟩ P. Géhin, et al., Évagre le Pontique: Sur les pensées, Introduction, pp. 21–28, mit Bezug auf die Vorgaben aus dem Lykeion, der Stoa und die Stellen im Werk von Evagrius selbst in einer etwas glättenden Manier dar. Daß sie in sich Brüche und Mehrdeutigkeiten aufweist, kann man mit Hinweis darauf, daß es sich, wie z. B. bei Juan de la Cruz, der uns unten noch begegnen wird, in erster Linie um praktische, seelenführerische Anweisungen, um Mystagogie handelt, entschuldigen. Im Kapitel über Meister Eckharts Lösung des Problems der Freiheit von allen Gedanken werden wir auch die plausible Lösung von Evagrius vorstellen, von der aus man die verschiedenen Lehrstücke dann verstehen lernen und ordnen kann.

[74] Cf. Euagrios Pontikos, De oratione 120 = PG 79.1193B: *Makáriós estin 'o noũs, 'o… teleían anaisthēsían ktēsámenos.* Der Übersetzer der ‹Gebetsschrift› ins Englische, ⟨tr.⟩ J. E. Bamberger, The Praktikos. Chapters on Prayer, p. 75[54], weist darauf hin, daß es sich bei diesem Zustand nicht um einen dem Schlaf oder der Bewußtlosigkeit vergleichbaren handle und erklärt ihn mit einem Satz des Hl. Antonios (ca. 251–356), »daß das Gebet nicht vollkommen ist, bei dem sich der Mönch der Tatsache bewußt ist, daß er betet [bei J. Cassianus, Collationes Sanctorum Patrum XXIV 9.31 = PG 49.808].« Evagrius selbst blieb diese Erkenntnis nicht verborgen, cf. H. U. v. Balthasar, Kosmische Liturgie, p. 84 (Übersetzungen von mir verändert, vervollständigt und mit den Originaltexten versehen): »Evagrius hatte ein Wort geprägt, das die mystische Erkenntnislehre von Philo bis Maximus zusammenfaßt: ‹Gott kann vom Verstand nicht erfaßt werden. Denn so er unter das Erfassen fällt, ist es sicher nicht Gott.› [Euagrios Pontikos, De octo vitiosis cogitationibus 9, PG 40.1275C: *Deus mente comprehendi non potest. Nam si in comprehensionem cadit, Deus certe non est.*] Gregor von Nyssa und Augustin formulieren ähnlich, und Maximus ebenso: ‹Insofern jemand Gott geschaut und erkannt hat, was er gesehen hat, hat er nicht Ihn selbst gesehen, sondern irgend etwas von Ihm, was seiend

immateriell [gehaltlos/ungegenständlich] und arm [nichtshabend/ besitzlos] sei.[75]

Zwar belegt Evagrius den Gnosis- und Seligkeits-Zustand des

---

und erkennbar ist.› [Maximus Confessor, Scholia in opera beati Dionysii (Scholia in Epistolas S. Dionysii Areopagitæ 1), PG 4.529A: *'óti 'o Theòn theasámenos kaì noē̃sas 'ò eĩden, autòn mèn ouch 'eõraken, allá ti tõn autoũ tõn óntōn kaì ginōskoménōn.*]« Dazu auch Maximus Confessor, Qvaestiones ad Thalassivm 60.77–93 = PG 90.624A-B; (Pseudo-)Maximus Confessor, Diversa capita 4.31 & 5.4 = PG 90.1316C-1317A & 90.1349C; Dionysios Areopagita, Epistulae 1, Corpus Dionysiacum 2.156.8–157.5. Die gleiche Diskussion wird im Mittelalter geführt unter der Fragestellung, ob die bewußte Schau Gottes seliger sei als die Schau ohne Bewußtsein von ihr/Ihm. Darauf gibt Meister Eckhart, DW 5.116.28–117.4 (mit editorischer Note 48), eine eindeutige Antwort, ganz im Sinne von Evagrius, aber auch des Advaita und Buddhismus: »... denn das erste, worin die Seligkeit liegt, das ist, daß die Seele Gott bloß [unverhüllt/nackt] schaut. Da nimmt sie all ihr Sein und Leben und schöpft alles, was sie ist, aus dem Grund Gottes und weiß weder von Wissen noch von Liebe, noch von irgend etwas überhaupt. Sie ist ganz still und allein im Sein Gottes, sie kennt da nichts als Sein und Gott. Wenn sie aber weiß und erkennt, daß sie Gott schaut, erkennt und liebt, so ist das ein Herausfallen/ Ausschlag und Zurückgeworfensein [Rückschlag/eine Re-flexion] auf das Erste nach der natürlichen Ordnung;« (*... wan daz êrste, dâ sælicheit ane geliget, daz ist, sô diu sêle schouwet got blôz. Dâ nimet si allez ir wesen und ir leben und schepfet allez, daz si ist, von dem grunde gotes und enweiz von wizzenne niht noch von minne noch von nihte alzemâle. Si gestillet ganze und aleine in dem wesene gotes, si enweiz niht dan wesen dâ und got. Sô si aber weiz und bekennet , daz si got schouwet, bekennet und minnet, daz ist ein ûzslac und ein widerslac ûf daz êrste nâch natiurlîcher ordenunge;*) Weitere Aussprüche des Magisters und indischer Meister dazu werden im Kapitel 3.2.3 vorgetragen.

[75] Cf. Euagrios Pontikos, De oratione 119 = PG 79.1193B: *Makáriós estin 'o noũs, 'o ... áülos kaì aktḗmōn gínetai.* Zum christlichen Armutsideal bemerkt M. Heinrichs, Synderesis und Apatheia, pp. 690–691: »Neben die äußere Bedürfnislosigkeit im Abtun des Begehrens nach den Dingen tritt die innere Losschälung und die Leere von sich selbst im eigenen Herzen, die sich nicht zuschreibt, was Gott allein gehört. Von hier aus wird auch die Armut ein ebenso umfassender Begriff wie die Apatheia. ... ... Armut und Leere liegen hier so nahe zusammen, daß auch im Buddhismus, Konfuzianismus und Taoismus die gegenseitigen Beziehungen deutlich werden.« Bei Mt 5.3 preist Jesus die »Armen im Geiste« selig (*Makárioi 'oi ptōchoì tõj pneúmati*); diese Form der Armut ist freilich die Einfalt (*nēpiéē*) cf. Mt 11.25; Lk 10.21; 1 Kor 1.18–31: *mōría.* Origenes, Commentaria in evangelium secundum Matthaeum 15.14–18, führt verschiedene Verstehensmöglichkeiten von Mt 19.21, wo gefordert wird, den Besitz zu verkaufen und den Armen zu geben, um vollkommen zu werden, vor. Die Vollkommenheit bestehe danach in der Aufgabe aller Laster, d. h. darin, außerhalb aller Leidenschaft (*ektòs pantòs páthous*) zu stehen, oder andersherum ausgedrückt, in der löblichen Leidenschaftslosigkeit und aller Tugend (*légō dè tḕn epainetḕn apátheian kaì pãsan tḕn aretḗn·*). Daß christliche Armut die Mortifikation/Kasteiung des Fleisches (*mortificatio carnis*) meint und diese nicht hinsichtlich der Sorge um die Notwendigkeiten des Körpers, sondern hinsichtlich der Begierden gilt (*non utique negans curam carnis habendam in necessariis, sed in concupiscentiis*), wird vollends aus idem, Commentarium in Epistulam ad

Intellects nicht mit dem Begriff der Apathie, doch identifiziert er ihn damit unausdrücklich durch den Terminus der Anaisthesie, der die perfekte Empfindungslosigkeit gegenüber jeglichem Eindruck, jeglicher Gestaltung, Einprägung oder Impression im geistigen Sensorium bezeichnet und damit die spiegelglatte Oberfläche des Geistmeeres meint, die sich bei heiterem Gemütswetter einstellt, wenn nicht die geringste seelische Windregung im Bewußtseinswasser irgenwelche Gefühls- oder Gedankenwellen kräuselt. Vorbild für das Hervorbringen dieser hehren Heiterkeit ist Jesus. Wie er laut Mt 8.26 über Wind und Meer gebietet, so sollen wir die Beruhigung des Sturms der Leidenschaften herbeiführen. »Er ist es nämlich, der dem Wind und dem Meer gebietet und eine große Windstille erzeugt, damit die auf dem Boot Fahrenden schneller zu dem Land zurückkehren können, nach dem sie sich sehnen.«[76] Entprechend wird die Langmütigkeit mit der 'Meeres-/Windstille (des Gemüts) für die Erschütterten/ Verwirrten und dem sturmfreien Hafen'[77] identifiziert. Und man hat

---

Romanos 6.14, deutlich, wo es an genannter Stelle, cf. l. c., ⟨ed./tr.⟩ T. Heither, 3.318.8–14, weiter heißt: »Friede ist die Frucht des Geistes, Uneinigkeit und Zwietracht sind das Treiben des Fleisches; aber es ist sicher, daß Zwist durch Frieden abgetötet werden kann. Ebenso tilgt die Geduld des Geistes die Unduldsamkeit des Fleisches und die Güte vernichtet die Schlechtigkeit, die Sanftmut die Wildheit, die Enthaltsamkeit die Zügellosigkeit, die Keuschheit beseitigt die Unzucht; und wer solcherart durch den Geist das Treiben des Fleisches abtötet, wird leben.« (*Pax fructus est spiritus, dissensio et discordia carnis est actus; sed certum est discordiam mortificari posse per pacem. Sic et patientia spiritus impatientiam carnis exstinguit et bonitas malitiam perimit et mansuetudo ferociam et continentia intemperantiam et castitas impudicitiam necat talique ordine qui per spiritum actus carnis mortificaverit, vitet.*).

[76] Euagrios Pontikos, Scholia ad Psalmos 88.10ϛ = Origenes, In Psalmos 88.13, J. B. Pitra, Analecta sacra 3.161, Textidentifikation M.-J. Rondeau: *Autòs gár estin 'o epitimōn tōj anémōj kaì tēj thalássēj, kaì poiōn galēnēn megálēn, 'ína phthásantes 'oi empléontes apeltheīn dúnōntai eis tèn gēn, eph' 'èn speúdousin.* Cf. idem, De malignis cogitationibus 25.45; idem, Epistulae 6.2–3, Zählung nach ⟨tr.⟩ G. Bunge, Briefe aus der Wüste, pp. 218–219 = ⟨ed.⟩ W. Frankenberg, Euagrius Ponticus, pp. 570/571, griechisches Textfragment bei P. Géhin, Nouveaux fragments grecs des lettres d'Évagre, p. 130.3–4.

[77] Cf. Euagrios Pontikos, De vitiis quae opposita sunt virtutibus 3 = PG 79.1144A–B: »Langmut – Waffe/Rüstzeug der Klugheit; Gericht über die Zornmütigkeit/Reizbarkeit; Heilanstalt des Herzens; Zurechtweisung der Dreisten; Meeres-/Windstille (des Gemüts) für die Erschütterten/Verwirrten; sturmfreier Hafen; Wohltat für die Schmerzbeladenen; Güte/Sanftheit gegenüber allen; geschmäht segnet/lobt sie; entehrt/mißhandelt fühlt sie sich erhoben; Trost/Milderung für die Beladenen; Spiegel des Erhofften; Kampfpreis der Leidgeprüften.« (*Makrothumía, phronēseōs 'óplon, orgēs dikastērion, kardías iatreīon, thrasunoménōn nouthesía, tarassoménōn galēnē, acheímastos limèn, lupoūsin eupoiīa, pròs pántas ēpiótēs, blasphēmouménē eulogeī, 'ubrizoménē agálletai, stenouménōn paramúthion, elpizoménōn ésoptron, kakouchouménōn brabeīon.*) Cf.

den Eindruck, daß die Beschreibung der Meeresruhe in der Schrift ‹Über die acht Geister der Bosheit› fast schon den seligen Zustand des in den Zielhafen göttlicher Ruhe eingelaufenen Geistreisenden charakterisiert. »Ein heiterer Anblick ist die bei Windstille glatte Meeresoberfläche, doch nichts ist heiterer als eine friedliche Verfassung [ein friedlicher Ruhezustand]. Im windstillen Meer tauchen Delphine, in einer friedlichen Verfassung [einem friedlichen Ruhezustand] aber schwimmen göttliche Gedanken. Der langmütige Mönch ist eine stillstehende Quelle, …«[78] Anaisthesie meint an der obigen Stelle also mehr denn Apathie, weshalb ich es wage, sie Hyperapathie zu nennen. Allein die Konnotationen des Terminus, die von Gedanken- und Gefühllosigkeit über Gleichgültigkeit und Unachtsamkeit bis hin zu Dummheit und Stumpfsinn ins Negative und Herabwürdigende reichen, zeigen die Extremstellung an.[79]

G. Bunge, Drachenwein und Engelsbrot, p. 89: »die *Langmut*, … eine der Manifestationen der sanftmütigen Liebe.« Idem, Evagrios Pontikos, Über die acht Gedanken, p. 58[10] (Bemerkung zu Euagrios Pontikos, De octo spiritibus malitiae 10 = PG 79.1153B/1156A): »Langmut ist ein anderes Wort für Sanftmut.«

[78] Euagrios Pontikos, De octo spiritibus malitiae 9 = PG 79.1153C-D: *Terpnè theōría, galēnõsa thálassa, all' ouk ésti terpnotéra eirēnikẽs katastáseōs· galēnṓsēj gàr thalássēj egkolumbõsi delphĩnes, eirēnikẽj dè katastásei ennéchetai noémata theoprepẽ. Makróthumos monachòs, 'ēsucházousa pēgè* … Zur Meeres- oder Windstille (der Seele) in Zusammenhang mit engelhaften Träumen cf. auch idem, De malignis cogitationibus 28.28. Das Gleichnis von der Quelle, die keinen Ursprung außer sich hat und in Ruhe verharrt, während sie sich ganz dem Strömen hingibt, womit das Entstehen des Nichtersten durch Überfluß und Überschwang dargestellt sein soll, ist aus den Schriften von Plotinos, Enneaden 3.8.10.5–10 §70, bekannt.

[79] Angesichts dessen werden all jene Forschermeinungen fraglich, die, wie A. & C. Guillaumont, Évagre le Pontique: Traité pratique ou le moine 1.107, 109, vorbehaltlos behaupten, daß Evagrius die Apathie, im Gegensatz zu Klemens von Alexandrien, nur innerhalb eines gewissen Bereichs der Schöpfungshierarchie zuließ, bis einschließlich der Körperwesen nämlich, zu denen auch die Engel zählen, und sie nicht, wie letzterer, als Ideal für den Menschen, Mittel zur Gottverähnlichung und sogar als Ziel selbst aufgefaßt habe. Mit dieser verkürzten Sicht, die deutlich zeigt, daß sich mit Wörtern nicht trefflich philosophieren läßt, geht die problematische Einschätzung einher, daß sich die Apathie des Evagrius von der kompromißlos Philonischen, und das kann doch hier nur heißen, der Stoischen, grundlegend unterscheide, weil in ihr die völlige Unterdrückung des pathischen (*pathētikón*), d.h. des lusthaft-begehrlichen (*epithumētikón/epithumía*) plus muthaft-willensartigen (*thumikón/thumós*) Seelenteils nicht gefordert werde, sondern diese, wie der Körper, im Dienste der Aufrechterhaltung der Apathie stünden, cf. o.c. 1.106–110; K. Rahner, Die geistliche Lehre des Evagrius Pontikus, p. 26[46]: »Man darf den stoischen ἀπάθεια-Begriff nicht einfach auf E.[vagrius] übertragen.« Auf diese Anschuldigungen paßt dieselbe Replik wie auf die, die J. Dillon (im Kapitel 1.1.3) von der stoischen Warte aus gegen die vermeintlich yogische, (im Kapitel

Weil sich die Glückseligkeit der Gottesschau erst einstellt, wenn der Geist grenzenlos leer und bar jeglicher Spur von Eigenschaftlichkeit und Empfindsamkeit geworden ist, deshalb, so fordert Evagrius, deshalb dürfe man sich, während man betet, das Göttliche nicht (gestalthaft) vorstellen/einbilden und der Geist dürfe auch nicht zulassen, daß er zufolge irgendeiner Form einen Eindruck empfängt, sondern man solle sich als Immaterieller [Gehaltloser/Ungegenständlicher] dem Immateriellen [Gehaltlosen/Ungegenständlichen] annähern – und so wirst du es erfahren/vernehmen.[80] Erst bei Erfül-

---

2.1.2) gegen die Philonische und P. O. Kristeller (im Kapitel 1.3.1) von der Neuplatonischen aus gegen die vermeintlich stoische vorbrachte, auch wenn ich aus der Stoa oder dem Yoga keine Zornhunde kenne, die zwecks Herstellung und Wahrung von Leidenschaftslosigkeit die Dämonenwölfe der Leidenschaft zerfleischen sollen …

[80] Cf. Euagrios Pontikos, De oratione 66 = PG 79.1181A: *Mḕ schēmatízē̃js tò Theĩon en 'eautō̃j proseuchómenos, mēdè pròs morphḕn tina sugchōrḗsē̃js tupōthē̃naí sou tòn noũn· áülos tō̃j aúlō̃j prósithi, kaì suníseis.* Eine Parallelisierung der Evagrischen Gnosis mit gewissen Formen der indischen (*jñāna/vijñāna/prajñā*) scheint, indem beide eine totale Kenosis bzw. Katharsis voraussetzen, nicht allzu weit hergeholt zu sein, cf. H. U. v. Balthasar, Metaphysik und Mystik des Evagrius Ponticus, p. 36: »Dieses dreifache Hindurchschauen (diakyptein) ist mit einer dreifachen Reinigung des Geistes identisch [Kephalaia Gnostica 5.57]: der Schleier der Mâyâ verdünnt sich fortschreitend und es verschwindet erst das Pragma und der Stoff, dann die bunte Vielfalt der geistigen Logoi, bis nur das gestaltlose Licht im schauenden Geist verbleibt.« Zusammenfassend schätzt der Verfasser o.c., pp. 38–39, die Mystik des Euagrios nachgerade als unchristlich ein: »Überschauen wir diese Ausführungen, so kann kein Zweifel bestehen, daß die Mystik des Evagrius in ihrer völlig konsequenten Geschlossenheit dem Buddhismus wesentlich näher steht als dem Christentum. Der subtile Idealismus des Mahâyâna, für den Körperwelt und Individualität nur Schein ist, für den Wissen aber (als Durch-Schauen des nur für das Sinnliche, das ›Pathos‹, Realen, und als Intuition des formlosen Weltgrunds) höchstes Ziel ist, für den alle Praktik nur Mittel ist zur vollen Entsinnlichung – das ist das Grunderleben des Evagrius.« Wenn G. Bunge, Mysterium Unitatis, p. 460, indem er den Personaspekt der Evagrischen Gottesvorstellung betont, den Ausführungen Balthasars entgegenhält, daß »die ‹Monas› kein Nirvana ist, sondern ein Zustand, der nur in *personaler Gegenseitigkeit* von Schöpfer und Geschöpf bestehen kann«, entschließt er sich, wie in all seinen Evagrius-Exegesen, für eine sehr wörtliche christlich-theologische Auslegung und gegen eine philosophische, die mehr der logischen Konsistenz verpflichtet sein müßte. Greifen wir eine Textstelle exemplarisch heraus. Ist z. B. aus der Definition von Gebet als einem Umgang und Zusammensein des Geistes mit Gott (*'Ē proseuchḕ, 'omilía estì noũ pròs Theón*), das zudem noch als ein durch nichts vermitteltes (*sunomileĩn autō̃j mēdenòs mesiteúontos*) verstanden wird, cf. Euagrios Pontikos, De oratione 3 = PG 79.1168C-D (von der Textemendation auf der Basis der ‹Philokalia› habe ich Kenntnis genommen), solches und nur solches herauszulesen? Der Verfasser möge mir doch bitte sagen, wie bei einem unvermittelten, unmittelbaren Beisammensein, einer unmittelbaren Gemeinschaft noch Personhaftes, Eigenschaftliches, d. h. Mittelbares dazwischentreten kann; alles formhaft, vielheitlich und grenzziehend Vermit-

lung dieser Bedingung wäre die dritte, eigentlich vierte und letzte Stufe des geistigen Aufstiegs zum Ungegenständlichen durch Entgegenständlichung (Läuterung), die Theologia oder Theologikē, der ungehinderte Durchblick und die lautere Durchsichtigkeit der Gottesschau, in der die menschliche und die göttliche Gegenstandslosigkeit und Ununterschiedenheit in einer Lichtflut zusammenströmen, erklommen.[81] »Wenn nämlich dieses sinnliche Meer, das eines ist in

telnde ist doch abgeworfen. H. Bacht, Euagrios Pontikos, pp. 46–48, diskutiert die Spannung zwischen einer metaphysischen und einer theologischen Auslegung des Werks von Euagrios und schlägt dieses in seiner 'Logik' und Konsequenz – gegen Bunge – der philosophischen, nicht der Glaubensseite zu, wodurch die innere Stimmigkeit, soweit sie in den Originalen vorliegt, zum Maßstab würde. Dazu von einem anderen Blickwinkel aus noch einiges in den beiden folgenden Fußnoten. Es darf hier vielleicht noch angemerkt werden, daß von Balthasar zu seinen Folgerungen nicht aus Wohlwollen, sondern aus einer kritischen Haltung Evagrius gegenüber kommt. Vom philosophischen Standpunkt aus betrachtet sind sie überzeugend, auch wenn die daraus abgeleiteten Bewertungen oder Abwertungen alles andere denn neutral sind.

81 Eine Kurzcharakteristik des dreigestuften geistigen Aufstiegs findet sich in Euagrios Pontikos, Epistulae 58.3–4 (Ad Hymettion), Zählung und Übersetzung ⟨tr.⟩ G. Bunge, Briefe aus der Wüste, p. 277; griechischer Originaltext des relevanten Passus bei P. Géhin, Nouveaux fragments grecs des lettres d'Évagre, p. 143.1–14; französische Übersetzung, Noten und Kommentar in o.c., pp. 143–146; syrischer Text mit griechischer Rückübersetzung in ⟨ed.⟩ W. Frankenberg, Euagrius Ponticus, pp. 606/609. Ein weiteres Schema dazu ist zu finden in Euagrios Pontikos, Epistulae 39, Zählung und Übersetzung ⟨tr.⟩ G. Bunge, Briefe aus der Wüste, pp. 252–254 = ⟨ed.⟩ W. Frankenberg, Euagrius Ponticus, pp. 590/593; Teile des griechischen Originaltexts bei P. Géhin, Nouveaux fragments grecs des lettres d'Évagre, pp. 134.1–135.14; französische Übersetzung, Noten mit Angabe von Parallelstellen und Kommentar in o.c., pp. 135–137. Siehe auch Euagrios Pontikos, De malignis cogitationibus 29 & 40–41, ⟨edd./trr.⟩ P. Géhin et al., pp. 254/257 & 288/296; idem, Skemmata 20(lat.); idem, Gnosticus 49; idem, Capita practica ad Anatolium 1; idem, Scholia ad Proverbia 247 (ad 22.20). In den Kephalaia sind immer wieder diesbezügliche Bemerkungen eingestreut, ich weise hier nur auf idem, Kephalaia Gnostica 1.27; 1.70; 1.74; 1.78–81; 1.84; 2.3–4; 2.56–58; 2.63; 5.52; 5.57 (griechischer Text des Verses in I. Hausherr, Nouveaux fragments grecs d'Evagre le Pontique, p. 231); etc. Eine Zusammenfassung des Dreistufenwegs gibt G. Bunge, Praktike, Physike und Theologike als Stufen der Erkenntnis bei Evagrios Pontikos. Übersichten zur Architektonik der Evagrischen Lehre und zur Reichweite der darin beschriebenen und geforderten 'Entmaterialisierung', Entgegenständlichung oder Entleerung geben A. Guillaumont, Evagrius Ponticus, pp. 565–570 (mit Literaturangaben) und K. Rahner, Die geistliche Lehre des Evagrius Pontikus. Letztere Studie zeigt den Leerungsweg von Evagrius unter genauer Angabe der jeweiligen Textstellen in den Schriften konzise und präzise in zwei grundlegende Ebenen unterteilt, die den Bewußtseinsniveaus von Seele (*psuchē*) und Geist (*noūs*) entsprechen. Die erste wird vom aktiven, tätigen Leben (Stufe 1 = Praktik) gebildet, in dem mittels Tugend, d.h. Einhaltung der Gebote und Glaube, Gottesfurcht, Hoffnung, Katharsis, Enthaltsamkeit, Geduld und die Abwehr von Dämonen auf Apathie, Milde und Liebe, insbesondere Liebe zur Gnosis Gottes, hingearbeitet wird. Bei der

seiner Natur und seiner Farbe und seinem Geschmack, wenn ihm die vielen Flüsse, die unterschiedliche Geschmäcke besitzen, beigemischt werden, nicht nur selbst nicht zu ihren Verschiedenheiten umgewan-

---

zweiten handelt es sich um das kontemplative, beschauliche Leben, das seinerseits in zwei Grade untergliedert ist: die Naturbetrachtung (Stufe 2 = Physik), in der a) die Bedeutung des Sinnlichen schauend durchdrungen wird, nachdem die Gedanken von aller Leidenschaftsverhaftung gereinigt sind, und in der b) das Intelligible, die körperlosen, reinen Geistwesen, vernommen werden. Erst wenn der Nous auch von den bloßen Gedanken der Theoria des Übersinnlichen gereinigt ist, wenn er aller Vorstellungen, Bilder, Formen, Ideen, Eindrücke, Gehalte entledigt, wenn er bar aller Vielheit, Grenzen und Gegensätze, ja des bedingten Wissens überhaupt ist, einförmig, sichselbstgleich, bloß oder nackt, ist ihm der Zutritt zum zweiten Grad des kontemplativen Lebens gewährt und er wird von der seligen Gottesschau (Stufe 3 = Theologie), die umgekehrt auch Selbst- und Wesenserkenntnis des lauteren Geistes ist, überwältigt (siehe dazu auch M. Viller & K. Rahner, Aszese und Mystik in der Väterzeit, pp. 97–109; die stoische Triplizität der philosophischen Methodik hat in Ansätzen schon Clemens Alexandrinus, Stromata 1.28.176.1–2, in die christliche Lehre übertragen. Zur Selbsterkenntnis des Intellects bei Evagrius cf. A. Guillaumont, Études sur la spiritualité de l'orient chrétien, pp. 143–150). Sie vollzieht sich als Entrückung und Nichtwissen ohne Grenzen durch Einwirkung höherer Mächte, durch die Macht der heiligen Trinität, die in ihrem Wesen Einheit ist. Diese alle menschlichen Dimensionen überschreitende Gnosis in der Agnosie und hellste Erleuchtung in der dunkelsten Finsternis ist ein Gnadengeschenk und wird von tiefster Ruhe und tiefstem Frieden begleitet. H. U. v. Balthasar, Metaphysik und Mystik des Evagrius Ponticus, nennt denn in seiner Studie, die hinsichtlich der Erforschung des Aufbaus und Gipfelpunkts Evagrischer Soteriologie die Geister schied, auch die Traditionsbestände, die die Strukturierung dieser Weisheitslehre am intensivsten beeinflußten, cf. o. c., p. 34: »Diese Einteilung ist letztlich eine Verschmelzung des altgriechischen Wissenschaftsschemas (Ethik – Physik – Logik, bzw. Metaphysik) mit den neuplatonischen Heilsstufen und ist von Evagrius wenigstens andeutungsweise bei Origenes vorgefunden worden.« Zu erwähnen ist noch die Platonische Lehre von den Seelenschichten oder -teilen, die sich insbesondere durch die ‹Kephalaia› hindurchzieht und die Stratifikation der Evagrischen Lehre maßgeblich mitgeprägt hat. Ein Schema der danach gegliederten Tugendlehre gibt A. Dempf, Evagrios Pontikos als Metaphysiker und Mystiker, p. 302: »Das System dieser Ethik ist so zu kontruieren:

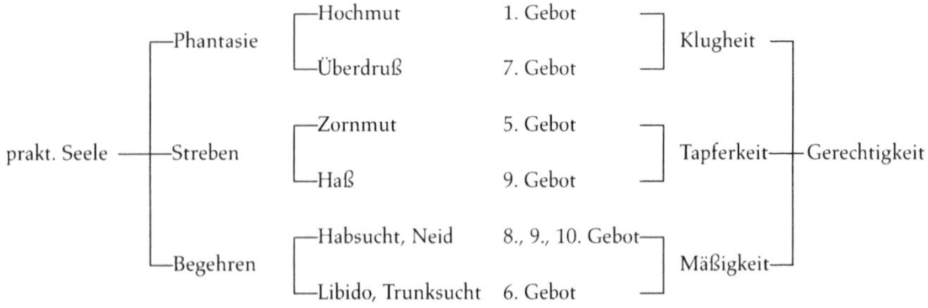

delt wird, sondern vielmehr mühelos diese (Flüsse) vollkommen in seine eigene Natur und Farbe und Geschmack umwandelt, um wieviel mehr wird das intelligible und grenzenlose und unveränderliche Meer, welches Gott der Vater ist, wenn die Intellekte wie Sturzbäche ins Meer zu ihm zurückkehren, diese alle in seine Natur und seine Farbe und seinen Geschmack umwandeln! Und hinfort werden sie nicht mehr viele sein, sondern sie sind eins in seiner Einzigkeit ohne Ende und ohne Unterscheidung wegen ihrer Vereinigung und Vermischung mit ihm.«[82]

Die Erweiterung der platonischen Tugendlehre zur Bekämpfung der drei unteren Seelenteile durch eine systematische Leidenschaftslehre ist ein großes Verdienst des Evagrios ...« Es ist zu beachten, daß hier der Bereich der Seele und ihrer Praktik thematisiert ist. Darüber der analog aufgebaute Geistbereich, cf. o. c., p. 303: »Zur Geistlehre gehören Denken, Wollen und Lieben über den Seelenvermögen Phantasie, Streben und Wollen; Unwissenheit, Bosheit und Haß sind ihre Krankheiten. Durch diese sind jene verborgen wie der Logos der Leibnaturen durch die sich wandelnden Erscheinungen.« Inwieweit diese Rekontruktion gültig ist, kann in diesem Rahmen nicht diskutiert werden. Unsere Wiedergabe soll nur zur ersten Orientierung dienen. Die Struktur ist nicht topographisch, sondern funktional zu verstehen. Cf. A. & C. Guillaumont, Évagre le Pontique: Traité pratique ou le moine 1.93[3]: »Zwischen der Anordnung der Gedanken [= Laster] und den verschiedenen Teilen der Seele besteht eine evidente Beziehung. Man kann hingegen nicht behaupten, glauben wir, daß die Evagrische Hierarchie der Gedanken auf der Theorie der Dreiteilung der Seele beruht, ... Tatsächlich findet sich eine solche Verteilung der Leidenschaften (und nicht genau der acht grundsätzlichen Gedanken des Evagrius) auf die drei Seelenteile bei Cassianus (*Conf.* XIV, 15, *SC* 64, p. 187) und bei Maximus Confessor (*Cent. sur la Charité,* I, 65–67, *PG* 90, 973 C-D); aber explizit findet man nichts Entsprechendes bei Evagrius; ...«

82 Euagrios Pontikos, Epistulae 64.27 (Epistula ad Melaniam), Zählung nach und Übersetzung von ⟨tr.⟩ G. Bunge, Briefe aus der Wüste, p. 312 = ⟨ed.⟩ W. Frankenberg, Euagrius Ponticus, pp. 618/619, woraus wir für den letzten Halbsatz die griechische Retroversion (ohne diakritische Zeichen) des syrischen Texts zitieren: *all' en tēi autou enōsei apaustōs kai adiaphorōs dia tēn met' autou enōsin te kai summixin.* Cf. o.c. 64.28–29; 64.65–66, Zählung und Übersetzung ⟨tr.⟩ G. Bunge, pp. 312–313; 327, letztere Stelle nur in der syrischen Ausgabe von ⟨ed./tr.⟩ G. Vitestam, pp. 27–28. G. Bunge, Briefe aus der Wüste, p. 396, gibt zu dem zitierten Passus aus dem ‹Melania-Brief› in Note 48 zu verstehen, daß das Bild des Meeres durch Kohelet 1.7, inspiriert worden sei; leider hat dieses beim ‹Prediger› einen gänzlich anderen Sinn: die Wiederkehr des immer Gleichen. An der Stelle Euagrios Pontikos, De octo spiritibus malitiae 8 = PG 79.1153A, wird das Bild wenigstens teilweise in der Bedeutung des ‹Ecclesiastes› gebraucht. Und auf die Warnung am selben Ort der Briefe-Übertragung bei Bunge, Note 51, daß »dieses Bild nicht emanatistisch zu verstehen« sei, kann man nur antworten, daß diese (bei vorurteilsloser Interpretation) auch für den (Neu-)Platonismus (und, das noch nebenbei, den Advaita Vedānta) ihre Gültigkeit hat, der u.a. den Evagrischen Spekulationen ihre heidnische (profane) Grundstruktur verlieh. Cf. A. Guillaumont, Études sur la spiritualité de l'orient chrétien, pp. 148–149, zur Beschreibung des Evagrischen Gipfelpunkts der Selbst- und Gottesschau: »In dieser Beschreibung des reinen Gebets bezieht sich

Fast gleichzeitig lehrt Gregor von Nyssa (ca. 335/40–394) in seiner Auslegung des Lebens Mose: »Sowie der Geist aber fortschreitet und durch immer tiefere und vollkommenere Aufmerksamkeit in

---

Evagrius sicherlich auf ein wirkliches und persönliches Erlebnis. Aber es ist offensichtlich, daß er, um dieses Erlebnis auszudrücken, eine Sprache gebraucht, die er seiner philosophischen Bildung, speziell dem Neoplatonismus, verdankt. Plotin beschreibt in analogen Ausdrücken einen Zustand, von dem er behauptet, ihn manchmal erfahren zu haben (cf. *Enneaden* IV, 8, 1, 1–11, Bréhier).« Bedingt durch diese heidnisch-philosophischen Grundelemente müßte es erlaubt sein, der Lehre des Euagrios die der Philosophie gemäßeste Art der Auslegung angedeihen zu lassen, die von einem Buddhologen vor einiger Zeit folgendermaßen ausgesprochen wurde, cf. B. Galloway, Some Logical Issues in Madhyamaka Thought, p. 24: »Und wir sollten keine Passage im Werk eines großen Philosophen in einer Weise interpretieren, daß ein krasser logischer Fehler das Ergebnis ist.« Es fällt nicht leicht, beim Bild vom ins Meer fließenden Strom, wie es Evagrius verwendet, jegliche Verwandtschaft zum indischen Gedankenkreis wegzudiskutieren, auch wenn einzuräumen ist, daß er die Vereinigung mit dem Göttlichen nicht in der indischen Unzweideutigkeit, sondern mit christlichen Bildern – wen wundert's? – beschreibt und die Unio auch nicht buchstäblich meint, was man freilich auch dem hinduistischen und buddhistischen Nondualismus als All-Eins-Lehre und Eins-Alles-Lehre zubilligen muß, ohne daß man diese im Gegenzug des plumpen Pantheismus bezichtigt. Hier ist nicht nur ernst zu nehmen und nach der neuesten Textlage philosophisch zu überdenken, was H. U. v. Balthasar, Metaphysik und Mystik des Evagrius Ponticus, p. 38, erkannte, daß sich der Vollendete schon hienieden in allen Menschen sehen könne und für ihn somit das indische »Tat-tvam-asi« (Das bist du) gelte, sondern auch, daß das Mahāyāna eben kein monotoner Nihilismus ist, sondern am Gipfelpunkt seines Weges die Ununterschiedenheit von Werdekreislauf (*saṃsāra*) und Weltenstillstand (*nirvāṇa*) steht. Entsprechend dieser buddhistischen Apokatastesis, der Wiederherstellung (in) der Leerheit, versteht Evagrius die Annahme der Heiligen Trinität durch die Geistnatur analog zur Paulinischen Kunde von der Übergabe des Reichs an Gottvater und er muß es geradezu als Vorsehung aufgefaßt haben, daß sie, wie Joh 17.21–22, auf den er sich gleichermaßen beruft, mit der Ein/All-Formel operiert, der die Philosophie von alters her huldigt, cf. Euagrios Pontikos, Scholia ad Ecclesiasten 3.3–5: »… wenn die Geistnatur die Heilige Dreifaltigkeit empfangen/annehmen wird; denn dann erst wird Gott (das) alles in allem [1 Kor 15.28] sein.« (*'opēníka àn 'ē logikḕ phúsis 'upodéxētai tḕn 'agían triáda· tóte gàr 'o theòs éstai tà pánta en pãsin.*) O. c. 25.7–10: »Denn Gott soll allerdings (das) alles in allem sein und das von Christus gesprochene Gebet soll in Erfüllung gehen: ‹Gib ihnen, daß auch sie in uns eins seien, gleichwie auch ich und Du, Vater, eins sind [Joh 17.21–22, leicht verändert].›« (*deĩ gàr tòn theòn pántōs genésthai tà pánta en pãsi kaì toũ Christoũ plērōthẽnai tḕn euchḕn tẽn légousan· ‹dòs autoĩs 'ína kaì autoì en 'ēmĩn õsin 'én, kathṑs kagṑ kaì sù 'én esmen, páter.›*). Idem, Scholia ad Proverbia 118.4–5 (ad 10.3); idem, Epistulae 64.22 (Epistula ad Melaniam), Zählung nach ⟨tr.⟩ G. Bunge, Briefe aus der Wüste, p. 310 = ⟨ed.⟩ W. Frankenberg, Euagrius Ponticus, pp. 616/617; weitere Textstellen dazu bei ⟨ed./tr.⟩ P. Géhin, Évagre le Pontique: Scholies à l'Ecclésiaste, p. 101, Note zu Scholie 25, Zeilen 4–10. Dazu, daß der Mönch in allen Menschen Gott sieht, daß er sich von allem getrennt hat und sich dennoch mit allem verbunden fühlt, und daß er sich eins mit allen Menschen weiß, weil er sich in jedem findet, cf. Euagrios Pontikos, De oratione 123–125. Damit ginge auch die Meeresstille einer Übereinsicht zur Betrachtung des Seienden kommt, insofern er sich der Schau weiter annähert, um so mehr sieht er die Unsichtbarkeit der göttlichen Natur. Alles Erscheinungshafte nämlich zurücklassend, nicht nur alles, was die Sinneswahrnehmung erfaßt, sondern auch alles, was das Denken einzusehen scheint, strebt er immer tiefer nach innen, bis er auch der Vielgeschäftigkeit des Denkens bis zum Unsichtbaren und Unbegreiflichen hin entkommt und dort Gott sieht. Denn darin liegt die wahre Erkenntnis des Erstrebten und darin das Sehen: im Nichtsehen, da das Erstrebte alle Erkenntnis übersteigt, gleichsam von allen Seiten durch Finsternis aufgrund der Unbegreiflichkeit abgesondert/abgeschieden.«[83] Doch ist bei dem Kappadokier, wie bei vielen christlichen Asketen oder Mystikern, die Vervollkommnung nur von der Art der Annäherung, nicht des Erreichens.

In erhöhtem Maße gilt dies für Aurelius Augustinus, einem späten Zeitgenossen von Evagrius und Gregorius Nyssenus, was erklärt, daß er bei der Beschreibung des Klimax seiner Glaubensbemühungen

---

zusammen, in der die Delphine göttlicher Gedanken tauchen. Das Bild der Upanischaden vom Fluß, der sich am Ende und zu seiner Vollendung in den Ozean ergießt, gehört zu den bekanntesten Symbolen zur Verständlichmachung des indischen Weisheitsstrebens und -ziels überhaupt. Beispiele dazu aus dem Hinduismus, Buddhismus, Taoismus, Islam, dem Platonismus und dem Christentum, insbesondere den mystischen Strömungen genannter Lehren, in A. K. Coomaraswamy, Selected Papers 1.405–411; da eine Ergänzung der darin genannten Stellen zu umfangreich wäre, weil sie die Übernahme des Bildes durch moderne Philosophen mitumfassen müßte, will ich mich darauf beschränken, zusätzlich nur auf ergänzende Loci aus den Upaniṣads zu weisen, cf. P. Deussen, Sechzig Upanishad's des Veda, p. 911, Index, s. v. Ströme und Ocean; darüber hinaus Bṛhadāraṇyaka-Upaniṣad 2.4.11; der Gesamtsinn, in den das Gleichnis dort eingebettet ist, wird entfaltet in o. c. 2.4.1–14. Eine Stellensammlung zum Symbol des Meeres in der Bibel gibt M. Heinrichs, Katholische Theologie und asiatisches Denken, p. 124[37]. Eine geradezu 'indische' Stelle findet sich bei M. Porete, Le mirouer des simples ames/ Specvlvm simplicivm animarvm 82.37–83.12. Zu Iacopone da Todi cf. Laude, ⟨ed.⟩ F. Mancini, p. 758, Glossario, s. v. *mare.*

[83] Gregorios von Nyssa, De vita Moysis, ⟨ed.⟩ H. Musurillo, pp. 86.20–87.9 ≈ PG 44.376D-377A (letzter Satz übersetzt nach Textsinn der Patrologie-Ausgabe): *proïȭn dè 'o noũs kaì dià meízonos aeì kaì teleiotéras prosochē̃s en perinoíaj ginómenos tē̃s tō̃n óntōn katanoḗseōs, 'óson proseggízei mãllon tē̃j theōríaj tosoũton pleĩon 'orãj tò tē̃s theías phúseōs atheṓrēton. katalipȫn gàr pãn tò phainómenon, ou mónon 'ósa katalambánei 'ē aísthēsis allà kaì 'ósa 'ē diánoia dokeĩ blépein, aeì pròs tò endóteron íetai 'éōs àn diaduē̃j kaì tē̃j polupragmosúnēj tē̃s dianoías pròs tò atheátón te kaì akatálēpton kakeĩ tòn theòn ídēj. en toútōj gàr 'ē alēthḗs estin eídēsis toũ zētouménou kaì en toútōj tò ideĩn en tō̃j mḕ ideĩn, 'óti 'upérkeitai pásēs eidḗseōs tò zētoúmenon 'oĩón tini gnóphōj tē̃j akatalēpsíaj pantachóthen dieilēmménon.*

mit den Unifikations-, und damit Nullifikationsformeln, des Neuplatonismus, aus dessen Literaturschätzen er Wesentliches übernahm, nur sehr vorsichtig und sparsam umging und sich meist mit dessen gemäßigteren und weniger spektakulären Formulierungen begnügte. Mit der Schilderung seines sogenannten Ostia-Erlebnisses in den ‹Bekenntnissen› liegt allerdings der Bericht einer mystikartigen Anrührung von tiefer Innigkeit vor, in der er, wie er sagt, die Weisheit (*sapientia*) in einer durchdringlichen Erschütterung des Herzens leicht berührte. Diese Erfahrung veranlaßte ihn zu fragen, ob, wenn jemandem der Aufruhr des Fleisches, die Vorstellungen von Erde, Wasser und Luft, der Himmel und seine eigene Seele stillständen und er sich, sich selbst nicht erkennend, transzendierte, wenn ihm die Träume und bildhaften/eingebildeten Offenbarungen, alle Sprache, jedes Zeichen und was auch immer im Übergang [auf vergängliche Weise] geschieht, vollständig verstummten, wenn das All, nachdem es den Hörbereiten [aus Psalm 99.3 & 99.5] ›nicht wir schufen uns, sondern es schuf uns, der da bleibt in Ewigkeit‹ zusprach, schwiege, wenn außer dem Vernehmen Seines Wortes alles sonstige Schauen, jenem in der Art ganz unvergleichbar, wiche, jenes aber fortdauerte und einzig jenes ihn entrückte, verschlänge und in die tiefergehenden Freuden versenkte/versetzte, ob also dies nicht gemeint wäre mit dem Worte Jesu: ›Gehe ein zu deines Herrn Freude‹ [Mt 25.21].[84]

---

[84] A. Augustinus, Confessiones 9.10.24–25: »*Et dum loquimur et inhiamus illi, attigimus eam modice toto ictu cordis; … Si cui sileat tumultus carnis, sileant phantasiae terrae et aquarum et aeris, sileant et poli et ipsa sibi anima sileat et transeat se non se cogitando, sileant somnia et imaginariae revelationes, omnis lingua et omne signum et quidquid transeundo fit si cui sileat omnino – quoniam si quis audiat, dicunt haec omnia: ›non ipsa nos fecimus, sed fecit nos qui manet in aeternum‹ – his dictis si iam taceant, … ut audiamus verbum eius, … si continuetur hoc et subtrahantur aliae visiones longe inparis generis et haec una rapiat et absorbeat et recondat in interiora gaudia spectatorem suum, … nonne hoc est: ›intra in gaudium domini tui‹?*« Cf. 7.10.16; 7.17.23; 10.40.65; idem, De trinitate 8.2.3. Der Herausgeber und Übersetzer der von uns benutzten Edition der ‹Konfessionen› merkt in einer Note zur eben paraphrasierten Textstelle an, daß das Ostia-Erlebnis »in plotinischer Stimmung und Farbe wiedergegeben« sei und zitiert Plotinos, Enneaden 5.1.2.10–17 §6. Man könnte diese Feststellung auch als einen Euphemismus dafür ansehen, daß Augustinus nicht nur seine Hochstimmung in den Worten der ‹Enneaden› ausdrückte, sondern diese nur eine Nachempfindung der erbaulichen Worte Plotins darstellt, welche Worte überhaupt erst den Eindruck des Mystischen erzeugen. Ausführliche Informationen zum Ostia-Erlebnis mit Nachweisen der Herkunftstellen aus Plotins ‹Enneaden› gibt P. Henry, Die Vision zu Ostia, pp. 201–222; o. c., p. 222, resümiert der Verfasser, »… daß das geistige Klima der Vision

In der Schrift ‹Über die Größe der Seele› wird von dem bedeutendsten aller Kirchenlehrer ausgeführt, daß man die siebte und letzte Stufe oder Funktion/Tätigkeit (*actus*) der Seele, die eigentlich ein Aufenthalt sei, nicht erreichen könne, bevor sich das Denken selbst nicht von aller Leidenschaft/Begierde und dem Schmutz vergänglicher Dinge zurück-/ferngehalten (*cohibuerit*) und geläutert habe. Sei dies geschehen, erwarteten den Wahrheitssucher Freuden, der Genuß des höchsten und wahren Gutes und ein Hauch/Entgegenwehen von Heiterkeit und Ewigkeit,[85] das, was in den ‹Konfessionen› das »innere Ewige«[86] genannt wird. Daß bei der Kontemplation der Wahrheit oder Gottheit mit der genannten Kohibition oder Zügelung der Leidenschaft und Enthaltung von allem Sinnlichen, d.h. Vergänglichen, implizit die Urteils- oder Zustimmungsenthaltung einhergehen muß, wird zusätzlich daran sichtbar, daß Gott, wie es in

zu Ostia rein plotinisch sei, die Sprache hingegen, die Augustinus – der ja für Christen schreibt – annimmt, um diese Atmosphäre einzufangen, christlich.« W. Theiler, Porphyrios und Augustin, pp. 66–67, stellt die Passage zum Ostia-Erlebnis und den von uns teilweise bereits zitierten Hymnus von Proklos, In Platonis Theologiam 2.64.10–65.26, in Spaltenform gegenüber und kommt zu dem Schluß: »Die Ähnlichkeit ist schlagend, besonders in der stilistischen Formung. Porphyrios muß … beiden vorgelegen haben.« Zur spezifischen Ausprägung neuplatonischer ›Mystik‹ bei Augustinus cf. K. Ruh, Geschichte der abendländischen Mystik 1.83–117. E. Hendrikx, Augustins Verhältnis zur Mystik, spricht sich kompetent gegen die Mystizität der Augustinischen Gotteserkenntnis aus. Das gelte auch für die drei Erhebungserlebnisse, die Augustinus in den ‹Confessiones› schilderte, cf. o. c., pp. 132–149. Es ist zu hinterfragen, ob dieses vertretbare Forschungsresultat nicht durch irrige Annahmen und Schlüsse gewonnen wurde und damit neu zu diskutieren wäre. Zur Negativen Theologie bei Augustinus cf. M.-J. Krahe, Von der Wesensart negativer Theologie, pp. 138–156. Im Detail nicht ganz unproblematische Übersichten zu diesem Gegenstand geben V. Lossky, Les éléments de ‹Théologie négative› das la pensée de saint Augustin; J. H. Heiser, Saint Augustine and Negative Theology. Ein Übergewicht der theognostischen, oder besser, the-agnostischen Perspektive in der negativen Theologie unseres Kirchenlehrers gegenüber der onto-theologischen bzw. mē-onto-theologischen ist unverkennbar.

[85] A. Augustinus, De quantitate animae 33.75–76, ⟨ed.⟩ C. Andresen, p. 228: *Spiritus enim rectus est, credo, quo fit ut anima in veritate quaerenda deviare atque errare non possit. Qui profecto in ea non instauratur, nisi prius cor mundum fuerit, hoc est, nisi prius ipsa cogitatio ab omni cupiditate ac faece rerum mortalium sese cohibuerit et eliquaverit. Iamvero in ipsa visione atque contemplatione veritatis, qui septimus atque ultimus animae gradus est; neque iam gradus, sed quaedam mansio, quo illis gradibus pervenitur; quae sint gaudia, quae perfructio summi et veri boni, cuius serenitatis atque aeternitatis afflatus, quid ego dicam?* Zu parallelen 7-Stufen-Modellen cf. E. Hendrikx, Augustins Verhältnis zur Mystik, pp. 110–123. Das Augustinische Zurückhalten/Sich-Enthalten und Aushalten/Standhalten haben wir im Kapitel 1.1.3 bereits vorgestellt.

[86] A. Augustinus, Confessiones 9.4.10: *internum aeternum.*

einer Predigt des Gottesmannes aus Thagaste heißt, nicht durch Denken oder Wissen(schaft) zu begreifen/erfassen sei, da das Begreifen nur aspektuell vor sich gehe und unter einem (einzigen) Aspekt/Gesichtspunkt, von nur einer Warte aus, nicht das ganze erfaßt werden könne.[87] Vielmehr sei Gott im Geist durch Unwissenheit und ein unkörperliches, spirituelles/geistliches Anrühren – wer erinnerte sich dabei nicht an die oben beschriebene An- oder Berührung im Einheitserlebnis Plotins? – mit dem Auge des Herzens, so es rein/lauter ist, zu erlangen/berühren.[88] Was kann das anderes heißen, muß gefragt werden, als daß Urteilen und Zustimmen qua Denken bei diesem Akt angehalten und unterbunden werden?

»Du aber, o lieber Timotheos«, ermuntert Dionysios Areopagita, der Meister christlicher Mystik, seinen bischöflichen Kollegen in Ephesos circa einhundert Jahre später, »wie du angespannt bei den mystischen Schauungen verweilst, lasse sowohl die Wahrnehmungen als auch die Denktätigkeit, sowohl alles Wahrnehmbare als auch Denkbare, sowohl alles Nichtseiende als auch Seiende und strecke dich, so weit man gelangen kann, auf erkenntnislose Weise zur Einung mit dem über allem Sein/Wesen und Erkennen Befindlichen empor. So nämlich wirst du durch das anhaltlose und ungehindert/rein losgelöste Außer-dir- und Außer-allem-Sein – alles abtuend und von allem losgelöst – zum überseienden/überwesenhaften Glanz der göttlichen Finsternis hinaufgeführt.«[89] Das Erklimmen der obersten

---

[87] Cf. A. Augustinus, Sermones 117.3.5, ⟨ed./tr.⟩ Péronne, 17.201: *Sed non potes tale aliquid cogitare. Magis pia est talis ignorantia, quam præsumpta scientia. Loquimur enim de Deo. … Si enim comprehendis, non est Deus. Sit pia confessio ignorantiæ magis, quam temeraria professio scientiæ. … Uno ergo aspectu totum videre non potes.*

[88] Cf. A. Augustinus, Sermones 117.3.5, ⟨ed./tr.⟩ Péronne, 17.201: *Attingere aliquantum mente Deum magna beatitudo est: comprehendere autem, omnino impossibile. … … quis ergo oculus cordis comprehendit Deum? Sufficit ut attingat, si purus est oculus. Si autem attingit, tactu quodam attingit incorporeo et spiritali, non tamen comprehendit; et hoc, si purus est.*

[89] Dionysios Areopagita, De mystica theologia ad Timotheum 1.1, Corpus Dionysiacum 2.142.5–11 ≈ PG 3.998B/1000A: *sù dé, ō̃ phíle Timóthee, tē̃j perì tà mustikà theámata suntónōj diatribē̃j kaì tàs aisthḗseis apóleipe kaì tàs noeràs energeías kaì pánta aisthētà kaì noētà kaì pánta ouk ónta kaì ónta kaì pròs tḕn 'énōsin, 'ōs ephiktón, agnṓstōs anatáthēti toũ 'upèr pãsan ousían kaì gnõsin· tē̃j gàr 'eautoũ kaì pántōn aschétōj kaì apolútōj katharõs ekstásei pròs tòn 'uperoúsion toũ theíou skótous aktĩna, pánta aphelṑn kaì ek pántōn apolutheís, anachthḗsēj.* Man vergleiche den Text von R. W. Thomson ⟨ed./tr.⟩, The Armenian Version of the Works Attributed to Dionysius the Areopagite, p. 160.13–21. Zitiert bei J. S. Eriugena, De divisione Naturae 4.5 = PL 122.759C; frei zitiert und ausgelegt auch bei (Pseudo-)Juan de la Cruz, OEC 3.304–305 = SW 5.334–

Stelle der göttlichen Stufenordnung hat seinen Grundpunkt in der Selbsterkenntnis. Wenn diese ohne leidenschaftliche Verhaftung gelingt, ist die Gefangenschaft in der Finsternis des Nichtwissens beendet. »Wer aber seine Eigentümlichkeit affektionslos/gelassen [und] angemessen in Augenschein genommen hat, wird aus den lichtlosen Winkeln der Unwissenheit heraustreten; da dieser für die vollkommenste Einung mit und Teilhabe an Gott noch nicht reif ist, wird er nicht sogleich danach begehren; allmählich wird er aber durch seinen Anfang zu noch Anfänglicherem und durch jene zum Anfänglichsten und als Vollendeter zum allerhöchsten Gipfel des Gotturgrundes [der göttlichen Herrschaftsordnung] der Reihe nach und in erhabener

337. Eine Sammlung der hinsichtlich mystischer Vollzüge (Stillegung der oder Loslösung von den mentalen Funktionen) wichtigsten Passagen aus den Werken des Hl. Dionys in ziemlich wortgetreuer deutscher Übersetzung gibt E. v. Ivánka, Dionysius Areopagita. Von den Namen zum Unnennbaren. Zu den hier relevanten Aspekten der Mystik im Buch des Hierotheos (4./5. Jh.?), den man früher in der Forschung für den Lehrer des Pseudo-Dionysios hielt, cf. Hierotheos 2.3; 4.18–21, ⟨ed./tr.⟩ F. S. Marsh, pp. 23*–24*/27–28; 106*–113*/118–124. Von den mittelalterlichen Übersetzern und Interpreten des Dionysischen Werks seien nach K. Ruh, Meister Eckhart: Theologe, Prediger, Mystiker, p. 56, Joannes Scotus Eriugena, Hugo von St. Viktor, Robert Grosseteste (ca. 1168–1253), Thomas Gallus (†1246), Albertus Magnus (1193–1280) und Thomas Aquinas (1225/7–1274) genannt. Cf. J. Filliozat, La doctrine des brâhmanes d'après saint Hippolyte, p. 88: »Man muß auch feststellen, daß Pseudo-Dionysius schon zu Beginn seiner *Mystischen Theologie* Timotheos den Rat gibt, sich durch Ablassen von Sinneseindrücken und Denkprozessen/geistigen Vorgängen (opérations intellectuelles) in der Kontemplation zu üben, was genau die Grundbedingung für die Ausübung des Yoga ist.« Einen Vergleich der Meditationsstufen (*jhāna*) in der Abhidharma-Tradition und bei Dionys zieht D. F. T. Rodier, Meditative States in the Abhidharma and in Pseudo-Dionys, vornehmlich pp. 132–135. Hinweise auf die Vergleichbarkeit von Erfahrungsebenen innerhalb neuplatonischer und indischer Spiritualpraktiken gibt davor schon R. T. Wallis, ΝΟΥΣ as Experience, pp. 136–140. W. Beierwaltes, Proklos, pp. 207[95]–209, und E. Hugueny, Circulaire, rectiligne, hélicoïdal, pp. 330–331, weisen darauf hin, daß die Kreisbewegung der Seele, die der Areopagit von Proklos übernommen haben dürfte, beim Hl. Thomas (Stellen in der angegebenen Literatur) als Reduktion in den Grund und Ursprung ausgelegt wird, in dem die Seele, wenigstens vorübergehend, allen Nachdenkens über die äußere Welt und des Aufruhrs des Denkens entledigt, verweilt. Da es nicht zum Thema unserer Abhandlung gehört, die verschiedenen Meditationsmethoden vorzustellen und zu diskutieren und eine Phänomenologie von Versenkungszuständen zu entfalten, können wir hier nur auf die ungeheure Vielfalt und Differenziertheit solcher Techniken und dessen, was sie bewirken und offenlegen, hinweisen. Die Beschreibbarkeit und, potenziert, die Vergleichbarkeit, scheint dadurch fast unmöglich. Dieser Umstand läßt es geraten sein, sich auf eine formale und abstrakte Darstellung, eine Schematik oder Typik zu beschränken, auch wenn diese dann den Eindruck der Vergröberung und Simplifizierung erweckt.

Weise hinaufgeführt.«[90] Dieses Emporstreben wird mit dem stufenweisen Aufstieg Mose auf den Berg Sinai verglichen, der von der Reinigung und Absonderung von den nicht Gereinigten ausgehend über das Vernehmen vielstimmiger Posaunenklänge und einer Lichterfülle heller Blitze und weitleuchtender Strahlen und weiter über die Abscheidung von den/m Vielen bis zum Ankommen an der obersten Stelle des göttlichen Aufstiegs führt, die er zusammen mit den auserwählten Priestern erreicht, wo er Gott selbst wegen dessen Unsichtbarkeit jedoch immer noch nicht begegnet und schaut, sondern nur den Ort, an dem Jener weilt. Diese Exodusworte, so glaubt der Areopagit, bedeuten, daß das ›Göttlichste‹ und ›Erhabenste‹ im Sicht- und Denkbaren nur gewisse hypothetische/unterstellte Ausdrücke für das dem Allesüberragenden Untergeordnete sind, wodurch sich seine Gegenwart über allem Begreifen (an)zeigt, die auf die höchsten geistig wahrnehmbaren Erhebungen seiner heiligsten Orte allenfalls den Fuß setzt. »Sodann löst er sich auch noch vom Sichtbaren und Sehenden selbst und taucht ein in das Dunkel des Nichtwissens, das wahrhaft Geheime/Mystische, von dem er alles erkenntnishafte Auffassen ausschließt, und er befindet sich im völlig Unfaßbaren und Unsichtbaren, ganz dem Alljenseitigen und doch niemand gehörend, weder sich selbst noch einem anderen, jedoch auf erhabenere Weise

[90] Dionysios Areopagita, De ecclesiastica hierarchia 2.4, Corpus Dionysiacum 2.75.13–19 ≈ PG 3.400C: *‘O dè tà oikeĩa kalõs ap[r]ospáthesin ophthalmoĩs episkopẽsas tõn alampõn mèn apophoitẽsei tẽs agnōsías muchõn, tẽs theoũ dè teleōtátēs ‘enõseōs kaì methéxeōs atelẽs õn autòs ouk autóthen epithumẽsei, katà brachù dè dià tõn autoũ prõtōn epì tà éti prótera kaì di’ ekeínōn epì tà prõtista kaì teleiōtheìs epì tèn akrótēta tèn thearchikèn en táxei kaì ‘ierõs anachthẽsetai.* (Pseudo-)Maximus Confessor, Diversa capita 2.35 = PG 90.1233B-C, meint, daß eine leidenschaftslose Haltung des Intellects gegenüber dem Geist gut, ein leidenschaftsbeladenes Verhältnis zum Sinnlichen aber schlecht sei. Daß auch in dieser Traditionslinie, wie bei so vielen anderen christlichen Suchern, die Gotterkenntnis via Selbsterkenntnis angestrebt wird, geht hervor aus o. c. 2.40. Die Übertragung des uralten Aufrufs zur Selbsterkenntnis in die christliche Philosophie vollzog schon deren Gründer Clemens Alexandrinus, Paedagogus 3.1.1.1; idem, Stromata 3.5.44.3; 4.6.27.1–3 (mit Bezug auf Mt 10.39); 5.4.23.1; (1.14.60.3–4). O. c. 4.6.40.1, wird ausgeführt, daß der in der Kontemplation Verweilende und auf reine Weise mit dem Göttlichen Verkehrende/Beisammenseiende, der erkennend an der heiligen Beschaffenheit teilhat, näher an den Zustand leidenschaftsloser Selbstheit herankommt, so daß er nicht mehr [nur] Wissen hat und Erkenntnis besitzt, sondern Wissen und Erkenntnis ist. (*‘ótan toínun endiatrípsēj tẽj theōríaj, tõj theíōj katharõs ‘omilõn, ‘o gnōstikõs metéchōn tẽs ‘agías poiótētos, prosechésteron en ‘éxei gínetai tautótētos apathoũs, ‘ōs mēkéti epistẽmēn échein kaì gnõsin kektẽsthai, epistẽmēn dè eĩnai kaì gnõsin.*).

geeint mit dem ganz und gar Unerkennbaren durch Inaktivierung [Unwirksam-Machung] allen Erkennens, dabei im Nichts-Erkennen übergeistig erkennend.«[91]

Traditionsgemäß wird dem vollkommenen Seher oder Nichtseher, je nachdem, die Eigenschaft zugedacht, nicht nur frei von allem Begriffswissen, sondern auch aller Gemütsregung enthoben zu sein. »Alsdann aber, wenn wir unvergänglich und unsterblich geworden sind und Anteil an der Christusähnlichkeit und äußersten Glückseligkeit bekommen haben, ›werden wir‹ nach dem (Bibel-)Spruch ›ewiglich bei dem Herrn sein‹ [1 Thess 4.18], von Seinen sichtbaren Gotteserscheinungen in allehrwürdigen Schauungen erfüllt, umstrahlt von hellstleuchtendem Glanz, wie die Jünger in jener göttlichsten Umwandlung, in unserem leidenschaftslosen und immateriellen/ungegenständlichen Intellect an seiner mit dem Intellect vernehmbaren Lichtgabe und der überintellectuellen Einung in den unerkennbaren und seligen Intuitionen der überhellen Strahlen teil-

---

[91] Cf. Dionysios Areopagita, De mystica theologia ad Timotheum 1.3, Corpus Dionysiacum 2.143.17–144.15 ≈ PG 3.1000C/1001A; wörtlich zitierter Text: *Kaì tóte kaì autō̃n apolúetai tō̃n ʻorōménōn kaì tō̃n ʻorṓntōn kaì eis tòn gnóphon tē̃s agnōsías eisdúnei tòn óntōs mustikón, kath' ʻòn apomúei pásas tàs gnōstikàs antilḗpseis, kaì en tō̃j pámpan anapheĩ kaì aorátōj gígnetai, pā̃s ō̃n toũ pántōn epékeina kaì oudenós, oúte ʻeautoũ oúte ʻetérou, tō̃j pantelō̃s dè agnṓstōj tē̃j pásēs gnṓseōs anenergēsíaj katà tò kreĩtton ʻenoúmenos kaì tō̃j mēdèn ginṓskein ʻupèr noũn ginṓskōn.* Nach Maximus Confessor, Qvaestiones ad Thalassivm 60.63–93 = PG 90.621C/624B & (Pseudo-)Maximus Confessor, Diversa Capita 4.29–30 = PG 90.1316A-C, unterscheide die Hl. Schrift zwei Formen von Gotterkenntnis: a) die intentional-bezügliche (*schetikḕn*), basierend auf Begriff und Denken, die die Wahrnehmung des Erkannten nicht durch Erfahrung im Vollzug (in actu) besitze, sondern nur durch Analogie im Rückschluß auf Ihn vom Seienden aus; sie bewege die Intention auf die Gnosis im Vollzug in der Teilhabe zu; b) die vollgültig wahre, einfache und einförmige Erkenntnis, die die gesamte Wahrnehmung des Gewußten in einem einzigen Erfahrungsakt ohne Begriff und Denken durch Teilhabe [= unmittelbar] darbiete, sich über allen Begriffen vollziehe, das Denken über Ihn funktionslos mache und die Begriffs- und Denkerkenntnis, wie 1 Kor 13.8 offenbar meine, zum Aufhören bringe und aufhebe. In (Pseudo-)Maximus Confessor, Diversa capita 5.43 = PG 90.1365C, wird das vollgültige Erkennen mit dem Sabbath identifiziert. Er sei das Stillhalten der Leidenschaften und Bewegung des Intellects hinsichtlich der Natur des Seienden oder die vollkommene Untätigkeit der Leidenschaften sowie das universale Anhalten der Bewegung des Intellects hinsichtlich des Geschaffenen und der vollkommene Übergang zum Göttlichen, … welches ja das Schweigsam-Bleiben hinausschreit und die völlige Unwissenheit aufgrund der Erhabenheit vor Augen führt. (*Tò Sábbaton, pathō̃n esti kaì tē̃s perì tḕn phúsin tō̃n óntōn toũ noũ kinḗseōs anápausis· ē teleía pathō̃n apraxía, kaì tē̃s perì tà pepoiēména katholikḕ toũ noũ paúla kinḗseōs, kaì pròs tò Theĩon teleía diábasis· … ónper ʻē teleía mónē kékrage sigḕ, kaì ʻē pantelḕs kath' ʻuperochḕn agnōsía parístēsi.*).

habend. In der göttlicheren Nachahmung der überhimmlischen Geistwesen werden wir ›nämlich engelgleich‹ sein, wie die Wahrheit des (Bibel-)Spruchs sagt, ›und Söhne Gottes, dieweil sie Kinder sind der Auferstehung‹.«[92] Und damit sind sie – den Engeln gleich – nicht nur wahre Gottesfreunde, sondern auch wahre Menschenfreunde, Helfer, Heiler und als Söhne Gottes quasi Stellvertreter des Sohnes Gottes oder Heilands auf Erden. »Ein solcher wird wohl niemals von widrigen Vorstellungen oder Schrecknissen beeinträchtigt … und außer dem, daß er in seiner eigenen Haltung leidenschaftslos und ohne Zuneigung ist, wird er sich auch den anderen, die davon beeinträchtigt sind, als Heiler/Helfer erweisen.«[93]

---

[92] Dionysios Areopagita, De divinis nominibus 1.4, Corpus Dionysiacum 1.114.7–115.5: *Tóte dé, 'ótan áphthartoi kaì athánatoi genōmetha kaì tē̃s christoeidoũs kaì makariōtátēs ephikṓmetha lḗxeōs, ‹pántote sùn kuríōj› katà tò lógion ‹esómetha› tē̃s mèn 'oratē̃s autoũ theophaneías en panágnois theōríais apoplēroúmenoi phanotátais marmarugaĩs 'ēmãs periaugazoúsēs 'ōs toùs mathētàs en ekeínēj tē̃j theiotátēj metamorphṓsei, tē̃s dè noētē̃s autoũ phōtodosías en apatheĩ kaì aüĺōj tõj nõj metéchontes kaì tē̃s 'upèr noũn 'enṓsōs en taĩs tõn 'uperphanõn aktínōn agnṓstois kaì makaríais epibolaĩs. En theiotéraj mimḗsei tõn 'uperouraníōn noõn ‹isággeloi gár›, 'ōs 'ē logíōn alḗtheiá phēsin, esómetha ‹kaì 'uioì theoũ tē̃s anastáseōs 'uioì óntes›.* Ihnen kommen somit dieselben Attribute zu wie den gottallernächsten Engeln aus der gottnächsten Engelshierarchie, den höchsten und erhabensten Thronen, deren Name besage, cf. Dionysios Areopagita, De coelesti hierarchia 7.1, Corpus Dionysiacum 2.28.6–12 ≈ PG 3.205C-D: »das von jedem untenliegenden Erdhaft-Niederen unvermischt Abgehobensein; das überkosmisch nach oben Hinaufgehoben- und von jeder (Unter-)Grenze unverrückbar/ausgeglichen Hinaufgerücktsein; das mit voller Kraft unerschütterlich und ruhigstehend fest um das wahrhaft Höchste Gegründetsein; die Aufnahmebereitschaft für die Erleuchtungen des Gotturgrundes in völliger Leidenschaftslosigkeit/Apathie und Immaterialität/Ungegenständlichkeit; die Gottesträgerschaft und die ergebene Aufgeschlossenheit für die Aufnahme des Göttlichen.« (*'ē dè tõn 'upsēlotátōn kaì epērménōn thrónōn tò pásēs amigõs exējrē̃sthai peripezías 'uphéseōs kaì tò pròs tò ánantes 'uperkosmíōs anōpherès kaì pásēs eschatiãs arrepõs anōjkisménon kaì perì tòn óntōs 'úpsiston 'olikaĩs dunámesin akataseístōs kaì eustathõs 'idruménon kaì tē̃s thearchikē̃s epiphoitḗseōs en apatheíaj pásēj kaì aülíaj dektikòn kaì tò theophóron kaì therapeutikõs epì tàs theías 'upodochàs anapeptaménon.*) Zur Apathie cf. auch o. c. 15.3 (in Zusammenhang mit dem Sehen bzw. dem geistlichen Sehen und den göttlichen Erleuchtungen); idem, Epistulae 10.

[93] Cf. Dionysios Areopagita, De ecclesiastica hierarchia 3.7, Corpus Dionysiacum 2.86.12–16 ≈ PG 3.433C: *ouk àn 'o toioũtós pote pròs tõn enantíōn energētheíē phantasiõn ḕ deimátōn … kaì pròs tõj tē̃s oikeías 'éxeōs apatheĩ kaì anendótōj kaì 'etérois iatròs ophthḗsetai tõn toioútōn energēmátōn.* Die Sanftmut findet sich bei Dionys nur in einem Mahnschreiben an den Mönch Demophilos, allerdings ohne darin eine größere spekulative Relevanz zu besitzen, cf. idem, Epistulae 8, Corpus Dionysiacum 2.171–192.

1.3.3 Abgeschiedenheit, Ausräumung und Vernicht(ig)ung – (Selbst-)Entwerdung in der mittelalterlichen Mystik

Gemäß unserer Vorgehensweise, den Sachverhalt der Urteilsenthaltung, der Affektenthaltung und der Absichtsenthaltung entlang markanter historisch vorfindlicher Ausdrucksformen in chronologischer Folge exemplarisch darzustellen, hielte ich es für angebracht, dieses Kapitel mit einem Aufriß der philosophisch-religiösen Dichtung des heiligen Narren Iacopone da Todi (ca. 1230–1306) zu eröffnen. Dieser Absicht steht jedoch ein gewaltiges ›obstat‹ im Wege, das mit der lyrischen Form zusammenhängt, in die die Metaphysik, Ethik und Asketik dieses bewundernswerten italienischen Gottbegeisterten gegossen ist. Bedingt durch diese sind die unterschiedlichen Lehrgehalte nicht in der Weise reflektorisch systematisiert, wie dies bei prosaischen Traktaten erwartet werden kann. Um eine gewisse wissenschaftliche Ordnung bei der Rekonstruktion erreichen zu können, müßten deshalb die Gedichte, Hymnen und Gebete auseinandergerissen und die einzelnen Argumente unter Berücksichtigung sachlicher Zusammenhänge erörtert werden. Da es Iacopone vermochte, in seiner Poesie Liebes- und Erkenntnismystik zu einer selten erreichten Harmonie zu verschmelzen, würde durch diesen gewaltsamen Eingriff genau das verlorengehen, was die Schönheit, Erhabenheit, Eindringlichkeit, ja Einzigartigkeit seiner Botschaft ausmacht. Wir wollen es deshalb damit bewenden lassen, auf sein Wirken und sein Werk hingewiesen zu haben. Es ist geprägt von einer schmerzhaft schneidenden Lehre der Selbst-Nichtung (*nichilitate, nichilità, nichil, nihil*) oder Armut (*povertate*), durch die der Weisheitssucher, von allem abgeschieden (*Mozzato da lui tutto*), im dritten Himmel, dem Licht- und Feuerhimmel (Empyreum) mit Namen »Nichts« (*none*), mit dem davon kaum, ja, nicht zu unterscheidenen unendlichen, gestaltlosen, unerwägbaren Abgrund des Einen, der Liebe, dem Ozean der Gottheit jenseits von allem Ja und Nein, Eins wird. Dies geschieht unter Ausübung höchster Moralität, die in das Aufgeben jeglichen Eigenwillens, jeglichen Verstandesdenkens und aller Gefühlsregungen mündet, wodurch alle Gegensätze, auch die von Tugend und Laster, überwunden und der stille Zustand jenseits menschlicher Tugend, in dem alle Zustände, alle Himmel zertrümmert sind, erlangt wird. »O glorreiches Stehen/Weilen im stillen *Nichts:* beruhigt ist der Geist/Verstand und das Empfinden [die Leidenschaft] ist im [sanften] Schlummer.«[94] Indem der Selbstvernichtete nichts hat und nichts will, hat er alles im Geiste der Freiheit.[95]

Prosaischer Meister Eckhart, in der Sache jedoch nicht weit von Iacopone und dem Areopagiten entfernt, was einleuchtet, wenn man weiß, daß seine Mystik gewissermaßen »dionysisch« ist.[96] Ohne die Bedeutung seiner direkten Beeinflussung durch den geheimnisvollen Pseudo-Dionys und die allseits gerühmten Fortsetzer von dessen hyperbolischer Mystik schmälern zu wollen, möchte ich meinem konzisen Abriß der Nichtsmystik des thüringischen Lese- und Lebemeisters eine Information vorausschicken, die selbst manchem Eckhart-Verehrer nicht bekannt sein dürfte, daß nämlich ein nachweislicher Impuls zu seiner radikalen Spekulation von einer Mystikerin ausging, deren 'Fall' und Schrift ‹Der Spiegel der einfachen Seelen› ihm aus seinem zweiten Paris-Aufenthalt als Magister bekannt sein mußte, der französischen Begine Marguerite Porete (ca. 1250/60–1310), die in Paris als Ketzerin auf dem Scheiterhaufen endete.[97] Nach ihr macht sich die befreite Seele, die selbst nichts und ein Nichts ist und wegen des so gearteten Nichts in die Gewißheit gestürzt ist, nichts zu wissen und zu wollen, aus nichts etwas, nicht einmal aus sich, ihren Allernächsten oder aus Gott selbst.[98] Sie gibt

---

[94] Iacopone da Todi, Laude 51.61–62 (doppelte Leerstellen des Originals): *O glorïoso stare en* nihil *quïetato, / lo 'ntelletto pusato e l'affetto dormire!* Cf. o. c. 82.68–75.

[95] Die für das Thema dieser Studie wichtigsten Lauden sind: Iacopone da Todi, Laude 21; 36; 51; 82; 84; 90; 92, ⟨ed.⟩ F. Mancini, pp. 59–60, 97–102, 142–145, 245–247, 251–261, 289–293, 294–309. Teilweise oder vollständige Übertragungen (mitunter lyrisch und sehr frei) ins Englische, Französische und Deutsche liegen vor, cf. S. & E. Hughes; T. Beck; L. Portier; H. Federmann. ⟨trr.⟩ C. Schlüter & W. Storck, bieten in ihrer Auswahl auch einige Gedichte aus dem Dunstkreis Iacopone's, die heute als unecht gelten; davon besonders interessant Nr. 62, pp. 348–360. Eine exakte Übersetzung ins Deutsche, in der die technische Terminologie der philosophisch-mystischen Tradition berücksichtigt würde, wäre dringend erforderlich. Darauf aufbauend könnte und sollte dann eine populär-lyrische Fassung erstellt werden.

[96] Cf. K. Ruh, Meister Eckhart: Theologe, Prediger, Mystiker, pp. 47–59; eine herausragende Auslegung der Eckhartschen Mystik mit Blick auf die östliche Spiritualität bietet G. Stephenson, Gottheit und Gott in der spekulativen Mystik Meister Eckharts.

[97] Cf. L. Gnädinger ⟨tr.⟩, Margareta Porete: Der Spiegel der einfachen Seelen, pp. 244–246; K. Ruh, Meister Eckhart: Theologe, Prediger, Mystiker, pp. 95–114, insbesondere pp. 104, 107. Einen Abriß zu Leben und Werk der Mystikerin gibt idem, Geschichte der abendländischen Mystik 2.338–366.

[98] Cf. M. Porete, Le mirouer des simples ames/Specvlvm simplicivm animarvm 81.4–10 (zum fünften Zustand der Seele): *Et puisque elle est nient, il ne luy chault de nient, ne d'elle ne de ses proesmes ne de Dieu mesmes; … et pour tel nient est elle cheue en certaineté de nient savoir et en certaineté de nient vouloir.* Cf. o. c. 118.130–135: »Nun

auf nichts etwas, weder auf Schande noch Ehre, sie will weder, noch will sie nicht, weder Glück noch Unglück, noch irgendetwas von dem hier Genannten.[99] Weder auf Armut noch Reichtum, Freud' oder Leid, Liebe oder Haß gibt sie etwas, weder auf die Hölle noch das Paradies, beide braucht sie nicht, wie sie auch nichts Geschaffenes braucht.[100] Sie sorgt/bekümmert sich um nichts (außer zu der Stunde, da sie es benötigt, weil diese Sorge keiner loswerden kann, wenn er nicht unschuldig ist, wie vor dem Sündenfall),[101] sie weiß sich nicht als gut oder schlecht einzuschätzen,[102] ihr ist alles eins/einerlei durch den allein, der Eins ist. Dieser Punkt macht sie einerlei/gleichmütig; sobald sie sich daraus nämlich etwas machte, wäre sie zwiefältig/zwiespältig, denn sie wäre dann bei sich.[103] »Dieses Eine ist, wenn

---

ist eine solche Seele nichts, denn sie sieht kraft der Überfülle göttlicher Erkenntnis ihr Nichts, die sie zu nichts macht und ins Nichts versetzt. Und so ist sie alles, denn sie sieht durch die Tiefe der Erkenntnis ihrer Schlechtigkeit, die so tief und weit ist, daß sie dort weder Anfang noch Maß, noch Ziel/Ende findet, nichts außer einem abgründigen Abgrund ohne Grund; dort findet sie sich, ohne sich zu finden und ohne Grund.« (*Or est telle Ame nulle, car elle voit par habondance de divine cognoissance son nient, qui la fait nulle, et mectre a nient. Et si est toute, car elle voit par la profondesse de la cognoissance de la mauvaistié d'elle, qui est si parfonde et si grant, que elle n'y trouve ne commencement ne mesure ne fin, fors une abysme abysmee sans fons; la se trouve elle, sans trouver et sans fons.*) Zum Nichts und dem Wissen des Nichts im Nichtswissen cf. o. c. 45–47; 51; 118.142–206 (zum fünften bis siebten Zustand der Seele). In dem Werk sind zwar eine Siebenstufenfolge von Seinszuständen der sich Gott nähernden Seele und einige weitere Aufzählungen von Sicht- und Betrachtungsweisen vorfindlich, allgemein kann man aber nicht davon sprechen, daß es gemäß einer stringenten Gedankenfolge oder gar einem logischen Ordnungsprinzip aufgebaut ist.

[99] Cf. M. Porete, Le mirouer des simples ames/Specvlvm simplicivm animarvm 13.22–24, 65–66: *que ceste Ame n'a compte, n'a honte ne a honneur … Et ce scet bien Verité, et aussi qu'elles ne veullent ne desveulent nullez de ces prosperitez ne de ces adversitez;* o. c. 49.6–7: *Elle ne veult ne ne desveult chose qui soit ycy nommee.*

[100] Cf. M. Porete, Le mirouer des simples ames/Specvlvm simplicivm animarvm 7.3–5: *Ceste Ame, dit Amour, ne fait compte ne de honte ne de honneur, de pouvreté ne de richesse, d'aise ne de mesaise, d'amour ne hayne, d'enfer ne de paradis.* O. c. 49.5–6: *Il ne lui fault ne enfer, ne paradis, ne chose creee.*

[101] Cf. M. Porete, Le mirouer des simples ames/Specvlvm simplicivm animarvm 9.25–27: *Telle Ame n'a soing de chose qui luy faille, si non en l'eure qu'il lui fault; et ce soing ne peut nul perdre, se il n'est innocent.* O. c. 136.3: *Hoc non* curat *ipsa.*

[102] Cf. M. Porete, Le mirouer des simples ames/Specvlvm simplicivm animarvm 9.14–15: *Telles Ames ne se scevent trouver bonnes ne maulvaises, …*

[103] Cf. M. Porete, Le mirouer des simples ames/Specvlvm simplicivm animarvm 109.32–33, 38–41: *Il ne me chault … tout m'est ung, … tout m'est ung de celluy seul qui est ung. Ce point me fait une, et aultrement seroie je ⟨deux⟩, tantost se il m'en chailloit, car je seroie avec ⟨moy.⟩.* O. c. 135.11–17 (auch vom Aller-Dinge-Bloßsein der Seele, *omnibus rebus nuda*).

die Seele in jene einfache Gottheit zurückversetzt ist, die ein einfaches Sein ausgegossenen Genießens in bloßem Wissen ohne Empfindung/Meinung über dem Denken ist.«[104] Die Seele, der dieserart alles einerlei ist, hat weder Gedanken noch Wort, noch Werk, lediglich den Gebrauch der Gnade der göttlichen Dreiheit.[105] Während sie auf sich selbst (be)steht, ist sie frech und hochmütig und in diesem Zustand hat sie Vorstellungen und Überlegungen, denn dies ist das Sein der Betrachtung, die das Denken zu ihrer Unterstützung bei sich behält; verbleibt die Seele aber im Nichts, einem Sein ohne sie selbst, so hat das Denken keine Macht mehr über sie, sie hat den Gebrauch ihrer Sinne verloren, nicht eigentlich ihre Sinne, sondern deren Gebrauch, und das ist die Vollendung ihrer Pilgerfahrt und die Wiedervernichtung aus der Wiederherstellung ihres Willens, der in ihr aufgegeben ist. Das ist das Erreichen der hohen See, denn sie lebt fortan ohne Eigenwillen und ist auf diese Weise im Sein oberhalb ihres Entschlusses/Überlegens.[106] Die solcherart am Ziel angekommene, friedvolle Seele fällt über alles, womit sie nicht einverstanden ist, kein

---

[104] M. Porete, Le mirouer des simples ames/Specvlvm simplicivm animarvm 138.5–7: *Cest ung est, quant l'Ame est remise en celle simple Deité, qui est ung simple Estre d'espandue fruiction, en plain savoir, sans sentement, dessus la pensee.* O.c. 72.47–51: »Wenn der Körper gänzlich abgetötet ist und der Wille sich in Schande, Armut und Drangsal/Widerwärtigkeit erfreut, dann ist er ganz Geist und anders nicht. Dann haben solche spirituellen Kreaturen Reinheit im Gewissen, Frieden in den Affekten und Einsicht im Verstand.« (*Quant le corps est tout mortiffié et la voulenté s'esjoyst en honte, en pouvreté et en tribulacions: adonc est il tout esperit, et non aultrement. Adonc ont telles espirituelles creatures purté en conscience, paix en affection, et entendement en raison.*).

[105] Cf. M. Porete, Le mirouer des simples ames/Specvlvm simplicivm animarvm 16.29–30: *Ceste Ame n'a pensee ne parole ne oeuvre fors l'usage de la grace de la Trinité divine.*

[106] Cf. M. Porete, Le mirouer des simples ames/Specvlvm simplicivm animarvm 110.18–33: *… l'Ame a soy … est l'Ame dangereuse et fiere. En tel estat a appercevances et meditacions, car c'est l'estre de contemplacion, qui retient avec elle Pensee en son ayde. Or demoure en nient, … et ainsi est telz estres sans elle; … Pensee n'a mas en elle seignourie. Elle a perdu l'usage de ses sens, – et non mye ses sens, mais l'usage. … C'est l'acomplissement de son pelegrinage, et le ranientissement de son rendage de son vouloir, qui est remis en elle. C'est la prinse de haulte mer, car elle vit sans voulenté de luy, et si est en estre dessus son conseil; …* Der schwer verständliche Satzteil von der »Wiedervernichtung« an wurde, wie aus den alten und neuen Übersetzungen zu erschließen ist, sehr unterschiedlich aufgefaßt; ich bin von der lateinischen Version ausgegangen. Zur Überwindung von Verstand und Denken cf. o.c. 43.57–61; 52.33; 59.14–21; 68.11–13 (Verstand gleich einem Esel); 97.44–46; 113.10–14; 116.14–23; 117.13, 22–23; 136.8 (jedes Werk ist der Seele im einfachen Sein der Gottheit verboten); 122.27–34 (Denken hat da keinen Wert mehr, nicht Werk noch Rede, dort ist kein Verstehen mehr), ähnlich 121.28–33.

Urteil, es sei denn ein gütiges.[107] Da sie jedoch mit allem einverstanden ist und keine eigenen Absichten mehr hat, nicht einmal die, daß sich die Absichten Gottes durch sie erfüllen,[108] kann sich die friedvolle Seele also nicht anders verhalten, denn im Jesuanischen Geiste überhaupt nicht zu verurteilen, und da sie in Wahrheit kein Urteil mehr nach menschlichem Maß fällt, letztlich nicht einmal mehr zu urteilen.

Wer in das Eine, die Gottheit, das Nichts, die Ununterschiedenheit (*indistinctio*)[109], wer in den Ursprung und Grund zurückkehren wolle, predigt Meister Eckhart, der müsse die Kräfte der Seele, Gedächtnis/Einbildungskraft, Denkvermögen und Wille, Sinnlichkeit, Vorstellungen und all das lassen, da sie Vielheit/Menge implizierten und einen vermannigfachten; er müsse zum Schweigen, zu Ruhe und Stille,[110] zu Gelassenheit,[111] Passionslosigkeit und Gleichmut,[112] kom-

---

[107] Cf. M. Porete, Le mirouer des simples ames/Specvlvm simplicivm animarvm 47.15–16: *Car en tout ce dont elle n'a l'entente, elle ne fait nul jugement, sinon tousjours en bien.* Für den Verstand gilt hingegen, daß er immer nach dem urteilt, was er weiß, da er immer die Funktion ausüben will, die ihm gemäß ist. Doch ist der Verstand einäugig/dunkel, was nicht zu widerrufen ist, denn nichts kann die erhabenen/hohen Dinge sehen, was nicht dauernd/permanent sein darf, cf. o.c. 116.14–22: *Raison juge tousjours selon ce qu'elle scet, car elle veult tousjours faire l'oeuvre qui appartient a elle. … Borgne est Raison, ce ne peut l'en desdire, car nul ne peut veoir les haultes choses se il ne doit estre permanablement.*

[108] Cf. M. Porete, Le mirouer des simples ames/Specvlvm simplicivm animarvm 48.3–10.

[109] Einige der ca. zwei Dutzend Textstellen zum Theorem von der *indistictio,* die m.E. den innersten Kern der Philosophie Eckharts darstellt (wovon unten noch anläßlich der Termini Bloßheit, Ledigkeit, Leere und Eigenschaftslosigkeit die Rede sein wird), finden sich im Zusammenhang mit der skeptischen Lehre von der *aparallaxía* und Hinweisen auf ähnliche Gedanken im Vedānta (*na-anyat*), Nicolaus Cusanus (*non-aliud*) etc. in meinem Buch: H. P. Sturm, Weder Sein noch Nichtsein, pp. 353[156]–354.

[110] Cf. Register: Meister Eckhart, DW, s.v. *swîgen, ruowe, stil, stilheit* etc. Zum Schweigen insbesondere idem, DW 3.441.1–443.7.

[111] Umfangreiche Stellensammlung zu *lâzen, gelâzen, gelâzenheit* im Werk Eckharts bei A. Bundschuh, Die Bedeutung von gelassen und die Bedeutung der Gelassenheit in den deutschen Werken Meister Eckharts unter Berücksichtigung seiner lateinischen Schriften, pp. 104–108, 395–409. Zu diesem Zentralbegriff deutscher ›Mystik‹ einiges mehr im Kapitel 4.1.4.

[112] Da es zum Lateinwerk des Magisters bisher kein Register gibt, lasse ich eine ausführlichere Stellenlese aus dem lateinischen Predigtwerk folgen: Meister Eckhart, LW 4.64.7 (Parallelstellen in Fn. 3): »die [absolute/göttliche] Liebe ist das Ende der Leidenschaften« (*amor finis est passionum*); LW 4.64.12: »Das Ziel selbst ist nämlich Ruhe und es beruhigt« (*Ipse enim finis quies est et quietat*); LW 4.65.12–14 (cf. 4.67.2–4): »Es ist keinerlei Furcht und Pein in der [absoluten/göttlichen] Liebe, noch Leidenschaft, wie z.B. Traurigkeit, Neid und derartiges, weder Freude am Kreatürlichen noch Liebe, noch Hoff-

men. »Darum spricht ein Meister: Wenn der Mensch ein innerliches Werk wirken soll, so muß er all seine Kräfte einziehen, gerade wie in einen Winkel seiner Seele, und sich von allen Bildern und Formen zurückziehen; und allda vermag er zu wirken. Hier muß er in ein Vergessen und Nichtwissen kommen. Es muß in einer Stille und einem Schweigen sein, wo dieses Wort gehört werden soll. Man vermag diesem Wort mit nichts besser nahezukommen, denn mit Sill-

---

nung und so generell, sondern immerdar Freude an Gott.« (*Timor ergo et poena nulla est in caritate nec passio, puta tristitia, invidia et huiusmodi, nec gaudium de creatura, non amor, non spes, et sic universaliter, sed iuge gaudium de deo.*); LW 4.68.1 (mit Angabe der Originalstellen; Übersetzung der Herausgeber): »Daher sagten die Alten, der Weise verfalle keiner Leidenschaft, ...« (*Hinc est quod dixerunt antiqui, passionem non cadere in sapientem, ...*); LW 4.69.7–9: »Die totale Perfektion des Menschen ist also: sich von der Kreatur weit zu entfernen und sich aus ihr herauszuschälen [aus ihr herauszuschlüpfen; sie auszuziehen], sich einerlei [gleichmütig/gelassen] zu verhalten in allem und zu allem, durch Widerwärtiges nicht niedergeschlagen, durch Beglückendes nicht erhoben zu werden, über das eine, worüber auch immer, nicht mehr erfreut oder geängstigt oder betrübt zu sein als über das andere ... (*Tota ergo perfectio hominis est longe fieri et exui creatura, uniformiter se habere in omnibus et ad omnia, non frangi adversis, non attolli prosperis, non gaudere plus de uno quolibet aut timere seu dolere quam de altero, ...*); LW 4.77.6–8: »... lebt er gänzlich in Frieden und (seelischer Wind-)Stille im Reichtum und der Überfülle der höchsten und unaussprechlichen Weisheit.« (*omni⟨qua⟩que pacatus et tranquillus vivit in opibus et abundantia summae et ineffabilis sapientiae.*); LW 4.78.2–3: »die ewige Ruhe, durch keine Zeiten zu unterscheiden, die immerwährende Seligkeit« (*requies aeterna, nullis distinguenda aetatibus, beatitudo perpetua*); LW 4.82.2: »sich völlig beruhigend und zum Stillstand bringend« (*se toto quiescens et sistens*); LW 4.264.8–9: »im Einen ist niemals Schmerz oder Pein oder Beschwernis, ja nicht einmal Leidensfähigkeit oder Sterblichkeit (*in uno nunquam est dolor sive poena sive molestum, sed nec passibilitas aut mortalitas.*); LW 4.313.9: »Einheit, (seelische Wind-/Meeres-)Stille« (*unitas, tranquillitas*); LW 4.136.6 & 4.416.8: »Apathie/Leid(enschafts)losigkeit« (*impassibilitas*); LW 4.314.1–2 (mit Verweis auf entsprechende Stellen in Fn. 1): »weil in denen, die in Gott ruhen, Gott in gleicher Weise ruht (*quia in his, qui in deo quiescunt, deus pari modo requiescit*). LW 4.128.8–129.16; 4.132.1–9; 4.280.14–15; DW 1.17.7–12/Pf. [Pf. = ⟨ed.⟩ F. Pfeiffer] 37.18–21; DW 1.104.2–7/Pf. 203.38–40; DW 1.155.7–11/Pf. 271.23; 1.276.1–5; DW 3.482.8–13/Pf. 47.35–48.2; DW 5.12.12–13.4/Pf. 421.27–28; DW 5.406.2–9/Pf. 485.18–19; DW 5.411.12–413.4/Pf. 486.34–38; Pf., pp. 351.10–11; 375.39–376.2; 646.8–11. Die Stelle DW 3.490.7–492.5/Pf. 52.18–40, widerspricht diesem Prinzip nicht, sondern erläutert es, man denke als Analogon nur an das Bodhisattva-Ideal. Zu »glîch« = »gleichmütig, gelassen«, cf. L. Völker, Die Terminologie der mystischen Bereitschaft in Meister Eckharts deutschen Predigten und Traktaten, pp. 63–65. Die Apathie des stoischen Weisen bei Eckhart erforscht G. Hiecke, Meister Eckhart und die Stoa, pp. 112–117, 198–203. Cf. A. Silesius, Cherubinischer Wandersmann 1.293: »Wenn man Vergőttet ist. / *Mensch / wann dich weder Lieb berůhrt / noch Leid verletzt / So bistu recht in GOtt / und GOtt in dich versetzt.*« Cf. o.c. 1.38, 1.51, 1.125, 5.136, 5.227.

heit und Schweigen«[113]. »Und so in Wahrheit: willst du diese edle Geburt finden, so mußt du alle Vielheit lassen und mußt in den Ursprung und Grund zurückkehren, von wo du ausgegangen bist. Alle die Kräfte der Seele und all ihre Werke: das ist alles Vielheit; Gedächtnis/Einbildungskraft, Denkvermögen und Wille, dies alles vermannigfacht sich, darum mußt du sie alle lassen: Sinnlichkeit, Vorstellungen und all das, worin du dich selbst findest oder das du im Sinn hast.«[114] Der Gemütszustand, der durch ein solches Lassen ein-

---

[113] Meister Eckhart, ⟨ed.⟩ F. Pfeiffer, p. 14.31–37: *Dar umbe sprichet ein meister: swenne der mensche ein indewendic werc sol wirken, sô muoz er alle sîne krefte în ziehen, rehte als in einen winkel sîner sêle, unde sich verbergen vor allen bilden unde formen, und aldâ mag er wirken. Hie muoz er komen in ein vergezzen und in ein nihtwizzen. Ez muoz sîn in einer stille und in eime swîgene dâ diz wort sol gehœret werden. Man enmac diesem worte mit nihte baz zuo komen denne mit stilheit unde mit swîgenne.* Weitere Textstellen zum Einziehen der äußeren Kräfte und ihrer Bezähmung und Zügelung durch harte Übung in o. c., pp. 13.16–23, 22.24–33, 29.24–29, 459.26–33; idem, DW 1.136.4–137.2. A. Augustinus, De vera religione 39.72, ⟨ed./tr.⟩ Péronne, 3.643: »Geh nicht hinaus, geh in dich (selbst), im inneren Menschen wohnt die Wahrheit. Und wenn du deine Natur veränderlich/unstet findest, überschreite auch dich selbst.« (*Noli foras ire, in teipsum redi, in interiore homine habitat veritas. Et si tuam naturam mutabilem inveneris, transcende et teipsum.*) Cf. idem, Confessiones 7.10.16; idem, Retractationes 1.8.3; idem, Tractatus in Ioannem 18.5.10. Bei Maximus Confessor, Mystagogia 23 = PG 91.700C, gibt es einen Punkt des Spiritualweges, an dem die Seele ihre eigenen Kräfte in sich zusammenzieht (*suna[ga]goũsan pròs mèn 'eautẽs*), sie selbst aber zum Logos gelangt. Plotinos, Enneaden 1.2.5.6–7 §23, berichtet, daß sich die Psyche, die sich vom Leib trennen will, gleichsam räumlich in sich selbst zusammenziehen, unter allen Umständen aber leidenschaftslos verharren muß (*toĩs 'oĩon tópois sunágousan pròs 'eautẽn, pántōs mẽn apathõs échousan*); cf. o. c. 6.9.7.5–23 §§ 51–52; 1.2.6.22–27 §31; 1.4.10.32–33 §88; 4.3.32.17–24 §§ 163–164; 5.5.7.31–35 §52. Und bei Proklos, Parmenides usque ad finem primae hypothesis nec non Procli commentarium in Parmenidem, p. 74.8–9, liest man, daß die zur Einung bereite Seele das Eine nicht frage, was es nicht ist oder was es ist, sondern sich gänzlich ein-/ab-/verschließe, ihre gesamte Tätigkeit (auf einen Punkt) zusammenziehe/sammle und sich mit der Einung allein begnüge (… *neque querentem quid non est aut est, sed omniquaque claudentem et omnem operationem contrahentem et contentam unione solum*). Zu diesem schildkrötenartigen Sich-in-sich-Zusammenziehen werden wir unter der Rubrik Yoga später noch einmal zu sprechen kommen. Dort dann auch die Darstellung der identischen geistigen Operation bei Platon.

[114] Cf. Meister Eckhart, ⟨ed.⟩ F. Pfeiffer, pp. 24.31–25.1: *Alsô in der wârheit, solt dû dise edele geburt vinden, sô muost dû alle menige lâzen unde muost wider kêren in den ursprunc und in den grunt, dâ dû ûz komen bist. Alle die krefte der sêle und alliu ir werk daz sint allez meinige; gehügnisse, verstantnisse unde wille, diz allez vermanicvaltiget sich, dar umbe muost dû sie alle lâzen: sinnelicheit, bildunge und allez daz, dâ dû dich selber inne vindest oder meinest.* Man beachte die sinnvolle Textkonjektur für »… dies alles vermannigfacht sich« in der Übersetzung ⟨tr.⟩ J. Quint, Meister Eckehart, p. 432.16: »… die alle vermannigfaltigen dich.« Cf. Meister Eckhart, ⟨ed.⟩ F. Pfeiffer,

tritt, ist definiert als »der Kräfte, Vermögen und Affekte Einheit, (Wind-)Stille/(Meeres-)Ruhe«[115]. Dabei handelt es sich um eine Seelenverfassung des Leerseins oder der Leerheit (*îtel-sîn/îtelkeit*)[116], der Bloßheit, Nacktheit und Ledigkeit (*blôzheit/ledic stân*)[117] alles Bedingten, der »Ablegung«[118] oder Absonderung[119], in der alles Geschaffene, Kreatürliche, und das ist »alles, was man unterhalb von Gott wahrnimmt/empfindet und sieht«[120], aus der ›Seele‹ verabschiedet, ausgeschieden und von ihr abgeschieden ist, und der deshalb von Meister Eckhart gerne *abegescheidenheit*, Abgeschiedenheit, genannt wird.[121]

---

pp. 181.1–18, 384.6–385.15; idem, DW 2.502.4–505.9. L. Völker, Die Terminologie der mystischen Bereitschaft in Meister Eckharts deutschen Predigten und Traktaten, p. 86: »›menige lâzen‹ bedeutet also hier alle zerstreuende und von der Unio ablenkende Geistes- und Sinnentätigkeit aufgeben, nur noch ›sein‹, ›schweigen‹, ›tot sein‹, ›abgestorben sein‹, wie es an anderen Stellen heißt.« Als ein Beispiel für die Überwindung alles kreatürlich Geistigen und die Versenkung und Verschmelzung der Geisteskräfte im und mit dem ungeschaffenen Geist cf. J. Tauler, Die Predigten Taulers, ⟨ed.⟩ F. Vetter, pp. 67.28–68.8, 109.20–23 (letzterer Passus wurde von uns im Kapitel 1.1.2 bereits zitiert und übersetzt). Einige konzise Bemerkungen zu unserem Thema in Zusammenhang mit der deutschsprachigen »mystisch-aszetischen Lyrik« des Mittelalters gibt R. Meyer, Maister Eghart sprichet von Wesen bloss, pp. 72–76.

[115] Meister Eckhart, LW 4.313.8–9: *virium, potentiarum et affectuum, unitas, tranquillitas.*

[116] Cf. Meister Eckhart, DW 5.28.3–30.9.

[117] Cf. Register: Meister Eckhart, DW, unter den genannten Begriffen.

[118] Cf. Meister Eckhart, ⟨ed.⟩ F. Pfeiffer, p. 616.10–11, wo von »*der schuole aller abelegunge und abegescheidenheit aller crêatûre*« gesprochen wird.

[119] Cf. Meister Eckhart, LW 4.447.8–9: »der Geist muß abgesondert/abgeschieden und unvermischt sein, mit nichts etwas gemein habend« (*intellectus debet esse separatus et inmixtus, nulli habens commune*); cf. LW 4.283.3–10: »… daß die Seele mit dem Dies und Das und so weiter nichts gemein habe, … mit dem Nichts nichts gemein« (… *ut anima cum hoc et hoc et sic deinceps non habeat commune quidquam, … cum nihilo nihil commune*); LW 4.284.8–9: »im *Geist*, nämlich in einem gesammelten, in sich geeinten, von allem Geschaffenen verschiedenen« (spiritu, *scilicet collecto, unito in se, distincto ab omni creato*).

[120] Meister Eckhart, DW 3.482.12–13: *'Crêatûre' heize ich allez, daz man enpfindet und sihet under got.*

[121] Cf. insbesondere das Traktat ‹Von abegescheidenheit›, in: Meister Eckhart, DW 5.377–468, und ‹Die rede der underscheidunge›, Kapitel 6: ‹Von der abegescheidenheit und von habenne gotes›, in: DW 5.200–209. Natürlich deutet der deutsche Begriff auf lateinisch *absolutum, absolutio* und weist sowohl auf Losgelöstheit, Abgeschieden- und Freisein von allem als auch auf Vollendung, Vollkommenheit und Unbedingtheit, cf. DW 3.133.5: »lautere *Absolutheit* des freien Seins« (*lûter* absolûcio *des vrîen wesens*). Zur Abscheidungsmethode und ihren äquivalenten Formulierungen bei Eckhart cf. K. Ceming, Mystik und Ethik bei Meister Eckhart und Johann Gottlieb Fichte, pp. 51–

Von ihr hält einer der bedeutendsten modernen Eckhart-Interpreten fest: »Verfolgt man den Weg der Abgeschiedenheit bis hierhin, so kann man seine sachliche Nähe zur Epoché Husserls erkennen. … … Aber die Verwandtschaft des Ansatzes … ist doch nicht eine Gleichheit des Ziels. Sie gilt, insofern die Abgeschiedenheit die Welt in ihren Ursprüngen freilegt. … Aber gleichzeitig strebt der Meister Eckhart von diesem Ansatz aus noch viel weiter, nämlich in die Dimension des Religiösen, in die Dimension Gottes.«[122] In einen weiteren doxographischen Rahmen wird das soeben Konstatierte durch die Bemerkung eines Forschers gestellt, der von einer ganz anderen Seite auf die hier abgehandelte Problematik zugeht und durch seinen Hinweis auf Cartesius im Kontext mystischer Techniken einen indirekten Bezug zu Husserl herstellt, der auch vom oberflächlichen Kenner der Phänomenologie sofort nachvollzogen werden kann. »Wenden wir uns nun zu Meister *Eckehart*, um in seinen Schriften den im Mittelalter verdrängten radikalen Zweifel (als die mystische Methode des Leerwerdens) sein heimliches Leben führen zu sehen. Es mag sich dabei zeigen, dass die Herstellung der mystischen Leere nicht minder methodisch vorgenommen wird als die damit parallel gehende Ausschaltung alles Bezweifelbaren bei *Descartes;* dass aber die via mystica [der mystische Weg] weiter führt als *Descartes,* nämlich bis hinein in die völlige Ungegenständlichkeit. … … Wir haben … zu zeigen versucht, wie die mystische Methode des Leerwerdens dem *Descarte'*schen doute méthodique [methodischen Zweifel] parallel läuft. Hier wie dort wird alles hinaus geworfen, was nicht der ‹Grund› ist, unter den hinab nicht mehr gezweifelt und gesucht werden kann. Auch Augustins Zweifel hat diese Absicht und will den ‹Grund› finden und wie gesagt, ist er schon von des *Descartes* Zeitgenossen darin als dessen Vorläufer empfunden wor-

---

92. Die Aufforderung, alles, alle Bilder wie Formen (d. h. Ideen, Gedanken, Vorstellungen), Weisen und Vermittlungen abzutun, zu lassen, ihrer ledig und bloß, d. h. abgeschieden von ihnen zu stehen, gehört zu den Standardformeln Eckhartschen, Taulerschen und Seuseschen Predigens und Spekulierens. Deshalb ist eine Dokumentation diesbezüglich hier unnötig. Man konsultiere die jeweiligen Indices der Gesamtausgaben. Bibliographischer Nachweis für Heinrich Suso: H. Seuse, Deutsche Schriften, ⟨ed.⟩ K. Bihlmeyer. Man beachte auch die Theologia Deutsch 5, ⟨ed.⟩ H. Mandel, pp. 13–14. Zur englischen Mystik cf. Anonymus, The Cloud of Unknowing and Related Treatises, ⟨ed.⟩ P. Hodgson. Der Begriff des Absolutseins oder Abgeschiedenseins findet sich auch bei Maximus Confessor, Expositio orationis dominicae 521–522 = PG 90.896A, dort hinsichtlich Begierde und Aufbrausen (*epithumías te kaì thumoũ kechōrisménēn*).

[122] B. Welte, Meister Eckhart, pp. 38–39 (mit Auslassungen).

den, wie auch mittelalterliche Mystik sich je und je auf ihn berief. Denn es kann auch die via quaerendi et dubitandi [der Weg/die Methode des (Unter-)Suchens/Fragens und Zweifelns] bei Augustin als eine Strecke der via mystica [des mystischen Wegs] angesehen werden.«[123]

Überdeutlich wird die Überlappung von skeptischen Vollzügen (für die auch hier unglücklicherweise Zweifel steht) und mystischen in der folgenden Stellungnahme herausgestellt: »Dass der Zweifel, das grundsätzliche In-Frage-Stellen aller Werte und Vorstellungen, eine wesentliche Beziehung zum Denken der Mystik besitzt, ist eine zwar nicht unbekannte, doch selten genügend hervorgehobene Tatsache. Beruht doch die negative Theologie, das unentbehrliche Rüstzeug einer jeden spekulativen Mystik, zugleich auf dem radikalen Zweifel an allen sonst für die höchsten Werte erachteten Denkinhalten wie auch auf dem Bedürfnis, gerade durch diesen Zweifel eine Stufenleiter höherer und höchster Inhalte zu erstellen, deren unendlich erhabener Scheitelpunkt mit dem von der Seele als ihr wahres Selbst erahnten, als ihr eigenes *summum bonum* [höchstes Gut] erkannten ‹Grunde› zusammenfällt. Der endgültigen Identifikation der Seele mit dem Absoluten in der *Unio mystica* [mystischen Vereinigung] geht auf dem Wege des Denkens eine lange Reihe von Disjunktionen voraus, von Zweifeln, Zwei-Fällen in dem Sinne, dass die suchende und jeden Gegenstand prüfende Seele immer erneut zu sich selber spricht: ‹Das bist du nicht›. Das ‹du› oder das wahre Selbst, welches hier gesucht wird, kann erst gefunden werden, wenn die ganze Fülle aller zwiespältigen, zweideutigen, in Zweifel zu ziehenden Wesenheiten sich dem Urteil der Seele überantwortet hat und von ihr entlassen: in der eckhartischen Bedeutung des Wortes ‹gelassen› worden ist. …… Systematisch ausgebaut ist diese Art des

---

[123] J. Amstutz, Zweifel und Mystik besonders bei Augustin, p. 44 & p. 92 (durch zweimal drei Auslassungspunkte getrennt). O. c., pp. 104–105: »Vom Wege des cartesischen Zweifels kann man im Uebrigen nur sagen, er gehe demjenigen der Mystiker *parallel*, sofern auch *Descartes* von allem Ungewissen leer werden will. Vom Wege des augustinischen Zweifels aber, der ein Zweifel vor Gott ist, ein tief religiöses Verhalten, muss gesagt werden, dass er *die erste Strecke der via mystica selber ist.* Augustin hat als Neuplatoniker diesen Weg für die christliche Mystik eröffnet.« Cf. o. c., pp. 94–95: »Auch das Herstellen der Leere, des Gott ansaugenden Vacuums begegnet auf Augustins mystischem Wege. …… Dies ist ja … auch der Sinn des augustinischen Zweifels: dass alles Ungewisse, Veränderliche und Vergängliche, alles Geschöpfliche zum Schweigen gebracht werde und die Spur des Schöpfers selber im Seelengrunde gefunden werde, …« (mit Stellenverweisen auf die Originalschriften).

ständig weitergetriebenen Zweifelns – bis zum abschliessenden *Tat tvam asi* [Das bist du] – vor allem in der Praxis gewisser indischer Mystiker.«[124]

Den Tatbestand, daß die Einschätzung der Person und Lehre Meister Eckharts: »Er ist ebensosehr Erkenntnistheoretiker und Kritiker als Mystiker. … Seine Mystik ist Skepsis; freilich aber auch umgekehrt.«[125] bisher keine breitere (wissenschaftliche) Zustimmung gefunden hat, kann ich mir nur so erklären, daß eine beträchtliche Zahl der Gelehrten auf den relevanten Forschungsgebieten zu sehr auf das historische wie sozio-kulturelle Beiwerk, die Terminologie und die Dogmenumrahmung des jeweiligen Überlieferungsstranges und zu wenig auf die darin beschriebene und geforderte geistig-seelische Grundoperation geachtet hat. Was von uns zu Eckhart und anderen bemerkt wurde, gilt genau genommen für die meisten mystisch-spekulativen und asketisch-praxiologischen Philosopheme, welche Negation, Entsagung und Evacuation (Leerung) zu ihrer Maxime gemacht haben.[126] Zur skeptischen oder mystischen Praxis selbst der einzelnen Vertreter dieser Disziplinen und zu ihren spirituellen Errungenschaften wollen und müssen wir uns der Urteile weitestgehend enthalten, da diesbezügliche Berichte von ihnen und über sie entweder gar nicht oder nur sehr spärlich vorliegen oder

---

[124] M. Bindschedler, Mittelalter und Moderne, p. 395. Der Text zur Fußnote 2 nach: ‹Das bist du nicht›.[2], wurde bei uns an den Schluß des Zitats gestellt. Präzisierend ist hier zu vermerken, daß der ›Zweifel‹, der der Vedānta-Mystik hier zugesprochen wird, eigentlich die Bemühung um die Aufhebung oder Überwindung aller Unterschiede (*bheda*), Disjunktionen oder Gegensatzpaare (*dvandva*) und der Einkehr in die Identität/Gleichgültigkeit (*samatva/samatā*), Einheit (*aikya*), Einzigkeit (*ekatva*), das Ein(zig)e (*eka*), die Zweitlosigkeit (*advitīyatva*), die Nicht-Zweiheit (*advaita*) und das Zwiefaltlose (*advaya*) darstellt, das Selbst als Das (*tat*) = Brahman.

[125] G. Landauer, Vorwort zu: idem ⟨tr.⟩, Meister Eckhart, Mystische Schriften, p. 10.

[126] Cf. G. Landauer, Skepsis und Mystik, pp. 46–47: »Es geht eine Linie, die bei den Neuplatonikern sicher nicht anfängt, aber doch zum erstenmal mit Sicherheit festzustellen ist, die dann in Dionysius Areopagita wohl im fünften Jahrhundert ihren ersten Höhepunkt findet, in Scotus Erigena im neunten ihren zweiten, die dann nachhaltig die Scholastiker, Realisten und panpsychistischen Sekten des Mittelalters berührt, bis sie in Meister Eckhart ihren dritten und höchsten Gipfel erreicht. Von da geht die Linie langsam und verborgen, aber unverloren weiter über Picus de Mirandola, Molinos und Jakob Böhme zu Angelus Silesius …; ein deutlich erkennbarer Zweig geht dann nach England hinüber zu dem großen Berkeley …; die Linie scheint mir bis in die Gegenwart zu reichen und in Johannes Wedde und vor allem Alfred Mombert in die Erscheinung getreten zu sein. … … Der Größte unter all diesen ketzerisch mystischen Skeptikern war unser Meister Eckhart, der mit gewaltigen Mitteln unternahm, wovon bei Spinoza nur Spuren zu finden sind …«

keinen hohen Grad an Glaubwürdigkeit besitzen und außerdem, was am wichtigsten ist, bezüglich unserer strukturtheoretischen Argumentation auch nicht von Relevanz sind.

Anders steht es mit dem spanischen Mystiker San Juan de la Cruz (1542–1591). Hinsichtlich der existentiellen Umsetzung seines Leerungsgedankens ist er über jeden Zweifel erhaben. Allerdings ist bei der Einschätzung seiner Schriften zu berücksichtigen, daß sie nicht als streng philosophische Traktate konzipiert waren, sondern Erfahrungs- und Erlebnisberichte von Inspirationen aus den Geistwelten der Versenkung, Mystographien, Anweisungen, Ratschläge und Ermunterungen eines Seelenforschers, Gottsuchers (Gottfinders?), Psychagogen, Kontemplationsmeisters und Mysten darstellen, die nur den ernstesten und entschlossensten unter den Suchern als Landkarte und Wegweiser dienen sollten und nicht dazu bestimmt waren, den Weltverhafteten, und sei es zum Zwecke der Befriedigung ihres wie immer motivierten Wissensdrangs, vorgelegt zu werden. Was die Kühnheit, Radikalität und Kompromißlosigkeit seiner Forderung nach Selbstüberwindung betrifft, stellt er für den spanischen Sprachraum in etwa das dar, was für den italienischen Iacopone da Todi verkörpert, für den französischen Marguerite Porete und für den deutschen Meister Eckhart. Er ist geradezu als Apostel von Kasteiung/Abtötung (*mortificación*) und Läuterung/Reinigung (*purgación*), von Verzicht/Selbstverleugnung (*resignación*), Entsagung (*renunciación*) und Lassen (*dejar*), von Entblößung/'Entkleidung', Bloßheit/Nacktheit (*desnudar, desnudez*), Vernichtung (*aniquilación*) und Leerung (*vaciarse*) in die Hagiologien des Christentums eingegangen. Nicht von ungefähr wurde der Místico Doctor aus Fontivera bei Avila auch »Doktor des Nichts«[127] genannt.

[127] I. Behn, Spanische Mystik, p. 520. Zur Abschlagungsmethode cf. Juan de la Cruz, OEC 1.51, 54, 58–59, 102–110, 120–132; 2.57–58, 71–80, 446–450, 300–304 ≈ 553–555 = ⟨ed.⟩ L. Ruano (Sigle: VO) 465, 467, 469, 488–492, 498–504, 677, 685–691, 1063–1066, 794–796 ≈ 943–944 = SW 1.26, 29, 34, 77–86, 97–111; 2.76–77, 95–108; 3.89–94; 4.209–215; (Pseudo-)Juan de la Cruz, Tratado breve (Kurze Abhandlung) 2.1–24; 3.8–4.18; 6.11–13, in OEC 3.290–298, 301–310, 318–319 = SW 5.315–327, 331–344, 354–356. Man vergleiche auch einige Passagen in den Briefen und den ‹Geistlichen Leitsätzen und Denksprüchen›. Eigens zu erwähnen das wunderschöne Gedicht ‹Coplas del mismo hechas sobre un éxtasis de harta contemplación›, in VO 404–405 = OEC 3.167–168 = ‹Gesang über eine erhabene Entzückung und Beschauung›, in SW 5.194–196; weitere vollständige, jedoch differierende deutsche Übertragungen des Gedichts: I. Behn, Spanische Mystik, pp. 518–519; eadem, ⟨tr.⟩, Theresia von Jesus. Johannes vom Kreuz. Gedichte, pp. 67–69; F. Braun ⟨tr.⟩, pp. 48–50; Anonymus ⟨tr.⟩, pp. 20–25;

»*Nichts, nichts, nichts, nichts, nichts,* – das ist der Weg des hl. Johannes vom Kreuz. *Wissen und Ruhe – nicht das eine noch das andere. Trost und Wissenschaft – nicht das eine noch das andere. Freuden und Ehren – nicht das eine noch das andere. Sicherheit und Freiheit – nicht das eine noch das andere. Ruhm und Geschmack – nicht das eine noch das andere.* Nichts!«[128] Auf diesem Weg hält er als eine seelenführerische, mystagogische Vorsichtsmaßnahme für seine Adepten die Nichtanwendung des Urteils, die Urteilsenthaltung (*no aplicar el juicio*) bereit, damit sich diese nicht in den Labyrinthen ihrer übersinnlichen Erfahrungen verirren und verwirren, indem sie diese (falsch) bewerten. »Und kurzum: wenn man auch das eine trifft, so wäre es ein Wunder, das andere nicht zu verfehlen; dem Spirituellen [Text: *el cual*], wenngleich er kein Urteil abgeben wollte, um zu urteilen, genügte es, auf es Rücksicht zu nehmen, damit er (wenigstens passiv) irgendeinen Schaden erlitte ... Was dem Spirituellen gebührt, um nicht in diesen Schaden zu stürzen, sich in seinem Urteil zu irren, ist, nicht zu versuchen, sein Urteil abzugeben, um zu wissen, was das sei, das er in sich hat und fühlt, oder was eine solche Vision, Kenntnis oder Empfindung sei, ...«[129]

---

englische Übersetzung: R. Campbell ⟨tr.⟩, pp. 30–33. Eine Nachzeichnung der Lehre von der Leerheit beim Johannes vom Kreuz mit anschließender theologischer Rechtfertigung gibt L. A. McCann, The Doctrine of the Void. The Doctrine of the Void as Propounded by St. John of the Cross in his Major Prose Works and as Viewed in the Light of Thomistic Principles. Cf. J. Maritain, Ransoming the Time, pp. 255–289: Chapter X: The Natural Mystical Experience and the Void, insbesondere o. c., pp. 281 sqq. Die in diesem Essay vorfindliche Differenzierung in »die natürliche Kontemplation oder mystische Erfahrung« auf indischer und in die »übernatürliche« auf christlicher Seite mitsamt den Folgerungen daraus zeigt nicht, wie der Autor implizit meint, die Minderwertigkeit der yogisch-vedāntischen Mystik, vielmehr verrät sie vor dem Hintergrund unserer Darstellungen die (derart aufgefaßte) christliche Mystik und sich selbst als unstimmig und willkürlich. Zum Leerwerden in der spanischen Mystik vgl. auch im Werk des von 1628–1696 lebenden M. de Molinos, Guia espiritual, ⟨ed.⟩ J. I. T. Idígoras, pp. 195.16–196.23, 329.11-16, 350.27-34, 363.73–364.83 = idem, Der geistliche Führer, ⟨tr.⟩ G. Priem, pp. 54, 99, 114, 124.

[128] J. Maritain, Die Stufen des Wissens oder durch Unterscheiden zur Einung, p. 403 = J. et R. Maritain, Œuvres complètes 4.906. Der Text dieser Sentenz ist aus einer beschrifteten Zeichnung zusammengestellt, die Johannes vom Kreuz für Magdalena del Espíritu Santo zur Erläuterung seiner Lehre anfertigte. Die Graphik ist als beglaubigte Kopie des Originals und in deutscher Fassung abgebildet in Juan de la Cruz, Gesammelte Werke 4.41–42, ⟨trr.⟩ U. Dobhan et al.

[129] Juan de la Cruz, VO 586 (Subida del Monte Carmelo, Libro tercero, Capitulo 8.4–5) ≈ OEC 1.292 (Subída del Monte Carmelo, Libro III, Capítulo VII): *Y, finalmente, ya que acierte en lo uno, maravilla será no errar acerca de lo otro, el cual, aunque no quiera*

Es wäre allerdings vorschnell anzunehmen, San Juan hätte sich damit abfinden können, daß am Ende seines Weges durch die dunkle Nacht (*noche oscura*) der Seele nicht das geringste übrigbleibt. Wie bei vielen Liebesmystikern wird die Zusammenziehung/Reduktion (*reducirse*)[130] und Verinnerlichung[131] durch die ἐποχή nicht bis zum Nullpunkt und ›Nichts‹ (*nada*) alles Denkbaren und Glaubhaften, d.h. Gegen-ständlichen oder Gegen-über, durchgeführt. Weiß Gott, ob der Doktor der Leerheit am Ende nicht selbst vom Horror vacui gepackt wurde.[132] Diese Vermutung wird fast zur Gewißheit, wenn man seine ‹Zwiegespräche zwischen Christus und seiner Braut› oder ‹Dornen des Geistes› betrachtet.[133] Sie stehen zwar im Verdacht, inauthentisch zu sein, geben aber in exemplarischer Weise seine Grundhaltung und die historisch wirksam gewordene (karmelitische) Schulmeinung diesbezüglich wieder.

Im dritten und sechsten dieser Kolloquien wird in aller Deutlichkeit auf ein zweifaches Verständnis der Lehre vom »*Innehalten durch bloßes Nichtsdenken*« (parase allí sólo en no pensar nada)[134]

---

aplicar el juicio para juzgarlo, basta que le aplique en hacer caso para que (a lo menos pasivamente) se le pegue algún daño … Lo que le conviene al espiritual, para no caer en este daño de engañarse en su juicio, es no querer aplicar su juicio para saber qué sea lo que en sí tiene y siente, o qué será tal o tal visión, noticia o sentimiento, … Zum Verständnis des Texts ist die freie Übertragung einer Textstelle unumgänglich. Für Erläuterungen und Übersetzungsvorschläge danke ich Herrn Dr. César Santiesteban.

130 (Pseudo-)Juan de la Cruz, OEC 3.305, 318 = SW 5.336–337, 355.

131 (Pseudo-)Juan de la Cruz, OEC 3.313: *entrarse dentro de sí;* vgl. SW 5.347.

132 G. Vallin, Lumière du Non-dualisme, pp. 104–108, bringt den Einwand vor, daß in der Sanjuanischen Mystik der Grund kosmologisch-kreationistisch mit dem Gegründeten verquickt, die Transzendenz abstrakt und partiell konzipiert ist, das Geschaffene wesenhaft distinkt vom Prinzip bleibt und die Annäherung an Gott nur im Willen und der Liebe stattfindet. Cf. o.c., p. 108: »… diese ‹Nacht› hat nicht wirklich die Leere herbeigeführt, d.h. die wesenhafte Irrealität der Kreatur und die überwesenhafte Realität des Prinzips erreicht: sie ist nichts als eine sentimentale und methodologische Maske, die keineswegs in die Fülle des Nichtseins der metaphysischen Perspektive mündet – das sie übrigens nicht sucht.« Es ist einzuräumen, daß ein Widerspruch zwischen der theologisch fixierten Unmöglichkeit und Einschränkung der mystischen Entwerdung oder Gottwerdung und den drastischen Beschreibungen der Vollzüge, welche – stringent reflektiert – dazu führen müßten, existiert. Aus dieser (auf die ontologischen und gnoseologischen Lehrgehalte bezogenen) Feststellung auch nur den leisesten Zweifel an San Juan's Integrität hinsichtlich seiner religiösen Lebens- und Seelenführung abzuleiten, hielte ich allerdings für verfehlt.

133 Cf. insbesondere (Pseudo-)Juan de la Cruz, OEC 3.231–234, 248–257 = SW 5.256–259, 282–296.

134 (Pseudo-)Juan de la Cruz, Coloquios entre Cristo y su esposa 6.2 = OEC 3.254 = SW 5.293.

abgehoben, das Nichtsdenken (*no pensar nada*)[135] oder An-nichts-Denken (*no pensar en nada*)[136] in seiner sehr schädlichen/schlechten (*muy malo*)[137] Form, das die Seele wie eine Tabula rasa [leere Tafel], eine Äffin oder einen Wilden, der nichts denkt, zurückläßt,[138] und der gnadenbringenden, die mit Selbsterkenntnis (*conocimiento propio*) aber nichts zu tun hat,[139] mit Hilfe welcher die Seele vielmehr alles dem Schöpfer des Alls zuschreibt und erkennt, daß sie aus sich selbst nichts ist.[140] Das (An-)Nichts- oder (An-)Nichts-Gutes-oder-Schlechtes-Denken (*no pensar (en) nada de bien, ni de mal*), das mit göttlichen Gnaden, und letztlich mit der göttlichen Glorie beschenkt wird, steht gleichwohl unter zwei hauptsächlichen Vorbehalten: sich ausschließlich auf das Kreatürliche, nicht aber auf den Schöpfer erstrecken[141] und nur einen verschwindend kurzen Augenblick dauern zu dürfen,[142] einen Moment, in dem die Seele nichts von sich und auch nichts von Ihm behält, da sie alles gelassen hat und folglich auch Seinen Willen weder kennt noch versteht,[143] um dann sogleich von Gott aufgenom-

---

135 (Pseudo-)Juan de la Cruz, Coloquios entre Cristo y su esposa 6.1–3; 6.5; 6.7–8; 6.10.

136 (Pseudo-)Juan de la Cruz, Coloquios entre Cristo y su esposa 3, Argumento = OEC 3.231 = SW 5.256; o. c. 3.7 = OEC 3.233 = SW 5.258; 6, Überschrift und Argumento = OEC 3.254 = SW 5.292.

137 (Pseudo-)Juan de la Cruz, Coloquios entre Cristo y su esposa 6.2 = OEC 3.255 = SW 5.293.

138 (Pseudo-)Juan de la Cruz, Coloquios entre Cristo y su esposa 6.1 = OEC 3.254: *que queda entonces mi alma como una tabla rasa, … una simia o salvaje, que no piensa nada* = SW 5.292.

139 Cf. (Pseudo-)Juan de la Cruz, Coloquios entre Cristo y su esposa 6, Argumento = OEC 3.254 = SW 5.292; o. c. 6.9–10 = OEC 3.256–257 = SW 5.295–296. Nach o. c. 6, Überschrift = OEC 3.254 = SW 5.292, ist das An-nichts-Denken gleich dem Gebet der Ruhe/Stille (*Oración de quietud es no pensar en nada*), und dieses trägt nach o. c. 3, Argumento = OEC 3.231 = SW 5.256, verschiedene Namen (*da diversos nombres*): Vergessen, geistige Ruhe, Eingezogenheit/Sammlung der Seele im Inneren, An-nichts-Denken, Willenstätigkeit (*olvido, silencio espiritual, recogimiento del alma a lo interior, no pensar en nada, obra de la voluntad*).

140 (Pseudo-)Juan de la Cruz, Coloquios entre Cristo y su esposa 6.10 = OEC 3.257: *con que el alma refiere todo lo que es… a mi, como autor de todo, y por otra parte ve, que de si misma es nada* = SW 5.295.

141 (Pseudo-)Juan de la Cruz, Coloquios entre Cristo y su esposa 3.7 = OEC 3.233: *de las cosas criadas, pero no del Criador* = SW 5.258, cf. o. c. 6.10 = OEC 3.256–257 = SW 5.295–296.

142 (Pseudo-)Juan de la Cruz, Coloquios entre Cristo y su esposa 6.3 = OEC 3.255: *salvo por un brevísimo instante de tiempo* = SW 5.293, cf. o. c. 6.5 = OEC 3.256 = SW 5.294; o. c. 6.7 = OEC 3.256 = SW 5.294.

143 (Pseudo-)Juan de la Cruz, Coloquios entre Cristo y su esposa 6.3 = OEC 3.255: *pues*

men, umgeformt und mit Ihm so lange vereint zu werden, wie es Ihm beliebt.[144] Zu verlangen, immer in diesem Nichts zu bleiben, wäre (wie gesagt) viehischer Stumpfsinn.[145]

Zum Abschluß dieses Kapitels soll noch eine andere Weise der geistlichen Leerung vorgestellt werden, die vom Leistungssinn der bisher vorgestellten Methoden der Kenosis deutlich abweicht, auch wenn man das auf den ersten Blick gar nicht merkt. Da wir an ihrem Beispiel demonstrieren wollen, daß gleiche Wortlaute nicht das gleiche bezeichnen müssen, Mystik nicht mit mystischer Spekulation gleichzusetzen ist, durchbrechen wir hier die Systematik unserer Präsentation und setzen die zeitlich frühere Lehre hinter die geschichtlich spätere. Es handelt sich hierbei um die Anempfehlung der Leerheit als Antidoton gegen geistige Blähungen, Aufgeblasenheit und Zanksucht, die der spätmittelalterliche Kardinal Nicolaus Cusanus (1401–1464) ausspricht. »Denn die mystische Theologie führt zu Leere (*vacationem*) und Stille(schweigen) (*silentium*), wo die Schau des unsichtbaren Gottes ist, welche uns eingeräumt wird … Das nämlich, was aufbläht und zu Streit treibt, verrät sich selbst: selbstverständlich nicht die Einsicht zu sein, wie es die belehrte/aufgeklärte Unwissenheit (*docta ignorantia*) ist, die durch Leerung/Leere (*vacationem*) nach der Schau des Geistes (*mentis*) trachtet.«[146]

Diese Beschreibung meint im Gegensatz zu den vorhin besprochenen Kenosis-Anweisungen keinen existentiell-mystischen, sondern einen spekulativ-mystischen, d.h. epistemologischen Akt (was streng genommen eine contradictio in adiecto ist), eine Operation des

---

por aquel instante y punto, de sí no tiene nada, pues se ha dejado toda; y de mí tampoco, pues aún no conoce, ni sabe mi voluntad = SW 5.293.

144 (Pseudo-)Juan de la Cruz, Coloquios entre Cristo y su esposa 6.4 = OEC 3.255: *yo la embisto luego al punto, y transformo, y uno conmigo por todo el tiempo que yo quiero* = SW 5.293–294.

145 (Pseudo-)Juan de la Cruz, Coloquios entre Cristo y su esposa 6.7 = OEC 3.256: *y no quieras estar siempre en esa nada, porque sería bestialidad* [*como te dije*] = SW 5.294.

146 N. Cusanus, Apologia doctae ignorantiae, PTS 1.534: *Nam mystica theologia ducit ad vacationem et silentium, ubi est visio, quae nobis conceditur, invisibilis Dei; … Id enim, quod inflat et ad conflictum excitat, se ipsum prodit: eam scilicet non esse scientiam, quae per vacationem in mentis visionem tendit, qualis est docta ignorantia.* Das aufblähende Wissen erinnert sehr an den ausführlich vorgestellten *tũphos*. Es findet sich schon im Neuen Testament, 1 Kor 8.1: »Das Wissen bläht auf, die Liebe aber baut auf.« (*'ē gnõsis phusioĩ, 'ē dè agápē oikodomeĩ.*) Cf. Meister Eckhart, LW 4.69.2 (mit Bezug auf 1 Kor 13.4–7). Zu Maximos und früheren Lese- und Lebemeistern des Christentums haben wir in dieser Sache schon im Kapitel zur Geistvernebelung einige Bemerkungen gemacht.

Intellects, durch die uns die göttliche Wahrheit als eine sich objektivierende, erscheindende, eingeräumt werde. Insofern ist ›Leerung‹ hier eine dem Denken zuzurechnende, eine erkenntnistheoretische ›Kategorie‹, was näher zu erläutern ist. Die Richtigkeit unserer Einschätzung geht eindeutig aus einer Stelle zu Anfang des 3. Kapitels des Cusanischen Traktats ‹Über die Gotteskindschaft› hervor, die parallel zur obigen zu lesen ist. Dort heißt es, daß man beachten solle, »wie die Beruhigung [das zum Schweigen-Bringen] aller intellectuellen Bewegung die entgegentretende [sich vor-stellende] Wahrheit ist, … die Wahrheit an sich selbst ist nicht Gott, wie er in sich jauchzt, sondern sie ist eben eine Weise Gottes, durch die er dem Intellect im ewigen Leben mitteilbar existiert. Denn der in sich jauchzende Gott ist weder durch den Intellect erfaßbar oder wißbar noch ist er Wahrheit, noch Leben, noch ist er, …«[147]

Das intellectuelle, vernunfthafte Erkennen der *docta ignorantia* mit seiner Charakteristik des Ineinanderfallens von Gegensätzlichem (*coincidentia oppositorum*), gerade auch der Entgegensetzungen von Wissen und Nichtwissen, stellt allerdings einen Umschlagpunkt zum unmittelbaren Gewahren des Göttlichen dar.[148] »Und mir ist offenbar geworden, daß diese gesamte mystische Theologie da der Eintritt in die absolute Unendlichkeit selbst ist; Unendlichkeit besagt nämlich Koinzidenz des Kontradiktorischen, nämlich eine Grenze ohne Grenze. Und niemand kann Gott auf mystische Weise schauen, wenn nicht im Dunkel der Koinzidenz, die die Unendlichkeit ist.«[149] Wie

---

[147] N. Cusanus, De filiatione Dei, PTS 2.620: *Volo quidem, ut attendas quomodo quietatio omnis intellectualis motus est veritas obiectalis, … veritas ipsa non est Deus, ut in se triumphat, sed est modus quidem Dei, quo intellctui in aeterna vita communicabilis exsistit. Nam Deus in se triumphans nec est intelligibilis aut scibilis, nec est veritas nec vita, nec est, …*

[148] Cf. N. Cusanus, Brief an Kaspar Aindorffer vom 22. 9. 1452, 〈ed.〉 E. Vansteenberghe, Autour de la docte ignorance, Documents 4, p. 112: »Es ist also der Zusammenfall von Wissen und Unwissenheit oder das belehrte/aufgeklärte Nichtwissen.« (*Est igitur coincidencia sciencie et ignorancie, seu docta ignorancia.*)

[149] Cf. N. Cusanus, Brief an den Abt und die Mönche vom Tegernsee vom 14. 9. 1453, 〈ed.〉 E. Vansteenberghe, Autour de la docte ignorance, Documents 5, pp. 115–116: *Et michi visum fuit quod tota ista mistica theologia sit intrare ipsam infinitatem absolutam, dicit enim infinitas contradictoriorum coincidenciam, scilicet finem sine fine; et nemo potest Deum mistice videre nisi in caligine coincidencie, que est infinitas.* Idem, De visione Dei 13, PTS 3.148: »Jenes Zusammenfallen aber ist ein Widerspruch ohne Widerspruch wie ein Ende ohne Ende.« (*Coincidentia autem illa est contradictio sine contradictione sicut finis sine fine.*) O. c. 12, PTS 3.144: »Aber du tröstest mich, Leben meines Geistes, denn obschon die Mauer der Absurdität, die die [Mauer] der Koinzidenz

das gemeint ist, erläutert der Kusaner schon in seiner Verteidigungsschrift gegen Johannes Wenck aus dem Jahre 1449, aus der unser Zitat stammt, welches uns Anlaß gab, diese Klärung hier vorzunehmen: »... ich habe dargelegt, daß Gott sogar über dem Zusammenfall des Widersprüchlichen ist, da er nach Dionysius der Gegensatz des Gegensätzlichen ist.«[150] Der Wohnort Gottes, des Absoluten, ist, wie in der Schrift des Kardinals ‹Über die Gottesschau› zu lesen ist, »von der Koinzidenz des Widersprüchlichen umgürtet. Und diese ist die Mauer des Paradieses, in dem Du wohnst; dessen Tor bewacht der höchste Verstandesgeist; wird er nicht überwunden, steht der Eingang nicht offen. Jenseits des Zusammenfalls des Widersprüchlichen kannst du Ihn also schauen und keineswegs diesseits.«[151] Und weil die vollkommene Liebe dem Ort des Paradieses zugehört, wird sie auf dieselbe Weise beschrieben wie dieser selbst: »... die perfekte Liebe ist folglich über der Koinzidenz des Kontradiktorischen von Umschließendem und Umschlossenem. Deshalb findet die göttliche

selbst von Schaffen und Geschaffen-Werden ist, begegnet, als ob es unmöglich wäre, daß das Schaffen mit dem Geschaffen-Werden zusammenfällt, ... steht sie dennoch nicht im Wege.« (*Sed consolaris me vita spritus mei, quoniam etsi occurrat murus absurditatis, qui est coincidentiae ipsius creare cum creari, quasi impossibilie sit quod creare coincidat cum creari .... tamen non obstat.*).

[150] N. Cusanus, Apologia doctae ignorantiae, PTS 1.550: ... *etiam super coincidentiam contradictoriorum Deum esse declaravi, cum sit oppositorum oppositio secundum Dionysium.* Cf. idem, De visione Dei, PTS 3.146: »der Gegensatz des Gegensätzlichen ist Gegensatz ohne Gegensatz, wie das Ende des Endlichen Ende ohne Ende ist.« (*oppositio oppositorum est oppositio sine appositione* [richtig: *oppositione*] *sicut finis finitorum est finis sine fine.*) Idem, De non-aliud 4, PTS 2.456; o.c. 19, PTS 2.532: »... wie der Theologe Dionysios Gott als Gegensatz des Gegensätzlichen ohne Gegensatz gesehen hat.« (*sicut Dionysius theologus Deum oppositorum vidit oppositionem sine oppositione.*) Idem, Complementum theologicum 13, PTS 3.698; idem, Dialogus de Genesi, PTS 2.392/394; idem, De dato patris luminum 3, PTS 2.664; idem, Idiota de sapientia liber primus, PTS 3.446. Diese Idee war gewissermaßen schon Euagrios Pontikos, Kephalaia Gnostica 1.1, griechisches Textfragment 1, in J. Muyldermans, Evagriana, p. 56, bekannt: das erste Gute hat keinen Gegensatz [nichts ihm Entgegenstehendes], da es seinshaft/wesenhaft ist und dem Sein/Wesen kein Gegensatz anhaftet (*Tõj prõtõj agathõj oudén estin enantíon, dióti kat' ousían estín· enantíon dè oudèn tẽj ousíaj.*); cf. dazu den Kommentar des nestorianischen Archimandriten Babai des Großen (geb. 540) in W. Frankenberg, Euagrius Ponticus, pp. 48/49.

[151] N. Cusanus, De visione Dei 9, PTS 3.132: *cinctum contradictorium coincidentia. Et ista est murus paradisi, in quo habitas; cuius portam custodit spiritus altissimus rationis, qui nisi vincatur non patebit ingressus. Ultra igitur coincidentiam contradictoriorum videri poteris et nequaquam citra.* Cf. o.c. 10, PTS 3.136/138; o.c. 11, PTS 3.140; o.c. 12, PTS 3.144; o.c. 13, PTS 3.146.

Jagd in der Höhe über diesem Zusammenfall des Gegensätzlichen statt, ...«[152]

Indem die Cusanische Spekulation auf der Stufe der Koinzidenz, der begreifbaren Unbegreiflichkeit,[153] über sich hinausschreitet und in das Revier eintritt, in dem die Jagd nach Gott eigentlich erst stattfinden kann, geht die spekulative Mystik, ich darf mich dieses gängigen Ausdrucks hier bedienen, auch wenn ich das mit einigem Unbehagen tue, in eine Glaubensmystik im angewandten und engeren religiösen Sinne über. »Nur Gott ist vollkommen und vollständig. Dieser Name führt folglich den Betrachtenden über allen Sinn, Verstand und Intellect hinaus in die mystische Schau, wo das Ende des Aufstiegs aller Erkenntniskräfte und der Anfang der Offenbarung des unbekannten Gottes ist.«[154]

Ein heidnisches Pendant dazu stellt die Konzeption von (Pseudo-)Porphyrios dar. Das wissende Nichtwissen liegt dort allerdings als nichtwissendes Wissen vor. Ob und in welcher Weise sie dem Kusaner als Muster diente, weiß ich leider nicht zu sagen. Man möge, so lautet der Text des Plotin-Schülers, man möge in einem nicht-begreifenden Begreifen und einem nichts erkennenden Erkennen verweilen. Durch diese Meditationsübung könnte es, wenn man auch vom Denken des von Ihm Konstituierten Abstand nimmt, irgend einmal gelingen, stillezustehen beim unaussprechlichen Vorauswissen von Ihm, das Ihn durch Stilleschweigen abbildet/spiegelt, ohne daß man vom Stilleschweigen Kenntnis hat, noch überhaupt etwas weiß, und das [sc. das unaussprechliche Vorauswissen] nur Bild des

---

[152] N. Cusanus, Brief an Kaspar Aindorffer vom 12. 2. 1454, ⟨ed.⟩ E. Vansteenberghe, Autour de la docte ignorance, Documents 9, p. 122: *perfecta igitur caritas est super coincidenciam contradictoriorum continentis et contenti. Quapropter divina venacio est in altitudine, super hanc oppositorum coincidenciam, ...*

[153] N. Cusanus, Apologia doctae ignorantiae, PTS 1.542: *comprehensibilis incomprehensibilitas;* idem, De visione Dei 13, PTS 148: »... daß man das Unwißbare weiß ...« (*nisi sciatur non scibile*).

[154] N. Cusanus, Trialogus de possest, PTS 2.284: *Solus Deus perfecte et complete est. Ducit ergo hoc nomen speculantem super omnem sensum, rationem et intellectum in mysticam visionem, ubi est finis ascensus omnis cognitivae virtutis et revelationis incogniti Dei initium.* Zum Verhältnis von spekulativer und 'praktischer' Mystik beim Kardinal cf. J. Lenz, Die docta ignorantia oder die mystische Gotteserkenntnis des Nikolaus Cusanus in ihren philosophischen Grundlagen, pp. 81–101. Im Gebrauch von Ausdrücken des Wortfeldes ›Mystik‹ ist diese Studie ziemlich an die Originale angelehnt. Zu einem exakten Verständnis ist sie zunächst begrifflich nach unserer Kategorisierung zu präzisieren.

Unaussprechlichen ist, indem es das Unaussprechliche auf unaussprechliche Weise ist, ohne Bewußtsein, daß es Ihn reflektiert/abbildet, in der Hoffnung, durch Begeisterung für das Ersehnte schließlich würdig zu werden, das Unerkennbare selbst irgendwie zu fassen/aufzunehmen.[155]

Die innere Graduation der Glaubensmystik von Cusanus, um unsere Bemerkungen zu dessen Leerungsgedanken nun abzuschließen, stammt zu einem beträchtlichen Teil von den Viktorinern.[156] Sie hat ihren Gipfelpunkt in der Schau des Angesichts (*facies dei*), d.h. des Wie (*vti deus est*), Wieseins (*sicut est*) oder Daßseins (*quia-est*) Gottes. Unser Kardinal betont denn auch immer wieder, daß das Wesen (*quidditas/essentia*) oder Wassein (*quid-est*) Gottes, Gott, wie er in sich ist, den Intellect aller Geschöpfe übersteigt und dieses nur Er selbst erkennen kann.[157] Was man sich somit unter der Schau Gottes, ja ob man sich darunter überhaupt etwas vorzustellen hat, ist nicht leicht auszumachen. Vielleicht handelt es sich um so etwas wie die Ideenschau der Platonischen Akademie als Mysterienschule, wobei die Leere der Daß-Erkenntnis mit den Bildern und Motiven des Christentums ausgefüllt wird. Insgesamt sind die Ausführungen des denkgewaltigen Kardinals dazu nicht weniger mystisch, okkult und änigmatisch als es seiner Meinung nach die mystische Theologie ist. Offenbar ist dagegen, daß der Cusanische Jäger nach Weisheit (man vergleiche die Schrift ‹De venatione sapientiae›/‹Über die Jagd nach Weisheit›) dieser endlos nachstellt, um sie in der unerreichbaren Un-

---

[155] Cf. (Pseudo-)Porphyrios, In Platonis Parmenidem, Fragment II, Fol. 91^{v}, ⟨ed./tr.⟩ P. Hadot, 2.68.16/70.31: *ménein d'en akatalḗptōj katalḗpsei kaì mēdèn ennooúsēj noḗsei· aph' 'ē̃s melétēs sumbḗsetaí soí pote kaì apostánti tō̃n di' autòn 'upo⟨stán⟩tōn tē̃s noḗseōs stē̃nai epì tḕn autoũ árrēton pro{s}énnoian tḕn eneikonizoménēn autòn dià sigē̃s oudè 'óti sigā̃j gignṓskousan oudè 'óti eneikonízetai autòn parakolouthoũsan oudé ti katháрax eiduĩan, all' oũsan mónon eikóna arrḗtou tò árrēton arrḗtōs oũsan, all' ouch 'ōs gignṓskousan, eí moi 'ōs chōrō̃ légein dúnaio kàn phantastikō̃s parakolouthē̃sai. Allà 'íleōj mèn genoímetha autoì 'autoĩs di' ekeínou, 'ína pròs tòn enthousiasmòn trapéntes toũ erannoũ, 'ò ouk ísmen allà gnōsómethá pote, autò chōrē̃sai ti ⟨tò⟩ ágnōston áxioi genoímetha.* Dazu auch o.c., Fragment X, Fol. 92^{v}, ⟨ed./tr.⟩ P. Hadot, 2.96.14/98.35; idem, Les textes porphyriens dans l'œuvre théologique de Marius Victorinus I.19, Ad Candidum 14.1–4, ⟨ed.⟩ P. Hadot, 2.19.

[156] Cf. N. Cusanus, Opera omnia 16.2.86.24.1–31 (Sermo 5); 16.2.154–159.15–23 (Sermo 8); 16.2.197–199.32–35 (Sermo 9); idem, Opera 2, Excitationum liber 8, fol. 156r–v.

[157] Cf. N. Cusanus, Opera 2, Excitationum liber 8, fol. 156v, Ex sermone: Multifarie multisque modis; idem, Opera omnia 16.2.157.19.11–16 (Sermo 8); idem, Complementum theologicum 2, PTS 3.654/656 (und andere Stellen). J. S. Eriugena, De divisione Naturae 5.38 = PL 122.1010C–D.

endlichkeit niemals zu erlegen und über die Koinzidenz hinaus den Kollaps des Kontradiktorischen herbeizuführen. Angemerkt sei noch, daß dem oben angeführten Wahrheitsbegriff des Kusaners u.a. die Ausführung in ‹De coniecturis› entgegensteht, wo der höchsten der vier Geisteinheiten (= *Deus*) kategorisch der Charakter von Wahrheit an sich (*veritas ipsa*) zugesprochen wird.[158] Solche und andere Inkonsistenzen, die sich durch das gesamte Werk ziehen und zu differierenden Auslegungen seines Denkgebäudes Anlaß gaben, können hier nicht im einzelnen erörtert werden.

In welcher Weise die mystizistischen Spekulationen des Kusaners auf den Vorstellungen der Vorläuferpositionen von Meso- und Neoplatonismus jedweder Ausprägung basieren, müßte eigens geklärt werden. Vielleicht könnte dadurch das Verhältnis zwischen Spekulation und Mystik im Werk von Nicolaus Cusanus weiter erhellt werden. Dies gelänge indes nur dann, wenn genanntes Verhältnis bei den Alten eindeutig bestimmt werden könnte, was nicht einfach sein dürfte, da schon die erwähnten antiken Philosophierichtungen streckenweise theoretisch (im modernen Verständnis) zu verstehen sind und sich vornehmlich auf (heutzutage so genannte) transzendentale Reflexion beschränkten, obwohl ihre Begrifflichkeit eine Mystik von lebenspraktischer Bedeutung vorspiegelt. Unsere obigen Darstellungen selbst sind unter diesem Vorbehalt zu lesen. Das gilt auch für die vom Kardinal beschriebene Internalisierung des Geistes, die er selbstverständlich der neuplatonischen Überlieferung, welchen Bekenntnisses auch immer, entnahm, und die man sehr leicht als Bericht über ein mystisches Erleben bzw. eine mystagogische Regel (miß)verstehen könnte: »Alles Weltliche wird hintangestellt und dabei sind die Gedanken um die Welt in höherem Grade tot; und das Licht nimmt aus Gnade des Heilands bei den Auserwählten ständig zu, das um so mehr, als sie die äußeren Sinne vom Unerlaubten zurückziehen und sich selbst in einem Punkt [im Einen] sammeln.«[159]

Die Idee des Leerwerdens, Leerseins, der Leerheit birgt in sich,

---

[158] Cf. N. Cusanus, De coniecturis, PTS 2.4, 2.16, 2.38.

[159] N. Cusanus, Opera omnia 16.2.156.17.21–25 (Sermo 8): *Postponuntur omnia mundana, et sunt cogitationes mundi amplius mortuae; et semper crescit lumen per gratiam Salvatoris in hiis electis, eo plus, quo sensus exteriores ab illicitis restringunt et se ipsos in unum colligunt.* Cf. J. G. Fichte, GA 1.9.64.3–28 (Die Anweisung zum seeligen Leben, oder auch die Religionslehre) = SW 5.412–413. Bei Fichtes »Sammlung« und »Zurückziehung des Gemüthes auf das Eine« kann im Gegensatz zum Kusaner mit Sicherheit festgestellt werden, daß sie nicht im Dienste praktizierter Mystik steht. Das Verhältnis

das soll noch erwähnt werden, eine ganz besondere Potenz, den unbeschreiblichen Zustand oder Nicht-Zustand, die unvorstellbare Erfahrung oder Nicht-Erfahrung[160], die die geistigen Reduktions- und Subtraktions-Techniken[161] herbeiführen sollen, wenigstens zu umschreiben, ohne in den Absurditäten einer realistisch gedachten Substanzvernichtung (ontologischer Nihilismus) oder eines örtlich verstandenen Überstiegs in die Über- oder Hinterwelt (dualistischer Transzendentismus) zu endigen, welche Hegel (1770–1831) offensichtlich denjenigen unterstellte, »welche das Mystische als das Wahrhafte anerkennen, es gleichfalls dabei bewenden lassen, daß dasselbe ein schlechthin Geheimnisvolles sei«; es »wird damit ihrerseits nur ausgesprochen, daß das Denken für sie gleichfalls nur die Bedeutung des abstrakten Identischsetzens hat und daß man um deswillen, um zur Wahrheit zu gelangen, auf das Denken verzichten oder, wie auch gesagt zu werden pflegt, daß man die Vernunft gefangennehmen müsse.«[162]

---

von ausgeübter und ausgedachter Mystik bei Eckhart und Fichte thematisiert K. Ceming, Mystik und Ethik bei Meister Eckhart und Johann Gottlieb Fichte.

[160] Zur ›Nicht-Erfahrung‹ des Mystikers cf. T. E. Vetter, Erfahrung des Unerfahrbaren bei Śaṅkara, p. 45: »Das wichtigste Kennzeichen des Mystikers scheint mir nämlich zu sein: Ein Denken, das alle Unterschiedlichkeit und sich selbst so radikal aufhebt, daß dies in einer in Nichterfahrung bestehenden Erfahrung endet.« Diese Charakterisierung könnte als Definition des in unserer Studie verwendeten Mystik-Begriffs dienen.

[161] Zur Subtraktions- bzw. Abstraktionsmethode in Philosophie und Mystik cf. P. Hadot, Exercices spirituels et philosophie antique, pp. 185–193.

[162] G. W. F. Hegel, Werke 8.179 (Enzyklopädie § 82 Zus.). Zur Schein-Mystik Hegels cf. H. P. Sturm, Weder Sein noch Nichtsein, pp. 509–521. Hierher gehört auch die Feststellung in G. W. F. Hegel, Werke 7.302 § 151 Zus. Die mit Mystik zu verwechselnde Andacht Hegels in der Einleitung zu den ‹Vorlesungen über die Philosophie der Religion›, cf. G. W. F. Hegel, Werke 16.12–13, ist im Rahmen seiner hier vorgestellten Invektiven gegen die echte, von ihm aber mißverstandene Mystik, zu bewerten. In das Hegelsche Horn stößt auch der Mystik-Forscher W. R. Inge, Christian Mysticism, pp. 111–112. Während er die Grundzüge der Mystik in präzisen Linien nachzeichnet, demonstriert er das Hegelianistische Unverständnis gegenüber ihr und indischer Weisheit in beispielhafter Manier, weshalb wir ihn in einem längeren Zitat zu Wort kommen lassen wollen: »Im Grunde ist die Lehre, daß Gott nur durch Negationen beschrieben werden kann, weder christlich noch griechisch, sondern gehört der alten Religion Indiens an. … Da Gott das Unendliche und das Unendliche die Antithese des Endlichen ist, möge jedes Attribut, das von einem endlichen Seienden behauptet werden kann, mit Sicherheit bestritten werden. Daher kann Gott nur mit Negationen *beschrieben* werden; Er kann nur *entdeckt* werden, indem man alle Eigenschaften und Attribute, die ihn verhüllen, abstreift; Er kann nur *erreicht* werden, indem wir uns all unserer Persönlichkeitsunterschiede entledigen und in unser ›ungeschaffenes Nichts‹ sinken oder aufsteigen; und Er kann nur *nachgeahmt* werden, indem man auf eine abstrakte Spiritualität

Um solche Unterstellungen zurückzuweisen, ohne auf ein – vom klassischen Verstandesgebrauch aus betrachtet – abstruses »Positiv-« oder »Spekulativ-Vernünftiges«, Hegels erdachtes »Mystisches«, rekurrieren zu müssen, das dann seltsamerweise aber auch in »den spekulativen Karfreitag«[163] mündet oder die »Schädelstätte des absoluten Geistes«[164], und aufgrund dessen, daß damit ein Schritt in Richtung auf die für die Epoché-Problematik nicht unwichtige phänomenologische Parallele der Nullifikation, die Neutralitätsmodifikation nämlich, getan, und zusätzlich die Diskussion auf unser weiteres Forschungsziel ausgerichtet werden kann, Fragen des Bezugs von (phänomenologischer) Reduktion und Retentionspraktiken, wie sie in indischen Weisheitsschriften beschrieben werden, zu erörtern, darf ich, ausgehend von der Spekulation Meister Eckharts, noch einige Worte zu diesem, meist verkannten, Gedanken anfügen.

1.3.4 Leerheit, ἐποχή, *apátheia.* Gelassenheit bei Meister Eckhart, Euagrios Pontikos und Maximus Confessor

Sowohl den Skeptikern wie den Mystikern hat man immer wieder vorgeworfen, mit ihrer Technik der Gedankenstillegung einen Zustand anzustreben, welcher dem gleicht, der beim Anblick der Gorgonenhäupter eingetreten sein soll, dem eines Steines. Bleibt man auf der Oberfläche dessen, was sie lehren, so liest man daraus, daß der Zweck ihres Lebens Verstummung und Verdummung, Anästhesie und Analgesie, Lethargie und Apraxie (Handlungsunfähigkeit) ist. Vertreter beider dieser Erkenntnisrichtungen begingen das, was

---

hinzielt, die leidenschaftslose ›Apathie‹ einer Universalie, die nichts im Partikularen ist. So sehen wir, daß das Gesamt dieser Entwicklungen des Mystizismus, die Symbole verachten und hoffen, Gott durch das Verschließen des sinnlichen Auges zu sehen, zusammenhängen. Sie folgen alle aus dem falschen Begriff Gottes als abstrakter Einheit, die alle Unterschiede überschreitet oder eher ausschließt. Natürlich ist nicht intendiert, die Unterschiede *auszuschließen,* sondern sich über sie zu erheben; aber der Prozeß der Abstraktion oder Subtraktion, wie er tatsächlich ist, kann uns niemals zum ›Einen‹ führen. Die einzig mögliche Vereinigung mit solch einem Unendlichen ist der ἀτέρμων νήγρετος ὕπνος [endlose, unerweckliche Schlaf] des Nirvana.«

163 G. W. F. Hegel, Werke 2.432.

164 G. W. F. Hegel, Werke 3.591. Cf. M. Negele, Grade der Freiheit, p. 229: ».. eines ist sicher: Die Enthaltung des ›Ur-teils‹ bedeutet den Tod des Denkens, die ›Schädelstätte des absoluten Geistes‹. Uns bleibt nur die Hoffnung, daß dem ›Tod‹ eine ›Auferstehung‹ folgt.«

ein moderner Interpret des Mahāyāna-Buddhismus dem auf sein privates Heil bedachten Hīnayāna-Ekstatiker (*arhat, śrāvaka*) vorwirft, einen »mystake«, indem dieser »in seiner mystischen Erstarrung seine geistlose, tranceartige Selbstversenkung als ein unterscheidbares *Nirvāṇa* mißversteht.«[165]

Ähnlich stünde es mit der Eckhartschen Abgeschiedenheit, vom hinduistischen und jinistischen *kaivalya*, was wortwörtlich Isolation, Absonderung, Abgeschiedenheit, Ab-solutheit heißt, ganz zu schweigen; und mit dem Stillstand des Denkens in allen Weisheitsbewegungen, mystischen, skeptischen und anderen, verhielte es sich ebenso. Der Irrtum liegt dabei jedoch bei den Anklägern selbst, wenn sie unterstellen, daß der Vorgang vollständiger mentaler Beruhigung eine reale Substanzvernichtung oder eine – bestenfalls nach einiger Zeit wieder rückgängig zu machende – räumliche Ab- und Ausgrenzung darstelle: die Ekstasis im Sinne des Aus-stands, Außer-sich-Seins, der Entrükkung, des Entsetzt- oder Ver-rückt-Seins in die Gegenwelt eines dinglich fixierbaren Jenseits. Wie der erste Kritikpunkt ein materialistisches bzw. realistisches, d. h. objektivistisches Weltbild voraussetzt, der Idealismus ist als Antithese dazu eingeschlossen, so der zweite ein dualistisches, wobei allerdings unterstellt wird, die Vertreter dieser Doktrin wären so kurzsichtig gewesen, nicht gesehen zu haben, daß beide Hälften ihrer Zweiweltenlehre irgendwie in Verbindung sein müßten, wenn die Flucht von der einen in die andere möglich sein sollte. Daß weder Mystik noch Skeptik dergestalt verstanden werden sollten, ja dürfen, demonstriert mit Virtuosität die Mittelwegschule des Buddhismus; dazu später einiges mehr.

An dieser Stelle wollen wir zeigen, daß das Problem auch im Abendland gelöst oder besser: aufgelöst wurde. Einer derer, welchen dies am überzeugendsten gelang, war Meister Eckhart. Er stellt die Frage, die hier erörtert wird, die Frage nach der Möglichkeit, »von allen Namen frei und von allen Ideen bloß, ledig und frei«[166] zu sein, in seiner Predigt ‹Intravit Iesus in quoddam castellum› sogar selbst: »Seht, nun könnte man fragen, wie ein Mensch, der geboren ist und fortgediehen bis in vernunftfähiges Leben, wie der so ledig sein kön-

---

[165] R. M. Gimello, Mysticism and Meditation, p. 190: »the *śrāvaka* or *arhant* … in his mystical stupor mistakes (mystakes?) his mindless, trance-like self-absorption for a distinguishable *nirvāṇa*.« Das Wortspiel des Originals kann im Deutschen leider nicht wiedergegeben werden.

[166] Meister Eckhart, DW 1.40.1–2: *von allen namen vrî und von allen formen blôz, ledic und vrî.*

ne von allen Bildern, wie da er noch nicht war, und dabei weiß er doch vieles, das sind alles Bilder; wie kann er dann ledig sein?«[167]

Folgendes gibt er anschließend zur Antwort: »Wäre ich derart vernünftig, daß alle Bilder, die alle Menschen je empfingen, und die in Gott selber sind, auf vernünftige Weise in mir stünden, hätte ich sie inne ohne Eigenschaft [Eigentümlichkeit/Eigentum/Eigenheit/Eigensinn] (*âne eigenschaft*), so daß ich keines mit Eigenschaft [Eigentümlichkeit/Eigentum/Eigenheit/Eigensinn] (*mit eigenschaft*) be-/ergriffen (*begriffen*) hätte, im Tun oder Lassen, mit Vor oder mit Nach, mehr: daß ich in diesem gegenwärtigen Nu frei und ledig stünde … in der Wahrheit, so wäre ich Jungfrau ohne Hindernis aller Bilder, so wahr als ich war, da ich nicht war.«[168]

---

[167] Meister Eckhart, DW 1.25.2–5, in der Übersetzung von DW 1.434: *Sehet, nû möhte man vrâgen, wie der mensche, der geborn ist und vor gegangen ist in vernünftic leben, wie er alsô ledic müge sîn aller bilde, als dô er niht enwas, und er weiz doch vil, daz sint allez bilde; wie mac er denne ledic sîn?*

[168] Meister Eckhart, DW 1.25.6–26.3, mit Auslassung: *Wære ich alsô vernünftic, daz alliu bilde vernünfticlîche in mir stüenden, diu alle menschen ie enpfiengen und diu in gote selber sint, wære ich der âne eigenschaft, daz ich enkeinez mit eigenschaft hæte begriffen in tuonne noch in lâzenne, mit vor noch mit nâch, mêr: daz ich in disem gegenwertigen nû vrî und ledic stüende … in der wârheit sô wære ich juncvrouwe âne hindernisse aller bilde als gewærliche, als ich was, dô ich niht enwas.* Eigene Übersetzung in Anlehnung an B. Welte, Meister Eckhart, p. 33[3]: »Wäre ich von so umfassender Vernunft, daß alle Bilder, die sämtliche Menschen je [in sich] aufnahmen und auch alle Bilder, die in Gott selber sind, in meiner Vernunft stünden, aber wäre ich derer inne ‘ohne Eigenschaft’, so daß ich keines mit ‘Eigenschaft’ begriffen hätte, im Tun oder Lassen, mit Vor noch mit Nach, daß ich also in diesem gegenwärtigen Augenblick frei und ledig stünde … in der Wahrheit, so wäre ich Jungfrau ohne jedes Hindernis von Bildern, so wahr wie ich war, als ich noch nicht war.« Parallel zu lesen Meister Eckhart, DW 1.8.9–14.4. Rulman Merswin (1307–1382), in: A. Jundt, Histoire du panthéisme populaire au moyen âge et au seizième siècle, p. 219: »Hätte ich all die Bilder in meiner bildlichen/vorstellenden, sinnlichen Vernunft, die alle vernünftigen Menschen je empfingen, und wäre es so, daß ich der Bilder ledig stünde, ohne Eigenschaft [Eigentümlichkeit/Eigentum/Eigenheit/Eigensinn], sowohl im Tun wie im Lassen, wenn ich in diesem gegenwärigen Nu frei und ledig wäre, so stünde ich ohne Hindernisse durch alle Bilder, so wahr als ich es damals war, als nicht war.« (*Hette ich alle die bilde in miner bildelichen sinnelichen vernunft die alle vernúnftige menschen ie empfingent, und were es das ich der bilder ledig stúnde one eigenschaft beide mit tuonde und mit lossende, ehte ich in diseme gegenwertigen nuo fri und lidig were, … so stunde ich sunder hindernisse aller bilde alse gewerliche alse do ich nút enwas.*) F. Jostes, Meister Eckhart und seine Jünger, p. 92.23–25 Nr. 82 (meine Text-Emendation): »Dessen seid sicher: solange sich der Mensch in der Tugend mit Eigenschaft seiner selbst erhält, [so] soll er nimmermehr die Frucht der Tugend kosten und besitzen, die nichts anderes ist als den Gott der Götter in Zion zu schauen.« (*Dor um seit sicher: als lang als der mensch sich mit eigenschaft*

In diesem Passus gibt der Meister aus Hochheim eine Zusammenfassung seiner Vorstellung von der Abgeschiedenheit, die ihn in ihrer Hintersinnigkeit als wahren Genius einer Phänomenologie mystischer Epoché ausweist. Der entscheidende mittelhochdeutsche Terminus darin lautet *eigenschaft.* »Das Wort schillert .. zwischen lat. *proprietas* und *qualitas,* zwischen nhd. ›Eigentum‹, ›Eigenheit‹, ›Eigenschaft‹, ›Eigentümlichkeit‹, ...«[169] Hierin stellt es eine Fortschreibung des antiken Begriffs *ídion* oder *idíōma* (bzw. *oikeĩon*) dar, das in der römischen Philosophie als *proprium* auftritt, und distinktes und distinguierendes Charakteristikum, (Unterscheidungs-)Merkmal (bzw. das Eigene, Eigentliche, Wesentliche) bedeutet.

Man kann unterstellen, daß Eckhart in seinem weisheitlichen Predigen diese Doppelsinnigkeit ausgespielt hat. Beide Bedeutungen sind für die Doktrin der Ledigkeit, Bloßheit und Leerheit gleichermaßen wichtig. Grammatikalisch kann das ›ohne/mit Eigenschaft‹ sowohl adjektivisch als Bestimmung der Ideen, einschließlich der Idee des Ich, wie auch im Sinne eines Präpositionalausdrucks mit adverbieller Bedeutung verstanden werden, als die Art und Weise des Bezugs der Ideen zum Ich bzw. des Ich zu den Ideen, wobei, ich wage diese These einmal, aus der ersten Erwähnung im zitierten Passus eher ein eigenschaftswörtlicher, aus der zweiten eher ein umstandswörtlicher Sinn gelesen werden könnte. Dementsprechend wiese die Nichtvorhandenheit von ›Eigenschaft‹ und ›Eigentümlichkeit‹ auf der adjektivischen Bedeutungsebene darauf hin, daß die Worte, Bilder, Ideen, Vorstellungen und das ›Ich‹ selbst als leer, unbestimmt, unspezifisch, ohne eigentümlichen Gehalt, ledig des Eigenseins und eines eigenen Merkmals, d. h. gehalt-, wesen- und merkmallos aufgefaßt werden können.[170] Diese zugegebenermaßen kühne, bisher

---

sein selbs beheltet in der tugent, so en sol er nimmer mer gesmaken noch besitzen di frůht der tugent, di niht anders ist denn got der goter schawen in Syon.).

[169] J. Quint (ed./tr.), Meister Eckhart, DW 1.26[1].

[170] Cf. J. Quint (ed./tr.), Meister Eckhart, DW 5.486, wo *eigenschaft* (DW 5.41.20) ohne weiteres mit »Eigenschaft« übersetzt wird. Zudem kann vorgebracht werden, daß gegen Ende unserer Predigt ‹Intravit Iesus in quoddam castellum› das mhd. Wort *eigenschaft* eindeutig im modernen Wortsinne gebraucht wird, cf. o. c. 1.43.3–44.2: *Got selber luoget dâ* [in das eine und einfältige Bürglein oberhalb aller Weise und aller Kräfte] *niemer în einen ougenblik und geluogete noch nie dar în, als verre als er sich habende ist nâch wîse und ûf eigenschaft sîner persônen. Diz ist guot ze merkenne, wan diz einic ein ist sunder wîse und sunder eigenschaft. Und dar umbe: sol got iemer dar în geluogen, ez muoz in kosten alle sîne götlîche namen und sîne persônlîche eigenschaft; daz muoz er alzemâle hie vor lâzen, sol er iemer mê dar în geluogen. Sunder als er ist einvaltic ein,*

nicht in Erwägung gezogene, Lesart wird gestützt durch die auf Anaxagoras (ca. 500–427) resp. Aristoteles zurückgehende Lehre von den nichtseienden Ideen und dem Geist als leerer Tafel (*tabula rasa*)[171], welche Eckhart schon in seinen ‹Pariser Quaestionen› entwickelt hat,[172] anläßlich welcher ein moderner Forscher festhielt: ».. die ko-

---

âne alle wîse und eigenschaft: dâ enist er vater noch sun noch heiliger geist in disem sinne und ist doch ein waz, daz enist noch diz noch daz. Obwohl sich der Herausgeber und Übersetzer der Gesamtausgabe große Mühe gibt, seine eindeutige, und somit einseitige Übersetzung von *eigenschaft* in Richtung Eigentumsanspruch durchzuhalten, kann er doch nicht umhin, in der soeben zitierten Passage das erste Mal mit »Eigenschaft« (Anführungsstriche des Texts) und des weiteren jedesmal mit Eigenheit zu übersetzen, cf. J. Quint ⟨ed./tr.⟩, Meister Eckhart, DW 1.437. Als Vergleichsstellen zur Lehre, daß die Ideen nichtseiend bzw. nicht ansichseiend sind, cf. Meister Eckhart, LW 5.44.6; 5.43.13–44.6; 5.52.1–11; idem, DW 1.269.1–7.

[171] Cf. Anaxagoras, H. Diels & W. Kranz, Die Fragmente der Vorsokratiker 2.37–39, Fragment B12. Aristoteles, De anima Γ.4.429^{b}31–430^{a}2: »Es muß sich also so verhalten, wie bei einer Tafel, auf welcher in Wirklichkeit nichts Geschriebenes existiert, was beim Geist [bei der Vernunft] ja zutrifft.« (*deĩ d' 'oútōs 'ōsper en grammateíōj 'ōj mēthèn 'upárchei entelecheíaj gegramménon· 'óper sumbaínei epì toũ noũ.*).

[172] Cf. Meister Eckhart, LW 5.47.15–48.2; 5.50.1–5; 5.53.16–18. Ein Stellenverzeichnis für dieses Theorem, welches sich durch das gesamte Werk Eckharts zieht, gibt J. Quint ⟨ed./tr.⟩, Meister Eckhart, DW 5.80[89]. Man kann zeigen, dies bei der vorliegenden Rabulistik allerdings auch wieder nur mit einer gehörigen Portion derselben, daß der Magister aus Hochheim in den ‹Pariser Quaestionen› 1 und 2 dem Erkenntnisaufbau eine zirkulär geschlossene Viergliederung zugrundelegt, welche sich bei genauerem Hinsehen als ein vierfaches Leergeschehen entpuppt: *anima*/Seele (4), der eigentlich die *scientia dei*/Wissen(schaft) von Gott zuzuordnen wäre, und die *verum ens*/wahres Seiendes und Prinzip ihrer – *potentia naturalis*/natürlichen Fähigkeit ist, des *intellectus*/Geistes (3), welcher wiederum den *locus*/Ort darstellt für – die *species aut formae*/Ideen/Erkenntnisbilder (2), die er zum *principium*/Prinzip seiner *operatio*/Handlung hat, dem *intelligere*/Einsehen, und – die vom *obiectum*/*ens*/Gegenstand/Seienden verursacht werden und *esse*/Sein (1) erhalten. O. Spann, Meister Eckeharts mystische Philosophie, Gesamtausgabe 18.164–169, 176–180 (mit Hinweis auf Meister Eckhart, ⟨ed.⟩ F. Pfeiffer, p. 263, 23 [= DW 1.133.2–5]), gliedert die Erkenntnis bei Meister Eckhart in drei Stufen, die mystische, die ideenhaft-begriffliche und die sinnliche, womit streng neuplatonisch betrachtet freilich vier Stufen genannt wären, da Ideen und Begriffe nicht identisch sind, wenngleich die Übergänge schon beim systematischen Plotinos fließend und nicht immer trennscharf anzugeben sind. Man verifiziere das am folgenden Ausspruch, in den ich meine Zählung einfüge, Meister Eckhart, DW 1.157.3–6: »Es gibt ein hervorgebrachtes Wort, das ist der Engel, der Mensch und alle Kreaturen (1). Es gibt ein anderes Wort, gedacht und hervorgebracht, durch das es dazu kommen kann, daß ich mir Vorstellungen mache (2). Es gibt nun noch ein anderes Wort, das nicht hervorgebracht und ungedacht ist, das niemals herauskommt (3), vielmehr ist es ewig in Dem, Der (4) es spricht;« (*Ez ist ein vürbrâht wort, daz ist der engel und der mensche und alle crêatûren. Ez ist ein ander wort, bedâht und vürbrâht, dâ bî mac ez komen, daz ich in mich bilde. Noch ist ein ander wort, daz dâ ist unvürbrâht und unbedâht, daz niemer ûzkumet, mêr ez ist*

gnitive Form ist ein pures Verhältnis zum Seienden. ... Wenn Seiendes ist und das ist, was es ist, dann ist die kognitive Form ... Nichtseiendes.«[173]

Stellt man aber auf die adverbielle Konnotation der Wendung ab, so bezeichnet die Eigenschaftslosigkeit einen Verzicht auf ›Leibeigenschaft‹ und ›Eigentum‹ an Sprache, Ideen oder Bildern und dem Ich, d. h. das Fallenlassen des Besitzanspruchs auf diese, das Aufgeben

---

êwiclich in dem, der ez sprichet;) Cf. DW 1.16.3–11, jeweils mit wichtigen Anmerkungen und Verweisen des Herausgebers. Der im Zitat niedergelegte Gedanke stammt von Plotinos, Enneaden 1.2.3.24–31 §§ 15–16. Darauf und auf den sachlichen Zusammenhang mit der Lehre von den Körpern Buddha's (*kāya*) und den Bewußtseinszuständen (*avasthā*) wie Hüllen (*kośa*) in der indischen Orthodoxie macht A. K. Coomaraswamy, Elements of Buddhist Iconography, p. 85[116], aufmerksam. Zu den Hypostasen, der Dreifaltigkeit und den Trikāya auch J. Przyluski, Les trois hypostases dans l'Inde et à Alexandrie. Bei Eckhart durchkreuzen sich die heidnisch-neuplatonische Hypostasenspekulation und die christliche Dreiheitsspekulation, der jene als Vorbild diente. Damit tritt er nicht nur in die Fußstapfen von Origenes, Joannes Scotus Eriugena und anderen, sondern gerät in dieselben Schwierigkeiten wie diese, was zu gewissen Überlagerungen und Depravationen führte. Zu Eckhart und Eriugena cf. A. Wilke, Ein Sein – Ein Erkennen, pp. 108–110, 126–152. Die Definitionen zweier Quadranten der Vier-Naturen-Lehre von Joannes Scotus Eriugena finden sich schon bei Euagrios Pontikos, Kephalaia Gnostica 1.5, griechisches Textfragment 5, in J. Muyldermans, Evagriana, p. 57 (wurde bereits im Kapitel 1.1.2 zitiert); sie entsprechen dem Wortlaut nach der zweiten und vierten Form bei Eriugena; es erforderte einen gewaltigen Forschungsaufwand zu erweisen, ob und wie diese Analogie auch in der Sache gilt. Weitreichende Übereinstimmungen (aber auch Differenzen) in der Hypostatik der Gedankengebäude von Plotinos und Origenes stellt H. Crouzel, Origène et Plotin (mit umfangreicher Bibliographie), fest. Kritisch H. Ziebritzki, Heiliger Geist und Weltseele, pp. 130–145, 260–266. In welcher Art Elemente der heidnisch-neoplatonischen Hypostasenlehre von den Kirchenvätern in die Dreifaltigkeitsspekulation eingearbeitet wurden, wird diskutiert von H. Dörrie, Ὑπόστασις. Wort- und Bedeutungsgeschichte; F. Picavet, Hypostases Plotiniennes et trinité chrétienne; idem, Essais sur l'histoire générale et comparée des théologies et des philosophies médiévales, pp. 189–208; P. Hadot, Christlicher Platonismus, pp. 5–22; Köster, ὑπόστασις; F. Erdin, Das Wort Hypostasis; A. Dahl, Augustin und Plotin, pp. 30–73; P. Aubin, Plotin et le christianisme, insbesondere pp. 11–42; das, worin sich dieser Autor gegenüber früheren Forschungen zum Thema überlegen fühlt, kann auch als Ursache seiner Unterlegenheit verstanden werden, indem in der akribischen Detailerschließung die strukturelle, konturierende Betrachtungsweise vernachlässigt ist. Wollte man die Willenslehre von Meister Eckhart, DW 3.489.17–490.6, die laut Nachweisen des Herausgebers der ‹Deutschen Werke› von Thomas Aquinas herrührt, in diese Struktur einschreiben, so müßten die drei Stufen des Willens den drei Manifestationen des Wortes entsprechen. Es fragt sich darüberhinaus jedoch, wie es mit einer möglichen vierten Einheit bestellt ist.

[173] J. D. Caputo, The Nothingness of the Intellect in Meister Eckhart's »Parisian Questions«, p. 109.

des Sie-Habenwollens, das Lösen des leidenschaftlichen Ihnen-Verhaftetseins, des ›Eingennutzes‹ und ›Eigen-Sinns‹ ganz allgemein, Ich- und Selbstlosigkeit, Seinlassen, Gelassenheit – ἐποχή. In der Sprache aller Mystik wird das auch die geistliche Armut genannt. »Das ist ein armer Mensch, der nicht(s) will, nicht(s) weiß und nicht(s) hat.«[174] Von diesem Blickwinkel aus erscheint die recht freie Übersetzung oder Paraphrase der kritischen Gesamtausgabe konsequent: »Wäre ich von so umfassender Vernunft, daß alle Bilder … in meiner Vernunft stünden, doch so, daß ich so frei von Ich-Bindung an sie wäre, daß ich ihrer keines im Tun noch Lassen, mit Vor noch mit Nach als mir zu eigen ergriffen hätte, …«[175]

---

[174] Meister Eckhart, DW 2.488.5–6: *daz ist ein arm mensche, der niht enwil und niht enweiz und niht enhât.* Über die Bedeutung der geistigen und geistlichen Armut, der völligen Uneigennützigkeit der Gelassenheit für das Urteilen, konstatiert ein Interpret der Lehre des Magisters folgendes, cf. N. Winkler, Meister Eckhart zur Einführung, pp. 99–100: »Der gelassene Mensch erhebt sich daher über die Dinge der Welt so, daß er in selbstgewählter Distanz zu ihnen frei – d. h. unbeeinflußt – urteilen kann. Zu einer moralisch einwandfreien Handlung gehört ein autarkes Urteil.« Ein solches könnte man überspitzt Urteil aus der Urteilsenthaltung nennen. Es war Erich Fromm (1900–1980), der von der Psychologie aus diese alte Einsicht ins Gedächtnis des modernen Menschen rief, cf. E. Fromm, Haben oder Sein, pp. 64–69. Prägnant formuliert heißt es o. c., p. 69: »Das Ausbrechen aus der Existenzweise des Habens ist die Voraussetzung jeder echten Aktivität. In Eckharts ethischem System ist die höchste Tugend der Zustand produktiven inneren Tätigseins, dessen Voraussetzung die Überwindung jeglicher Form der Ichbindung und Gier ist.«

[175] J. Quint ⟨ed./tr.⟩, Meister Eckhart, DW 1.434. Diese Lesart, die selbstverständliche und gängige, wird u. a. bekräftigt durch eine Originalpassage in F. Jostes, Meister Eckhart und seine Jünger, p. 93.12–14, Nr. 82: »Ich will nicht sagen, daß dieses Sein/Wesen der Seele so zunichte werde wie es war, ehe es geschaffen wurde, vielmehr soll man diese Vernicht(ig)ung gemäß dem [Ablassen vom] Behalten und Besitzen verstehen.« (*Niht enwil ich sprechen, daz dizz wesen der sele also zu niht werd, alz ez waz, ee ez geschaffen würd, mer dis vernihtigung di sol man verstan noch der behaltüng und der besitzung.*) Zur Zuschreibung des Texts und dem Sinn der Noch-nicht-Geschaffenheit cf. K. Ceming, Mystik und Ethik bei Meister Eckhart und Johann Gottlieb Fichte, p. 61[184]. Cf. A. Silesius, Cherubinischer Wandersmann 5.132: »Der gelassene leidet keinen schaden. / *Wer nichts mit eigenthum besitzet in der Welt / Der leidet nicht verlust wann jhm gleich's Haus einfällt.*« Hierher gehört auch die Unterscheidung zweier Gattungen von Gottgefälligen an der Spitze der vier Grade geistlicher Reife bei J. v. Ruusbroec, Opera omnia 10.135.388–398 (Vanden blinkenden steen): a) die heimlichen Freunde und b) die verborgenen Söhne Gottes. Erstere besäßen ihre Innerlichkeit (*inwindicheit*) »*met eyghenscap*«, ›mit Eigenschaft‹, »in selbstbewußter Weise«, wie der Übersetzer ins Englische formuliert. P. Mommaers & J. V. Braht, Mysticism Buddhist and Christian, p. 67: »… *met eyghenscap.* Diese mittelniederländischen Wörter lassen sich nicht leicht in modernes Englisch übersetzen, sie implizieren im allgemeinen aber so etwas wie den Sinn: ›Selbstbesitz‹ (own-ownership), ›Eigentümertum‹ (proprietary-property).

Eine entsprechende Lösung des Lösungs-, Leerungs- oder Befreiungs-Problems ist schon aus dem antiken Christentum bekannt. Daß sie oder ein vergleichbares Argument direkt auf den illustren Magister gekommen war, ist nicht auszuschließen, kannte und zitierte er doch einige Schriften von Origenes,[176] unter dessen Autorenschaft die gemeinte Textstelle, eine Psalmenscholie von Euagrios Pontikos, unter anderem überliefert wurde. »Weder die Dinge noch die Gedanken von ihnen [als solche] fesseln den Intellect, sondern die leidenschaftsbehafteten Gedanken von den Dingen. Denn der Herr hat auch das Gold gemacht und er selbst die Frau erschaffen, und nichts von dem durch Gott Gewordenen ist dem Heil der Menschen entgegengesetzt. Vielmehr sind es Unzucht und Habgier/Begehrlich-

Sie sagen: ›Dies ist mein‹.« Dieses Festhalten am Ich, so weiter an genannter Stelle bei Ruusbroec, hätte bei den heimlichen Freunden Gottes statt, weil sie an Gott als Bestes und Höchstes, was sie zu erlangen vermöchten und erreichen wollen, mit Liebe hingen. »Und deshalb vermögen sie weder sich noch ihre Werke bis in eine bildlose Bloßheit zu durchdringen, denn sie sind verbildert und vermittelt mit sich selbst und mit ihren Werken. Und sogar wenn sie durch ihr liebendes Anhangen [an ihn] die Vereinigung mit Gott erfahren, auch dann finden sie in der Einung immer Unterschied und Andersheit zwischen sich und Gott. Denn den einfaltigen Übergang in die Bloßheit und die Weiselosigkeit kennen und lieben sie nicht. Und darum bleibt ihr höchstes inwendiges Leben immer innerhalb von Verstand und Weise.« (*Ende hier omme en moghen si hem selven noch hare werke niet doerliden in eene onghebeelde bloetheit, want si ⟨sijn⟩ verbeelt ende vermiddelt met hem selven ende met haren werken. Ende al eest dat si ghevoelen in haren minlijcken aenclevene eeninghe met gode, nochtan vinden si altoes onderscheet ende anderheit inder eeninghen tusschen hem ende gode. Want die eenvuldighe overganc in bloetheiden ende in onwisen die es van hem ombekint ende onghemint. Ende hier omme blijft hare hoochste inwindighe leven altoes in redenen ende in wisen.*) Diese mystische Bloßheit ist nicht mit der absoluten Leerheit und Bloßheit des Mahāyāna, Vedānta oder Meister Eckharts zu verwechseln, wiewohl man sich vor einer vorschnellen Beurteilung der Position von Ruusbroec (1293–1381) hüten muß, da seine Kritik oft nur die eigenen willkürlichen und falschen Unterstellungen an mystische Konkurrenzbewegungen trifft. Ein erstes Bild dazu mache man sich bei P. Mommaers & J. V. Braht, Mysticism Buddhist and Christian, pp. 248–267: Natural Mysticism: A Critique. Dieser Darstellung, die an das Interpretationsmuster erinnert, welches J. Maritain, The Natural Mystical Experience and the Void, auf San Juan de la Cruz anwandte (siehe dort), muß attestiert werden, daß sie selbst eine gewisse Schieflage hat und den für uns entscheidenden Punkt der Leere (auf der Basis der an die Lehrtradition der Kirche gebundenen Ausführungen Ruusbroec's) nicht trifft. Vielleicht sollte man noch erwähnen, daß Ruusbroec's christlich-mystische Spekulation in ihrer Gesamttendenz weniger der Unifikationslehre eines Eckhart, als dem Liebesdualismus eines Johannes vom Kreuz verwandt ist, cf. G. della Croce, Johannes vom Kreuz und die deutsch-niederländische Mystik.

[176] Cf. H. U. v. Balthasar, Origenes: Geist und Feuer, p. 93[1]: »Eckehart steht übrigens in direkter und indirekter Abhängigkeit von Origenes.«

keit, die den Intellect fesseln, indem sie die Gedanken von den Dingen zwingen, im Herzen zu verweilen. Die Dinge halten den Intellect nämlich durch die leidenschaftserfüllten Gedanken fest, wie sowohl das Wasser den Dürstenden durch den Durst als auch das Brot den Hungernden durch den Hunger. Was folgt daraus nun für den Heiland/Heiler der Seelen? Weder vernichtet er die Dinge – denn er selbst ist ihr Schöpfer – noch zwingt er den Intellect, dieselben nicht zu erkennen. Ja um von ihm erkannt zu werden, sind sie entstanden. Indem er vielmehr durch die geistliche Unterweisung und die Gebote die Leidenschaften vernichtet, die, weil ihr Ursprung in uns liegt, gerade von den Gedanken und Dingen verschieden sind, läßt er den Intellect aus den Fesseln frei. Und dies dürfte wohl das [Psalmwort] sagen: Der Herr (er)löst die Gefesselten.«[177]

Die Evagrische Apathologie lebt weiter in den ‹Centurien über die Liebe› von Maximus Confessor, die gewissermaßen aus den Gedanken des ersteren komponiert sind.[178] Insofern taucht darin auch die Einsicht von der Loslösung des Intellects aus den Verstrickungen

[177] Euagrios Pontikos, Scholia ad Psalmos 145.8β = Origenes, (Selecta) In Psalmos (PG 12.1676A-B & J. B. Pitra, Analecta sacra 3.357), Textidentifikation M.-J. Rondeau, Übersetzung nach G. Bunge, Drachenwein und Engelsbrot, p. 30 oder idem, Evagrios Pontikos: Praktikos oder der Mönch, p. 147, mit meinen teilweise erheblichen Änderungen gemäß mir vorliegendem Text: *Oúte tà prágmata desmoĩ tòn noũn, oúte tà toútōn noḗmata, allà tà empathẽ tõn pragmátōn noḗmata. Kaì gàr tòn chrusòn ‘o Kúrios éktise, kaì autòs tèn gunaĩka epoíēsen, oudèn dè tõn gegonótōn ‘upò Theoũ enantioũtai tẽj sōtēríaj tõn anthrṓpōn, all’ ‘ē porneía kaì pleonexía desmoũsi tòn noũn, anagkázousi chronízein tà noḗmata tõn pragmátōn en kardíaj. ‘Ístēsi gàr tòn noũn tà prágmata dià tõn en páthei noēmátōn, katháper kaì tò ‘údōr tòn dipsõnta dià tẽs dípsēs, kaì tòn peinõnta ‘o ártos dià tẽs peínēs. Tí oũn pròs taũta ‘o iatròs tõn psuchõn; oúte tà prágmata diaphtheírei (autòs gàr autõn esti dēmiourgòs), oúte tòn noũn mẽ noeĩn autà katanagkázei. Toũ gàr ‘up’ autoũ noeĩsthai ‘éneken, gégonen· allà dià tẽs pneumatikẽs didaskalías kaì tõn entolõn anatrépsas tà páthē, ‘áper ‘éterá esti tõn noēmátōn kaì tõn pragmátōn aph’ ‘ēmõn échonta tàs archàs, eleútheron aphẽke tòn noũn tõn desmõn kaì toũt’ àn eíē tó· Kúrios lúei pepedēménous.* Zum Haften des Geistes an den Dingen durch Pathos siehe auch Euagrios Pontikos, Capita practica ad Anatolium 40 (mit Note 4 der Herausgeber, in der eine weitere Stelle aus dem Psalmenkommentar und zwei aus einer anderen, bisher unveröffentlichten pseudo-evagrischen Schrift zitiert werden); idem, Skemmata 12(gr.)/23(lat.); zum Haften des Geistes durch Pathos und Stofflichkeit, Materialität oder Sinnliches (Inhalt): idem, Epistulae 58.3–4, Zählung nach ⟨tr.⟩ G. Bunge, Briefe aus der Wüste, p. 277, griechisches Textfragment bei P. Géhin, Nouveaux fragments grecs des lettres d’Évagre, p. 143.1-14, und unsere allgemeine Darstellung im Kapitel 1.3.2.

[178] Eine Gegenüberstellung liefert M. Viller, Aux sources de la spiritualité de S. Maxime; zu Pathos und Apathie siehe insbesondere o. c., pp. 168–184.

in das Weltliche durch seine Entblößung von allen Leidenschaften auf. Wie bei Evagrius ist diese Entbindung ein schichtweiser Reinigungsprozeß in materialer wie moralischer Hinsicht, der von der Affektentleerung im eigentlichen Sinne über die Abtrennung von den übriggebliebenen leeren oder bloßen Gedanken bis hin zum unverrückbaren/unablenkbaren (*aperispástōs*) Gebets- oder Schauungszustand führt, in dem »der vollendete Nous durch wahren Glauben den Überunerkennbaren auf überunerkennbare Weise überunerkennt«[179]. »Die Tugenden trennen den Intellect von den Leidenschaften; geistliche Schauungen von den bloßen Gedanken; das reine/lautere Gebet stellt ihn Gott selbst vor.«[180] Bei Maximos wird es nun aber besonders deutlich, daß die 'Entweltlichung' oder Vergottung mit einer quasi-stoischen Lehre vom Gebrauch der Gedanken bzw. einer Urteilslehre einhergeht, die das richtige Urteil, den rechten Gebrauch der Gedanken und Dinge als Leidenschaftslosigkeit auffaßt und diese wiederum mit der Zustimmung, d.h. dem Urteil derart koppelt, daß das Physische nach stoischer Manier gemäß seiner natürlichen Zweckmäßigkeit gelassen wird, wie es ist, ein Leben in Einmütigkeit mit der Natur, von den Stoikern *súmphrōn* genannt, geführt wird und somit am Ende jegliches Urteil nach menschlichem Maß, sprich, jede subjektive Bewertung und Annahme unterbunden,[181] und wenn man daraus die letzte Konsequenz zieht, nachgera-

---

[179] Maximus Confessor, Capita de caritate 3.99.1–2: *Noũs esti téleios, 'o dià písteōs alēthoũs tòn 'uperágnōston 'uperagnṓstōs 'uperegnōkṑs …*

[180] Maximus Confessor, Capita de caritate 3.44: *'Ai mèn aretaì tõn pathõn tòn noũn chōrízousin· 'ai dè pneumatikaì theōríai, tõn psilõn noēmátōn· 'ē dè katharà proseuchḕ autõj autòn parístēsi tõj Theõj.* Cf. o.c. 1.94; 1.97; 2.4; idem, Capita gnostica 1.37–39; 2.8; (Pseudo-)Maximus Confessor, Diversa capita 5.94. Der disziplinäre Dreischritt, grundgelegt von Evagrius, zieht sich durch das gesamte Werk des Confessors; siehe dazu auch die Einleitungen der in französischer Sprache vorliegenden Übersetzungen von ⟨tr.⟩ E. Ponsoye.

[181] Cf. Maximus Confessor, Capita de caritate 3.34–35: »Die Unreinheit des Intellects ist erstens, ein falsches Wissen zu haben, zweitens, irgend etwas Universelles/Allgemeines nicht zu wissen; … drittens, leidenschaftserfüllte Gedanken zu hegen und viertens, dem Fehlerhaften/Sündhaften zuzustimmen. Die Unreinheit der Seele ist das nicht-naturgemäße Handeln; denn daraus werden im Intellect die leidenschaftgetrübten Gedanken erzeugt. Dann nämlich handelt man naturgemäß, wenn die pathischen Vermögen, die ich das Muthaft-Willensartige und das Lusthaft-Begehrliche nenne, beim Andrang der Dinge und der Gedanken über sie leidenschaftslos verharren.« (*Noós esti akatharsía prõton mèn tò gnõsin échein pseudẽ· deúteron dè tò agnoeĩn ti tõn kathólou· … tríton dè tò empatheĩs échein logismoús· tétarton dè tò sugkatatíthesthai tẽj 'amartíaj. Psuchẽs estin akatharsía tò mḕ energeĩn katà phúsin· ek toútou gàr tíktontai tõj nõj 'oi*

de eine skeptische Haltung der Urteilsenthaltung erreicht ist. Dieser Befund gilt selbstverständlich unabhängig davon, wie die thematisierten Lehren im ganzen und im Detail aufgebaut sein mögen. Er richtet sich nur auf den Vorgang der Psychostase, der Ruhigstellung aller Seelenfunktionen. Da diese freilich die weisheitliche Geistoperation per se ist, auf die hin alle Gehalte einer Heilslehre zu reflektieren sind, könnte man von ihr aus ohne weiteres Kritiken an den verschiedenen spekulativ-ethischen Entwürfen formulieren, um damit den Grad ihrer inneren Stimmigkeit und Tauglichkeit zu bestimmen, Wahrheitssuchern eine konsistente und komplette Anweisung oder Landkarte für den Weg zu ihrem fernen Ziel zu sein.

»›*Ertötet denn eure Glieder auf Erden, Unzucht, Unreinheit, Leidenschaft, verwerfliches Verlangen und Habgier*‹ [Kol 3.5] usw. Erde heißt fleischliche Gesinnung; Unzucht meint die Tatsünde; Unreinheit heißt Zustimmung; Leidenschaft bedeutet leidenschaftsbehaftetes Denken; verwerfliches Verlangen die bloße Annahme des Gedankens des Begehrens; Habgier nennt man den Stoff, der die Leidenschaft hervorbringt und deren Wachstum fördert. All das befiehlt der göttliche Apostel als Glieder fleischlicher Gesinnung abzutöten. Zuerst stellt das Gedächtnis dem Intellect einen bloßen Gedanken vor und dauert dieser an, so wühlt er die Leidenschaft auf; wird diese aber nicht beseitigt, beugt sie den Intellect zur Zustimmung (*sunkatáthesin*); wenn diese aber gegeben ist, geht es alsdann bis zur Tatsünde.«[182] »Der Intellect, der sich auf das Sichtbare stürzt, erkennt die Dinge naturgemäß vermittelst der Sinne; weder der Intellect noch das naturgemäße Erkennen, noch die Dinge, noch die Wahrnehmung sind aber verwerflich, sind sie doch Gotteswerk. Was ist also das Verwerfliche? Offensichtlich die Leidenschaft der natürlichen Gedanken,

empatheĩs logismoí. Tóte gàr katà phúsin energeĩ, 'ótan 'ai pathētikaì autẽs dunámeis, 'o thumòs légō kaì 'ē epithumía, en tẽj tõn pragmátōn kaì tõn en autoĩs noēmátōn prosbolẽj apatheĩs diaménōsi.).

[182] Maximus Confessor, Capita de caritate 1.83.1–84.4: Nekrõsate tà mélē 'umõn tà epì tẽs gẽs· porneían, akatharsían, páthos, epithumían kakẽn kaì tẽn pleonexían, *kaì tà 'exẽs. Gẽn mèn ōnómase tò phrónēma tẽs sarkós· porneían dè eĩpe, tẽn kat' enérgeian 'amartían· akatharsían dè tẽn sugkatáthesin ekálese· páthos dè tòn empathẽ logismòn ōnómasen· epithumían dè kakẽn tẽn psilẽn toũ logismoũ tẽs epithumías paradochẽn· pleonexían dè, tẽn gennētikẽn te kaì auxētikẽn toũ páthous ōnómasen 'úlēn. Taũta oũn pánta 'ōs mélē ónta toũ phronẽmatos tẽs sarkòs, ekéleusen 'o Theĩos Apóstolos nekrõsai. Prõton mèn 'ē mnẽmē psilòn tòn logismòn epì tòn noũn anaphérei· kaì toútou egchronízontos, kineĩ tò páthos· toútou dè mẽ anairouménou, kámptei tòn noũn eis sugkatáthesin· taútēs dè genoménēs, érchetai loipòn eis tẽn kat' enérgeian 'amartían.*

welche der Intellect, wenn er auf der Hut ist, vom Gebrauch der Gedanken abhalten kann. Leidenschaft ist eine Bewegung der Seele wider die Natur in Richtung einer unvernünftigen Zuneigung zu irgendeinem Sinnending oder einer urteilslosen/unbedachten Abneigung gegen irgendein Sinnending oder wegen irgendeines Sinnendings, wie z. B. in Richtung einer unvernünftigen Zuneigung zu Speisen, Weibern, Geld, vergänglichem Ruhm oder irgendeinem anderen Sinnending oder wegen diesem. … Das Verwerfliche liegt anders herum im falschen Gebrauch [Urteil] der Gedanken, der [das] den Mißbrauch der Dinge zur Folge hat. So hat z. B. der rechte Gebrauch des Weibes [das rechte Urteil über das Weib] beim Verkehr die Kinderzeugung im Blick. Wer aber auf die Lust abzielt, irrt hinsichtlich seines Gebrauchs [Urteils], indem er das Nichtgute für das Gute hält …«[183]

Die Wahrung von Leidenschaftslosigkeit gilt dabei sowohl gegenüber den Dingen als auch gegenüber den diesbezüglichen Gedanken. »Es ist etwas Großes, gegenüber den Dingen keine Leidenschaft zu hegen; weitaus größer als das aber ist es, gegenüber den Gedanken von diesen leidenschaftslos zu verharren.«[184] Zu beachten gilt es allerdings, daß der falsche Gebrauch des Denkens bzw. das falsche Urteil in doppelter Hinsicht statthat, da auch noch das Denken an sich durch seine bloßen oder reinen Formen den Geist in Unruhe versetzt und in die Vielheit aufspaltet. »Eines ist das Kämpfen gegen den bloßen Gedanken, damit er nicht die Leidenschaft aufwühlt, ein anderes

---

[183] Maximus Confessor, Capita de caritate 2.15.1–17.4: *‘O noũs epibállōn toĩs ‘oratoĩs katà phúsin noeĩ tà prágmata dià mésēs tẽs aisthḗseōs kaì oúte ‘o noũs kakòn oúte tò katà phúsin noeĩn oúte dè tà prágmata oúte ‘ē aísthēsis· Theoũ gàr eisi taũta tà érga. Tí oũn esti tò kakón; Dẽlon ‘óti tò páthos toũ katà phúsin noḗmatos, ‘óper dúnatai mḕ eĩnai en tẽj tõn noēmátōn chrḗsei, eàn ‘o noũs grēgorẽj. Páthos estì kínēsis psuchẽs parà phúsin ḕ epì philían álogon ḕ epì mĩsos ákriton ḕ tinos ḕ diá ti tõn aisthētõn. ‘Oĩon epì mèn philían álogon ḕ brōmátōn ḕ gunaikòs ḕ chrēmátōn ḕ dóxēs parerchoménēs, ḗ tinos állou tõn aisthētõ ḕ dià taũta. … Ȅ pálin kakía estìn ‘ē esphalménē chrẽsis/krísis tõn noēmátōn, ‘ẽj epakoloutheĩ ‘ē paráchrēsis tõn pragmátōn. ‘Oĩon ‘ōs epì tẽs gunaikòs ‘ē orthḕ chrẽsis/krísis tẽs sunousías ‘o skopós esti tẽs paidopoiías. ‘O oũn eis tèn ‘ēdonèn apoblepsámenos esphálē perì tèn chrẽsin/krísin tò mḕ kalòn ‘ōs kalòn ‘ēgēsámenos·* In PG 90.989A, steht statt *chrẽsis*, Gebrauch, das Wort *krísis*, Urteil; wir führen diese Lesart nach dem Schrägstrich, in der Übersetzung innerhalb eckiger Klammern, mit, da die Konjektur der kritischen Ausgabe ohne textliche Grundlage durchgeführt wurde. Zum Verhältnis von Denken und Leidenschaftsbehaftung der Gedanken cf. o. c. 1.63; 1.91–94; 2.3; 3.40–44; 4.66.

[184] Maximus Confessor, Capita de caritate 3.38: *Méga mèn tò mḕ páschein pròs tà prágmata· meĩzon dè toútou pollõj tò pròs tà toútōn noḗmata apathẽ diameĩnai.*

das Kämpfen gegen den leidenschaftsbehafteten, damit er nicht Zustimmung hervorruft. Beides aber läßt die Gedanken nicht währen.«[185] In der Praxis ist die Kunst, sich mit Hilfe des Verzichts auf Emotionen aus der (selbst-)auferlegten Haft der Sinnenwelt zu befreien, viel diffiziler als hier skizziert. Das wußte selbstverständlich auch unser Mönch des späten Altertums, den man mit schmückendem Beinamen den Bekenner nennt. Aus diesem Grund zeichnet er im Stile eines Seelenführers weitere Schattierungen der Abstandnahme von allen Weltverhaftungen, indem er sie in eine fein untergliederte Trittfolge auffächert, die auch den weniger Entschlossenen und Begabten Mut macht, die unendlich lang scheinende Seelenreise anzutreten, da es den meisten nicht nur leichter ist, wenigstens am Anfang in kleineren Schritten vorwärtszugehen, sondern auch, weil es möglich ist, anhand der vorgegebenen Skala die Erfolge, selbst wenn sie nur unbedeutend sind, zu kontrollieren und auf diese Weise Zuversicht und das Gefühl zu wecken, sicher unterwegs zu sein.

So ist von Maximos dem Homologeten eine Art Jakobsleiter von elf verschiedenen Arten der Mortifikation überliefert, entsprechend elf Verfahren der Tugend und elf Weisen der Kreuzigung. Dabei sei die Befähigung zu ihrer Ausführung abhängig vom Vermögen des einzelnen, von den Gnadenwirkungen des Hl. Geistes und der Mithilfe Christi, im Verhältnis zu dessen Kreuzigung die Kreuzigung eines jeden Tugendhaften eine Mitkreuzigung darstelle. Die Anordnung erweckt den Eindruck, als würden die aufgeführten Artikel eins bis acht dem untersten Rang der Askeseleiter, der Praktik, zugehören, deren Aufgabe die Säuberung der Seele vom Stofflichen ist. Die Übergänge vom sensualen in den rationalen Bereich und von dort in den intellectualer Funktionen ist indes gleitend. Plotinische und Evagrische Vorgaben scheinen zu interferieren. Wie man die hier niedergelegten Nuancen der Katharsis oder Gnosis dem klassisch drei- bzw. viergliedrigen Aufbau zuordnen kann oder muß, das zu entscheiden möchte ich mir hier nicht anmaßen. Nach dem Text ist offensichtlich, daß sich Artikel neun auf die Physikē bezieht, zehn auf die Theologikē und Artikel elf auf das überintellecthafte Aufgehen im Indefiniten, das man Mystikē nennen könnte. Bei diesem

---

[185] Maximus Confessor, Capita de caritate 3.88: *Állo estì máchesthai tōj psilōj logismōj, ʻína mē kinē̃sēj tò páthos· kaì állo estì tōj empatheĩ máchesthai, ʻína mē génētai sugkatáthesis. ʻOi amphóteroi dè trópoi ouk eōsi chronísai toùs logismoús.* Zur Zustimmung cf. o. c. 2.19; 3.34.

letzten Abschnitt der Spiritualtreppe ist so richtig ersichtlich, wie sich bei Maximos die strukturellen Paradigmata von Stoa, Evagrius, Plotin und dem Areopagiten überschneiden.

Jeder vollbringe, so heißt es im Text, die Kreuzigung entsprechend seinen Mitteln durch ein anderes Verfahren der Tugend. Der eine sei nur hinsichtlich des Fehlens/Sündigens beim Handeln gekreuzigt und ertöte es [das Fehlen], indem er es mit Gottesfurcht annagle (1). Der andere sei auch hinsichtlich der Leidenschaften selbst gekreuzigt und heile seine Seelenvermögen (2). Wieder ein anderer auch hinsichtlich der Vorstellungen selbst von den Leidenschaften, damit die unbeaufsichtigten Sinne sich nicht auf irgendwelche Abgehobenheiten/Aufregungen beziehen (3). Der nächste auch hinsichtlich der Gedanken über die und Bedenken gegenüber der Leidenschaft (4). Wieder einer auch hinsichtlich der Täuschung durch die Sinneswahrnehmung (5). Ein anderer hinwiederum, auch gekreuzigt hinsichtlich der natürlichen Bindung an das Wahrnehmbare durch die Sinne, beseitige diesen Bezug (6). Noch ein anderer hemme auch durch das Kreuz gänzlich alle Sinnesregung, um überhaupt keine natürlichen Vorgänge/Prozesse in sich zu haben (7). Ein weiterer halte auch jegliche Aktivität selbst im Intellect völlig an (8). Und um noch Größeres zu sagen: Einer sei hinsichtlich der praktischen Philosophie durch Leidenschaftslosigkeit gekreuzigt und gehe zur Naturkontemplation im Geist (Physikē) – gleichsam vom Fleisch Christi zu seiner Seele – über (9). Noch einer sei auch der Naturkontemplation abgestorben und werde durch Abwerfung der sinnbildlichen Kontemplation des Seienden durch den Intellect in die einförmige und einfache Einweihung des theologischen Wissens – gleichsam von der Seele Christi zu seinem Intellect – versetzt (10). Und noch einer werde von dort aus durch Abschlagung/Entschlagung auf mystische Weise auch in die gänzlich unaussprechliche, entreißende/vertilgende Unbestimmt-/Unbegrenztheit (*panteloũs ár'rēton aphairtikḕn aoristían*) – gleichsam vom Intellect Christi zu seiner Gottheit – zurückgeführt (11).[186]

[186] Cf. Maximus Confessor, Ambigua 47, Zählung E. Ponsoye = PG 91.1360A-D (243[a–b]): *Állos gàr kat' állon aretẽs trópon 'eautõj katállēlon poieĩtai tḕn staúrōsin· 'o mèn nónēj stauroúmenos tẽj kat' enérgeian 'amartíaj, kaì taútēn nekrõn tõj phóbōj toũ Theoũ prosēlōménēn· 'o dè kaì autoĩs toĩs páthesi stauroúmenos kaì tàs dunámeis tẽs psuchẽs exiṓmenos· 'o dè kaì autaĩs tõn pathõn taĩs phantasíais, ouk eõn tàs aisthḗseis aphétous, pròs 'upodochḗn tinos tõn katà taũta meteōrismõn· 'o dè kaì toĩs perì tà páthē logismoĩs kaì enthumḗmasin· 'o dè kaì tẽj kat' aísthēsin apáthēj· állos dè kaì tḕn pròs tà*

Wie sollte ein solches Verwerfen von Vorstellungen und Gedanken aber möglich sein, wenn die Bilder und Formen unser Wesen nicht nur essentiell und substantiell, sondern auch als essentielle und substantielle bestimmten und nicht vielmehr selbst Wahn, leer, ohne eigentümliches Charakteristikum, »ohne Eigenschaft« und »ohne Hindernis« wären, was wiederum nicht sein könnte, wäre das Wahrgenommene, das Dinghafte nicht eitel (im alten Wortsinne), nichtig und nichts?[187] Das Theorem von der Nichtigkeit, der Wesenlosigkeit, Bedingtheit und Eigenschaftslosigkeit des Kreatürlichen, Gewordenen, zieht sich durch das gesamte Werk Meister Eckharts.[188]
Traditionsgemäß verortet er die Nicht(s)heit alles Entstandenen (Seienden), einschließlich der leibverhafteten Geistnatur,[189] der Seele und ihrer Vermögen wie Kräfte (Funktionen),[190] in dessen Flußcha-

---

aisthētà tõn aisthḗseōn dià tẽs phusikẽs oikeiótētos stauroúmenos apotíthetai schésin· állos dè kaì pãsan katholikõs aisthētikḕn tõj staurõj katasbénnusi kínēsin, pròs tò mēdèn échein en 'eautõj tò parápan phusikõs energoúmenon· állos dè kaì autẽs tẽs katà noũn apopaúetai pantelõs energeías, kaì 'ína tò meĩzon eípō, 'o mèn tẽj praktikẽj stauroúmenos philosophíaj di' apatheías, kaì pròs tḕn en pneúmati phusikḕn theōrían 'ósper apò tinos sarkòs toũ Christoũ pròs tḕn psuchḕn autoũ metabaínōn, 'o dè kaì tẽj phusikẽj theōríaj nekroúmenos, dià tẽs apobolẽs tẽs katà noũn perì tà ónta sumbolikẽs theōrías, kaì pròs tḕn 'enoeidẽ kaì 'aplẽn tẽs theologikẽs epistḗmēs mustagōgían 'ósper apó tinos psuchẽs toũ Christoũ pròs tòn noũn autoũ metatithémenos, 'o dè kaì apò taútēs eis tḕn di' apopháseōs panteloũs ár'rēton aphairetikḕ aoristían 'ósper apó tinos toũ Christoũ noòs pròs tḕn autoũ theótēta mustikõs anagómenos. Meine Übersetzung ist wörtlich, doch in den Konjunktiv des Berichterstatters gesetzt.

187 Zum Zusammenhang von eitel und leer cf. J. W. v. Goethe, Sämtliche Werke 10.715 (Dichtung und Wahrheit 3.15). Zum philosophischen Aspekt von »eitel« cf. F. Mauthner, Wörterbuch der Philosophie 1.370–375, s. v. Eitelkeit.

188 Eine zentrale Stelle, die die Nichtheit von Kreatürlichem und Gottheitlichem in dialektischem Widerspiel vorführt, welche, wenn positiv gewendet, dem *duplex esse*, dem doppelten Sein (Meister Eckhart, LW 1.63; 1.238.1; 1.239.16–240.2; 1.242.1–2; 1.674.4; 1.676.7) entspricht, findet sich in idem, DW 3.211.5–212.2; 3.222.11–231.5.

189 Cf. Meister Eckhart, LW 1.241.2–4: »Die Geistnatur aber wird Wasser genannt, bald, weil sie, sofern sie Kreatur ist, ins Nichts verwandelbar ist, bald, weil sie, sofern sie freier Wille ist, vom Guten ins Böse umwendbar ist.« (*Dicitur autem natura intellectualis aqua, tum quia vertibilis est in nihil, in quantum creatura, tum quia vertibilis a bono in malum, in quantum est arbitrio libera.*).

190 Cf. Meister Eckhart, ⟨ed.⟩ F. Pfeiffer, p. 13.16–23: »Nun hat sich die Seele mit den Kräften nach außen ausgebreitet und zerstreut, jegliche in ihre Funktion: die Kraft des Sehens in das Auge, die Kraft des Hörens … und so sind ihre Akte innerlichen Wirkens umso schwächer; denn jegliche aufgespaltene Kraft ist unvollkommen. Darum: will sie inwendig kräftig wirken, so muß sie all ihre Kräfte wieder heimrufen und sie von allen zerstreuten Dingen weg in ein inwendiges Wirken zusammenziehen/sammeln.« (*Nû hêt sich diu sêle ûzewendig zerspreitet mit den kreften unde zerströuwet, ieclîchiu in ir*

rakter,[191] seiner Bezüglichkeit[192] und Nicht-aus-sich-selbst-heit,[193] seiner Zerteiltheit, Zertrennung und In-sich-Unterschiedenheit[194], seiner Verschiedenheit[195] und Gegensätzlichkeit in sich,[196] so wie der

---

werc: diu kraft der sehe in daz ouge, diu kraft der gehœrde … und alsus sint ir werc deste krenker indewendic ze wirkenne: wan ein ieclîchiu zerspreitetiu kraft ist unvollekomen. Her umbe, wil si indewendic krefteclîche wirken, sô muoz si wider heim ruofen allen iren kreften unde sie samenen von allen zerspreiten dingen in ein innewendic würken.).

[191] Cf. Meister Eckhart, ⟨ed.⟩ F. Pfeiffer, p. 657.19–20: »alle geschaffenen Dinge sind vergänglich. Das heißt unbeständig, das nicht auf [aus] sich selbst zu [be-]stehen vermag.« (*alliu geschaffeniu dinc sint flüzzic. Daz heizet flüzzic, daz ûf ime selber niht gestên mac.*) Idem, DW 1.357.10–12: »Alles, was Gott je schuf, das schuf er als sich wandelnd. Alle Dinge tragen, so wie sie geschaffen werden, auf ihrem Rücken die (Last der) Wandelbarkeit.« (*Allez, daz got ie geschuof, daz schuof er in wandelunge. Alliu dinc, sô sie geschaffen werdent, sô tragent sie ûf irm rücke, daz sie sich wandelnt.*) Idem, LW 1.238.6–7: »Das erste ist das wirkkräftig-ursächliche Sein, das zweite das formbestimmte Sein, das meist flüchtig und veränderlich ist.« (*Primum est esse virtuale, secundum est esse formale, quod plerumque infirmum et variabile.*).

[192] Cf. Anonymus (Meister Eckhart), Der lateinische Kommentar zum Granum sinapis, ⟨ed./tr.⟩ M. Bindschedler, p. 90.22–23: »weil alles Sein im Vergleich zum göttlichen Sein zufolge etwas [bedingt] und mangelhaft ist« (*quia omne esse ad esse divinum comparatum est secundum quid et deficiens*). Meister Eckhart, DW 1.137.1–2: »Was sich zu irgendeinem anderen hinneigt, das stirbt und kann nicht bestehenbleiben.« (*Waz ûf iht anders ist geneiget, daz stirbet und enmac niht bestân.*) Idem, DW 1.135.15–137.2.

[193] Cf. Meister Eckhart, DW 1.149.6: »denn alle Kreaturen sind nicht aus sich selbst (*wan alle crêatûren von in selber niht ensint*).

[194] Cf. Meister Eckhart, LW 4.441.6–442.1: »*Wir haben zurückgelassen.* [Mt 19.27] Wir werden von den Kreaturen verlassen, also mögen wir sie zurücklassen. Zweitens: mögen wir zurücklassen, d. h. wiederum, d. h. völlig verlassen. *Alles.* Beachte: ›alles‹ ist Zeichen des Zerteilenden. Folglich gilt: da dann alles Geschaffene Zeichen ist, sodann zerteilt, in sich ge-/unterschieden und von Gott abscheidend ist, muß es zurückgelassen werden. … Mögen wir *alles* zurücklassen, d. h. das, wodurch alles unterschieden/zertrennt ist. Denn in Gott ist alles Eins.« (Reliquimus. *Linquimur a creaturis, igitur relinquamus. Secundo, relinquamus, id est iterum, id est perfecte linquamus.* Omnia. *Nota: li omnia signum est distributivum. Igitur, tum quia omnia creata sunt signum, tum quia distributa, divisa in se, dividentia a deo, debent relinqui. … Relinquamus* omnia, *id est id, per quod sunt omnia divisa. Nam in deo sunt ⟨res⟩ una omnia.*).

[195] Cf. Meister Eckhart, LW 4.269.11–13: »weil man außerhalb des Intellects in einem fort Verschiedenheit, Verschiedenförmigkeit und derartigem etc. begegnet und es begegnet, [sagt doch der] Psalm [101.28]: ›du aber bist ein und derselbe‹. Identiät ist nämlich Einheit.« (*quia extra intellectum semper invenitur et occurrit diversitas, difformitas et huiusmodi etc., Psalmus: 'tu autem idem ipse es'. Identitas est enim unitas.*).

[196] Cf. Meister Eckhart, DW 1.136.1–2: »… daß es Gegensätzlichkeit in sich trägt. Was ist Gegensatz? Freud' und Leid, weiß und schwarz, das meint einen Gegensatz, und der bleibt im Sein nicht erhalten.« (*daz ez in im treit widersatzunge. Waz ist widersatzunge? Liep und leit, wîz und swarz daz hât widersatzunge, und diu enblîbet in wesene niht.*).

ihm inhärenten Verneinung und Bestreitung[197] und dem damit einhergehenden Mangelcharakter kraft Selbstbehauptung und Entgegensetzung gegen anderes,[198] und er gliedert sich damit in die Reihe derer ein, die das Wesen alles Welthaften in der Wesenlosigkeit, ja Unwesenhaftigkeit sahen, die eben auf seiner Vergänglichkeit, Bedingtheit und Ist/Istnicht-Gegensätzlichkeit basiert.

Evagrius erklärte damit übereinstimmend, daß alles Eigenschaftliche – und weil die Eigenschaften im Geschaffenen sind –, daß alles Kreatürliche in Gegensätzen oder Gegensätzlichkeit (*enantíon, enantiótēs*) konstituiert[199] und im Verhältnis zum Geisthaften Nichtigkeit/Eitelkeit (*mataiótēs*) ist.[200] Und das Geisthafte als das in

---

[197] Cf. Meister Eckhart, LW 4.283.7–10: »Andererseits mit dem Nichts nichts gemein, d. h. fremd allem Nichts, d. h. nichts, dem entweder eine Beraubung oder auch eine Verneinung beigemischt ist, wie es bei allen Kreaturen sein mag oder ist.« (*Rursus, cum nihilo nihil commune, id est aliena ab omni nihilo, id est habente nihil sive privationem aut etiam negationem admixtam, qualis sit vel est omnis creatura.*).

[198] Cf. Meister Eckhart, DW 1.363.5–6: »Alle Kreaturen haben eine Verneinung an/in sich; eine verneint, die andere zu sein.« (*Alle crêatûren hânt ein versagen an in selben; einiu versaget, daz si diu ander niht ensî.*).

[199] Cf.Euagrios Pontikos, Kephalaia Gnostica 1.1–4, griechische Textfragmente 1–4, in J. Muyldermans, Evagriana, p. 56; Kephalaia Gnostica 1.89; idem, Epistulae 63.5–8 (Epistula fidei), Zählung nach ⟨tr.⟩ G. Bunge, Briefe aus der Wüste, pp. 285–287, ⟨ed./tr.⟩ M. Forlin Patrucco, Basilii Caesariensis Epistulae 8.2.16–46, 1.88/90; 8.11.28–29, 1.106; idem, De oratione, Prooemium = PG 79.1165B: »alles ist zweifach, eins im Gegensatz zum anderen« (*pánta dissà, 'èn kat' énanti toũ 'enòs*). Origenes, De oratione 21 = PG 11.481A, hält schon fest, daß innerhalb des Welthaften nichts eins sei, sondern jegliches vermeintlich eine geschieden und zertrennt sei und zerteilt in vieles (*éschistai kaì diakékoptai, kaì diḗjrētai eis pleíona*), indem es der Einung ermangele; und daß, wer eins sei, wenn er sündigt, einer von vielen [ein Unbedeutender] werde/sei, abgeschnitten von Gott, geteilt und aus der Einheit herausgefallen (*'O gàr 'eĩs, 'óte 'amartánei, pollostós estin, aposchizómenons apò Theoũ kaì merizómenos, kaì tẽs 'enótētos ekpíptōn·*), cf. idem, Selecta in Osee, PG 13.828C.

[200] Cf. Euagrios Pontikos, Scholia ad Psalmos 38.6δ = PG 12.1389A (Origenes, Selecta in Psalmos; Textidentifikation M.-J. Rondeau): »Alles Körperhafte ist nichtig/leer; die unkörperliche Natur ist allerdings nach dem Bilde Gottes entstanden.« (*Tà sōmatikà pánta mataiótēs estìn, 'ē gàr asṓmatos phúsis kat' eikóna gegénētai Theoũ.*). Hierin steht er in der Nachfolge von Origenes. Dieser meinte von allem Materiellen und Körperlichen, daß es den Rang eines bestandlosen und matten Schattens hätte (*skiãs amenēnoũ kaì adranoũs*), cf. Origenes, De oratione 17 = PG 11.472B; daß alles, alles Weltliche und Fleischliche dahinflösse (*omnia fluxa sunt*), vergänglich und hinfällig sei (*fluxa sunt et caduca*), sich wandle und vorüberginge (*mutentur et transeant*), cf. idem, In Jesu Nave Homilia 14.2, ⟨ed./tr.⟩ A. Jaubert, p. 322; kein Seiendes besitzt ebendies, daß es ist, von Natur aus (*nihil eorum, quae sunt, hoc ipsum, quod sunt, naturaliter habent*), cf. idem, Homilia in Librum Regnorum I 1.11, Werke 8.20.20–21. Idem, Commentarium in Epistulam ad Romanos 4.5 = PG 14.978C: »Wer jedoch weit von Ihm ist, und an Ihm keine

der Physikē, der Schau des Gewordenen, Erkannte – das die Begriffe und (Vernunft-)Gründe (*noḗmata/lógoi*) der materiellen Dinge einerseits und die Schaubilder/Ideen (*theōrḗmata/noḗmata*) der Geistwesenheiten andererseits umfaßt – war ihm angesichts der Gnosis Gottes an sich seinerseits wiederum Nichtigkeit von Nichtigkeiten, Eitelkeit der Eitelkeiten oder Leere von Leerem (*mataiótēs estì mataiotḗtōn*).[201] Es muß hier nicht eigens betont werden, daß auch bei Maximos die Sinnenwelt und das auf sie gerichtete Denken und diskursiv Gedachte als von Dualität und Vielheit, (*duás, plē̃thos*), Inten-

Teilhabe hat, von dem kann nicht einmal gesagt werden, daß er ist, …« (*Qui vero longe ab eo, nec participium ejus sumit, ne esse quidem dicitur, …*) Die Textstellen aus den Werken von Origenes in dieser und der letzten Fußnote sind übersetzt und zusammengestellt in H. U. v. Balthasar, Origenes: Geist und Feuer, pp. 70–71 §§25, 27–29 & p. 84 §§ 56–57.

[201] Euagrios Pontikos, Scholia ad Ecclesiasten 2.1–8: »Denen, die in die Intellect-Kirche eingetreten sind und die Schau/Kontemplation des Entstandenen bestaunen, sagt das Wort: Ihr da, glaubt nicht, daß dies der für euch in den Verheißungen niedergelegte Endzweck ist, denn all das ist Nichtigkeit von Nichtigkeiten angesichts der Gnosis Gottes selbst. Wie nämlich die Medikamente bei vollkommener Gesundheit nichtig sind, so auch sind die Weisheiten/Worte der Zeitalter und Welten infolge der Erkenntnis der Heiligen Drei nichtig/leer.« (*Pròs toùs eiselthóntas eis tḕn noētḕn ekklēsían kaì thaumázontas tḕn theōrían tõn gegonótōn, ʻo lógos phēsí· mḕ nomísēte toũto eĩnai tò éschaton télos, ȭ ʻoũtoi, tò taĩs epaggelíais ʻumĩn enapokeímenon· taũta gàr pánta mataiótēs estì mataiotḗtōn enṓpion tē̃s gnṓseōs autoũ toũ theoũ. ʻŌsper gàr mátaia metà tḕn teleían ʻugeían tà phármaka, ʻoútō metà tḕn gnõsin tē̃s ʻagías triádos mátaioi tõn aiṓnōn kaì kósmōn ʻoi lógoi.*) Cf. o.c. 21.17–19; idem, Kephalaia Gnostica 2.2; 3.81; 6.33. Idem, Epistulae 18.3–4, Zählung nach ⟨tr.⟩ G. Bunge, Briefe aus der Wüste, p. 231 = ⟨ed.⟩ W. Frankenberg, Euagrius Ponticus, pp. 578/579: zur Behaftung von Denken und Gedachtem mit Gegensätzlichkeit. Auch die Nichtigkeit des Denkens ist bei Origenes vorgedacht. Er ordnet den drei Abschnitten des Spiritualweges die drei Salomonischen Weisheitsbücher zu: Ethik – Sprüche / Physik – Prediger / Theologie – Hohelied. Neben anderen christlichen Lehrern hat dieses Schema auch Evagrius übernommen, cf. Euagrios Pontikos, Scholia ad Proverbia 247 (ad 22.20). Die Disziplin der Naturbetrachtung (*naturalis intelligentiae disciplina*), die Physikē, so heißt es nun bei Origenes näher, sei der Ort, an dem man durch Unterscheidung der Gründe und Eigentümlichkeiten/Wesensmerkmale der Dinge erkennen möge, daß die ›Eitelkeit der Eitelkeiten‹ zu verlassen/zurückzulassen sei (*ibi rerum causas naturasque distinguens agnoscat ›vanitatem vanitatum‹ reliquendam*). Kohelet lehre ja, daß alles Sichtbare und Körperliche hinfällig und zerbrechlich sei, was, wie dem auch immer sei, den Weisheitsschüler zweifellos veranlassen werde, es geringzuschätzen und zu verachten und sozusagen dem Weltlichen und Zeitlichen entsagend dem Unsichtbaren und Ewigen entgegenzueilen (*visibilia omnia et corporea caduca esse ac fragilia, quae utique cum ita esse deprehenderit is, qui sapientiae studet, sine dubio contemnet ea ac despiciet et universo, ut ita dicam, saeculo renuntians tendet ad invisibilia et aeterna, …*), cf. Origenes, Commentarium in Canticum Canticorum, Prologus, Werke 8.78.2–8.

tionalität und Relationalität (*schésis; prós ti*) – von Subjekt und Objekt wie Objekt und Objekt –, Zeitlichkeit, Räumlichkeit (*chrónoi; tópoi*) und somit Begrenztheit bzw. Definition (*'óros, perigraphḗ*), Zerteiltheit (*meristón*), Unbeständigkeit (*astateĩn*), Wandelbarkeit, Veränderung und Bewegung (*ēteroíōsis;* [*alloiōtikḕ*] *kínēsis*), Andersheit, Ungleichheit und Differenz (*'eterótēs; anomoiótēs; diaphorá*), von Gegensatz (*enantíon*), dem Widerstreit (*pólemos*) – und der gegenseitigen Vernichtung (*phthorá*) im gegenseitigen Übereinkommen (*sumbaínein allḗlois*) – des so Existierenden gekennzeichnet ist.[202] Evagrios' (und Maximus') existentielle 'Antwort' auf dieses Wissen war die kontemplative Entmaterialisierung der Dinge und die Vereinfältigung und Entbildlichung oder Entformung sowohl der begriffsgebundenen Vorstellungen als auch der Ideen von den Dingen, so daß sie als völlig durchsichtig und durchlässig erfaßt, oder besser, (sein)gelassen werden konnten, damit der Geist in den Zustand der Armut, des Nichtshabens zurückkehre und in dem aller Gegenständlichkeit und Unterschiedlichkeit entleerten Ozean der Gotteinzigkeit zerfließe. Spricht der Meister aus Hochheim dasselbe nicht ganz lakonisch aus, wenn er Armut und Leere in ihrer Funktion gleichstellt? »Genauso trägt das Bloß[sein], Arm[sein] und Leer[sein] alles Geschaffenen die Seele hinauf zu Gott.«[203]

Man vergleiche die Darlegung des bedeutendsten aller Hindu-Philosophen, Śaṅkara, in welcher der Verstand bei genauer Betrachtung als von der Form der Nichtseiendheit, das Verstandesvermögen als Nicht-Istheit festgestellt wird,[204] und das Vorgestellte nicht ist.[205] Und in einem heiligen Gesang der Hindus heißt es: »Was das Leere –

[202] Cf. Maximus Confessor, Mystagogia 23 = PG91.697C/700D; idem, Capita gnostica 1.5; 1.7; 1.9; 1.68–70; 1.82–83; 1.86; 2.2–3; 2.5; idem, Capita de caritate 3.27; idem, Qvaestiones ad Thalassivm 65.513–560 = PG 90.757C/760B; idem, Expositio orationis dominicae 366–414 = PG 90.889A/892A; (Pseudo-)Maximus Confessor, Diversa capita 1.95; 5.47–48.

[203] Meister Eckhart, DW 5.30.8–9: *Alsô treget blôz, arm und îtel aller crêatûren die sêle ûf ze gote.*

[204] Cf. Śaṅkara, Upadeśasāhasrī 19.8: »O Verstand, hier bist du von der Form der Nichtseiendheit; denn bei genauer Betrachtung hast du logisch gesehen keine Istheit. Beim Sein [gibt es] nämlich kein Vergehen und beim Nichtsein kein Entstehen. Das Verstandesvermögen ist zweiheitlich; da dem so ist, wird deine Nicht-Istheit festgestellt.« (*abhāva-rūpaṃ tvam asi-iha he mano nirīkṣyamāne na hi yuktito-'stitā* | *sato hyanāśād-asato-'py-ajanmato dvayaṃ ca cetas-tava na-astitā-iṣyate* ||).

[205] Cf. Śaṅkara, Upadeśasāhasrī 19.12: »und das Vorgestellte ist nicht; … das Zweiheitliche ist nur vorgestellt« (*na hi ca-asti kalpitam … dvayam-eva kalpitam* |).

und doch wie das Nichtleere – ist, darin steht die leere Welt; was das Leere ist, das ist die Form [das Wesen] der höchsten Wesenheit, bei [allem] Überfluß des Entstehens.«[206] Aus diesen Beispielen wird wohl überdeutlich, wie der Einungs-, Nihilierungs- oder Vacuierungs-Gedanken, die Denk-Überwindung und Gedanken-Losigkeit, die sich aus der Realitätssicht von Monismus, Irrealismus oder Nullismus, aus dem Absolutismus und Aoristismus etc. nach Anwendung des Grundsatzes ›Gleiches durch Gleiches‹ ergeben, vornehmlich zu verstehen sind; nicht als Vernichtung irgendeiner Substanz, eines Wesens oder Dings, sondern als Nicht-Identifikation mit den Illusionen, die wir uns über diese machen, und das im dreifachen Sinne: a) den (materiellen wie geistigen) Gegen-ständen nicht gefühlsmäßig verhaftet zu sein; b) sie nicht (eigen-)willentlich zu intendieren und c) sie im Erkennen nicht als Identisches, und folglich Differentes, festzustellen und festzuhalten.

Evagrius beruft sich in seiner Lehre vom Nicht-Haften und Nichtshaften, wie wir supra schon andeuteten, auf Platon's Seelenarchitektonik. Dasselbe gilt für Meister Eckhart. Welche Erkenntnisse hinsichtlich einer integralen Ethik, einer Kosmoethik, wohl zu gewinnen wären, betrachtete man beide eingezeichnet in das Koordinatensystem unserer Retentionstypik? Dazu wären sie nicht nur mit ihren Wurzeln, Platon's Einteilung in drei Lebensformen (*bíoi*), Seelenteile/-funktionen (*mérē/eĩdē/éthē*) und Stände/Klassen (*génē/eĩdē/éthnē*) mit ihren Tätigkeiten, Aufgaben, Charakteren (*ḗthē/ práttein dunámeis*) sowie optimalen Zuständen und Wirkweisen, d.h. den drei Tugenden, durchdrungen von der harmonisierenden Grundtugend (*aretḗ*) des Rechten (*dikaiosúnē*; vedisch: *ṛta*; skr. *dharma*), zu konfrontieren, sondern auch mit der buddhistischen und hinduistischen Tugendlehre, die in der Zügelung und Auslöschung der (drei) Wurzelursachen der Verhaftung (*kleśa*) im Leidenskreislauf, welche da sind: Leidenschaft, Begehrlichkeit, Gier, Haften, Verlangen (skr. & Pāli: *rāga/lobha*), Haß, Abneigung, Abscheu, Widerwille, Zwietracht (skr.: *dveṣa*; Pāli: *dosa*) sowie Verwirrung, Konfusion, Verblendung, Wahn, Illusion (skr. & Pāli: *moha*), ihren Grund- und Fluchtpunkt hat.[207]

---

[206] Yogavāsiṣṭha 3.7.22: *aśūnyam-iva yac-chūnyaṃ yasmin-śūnyaṃ jagat-sthitam* | *sarga-oghe sati yac-chūnyaṃ tad-rūpaṃ paramātmanaḥ* ||.

[207] Cf. L. A. Govinda, Grundlagen tibetischer Mystik, pp. 285–286: »Diese drei Grundmotive oder Wurzelursachen (*hetu*) unerleuchteten Daseins bilden die Nabe des Rades

Einen nicht zu vernachlässigenden westlichen Anknüpfungspunkt für die von mir angedachte Universalethik stellt die Rangfolge asketischer Tugenden in vier Graden bei Maximus Confessor dar.[208] Sie entspricht einer Vierstufenhierarchie der Leidenschaftslosigkeit,

der Wiedergeburten. Sie werden daher im Zentrum des Kreises dargestellt und zwar in Form dreier Tiere, in denen Gier, Haß und Wahn veranschaulicht werden: Ein roter Hahn, als Sinnbild leidenschaftlichen Verlangens und Verhaftetseins (*râga*, Tib.: *ḥdod-chags*); eine grüne Schlange als Verkörperung des lebensvergiftenden Hasses, der Feindschaft und Aversion (*dveṣa*, Tib.: *že-sdaṅ*); und ein schwarzer Eber, der den dunklen, wahnbetörten Daseinsdrang, den blinden Wahn der Ichsucht, verkörpert (*moha*, Tib.: *gti-mug*). Die drei Tiere sind ineinander verbissen und solcherart angeordnet, daß sie wiederum einen Kreis [Ouroboros] bilden; denn Gier, Haß und Wahn bedingen sich gegenseitig und sind unlöslich miteinander verbunden.« D. J. Kalupahana, Ethics in early Buddhism, p. 86 (mit Verweis auf Saṃyutta-Nikāya 45.4.5 & 45.19.5, 45.20.5, ⟨ed.⟩ L. Feer, 5.5 & 5.16–17): »Die Vollendung (*pariyosāna*) jedes einzelnen Faktors des moralischen Lebens, d. h. des achtfachen Pfades, ist die Disziplinierung oder Zügelung von Leidenschaft (*rāga*), Haß (*dosa*) und Verwirrung/Konfusion (*moha*). Die Vollendung des gesamten moralischen Lebens oder des achtfachen Pfades ist das Verschwinden oder komplette Aufhören (*khaya*) von Leidenschaft, Haß und Verwirrung/Konfusion.« Listen von Urübeln oder basalen Leidenschaften (*kleśa*) kennt sowohl der Buddhismus als auch der Hinduismus. Sie unterscheiden sich trotz einer unverkennbaren Grundübereinstimmung nicht nur über die Glaubensrichtungen hinweg, sondern auch innerhalb dieser und umfassen mitunter bis zu zehn und mehr Posten. Dieserart weisen sie freilich gewisse Ähnlichkeiten zu den Lasterverzeichnissen christlicher Lehrer bzw. dem Acht-Laster-Katalog des Evagrius auf. Zu Geschichte, Aufbau, Inhalt und Umfang stoisch-christlicher Sünden- und Lasterkataloge cf. A. & C. Guillaumont, Évagre le Pontique: Traité pratique ou le moine 1.63–84 (mit Literaturverweisen).

[208] Cf. H. U. v. Balthasar, Kosmische Liturgie, pp. 409–410: »Die Apatheia, das heißt bei Maximus die innere Freiheit von allen ungeordneten Verfallenheiten (…), mag als ein ‹orientalisches› Moment angesehen werden, wodurch der weltentsagende Christ ähnlich wie der Buddhist in die Haltung universalen, gleichmäßigen – weil nirgends mehr gehemmten – Wohlwollens zu aller Kreatur aufsteigt: aber ist sie etwa dadurch als unchristlich nachgewiesen? Läßt sie sich nicht ohne weiteres in der Richtung auf die Bergpredigt interpretieren, und wird hier nicht sichtbar, wie sehr das Christliche die höchsten Ahnungen und Aspirationen Asiens erfüllt? Was will die ‹Gelassenheit› der deutschen Mystik, was die indiferencia der ignatianischen Exerzitien anderes ausdrücken? Und was sind die ‹ungeordneten Neigungen›, von denen die letzteren uns befreien wollen, damit wir zur rechten Unterscheidung gelangen, anderes als die πάθη, von denen hier gesprochen wird?« Cf. o. c., pp. 196, 279–280. M. Heinrichs, Synderesis und Apatheia, pp. 672–673, wiederholt die eben zitierte Stelle bei Balthasar in Paraphrase und ergänzt o. c., p. 669, daß man bei Maximos »typisch östliche, ja, fernöstliche Formulierungen« fände. Idem, Katholische Theologie und asiatisches Denken, p. 145[80]: »In diesem Zusammenhang verweisen wir kurz auf die überraschenden Ähnlichkeiten zwischen neuplatonischer, taoistischer, zen-buddhistischer Mystik und der Mystik der griechischen Väter; freilich dürfen wir dabei die radikalen Unähnlichkeiten nicht aus dem Auge verlieren. Die Ähnlichkeiten betreffen besonders das Wesen und die Funktion der *apatheia* und

die die unterschiedlichen Aspekte dieser Kategorie der Ethik und Asketik nicht nur deutlich macht, sondern sie ebenso, wenn auch nur in Andeutungen, in die Platonische Lehre von den Funktionsbereichen, den Teilen der Seele einschreibt. Daß Maximus die Leidenschaften auf die verschiedenen Seelenvermögen verteilt sehen will, geht aus der ersten der ‹Centurien über die Liebe› hervor; wie das genau aussehen soll, ist daraus leider nicht zu erschließen.[209] So bedarf es einiger Interpretationskunst, der vierfach geschichteten Apathie ein Schema abzugewinnen, das unserer Typik der Retention nahekommt und zudem unserer Forschungsabsicht entspricht, diese in das Modell des sich selbst auslegenden Geistes zu integrieren, wenn das auch angesichts der Inkongruenz zwischen der reflexionsphilosophisch erschlossenen, d. h. formalen und folglich inhaltsleeren Struktur auf der einen Seite und der auf deskriptiv-phänomenologischem Wege gewonnen und somit inhaltliche Bestimmungen mit sich führenden Einteilung in drei Hauptfunktionskreise des Seelischen, ähnlich den sogenannten Platonischen Seelenteilen, auf der anderen Seite nur in Ansätzen durchführbar erscheint.

Bei unserem Bekennermönch wird die Leidenschaftslosigkeit hinsichtlich des unbeherrscht lusthaft-begehrlichen Seelenvermögens (Platonisch: *epithumētikón*) nun Bewegungslosigkeit ihr gegenüber genannt. Hinsichtlich des ungestüm muthaft-willensartigen Seelenvermögens (Platonisch: *thumoeidḗs*), das das Handeln regelt, heißt Apathie Abstandnahme vom Schlechten, Lasterhaften im Tun. Apathie bezogen auf die unverstellt vernunftartig-denkende Seelenfunktion (Platonisch: *logistikón*) ist das Abtun aller Gedanken, durch die dem Schlechten zugestimmt wird. Die vollendende Leidenschaftslosigkeit, die alle anderen gewissermaßen durchgeht und bedingt, ist die Reinigung von allen und das Ablegen aller bloßen, von der Sinnlichkeit ausgehenden, Vorstellungen beim Denken, womit die Leerung qua Nicht-Identifikation vollbracht und der göttliche Friede im Intellect hergestellt ist. Es ist zu beachten, daß die Graduierung der Apathie bei Maximus nicht der Platonischen Seelenarchitektonik gleichgeordnet ist, was die Vergleichbarkeit natürlich min-

den sogenannten Sabbatismus (die einigende Ruhe der Beschauung) vorzüglich bei Evagrius von Pontus und Maximus Confessor. Hier haben wir auch das Gegenstück zu der ›Leere‹ in der asiatischen Mystik.«

[209] Cf. Maximus Confessor, Capita de caritate 1.64–67.

dert. Zu Zwecken der Dokumentation soll der Textabschnitt des Originals hier in voller Länge zitiert werden.

»Die erste Leidenschaftslosigkeit ist die vollkommene Enthaltung vom Schlechten/Fehlerhaften im Handeln; sie wird bei denen beobachtet, die eingeführt werden. Die zweite ist das vollkommene Abwerfen von Gedanken, durch die im Denken dem Schlechten/Fehlerhaften zugestimmt wird; sie findet sich bei denen, die sich vernunftgemäß in der Tugend üben. Die dritte ist die vollkommene Bewegungslosigkeit gegenüber der Leidenschaft zufolge der Begierde in denen, die mittels der Formen die Logoi [Vernunft- und Seinsgründe] des Sichtbaren geistig schauen. Die vierte Leidenschaftslosigkeit ist die vollkommene Reinigung – auch noch von den bloßen Vorstellungen [geistigen Bildern]; sie findet sich bei denen, die die Leitinstanz [des Geistes] mittels Gnosis und Schaunis zu einem reinen und klaren Spiegel Gottes machten. Wer sich demgemäß vom Wirken der Leidenschaften gereinigt, vom Ihnen-Zustimmen im Denken befreit, den Stillstand der Bewegungen zu ihnen hin durch die Begierde erlangt und den Intellect vom bloßen Sie-Vorstellen geläutert hat, besitzt die vierfache Generalapathie, entkommt der Materie und dem Materiellen und eilt zu dem intellecteigenen, göttlichen und friedlich-ruhigen Besitz des Geistigen. // Man nennt die erste Leidenschaftslosigkeit die unversehrte Bewegung des Leibes gegenüber dem Fehlen im Handeln. Die zweite das vollkommene Abwerfen leidenschaftsbehafteter Gedanken aus der Seele, wodurch die Bewegung der Leidenschaften entsprechend der ersten Leidenschaftslosigkeit (ver)schwindet, da sie keine leidenschaftsbehafteten Gedanken erhält, die ihre Wirkung entfachen. Die dritte die vollkommene Bewegungslosigkeit der Begierde gegenüber der Leidenschaft, wodurch auch die zweite zu entstehen pflegt, die in der Reinheit der Gedanken besteht. Die vierte Leidenschaftslosigkeit nennt man das vollkommene Abstellen aller sinnlichen Vorstellungen [Wahrnehmungsbilder] beim Denken, aufgrund dessen die dritte ihren Ursprung nimmt, da sie der Vorstellungen [Erscheinungsbilder] von Wahrnehmbarem entbehrt, durch die ihr die Bilder von den Leidenschaften eingeprägt werden.«[210]

---

[210] (Pseudo-)Maximus Confessor, Diversa capita 3.51–52 = PG 90.1281B/1284A: *Prṓtē estin apátheia ‘ē pantelḕs apochḕ tō̃n kat’ enérgeian kakō̃n, en toĩs eisagoménois theōrouménē· deutéra dè, ‘ē pantelḕs katà diánoian perì tḕn tō̃n kakō̃n sugkatáthesin apobolḕ logismō̃n, en toĩs metà lógou tḕn aretḕn metioũsi ginoménē· trítē dè, ‘ē kat’*

Positiv ausgedrückt ergibt sich daraus ein Katalog von Tugenden, die auf der einen Seite die Erlangung des hehren Ziels der Theosis gewährleisten, auf der anderen, in ihrer vollendeten Form, so, wie sie die Gottebenbildlichkeit ausdrücken, diesen Endpunkt selbst schon kennzeichnen. Dieses Verzeichnis liest sich, darauf ist ausdrücklich hinzuweisen, wie eine Zusammenfassung dieser Studie hier anhand der darin vorkommenden Zentralbegriffe. Es repräsentiert somit gewissermaßen die wichtigsten Aspekte der Urteilsenthaltung und das, ohne dieselbe unerwähnt zu lassen. »Welche sind die Tugenden der Seele und welche die des Leibes? Tugenden der Seele sind diese: Liebe, Demut, Sanftmut, Langmut, Geduld, Nicht-Nachtragen, Zornlosigkeit/Unerregbarkeit, Gleichgültigkeit, Neidlosigkeit, Urteilslosigkeit, Freisein von eitler Ruhmsucht [Dünkel/eitlem Wahn], Mitleid, Besonnenheit, Nicht-Geiz/Nicht-Geldgier, Mitgefühl, Illusionslosigkeit/Atyphie, Nicht-Hochmütigsein, Zerknirschung. Tugenden des Leibes sind jene: Fasten, hartes Liegen, Wachen [wenig Schlaf], Selbstbeherrschung/Enthaltsamkeit, Besitzlosigkeit, Unablenkbarkeit/Unverrückbarkeit.«[211]

---

epithumían perì tà páthē pantelès akinēsía, en toĩs dià tõn schēmátōn toùs lógous noētõs theōménois tõn 'orōménōn· tetártē dé estin apátheia, 'ē kaì autẽs tẽs psilẽs phantasías pantelès kátharsis, en toĩs dià gnṓseōs kaì theōrías katharòn kaì dieidès ésoptron toũ Theoũ poiēsaménois tò 'ēgemonikòn, sunistaménē. 'O toínun katháras 'eautòn energeías pathõn, kaì tẽs ep' autoĩs katà diánoian sugkatathéseōs eleutherōtheìs, kaì tẽs perì autà kat' epithumían kinḗseōs stásin labṑn, kaì tẽs autõn psilẽs phantasías tòn noũn katastḗsas amólunton, tàs téssaras genikàs apatheías échōn, exérchetai tẽs 'úlēs kaì tõn 'ulikõn, kaì pròs tèn noeràn kaì theían kaì eirēnikèn tõn noētõn epeígetai lẽxin. // Prṓtēn apátheian légei, tèn pròs 'amartían toũ sṓmatos kat' enérgeian anépaphon kínēsin· deutéran dè, tèn katà psuchèn tõn empathõn logismõn teleían apobolèn, di' 'ẽs tõn pathõn apomaraínetai katà tèn prṓtēn apátheian kínēsis, exáptontas autèn pròs enérgeian ouk échousa toùs ampatheĩs logismoús· trítēn dè, tèn perì tà pathē teleían tẽs epithumías akinēsían, di' 'èn kaì 'ē deutéra gínesthai péphuke, tẽj tõn logismõn katharótēti sunistaménē· tetártēn dè légei apátheian, tèn katà diánoian pasõn tõn aisthētõn phantasiõn teleían apóthesin, kath' 'èn 'ē trítē tèn génesin eílēphen, ouk échousa tàs phantasías tõn aisthētõn eidopoioúsas autẽj tõn pathõn tàs eikónas. Cf. Maximus Confessor, Qvaestiones ad Thalassivm 55.200–211, dazu scholia 20.179–24.223 = PG 90.544C-D, 90.565B-C, wodurch die Authentie, wenigstens des ersten Teils unseres Zitats, das wir durch zwei Schrägstriche vom parallelen Scholientext abtrennen, verbürgt ist. Zur Apathie in der ‹Liebesschrift› des Bekenners cf. ⟨ed./tr.⟩ A. Ceresa-Gastaldo, p. 244 (Index griechischer Ausdrücke). Die Stellen zur *impassibilitas* und deren Gegenteil bei Joannes Scotus Eriugena sind verzeichnet in G. H. Allard, Johannis Scoti Eriugenae Periphyseon indices generales, p. 243 & pp. 375–376; ihre Bedeutungen sind vornehmlich im Feld der aristotelischen Kategorie des »Leidens« angesiedelt.

[211] Maximus Confessor, Qvaestiones et dvbia I.1.1–8: *Tínes aretaì psuchẽs kaì tínes sṓ-*

Erst der mehrfache – und im Idealfall vierfache – Anklang der Eigenschaftslosigkeit (der Geistkomponenten) von Physischem, Psychischem, Nous und Hen als einer theoretisch und praktisch relevanten, wie sie im Vijñānavāda-Buddhismus ausdrücklich expliziert[212] und bei Plotinos nachzuweisen ist,[213] sicherte die Überzeugungskraft des Bloßheits-, Ledigkeits-, Freiheits- oder Leerheitsgedankens. Nicht umsonst ist bei Eckhart, dem dominikanischen Seelenführer, zu lesen, man solle sich in nichts einbilden und nichts in sich einbilden, sondern alles hinaustragen und hinauswerfen, um in das bloße/leere Sein Gottes, das das bloße/leere Sein des Geistes ist, versetzt zu

---

matos; Aretaì psuchē̃s eisin ʻaũtai· agápē, tapeínōsis, praótēs, makrothumía, anexikakía, amnēsikakía, aorgēsía, tò áthumon, tò áphthonon, tò ákriton, tò akenódoxon, aleēmosúnē, sōphrosúnē, ⟨tò⟩ aphilárguron, sumpátheia, tò átuphon, tò anuperḗphanon, ⟨tò⟩ katanuktikón. Aretaì dè sṓmatós eisin ʻaũtai· nēsteía, chameunía, agrupnía, egkráteia, aktēmosúnē, tò aperíspaston. O.c. 41.24–29, ist davon die Rede, daß derjenige, der die Sünde bekämpfen will, sich von allen Leidenschaften reinigen muß, denn solange man entweder von Hochmütigkeit beherrscht wird oder mit eitler Ruhmsucht [leerem Wähnen], Geistverqualmung/Illusion, Prahlsucht, dem Verurteilen anderer oder einer anderen wie auch immer beschaffenen Leidenschaft behaftet ist, wird man inmitten dieser offensichtlich als träge/schwach ertappt, gegen die Leidenschaften zu streiten, und stürzt. (*deĩ tòn pròs tḕn ʻamartían antagōnizómenon kathareúein pantòs páthous, epeì ʻéōs ʻóte ḕ ʻupsēlophrosúnēj kekrátētai ḕ kenodoxíaj ḕ túphōj ḕ alazoneíaj, ḕ katakrínei ʻetérous ḕ állōj ʻoiōjdḗpote páthei enéchetai, en tõj polemeĩn dē̃then pròs tà páthē adranḕs ʻeurísketai kaì píptei·*). In idem, Capita de caritate 3.1, findet sich eine exakte Entsprechung zu den drei buddhistischen Grundkategorien des Verhaftetseins und der Befleckung (*kleśa*) mitsamt ihren Kontraria bzw. Antidota: »Der vernunftgemäße Gebrauch der Gedanken und Dinge bringt Besonnenheit, Liebe und Wissen hervor, der unvernüftige aber Zügellosigkeit, Haß und Unwissenheit.« (*ʻĒ mèn eúlogos tõn noēmátōn kaì tõn pragmátōn chrē̃sis sōphrosúnēs kaì agápēs kaì gnṓseṓs esti poiētikḗ· ʻē dè álogos, akolasías kaì mísous kaì agnōsías.*).

212 Die verwendeten Termini für die Gehalt- und Wesenlosigkeit der drei (bzw. vier) Stadien des Ansichseins lauten: *niḥ-svabhāvatā, abhāva, asat-kalpa, abhūta-parikalpa*, cf. Vasubandhu, Triṃśikā–Vijñaptimātratāsiddhi 23–25; idem, Trisvabhāva-Kārikā 3–5; 26; Saṃdhinirmocana-Sūtra 7.3–10 & 7.24, deutsch bei E. Frauwallner, Die Philosophie des Buddhismus, pp. 290–295. Übersicht bei C. Sharma, A Critical Survey of Indian Philosophy, pp. 119–121.

213 Den Nachweis der Unbestimmtheit oder Leerheit der drei (vier) Hypostasen Plotins erbrachte ich in einem bisher unveröffentlichten Essay: H. P. Sturm, Hypostasen, Geist und Absolutes: die Struktur der Erkenntnis als Fünffachheit bei Plotin und Fichte. Vorwegnehmend darf ich hier mitteilen, daß sie auf der Unbestimmbarkeit und dem hyperbolischen Nichtetwassein des Einen, der diallelisch-koinzidentellen Bestimmung (und folglich Bestimmungsleere) des Geistes, der Relationalität und Diskursivität der Seele und ihrer Funktionen und der Phantom-, Schatten- oder Scheinhaftigkeit der Dinge, gepaart mit dem gestaltlosen Phantomcharakter, der Unbestimmtheit, Leere und aktuellen Nichtheit der Materie, beruht.

werden; man müsse alles austreiben, was Gleichheit ist, um in Gott hinüberversetzt zu werden, eins mit ihm zu werden, eine Substanz, ein Sein, eine Natur und so der Sohn Gottes.[214] Kenotisch ausgedrückt und bezogen auf den Doppelaspekt von Gottheit und dem aller Stofflichkeit und Diskursivität entledigten Intellectus (heidnisch: *'én – noũs*) heißt das: »Davon spricht ein Meister: Wo das Entblößte/Entleerte und die Bloß-/Leerheit eins sind, da enden alle Kräfte des Geistes. Damit ist gemeint, daß die Bloß-/Leerheit des Seins/Wesens des Geistes in der Bloß-/Leerheit der Einheit oberhalb aller Kräfte ist.«[215] Und in Vereinigung beider Aspekte: »Eins und eins vereint – da leuchtet bloß in bloß. Wo die zwei Abgründe in einer Gleichheit schweben, geisterfüllt [begeistet] und des Geistes beraubt [entgeistet/geistentleert], da ist ein Übersein;«.[216] Bei einem seiner Schüler derselbe Gedanke: »'Der Abgrund *ruft* den Abgrund *herein*, der

[214] Meister Eckhart, DW 3.322.4–8: *Dar umbe, swanne ich dar zuo kume, daz ich mich gebilde in niht und niht engebilde in mich und ûztrage und ûzwirfe, waz in mir ist, sô mac ich gesast werden in daz blôze wesen gotes, und daz ist daz blôze wesen des geistes. Dâ muoz allez daz ûzgetriben werden, daz glîcheit ist, daz ich übergesast werde in got und werde ein mit im und éin substancie und éin wesen und éin natûre und der sun gotes.* Cf. DW 3.437.13–438.1; 1.93.6–8 (mit Vergleichsstellen des Herausgebers in Fn. 2).

[215] Meister Eckhart, ⟨ed.⟩ F. Pfeiffer, p. 527.5–8: *Dâ von sprichet ein meister: dâ daz entplœzete und diu blôzheit ein sint, dâ endent alle krefte des geistes. Daz ist gemeint, daz diu blôzheit des geistes wesen in der blôzheit der einekeit boben allen kreften ist.* Cf. o. c., pp. 523.31–39; 532.3–8.

[216] Meister Eckhart, ⟨ed.⟩ F. Pfeiffer, p. 517.13–14: *Ein und ein vereinet dâ liuhtet blôz in blôz. Dâ diu zwei apgründe in einer glîcheit swebent gegeistet und engeistet, dâ ist ein hôhez wesen;* Ergänzung und Emendation von K. Ruh, Kleine Schriften 2.149, Verse XV–XVI, Zeilen 57–64 (doppelte Leerstellen des Originals): »Den Geist, den ich da meine, der ist namenlos; eins und eins vereint, da leuchtet bloß gen bloß in dieser Umgreifung durch die hohe Einheit [Übereinheit], die alle Dinge vernichtet in ihrer Selbstheit. Wo die zwei Abgründe in einer Gleichheit schweben, geisterfüllt und des Geists beraubt [geistentleert]: das ist ein hohes Leben. Wo Gott den Geist aufgibt, da ist Düsterheit in einer unerkennbaren/unerkannten, erkennbaren/erkannten Einheit.« (*Daz mens, daz ich da meine daz ist wortelos, / ein und ein vereinet, da liuhtet bloz gein bloz / in deme umbegrifen der hohen einigkeit, / diu alle dinc vernihtet an ir selbesheit. // Da die zwei abgrunde in einer gelicheit sweben, / gegeistet und entgeistet: daz ist ein hohes leben. / da sich got entgeistet da ist dunsterheit / in einer unbekanter bekanter einikeit.*) Die Stelle stammt aus dem Gedicht ‹Vom Überschall›, das K. Ruh samt Glosse wiederhergestellt und der Seuse-Vita c. 52 gegenübergestellt hat, cf. o. c. 2.148–158 (mit Angabe von Parallelstellen der wichtigsten Begriffe im Schrifttum der deutschen Mystik). Cf. A. K. Coomaraswamy, Selected Papers 2.300; 2.41, wo die beiden Bloßheiten und Abgründe als exaktes Äquivalent von Ṛg Veda 10.129.2: *tad ekam ānīd avātam* – Dieses Eine atmete/wehte atemlos [ohne Wehen/windstill], angegeben werden, und zwar unter dem Aspekt von spirated (*gegeistet*) – despirated (*engei-*

Abgrund, der den Abgrund hineinführt.' Der geschaffene Abgrund, [ist der,] der seiner Tiefe wegen hineinführt. Seine Tiefe und sein er-/bekanntes Nichts ziehen den ungeschaffenen, offenen Abgrund in sich, und da fließt der eine Abgrund in den anderen Abgrund und wird da ein einziges Eines, ein Nichts im anderen Nichts.«[217]

Auf diese Weise betrachtet wird die aristotelisierend-platonische Lehre Meister Eckharts von der Abgeschiedenheit zu einem Analogon – nicht nur des Buddhismus (*śūnyatā*/Leerheit : Nirvāṇa), sie stellt sich auch als strukturelles Äquivalent des Advaita Vedānta (*anirvacanīyatā*/Unbestimmbarkeit : *neti-neti*/weder-noch) und Taoismus (*kung-wu*/Leere-Nicht(s) : Tao/Weg) dar. Und wenn man es wagt, die bildhaften Gehalte und den scheinbaren Ausgriff auf das Transzendente einmal beiseitezustellen, dann kann man gewisse Ähnlichkeiten mit der Skepsis ebenfalls nicht übersehen. Im Sinne unserer Darstellung ist und bleibt sie weltrelevant. »Wo aber Bilder und Begriffe sich auflösen in die reine Stille des Nichts, da zeigt sich, daß diese Stille, dieses Nichts ganz durchsichtig ist und keine Schranken mehr aufrechterhält zwischen Menschen und ihren unterschiedlichen Traditionen.«[218]

---

stet). Cf. Meister Eckhart, DW 5.28.3–30.9; 5.41.1–21; 5.114.4–5; 5.116.8–19. F. Jostes, Meister Eckhart und seine Jünger, p. 53.6–31, Nr. 51, Fol. 65^{b}.

[217] J. Tauler, Die Predigten Taulers, ⟨ed.⟩ F. Vetter, p. 201.3–7: '*Abyssus abyssum* invocat, *das abgrúnde das in leitet das abgrúnde*'. *Das geschaffen abgrúnde das in leitet von siner tieffe wegen. Sin tieffe und sin bekant nicht das zúhet das ungeschaffen offen abgrúnde in sich, und do flússet das ein abgrúnde in das ander abgrúnde und wirt do ein einig ein, ein nicht in das ander nicht.* Cf. o. c., pp. 176.7–11, 330.22–331.31; dazu L. Gnädinger, Der Abgrund ruft dem Abgrund, pp. 200–202, 205–207. Pate für diese Formulierung stand der Psalmenvers (41.8) 42.8. Weitere Hinweise zur Ausdeutung des Doppelabgrunds, auch von Augustinus und Alanus ab Insulis (12. Jh.), bei M. Bindschedler ⟨ed./tr.⟩, Anonymus (Meister Eckhart), Der lateinische Kommentar zum Granum sinapis, Erläuterung zum 1. Kapitel, pp. 165–166. A. Silesius, Cherubinischer Wandersmann 1.68: »Ein Abgrund rufft dem andern. / *Der Abgrund meines Geists rufft immer mit Geschrey / Den Abgrund GOttes an: Sag welcher tieffer sey?*«. Eine raffinierte Dialektik der Leere (*tò kénōma*) und des Leerens (*kenóein*) findet sich bei Origenes, Homiliae in Jeremiam 8.8, ⟨ed.⟩ P. Nautin, pp. 61.32–62.3. Übersetzung und für das Verständnis erforderliche Sammlung von Parallelstellen: H. U. v. Balthasar, Origenes: Geist und Feuer, p. 188. Übersetzung und Erläuterung: Origenes, Homiliae in Jeremiam, ⟨tr.⟩ E. Schadel, Die griechisch erhaltenen Jeremiashomilien, pp. 111, 279^{87}–280, und D. Dunkel, Stufen der Wahrheit, p. 144, wo auch der Bezug zur indischen Mystik (»Leere«) und Meister Eckhart (»Entwerdung«) hergestellt wird.

[218] B. Welte, Das Licht des Nichts, p. 60. Der Autor bringt o. c., pp. 44–46, 60–63, folgende Traditionen in ein Zueinander: Christentum, Judentum, Islam, Indien, China, Buddhismus bzw. Zen. Cf. K. Albert, Über Platons Begriff der Philosophie, p. 63.

2
Ἐποχή
und
Zweifel

2.1 Verurteilung von Wissen und Skepsis. Urteilsenthaltung bei Philon Ioudaios

Den religiös motivierten Rückgriff auf Gedankensplitter des Skeptizismus sehen einige Religions- und Philosophiehistoriker schon in der Zeit vor Cicero, insbesondere in der jüdischen Tradition, dokumentiert. Bereits in den Schriften des ‹Alten Testaments›, bei Agur und Kohelet, dem Prediger Salomos, weisen sie skeptisierende Wendungen zur Charakterisierung von Mensch, Welt und Leben nach.[1] Ein Forscher zu Beginn des letzten Jahrhunderts hält sogar dafür, daß »(1) die Wissensunmöglichkeit, (2) die Urteilsenthaltung … ein genaues Gegenstück im Koheleth«[2] fänden. Leider gibt er für diese Behauptung keine Hinweise auf Stellen im Ecclesiastes selbst, und auch wir wissen keine einschlägige zu nennen.

Ein anderer Gelehrter meint, daß Kohelet »moralische Vergehen als Irrtümer der Vernunft, als Torheiten … als Wahnsinn, μανία«[3], hebr. *hôlᵉlôt*, ansieht. Wenn aber »Handlungen, die man sonst aus moralischen Gründen verurteilt … nur als Torheit angesehen«[4] wer-

---

[1] Zu Agur vgl. Prov. 30.1–14; E. J. Dillon, The Sceptics of the Old Testament, p. 121: »Allein Agur ist aggressiver in seiner Skepsis – als Koheleth.« O. c. IX-XI, 133, 155. Zu Kohelet siehe J. F. Priest, Humanism, Skepticism, and Pessimism in Israel, p. 324: »Koheleth's Skeptizismus ist vollkommen … …, sein endgültiges Verdikt über das Leben: alles ist Eitelkeit, ein Dunst, Leere, Vergänglichkeit.« E. J. Dillon, The Sceptics of the Old Testament; E. Wölfel, Luther und die Skepsis, pp. 88, 118, 239–240; G. v. Rad, Theologie des Alten Testaments 1.467–473; R. Murphy, Kohelet, der Skeptiker, p. 568; J. L. Crenshaw, The Birth of Skepticism in Ancient Israel, pp. 1–19; D. Michel, Qohelet, p. 89; M. A. Klopfenstein, Die Skepsis des Qohelet, pp. 97–109; F. Mauthner, Skeptizismus und Judentum, pp. 291–293; N. Lohfink, Studien zu Kohelet, pp. 234–250, 254; M. Negele, Ein Skeptiker im Alten Testament, pp. 21, 27–28; M. de Montaigne, Les Essais 2.12.232.10-16/OC, p. 487 = GS 3.314/⟨tr.⟩ J. D. Tietz, 2.159.

[2] A. H. McNeile, An Introduction to Ecclesiastes with Notes and Appendices, p. 51.

[3] L. Levy, Das Buch Qoheleth, p. 23; cf. A. H. McNeile, An Introduction to Ecclesiastes, p. 50.

[4] L. Levy, Das Buch Qoheleth, p. 79; cf. Kohelet 7.25. Für diesen Vers gibt es allerdings Übersetzungsvarianten durch Transposition, die den hier beanspruchten Sinn nur noch

den, dann kann das doch nichts anderes heißen, als daß das Be- und Verurteilen tendenziell ausgesetzt wird: »Der erstrebenswerte Zustand ist die ἀτυφία, die Illusionslosigkeit. Antisthenes preist Menander von Monimos, dieser habe ein Wort gesprochen, das dem delphischen ›Erkenne dich selbst!‹ nicht nachstehe: ›Einbildung sei jede Wertung nur‹. Dasselbe Ziel, die trügerischen Scheinwerte zu entlarven und die Menschen durch Aufdeckung der wirklichen Güter des Daseins zur richtigen Lebensführung anzuleiten, verfolgt Qoheleth«[5].

Angesichts der Einbindung Jesu in die jüdische Weisheitstradition, der Kohelet, der Prediger, zuzurechnen ist,[6] dürfte es nicht unmöglich sein, auch dem Wort jenes Predigers aus Nazareth, der sich als Christus erweisen sollte: *mḕ krínete ʻína mḕ krithē̃te,*[7] »urteilt nicht, damit ihr nicht verurteilt werdet, denn … mit welchem Maß ihr messet, wird euch gemessen werden«, philosophische Tiefe zuzumessen, wie dies Friedrich Wilhelm Joseph von Schelling (1775–1854), wenn auch recht unspezifisch, getan hat: »Die Natur streut ⟨immer⟩ noch Gaben aus, aber die sparsamste ist die Beurteilungs-

---

abgeschwächt erhalten, cf. A. H. McNeile, An Introduction to Ecclesiastes, pp. 75, 146. In gewissen Übertragungen verschwindet er jedoch total, cf. M. Buber, Die Schriftwerke, p. 401; E. J. Dillon, The Sceptics of the Old Testament, p. 262.

5 L. Levy, Das Buch Qoheleth, p. 13. Zu berichtigen ist hier, daß nicht Antisthenes den Menander von Monimos preist, sondern daß nach Diogenes Laërtios, De vitis dogmatis … 6.83, der Komödiendichter Menandros in seinem Stück ‹Der Stallknecht› dem Kyniker Monimos von Syrakus dieserart huldigt: »denn der Bettelnde und Schmutzige [war] über all das hinaus. Alles Annehmen [Dafürhalten/Be-greifen] nämlich ist Rauch/Dunst, sagte er.« (*ʻupèr dè taũth' ʻo prosaitō̃n kaì ʻrupō̃n· tò gàr ʻupolēphthèn tũphon eĩnai pãn éphē.*) Sextos Empeirikos, Adversus Mathematicos 8.5, schreibt den Spruch Monimos selbst zu; cf. o. c. 7.88; Marcus Aurelius, In se ipsum 2.15. Die Sachhaltigkeit des Arguments Levy's bezüglich der Strukturverwandtschaft ist dadurch jedoch keinesfalls beeinträchtigt, cf. R. Braun, Kohelet und die frühhellenistische Popularphilosophie, pp. 45–46. L. Levy, Das Buch Qoheleth, pp. 12–13: »Die Illusion nennen die Kyniker τῦφος. Τῦφος bedeutet zunächst ›Dampf, ungreifbarer, nichtiger Dunst‹, dann übertragen ›eitles, hohles, aufgeblasenes Wesen‹. Τῦφος wird der centrale philosophische Begriff der Kyniker. Nun bezeichnet aber auch der centrale philosophische Begriff Qoheleths, הָבָל [hᵃbel], den Hauch, Dampf, Dunst … ἀτμίς, … dann übertragen das Vergängliche, Nichtige, den wertlosen Schein, die Illusion.«

6 Die Frage, ob Gedankengut von Kohelet im Neuen Testament vorfindlich ist, diskutiert M. Negele, Ein Skeptiker im Alten Testament, pp. 29–30.

7 Mt 7.1; cf. Lk 6.37. Eine ähnliche Maxime, nicht zu verurteilen und zu messen, findet sich in den Lehrreden des Buddha, cf. Aṅguttara-Nikāya 6.5.44 & 10.8.75, ⟨tr.⟩ Nyanatiloka.

kraft, – und doch fühlen sich alle aufgefordert, zu urteilen. Schon das Evangelium sagt: ›Richtet nicht‹.«[8]

Gegen die Massivität, mit der Skeptisches von Philon Ioudaios aus Alexandreia in den Dienst der Gottesgelehrtheit gestellt wird, müssen die genannten Beispiele aus seiner jüdischen Glaubenstradition allerdings zu Nebenbemerkungen verblassen. Aufgrund seiner eklektischen Methode, platonische, stoische, skeptische und Argumente weiterer Philosophenschulen der jüdischen Fides nutzbar zu machen, pflegt Philon eine Art des rationalistischen Transrationalismus und wird so zu einem wichtigen Vordenker des Fideismus jedweder Couleur.[9] Es dürfte hinsichtlich der historischen Ausformung der christlichen Metaphysik nicht unerheblich sein zu erwähnen, daß er von den älteren Kirchenvätern als Muster und Vorbild allegorischer Bibelexegese »viel zitiert und in ausgedehntem Masse benutzt«[10] wurde.

Nicht nur verfaßt er eine Schrift, ‹De ebrietate› (Über die Trunkenheit), in der zum Erweis der Unbestimmbarkeit der sinnlich wahrnehmbaren, vergänglichen, trüglichen Welt beinahe wörtlich die Tropen, skeptischen Merksätze oder Redewendungen zum Zwecke des Ansichhaltens (*trópoi tē̃s epochē̃s*) des in Alexandreia von Ainesidemos (2./1. Jh.) gegründeten Neupyrrhonismus iteriert werden,[11] er wird auch nicht müde, in seinem gesamten Werk unter Berufung auf Vernunft, Philosophie und Weisheit verstandesfeindliche Sentenzen auszustreuen, die die Menschen davon überzeugen sollten, sich von Körper und Sinnen, Rede und Denken, Begierde und Erregung, Lust und Leidenschaft abzuwenden, da diese Veränderungen in

---

[8] F. W. J. v. Schelling, Grundlegung der positiven Philosophie, p. 209.

[9] Die Unterschiede zum modernen Total-Fideismus eines Pico und Montaigne (inclusive Epigonen) werden bei der Darstellung von deren Pseudo-Skepsis noch deutlich werden ↗ Kapitel 2.3.2 & 2.3.3.

[10] L. Cohn, Einleitung in: Philo von Alexandria. Die Werke in deutscher Übertragung 1.5.

[11] Cf. Philon, De ebrietate 166–205; K. Janáček, Philon von Alexandreia und skeptische Tropen, pp. 83–97. Zur Herkunft der Tropen bei Philon cf. W. Görler, Älterer Pyrrhonismus. Jüngere Akademie. Antiochos aus Askalon, pp. 983–986. Sie ist allerdings umstritten, wurden die Topoi doch auch auf die Neuakademiker zurückgeführt. Ein kleines Verzeichnis der jeweiligen Verfechter der einen oder anderen Hypothese gibt H. J. Krämer, Platonismus und hellenistische Philosophie, pp. 77–78. Den Skeptizismus bei Philon behandeln C. Lévy, Le ‹Scepticisme› de Philon d'Alexandrie, pp. 29–41, zur ἐποχή o. c., pp. 32–37, Gesamteinschätzung o. c., p. 41, und É. Bréhier, Les idées philosophiques et religieuses de Philon d'Alexandrie, pp. 207–217.

der Seele erzeugten, welche uns dem Unveränderlichen, Unbeweglichen, Unerschütterlichen, Unwandelbaren, Gestaltlosen, trotz seines Schaffens in Ruhe Verharrenden, Unumgreifbaren, Unbegreiflichen, Unbeschreiblichen, Unaussprechlichen, Einen, dem als Sein irrelativ/absolut Seienden, wahrhaften, ewigseienden, alleinigen Höchsten, dem außerhalb der Schöpfung und über allem weilenden, ganz anderen Herrn und einzig allwissenden, unwißbaren Gott[12] verunähnlichen und entfremden. Daß er dabei genau diejenigen, die zu den Erfindern und Meistern dialektischer Antilogie zu zählen sind, die Sophisten und Skeptiker nämlich, als unzivilisierte, wilde Wortfechter, Silbenstecher, Streitsüchtige, Krittler, Vielwisser, Fasler, Gaukler, Täuscher und Lügner desavouiert,[13] ist ein Hohn, von dem man vermuten darf, daß er sich sehr verbeten hätte, ihn auf ihn selbst – als Nutznießer der Kunst jener – zurückzuwenden.

Philon's skeptisierende Philo-, oder besser, Theosophie lebt genau genommen von der Erzeugung einer Spannung zwischen dem Immobilen und dem Wandelbaren, dem Unentstandenen und dem Geschaffenen, dem Einen und dem Mannigfaltigen, dem Sein und dem Schein, dem Immanenten und dem Transzendenten, der Wahrheit und der Unwahrheit, der Weisheit und der Unwissenheit, Gott und der Welt. Obwohl er sich der Dialektik, Eristik oder Aporetik nicht im Sinne eines echten Erkenntnisinstruments bedient, da er sich in seinem Glauben an die Platonik, die Heilige Schrift und den darin geoffenbarten Gott bereits seiner Sache sicher ist, bevor er die Forschung überhaupt begonnen hat, nutzt er dabei mitunter deren Resultate. Die Verschärfung der menschlichen Zerrissenheit zwischen dem, was sein soll, Ruhe und Frieden, Durchblick und Geistesklarheit, und dem, was ist, Leiden(schaft) und Streit, Irrnis und Wirrnis, wird einerseits durch den Aufweis der Hinfälligkeit, Nichtigkeit und Unbegreiflichkeit der Welt und des in ihr vorfindlichen Men-

---

[12] Zur negativen, privativen und hyperbolischen Beschreibung des Höchsten verwenden wir hier Philon's eigene Terminologie. Die Textpassagen, zu welchen sie gehören, können auf Griechisch in den Indices nachgeschlagen werden, cf. G. Mayer, Index Philoneus; L. Cohn & P. Wendland, Philonis Alexandrini opera quae supersunt, Bde. VII.1 & VII.2, s. v. θεός, εἶναι. Siehe dazu auch H. A. Wolfson, Philo 2.94–164: Chapter XI: The Unknowability of God and Divine Predicates.

[13] Cf. Philon, Quaestiones et solutiones in Genesin 3.31; 3.33; idem, De posteritate Caini 34–36, 51–57; idem, Quis rerum divinarum heres sit 246–248, 302–306; idem, De fuga et inventione 209–212; idem, De congressu eruditionis gratia 52–53. Näheres dazu im folgenden.

schen herbeigeführt, wodurch alles direkt oder indirekt mit dem Körperhaft-Sinnlichen Zusammenhängende zu etwas Niederem, Unbedeutenden und Wertlosen herabgesetzt wird. Andererseits wird diese Spannung durch den Hinweis auf das Scheitern und die Unzulänglichkeit diskursiven Wissens hervorgerufen, wodurch das Perfekte, welches sich in der Forderung nach unbedingter Wahrheit bemerkbar macht, in eine unendliche Erhabenheit, zu der man sich mit keinem endlichen Erkenntnisschritt aufschwingen kann, emporgehoben scheint.

Philon selbst hat von zwei Erkenntnisarten gesprochen, die der zweifachen Schichtung des Seienden und Wissens in der Weise Rechnung tragen, wie sie im Westen von den Eleaten, in Indien von den Upaniṣad's und in China vom Taoismus ausgehend die jeweiligen Erkenntnistraditionen durchzieht. Da ist einmal der Schluß von den Werken auf den Meister, der Wirkung auf die Ursache, dem Nachbild auf das Vorbild, den Schatten auf Gott,[14] 'das Vorwärtsgehen von unten nach oben wie auf einer Himmelsleiter'[15]. »Treffende sind also diejenigen, die sich anschicken, durch das Geschaffene Einsicht in den Ungeschaffenen und Schöpfer des Alls zu gewinnen, es gewissermaßen denen gleichtuend, die aus der Zweiheit die Natur der Einheit erforschen, während man aber umgekehrt von der Einheit – denn sie ist Prinzip/Anfang – die Zweiheit betrachten müßte; an die Wahrheit aber kommen die heran, die die Vorstellung von Gott durch Gott und die von Licht durch Licht hervorbringen.«[16] Es sind jene, die sich auf eine vollkommenere und reinere, in die großen Mysterien eingeweihte Vernünftigkeit/Geistigkeit stützen, die über das Kreatürliche hinwegsieht und auf diese Weise einen deutlichen Eindruck vom Ungeschaffenen gewinnt, »so daß sie durch diesen Ihn selbst und auch den Schatten von Ihm begreift, welches einerseits gerade der Logos [Geist], andererseits der Kosmos ist.«[17]

---

[14] Cf. Philon, Legum allegoriae 3.95–104.

[15] Cf. Philon, De praemiis et poenis, de exsecrationibus 43: *kátōthen ánō proẽlthon 'oĩa tinos ouraníou klímakos.*

[16] Philon, De praemiis et poenis, de exsecrationibus 46: *stochastaì mèn oũn 'oi apò tõn gegonótōn tòn agénēton kaì gennētèn tõn 'ólōn speúdontes theōreĩn, 'ómoión ti drõntes toĩs apò duádos monádos phúsin ereunõsi, déon émpalin apò monádos – archḕ gàr 'aútē – duáda skopeĩn· alḗtheian dè metíasin 'oi tòn theòn theõj phantasiōthéntes, phōtì phõs.* Ausführung des gesamten Gedankengangs o. c. 38–46.

[17] Cf. Philon, Legum allegoriae 3.100: *ésti dé tis teleṓteros kaì mãllon kekatharménos noũs tà megála mustḗria muētheís, 'óstis ouk apò tõn gegonótōn tò aítion gnōrízei, 'ōs àn apò skiãs tò ménon, all' 'uperkúpsas tò genētòn émphasin enargẽ toũ agenḗtou*

Das Hinwegsehen über das Endliche (*‘uperkúptein*), das wir hier doppeldeutig verstehen wollen, kommt der Überwindung der Entstehungsbedingungen von Dualität, und damit des Erkenntnisdilemmas, welches daraus resultiert, gleich. Damit haben Philon's Schriften für uns als Denkende und Suchende nun doch Erkenntnisrelevanz. Indem sich in ihnen strukturelle Gegebenheiten unserer Vernunft aussprechen, die einzusehen jeder Wahrheitssucher entschlossen sein muß, können sie uns als Lehr- und Übungsbuch dienen und uns im wörtlichen Sinne zu denken geben. Bei der Rekonstruktion dieser erkenntnisrelevanten Sachverhalte im Werk Philon's erweist sich die plagiatorische Anwendung der Tropen zum Zwecke der Urteilsenthaltung als theoretische und erste Phase skeptisierenden Philosophierens, die im Erweis der Unbegreiflichkeit alles Welthaften, oder anders ausgedrückt, im Sokratischen Nichtwissen, der belehrten Unwissenheit (*docta ignorantia*) gipfelt. Sie stellt die Grenze immanenten Wissens dar. »Was ist also das Ziel rechten Wissens? Sich selbst und alles Gewordene zur Unwissenheit zu verurteilen; denn das Nichtswissen einzusehen, ist die Grenze des Wissens, während der Eine der allein Weise/Wissende und dieser der alleinige Gott ist.«[18]

Da jedoch jedes Limit ein Innen von einem Außen, ein Hüben von einem Drüben, ein Diesseits von einem Jenseits abgrenzt, ist das sich selbst als beschränkt erfahrende wissende Nichtwissen der Selbsterkenntnis nun aber zugleich selbstentgrenzendes Wissen um seine eigene Transzendenz, hier: Wissen um Gott. »Wann nun wirst du Gott nicht vergessen? Allemal wenn du dich selbst nicht vergißt. Denn deiner eigenen Nichtigkeit in allem eingedenk, wirst du auch der Überfülle/Transzendenz Gottes in allem gedenken.«[19]

Will man dieses Gedenken, diese Erinnerung und Achtsamkeit

---

lambánei, ‘ōs ap’ autoũ autòn katalambánein kaì tèn skiàn autoũ, ‘óper ẽn tón te lógon kaì tónde tòn kósmon. Zum Übersehen (*‘uperidoũsa*) des scheinbar Seienden und Emporblicken (*anakúpsasa*) zum wahrhaft Seienden cf. Platon, Phaidros 249c.

[18] Philon, De migratione Abrahami 134: *tí oũn toũ phroneĩn orthõs esti télos; aphrosúnēn ‘eautoũ kaì pantòs toũ genētoũ katapsēphísasthai· tò gàr mēdèn oíesthai eidénai péras epistḗmēs, ‘enòs óntos mónou sophoũ toũ kaì mónou theoũ.* Zum Eins- und Alleinsein Gottes cf. idem, Legum allegoriae 2.1–3. Zum alleinigen und absoluten Weisen cf. Herakleitos, H. Diels & W. Kranz, Die Fragmente der Vorsokratiker 1.159.1–2; 1.160.7–8; 1.175.4–6, Fragmente B32; B41; B108.

[19] Philon, De sacrificiis Abelis et Caini 55: *póte oũn ouk epilḗsēj theoũ; ‘ótan mè epiláthēj seautoũ· memnēménos gàr tẽs idíou perì pánta oudeneías memnḗsēj kaì tẽs toũ theoũ perì pánta ‘uperbolẽs.* Cf. idem, De congressu eruditionis gratia 106–107.

(*mnḗmē*) nicht selbst als mystische Bewußtheit göttlicher Präsenz deuten, sondern, obwohl es *Gott* zum Gegenstand hat, und gerade weil es ihn zum *Gegenstand* hat, als profan-menschliches Denken und Andenken, dann muß gesagt werden, daß es Philon damit keineswegs getan ist. Weit davon entfernt, in sich zu ruhen, weist es als solches gerade von sich weg auf die ›Gedankenlosigkeit‹, die die Unmittelbarkeit und Unvermitteltheit (Irrelativität) geistiger Schau und weisheitlichen Lebens anzeigt. Unerkennen im Sinne absoluter Erkenntnis ist ja nur Signifikat des Signifikanden relatives Wissen im Sinne relativen Nichtwissens. Da jedoch im denkenden Erkennen nicht über dieses selbst hinausgegangen werden kann, steht es vor dem Zwiespalt, entweder sich selbst mißtrauend als Erkenntnislosigkeit wieder zu verwerfen, womit nichts gewonnen, das Problem nicht gelöst wäre, oder sich nun selbst als Ort des ganzen Problems anzuerkennen, wodurch es in einer Art zweiter Phase skeptischen Philosophierens das Postulat seiner eigenen Zurücknahme aufstellen müßte, um das Problem zwar nicht zu lösen, das wäre unmöglich, aber es praktisch aufzulösen, welche Auflösung eine Umschreibung der Funktion der ἐποχή darstellt. Es gibt Textstellen bei Philon, an denen von einer derartigen Dissolution die Rede ist. Sie hat zwei Hauptaspekte, den kognitiven oder noetischen, mit der Kategorie des Urteils im weitesten Sinne verknüpften, und den konativ-affektiven oder elektiv-emotiven, der mit dem Begriff des Pathos in Verbindung steht. Da letztere Kategorie Fühlen, Erregung, (Un-)Lust, Wollen, Begehren, Meiden, Vorliebe, Abneigung, Fliehen, Furcht und ähnliches mehr umspannt, könnte die Philonische Lehre vom Zurückhalten oder Zügeln von Wissenswahn und Leidenschaft geradezu als Paradigma der von uns entwickelten Retentionstypik aufgefaßt werden. Unsere anschließende Aufgabe wird es sein, jene vorzustellen und zu kommentieren.

2.1.1 Fluktuation, Indetermination, Retention. Philo Scepticus?

Wenn man auch nicht erwarten kann, die Ergebnisse skeptischer Antithetik bei Philon in ihrer systematischen Anordnung zu finden, so sind einzelne Stücke davon doch über sein gesamtes Werk versteut.

Zum *gnō̃thi seautón* (erkenne dich selbst): idem, De specialibus legibus 1.44, und die schöne Stelle: idem, De migratione Abrahami 137–138.

Fügt man sie in der richtigen Reihenfolge zusammen, dann läßt sich das Programm des Skeptizismus, das der Alexandriner in seiner Polemik gegen die Ungläubigen und Unwissenden – ohne es als solches kenntlichzumachen – zur Geltung brachte, um ihre Lehrgebäude zum Einsturz zu bringen und an deren Stelle sein eigenes zu errichten, nahezu authentisch rekonstruieren. In einer Hinsicht allerdings weist diese Nachbildung eine Besonderheit auf: die aus den uns überlieferten Originalen unbekannte Betonung, ja, Überbetonung des Zweifelszustands der Skeptiker als Endstadium, die sowohl eine Fortsetzung und Verschärfung der ciceronischen Linie der synkretistischen Neueren Akademie und ihres Skepto-Fideismus als auch der Unentschiedenheitsskepsis der Ainesidemos-Linie, die in Sextos gipfelte, repräsentieren kann.

Beginnen wir bei unserer Rekonstruktion des skeptischen Vorhabens aus den Traktaten des griechisch-jüdischen Philosophen mit der Diaphonie. In einem Kontext, in dem ausdrücklich von der Zwietracht und Streitsucht der Skeptiker anläßlich der Erforschung der Wesen- und Beschaffenheit der Naturkörper die Rede ist, lesen wir: »Die Anhänger der Philosophie sind nämlich voller Diskrepanz (*diaphōnías*) geworden, weil der vertrauensselige und mutmaßende Verstand von der Wahrheit gemieden wird.«[20] Wie bei den Skeptikern die Demonstration der Uneinigkeit der Philosophen dazu dient, zur Urteilsenthaltung anzuleiten, so ist, was gleich vorgeführt werden wird, ihr endloser Disput bei Philon selbstverständlich Anlaß zur Mahnung, von den widerstreitenden Wortgefechten der Redekünstler abzulassen.

In dem Traktat ‹Über die Einzelgesetze› fragt sich Philon, warum wir eher einem Zeugen glauben sollten, der gegen einen anderen aussagt, als einem Angeklagten, der sich verteidigt. Wegen der Gleichheit bzw. Gleichgewichtigkeit (*tò íson*) »scheine es am besten zu sein, (das Urteil) zu verhalten, wo weder Nachstehen/Unzulänglichkeit noch auch Vorrang/Übertreffen ist.«[21] Unbenommen ein Fall

---

[20] Philon, Quis rerum divinarum heres sit 248: *tà dè katà tẽn philosophían mestà diaphōnías gégone tòn pithanòn kaì stochastikòn noũn tẽs alētheías apodidraskoúsēs·* Zur Darstellung der Meinungsverschiedenheiten (*diaphōnía*) der Philosophenschulen und ihrer Funktion im Werk Philon's cf. J. Mansfeld, Philosophy in the Service of Scripture, pp. 89–102.

[21] Philon, De specialibus legibus 4.54; wörtlich zitierter Text: *áriston d' 'ōs éoiken epéchein, éntha mēdèn endeĩ mēdè 'uperbállei.* Cf. idem, De ebrietate 200. C. Lévy, Le ‹Scepticisme› de Philon d'Alexandrie, pp. 32–33: »Der einzige Text, in dem eine Urteils-

von Isosthenie – Gleichkräftigkeit der Argumente für und wider und dessen Lösung, die Beseitigung der Waagschalen, nicht das Kippen der Balance, womit ein zweites Strategem der Skepsis beglaubigt wäre.

Von den verschiedenen Erörterungen auf der Basis der Zehn Tropen wollen wir die zwei herausgreifen, die die Überzeugungskraft skeptischer Dialektik in komprimiertester Form spiegeln, da sie den höchsten Abstraktionsgrad und die größte Universalität besitzen. Zum ersten die Argumentation um die Flüchtigkeit, Vergänglichkeit, Instabilität, Wandelbarkeit, den Flußcharakter, und somit die Ungreifbarkeit aller Phänomene, die, das nur nebenbei, im Buddhismus einen von zwei Hauptaspekten der Lehre von der Leidhaftigkeit des Daseins ausmacht und in Pāli unter dem Namen *aniccatā* berühmt wurde. Da das Erscheinende nicht stillstände/fix wäre, sondern mannigfache und vielgestaltige Wandlungen durchmachte,[22] und es nicht zuträfe, daß bei denselben Dingen immer dieselben unveränderlichen Vorstellungen/Eindrücke entstünden, wir von den Dingen also unterschiedlich bewegt/erregt würden, hätten/wüßten wir wohl über nichts etwas Feststehendes/Sicheres zu sagen;[23] »wenn nämlich die Vorstellung [der Eindruck] unbeständig ist, ist notwendigerweise auch das auf sie [ihn] bezogene Urteil unbeständig.«[24] Beschlösse der Verstand (*noũs*) somit, etwas als wahr zu unterschreiben, dann

enthaltung vom pyrrhonischen Typus aufscheint, ist *Spec.* IV, 54, … Genau hier ist das Gleichgewicht der ἰσοσθενεῖς λόγοι, aber in einem derart eigentümlichen Zusammenhang, daß es schwierig ist, daraus auf einen genauen philosophischen Einfluß zu schließen.« Am Wortlaut gemessen mag der erste Teil dieses Forschungsergebnisses zwar stimmen, der Sache nach bei richtiger Interpretation – sowohl der skeptischen als auch der Philonischen Urteilsenthaltung – jedoch zu restriktiv sein.

22 Cf. Philon, De ebrietate 170: *'áte mè 'estõtos toũ phanéntos, allà polutrópois kaì polumórphois chrōménou taĩs metabolaĩs.*

23 Philon, De ebrietate 169–170: *apò tõn autõn tàs autàs aeì sunébaine .. aparalláktous phantasías … diaphórōs ap' autõn .. kinoúmenoi, bébaion perì oudenòs oudèn àn échoimen eipeĩn, …*

24 Philon, De ebrietate 170: *anágkē gàr anidrútou tẽs phantasías oúsēs anídruton eĩnai kaì tèn ep' autẽj krísin.* Formal entspricht die hier vorgeführte Argumentation der (auf Wahrnehmungsurteile zu beziehenden) bei Sextos Empeirikos, Pyrrhoneion Hypotyposeon 1.112–113, daß der Urteilende, indem er sich immer in irgendeinem, durch das Zu-Beurteilende mit-beeinflußten (relativen) Zustand befindet, selbst Teil der Disharmonie, der Diskrepanz oder des Widerstreits und somit kein unparteiischer (absoluter) Richter sei. Es darf darauf hingewiesen werden, daß schon das Argument von Sextus nicht unzweideutig schlüssig ist, da es die Vernunft ins Phänomenale verstrickt und dieser Sachverhalt verschieden interpretiert werden kann.

erntete er für seine Voreiligkeit/Leichtfertigkeit (*ep' euchereíaj*) Verurteilung (*katágnōsin*) angesichts dessen, daß sich all das als unglaubwürdig und unsicher (*apístōn kaì abebaíōn*) herausstellte, was er zunächst als vollkommen feststehend geglaubt (*epísteue*) hätte; »weil die Dinge für gewöhnlich in das Gegenteil dessen umschlagen, als was man sie vermutete, ist es am sichersten, (mit dem Urteil) an sich zu halten.«[25]

Zum zweiten die Argumentation um die Relativität, Bedingtheit, Verknüpftheit, und damit Insubstantialität, Wesenlosigkeit und Unbestimmbarkeit aller Dinge, die den anderen der zwei Hauptaspekte von Buddha's Leidenslehre darstellt und in Pāli *anattā* genannt wird. Diejenigen, verkündet Philon, die trotz der Tatsache, daß wohl überhaupt nichts aus sich und an sich erkannt/gedacht, sondern alles hier nur in Gegenüberstellung [im Vergleich] zu seinem Gegensatz eingeschätzt würde, daß einzelnes aus sich selbst unbegreiflich, vielmehr durch In-Beziehung-Setzen zu anderem/ Verschiedenem erkannt zu werden schiene,[26] diejenigen, welche angesichts der kompliziertesten Mischungen und Verbindungen (*pánta míxeis poluplokōtátas échonta kaì kráseis*) der Dinge untereinander wie mit dem Erkennenden bzw. den Erkenntnisorganen als auch der Ferne ihres Wesens an sich (*'ai 'aplaĩ dunámeis ekpodṓn*) und ihrer damit einhergehenden Unfaßbarkeit (*oúte .. antilambanómetha ...*) dabeiblieben (*'upomenóntōn*), leichtfertig (*'rajdíōs*) 'mit allem, was es auch immer sei, entweder einverstanden zu sein [zu allem Ja zu sagen/allem zuzustimmen] oder es abzulehnen [zu ihm Nein zu sagen/sich ihm zu verweigern], verdienten, wegen Dummheit, Voreiligkeit oder Windbeutelei/Prahlerei angeklagt/verurteilt zu werden'.[27] Die aus solchem Verstehen heraus geäußerte Verurteilung (*katapsēphísasthai*) der Kreaturen zu Unverstand oder Einfältigkeit

[25] Cf. Philon, De ebrietate 205, umschrieben und übersetzt in Anlehnung an L. Cohn et al. ⟨trr.⟩, Werkausgabe 5.70; wörtlich zitierter Text: *'ṓste eis tà enantía, 'ȭn 'upetópēsé tis, eiōthótōn periístasthai tȭn pragmátōn asphaléstaton tò epéchein eĩnai.* Zur Unsicherheit und Unzuverlässigkeit des Wandelbaren auch idem, De confusione linguarum 106; É. Bréhier, Les idées philosophiques et religieuses de Philon d'Alexandrie, p. 213.

[26] Cf. Philon, De ebrietate 186–187: *'óti tȭn óntȭn schedòn ex 'autoũ kaì kath' 'autò nenóētai tò parápan oudén, tẽj dè pròs tò enantíon parathései dokimázetai, ... ex 'eautoũ mèn gàr 'ékaston akatálēpton, ek dè tẽs pròs 'éteron sugkríseōs gnōrízesthai dokeĩ.*

[27] Cf. Philon, De ebrietate 189–192, Text zwischen einfacher Anführung: *euḗtheian ḕ propéteian ḕ alazoneían áxion kataginṓskein .. ḕ 'omologeĩn ḕ arneĩsthai perì pantòs 'outinosoũn ...* Zur Mischung und Bezüglichkeit siehe auch Ploutarchos, Quaestiones convivales (Moralia) 652B.

(*aphrosúnē*) soll nun aber die Notwendigkeit andeuten, daß diese Urteilsenthaltung üben. Was bleibt denn übrig, fragt Philon, konfrontiert mit der überwältigenden und heillosen Unerkennbarkeit von allem, »was bleibt denn übrig, als sich [notgedrungen] (des Urteils) zu enthalten?«[28] »Denn es ist sicher und nötig, sich betreffs Nicht-Offenbarem [Undeutlichem/Vagem] (mit dem Urteil) zurückzuhalten.«[29]

Angesichts dieser Darlegungen muß man sich allerdings fragen, worin der Unterschied zwischen dem Philonischen Gläubigen und seinem Skeptiker denn nun tatsächlich liegen soll. Versuchen nicht beide das Schlamassel, in dem sich der Verstand qua Aporetik stecken weiß, durch Aussetzung des Urteilens zu überwinden? Warum hält Philon eigentlich an der Differenz zwischen dem Gläubigen und dem Zweifelnden, Wankenden, fest, letzteren als denjenigen charakterisierend, der in Verlegenheit, ratlos, im Ungewissen, oder fachterminologisch, in der Aporie gefangen ist,[30] wo seines Erachtens der Mensch doch ganz allgemein und im Gegensatz zu Gott, bei welchem es kein Schwanken, keinen Zweifel gebe, von Natur aus Zweifler, in der Zweideutigkeit Befangener und Schwankender zwischen zwei Seiten ist? Wenn jemandem irgendeine Vorstellung, ein Sinneseindruck widerfahre, träten nämlich sogleich dreierlei Reaktionen dieser bzw. diesem gegenüber ein: Flucht/Meiden, Verlangen/Erstreben und zu beidem neigender Zweifel, indem die Seele hin und her gerissen ist, ob sie das Erschienene ergreifen/annehmen soll oder ob nicht.[31] Jene, die damit prahlen, entweder angesichts einer Sache

---

[28] Philon, De ebrietate 192: *tí àn eíē loipòn ḕ tò epéchein* [*anagkaĩon*].

[29] Philon, De fuga et inventione 206: *perì dè tõn adḗlōn epéchein asphalés te kaì anagkaĩon*. Cf. idem, De ebrietate 193, wo gefordert wird, man solle dem Undeutlichen, Unsichtbaren im voraus nicht allzu sehr glauben/trauen (*mḕ lían toĩs aphanési propisteúein*).

[30] Cf. Philon, Quis rerum divinarum heres sit 101: *tò mèn gàr aporeĩn endoiázontos.* Zum Gebrauch von Zweifels-Begriffen bei Philon im Unterschied zu Sextos Empeirikos cf. K. Janáček, Philon von Alexandreia und skeptische Tropen, p. 91 (in bezug auf Philon, De ebrietate 169 & idem, De aeternitate mundi 77): »ἐνδοιάζειν bildet die Ursache von ἐπέχειν. Ἐνδοιάζειν (und mit ihm ἐπαμφοτερίζειν) ist sowohl dem Sextos als Diogenes unbekannt, der jedoch einmal ἐνδοιαστῶς im skeptischen Abschnitt benützt (IX 73). Als einen Vorgänger der Skepsis bezeichnet Diogenes den Hippokrates, weil er ἐνδοιαστῶς καὶ ἀνθρωπίνως ἀποφαίνεται [sich zweifelnd/zwiespältig/schwankend und menschlich/irdisch/demütig/allgemeinverständlich zeigt].«

[31] Cf. Philon, Quaestiones et solutiones in Genesin 1.21 (Fragment, in R. Marcus, Philo in ten Volumes and two Supplementary Volumes, Supplement II, p. 182): »Denn Gott schwankt/zweifelt nicht.« (*Ou gàr enduázei theós·*). O. c. 1.55a (Fragment, in R. Marcus,

einen Entschluß fassen zu können oder hinreichend imstande zu sein, angesichts einer Sache einesteils zu wählen, andernteils zu meiden, seien eines Besseren zu belehren, indem darauf verwiesen wird, daß es nicht angebracht sei, betreffs keiner Sache zweifelnd sich (des Urteils) zu enthalten.[32] Philons Kopfgeburt eines Skeptikers scheint, das ist überaus wichtig, festgehalten zu werden, des Vermögens der Verhaltung verlustig gegangen zu sein. In der Diskussion des christlichen Skeptizismus werden wir noch einer Auslegung der Konnotationen von ›Zweifel‹ und ›Urteilsenthaltung‹ begegnen, die erklärt, wie es möglich ist, eine solche Karikatur skeptischen Lehrens und Lebens als deren wahres Bild auszugeben. Im Gegensatz zu dem, was Philon dem Skeptiker zumutet, hält er es als Gläubiger selbstverständlich für seine Pflicht, dem Unentschiedenheitszustand des Schwankens und Zweifelns, der augenscheinlich beide plagt, durch Urteilsenthaltung ein Ende zu setzen.

Ohne Zurateziehen weiterer Lehrzusammenhänge ist aus den

Supplement II, p. 184s): »Bei Gott gibt es weder Zweifel noch Mißgunst. Oftmals benutzt er aber zweiflerische oder dem Denken entspringende Namen, um Bezug zu nehmen auf …« (*Oúte enduasmòs oúte phthónos perì theón· chrē̃tai dè pollákis onómasin enduastikoĩs ḕ dianoētikoĩs kat' anaphoràn epì …*) O. c. 1.55b (Fragment, in R. Marcus, Supplement II, p. 184d): »Ein anderer sagt, daß das Göttliche nicht schwankt/zweifelt, auch wenn es zweiflerische Namen benutzt. … Denn das ›Niemals‹ ist kein Schwanken/Zweifel Gottes, sondern eine Bezugnahme auf den Menschen, der von Natur aus schwankt/zweifelt, und eine Anzeige des Affekts, der jenen betrifft. Wenn nämlich eine Vorstellung [ein Eindruck] von irgend etwas eintritt, geschieht augenblicklich dreierlei: Meiden des [Flucht vor dem] Erschienenen, Erstreben des [Verlangen nach dem] Erschienenen, drittens, Schwanken/Zweifel der nach beiden Seiten neigenden, hin und her gerissenen Seele, ob sie es ergreifen/annehmen soll oder ob nicht. Eben auf dieses dritte bezieht sich das ›Niemals‹.« (*Állos dé phēsin 'ōs ouk endoiázei tò theĩon kàn endoiastikoĩs onómasi chrē̃tai. … Tò gàr ›mḗpote‹ ouk éstin epamphoterismòs toũ theoũ all' anaphorà pròs ánthrōpon tòn epamphoteristḕn tē̃j phúsei kaì mē̃numa toũ perì ekeĩnon páthous· 'ótan gàr prospésēj tinòs phantasía, tría euthùs epigínetai, aphormḕ ek toũ phanéntos, 'ormḕ pròs tò phanén, tríton endoiasmòs amphiklinḕs antispōménēs tē̃s psuchē̃s, eíth' 'airetéon eíte mḗ. Pròs dḕ toũto tò tríton tò ›mḗpote‹ anaphéretai.*) Einige Erläuterungen dazu gibt J. Mansfeld, Philosophy in the Service of Scripture, p. 94. Ein ähnliches Reaktionsmuster des Menschen wird in idem, De migratione Abrahami 148–150, angenommen. Die Form der soeben dargestellten Wahrnehmungslehre im Stile eines stoischen Trilemmas erinnert an die Präsentation der drei möglichen Haltungen gegenüber Behauptungen durch M. T. Cicero, Academica 2. (Lucullus) XXXIII.107 (Zitat mit Übersetzung im Kapitel 2.2.1).

[32] Cf. Philon, De ebrietate 169, wörtlich zitierter Text: *tòn méntoi semnunómenon ḕ epì tõj bouleúesthai ḕ epì tõj tà mèn 'aireĩsthai tà dè pheúgein 'ikanō̃s dúnasthai … perì mēdenòs endoiázontas epéchein.*

obigen Beispielen jedoch nicht mit Sicherheit zu erschließen, ob es sich bei der Philonischen Urteilsenthaltung nur um eine banale Maßnahme der Alltagsklugheit im Sinne eines gemein verstandenen Trivialpyrrhonismus oder um einen Akt radikalster Daseinswandlung handelt. Träfe ersteres zu, so bliebe unverstehbar, warum Philon von dem, der nach Weisheit strebt, verlangt, sich in ihr (der Enthaltung) zu üben, um reziprok das Gehaltensein durch Gott zu erwirken. Nicht nur wir haben dies so gesehen. »Zum Schluß möchte ich darauf hinweisen, daß Philon die skeptische Abstandnahme von den Theorien der Dogmatiker wirklich benötigte, weil er sie auf diesem Wege (indem er die Technik systematischen Aufbaus der Skeptiker strategisch übernimmt) zuerst sozusagen neutralisieren und auf eine Seite in einem ›Meinungsgegensatz‹ reduzieren konnte. Den Skeptikern unähnlich glaubte er jedoch, daß die Waagschalen gekippt werden können und sollen, zumindest dort, wo die wichtigeren Fragen strittig sind. Gott übernimmt die Entscheidung für uns – jedoch nicht ohne anhaltende Anstrengung unsererseits (cf. *Sacrif.* 80 ff.). Sogar Moses empfing seine Offenbarungen nur nach einer Vorbereitungszeit.«[33]

Worin besteht nun aber diese Anstrengung und Vorbereitung, dieses Opfer, das der sich um Weisheit Bemühende der Gottheit darbringen soll? Der Seher-Philosoph aus Alexandria gibt uns auf seine bildhafte Weise zu verstehen, daß das beste Opfer, d. h. das Wertvollste, was der Geist erlangen kann, um gottgefällig zu werden, »das ist: ein stille- und ansichhaltender Logos [Verstand/Geist]. Denn die edelste Opfergabe ist Stillehalten und Ansichhalten bei allem, wofür es keine Beweise/Glaubwürdigkeit gibt. Sagbar ist nämlich nur das: ›Gott wird ersehen‹ – dem das All bekannt ist, der das Weltganze mit dem hellsten Licht, mit sich selbst, erleuchtet; alles andere aber ist unaussprechlich für das Geschaffene, über das ein großes Dunkel ausgegossen ist; sicher ist in der Dunkelheit aber die Ruhe.«[34]

---

[33] J. Mansfeld, Philosophy in the Service of Scripture, p. 102. Ist das Forschungsresultat eines modernen Gelehrten, cf. K. Janáček, Philon von Alexandreia und skeptische Tropen, p. 96: ».. ἐποχή gilt bei Philon nur solange, insofern der Mensch auf sich selbst angewiesen ist; Gotteshilfe ändert alles. Davon wußten wieder die Skeptiker nichts.« uneingeschränkt akzeptabel? Sollte am Ende die ἐποχή etwa selbst die Gotteshilfe darstellen?

[34] Philon, De fuga et inventione 136: *toutésti lógos 'ēsucházōn kaì epéchōn. áriston gàr 'iereĩon 'ēsuchía kaì epochḕ perì 'õn pántōs oúk eisi písteis. 'rētòn gàr mónon toũto ›'o theòs ópsetai‹, 'õj gnṓrima tà pánta, 'òs lamprotátōj phōtí, 'eautõj, tà 'óla augázei· tà d'*

Wie die Ruhe, das haben wir soeben gehört, in der Dunkelheit des Kreatürlichen die besonnenste Verhaltensweise ist, so ist sie es umgekehrt auch im Lichte des Göttlichen.[35] Während das durch Meiden des Unglaubwürdigen motivierte Stille- und Ansichhalten ›skeptische ἐποχή‹ genannt werden könnte, könnte die durch Streben nach dem Glaubwürdigsten, der des Glaubens würdigsten Gottheit motivierte Still- und Ruhigstellung als ›mystische ἐποχή‹ bezeichnet werden, auch wenn beide nur denselben Vorgang aus verschiedener Blickrichtung thematisieren. Das, was sich dem Stillstehenden (*tō̃j 'estō̃ti*) nähere, heißt es bei Philon, strebe nach Ruhe (*ēremías*), aus Sehnsucht, Gleichheit/Ähnlichkeit (*'omoiótētos*) mit diesem zu erlangen. Da das unerschütterlich Feststehende Gott sei (*aklinō̃s 'estȍs 'o theós*), das Bewegte aber die Schöpfung (*tò dè kinētòn 'ē génesis*),

---

álla ou 'rētà genései, 'ē̃s polù katakéchutai tò skótos· ēremía d' asphalès en skótōj. Cf. Noten der Herausgeber und Übersetzer zu dieser Textstelle; Übersetzung in Anlehnung an L. Cohn et al. ⟨trr.⟩, Werkausgabe 6.86; cf. idem, De Iosepho 140; weitere Loci in den Indices der Werkausgaben s. v. *skótos.* Cf. idem, De ebrietate 167–168, wo mit der Metapher der Dunkelheit einerseits die Blindheit des Subjekts, andererseits die Unerkennbarkeit des Seienden, der Körper und Dinge (*tō̃n óntōn kaì sōmátōn kaì pragmátōn*), der Objekte also, thematisiert wird.

[35] Zu Gott als Urlicht/Sonne cf. idem, De somniis 1.72–87; idem, Quis rerum divinarum heres sit 264; idem, De Cherubim 97, etc. Hier hatten wir in systematischer Form dieselben Übergänge vor Augen, die sich dem historischen Rückblick von der späten Pyrrhonik über den frühen Neupyrrhonismus zur Akademie und deren Gründer selbst offenbaren. »All das ist verborgen, Lucullus«, lesen wir bei M. T. Cicero, Academica 2. (Lucullus) XXXIX.122, »von dichter Finsternis verdeckt und umflossen, so daß kein menschlicher Scharfsinn in den Himmel vorzudringen und in die Erde einzudringen in der Lage ist.« (*Latent ista omnia, Luculle, crassis occulta et circumfusa tenebris, ut nulla acies humani ingenii tanta sit quae penetrare in caelum, terram intrare possit.*) Cf. o. c. XIX.61, XXIII.73. O. c. XXIII.74, wird berichtet, daß Empedokles sein Diktum, daß alles verborgen sei, nicht getan habe, um uns blind zu machen oder uns unserer Sinne zu berauben, sondern daß er damit die Meinung zum Ausdruck bringen wollte, in ihnen sei keine genügend große Kraft, das ihnen Dargebotene zu beurteilen (*ad ea quae sub eos subiecta sunt iudicanda*). Idem, Academica 1.XII.44–45; Arnobius, Adversus nationes 2.9 = H. J. Mette, Weitere Akademiker heute (Fortsetzung von Lustrum 26, 7–94): Von Lakydes bis zu Kleitomachos, p. 106, Fragment F13c. Weitere alte Zeugnisse zur Verborgenheit des Wahren finden sich bei Diogenes Laërtios, De vitis dogmatis … 9.71–73. Via Mittlere Akademie sind wir nun aber auf dem Weg in Richtung Platon, in die Schattenwelt des Höhlengleichnisses, aus der es bekanntlich ein Entrinnen, wenn auch ein schwieriges, gibt. C. Lévy, Le Concept de doxa des Stoïciens à Philon d'Alexandrie, p. 283: »Die Idee der ἐποχή, die Metapher der Finsternis, verweisen auf die Gepflogenheiten der Neuen Akademie, aber Philon fügt hier, den Mittleren Platonismus repräsentierend, das Licht, dessen Arkesilaos die neuakademische Höhle beraubt hatte, hinzu.« Cf. o. c., pp. 274–284; idem, Le ‹Scepticisme› de Philon d'Alexandrie, pp. 33–36.

strebe der, welcher auf Gott zugeht, dem Stillstand (*stáseōs*) zu, der aber, welcher sich der veränderlichen Schöpfung (*apallattómenos … genései*) zuwende, werde fortgerissen (*phoreĩtai*). Letzterer, der Tor, sei wider die rechte Vernunft (*orthòn lógon*) Feind von Ruhe und Rast (*ēremíaj kaì anapaúsei*), verharre bei keinem Lehrstandpunkt mit Bestimmtheit und beharre auf ihm, lehre bald das eine, bald das andere und Widersprüchliches über dasselbe, obwohl sich dazu nichts Neues ergeben hat, und würde so selbst zu diesem und jenem, d. h. binnen kürzester Zeit zum Widerstreitenden selbst (*tà machómena en akareĩ chrónou ginómenos*).[36] Derjenige, der sich mit den anderen und sich im Zwist befindet, das ist nach allgemeiner Philonischer Lesart der Sophist und Skeptiker. »Stillstehen aber und Unverändert-Halten des Verstandes/Denk(vermög)ens ist das Nahekommen an die Macht Gottes, weil ja einerseits das Göttliche unwandelbar, das Gewordene andererseits von Natur wechselhaft ist. Wenn also jemand die dem Gewordenen eigentümliche Bewegung aus Liebe zur Erkenntnis, indem er sie zügelte (*egchalinōsámenos*), bezwungen und zum Stillstehen gebracht hat, muß es offensichtlich sein, daß er der göttlichen Glückseligkeit nahe ist.«[37]

Philon scheut sich nicht, die skeptische Methodik, angefangen mit der Wertschätzung (und Übernahme) der Verfahrensweise, mittels wahrscheinlicher Vermutungen und plausibler Glaubhaftigkeiten zu belehren,[38] welche aus dem Zusammenhang des Probabilismus der Mittleren Akademie gerissen ist, über die Tropoi, Topoi oder Logoi zur Herbeiführung der Urteilsenthaltung, bis hin zur Enthaltung selbst, seinen Glaubens- und Erkenntnisabsichten dienstbar zu machen,

---

[36] Cf. Philon, De posteritate Caini 23–25; idem, De ebrietate 62–62, 76, 96–104. Zum Streit siehe ganz allgemein die Problematik der Diaphonie.

[37] Philon, De Cherubim 19: *tò dè stẽnai kaì átrepton ktḗsasthai diánoian eggús esti baínein theoũ dunámeōs, epeidḕ tò mèn theĩon átrepton, tò dè genómenon phúsei metablētón. eí tis oũn tḕn genéseōs oikeían phoràn érōti epistḗmēs egchalinōsámenos ebiásato stẽnai poiḗsas, mḕ lanthanétō theías eudaimonías eggùs ṓn.* Cf. o. c. 12–13. Zur Ruhe Gottes und der Notwendigkeit des Menschen, sich dieser anzugleichen, cf. auch idem, Legum allegoriae 1.17–18, 1.51; idem, De confusione linguarum 30–33, 105–106; idem, De fuga et inventione 102; idem, Quod deus sit immutabilis 22–23; idem, De gigantibus 49. Zum Untergang des Verstandes und Denkens bei Philon, einer eher ›mystischen‹ Formulierung für den inneren Stillstand werdem wir noch kommen.

[38] Cf. Cf. Philon, De Iosepho 143: … *eikósi stochasmoĩs kaì eulógois pithanóthēsi perì ʻekástou anadidáskonta* … Daß genau diese Art der Wissensvermittlung andernteils zu falschen Meinungen führt und folglich nichts denn Sophisterei ist, wird infra noch aus idem, De ebrietate 70–71, deutlich werden.

während er deren Vertreter für verurteilungswürdige und tadelnswerte Wortstreiter, Entzweite und Zweifelmütige ausgibt und sie der Gottlosigkeit bezichtigt. Diese liege exemplarisch in der Ansicht des Protagoras (ca. 488–415) vor, daß die menschliche Vernunft das Maß aller Dinge sei.[39] Genau genommen gehörten zu den Atheisten »einerseits diejenigen, die geradeheraus erklären, daß das Göttliche überhaupt nicht sei, andererseits diejenigen, die zwischen beiden Seiten schwanken und zweifeln, insoweit sie dafürhalten, nicht sagen zu können, ob es sei oder ob nicht, …«[40] Aus einer Vielzahl anderer Erklärungen der Welterschaffung habe Moses als erste der fünf schönsten und besten die, »daß das Göttliche ist und da ist, der Gottlosen wegen« gegeben, »von denen die einen hinsichtlich seines Daseins hin und her wanken und zweifeln, die anderen, noch Dreisteren, sich erkühnen zu behaupten, daß er überhaupt nicht sei, sondern daß jenes nur von Menschen vorgebracht werde, die die Wahrheit mit mythischem Bildwerk verdüstern.«[41] Ob es sich bei der Gruppe entschiedener Atheisten um die Sophisten, die Akademiker oder gewisse Dogmatiker (Eleaten) und bei vorliegender Argumentationsfigur eventuell um eine Kontrastierung der beiden Skeptikerschulen handelt, ist aus dem Text nicht mit letzter Eindeutigkeit festzustellen. Jene, die Philon des Viel-/Scheinwissens und der Wortfechterei bezichtigt, sind bei ihm oftmals recht schwer in Sophisten und Skeptiker zu differenzieren.[42] So steht an einer Stelle »Skeptiker« ganz allgemein für die sich strei-

---

[39] Cf. Philon, De posteritate Caini 34–38; idem, Quis rerum divinarum heres sit 246; idem, De somniis 2.192–194.

[40] Philon, De praemiis et poenis, de exsecrationibus 40: *‘oi mèn ántikrus apephḗnanto mēd’ ‘ólōs eĩnai tò theĩon, ‘oi dè enedoíasan epamphoterísantes ‘ōs ouk échontes eipeĩn, eíte éstin eíte mḗ, …*

[41] Philon, De opificio mundi 170: *‘óti ésti tò theĩon kaì ‘upárchei, dià toùs athéous, ‘õn ‘oi mèn enedoíasan epamphoterísantes perì tẽs ‘upárxeōs autoũ, ‘oi dè tolmēróteroi kaì katethrasúnanto phámenoi mēd’ ‘ólōs eĩnai, légesthai d’ autò mónon pròs anthrṓpōn plásmasi muthikoĩs episkiasántōn tèn alḗtheian·*

[42] Cf. U. Früchtel, Die Kosmologischen Vorstellungen bei Philo von Alexandrien, pp. 138–139: »Es wurde bereits ausgesprochen, daß Philo den Sophisten Uneinigkeit vorwirft. Das gleiche tut er gegenüber den Skeptikern, die er auch bekämpft. An verschiedenen Stellen setzt er sie einfach gleich. Die Streitigkeiten von Sophisten sind Streitigkeiten von Skeptikern … Bei Philo kann es sich nicht um die Sophisten alten Stils handeln, obwohl er durchaus einmal von dem ›alten‹ Sophisten Protagoras spricht [De post. Caini §35ff.]. Seine Gegner sind Sophisten neuen Stils, die sich durch besondere Skepsis in Bezug auf das menschliche Erkenntnisvermögen auszeichnen.« Zur allgemeinen Einschätzung des Sophismus durch Philon cf. V. Nikiprowetzky, Le commentaire de l'Écriture chez Philon d'Alexandrie, pp. 187–188, 210[91] (mit Stellenverzeichnis).

tenden Philosophen.[43] An einer anderen werden »Allzu-Skeptisches« (*tò lían skeptikòn*) und Skeptiker unspezifisch mit Sophistik und Eristik in Verbindung gebracht.[44] Und wieder in einem anderen Passus wird den Skeptikern (*'oi skeptikoí*) der niedrigste Rang unter den Wißbegierigen, gleich neben den Ungebildeten, die dieselben Meinungen wie jene verträten, zugewiesen, da sie sich nicht mit dem Edelsten in der Natur, dem Sichtbaren/Sinnlichen und Denkbaren/Intelligiblen, befaßten, sondern 'sich wegen kleinlicher [krittliger/pedantischer] Sophismen zerrieben bzw. aufrieben und bedeutungsloses/unbedeutendes Geschwätz von sich gäben'.[45]

Indes findet sich auch ein Abschnitt, in dem diejenigen, die den Menschen als Maß aller Dinge erklären (die Sophisten vom Schlage eines Protagoras), denjenigen als direkte Meinungsgegner (dialektisch oder isosthenisch) entgegengestellt sind, die die Kriterien des Wahrnehmens und Denkens aufheben, wobei es sich nur um die (Akademischen) Skeptiker handeln kann, die bekanntlich die Erkenntnismaßstäbe der Stoiker bzw. Dogmatiker eliminierten. An derselben Textstelle schließt sich der Antagonismus zwischen denen an, die alles für unbegreiflich halten, und denen, die äußerst viel/überviel (*pámpolla*) für erkennbar erachten.[46] Hierbei ist nicht, wie einige Spezialisten der Philon-Forschung vermeinen, an die Entgegensetzung von Pyrrhonismus und Mittlerer Akademie zu denken,[47] sondern an die zwischen der Skepsis (der Zweiten Akademie) und der Stoa, zu der die Assoziation von den Erkenntniskriterien wie von selbst hinführt. Philon stellt zwar in seiner Schrift zur ‹Genesis› eine Opposition zwischen den Lehren der Akademiker und den Lehren derer fest, die nichts sagen/versichern, den Zetetikern bzw. Pyr-

---

[43] Cf. Philon, Quis rerum divinarum heres sit 247.

[44] Cf. Philon De fuga et inventione 209; idem, Quaestiones et solutiones in Genesin 3.33.

[45] Cf. Philon, De congressu eruditionis gratia 52: *perì mikrà méntoi sophísmata tribómenoi kaì glischrologoúmenoi,* mit der gesamten Gedankenführung o. c. 54–62. Zu diesem Themenkomplex gehört vielleicht auch idem, De confusione linguarum 75; man vergleiche die Textstellen, welche in den Nachweisen zu den Skeptikern als Wortfechter und Täuscher im Kapitel 2.1 angeführt sind.

[46] Cf. Philon, Quis rerum divinarum heres sit 246.

[47] Cf. J. Cohn, Anmerkung zu: Wer ist der Erbe der göttlichen Dinge, in: Philo von Alexandria. Die Werke in deutscher Übertragung 5.279[5]. U. Früchtel, Die Kosmologischen Vorstellungen bei Philo von Alexandrien, p. 133, dort allerdings mit Fragezeichen versehen. Nach Meinung Cohns sei die Mittlere Akademie »weniger radikal« als der Pyrrhonismus, nach Meinung Früchtels (o. c., p. 141[4]) »nicht so radikal«.

rhoneern, doch dies ohne nähere Bestimmung, nachdem er sie gemeinsam als diejenigen charakterisierte, die ihre Lehren auf keine Basis stellen und nichts etwas anderem vorziehen, sondern [nur] auf alle anderen Schulen schießen, weshalb sie Meinungskrieger genannt werden.[48] Der gegen die Destrukteure von Wissen und Gewißheit geführte Krieg konnte offensichtlich nur mit den schweren Geschützen gewonnen werden, die die Zerstörer selbst anwandten. Aber muß Philon dann nicht in der gleichen irreligiösen Indifferenz enden wie diese, der epechistischen Gleichgültigkeit gegenüber den Stimmen des Himmels und Lichten des Geistes, gegenüber prophetischen Gaben, dem Geheimwissen der Mysterien und der Vorsehung des Weltenlenkers, gegenüber Gott selbst? Wir werden sehen.

Die Menschen jedenfalls werden nur deshalb wissend genannt, weil sie wissend zu sein scheinen, der Schauende und Weise aber, und im höchsten Maße Gott, weil er es ist.[49] »Durch Etymologie ermittelt Philo, daß Ismael als Sophist zu bezeichnen ist, der seine Einzelbeweise wie Pfeile entsendet unabhängig vom Zielpunkt (κεφάλαιος σκοπός) [De post. Caini 131]. Ismael, der Sohn der Hagar, ist die Allgemeinbildung, und sein Gegenstück Isaak, der Sohn der Hagar, ist die Weisheit (ἐπιστήμη). Beide verhalten sich folgendermaßen zueinander: Ismael : Isaak = unmündiger Knabe : vollendeter Mann = Sophist : Weiser = Allgemeinbildung : Erkenntnis (νήπιος : τέλειος = σοφιστής : σοφός = ἐγκύκλια : ἐπιστήμη [De mut. nom. 201–263]. Man sieht: Philo hat den absoluten Gegensatz der zwei θίασοι [Scharen] abgewandelt in eine Stufenfolge niederen und höheren Grades, wobei die Seele auf ihrem Aufstiegsweg die untere Stufe unwi[e]derbringlich hinter sich lassen muß. Sara symbolisiert die Seele, die die unsterbliche Tugend erstrebt (ἀφθάρτη ἀρετή). In dem Augenblick, wo sie ihr Ziel, die Eudaimonie, erreicht und die πάθη [Leidenschaft] zurückgelassen hat, werden die Vorkenntnisse (προπαιδεύματα), repräsentiert durch die Gestalt des Sophisten Ismael, ausgestoßen [De cherub. § 8].«[50]

---

[48] Cf. Philon, Quaestiones et solutiones in Genesin 3.33. Der unterstellte Kriegszustand zwischen den skeptisch-eristischen Bruderparteien ließe sich übrigens mühelos aus Philon's Kenntnis der Schriften des Ainesidemos ableiten.

[49] Cf. Philon, De migratione Abrahami 39–40, wörtlich zitierter Text: *ánthrōpoi mèn gàr tõj dokeĩn epístasthai légontai mónon epistẽmones … 'o dè theós tõj eĩnai … légetai·* Cf. O. c. 134.

[50] U. Früchtel, Die Kosmologischen Vorstellungen bei Philo von Alexandrien, p. 139; Fußnotenangaben wurden von mir in eckigen Klammern in den Text eingefügt.

Die Vorphase dieses geradezu stoisch-epechistisch anmutenden Ausstoßungsprozesses, den apophatischen Aspekt der Philonischen Spekulation, wollen wir hinsichtlich der Frage nach der Notwendigkeit der Retention nun noch deutlicher herausstellen. Resultat unserer bisherigen Forschung war, daß das Sinnliche, Geschaffene, in der Welt Befindliche, im herakliteischen Stile fortwährenden Fluktuationen und Umschwüngen unterworfen sei,[51] daß die von den Sinnen fortgerissene Seele die in polarer Abhängigkeit stehenden Gegensätze »hoch-tief und groß-klein« (*'upsēlotápeinon kaì megalómikron*) so wie alles, was der Ungleichheit/Ungleichmäßigkeit und Unregelmäßigkeit/Anomalie verwandt ist (*anisótēti kaì anōmalíaj suggenès*), hervorbringt und so zum Schwarzwerden und Drehen (*skotodiniãn*) wie zum Schwindel (*íliggon*) gezwungen wird, und dies die Sphäre des Trugs, falscher Vorstellungen/Meinungen, des Unvermögens zu sicherem Begreifen/Erfassen, des Schlafs, der Ungewißheit, Dunkelheit, Schatten und Traumbilder ausmache.[52] Das Verstandesdenken erzeugt gemäß den von Philon vereinnahmten Widerlegungskünsten von Sophistik und Skepsis nichts als leere Wahngebilde. Danach entbehrt das Geschaffene nicht nur an der objektiven Außenseite jeglicher Stetigkeit und Bestimmtheit, indem die dorthin gewandte Denkseele von dieser Vagheit selbst affiziert ist, reicht dieser Mangel auch in die subjektiven Innenschichten und trägt auf diese Weise zur Uferlosigkeit und Undefinierbarkeit all dessen bei, was wir, mit unserem erdgebundenen Menschenverstand, selber sind.

Die Unfaßlichkeit unseres eigenen Wesens betrifft sogar den Gott zugewandten innerlichen Geist/Intellect, das wahrhafte Sein der Seele, das ebenfalls indefinit und uneinsehbar bleibt. »Und was Wunder, daß das Seiende/Sein den Menschen unbegreiflich ist, da uns doch schon der Geist/Intellect, der in jedem einzelnen ist, unerkennbar ist? Wer hätte denn das Wesen der Seele geschaut/eingesehen? Ihre Verborgenheit/Unbestimmtheit erzeugte unzählige Streitigkeiten unter den Sophisten, die gegensätzliche oder auch gänzlich unvereinbare Lehrmeinungen aufbrachten. Es stimmte da-

---

[51] Cf. Philon, Legum allegoriae 2.33; 3.7; idem, De aeternitate mundi 109–112 (mit ausdrücklichem Bezug auf Herakleitos aus Ephesos); idem, De Iosepho 141; idem, De specialibus legibus 1.26–27. Zur Wandelbarkeit der Seele cf. o. c. 2.147; idem, De confusione linguarum 29–33, und unsere Allegationen zur Ruhe und dem Stillstehen.

[52] Cf. Philon, De Iosepho 142, und insgesamt o. c. 140–147.

mit jedenfalls überein, daß kein vollgültiger Namen dem wahrheitsgemäß Seienden zugesprochen werden konnte.«[53]

Die Bestimmungslosigkeit und Unbestimmbarkeit des Geist- und Seelenkerns, welche hier, dies gilt es zu beachten, u. a. unter Berufung auf die sophistische Diaphonie begründet wird, steht nach dieser Feststellung Philon's nun aber ausdrücklich in einer Entsprechung zur Indeterminabilität des Seienden oder Seins an sich. Weil auf die Privations- und Negationsbestimmungen des genus maximum bisher nur nebenbei hingewiesen wurde, sollen hier einige Belege zu diesem Lehrstück beigebracht werden. So ist in der Schrift ‹Über Abrahams Wanderung› zu lesen, daß die Kräfte des Seienden alle Aussagen überträfen, welche man je über Ihn (den Seienden) machen könne.[54] Anderswo heißt es, daß Gott nicht ist wie ein Mensch oder der Himmel oder der Kosmos, und daß »er – abgesehen von seinem bloßen Sein – nicht einmal von der Vernunft zu begreifen ist.«[55] Und wieder in einer anderen Abhandlung findet sich etwas abweichend davon der Satz: »Wenn nun eine gottliebende Seele nach dem sucht, was das Seiende/Sein seinem Sein/Wesen nach ist, macht sie sich auf die Suche nach Unerkennbarem und Unsichtbarem, woraus ihr das höchste Gut erwächst zu begreifen, daß Gott seinem Sein nach allen unbegreiflich ist, und gerade das einzusehen, daß er unsichtbar ist.«[56] Die Seele vermag, wie sie zum himmlischen Licht wird, ihre Fortschritte nicht nur zu bewahren, sondern zu opfern (*‘ierourgeĩn*), »nachdem sie von der Niedrigkeit und Nichtigkeit des Entstandenen durch Verstandesüberlegung überzeugt und von der

---

[53] Philon, De mutatione nominum 10–11: *kaì tí thaumastón, ei tò òn anthrṓpois akatálēpton, ‘opóte kaì ‘o en ‘ekástōj noũs ágnōstos ‘ēmĩn; tís gàr psuchẽs ousían eĩden; ‘ẽs ‘ē adēlótēs murías éridas sophistaĩs egénnēsen enantías eisēgouménois gnṓmas ḕ kaì ‘ólois génesin antistatoúsas. ẽn oũn akólouthon tò mēd’ ónoma kúrion epiphēmisthẽnai dúnasthai tõj ónti pròs alḗtheian.* Cf. idem, De Abrahamo 74–76; idem, De somniis 1.56.

[54] Cf. Philon, De migratione Abrahami 40: *nikõntai gàr ‘upò tõn toũ óntos dunámeōn ‘oi perì autòn ‘ápantes ‘ápax lógoi.*

[55] Philon, Quod deus sit immutabilis 62: *‘o d’ ára oudè tõj nõj katalēptòs ‘óti mḕ katà tò eĩnai mónon·* Diese Stelle könnte fast ein Stenogramm sein von Platon, Symposion 210e-211b.

[56] Philon, De posteritate Caini 15: *‘ótan oũn philótheos psuchḕ tò tí esti tò òn katà tḕn ousían zētẽj, eis aeidẽ kaì aóraton érchetai zḗtēsin, ex ‘ẽs autẽj perigínetai mégiston agathón, katalabeĩn ‘óti akatálēptos ‘o katà tò eĩnai theòs pantì kaì autò toũto ideĩn ‘óti estìn aóratos.* Cf. o. c. 19; idem, De specialibus legibus 1.36–44.

Tranzendenz [dem Übermaß] des Unentstandenen in allem Edlen und seiner Erhabenheit unterrichtet ist.«[57]

Die universale Nicht-Determinierbarkeit des Allprinzips findet ihren schärfsten Ausdruck in einer Spur negativer Theologie, die, richtig gelesen, von der Apophatik der Neuplatoniker oder Akademiker kaum mehr unterschieden werden kann und in der Frage nach der Beurteilbarkeit des Urgrundes bzw. der Urteilsenthaltung ihm gegenüber endet. In der ‹Allegorischen Erklärung der Gesetzbücher› liest man nämlich, daß »Gott keinem seine Natur gezeigt, sondern sie dem ganzen Menschengeschlecht als unsichtbar/unerkennbar eingerichtet hat; wer vermag wohl zu sagen, ob die Ur-Sache entweder unkörperlich oder Körper, entweder von dieser Art oder von keiner Art ist, oder überhaupt zuverlässig über ihr Wesen oder ihre Beschaffenheit oder ihren Zustand oder ihre Bewegung zu urteilen?«[58]

Aus dem Unbestimmten, sei es des Sinnlichen, sei es des Übersinnlichen, läßt sich nach einer alten und immer noch gültigen logischen Regel aber nichts ableiten. Als Konsequenz daraus bleiben bei Philon letztlich, seiner offenbaren spekulativen Absicht sicherlich zuwider, alle Reiche des Wirklichen, das des Sichtbaren und Denkbaren sowie das des essentiell Geistig-Seelischen und rein Göttlichen, in skeptisch-mystischer Weise weiselos, qualitätslos, indifferent oder indistinkt. Ist man nicht bereit, den von Philon gebahnten Wegen irreführender, in der Ungangbarkeit endender, Skepsisinterpretation zu folgen, dann kann man kaum, wie das ein Übersetzer des Traktats, aus welchem wir soeben zitierten, vermeint, einen »Widerspruch

---

[57] Cf. Philon, De congressu eruditionis gratia 106–107: *tḕn tapeinótēta kaì oudéneian toũ genētoũ perínoian logismoũ pepoithuías kaì tàs en 'ápasi toĩs kaloĩs 'uperbolàs kaì akrótētas toũ agenḗtou dedidagménēs.* Idem, De migratione Abrahami 134; idem, De sacrificiis Abelis et Caini 55 (die letzten beiden Stellen wurden bereits im Kapitel 2.1 zitiert).

[58] Philon, Legum allegoriae 3.206: *oudenì gàr édeixen 'autoũ tḕn phúsin, all' aóraton autḕn pantì tõj génei pareskeúase· tís àn ischúsai ḕ 'óti asṓmaton ḕ 'óti sõma ḕ 'óti poiòn ḕ 'óti ápoion tò aítion eipeĩn ḕ sunólōs perì ousías ḕ poiótētos ḕ schéseōs ḕ kinḗseōs autoũ bebaíōs apophḗnasthai;* Cf. P. Deussen, Allgemeine Geschichte der Philosophie 2.1.471: »… so ist es gleichsam die Furcht, in den Fehler dieses Anthropomorphismus [des A. T.] zurückzuverfallen, welche den Philon veranlaßte, seinen Gott nicht nur aller menschenartigen, sondern aller Attribute überhaupt zu entkleiden und ihn für das schlechthin Unbestimmbare und Unerkennbare zu erklären.« Cf. o.c. 2.1.472. Als Beispiel dafür, daß Philon Gott in einem Atemzug Anthropomorphie und alle Eigenschaften abspricht (*ápoios*), cf. Philon, Legum allegoriae 1.36.

dieser skeptischen Wendung mit Philos häufigen, bestimmten Versicherungen der Unkörperlichkeit und Eigenschaftslosigkeit Gottes«[59] sehen. Vielmehr ist diese in eine Frage gekleidete Negationsformel als radikalster Ausdruck der Unbestimmbarkeit und Eigenschaftslosigkeit zu verstehen, als eine Überholung der auf einzelne Attribute bezogenen gemäßigten Aphairese und Privation durch eine entfaltete, entschlossene und uneingeschränkte, alle Antonyme abweisende Antilogie und Apophase und als mittelbarer Hinweis darauf, sich des Urteilens ganz und gar zu begeben. Dies ist gewissermaßen der Preis für die Vereinnahmung des Skeptizismus, den einer zu zahlen hat, der sich dabei nicht vollständig in die philosophische Beliebigkeit verlieren will. Hier kommt zum Tragen, daß beide, Sophistik und Skepsis, die die Begreifbarkeit des Seienden in seiner Pluralität, sowie Philosophie und Mysterium, die die Erfaßbarkeit des Seins an sich bestreiten, aus einem Geschlecht herstammen, dem Geschlecht der Sucher nach Wahrheit. Erst »die Schwierigkeit ihrer Auffindung und ihres Erjagens nämlich hat meines Erachtens die Vernunftzwistigkeiten erzeugt.«[60]

Während sich die Skeptiker und Sophisten in der Lesart Philon's damit abfinden, nichts Greifbares auffinden zu können und es damit bewenden lassen, schließen die Philosophen und Mysterienjünger aus diesem Scheitern indirekt auf dessen Widerpart. Um diesen nicht zu reifizieren und als objekthaft Faßbares, als Ding unter Dingen anzusiedeln, mußte er mit Hilfe von Hyperbeln über alles Gegenständliche hinausgehoben werden, ein Verfahren, das schon in Platon's berühmtem Jenseits (*epékeina*) vorgebildet ist, in welches die Idee des Guten hinausragt,[61] und im heidnischen wie christlichen Neuplatonismus eines Plotinos und (Pseudo-)Dionysios Areopagita seinen Höhepunkt erreichen sollte. »Jenes nämlich, das sowohl besser ist als das Gute als auch ehrwürdiger als die Einheit, wie auch reiner als das Eine, ist unmöglich von irgendeinem anderen zu schauen, weil es ihm nur gebührt, von sich be-/ergriffen zu werden.«[62]

---

[59] I. Heinemann, Anmerkung zu: Allegorische Erklärung, III. Buch, in: Philo von Alexandria. Die Werke in deutscher Übertragung 3.151³.

[60] Philon, Quis rerum divinarum heres sit 248; wörtlich zitierter Text: *tò gàr duseúreton kaì dusthḗraton autē̃s tàs logikás, ʻō̃s oĩmai, stáseis egénnēse.* Zur eigentlichen Freundschaft bzw. Verwandtschaft von Sophistik/Skepsis und Philosophie/Weisheit cf. o.c. 246–248; idem, Quaestiones et solutiones in Genesin 3.33.

[61] Cf. Platon, Politeia 508e-509b.

[62] Philon, De praemiis et poenis, de exsecrationibus 40: *ekeĩno mèn gàr, ʻò kaì agathoũ*

Eine Abweichung zur Radikalität der Neuplatoniker kann man hier und anderswo in Philon's Werk nur darin feststellen, daß erstere dem Einen und Göttlichen sogar das Wissen um sich selbst absprachen,[63] um auch noch der letzten und schwerst zu vermeidenden Gefahr seiner Zerstreuung, und damit Verendlichung und schließlich Verdinglichung, der Verdinglichung nämlich zu einem Ding über den Dingen, einem Überding, einer grundlegenden und höchsten onto-theologischen Seiendheit, wie Martin Heidegger (1889–1976) dies in seiner Metaphysikkritik nannte,[64] zu entgehen. Aus der theoretischen Einsicht in das Ungenügen des triebhaften Lebens mit seinem Haften an der Rastlosigkeit von Lust und Leid(enschaft) und des kognitiven mit seinem begrenzten Bildungswissen um Endliches, d. h. Unwissen und Torheit, folgerten diese wie jener zwingend deren Beseitigung, die ἐποχή. Wodurch sollte die Angleichung der diskursiv und emotiv bewegten Seele an die in sich ruhende, allwissende, unwißbare, sich alles ersehende und von keinem zu sehende Gottheit, sonst geschehen, denn durch die Beseitigung all dessen, was die Seele beunruhigt und weiß, Erregung und Denken? Aber ist mit diesem Sabbat etwas gewonnen, das die Skeptiker nicht ihr eigen nennen können? Was sieht Philon denn noch in der reinen Gnosis und Theoria, der unbeteiligten Schau?

---

kreĩtton kaì monádos presbúteron kaì 'enòs 'eilikrinésteron, amē̌chanon 'uph' 'etérou theōreĩsthaí tinos, dióti mónōj thémis autõj 'uph' 'eautoũ katalambánesthai. Cf. idem, De vita contemplativa 2 (↗ unsere paraphrasierende Übersetzung zu Beginn des anschließenden Kapitels). Zur *'uperbolḗ* (Tranzendenz, Übermaß, Überschwang) cf. auch idem, De congressu eruditionis gratia 106–107; idem, De sacrificiis Abelis et Caini 55; idem, De somniis 2.270. Philosophiehistorische Überlegungen dazu bei J. Whittaker, Studies in Platonism and Patristic Thought, XI, Neopythagoreanism and the Transcendent Absolute, pp. 79–81; J. Dillon, The Golden Chain, IX, The Transcendence of God in Philo: Some Possible Sources, pp. 1–8; das vom Verfasser als ihm nicht verfügbar angegebene Essay: D. Baer, Incompréhensibilité de Dieu et théologie négative chez Philon d'Alexandrie (1re partie), erwies sich bei Ansicht leider nicht als so »nützlich«, wie es jener (und ich) aufgrund des Titels erwartete; einen weiteren Teil des Aufsatzes konnte auch ich nicht beschaffen; nach den Mitteilungen der Bibliothèque nationale de France vom Mai 2000 ist ein zweiter Teil weder im selben noch im folgenden Jahrgang auffindbar.

[63] Beispielhaft bei Plotinos, Enneaden 3.9.9.1–23 §§ 15–18; 5.3.13.6–8 § 120; 5.3.13.34–36 § 128; 5.6.6.31 § 28. Zum Selbst-Unwissen Gottes bei Eriugena cf. W. Beierwaltes, Eriugena, pp. 193–198; D. F. Duclow, Divine Nothingness and Self-Creation in John Scotus Eriugena, pp. 111–116 (mit Stellenangaben).

[64] Cf. M. Heidegger, Wegmarken, pp. 302, 373; idem, Nietzsche 2.211–213, 486–488; idem, Einführung in die Metaphysik, pp. 23–24.

2.1.2 Zügelung der Leidenschaft als Geistesklarheit. Philo Mysticus im Umkreis von Stoizismus und Skeptizismus

Um die Affekt(ions)losigkeit, sprich, Leidenschaftslosigkeit, kreisen die spekulativen Allegoresen des ‹Alten Testaments› bei Philon wie um kaum einen weisheitlichen Lehrgegenstand sonst. Die ständige Wiederholung dieses Themas erweckt mitunter den Eindruck, daß sich darin die Verdrängung eines phobischen Traumas anzeigt. Die Zusammenstellung einer Sammlung der diesbezüglichen Passagen im Gesamtwerk ist jedenfalls jenseits der Möglichkeit dieser Studie, demzufolge aber auch jenseits der Notwendigkeit. Man kann die Philonischen Bücher wahllos aufschlagen: fast auf jeder Seite springen Warnungen vor Begierde (*epithumía*), Trieb (*'ormḗ*), Gemütswallung, Verlangen, Ungestüm (*thumós*), Sinnes- und Fleischeslust (*'ēdonḗ/sárx*) und der Leidenschaft (*páthos*) ins Auge, Aufforderungen, sie zu meiden, zu bekämpfen, sie zu zügeln und zu beseitigen.

Von den sich der Schau Widmenden, den Philosophen, berichtet er, daß ihre Handlungsmaxime schon durch ihren Namen kundgetan werde, den des Therapeuten und der Therapeutin: nicht nur wurden diese belehrt, das Seiende/Sein zu verehren, das besser als das Gute, reiner als das Eine und ursprünglicher als die Einheit ist, sie üben auch eine Heilkunst aus, die nicht nur, wie die gesellschaftlich übliche, die Körper, sondern auch die Seelen kuriert, die von den schlimmen und schwer heilbaren Krankheiten beherrscht werden, welche Lust und Begierde, Unlust/Betrübnis und Furcht, Habgier und Unvernunft, Ungerechtigkeit und die endlose Menge der übrigen Leiden/Leidenschaften und Beschwerden/Schlechtigkeiten ausbrechen ließen.[65]

Bezüglich dieses Lehrbestandes kann man Philon nur einen unverhohlenen Stoiker, oder besser noch, Kyniker, nennen. Ihm reicht die Milderung und Mäßigung der Leidenschaften und Empfindungen (*metriopátheia*), die bei Stilpon aus Megara und den späteren Pyrrhoneern und Stoikern neben der vollendeten Leidenschaftslosigkeit

[65] Cf. Philon, De vita contemplativa 1–2: *perì tō̃n theōrían aspasaménōn … 'ē dè proaíresis tō̃n philosóphōn euthùs emphaínetai dià tē̃s prosrhḗseōs· therapeutaì kaì therapeutrídes etúmōs kaloũntai, ḗtoi paróson iatrikḕn epaggéllontai kreíssona tē̃s katà póleis – 'ē mèn gàr sṓmata therapeúei mónon, ekeínē dè kaì psuchàs nósois kekratēménas chalepaĩs te kaì dusiátois, 'às egkatéskēpsan 'ēdonaì kaì epithumíai kaì lũpai kaì phóboi pleonexíai te kaì aphrosúnai kaì adikíai kaì tò tō̃n állōn pathō̃n kaì kakiō̃n anḗnuton plē̃thos – ḕ paróson ek phúseōs kaì tō̃n 'ierō̃n nómōn epaideúthēsan therapeúein tò ón, 'ò kaì agathoũ kreĩttón esti kaì 'enòs eilikrinésteron kaì monádos archegonṓteron.*

stand,[66] nicht. Moses, die Verkörperung des Propheten, Tugendfreundes, Gottsehers und Weisen, »glaubt, nicht die Mäßigung in den Leidenschaften, sondern die vollständige Leidenschaftslosigkeit liebend, die Gemütswallung gänzlich aus der Seele herausschneiden und abschlagen zu müssen.«[67] Diese nämlich sei frevelhaftes Produkt der streitsüchtigen und rechthaberischen Seele.[68] Durch ihre Beseitigung entstände Güte (*'íleōn*),[69] durch die Beseitigung des kriegerischen Seelenteils herrsche zukünftig Frieden in ihr.[70] »Das nämlich

---

[66] Zur skeptischen Metriopathie cf. Sextos Empeirikos, Pyrrhoneion Hypotyposeon 1.25; 1.30; 3.235–236; idem, Adversus Mathematicos 11.162. Nach Ploutarchos, Adversus Colotem (Moralia) 1119C, trugen Stilpon's Lehren seinem Vaterland, seinen Freunden und den Königen, die ihm gewogen waren, Ehre ein wegen seiner »… Hochherzigkeit [erhabenen Denkungsart/Edelmut] zusammen mit Sanftmut [Gelassenheit, Milde] und maßvollem Empfinden [gemäßigter Leidenschaft/Nachsicht/Nachgiebigkeit]« (… *phrónēma tē̃j psuchē̃j metà praótētos kaì metriopatheías*). Zur Sanftmut (*praótēs*) und zum zutiefst heiteren Leben (*'ilarṓtata zē̃n*) desselben auch idem, De tranquillitate animi (Moralia) 468A. Idem, Demetrius (Vitae) 9.5 (893): »der den Ruhm/Ruf eines ruhigen/stillen Mannes hatte, der gewissermaßen in Stille [Ruhe/Stilleschweigen/Frieden/Einsamkeit/Zufriedenheit] dahinlebte« (*dóxan échontos andròs 'ējrēménou pōs en 'ēsuchíaj katabiō̃nai*). Die Ungestörtheit oder Unbelästigtheit (*aochlēsía*) als oberstes Gut der Megariker stellt E. Zeller, Die Philosophie der Griechen in ihrer geschichtlichen Entwicklung 2.1.234[4], unter Berufung auf Alexander Aphrodisias, De anima 103, a, u., heraus. Cf. o. c. 2.1.211[1]: »Sein Charakter … wird als ruhig, schlicht, sanft, standhaft, offen, edel und uneigennützig gerühmt«. O. c. 2.1.234–235, unter Berufung auf Seneca, Epistulae 9.1 (im Kapitel 1.1.2 bereits zitiert): »Für das höchste Gut erklärte er jene Apathie, die kein Gefühl des Uebels aufkommen lässt. Er verlangte, dass der Weise sich selbst genüge, … … Die Unabhängigkeit von allem Aeussern, die Bedürfnisslosigkeit des Weisen, dieser oberste Grundsatz des Cynismus, ist sein Ideal.«

[67] Philon, Legum allegoriae 3.129: *'ólon tòn thumòn ektémnein kaì apokóptein oíetai deĩn tē̃s psuchē̃s, ou metriopátheian allà sunólōs apátheian agapō̃n.* Zur naturnotwendigen Bedürfnisbefriedigung des vollkommen Weisen cf. o. c. 3.147–148. J. Dillon, The Golden Chain, VIII, *Metriopatheia* and *Apatheia:* Some Reflections on a Controversy in Later Greek Ethics, p. 515, wirft Philon ein falsches Verständnis der stoischen Apathie, Metriopathie und Eupathie vor: »Offensichtlich faßt Philon hier *apatheia* als wahrhaft yogisches Ideal auf und mißversteht die Bedeutung der großen Debatte gänzlich.« Eine Einschränkung der Kritik gibt der Verfasser o. c. VIII, p. 517[10]. Leider scheint er das, was im Yoga gelehrt wird, vollkommen mißzuverstehen, oder eher, worauf wir schon anläßlich seiner diesbezüglichen Bemerkung zur Stoa hinwiesen, überhaupt nicht zu kennen. Zur Eupathie bei Philon cf. o. c. X, Philo and the Stoic Doctrine of ΕΥΠΑΘΕΙΑΙ. A Note on Quaes Gen 2.57, pp. 17–24.

[68] Cf. Philon, Legum allegoriae 3.131: *tē̃s oũn eristikē̃s kaì philoneíkou psuchē̃s plēmmelès génnēma.*

[69] Cf. Philon, Legum allegoriae 3.128.

[70] Cf. Philon, Legum allegoriae 3.130: *'ína toũ polemikoũ mérous ektmēthéntos eirḗnēn tò loipòn ágēj.* Zu Streit und Frieden diesbezüglich auch idem, De ebrietate 76, 97–108.

ist der edelste Anteil, der dem Weisen von Gott gewährt wurde: die Leidenschaften abhauen zu vermögen. Du siehst, wie der Vollendete immer die vollendete Apathie ausübt.«[71] »Denn in Wahrheit wird der von der Gottheit errettet, der von den Leidenschaften abfällt und hinter deren Kraft zurückbleibt [oder: deren Kraft ermangelt].«[72]

In der hier benutzten Terminologie des Abfallens, Zurückbleibens und Ermangelns bringt Philon genau das zum Ausdruck, was mit dem Begriff der ἐποχή bezeichnet sein soll. Zwar führt er das »Fallen nach hinten«[73] auf Moses zurück (1 Mos. 49, 16–18), der seiner Meinung nach die griechische Philosophie schon vorweggenommen hat,[74] worum es sich tatsächlich handelt, wird uns etwas später mitgeteilt. Der Sturz nach hinten ist nach dem Text des ‹Alten Testaments› das Rückwärtsfallen eines Reiters. Der Reiter habe aber die Aufgabe, das Pferd zu zügeln (*damázein tòn ʻíppon*)[75], wie eben der Logos (die Vernunft), der als Verbündeter im Kampf gegen das Pathos einspringt, ʻdamit er wie ein Wagenlenker dessen übermäßiges Ungestüm in Zaum halteʼ[76].

Damit sind wir in der Symbolik, wenn auch über eine abenteuerliche Rabulistik, bei der platonischen (dazu später mehr) und stoisch-skeptischen Zügelung angelangt. Vernünftige Erwägung, heißt es in der ‹Tugendschrift› des Alexandriners, »vernünftige Erwägung nämlich wird die Begierde zurückhalten und bewirken, daß in ihr kein Übermut vorhanden ist«[77]. Und im Buch ‹Über den Dekalog› wird die Warnung ausgesprochen, daß die Leidenschaften den Menschen vollkommen überschwemmten, wenn nicht »die der Phi-

---

[71] Philon, Legum allegoriae 3.131: *moĩran gàr ʻo theòs éneimen arístē tõj sophõj tò ektémnein tà páthē dúnasthai. ʻorãjs põs ʻo téleios teleían apátheian aieì meletãj.*

[72] Philon, Legum allegoriae 2.101: *óntōs gàr ʻupò theoũ sṓjzetai ʻo apopíptōn tõn pathõn kaì ʻusterízōn tẽs energeías autõn.*

[73] Philon, Legum allegoriae 2.101: *tò katópin ptõma.*

[74] Nachweise dazu bei F. H. Colson, Index, in: F. H. Colson & G. H. Whitaker (edd./trr.), Philo in ten Volumes 10.385. Cf. A. Halder & M. Müller, Philosophisches Wörterbuch, s.v. Philon: »die Lehre der griech. Philosophen findet er schon in den 5 Büchern Mose vorweggenommen.«

[75] Cf. Philon, Legum allegoriae 2.104.

[76] Cf. Philon, Legum allegoriae 3.134; Text innerhalb einfacher Anführung: *ʻínʼ ʻoũtos ʻēnióchou trópon epistomízēj tẽn epì pléon autõn phorán.* Cf. o.c. 1.72–73, wo das Platonische *logistikón*, der vernünftige Seelenteil, als Lenker der durch zwei Rosse versinnbildlichten darunter befindlichen Seelenteile bezeichnet wird.

[77] Philon, De virtutibus 113: *logismòs gàr pedẽsei tẽn epithumían oudèn ʻubristikòn eásas autẽn exergásasthai.*

losophie gemäße Vernunft nach Art eines guten Arztes die Begierde in ihrem Strömen an-/aufhielte«[78].

Nach Philon's eigenem Eingeständnis sind diese Funktionsbestimmungen der Vernunft nicht nur Ergebnis theoretischer Erwägungen, nein, so, wie er sie ganz abstrakt beschreibt, hat er sie angeblich auch erlebt. »Der Logos [Vernunft] nämlich wird dem Andrang und Ungestüm der Leidenschaft den Zaum anlegen und ihn an die Kandare nehmen. Ich jedenfalls weiß das aus häufiger Erfahrung.«[79] Zwar kann man aus Philon's Schriften nicht mit Eindeutigkeit ableiten, ob die Apathie wirklich mit dem Telos des Weisheitsliebenden zusammenfällt. Einerseits ist dem so, denn sie ist »das Schönste«,[80] und 'wenn die Leidenschaftslosigkeit die Seele beherrscht, ist sie vollkommen glücklich';[81] andererseits jedoch nicht, weil 'nämlich die Vernichtung und das Fliehen der Leidenschaft ein Gut ist, aber kein vollendetes; das Finden der Weisheit ist aber ein überschwenglich/transzendent Gutes'.[82] Sollte man hierin einen offensichtlichen Widerspruch entdecken? Ausgeschlossen ist das bei den Darlegungen Philon's, die merkliche Inkonsistenzen aufweisen, nicht, doch müssen wir hierüber keine Entscheidung treffen, sondern wollen mit einer Darstellung einiger seiner essentiellen synoptischen Gedanken, die in unverkennbarer Verwandtschaft zur stoischen, skeptischen oder mystischen Ephektik stehen, unseren Bericht über die Lehre

---

[78] Cf. Philon, De Decalogo 150; wörtlich zitierter Text: *lógos 'o katà philosophían iatroũ díkēn agathoũ 'réousan tèn epithumían epíschoi;* meine Sperrung zur Hervorhebung des ἐπέχειν = ἐπίσχειν. Allein hieraus geht hervor, daß bei Philon auch terminologisch mit ἐποχή mehr als nur *Urteils*enthaltung im Sinne einer rein theoretisch-abstrakten Kategorie gemeint ist.

[79] Philon, Legum allegoriae 3.155: *epistomieĩ gàr 'o lógos kaì egchalinõsei tèn 'rúmēn kaì phoràn toũ páthous. egõ goũn autò pollákis pathõn oĩda·*

[80] Cf. Philon, Legum allegoriae 2.100: *allà katópin meínēj, apátheian, tò kálliston, karpõsetai.*

[81] Cf. Philon, Legum allegoriae 2.102: *eàn gàr apátheia katáschēj tèn psuchḗn, teléōs eudaimonḗsei.* In idem, Quod deterius potiori insidiari soleat 46, wird Isaak als das einzig leidenschaftslose Wesen in der Schöpfung hingestellt und damit über die anderen Erzväter gestellt. Es wurde bereits erwähnt, daß Clemens Alexandrinus den Gnostiker als vollkommenen Apathiker ansah; daß die Perfektion in der Apathie nach ihm erst nachtodlich eintreten kann, ist allerdings zur Kenntnis zu nehmen.

[82] Cf. Philon, De somniis 2.270: *gàr 'ē mèn toũ páthous phthorà kaì metanástasis agathón, all' ou téleion agathón· 'ē dè sophías 'eúresis 'uperbállon kalón·* Dem entspricht, daß in idem, Quis rerum divinarum heres sit 249, 257–266, bei den vier Arten der Ekstasen die vorletzte, Ruhe und Stille des Geistes, noch von der vierten, Gotterfüllung und Gottergriffenheit der Prophetenseele, überragt wird.

dieser äußerst wichtigen Persönlichkeit der Antike an der Nahtstelle zwischen Philosophie und Religion beschließen.

Was gezieme sich nun für die Diener des allein Weisen, die selbst weise sein wollen? Von ihrem Verstand das abzuhauen, was dem Fleisch verwandt und befreundet ist, sich von all dem, welchem Entstehen zukommt, abzuwenden und das alles feindschaftlich und in größter Gegnerschaft anzugreifen.[83] Dabei müssen wir im allegorischen Schriftverständnis Philon's zunächst den ›Bruder‹ töten (*apoktenoũmen*); nicht etwa den leiblichen, sondern den mit der Seele verbrüderten Leib (*tò psuchẽs adelphòn sõma*), das Leidenschaftsliebende und Sterbliche (*tò philopathès kaì thnētòn*). Dann den ›Nahestehenden‹; nicht einen lebendigen Menschen, sondern den der Seele sowohl vertrauten als auch feindseligen (*kaì oikeĩos kaì dusmenẽs*) Reigen und Schwarm der Sinnlichkeit (*tòn ⟨aisthẽseōn⟩ chiròn kaì thíason*), welcher sie ködert und Netze legt, damit sie vom Anströmen der Wahrnehmungsgegenstände überschwemmt (*'ína toĩs epirréousin aisthētoĩs katakluzoménē*), nie mehr zum Himmel emportauche und die geistigen und gottähnlichen Wesen begrüße. Schlußendlich den ›Allernächsten‹.[84] »Dem Verstand am allernächsten ist die sich (sprachlich) äußernde Verständigkeit [Logos], die mit Plausiblem, Wahrscheinlichem und Glaubhaftem falsche Meinungen einflößt, um sein vorzüglichstes Vermögen zu vernichten, die Wahrheit. Warum ihn, diesen verruchten Sophisten, also nicht abwehren und zum verdienten Tod verurteilen, Stilleschweigen – denn Stilleschweigen ist der Tod des Logos –, damit er nicht länger Sophistereien treibe und die Vernunft mitgeschleppt werde, sondern völlig losgelöst von den Lüsten des ›Bruders‹ Körper, von den Zaubereien des ›Nahestehenden‹, der benachbarten Sinnesempfindungen, von den Sophistereien des ›Allernächsten‹, des Logos, frei, ungebunden, gelassen und ungehindert auf alles geistig Vernehmbare zu werfen?«[85]

---

[83] Cf. Philon, De ebrietate 69, wörtlich zitierter Text: *oikeĩa kaì phíla tẽj sarkì apokóptousi tẽs dianoías 'eautõn … pántōn 'ósa génesin eílēchen allotrioũsthai kaì pãsin 'ōs echthroĩs kaì dusmenestátois prosphéresthai.*

[84] Cf. Philon, De ebrietate 69–70.

[85] Philon, De ebrietate 70–71, Übersetzung frei nach M. Adler ⟨tr.⟩, Werkausgabe 5.31: *'o d' eggutátō dianoías 'o katà prophorán esti lógos, eulógois kaì eikósi kaì pithanótēsi dóxas pseudeĩs entitheìs ep' oléthrōj toũ kratístou ktẽmatos, alētheías. dià tí oũn ouchì kaì toũton sophistẽn ónta kaì miaròn amunoúmetha tòn 'armóttonta autõj katapsēphisámenoi thánaton, 'ēsuchían – lógou gàr 'ēsuchía thánatos –, 'ína mēkét' ensophisteúontos 'o noũs methélkētai, dúnētai d' apēllagménos pántōs tõn katà tò ›adel-*

Es scheint nicht nur uns aufgefallen zu sein, daß die Stille und das Schweigen, welche hier gefordert sind, in Entsprechung stehen zur ἐποχή, als zum Über-Sinnlichen gewandte Form der skeptischen Enthaltung, sozusagen. »Wie die Erkenntnis, die der Mensch aus sich selbst gewinnen kann, gering und unsicher ist und daher die skeptische ἐποχή (Zurückhaltung jeglichen Urteils) Voraussetzung der wahren Erkenntnis ist, so wird hier, wohl in Anlehnung an Mysterienbrauch, Schweigen als Voraussetzung für die Schau der geistigen Wesen gefordert.«[86]

Zu diesem Passus aus der ‹Trunkenheitsschrift› gibt es in der Abhandlung ‹Über die Flucht und das Finden› eine Parallele, die nicht nur den gleichen Gedanken vorträgt, sondern sich fast derselben Terminologie bedient. Dort vernehmen wir, daß das Beste in uns nur dann ein Diener des Besten des Seienden werden könne, wenn sich der Mensch zuerst zur (bloßen) Seele auflöse,[87] nachdem er ihren ›Bruder‹ Leib mitsamt den Begierden (*epithumiō̃n*) abgeschlagen und losgehauen hat; wenn die Seele das dem Logistikon, dem vernünftigen Seelenteil ›Nahestehende‹ (*plēsíon*), das Alogiston, abwirft, und dann das der vernünftigen Erwägung (*toũ logismoũ*) ›Allernächste‹, die sich äußernde Verständigkeit (*tòn prophorikòn lógon*), damit der, der um des Einsehens willen ist [der innere Logos/*noũs*], allein übrigbleibe, des Körpers, der Sinnlichkeit und der sich (sprachlich) äußernden Verständigkeit entblößt, dann wird die-

---

phòn‹ sō̃ma ʻēdonō̃n, tō̃n katà tàs ›plēsíon‹ kaì agchithúrous aisthḗseis goēteiō̃n, tō̃n katà tòn ›éggista‹ lógon sophisteiō̃n eleútheros kaì áphetos eatheìs katharō̃s toĩs noētoĩs ʻápasin epibállein;. Erläuterungen zum »Logos« werden infra noch gegeben.

[86] M. Adler, Anmerkung zu: Über die Trunkenheit, in: Philo von Alexandria. Die Werke in deutscher Übertragung 5.31[1]. Cf. J. Schroeter, Plutarchs Stellung zur Skepsis, p. 52: Das »Schauen der Gottheit ... ist .. für Plutarch wie für Philon erreichbar. Philon fordert, dass man den Leib, die sinnliche Wahrnehmung und die Rede verlassen, die Sonne des Bewusstseins untergehen und eine ›Art Wahnsinn‹ den Menschen ergreifen müsse. Die Offenbarung bei Plutarch vollzieht sich unter Ausschluss der Sinne und Vernunft und ist ein Wahnsinn, der von der Gottheit stammt. Beide Philosophen lehren, dass das eigene Denken und die Leidenschaften zurücktreten müssen, wenn der göttliche Geist den Menschen bewegen solle ... Fassen wir die Ergebnisse ... zusammen, so finden wir, dass für Plutarch wie für Philon die Skepsis die Grundlage der Offenbarung bildet und dass bei ihm wie bei Philon eine gewisse Abhängigkeit zwischen dem skeptisch verwerteten Heraklitismus und der Offenbarung hinsichtlich der Unerkennbarkeit der wechselnden Erscheinungen und des Gegensatzes von Sinnenwelt und Gott besteht.« (mit Stellenverweisen auf die Originalschriften).

[87] Cf. Philon, De fuga et inventione 90–91: *toũ tō̃n óntōn arístou tò en ʻēmĩn autoĩs áriston, prō̃ton mèn ei analutheíē ʻo ánthrōpos eis psuchḗn, ...*

ser (d. h. der innewohnende Logos oder Intellect), allein/einsam lebend, das Allein⟨seiend⟩e lauter und unbeirrbar liebkosen/verehren.[88]

Da es sich bei dem von der Stoa übernommenen *prophorikòs lógos*, der sich äußernden Verständigkeit, welche dort wie hier vom *endiáthetos lógos*, der innewohnenden Vernunft, abgehoben und zur Sinnlichkeit hin ausgerichtet ist, nicht lediglich um ein Vermögen des Aussprechens (und Aufschreibens) vollzogener Gedanken handeln kann, sondern, wie aus dem Tenor der Philonischen Spekulationen, mit schwerwiegenden Bedenken ob ihrer Undeutlichkeiten, Uneindeutigkeiten und Unvereinbarkeiten allerdings, gefolgert werden muß, um das Vermögen diskursiven Denkens in Begriffen überhaupt, bedeutet die Stillstellung und das Abstreifen dieser kognitiven Funktion selbstverständlich das Aufhören allen weltbezogen-verstandesmäßigen Urteilens und Erkennens.[89]

Und weil Philon ausdrücklich auch willensspezifische und gefühlsmäßige Momente miteinbezieht, darf man hier von einer Beschreibung mystischer Vollzüge sprechen, die den Menschen in seiner Gesamtheit umfassen, wenn man auch nicht mit Sicherheit sagen kann, ob in ihr die Möglichkeit eingeräumt ist, daß deren Ausübung über den Ideenhimmel[90] extravaganter Vernunftvernehmungen, intellektueller Intuitionen, süßlicher Visionen sowie schwelgerischer

---

[88] Cf. Philon, De fuga et inventione 90–92, wörtlich zitierter Text: *'ín' 'o katà diánoian apoleiphthẽj mónos, érēmos sṓmatos, érēmos aisthḗseōs, érēmos gegōnoũ lógoũ prophorãs· apoleiphtheìs gàr, tẽj katà tèn mónōsin diaítēj chrṓmenos, tò mónon* ⟨*òn*⟩ *katharõs kaì amethélktōs aspásetai.* Ähnlich in idem, De migratione Abrahami 2–15. Zum Einfachwerden um der Einung mit dem Einen willen gilt Analoges, cf. idem, De migratione Abrahami 153, 158; abgeschwächt auch in idem, De gigantibus 52; idem, Quod deus sit immutabilis 82–85.

[89] Es ist zuzugeben, daß der sich ausdrückende Logos nach den Stoischen Vorgaben und vielen Textstellen bei Philon tatsächlich nur die Äußerung von bereits Gedachtem zu bezeichnen scheint. Dies ist allerdings mit dem Tatbestand zu konfrontieren, daß das Philonische Denken (*dianoéomai/diánoia*) meist im Sinne der Ideen*schau* prophetischer Theoria aufzufassen ist. Zur Verdeutlichung der Unterscheidung zwischen dem in der Ein(fach)heit beruhenden göttlichen, internen, absolut zuverlässigen (*echurṓtaton*) Logos und dem menschlichen, sich äußernden, in Zwiefalt und Mischung befangenen, und damit unsicheren (*ou bébaion*) Logos, cf. Philon, De gigantibus 52; idem, Quod deus sit immutabilis 82–85. Zum Unterschied von sinnlich wahrnehmbarem Logos und übersinnlichem Vernehmen und 'Denken'/Einsehen gemäß wahrer Weisheit, die der trügerischen Sophistik entgegengesetzt ist, cf. idem, Quod deterius potiori insidiari soleat 38–40.

[90] Zu den Ideen cf. insbesondere Philon, De specialibus legibus 1.47–49.

Verzückungen und überschwenglicher Entrückungen hinausführt. Erst wenn die Sonne unseres Urteilens/Verstandes (*logismós*), die uns selbst gedankliches Licht durch das Begreifen/Erfassen schenkt, dem Untergang entgegengeht, beim Untergang der Denkkraft und der Finsternis (des Sinnlichen) um sie herum, erstrahlt das göttliche Licht, entsteht die Gottbegeisterung und es überfällt uns die vierte und höchste Art von Ekstasen (Aus-stand/Außer-sich-Sein).[91]

»Das Endziel des Weges aber ist die Gnosis und Gotterkenntnis.«[92] Dabei handelt sich jedoch um ein bloßes Gewahren des Leeren, denn der Gottseher sieht »nicht, was Gott ist …, sondern daß er ist«[93]. »Das Daßsein aber ist der zu begreifende Name der Existenz«[94] des göttlichen Wesens. Die göttliche Wesensschau selbst bleibt den Menschen in letzter Hinsicht vorenthalten. Ähnlich der Problematik der Ideenschau und ihrer möglichen Transzendierung ist auch im Hinblick auf die spezielle Darstellung des letztmöglichen Wissens in Form der Daß- oder Leervision nicht eindeutig auszumachen, wie weit es reicht und inwieweit es nur eine theoretische Einsicht des euphemistisch gerne »rein«, »höher« oder »mystisch« genannten Denkens, vergleichbar der *visio intellectualis* eines Nikolaus von Kues, der sogenannten intellektuellen Anschauung eines Johann Gottlieb Fichte (1762–1814) oder Friedrich Wilhelm Joseph von Schelling, oder des Transzendierens, der Erhellung des Umgreifenden im scheiternden Denken bei Karl Jaspers, beschreibt, und es damit sein Bewenden hat.

Erschwerend für das Verständnis kommt noch hinzu, daß es auch in den genannten, wie in manch anderen Passus, an Eindeutigkeit und Trennschärfe beim Gebrauch der Kognitionsbegriffe, die für mittelbares, innerweltliches Erkennen und solche, die für direkte,

---

[91] Cf. Philon, Quis rerum divinarum heres sit 263–265: *'óper gàr en 'ēmīn logismós, toũto en kósmōj 'ḗlios, epeidḕ phōsphoreĩ 'ekáteros, 'o mèn tõj pantì phéggos aisthētòn ekpémpōn, 'o dè 'ēmīn autoĩs tàs noētàs dià tõn katalḗpseōn augás. … epeidàn dè pròs dusmàs génētai, … 'ótan mèn gàr phõs tò theĩon epilámpsēj, dúetai tò anthrṓpinon, 'ótan d' ekeĩno dúētai, toũt' aníschei kaì anatéllei. … dià toũto 'ē dúsis toũ logismoũ kaì tò perì autòn skótos ékstasin kaì theophórēton manían egénnēse.*

[92] Philon, Quod deus sit immutabilis 143: *tò dè térma tẽs 'odoũ gnõsís esti kaì epistḗmē theoũ.*

[93] Philon, De praemiis et poenis, de exsecrationibus 44: *'orõn theón, ouch 'oĩós estin 'o theós …, all' 'óti éstin;* cf. o. c. 39–40; idem, De specialibus legibus 1.36–44; idem, Quod deus sit immutabilis 62.

[94] Cf. Philon, De praemiis et poenis, de exsecrationibus 40: *tò d' 'óti éstin, 'upárxeōs ónoma katalēptòn ón.*

überweltliche, sprich, Gotterkenntnis stehen, mangelt.[95] Je geringer man indessen die Möglichkeit einschätzte, mit der Philon die unvermittelte Gottesschau einräumt, desto unerklärlicher wäre es, warum er im Stile indischer Yogatechniken auffordert, sich von allen Sinneseindrücken, allem Sichtbaren und dessen Vorstellung (*tò phanèn aisthētón*), sowie den sich damit beschäftigenden mentalen Funktionen der Erinnerung (*'upomimnḗskesthai*), Vergegenwärtigung/(Zurück-)Meldung (*anaggéllein*) und Wiedererwägung (*anapoleĩn*) abzukoppeln, damit das auf das Wahrnehmbare bezogene Überlegen (*aisthētòs logismós*), indem es seiner Inhalte beraubt ist, zum Stillstand kommt und den *noũs*/Intellect nicht in die Unfreiheit der Schöpfung verstrickt, sondern ihn entfliehen läßt aus der durch die Gewalt der Leidenschaften überschwemmten Sinnenwelt.[96]

Wenn »das Schönste in der Natur eher das ist, was gesehen wird, als das, was besessen/erworben wird«[97], dann müßte dies analog für die Natur des Geistigen doch bedeuten, daß der Seher von allen Besitzansprüchen, auch denen des Be-greifens, Abstand nimmt. »Man versteht durch diese Passage, wie man gleichzeitig die Möglichkeit der Gottesschau aufrechterhalten und sie beschreiben, und trotzdem mit der Insistenz eines Karneades und analogen Argumenten daran festhalten kann, daß Gott unbegreiflich ist.«[98]

»Der Schauende aber ist der Weise«[99]. War Philon dann ein Weiser, da ihm doch Schauungen zuteil geworden sind, und er von einer Verzückung berichtet, in der er nichts Sinnliches mehr erkannte, nicht einmal sich selbst, und von einer Eingebung, einem Lichtgenuß, einer hellsichtigen Schau und überdeutlichen Klarheit der Dinge,[100] welche er dadurch erfuhr? Jedenfalls wird der Aufstiegsweg

---

[95] Dabei handelt es sich um Begriffe des Bedeutungsfeldes Verstand, Verständigkeit, Denken, Denkvermögen, Ratio, Überlegen, Intellect, Einsicht, Vernunft, Geist etc. So muß in jedem einzelnen Kontext eigens erschlossen werden, ob die jeweiligen Termini: *diánoia – noũs, logismós – lógos* oder Verbformen davon im immanenten, Unwahrheit und Schein, oder im transzendenten, Wahrheit und Weisheit repräsentierenden Sinne zu verstehen sind. Trotz der Schwierigkeiten dabei hätte man eine konsequente Desambiguierung durch die Übersetzungssprache wagen können, doch wäre dies u. E. philologisch fahrlässig und textverfälschend gewesen.

[96] Cf. Philon, Legum allegoriae 3.17 sqq.

[97] Philon, De migratione Abrahami 46: *tà kállista tõn en tẽj phúsei 'oratà mãllón estin ḕ ktētá·*

[98] É. Bréhier, Les idées philosophiques et religieuses de Philon d'Alexandrie, p. 203.

[99] Philon, De migratione Abrahami 38: *'o dè 'orõn estin 'o sophós·*

[100] Cf. Philon, De migratione Abrahami 35: *oxuderkestátēn ópsin … enárgeian tõn*

zur Theoria und Gnosis von ihm als ein Stufenweg beschrieben vom Sinnlichen und Affektbegleiteten zum Intelligiblen, so richtig nach dem Stratifikationsmodell der Seele bei Platon.[101] In der Weise, wie er die drei hierarchisch geschichteten Teile von einer vierten Einheit, der Tugend, durchwalten läßt,[102] so gestaltet er seinen Aufstieg zu Gott in vier Graden. Neben dem Übergang des Intellects/*noũs* von Unbildung und Unvernunft zu Bildung und Weisheit, von Unmäßigkeit und Zügellosigkeit zu Geduld und Besonnenheit, von Furcht und Feigheit zu Tapferkeit und Vertrauen und von Habsucht und Ungerechtigkeit zu Gerechtigkeit und Gleichmut (*isótēta*) gibt es einen Weg der Seele hinauf vom Körper zu den Sinnen, von den Sinnen zum Geist, und was das Intelligieren angeht, so besteht sein Schritt, der Schritt auf die vierte Stufe, darin, nicht mit sich selbst beschäftigt zu sein, sondern prophetischen Seelen nachzueifern und sie nachzuahmen.[103] »Nach QE. I, 4, existieren vier spirituelle Paschafeste. Die letzte Etappe besteht darin, aus der Vernunft ›herauszutreten‹, d.h. ihre Grenzen zu ermessen, den intellektuellen τῦφος abzuwerfen und die prophetischen Seelen zu imitieren.«[104] Wer diese Stufe erreicht hat, erfreut sich der Unumnebeltheit, des Freiseins von leerem Wähnen und Meinen und eines hellsichtigen Durchblicks, geboren aus geistiger Luzidität: der Atyphie. »Denn die zur Schau Strebenden und nach dem Anblick des Unkörperlichen Verlangenden pflegen, da sie sich ja um Geistesklarheit (*atuphías*) bemühen, sehr weit vom Körperlichen wegzuziehen.«[105] Hierin stellt sich Philon in

---

pragmátōn aridēlotátēn. Man beachte die Doppelseitigkeit der Ungetrübtheit und Transparenz: auf der ›subjektiven‹ Seite des Erkennens bzw. Erkenners sowie auf der ›objektiven‹ Seite des Erkannten. Dem sind wir bereits in früheren Kapiteln begegnet und werden ihm in späteren wieder begegnen.

[101] Cf. Philon, De congressu eruditionis gratia 106–107; idem, De specialibus legibus 4.92–95.

[102] Cf. Philon, Legum allegoriae 1.71–72.

[103] Cf. Philon, Quaestiones et solutiones in Exodum 1.4, ⟨tr.⟩ R. Marcus, Supplement II, p. 11. Demselben Schema folgt die in diesem Kapitel ausführlich vorgestellte Argumentation von idem, De fuga et inventione 91–92; idem, De ebrietate 69–71; idem, De migratione Abrahami 2–15. Die Viergliederung ist gezwungen auch zu lesen aus idem, Quaestiones et solutiones in Genesin 1.4, ⟨tr.⟩ R. Marcus, Supplement I, pp. 3–4. Es wäre zu prüfen, ob nicht die vier Arten von Ekstasen, cf. idem, Quis rerum divinarum heres sit 249–266, wenigstens formal, analog gestuft sind.

[104] V. Nikiprowetzky, Le commentaire de l'Écriture chez Philon d'Alexandrie, p. 209[59].

[105] Philon, De ebrietate 124: *epeì toĩs te philotheámosi kaì tà asṓmata 'orãn glichoménois, 'áte atuphías oũsin askētaĩs, porrōtátō toũ sṓmatos éthos dioikízesthai.* Daß die *atuphía*, Gegenbegriff zu *tũphos*, eine Selbstverständlichkeit der Philonischen

eine Reihe mit den zum Äußersten entschlossenen Weisheitssuchern: Sokrates, die Kyniker, Stoiker, Skeptiker u. s. w. »Nicht bevor man sein absolutes Nichts ermißt, wird man sich seines τῦφος des Herzens und Geistes entledigen und zum Licht der ἀτυφία vordringen, ohne die es nicht an der möglichen Erkenntnis teilhat. Diese Tatsache genügt, das Vorhandensein zahlreicher Texte von skeptischem Anschein in den Schriften Philons, deren Gesamt eine vollkommene ›Reinigung‹ darstellt, zu erklären.«[106]

Diese Katharsis entspricht einem Höhenflug des Intellects, durch den der Wahrheitssucher scheinbar dort ankommt, von wo er abgehoben hatte, dem Schwarzwerden und Drehen vor Augen (*skotodiniãn*). Anfänglich wurde der geistige Blick angesichts der Kontrarietät, Disparität und Anomalie des Seienden getrübt; die Philonischen Gedankengänge diesbezüglich wurden oben nachgezeichnet. Wer das in gegenseitiger Abhängigkeit Konstituierte anschaut, sieht ob seiner inneren Seinslosigkeit nichts als Schwärze, Spiralen und Kringel. Jetzt, am Gipfel der Himmelserstürmung, wird er durch die Blendwirkung der Lichtflut bei der Schau der oppositionslosen, sichselbstgleichen und allesdurchherrschenden Gottheit fast blind. Wer in die Sonne des vollkommen unabhängigen, absoluten Seins schaut, sieht ob des Gleißens des ungetrübten und ungebrochenen Lichts des Überguten nichts als Dunkelheit, Sternchen und Funkenwirbel.[107] Mit den Gegensätzen fällt nun augenscheinlich auch der Gegensatz der Gegensätze zusammen. »Wenn er [der Nous] auf festen Flügeln/Schwingen sowohl die Lüfte als auch die Vorgänge in ihnen beobachtet hat, wird er höher in den Äther und die Kreisbahnen des Himmels getragen, dreht sich im Reigen der Planeten und Fixsterne nach den Melodien vollkommener Musik, der Liebe zur Weisheit Folge leistend, die den Weg weist, und über alles sinnlich Seiende hinwegsehend trachtet er alsdann nach dem Intelligiblen [geistig Erkennbaren]. Und während er überschwengliche Schönheiten des dortigen gewahrt, indem er die Urbilder und Ideen des hier Wahrnehmbaren

---

Philosophie darstellt und darin in vielfachen Bedeutungsnuancen zu finden ist, dokumentieren F. H. Colson, Appendix to De virtutibus, in: F. H. Colson & G. H. Whitaker ⟨edd./trr.⟩, Philo in ten Volumes 8.440–441; P. Courcelle, Opvscvla selecta, pp. 332–342.

106 V. Nikiprowetzky, Le commentaire de l'Écriture chez Philon d'Alexandrie, p. 185.

107 Das Bild von der Verfinsterung des Blicks durch das Schauen in die Helligkeit der Sonne selbst zieht sich durch alle Philosophietraditionen von den Anfängen bis zur neueren Zeit. Es ist deshalb weder möglich noch erforderlich, dies durch Stellenverweise zu dokumentieren.

geschaut hat, von einer nüchternen Trunkenheit ergriffen wie die korybantisch in Verzückung Rasenden, erfüllt von einem anderen Verlangen und von einer edleren Sehnsucht, durch die er hinaufgehoben wird bis zur äußersten Kuppel [sc. dem Zenit oder Empyreum] des Intelligiblen [geistig Erkennbaren], scheint er dem Großen König selbst entgegengeschleudert zu werden. Während er aber danach trachtet zu sehen, strömen pure und ungetrübte Strahlen gebündelten Lichts hervor wie Sturzbäche, sodaß dem Auge des Verstandes von diesem Glitzerregen schwarz und schwindlig wird.«[108]

Nach dieser Himmelfahrt ist der philonische Weise, genau wie der demokriteische, platonische, skeptische, stoische, epikureische, manch christlicher und wer weiß, welch Weiser sonst noch, der Erde

---

[108] Philon, De opificio mundi 70–71: *kaì pálin ptēnòs artheís kaì tòn aéra kaì tà toútou pathḗmata kataskepsámenos anōtérō phéretai pròs aithéra kaì tàs ouranoũ periódous, planḗtōn te kaì aplanõn choreíais sumperipolētheìs katà toùs mousikẽs teleías nómous, 'epómenos érōti sophías podēgetoũnti, pãsan tèn aisthētèn ousían 'uperkúpsas, entaũtha ephíetai tẽs noētẽs· kaì 'õn eĩden entaũtha aisthētõn en ekeínēj tà paradeígmata kaì tàs idéas theasámenos, 'uperbállonta kállē, méthēj nēphalíōj kataschetheìs 'ṓsper 'oi korubantiõntes enthousiãj, 'etérou gemistheìs 'imérou kaì póthou beltíonos, 'uph' 'oũ pròs tèn ákran 'apsĩda parapemphtheìs tõn noētõn ep' autòn iénai dokeĩ tòn mégan basiléa· glichoménou d' ideĩn, athróou phōtòs ákratoi kaì amigeĩs augaì cheimárrou trópon ekchéontai, 'ōs taĩs marmarugaĩs tò tẽs dianoías ómma skotodiniãn.* Cf. idem, De plantatione 20–27. Hinsichtlich der absoluten Einswerdung mit der Gottheit in der Schau ist Philon nicht eindeutig. Fast alle Stellen in seinem Werk lassen nur auf eine Annäherung schließen (cf. Philon, De posteritate Caini 18–21; idem, De specialibus legibus 1.36–50; idem, Quaestiones et solutiones in Exodum 2.28, ⟨tr.⟩ R. Marcus, Supplement II, pp. 68–69). Nach Philon, De somniis 2.230–236, ist und bleibt der Weise ein Mittelwesen zwischen Gott und Mensch, weder das eine noch das andere, eine Kopie des Platonischen Eros, Daimonion's und Philosophen aus dem Symposion 201d-204d, mit dem feinen Unterschied allerdings, daß sowohl in Platon, Symposion 204a, als auch in idem, Lysis 218a-b, vielleicht auch in idem, Phaidros 247c-249d (contra: o.c. 278d) & idem, Phaidon 78b-84b & idem, Epistulae 341b-d, die volle Weisheitsfähigkeit des Weisheitsliebenden ins Auge gefaßt wird. Auf die dabei relevante ›Mystik‹ bei Platon werden wir im Kapitel 4.1.2 noch zu sprechen kommen (mit Literaturangaben). Hinsichtlich der Theoria/Schauung weisen die meisten Stellen in Philon's Œuvre – sollten sie nicht nur enthusiastische Umschreibungen des Endpunkts biederen Verstandesgebrauchs à la ›intellectuale Anschauung‹ der deutschen Idealisten sein – auf eine Bilderschau, die den Einheitsmystikern nicht nur nichts bedeutet, sondern für sie ein Hindernis auf dem steilen Weg zum Gipfel der Henosis darstellt. Wenn in Philon, De migratione Abrahami 129, ausgesprochen wird, daß sich die Werke des Weisen von den Gottesworten nicht unterscheiden (*tà érga toũ sophoũ lógōn adiaphoreĩn theíōn*), dann reicht das im Gegensatz dazu schon sehr nahe an die Unifikations- oder Nullifikationsmystik heran, heißt es doch in idem, Legum allegoriae 3.207, daß für die Unvollkommenen Gott der Logos, nicht die Physis (Wesen), für die Weisen und Vollkommenen der Gott aber das höchste Wesen selbst ist.

und den Wesen, die sie trägt und erträgt, wieder ganz nahe, erfüllt allerdings von engelhaften Tugenden: Bescheidenheit, Gelassenheit, Gleichmut, Sanftmut[109] – und Heiterkeit, »der Meeres- oder aber Windstille« des Geistes oder Gemüts.[110]

---

[109] Stellen zur *prajótēs* und *'ēmerótēs* bei Philon in G. Mayer, Index Philoneus, p. 242 & pp. 135–136; L. Cohn & P. Wendland, Philonis Alexandrini opera quae supersunt VII.2.677 & VII.2.351–352.

[110] Cf. Philon, De posteritate Caini 22: *galḗnēs dè ē nēnemías;* cf. idem, De sacrificiis Abelis et Caini 16 (mit Note des Übersetzers, Werkausgabe 3.220[1], zu stoischen und epikureischen Parallelen); idem, De somniis 2.166, 2.229; idem, Quod deus sit immutabilis 26; idem, De gigantibus 51–52 & Indices unter den Wortarten der jeweiligen Begriffe. Schon Demokritos (460–370) erblickte nach Diogenes Laërtios, De vitis dogmatis ... 9.45, in der Heiterkeit und Meeres-/Windstille des Gemüts die Vollendung. Präzisierend wies er darauf hin, daß diese nicht mit Lust oder Leidenschaft gleichzusetzen sei, wie einige fälschlicherweise meinten, sondern ein Zustand sei, in welchem die Seele meeres-/windstill und feststehend/ruhig verweilt, von keiner Furcht, keinem Aberglauben oder irgendeinem anderen Affekt erschüttert/verwirrt. Er gibt ihm neben vielen anderen den Namen Wohlbefinden/Glückseligkeit (*télos d' eĩnai tḕn euthumían, ou tḕn autḕn oũsan tē̃j 'ēdonē̃j, 'ōs énioi parakoúsantes exedéxanto, allà kath' 'ḕn galēnō̃s kaì eustathō̃s 'ē psuchḕ diágei, 'upò mēdenòs tarattoménē phóbou ḕ deisidaimonías ḕ állou tinòs páthous. kaleĩ d' autḕn kaì euestṑ kaì polloĩs állois onómasi.*). A. Goedekkemeyer, Geschichte des griechischen Skeptizismus, p. 8[8], führte die *galḗnē* des Pyrrhon über Demokrit hinaus auf Homer (Od. V 382; XII 169) zurück, und insistierte darauf, daß sie »nicht so sehr die Ruhe als gerade die Heiterkeit bezeichnen soll«. Eine sehr erbauliche Anweisung zum Leben in Seelenruhe und Heiterkeit (*euthumía*) gibt der Pythagoreer Hipparchos (Lebensdaten unbekannt) in seinem Traktat ‹Über die Heiterkeit› (Περὶ εὐθυμίας), das heute im Wirkungskreis des Demokritos angesiedelt wird, cf. Demokritos, H. Diels & W. Kranz, Die Fragmente der Vorsokratiker 2.228.21–230.7, Imitation, Fragment C7 = ⟨tr.⟩ K. S. Guthrie, The Pythagorean Sourcebook and Library, pp. 247–248. Das gleiche gilt für drei Gedichte aus Anicius Manlius Torquatus Severinus Boëthius' (ca. 480–524) ‹Tröstung der Philosophie›, cf. Boëthius, Consolatio philosophiae 1.4.c, 1.7.c, 3.5.c, pp. 12.1/14.18; 38.1/40.31; 112.1–10. Zur Heiterkeit und inneren Windstille (*eudía*) bei Protagoras cf. H. Diels & W. Kranz, Die Fragmente der Vorsokratiker 2.268.6–8, Fragment B9. Bei Platon, Symposion 197b-c, schafft (*poiō̃n*) Eros, die (perfekte, göttliche) Liebe, alles Gute (*pánt' agathà*) und Frieden (*eirḗnēn*) unter Göttern und Menschen, Meeres- und Windstille (*pelágei dè galḗnēn, nēnemían anémōn*) sowie Ruhe und Schlaf dem Leiden (*koítēn 'úpnon t' enì kḗdei*). Cf. M. F. Smith, Three Textual Notes on Lucretius, p. 265: »Die Epikureer verglichen den im Frieden und Aufruhr befindlichen Geist gerne mit ruhigem und stürmischem Wasser und Wetter, Cf., z. B. Epic., Ep. ad Hdt. 83, wo πρὸς γαληνισμόν = 'um Geistesruhe zu erlangen', und Ep. ad Men. 128 λύεται πᾶς ὁ τῆς ψυχῆς χειμών [legt sich der ganze Sturm der Seele]; tatsächlich ist ἀταραξία selbst vermutlich eine Metapher, die von ruhigem Wasser und Wetter hergeleitet ist.« Zur skeptischen Meeres- und Windstille cf. Sextos Empeirikos, Pyrrhoneion Hypotyposeon 1.10; idem, Adversus Mathematicos 11.141; Diogenes Laërtios, De vitis dogmatis ... 9.68. Allgemein zur *galḗnē*: Ploutarchos, De virtute et vitio (Moralia) 101B; idem, De tranquillitate animi (Moralia) 476A (man

2.2 Urteilsaussetzung dubitativ – am Rande profaner Agnosie

2.2.1 Die alte Epochē gerät ins Wanken

Irgendwie mußte es in der Natur des Skeptizismus liegen, daß er dazu benutzt werden konnte, die Menschen in Zweifel und den Irrationalismus zu stürzen, vom Urteilen abzuhalten und zum Glauben zu bewegen, obwohl zunächst in beiden seiner Schulrichtungen vom Zweifel, wenigstens ausdrücklich, so gut wie nie die Rede war. Bei den Akademikern scheint der Zweifel sowieso ausgeschlossen, sie

---

beachte den Titel dieser kleinen Abhandlung: ‹*Perì euthumías*›, Über die Heiterkeit/Gemütsruhe). Aus der Textstelle idem, Consolatio ad uxorem (Moralia) 610A-B, geht hervor, daß *eudía* mit *galḗnē* und beide mit dem Sich-Legen/Sich-Glätten und Zerfließen (*amblúnetai, chalãtai, diachéetai*) der Wellen/Wogen (*kũma*) identifiziert werden. Nachweise zur Wind- und Meeresstille des Gemüts qua *galḗnē, nēnemía* und *eudía* bei Plutarch in D. Wyttenbach, Lexicon Plutarcheum, p. 339; p. 1068; p. 701. Bei weiteren Denkern: M. T. Cicero, Tusculanae disputationes 5.VI.16; Marcus Aurelius, In se ipsum 7.28, 7.33, 8.28, 12.22. Stellenverzeichnis zur Windstille bei Klemens von Alexandrien im Wort- und Sachregister ⟨ed.⟩ O. Stählin, Clemens Alexandrinus 4.302. Vgl. Proklos, In Platonis Theologiam libri VI, ⟨edd./trr.⟩ H. D. Saffrey & L. G. Westerink, 2.56.27; 2.65.2, wobei in der Spekulation Proklos' die gotterfüllte Windstille des Gemüts oder Geistes (*noerà/éntheos galḗnē*) mitsamt ihren Äquivalenten, dem mystischen Hafen (*mustikòs 'órmos*) oder der Stille (*sigḗ*) etc. dem Bereich des *noũs*/Intellects zugerechnet wird, welcher zwar dem Einen (*'én*) nahekommt, jedoch noch nicht an es heranreicht, da dieses, was durchaus konsequent ist, unaussprechlicher als das Stilleschweigen sei (*sigẽs arrētóteron*, cf. o. c. 2.65.13) und als jenseits von Tätigkeit, Stille und Ruhe befindlich (*epékeina òn kaì energeías kaì sigẽs kaì 'ēsuchías*) zu denken sei, cf. Proklos, In Platonis Parmenidem, coll. 1170.39–1171.16, mit Note der Übersetzer zu Proklos, In Platonis Parmenidem, ⟨trr.⟩ G. R. Morrow & J. M. Dillon, p. 522[31]; Proklos, Parmenides usque ad finem primae hypothesis nec non Procli commentarium in Parmenidem, p. 46.30–33. Der Einsicht von Proklos analog ordnet Vasubandhu, Triṃśikā–Vijñaptimātratāsiddhi 4, die Empfindung des Gleichmuts oder der Gelassenheit (*upekṣā*) dem Speicherbewußtsein (*ālaya-vijñāna*) zu, das im Vijñānavāda eine dem Intellect des Neuplatonismus vergleichbare Funktion innehat. Steht hinter der Zuordnung von Leidenschaftslosigkeit, Sanftmut und der tugendhaften Mitte zum Logos, wie sie, wie bereits gezeigt, durch Maximus Confessor vorgenommen wurde, ein vergleichbarer Gedanke?

wurden von ihren späteren pyrrhonischen Kollegen sogar als Negativ-Dogmatiker abgetan. Für Sextos wurde im Philon-Kapitel schon angedeutet, daß Ausdrücke des alltäglichen Sprachgebrauchs für Zweifel, zumindest in Anwendung auf seine zentralen Lehrinhalte und im Kontext seiner Devisen oder Mottos (*phōnaí*), nicht vorkommen bzw. keine Relevanz besitzen.[1]

Zwar soll bereits Ainesidemos, Vater des Neupyrrhonismus, im Anschluß an seinen Vorwurf an die Akademischen Skeptiker, über vieles zu dogmatisieren (*perì pollõn dogmatízousin*) und bisweilen mit den stoischen Meinungen übereinzustimmen, ja als Stoiker im Streit mit Stoikern zu erscheinen, berichtet haben, jene hätten gesagt, daß nur über die begreifbare Vorstellung zu streiten/zweifeln (*diamphisbēteĩn*) sei, und betreffs des Begreifbaren gefragt haben, wie es, während man dies hier als wahr, das dort als falsch erkannt hat, möglich sei, noch in der Aporie/Klemme zu stecken und zu zweifeln (*diaporeĩn kaì distásai*),[2] doch ist ein nicht zu unterschätzender Impuls zur Umdeutung des Skeptizismus in eine Zweifellehre auch von denjenigen ausgegangen, die die Lehren der vermeintlich negativ-dogmatischen Mittleren Akademie entweder selbst teilweise vertraten oder sich mit ihnen auseinandersetzten, so bei Cicero.

Einerseits vereinnahmt er deren Skeptizismus, indem er sich, wie wir bereits hörten, von den Dogmatikern ganz allgemein in der Form absetzt, daß er diesen abspricht, an ihren Wahrheitsbehauptungen zu zweifeln[3] bzw. sie fragt: »Oder gibt es etwa irgendeine Behauptung, die man entweder mißbilligen oder billigen, nicht aber

[1] Cf. K. Janáček, Sextvs Empiricvs, Vol. 4: Indices, unter den verschiedenen griechischen Wörtern für Zweifel(n). Der Gebrauch von *amphisbētéō* (mit Abkömmlingen) = bestreiten, bezweifeln und *distázō* = zweifeln ist nachzuweisen.

[2] Cf. Photios, Bibliotheca, Cod. 212 (170ᵃ14–33): *diamphisbēteĩn dé phasi perì mónēs tẽs katalēptikẽs phantasías … katalēptá … epeì põs 'oĩón te ginṓskonta tóde mèn eĩnai alēthès tóde dè pseũdos éti diaporeĩn kaì distásai.* Die Zuverlässigkeit dieser Quelle (eine skizzenhafte Zusammenfassung von Ainesidemos' ‹Πυρρώνειοι λόγοι› durch den belesenen Photios, Patriarch von Byzanz/Konstantinopel im 9. Jh.) ist, gerade was die Wortwahl angeht, schwer einzuschätzen, da der reine Bericht von der Paraphrase und den Bemerkungen wie Polemiken des Berichterstatters nicht immer klar zu unterscheiden ist, cf. dazu K. Janáček, Zur Interpretation des Photios-Abschnittes über Ainesidemos.

[3] Cf. M. T. Cicero, Academica 2. (Lucullus) III.8: *illi non dubitant quin ea vera sint quae defendunt.* Cicero's Eingeständnis von Zweifel (*dubitans*) und Selbstmißtrauen (*mihi ipse diffidens*) hinsichtlich seiner generellen Unsicherheit und der speziellen bezüglich des Wahrsagens findet sich in M. T. Cicero, De divinatione 2.III.8.

bezweifeln kann?«[4] Andererseits tut er deren Vertreter ganz einfach nur ab; ein Wortstreit mit ihnen nehme einen unentschiedenen/unbestimmten Ausgang, behaupteten sie doch nichts und zögen es vor, an der Erkenntnis des Bestimmten [Gewissen/Unzweifelhaften] verzweifelt, dem zu folgen, was auch immer wahr-scheinlich schiene.[5]

Polybios (201–120) schon wirft den Akademikern vor, daß sie sich, um diejenigen, gegen welche [mit welchen] sie sowohl über klar erfaßbare/verständliche als auch über unfaßbare/unverständliche Meinungen diskutierten, in die Enge/Ausweglosigkeit zu treiben, solch paradoxer Redensarten bedienten und mit [in/mit] solchen Überredungen durchkämen [erfolgreich wären], daß sie in die Aporie/Verlegenheit darüber gerieten, ob es möglich wäre, in Ephesos gekochte Eier in Athen zu riechen, oder zweifelten (*distázein*), ob sie etwa während der Zeit, in der sie dies in der Akademie durchsprächen, nicht im Wachen, sondern im Traume, zu Hause schlafend, diese Reden hielten, und wegen dieses Exzesses der Paradoxrederei die ganze Sekte/Schule [der Philosophen] in Verruf brächten, so daß auch das echt Undurchdringliche/Unlösbare von den Leuten für unglaublich gehalten würde.[6] Und Seneca meint: »Man kann mit So-

---

[4] M. T. Cicero, Academica 2. (Lucullus) XXXIII.107: *An est aliquid quod positum vel improbare vel adprobare possit, dubitare non possit?* Nach demselbem Muster ordnet Nicolaus Cusanus seine Ausdrucksweisen (*modi*) des Einen an. Alle Philosophen und Theologen versuchten allein dieses Eine (*unum*) auszudrücken. Wenn dies auch auf gegensätzliche und unvereinbare Weise geschah – vom einen behauptend, vom anderen verneinend, vom nächsten zweifelnd (*hic affirmative, hic negative, hic dubie*) – so suchte ein jeder doch nur das unerreichbar über aller Gegensätzlichkeit liegende Eine zu erklären. Indem der zweifelnde Modus (*dubia*) als »weder negierend noch affirmierend« (*neque negans neque affirmans*) definiert wird, cf. N. Cusanus, De filiatione Dei 5, PTS 2.636, verrät sich das Schema der Modi wenigstens der Form nach als Stoisches Trilemma. Den Ciceronischen Faden aufgenommen und weitergesponnen hat M. de Montaigne, Les Essais 2.12.227.25-28/OC, p. 483 = GS 3.308/⟨tr.⟩ J. D. Tietz, 2.151.

[5] Cf. M. T. Cicero, De finibus bonorum et malorum 2.XIV.43: *nam cum Academicis incerta luctatio est, qui nihil affirmant et quasi desperata cognitione certi id sequi volunt quodcumque veri simile videatur.* G. Gawlick, Die Funktion des Skeptizismus in der frühen Neuzeit, p. 94, stellt einen Zusammenhang zwischen Cicero's Akademischem Skeptizismus und dessen Fideismus in ‹De natura deorum› (III.5–6) her. Über Gawlicks Argumentation hinaus ist hier folgender verräterischer Satz aus dem Original zu zitieren, cf. M. T. Cicero, De natura deorum 3.IV.10: »Du führst all diese Argumente, warum die Götter sind, an und machst meines Erachtens eine äußerst wenig zweifelhafte Sache durch das Argumentieren zweifelhaft.« (*Adfers haec omnia argumenta cur di sint, remque mea sententia minime dubiam argumentando dubiam facis.*).

[6] Cf. Polybios, Historiae 12.26^{c}2–3, ⟨ed./tr.⟩ W. R. Paton, 4.396: *kaì gàr ekeínōn tinès boulómenoi perí te tō̃n prophanō̃s katalēptō̃n eĩnai dokoúntōn kaì perì tō̃n akatalēptōn*

krates disputieren, zweifeln (*dubitare*) mit Karneades, mit Epikur ruhig [still/schweigsam] sein, die menschliche Natur mit den Stoikern besiegen, mit den Kynikern das Maß [die Grenze] überschreiten.«[7]

Mit der Unterstellung des Zweifelns hatte man im antiskeptischen Kampf nun aber eine Waffe zur Hand, die wegen ihrer einfachen Anwendbarkeit und ihrer Durchschlagskraft bis heute zum Arsenal jederzeit verfügbaren Kriegsgeräts wider das skeptische Monstrum gehört. Dazu drei Beispiele aus drei Zeitaltern, die die ungebrochene Tradition dieser Strategie dokumentieren. In der Antike schmettert schon Klemens von Alexandrien mit ihrer Hilfe die Urteilsenthaltung nieder. »Wenn man aber auch für strittig/zweifelhaft erklärt, das Wahre nicht zu kennen, gibt man eben damit zu, daß das Wahre erkennbar ist, womit man die Urteilsenthaltung (*epochḕn*) diesbezüglich anscheinend nicht bestätigt.«[8]

Im Mittelalter wurde sie von John of Salisbury (ca. 1125–1180) aufgegriffen, um zu zeigen, daß die Ratio dessen, der von nichts überzeugt ist, ja immer und in allen Meinungen unsicher/flüchtig hin

eis aporían ágein toùs prosdialegoménous toiaútais chrõntai paradoxologíais kaì toiaútas euporoũsi pithanótētas 'ōste diaporeĩn ei dunatón esti toùs en Athḗnais óntas osphraínesthai tõn 'epsoménōn ōjõn en Ephésōj kaì distázein mḗ põs, kath' 'òn kairòn en Akadēmeíaj dialégontai perì toútōn, ouch 'úpar, all' ónar en oíkōj katakeímenoi toútous diatíthentai toùs lógous. ex 'õn dià tḕn 'uperbolḕn tẽs paradoxologías eis diabolḕn ẽchasi tḕn 'ólēn 'aíresin, 'ōste kaì tà kalõs aporoúmena parà toĩs anthrṓpois eis apistían ẽchthai. Man achte bitte auf die Wortwahl dieses Passus, die sehr an den Peripatos erinnert: *aporeĩn – di-aporeĩn* (verstärktes *aporeĩn*) – *eu-poreĩn;* diesen beigeordnet das Zweifeln: *distázein* (zu diesem Komplex kommen wir gleich). Unsere Übersetzung der drei Begriffe orientiert sich ganz bewußt an der Grundbedeutung von *póros:* Durchweg, Durchgang, Ausweg, Furt, *per, porta,* ›Pore‹.

[7] L. A. Seneca, De brevitate vitae 14.2, zitiert nach H. J. Mette, Weitere Akademiker heute (Fortsetzung von Lustrum 26, 7–94): Von Lakydes bis zu Kleitomachos, p. 106, Fragment F13a: *disputare cum Socrate licet, dubitare cum Carneade, cum Epicuro quiescere, hominis naturam cum Stoicis vincere, cum Cynicis excedere.*

[8] Clemens Alexandrinus, Stromata 8.5.16.1, zitiert nach K. Hülser, Die Fragmente zur Dialektik der Stoiker 1.386, Fragment 359: *ei dè kaì toũto amphisbētḗsimon ereĩ tò agnoeĩn talēthés, en autõj toútōj dídōsin eĩnai tò alēthès gnṓrimon, en 'õj tḕn perì autoũ epochḕn phaínetai mḕ bebaiõn.* Ganz allgemein 'widerlegt' Klemens die ἐποχή, indem er erklärt, daß, wenn sie sage, es gebe nichts Fest(stehend)es/Sicheres (*bébaion*), sie, wenn sie von sich selbst ausginge, zuerst sich selbst abschaffte (*akurṓsei*), und er wendet ein, daß sie zunächst nicht an anderem, sondern an sich selbst ausgeübt werden müsse, cf. o.c. 8.5.15.1–8.5.16.3 = K. Hülser, Die Fragmente zur Dialektik der Stoiker 1.384/386, Fragment 359, wobei der Skeptiker m. E. wohl nur an der Reihenfolge, nicht an der Selbstanwendung Anstoß genommen hätte.

und her (sch)wankt, in der Tat leer/eitel ist.[9] »Wenn nun aber der Akademiker über einzelnes [eins nach dem anderen] zweifelt, ist er über nichts sicher, es sei denn, er hält auch dieses selbst für unsicher, ob er über Gegensätzliches in ein und derselben Hinsicht sowohl im Zweifel als auch sicher sein kann. Aber ob er nicht zweifelt, hält er für unsicher, solange er dieses selbst nicht weiß, ob er nicht weiß.«[10]

Und nicht minder überwältigend bringt J. G. Fichte damit in der Neuzeit die skeptizistische Zweifelei zur Strecke. »Scepticimus ist der Zweifel, ob die Vernunft wohl aus sich selbst erklärt werden könne; wer diesen Zweifel hat, der kann nicht leugnen, daß er nicht gehoben werden könne.«[11]

2.2.2 Nicht eher Unentschiedenheit als Entscheidungsverhaltung oder das Dilemma des Sextos Empeirikos

In der Tat leugnen die späten, selbsternannten Jünger Pyrrhon's auch gar nicht, daß die Wahrheit gefunden werden könne, sie sind nach ihren eigenen Worten ja Späher, Umherschauende, Frager, Forscher, Untersucher und Sucher. Sagt Sextos doch, indem er sich von denen, die vorgeben, das Wahre gefunden zu haben (Aristoteles, Epikur, die Stoiker u. a.), und denjenigen, welche es für unerkennbar halten (gewisse Akademiker), den vermeintlichen positiven wie negativen

---

[9] Cf. Joannes Saresberiensis, Policraticus 7.2, ⟨ed.⟩ C. C. I. Webb, 2.97.14–16 (639c) ≈ Opera omnia 4.86: *Et profecto inanis est ratio hominis cui nichil persuaderi potest quin semper et in omnibus opinionum lubrico uacillet.*

[10] Joannes Saresberiensis, Policraticus 7.2, ⟨ed.⟩ C. C. I. Webb, 2.96.8–12 (639a) ≈ Opera omnia 4.85: *Porro, si de singulis Achademicus dubitat, de nullo certus est; nisi forte et hoc ipsum incertum habeat an contrariis existentibus in eodem circa idem posset et dubius et certus esse. Sed an dubitet incertum habet, dum hoc ipsum nescit an nesciat.* Diese verwickelte Gedankenführung erscheint wie eine Mischung aus der gerade zitierten von Clemens Alexandrinus und der von Lucretius, De rerum natura 4.469–470: »Mit einem Wort, wenn einer meint, nichts zu wissen, weiß er auch nicht, ob er das wissen könne, nachdem/da er [ja] wahr-sagt, nichts zu wissen.« (*Denique nil sciri siquis putat, id quoque nescit an sciri possit, quoniam nil scire fatetur.*) Der Ausgangssatz der Polemik von John of Salisbury dürfte in der Ciceronisch ausgedeuteten Akademischen Widerlegung des Stoischen Kriteriums zu suchen sein, cf. M. T. Cicero, Academica 2. (Lucullus) XXVI.84: »und wenn [auch nur] eine Ähnlichkeit getäuscht hat, [dann] hat das alles zweifelhaft gemacht« (*et si una fefellerit similitudo, dubia omnia reddiderit*); cf. o. c. XXXII.101.

[11] J. G. Fichte, Gesamtausgabe (Sigle: GA) 4.1.194.25–27 (Vorlesung über Logik und Metaphysik, SS 1797).

Dogmatikern also, distanziert, in aller Deutlichkeit: »die Skeptiker«, sprich Pyrrhoneer, »sind aber immer noch auf der Suche«.[12] Dieses Eingeständnis in die induktive Methode des Forschens in Verbindung mit dem gleichlaufend versicherten subjektiven Agnostizismus – suchen impliziert augenscheinlich, noch nicht gefunden zu haben – stellt aber eine Selbsteinschätzung Sextos' dar, die mit seiner aporetischen Methode, welche jeden einzelnen (dogmatischen) Lehrstandpunkt und alle zusammen in die logische Unhaltbarkeit zu überführen weiß, nicht vereinbar ist.[13]

---

[12] Cf. Sextos Empeirikos, Pyrrhoneion Hypotyposeon 1.3: *'oi dè éti zētoũsin … zētoũsi dè 'oi skeptikoí*; cf. o. c. 1.7; Aulus Gellius, Noctes Atticae 11.V.1–4; Diogenes Laërtios, De vitis dogmatis … 9.69–70; Suidas, s. v. Πυρρώνειοι, in F. Decleva Caizzi, Pirrone Testimonianze, pp. 48–49, Fragment 39A-B.

[13] Cf. Sextos Empeirikos, Pyrrhoneion Hypotyposeon 1.26; 1.191; 1.194–96; 1.198–199; 1.201; 1.213–214; 2.19. Darauf wäre mit J. G. Fichte, GA 2.4.233.22–234.7 (Vorlesungen über Platners Aphorismen Teil 1) = Fichtes Werke, ⟨ed.⟩ I. H. Fichte (Sigle: SW), 9.171, zu antworten: »Das habe ich nicht gefunden, weder in mir, noch in der Meinungswelt, die ich umschift habe, – mithin *ist* es nicht: *keiner* findet es. – . Was ist das für ein Schluß. – . Noch deutlicher. *Nihil scitur.* Aussage einer Thatsache, die nur durch Selbstbewußtseyn gefunden seyn kann: also equidem nihil scio: was wahr seyn kann: aber nicht das mindeste Interesse hat. – Sollte der Satz wissenschaftl. ausgedrükt seyn, so müste er heißen nihil sciri potest. – Genetische Ableitung der Nothwendigkeit des Nichtwissens. was – noch andere innere Widersprüche, die diesen Satz drüken, u. von denen ein andermal, abgerechnet – ein vollkommner Widerspruch ist. – . Ist Ausdruk der Wahrnehmung des eignen Zustandes: wobei 1.) das nicht seyn zum *Nichtkönnen* erhoben wird; was schon eine innere Schlechtigkeit u. Selbstwegwerfung, eine Niederträchtigkeit ist. 2.) ihr schon auf diese Weise erschlichnes zum Nichtkönnen des menschl. Geschlechts. … Hier – zum Masstabe des Wissens seine ärmliche Person. Also eben *gemein,* u. *unedel.* –« Cf. G. W. F. Hegel, Werke 2.249. Und dazu die berechtigte Forderung von J. G. Fichte, GA 1.8.282.14–20 (Die Grundzüge des Gegenwärtigen Zeitalters) = SW 7.113: »was aber das Begreifen selbst anbelangt, stellt die Vernunftwissenschaft als Grundsatz auf, daß schlechthin alles, und selber das Nichtbegreifen, als die Grenze des Begreifens und das einzig mögliche Unterpfand, daß das Begreifen erschöpft sey, begriffen werden müsse; und daß es zwar zu aller Zeit, und als den einzigen Träger der Zeit, ein dermalen Nichtbegriffenes, und nur als Nichtbegriffnes begriffene [SW: als nicht begriffen Begriffenes], – keinesweges aber jemals ein absolut Unbegreifliches, geben könne.« Cf. GA 1.8.284.4–5 = SW 7.115; GA 1.9.110.23–111.21 (Die Anweisung zum seeligen Leben, oder auch die Religionslehre) = SW 5.470–471; GA 2.6.228.28–229.12, 250.5–15 (Darstellung der Wissenschaftslehre aus den Jahren 1801/02) = SW 2.89–90, 106; GA 2.7.69.28–34* (Vorlesungen der W. L. Im Winter 1804. 1ste.); GA 2.7.339.30–340.7 (3ter Cours der W. L. 1804); GA 2.8.32/33.19–34/35.2, 52/53.27–58/59.27, 122/123.38–124/125.10, 142/143.26–146/147.11 (Die Wissenschaftslehre II. Vortrag im Jahre 1804) = SW 10.104–105, 114–118, 152; 162–163; GA 2.9.225.30–33 (4ter Vortrag der Wissenschaftslehre – Erlangen 1805). F. W. J. v. Schelling, Werke 3.361, meint: »Daß überhaupt ein Wissen möglich sey – nicht dieses oder jenes bestimmte, sondern irgend eines, wenigstens ein

»Im Kontext kann das sicherlich nicht heißen, daß der Skeptiker ›mit einer andauernden … Suche nach einer definitiven Antwort beschäftigt ist‹. Es heißt, daß der Skeptiker überhaupt keine Position behauptet …… der Skeptiker mit zurückgehaltenem/ausgesetztem Geist ist befreit von den Leidenschaften des Strebens und Meidens in allen Bereichen von Aktivität – und man könnte sich kaum einen tiefergreifenden Wandel im menschlichen Leben vorstellen.«[14] Ja schon, doch hat man Sextos meist nicht so verstanden, und mit einigem Grund. Denn in seinen Auslegungen und Umformungen frühantiker Skepsis, die der Traditionslinie des Ainesidemischen Neopyrrhonismus verpflichtet waren, finden sich bereits Formulierungen, die dem eudaimonistischen Zug der skeptischen Lebensform: daß der Vollendete aller Last entledigt sei, nicht voll entsprechen. Diejenigen, die die Skepsis für Zwecke ge- und mißbrauchen wollten, die ihrer eigentlichen (praktischen) Absicht fremd sind, brauchten diese Ausdrucksweisen nur aufzunehmen und gemäß den darin enthaltenen Andeutungen weiterzudenken, um bei dem anzulangen, was man heute sowohl innerhalb der philosophischen Gelehrtenwelt als auch im alltäglichen Sprachgebrauch mit dem Terminus der Skepsis, und indirekt mit der Epoché und der Geisteshaltung dessen, der sie pflegt, verknüpft: Bedenklichkeit, Skrupel, grüblerische Einstellung, Neigung zum Sinnieren, Fraglichkeit, Rat- und Hilflosigkeit, Standpunktlosigkeit, Vielleicht-vielleicht-auch-nicht-Einstellung, Mißtrauen, Pessimismus, Ungläubigkeit, Unwissenheit, Unsicherheit, Ungewißheit, Unentschlossenheit, Unschlüssigkeit,

---

Wissen des Nichtwissens, gibt selbst der Skeptiker zu.« Cf. N. Cusanus, Apologia doctae ignorantiae, PTS 1.542: »Daher bleibt allein das belehrte Nichtwissen oder die begreifbare Unbegreiflichkeit der ziemlich wahre Weg, um zu Ihm hinüberzusteigen.« (*Unde sola docta ignorantia seu comprehensibilis incomprehensibilitas verior via manet ad ipsum transcendendi.*).

[14] T. McEvilley, Pyrrhonism and Mādhyamika, p. 33[45]. Cf. J. L. Garfield, Epoche and Śūnyatā: Skepticism East and West, p. 290 mit p. 305[7]: »Den Glauben in dem Sinne zu suspendieren, den Sextus im Bewußtsein hat, heißt nicht, die Achseln in Unschlüssigkeit angesichts konkurrierender Behauptungen zu zucken. …… Die Prāsaṅgika-Auffassung ist ziemlich die gleiche.« Wie mir scheint, versteht der zitierte Verfasser die Suspension als Positionslosigkeit bei den westlichen Skeptikern und den Mahāyāna-Buddhisten viel zu oberflächlich, und zwar nur als Vermeidung »einer falschen oder irreführenden metaphysischen Voraussetzung. Sich des Urteils zu enthalten heißt daher, sich zu weigern, in einen fehlgeleiteten Diskurs einzutreten.« (o.c., pp. 290–291) Vom Stillstand des inneren Diskurses, der Alltagsvoraussetzungen (Dispositionen, Konditionierungen etc.), sprich, aller geistigen Funktionen, ist bei ihm überhaupt nicht die Rede.

Achselzucken, Verlegenheit, Perplexität, Konfusion, Zögerlichkeit, Zauderhaftigkeit, Unentschiedenheit, Ambivalenz, Schwebe, Wanken, Schwanken, Sich-nach-beiden-Seiten-Neigen, Fluktuation, Nutation, Oszillation, Hinundhergerissensein, (innere) Gespaltenheit, Zerrissenheit, Entzweiung, Zwiespalt, Zwiespältigkeit, Zweifel, Zweifelsucht, Zweifelmut, Zweifelsinn, Zweifelsqual und Verzweiflung.[15]

Ein wichtiger Schritt dorthin war in der speziellen Rolle vorgegeben, die der Diaphonie, dem Meinungsstreit und der Diskrepanz in den Lehren der Dogmatiker zugeschrieben wurde. Sextos und Diogenes Laërtios berichten, daß es Agrippa, der um die Zeitenwende lebte, unternommen hätte, die früheren zehn Tropen zur Urteilsenthaltung, von denen wenigstens acht auf der Sinnenebene angesiedelt sind, wodurch – bedingt durch die universelle Perspektivik der Wahrnehmung und Erfahrung – keine letztgültige Verifikation irgendeines Standpunktes beigebracht werden konnte, auf fünf zu reduzieren. Dabei fand insgesamt zwar eine Verschiebung zum ('transzendentalen') Geltungsbereich des Verstandes statt, doch vermischte er mit den vier logisch-dialektischen Argumenten des infiniten Regresses, der Relativität, der bloßen Unterstellung (Hypothese) und der Diallele (wechselseitiger Schluß, Zirkelschluß) ein rein epagogisches Argument, eben das der Diaphonie, der Nicht-Übereinstimmung bzw. des Widerstreits der Meinungen und Ansichten.[16] Dieser Bruch charakterisiert auch noch die zwei Tropen, die als Quintessenz der Destruktionsmethode am Ende einer vom systematischen Geist der Skeptiker zeu-

---

[15] Ausführliche philologische Informationen zum Zweifel bei J. & W. Grimm, Deutsches Wörterbuch 16.996–1035, s. v. »Zweifel« (und zugehörigen Wortformen).

[16] Cf. Sextos Empeirikos, Pyrrhoneion Hypotyposeon 1.164–177; Diogenes Laërtios, De vitis dogmatis … 9.88–89. Eine Übersicht zu den Tropen geben J. Annas & J. Barnes, The Modes of Scepticism. Mit einigen der in den zehn Tropen abgehandelten Wahrnehmungsanomalien, d. h. Besonderheiten und Unregelmäßigkeiten der Wahrnehmung, scheint auch Tertullianus, De anima 17.1–14, bekannt gewesen zu sein. Seine Hauptquelle skeptischer Lehrgehalte war vermutlich Soranos (um 100); ausführliche doxographische Angaben des Editors dazu in der Ausgabe von ⟨ed.⟩ J. H. Waszink, Tertullianus, De anima, pp. 24*, 30*, 38*, 236–253. Zum Unterschied des Leistungssinns der Tropen, d. h. der Skepsis von Ainesidemos auf der einen und Pyrrhon, Timon sowie Agrippa auf der anderen Seite cf. A. Goedeckemeyer, Geschichte des griechischen Skeptizismus, pp. 227, 241. Den bei Goedeckemeyer geäußerten Bewertungen dieser u. E. richtig festgehaltenen Tatbestände können wir jedoch in keiner Weise unsere Zustimmung erteilen. Es muß darauf hingewiesen werden, daß für das Verständnis der Lehre Ainesidemos' ganz besonders gilt, was wir in der nächsten Fußnote anläßlich des ›*ou māllon*‹ für den Pyrrhonismus im allgemeinen anmerkten.

genden Komprimierungsarbeit übrigblieben. Die Vereinigung von eristischen Figuren verschiedener Ebenen der Erkenntnishierarchie, der empirischen und der metempirischen, mußte Sextos aber sehr willkommen gewesen sein, um die Unentschiedenheits- oder Gleichgültigkeitshaltung des von ihm so verstandenen Dogmenlosen zu unterstreichen, ohne auf die dogmatische Entscheidungskraft oder (End-)Gültigkeit der skeptischen Antithetik verzichten zu müssen.

Ein Dialektiker vom Format des Empeirikos sollte es zumindest geahnt haben, daß der definitive Leistungssinn der metatheoretisch verfahrenden Aporetik mit der induktiven Ungeschlossenheit des Noch-nicht-Wissens unvereinbar sein mußte. Aus diesen Überlegungen heraus könnte erklärt werden, warum Sextos nun auch das Resultat seiner logisch-dialektischen Falschheitsbeweise (*reductio ad absurdum*), das Gleichgewicht oder die Gleichheit (*ísē, íson, isología*), Isosthenie bzw. Isokratie, die Gleichkräftigkeit, Gleichmächtigkeit oder Gleich-Gültigkeit der Argumente, vorwiegend in der positiven Unentschiedenheit des ›Sowohl-als-auch‹, der Balance im Ja, herausstellte,[17] was sich, um das noch zu erwähnen, bis in Kants Antinomienlehre hinein ausgewirkt haben dürfte.[18] Hätte er das Ergebnis seiner Analysis, seiner Auflösungsstrategie, als das ausgegeben, was es wirklich ist, ein Gleichstand im Negativen, das ›Weder-noch‹ eines beid- respektive allseitigen Mangels an Gewicht, eine

---

[17] Cf. Sextos Empeirikos, Pyrrhoneion Hypotyposeon 1.196. Die Stellen zu den einzelnen Bezeichnungen für die Gleich-Gültigkeit beim Empeirikos finden sich verzeichnet bei K. Janáček, Sextvs Empiricvs, Vol. 4: Indices. Zur Problematik der Gleich-Gültigkeit unter dem Aspekt der *ou(dèn)-mãllon*-Formel, deren genaue Deutung entscheidend ist für die Einschätzung des Pyrrhonismus, habe ich ausführlich Stellung genommen in H. P. Sturm, Weder Sein noch Nichtsein, pp. 323–340. Es dürfte nun kommentarlos einleuchten, daß Pyrrhon's ›*ou mãllon*‹ das im Kapitel 1.2.1 vorgestellt wurde, als ›weder-noch‹ zu lesen ist.

[18] Cf. I. Kant, Kritik der reinen Vernunft B 513–514/A 485–486, ⟨ed.⟩ W. Weischedel, 4.456: »Das ist der große Nutzen, den die skeptische Art hat, die Fragen zu behandeln, welche reine Vernunft an reine Vernunft tut, und wodurch man eines großen dogmatischen Wustes mit wenig Aufwand überhoben sein kann, um an dessen Statt eine nüchterne Kritik zu setzen, die, als ein wahres Katarktikon, den Wahn, zusamt seinem Gefolge, der Vielwisserei, glücklich abführen wird.« Zur antithetischen Kunstfertigkeit Kants muß allerdings folgende Einschränkung von P. E. More, Hellenistic Philosophies, p. 352, wiedergegeben werden: »Ich kann nicht sehen, wie … die berühmten Antinomien Kants der *isostheneia* von Sextus irgend etwas von Bedeutung hinzufügten; in der Tat behaupte ich, daß der Lorbeerkranz hinsichtlich Umfang und Gründlichkeit, wenn auch nicht betreffs schematischer Klarheit, eher dem antiken Sieger gegen die Dogmatiker gebührt.« Dazu auch H. P. Sturm, Weder Sein noch Nichtsein, pp. 64–79.

Gleich-Impotenz, Gleich-Schwächlichkeit, Gleich-Ohnmächtigkeit oder Gleich-Ungültigkeit nämlich, und seine eigene Einsicht ernst genommen, daß es gemäß der allgemeinen Form von Urteilen und Aussagen, d.h. der Mangel- oder Leerstruktur des Begreifens aufgrund der allumfassenden Bezüglichkeit, keine Möglichkeit gibt, dem Umsturz zu entrinnen[19] – nicht umsonst hielt er den Tropos der Relativität (*prós ti*) für den generellsten (*genikṓtaton*)[20] –, dann wäre sein ›Ich-weiß-(noch-)nicht‹, sein Bedenken, sein Forschen und seine Suche schnell zu Ende gewesen und er hätte wissentlich, oder vielmehr aus wissentlichem Nichtwissen, die ἐποχή vollziehen können.

Dieserart ist die Reduktionsmethode des Arkesilaos, d.h. der Akademiker, in ihrer äußersten Konsequenz zu verstehen, auch wenn sich ihre Definition im Wortlaut von der neupyrrhonischen eigent-

---

[19] Cf. J. G. Fichte, GA 3.4.370.15–21, Nr. 579 (Brief an G. E. A. Mehmel vom 22. 11. 1800): »Begreift er denn nicht, daß aller Skepticismus einen geheimen *Dogmatismus* voraussetzt; daß der Saz der W. L. *Es giebt kein Ding an sich* – mit Kant zu reden, gar kein *negativer*, sondern ein *unendlicher* Saz ist; der nur aussagt, daß da unsre Erkenntniß ganz zu Ende ist, und daß wir ohne offenbaren Widerspruch über jene Grenze hinaus mit unserm Denken weder positiv, noch negativ dogmatisch, noch skeptisch, gehen können?«

[20] Nach Sextos Empeirikos, Pyrrhoneion Hypotyposeon 1.39, ist der Tropos der Relativität allen anderen übergeordnet und umfaßt diese. Es ist wichtig zu betonen, daß sich dem Pyrrhoneer die Irrealität (*anuparxía*) kraft dessen darstellt, daß das aufeinander und auf den Wahrnehmenden Bezogene, das Relative also, nur Gedachtes, nicht Reales ist (*tà dè prós ti epinoeĩtai mónon, 'upárchei d' oú*), cf. Diogenes Laërtios, De vitis dogmatis … 9.97–98, und daß nach Sextos Empeirikos, Adversus Mathematicos 8.453–462; 9.208, ›Relativität‹ selbst als Begriff und Aufweis (*apódeixis*), wie alle *apódeixeis* (Aufweise) qua Gedachtes (Objektiviertes), ebenso relativ bzw. nicht ist (*oukéti dè kaì 'upárchei*). Dazu J. Grenier, Sextus et Nāgārjuna, p. 69. Dieses Schema der Argumentation ist praktisch identisch mit dem bei Nāgārjuna, Mūlamadhyamaka-Kārikā 24.18. Zur aporetischen Struktur des Wissens cf. Sextos Empeirikos, Pyrrhoneion Hypotyposeon 2.20: Der Meinungsstreit über das Kriterium; o.c. 1.178–179: Die zwei Tropen des Zurückhaltens; o.c. 1.39 & 1.135–140: Der Tropos der Relativität; o.c. 1.186: Wendung der vier ›logischen‹ aus Agrippa's fünf Tropen gegen die Ätiologen/Ursachenforscher. A. M. Frenkian, Der griechische Skeptizismus und die indische Philosophie, col. 238: »Nachdem unser Skeptiker die drei oder vier Möglichkeiten der Fragestellung [in einem *ou-mãllon*-Lemma] vorgeführt hat, hebt er sie eine nach der anderen mit großer Genugtuung auf …« Sextus' Argumentationen der angegebenen Passus erinnern mitunter, wenigstens ihrem Ansatz nach, an die logisch makellose *reductio ad absurdum* der *pramāṇa*'s, der gültigen Erkenntnismaßstäbe oder -kriterien bei Nāgārjuna, Vigrahavyāvartanī 30–51, ⟨edd.⟩ E. H. Johnston & A. Kunst, ⟨tr.⟩ K. Bhattacharya, The Dialectical Method of Nāgārjuna, insbesondere die Zusammenfassung o.c. 51, mit Bezug auf Nāgārjuna, Mūlamadhyamaka-Kārikā 1.1.

lich nicht unterscheidet. »... und nichts wäre schändlicher, als daß Zustimmung und Billigung/Anerkennung der Erkenntis und Erfassung/Wahr-nehmung vorhergingen. Er [Arkesilaos] handelte in Übereinstimmung mit dieser Einsicht, die meisten zu ihr hinführend, indem er gegen die Urteile aller argumentierte, damit, so bei ein und derselben Sache gleiche Beweggründe auf den entgegengesetzten Seiten gefunden würden, die Zustimmung auf beiden Seiten um so leichter zurückgehalten werden könnte.«[21]

Vor dem Hintergrund der Auslegungen von Sextos hingegen mußte das Ansichhalten als ein Akt blanker Willkür erscheinen. Tatsächlich versichert er uns mit dem Gleichnis von Apelles, dem Hofmaler Alexanders des Großen, dem es nicht gelingen mochte, auf seinem Kunstwerk den Schaum vor dem Maul eines Pferdes zu malen, und der deshalb den Schwamm, mit dem er die Farben von seinem Pinsel zu wischen pflegte, enttäuscht und verärgert auf das noch nicht vollendete Bild warf und auf diese Weise unabsichtlich durch den Abdruck des Schwammes den Maleffekt des Schaumes erzielte, daß die Noch-nicht-Skeptiker ihre Urteilsenthaltung nach erfolgloser Wahrheitssuche aus einer (unkontrollierten) Emotion oder Affektion heraus vollzogen, der Unzufriedenheit, nicht zustandezubringen (*mḕ dunēthéntes dè poiē̃sai*), was sie intendierten, und so wie durch Zufall (*'oĩon tuchikō̃s*) zu Ataraktikern wurden. Freilich lassen sich Eventualitäten nicht demonstrieren. Infolgedessen kann der Pyrrhoneer den Zusammenhang seiner ursprünglichen Absicht: zu philosophieren, um über die Vorstellungen zu urteilen und sie hinsichtlich ihres Wahr- und Falschseins zu begreifen bzw. über die Anomalie, die Inkongruenz von Erscheinendem und Gedachtem zu

---

[21] M. T. Cicero, Academica 1.XII.45 (meine Sperrung in der Übersetzung): *neque hoc quidquam esse turpius quam cognitioni et perceptioni adsensionem approbationemque praecurrere. Huic rationi quod erat consentaneum faciebat, ut contra omnium sententias disserens in eam plerosque deduceret, ut cum in eadem re paria contrariis in partibus momenta rationum invenirentur, facilius ab utraque parte adsensio sustineretur.* Cf. idem, Academica 2. (Lucullus) XXXIX.124, XLIII.133; Diogenes Laërtios, De vitis dogmatis ... 4.28; Eusebeios, Praeparatio evangelica 14.4.15 (726d), 14.5.14–14.6.3 (730a-d), 14.8.7 (738a). K. Gaiser, Philodems Academica, p. 543: »Den Bemerkungen zur Methode des Arkesilaos bei Diog. Laert. 4,28 (...) kann man entnehmen, daß ihm vor allem an den destruktiven ἀποφάϲειϲ [Negationen/Urteilen] gelegen war, und daß er diese durch die Aufdeckung von Widersprüchen zu erreichen suchte.« Cf. o.c., pp. 543–545; 266.12-16 (Originaltext mit Verweisen auf sachlich verwandte Stellen antiker Autoren).

entscheiden,[22] mit der von ihm behaupteten Zielerreichung nicht als zwingend erweisen. Sein dazu erforderliches Urteilskriterium, das er anfänglich unausgesprochen voraussetzte, um Ist- und Sollwert zu differenzieren, entweder indem durch das Meiden des Unzulänglichen dieses insgeheim am Zureichenden oder indem durch das Erstreben des Hinreichenden dieses implizit am Ungenügenden gemessen wurde, hat er ja weggeworfen – wie Apelles seinen Schwamm. Ihm selbst als unmittelbar Erfahrendem könnte das in der streng skeptischen Bedeutung egal sein, ist mit Vollzug der Urteilsenthaltung die Frage nach dem Erkenntnismaßstab doch sowieso sinnlos und überflüssig geworden.[23] Zur Schwierigkeit gerät es aber dem, deß Herz so voll der Einerleiheit darüber ist, daß ihm der Mund davon übergeht und er wie der Empeirikos damit nicht an sich halten kann. Es ist unübersehbar, daß die Verurteilung des neupyrrhonistischen Urteilens durch sich selbst zum Suizid in wesentlichen Zügen Ergebnis eines Schauprozesses ist. Bleibt nur zu hoffen, daß ausschließlich die (geistigen) Schergen der Unphilosophie zu überreden sein werden, dieses auch zu vollstrecken, eine philosophisch verantwortungsvolle (innere) Exekutive von diesem unbegründeten Richterspruch aber nicht zu überzeugen ist.

Die Induktionsproblematik ist jedoch nicht der einzige Sachverhalt, der die Umdeutungen der frühen Skepsis zu einer Zweifellehre, die im Neupyrrhonismus vonstatten gehen, prägt. Zu ihr gesellt sich die Tendenz zu psychologisieren. Diese findet ihren Ausdruck darin, daß der Gleichstand, die Unentschiedenheit in den Urteilen und Dingen, im Gedachten und Erscheinenden also, und der damit einhergehende Zustand subjektiven Empfindens, eine innere Entzweiung und Entscheidungshemmung, ähnlich dem Gefühlsnotstand in einer Double-bind-Situation, d. h. die Isosthenie (Gleichstand/Gleich-Gültigkeit), Adiaphorie (Ununterschiedenheit/Indifferenz) und Aporie (Undurchdringlichkeit/Nicht-Weiterkommen) der noetisch-noema-

[22] Die Erzählung des gesamten Mutationsvorgangs eines Dogmatikers zum Skeptiker findet man in Sextos Empeirikos, Pyrrhoneion Hypotyposeon 1.25–30: »Was das Ziel der Skepsis ist«, wörtlich zitierter Text, 1.26 & 1.29: *arxámenos gàr philosopheĩn 'upèr toũ tàs phantasías epikrĩnai kaì katalabeĩn tínes mén eisin alētheĩs tínes dè pseudeĩs, …*
… dià toũ tẽn anōmalían tõn phainoménōn te kaì nooum énōn epikrĩnai, …

[23] L. Hasler, Die skeptische Zerstörung der Esoterik, p. 40, erkennt den Neupyrrhonismus in dieser Hinsicht korrekt, verzerrt diesen in einer anderen durch seine hegelianistisch gefärbte Interpretation der ‹Hypotyposen› allerdings, indem er ihn ganz modernistisch als Rückzug in die autistische Privatheit des Subjekts erscheinen läßt.

tischen (kognitiven) und der pathetischen (affektiven) Ebene gleichsam ineinandergedeutet und in eins gesetzet wurden.[24]

Als Vorlage für diese Manipulation könnte die in der dialektisch-topischen Diskussionsmethode des Aristoteles nachweisbare geringe Trennschärfe zwischen logischer und psychologischer Aporie gedient haben.[25] Durch seine Definition der Aporie, vorübergehende Ausweglosigkeit angesichts der Verzweigung der Erkenntniswege zu sein, suggeriert Aristoteles die Gleichsetzung von Aporie, Zwiespältigkeit und Zweifel auf eine Art, die Sextos direkt von ihm hätte übernehmen können, um sich bei der Ausführung seiner primären Absicht, zur Wahrheit durchzustoßen, d. h. der Lösung denkerischer (Zweifels-)Knoten oder Fesseln (*desmós*), ein Aristotelisches Äquivalent für die Aporie,[26] letzten, oder besser, 'vorletzten' Endes unabsichtlich und im Gegensatz zum Stagiriten gerade in deren Schlingen verwickelt wiederzufinden. Dies zu untermauern, wollen wir zunächst zwei typische Beispiele aus der Aristotelischen ‹Topik› vorführen: »Ähnlich dürfte es sich nun auch zeigen, daß das Gleichgewicht widersprüchlicher Urteile/Schlußfolgerungen Ursache der Aporie ist. Wenn sich nämlich, indem wir nach beiden Seiten urteilen/schlußfolgern, auf beiden Seiten anscheinend alles gleich verhält, stecken wir in der Aporie/Sackgasse hinsichtlich dessen, welche von beiden wir wählen sollen.«[27] »Es existieren auch Probleme, für welche es widersprüchliche Schlußfolgerungen geben mag (denn sie enthalten eine Aporie/Undurchdringlichkeit, ob sich etwas so oder nicht so verhält, weil es für beides glaubwürdige Gründe/Urteile gibt), und für die wir, da sie überwältigend sind, keine Begründung besitzen, weil

---

[24] Cf. Sextos Empeirikos, Pyrrhoneion Hypotyposeon 1.8–10; 1.12; 1.31–35, und weitere Textstellen zu den in Griechisch angeführten Begriffen, verzeichnet in K. Janáček, Sextvs Empiricvs, Vol. 4: Indices.

[25] Zur Dialektik oder Topik, die beim Stagiriten bekanntlich der Analytik bzw. Apodiktik gegenübersteht, insbesondere im Zusammenhang mit Aporien, erkenntnisspezifischen Verlegenheiten, Zweifeln und der Lösung dieser Probleme (*distázein – a-poreĩn – di-aporeĩn* (verstärktes *a-poreĩn*) – *eu-poreĩn*), cf. P. Aubenque, Sur la notion aristotélicienne d'aporie, pp. 3–19; J. M. Le Blond, Logique et méthode chez Aristote, pp. 5–56: Chapitre premier: La dialectique; A. A. Long, Aristotle and the History of Greek Scepticism, pp. 83–84; M.-L. Kakkuri-Knuuttila, Dialectic and Inquiry in Aristotle, pp. 150–151, 170–173.

[26] Cf. Aristoteles, Metaphysica B.1.995^{a}24–995^{b}4.

[27] Aristoteles, Topica 145^{b}16–20: *'omoíōs dè kaì tẽs aporías dóxeien àn poiētikòn eĩnai 'ē tõn enantíōn isótēs logismõn· 'ótan gàr ep' amphótera logizoménois 'ēmĩn 'omoíōs 'ápanta phaínētai kath' 'ekáteron gínesthai, aporoũmen 'opóteron práxōmen.*

wir es für schwierig erachten, das Warum anzugeben, z. B. ob der Kosmos ewig ist oder nicht; denn man könnte auch so etwas erforschen.«[28] Nach Sextus' Selbsteinschätzungen des Leistungssinnes seines Verfahrens ist die Aporie topisch bzw. dialektisch, nach seiner Aporetik oder Widerlegungsdialektik apodiktisch im Sinne des Peripatos zu interpretieren. Diese Zweideutigkeit spiegelt sich gewissermaßen schon in der Namensgebung der pyrrhonischen Schule, wie sie Sextus einführt. »Die skeptische Lebensführung wird ferner genannt … die aporetische, entweder wegen ihres Nicht-Weiterkommens [In-Aporien-Feststeckens] (*aporeĩn*) und Nachforschens [Hin-und-her-Überlegens] (*zēteĩn*) in allem, wie einige sagen, oder wegen ihrer Ratlosigkeit hinsichtlich Zustimmung oder Ablehnung …«[29]

Aufgrund der Uneindeutigkeit des Begriffs der Aporie ist eine pauschale Gleichsetzung mit dem »des Zweiwegs und ›Zwei-fels‹«[30], die u. a. dazu führt zu behaupten, daß der Neuakademiker »zwischen Thesis und Antithesis keine Synthesis mehr intendiert, oder aristotelisch formuliert: daß keine λύσις [Lösung] der ἀπορία mehr angestrebt wird«[31], nicht kommentarlos zu akzeptieren. Insofern ist auch die Ausdeutung der Aporie in der ersten Latein-Edition der ‹Grundzüge› von Sextos aus dem Jahre 1562: »aporetisch, *was zweifelnd oder unschlüssig heißt*« (ἀπορητικὴ. q. d. dubitatoria uel hæsitatoria)[32], die von Leibniz (1646–1716) sinngemäß als Schwanken und Perplexität übernommen wurde, um anschließend Kritik daran zu üben,[33] mehr denn problematisch, da die Grundbedeutung von ›Aporie‹ nicht notgedrungen mit Zwiefältigkeit und Zweifel zusammen-

---

[28] Aristoteles, Topica 104^{b}12–17: *ésti dè problḗmata kaì ʻõn enantíoi eisì sullogismoí (aporían gàr échei póteron ʻoútōs échei ḕ ouch ʻoútōs dià tò perì amphotérōn eĩnai lógous pithanoús) kaì perì ʻõn lógon mḕ échomen óntōn megálōn, chalepòn oiómenoi eĩnai tò dià tí apodoũnai, ʻoĩon póteron ʻo kósmos aḯdios ḕ oú· kaì gàr tà toiaũta zētḗseien án tis.* Auch im Aristotelischen Verfahren des Annehmens, Dafürhaltens oder Vermutens (*ʻupólēpsis*) spielt die Zweideutigkeit bzw. das Schwanken zwischen zwei Sachverhalten (*epamphoterízein*) eine Rolle, cf. Aristoteles, Magna Moralia 1197^{a}30–32. Zu den Bedeutungs- und Verwendungsvarianten von Hypolepsis bei Aristoteles cf. G. Bien, Hypolepsis, in: Historisches Wörterbuch der Philosophie 3.1252–1254.

[29] Sextos Empeirikos, Pyrrhoneion Hypotyposeon 1.7: *ʻĒ skeptikḕ toínun agōgḕ kaleĩtai … aporētikḕ ḗtoi apò toũ perì pantòs aporeĩn kaì zēteĩn, ʻōs énioí phasin, ḕ apò toũ amēchaneĩn pròs sugkatáthesin ḕ árnēsin, …*

[30] H. J. Krämer, Platonismus und hellenistische Philosophie, pp. 50–51 (Stellenlese o. c., pp. 50[206]–51).

[31] H. J. Krämer, Platonismus und hellenistische Philosophie, p. 51.

[32] Sextos Empeirikos, Pyrrhoneion Hypotyposeon 1.7, ⟨ed.⟩ H. Stephanus, p. 10.

[33] Cf. E. de Olaso, El significado de la duda esceptica, p. 29[6].

fällt. Sie weist zunächst nur auf eine erkenntnisspezifische Unwegsamkeit, Ungangbarkeit, Undurchdringlichkeit, Verstrickung, Sackgasse oder Klemme, ein Nicht-Weiterkommen. »›Sinn‹ kommt ... von ›sinnan‹ (mhd. oder ahd.) = reisen, streben nach – allgemein bedeutet es Ortsbewegung. ›Un-sinn‹ ist also die deutsche Übersetzung von ἀπορία.«[34] Doch lag es nahe, die Aporetik als Fortführung und Vollendung der Dialektik mit dem Dilemma, der Zwickmühle, der Verlegenheit, sich zwischen Für und Wider entscheiden zu müssen, in Verbindung zu bringen, hatten die Sophisten und Eleaten diese Prüfmethode doch erdacht, um sowohl Position als auch Gegenposition, die jeweils entgegengesetzten Standpunkte also, zweiseitig stark und schwach zu machen, um jeglicher Entscheidungsmöglichkeit den rationalen Boden zu entziehen.[35] Die Sokratische Elenktik gehört qua Aporetik selbstverständlich zu dieser Tradition.[36] Zur Aus- und Umdeutung ihres Ursinns in Richtung Zweifel bei Cicero war es dann nur noch ein minimaler Schritt, nannte er sie doch eine Gewohnheit, alles in (be)zweifelnder Weise (*dubitanter*) auseinanderzusetzen, ohne selbst Behauptungen aufzustellen.[37] Die Identifikation des dieserart gemeinten Zustandes von Zwiespältigkeit, Fraglichkeit und Unschlüssigkeit etc. mit dem gnoseologischen Zweifel ist hiermit greifbar nahe, wenn nicht gar schon vollzogen.

Diese Problempunkte der theoretischen Ausgangslage hätten die praktische Zwecksetzung der neupyrrhonistischen Lehre dennoch nicht beeinträchtigen müssen. Der mißlichen Situation des Vielleicht-so-vielleicht-anders konnte man ja entkommen, indem beide Seiten des Dilemmas, aus welchem Grund, mit welcher oder ohne welche Begründung auch immer, gelassen wurden. Obwohl die Nennung des Namens für diese Maßnahme, oder besser, für dieses Unterlassen, überflüssig ist, soll er hier trotzdem noch einmal vermerkt

[34] M. Negele, »hören – ent – sprechen«, p. 5.

[35] Nachweise in H. P. Sturm, Ethische Evokationen der Sophistik, pp. 131–132, 145–146; zusätzlich Ploutarchos, Pericles (Vitae) IV.2–3 (154). Daß es in der altindischen Dialektik (*tarka*) exakt dieselbe Methode gab, die schwächere Seite zur stärkeren zu machen, dokumentiert J. Dahlmann, Buddha, pp. 105–106; idem, Die Sâṃkhya-Philosophie als Naturlehre und Erlösungslehre p. 182; idem, Das Mahābhārata als Epos und Rechtsbuch, pp. 216–217, mit Zitation von Mahābhārata 2.36.4 (Bombay edition) = ⟨edd.⟩ V. S. Sukthankar & S. K. Belvalkar 2.33.5.

[36] Cf. Platon, Theaitetos 149a; idem, Menon 79e-80d; H. P. Sturm, Ethische Evokationen der Sophistik, pp. 139–144.

[37] Cf. M. T. Cicero, Academica 1.IV.17: ... *Socraticam dubitanter de omnibus rebus et nulla adfirmatione adhibita consuetudinem disserendi.*

werden: ἐποχή. Unverständlicherweise geriet diese, wenigstens in ihrer lehrbuchhaften Be- und Umschreibung, nun aber in denselben Strudel von Unentschiedenheit, Konfusion und Ratlosigkeit, wie es die ihr vorgelagerten Artikel des skeptischen Kanons bereits waren. Was durch die (Urteils-)Enthaltung abgewendet und aufgehoben werden sollte, die Spannung, die aus der Einsicht in die Wissensunmöglichkeit des Aporetischen entspringt, zum Zweifel umgedeutet konnte es zu deren ureigenstem Ziel erklärt werden. Wie sollte der geistige Unentschiedenheitszustand vor der ἐποχή und das innere Äquilibrium, die Ausgeglichenheit, Neutralität und Gelassenheit, die nach ihrem Vollzug eintreten soll, fortan zu differenzieren sein? Von außen betrachtet ist die wie ein Segler auf den Wellen des Meeres von Phänomen zu Phänomen dahingleitende Ataraxie von einer der Seenot vergleichbaren Beunruhigung geistig-seelischen Oszillierens, Fluktuierens und Hinundhergeworfenseins durch die Stürme und Strudel fortwährender Vagheit, Verunsicherung und Zweifelhaftigkeit der Erscheinungen oder Vorstellungen sowieso nur mit Mühe zu unterscheiden.[38]

Es ist nicht schwer nachzuempfinden, wie auf die beschriebene Weise der jeweilige Sinn der Termini technici, die für die Indifferenz und den zwischen ihren beiden Zustandsformen liegenden Akt stehen: *isosthéneia, ísē, íson, adiaphoría, aoristía, arrepsía* – ἐποχή, in eine schillernde Zwielichtigkeit gerät und die Begriffe selbst schließlich als austauschbar erscheinen. Zwar muß zugegeben werden, daß Sextos das argumentative Patt und die verstandesmäßige Zugunfähigkeit vorzugs- und normalerweise als Motiv für das Ansichhalten ausgibt, doch finden sich daneben auch Formulierungen, durch welche beide, das Unvermögen zur Entscheidung über wahr oder falsch, ja oder nein, und die ἐποχή, das Umwerfen, um im Bild zu bleiben, des Denk-Spielbretts, geradezu gleichgesetzt werden. Man darf vermuten, daß durch solche Undeutlich- und Mehrdeutigkeiten das spätere Verständnis des Skeptizismus nicht unwesentlich geprägt wurde.

[38] G. Benavides, Prasaṅga and Double Bind, p. 205, zeigt in wenigen kühnen Gedankengängen, daß die prätherapeutisch-existentielle Double-bind-Situation des Normalmenschen durch die Therapie der reductio ad absurdum (*prasaṅga*) der Mādhyamika's (welche der skeptischen Dialektik im Sinne von Aporetik gleichzustellen ist) in einen posttherapeutisch-mystischen Double-bind-Zustand übergeführt werden kann. Von letzterem aus betrachtet stellt sich erstere, wie aus A. K. Gangadean, Between Worlds, pp. 152, 175 (mit Fn. 7), 181–182; idem, Meditative Reason, pp. 333–334, zu schließen ist, dann aber als »single-bind« dar.

Auch dadurch, daß der anschließend als Beleg zitierten Passage im Originalwerk die zu erwartende Standard- oder Normal-Definition der Urteilsenthaltung als Konsequenz aus dem Gleichstand (welche wir neben anderen im Kapitel 1.1.2 unserer Studie bereits wiedergaben) direkt folgt, ist dem Durcheinander offenbar nicht abzuhelfen. »Das ›Ich enthalte mich‹ (›ἐπέχω‹) aber nehmen wir anstelle des ›Ich vermag nicht zu sagen, welchem von dem Vorliegenden man glauben soll oder nicht‹, damit anzeigend, daß uns die Dinge hinsichtlich Glaub- und Unglaubwürdigkeit gleich erscheinen.«[39]

Nur wenn man den Pyrrhonismus des Empeirikos reflexionslogisch in Schichtungen differenziert, läßt sich der innere Riß, der sich durch ihn zieht, sichtbar machen und, so man will, weginterpretieren. Dann muß man aber auch ernst nehmen, was Sextos am Ende seiner Aufzählung von Zielen der Skepsis als Ende und Vollendung dieser festhält: »Gewisse namhafte Skeptiker aber fügten zu diesen auch das Ansichhalten hinsichtlich des Forschens/Suchens.«[40] Eine frappante Feststellung, da dieserart die Namen »Späher/Untersucher« (*'oi skeptikoí*) und »Sucher/Forscher« (*'oi zētētikoí*), die die Neupyrrhonisten als Schulbezeichnungen in bewußter Abgrenzung gegenüber den Neuakademikern einführten, hinfällig würden und sich ihre Skepsis nicht mehr von der durch Ainesidemos und Sextos

[39] Sextos Empeirikos, Pyrrhoneion Hypotyposeon 1.196: *Tò dè ›epéchō‹ paralambánomen antì toũ ouk échō eipeĩn tíni chrḕ tõn prokeiménōn pisteũsai ḕ tíni apistẽsai, dēloũntes 'óti ísa 'ēmĩn phaínetai tà prágmata pròs pístin kaì apistían.* Cf. unsere Nachweise zum subjektiven Agnostizismus am Anfang dieses Kapitels, die Stellen nennen, an welchen ähnliche Definitionen hinsichtlich skeptischer Schlagworte und des Kriteriums gegeben werden. Anläßlich der von Sextos geäußerten Lauheit hier ist der folgend hergestellte Vergleich zu indischen Formen der Enthaltung mit einigermaßen großem Mißtrauen zur Kenntnis zu nehmen, cf. T. McEvilley, Pyrrhonism and Mādhyamika, p. 18: »Es ist wichtig, sich daran zu erinnern, daß buddhistische Texte verschiedene Beschreibungen oder Definitionen der Erleuchtung geben. Es wäre sehr schwierig, Sextus' *ataraxia* [Unerschütterlichkeit] von den weniger bombastischen dieser zu unterscheiden, jener, die in Theravāda-, Mādhyamika-, Mahāmudra-, Ch'an- und Zen-Texten vorfindlich sind, von denen viele von der Erleuchtung in Begriffen reden, die Sextus' *epoche, arrepsia* [Neigungslosigkeit/Gleichgewicht], *ataraxia* [Unerschütterlichkeit] und *aphasia* [Sprachlosigkeit] sehr ähneln.«

[40] Sextos Empeirikos, Pyrrhoneion Hypotyposeon 1.30: *tinès dè tõn dokímōn skeptikõn proséthēkan toútois kaì tḕn en taĩs zētḗsesin epochḗn.* Cf. Hippolytos, Refutatio omnium haeresium 1.23.3.8–9: »Ein Teil der Akademiker sagt nun, man solle von nichts das Prinzip aufweisen, sondern es einfach angreifen und (sein)lassen.« (*'Oi mèn oũn Akadēmaïkõn légousi mḕ deĩn tḕn archḕn perì mēdenòs apophaínesthai, all' 'aplõs epicheirḗsantas eãn·*) Dieser Ausspruch könnte hier von Bedeutung sein, weil Hippolyt für das Haupt der Akademischen Skeptikersekte Pyrrhon hielt.

kritisierten zielführenden, 'dogmatischen' (oder wie noch gezeigt werden wird, vom Madhyamaka-Buddhismus) unterschiede. Das hieße, die Aporetik der Zetetiker als ›Logik‹ zweiter Ordnung zu verstehen, die in ihrem Feld durchaus dogmatisch verfährt, nach vollbrachter Eristik aber aus Einsicht in ihre Selbstreferenz (Rekursivität) das Schwert gegen sich selber richtet.

2.3 Urteilslosigkeit dubios – die christlich-fideistische Denkhemmung

2.3.1 Entweder Glaube oder Unschlüssigkeit. Das frühe Christentum bekämpft den Zweifel

In diesem Kapitel wollen wir umrißhaft die wichtigsten Stationen nachzeichnen, an welchen skeptisches Gedankengut (im Umkreis der Urteilsenthaltung) Eingang in die sich formierende und konsolidierende christliche Kirchenlehre fand. Es kann dabei nicht unsere Aufgabe sein, zum Verständnis dieser Vorgänge die Problematik des Zusammenhangs zwischen Glaube und Zweifel in systematischer Hinsicht auszubreiten. Die Bemerkungen zur Verfahrensweise des Sextos im letzten Kapitel müssen hier genügen. Ansonsten wäre es erforderlich, ein eigenes großes Werk zu verfassen, das nicht nur erkenntnistheoretische, sondern auch kognitionspragmatische sowie psychologische Aspekte und einiges mehr berücksichtigte. Einen pauschalen einleitenden Hinweis möchte ich trotz allem geben, daß nämlich die umklammernde Gemeinsamkeit zwischen Wissenszweifel und Glaubenszweifel darin besteht, daß beide ihre Aufhebung und Beseitigung in der ›Apokalypse‹ reiner Ge-Wißheit oder Evidenz erfahren, daß außerdem der Glauben in Form des Für-wahr-Haltens nicht selten als Wissensbehauptung auftritt und der Wissensdrang wenigstens eine Art des Glaubens erfordert, den an ein Wahres oder die Wahrheit.[1]

---

[1] Als erste Orientierung zu diesem äußerst komplexen und komplizierten Problem cf. W. Stegmüller, Metaphysik Skepsis Wissenschaft, pp. 210–213. Anregend für weitere Überlegungen, insgesamt jedoch problematisch: V. Brochard, Études de philosophie ancienne et de philosophie moderne, pp. 462–488. F. Nietzsche, KSA 7.624.33–625.6 {29[8]} (Nachgelassene Fragmente, Sommer-Herbst 1873) = KGW 3.4.232–233, hält fest: »Wie ist aber Skepsis möglich? Sie erscheint als der eigentlich asketische Standpunkt des Denkers. Denn sie glaubt nicht an den Glauben und zerstört damit alles Segensreiche des Glaubens. Selbst die Skepsis enthält aber in sich einen Glauben: den Glauben an die Logik. Das äußerste ist also Preisgeben der Logik, das credo quia absurdum est [ich

Schon in den Vorbemerkungen zu unserer Darstellung des Gebrauchs skeptischer Philosopheme und Praktiken durch Philon den Alexandriner wurde darauf hingewiesen, daß seine Spekulationen bedeutenden Einfluß auf die Ausgestaltung frühchristlicher Lehrmeinungen ausübten. Daß man dabei gar nicht umhinkonnte, seine Skeptizismen zur Kenntnis zu nehmen, liegt auf der Hand. Auf welche Weise dies geschah, ist leider nicht bekannt bzw. erforscht. So ist auch nicht mit Eindeutigkeit zu bestimmen, ob und wie weit der Kirchenvater Clemens Alexandrinus, der ja in der Heimatstadt Philon's wirkte, seine Kenntnis weniger skeptischer Gemeinplätze, die ihm, wie wir bereits hörten, Anlaß zu einer massiven Polemik waren, diesem verdankt.

Bereits der lateinische Kirchenlehrer Lactantius (ca. 260–325) brachte den Hinweis auf die Sokratische und Akademische Wissensaufhebung, aber auch Zenon's Zurückweisung des Meinens durch den Weisen vor,[2] um die menschliche Wissensanmaßung zu erniedrigen und die Allein-Weisheit Gottes zu akzentuieren,[3] indem er zu demonstrieren suchte, daß die Anhänger der einen Traditionslinie die Weisheit geradeheraus leugneten, die der anderen das leere Wähnen als Unweisheit brandmarkten und somit die Philosophie und alle rein menschliche Weisheit an der Wurzel abgeschlagen wäre und der gesamte Körper der Philosophie durch den gegenseitigen Kampf, Um-

glaube, weil es absurd ist], Zweifel an der Vernunft und deren Verneinung.« Cf. P. J. Chaudhury, Reflections on Science, Philosophy and Art, pp. 53–56, wo zwingend argumentiert wird, daß der universale Zweifel weder ein epistemologisches Gesetz ist, das von gewissen Überlegungen abgeleitet ist (der Tatsache des Irrtums), noch daß er eine brauchbare Theorie darstellt. F. H. Bradley, Essays on Truth and Reality, p. 20: »Die nicht-logische Überwindung des Zweifels von innen bezüglich einer Idee oder die ähnliche Verhütung eines solchen Zweifels scheint insofern das allgemeine Wesen des Glaubens zu sein.« S. Kierkegaard, Gesammelte Werke 10.81: »Der Glaube ist das Gegenteil des Zweifels. Glaube und Zweifel sind nicht zwei Arten der Erkenntnis, die sich in Zusammenhang miteinander bestimmen lassen, denn sie sind beide keine Erkenntnisakte, sie sind einander entgegengesetzte Leidenschaften.« F. Nietzsche, KSA 9.226.4 {6[122]} (Nachgelassene Fragmente, Herbst 1880) = KGW 5.1.556, meinte: »die Skepsis ist eine Passion.« Freilich wäre nach unserer Typik der psychischen Grundfunktionen und deren Retention bei jeder Erkenntnis eine 'Passion' anzunehmen.

2 Cf. L. C. F. Lactantius, Epitome divinarum institutionum 26(31).5–6 (f.21^b–22^a), ⟨ed.⟩ S. Brandt, Opera omnia 1.700.27–701.3: *recte igitur a Socrate atque Academicis scientia sublata est. … recte igitur opinatio a Zenone sublata est.*

3 Cf. L. C. F. Lactantius, Epitome divinarum institutionum 26(31).4 (f.21^b), ⟨ed.⟩ S. Brandt, Opera omnia 1.700.23–24: *nemo ergo sapiens nisi deus aut certe is homo quem deus docuit.*

sturz und die Uneinigkeit all seiner Glieder untereinander (in Fachterminologie: durch die Diaphonie) und die ausnahmslose gegenseitige Verurteilung zur Dummheit dem Untergang entgegengeführt würde.[4] Fatale historische Auswirkungen auf die Rolle, die die Skepsis von nun an in Philosophie und Religion spielte, sollte aber die Auseinandersetzung des Kirchenvaters Augustinus mit den Mittelakademischen Lehren haben.[5]

Als wäre er aufgeschreckt worden von der Ermahnung des Jakobusbriefes, die besagt, daß einer, der der Weisheit ermangele, im Glauben bitten und nicht zweifeln [urteilen/im Zwiespalt sein] solle, da derjenige nämlich, der zweifle [urteile/im Zwiespalt ist], der Meereswoge gliche, die vom Winde getrieben hin und her geworfen werde, und der seelisch Entzweite [der Zweifler] (*dípsuchos*) auf all seinen Wegen unbeständig wäre;[6] als hätte ihn die Warnung Tertullians (ca. 160–220) vor der Verurteilung/Mißbilligung der Glaubwürdigkeit der Sinne durch die überaus dreisten Akademiker und andere sowie dem damit einhergehenden Umsturz der gesamten Lebensverfassung, der Verwirrung der ganzen Naturordnung und der Blen-

[4] Cf. L. C. F. Lactantius, Epitome divinarum institutionum 26(31).6–27(32).1 (f.22ª), ⟨ed.⟩ S. Brandt, Opera omnia 1.701.3–10: *si ergo scientia in homine nulla est et opinatio esse non debet, philosophia radicitus amputatur. … cum enim singulae alias omnes inpugnent et adfligant nec sit aliqua ex iis quae non iudicio ceterarum stultitiae condemnetur, utique discordantibus membris corpus omne philosophiae ad interitum deducitur.*

[5] Cf. A. A. Long, Hellenistic Philosophy, p. 237: ».. zwei der lateinischen Väter, Lactantius und Augustinus, waren mit Cicero's *Academica* vertraut, und im wesentlichen erlangten durch ihre sehr unterschiedlichen Einschätzungen des Akademischen Skeptizismus die Menschen im Mittelalter einige Kenntnis über skeptische Ideen. Lactantius fand die Akademische Kritik aller positivistischen Philosophie einen wertvollen Anfang christlichen Glaubens. Diese Position wird im dritten Buch seiner *Divinae institutiones* ausgebreitet und dient als Vorbild für die Weise, in welcher viele Renaissancedenker den Skeptizismus als Basis für den Fideismus gebrauchten. Der Hl. Augustinus andererseits griff den Skeptizismus in seinem *Contra academicos*, einem frühen Werk, das im Jahre 386 geschrieben wurde, an. Die Antwort auf den Skeptizismus war für Augustinus die christliche Offenbarung, aber seine kritische Abhandlung, mit ihrer Anerkennung Platon's, verbirgt nicht die Tatsache, daß der Skeptizismus einen starken Eindruck auf ihn als jungen Mann machte.« Cf. C. B. Schmitt, Cicero Scepticus, pp. 23–33, 158–159. Hippolytos, Refutatio omnium haeresium 1.23.1–3.1–11, berichtet über die Skepsis neutral, wirft aber die Akademische und Pyrrhonsche durcheinander.

[6] Jak 1.6–8 (mit Auslassung von 1.7): *Aiteítō dè en pístei, mēdèn diakrinómenos· 'o gàr diakrinómenos éoike klúdōni thalássōs anemizoménōj kaì 'ripizoménōj. … anḕr dípsuchos, akatástatos en pásais taĩs 'odoĩs 'autoũ.*

dung der göttlichen Vorsehung aufgerüttelt;[7] als hätte er sich von der Entrüstung des Heiligen Gregor von Nazianz darüber aufwühlen lassen, daß sich »das Festsitzen [die Hindernisse], die (Urteils-)Enthaltungen oder Entgegensetzungen/Antithesen Pyrrhon's« gleich einer ägyptischen Plage[8] und »die Sextuse, Pyrrhone und die Gegensatzrederei« gleich einer gefährlichen und schlimmen Krankheit in die Kirche eingeschlichen hätten:[9] dergestalt unternimmt Sankt Augustin, die Akademische Form des ›Zweifels‹ (oder was er dafür hielt), die Ungereimtheit und Finsternis, in welche er unser Denken verstrickte, attackierend,[10] in einem Frühwerk, der Streitschrift ‹Ge-

[7] Cf. Tertullianus, De anima 17, ⟨ed.⟩ J. H. Waszink, pp. 21.22–24.2, hier zitiert aus 17.2 & 17.11 = pp. 21.25 & 23.5–7: *Horum fidem Academici durius damnant, ... Quid agis, Academia procacissima? Totum vitae statum evertis, omnem naturae ordinem turbas, ipsius dei providentiam excaecas.* O.c. 17.13 = p. 23.20–21: »Es ist nicht erlaubt, ist uns nicht erlaubt, jene Sinne da in Zweifel zu ziehen, damit nicht auch bei Christus über ihre Glaubwürdigkeit Bedenken gehegt werden, ...« (*Non licet, non licet nobis in dubium sensus istos devocare, ne et in Christo de fide eorum deliberetur, ...*).

[8] Cf. Gregorios von Nazianz, Orationes 32.25 = PG 36.201C, wörtlich zitierter Text: *kaì tàs Púr'rōnos enstáseis, ḕ ephéxeis, ḕ antithéseis.* Wir übersetzen *énstasis* nicht mit Entgegnung, Einwand, Einwurf, sondern mit Festsitzen, Hindernis, Widerstand, womit die skeptischen Aporien gemeint wären. Nicht nur wird dadurch eine Mehrfachnennung gleicher skeptischer Verfahrensschritte vermieden, die Aufzählung wird sogar umfassender. In der richtigen Reihenfolge gelesen (Antithetik – Aporie – ἐποχή) beschreibt dieser Passus die Methodik der Skepsis ziemlich genau.

[9] Cf. Gregorios von Nazianz, Orationes 21.12 = PG 35.1096A, wörtlich zitierter Text: *Séxtoi, kaì Púr'rōnes, kaì 'ē antíthetos glõssa.* Dazu C. B. Schmitt, The Rediscovery of Ancient Skepticism in Modern Times, p. 234, mit Note o.c., p. 248[61], wo auf weitere zwei skepsisfeindliche Stellen bei Gregorius Nazianzenus, die wir folgend übersetzen, hingewiesen wird; auf PG 37.1188.303: »Nicht schlinge mir die [Schlingen] des Sextus, und auch nicht die des Pyrrhon!« (*Mḗ moi tà Séxtou, mēdè Púr'rōnos pléke·*) Und auf PG 37.648.45–49: »Und wenn du mit deinen unentrinnbaren und listigen Fußangeln, / deinen eristischen Reden alle in die Enge treibst; / und wenn du alles umstürzst, / indem du Labyrinthe schlingst aus den ausweglosen Disputationen / des Aristoteles oder gewisser Pyrrhoneer / ...« (*Kàn taĩs aphúktois kaì kakaĩs podostrábais / Pántas piézēis toĩs eristikoĩs lógois· / Kàn pánt' ánō te kaì kátō metastréphēis, / Plékōn laburínthous dusdiexódois lógois / Aristotélous ḗ tinōn Pur'rōnníōn· / ...*).

[10] In A. Augustinus, Contra Litteras Petiliani 3.22.26, nennt er die Wahrnehmungsanomalien der Akademiker und andere skeptische Paradoxien bzw. Redensarten, z.B. den schwarzen Schnee (des Anaxagoras, cf. M. T. Cicero, Academica 2. (Lucullus) XXIII.72; XXXI.100; Sextos Empeirikos, Pyrrhoneion Hypotyposeon 1.33), die ihm sein Gegenspieler Petilianus anscheinend vorhielt (cf. o.c. 3.21.24), um seine Aussagen anrüchig zu machen und mit den vorgeblichen Ungereimtheiten und dem Zweifel der Akademiker zu befrachten, ein verrücktes und absurdes Zeug (... *ut propter illa excitarentur olim dormientes Academici, et Carneades, ..., et nives nigræ, et ruina cæli, et cetera similiter insana et absurda*). Vermutlich wegen des Zweifels, der Unsicherheit, der Dunkelheit, in

gen die Akademiker›, seine ersten philosophischen Gehversuche auf den wahren Glauben zu.

Dabei unterschiebt er den Akademikern eine generelle Zweifelshaltung: »Wenn man Karneades fragt, was er meine, wird er sagen, er zweifle (*dubitare*).«[11] Auf der Basis dieser Unterstellung (ob sie absichtlich geschah oder nicht, ist völlig irrelevant) kann er nun in einer recht einfachen, keinesfalls jedoch un- oder antiphilosophischen Manier – hegte er doch eine nicht gerade geringe Sympathie gegenüber dem Platonismus[12] –, 'beweisen', daß diese wenigstens in einem Punkt ihr angebliches ›Zweifeln‹ aussetzen müssen. Wenn nämlich »die Zügelung und sozusagen das Suspendieren/In-die-Schwebe-Bringen (*suspensionem*) der Zustimmung«[13] das wahre Ziel und die

welche sie alles tauchten, und wegen ihres damit zusammenhängenden Zauderns (*cunctatio* – cf. idem, De civitate dei 19.2; schon bei Aulus Gellius, Noctes Atticae 11.V.4) und vermeintlichen Wankelmutes (*inter omnia fluctuans* – cf. idem, Confessiones 5.14.25) läßt Augustinus die Akademiker auch Fallsüchtige/Epileptiker (*caducarii*) nennen, cf. idem, De beata vita 2.16; 3.20. Zur Doktrin von der Obskurität von allem cf. auch idem, Contra Academicos 2.V.12; idem, Retractationes 1.1.1.

[11] A. Augustinus, Contra Academicos 3.VIII.17, zitiert nach H. J. Mette, Weitere Akademiker heute (Fortsetzung von Lustrum 26, 7–94): Von Lakydes bis zu Kleitomachos, p. 107, Fragment F 14b (Sperrung nicht übernommen): *quaeratur de Carneade, quid censeat: dubitare se dicet.* Cf. zusätzlich zu den in ‹Contra Academicos› und im Abriß dieser Seiten aufgewiesenen Stellen hinsichtlich des universalen Zweifels und der Ungewißheit als Grundhaltung der Neuakademiker: A. Augustinus, De civitate dei 4.30; 6.2; 19.1.2–3; 19.3.2; 19.18; idem, De trinitate 13.4.7; 14.19.26; idem, Contra Iulianum 4.116; 6.26; idem, Retractationes 1.1.1; idem, De consensu evangelistarum 1.23.33. Wie Augustinus unterstellt auch Minucius Felix, Octavius 13.3 = H. J. Mette, Weitere Akademiker heute (Fortsetzung von Lustrum 26, 7–94): Von Lakydes bis zu Kleitomachos, p. 106, Fragment F13b, den Akademikern das Zweifeln.

[12] Cf. A. Augustinus, Confessiones 7.9.13; 8.2.3; idem, De civitate dei 8.5–10. Weitere Textstellen im Werk Augustins und Literatur zu diesem Thema nennt M.-J. Krahe, Von der Wesensart negativer Theologie, pp. 138–139 (mit Noten 1 und 11). C. Lévy, Le ‹Scepticisme› de Philon d'Alexandrie: Une influence de la Nouvelle Académie?, pp. 36–37, glaubt, daß die von Augustinus vertretene Sichtweise der Neuen Akademie viel den neuplatonischen Philosophen verdanke.

[13] A. Augustinus, Contra Academicos 2.V.12, 〈ed.〉 P. Knöll, p. 32.13–14: *refrenationem et quasi suspensionem assensionis prorsus magnam actionem sapientis esse,* cf. o. c. 3.V.11, 〈ed.〉 P. Knöll, p. 53.19; idem, Enchiridion 7.20 (wird gleich im Haupttext zitiert). In idem, Retractationes 1.1.1, 〈ed./tr.〉 C. J. Perl, p. 6, heißt es gar, die Akademiker »verbieten dem Weisen, irgendeiner Sache zuzustimmen und überhaupt etwas, als ob es offensichtlich und gewiß/sicher wäre, zu billigen, da ihnen alles obskur/verborgen und unsicher/ungewiß erscheint« (*prohibent cuiquam rei assentiri et omnino aliquid, tanquam manifestum certumque sit, approbare sapientem, cum omnia eis videantur obscura et incerta*). In idem, Soliloquia 2.3.3, stellt die Augustinus belehrende Ratio geradezu Stoisch und Ciceronisch-Akademisch fest, daß der Irrtum nicht in den Dingen,

daraus hervorgehende Haltung die Weisheit selbst des Akademikers sein soll, dann muß dieser das In-der-Unentschiedenheit-Halten der Zustimmung wenigstens hinsichtlich Wahrheit (*veritas*) und Weisheit (*sapientia*) suspendieren bzw. suspendiert haben.[14]

Wie nicht wenige seiner Gedanken zur und gegen die Akademie hat er allerdings auch diesen von Cicero abgeschrieben. Im ‹Lucullus› läßt dieser Antiochos aus Askalon gegen die Skeptiker den (unangebrachten) Einwand vorbringen, daß sie hinsichtlich des Grundsatzes ihrer Lehre nicht, wie bei den übrigen Dingen, (sch)wanken (*fluctuare*) dürften und keiner ein Weiser sein könne, der weder den Ausgangspunkt des Erkennens noch den zu erreichenden Zielpunkt kenne. »Hierin Zweifel zu hegen und nicht vielmehr unerschütterlich Vertrauen zu haben, hieße, die Weisheit in höchstem Maße zu verfehlen/verabscheuen.«[15]

Mit verschiedentlichen cartesianischen Kurzmeditationen, wenn

---

sondern im Sinn/Urteil liegt; der aber irrt (sich) nicht, der dem Falschen/Täuschenden nicht zustimmt. (*Non igitur est in rebus falsitas, sed in sensu: non autem fallitur qui falsis non assentitur.*) Im Schlußgebet der ‹Dreieinigkeitsschrift› tritt dieses Wissen theologisch verklärt in Erscheinung. Da er meint, nicht ausschließlich das zu denken, was dem Herrn gefällt, bittet Augustinus Gott, Er möge ihn von der Vielrederei der zahlreichen Gedanken, an der er in seiner Seele leide, befreien. Diese Gedanken *seien wie alles menschliche Denken leer/eitel.* Gott möge ihm gewähren, ihnen nicht zuzustimmen und sie zu verwerfen/mißbilligen, damit wenigstens seine Urteile und sein Gewissen vor ihnen sicher seien, cf. idem, De trinitate 15.28.51, ⟨ed.⟩ W. J. Mountain, 2.534.33–535.44: *Libera me, deus meus, a multiloquio quod patior intus in anima mea … multae sunt cogitationes meae tales quales nosti* cogitationes hominum quoniam uanae sunt [Psalm (93.11) 94.11]. *Dona mihi non eis consentire, et si quando me delectant, eas nihilominus improbare … sed ab eis mea saltem sit tuta sententia, tuta conscientia te tuente.*

[14] Cf. A. Augustinus, Contra Academicos 3.V.12, 3.VIII.17–3.IX.21, 3.XIV.31–32; idem, De civitate dei 19.1.3. Zur 'Widerlegung' des Wahr-scheinlichen durch den Aufweis, daß zu dessen Bestimmung ein implizites Wissen vom Wahren erforderlich ist, cf. idem, Contra Academicos 2.7.16–2.9.23; 2.11.25–2.13.29. Zwei Nachüberlegungen zum Wahrscheinlichen finden sich in idem, Retractationes 1.1.4.

[15] Cf. M. T. Cicero, Academica 2. (Lucullus) IX.29, wörtlich zitierter Text: *haec autem habere dubia nec iis ita confidere ut moveri non possint abhorrere a sapientia plurimum.* Cf. o. c. IX.27, wo eingewendet wird, daß die Weisheit weder an sich selbst noch an ihren Dogmata zweifeln dürfe (*neque de se ipsa dubitare debet neque de suis decretis*), es keinen Zweifel daran geben könne, daß kein Dogma eines Weisen falsch sein könne, und es auch nicht genüge, daß es [möglicherweise] nicht falsch sei … (*Non potest igitur dubitari quin decretum nullum falsum possit esse sapientis, neque satis sit non esse falsum …*) Diese und eine weitere Passage zum Zweifel aus dem ‹Lucullus› (III.8), die wir bereits zitierten, finden sich in den Cicero-Exzerpten des westfränkischen Presbyters Hadoardus aus dem 9. Jh., cf. Hadoardus, Cicero-Excerpte 227 & 17, ⟨ed.⟩

man so sagen darf, untermauert Augustinus seine Kritik, indem ihm in seiner Glaubens- oder Zweifelskrise der Zweifel in gewisser Weise selbst zur unausweichlichen Methode wird. Durch sie und durch sie hindurch glaubt er, den Unglauben, für dessen Nährboden er die Nichtzustimmung, das mutmaßliche Schwebend-Halten der Zustimmung hielt, den vermeintlichen Akademischen Zweifel also, der in seinen jungen Jahren ja sein eigener gewesen war,[16] mit dem Beweis der notwendigen Existenz von Wahrheit, Weisheit und Sein, welche sich bei ihm mit Gott decken,[17] überwinden zu vermögen. Auch wenn der Augustinische Zweifel 'niemals das Allerletzte antastet'[18], je schon vor Gott stattfindet und deswegen ein frommer Zweifel genannt werden muß,[19] soll der Sieg über ihn nicht durch einen irra-

---

P. Schwenke, p. 456 & p. 421. Sie belegen, daß die Akademische Skepsis ins Mittelalter schon mit der Zweifelsproblematik befrachtet übergegangen war.

[16] Während seiner skeptischen, i.e. Akademischen Periode, hielt Augustinus nach seinen eigenen Worten die Mittleren Akademiker, die der Ansicht gewesen wären, es sei über alles zu zweifeln (*de omnibus dubitandum esse*), die selbst an allem zweifelten (*dubitans de omnibus*), nichts Wahres (*nec aliquid veri ab homine conprehendi posse*) und für die Lebensführung Gewisses für begreifbar hielten (*Nihil ad agendam vitam certi conprehendi potest*) und zwischen allem hin und her (sch)wankten (*inter omnia fluctuans*), für klüger als alle übrigen Philosophen (*prudentiores illos ceteris fuisse philosophos, quos Academicos appellant*), cf. A. Augustinus, Confessiones 5.10.19; 5.14.25; 6.11.18, Text nach ⟨ed./tr.⟩ J. Bernhart, pp. 224, 238, 282; idem, Contra Academicos 3.20.43; idem, De utilitate credendi 1.8.20; idem, Epistolae 1.1; idem, Retractationes 1.1.1. Sollte es nur eine Laune gewesen sein, daß Augustinus an der letztgenannten Stelle seine Schrift ‹Gegen die Akademiker› auch ‹De Academicis›, ‹Über die Akademiker› nannte? Über das Werk des Kirchenlehrers verstreut sind einige Gedankengänge der Skeptiker als dessen eigene Lehrstücke auffindbar. Geradezu klassisch skeptisch konstatiert ist die Relativität alles raum-zeitlich Dimensionierten in A. Augustinus, De musica 6.7.19. Daß das Erkennbare die Erkenntnis mit-hervorbringt, d. h. die Erkenntnis von beidem, dem Erkennenden und dem Erkannten abhängt, damit also relational ist, wird in idem, De trinitate 9.12.18, ausgesprochen.

[17] Cf. V. Lossky, Les éléments de ‹Théologie négative› dans la pensée de saint Augustin, pp. 579–580: »*Esse, Veritas, Incommutabilitas, Æternitas* [Sein, Wahrheit, Unveränderlichkeit, Ewigkeit] koinzidieren für den Hl. Augustinus in der ewigen Gegenwart, die im Wort *Est* [Ist] ausgedrückt ist.« J. Amstutz, Zweifel und Mystik besonders bei Augustin, p. 79, spricht anläßlich einer Textstelle (Soliloquia 1.1.3) von einer »Gleichsetzung von Wahrheit und Gotteswirklichkeit … Man beachte, dass Augustin nicht sagt: Deus bonus et pulcher [Gott ist gut und schön], wobei gut und schön Eigenschaften Gottes wären, von denen Gottes Wesen erst noch zu unterscheiden wäre. Nein, Gott ist das Gute und Schöne *wesenhaft* …«

[18] Cf. K. Holl, Augustins innere Entwicklung, p. 6.

[19] Cf. J. Amstutz, Zweifel und Mystik besonders bei Augustin, p. 81: »Es wird .. auch da, wo radikal gezweifelt und die fundamentalsten Gegenstände in Frage gestellt werden, in frommer Art gezweifelt. Ja vielleicht gibt es keinen Zug des augustinischen Denkens,

tionalen, blinden, sondern durch einen auf Wissen und Einsicht gegründeten, vernünftigen Glauben, was immer das sein mag, errungen werden.[20] Nicht nur im Titel des genannten Frühwerks, auch in

---

der noch heute von tieferer Frömmigkeit zu zeugen imstande ist, als dieses Zweifeln vor Gott, dieser Ruf: ‹Mein Gott, dich möchte ich erkennen und mich selber!›«.

[20] So bestimmt A. Augustinus, Epistolae 120.1.3–5, ⟨ed./tr.⟩ Péronne, 5.71–73, das Verhältnis von Glauben und Wissen zueinander folgendermaßen: Es ist abwegig, daß deshalb, weil wir glauben, wir die Vernunft nicht anerkennen oder befragen [sollen], vielmehr könnten wir gar nicht glauben, wenn wir keine Vernunftseelen hätten. Wenn es vernünftig ist, daß bei etwas Erhabenem/Großem, das wir noch nicht fassen können, der Glaube der Vernunft vorhergeht, dann auch ohne Zweifel (dies), daß die noch so kleine Vernunft, die uns davon überzeugt, dem Glauben vorausgeht. (*Absit, inquam, ut ideo credamus, ne rationem accipiamus sive quæramus; cum etiam credere non possemus, nisi rationales animas haberemus. … Si igitur rationabile est, ut ad magna quædam, quæ capi nondum possunt, fides præcedat rationem, procul dubio quantulacumque ratio quæ hoc persuadet, etiam ipsa antecedit fidem.*) Cf. idem, De praedestinatione sanctorum 2.5, ⟨ed./tr.⟩ Péronne, 31.582, wo ausgeführt wird, daß niemand etwas glaubt, wenn er vorher nicht gedacht hat, daß zu glauben ist. Wie klein der Abstand auch sein mag, mit dem das Denken dem Willen zum Glauben vorauseilt, es ist dennoch nötig, daß alles, was geglaubt wird, aufgrund eines vorhergehenden Denkens geglaubt wird. Indessen ist Glauben auch nichts anderes, als mit Zustimmung zu denken [!]. (*Nullus quippe credit aliquid, nisi prius cogitaverit esse credendum. … quamvis celerrime credendi voluntatem quædam cogitationes antevolent, moxque illa ita sequatur … necesse est tamen ut omnia quæ creduntur, præveniente cogitatione credantur. Quamquam et ipsum credere, nihil aliud est, quam cum assensione cogitare.*) Während nicht jeder, der denkt, glaubt, denkt jeder der glaubt: glaubend denkt er und denkend glaubt er. (*Non enim omnis qui cogitat, credit; … sed cogitat omnis qui credit, et credendo cogitat, et cogitando credit.*) Geistesverwandt, gar unmittelbar von Augustinus beeinflußt und auf 1 Kor 13.12 referierend, die Einsicht von Joannes Saresberiensis, Policraticus 7.2, ⟨ed.⟩ C. C. I. Webb, 2.96.3–8 (638d-639a) ≈ Opera omnia 4.85: »Denn diejenigen, die über alles bis zu dem Punkt zweifeln, daß sie über keine Sache Sicherheit/Gewißheit besitzen, stehen dem Glauben so sehr wie der Wissenschaft fern. Denn es ist dem Glauben nicht möglich, auf kürzerem Wege zum Wissen zu gelangen; sofern er die Wahrheit wie durch einen Spiegel von ferner betrachtet, besitzt er gleichwohl eine Sicherheit/Gewißheit, bei der der Dunst der Zweideutigkeit ausgeschlossen ist.« (*Nam qui de omnibus dubitant, eo quod nihil habeant certum, tam a fide, quam a scientia alieni sunt. Licet enim fides ad scientiae brauium non perueniat, dum quasi per speculum ueritatem absentium contuetur, habet tamen certitudinem caligine ambiguitatis exclusa.*) Im gnoseomystischen Christentum der Dionysischen Linie bedeutet Glaube neben anderem das unmittelbare Wissen, auch Unwissen genannt, in der Unio oder wenigstens auf die Unio zu. Als einen von vielen Belegen zitiere ich (Pseudo-)Maximus Confessor, Diversa capita 2.12 = PG 90.1225B: »Glaube ist eine undemonstrierbare/unbeweisbare Gnosis. Wenn aber die Gnosis undemonstrierbar ist, dann ist der Glaube ein übernatürlicher Zustand, demzufolge wir auf nichtwissende, vielmehr undemonstrierbare Weise durch eine suprarationale Einung mit Gott geeint werden.« (*'Ē pístis anapódeiktos gnõsis estin. Ei dè gnõsis estin anapódeiktos, ára schésis estìn 'upèr phúsin 'ē pístis, di' 'ẽs*

den relevanten Passus einiger späterer Werke spricht Augustinus unverhohlen aus, gegen wen (außer sich selbst) seine Darlegungen in dieser Sache gerichtet sind: Contra Academicos, wider die Mittleren, d.h. skeptischen Akademiker.

»Jedenfalls war die Verzweiflung an der Auffindung der Wahrheit, die durch die Argumente jener [der Akademiker] gestärkt zu werden schien, zu beseitigen. Bei jenen wird, wie gesagt, jeder Irrtum

---

agnō̃stōs, all' ouk apodeiktikō̃s 'enoúmetha tō̃j Theō̃j katà tèn 'upèr nóēsin 'énōsin.) Cf. o.c. 2.7–8; 2.11; 2.18. An der Stelle Maximus Confessor, Qvaestiones ad Thalassivm 33.1–37 = PG 90.373B-D, wird der Glaube das formlose Reich Gottes und dieses wiederum der auf göttliche Weise geprägte Glaube genannt; beide seien identisch, nur im Denken unterschieden; »mit Recht heißt der, ›*der in seinem Herzen nicht zweifelt*‹ [Mk 11.23], d.h., wessen Intellect nicht unterscheidet, sprich, die durch den Glauben hervorgebrachte unmittelbare Einung mit Gott zerteilt, so er leidenschaftslos ist, mehr noch, durch den Glauben in der Einung sogar Gott geworden ist, 'den Berg da weggehen und er wird weggehen' [cf. Mk 11.23].« (*eikótōs 'o* mḕ diakritheìs en tē̃j kardíaj autoũ, *toutéstin en tō̃j noĩ mḕ diakrínas égoun diatemṑn tḕn dià tē̃s písteōs pròs tòn theòn gegenēménēn ámeson 'énōsin, 'ōs apathḗs, mãllon dè theòs ḗdē dià tē̃s písteōs tē̃j 'enṓsei gegenēménos· ereĩ tō̃j órei toútōj metabē̃nai kaì metabḗsetai, …*). Idem, Capita gnostica 1.8 = PG 90.1085C: »Alles Seiende wird erkennbar genannt, indem es demonstrierbare Gründe der Erkenntnis über es in sich hat. Gott aber wird unerkennbar genannt; vielmehr wird aus dem Erkennbaren heraus nur sein Sein geglaubt. Ebendeshalb ist nichts Erkennbares irgendwie mit Ihm zu vergleichen.« (*Pánta tà ónta, nooúmena légetai· tō̃n ep' autà gnṓseōn enapodeíktous échonta tàs archás· 'o dè Theòs, ou nooúmenos onomázetai· all' ek tō̃n nooumenōn mónon eĩnai pisteúetai· dióper oudèn tō̃n nooumenōn autō̃j 'otioũn parabálletai.*) Cf. o.c. 1.9. Die Behauptung vom beträchtlichen Unterschied zwischen der Kategorie des Glaubens bei Maximus und Evagrius (übernatürlicher versus natürlicher Glaube), die H. U. v. Balthasar, Kosmische Liturgie, p. 605, aufstellt, ist zu prüfen an den Textvergleichen und Textkompilationen von M. Viller, Aux sources de la spiritualité de S. Maxime, pp. 166–168 & A. & C. Guillaumont, Évagre le Pontique: Traité pratique ou le moine 2.670–671 (Note zu Kapitel 81). P. Sherwood, The Earlier Ambigua of Saint Maximus the Confessor and His Refutation of Origenism, pp. 124–128, 141–142, 147–149, 153–154, diskutiert die schwer zu bestimmenden Abhängigkeitsverhältnisse der Theorien von Evagrius, des heidnischen Neuplatonismus, von Pseudo-Dionysius und Maximus – ohne allerdings eine überzeugende Lösung anbieten zu können. Daß wenigstens eine Ausdrucksform von Glauben bei Maximus über Evagrius hinaus noch eine ekstatisch-mystische Funktion bekommen hat, ist unbenommen. Ob diese wiederum im Sinne von v. Balthasar zu deuten ist, ist zu fragen. Könnte man in Maximos' »Glauben« nicht eine besondere Form des Wissens, eben das Wissen sehen, das nicht objektiv, nicht auf Objekte gerichtet ist, eine Überzeugung vom, ein Vertrauen auf das Sein an sich, »aus dem Erkennbaren heraus«, aus der Einsicht in sein Wesen gewonnen? Und sind diese Überzeugung, dieses Vertrauen nicht wiederum Spiegelungen eines unmittelbaren Gewahrens und Evidenzwissens vom Wißbaren zurück, einer Evidenzgewißheit, die nicht demonstriert, nur freigelegt und offenbar gemacht werden kann, weil sie Voraussetzung für jede und begleitendes Charakteristikum jeder (beweisbaren) Objekt-Erkenntnis darstellt?

für ein Vergehen [eine Sünde] gehalten, das [die] man, so behaupten sie, nicht vermeiden könne, wenn man nicht bei allem die Zustimmung suspendiert [in der Schwebe hält] (*nisi omnis suspendatur assensio*). Es irrt (sich) nämlich, sagen sie, wer auch immer dem Ungewissen zustimmt. Und zwar sei in den menschlichen Vorstellungen/Wahrnehmungen nichts Gewisses, wegen der unterschiedslosen Ähnlichkeit zum Falschen, auch wenn das, was man sieht, genau das Wahre wäre; sie disputieren zwar mit Hilfe äußerst scharfsinniger, doch äußerst unverschämter Zersetzungsargumente. Für uns aber *lebt der Gerechte aus dem Glauben.* Wenn aber die Zustimmung aufgehoben wird, wird der Glaube aufgehoben, weil ohne Zustimmung nichts geglaubt wird.«[21] Wie recht Augustinus hier hat!

Aus einem guten halben Dutzend anti-akademischer Beweisgänge im Werk Augustins von cartesianischem Charakter sollen hier zwei erhellende Beispiele vorgestellt werden.[22] Das eine findet sich in der Schrift ‹Über die wahre Religion›. In ihm geht es in erster Linie um die Sicherung der Wahrheit durch das Zweifeln hindurch. Es folgt dem Schema: Ich zweifle mit Sicherheit; dies ist eine sichere Erkennt-

[21] A. Augustinus, Enchiridion 7.20, 〈ed./tr.〉 J. Barbel, p. 54: *Et utique fuerat removenda inveniendae desperatio veritatis, quae illorum videtur argumentationibus roborari. Apud illos ergo error omnis putatur esse peccatum, quod vitari non posse contendunt, nisi omnis suspendatur assensio. Errare quippe dicunt eum, quisquis assentitur incertis nihilque certum esse in hominum visis propter indiscretam similitudinem falsi, etiam si quod videtur forte sit verum, acutissimis quidem, sed impudentissimis conflictationibus disputant. Apud nos autem* iustus ex fide vivit. *At si tollatur assensio, fides tollitur, quia sine assensione nihil creditur.* Cf. idem, Retractationes 1.1.1; idem, Epistolae 1.3. Augustinus' sogenannte Widerlegung der Neuakademiker faßt É. Gilson, Introduction à l'étude de Saint Augustin, pp. 48–55, dt. Ausgabe pp. 75–84 (mit Textkompilation zum Cogito-Argument), zusammen. Eine Darstellung zum Umgang Augustins mit der Akademischen Lehre um die (Un-)Fähigkeit des Menschen, Weisheit und Wahrheit zu erlangen, findet sich bei H. Leder, Untersuchungen über Augustins Erkenntnistheorie in ihren Beziehungen zur antiken Skepsis, zu Plotin und zu Descartes, pp. 7–34. Augustinus' sogenannte Lösung des Problems ist kurz und knapp in o. c., pp. 35–52, skizziert. Die kleine Studie von C. Thiaucourt, Les Académiques de Cicéron et le Contra Academicos de Saint Augustin, soll hier nur der Vollständigkeit halber erwähnt werden. Sie besteht leider nur aus einer Aneinanderreihung von Vor- und Pauschalurteilen. J. J. O'Meara 〈tr.〉, St. Augustine: Against the Academics, Intro., p. 17, resümiert, daß die Argumente des Kirchenlehrers gegen die Akademiker »von geringem Wert« seien.

[22] Neben den folgend übersetzten Stellen zum Cogito-Argument wider die Neuakademiker sind zu nennen: A. Augustinus, De civitate dei 11.26; idem, De trinitate 15.12.21. Dasselbe ohne namentliche Nennung der Akademie: idem, Soliloquia 2.1.1; idem, De beata vita 2.7; idem, De libero arbitrio 2.3.7. Informationen zum Verhältnis der Argumentationsweisen von Augustinus und Cartesius werden im Kapitel 3.1.2 gegeben.

nis und somit wahr; Wahres setzt aber Wahrheit voraus; also gibt es Wahrheit. »Und wenn du dir nicht sicher bist über das, was ich sage, und zweifelst, ob es wahr sei, sieh wenigstens, ob du nicht daran zweifeln mögest, ob du zweifelst; und wenn es sicher ist, daß du ein Zweifelnder bist, suche, woher die Sicherheit kommt: …… Jeder, der sich als Zweifelnden erkennt, erkennt Wahres, und dessen, was er erkennt, ist er sicher; also ist er des Wahren sicher. Folglich hat jeder, der zweifelt, ob es eine Wahrheit gibt, in sich Wahres, und daher möge er nicht zweifeln; denn kein Wahres ist wahr, wenn es keine Wahrheit gibt. Deshalb soll niemand an der Wahrheit zweifeln, der, woran auch immer, zu zweifeln vermag.«[23]

Das zweite Beispiel stammt aus der Schrift ‹Über die Dreifaltigkeit›. Der Gedankenführung darin ist es vor allem um die Versicherung und Sicherung des eigenen Selbstseins zu tun und steht demnach dem Cartesianischen ›Ich zweifle, ich denke, ich bin‹ noch näher. Die Präsenz der eigenen Selbstheit, heißt es dort, sei unmittelbar, jenseits aller Vorstellungsbilder. Und so ließen sich Sein, Existieren und Leben und die damit verbundenen kognitiven und appetitiven Vorgänge durch keinen Zweifel erschüttern, sondern immer nur vergegenwärtigen und bestätigen. »Nicht möge er [der Geist/*mens*] also anderes zu dem hinzufügen, was er als sich selbst erkennt, wenn er vernimmt, daß er sich selbst erkennt. … Und niemand ist darüber im Zweifel, daß auch niemand Einsicht hat, der nicht lebt und niemand lebt, der nicht ist/existiert. … Wer vermöchte jedoch an seinem Leben, Gedächtnis, seiner Einsicht, seinem Wollen, Denken, Wissen und Urteilen zu zweifeln? Denn auch wenn man zweifelt, lebt man; wenn man zweifelt, ist man sich dessen eingedenk, woran man zweifelt; wenn man zweifelt, sieht man ein, daß man zweifelt; wenn man zweifelt, will man sicher sein; wenn man zweifelt, denkt man; wenn man zweifelt, weiß man, daß man nicht weiß; wenn man zweifelt, urteilt man, daß man nicht leichtsinnig zustimmen darf. Jeder, der folglich anderwärts zweifelt, darf an all dem nicht zweifeln; wenn etwas von diesem nicht wäre/existierte, wäre es nicht möglich, an

[23] A. Augustinus, De vera religione 39.73, ⟨ed./tr.⟩ Péronne, 3.643–644: *Aut si non cernis quæ dico, et an vera sint dubitas, cerne saltem utrum te de iis dubitare non dubites; et si certum est te esse dubitantem, quære unde sit certum: …… Omnis qui se dubitantem intelligit, verum intelligit, et de hac re quam intelligit certus est, de vero igitur certus est. Omnis igitur qui utrum sit veritas dubitat, in seipso habet verum unde non dubitet; nec ullum verum nisi veritate verum est. Non itaque oportet eum de veritate dubitare, qui potuit undecumque dubitare.*

irgend etwas zu zweifeln.«[24] Der Mensch dächte sich selbst nicht mit Hilfe einer vorstellenden Einbildung, sondern einer Art innerer, nicht nachgebildeter/vorgestellter, wahrer Gegenwart – nichts sei ihm nämlich gegenwärtiger als er sich selbst.[25]

Die echte Skepsis geriet im Zuge dieser Mischung willkürlicher Umdeutungen und frivoler Polemiken, innerhalb welcher ihr ein unsinniges Festhalten am Zweifel angedichtet wurde, sowie einer geradezu transzendental-methodisch anmutenden, der Philosophie durchaus würdigen reflektorischen Abfuhr des unterstellten Nonsens in die Rolle einer verrückten, dem Leben widersprechenden Un-Lehre, die anscheinend mit ihren eigenen Mitteln am besten zu beseitigen war. Diese Vorgehensweise stellt gewissermaßen ein Zerrbild der Methode der Skeptiker selbst dar, vergaßen diese doch nicht, am Ende und zur Vollendung ihrer Eristik die Widerlegung mit Vergnügen an ihrem eigenen Denken durchzuführen, die Skepsis als Purgativ der dogmatischen Konstipation mit dem Dogmatismus zusammen abführen zu lassen oder die Leiter, auf der sie emporgestiegen waren, oben angekommen, umzuwerfen.[26] Man mußte ihre Aporetik samt Urteilsent-

---

[24] A. Augustinus, De trinitate 10.9.13–10.10.14, Text nach ⟨ed.⟩ W. J. Mountain, 1.326–328 (mit längeren Auslassungen): *Non ergo adiungat aliud ad id quod se ipsam cognoscit cum audit ut se ipsam cognoscat. … Et nulli est dubium nec quemquam intellegere qui non uiuat, nec quemquam uiuere qui non sit. … Viuere se tamen et meminisse et intellegere et uelle et cogitare et scire et iudicare quis dubitet? Quandoquidem etiam si dubitat, uiuit; si dubitat, unde dubitet meminit; si dubitat, dubitare se intellegit; si dubitat, certus esse uult; si dubitat, cogitat; si dubitat, scit se nescire; si dubitat, iudicat non se temere consentire oportere. Quisquis igitur alicunde dubitat de his omnibus dubitare non debet quae si non essent, de ulla re dubitare non posset.*

[25] Cf. A. Augustinus, De trinitate 10.10.16, Text nach ⟨ed.⟩ W. J. Mountain, 1.329: *… cogitaret, non scilicet per imaginale figmentum … sed quadam interiore non simulata sed uera praesentia (non enim quidquam illi est se ipsa praesentius).*

[26] Zum Leitergleichnis cf. Sextos Empeirikos, Adversus Mathematicos 8.481. Dieser Nachweis enthüllt das in der modernen Philosophie als originelles Bild vielgepriesene Wegwerfen der Leiter bei L. Wittgenstein, Tractatus logico-philosophicus 6.54 = Werkausgabe 1.85, als uraltes Traditionsgut. Daß es auch bei einigen anderen Philosophen verwendet wurde, werden wir irgendwann einmal schriftlich dokumentieren. Cf. M. T. Cicero, Academica 2. (Lucullus) XXIX.95, wo vorgeführt wird, daß auch die Wissenschaft/Kunst (*ars*), d.h. Dogmatik vor der Widerlegungskunst der Skepsis schließlich kapitulieren und das Penelope-Gewebe ihrer Prinzipien, das sie vorher gestrickt hatte, am Ende selbst wieder auftrennen muß: »Ja, jene nämliche Kunst/Wissenschaft hebt sogar so, wie Penelope das Gewebe wieder auftrennt, am Ende das Vorhergehende auf.« (*Quid quod eadem illa ars quasi Penelope telam retexens tollit ad extremum superiora?*) Zur Skepsis als Abführmittel (Kathartikon), das sich zusammen mit dem Abgeführten selbst abführt, cf. Sextos Empeirikos, Pyrrhoneion Hypotyposeon 1.206; 2.188; idem,

haltung nur zur Haltung des Dauerzweifels umdeuten und die reflektorische Stufenfolge ihrer Gedankenführung einebnen, schon war der Irrationalismus und Irrealismus ihrer Lehre eklatant und mit Leichtigkeit abzufertigen.

In verstümmelter Form wurde sie allmählich zum Diener fremder Doktrinen.[27] Läßt man den Apostel Paulus einmal beiseite, obwohl auch einige seiner Aussprüche unter dem Lichtkegel unserer Explikationen geprüft werden sollten,[28] dann reicht die Kette christ-

---

Adversus Mathematicos 8.480; Diogenes Laërtios, De vitis dogmatis ... 9.76; Eusebeios, Praeparatio evangelica 14.18.21 (762b); Ploutarchos, Platonicae quaestiones (Moralia) 999E-F; 1000C-D; M. de Montaigne, Les Essais 2.12.262.17–23/OC, p. 508 = GS 3.352/⟨tr.⟩ J. D. Tietz, 2.214; F. de La Mothe Le Vayer, De la vertu des payens. Seconde partie: de Pyrrhon, Œuvres 5.1.294–295 (2.193); idem, Petit traité sceptique sur cette commune façon de parler, N'avoir pas le sens commun, Œuvres 5.2.198–199 (2.270); I. Kant, Kritik der reinen Vernunft B514/A486, ⟨ed.⟩ W. Weischedel, 4.456.

[27] Cf. W. Wundt, Einleitung in die Philosophie, pp. 336–337: »Ein radikaler, gleicherweise gegen Erfahrung und Denken gerichteter Zweifel, wie ihn Pyrrho und seine Schule ausspricht, findet sich in den folgenden Jahrhunderten in der Regel nur noch als Ergänzung einer mystisch-religiösen Glaubensrichtung, die einerseits, um die Notwendigkeit des Glaubens zu beweisen, die Trüglichkeit des Erkennens hervorhebt, anderseits, um das Widerspruchsvolle der Glaubensdogmen zu rechtfertigen, die widerspruchsvolle Natur des Wissens darzutun sucht. In diesem Sinn ist schon im scholastischen Nominalismus die skeptische Denkweise in den Dienst der religiösen Mystik getreten, und von ähnlichen Motiven aus haben noch später ein Blaise Pascal, Pierre Bayle (im 17. Jahrh.) und später (im 18.) ein J. G. Hamann der Skepsis sich zugewandt.« In idem, Metaphysik, p. 105, wird darauf hingewiesen, »daß die selbst als eine Abart der Philosophie auftretende Skepsis ihrerseits offenbar einer bestimmten Regelmäßigkeit ihrer Formen keineswegs entbehrt. Diese besteht in zwei Verbindungen, die sie eingeht, und von denen die eine rückwärts, nach dem Mythus, die zweite vorwärts, nach der positiven Wissenschaft gerichtet ist. Vor allem verbindet sich nämlich die Skepsis mit der Mystik und durch diese mit dem Streben nach einer Erneuerung des religiösen Bewußtseins. ... Unter den positiven Wissenschaften ist es aber die Mathematik, die zu jeder Zeit eine bemerkenswerte Affinität zur Skepsis und zur Mystik bewahrt hat.«

[28] Cf. 1 Kor 1.18–29; M. de Montaigne, Les Essais 2.12.219.6–10; 2.12.221.8–20; 2.12.222.20–223.12; 2.12.243.3–5; 2.12.249.25–250.2; 2.12.256.19–20; 2.12.265.13–15; 2.12.298.8–9/OC, pp. 477–480; 494; 499; 504; 510; 535 = GS 3.296; 3.299; 3.301–302; 3.327; 3.336; 3.345; 3.356; 3.402/⟨tr.⟩ J. D. Tietz, 2.134; 2.138; 2.141–142; 2.177; 2.191–192; 2.202; 2.219; 2.275; P. Charron, De la Sagesse, Livre second, Chapitre 2 = Œuvres 1.20–21. F. de La Mothe Le Vayer, Prose chagrine (seconde partie), Œuvres 3.1.307 (1.522): »Aber der Apostel [Paulus] hat nichts verkündet, das scheint mir, was präziser die skeptische Ungewißheit (*l'incertitude Sceptique*) hinsichtlich der menschlichen Kenntnisse und auch besser die eitle Arroganz derer, über die wir uns beklagen, festgestellt hätte, als diesen schönen Satz, den er speziell ab dem Beginn des achten Kapitels seines ersten Korintherbriefes niederlegt: ›*So aber sich jemand dünken lässet, er wisse etwas, der weiß noch nichts, wie er wissen soll.*‹ [1 Kor 8.2] Sicherlich hat die Epochē

licher Quasi-Skeptiker und Skeptisierer über die platonisch und stoisch beeinflußten Väter, die wir soeben vorstellten, die neoplatonisch orientierten Mystiker,[29] die Wiederentdecker der antiken Epe-

(*l'Epoque*) niemals etwas Entscheidenderes/Entschiedeneres (*decisif*) zu dem Gegenstand, von welchem wir reden, ausgesprochen, soll sagen, gegen die affirmativen/bekräftigenden und resolutiven/zersetzenden Konklusionen derer, die sich für so große Gelehrte halten.« (*Mais l'Apôtre n'a rien prononcé, ce me semble, qui établisse plus précisément l'incertitude Sceptique, à l'égard des connoissances humaines, ni qui détruise mieux la vaine arrogance de ceux dont nous nous plaignons, que cette belle sentence qu'il couche particuliérement dès le commencement du huitiéme Chapitre de sa premiére Lettre aux Corinthiens: ›Que si quelqu'un présume de savoir véritablement quelque chose, il ne connoit pas seulement encore de quelle façon il doit savoir:‹* Si quis autem se existimat scire aliquid, nondum cognovit quemadmodum oportet eum scire. *Certes l'Epoque n'a jamais rien proféré de plus decisif au sujet dont nous parlons, je veux dire contre les conclusions affirmatives & résolutives de ceux qui se croient si grands Docteurs.*) Cf. idem, Petit traité sceptique sur cette commune façon de parler, N'avoir pas le sens commun, Œuvres 5.2.200–202 (2.270–271); idem, De la vertu des payens. Seconde partie: de Pyrrhon, Œuvres 5.1.304, 306, 310 (2.195–197); idem, Dialogue sur le subjet de la divinité = Dialogues faits à l'imitation des anciens, ⟨ed.⟩ A. Pessel (= Dialogues), pp. 305–312, 350–352. R. H. Popkin, The History of Scepticism from Erasmus to Spinoza, p. 93 (La Mothe Le Vayer paraphrasierend): »Predigte der Hl. Paulus im Grunde nicht reinen Skeptizismus als Weg zu Gott?« Cf. idem, Theological and Religious Scepticism, pp. 150–151.

[29] Die Äquivalenz ist dabei vornehmlich strukturell und weniger in belegbaren Übernahmen von Fremdlehren zu suchen. Wir werden auf diese Strukturverwandtschaft noch eingehend zu sprechen kommen. Cf. F. de La Mothe Le Vayer, De la vertu des payens. Seconde partie: de Pyrrhon, Œuvres 5.1.305 (2.195): »Nicht ohne Grund also glauben wir, daß das skeptische System, das auf einer naiven Anerkennung der menschlichen Unwissenheit beruht, das am wenigsten konträre von allen zu unserem Glauben ist und das geeignetste, die übernatürlichen Lichte des Glaubens zu empfangen. Wir sagen damit nur das, was der höchsten Theologie konform ist, da doch die des Hl. Dionysios nichts ausdrücklicher lehrt als die Schwäche unseres Geistes und seine Unwissenheit angesichts aller göttlichen Dinge.« (*Ce n'est donc pas sans sujet, que nous croions le systeme Sceptique, fondé sur une naïve reconnoissance de l'ignorance humaine le moins contraire de tous à nôtre créance, & le plus approprié à recevoir les lumieres surnaturelles de la Foi. Nous ne disons en cela que ce qui est conforme à la meilleure Théologie, puisque celle de Saint Denys n'enseigne rein plus expressément, que la foiblesse de nôtre esprit, & son ignorance à l'égard sur tout des choses Divines.*) In idem, Dialogue sur le subjet de la divinité = Dialogues, p. 315, wird hisichtlich eines Ausspruchs zur Erkenntnis Gottes durch Nichtwissen in den ‹Namen Gottes› gar von einem »schönen skeptischen Satz des Hl. Dionysios zu dieser Sache« (*belle sentence Sceptique de S. Denis sur ce subject*) gesprochen. Eine Bezugnahme auf erstere Stelle findet sich auf protestantischer Seite bei P. Bayle, Pyrrhon, Oeuvres diverses Vol. 1.2: Choix d'articles tirés du Dictionnaire Historique et Critique, p. 915 C (= 733d). Cf. F. Mauthner, Wörterbuch der Philosophie 2.373: »der Verfasser des Pseudo-Dionysios war beinahe ein Heide, ein Skeptiker, der vom Christentum äußerlich nur ein paar Formeln und Gebräuche bestehen ließ, innerlich aber dem Christentume wiedergab, was im Nieder-

chisten in Mittelalter und Renaissance,[30] Glaubenskämpfer wie z. B. Gianfrancesco Pico Della Mirandola[31] (1469–1533), die modernen Fideisten beider Bruderkriegsparteien,[32] ich nenne sie einmal so, Michel de Montaigne (1533–1592) und seinen Schülerkreis,[33] François

gang der Patristik abhanden zu kommen schien: die Mystik.« O. c. 2.372: »Raoul Richter hätte ihn unter die Rubrik des partiellen Skeptizismus einreihen müssen.«

[30] Zu den vereinzelten Befürwortern Mittelakademischer Lehrgehalte im Mittelalter vor der Renaissance cf. C. B. Schmitt, Cicero Scepticus, pp. 33–42, 159; idem, The Rediscovery of Ancient Skepticism in Modern Times, pp. 227–228, jeweils mit Literaturangaben. Für die allgemeinen Entwicklungen der anschließenden Zeit cf. idem, Cicero Scepticus, pp. 43–77, 158–170 (Zusammenfassungen); idem, The Rediscovery of Ancient Skepticism in Modern Times, pp. 225–251; R. H. Popkin, The History of Scepticism from Erasmus to Spinoza, pp. 18–41. In der Aufsatzsammlung von K. Michalski, La philosophie au XIVe siècle, pp. 35–203, sind drei aufeinander bezogene Studien zu Kritik und Skeptizismus im 14. Jh. abgedruckt. Dabei handelt es sich um eine rein doxographische Materialsammlung, die zwar gewisse Einflüsse des islamischen Denkens berücksichtigt, sich aber nur auf philosophisches Argumentieren im allgemeinen Sinne bezieht, welches selbstverständlich immer auch widerlegend verfährt, um seine Behauptungen abzusichern und durchzusetzen; mit der eigentlichen Skepsis hat das nur wenig zu tun. Literarisch anspruchsvoll werden die skeptischen Entwicklungen des Rinascimento von J. Owen, The Skeptics of the Italian Renaissance, dargestellt. Zu Laurentius Valla (1407–1457) cf. L. Jardine, Lorenzo Valla: Academic Skepticism and the New Humanist Dialectic. Zu skeptisch-mystischen Tendenzen bei Erasmus von Rotterdam cf. T. Penelhum, Skepticism and Fideism, p. 294: »Wir können Echos skeptischer Themen finden, wenn Erasmus darauf besteht, daß ›christliche Frömmigkeit‹ von uns nicht verlangt, an theologischen Disputationen über göttliches Vorauswissen oder die Wirksamkeit des Willens teilzunehmen, und daß es Sachverhalte gibt, von welchen Gott nicht wünscht, daß wir sie durchdringen, sondern daß wir sie nur, ›während wir ihn verehren, in mystischer Stille betrachten‹.« Ein entschiedener Feind der Skeptisiererei zu Glaubenszwecken ist Martin Luther (1483–1546), allerdings werde er, so meint E. Wölfel, Luther und die Skepsis, p. 240, »einzig *als Dolmetscher des Heiligen Geistes* zur Antwort auf die Skepsis, denn von eben diesem allein gilt: Spiritus sanctus non est scepticus [der Heilige Geist ist kein Skeptiker] (WA [= Martin Luthers Werke, Weimar 1883–1948] 18, 605, 32).«

[31] Cf. C. B. Schmitt, Gianfrancesco Pico Della Mirandola (1469–1533) and His Critique of Aristotle, pp. 160–181; idem, The Rediscovery of Ancient Skepticism in Modern Times, pp. 225–251.

[32] Cf. R. H. Popkin, Theological and Religious Scepticism; T. Penelhum, Skepticism and Fideism, pp. 287–318; G. Gawlick, Die Funktion des Skeptizismus in der frühen Neuzeit, pp. 86–94. Zum Skeptizismus der Renaissance in Frankreich cf. J. Owen, The Skeptics of the French Renaissance. Dieses Werk konnte von mir leider nicht beschafft werden. Nach der Note, die den bibliographischen Angaben der Library of Congress (Washington) beigefügt ist, sind in dem Band Montaigne, Peter Ramus, Charron, Sanchez, La Mothe Le Vayer und Pascal berücksichtigt.

[33] Cf. M. de Montaigne, Les Essais 2.12: Apologie de Raymond Sebond; C. B. Brush, Montaigne and Bayle, pp. 35–159; R. H. Popkin, The History of Scepticism from Eras-

de La Mothe Le Vayer[34] (1588–1672), Blaise Pascal[35] (1623–1662), Pierre Bayle[36] (1647–1706) und andere über Søren Kierkegaard[37] (1813–1855) bis in die heutige Zeit[38].

»Nach der Vereinigung der Philosophie mit der Popularreligion, folgend der Ersteinsetzung des Christentums, war nichts unter allen religiösen Lehrern gängiger als Deklamationen gegen die Vernunft, gegen die Sinne, gegen jedes Prinzip, das ausschließlich aus menschlicher Forschung und Untersuchung herrührte. Alle Themen der antiken Akademiker wurden von den (Kirchen-)Vätern aufgegriffen und von da an mehrere Zeitalter in jeder Schule und von jeder Kanzel im gesamten Christentum propagiert. Die Reformatoren nahmen dieselben Prinzipien des Argumentierens, oder besser, der Deklamation, an; und alle Lobreden auf die Vortrefflichkeit des Glaubens waren bestimmt mit einigen harten Hieben der Satire gegen die natürliche Vernunft gespickt. Auch ein gefeierter Prälat der römisch-katholischen Religionsgemeinschaft [Pierre Daniel Huet], ein Mann von umfassendster Bildung, der eine Darlegung des Christentums schrieb, verfaßte ebenso ein Traktat, das alle Kritteleien des dreistesten und entschiedensten *Pyrrhonismus* enthält. *Locke* scheint der erste Christenmensch gewesen zu sein, der offen zu behaupten wagte, daß der *Glaube* nichts als eine Art der *Vernunft*, daß Religion nichts als ein Zweig der Philosophie und daß stets eine Reihe von

---

mus to Spinoza, pp. 42–65; D. Grundy, Skepticism in Two Essays by Montaigne and Sir Thomas Browne, pp. 529–542; F. L. Baumer, Religion and the Rise of Scepticism, p. 32; M. Horkheimer, Die gesellschaftliche Funktion der Philosophie, p. 221.

[34] Cf. R. H. Popkin, The History of Scepticism from Erasmus to Spinoza, pp. 90–97; idem, Skepticism and the Counter-Reformation in France, pp. 58–87; J. Grenier, Le sceptique masqué, pp. 1504–1513.

[35] Cf. B. Pascal, Pensées, Nrn. 233; 374–378; 385; 387; 390–394; 432; 434, ⟨ed.⟩ L. Brunschvicg (mit Anmerkungen des Herausgebers, o. c., pp. 292–293) = ⟨ed.⟩ M. Le Guern, Œuvres complètes 2, Nrn. 397; 31; 468; 554; 468; 707; 705; 557; 100; 656; 526; 585; 122. F. L. Baumer, Religion and the Rise of Scepticism, p. 32; R. H. Popkin, The Third Force in Seventeenth-Century Thought, pp. 212–215; idem, The 'Incurable Scepticism' of Henry More, Blaise Pascal and Søren Kierkegaard.

[36] Cf. R. H. Popkin, Pierre Bayle's Place in 17th Century Scepticism, pp. 1–19; idem, The High Road to Pyrrhonism, pp. 149–159.

[37] Cf. S. Kierkegaard, Gesammelte Werke 10; idem, Gesammelte Werke 16. Abt., 1. & 2. Tl., pp. 98–117; R. H. Popkin, Kierkegaard and Scepticism, pp. 123–141; idem, Hume and Kierkegaard, pp. 274–281; idem, The Third Force in Seventeenth-Century Thought, pp. 215–219.

[38] Cf. F. L. Baumer, Religion and the Rise of Scepticism, pp. 31–34; W. Weischedel, Die Frage nach Gott im skeptischen Denken; idem, Skeptische Ethik.

Argumenten – ähnlich denen, welche eine Wahrheit in der Ethik, Politik oder Physik begründen – angewendet wurde, um alle Prinzipien der Theologie, der natürlichen und geoffenbarten, zu entdecken. Der üble Gebrauch, den *Bayle* und andere Freigeister vom philosophischen Skeptizismus der (Kirchen-)Väter und ersten Reformatoren machten, leistete der wohlüberlegten Geisteshaltung von Herrn *Lokke* weiteren Vorschub. Und es wird gegenwärtig von allen, die auf Rationalität und Philosophie Anspruch erheben, gewissermaßen zugestanden, daß Atheist und Skeptizist nahezu gleichbedeutend sind.«[39]

Auf die hier ausschließlich durch ein paar Namensnennungen und Literaturverweise angedeuteten Entwicklungen im späteren Mittelalter und in den Frühphasen des jetzigen Zeitalters wollen wir im folgenden Kapitel exemplarisch einige Schlaglichter werfen. Dabei wird sich herausstellen, daß die fideistische Funktionalisierung

---

[39] D. Hume, Dialogues concerning Natural Religion, ⟨ed.⟩ J. V. Price, pp. 155.27–156.19: *After the Union of Philosophy with the popular Religion, upon the first Establishment of Christianity, nothing was more usual, among all religious Teachers, than Declamations against Reason, against the Senses, against every Principle, deriv'd merely from human Research and Enquiry. All the Topics of the antient Academics were adopted by the Fathers; and thence propagated for several Ages in every School and Pulpit throughout Christendom. The Reformers embrac'd the same Principles of Reasoning, or rather Declamation; and all Panegyrics on the Excellency of Faith were sure to be interlarded with some severe Strokes of Satyre against natural Reason. A celebrated Prelate too, of the Romish Communion, a Man of the most extensive Learning, who wrote a Demonstration of Christianity, has also compos'd a Treatise, which contains all the Cavils of the boldest and most determin'd* Pyrrhonism. Locke *seems to have been the first Christian, who ventur'd openly to assert, that* Faith *was nothing but a Species of* Reason, *that Religion was only a Branch of Philosophy, and that a Chain of Arguments, similar to that which establish'd any Truth in Morals, Politics, or Physics, was always employ'd in discovering all the Principles of Theology, natural and reveal'd. The ill Use, which* Bayle *and other Libertines made of the philosophical Scepticism of the Fathers and first Reformers, still farther propagated the judicious Sentiment of Mr* Locke: *And it is now, in a manner, avow'd, by all Pretenders to Reasoning and Philosophy, that Atheist and Sceptic are almost synonimous.* Eine geschichtliche Übersicht über den neueren, d. h. christlichen Skeptizismus bis zu seiner Zeit gibt J. J. Brucker, Historia critica philosophiae 4.1.536–609 ≈ idem, Kurtze Fragen aus der Philosophischen Historie 1.6.849–992. Die Darstellung von D. J. F. I. Tafel, Geschichte und Kritik des Skepticismus und Irrationalismus in ihrer Beziehung zur neueren Philosophie, pp. 95–295: »§. 7. Die Skeptiker unter den Christen.« leidet sehr unter einer mangelnden Trennschärfe zwischen Skeptizismus, Zweifellehre und Irrationalismus. Von einer vorwiegend psychologischen Warte aus erzählt C. F. Staeudlin, Geschichte und Geist des Skepticismus vorzueglich in Ruecksicht auf Moral und Religion, das Werden und Wirken der Skepsis unter den im Titel genannten Aspekten.

der Urteilsenthaltung nicht ohne eine (fast unmerkliche und großenteils unbemerkte) Verformung, ja Verkehrung ihres skeptischen Ursinns, vonstatten ging.

2.3.2 Das Skeptisieren erfaßt das mittelalterliche Christentum

Mit dem ausgehenden Altertum war der Skeptizismus von der Bildfläche des Gedankenlebens im Abendland so gut wie verschwunden. Das Gespenst von einer Philosophie, das die Umdeuter dieser unprätentiösen Lehr- und Lebensform von ihr übrigließen, hatte sich anscheinend in unzugängliche Nischen und die hintersten Winkel der geistigen Landschaft zurückgezogen. Doch weiß man von den Geistern, daß sie als solche quasi unsterblich sind. Und so spuken die skeptischen Schattenwesen bei denjenigen, die sie zu Schemen verzauberten, immer wieder und werden es tun bis diese sie aus dem Bann der Mißdeutung entlassen und somit die Verbannung aus der Gemeinschaft philosophischer Ausdrucksformen aufgehoben haben. Das Zeitalter, das von einer solchen Heimsuchung am fürchterlichsten betroffen wurde, ist die beginnende Neuzeit. Das skeptische Phantom bemächtigte sich der Lehren, deren frühere Vertreter es am heftigsten torquiert, ja es verteufelt hatten, der Dogmen der religiösen Eiferer, und zwar in der Weise, daß diese wähnten, sich umgekehrt seiner zu bemächtigen.

Diese Entwicklung hob selbstverständlich nicht ohne Vorläuferpositionen an. Sie stützt sich auf eine schriftliche Überlieferung, die bis in die Karolingerzeit zurückzuverfolgen ist. Das dokumentieren u.a. die Lucullus-Exzerpte des westfränkischen Presbyters und Bibliothekars Hadoardus aus dem 9. Jh. Daraus ist ersichtlich, daß die Akademische Skepsis mitsamt ihrer Zustimmungs-Enthaltung im Aufgange des Hochmittelalters bekannt war.[40] Hinsichtlich der Weiterverwertung der Materialien zu eigenen weltanschaulichen Zwekken können bei dieser Persönlichkeit allerdings keine Feststellungen getroffen werden. Das verhält sich bei der anschließend vorgestellten schon ganz anders. Sie ist für die Zeit vor dem Wiederauftauchen der Pyrrhoneischen Bücher nicht nur als einer der wichtigsten mittelalterlichen Zeugen für die Erstarkung des Wissens um den ›Zweifel‹ der Skeptiker anzuführen, sondern zudem als jemand, der diesen

[40] Cf. Hadoardus, Cicero-Excerpte 219–253, ⟨ed.⟩ P. Schwenke, pp. 455–461.

selbst, wenn auch mit Bedacht, in die christliche Glaubenshaltung und Kirchenlehre zu integrieren suchte. Gemeint ist John of Salisbury. Einerseits unternimmt er, wie in einem früheren Kapitel bereits aufgewiesen wurde, den Versuch, den beständigen und allumfassenden Zweifel, und d. h. für ihn, den Unfug, den seine Vertreter begingen, zu widerlegen (*adversus istorum ineptias*) und die Akademiker unter Berufung auf Augustinus und Cicero als Schlafsüchtige, Dummköpfe und Schwachsinnige zu brandmarken, die von nichts Bewußtsein besäßen und ihre Heimat nicht heil erreichten, weil sie nicht einem Weg allein folgten, sondern von starker Gegensätzlichkeit hin und her gerissen würden.[41] »Denn was gibt dem die Philosophie, der in seinen Meinungen ständig (unschlüssig) hin und her wogt und dem sie das Licht der Vernunft, indem sie den Weg zur Seligkeit zeigt, auslöscht, als ob sie dem Reisenden das Auge ausrisse, dem sie den Weg weisen soll, damit er gefahrloser und geradliniger weiterkommt?«[42]

Andererseits räumt unser Bischof von Chartres ein, es stünde für ihn dort, wo sich seine Ausführungen aus irgendeinem Grund der Ausübung strengerer Philosophie anzunähern schienen, fest, daß es vorzuziehen sei, nach der Art der Akademiker im Geiste zu suchen, denn Eigensinniges zu behaupten, damit bei der Prüfung des Wahren jedem sein freies Urteil erhalten bliebe und die Autorität von Schriftstellern als unbrauchbar eingeschätzt würde, wo sie zu einem stärkeren Argument in Widerspruch stünde.[43] Sein Eingeständnis erläutert er anschießend, indem er begründet, warum es

---

[41] Cf. Joannes Saresberiensis, Policraticus 7.2, ⟨ed.⟩ C. C. I. Webb, 2.97.20–98.1 (639d) ≈ Opera omnia 4.86: *Quid potius sequetur qui tanta contrarietate distrahitur? Sane ad patriam nemo peruenit nisi qui unam sequitur uiam; … Nonne similior est letargico aut insipienti siue insano quam philosopho qui, cum somnii meminerit, an dormierit dubitat, et, cum cibo satiatus est, an ieiunus sit nescit, et nullius eorum, quae egit uel in proximo, scientiam habet?* Herkunftsort des Illusionsarguments ist M. T. Cicero, Academica 2. (Lucullus) XVI.51–XVII.53 & XXVII.88–XXVIII.90.

[42] Cf. Joannes Saresberiensis, Policraticus 7.2, ⟨ed.⟩ C. C. I. Webb, 2.97.16–19 (639d) ≈ Opera omnia 4.86: *Quid enim ei philosophia confert qui semper fluctuat opinionibus, et cui in ostendenda felicitatis uia rationis lumen extinguit et quasi oculum eruit ut cautius et rectius pergat uiator cui ostensura est uiam?*

[43] Joannes Saresberiensis, Policraticus 7.Prol., ⟨ed.⟩ C. C. I. Webb, 2.93.10–15 (637b) ≈ Opera omnia 4.82: *Si qua uero ad grauioris philosophiae exercitationem uidentur accedere, Achademicorum more inuestigandi animo quam peruicacia contendendi sic constet esse proposita ut in examinationem ueri suum cuique iudicium liberum reseruetur et inutilis scribentium censeatur auctoritas ubi sententia potior refragatur.*

angebracht sei, die Akademiker vor allen anderen nachzuahmen.[44] Dies gezieme sich bei all den Sachverhalten, die für den Weisen zweifelhaft seien, von denen er weder durch die Gewähr des Glaubens noch der Sinne oder der klaren Vernunft überzeugt sei, und die sich in ihrer Stärke auf jede von beiden (Gegen-)Seiten stützten.[45] Dabei handle es sich um Fragen nach der Vorsehung, der Substanz, Quantität, den Kräften, der Wirksamkeit, dem Ursprung der Seele, dem Schicksal, den natürlichen Anlagen, dem Zufall und dem freien Willen, nach der Materie, Bewegung und den Grundstoffen der Körper, nach dem Fortschreiten der Vielheit und der Teilung der Größe, ob sie überhaupt keine Grenzen hätten oder ob sich diese zuletzt lediglich außerhalb der Vernunft befänden. Um Fragen nach Zeit, Ort, Zahl usw. (im Text werden noch fast zwei Dutzend Grundbegriffe und -probleme aufgezählt) bis hin zu dem, was auf fromme Art selbst über Gott, der die Erforschung durch die gesamte Vernunftnatur überrage und über all das, was vom Geist erfaßt werden könne, erhaben sei, gefragt werde.[46] Den Maximalkategorien von Wissenschaft, Metaphysik, gar Theologie, ist wegen ihrer antinomischen und dilemmatischen Korollarien also mit Vorsicht und Zurückhaltung, dem (vermeintlichen) Zweifel der Akademiker, zu begegnen. »Es hätte auf diese Weise möglichst viel aufgezählt werden können, worüber sie den Zweifel des Weisen so zulassen, daß dennoch der Zweifel selbst dem Haufen entgeht. Daran, so würde ich leicht glauben, zweifeln die Akademiker um so zurückhaltender, je geflissentlicher sie sich, finde ich, vor dem Abgrund der Unbesonnenheit [Leichtfertigkeit/Verwegenheit] in acht nehmen. Eben in dem Maße, wie bei Schriftstellern an Stellen, die nicht durchweg zweifelhaft sind, gewissermaßen zweideutige Worte, wie zum Beispiel: *etwa, ungefähr* und *vielleicht* angegeben werden, werden sie, so heißt es, mit Akademischer Verhaltenheit verwendet, weil die Akademiker zurückhalten-

---

[44] Cf. Joannes Saresberiensis, Policraticus 7.Prol., ⟨ed.⟩ C. C. I. Webb, 2.93.24–25 (637c) ≈ Opera omnia 4.82–83: *Cur autem Achademicos prae ceteris placeat imitari, sermo succinctus aperiet.*

[45] Cf. Joannes Saresberiensis, Policraticus 7.2, ⟨ed.⟩ C. C. I. Webb, 2.98.17–20 (640b) ≈ Opera omnia 4.86: *Sunt autem dubitabilia sapienti quae nec fidei nec sensus aut rationis manifestae persuadet auctoritas et quae suis in utramque partem nituntur firmamentis.* Zur Methode, eine Sache für und wider beide Seiten in Wahrscheinlichkeits-Manier zu disputieren, cf. auch o.c. 7.6; 7.7, ⟨ed.⟩ C. C. I. Webb, 2.114.11–17 (648d–649a) & 2.117.3–29 (650c–651a) = Opera omnia 4.101; 4.104–105.

[46] Cf. Joannes Saresberiensis, Policraticus 7.2, ⟨ed.⟩ C. C. I. Webb, 2.98.20–99.11 (640b-d) = Opera omnia 4.87.

der als andere waren, die dafür bekannt sind, jede Äußerung einer unbesonnenen Bestimmung und Überstürzung des Irrtums auf sich zu nehmen.«[47] Diese Einstellung zum Skeptizismus kam der Position, die später im Humanismus eingenommen werden sollte, insgesamt sehr nahe, ja galt ihm zweifellos als Vorlage, und ist deshalb von maßgeblicher Bedeutung für die darauffolgenden Entwicklungen der christlichen Ideenwelt.

Auch wenn es zunächst befremdlich klingen mag, weil man mit dem Humanismus für gewöhnlich eine Tendenz zur Emanzipation des Menschen und zur Gewinnung einer gewissen Unabhängigkeit gegenüber den Institutionen des religiösen Lebens verknüpft, muß hier doch festgehalten werden, daß dieser eine nicht zu unterschätzende Etappe auf dem Weg zum gottesfürchtigen Generalzweifel, zur christlichen Zurückhaltung der Vernunft und Abhaltung vom Urteilen bildet. Seinen Ausgang verdankt er in erheblichem Maße der Tradierung, dem Wiederbekanntwerden und der Hochschätzung (neu-)platonischer und Ciceronischer Schriften, und damit auch des Akademischen Skeptizismus. Dies soll mit Hilfe zweier Bekenntnisse unterstrichen werden, die im gewaltigen Briefwerk von Francesco Petrarca (1304–1374), dem Vater des Humanismus, niedergelegt sind: »... die Wissenschaften mehr liebend als reich an ihnen zu sein, sind mir die Sekten gleichgültig, erstrebe ich das Wahre. Und deshalb, weil es schwierig ist, es zu erlangen, verstehe ich, der unterste und unzuverlässigste Untersucher, mir oft mißtrauend, damit ich mich nicht in Irrtümer verstricke, die Zweifelhaftigkeit selbst als Wahrheit. So bin ich allmählich ein Neuankömmling bei den Aka-

---

[47] Joannes Saresberiensis, Policraticus 7.2, ⟨ed.⟩ C. C. I. Webb, 2.99.11–21 (640d-641a) ≈ Opera omnia 4.88: *Possent in hunc modum enarrari quam plurima quae sic dubitationem sapientis admittunt ut tamen dubitatio ipsa uulgum praetereat. In his itaque facile crediderim Achademicos tanto modestius dubitasse quanto eos temeritatis praecipitium diligentius praecauisse repperio. Adeo quidem ut, cum apud scriptores in locis non passim dubiis uerba quodammodo ambigua, qualia sunt haec*: si forte fortasse *et* forsitan, *proferuntur, Achademico dicantur usi temperamento, eo quod temperatiores aliis Achademici fuerint, qui omnem ueriti sunt temerariae diffinitionis subire notam et praecipitium falsitatis.* Zu den skeptischen Akademikern in negativer wie positiver Hinsicht cf. o.c. 1.Prol.; 7.1–3; (7.6–9), ⟨ed.⟩ C. C. I. Webb, 1.17.2–22 (388b-c); 2.93–101 (637b-642b); (2.111–129) = Opera omnia 3.15–16; 4.83–90; (4.99–116). Vom elenden Arkesilaos, der zerrissen und in allem zwiespältig/unentschieden ist, der dahintreibt und nicht(s) weiß (*Distrahitur miser Arcesilas et in omnibus anceps / Fluctuat et nescit, ...*), wird in idem, Entheticus de dogmate philosophorum 727–728 = Opera omnia 5.262, gedichtet.

demikern, einer von sehr vielen und in der unbedeutenden Menge der Hinterste, geworden, mir nichts zuschreibend, nichts behauptend und ein jegliches bezweifelnd, wenn ich nicht dachte, daß es ein Sakrileg wäre, an einer gewissen Sache zu zweifeln. Da hast du nun deinen Hippias, der es dereinst wagte, sämtliches in philosophischen Versammlungen öffentlich zu erklären; mit dir erklärt er nichts über die ängstliche Erforschung des Wahren und über das Zweifelhafte und das Nichtwissen hinaus.«[48] »... denn nicht die Sekten liebe ich, sondern das Wahre. Und so bin ich bald Peripatetiker, bald Stoiker, zuweilen Akademiker; oft aber keiner von diesen; sooft bei ihnen etwas begegnet, das einen Gegensatz zum wahrheitsgemäßen und seligmachenden Glauben bildet – Mißtrauen ihm gegenüber!«[49] Die Bekenntnisse Petrarca's zur Vernunftdemut der Akademie bzw. der ‹Academica›, in ihr/ihnen werde nichts gänzlich fest behauptend, sondern über alles zweifelnd disputiert,[50] stellen nur Paradigmen seiner allgemeinen Absage an die Kraft der menschlichen Ratio dar.

---

[48] F. Petrarca, Epystole seniles, 1.6.5–7, ⟨ed.⟩ P. Stoppelli, Brief an Francesco Bruni aus dem Jahre 1362 ≈ Opera (Basel 1554) 2.824, Brief 1.5: Contra immodicam amicitiæ fidem vera suæ paruitatis expressio = ⟨trr.⟩ A. S. Bernardo et al. 1.28: ... *amantior quam ditior literarum sum, sectarum negligens, veri appetens. Quod quoniam quesitu arduum, ego, quesitor infimus atque infirmus, sepe diffidens mei, ne erroribus implicer, dubitationem ipsam pro veritate complector. Ita sensim achademicus advena, unus ex plurimis inque humili plebe novissimus, evasi, nil michi tribuens, nil affirmans dubitansque de singulis, nisi de quibus dubitare sacrilegum reor. En tuus ille Hippias in conventu olim philosophico cunta profiteri ausus tecum nichil preter inquisitionem veri anxiam preterque dubietatem atque inscitiam profitetur.*

[49] F. Petrarca, Epystole familiares 6.2.1, ⟨ed.⟩ P. Stoppelli: ... *non etenim sectas amo, sed verum. Itaque nunc perypateticus, nunc stoicus sum, interdum achademicus; sepe autem nichil horum, quotiens quicquam occurrit apud eos, quod vere ac beatifice fidei adversum suspectum ve sit.*

[50] Cf. F. Petrarca, Rerum memorandarum libri 1.14.3–4, ⟨ed.⟩ P. Stoppelli (mit Bezug auf M. T. Cicero, Academica, Fragmenta editionis posterioris librorum incertorum § 22, überliefert bei A. Augustinus, De civitate dei 6.2): *Atque ut clarissimum ex omnibus tibi reddam testimonium, Marcus Tullius, et – quod gratius audias – in ipsis* Achademicorum *libris, in quibus nichil omnino firmandum sed de omnibus dubitandum disputat, ‹omnium* te *facile acutissimum› dicit; deinde velut immemor propositi subsequitur: ‹et sine ulla dubitatione doctissimum›.«* Cf. o.c. 4.40.11. Zur Skepsis bei Petrarca cf. J. Owen, The Skeptics of the Italian Renaissance, pp. 122–127. O.c., p. 122: »Aber es gibt [noch] einen anderen Aspekt von Petrarca's Skeptizismus, da es eine andere und sehr wichtige Seite an seinem Charakter gibt; denn er ist nicht nur Philosoph und Rationalist, sondern auch Mystiker und Asket.« O.c., p. 229: »Er ist tatsächlich ein interessantes Beispiel für die Kombination von intellektuellem Mißtrauen und emotionaler Unzufriedenheit – eine Art mystischer Skeptiker.«

Dieses Verstandesdementi ist insbesondere aus der Schrift ‹Über seine und die Unwissenheit vieler› herauszulesen. Das Spezifische dabei ist, daß er sich (in Absetzung von und Entgegensetzung zu den spekulativen Luftschlössern scholastischen Vernünftelns) zwar gewisser vernunftkritischer Ideen des Altertums im Sinne des Sokratischen Nichtwissens bedient, die Skepsis selbst aber eines Arkesilaos, die das Sokratische Wissen um das Nichtwissen bekanntlich auch noch für unmöglich erklärt und später in pyrrhonistischem Gewande zum Gipfelpunkt des skeptisierend-fideistischen Vernunftabsurdismus avancieren sollte, als vernunftfeindlich zurückweist, indem er sie eine »dubiose Gaukelei« und »unentwirrbare Wortspielerei« schilt.[51]

Dennoch ist ihm Arkesilaos, der über nichts sicher gewesen sei und hinsichtlich allem im Zweifel, bedeutend genug, in seinen ‹Triumphen› verewigt zu werden,[52] wenn auch das Denkmal, das er dem seiner Meinung nach unentschiedenen, wankenden, für gegensätzliche Richtungen redenden und Unterschiede wegredenden, (an) sich selbst festhaltenden Karneades setzte, einige Verszeilen mehr umfaßte. »Ich habe einige gesehen, die die Meere mit widrigen/widerstreitenden Winden und wankendem Geist aufrührten, nicht um zu wissen, sondern um glänzend zu streiten, anzugreifen wie Löwen und sich wie Drachen mit dem Schwanz anzuklammern [zu umklammern]. Nun, was heißt's, daß es jedermanns eig'nes Wissen ist, womit er zufrieden ist? Karneades sah ich in seinen wissenschaftlichen Beschäftigungen so aufgeweckt, daß, sprach er, sich das Wahre vom Falschen kaum unterschied; so behende war er im Reden. Das lange Leben und seine weitläufige Geistesgabe bringt die Seiten/Punkte in Übereinstimmung, worüber die Gelehrtenraserei Krieg führt. Nichts konnte er zustandebringen, da, wie sich die Wissenschaften mehren, sich die gehässige Beurteilung [Mißgunst] mehrt; und mit dem Wissen zusammen haben sich seine Gifte in die aufgeblähten Herzen verteilt.«[53]

---

[51] Cf. F. Petrarca, De sui ipsius et multorum ignorantia 5.4, ⟨ed.⟩ P. Stoppelli = ⟨tr.⟩ H. Hefele, p. 192: *Circulatio anceps! ludus inextricabilis!*

[52] Cf. F. Petrarca, Triumphus Fame 3.80–81, ⟨ed.⟩ P. Stoppelli: *e poi di nulla certo, / ma d'ogni cosa Archesilao dubbioso.*

[53] Cf. F. Petrarca, Triumphus Fame 3.91–105, ⟨ed.⟩ P. Stoppelli: *Vidivi alquanti ch'àn turbati i mari / con venti adversi e con ingegni vaghi, / non per saver, ma per contender chiari, / urtar come leoni, e come draghi / co le code avinghiarsi: or, che è questo, / ch'ognun del suo saver par che s'appaghi? / Carneade vidi in suo' studi sì desto / che, parlando egli, il vero e 'l falso a pena / si discernea; così nel dir fu presto. / La lunga vita*

In die Moderne drang der Skeptizismus über Gianfrancesco Pico della Mirandola. Bedingt durch die Wiederauffindung der Schriften von Sextos Empeirikos konnte er die skeptische Methode, während er sie langatmig aus den antiken Schriften explizierte, als erster neuerer Zeit um die pyrrhonistische Variante erweitert einsetzen, um aufzuweisen, daß die Philosophie kein verbindliches Kriterium für das Urteilen besitzt. »Pico scheint so der erste westliche Denker nach dem Altertum gewesen zu sein, der einen ernsthaften philosophischen Gebrauch der wirkungsvollen Waffe antiker Skepsis machen sollte.«[54] Jede menschliche Lehre, sagt er, sei mit Hilfe skeptischer Kritik widerlegbar, nicht aber die göttliche – das Christentum eben. »Ohne selber Skeptiker zu sein, erneuert 1520 G. F. Pico della Mirandola aufgrund der handschriftlichen Quellen die originale S.[kepsis] des Sextus Empiricus, weil sie insofern im Recht sei, als sie die Insuffizienz des menschlichen Wissens beweise; Kern und Ziel der ‹Sceptica consideratio› sei die Urteilsenthaltung. Wahres Wissen gebe es nur in der Hl. Schrift.«[55] Die Skeptiker seien zu Rate zu ziehen, wenn man sich in der Kirche an Hochmut und eitle Neugier gewöhnt hätte, da jene Laster doch auszurotten seien, nicht zu unterstützen. Sie könnten nützlich sein, die Arroganz der Philosophen zurückzuschlagen und die Erhabenheit des christlichen Glaubens aufzuzeigen. Dem Glauben selbst könnten sie aber nicht schaden, da seine Prinzipien nicht von Sinnesvermögen oder Vorstellung, nicht von der menschlichen Erfindungsgabe oder den sinnlichen Beweisen der Wissenschaft abhingen, sondern von Gott selbst, von göttlicher Offenbarung, dem Licht des Glaubens, von Zeichen und Wundern, »und damit könnten gegen sie weder Pyrrhon noch Sextus, noch irgendein anderer Philosoph – von welcher Genialität und welchem Reichtum an Gelehrsamkeit auch immer – wirksam argumentieren;

---

e la sua larga vena / d'ingegno pose in accordar le parti, / che 'l furor litterato a guerra mena; / né 'l poteo far, ché, come crebber l'arti, / crebbe l'invidia, e col savere inseme / ne' cori enfiati i suo' veneni à sparti. / Die Übersetzung der Lyrik Petrarca's von B. Geiger ist derart frei und in manchen dichterischen Wendungen unverständlich, daß man dadurch, wenn überhaupt, nur einen vagen Eindruck von der detaillierten Charakterisierung der Mittleren Akademiker empfängt. Um einiges verständlicher und textgetreuer die Übersetzung von K. Förster, Sämmtliche Canzonen, Sonette, Ballaten und Triumphe, p. 368. Ich biete hier eine wörtliche Übertragung im Dienste der Sache und unter Hintanstellung des Dichterischen.

[54] C. B. Schmitt, The Rediscovery of Ancient Skepticism in Modern Times, p. 236.

[55] M. Albrecht, Skepsis, Skeptizismus, II. Neuzeit, in: Historisches Wörterbuch der Philosophie 9.950.

so stark ist die Kraft der göttlichen Wahrheit, daß, wo nur immer gegen sie die Waffen erhoben, diese entschärft werden und zurückprallen, weshalb die skeptische Überlegung nicht dazu beitragen kann, unsere Lehre, d. h. die christliche, die vortrefflicher und in jedem Falle erhabener ist, sondern die Philosophie der Heiden, die eine von Menschen erfundene ist, entweder zu zerstören oder zu entkräften; deren [der Skeptiker] Ziel war es, durch Suspension des Urteils (*ex suspensione iudicii*) auf keine Weise in Leidenschaft versetzt [erregt/verwirrt/beunruhigt] zu werden (*nullo pacto perturbari*). Man suspendierte aber das Urteil infolge des Widerspruchs, der Meinungen, der Begründungen und unsteter/abgelegener Naturdinge, und [sie] versuchte[n], jedem Argument ein gleich starkes Argument entgegenzustellen, wenn dies auch nicht auf einheitliche Weise bei ihnen befolgt wurde.«[56]

[56] Cf. Gian Francesco Pico, Examen uanitatis doctrinae Gentium 2.20, pp. 852–853: *adhiberi in ecclesia nostra ad fastum & uanum curiositatem consueuisse, … quando uitia illa extirpanda sunt, non fouenda. Ad Philosophorum uerò repellendam arrogantiam, & excellentiam fidei Christianæ monstrandã, possunt esse utiles, … quando hostibus ecclesiæ nostræ nocere queunt, & contra ecclesiam si retorquerentur, nihil haberent uirium, neque enim nostræ principia fidei pendent ab homine, sed ab ipso Deo, nec sensu habentur aut phantasia, aut humana inuentione, sed revelatione Diuina; nec experimentis artium sensilibus, sed fidei lumine stabiliuntur, & prodigiis atque miraculis, in quæ nec argumentari ualidè possent, aut Pyrrhon, aut Sextus, aut quiuis alius Philosophorum, quantouis ingenio, quantauis copia literarũ, tanta enim Diuinæ ueritatis uis, ut quæcunque in eam oppugnandam parẽtur arma, retundantur atque resiliant, quare non ad nostram doctrinam, hoc est, Christianam, quæ præstantior & modis omnibus sublimior est, sed ad Gentium Philosophiam quæ humanitus inuenta est, uel demoliendam, uel infirmandam, Sceptica consideratio potest conducere, quorum finis erat ex suspensione iudicii nullo pacto perturbari. Iudicium uerò suspendebat propter contradictionem, & opinionum, & rationum, & diuersam rerum naturam, conabanturque omni rationi æquam rationem opponere, idque non uno duntaxat modo apud eos obseruabatur.* Cf. o. c., pp. 841–846, 851–913, und den Index am Anfang des Bandes s. v. *assensus, iudicium,* wodurch deutlich wird, daß Pico neben der hier aufscheinenden die Akademische Terminologie für die Urteilsenthaltung sehr wohl kannte und verwendete. J. Grenier, Le sceptique masqué, p. 1506: »Pico de la Mirandola schließt wie die Griechen, daß man sich ›des Urteils enthalten‹ muß, aber nur betreffs menschlicher Angelegenheiten. Und das ist die radikale Neuigkeit des modernen Skeptizismus im Verhältnis zum antiken.« C. B. Schmitt, Gianfrancesco Pico Della Mirandola (1469–1533) and His Critique of Aristotle, pp. 51–54.

2.3.3 Suspension des Urteils. Das zweischneidige Zweifelsschwert im Streit der Konfessionen

Durch den skeptisierenden Literaten und Lebenskünstler Michel de Montaigne, d. h. seine berühmten ‹Essais›, genauer, die ‹Apologie de Raymond Sebond› von 1575/76, eine Rechtfertigungsschrift zu einem Buch aus dem 15. Jh. des gleichnamigen Verfassers, das auf Montaigne's Vater gekommen sein soll, wurden antike Skeptizismen zum ersten Mal einem breiteren Publikum bekannt. Dieses Werk stellt eine in der Absicht mit Pico's ‹Examen vanitatis› vergleichbare,[57] literarisch ausgeschmückte Aufhäufung erkenntnisfeindlicher und anti-logischer Sentenzen aus der Schatzkiste (mehr oder minder) tiefsinniger Traditionsbestände der Philosophie, der Lebensweisheit und Sinnsprüche dar, das den Zweck verfolgte, die Fehlbarkeit menschlichen Erkennens bloß- und darzulegen, um zum Glauben aufzufordern und hinzuführen.

Für es gilt genau das, was darin als Leistung der Pyrrhonik gepriesen wird: Sie »stellt den Menschen dar als nackt und leer, seine natürliche Schwachheit erkennend, bereit, von oben herab fremde

[57] Nach den Verzeichnissen der Herausgeber Strowski et al. im Band 3 der von uns verwendeten Bordeaux-Edition kommt Pico in den ‹Essais› nicht vor, auch befand sich danach keines seiner Werke in Montaigne's Besitz. Cf. R. H. Popkin, The History of Scepticism from Erasmus to Spinoza, p. 21: »Montaigne kannte offensichtlich Pico's Werk nicht.« Cf. C. B. Schmitt, Gianfrancesco Pico Della Mirandola (1469–1533) and His Critique of Aristotle, p. 160. Allerdings wurde er durch das Buch ‹De incertitudine et vanitate scientiarum› des Agrippa von Nettesheim (1486–1535) aus dem Jahre 1526 sehr wohl beeinflußt, cf. R. H. Popkin, The History of Scepticism from Erasmus to Spinoza, p. 25: »Agrippa's Buch war wohlbekannt im 16. Jh. und wurde von Montaigne als eine seiner Quellen benutzt.« Cf. o. c., p. 23 und angeführte Belegstellen. Agrippa's Hauptwerk ist in deutscher Sprache verfügbar, cf. Agrippa von Nettesheim, De incertitudine et vanitate scientiarum, nach der anonymen Übersetzung Köln 1713 verbessert herausgegeben von F. Mauthner, Die Eitelkeit und Unsicherheit der Wissenschaften und die Verteidigungsschrift. Der Herausgeber nennt es o. c. 1.II: »leichtfertig hingeschrieben, ohne wissenschaftlichen Ernst, eine Kapuzinerpredigt des Teufels eher als eine Leistung grundsätzlicher Skepsis;«. Daß Montaigne sein Verständnis des Skeptizismus bzw. Pyrrhonismus nach den deutlich abweichenden Vorgaben von Philo Iudaeus entwickelt haben könnte, ist nicht sehr wahrscheinlich, zumal er Philon's Werke kaum gekannt haben dürfte und sich kein Zitat daraus in seinen ‹Essais› findet. Nach den Verzeichnissen der Herausgeber Strowski et al. im Band 3 der Bordeaux-Edition befand sich in seinem Besitz jedoch das Exemplar eines kleinen Sammelbandes Philonischer Schriften, welcher im Jahre 1552 in Paris erschienen war. Eine gewisse Beeinflussung durch Augustinus ist dagegen nicht auszuschließen, auch wenn der philosophische Zielpunkt des antiken Gottesknechts dem des neuzeitlichen Gutsherren diametral entgegengesetzt ist.

Hilfe anzunehmen, des menschlichen Wissens entblößt (*desgarni*) und also um so besser vorbereitet, das göttliche *in* sich aufzunehmen, indem er sein Urteil vernichtet (*aneantissant son iugement*), um für den Glauben mehr Platz zu schaffen;«[58]. Hier nun war schon von der Urteilsvernichtung die Rede, im Kontext religiöser Skepsisimitation. Doch damit noch nicht genug. Auch bei seiner Darstellung pyrrhonischer Redensarten fällt der Begriff, und mit welch religiöser Emphase! »Ihr heiliges Wort ist ἐπέχω, d. h. ich halte fest/inne, ich geh' nicht ab. … Das Resultat davon ist ein reines, vollständiges und äußerst perfektes Aussetzen *und Suspendieren* des Urteils.«[59] »Ist es nicht besser,« fragt Montaigne in scheinbar kluger Distanziertheit und versöhnlichem Geiste, »Ist es nicht besser, in der Suspension/

[58] M. de Montaigne, Les Essais 2.12.231.23–232.4/OC, p. 486 = GS 3.313/⟨tr.⟩ J. D. Tietz, 2.158: *Cette-cy presente l'homme nud & vuide, recognoissant sa foiblesse naturelle, propre à receuoir d'en haut quelque force estrangere, desgarni d'humaine science, & d'autant plus apte à loger* en *soy la diuine, aneantissant son iugement pour faire plus de place à la foy;* wer würde angesichts dieser Sentenz leugnen, daß I. Kant, Kritik der reinen Vernunft BXXX, ⟨ed.⟩ W. Weischedel, 3.33, seinen berühmten Satz: »Ich mußte also das Wissen aufheben, um zum Glauben Platz zu bekommen, …« von Montaigne übernahm?

[59] M. de Montaigne, Les Essais 2.12.229.21–230.3/OC, p. 485 = GS 3.311/⟨tr.⟩ J. D. Tietz, 2.154–155: *Leur mot sacramental, c'est* ἐπέχω, *c'est à dire ie soutiens, ie ne bouge. … Leur effect, c'est vne pure, entiere & tres-parfaicte surceance* et suspention *de iugement.* Cf. o. c. 2.12.226.25–227.2/OC, p. 483 = GS 307/⟨tr.⟩ J. D. Tietz, 2.150: »Nun leitet sie [die Pyrrhoneer] diese Beschaffenheit ihres Urteils, eines geraden und unbeugsamen, das alle Objekte ohne Zu-/Hinwendung und Zustimmung annimmt, zu ihrer Ataraxie, die ein friedlicher, gelassener Zustand des Lebens ist, frei von den Erregungen, die wir durch den Eindruck von Meinung und Wissenschaft, welche wir von den Dingen zu haben glauben, erhalten.« (*Or cette assiette de leur iugement, droicte & inflexible, receuant tous obiects sans application & consentement, les achemine à leur Ataraxie, qui est vne condition de vie paisible, rassise, exempte des agitations que nous receuons par l'impression de l'opinion & science que nous pensons auoir des choses.*) Cf. idem, Les Essais 2.12.333.21–334.1/OC, p. 562 = GS 4.38/⟨tr.⟩ J. D. Tietz, 2.329–330 (Anspielung auf Sextos Empeirikos, Pyrrhoneion Hypotyposeon 1.233): »Und es sagte Arkesilaos, das Fest-/Innehalten und der gerade und unbeugsame Zustand des Urteils seien die Güter, Zustimmung und Zu-/Hinwendung die Laster und Übel. Es ist wahr, daß er vom Pyrrhonismus abging, indem er dies als einen sicheren Grundsatz aufstellte. Wenn die Pyrrhonier sagen, daß das höchste Gut die Ataraxie ist, die die Unbeweglichkeit des Urteils ist, wollen sie das nicht in affirmativer Weise sagen;« (*Et disoit Archesilas les soustenemens & l'estat droit & inflexible du iugement estre les biens, mais les consentements & applications estre les vices & les maux. Il est vray qu'en ce qu'il l'establissoit par axiome certain, il se départoit du Pyrrhonisme. Les Pyrrhoniens, quand ils disent que le souuerain bien c'est l'Ataraxie, qui est l'immobilité du iugement, ils ne l'entendent pas dire d'vne façon affirmatiue;*).

Schwebe zu verharren (*demeurer en suspens*), als sich in so manche Irrtümer verwickeln zu lassen, die die menschliche Phantasie hervorgebracht hat? Ist es nicht besser, seine Überzeugung zu suspendieren (*suspendre sa persuasion*), als sich in diese aufrührerischen und streitsüchtigen Uneinigkeiten zu mischen?«[60]

Unvoreingenommen betrachtet suggeriert die Urteilsenthaltung hier eine Entschlossenheit zur, eine Haltung des Feststehens in und Festhaltens an der Urteilsverweigerung, die der ältesten Skepsis alle Ehre gemacht hätte, und es scheint, als wäre es gerechtfertigt, den Begründer der Essayistik auch den Wiederbegründer des Skeptizismus in der Moderne zu nennen. Freilich sollte uns die fideistische Wendung seiner ἐποχή ›skeptisch‹ machen hinsichtlich ihrer originär skeptischen Bedeutung. Spätestens die Frage danach, woran das paradoxe Festhalten der Montaigneschen Enthaltung denn festhalten will, sofern sie überhaupt etwas festhalten will, müßte uns aber innehalten lassen. Die Uneinigkeit und der Zwist, der durch die Differenzen in den Weltanschauungen, durch die Diaphonie der Philosophen, hervorgerufen wird, wird bei ihm nämlich mit Hilfe der Urteilssuspension nicht eigentlich geschlichtet oder beigelegt. Indem der Auseinandersetzung zwischen den weltanschaulichen Kontrahenten der heilsame Effekt zuerkannt wird, beim einzelnen Entschlußlosigkeit herbeizuführen, erweitert sich der Geltungsbereich der Diskrepanz vielmehr über das Zwischenmenschliche hinaus in die Sphäre des Innermenschlichen. Aus der Uneinigkeit, Spaltung und Auseinandersetzung der Dogmatiker untereinander erzeugt die Montaignesche Urteilssuspension nachgerade magisch einen innerlichen Riß, Konflikt und Zwiespalt, ein ambivalentes Hängen und Baumeln zwischen den Standpunkten und Wahlmöglichkeiten, Unschlüssigkeit und Zaudern: »Durch diese Verschiedenheit und Instabilität der Meinungen führen sie [die Dogmatiker] uns stillschweigend, gleichsam wie an der Hand, zu diesem Entschluß ihrer Unentschlossenheit.«[61]

---

[60] M. de Montaigne, Les Essais 2.12.228.11–14/OC, p. 484 = GS 3.309/⟨tr.⟩ J. D. Tietz, 2.152: *Vaut il pas mieux demeurer en suspens que de s'infrasquer en tant d'erreurs que l'humaine fantasie a produictes? Vaut-il pas mieux suspendre sa persuasion que de se mesler à ces diuisions seditieuses & quereleuses?*

[61] M. de Montaigne, Les Essais 2.12.287.15–17/OC, p. 527 = ⟨tr.⟩ J. D. Tietz, 2.258: *Par cette varieté & instabilité d'opinions, ils nous menent comme par la main, tacitement, à cette resolution de leur irresolution.* In der deutschen Übersetzung von GS 3.387, wird das entscheidende Wortspiel am Schluß des Satzes nicht sehr deutlich herausgearbeitet,

Dem Entschluß zur Unschlüssigkeit, der Entscheidung zur Entscheidungsunfähigkeit in der Sphäre des Willenslebens – der Widerspruch in den Worten spiegelt nur den Widersinn in der Sache – ist im Bereich des Denkens und Sprechens das Wissen, das nicht(s) weiß, die Bestimmung, die nicht(s) bestimmt, das Urteil, welches gar nicht urteilt, äquivalent. »Wer auch immer sich ein andauerndes Eingeständnis der Unwissenheit, ein Urteil ohne Hang und ohne Neigung, bei welcher Gelegenheit, die eintreten kann, vorstellt, der versteht den Pyrrhonismus.«[62] Um perfekt zu sein, darf die gemeinte Unwissenheit allerdings nicht den Charakter der docta ignorantia haben, sondern sie muß platte Ignoranz ohne ein Quentchen Einsicht sein. »Die Unwissenheit, die von sich weiß, die sich beurteilt und verdammt, ist keine vollkommene Unwissenheit: um dies zu sein, darf sie um sich selbst nicht wissen.«[63]

Wenn die Anhänger des Pyrrhonismus dazu herausforderten, ihnen zu widersprechen, dann geschah dies, »um Zweifelhaftigkeit und die Aussetzung/Suspendierung des Urteils hervorzurufen, was ihr Ziel/Zweck ist.«[64] War die Suspension des Urteilens einerseits als Instrument zur Herbeiführung von Unwissenheit erschienen, so ist sie durch die hier beschriebene doppelte Zielsetzung (das »&« des Originals ist, wie das folgende Zitat endgültig bestätigt, zweifellos

worunter die Trefflichkeit dieses Spruchs sehr leidet. Cf. o.c. 2.12.311.14–313.12/OC, pp. 545–547 = GS 4.9–11/⟨tr.⟩ J. D. Tietz, 2.295–298.

[62] M. de Montaigne, Les Essais 2.12.230.5–7/OC, p. 485 = GS 3.311/⟨tr.⟩ J. D. Tietz, 2.155: *Quiconque imaginera vne perpetuelle consession d'ignorance, vn iugement sans pente & sans inclination, à quelque occasion que ce puisse estre, il conçoit le Pyrronisme.* M. Conche, La méthode pyrrhonienne de Montaigne, p. 52, sieht sehr wohl, daß Montaigne's Definitionen der ἐποχή auf der einen Seite das Festhalten und Feststehen, andererseits gleichzeitig das Schwanken und Suchen implizieren. Auf die Frage, was ein unbeugsames und unerschütterliches Urteil sei, gibt der Verfasser seine Antwort prompt: »Es ist ein Urteil, das nicht urteilt, ein Nicht-Urteil.« Müßte er dann auf die Frage, was das sei, ein Bekenntnis zum dauernden Wanken, Zweifeln und Suchen, ein letztlich wankendes, zweifelndes, unsicheres Urteil also, in Umkehrung nicht die unsinnige Antwort geben: ein Nicht-Urteil, das urteilt, …? Im Unterschied zu Montaigne gelte für den Pyrrhoneer der Gründerzeit, dem stimmen wir zu, cf. o.c., p. 50: er »›suspendiert‹ nicht nur sein Urteil, er ist *ohne* Urteil. Seine Haltung ist nicht von der Art der Suspension, sondern der Abstinenz.«

[63] M. de Montaigne, Les Essais 2.12.226.12–14/OC, p. 482 = GS 3.306/⟨tr.⟩ J. D. Tietz, 2.149: *L'ignorance qui se sçait, qui se iuge & qui se condamne, ce n'est pas vne entiere ignorance: pour l'estre, il faut qu'elle s'ignore soymesme.*

[64] Cf. M. de Montaigne, Les Essais 2.12.227.9–10/OC, p. 483, wörtlich zitierter Text: *pour engendrer la dubitation & surceance de iugement, qui est leur fin.* = GS 3.307/⟨tr.⟩ J. D. Tietz, 2.151.

als beiordnendes, nicht als nachordnendes Und zu verstehen) nun quasi definitorisch als Zweifelserzeugung fixiert. »So daß das Bekenntnis der Pyrrhonianer ist: zu wanken, zu zweifeln (*douter*) und untersuchen, keiner Sache versichert zu sein, sich *für nichts* zu verbürgen.«[65] Die Haltung des Ephektikers, die durch die Enthaltung allen Urteils eintreten sollte, Gleichmut jenseits von Wissen, Unwissenheit, Gewißheit und Glauben, Streben und Meiden, Lust und Leid, Gleichgültigkeit gegenüber Zweiseitigem, Zweischneidigem und Zweifelhaftem, war in ihr Gegenteil verkehrt!

Blaise Pascal wußte dies von seiner Warte aus auf den Punkt zu bringen. »Er [Montaigne] zieht alles in einen universellen und derart generellen Zweifel, daß sich dieser Zweifel selbst hinwegrafft, das heißt [er zweifelt,] ob er zweifelt, und selbst an letzterer Feststellung zweifelnd dreht sich seine Unschlüssigkeit in einem andauernden und ruhelosen Kreisen um sich selbst; sich gleichermaßen gegen diejenigen stellend, die versichern, daß alles unsicher ist, und diejenigen, die versichern, daß es alles nicht ist, weil er nichts versichern will. In diesem Zweifel, der sich selbst bezweifelt und diesem Unwissen, das um sich nicht weiß, und das er seine Meisterform nennt, besteht die Essenz seiner Meinung, die er mit keinem positiven Begriff ausdrücken konnte. Denn wenn er sagt, daß er zweifelt, verleugnet er sich, indem er wenigstens versichert, daß er zweifelt; da dies formal gegen seine Intention war, konnte er sich nicht anders als durch fragen ausdrücken; so daß er, nicht sagen wollend: ›Ich weiß nicht‹, sagt: ›Was weiß ich?‹, was er zu seiner Devise macht, indem er sie auf die Waagschalen legt, die sich, die Gegensätze abwägend, in einem perfekten Gleichgewicht befinden: das heißt, daß er ein reiner Pyrrhoniker ist.«[66]

---

[65] M. de Montaigne, Les Essais 2.12.226.14–15/OC, p. 482 = GS 3.306/⟨tr.⟩ J. D. Tietz, 2.149: *De façon que la profession des Pyrrhoniens est de branler, douter & enquerir, ne s'asseurer de rien,* de rien *ne se respondre.* Cf. o. c. 2.29.505.10–14/OC, p. 683–684 = ⟨tr.⟩ J. D. Tietz, 2.581: »Und da er [Pyrrhon] die Schwäche des menschlichen Urteils für derart extrem hielt, daß man keinen Entschluß fassen oder keiner Neigung nachgeben könnte, und er es immerzu ausbalanciert in der Schwebe/Suspension halten (*suspendre .. balancé*) wollte, indem er alle Dinge als indifferent betrachtete und hinnahm, erzählt man, daß er immer dieselbe Haltung und denselben Gesichtsausdruck aufrechterhielt« (*Et par ce qu'il maintenoit la foiblesse du iugement humain estre si extreme que de ne pouuoir prendre party ou inclination, & le vouloit suspendre perpetuellement balancé, regardant & accueillant toutes choses comme indifferentes, on conte qu'il se maintenoit tousiours de mesme façon & visage*).

[66] B. Pascal, Opuscules 2.14: Entretien avec M. de Sacy sur Épictète et Montaigne, ⟨ed.⟩

Wie sollte man aber an einem Zweifel festhalten können, den man gar nicht kennen durfte, weil man eben gar nichts erkennen durfte, wie an einem Zweifel, der an sich selbst zweifelte und (sich) selbst nicht standhielt? Ist der in einen solchen Strudel von Dubitation und Stupidität Gesogene am Ende nun dem Ver-zweifeln, der Verzweiflung oder ganz im Gegenteil, dem Nicht-Zweifeln, der Zweifelsfreiheit näher? Johann Gottlieb Fichte hat den gordischen Knoten einer solch verwickelten, ja verworrenen Selbstverschlingung ignoranzlüsternen und zweifelsüchtigen Herumskeptisierens kurzerhand durchhauen, wobei seine Einschätzung der kritisierten Lehre allerdings einer Unterschiebung nahekommt: »Der Skepticismus ist unwiderlegbar, denn, er läßt sich nimmer ein. Er behauptet u. verneint nichts. Sagt iemand: Das ist nicht so; so antwortet er: Das kann wohl seyn. Er zweifelt daran, daß wir uns etwas vorstellen. Der Kritiker kann aber nur dadurch widerlegen, daß er sich auf die Beschaffenheit der Vernunft beruft, das sind die ersten Gründe der Erkenntniß; daran zweifelt der Skeptiker, d. h. er zweifelt, ob man wohl zweifeln möge. Dieses ist aber ein Widerspruch.«[67]

Unser gelehrter Edelmann aus der Gascogne erachtete es übrigens, wie aus seinem Essai, seinem Versuch ‹Über die Tugend› hervorgeht, gewissermaßen für unglaublich, daß man seinen gewöhnlichen Lebensgang nach einer solch drolligen/lächerlichen Wissenschaft, wie sie Pyrrhon aus der Unwissenheit erbaute, einrichten könne.[68] Rück-

---

L. Brunschvicg, pp. 150–151 ≈ ⟨ed.⟩ M. Le Guern, Œuvres complètes 2.87–88: *Il met toutes choses dans un doute universel et si général, que ce doute s'emporte soimême, c'est-à-dire [qu'il doute] s'il doute, et doutant même de cette dernière proposition, son incertitude roule sur elle-même dans un cercle perpétuel et sans repos; s'opposant également à ceux qui assurent que tout est incertain et à ceux qui assurent que tout ne l'est pas, parce qu'il ne veut rien assurer. C'est dans ce doute qui doute de soi et dans cette ignorance qui s'ignore, et qu'il appelle sa maîtresse forme, qu'est l'essence de son opinion, qu'il n'a pu exprimer par aucun terme positif. Car, s'il dit qu'il doute, il se trahit, en assurant au moins qu'il doute; ce qui étant formellement contre son intention, il n'a pu s'expliquer que par interrogation; de sorte que, ne voulant pas dire: ‹Je ne sais,› il dit: ‹Que sais-je?› dont il fait sa devise, en la mettant sous des balances qui, pesant les contradictoires, se trouvent dans un parfait équilibre: c'est-à-dire qu'il est pur pyrrhonien.* Pascal dürfte seine Charakteristik Montaignes, d. h. des Pyrrhonianers, hinsichtlich des sich selbstreflexiv umschließenden Unwissens und Zweifelns folgenden Stellen entnommen haben: M. de Montaigne, Les Essais 2.12.227.18–24; 2.12.262.11–25/OC, pp. 483, 508 = GS 3.308; 3.352/⟨tr.⟩ J. D. Tietz, 2.151; 2.213–214.

[67] J. G. Fichte, GA 4.1.362.32–363.2 (Vorlesung über Logik und Metaphysik, SS 1797).

[68] Cf. M. de Montaigne, Les Essais 2.29.505.5–506.6/OC, pp. 683–684, Text 2.29.505.8–10, 22–27 = ⟨tr.⟩ J. D. Tietz, 2.581–582: »Pyrrhon, der aus der Unwissenheit eine so drol-

schlüsse auf die Ernsthaftigkeit seiner literarischen Tiraden kann daraus jeder selber ziehen.

Wer die soeben dargestellten Textstücke zur Urteilsenthaltung von Gianfrancesco Pico und Michel de Montaigne nicht ahnungslos, sondern mit einem kritischen philologischen Blick und Sinn für Semantik gelesen hat, dem ist sicherlich aufgefallen, daß beide als zentralen unter mehreren Übersetzungstermini für die ἐποχή »Suspension«, »Suspendierung« (*suspensio/suspention/suspens*) oder die Verbform davon wählten. Die relevanten deutschsprachigen Äquivalente hierfür lauten zeitwörtlich: in der Schwebe halten/lassen, in die Schwebe bringen, unentschieden lassen, einhalten, in Ungewißheit

---

lige/lächerliche Wissenschaft errichtete, suchte wie alle anderen wahrhaften Philosophen mit seinem Leben seiner Lehre zu entsprechen. … … Es ist beachtlich, die Seele an diese Einbildungen heranzuführen; beachtlicher ist es, Taten daraus folgen zu lassen, dennoch ist es nicht unmöglich; aber sie mit einer solchen Ausdauer und Standhaftigkeit folgen zu lassen, daß man seinen gewöhnlichen Lebensgang danach einrichtet, nach diesen, dem allgemeinen Brauch wahrlich so fernen Unternehmungen, *daß man das vermag,* ist gewissermaßen unglaublich.« (*Pyrrho, celuy qui bastit de l'ignorance vne si plaisante science, essaya, comme tous les autres vrayement philosophes, de faire respondre sa vie à sa doctrine. … … C'est quelque chose de ramener l'ame à ces imaginations; c'èst plus d'y ioindre les effects, toutefois il n'est pas impossible; mais de les ioindre auec telle perseuerance & constance que d'en establir son train ordinaire, certes, en ces entreprinses si esloignées de l'vsage commun, il est quasi incroyable* qu'on le puisse.) Mit der Übersetzung: »Pyrrhon, der das Nichtwissen zu einer so fröhlichen Wissenschaft erhob, …« von ⟨tr.⟩ H. Stilett, Michel de Montaigne: Essais, p. 349s, kann ich mich nicht einverstanden erklären. Die »fröhliche Wissenschaft«, stehend für *plaisante science,* wird für sich genommen dem in der Montaigne'schen Nacherzählung antiker Pyrrhon-Legenden angeschlagenen feinsinnig spöttelnden Ton dieses Passus nicht gerecht, weswegen für das Wort *plaisante* der Bedeutungsgehalt »drollig«, »lächerlich«, »seltsam«, zu wählen ist. Ebenso verfehlt ist die Übertragung, wenn man die implizite Anspielung auf Friedrich Nietzsche mitberücksichtigt. Die von Montaigne im relevanten Passus zum Ausdruck gebrachte Nuance von Abschätzigkeit ist aus dieser Übersetzung, wenn überhaupt, nur von Nietzsche-Kennern herauszulesen, den apologetischen oder kritischen, je nachdem, da das »Fröhliche« dieser Wissenschaft durch eine verwirrende Interferenz von Sinnbezügen gebrochen ist, die gegenüber dem geradlinigen und geradsinnigen Philosophieren des bescheidenen und gütigen griechischen Lebemeisters nachgerade als konfus und prätentiös erscheinen muß. Aufgrund des hier vorliegenden Forschungsergebnisses muß bestritten werden, daß die Ähnlichkeiten, die M. Ishigami, Le Bouddha, Pyrrhon et Montaigne, zwischen den Weisheitswegen der im Titel des Essays genannten Persönlichkeiten gefunden zu haben glaubt, tatsächlich existieren. Vielmehr bestehen sie nur in den Worten, und da nur bei oberflächlicher Betrachtung. Eine vergleichbar große ›Skepsis‹ ist der Behauptung von den Ähnlichkeiten zwischen Montaigne und dem japanischen Buddhisten Kenkô (ca. 1283–1351) im Essay von M. Ishigami, La Sagesse et la Condition Humaine selon l'Humanisme de Montaigne et le Bouddhisme de Kenkô, entgegenzubringen.

setzen/lassen, hemmen, aussetzen, (vorübergehend) aufheben, unterbrechen, (zeitweilig) entheben. Mit diesen Bedeutungen deckt sich der Sinngehalt des Begriffs Zweifel(n) nicht unwesentlich, mehr jedenfalls als mit den Konnotationen traditioneller antiker griechischer und lateinischer Ausdrücke für die Urteilsenthaltung. In der lateinischen Hauptquelle antik-skeptischen Gedankenguts, bei Cicero, habe ich den Terminus *suspensio, suspendere* in Zusammenhang mit Zustimmung (*adsensio*) und Urteil (*iudicium*) nicht gefunden.[69]

In den ersten Latein-Editionen der Werke von Sextos, den ‹Hypotyposen›, aus dem Jahr 1562, besorgt von dem berühmten Renaissance-Buchdrucker Henri Estienne (= Henricus Stephanus, gest. 1598), und den Büchern ‹Adversus Mathematicos› aus dem Jahr 1569, übertragen von Gentien Hervet (1499–1584), enthaltend einen Nachdruck der Hypotyposen-Ausgabe von 1562, die die Pyrrho-Manie zu Beginn der Moderne anfachten,[70] ist ἐποχή keinesfalls mit *suspensio* übersetzt. Das läßt die Vermutung aufkommen, daß der Gebrauch dieses Terminus nicht philologisch, sondern ideologisch bedingt ist. In den ‹Grundzügen› von 1562 steht entweder *epoche:* »De modis decem epoches.« (*Über die zehn Regeln* [zum Zwecke] *der Urteilsenthaltung*)[71] – oder Akademisch *retentio*, Zurückhalten, Anhalten (der Zustimmung): »*modi* ἐποχῆς, id est assẽsus retẽtionis« (die Regeln [zum Zwecke] der Urteilsenthaltung, *d. h. des Zurückhaltens der Zustimmung*).[72] Und in der Definition der Urteilsenthaltung findet sich folgende Wendung: »ἐποχὴ, *quia* ἐπέχεται διάνοια, id est cohibetur mens« (Urteilsenthaltung, da der Verstand zurückgehalten wird, *d. h. der Geist wird zurückgehalten/gezügelt*).[73] In den 11 Büchern ‹Gegen die Gelehrten› von 1569 ist die ἐποχή mit *sustinere assensionem* (sich der Zustimmung enthalten) übertragen. Die beiden Editionen beigefügte lateinische Lebensbeschreibung

[69] Cf. H. Merguet, Lexikon zu den Schriften Cicero's 2.1.82–85, s. v. *adsensio, adsensus, adsentior* & 2.2.410–412, s. v. *iudicium* & 2.3.627, s. v. *suspendo, suspensus*. Unter letzterer Rubrik finden sich nur vier Eintragungen, wovon sich drei auf die ‹Tusculanen› beziehen. An keiner der vier Textstellen wird der Ausdruck in der hier relevanten Bedeutung oder deren Umfeld benutzt. Der nächstverwandte Terminus bei Cicero ist *sustinere*, aufrecht erhalten, (unter-)stützen, zurückhalten, hemmen, aushalten, tragen, auf sich nehmen, unterhalten.

[70] Einiges Hintergrund- und Begleitwissen dazu in R. H. Popkin, The History of Scepticism from Erasmus to Spinoza, pp. 19, 33–35.

[71] Sextos Empeirikos, Pyrrhoneion Hypotyposeon 1.36, ⟨ed.⟩ H. Stephanus, p. 17.

[72] Sextos Empeirikos, Pyrrhoneion Hypotyposeon 1.5, ⟨ed.⟩ H. Stephanus, p. 10.

[73] Sextos Empeirikos, Pyrrhoneion Hypotyposeon 1.196, ⟨ed.⟩ H. Stephanus, p. 51.

Pyrrhon's aus den Viten von Diogenes Laërtios hat *retentio.* Erwähnenswert in unserem Kontext ist noch, daß in einer wenige Seiten umfassenden Übersetzung von Galens (ca. 131–200) ‹De optimo docendi genere› durch Desiderius Erasmus von Rotterdam (1466–1536), die 1526 veröffentlicht wurde und in beiden Ausgaben abgedruckt ist, betreffs der mehrmals vorkommenden ἐποχή (oder Verbformen davon) von der *sententiae suspensio* oder von *suspendunt sententiam,* dem Aufschub oder der Aussetzung des Urteilsspruchs die Rede ist. So heißt es z. B. in der Edition von 1562 auf Seite 218: »Und so meinten die Älteren [Akademiker], daß diese Lehre in die Epochē ausläuft; sie nannten sie aber Epochē, als ob man einen aufgeschobenen [ausgesetzten/suspendierten] und nichts bestimmenden Urteilsspruch abgeben wollte, und das heißt, über kein Ding zu entscheiden und nicht entschieden zu behaupten.«[74] Nach der kritischen Edition von Galens ‹Bester Art des Lehrens› ist zu verifizieren, daß die Definition der Epochē im Original folgendermaßen lautet: »sie nennen ἐποχή die – wie man auch sagen könnte – Nicht-Definition/Nicht-Bestimmung«[75]. Und auf Seite 220 der 1562er-Ausgabe lesen wir: »... darum waren sie der Ansicht, daß über kein Ding ein Urteil zu fällen, sondern immer über alles der Urteilsspruch auszusetzen [zu suspendieren] ist.«[76] Der letzte Halbsatz lautet im Original: »sondern hinsichtlich allem [hat man mit dem Urteil] an sich zu halten«[77].

Nach den Ergebnissen meiner Forschung wurde der Ausdruck ›Suspension‹ von Augustinus in die Diskussion um die Urteilsenthaltung eingeführt.[78] Sowohl im romanischen wie angelsächsischen

---

[74] Text nach D. Erasmus, Opera omnia 1.1.659.4–6: *Itaque vetustiores existimabant hanc doctrinam desinere in epochen; epochen autem appellabant, quasi dicas suspensam sententiam nihilque definientem; quod est nulla de re pronuntiare nec asseuerare certo.*

[75] Galenos, De optimo docendi genere 1.1, ⟨ed./tr.⟩ A. Barigazzi, p. 92.6: *epochḕn kaloũntes tḕn 'ōs àn eípoi tis aoristían.*

[76] Text nach D. Erasmus, Opera omnia 1.1.660.30–32: *eoque nulla de re pronunciandum esse censebant, sed semper de omnibus suspendendam esse sententiam.*

[77] Galenos, De optimo docendi genere 2.3, ⟨ed./tr.⟩ A. Barigazzi, p. 96.7–8: *allà perì pántōn epéchein.*

[78] Wir sind den Textstellen ja bereits begegnet. Durch eine Bemerkung von C. B. Schmitt, Cicero Scepticus, pp. 60–61, wurde ich darauf aufmerksam, daß Philipp Melanchthon (1497–1560) im Vorwort zu seiner Schrift von 1533 mit dem Titel ‹Secunda aetas locorum theologicorum› Urteilssuspension und Zweifel geradezu Augustinisch gleichsetzt und ablehnt, cf. P. Melanchthon, Opera quae supersunt omnia 21.255: »Fern

Sprachraum entwickelte er sich zur Standardbezeichnung für die Urteilsenthaltung, nicht aber im deutschen.[79] Er steht exemplarisch für die Richtung, die die Fehl- und Umdeutung der ἐποχή innerhalb der

davon ist dieser Brauch der Akademiker und Skeptiker zurückzuweisen, die verbieten, irgend etwas zu behaupten und verordnen, über alle Dinge zu zweifeln oder die Behauptungen zu suspendieren [in die Schwebe zu bringen].« (*Et procul hic repudiandus est Academicorum et Scepticorum mos, qui vetant asserere quicquam, et iubent dubitare de omnibus rebus seu suspendere assertiones.*) In einer Neuausgabe circa zwei Jahre später wird diese Aussage noch ergänzt, cf. o.c. 21.349: »… und verordnen, über alle Dinge zu zweifeln oder mit Sicherheit ἐπέχειν, das ist, die Zustimmungen zu suspendieren [in die Schwebe zu bringen].« (*… et iubent dubitare de omnibus rebus seu certe ἐπέχειν, hoc est, suspendere assensiones.*) Cf. o.c. 21.605.

[79] In seiner grundlegenden philosophiehistorischen Zusammenschau in lateinischer Sprache bedient sich Johann Jacob Brucker (1696–1770) des gesamten Spektrums terminologischer Möglichkeiten, um die Urteilsenthaltung auszudrücken, angefangen mit dem griechischen Originalwort über die Akademischen Bezeichnungen bis hin zu dem hier betrachteten Terminus; zum letzteren cf. J. J. Brucker, Historia critica philosophiae 1.1332: *judicium suspendebant* (sie suspendierten das Urteil). In der deutschsprachigen Version finden sich ganz allgemein die Ausdrücke »den Beyfall zurůcke halten«, »das Urtheil zurůck zu halten«, »von einem eigenen Urtheil gåntzlich sich enthalten«, cf. idem, Kurtze Fragen aus der Philosophischen Historie 1.2.747, 749, 759, 761, 763 etc. Die Stellen, an denen in der Lateinfassung der griechische Ausdruck steht, sind in der gedrängteren deutschen nicht enthalten. Die Verquickung der Urteilsenthaltung mit dem Zweifel wurde durch diese sprachlichen Variationen keineswegs aufgehalten. Brukker entspricht hierin voll dem Trend seiner Zeit. J. & W. Grimm, Deutsches Wörterbuch 10.4.1276, geben nur für zwei Autoren Nachweise für den Gebrauch des Begriffs Suspension im Umkreis deutschsprachiger Philosophie, für Herder (1744–1803) und Schopenhauer (1788–1860). Sie sind nicht direkt auf das Urteil oder die Zustimmung bezogen. A. Schopenhauer, Sämtliche Werke 2.518 (Die Welt als Wille und Vorstellung 2, 3. Buch, Kap. 32), spricht in Zusammenhang mit dem Wahnsinn z.B. von der Suspension der Vernunft bzw. der reflektiven Erkenntnis. In seiner Vorlesung zur ‹Metaphysik der Sitten› weist er das Argument von der Entscheidungsunfähigkeit (des Willens) bei Tier und Mensch aufgrund gleich starker gegensätzlicher Motive, traditionell versinnbildlicht durch das Gleichnis von Buridans Esel, unter Zuhilfenahme folgender, für unsere Gedankenführung hier allein wichtiger, erläuternden Definition: absoluter Zweifel = *suspensio judicii*, zurück, cf. idem, Philosophische Vorlesungen 4.95–96: »Zu Buridans Beispiel: wenn auf die Weise, wie zwei gleich starke, einander entgegengesetzte Erkenntnißgründe, absoluten Zweifel, *suspensio judicii* herbeiführen, oder wie zwei gleich starke Ursachen, die einander entgegen wirken, wechselseitig ihre Wirkung aufheben und Stillstand erfolgt: – wenn auf solche Weise auch entgegengesetzte, sich ausschließende Motive wechselseitig einander aufheben können; – so muß hier entweder gänzlicher Stillstand erfolgen und Buridans Esel todthungern, weil der Grund fehlt der ihn vorzugsweise zum einen oder dem anderen Heubündel zöge; – oder auch der Wille muß sich ohne allen Grund bestimmen, also im Sinn der Nicht-Philosophen frei seyn. Dies aber eben klärt allein der Unterschied zwischen dem thierischen und menschlichen Erkennen auf. Nämlich …« Ein wichtiger Nachweis von ›Suspension‹ in der Kantschen Philosophie wird noch Gegenstand unserer Diskussion werden.

Christenwelt eingeschlagen hat. Sein Bedeutungsspektrum deckt sich nahezu mit der Landkarte dieser Ab- und Irrwege. Dieses war bestens dazu geeignet, den Ausdeutungen des Skeptizismus jener Epoche den Schein der Authentizität zu verleihen, obwohl mit und in diesen verhängnisvolle Verdrehungen und Entstellungen vorgenommen wurden. So konnten auch die Absichten verschleiert werden, die hinter den Bemühungen um die Wiedereinführung skeptischer Lehren in das abendländische Geistesleben standen: durch Verunsicherung in ihren intellektuellen Überzeugungen die Gebildeten unter der Gläubigenschar zu disziplinieren und die (vermeintlich) Widerchristlichen zu bekämpfen.[80] Das dies immer vollbewußt und vorsätzlich geschah, soll damit nicht gesagt sein.

Strategien, am Beispiel des umgemünzten antiken Skeptizismus die gnadenreiche Zerrissenheit und Verlegenheit, Rat- und Hilflosigkeit des Menschen angesichts des Erkenntnisdilemmas, und damit die Notwendigkeit von göttlichem, sprich, kirchlichem Beistand und gläubigem Gehorsam zu demonstrieren, finden sich, ausgehend von den frühneuzeitlichen Wiederentdeckern der antiken Skepsis, in mancherlei Variation. Aus dem Kreise Montaigne's stellte Pierre Charron (1541–1603) im Anschluß an seinen Lehrer, doch mit merklich verschobenen Akzenten, den Skeptizismus im Sinne der mystischen Theologie in den Dienst des Glaubens,[81] indem er dabei – we-

---

[80] Cf. G. Gawlick, Die Funktion des Skeptizismus in der frühen Neuzeit, pp. 88–89: »Die Beschäftigung mit ihm [Sextos] stand von vornherein unter den Prämissen der religiösen Problematik, die das 16. Jahrhundert quälte: Im Vorwort seiner Übersetzung pries Hervet den Skeptizismus als Waffe gegen den Calvinismus an. Tatsächlich war die Auseinandersetzung zwischen Katholiken und Protestanten lange Zeit das Hauptmotiv dafür, Sextus zu studieren und zu assimilieren; … ›Le divin Sexte‹ [›der göttliche Sextus‹] kann als der Kronzeuge der Gegenreformation in Frankreich gelten: seine Argumente führten den Zusammenbruch der protestantischen Theologie herbei, und dieser Trieb die Menschen in den Schoß der katholischen Kirche zurück. Montaigne gab dem ›katholischen Pyrrhonismus‹ in seiner *Apologie de Raimond Sebond* (…) wirksamen literarischen Ausdruck; … Seine Schüler Pierre Charron und Jean-Pierre Camus systematisierten seinen Pyrrhonismus und trugen ihn in die Theologie. Die ›Nutzanwendung‹ für die konfessionelle Auseinandersetzung ließ nicht lange auf sich warten; es lohnt die Mühe nachzulesen, welch subtiler Argumente aus dem Arsenal des Sextus sich François Veron, die ›Geißel der Protestanten‹, auf der einen, Jean Daillé auf der anderen Seite bediente, jener um das reformatorische Prinzip der freien Schriftauslegung zu untergraben, dieser um das Traditionsprinzip der Katholiken auszuhöhlen. Dabei wurde deutlich, daß die gerühmte Waffe des Skeptizismus durchaus zweischneidig war.« Cf. R. H. Popkin, Skepticism and the Counter-Reformation in France.

[81] Cf. R. H. Popkin, Kierkegaard and Scepticism, p. 126: »Pierre Charron legte die Ver-

nigstens in Worten – die wahre Verwandtschaft zwischen beiden zugestand und ausspielte, um vom Urteilen abzuhalten.

»Die Theologie, selbst die Mystik, lehrt uns, daß es, um unsere Seele auf Gott und die Eingebung des Heiligen Geistes gut vorzubereiten, nötig ist, sie zu leeren, zu reinigen, auszuziehen und aller Meinung, allen Glaubens, aller Neigung zu entblößen, sie wie ein weißes Blatt Papier zu machen, sich selbst und der Welt tot, um dort Gott leben und walten zu lassen …… aber um sich auf diese Offenbarung vorzubereiten, muß man vor allem alles Meinen und Glauben, durch welches der Geist bereits voreingenommen und durchtränkt ist, aufgeben und verjagen und Ihm blank, nackt und bereit darbringen. Indem man diesen Punkt wohl verfochten und gewonnen und die Menschen wie zu Akademikern und Pyrrhonikern gemacht hat, muß man die Anfangsgründe des Christentums als vom Himmel geschickt darlegen, herbeigebracht vom Mittler… so nun ist diese unschuldige und treuherzige Aussetzung und Leere des Entschlusses ein großartiges Mittel zur wahren Frömmigkeit …: denn mit ihr werden niemals Ketzereien und auserlesene, besondere, überspannte Meinungen aufkommen; niemals wird ein Akademiker oder Pyrrhoniker ketzerisch sein, das sind [nämlich] Gegensätze: man wird vielleicht sagen, daß er auch niemals Christ oder Katholik sein wird, denn er wird genauso gut neutral und aussetzend/suspendierend bezüglich des einen oder anderen sein: das heißt, schlecht zu verstehen, was gesagt wurde; es gibt nämlich überhaupt keine Aussetzung/Suspendierung, keinen Grund zum Urteilen, noch auch Freiheit in dem, was Gottes ist.«[82]

---

einigung von Skeptizismus und Glaube als die Sichtweise der christlichen Mystiker aus«. Idem, The History of Scepticism from Erasmus to Spinoza, p. 56: »Weil er professioneller Theologe war, war Charron in der Lage, den Skeptizismus Montaignes systematischer mit den antirationalen Hauptströmungen im christlichen Denken zu verbinden, wobei er einen gründlicheren christlichen Pyrrhonismus lieferte, indem er die Zweifel Pyrrhons mit der negativen Theologie der Mystiker vereinigte.«

[82] P. Charron, De la Sagesse, Livre second, Chapitre 2 = Œuvres 1.21–22: *La Theologie, mesmes la mystique, nous enseigne que pour bien preparer nostre ame à Dieu, & l'impression du S. Esprit, il la faut vuider, nettoyer, despouïller, & mettre à nud de toute opinion, creance, affection; la rendre comme vne carte blanche, morte à soy & au monde, pour y laisser viure & agir Dieu, …… mais que pour se preparer à cette reuelation, il faut auparauant renoncer & chasser toutes opinions & creances, dont l'esprit est desia anticipé & abbreuué, & luy presenter blanc, nud, & prest. Ayant bien battu & gaigné ce poinct & rendu les hommes comme Academiciens & Pyrrhoniens, faut proposer les principales de la Christienté, cõme enuoyez du ciel, apportez par l'Ambassadeur …*

Bischof Jean-Pierre Camus (1584–1654), ein anderer bekannter Schüler des französischen Sokrates und Sekretär des Hl. Franziskus von Sales entwarf hinwiederum »ein gewaltiges Gebäude hegelischer These, Antithese und Synthese. Die These ist der Akademische Skeptizismus – man kann nichts wissen; die Antithese ist der Dogmatismus – man kann etwas wissen; und die Synthese – 'skeptische Indifferenz', die pyrrhonische Urteilsenthaltung … …, die uns zu Gott führt, indem wir, unsere Schwäche erkennend, zufrieden sind, das zu glauben, was uns Gott zuspricht.«[83]

Eine der meistschillernden Persönlichkeiten der frühen Neuzeit, die sich der pseudo-skeptischen Vorgehensweise bis an den Rand des Grotesken bedient und wegen ihrer Polymathie und ihres politischen Einflusses einige Wirkung auf die Geisteskultur Europas ausgeübt hat, war sicherlich der gegenreformatorische Chefideologe François de La Mothe Le Vayer. Er frohlockt: »Liebe Skepsis, süße Weide meiner Seele und unvergleichlicher Hafen der (ewigen) Seligkeit für einen Geist, der die Ruhe liebt, …«[84]! »O edle Epochē! O sicherer und angenehmer Zufluchtsort des Geistes! O unschätzbares Gegengift gegen den Wissensdünkel der Kleinigkeitskrämer!«[85]

Von einem, der den epechistischen Seelenfrieden derart bejubelt, könnte man nun annehmen, er hätte sein höchstes Glück in der

voila cõme cette innocente & candide surseance & vacuité de resolution est vn grãd moyen à la vraye pieté …: car auec elle n'y aura iamais d'heresies & opinions triees, particulieres, extrauagantes; iamais Academicien ou P[h]yrrhonien ne sera heretique, ce sont choses opposites: l'on dira peut-estre qu'il ne sera iamais aussi Christien ny Catholique, car aussi bien sera-il neutre & sursoyant à l'vn qu'à l'autre: c'est mal entendre ce qui a esté dit, c'est qu'il n'y a point de surseance, ne lieu de iuger, ny liberté, en ce qui est de Dieu. Man vergleiche die Darstellung im Stile der negativen Theologie in idem, Les Trois Veritez, Livre 1, Chapitres 4–5 = Œuvres 2.9–21, gleichzeitig die Abfuhr der Akademischen Skeptiker und Pyrrhonisten als Atheisten in o. c., Livre 1, Chapitre 4 = Œuvres 2.7, die natürlich leicht gegen ihn selbst gewendet werden könnte.

[83] R. H. Popkin, The History of Scepticism from Erasmus to Spinoza, p. 63 & p. 64. Leider war mir die Originalschrift ‹Essay Sceptique› in der Ausgabe Paris 1610 der ‹Diversitez, Tome IV›, auf die hier Bezug genommen wird, nicht zugänglich.

[84] F. de La Mothe Le Vayer, Petit traité sceptique sur cette commune façon de parler, N'avoir pas le sens commun, Œuvres 5.2.180 (2.265): *Chere Sceptique, douce pâture de mon ame, & l'unique port de salut à un esprit qui aime le repos, …*

[85] F. de La Mothe Le Vayer, Petit traité sceptique sur cette commune façon de parler, N'avoir pas le sens commun, Œuvres 5.2.190 (2.268): *O précieuse Epoque! O sûre & agréable retraite d'esprit! O inestimable antidote contre le présomtueux savoir des Pédans!* Ich darf darauf hinweisen, daß der Terminus *Epoque*, Epochē, von La Mothe oft sehr unspezifisch verwendet wird und mitunter einfach stellvertretend für die (höchsten Errungenschaften der) Skepsis steht.

skeptischen Enthaltung gefunden. Was sollte einer denn noch wollen, wenn er die »glückliche Suspension/Schwebung«[86] zu vollziehen in der Lage ist, wenn er »sich wie unbeweglich in dieser wunderbaren Indifferenz der Epochē, wo das Zentrum des höchsten Gutes ist, befindet«[87]? Warum sollte er sich in seiner »Epochē oder Schwebung/Suspension des Geistes«[88] noch der Laune des Glaubens und göttlicher Gnaden aussetzen und nicht eher ins Reich der Seligen entschweben und dort verschweben?

Irgendwie hat sich diese Fraglichkeit und Ungewißheit auch in die schein-skeptische Ruhe unseres Günstlings von Kardinal Richelieu und Erziehers, sowohl des Königsbruders, des Herzogs von Anjou, als auch des Dauphins (Ludwig XIV.) höchstpersönlich, eingeschlichen, konstatiert er doch, daß man sich in dieser Haltung, alles gleichermaßen in Zweifel zu ziehen, letztendlich gegenüber den himmlischen Lichten unglücklicherweise verblenden und seine Seele unwiederbringlich verlieren könne. Das könne man nicht recht vermeiden, wie man andererseits auch nicht bestreiten könne, daß in diesem Falle (nicht) eher ein Fehler des Pyrrhonisten, als der Skepsis vorläge und man vernünftigerweise folglich (nicht) sagen könne: nicht der Wein ist schuld, sondern das Trinken.[89] Wegen ihrer Unentschlossenheit, eine erste Ursache anzuerkennen, die sie als Götzen-

---

[86] F. de La Mothe Le Vayer, Petit traité sceptique sur cette commune façon de parler, N'avoir pas le sens commun, Œuvres 5.2.206 (2.272): *heureuse suspension.* Durch La Mothe's ‹Dialogues faits à l'imitation des anciens› zieht sich die Floskel von der »exzellenten«, »unschätzbaren«, »entzückenden«, »süßen oder stillen«, »wertvollen«, »einzigen«, »schönen« oder »göttlichen« etc. ἐποχή, Epochē, ἀφασία, *nulla dictio,* Aphasie oder Suspension (des Geistes) wie ein roter Faden.

[87] F. de La Mothe Le Vayer, De la vertu des payens. Seconde partie: de Pyrrhon, Œuvres 5.1.292 (2.192): *se trouve comme immobile dans cette belle indifférence de l'Epoque, où est le centre du souverain bien.* Zur Ruhe als höchstes Gut, Glück und Lebensziel des Skeptikers cf. o. c. 5.1.288–289, 292–294 (2.191–193); idem, Prose chagrine (seconde partie), Œuvres 3.1.319 (1.525); idem, Petit traité sceptique sur cette commune façon de parler, N'avoir pas le sens commun, Œuvres 5.2.206–207 (2.272).

[88] F. de La Mothe Le Vayer, De la vertu des payens. Seconde partie: de Pyrrhon, Œuvres 5.1.289 (2.191): *Epoque ou suspension d'esprit;* idem, Prose chagrine (seconde partie), Œuvres 3.1.314 (1.524).

[89] Cf. F. de La Mothe Le Vayer, Prose chagrine (seconde partie), Œuvres 3.1.315 (1.524): *Mais il pourroit arriver à la longue, que dans cette habitude à mettre tout en doute indifféremment, l'on s'aveugleroit enfin malheureusement contre les lumieres du Ciel; ce qui seroit perir l'ame sans rémission. C'est ce qu'on ne sauroit trop éviter, comme l'on ne sauroit nier aussi qu'en ce cas-là, il n'y ait plus de la faute du Pyrrhonien, que de la Sceptique, & qu'on ne puisse dire raisonnablement alors,* non culpa vini, sed culpa bibentis.

dienst ihres Zeitalters verachteten, ihres geistigen Unentschieden- oder In-der-Schwebe-Seins (*suspension d'esprit*) hinsichtlich des Glaubens an das göttliche Wesen und ihres Zweifels (*doutant*) gegenüber all dem, was für die christliche Religion spricht,[90] ihres Mangels an Licht einschließenden [natürlichen] Glaubens (auf den die Christen ihre Hoffnung auf das Heil einiger Heiden gründeten, welche diesen, verbunden mit einer außerordentlichen Gnade des Himmels, besaßen), gibt es für de La Mothe Le Vayer keinen Anschein zu glauben, daß irgendein Skeptiker oder Pyrrhonist diesen Schlages den Weg zur Hölle vermeiden konnte.[91]

Schaut man etwas genauer auf seine Vorstellungen zur ἐποχή, so wird man der Problemstelle seines Konstrukts ohne Schwierigkeit gewahr. Er führt nämlich aus, daß die Skeptiker, verzweifelt, jemals das Wissen erlangen zu können, um zwischen wahr und falsch unterscheiden zu vermögen, genötigt waren, die Epochē oder Suspension/Schwebung des Geistes anzuwenden, weil sie sich nicht auf irgend etwas Sicheres festlegen konnten.[92] Ist daraus zu schließen, daß die Urteilsenthaltung eine Festlegung auf die Unsicherheit ist? In der Tat spricht unser »*libertin érudit*«[93], unser gelehrter Freigeist, hinsichtlich seiner von ihm als ›Skeptiker‹ eingeräumten Irrtumsmöglichkeit

---

[90] Cf. F. de La Mothe Le Vayer, De la vertu des payens. Seconde partie: de Pyrrhon, Œuvres 5.1.300 (2.194): *Mais outre qu'ils ne se sont jamais determinés à reconnoitre une cause premiere, qui leur fit mépriser l'Idolâtrie de leur tems; il est certain, qu'ils n'ont rien crû de la Nature Divine, qu'avec suspension d'esprit, ni rien consessé de tout ce que nous venons de dire, qu'en doutant, …*

[91] Cf. F. de La Mothe Le Vayer, De la vertu des payens. Seconde partie: de Pyrrhon, Œuvres 5.1.300–301 (2.194): *… ils n'ont pas eu la moindre lumiere de cette foi implicite, sur laquelle nous avons fondé l'esperance du salut de quelques Païens, qui l'ont possedée conjointement avec une grace extraordinaire du Ciel, je ne vois nulle apparence de croire, qu'aucun Sceptique ou Pyrrhonien de cette trempe ait pû éviter le chemin de l'Enfer.*

[92] Cf. F. de La Mothe Le Vayer, De la vertu des payens. Seconde partie: de Pyrrhon, Œuvres 5.1.293 (2.192): *Avoir été long tems en quête de la vérité, croians, que le souverain bien dépendoit de savoir discerner le vrai du faux, desesperés de pouvoir jamais parvenir à cette connoissance, ils furent contraints d'user d'Epoque ou de suspension d'esprit, pour ne se pouvoir determiner à rien de certain.* Idem, Dialogue traictant de la philosophie sceptique = Dialogues, pp. 17–21, 27–28; idem, Dialogue sur l'opiniastreté = Dialogues, pp. 385–386.

[93] Zu den ›*libertins érudits*‹ cf. R. H. Popkin, The History of Scepticism from Erasmus to Spinoza, Chapter V, pp. 87–109. J. Grenier, Le sceptique masqué, p. 1512: »Der Zweifel von La Mothe Le Vayer und seiner Zeitgenossen hat nichts Dramatisches an sich: es ist der des Freidenkers (einst Libertin genannt). Er hat auch nicht die Tiefe des Zweifels der Pyrrhonier der Antike;«.

von »*L'incertitude Sceptique*«[94], der skeptischen Unsicherheit. Die skeptische Philosophie ruhe »auf der Schwäche unseres Erkennens und auf der Unsicherheit aller Dinge«[95], die Eigentümlichkeit der Epochē bestehe darin, Paradoxien abzuhandeln und die Propositionen zweifelhaft zu machen, die man für gewöhnlich als feststehend/unzweifelhaft annimmt.[96]

Es gehört schon eine gehörige Portion an Persönlichkeitsspaltung und Gefühlsverwirrung oder aber Abgeklärtheit und Lässigkeit dazu, den Aufweis der Unsicherheit von allem, so wie das der gute La Mothe Le Vayer tut, als eine solch angenehme Kontemplation aufzufassen, daß sie mit der Süße des Honigs verglichen werden kann.[97] Drückt sein spanischer, von ihm als »ein Orakel« (*un Oracle*) verstandener Wahlspruch

---

[94] F. de La Mothe Le Vayer, De la vertu des payens. Seconde partie: de Pyrrhon, Œuvres 5.1.309 (2.196).

[95] F. de La Mothe Le Vayer, Petit traité sceptique sur cette commune façon de parler, N'avoir pas le sens commun, Œuvres 5.2.199 (2.270): *sur la foiblesse de nôtre connoissance, & sur l'incertitude de toutes choses.* Zum »οὐ καταλαμβάνω« (ich er-/begreife nicht), der »*incomprehensibilité*« (Unbegreiflichkeit), »*l'instabilité & l'incertitude*« (Instabilität und Unsicherheit) cf. idem, Discours pour montrer, que les doutes de la philosophie sceptique sont de grand usage dans les sciences, Œuvres 5.2.75–76 (2.240). Zur »*ignorance Ephectique*« (ephektischen Unwissenheit) cf. idem, Dialogue de l'ignorance louable = Dialogues, p. 302. Zur »*ignorance Sceptique*« (skeptischen Unwissenheit) cf. idem, Petit traité sceptique sur cette commune façon de parler, N'avoir pas le sens commun, Œuvres 5.2.200 (2.270). Idem, De la vertu des payens. Seconde partie: de Pyrrhon, Œuvres 5.1.302 (2.195): »Ihre Unwissenheit war nicht von der Art dieser Flegel oder Dummköpfe, die die Schulen grob oder müßig nennen. Sie bestand weder aus bloßer Leugnung noch aus schlechter Erkundigung. Es war eine vernünftige und beredte Unwissenheit, die sich nur durch das Mittel der Wissenschaft erwerben läßt, und die man genauso gut wie die, über welche der Kardinal von Cusa drei Bücher und eine Verteidigungsschrift geschrieben hat, eine docta ignorantia [belehrte Unwissenheit] nennen kann.« (*Leur ignorance n'étoit pas de ces grossieres ou stupides, que les Ecoles nomment crasses ou supines. Elle n'étoit ni de pure privation, ni de mauvaise information. C'étoit une ignorance raisonnable & discouruë, qui ne s'acquiert que par le moien de la science, & qu'on peut nommer une docte ignorance, aussi bien que celle, dont le Cardinal de Cusa a fait trois livres & une apologie.*).

[96] F. de La Mothe Le Vayer, Petit traité sceptique sur cette commune façon de parler, N'avoir pas le sens commun, Œuvres 5.2.202 (2.271): … *c'est le propre de l'Epoque de traiter des paradoxes, & de rendre douteuses les propositions qu'on reçoit ordinairement pour constantes.* Cf. idem, Prose chagrine (premiere partie), Œuvres 3.1.279 (1.515): »Bedienen wir uns nun des Privilegs der Epochē und nehmen als zweifelhaft an, … ob …« (*Servons-nous donc du privilège de l'Epoque, & tenons pour douteux, … si …*).

[97] F. de La Mothe Le Vayer, Petit traité sceptique sur cette commune façon de parler, N'avoir pas le sens commun, Œuvres 5.2.197 (2.270): »Aus seinen [des Dogmatikers]

»Von den sichersten Dingen
das sicherste ist das Zweifeln.«
(De las cosas mas seguras
La mas segura es dudar.)[98]

letzlich also nicht seine eigene Verwirrung und Schizophrenie aus, zeichnet er nicht seinen eigenen Weg ins Inferno vor, ist doch die Unsicherheit, die die Skeptiker postulierten, qua Selbstanwendung selbst unsicher und damit selbstzerstörend?[99] Und erträgt er diese

---

Argumenten und seinen eigenen Konklusionen zieht ... der Skeptiker seine Nahrung und zeigt deutlich die Unsicherheit aller Dinge; was ihm eine solch angenehme Kontemplation ist, daß sie der Süße des Honigs verglichen werden kann.« (*De ses argumens & de ses propres conclusions, ... , le Sceptique tire sa nourriture, & montre évidemment l'incertitude de toutes choses; ce qui lui est d'une si agréable contemplation, qu'elle peut être comparée à la douceur du miel.*) J. Grenier, Le sceptique masqué, p. 1512: ».. Männer wie La Mothe Le Vayer haben weder einen Kreuzeswahn noch einen Zweifelswahn. Sie zweifeln genug, um sich des Glaubens zu begeben, sie zweifeln nicht genug, um ihren Zweifel bis zu seinen letzten Konsequenzen zu treiben.«

98 F. de La Mothe Le Vayer, Discours, ou Homilies academiques. II. Partie: Douziéme homilie academique. De L'Ame, Œuvres 3.2.177 (1.615); idem, Dialogue sur le subjet de la divinité = Dialogues, p. 352. Ohne Stellenangabe zitiert bei F. Mauthner, Der Atheismus und seine Geschichte 2.234.

99 Zum Selbsteinschluß und damit zur Selbstaufhebung skeptischer Argumente cf. F. de La Mothe Le Vayer, Dialogue traictant de la philosophie sceptique = Dialogues, pp. 27–28 (mit Leitergleichnis). Man beschmunzle in diesem Kontext die ungewollt komische Allegorie, die den biblischen Samson als skeptischen Philosophen vorstellt, cf. F. de La Mothe Le Vayer, Petit traité sceptique sur cette commune façon de parler, N'avoir pas le sens commun, Œuvres 5.2.195–200 (2.269–270); daraus die Quintessenz, o.c. 5.2.198–199 (2.270): »Nun, weil diese philiströsen Weisen [die Dogmatiker] eines Tages unseren philosophischen Helden [Samson] gefangennahmen und mit diesem Argument fesselten, das sie für un(auf)lösbar hielten, daß es nichts Gewisses/Sicheres gibt, woraus folgt, daß diese grundlegende Proposition aller Skepsis, daß es nichts Gewisses/Sicheres gebe, nicht gewiß/sicher ist, und sich folglich das, was ihr entgegengesetzt ist, als wahr erweist, daß es etwas Gewisses/Sicheres gibt: Entschloß er sich zu dieser äußersten Anstrengung, seine Proposition durch sich selbst zu zerstören, indem er sie genau in denselben Ruin verwickelte und einschloß, den sie bei allen Arten von Axiomen herbeiführt; so daß zur selben Zeit, wie sie aussagt, daß es nichts Gewisses/Sicheres gibt, sie den Sinn auf sich selber ausdehnt und mit dem Rest dogmatischer Propositionen untergeht, eher als etwas Gewisses/Sicheres bestehen zu lassen. Genau so, wie das Feuer, das alle Dinge verschlingt, sich mit diesen selbst verzehrt; und wie die Abführmittel der Medizin sich durch dieselbe Fähigkeit, durch welche sie die üblen Säfte des menschlichen Körpers austreiben, selbst ausscheiden.« (*Or parce que ces Savans Philistins, prirent un jour nôtre Heros Philosophique, & le lièrent de cet argument, qu'ils croioient indissoluble; que s'il n'y a rien de certain, il s'ensuit que cette proposition fondamentale de toute la Sceptique n'est pas certaine, qu'il n'y ait rien de certain, & par consequent ce qui lui est opposée se trouvera véritable, qu'il y a quelque chose de certain: Il se resolut à*

Hölle dann nicht in der gleichgültigen Manier des Skeptikers, ja ist sie ihm dann nicht das Paradies selbst, »... da, wie es Ziel unserer Epochē ist, uns eine angemessene/vernünftige Mäßigung in all unseren Leidenschaften zu verschaffen und eine perfekte Gewißheit [!], was die Meinungen betrifft, die gesamte christliche Lehre ebenso nur auf diese fromme μετριοπάθεια [gemäßigtes Empfinden] hinausläuft, die uns all unsere Neigungen unterwerfen und all unser Wollen unter das des Allmächtigen beugen macht; und um uns diese religiöse ἀταραξία [Unerschütterlichkeit] zu erwerben, die uns unbeugsam und unerschütterlich [!] in unseren Glaubensangelegenheiten macht, *Justus ex fide vivet [wird der Gerechte aus dem Glauben leben]*.«[100]?

---

ce dernier effort de détruire sa proposition par elle-même, la comprenant & l'enveloppant dans les propres ruines qu'elle fait de toutes sortes d'axiomes; de telle façon qu'au même tems qu'elle dit qu'il n'y a rien de certain, elle étend la signification sur ellemême, & perit avec le reste des propositions dogmatiques, plûtôt que de laisser subsister quelque chose de certain. C'est ainsi que le feu qui devore toutes choses se consume lui-même avec elles; & que les purgatifs de la Médecine se jettent eux-mêmes dehors par la même faculté dont ils chassent les mauvaises humeurs du corps humain.) Voltaire (1694–1778) verwertet die Samson-Allegorie in seiner Huldigung an Pierre Bayle innerhalb des ‹Gedichts über das Desaster/Erdbeben von Lissabon›, cf. Voltaire, Œuvres complètes 9.476–477, Verszeilen 189–195: »Ich verzichte auf Platon, ich verwerfe Epikur. / Bayle weiß mehr davon als sie alle; ich frage ihn um Rat: / Die Waage in der Hand, lehrt Bayle zu zweifeln, / Weise genug und groß genug, um ohne System zu sein, / Hat er sie alle zerstört und bekämpft sich selbst: / Ähnlich diesem Blinden, der, den Philistern ausgesetzt, / Unter den Mauern zermalmt wurde, die durch seine Hände zum Einsturz gebracht wurden.« (*J'abandonne Platon, je rejette Épicure. / Bayle en sait plus qu'eux tous; je vais le consulter: / La balance à la main, Bayle enseigne à douter, / Assez sage, assez grand pour être sans système, / Il les a tous détruits, et se combat lui-même: / Semblable à cet aveugle en butte aux Philistins, / Qui tomba sous les murs abattus par ses mains.*).

[100] F. de La Mothe Le Vayer, Dialogue sur le subjet de la divinité = Dialogues, p. 350: ... *que comme la fin de nostre Epoche est de nous donner une raisonnable moderation en toutes nos passions, et une parfaicte asseurance en ce qui regarde les opinions; toute la doctrine Christienne ne va de mesme pas qu'à cette devotieuse* μετριοπάθεια, *qui nous fait soubmettre toutes nos affections, et ployer toutes nos volontez soubs celle du Toutpuissant; et à nous acquerir cette religieuse* ἀταραξία, *qui nous rend inflexibles et inesbranlables aux choses de nostre croyance,* Justus ex fide vivet. Cf. idem, Dialogue traictant de la philosophie sceptique = Dialogues, p. 61, wo berichtet wird, daß die Epochē sogleich von ihren zwei göttlichen Begleitern, der Ataraxie und Metriopathie, eingeholt wird, und idem, De la vertu des payens. Seconde partie: de Pyrrhon, Œuvres 5.1.288–289 (2.191), wo festgehalten ist, daß der Pyrrhoniker »einen Gemütszustand besitzt, der allen Aufruhrs enthoben ist, durch das Mittel der *Ataraxie,* die das Meinen reguliert, und der *Metriopathie,* die die Leidenschaften mildert, in der Weise, daß er eine perfekte Ruhe sowohl hinsichtlich des Verstandes als auch des Willens genießt« (... *de*

Daß der von Le Vayer vertretene Anti-Intellektualismus, die ungereimte Skeptisiererei, zusammen mit dem irrationalen, antirationalen Christentum als Libertinage, Unglaube und Zersetzung der Christenlehre aufgefaßt wurde, und er selbst und seine literarischen Ergüsse in Abhandlungen über den Atheismus im Abendland Berücksichtigung fanden,[101] könnte angesichts seiner willkürlichen Aus- bzw. Umdeutung und Manipulierung der Retention als eine Ironie des Schicksals gedeutet werden. Ob er diese wohl selbstironisch schon vorweggenommen hat, wenn er meint: »Es gibt überdies nichts, was uns die skeptische Suspension/Hemmung besser symbolisieren könnte, als die plumpe Dumpfheit [Behäbigkeit/Trägheit] des Rindviehs.«[102]?

Geradezu bedrohlich wirkt gegen diese Dokumente leichten Sinnes die todernste Verortung des menschlichen Aufenthalts zwischen den beiden Abgründen der Unendlichkeit und des Nichts bei Blaise Pascal, beunruhigend seine Charakterisierung der Erkenntnis

---

posseder une assiette d'esprit, exemte de toute agitation, par le moien de l'ataraxie, *qui regle les opinions, & de la* metriopathie, *qui modére les passions, de telle sorte, qu'il jouïsse d'un parfait repos tant à l'égard de l'entendement, que de la volonté.*) Cf. idem, Dialogue sur l'opiniastreté = Dialogues, p. 386.

[101] Cf. R. H. Popkin, The History of Scepticism from Erasmus to Spinoza, p. 94. J. Grenier, Le sceptique masqué, p. 1511, wagt die Behauptung: »La Mothe Le Vayer bleibt Skeptiker; er ist kein Fideist.« F. Mauthner, Der Atheismus und seine Geschichte 2.243: »... Noch beachtenswerter ist die Stellungnahme zu den Skeptikern, die ja an allem zweifelten, also auch an der Gottheit. Le Vayer bekennt sich, wie in allen seinen Schriften, frei zu der Meinung, daß man jedem Satze ein Wörtchen wie ›Vielleicht‹ oder ›Ich weiß nicht‹ hinzuzufügen habe, daß in diesem Verzichte auf Gewißheit das einzige Glück des Geistes bestehe. Man könne ja im Denken den Menschen niemals ganz ausziehen. Weil nun die Skeptiker ihre *docta ignorantia,* die sie so lange Zeit vor dem Kardinal von Cusa behaupteten, auch auf die göttlichen Dinge ausdehnten, weil also die Skeptiker nicht einmal die rechte Naturreligion besaßen, den Glauben implizite, den unentfalteten oder unentwickelten Glauben, so scheint es auf den ersten Blick schlimm um ihr ewiges Heil zu stehen; genau genommen stimme aber ihr Mißtrauen gegen die Vernunft, ihre geistige Bescheidenheit recht gut mit der Grundlage des Christentums überein. Der Himmel werde ja den Armen im Geiste versprochen. Für die Unwandelbarkeit des Sittengesetzes sei der grundsätzliche Zweifel allerdings bedenklich. Trotzdem neig[t]e le Vayer, in Übereinstimmung mit dem weisen Salomon und – dem Apostel Paulus, zu den Zweifeln, zu der Ungewißheit und zu der *ignorantia* der Skeptiker.« Mauthner bezieht sich hier insbesondere auf das kurze Traktat: F. de La Mothe Le Vayer, De la vertu des payens. Seconde partie: de Pyrrhon, Œuvres 5.1.285–310 (2.190–197).

[102] F. de La Mothe Le Vayer, Petit traité sceptique sur cette commune façon de parler, N'avoir pas le sens commun, Œuvres 5.2.201 (2.271): *Il n'y a rien aussi qui nous puisse mieux figurer la suspension Sceptique, que la pésante tardivité du Bœuf.*

als Wogen auf der weiten/unermeßlichen Mitte zwischen sicherem Wissen und absolutem Nichtwissen, immer ungewiß/unsicher und treibend/unschlüssig, hin und her gestoßen von einem Ende zum anderen.[103] Unsere übereinstimmenden Mutmaßungen und Vorstellungen über sinnlich wahrgenommene Vorgänge seien niemals absolut überzeugend, von letzter Überzeugungskraft, da man wisse, daß man oftmals gleiche Schlüsse aus unterschiedlichen Annahmen ziehe, obzwar es doch gut wäre, auf ›ja‹ zu wetten, d. h. ihre Gültigkeit anzuerkennen. »Das genügt, um wenigstens die Sache zu verwirren. Nicht daß dies die natürliche Klarheit, die uns dieser Dinge versichert, und auf die die Akademischen Skeptiker [unter der Annahme ihrer Wahrscheinlichkeitslehre] gewettet hätten, absolut auslöscht, dies trübt sie aber und versetzt die Dogmatisten in Aufruhr – zum Ruhme der pyrrhonischen Kabbalistik, die in dieser zweideutigen Zweideutigkeit und einer gewissen zweifelhaften Obskurität besteht, aus der unsere Zweifel weder alle Helligkeit/Klarheit entfernen noch unsere natürlichen Vernunftlichter alle Düsternis vertreiben können.«[104]

Die Lage scheint ausweglos. Wie wir die Verwicklung von Wissen und Nichtwissen in uns nicht entwirren können, so scheint der Konflikt zwischen den Dogmatikern und den Pyrrhonikern nicht zu schlichten. Während erstere in ihrem einzig starken Argument vorbrächten, daß man, wenn man im guten Glauben und aufrichtig rede, an den natürlichen Prinzipien nicht zweifeln könne, konterten letztere mit der Unsicherheit/Ungewißheit unseres Ursprungs, welche die unseres Wesens einschließe, worauf die Dogmatiker noch immer eine Antwort suchten, solange die Welt schon dauert. Das sei der offene Krieg zwischen den Menschen, in dem jeder Partei ergreifen und sich notwendigerweise entweder in den Dogmatismus oder den Pyrrhonismus einreihen müsse. »Denn wer gedenkt, neutral zu blei-

---

[103] Cf. B. Pascal, Pensée Nr. 72, ⟨ed.⟩ L. Brunschvicg, p. 350 & p. 354 ≈ ⟨ed.⟩ M. Le Guern, Œuvres complètes 2.609 & 2.612, Nr. 185: *… entre ces deux abîmes de l'infini et du néant … … Nous voguons sur un milieu vaste, toujours incertains et flottants, poussés d'un bout vers l'autre.* Dazu H. P. Sturm, Weder Sein noch Nichtsein, pp. 84–85.

[104] Cf. B. Pascal, Pensée Nr. 392, ⟨ed.⟩ L. Brunschvicg, p. 507 ≈ ⟨ed.⟩ M. Le Guern, Œuvres complètes 2.573, Nr. 100: *Cela suffit pour embrouiller au moins la matière, non que cela éteigne absolument la clarté naturelle qui nous assure de ces choses, les académiciens auraient gagé; mais cela la ternit, et trouble les dogmatistes, à la gloire de la cabale pyrrhonienne, qui consiste à cette ambiguïté ambiguë, et dans une certaine obscurité douteuse, dont nos doutes ne peuvent ôter toute la clarté, ni nos lumières naturelles en chasser toutes les ténèbres.*

ben, wird zum Pyrrhonianer par excellence; diese Neutralität ist das Wesen der Kabbalistik: wer nicht gegen sie ist, ist in augezeichneter Weise für sie [worin sich ihr Vorteil zeigt]. Sie sind nicht für sich selbst; sie sind neutral, indifferent, allem gegenüber in der Suspension/Schwebe (*suspendus à tout*), ohne sich selbst auszunehmen. Was sollte der Mensch in diesem Zustand nun tun? Sollte er an allem zweifeln? Sollte er daran zweifeln, ob er wach ist, ob man ihn kneift, ob man ihn brennt? Sollte er zweifeln, ob er zweifelt? Sollte er zweifeln, ob er ist/existiert? Dazu kann es nicht kommen und ich setze in der Tat hinzu, daß es niemals einen wirklich vollkommenen Pyrrhonianer gab. Die Natur unterstützt den ohnmächtigen Verstand und hindert ihn, bis zu diesem Punkt abzuschweifen. Sollte er nun im Gegensatz dazu sagen, daß er die Wahrheit sicher/gewiß besitzt, er, der, wenn er auch noch so wenig bedrängt wird, dafür keine Begründung aufweisen kann und gezwungen ist, (davon) abzulassen? Welche Chimäre ist doch der Mensch, welche Ungewöhnlichkeit, welches Monstrum, welches Chaos, welches Wesen des Widerspruchs, was für ein Wunderding! ... Wer entmischt dieses Durcheinander? Die Natur verwirrt die Pyrrhonianer und der Verstand verwirrt die Dogmatiker.«[105] Die Lösung komme durch die einfache Unterwerfung des Verstandes:[106] »Demütige dich, ohnmächtige Ver-

---

[105] B. Pascal, Pensée Nr. 434, ⟨ed.⟩ L. Brunschvicg, pp. 530–531 ≈ ⟨ed.⟩ M. Le Guern, Œuvres complètes 2.580, Nr. 122: *Je m'arrête à l'unique fort des dogmatistes, qui est qu'en parlant de bonne foi et sincèrement, on ne peut douter des principes naturels. Contre quoi les pyrrhoniens opposent en un mot l'incertitude de notre origine, qui enferme celle de notre nature; à quoi les dogmatistes sont encore à répondre depuis que le monde dure. Voilà la guerre ouverte entre les hommes, où il faut que chacun prenne parti, et se range nécessairement ou au dogmatisme, ou au pyrrhonisme. Car qui pensera demeurer neutre sera pyrrhonien par excellence; cette neutralité est l'essence de la cabale: qui n'est pas contre eux est excellemment pour eux* [*en quoi paraît leur avantage*]. *Ils ne sont pas pour eux-mêmes; ils sont neutres, indifférents, suspendus à tout, sans s'excepter. Que fera donc l'homme en cet état? Doutera-t-il de tout? doutera-t-il s'il veille, si on le pince, si on le brûle? doutera-t-il s'il doute? doutera-t-il s'il est? On n'en peut venir là; et je mets en fait qu'il n'y a jamais eu de pyrrhonien effectif parfait. La nature soutient la raison impuissante, et l'empêche d'extravaguer jusqu'à ce point. Dira-t-il donc, au contraire, qu'il possède certainement la vérité, lui qui, si peu qu'on le pousse, ne peut en montrer aucun titre, et est forcé de lâcher prise? Quelle chimère est-ce donc que l'homme? Quelle nouveauté, quel monstre, quel chaos, quel sujet de contradiction, quel prodige! ... Qui démêlera cet embrouillement? La nature confond les pyrrhoniens, et la raison confond les dogmatiques.*

[106] B. Pascal, Pensée Nr. 434, ⟨ed.⟩ L. Brunschvicg, p. 533 ≈ ⟨ed.⟩ M. Le Guern, Œuvres complètes 2.582, Nr. 122: *par la simple soumission de la raison.*

nunft, schweig still, schwachsinnige Natur... Höre auf Gott!«[107] Ohne die Gnade sei der Mensch wie von der Art des dummen Viehs.[108]

Stand bei Montaigne die ephektische Haltung noch für ein unbeschwertes und wohlgemutes Leben aus dem glücklichen Zweifel, der die Begnadung wie von selbst mit sich brachte, so war ihre Bedeutung mit Pascal in die existentielle Unsicherheit und Daseinsverfinsterung umgeschlagen, der durch die Gnade des Herrn erst entgegenzuwirken und abzuhelfen war.[109] In dieser Weise wurde die Epochē auch vom Hauptvertreter der reformierten Gegenpartei,

---

[107] B. Pascal, Pensée Nr. 434, ⟨ed.⟩ L. Brunschvicg, p. 531 ≈ ⟨ed.⟩ M. Le Guern, Œuvres complètes 2.581, Nr. 122: *Humiliez-vous, raison impuissante; taisez-vous, nature imbécile... Écoutez Dieu.*

[108] B. Pascal, Pensée Nr. 434, ⟨ed.⟩ L. Brunschvicg, p. 534: *sans la grâce il est comme semblable aux bêtes brutes;* cf. o.c., p. 533 ≈ ⟨ed.⟩ M. Le Guern, Œuvres complètes 2.582, Nr. 122.

[109] Cf. J. Amstutz, Zweifel und Mystik besonders bei Augustin, pp. 26–27: »Für *Descartes* ist der Zweifel ein Uebel gewesen, das ihn jedoch antrieb, ja, das selber die Methodos war, zur Auffindung des festen Fundamentes im cogito sum. Für *Pascal* ist der Zweifel qualvolle ‹Geworfenheit› des Menschen. Auch ihm ist es zwar bedeutsam, dass der Mensch als einziges Seiendes um sein Sein weiss. Er sieht darin den königlichen Adel des Menschen – aber zugleich auch die grösstmögliche Steigerung seiner Qual, indem der Mensch dabei um sein *Elend* weiss. Für *Michel de Montaigne* nun ist der Zweifel und ist das Verharren darin ganz im Gegenteil Quelle, ja die Bedingung für Glück.« Eine ähnlich dramatische Stimmung wie Pascal's Existenzanalyse prägt die Schilderung der Zweifelskrise von J.-J. Rousseau, Les rêveries du promeneur solitaire, 3me promenade, Œuvres complètes 1.1011–1023 = Schriften 2.659–673 & idem, Emile ou de l'éducation, livre IV (Profession de foi du Vicaire Savoyard), Œuvres complètes (ca.) 4.565–571, 625–635 = ⟨tr.⟩ E. Sckommodau, pp. 545–553, 626–639, woraus die verzweifelte Frage an den Skeptiker erwächst, cf. o.c. 4.567–568 = p. 548: »Wie kann man mit System und in gutem Glauben Skeptiker sein? Ich kann das nicht verstehen. Diese Philosophen, sie existieren entweder nicht oder sind die unglücklichsten unter den Menschen.« (*Comment peut-on être sceptique par sistême et de bonne foi? Je ne saurois le comprendre. Ces philosophes, ou n'existent pas, ou sont les plus malheureux des hommes.*) Und auf die Zweifelsäußerung, cf. o.c. 4.627 = p. 628: »Was tun inmitten all dieser Widersprüche?« (*Que faire au milieu de toutes ces contradictions?*) gibt Rousseau (1712–1778) im »Glaubensbekenntnis des savoyischen Vikars«, des Zweifelns müde und neupyrrhonistisch gesetzt, die Antwort: »immer bescheiden und umsichtig sein, mein Kind; in Stille respektieren, was man weder verwerfen noch erfassen kann, und sich demütigen vor dem Großen Wesen, das allein die Wahrheit kennt. Das ist der unfreiwillige Skeptizismus, bei dem ich geblieben bin; aber dieser Skeptizismus ist mir überhaupt nicht lästig, weil er sich nicht auf die für die Praxis wesentlichen Punkte erstreckt ... Ich diene Gott in der Einfalt meines Herzens. ... und was die Dogmen angeht, die weder die Handlungen noch die Moral beeinflussen und weswegen sich so viele Menschen quälen, mache ich mir darüber überhaupt keine Sorgen.« (*être toujours modeste et circonspect, mon enfant; respecter en silence ce qu'on ne sauroit ni rejetter ni comprendre, et s'hu-*

Pierre Bayle, der selbst nicht ganz zu Unrecht der Verbreitung des Pyrrhonismus verdächtigt wurde, auf das Schlachtfeld des christlichen Bruderkriegs um den wahren Glauben geführt. »Wenn man fähig ist, alle Mittel zur Urteilsenthaltung (*moiens de l'époque*), welche von Sextus Empiricus dargelegt wurden, wohl zu verstehen, spürt man, daß diese Logik die größte Anstrengung an Scharfsinn ist, die der menschliche Geist unternehmen konnte; aber man sieht zur selben Zeit, daß dieser Scharfsinn überhaupt keine Befriedigung geben kann: er verwirrt sich selbst; ... die Zweifelsgründe sind selbst zweifelhaft; man muß also zweifeln, ob man zweifeln muß. Welches Chaos und welche Verlegenheit für den Geist!«[110]

Methodisch gesehen antithetisch-dialektisch, literarisch betrachtet kaustisch satirisch, der Botschaft nach anti-mystisch und anti-skeptisch in einem, sich dabei dennoch selbst mystisch-skeptisch entziehend, so tritt uns der Aufruf zur heiligen Einfalt im Dialog ‹Kabbala des Pferdes Pegasus› von Giordano Bruno (1548–1600) aus dem Jahre 1585 entgegen. Ich will ihn zum Abschluß meines Gedankengangs durch die Landschaft fideistischen Skeptisierens erwähnen, auch wenn es die historiographische Einordnung erfordert hätte, dies um einiges früher zu tun, weil dieses Dokument gewitzten Unwissens mit seiner Tendenz, sich über die Borniertheit der Doktrinäre und Pedanten lustig zu machen, gerade einen Kontrapunkt zum ›amtlichen‹ Skepto-Fideismus darstellt, der es auf kuriose Weise erlaubt, die vorangegangenen Gedankengänge, in denen die Tiefen und Untiefen der Skepsis, der Mystik und der Verwandtschaft beider thematisiert wurden, noch einmal Revue passieren zu lassen. Bruno's Ironie bringt einen Ausgleich – wenn auch nur im Minus des Grotesken – dieser äußerlich betrachtet antagonistischen Heilsbestrebungen zur Darstellung,[111] deren eine sich berufen fühlt, das begrenzte

---

milier devant le grand Etre qui seul sait la vérité. Voila le scepticisme involontaire où je suis resté; mais ce scepticisme ne m'est nullement pénible, parce qu'il ne s'étend pas aux points essentiels à la pratique, ... Je sers Dieu dans la simplicité de mon cœr. ... quant aux dogmes qui n'influent ni sur les actions ni sur la morale et dont tant de gens se tourmentent je ne m'en mets nullement en peine.).

[110] P. Bayle, Pyrrhon, in: Oeuvres diverses. Volumes supplémentaires Vol. 1.2, p. 915 C (= 733d): *Quand on est capable de bien comprendre tous les moiens de l'époque qui ont été exposez par Sextus Empiricus, on sent que cette Logique est le plus grand effort de subtilité que l'esprit humain ait pu faire; mais on voit en même tems que cette subtilité ne peut donner aucune satisfaction: elle se confond elle-même; ... les raisons de douter sont elles-mêmes douteuses; il faut donc douter s'il faut douter. Quel cahos, & quelle gêne pour l'esprit!*

menschliche Wissen zu negieren und annullieren, weil es das Glaubliche und das Glauben gerade nicht hinter sich zu lassen vermag, deren andere sich auserwählt wähnt, das ärmliche Menschenwissen zu dementieren und transzendieren, weil es der Glaube und das Glauben gerade hinter sich zu lassen vermag. Das Versöhnliche an ihr ist, daß sie sich – gewollt oder ungewollt – in den Fallstricken ihres eigenen Spotts verfängt und sich mit ihren Opfern zusammen lächerlich macht. Wenn wir die Verunglimpfung, die durch den Dialog geschieht, auf diesen selbst zurückwenden – erst der ist doch ein wahrer Spötter, der dies abgeklärt akzeptiert und am Ende über sich selber lacht –, so wird Bruno's Entlarvung der von ihm der Pseudophilosophie und Scheinreligion geziehenen Dogmen als Spiegelfechterei gegen die Phantome seiner eigenen Karikaturen bloßgestellt, Zerrbilder, die er von Lehren hinwarf, deren entstellte Erscheinungsformen und Außenseiten er vielleicht gerade deshalb nicht von ihrem Wesenskern differenzieren wollte (oder konnte), weil er nur noch in eine bestimmte Richtung dachte, die Naturforschung und Naturspekulation, in der, wie im anschließenden Kapitel kurz ausgewiesen werden wird, mit der Ciceronischen Methode zweifelskontrollierter Erkenntnisgewinnung und Wissenschaft ernst gemacht werden sollte.

Die Kabbala des beschwingten Pferdes Pegasus, das sich in der übermütigen Wechselrede als ein geflügelter, fliegender Esel erweist, wurde nur knappe zehn Jahre nach den wesentlichen Abschnitten der ‹Apologie› Montaigne's geschrieben. Der Dialog greift Motive aus der langen Tradition des Eselslobs auf und stellt einen mehrdeutig opaleszierenden Lobpreis der Armut im Geiste dar,[112] in dem drei Weisen der Eselhaftigkeit (*asinità*) diskutiert werden, die unseren

---

[111] Cf. J. Owen, The Skeptics of the Italian Renaissance, p. 296: »Bruno ist scharfsichtig genug wahrzunehmen, daß der Skeptizismus des Mystikers und das freiwillige Nichtwissen des Pietisten wirklich verwandt sind. Seine Behandlung des Pyrrhonismus ist jedoch sowohl summarisch wie oberflächlich.«

[112] Cf. K. Neubauer, Anmerkungen des Herausgebers zu G. Bruno, Die Kabbala des Pegasus, p. 74, ad 11,34: »Bruno erweckt .. den Anschein, sich von der auf Apuleius' *Goldenen Esel* zurückgehenden Tradition des ironisch-satirischen Eselslobes abheben zu wollen, die in der Renaissance bei Machiavelli, Doni und Folengo zu ihrer Blüte gelangte und auch Erasmus das Muster zu seinem *Lob der Torheit* (1515) lieferte. Bruno gibt vor, die Einfachheit des Esels wirklich loben zu wollen, wie dies Agrippa von Nettesheim in seinem skeptisch-antirationalistischen *Lob des Esels* (1530) getan hat. Tatsächlich geht Brunos Religionskritik weit über die seiner Vorgänger hinaus, und er macht sich über die religiös-skeptische Ablehnung der Wissenschaft eines Agrippa lustig, indem er des-

Geist mit der Wahrheit, und das heißt mit Gott, zu vereinigen hülfen: a) die kabbalistische, mystisch-theologische, stets verneinende und deshalb negative Unwissenheit, die es niemals wagt zu bejahen,[113] als deren Vertreter der entrückte, tiefsinnige und kontemplative Areopagit und der gelehrte, vom göttlichen Nektar des Nichtwissens stark berauschte Augustinus angeführt werden,[114] und die durch ein aufgescheuchtes und umherirrendes Eselfohlen versinnbildlicht wird; b) die Unwissenheit der Pyrrhonianer, Ephektiker

---

sen Methode der Ironisierung persifliert. Durch diese doppelte Brechung wird der Text allerdings sehr ambivalent und erst im Kontext des gesamten Werkes verständlich;«. Es fällt mir nicht leicht, den Schluß, den K. Neubauer, o. c., p. 78, ad 32,8, zieht, daß die von namhaften Forschern vertretene Meinung vom ›positiven Eseltum‹ bei Bruno kategorisch abzulehnen sei, ohne Vorbehalt nachzuvollziehen. Den Kontext des gesamten Werkes haben doch auch die Gelehrten beachtet, die sich dafür aussprachen. Perfekt wäre die Ironie erst dann, wenn die Ambivalenz-These angenommen und Bruno in sein eigenes Treiben einbezogen würde. Verhöhnt der Nolaner, wie gleich gezeigt wird, nicht die Sokratiker und Platoniker als Skeptiker, obwohl er sich selbst durch sein gesamtes Werk hindurch der platonischen bzw. neuplatonischen Denkweise bedient? Nimmt er außerdem nicht unverhohlen Anleihen beim Tiefsinn der negativen und/oder mystischen Theologie und Kabbala, welche im ‹Pegasus› veralbert werden? Kenner der Tradition haben keine Schwierigkeit, in seinen Werken Gedankengut aus dem im Mittelalter geschätzten mystischen Schrifttum und den mystisierenden Spekulationen des Nikolaus von Kues nachzuweisen, cf. F. J. Clemens, Giordano Bruno und Nicolaus von Cusa. Besonders leicht fällt dies bei dem Kapitel ‹De Patre sev mente sev plenitvdine› seines lateinischen Opus ‹Lampas triginta statvarvm›, in welchem gewissermaßen eine Summa seiner eigenen mystischen Theologie vorliegt, cf. G. Bruno, Opera Latine Conscripta 3.38.5–43.30. Muß man eigens erwähnen, daß sich Bruno zur christlichen Lehre bekennt, auch wenn sie in anderer Hinsicht Zielscheibe seiner Satirik ist? Und sollte nicht zuletzt noch angemerkt werden, daß sich in seinen Traktaten zentrale Elemente der Philosophie des Denkers finden, den er am heftigsten attackiert und mit Sarkasmen gleichsam überschüttet: Aristoteles? Wir dürfen angesichts dessen hoffen, daß für Bruno eben das gilt, was Sokrates anläßlich der Eristik der Sophisten in seiner unnachahmlich ironischen Art vorbrachte, cf. Platon, Euthydemos 303d-e: Sie hätten mit ihrer Widerlegungskunst nicht nur den Leuten, sondern auch sich selbst das Maul zusammengenäht; und dies genau wäre das Menschenfreundliche, Sanftmütige (*dēmotikón ti kaì prãjon*) und Angenehme (*charíen té estin*) an ihren Argumentationen gewesen und hätte ihnen alles Gehässige genommen (*kaì tò epachthès tõn lógōn aphaireĩtai*).

[113] Cf. G. Bruno, Dialoghi Italiani 2.875–876: *secondo gli cabalisti e certi mistici teologi; … Per la prima specie sempre si niega; onde vien detta ignoranza negativa, che mai ardisce affirmare.* Vgl. ⟨tr.⟩ L. Kuhlenbeck, Gesammelte Werke 6.32–33 & ⟨tr.⟩ K. Neubauer, Die Kabbala des Pegasus, pp. 33–34.

[114] Cf. G. Bruno, Dialoghi Italiani 2.879–880: *Quel rapto, profondo e contemplativo Areopagita, … Il dotto Agostino, molto inebriato di questo divino nettare, …* Vgl. ⟨tr.⟩ L. Kuhlenbeck, Gesammelte Werke 6.36 & ⟨tr.⟩ K. Neubauer, Die Kabbala des Pegasus, p. 37.

und anderer Akademiker, welche immer zweifeln und es weder wagen zu bestimmen noch zu definieren,[115] zu denen auch die Sokratiker und Platoniker gehören,[116] und deren Sinnbild die Eselin ist, die zwischen zwei Wegen feststeht und sich von der Mitte zwischen diesen ausgehend nicht entschließen kann, welchen von beiden sie einschlagen und entlanggehen soll;[117] und c) die von christlichen Theologen vertretene, vom Apostel Paulus derart gerühmte, daß er die Weisheit der Welt als größte Verrücktheit verurteilte, die Unwissenheit, die alle Prinzipien durch Erkenntnis besitzt, billigt und mit einer gewissen Begründung, jedoch ohne Beweis und Evidenz ausdrückt, und die durch eine Eselin und ihr Füllen, die den Weltenretter tragen, symbolisiert wird.[118]

Der Wert der jeweiligen Eselmütigkeit wird in der Unterredung als gleich angenommen. Die drei sind wie Äste auf einem Stamm, der in der Art eines Archetyps/Urbildes in die Eselei einströmt und auf die Wurzeln der zehn Sefiroth gesetzt und gepflanzt ist.[119] Doch fallen die erste und die dritte Art von Torheit und Eseltümlichkeit in

---

[115] Cf. G. Bruno, Dialoghi Italiani 2.875–876: *un' altra specie, secondo gli pirroniani, efettici ed altri simili; … Per la seconda specie sempre si dubita, e mai ardisce determinare o definire.* Vgl. ⟨tr.⟩ L. Kuhlenbeck, Gesammelte Werke 6.32–33 & ⟨tr.⟩ K. Neubauer, Die Kabbala des Pegasus, pp. 33–34. In 2.877, vgl. ⟨tr.⟩ L. Kuhlenbeck 6.34 & ⟨tr.⟩ K. Neubauer, p. 34, ist die Reihe um die Akademiker erweitert: *gli pirroniani, efettici ed altri academici filosofi.* Zur Skepsis insbesondere 2.901–910, vgl. ⟨tr.⟩ L. Kuhlenbeck 6.52–59 & ⟨tr.⟩ K. Neubauer, pp. 53–60. Die Ephektiker und Pyrrhonier (*Efettici e Pirroni*) werden auch in dem Dialog ‹La Cena de le Ceneri› erwähnt als diejenigen, deren Bekenntnis es war, nichts wissen zu können, und die ständig dabei waren, zu fragen und zu suchen, um nie etwas zu finden (*i quali, facendo professione che cosa alcuna non si possa sapere, sempre vanno dimandando e cercando per non ritrovar giamai*), cf. G. Bruno, Dialoghi Italiani 1.45, ⟨tr.⟩ L. Kuhlenbeck, Gesammelte Werke 1.61–62.

[116] Cf. G. Bruno, Dialoghi Italiani 2.880: »diesen Zweck haben die Sokratiker, Platoniker, Ephektiker, Pyrrhonianer und ähnliche erreicht …« (*allo qual scopo giunsero gli socratici, platonici, efettici, pirroniani ed altri simili, …*), vgl. ⟨tr.⟩ L. Kuhlenbeck, Gesammelte Werke 6.36 & ⟨tr.⟩ K. Neubauer, Die Kabbala des Pegasus, p. 37.

[117] Cf. G. Bruno, Dialoghi Italiani 2.876, vgl. ⟨tr.⟩ L. Kuhlenbeck, Gesammelte Werke 6.33 & ⟨tr.⟩ K. Neubauer, Die Kabbala des Pegasus, p. 34.

[118] Cf. G. Bruno, Dialoghi Italiani 2.876: *un'altra secondo teologi cristiani, tra' il Tarsense la viene tanto piú a magnificare, quanto a giudicio di tutt' il mondo è passata per maggior pazzia. … Per la terza specie gli principii tutti s' hanno per conosciuti, approvati e con certo argumento manifesti, senza ogni demostrazione ed apparenza.* Vgl. ⟨tr.⟩ L. Kuhlenbeck, Gesammelte Werke 6.33 & ⟨tr.⟩ K. Neubauer, Die Kabbala des Pegasus, pp. 33–34.

[119] Cf. G. Bruno, Dialoghi Italiani 2.876: *Queste tre specie d'ignoranza, come tre rami, si riducono ad un stipe, nel quale da l'archetipo influisce l'asinità, e che è fermo e*

gewisser Weise zusammen und hängen von einem unbegreiflichen und unaussprechlichen Prinzip ab, um jene Erkenntnis zu begründen, welche die Disziplin der Disziplinen, die Lehre der Lehren und die Kunst der Künste darstellt.[120] Jeder kann sie sich aneignen, und zwar mit wenig oder keinem Lernen, auf dem Weg, den die heiligen Doktoren und erleuchteten Rabbiner gingen.[121] »Sie blieben stehen, verschränkten die Arme oder ließen sie sinken, schlossen die Augen, verbannten jede eigene Aufmerksamkeit und Forschung, verwarfen jeden menschlichen Gedanken, verleugneten jedes natürliche Gefühl: und hielten sich am Ende für Esel.«[122]

Sollte das skeptische Unwissen so dargestellt werden, daß es dieser weisheitlichen Narretei als ebenbürtig erscheint, dann genügte es offensichtlich nicht, dieses einfach nur persiflierend vortragen und rechtfertigen zu lassen, was der wegen seiner Himmelfahrten und Wiedergeburten wissensmächtige Flugesel gegen Ende des zweiten Dialogs tatsächlich auch tut, Bruno somit eine genaue Kenntnis der Antithetik der ‹Pyrrhoneischen Hypotyposen› kundtut und dadurch zudem einen Bejahungs-Gleichstand, eine kataphatische Isosthenie zwischen Mystik und Skepsis herbeiführt, vielmehr faßt der Mit-Unterredner, der die akribische, ja pedantische Gelehrsamkeit vertritt, die Lehre der Pyrrhoniker und Akademiker oder Ephektiker noch auf eine Art und Weise zusammen, die nicht nur darüber spottet, daß erstere die letzteren an Dummheit noch überträfen, sondern versucht, beide parodistisch an Absurdität noch zu überbieten: »So daß, wo die Ephektiker begriffen, daß die anderen, die zu begreifen dachten, nicht(s) begriffen, die Pyrrhonianer nun begriffen, daß die Ephektiker nicht begriffen, ob die anderen, die zu begreifen dachten, begriffen oder nicht. Damit nun kein Vorsprung gegenüber dieser

---

piantato su le radici delli diece sephiroth. Vgl. ⟨tr.⟩ L. Kuhlenbeck, Gesammelte Werke 6.33 & ⟨tr.⟩ K. Neubauer, Die Kabbala des Pegasus, p. 34.

[120] Cf. G. Bruno, Dialoghi Italiani 2.877: *… pendeno da principio incomprensibile ed ineffabile, a constituir quella cognizione, ch' è disciplina delle discipline, dottrina delle dottrine ed arte de le arti.* Vgl. ⟨tr.⟩ L. Kuhlenbeck, Gesammelte Werke 6.34 & ⟨tr.⟩ K. Neubauer, Die Kabbala des Pegasus, p. 35.

[121] Cf. G. Bruno, Dialoghi Italiani 2.877: *con poco o nullo studio … que' santi dottori e rabini illuminati, …* Vgl. ⟨tr.⟩ L. Kuhlenbeck, Gesammelte Werke 6.34 & ⟨tr.⟩ K. Neubauer, Die Kabbala des Pegasus, p. 35.

[122] G. Bruno, Dialoghi Italiani 2.878, vgl. ⟨tr.⟩ L. Kuhlenbeck, Gesammelte Werke 6.34 & ⟨tr.⟩ K. Neubauer, Die Kabbala des Pegasus, p. 35: *Fermâro i passi, piegâro o dismisero le braccia, chiusero gli occhi, bandiro ogni propria attenzione e studio, riprovâro qualsivoglia uman pensiero, riniegâro ogni sentimento naturale: ed in fine si tennero asini.*

Weisheit aufzuholen bleibt, sei es so, daß wir wissen, daß die Pyrrhonianer nicht wußten, daß die Ephektiker nicht wußten, daß die Dogmatiker, die etwas zu wissen glaubten, nicht(s) wußten, und so ließe sich diese edle Skala der Philosophie immer weiter erhöhen, bis dahin, daß man schließlich bewiese, der höchste Grad der höchsten Philosophie und Betrachtung sei dieser, nicht nur nichts zu bejahen oder zu verneinen zu wissen oder nicht zu wissen, sondern überhaupt weder bejahen noch verneinen zu können, welchenfalls dann freilich der Esel das göttlichste Geschöpf und die Eselin Schwester, Begleiterin und Vertraute der Wahrheit sein müßte.«[123] Worauf der Vertreter der Eselei dem Verfechter gediegenen Wissens zu verstehen gibt, daß, wenn er diese Ableitung nicht schmählich und zornig meine, sie hervorragendst und geradezu göttlich sei.

Die Schlußfrage, die angesichts der solcherart demonstrierten Universaleselei der Gelehrtenvertreter stellt, ist die, ob man denn zum Esel geboren sein müsse oder ob man auch durch Lehre und Disziplin dazu werden könne, was, um dies erläuternd einzufügen, selbstverständlich unsinnig wäre, und er fährt fort: »Es ist nämlich nötig, daß derjenige, der lehrt, oder derjenige, der belehrt wird, oder sowohl der eine wie der andere, oder weder der eine noch der andere ein Esel ist. Man sagt, nur jener könne ein Esel sein, der lehrt, oder nur jener, der belehrt wird, oder weder jener noch dieser, oder sowohl dieser wie jener zusammen. Daher kann man mit Hilfe derselben Denkfigur sehen, daß man sich auf keine Weise zum Esel machen kann. Also kann es vom Eseltum keinerlei Erkenntnis geben, ebensowenig wie von Kunst und Wissenschaft.«[124]

Bei einem Tischgespräch nach der Mahlzeit soll über diese apo-

---

[123] G. Bruno, Dialoghi Italiani 2.905–906, vgl. ⟨tr.⟩ L. Kuhlenbeck, Gesammelte Werke 6.56 & ⟨tr.⟩ K. Neubauer, Die Kabbala des Pegasus, pp. 56–57: *Sí che dove gli efettici intesero che gli altri, che pensavano d' intendere, non intendevano, ora gli pirroni intesero che gli efettici non intendevano, se gli altri, che si pensavano d' intendere, intendessero o non. Or quel che ne resta per giongere di vantaggio alla sapienza di costoro, è che noi sappiamo che gli pirroni non sapevano, che gli efettici non sapevano, che gli dogmatici, che pensavano di sapere, non sapevano; e cossí, con aggevolezza, sempre piú e piú vegna a prendere aumento questa nobil scala de filosofie, sin tanto che demostrativamente si conchiuda l'ultimo grado della somma filosofia ed ottima contemplazione essere di quei che non solamente non affermano né niegano di sapere o ignorare, ma né manco possono affirmare né negare; di sorte che gli asini sono li piú divini animali, e l'asinitade sua sorella è la compagna e secretaria della veritade.*

[124] G. Bruno, Dialoghi Italiani 2.910: *Perché bisogna che di questi quel che insegna o quel che é insegnato, o cossí l'uno come l'altro, o né l'uno né l'altro, siano asini. Dicono*

phatische Isosthenie, ich nenne das Ergebnis der hier spöttisch zur Schau gestellten skeptischen Dialektik einmal so, diesen paradoxen Gleichstand im Nein zwischen Wissen und Unwissenheit, argumentiert werden. Wir erfahren jedoch in einem kurzen Schlußteil der Satire, daß die Gesprächsteilnehmer aus ganz alltäglichen Gründen nicht erscheinen. So kann der Dialog nicht fortgesetzt werden und er endet – theoretisch und praktisch in der Aporie.

2.3.4 Der Zugriff moderner Wissensdogmatik auf die christianisierte ἐποχή

Einige mögen sich darüber wundern, einige aber auch nicht, wie es dem Zweifel angesichts solch animalischer Auftritte in Inszenierungen himmlischer ›Viechereien‹ gelingen konnte, auch in hominististische Rollen zu schlüpfen und die Bühnen des irdischen Erkenntnistheaters zu erobern. An erster Stelle wäre hier als Beispiel die Definition der Methode anzuführen, die Giordano Bruno, dessen nicht leicht einzuschätzende Haltung zum Skeptizismus soeben Gegenstand unserer Überlegungen war, dem Wahrheitsaspiranten anempfiehlt. »Wer zu philosophieren verlangt, möge, von Anfang an an allem zweifelnd, nicht eher eine von beiden Seiten eines Widerspruchs bestimmen, als er die widerstreitenden Parteien gehört hat, und er möge, indem er die Gründe wohldurchschaut und nicht nach Hörensagen, Überlieferung, Menge, Alter, Ansehen und Zierat verglichen hat, sondern nach der Kraft eines mit sich und den Dingen übereinstimmenden Wissens, dem zugespitzten Wahrheitslicht der Vernunft, urteilen und bestimmen.«[125] Kulturhistorisch weitaus

---

se sarà asino quello solo che insegna, o quel solo ch' è insegnato, o né quello né questo, o questo e quello insieme. Perché qua col medesimo ordine si può vedere che in nessun modo si possa inasinire. Dunque dell'asinitade non può essere apprension alcuna, come non è de arti e de scienze. Mehr noch als beim letzten Zitat gilt hier, daß die geglätteten Übersetzungen von ⟨tr.⟩ L. Kuhlenbeck, Gesammelte Werke 6.59 & ⟨tr.⟩ K. Neubauer, Die Kabbala des Pegasus, p. 60, den sprachlichen Aspekt der Verunglimpfung, der in einer übertriebenen Ausformulierung und Wiederholung der skeptischen Argumentationsfiguren besteht, leider nicht voll wiedergeben. Bruno's geborgter Absurditätsaufweis hat die Form eines stoisch-skeptischen Tetralemmas. Er ist eigentlich nur bei genauer Kenntnis der antiken Vorgaben nachzuvollziehen, cf. H. P. Sturm, Weder Sein noch Nichtsein, pp. 323–366, 405–407; idem, Leere im Herzen, p. 125[39]. Die antiken Vorlagen sind Sextos Empeirikos, Pyrrhoneion Hypotyposeon 3.259–265; idem, Adversus Mathematicos 11.234–238.

wirksamer wurde das nahezu ein halbes Jahrhundert spätere, ausgearbeitete Lehrstück von Renatus Cartesius. Dazu haben wir bei der Skizzierung der Vorläuferposition von Augustinus schon einen Hinweis gegeben. Diesen werden wir im Verlauf unseres Aufrisses der phänomenologischen Epoché mit einigen Bemerkungen inhaltlich präzisieren.

Nur wenig später tritt Benedictus (Baruch) de Spinoza (1632–1677) auf und definiert im Geiste seiner Zeit und ziemlich umständlich: »Denn der Zweifel (*dubitatio*) ist nichts anderes als die Suspension/Schwebung des Geistes (*suspensio animi*) hinsichtlich Bejahung oder Verneinung, welche er behaupten oder negieren würde, wenn nicht etwas im Wege stünde, durch dessen Unkenntnis die Kenntnis jener Sache unvollkommen wäre. Daraus ist zu schließen, daß der Zweifel immer daher kommt, daß die Dinge ohne Ordnung erforscht werden.«[126] Zeitlich und sachlich fast parallel Gottfried Wilhelm Leibniz. Er »interpretiert die Urteilsenthaltung (ἐποχή) als 'Zweifel'

[125] G. Bruno, De triplici minimo et mensvra 1.1 §122, p. 8 = idem, Opera Latine Conscripta 1.3.137.27–32: *Qui philosophari concupiscit, de omnibus principio dubitans, non prius de altera contradictionis parte definiat, quam altercantes audi[v]erit, et rationibus bene perspectis atque collatis non ex auditu, fama, multitudine, longaevitate, titulis et ornatu, sed de constantis sibi atque rebus doctrinae vigore, sed de rationis lumine veritate inspicua iudicet et definiat.* Cf. K. Atanasijevic, The Metaphysical and Geometrical Doctrine of Bruno as Given in His Work De Triplici Minimo, p. 23: »Bruno weist hier auf die Methode seiner Forschung, indem er die Idee (wie bei Descartes) universellen Zweifels als den Ausgangspunkt seiner philosophischen Überlegungen zum Ausdruck bringt.« J. Owen, The Skeptics of the Italian Renaissance, p. 299: »Der Zweifel ist bei Bruno deshalb der Ausgangspunkt allen Denkens und aller Philosophie. Das wird in verschiedenen Teilen seiner Werke immer wieder betont wie auch in seinem eigenen Werdegang exemplifiziert, von welchem der Skeptizismus die erste authentische überlieferte Tatsache ist, die wir besitzen, zu welchen mystischen Gewißheiten und Lull'schen Schlußfolgerungen er im späteren Leben auch gelangte.« Mit Blick auf die Relevanz stoischer Ideen bei Cartesius dürfte es interessant sein, noch zu erwähnen, daß nach Bruno die wahre Erkenntnis dann eintritt, wenn sich, wie er sagt, der Verstand leicht zur Vernunft erhebt, wenn er nicht zerrissen bzw. schwankend gemacht wird, indem er im Ozean verschiedener Leidenschaften (unschlüssig) umherwogt/dahintreibt, cf. G. Bruno, De triplici minimo et mensvra 1.1 §76, p. 7 = idem, Opera Latine Conscripta 1.3.137.8–9: *Ratio se facile in mentem attolleret, nisi variorum affectuum in oceano fluctuans distraheretur.*

[126] B. de Spinoza, Opera 2.62.3–8 (Tractatus de intellectus emendatione), ⟨ed./tr.⟩ K. Blumenstock: *Nam dubitatio nihil aliud est, quàm suspensio animi circa aliquam affirmationem, aut negationem quam affirmaret, aut negaret, nisi occurreret aliquid, quo ignoto cognitio ejus rei debet esse imperfecta. Unde colligitur, quòd dubitatio semper oritur ex eo, quòd res absque ordine investigentur.* (Übersetzung in Anlehnung an die Übertragung dieser Ausgabe). Eine Untersuchung der zweifelhaften Vorstellung (*ideâ*

und den Zweifel als einen unfreiwilligen Zustand der Unwissenheit, der uns den Impulsen, welche in den Leidenschaften entstehen, ausgeliefert sein läßt. Offensichtlich ist der Mensch, der Opfer einer Leidenschaft ist, beunruhigt; und es schiene absurd zu versuchen, Nicht-Beunruhigung durch Beunruhigung zu erlangen.«[127] »Indem er ›Zweifel‹ und ›Suspension‹ gleichsetzt, kehrt Leibniz die Vorgehensweise des Skeptikers vollständig um. Dieser entkommt dem Zweifel vermittelst der Suspension. Die ἐποχή als Zweifel zu interpretieren, ist ein Quidproquo. . . . . . . Durch das Identifizieren der *Epoché* mit dem Zweifel ist der Skeptiker, der sich des Urteils enthält, in einen Menschen verkehrt, der ständig zweifelt, der in Verwirrung lebt.«[128]

Spricht man vom Skeptizismus in der Moderne, dann assoziiert man damit den Namen des schottischen Philosophen David Hume (1711–1776). Kant sagt über ihn: »die Erinnerung des David Hume war eben dasjenige, was mir vor vielen Jahren zuerst den dogmatischen Schlummer unterbrach«[129], und er unterläßt nicht zu ergänzen, daß dieser, im Gegensatz zu ihm, dem »Humes Zweifel« nur ein »Wink« zu einer ganz neuen Wissenschaft waren, »sein Schiff, um es in Sicherheit zu bringen, auf den Strand (den Skeptizism) setzte, da es denn liegen und verfaulen mag«[130]. Diese Einschätzung trifft jedoch nur für die leichter sichtbare Seite einer Doppelrolle zu,[131] in deren unscheinbarem Part Hume einen Selbstheiler und Seelendoktor

dubiâ): was es nun sei, das uns in den Zweifel lockt und zugleich, wie er beseitigt werden kann, erstreckt sich über o. c. 2.58.20/62.8. Indem Spinoza gewissen Skeptikern vorrechnet, im Zweifel zu verharren, ihr Selbst nicht wahrzunehmen, beim Bejahen oder Zweifeln nicht zu wissen, daß sie bejahten oder zweifelten, nichts zu wissen und nicht einmal dies zu wissen und endlich verstummen zu müssen, stellt er fest, daß sie von Geburt an oder durch Vorurteile im Geist verblendet seien, daß mit ihnen nicht über die Wissenschaft gesprochen werden könne, weil sie nämlich im praktischen Lebensvollzug und Sozialleben ihren Theorien widersprächen und zuwiderhandelten und daß sie Automaten seien, die des Geistes völlig entbehrten, cf. o. c. 2.32.30/34.15.

127 E. de Olaso, Leibniz and Scepticism, p. 156.

128 E. de Olaso, El significado de la duda esceptica, pp. 29–31 (mit langer Auslassung). Der Verfasser beruft sich auf ein bisher unediertes lateinisches Manuskript von Leibniz zu den ‹Pyrrhoneischen Erläuterungen› mit der Nr. LH IV, VIII, 26 (Bl. 96–97), aus dem er die relevante Passage zitiert. Zur Stellung der Skepsis bei Leibniz vgl. auch B. Irrgang, Skepsis in der Aufklärung, pp. 139–150. Historisches bei R. H. Popkin, Leibniz and the French Sceptics.

129 I. Kant, Prolegomena, Vorrede A13, 〈ed.〉 W. Weischedel, 5.118; cf. idem, Kritik der reinen Vernunft B785/A757, 〈ed.〉 W. Weischedel, 4.643–644.

130 I. Kant, Prolegomena, Vorrede A17, 〈ed.〉 W. Weischedel, 5.121.

131 Cf. R. H. Popkin, Scepticism in the Enlightenment, p. 1333: »Für Hume wird, da der

verkörpert, der sich mit psychologischen Mitteln und einer leicht durchführbaren Beschäftigungstherapie an die Behandlung der Geisteskrankheit des Vernunftzweifels und dessen eigebildete letale Konsequenz, die Urteilssuspension, macht.[132] Seine Therapie hebt dabei mit der Diagnose der prinzipiellen Insuffizienz und Fehlbarkeit unserer Urteilskraft, der Wahrscheinlichkeit des Irrens bei der Einschätzung der Wahrheit und Genauigkeit unserer (Erkenntnis-)Vermögen und der Zweifelsverhaftung,[133] der allseitigen Unsicherheit und der Tatsache an, daß unser Urteil keinerlei Maßstäbe für Wahr- und Falschheit besitzt.[134]

Würde über den Wahrscheinlichkeitscharakter (d.h. die Zweifelhaftigkeit) des Urteils fortgesetzt reflektiert,[135] wobei das Wesen unseres Verstandes und unsere Folgerung aus der ersten Wahrscheinlichkeit jeweils unsere Objekte würden, so führte dies durch

religiöse Glaube nicht die Lösung liefern kann, das Leben zu einem Wechsel zwischen skeptischer Verzweiflung, die aus der 'aufgeklärten Zuversicht' resultiert, daß wir Antworten durch die Wissenschaft finden können, und der natürlichen Erleichterung, die durch unwillkürliches Vertrauen/Glauben, Brauch, Gewohnheit und Instinkt hervorgerufen wird. … Wir sind zu einem schizophrenen Dasein verdammt, das zwischen der Einsicht, daß wir die Wahrheit oder Gewiß-/Sicherheit nirgendwo finden können, und einem dogmatischen Leben, [das sich abspielt,] als hätten wir sie gefunden, hin und her wechselt.« O.c., p. 1337, spricht der Verfasser denn auch von »Hume's schizophrenem Pyrrhonismus«, der nach o.c., p. 1344, »nur zwischen Verzweiflung und Zerstreuung hin und her taumeln konnte«.

[132] Cf. R. H. Popkin, The High Road to Pyrrhonism, pp. 125–126: »Weder beabsichtigt die Kritik [Hume's] zu zeigen noch zeigt sie, daß die pyrrhonische Theorie, die Hume akzeptierte, irgendwelche logischen Schwierigkeiten [Widersprüche] enthält. Die Hauptkraft der Kritik ist psychologisch und praktisch und läuft auf eine Erklärung dessen hinaus, was wir tun, falls es tatsächlich zutrifft, daß der Pyrrhonismus unwiderlegbar ist.«

[133] Cf. D. Hume, A Treatise of Human Nature, p. 182: … *weakness of that faculty, which judges … the possibility of error in the estimation we make of the truth and fidelity of our faculties. This is a doubt, which immediately occurs to us, …* O.c., p. 268: »Uns bleibt .. außer zwischen einer trüglichen und überhaupt keiner Vernunft keine Wahl.« (*We have .. no choice left but betwixt a false reason and none at all.*).

[134] Cf. D. Hume, A Treatise of Human Nature, p. 183: *all is uncertain, and .. our judgment is not in* any *thing possest of* any *measures of truth and falshood.* Idem, An Abstract of a Book lately Published, Entituled, A Treatise of Human Nature, &c., p. 657: »… die Philosophie, die in diesem Buch enthalten ist, ist sehr skeptisch und zielt darauf ab, uns einen Begriff von den Unzulänglichkeiten und engen Grenzen des menschlichen Verstandes zu geben.« (*… the philosophy contain'd in this book is very sceptical, and tends to give us a notion of the imperfections and narrow limits of human understanding.*).

[135] Cf. D. Hume, A Treatise of Human Nature, p. 184: *these same principles, when … apply'd to every new reflex judgment.*

eine ständige und ins Endlose gehende Zweifelsvermehrung und Verminderung der ursprünglichen Evidenz[136] zu einem vollkommenen Umsturz von Glauben und Meinung und einer totalen Suspension (Schwebung/Aussetzung) des Urteils.[137]

Hätten wir uns nun völlig auf die Selbstzerstörung aller skeptischen Argumente zu verlassen, so könnte dies nie eher stattfinden, als bis sie zuerst alle Überzeugung untergraben und den menschlichen Verstand total zerstört hätten.[138] Ein Pyrrhonianer müsse zugeben, falls er überhaupt etwas zugäbe, daß alles menschliche Leben unterginge, wären seine Prinzipien universell und konstant vorherrschend. Jegliches Sprechen und Handeln hörte unvermittelt auf und die Menschen würden in einer totalen Lethargie erstarren bis durch die Nicht-Befriedigung der natürlichen Bedürfnisse ihrer jämmerlichen Existenz ein Ende gesetzt würde. Deshalb sei der hauptsächliche und vernichtendste Einwand gegen den exzessiven Skeptizismus der, daß nichts bleibend Gutes jemals von ihm ausgehen könne, solange er in voller Stärke und Kraft bestehenbleibe.[139] »Alle Skeptiker geben vor, daß der Verstand, abstrakt betrachtet, unbezwingliche Argumen-

---

[136] Cf. D. Hume, A Treatise of Human Nature, p. 182: *wherein the nature of our understanding, and our reasoning from the first probability become our objects. ... This is a doubt, which immediately occurs to us, and of which, if we wou'd closely pursue our reason, we cannot avoid giving a decision. But this decision, tho' it shou'd be favourable to our preceding judgment, being founded only on probability, must weaken still further our first evidence, and must itself be weaken'd by a fourth doubt of the same kind, and so on* in infinitum; *till at last there remain nothing of the original probability, ...*

[137] Cf. D. Hume, A Treatise of Human Nature, p. 184: *by continually diminishing the original evidence, at last reduce it to nothing, and utterly subvert all belief and opinion. ... it must infallibly destroy itself, and in every case terminate in a total suspense of judgment.* Cf. o. c., pp. 267–269. Man beachte, wie sehr sich die Humesche Reflexion der Zweifelhaftigkeit, die anders gewendet auch in o. c., pp. 186–187, vorgeführt wird, trotz formaler Ähnlichkeit material und axiologisch betrachtet von dem in sich zurücklaufenden Zweifel Montaigne's unterscheidet!

[138] Cf. D. Hume, A Treatise of Human Nature, p. 187: *Were we to trust entirely to their self-destruction, that can never take place, 'till they have first subverted all conviction, and have totally destroy'd human reason.*

[139] Cf. D. Hume, Enquiries concerning Human Understanding, pp. 159–160: *For here is the chief and most confounding objection to* exzessive *scepticism, that no durable good can ever result from it; while it remains in its full force and vigour. ...... a Pyrrhonian ... must acknowledge, if he will acknowledge anything, that all human life must perish, were his principles universally and steadily to prevail. All discourse, all action would immediately cease; and men remain in a total lethargy, till the necessities of nature, unsatisfied, put an end to their miserable existence.* Maßstab zur Beurteilung der Skepsis ist hier, man beachte dies, das subjektive Ermessen und Gutdünken! Was uns in

te gegen sich selbst liefert und wir niemals irgendeine Überzeugung oder Gewiß-/Sicherheit über irgend etwas beibehalten könnten, wären die skeptischen Klügeleien nicht derart raffiniert und spitzfindig, daß sie die handfesteren und natürlicheren Argumente, welche aus den Sinnen und der Erfahrung stammen, nicht aufzuwiegen vermöchten. Aber es ist evident, daß jedesmal, wenn unsere Argumente diese Überlegenheit verlieren und sich weit vom Alltagsleben entfernen, der raffinierteste Skeptizismus ihnen gegenüber Fuß faßt und in der Lage ist, sich ihnen entgegenzusetzen und ihnen die Waage zu halten. Eines hat nicht mehr Gewicht als das andere. Der Verstand muß in der Suspension/Schwebe (*Suspence*) zwischen ihnen verbleiben; und gerade diese Suspension/Schwebe (*Suspence*) oder Balance ist der Triumph des Skeptizismus.«[140]

Die Urteilsenthaltung, die für den skeptischen Weisheitslieben-

---

dieser Polemik entgegentritt, ist nichts anderes als eine Variante des antiken Apraxie-Arguments, das Aristoteles schon gegen die Megariker und die Stoiker und stoisch beeinflußten Denker, z. B. Augustinus, gegen die Akademiker vorbrachten, und das in anderer Form die indischen Realisten zur scheinbaren Widerlegung der Mādhyamika's formulierten, cf. H. P. Sturm, Weder Sein noch Nichtsein, pp. 316–317.

[140] Cf. D. Hume, Dialogues concerning Natural Religion, ⟨ed.⟩ J. V. Price, p. 152.20–31: *All Sceptics pretend, that, if Reason be consider'd in an abstract View, it furnishes invincible Arguments against itself, and that we cou'd never retain any Conviction or Assurance, on any Subject, were not the sceptical Reasonings so refin'd and subtile, that they are not able to counterpoize the more solid and more natural Arguments, deriv'd from the Senses and Experience. But it is evident, whenever our Arguments lose this Advantage, and run wide of common Life, that the most refin'd Scepticism comes to be on a Footing with them, and is able to oppose and counterballance them. The one has no more Weight than the other. The Mind must remain in Suspence between them; and it is that very Suspence or Ballance, which is the Triumph of Scepticism.* Bischof George Berkeley (1685–1753) bestimmte in einem dialogischen Traktat des Jahres 1713 den neuzeitlichen Skeptiker und dessen Urteilsenthaltung geradezu idealtypisch, cf. G. Berkeley, Three Dialogues between Hylas and Philonous, in Opposition to sceptics and atheists, ⟨ed.⟩ G. J. Warnock, p. 151: »*Phil.* Hylas, was verstehst du bitte unter einem *Skeptiker? Hyl.* Ich verstehe darunter das, was alle Leute darunter verstehen: einen der an allem zweifelt. … *Phil.* Besteht das Zweifeln entweder in der Annahme der behauptenden/affirmativen oder der verneinenden/negativen Seite einer Frage? *Hyl.* In [der Annahme] keiner von beiden; denn wer auch immer Englisch versteht, kann nicht umhin zu wissen, daß *Zweifeln* ein Hängen/Schweben (*suspense*) zwischen beiden bedeutet.« (Phil. *Pray, Hylas, what do you mean by a* sceptic? Hyl. *I mean what all men mean, one that doubts of every thing.* Phil. *Whether doth doubting consist in embracing the affirmative or negative side of a question?* Hyl. *In neither; for whoever understands English, cannot but know that* doubting *signifies a suspense between both.*) Und einige Sätze weiter fragt Philonous, der Vertreter des Idealismus, seinen materialistischen Interlocutor Hylas, cf. o. c., p. 156: »*Phil.* Was denn! Bist du dann in jenem *skeptischen*

den des Altertums den ultimativen Akt zur Erlangung des seligen Lebens darstellte, ist nach Hume ein unausweichliches, tödliches Verhängnis, wäre der Mensch von Natur aus in der Lage, beständig in einer abstrakten (*abstract*), subtilen/scharfsinnigen (*subtile*), reinen/spitzfindigen (*refin'd*) und ausgetüftelten (*elaborate*), in sich ablaufenden (*when it acts alone*), d. h. selbstreferenziellen, Gedankenbewegung zu verharren. Das dem Geist (und Körper) zur Verfügung stehende genaue Maß an Kraft und Wirksamkeit zum Vollzug von Denken (*thought*), Vorstellung (*imagination*), Leidenschaften (*passions*), Empfindungen (*sentiments*) etc. werde von ihm jedoch niemals in einem einzigen Vorgang angewendet, sondern auf Kosten des gesamten Rests. Für Vorgänge ganz unterschiedlicher Art gelte dies in erhöhtem Maße, da in diesem Falle nicht nur die Geisteskraft abgelenkt [zerstreut], sondern sogar die Gemütsverfassung verändert würde. Das bewirke, daß wir eines abrupten Übergangs von einem Vorgang zum anderen, und noch viel mehr der gleichzeitigen Ausführung beider, unfähig sind. Es sei folglich kein Wunder, daß die Überzeugung, die aus dem haarspalterischen Vernünfteln erwachse, proportional zu den Anstrengungen, die die Vorstellungskraft unternimmt, um in dieses einzudringen und es in all seinen Stücken zu begreifen, verschwinde.[141] Nach wiederholtem Re-flektieren (Meta-Urteilen) werde die Tätigkeit des Verstandes nämlich unnatürlich und gezwungen, die Vorstellungen würden schwach und undeutlich, und obwohl die Urteilsprinzipien und die Ausbalancierung/Abwägung der Gründe dieselben wie am Anfang blieben, sei der Einfluß auf die Einbildungskraft und die Stärke, die sie dem Denken zufügten oder wegnähmen, keineswegs gleich.[142] Die Anstrengung des Den-

---

Zustand der Schwebe/Suspension (*suspense*) zwischen Behauptung und Bestreitung? (Phil. *What! are you then in that* sceptical *state of suspense, between affirming and denying?*). Bemerkenswert ist, daß Berkeley die Akademische Urteilsenthaltung qua Verweigerung der Zustimmung, cf. o. c., pp. 235, 254–355: *withhold(ing) one's assent*, von der pyrrhonischen durch die verwendete Begrifflichkeit abhebt.

[141] Cf. D. Hume, A Treatise of Human Nature, p. 186: *The mind, as well as the body, seems to be endow'd with a certain precise degree of force and activity, which it never employs in one action, but at the expence of all the rest. This is more evidently true, where the actions are of quite different natures; since in that case the force of the mind is not only diverted, but even the disposition chang'd, so as* [*to*] *render us incapable of a sudden transition from one action to the other, and still more of performing both at once. No wonder, then, the conviction, which arises from a subtile reasoning, diminishes in proportion to the efforts, which the imagination makes to enter into the reasoning, and to conceive it in all its parts.*

kens störe das Auftreten unserer Empfindungen, von dem der Glaube (an das sinnlich Erfahrbare) abhängig sei. Die Überanstrengung der Vorstellungskraft behindere immer den regelmäßigen Fluß der Gemütsregungen und Empfindungen.[143] »Der Glaube kann, da er eine lebendige Vorstellung/Auffassung ist, niemals vollkommen sein, wo er nicht auf etwas natürlichem und mühelosem basiert.«[144]

Glücklicherweise genüge die Natur, um zu vollbringen, wozu der Verstand nicht in der Lage sei, nämlich die Verwirrung (*I am confounded*), die tiefste Dunkelheit (*deepest darkness*) und die Wolken (*clouds*) der skeptischen Fraglichkeit und Zweifelei zu vertreiben und ihn wie uns von dieser »philosophischen Melancholie« und diesem philosophischen »Delirium« zu kurieren.[145] Es sei gut, daß die Natur die Macht aller skeptischen Argumente beizeiten breche und sie davon abhalte, einen beträchtlichen Einfluß auf den Verstand auszuüben,[146] indem sie uns durch eine absolute und unbezwingbare Notwendigkeit dazu bestimmt habe zu urteilen, genau so wie zu atmen und zu fühlen.[147] Bis auf den Grund auszurotten vermag sie das geistige Siechtum der Skepsis, die »Spitzfindigkeiten und Sophistereien«[148], »die pyrrhonischen Zweifel und Skrupel«[149], allerdings

---

[142] Cf. D. Hume, A Treatise of Human Nature, p. 185: *I answer, that after the first and second decision; as the action of the mind becomes forc'd and unnatural, and the ideas faint and obscure; tho' the principles of judgment, and the ballancing of opposite causes be the same as at the very beginning; yet their influence on the imagination, and the vigour they add to, or diminish from the thought, is by no means equal.*

[143] D. Hume, A Treatise of Human Nature, p. 185: *An this effort of thought disturbs the operation of our sentiments, on which the belief depends. ... The straining of the imagination always hinders the regular flowing of the passions and sentiments.*

[144] D. Hume, A Treatise of Human Nature, p. 186: *Belief, being a lively conception, can never be entire, where it is not founded on something natural and easy.*

[145] Cf. D. Hume, A Treatise of Human Nature, p. 269: *Most fortunately it happens, that since reason is incapable of dispelling these clouds, nature herself suffices to that purpose, and cures me of this philosophical melancholy and delirium, ...*

[146] Cf. D. Hume, A Treatise of Human Nature, p. 187: *'Tis happy, therefore, that nature breaks the force of all sceptical arguments in time, and keeps them from having any considerable influence on the understanding.* Diese Feststellung klingt sehr nach B. Pascal, Pensée Nr. 434, ⟨ed.⟩ L. Brunschvicg, p. 530 ≈ ⟨ed.⟩ M. Le Guern, Œuvres complètes 2.580, Nr. 122 (wurde oben bereits zitiert).

[147] D. Hume, A Treatise of Human Nature, p. 183: *Nature, by an absolute and uncontroulable necessity has determin'd us to judge as well as to breathe and feel;* cf. o. c., pp. 183–187, 267–274; idem, Enquiries concerning Human Understanding, pp. 158–160. Sehr ähnlich liest sich die Lösung des Problems dessen, der an seiner eigenen Existenz zweifelt oder diese bestreitet, bei J. Locke, An Essay concerning Human Understanding, ⟨ed.⟩ P. H. Nidditch, pp. 619.24–620.6, der von 1632–1704 lebte.

nicht. »Dieser skeptische Zweifel, sowohl hinsichtlich des Verstandes als auch der Sinne, ist eine Krankheit, die niemals bis auf die Wurzeln geheilt werden kann, sondern zu uns jeden Moment zurückkehren muß, dennoch können wir sie verjagen und mitunter vollständig frei von ihr scheinen. ... Vernachlässigung/Unachtsamkeit und Gleichgültigkeit/Achtlosigkeit allein können uns etwas Heilmittel liefern.«[150] Ist Hume's Entspannungskur *(by relaxing this bent of mind)*, seine Beschäftigungstherapie *(avocation)*, seine Symptom- und Verdrängungsbehandlung des Zweifels durch lebendige Sinneseindrücke *(lively impression of my senses)*, die all diese skeptischen Chimären ausradierte,[151] seine Seelenheilung durch das Sich-Fügen in den Lauf der Natur, die blinde Unterwerfung unter die Sinne und den Menschenverstand, in der er am perfektesten seine skeptische Neigung und skeptischen Prinzipien verriete [!],[152] deshalb so berühmt geworden, weil sie von jedermann praktizierbar ist? »Ich esse, spiele eine Partie Tricktrack, ich unterhalte mich und bin mit meinen Freunden fröhlich; und wenn ich nach einem Zeitvertreib von drei oder vier Stunden zu diesen Spekulationen zurückkehre, erscheinen sie so kalt, gezwungen und lächerlich, daß ich es nicht über mich bringe, mich weiter auf sie einzulassen.«[153]

Werde die Form des Skeptizismus, die der Wissenschaft und Untersuchung vorhergeht und von Descartes und anderen als unfehlbares Vorbeugungsmittel gegen Irrtum und überstürztes Urteilen eingeschärft worden, platterdings jedoch gar nicht möglich und erreichbar sei, jedoch moderater, und das heißt laut Hume, Aka-

---

148 D. Hume, A Treatise of Human Nature, p. 270: *subtilities and sophistries.*

149 D. Hume, Enquiries concerning Human Understanding, p. 162: *the Pyrrhonian doubts and scruples.*

150 D. Hume, A Treatise of Human Nature, p. 218: *This sceptical doubt, both with respect to reason and the senses, is a malady, which can never be radically cur'd, but must return upon us every moment, however we may chace it away, and sometimes may seem entirely free from it. ... Carelessness and in-attention alone can afford us any remedy.*

151 Cf. D. Hume, A Treatise of Human Nature, p. 269: *which obliterate all these chimeras.*

152 Cf. D. Hume, A Treatise of Human Nature, p. 269: *... I must yield to the current of nature, in submitting to my senses and understanding; and in this blind submission I shew most perfectly my sceptical disposition and principles.*

153 D. Hume, A Treatise of Human Nature, p. 269: *I dine, I play a game of back-gammon, I converse, and am merry with my friends; and when after three or four hour's amusement, I wou'd return to these speculations, they appear so cold, and strain'd, and ridiculous, that I cannot find in my heart to enter into them any farther.*

demisch verstanden, dann sei sie eine notwendige Vorbereitung zum Studium der Philosophie, indem sie eine angemessene Unparteilichkeit in unseren Urteilen bewahre und unseren Verstand von all jenen Vorurteilen abbringe, die wir durch Erziehung und vorschnelles Meinen aufgenommen hätten.[154] »Bei allen Begebenheiten des Lebens sollten wir uns immer unseren Skeptizismus bewahren. … Sind wir gar Philosophen, so sollte dies allein auf der Basis skeptischer Prinzipien sein, …«[155] Ein wahrer Skeptiker mißtraue sowohl seinen philosophischen Zweifeln als auch seiner philosophischen Überzeugung (wenn diese Neutralität nur nicht gleich wieder als Zweifel gedeutet wird!) und werde keinerlei unschuldige Befriedigung zurückweisen, die sich durch beides einstellt.[156] Echte

---

[154] Cf. D. Hume, Enquiries concerning Human Understanding, pp. 149–150: *There is a species of scepticism,* antecedent *to all study and philosophy, which is much inculcated by Des Cartes and others, as a sovereign preservative against error and precipitate judgement. It recommends an universal doubt, not only of all our former opinions and principles, but also of our very faculties; … The Cartesian doubt, .. were it ever possible to be attained by any human creature (as it plainly is not) would be entirely incurable. … It must, however, be confessed, that this species of scepticism, when more moderate, may be understood in a very reasonable sense, and is a necessary preparative to the study of philosophy, by preserving a proper impartiality in our judgements, and weaning our mind from all those prejudices, which we may have imbibed from education or rash opinion.* Ich darf hinsichtlich dieser Formulierung an das Wissen(schaft)sethos von M. T. Cicero, Academica 2. (Lucullus) II.7-III.9, erinnern, das, wie wir sahen, von John of Salisbury, Montaigne, und wie wir noch sehen werden, von Descartes aufgegriffen und in je spezifischer Art verwertet wurde.

[155] D. Hume, A Treatise of Human Nature, p. 270: *In all the incidents of life we ought still to preserve our scepticism. … Nay if we are philosophers, it ought only to be upon sceptical principles, …* Cf. idem, Enquiries concerning Human Understanding, pp. 161–162: »Im allgemeinen gibt es einen Grad von Zweifel, Vorsicht und Bescheidenheit, der einen (r)echten Verstandesmenschen bei allen Arten von Untersuchungen und Entscheidungen immer begleiten sollte.« (*In general, there is a degree of doubt, and caution, and modesty, which, in all kinds of scrutiny and decision, ought for ever to accompany a just reasoner.*).

[156] Cf. D. Hume, A Treatise of Human Nature, p. 273: *A true sceptic will be diffident of his philosophical doubts, as well as of his philosophical conviction; and will never refuse any innocent satisfaction, which offers itself, upon account of eihter of them.* Geht diese Haltung davon aus, daß gewisse Formen von Skeptizismus selbst skeptisch und zweifelhaft sind? Cf. idem, Enquiries concerning Human Understanding, p. 158: »So daß nichts skeptischer oder mehr voller Zweifel und Bedenklichkeit sein kann als dieser Skeptizismus selbst, …« (*So that nothing can be more sceptical, or more full of doubt and hesitation, than this scepticism itself, …*).

Philosophie beschenke uns mit einer milden und gemäßigten Gemütsverfassung.[157]

Es ist zu befürchten, daß es sich im Unterschied zur antiken Skepsis hierbei nur um die Sinnesart der Mittelmäßigkeit, Mediokrität und Durchschnittlichkeit handelt, die sich mit der als puren Probabilismus (und damit zu oberflächlich) verstandenen Akademischen Skepsis im Einklang wähnte,[158] und einen Kunstgriff entdeckt hatte, »den pyrrhonischen Drachen in der philosophischen Studierstube einzusperren«[159]. Mit der Sanftmut, Milde und Mäßigung, die die Denkungs- und Lebensart von Pyrrhon kennzeichnet, hat das nichts zu tun, obwohl es mit seinem Namen verknüpft blieb.[160] Während sich dieser durch die Urteilsenthaltung der menschlichen Natur entledigte, entledigte sich Hume durch die menschliche Natur der Urteilsenthaltung – und Pyrrhon's. Da letzterer, was seine Geistesklarheit und Gelassenheit betrifft, den kynischen Weisheitspraktikern, deren Weg nicht unpassend als Abkürzung zur Tugend bezeichnet wurde,[161] nahe- und an nichts nachstand, trifft die folgende Be- und Abwertung, mit der le bon David die Kyniker bedachte, indirekt auch auf Pyrrhon zu. Wohlverstanden und gegen Hume's Werturteil gelesen weist sie genau in die Deutungsrichtung, die wir in unseren Ausführungen zur Ernsthaftigkeit der altertümlichen Heilspragmatik einschlugen. »Die Kyniker sind ein außergewöhnliches Beispiel für Philosophen, die sich aus rein philosophischen Überlegungen in so große Verstiegenheiten des Verhaltens verrannten wie irgendein *Mönch* oder *Derwisch*, der je auf der Welt war.«[162]

---

157 Cf. D. Hume, A Treatise of Human Nature, p. 272: *Philosophy …, if just, can present us only with mild and moderate sentiments; …*

158 D. Hume, Enquiries concerning Human Understanding, pp. 161–162, spricht z. B. von »einem *gemilderten/gemäßigten* Skeptizismus oder *akademischer* Philosophie« (mitigated *scepticism or* academical *philosophy*). In idem, A Treatise of Human Nature, p. 224, ordnet er dem wahren Philosophen einen »moderaten Skeptizismus« (*moderate scepticism*) zu.

159 R. H. Popkin, The Skeptical Precursors of David Hume, p. 70.

160 Cf. D. Hume, An Abstract of a Book lately Published, Entituled, A Treatise of Human Nature, &c., p. 657: »Die Philosophie würde uns gänzlich zum *Pyrrhonianer* machen, wäre die Natur nicht zu stark für sie.« (*Philosophy wou'd render us entirely* Pyrrhonian, *were not nature too strong for it.*).

161 Cf. Diogenes Laërtios, De vitis dogmatis … 6.104: *tòn kunismòn eirēkasi súntomon ep' aretḕn 'odón;* cf. o. c. 7.121; (Pseudo-)Krates, Brief an seine Anhänger, ⟨ed.⟩ A. J. Malherbe, p. 66.3–4, Nr. 16. Die Idee von der Abkürzung zum Heil fand auch Eingang in das Christentum, cf. Clemens Alexandrinus, Protrepticus 8.77.1.

162 D. Hume, A Treatise of Human Nature, p. 272: *The* Cynics *are an extraordinary*

Was den Glaubenskämpfern recht war, konnte den Verfechtern des Wissens nur billig sein: die Skepsis in den Dienst je eigener Absichten zu nehmen. Suchten die einen damit das Wissen zu beseitigen, so war sie für die anderen gut genug, ein solches erst zu gewinnen und zu bewahren, indem sie die kathartische, klärende, ja aufklärerische Potenz des Skeptizismus als Mittel zum Zweck gebrauchten.[163] Oft genug waren die Strategien der Wissensbestreitung und -begrenzung so wie der Wissenserzeugung und -sicherung als Momente einer einzigen Erkenntnisbemühung miteinander vereinigt. Durch die genannten Manipulationen wurde die Skepsis zu einer bloßen Methode der Philosophie und Wissenschaft degradiert, die, wie bei Descartes, bis zum unerschütterlichen Fundament der Wahrheit führen, bei David Hume der Plausibilisierung des Empirismus und Positivismus inhärent und in der Dialektik von Georg Friedrich Wilhelm Hegel »als der Weg des *Zweifels* … oder eigentlicher als der Weg der Verzweiflung« bzw. der »sich vollbringende Skeptizismus«[164] zur ureigenen und allgemeinen Vorgehensweise der Phi-

---

instance of philosophers, who from reasonings purely philosophical ran into as great extravagancies of conduct as any Monk *or* Dervise *that ever was in the world.* Derwisch ist der persische Name für einen islamischen Bettelmönch und Asketen. Die arabische Bezeichnung lautet Fakir (*faqīr*). Cf. A. Schopenhauer, Philosophische Vorlesungen 4.240 (Einschub aus dem Handexemplar der 1. Auflage: Die Welt als Wille und Vorstellung 1): »Darum sind die Cyniker allerdings im Alterthum die Erscheinung der Verneinung des Willens, und deshalb mögen sie auch die Kapuziner und Franziskaner des Alterthums, oder die Griechischen Saniassis genannt werden.« Zur Erläuterung: skr. *saṃnyāsin* = der Entsagende, Verzichtende, Asket, Anachoret.

163 Apropos Aufklärung und Skeptizismus vgl. R. H. Popkin, Scepticism in the Enlightenment; R. Richter, Der Skeptizismus in der Philosophie 2.431–454; G. Tonelli, Pierre-Jacques Changeux and Scepticism in the French Enlightenment; idem, The »Weakness« of Reason in the Age of Enlightenment; idem, Kant und die antiken Skeptiker.

164 G. W. F. Hegel, Werke 3.72 (beide Zitate), cf. o. c. 8.174 (Enzyklopädie §81, Zusatz 1). K. Düsing, Die Bedeutung des antiken Skeptizismus für Hegels Kritik der sinnlichen Gewissheit, p. 130: »Hegel deutet in der *Phänomenologie* auch einen Zusammenhang der Kritik der sinnlichen Gewißheit, die vom antiken Skeptizismus ausgeht, mit seinem eigenen Begriff des sich vollbringenden Skeptizismus an.« Zum Skeptizismus und/oder Zweifel als Verzweiflung in der modernen Philosophie cf. zusätzlich zu den beiden hier genannten Stellen bei Hegel: I. Kant, ‹Fortschrittsschrift› A188, ⟨ed.⟩ W. Weischedel, 5.668; J. G. Fichte, GA 2.4.229.15–16 (Vorlesungen über Platners Aphorismen Teil I §705); H. Heine, Sämtliche Schriften 5.191; Husserliana 2.30.6–7; G. Marcel, The Philosophy of Existence, p. 13; M. Heidegger, Sein und Zeit, p. 229; K. Jaspers, Philosophie 1.252. Hegel hatte allerdings ein deutliches Bewußtsein davon, daß die an-

losophie, Bewegung »der *Bildung* des Bewußtseins selbst zur Wissenschaft«[165] avancieren und zu ihrem idealistischen Extrem getrieben werden sollte. Kant hebt die skeptische Methode entschieden gegen den Skeptizismus ab, der »auf zwei entgegengesetzten Seiten dem Scheine nach dogmatisch« sei, »um alles Urteil über den Gegenstand gänzlich zu vernichten«[166]. Er sei allenfalls »ein Ruheplatz für die menschliche Vernunft, da sie sich über ihre dogmatische Wanderung besinnen und den Entwurf von der Gegend machen kann, wo sie sich befindet, um ihren Weg fernerhin mit mehrerer Sicherheit wählen zu können, aber nicht ein Wohnplatz zum beständigen Aufenthalte; denn dieser kann nur in einer völligen Gewißheit angetroffen werden«[167]. Deswegen nennt Kant die Vertreter des Skepti-

---

tike Skepsis nicht (nur) Zweifellehre war, cf. G. W. F. Hegel, Werke 8.175 (Enzyklopädie §81, Zusatz 2): »Der Skeptizismus darf nicht bloß als eine Zweifellehre betrachtet werden, vielmehr ist derselbe seiner Sache, d. h. der Nichtigkeit alles Endlichen, schlechthin gewiß.« O. c. 19.362: »Der alte Skeptizismus zweifelt nicht, sondern er ist der Unwahrheit gewiß; er irrlichtert nicht nur mit Gedanken hin und her, die die Möglichkeit lassen, daß dies doch noch wahr sein könnte, sondern er beweist mit Sicherheit die Unwahrheit. Oder sein Zweifeln ist ihm Gewißheit, hat nicht die Absicht, zur Wahrheit zu gelangen, läßt nicht unentschieden, sondern ist schlechthin Entschiedenheit, vollkommen fertig; dies Entschiedene ist ihm aber nicht eine Wahrheit, sondern die Gewißheit seiner selbst. Es ist Ruhe, Festigkeit des Geistes in sich, – nicht mit einer Trauer.« F. Nietzsche, KSA 9.52.5–6 {3[19]}, Nr. 33 (Nachgelassene Fragmente, Frühjahr 1880) = KGW 5.1.382: »Alle früheren Menschen ›hatten die Wahrheit‹: selbst die Skeptiker.«

[165] G. W. F. Hegel, Werke 3.73. Zum Stellenwert der Skepsis in der dialektischen Methode Hegels seien hier nur zwei große Studien genannt, neben welchen noch viele kleinere sowie Kapitel und Bemerkungen in den verschiedensten Sekundärliteraturen zu Hegel existieren: H. Röttges, Dialektik und Skeptizismus; H. F. Fulda & R.-P. Horstmann ⟨edd.⟩, Skeptizismus und spekulatives Denken in der Philosophie Hegels. F. W. J. v. Schelling, Werke 3.343, dient der absolute oder durchgreifende Skepticismus als Ausscheidungsmittel, das nicht, wie der halbe Skepticismus, nur gegen einzelne Vorurteile, sondern gegen das Grundvorurteil, daß es Dinge außer uns gebe, gerichtet ist und die Einmischung des Objektiven in das rein subjektive Prinzip des Wissens verhindert. Was Bischof Berkeley dazu wohl gesagt hätte, versuchte dieser doch mit seinem ›*esse est percipi*‹ den Skeptizismus gerade abzuwehren. Bei J. G. Fichte liest man verblüfft, daß der Besitzer der Wissenschaftslehre einen »alles bisher Angenommene gänzlich vernichtenden, und doch sicher seine Stelle ersetzenden, Skepticismus aufstellen« könnte, cf. J. G. Fichte, GA 2.8.206/207.23–208/209.12/13 (Die Wissenschaftslehre II. Vortrag im Jahre 1804) = SW 10.196–197.

[166] I. Kant, Kritik der reinen Vernunft A388–389, ⟨ed.⟩ W. Weischedel, 4.388; cf. o. c. B451/A424, ⟨ed.⟩ W. Weischedel, 4.412. Stellen zum Skeptizismus und der Skepsis als Methode in Kants Gesamtwerk sind verzeichnet bei R. Eisler, Kant-Lexikon, s. v. »Skeptizismus«.

[167] I. Kant, Kritik der reinen Vernunft B789/A761, ⟨ed.⟩ W. Weischedel, 4.646–647.

zismus eine »Art Nomaden, die allen beständigen Anbau des Bodens verabscheuen«[168]. »So schädlich nun aber auch dieser Skeptizism ist: so nützlich und zweckmäßig ist doch die skeptische Methode, wofern man darunter nichts weiter als nur die Art versteht, etwas als ungewiß zu behandeln und auf die höchste Ungewißheit zu bringen, in der Hoffnung, der Wahrheit auf diesem Wege auf die Spur zu kommen. Diese Methode ist also eigentlich eine bloße Suspension des Urteilens.«[169] Und Suspension haben wir an dieser Stelle als Aufschub zu verstehen. Jedoch ist aufgeschoben nicht aufgehoben!

Mit einem modernen Protagonisten wissenschaftlich-skeptischen Denkens wollen wir zum Schluß dieses Kapitels abermals betonen: »Es ist wichtig, Zweifeln und Urteilsenthaltung zu unterscheiden. ... Es gibt überhaupt keinen Grund, einen *Zweifelszustand* als Hauptbestandteil oder ständig begleitendes Charakteristikum des Geistes dessen zu postulieren, der sich des Urteils enthält. Und doch ist es gerade diese Identifikation des Zweifels mit der Urteilsenthal-

---

[168] I. Kant, Kritik der reinen Vernunft AIX, ⟨ed.⟩ W. Weischedel, 3.12.

[169] I. Kant, Logik · Einleitung A131, ⟨ed.⟩ W. Weischedel, 5.515. Cf. o.c. A35–36, ⟨ed.⟩ W. Weischedel, 5.454–455, woraus sichtbar wird, daß Kants Antinomik eine amputierte und neupyrrhonistisch gewendete Form der antiken Skepsis darstellt. Die Argumentation für und wider (*disputatio in utramque partem*) ist darin methodisch verwertet, während die Skepsis als Gesamtlehre und Lebensform ausgesondert wurde. »Auf Platos Akademie folgten noch drei andre Akademien, die von seinen Schülern gestiftet wurden. Die erste stiftete Speusippus, die zweite Arkesilaus, und die dritte Karneades. Diese Akademien neigten sich zum Skeptizismus hin. Speusippus und Arkesilaus – beide stimmten ihre Denkart zur Skepsis, und Karneades trieb es darin noch höher. Um deswillen werden die Skeptiker, diese subtilen, dialektischen Philosophen, auch Akademiker genannt. Die Akademiker folgten also dem ersten großen Zweifler Pyrrho und dessen Nachfolgern. Dazu hatte ihnen ihr Lehrer Plato selbst Anlaß gegeben, indem er viele seiner Lehren dialogisch vortrug, so daß Gründe pro und contra angeführt wurden, ohne daß er selbst darüber entschied, ob er gleich sonst sehr dogmatisch war. Fängt man die Epoche des Skeptizismus mit dem Pyrrho an, so bekommt man eine ganze Schule von Skeptikern, die sich in ihrer Denkart und Methode des Philosophierens von den Dogmatikern wesentlich unterschieden, indem sie es zur ersten Maxime alles philosophierenden Vernunftgebrauchs machten: auch selbst bei dem größten Scheine der Wahrheit sein Urteil zurückzuhalten; und das Prinzip aufstellten: die Philosophie bestehe im Gleichgewichte des Urteilens, und lehre uns, den falschen Schein aufzudecken.« Eine Übersicht zu den zeitlich ferneren und näheren Einflußgrößen, die die Meinungen Kants über die Skeptiker und deren geistige Vorfahren sowie seine Beurteilung ihrer Methodik der Entgegensetzung und des Widerstreits, d.h. der Dialektik, ausbildeten, gibt G. Tonelli, Kant und die antiken Skeptiker.

tung, die so oft Bezugnahmen auf die griechischen Skeptiker beeinträchtigt/ruiniert.«[170]

[170] A. Naess, Scepticism, p. 28. Derselbe Autor macht sich für die Möglichkeit ›positiver seelischer Gesundheit‹ des Skeptikers stark, cf. o. c., pp. 61–74; idem, Psychological and Social Aspects of Pyrrhonian Scepticism, pp. 311–316. Literaturverweise hinsichtlich der Nähe der antiken Skepsis zur Medizin und ihrer therapeutischen Qualitäten ganz allgemein finden sich in H. P. Sturm, Weder Sein noch Nichtsein, p. 366[224]. Daß man, wie W. Höck, Die Gnade des Zweifels, den Zweifel als Mittel zur Lebensbewältigung anempfiehlt, mag als zweifelhafter Rat erscheinen, daß er für die Philosophie in Anspruch genommen wird, ist unzweifelhaft problematisch, daß er aber auch noch, wie o. c., p. 290, als »die große Erfahrung dessen« hingestellt wird, »der erwacht ist«, des Buddha nämlich, ist zum verzweifeln. Im Buddhismus gilt der Zweifel (*vicikicchā*) vielmehr als eines von fünf Hindernissen (*nīvaraṇa*), die Einsicht und geistigen Fortschritt hemmen.

3
Die Epoché der Phänomenologie

3.1 Zur phänomenologischen Reduktion

3.1.1 Reduktion oder Eingrenzung des Gegenstandsbereichs

Gegen den in der obigen Darstellung ausgespannten Horizont einer allgemeinen Phänomenologie der ἐποχή kann nun erst die Epoché der Phänomenologie in ihren Besonderheiten sichtbar gemacht werden. Vor einer einfachen Aufgabe stehen wir dabei allerdings nicht, dementierte doch Husserl selbst schon einiges von dem, was er in den Vorlesungen des Semesters 1923/24 unter dem Titel ‹Theorie der phänomenologischen Reduktion›, seiner einzigen ausführlichen und zusammenhängenden Auseinandersetzung mit diesem Thema, verfaßt hatte.[1] Eine bedeutende Forscherin im Bereich der Phänomenologie sieht die Schwierigkeit in der Rekonstruktion der Reduktion darin, daß Husserl in seinen früheren Werken nach der transzendentalen Wende selbst noch nicht zur nötigen terminologischen Eindeutigkeit vorgedrungen war. »Erst allmählich hat Husserl .. zu einer angemesseneren Beschreibung der tranzendentalen Reduktion gefunden.«[2] Hat er das? Ja ist das überhaupt erforderlich gewesen? Die von E. Ströker vorgetragenen Punkte, die dafür sprächen, scheinen dies nicht zu bestätigen. Hören wir, was sie festhält: »Das Problem wäre vollends unlösbar, würde für die phänomenologische Reduktion zutreffen, was Husserl bisher über sie ausgeführt hat. In ihr

[1] Husserliana Bd. 8. Nachzuvollziehen ist Husserls Ringen um diese Grundproblematik anhand seiner Nachlaßnotizen, veröffentlicht in Husserliana 8.302–320, 418–465, 472–482, 497–501, Ergänzende Texte – Beilagen zu: Erste Philosophie (1923/24), Zweiter Teil; Nachlaß-Manuskript (Typoskript) B I 14 XIII, pp. 36–39: »Paradoxie der Epoché oder Unmöglichkeit einer Epoché. Prinzipielle Unterscheidung von Einzel-Epoché und Welt-Epoché.« Cf. M. Merleau-Ponty, Phänomenologie der Wahrnehmung, pp. 7–8: »Reduktion … Es gibt wohl kaum eine Frage, in der Husserl länger gebraucht hätte, um mit sich selbst ins reine Verständnis zu kommen, als diese, und auch keine, auf die er ebensooft zurückgekommen wäre; die ›Reduktionsproblematik‹ nimmt in seinen nachgelassenen Manuskripten einen beträchtlichen Raum ein.«

[2] E. Ströker, Husserls Werk. Zur Ausgabe der Gesammelten Schriften. Register, p. 85.

geht es jedoch ernstlich gar nicht um eine ›Ausschaltung‹ und ›Einklammerung‹ der Welt mitsamt meinem empirischen Ich. Vielmehr soll ich lediglich ihr Sein ›dahingestellt sein‹ lassen, den Vollzug ihres Seinsglaubens ›außer Funktion setzen‹ …«[3]

Ein Vergleich der von Husserl verwendeten Be- und Umschreibungen für ›Epoché‹, der den Bedeutungswandel dokumentieren soll, zeigt demgegenüber insofern keine Entwicklung, als einerseits sowohl in der von der Forscherin gemeinten Schrift selbst[4] als auch in späteren Schriften wieder genau die Terminologie aufscheint, die von ihr für überwunden ausgegeben wird, die Begriffe »Einklammern«, Ausschalten und »Inhibieren«,[5] jetzt allerdings meist zwischen Anführungsstrichen, andererseits auch die Begriffe schon in frühen Schriften der transzendentalen Phase Husserls auftreten, die zu den angemessenen Umschreibungen der Reduktion späterer Zeit gezählt werden, so: »dahingestellt bleiben«[6], »Gleichgiltigkeit«[7], »außer Aktion gesetzt … Außer-Aktion-setzen«[8]. Doch selbst wenn man eine Verschiebung der definitorischen Begrifflichkeit im Werk Husserls zugestünde, könnte das allein überhaupt nicht beweisen, daß auch eine Bedeutungsverschiebung stattgefunden hat. In der Tat ist das bei den allgemeinen Beschreibungen der ephektischen Grundoperation[9] auch nicht der Fall, man vergleiche nur die ‹Ideen I› mit den ‹Cartesianischen Meditationen› oder der Krisis-Schrift. Schon in den Vorlesungen des Jahres 1907, ‹Idee der Phänomenologie›[10], ist im Zusammenhang mit der Reduktion keinesfalls von einer realen Ausschaltung alles Transzendenten, sprich Welthaften (zu welchem das empirische Ich gerechnet wird), die Rede, sondern, wie später auch, davon, daß man vom Glauben an seine Existenz absehen solle etc.[11]

Zu beachten gilt es allerdings, daß Husserl sehr wohl eine Reform des Fortgangs seiner Forschung anstrebte, die die Mißverständ-

---

[3] E. Ströker, Husserls Werk. Zur Ausgabe der Gesammelten Schriften. Register, p. 85.
[4] Cf. Husserliana 8.110–111, 144 etc.
[5] E. Husserl, Cartesianische Meditationen, pp. 22, 27, 37; Husserliana 6.77–81.
[6] Husserliana 2.9.34.
[7] Husserliana 2.39.14.
[8] Husserliana 3/1.64.16, 37.
[9] Zur Epoché als Grundoperation der Phänomenologie cf. Husserliana 6.77.19–28, 472; 8.98.17–28; 3/1.61 sqq. etc.
[10] Husserliana Bd. 2.
[11] Cf. Husserliana 2.39.16–18.

nisse erzeugende sprunghafte Totalumstellung der Haltung gegenüber dem Welt- und Seinsglauben, von welcher er im Rückgriff auf Cartesius ausgegangen war, zu vermeiden suchte:[12] Nicht direkt, auf kurzem Wege, in die Sphäre des ›reinen Ich‹[13] hineinzuspringen, sondern zunächst »der ›Lebenswelt‹ als dem allgemeinen ›Boden‹ menschlichen Weltlebens nun ein ausschließliches, konsequent theoretisches Interesse«[14] zuzuwenden, »ausschließlich Welt als im Wandel der Gegebenheitsweisen«[15], »die Welt, in der wir anschaulich leben, mit ihren Realitäten, aber so, wie sie uns zunächst in der schlichten Erfahrung sich geben«[16], zu betrachten und thematisieren, »wobei die Ausschaltung der Welt immer nur eine fallweise und relative ist«[17], um schlußendlich eine prinzipielle Korrektur bzw. bewußte Umgestaltung des ersten »Ansatzes der Epoché durch Reduktion derselben auf das absolut einzige letztlich fungierende ego«[18] durchzuführen. Es dürfte nicht unerheblich sein zu bemerken, daß dieser zweite Weg also in der Reduktion der lebensweltlich gewendeten Epoché selbst gipfelt!

Beide Wege sollen zum transzendentalen Ich führen, zur Einsicht, daß die Welt ganz allgemein konstituiert ist aus den Leistungen der transzendentalen Subjektivität. Der Vorzug des Stufenweges gegenüber dem cartesianischen bestehe vor allem in der Möglichkeit, die Intersubjektivität in die Reduktion einzubeziehen.[19] Die transzendental-phänomenologische Reduktion wird auf beiden Wegen gewissermaßen gegenläufig vollzogen. Wo der eine Weg beginnt, endet der andere. Hinsichtlich dieses Alpha und Omega, Extrempunktes oder Pols, kann der Leistungssinn der Epoché nun – abgesehen von den Problemen, die sich für das Verhältnis von transzendentaler Subjektivität und transzendentaler Intersubjektivität ergeben[20] – weitgehend unabhängig von den Zugangsweisen bedacht

---

[12] Cf. Husserliana 6.157.35–158.13.
[13] Cf. Husserliana 3/1.67.17–18.
[14] Husserliana 6.158.14–16.
[15] Husserliana 6.157.15–16.
[16] Husserliana 6.159.1–3.
[17] Husserliana 8.313.1–2, cf. 8.126–131, 146–157, 418 sqq.
[18] Husserliana 6.190, Überschrift zu § 55; cf. 8.157–163, 313.5–10.
[19] Cf. Husserliana 8.313.7–10.
[20] Einen guten Zugang zu dieser sogenannten »thematischen Ausschaltung«, cf. E. Husserl, Cartesianische Meditationen, p. 97 § 44, und ihren Problemen liefert E. Ströker, Das Problem der ἐποχή in der Philosophie Edmund Husserls, pp. 179–185.

und zu unseren bisherigen Meditationen in Beziehung gesetzt werden. Dabei wird sich hoffentlich herausstellen, inwieweit und in welcher Weise dieser Methodenschritt der Phänomenologie seinen antiken Titel verdient und Husserls Schmähungen der Mystik gerechtfertigt sind.

Daß die Paraphrasen oder Äquivalente, welche für die Epoché gegeben werden, zu Verständnisschwierigkeiten, ja Mißverständnissen führen können, ist allein schon daraus abzuleiten, daß sich Husserl selbst diesen gegenübergestellt sah. Dieser Mißstand hat sich seit dem Tod Husserls eher verschärft. Nicht nur fehlt die Zurechtrükkung aus seiner eigenen Sicht; mit dem Bekanntwerden der Phänomenologie fühlten sich mehr und mehr Interpreten berufen, sie im Kontext anderer Lehren zu erläutern und verorten, was nicht selten zu Bedeutungsverschiebungen der ursprünglichen Begrifflichkeit und der damit verknüpften Gedankeninhalte führte, insbesondere wenn der Gesamtzusammenhang einzelner Lehrstücke nur unzureichend berücksichtigt wurde. Um diese Gefahr bei der hier vorliegenden Studie so gering wie möglich zu halten, haben wir nicht nur versucht, wohlwollende Distanziertheit gegenüber unserem Forschungsobjekt zu wahren und größtmögliche hermeneutische Sorgfalt walten zu lassen, sondern haben auch in einem Anhang ein Verzeichnis der wichtigsten erläuternden Ersatztermini und Umschreibungen, chronologisch geordnet nach einigen wichtigen Hauptschriften, zusammengestellt, damit sich der Leser während seiner Bemühungen der denkerischen Erschließung über die Begrifflichkeit der Husserlschen Phänomenologie informieren oder bei etwaigen Verständnisschwierigkeiten die Formulierungen der Originale als Vergleichsmaßstab nachschlagen kann, um die Angemessenheit unserer Darstellung und Kritik, so weit das möglich ist, daran zu prüfen.

3.1.2 Die »quasi-skeptische Epoché« nach R. Descartes

Eigentlich läßt der jeweilige Wortlaut der Bemerkungen Husserls zur Reduktion oder Epoché einen Zusammenhang mit der ἐποχή der Skeptiker vermuten, doch läge unter dem Blickwinkel der mit der phänomenologischen Zustimmungsenthaltung verbundenen Wissensforderung, und entfernt auch mit der damit einhergehenden Begrenzung der Reichweite der Inhibierung (auf das Sein), ein Rückgriff auf die Stoische Form der Urteilsenthaltung sogar noch näher.[21] Indessen beruft er sich in dieser Sache an keiner Stelle seines Werks auf die Stoa oder eine der Schulrichtungen der Ephektik im Altertum. Er stellt zwar fest, daß schon in den frühesten Entwicklungsstadien abendländischer Philosophie einmal der Wendepunkt zu ihrer radikalen Begründung nahe gewesen sei, und zwar mit den Sophisten Protagoras und Gorgias (483–375), deren Lehren er ganz unspezifisch einen Skeptizismus nennt,[22] für seinen Vorläufer, welcher seiner Meinung nach als erster bis zum unbezweifelbaren Fundament vordringen sollte, hält er jedoch den von ihm so titulierten »Erzvater der Neuzeit«[23], Descartes.

Dieser spricht im Kontext seiner Meditationen von der Notwendigkeit der Bezweiflung (*dubitatio*), des Zweifels (*dubium*) und Zweifelns (*dubitare*) hinsichtlich aller Meinungen, die falsch sein könnten. Deswegen rate die Vernunft an, bei nicht völlig Sicherem/Gewissem, gar bei Unzweifelhaftem, die Zustimmung zu zügeln/zurückzuhalten und jede Meinung zu verwerfen, wenn in ihr nur irgendein Zweifelsgrund anzunehmen sei.[24] »Da wir als Kinder gebo-

---

[21] Es wäre wohl überzogen, zur Stützung dieser fiktiven Annahme eine in unserer Schlußbetrachtung zitiere Feststellung des Husserl-Schülers M. Heidegger, Holzwege, p. 333, ins Feld zu führen und als phänomenologische Schulmeinung auszugeben, daß das Wort ἐποχή dem Sprachgebrauch der Stoa entnommen sei.

[22] Cf. Husserliana 6.78; 6.69, 88; 7.8–12, 31, 33, 57–62, 143, 311–312, 316, 331, 342, 347; 8.19–20; 18.122; 25.135–137; 27.86, 229; 28.20. Zur Reduktions- und Letztbegründungsproblematik im Lichte einer sogenannten »radikalen Skepsis« bei Husserl cf. A. Aguirre, Genetische Phänomenologie und Reduktion. Zur Letztbegründung der Wissenschaft aus der radikalen Skepsis im Denken E. Husserls; K. Mertens, Zwischen Letztbegründung und Skepsis, pp. 101–142. Letzteres Werk enthält eine fundierte Herausarbeitung der Spannungen, die sich aus Husserls Methode ergeben, u. a. der Spannung zwischen Epoché als Haltung (cartesianisch-sprunghafte Totalumstellung) und Reduktion als Maßnahme (indirekt-stufenweise Vorgehensweise), wobei m. E. aus den Originalen nicht, wie vom Autor der Studie behauptet, abzuleiten ist, daß beide Methoden von Husserl terminologisch (in Epoché und Reduktion) unterschieden werden. Einigermaßen befremdlich an den genannten Werken ist freilich das freischwebende Operieren mit dem Begriff, Vorverständnis von, ja Vorurteil gegenüber ›Skepsis‹ bzw. ›Skeptizismus‹ ohne Rückfrage auf die antike, d. h. die eigentliche Skepsis mit ihrer fundierten ›Phänomenologie‹ und konsequenten Reflexionsstufung.

[23] Husserliana 6.76.8. Bezüge auf Cartesius von einer merklich zwiespältigen Art ziehen sich durch das gesamte Werk Husserls, cf. E. Ströker, Husserls Werk. Zur Ausgabe der Gesammelten Schriften, p. 237, Namenregister, s. v. Descartes, R.; zusätzlich: Husserliana 2.4, 7, 30, 33, 49; 4.103; 7.240, 330–350; 8.305, 309–310, 313, 426; 25.165–167, 216–218; etc.

[24] Cf. R. Descartes, Meditationes de Prima Philosophia 1.2 (Absatznumerierung nach

ren werden und verschiedene Urteile über die Sinnendinge fällen, bevor wir den ungeschmälerten Vernunftgebrauch erlangt haben, werden wir durch viele Vorurteile (*præjudiciis*) von der Erkenntnis des Wahren abgehalten; von diesen kann man sich offenbar nicht anders befreien, als daß wir uns einmal im Leben dazu entschließen, an all dem zu zweifeln, worin wir auch nur den geringsten Verdacht einer Ungewißheit vorfinden. Ja es ist sogar nützlich, schon jenes, worüber wir zweifeln, als falsch anzunehmen, damit wir um so klarer finden, was ganz sicher und am leichtesten erkennbar ist.«[25]

Wolle man Sicheres/Gewisses finden, dann müsse man wegen der Zweifelhaftigkeit aller Annahmen, nicht weniger als bei offensichtlich Falschem, die Zustimmung sorgfältig zügeln/zurückhalten, sein Urteil an- und schwebend halten, sich abgewöhnen, den gewohnten Meinungen zuzustimmen und zu vertrauen, ja sie, indem man willentlich zum Gegenteil hin gewendet ist, eine gewisse Zeit lang für gänzlich falsch und eingebildet halten, bis zuletzt – gleichsam durch das Gleichgewicht, die Isosthenie der Vorurteile auf beiden Seiten – keine schlechte Gewohnheit mehr das Urteil vom richtigen Begreifen der Dinge ablenkt.[26] Man sieht:

⟨ed./tr.⟩ G. Schmidt) = R. Descartes, Œuvres (lat./frz.): 7.18.6–10/9.1.14: *non plane certa sunt atque indubitata, quàm ab aperte falsis assensionem esse cohibendam, satis erit ad omnes rejiciendas, si aliquam rationem dubitandi in unâquâque reperero.*

[25] R. Descartes, Principia Philosophiæ 1.1–2 = Œuvres 8.1.5.5–14: *Quoniam infantes nati sumus, & varia de rebus sinsibilibus judicia priùs tulimus, quàm inegrum nostræ rationis usum haberemus, multis præjudiciis à veri cognitione avertimur; quibus non aliter videmur posse liberari, quàm si semel in vitâ de iis omnibus studeamus dubitare, in quibus vel minimam incertitudinis suspicionem reperiemus. Quin & illa etiam, de quibus dubitabimus, utile erit habere pro falsis, ut tantò clariùs, quidnam certissimum & cognitu facillimum sit, inveniamus.* In wissenschaftlichen Dingen pflegt B. Pascal, Brief an Pater Noël vom 29. 10. 1647, ⟨ed.⟩ M. Le Guern, Œuvres complètes 1.377–378, die gleiche methodische Urteilszurückhaltung. Für die Mysterien des Glaubens bleibe die Unterwerfung des Geistes, die unser Vertrauen gegenüber den Mysterien pflegt, welche den Sinnen und dem Verstand verborgen sind.

[26] Cf. R. Descartes, Meditationes 1.10–11 = Œuvres 7.21.26–22.18: *nihil esse ex iis quae olim vera putabam, de quo non liceat dubitare, … non minùs quàm ab aperte falsis, accurate deinceps assensionem esse cohibendam, si quid certi velim invenire. … assidue enim recurrunt consuetae opiniones … iis assentiri & confidere desuescam, … voluntate plane in contrarium versâ, me ipsum fallam, illasque aliquandiu omnino falsas imaginariasque esse fingam, donec tandem, velut aequatis utrimque praejudiciorum ponderibus, nulla amplius prava consuetudo judicium meum a rectâ rerum perceptione detorqueat.* Das von mir wiederholte Textstück zur Urteilsenthaltung aus der französischen Ausgabe, cf. idem, Œuvres 9.1.17, lautet: *il est necessaire que i'arreste & suspende desormais mon iugement sur ces pensées.* Zur Zweifels- als Indifferenzmethode oder,

»Bei DESCARTES tritt die E[poché] als ›methodischer Zweifel‹ auf ...«[27]

Nicht in Meinungen über die Sinnenwelt, ja nicht einmal im Reich mathematischen Wissens kann das täuschungsanfällige Wesen Mensch das unerschütterliche Fundament der Wahrheit entdecken (Erste Meditation). »Diese ›Cartesianische Epoché‹ ist in der Tat von einem bisher unerhörten Radikalismus, denn sie umfaßt ausdrücklich nicht nur die Geltung aller bisherigen Wissenschaften, selbst die apodiktische Evidenz beanspruchende Mathematik nicht ausgenommen, sondern sogar die Geltung der vor- und außerwissenschaftlichen Lebenswelt, also die stets in frageloser Selbstverständlichkeit vorgegebene Welt der sinnlichen Erfahrung, und alles von ihr genährten Denklebens, des unwissenschaftlichen, schließlich auch des wissenschaftlichen.«[28] Als einzig Zweifelloses bleibt – fast wie in den contra-akademischen Meditationen des Heiligen Augustinus, daran ist, den Superlativ Husserls einschränkend, zu erinnern –

---

skeptisch ausgedrückt, Isostheniemethode vgl. o.c. 4.10–12 = Œuvres 7.59.13–14; 29–30/9.1.47: »ich bin indifferent, das eine oder andere zu bejahen oder zu verneinen oder auch nichts darüber zu urteilen ... wenn ich mich aber des Urteilsspruchs enthalte, handle ich offensichtlich recht und irre nicht« (*sum indifferens ad utrumlibet affirmandum vel negandum, vel etiam ad nihil de eâ re judicandum ... si quidem a judicio ferendo abstineam, clarum est me recte agere, & non falli*). Cf. o.c. 4.16 = Œuvres 7.62.1–2/9.1.49; idem, Objectiones septimæ, Œuvres 7.451–561, insbesondere 7.454–482.

[27] R. Eisler, Wörterbuch der philosophischen Begriffe 1.357, s.v. Epoche (ἐποχή). K. Marc-Wogau, Der Zweifel Descartes' und das *Cogito ergo sum*, pp. 128–130, macht fünf Züge des Zweifels Descartes' ausfindig, durch die er sich von dem anderer Skeptiker unterscheide: 1) er ist in gewissem Sinne dogmatisch; 2) er ist rein theoretisch; 3) er ist bloß provisorisch; 4) er und seine Überwindung, die Unbezweifelbarkeit, sind nur in der gegenwärtigen Einsicht des eigenen Verstandes verankert; 5) er ist weit radikaler als derjenige früherer und späterer Skeptiker. Die verschiedenen Arten, Grade und Bereiche des Cartesischen Zweifels stellt M. Gueroult, Descartes selon l'ordre des raisons 1.30–49, dar. Zum Rückgriff auf skeptische Traditionsbestände cf. P. Couissin, Carnéade et Descartes, pp. 9–16. In diesem Essay finden sich viele interessante Hinweise zur Beziehung von Akademischer, pyrrhonischer und Cartesianischer Skepsis. Da die ἐποχή darin jedoch pauschal mit dem Zweifel (doute) gleichgesetzt wird, muß notgedrungen ein ganz schlimmes Zerrbild der antiken Skepsis entstehen. M. Williams, Descartes and the Metaphysics of Doubt, versucht zu zeigen, daß das Traum-Argument Descartes' der Akademischen Skepsis nähersteht als der pyrrhonischen. Den Kampf Descartes' gegen den Skeptizismus als Aufklärung schildert B. Irrgang, Skepsis in der Aufklärung, pp. 51–102. Aufrisse des ›Skeptizismus‹ (und methodisch-hyperbolischen Zweifels) bei Cartesius finden sich auch bei H. Gouhier, Doute méthodique ou négation méthodique, pp. 157–162; B. Williams, Descartes's Use of Skepticism.

[28] Husserliana 6.77.28–37.

zunächst nur dies, daß mein Getäuschtwerden[29] durch keinen Täuscher oder bösen Geist (*deceptor/genius malignus*) irrezumachen, mein Zweifeln selbst qua »*ich denke, also bin ich*« (ego cogito, ergo sum)[30], qua »*ich zweifle, also bin ich*, oder, was dasselbe ist: *ich denke, also bin ich*«[31], nicht anzuzweifeln ist. »Eudoxus. – Da du demnach nun einmal nicht bestreiten kannst, daß du zweifelst und es im Gegenteil gewiß ist, daß du zweifelst, und zwar in dem Maße gewiß, daß du daran nicht zweifeln kannst, ist es auch wahr, daß du, der du zweifelst, bist, und auch dies ist so wahr, daß du nicht daran zweifeln kannst. Poliander. – Darin stimme ich dir allerdings zu, daß, wenn ich nicht wäre, ich nicht zweifeln könnte. Eudoxus. – Du bist also und du weißt, daß du bist, und das weißt du daher, weil du zweifelst.«[32]

Schon Marin Mersenne (1588–1647) und Antoine Arnauld (1612–1694) wiesen auf die Übereinstimmung des Cartesischen ›Cogito-sum‹ mit dem ›Ich denke, ich bin‹ von Augustinus hin.[33] Auch

---

[29] R. Descartes, Meditationes 2.3 = Œuvres 7.25.8/9.1.19: *ego etiam sum, si me fallit.*

[30] Cf. R. Descartes, Meditationes, Synopsis; 2.3; 2.6–9; 2.15; 3.1 = Œuvres 7.12.10–13/9.1.9; 7.25.5–13/9.1.19; 7.27.7–29.18/9.1.21–23; 7.33.1–19/9.1.25–26; 7.34.18–35.2/9.1.27.

[31] R. Descartes, La recherche de la verité par la lumiere naturelle, Œuvres 10.523: dubito, ergo sum, *vel, quod idem est:* cogito ergo sum. Vgl. die Übersetzung von ⟨tr.⟩ A. Buchenau, 1.141. Cf. R. Descartes, Correspondance CCXIX, Œuvres 3.247.1–248.7. Weitere Variationen der Cogito-Formel finden sich in R. Descartes, Secundæ responsiones 3 = Œuvres 7.140.16–141.2/9.1.110–111; idem, Principia Philosophiæ 1.7; 1.10 = Œuvres 8.1.7.8; 8.1.8.9. Zum »*Ich denke, also bin ich*« (Ie pense, donc ie suis) cf. z. B. auch idem, Discours de la methode, Œuvres 6.32–33; idem, Correspondance CXIII, CCXXII, Œuvres 2.38, 3.261. Stellenverzeichnis im index général, Œuvres 12.75 (Supplement).

[32] R. Descartes, La recherche de la verité par la lumiere naturelle, Œuvres 10.515, vgl. ⟨tr.⟩ A. Buchenau, 1.129–130: Eudoxus. – *Quandoquidem itaque dubitare te negare nequis, & è contrario certum est te dubitare, & quidem adeò certum, ut de eo dubitare non possis: verum etiam est te, qui dubitas, esse, hocque ita etiam verum est, ut non magis de eo dubitare possis.* Poliander. – *Assentior hîc equidem tibi, quia, si non essem, non possem dubitare.* Eudoxus. – *Es itigur, & te esse scis, & hoc exinde, quia dubitas, scis.* Cf. o. c. 10.521–525; idem, Secundæ responsiones 4 = Œuvres 7.145.22–146.4/9.1.114.

[33] Cf. K. Marc-Wogau, Der Zweifel Descartes' und das *Cogito ergo sum*, pp. 140[29]–141. Erinnert das Evidieren mit Hilfe des Vernunftlichts (*lumen rationis*) und gesunden Menschenverstandes (*sanus sensus*) im Zusammenspiel von Sein (*esse*), Wissen (*scire*) und Zweifeln (*dubitare*) bei Cartesius nicht sehr an die bereits vorgestellten contra-akademischen Zweifelsmeditationen des Hl. Augustinus? Dazu und zur unmittelbaren Gewißheit oder Evidenz (*simplex mentis intuitus*) cf. R. Descartes, Secundæ responsiones 3–4 = Œuvres 7.140–146/9.1.110–114. G. Gilson, Étude sur le rôle de la pensée médiévale dans la formation du système cartésien, pp. 195–198 & idem, Introduction à l'étude de Saint Augustin, p. 55, dt. Ausgabe p. 84, arbeitet drei Hauptpunkte der Gleichheit zwischen den Lehren von Augustinus und Cartesius heraus: a) Widerlegung des absoluten Skeptizismus (Zweifels); b) Deduktion der Geistigkeit der Seele aus der unmittel-

Blaise Pascal hat sie bemerkt.[34] In einem Brief vom November 1640 an einen unbekannten Adressaten, der ihn auf die Ähnlichkeit der beiden Cogito-Argumente aufmerksam gemacht hatte, versichert Cartesius diesem, in der Bibliothek von Leyden diese Passage bei Augustinus (es handelt sich um De civitate dei 11.26) gelesen zu haben. Er gesteht zwar zu, daß die besagte Stelle einige Beziehung zu seinem Argument habe und sich jener dieses Arguments bedient, um die Gewißheit unseres Seins zu beweisen und anschließend zu zeigen, daß in uns irgendein Bild der Dreifaltigkeit ist, indem wir sind, wissen, daß wir sind und dieses Sein und Wissen, das in uns ist, lieben. Anschließend beteuert er aber, daß er sich demgegenüber des Arguments bedient, um bewußt zu machen, daß dieses Ich, das denkt, eine immaterielle Substanz ist, die nichts körperliches an sich hat, was zwei sehr verschiedene Dinge seien. »Und es ist eine an sich so einfache und natürliche Sache, davon ausgehend, daß man zweifelt, zu schließen, daß man ist/existiert, daß sie jedem hätte unter die Feder fallen können; aber ich freue mich sehr wohl, denselben Gedanken wie der Heilige Augustinus gehabt zu haben, und wenn es nur deshalb wäre, um die Kleingeister, die versuchten, dieses Prinzip zu bekritteln, das Maul zu stopfen.«[35]

Sollte die von Descartes vorgegebene Unkenntnis Augustinischer Schriften tatsächlich zutreffen, so hieße das dennoch nicht, daß er seine Grundthesen vollkommen selbständig (er-)fand. Als Vordenker einiger seiner typischen Lehrgehalte wäre neben Plotinos, Cusanus und Tommaso Campanella[36] (1568–1639) auch der isla-

baren Gewißheit des Denkens; c) Gottesbeweis auf dem Fundament der unmittelbaren Gewißheit des Denkens. S. Menn, Descartes and Augustine, versucht Descartes mit dem Schlüssel der Philosophie von Augustinus zu erschließen, wobei man sich fragt, ob der Erkenntnisgewinn die langwierige Lektüre rechtfertigt; im ersten Kapitel des Buches, cf. o. c., pp. 3–17, wird die Herangehensweise bisheriger Forschungen an den Gegenstand beleuchtet und kritisiert.

[34] Cf. B. Pascal, Opuscules 3.15.2: De l'Art de persuader, ⟨ed.⟩ L. Brunschvicg, pp. 192–193 (mit Fn. 1, p. 193) ≈ ⟨ed.⟩ M. Le Guern, Œuvres complètes 2.179–180.

[35] Cf. R. Descartes, Correspondance CCXIX, Œuvres 3.247–248, wörtlich zitierter Text: *Et c'est vne chose qui de soy est si simple & si naturelle à inferer, qu'on est, de ce qu'on doute, qu'elle auroit pû tomber sous la plume de qui que ce soit; mais ie ne laisse pas d'estre bien aise d'auoir rencontré auec saint Augustin, quand ce ne seroit que pour fermer la bouche aux petits esprits qui ont tasché de regabeler sur ce principe.* Cf. idem, Correspondance LXXVI, Œuvres 1.376.19–21 (Brief an Mersenne vom 25. Mai 1637); idem, Correspondance CCXXII, Œuvres 3.261.9–13 (Brief an Mersenne vom Dezember 1640).

[36] Zum geschichtlichen Werdegang der Cogito-Formel und ihren systematischen Impli-

mische Gelehrte und Sufi al-Ghazālī (1058–1111) in Betracht zu ziehen. Zunächst »stellt sich die Frage, ob Descartes die Philosophie al-Ghazālīs … kannte. Die verblüffende Ähnlichkeit mehrerer Themen in den Philosophien beider Denker: der Zweifel [*šakk*] als die erste Stufe zur Erlangung wahrhaftiger Erkenntnis, die Idee von dem deus mendax [Lügnergott], die intuitive Erkenntnis und die Funktion des göttlichen Lichts [*nūr*], läßt diese Frage als berechtigt erscheinen.«[37] Der zitierte Autor zeigt zwar eine Möglichkeit auf, wie Descartes Kenntnis vom Denken des islamischen Meisters erhalten haben könnte,[38] doch müßte diese Demonstration durch weitere Forschungen erst noch bestätigt werden. Erfolgreicher scheint der Versuch, die strukturellen Ähnlichkeiten beider Denkgebäude herauszuarbeiten, der vor einiger Zeit tatsächlich unternommen wurde. Darin sollte »in einer systematischen Erörterung aufgezeigt werden, wie die überraschende, teilweise ins Einzelne gehende Übereinstimmug in ihrem Denken von der Philosophie selber her grundlegend bestimmt

---

kationen cf. H. Leder, Untersuchungen über Augustins Erkenntnistheorie in ihren Beziehungen zur antiken Skepsis, zu Plotin und zu Descartes, pp. 62–88; G. Gilson, Étude sur le rôle de la pensée médiévale dans la formation du système cartésien, pp. 191–201, 259–268, der sich wiederum auf L. Blanchet, Les antécédents historiques du ‹Je pense, donc je suis›, pp. 27–63, bezieht und dem letztgenannten Werk eine Besprechung widmet. Zur Erweiterung des Horizonts unserer speziellen Fragestellung ist die Lektüre von o. c., pp. 25–107, zu empfehlen. In letzterem Werk wird nicht nur auf Plotinos als Vorläufer des ›Cogito‹ hingewiesen, cf. o. c., pp. 108–120, sondern es werden zusätzlich einige historische Stationen der Vermittlung zwischen Augustinus und Cartesius angeführt, cf. o. c., pp. 120–138. Als systematische Zwischenetappe wird die Philosophie von Nicolaus Cusanus angegeben, cf. o. c., pp. 156–167. Die zweite Hälfte des Buches ist dem Cogito-Gedanken von Tommaso Campanella und seinem Einfluß auf die Ausbildung der Cartesischen Ich-denke-Formel gewidmet. Eine weitere Vorläuferposition des Cartesischen *Dubito ergo sum* nennt K. Marc-Wogau, Der Zweifel Descartes' und das *Cogito ergo sum*, p. 140: »Wenn er .. behauptet, dass er an allem zweifeln könne, nur nicht daran, dass er zweifle oder denke, so ist die Beziehung zum Satze des Sokrates, er wisse nur, dass er nichts wisse, offenbar.« B.-A. Scharfstein, 'Cogito Ergo Sum': Descartes, Augustine, and Śankara, p. 202, führt die Einsicht, daß niemand auf vernünftige Weise seine eigene Existenz leugnen könne, über Augustinus hinaus bis auf Aristoteles, Ethica ad Nicomachum 1170ᵃ29–33, und idem, De sensu 448ᵃ27, zurück. Zudem erwähnt er mit Verweis auf Diogenes Laërtios, De vitis dogmatis … 9.103 (Angabe bei Scharfstein ist falsch), daß diesen Grundsatz nicht einmal die griechischen Skeptiker geleugnet hätten, indem sie sehr wohl einräumten, daß (*'óti*) sie sähen und dächten; nur wie [auf welche Weise] (*pō̃s*) dies geschähe, gäben sie nicht zu.

[37] Cf. A. Elschazlī, Einleitung in: al-Ghazālī, Der Erretter aus dem Irrtum, p. XXXIV.

[38] Cf. A. Elschazlī, Einleitung in: al-Ghazālī, Der Erretter aus dem Irrtum, pp. XXXI–XXXVI.

ist und sich über alle Verschiedenheiten – welche vor allem durch die verschiedenen Zeitumstände und Kulturkreise zu erklären sind – hinweg durchhält.«[39] Im Anschluß daran ist dann freilich weiterzufragen, was al-Ghazālī mit Augustinus verbindet. Von einer direkten Kenntnisnahme ist zwar nichts bekannt, doch wurden in einem Vergleich der Erkenntnisentwicklung beider, der vom »Tiefpunkt ... vollendeter Skepsis, da sie ›an allem zweifeln‹« bis »zum Ziel ihres Wachstums ... in der (neuplatonischen) Mystik« führt, frappante Parallelen aufgedeckt.[40]

Auch wenn Cartesius nicht auf Mystik und Religion abzielte, sondern seine Intention die Selbstvergewisserung diesseitigen Wissens war, kam er doch nicht umhin, sich in seinem Kampf gegen die skeptische Verunsicherung jenseitiger Größen zu bedienen, deren Gültigkeit freilich zuerst zu beweisen war, wodurch seine Grundlagenwissenschaft nicht nur der Zirkelhaftigkeit verdächtig wurde,[41]

---

[39] M. H. A. Zakzuk, Al-Ghazalis Grundlegung der Philosophie. Mit einer Erörterung seines philosophischen Grundansatzes im Vergleich mit Descartes, p. 24. Es ist allerdings festzuhalten, daß die in dieser Studie vorgetragene Zurückweisung einer skeptischen Interpretation der Zweifelsanwendung und einer mystisch-irrationalistischen Interpretation der Zweifelsauflösung bei beiden Philosophen auf den heute gängigen Vorurteilen gegenüber Skepsis und Mystik fußt und vor dem Hintergrund unserer Ausführungen differenziert werden müßte.

[40] H. Frick, Ghazālīs Selbstbiographie. Ein Vergleich mit Augustins Konfessionen, hier zitiert pp. 21–22. Cf. o. c., p. 81: »Augustin und Ghazālī gehorchen dem gleichen religionspsychologischen Gesetz, wenn sie durch die Mystik aus der Skepsis heraus zur Erkenntnis der Wahrheit geführt werden.« Die Mystiken beider unterschieden sich jedoch in zwei Zügen wesentlich voneinander. Zur einen Differenz cf. o. c., p. 66: »Auf morgenländischem Boden entfaltet sich besonders stark das willensmäßige Element bis hin zur technischen Schulung des dhikr [Sammlung des Geistes], und Ghazālī ist in dieser Hinsicht ein echtes Kind des orientalischen Geistes.« Zur anderen Differenz cf. o. c., pp. 72–73: »Wir sahen, daß in Ghazālīs Werdegang die Mystik das letzte Wort hat. Bei Augustin ist das anders. Hier bildet der Neuplatonismus ein Durchgangsstadium, ... Augustin bekehrt sich nicht ›zur Mystik‹, sondern ›durch die Mystik hindurch‹, über sie hinaus. Seine geistige Entwicklung findet ihren Abschluß erst in einem Zustand, der noch höher liegt als der Verzweiflungsakt des Skeptikers, dem kein anderer Ausweg bleibt, als sich der Mystik in die Arme zu werfen.« Die Entscheidung über diese zwei Plädoyers, die der abendländisch-christlichen Voreingenommenheit nicht entbehren, müssen wir dem Urteil des Interessierten auf der Basis der Lektüre der Originalschriften überlassen.

[41] Auf den Vorwurf des Begründungszirkels, der schon zu Lebzeiten Descartes' erhoben wurde, und das Kunststück des Gottesbeweises können wir hier nicht im Detail eingehen. Eine kleine Übersicht dazu gibt E. M. Curley, Descartes against the Skeptics, pp. 96–169. In der Position Curley's ist die Überzeugungskraft antiker Skepsis jedoch nicht ausreichend gewürdigt, deshalb ist zum Ausgleich die Lektüre von D. Hume,

sondern eng an die Glaubensproblematik gebunden blieb. Erst wenn ein hypothetischer Betrügergott (*Deus fallax/deceptor*)[42], und damit jeglicher vermeintliche Skeptizismus, der verstiegenste »metaphysische Zweifelsgrund« (*Metaphysica dubitandi ratio*) ausgeschaltet,[43] erst wenn ich die unendliche (*infinitam*), unabhängige (*independentem*), allweise (*summe intelligentem*), allmächtige (*summe potentem*) und alles erschaffende (*quodcumque extat, est creatum*) Substanz (*substantiam*), d.h. das vollkommen Seiende (*ens completum; summum ens*), das Vollkommene (*perfectum*), den Mangellosen (*nullis plane defectibus obnoxius; nulla imperfectio in Deo est*), ja vollkommensten Gott (*Deum ... summe perfectum*) erkannt und erwiesen habe, wie das in der Dritten bis Fünften Cartesischen Meditation geschieht, dient, pointiert formuliert, die Suspension des Willens zur Suspension der Urteilssuspension und repräsentiert auf diese Weise das untrügliche Urteil: »Sobald ich den Willen beim Urteilen derart zurückhalte/zügle (*contineo*), daß er sich nur auf das erstreckt, was ihm vom Verstand klar und deutlich dargeboten wird, kann es überhaupt nicht geschehen, daß ich irre«[44].

A Treatise of Human Nature, pp. 159–160; idem, Enquiries concerning Human Understanding, pp. 153–154, und R. Richter, Der Skeptizismus in der Philosophie 2.153–169, zu empfehlen.

[42] Zu den verschiedenen Betrügerwesen cf. R. Descartes, Meditationes 1.12 = Œuvres 7.22.23–23.9/9.1.17–18; 2.6 = Œuvres 7.26.24–26/9.1.21; 3.4 = Œuvres 7.36.4–29/9.1.28–29. Idem, La recherche de la verité par la lumiere naturelle, Œuvres 10.511.22–512.5. B. Irrgang, Skepsis in der Aufklärung, p. 97, nennt den Gedanken des *genius malignus* eine »methodologische Fortführung des Lügenparadoxons« von Epimenides aus Knossos/Kreta (6. Jh. v.Chr.) bzw. des Megarikers Euboulides von Milet (4. Jh. v.Chr.). G. Gawlick, Die Funktion des Skeptizismus in der frühen Neuzeit, pp. 94–97, führt das Argument vom *dieu trompeur*, von Gott als Täuscher, überzeugend auf M. T. Cicero, Academica 2. (Lucullus) XV.47, zurück. Das Motiv ist sogar noch älter, es findet sich schon bei Platon, Politeia 381e-383c, wo o.c. 383a, vorgeschrieben wird, daß die Götter weder als sich selbst verwandelnde Betrüger/Zauberer noch als uns in Wort und Tat täuschende Verführer dargestellt werden dürften (*deĩ perì theõn kaì légein kaì poieĩn, ‘ōs mḗte autoùs góētas óntas tõj metabállein ‘eautoùs mḗte ‘ēmãs pseúdesi parágein en lógōj ḕ en érgōj*).

[43] Cf. R. Descartes, Meditationes 3.4 = Œuvres 7.36.24–25/9.1.28.

[44] R. Descartes, Meditationes 4.17 = Œuvres 7.62.12–15/9.1.49: *quoties voluntatem in judiciis ferendis ita contineo, ut ad ea tantùm se extendat quae illi clare & distincte ab intellectu exhibentur, fieri plane non potest ut errem.* In einem Brief an einen unbekannten Adressaten vom März 1638 hatte Descartes das, was hier Willenszügelung heißt, als Zügelung der Begierden und Leidenschaften (*nos appetits & nos passions*) dargestellt; es gebe für einen Philosophen keine würdigere Beschäftigung, als sich daran zu gewöhnen, das zu glauben, was ihm die wahre Vernunft vorschreibe, und sich vor

Cartesius benötigt seinen Existenzbeweis Gottes indes nur, wie aus den ‹Meditationen› mehr oder weniger deutlich zu erschließen ist, zur Absicherung von Urteilen, bei denen man sich irren kann.[45] Zwar sagt er an der entscheidenden Stelle mit universalem Gültigkeitsanspruch, daß man nichts sicher wissen könne, ohne zuvor zu erkennen, daß Gott existiere und kein Täuscher sei,[46] doch besteht er in einer Entgegnung auf einen Vorwurf aus der zweiten Gruppe der Einwände darauf, daß der Gottesbeweis nur zum Ausschluß von Irrtümern bei wissenschaftlichen Schlußfolgerungen und durch Syllogismen gewonnenen Erkenntnissen erforderlich sei.[47] Das gerade kann dieser aber nicht leisten, genau wie der Cogito-Beweis, in dessen Nähe der Beweis des Seins Gottes denn auch angesiedelt ist. Weder von der Evidierung des unmittelbaren, sprich, leeren »Ich-Bin« noch von der Demonstration des absoluten, sprich, leeren »Gott-Ist« ist auch nur eine einzige Erkenntnis irgendeines Erkennbaren direkt betroffen.

Meine Feststellung, daß der Gottesbeweis und der Egobeweis bei Descartes eine gewisse Nähe zueinander hätten, bringt den Gedanken aus den ‹Meditationen› zum Ausdruck, daß die Gottähnlichkeit des Menschen und die Gottesvorstellung mit demselben Vermögen wahrgenommen werde wie die Selbsterkenntnis, und zwar, wie es scheint, im Stile des Philonisch und christlich ausgedeuteten antiken ›Erkenne dich selbst!‹. Aus der Erkenntnis meines Seins und meiner Unvollkommenheit sei zwingend auf das Sein und die Vollkommenheit Gottes zu schließen;[48] diese könne ich zwar nicht begreifen, aber

---

falschen Meinungen, zu denen ihn seine naturhaften Begierden überredeten, zu hüten, cf. R. Descartes, Correspondance CXIII, Œuvres 2.37.9–11, 21–25. Fachgelehrte mögen bitte darlegen, worin der argumentative Fortschritt von Cartesius gegenüber der Stoischen oder Augustinischen Bewältigung des Erkenntnisproblems liegt! Eine Darstellung der Cartesianischen Problematik von Evidenz, Sicherheit, Zweifel und Indifferenz im Spannungsfeld von Verstand und Willen gibt H. Gouhier, Doute méthodique ou négation méthodique, pp. 148–157: »III. Doute et négation«.

[45] Cf. R. Descartes, Meditationes 3.6 = Œuvres 7.37.20–22/9.1.29: *Ac proinde sola supersunt judicia, in quibus mihi cavendum est ne fallar.*

[46] Cf. R. Descartes, Meditationes 3.4 = Œuvres 7.36.27–29/9.1.28–29: »… ob Gott ist und, wenn er ist, ob er ein Täuscher sein kann; solange dieser Sachverhalt nämlich nicht bekannt ist, ist es offenbar nicht möglich, daß irgend etwas sonst je schlechthin sicher/gewiß ist.« (*… an sit Deus, &, si sit, an possit esse deceptor; hac enim re ignoratâ, non videor de ullâ aliâ plane certus esse unquam posse.*).

[47] Cf. R. Descartes, Secundæ responsiones 3 = Œuvres 7.140.12–141.2/9.1.110–111.

[48] R. Descartes, Meditationes 3.38 = Œuvres 7.51.21–29/9.1.41: *illamque similitudinem, in quâ Dei idea continetur, a me percipi per eandem facultatem, per quam ego ipse a me*

auf irgendeine Weise mit dem Denken berühren.[49] Oder noch dramatischer: »Wann nur immer ich meine Aufmerksamkeit darauf richte, daß ich zweifle oder daß ich ein unvollkommenes und abhängiges Ding bin, begegnet mir die klare und deutliche Vorstellung eines unabhängigen und vollkommenen Seienden, nämlich Gottes«[50]. Die Zweifelsmeditation hat also eine Doppelfunktion. Zweifeln sichert das Sein des Ego und Zweifeln sichert das Sein des Gottes. Genau besehen handelt es sich also nur um die zwei Seiten ein und desselben Gedankengangs. Das wird unzweifelhaft durch eine Bemerkung bestätigt, die Descartes in einem Brief vom März 1638 an einen nicht exakt zu ermittelnden Adressaten machte. »Obgleich die Pyrrhonianer nichts Sicheres zufolge ihrer Zweifel geschlossen haben, heißt das nicht, daß man das nicht könne. Und ich würde hier zu zeigen versuchen, wie man sich ihrer bedienen kann, um die Existenz Gottes zu beweisen …«[51] Aus dieser Gedankenfolge ist unter anderem abzuleiten, daß der Gottesbeweis entweder überflüssig ist oder der Mensch nicht nur gottähnlich, sondern gottgleich sein muß.

Was dem Erkenntnispessimisten Anlaß zur Urteilsenthaltung war, die im vierten Tropos des Sextus Empiricus zusammengefaßte unumgängliche Abhängigkeit des Urteilenden von den zu beurteilenden Verhältnissen oder Umständen (*perístasis*) bzw. Zuständen

---

percipior: hoc est, dum in meipsum mentis aciem converto, non modo intelligo me esse rem incompletam & ab alio dependentem, remque ad majora & majora sive meliora indefinite aspirantem; sed simul etiam intelligo illum, a quo pendeo, majora ista omnia non indefinite & potentiâ tantùm, sed reipsâ infinite in se habere, atque ita Deum esse.

49 Cf. R. Descartes, Meditationes 3.38 = Œuvres 7.52.4–6: … *omnes illas perfectiones, quas ego non comprehendere, sed quocunque modo attingere cogitatione possum,* … Der französische Text weicht deutlich vom lateinischen ab, cf. idem, Œuvres 9.1.41: … *toutes ces hautes perfections, dont nostre esprit peut bien auoir quelque idée sans pourtant les comprendre toutes,* …

50 R. Descartes, Meditationes 4.1 = Œuvres 7.53.9–12/9.1.42: *Cùmque attendo me dubitare, sive esse rem incompletam & dependentem, adeo clara & distincta idea entis independentis & completi, hoc est Dei, mihi occurrit;.*

51 R. Descartes, Correspondance CXIII, Œuvres 2.38.29–39.2: *Bien que les Pyrrhoniens n'ayent rien conclu de certain en suite de leurs doutes, ce n'est pas à dire qu'on ne le puisse. Et ie tascherois icy de faire voir comment on s'en peut seruir pour prouuer l'existence de Dieu,* … Cartesius spicht in Zusammenhang mit den Skeptikern vom Zweifeln um des Zweifelns Willen, um dauernd unentschlossen zu sein, cf. idem, Discours de la méthode, Œuvres 6.29.1–3: »… die Skeptiker, die nur zweifeln, um zu zweifeln und bewirken, immer unentschlossen zu sein …« (*… les Sceptiques, qui ne doutent que pour douter, & affectent d'estre tousiours irresolus …*) Cf. idem, Recherche de la Verité, Œuvres 10.519–520; idem, Secundæ responsiones 1, Œuvres 7.130.17–29/9.1.103.

(*diáthesis*),[52] d. h. die Bedingtheit des ein Urteil Fällenden, seine Konditionierung und Unvollkommenheit, das ist dem Wissensoptimisten Cartesius Anlaß zum überzeugten Urteil über Sein, Güte und Perfektion Gottes, und dadurch verbürgt, zum sicheren Urteil über die Gegenstände des ansonsten irrtumsgefährdeten Wissens im Bereich der Menschenwelt. Wer an solches glaubt, den kann freilich kein noch so rationales Gegenargument mehr eines Bessern belehren. Er wähnt sich jeder weiteren Rechtfertigung enthoben. Ihn kann der metaphysische Zweifelsgrund, der bedingungslose 'Skeptizismus' also, der die absolute Falschheit erdenke/erdichte (*fingat*), nicht mehr umstimmen. Und so ist es nur konsequent zu versichern, daß wir uns um diesen (erfundenen) Irrtum im absoluten Wortsinne (*absolute loquendo*) nicht zu kümmern bräuchten, da wir keinesfalls an ihn glaubten noch auch im geringsten einen Verdacht in dieser Hinsicht hegten.[53] Wahrlich ein Geniestreich des genius benignus, des guten Geistes, mit den letzten Fragen der Metaphysik, ihrer letzten Fraglichkeit fertig zu werden.

Nachdem wir durch unseren kleinen Überblick mit den wichtigsten Vertretern der Epoché als proto-phänomenologische Methode bekanntgemacht und damit einige verborgene Wurzeln ihrer heutigen Verwendung freigelegt haben, wollen wir nun die ausdrücklichen Stellungnahmen des Stifters der modernen Phänomenologie zur Leistung der Erkenntnisbegründung bei dem von ihm so genannten Stifter der modernen Philosophie, ja der Moderne, kurz in Blick nehmen. Indem Cartesius durch seine Identifikation des Zweifellosen mit einem denkenden Ding oder einer denkenden Substanz (*res/substantia cogitans*) »ein kleines Endchen der Welt gerettet«[54] habe,

---

[52] Cf. Sextos Empeirikos, Pyrrhoneion Hypotyposeon 1.112–113.

[53] Cf. R. Descartes, Secundæ responsiones 4 = Œuvres 7.144.26–145.9/9.1.113–114, Text zum Schlußsatz: *Quid curamus istam falsitatem absolutam, cùm illam nullo modo credamus, nec vel minimum suspicemur?* R. H. Popkin, The Sceptical Crisis and the Rise of Modern Philosophy II, p. 321: »Aber das löst nicht das Problem. Descartes begann seinen Siegeszug gegen den Pyrrhonismus, indem er darauf bestand, daß jegliches Zweifelhafte ausgeschieden werden müsse, und er endet, indem er darauf besteht, daß das, was wir als wahr gezwungen sind zu glauben, gewiß ist, obwohl es falsch sein könnte. Dieser Punkt wird noch deutlicher in seiner Antwort an Gassendi, als er sich mit dem auseinandersetzte, was er ›den Einwand der Einwände‹ nannte …« Daß sich der Georgskampf Descartes' gegen den Drachen des Pyrrhonismus insgesamt als vergeblich erwiesen hat, zeigt idem, The History of Scepticism from Erasmus to Spinoza, pp. 172–213, auf.

[54] E. Husserl, Cartesianische Meditationen, p. 25 § 10; cf. Husserliana 6.80–86.

die gefundene transzendentale Subjektivität aber »nicht ein Stück der Welt«[55] sei, könne seine Methode nach Husserl phänomenologisch nur in einer von ihren Irrtümern gereinigten Form als eine Art Paradigma unbedingten Rückfragens auf die Wissensgrundlagen genutzt werden. Er habe insoweit gefehlt und das Eingangstor, das in die echte Transzendentalphilosophie hineinleite, nicht überschritten (richtig ausgedrückt: durchschritten), als er sich von seinem Boden der Gewißheit aus in Schlüssen nach dem Kausalprinzip eine unfragliche Welt hinzuerschlossen,[56] d.h. seine »Cartesianische Epoché«, eine »Art radikaler skeptischer Epoché«[57], »das originale Cartesianische Motiv: durch die Hölle einer nicht mehr zu übersteigernden quasi-skeptischen Epoché hindurch zum Eingangstor in den Himmel einer absolut rationalen Philosophie vorzudringen und diese selbst systematisch aufzubauen«[58], nicht aufrechterhalten habe: »Aber die phänomenologische ἐποχή, die der Gang der gereinigten Cartesianischen Meditationen von den Philosophierenden fordert, inhibiert die Seinsgeltung der objektiven Welt und schaltet sie damit ganz und gar aus dem Urteilsfelde aus, und somit auch die Seinsgeltung, wie aller objektiv apperzipierten Tatsachen, so auch derjenigen der inneren Erfahrung. Für mich, das meditierende Ich, das, in der ἐποχή stehend und verbleibend, sich ausschließlich als Geltungsgrund aller objektiven Geltungen und Gründe setzt, gibt es also kein psychologisches Ich, keine psychischen Phänomene im Sinne der Psychologie, …«[59]

3.1.3 Typik des Ich und Vertiefungsstufen der Reduktion

Zunächst scheint als »›phänomenologisches Residuum‹«[60] also ein Zweifaches übrigzubleiben, das transzendentale Ego, d.h. die Subjektivität mit ihrem cogito, »das offen endlose reine Bewußtseinsleben und auf seiten seines noematischen Korrelats die vermeinte Welt rein als solche«[61], »Natur in Anführungszeichen, über-

---

[55] E. Husserl, Cartesianische Meditationen, p. 26 § 11.
[56] Cf. E. Husserl, Cartesianische Meditationen, pp. 25–26 § 10.
[57] Husserliana 6.77.21.
[58] Husserliana 6.78.28–32.
[59] E. Husserl, Cartesianische Meditationen, p. 27 § 11.
[60] Husserliana 3/1.68.18–19; cf. 3/1.63.20–35; 3/1.103–106.
[61] E. Husserl, Cartesianische Meditationen, p. 39 § 15.

haupt vorgestellte, gedachte, gewertete etc. ›als solche‹«[62], »Welt, die nun für mich in einem ganz eigenartigen Sinne zum Phänomen geworden ist.«[63] Anders ausgedrückt: »Die Ausschaltung hat zugleich den Charakter einer umwertenden Vorzeichenänderung, und mit dieser ordnet sich das Umgewertete wieder der phänomenologischen Sphäre ein. Bildlich gesprochen: Das Eingeklammerte ist nicht von der phänomenologischen Tafel weggewischt, sondern eben nur eingeklammert und dadurch mit einem Index versehen. Mit diesem aber ist es im Hauptthema der Forschung.«[64]

Es wird durch »verschiedene Schritte der ›Ausschaltung‹, ›Einklammerung‹«, der »Methode … einer schrittweisen Reduktion«[65] untergliedert, wodurch sich nicht nur, wie oben zunächst suggeriert wurde, zwei, sondern augenscheinlich drei Themen- oder Deskriptionsbereiche der Phänomenologie abzeichnen, der Bereich des Aktvollziehers, des Aktvollzuges und das Aktresultats. »Die allgemeinste Typik, in der als Form alles Besondere beschlossen ist, wird bezeichnet durch unser allgemeines Schema *ego–cogito–cogitatum*. Auf sie beziehen sich die allgemeinsten Beschreibungen, die wir über Intentionalität, über die ihr zugehörige Synthesis usw. versucht haben.«[66]

[62] Husserliana 25.167.16–17.

[63] Husserliana 6.155.22–23; cf. 6.79.24–35.

[64] Husserliana 3/1.159.18–25.

[65] Husserliana 3/1.69.3–4.

[66] E. Husserl, Cartesianische Meditationen, p. 52 § 21; cf. Husserliana 6.174.33–34, 79.15–16; 4.107.12–14. Im strikten Festhalten an der Intentionalstruktur auf allen Ebenen, cf. idem, Ms. A V 5, p. ⟨4a⟩ = 1: »Ego – cogito – cogitatum (Bewusstsein – Bewusstes)«, in der Philosophiesprache des Hinduismus *tri-vidha,* das Dreifache (cf. Bhagavad-Gītā 18.18) oder *tri-puṭī* (Dreifachheit), in der des Buddhismus u. a. *trika-sannipāta* (cf. Sthiramati, Triṃśikā-Vijñaptimātratāsiddhi-Bhāṣya 3) genannt, dürfte der Unterschied Husserls zur indischen Vorstellung vom reinen Bewußtsein (*cit/vijñāna/vijñapti-mātra*) und seiner Freilegung liegen. Wohlverstanden ist das ›Ego ohne Bewusstsein und Bewusstes‹ auch für die indischen Denker ›nichts‹. Nach Śaṅkara, Taittirīya-Upaniṣad-Bhāṣya 2.1, ⟨Samata ed.⟩ 8.671, wird der Intellect (*buddhiḥ*) kryptisch (*guhā*) genannt, denn »in ihm latent/verborgen (*nigūḍhā asyāṃ*) ist die Kategorie, genannt Erkenntnis/cogitatio–Erkennbares/cogitatum–Erkennender [cogitans/ego]« (*jñāna-jñeya-jñātṛ-padārtha iti*). Auf dem Niveau der zweiten Hypostase, der des Geistes/Intellects, koinzidieren die drei Phasen der Erkenntnis auch bei Plotinos, Enneaden 5.3.5.43–44 § 42, in eins und bilden eine unterschiedene, doch ungeschiedene Dreieinigkeit: »Eins wird also allesamt sein: Erkenner/Geist, Erkennen, Erkanntes.« (*‘èn ⟨ára⟩ áma pánta éstai, noũs, nóēsis, tò noētón.*) Iteriert bei N. Cusanus, De filiatione Dei 3, PTS 2.626. Und in Śaṅkara's Hauptwerk, cf. idem, Brahmasūtra-Bhāṣya 1.1.4, ⟨Samata ed.⟩ 7.23, lesen wir, daß die heilige Schrift »die Differenz von Wißbarem/cogitatum–Wissendem [cogitans/ego]–Wissen/cogitatio usw.,

Schaut man noch ein wenig genauer hin, so wird deutlich, daß der dritte Konstituent analytisch weiter unterteilbar ist. Das Vorgestellte (cogitatum) im weitesten Sinne kann, dem blanken Subjektpol quasi näher stehend, subjektiv-personhaft Vermeintes sein, das als meinem »empirischen« oder »realen Ich« zugehörig in Geltung ist, als auch, dem blanken Ich quasi ferner, objektiv-real, räumlich-zeitlich Vermeintes (»Realität«, »Welt«, »Umwelt«, »Natur«, »Wirklichkeit«, »Sein«, »Dinge«, »Tiere«, »Nebenmenschen«), dem ich, der so und so genannte, so und so beschaffene Mensch als Bestandstück zuzurechnen bin.[67] Demnach haben wir in die Synopse, die Husserl diesbezüglich gibt, unsere Symbole zur Kenntlichmachung der Formelemente folgendermaßen einzufügen:

»Das transzendentale Ich ist rein in sich [ε_1]; es vollzieht aber in sich eine Selbstobjektivation [ε_2], gibt sich selbst die Sinnesgestalt ›menschliche Seele‹ [ε_3] und ›objektive Realität‹ [ε_4].«[68] Diese Stufung der Konstitution von Bewußtsein läßt sich jedoch nicht nur aus dem Standpunkt des »Ich«, sondern auch aus der Blickrichtung des »cogito« formulieren. »ego [ε_1] cogito [ε_2] – cogitata [ε_4] qua cogitata [ε_3]. Das befaßt alle cogitationes, die einzelnen [ε_3] und ihre strömende Synthesis zur universalen Einheit einer cogitatio [ε_2], in denen als cogitatum die Welt und das ihr jeweils von mir Zugedachte [ε_4] für mich Seinsgeltung hatte und hat«[69]. Schließlich kann

---

die aufgrund von Unwissen vorgestellt wird, beseitigt« (*avidyā-kalpitaṃ vedya-veditṛ–vedanā–ādi-bhedam-apanayati*). Cf. Aṣṭāvakra-Gītā 2.15; Sureśvara, Naiṣkarmya-siddhi 3.46; 3.52; 3.57. Patañjali, Yoga-Sūtra 1.41; Vasubandhu, Trisvabhāva-Kārikā 9. Asaṅga, Mahāyānasūtrālaṃkāra 14.28: »Das Be-/Ergreifen, das abgesondert ist von der Zwiefalt: wegen der Absonderung vom Be-/Ergreifen des Zu-Begreifenden/Zu-Ergreifenden und vom Be-/Ergreifen des Be-/Ergreifenden.« (*dvaya-grāha-visaṃyuktaṃ grāhya-grāha-grāhaka-grāha-visaṃyogāt*).

[67] Cf. Husserliana 4.108.34–111.15; 5.113–115.

[68] Husserliana 8.77.4–6; cf. 8.78.1–18; 8.436.27–437.6.

[69] Husserliana 6.79.16–20; cf. 6.174.33–175.3; E. Husserl, Cartesianische Meditationen, pp. 33–41 §§ 14–16. Zur Konstitutionsweise cf. Husserliana 4.99.24–31: »Hierbei ist das reine Ich einerseits zwar als das in ihnen [den Akten/Funktionen] funktionierende, sich durch sie hindurch auf Objekte beziehende von den Akten selbst zu unterscheiden; andererseits doch nur abstraktiv zu unterscheiden. Abstraktiv, sofern es als etwas von diesen Erlebnissen, als etwas von seinem ›Leben‹ Getrenntes nicht gedacht werden kann – ebenso wie umgekehrt diese Erlebnisse nicht denkbar sind, es sei denn als Medium des Ichlebens.« Zur Stufung beachte man die Bemerkung in Husserliana 4.102.29–103.3: die »Einheit der ›immanenten Zeit‹« als »›Bewußtsein‹ eines anderen Sinnes« ist das »Tiefste, die immanente Zeit und alle ihre eingeordneten Erlebniseinheiten, darunter alles cogito konstituierende Bewußtsein, …«

die Deskription unter dem Aspekt des Phänomens und seiner Konstitutionsmomente erfolgen. »In transzendentaler Epoché umfasse ich in einem Schlage mein und der Welt Sein in allen seinen wie immer zu wiederholenden Apperzeptionen und Geltungen, und das Universum dieser natürlichen Geltungen in eins klammere ich ein. Ich [ε_1] habe nun statt der Welt das ›Weltphänomen‹ [ε_4] und statt des Menschen und des psychischen Ich dessen Phänomen [ε_3]. Und nun habe ich dieses Phänomen als transzendentales Ich, und zwar als strömendes Phänomen, und für mich als phänomenologisches, d. i. phänomenologisierendes Ich ist das mein Urphänomen [ε_2], mein Urfeld der Erfahrung – es soll der Boden sein für meine urteilende Erkenntnis, für meine Phänomenologie.«[70]

---

[70] E. Husserl, Ms. C 2 I, p. ⟨13a⟩. Es bedürfte einer extensiven und intensiven Textanalyse, um eine Entscheidung darüber treffen zu können, ob und wie die von E. Fink, Studien zur Phänomenologie 1930–1939, pp. 121–123, diskutierten »drei zur Vollzugsstruktur der phänomenologischen Reduktion gehörigen Iche« in das hier rekonstruierte Schema der sich selbst auslegenden Subjektivität passen. M. Farber, The Foundation of Phenomenology, p. 554, gibt sie jeweils als »*Grad* der Reflexion« aus. Der auf Harmonie bedachte Interpret müßte seine Typik in folgender Stufung anordnen (Zitate jeweils E. Fink, Studien zur Phänomenologie 1930–1939, p. 122): [ε_4] + [ε_3] $\approx$ »1. das weltbefangene Ich (Ich, der Mensch, als Geltungseinheit, samt meinem innerweltlichen Erfahrungsleben)«; [ε_2] $\approx$ »3. der Epoché-vollziehende ›Zuschauer‹.« [ε_1] $\approx$ »2. das transzendentale, Welt in strömender Universalapperzeption vorgegeben und in Geltung habende Ich«. Freilich müßte dann für dieses innerste Moment der Ichdynamik, »für das die Welt gilt« und das »keineswegs mit seinem Weltglauben aussetzt, vielmehr ihn gerade in einer gesteigerten Intensität vollzieht, und dadurch das weltbefangene Ich, die Selbstapperzeption ›Mensch‹, in Geltung läßt«, die genannte Intensität deontisch-ontologischen Charakter besitzen, etwa im Stile der Konversionslehre der Transzendentalien/Transzendentien oder des vedāntischen *sat-cit-ānanda* (Sein-Bewußtsein-Seligkeit). Die Definition in Husserliana 3/1.123.27–31, suggeriert geradezu eine solch trans-reale Bedeutung des »reinen Ich«: »Demgegenüber scheint aber das reine Ich ein prinzipiell Notwendiges zu sein, und als ein bei allem wirklichen und möglichen Wechsel der Erlebnisse absolut Identisches, kann es in keinem Sinn als reelles Stück oder Moment der Erlebnisse selbst gelten.« Cf. Husserliana 4.97–120. Was anderes sollte aber ein »prinzipiell Notwendiges«, »absolut Identisches« sein denn das Sein selbst, die Realität an sich, das Absolute in seiner Unbedingtheit? Indem er auf Husserls reines Ich als phänomenologischen Vergleichspunkt zur Kategorie des absoluten Bewußtseins (*cit*) im indischen Advaita weist, beantwortet D. Sinha, Metaphysic of Experience in Advaita Vedānta, p. 118, unsere Frage von einer Tradition aus, die Erfahrung in der Suche nach dem Selbst besitzt wie keine andere sonst: »Bewußtsein ist nicht länger nur das ›phänomenologische Residuum‹ wie bei Husserl, die limitierende Voraussetzung allen Seinssinns; es ist im Gegenteil gerade das Sein, das allen Sinn durchdringt und ihm Sinn verleiht.« Cf. idem, The Idealist Standpoint, pp. 132–134. Und auch daß Husserl mit diesem Gedankengang so seine Schwierigkeiten hatte, vergißt der genannte Autor nicht zu erwähnen, cf. D. Sinha, Understanding in Human Context,

Jedem der vier (oder drei) Konstituenten könnte man nun wiederum gewisse Leistungen der Reduktion zuordnen: dem Objektpol die an der Lebenswelt ansetzende;[71] dem empirischen Subjekt die phänomenologisch-psychologische,[72] eidetische Variationen bzw. Reduktionen und die »thematische Ausschaltung« der 'abstraktiven ἐποχή' in bezug auf Fragestellungen der Intersubjektivität.[73] So in etwa hat das Husserl auch in der Krisis-Schrift angedeutet.[74] Der phänomenologische Aufbruch darüber hinaus aber ist problematisch und man darf ihn nicht mit dem im Encyclopædia-Britannica-Artikel beschriebenen verwechseln.[75] Während die beiden ersten Stufen von Welt- und Ichbewußtsein mit ihrem zeitlichen Nacheinander schon am Rande des Bereichs konventionell vollziehbarer Beschreibung zu liegen scheinen, geht es auf der höheren Ebene dieses strömenden Bewußtseinslebens oder »Heraklitischen Flusses«[76], des unendlichen Erlebnis- und Bewußtseinsstroms (Husserls Terminologie) hingegen um einen *actus purus*, ein Ausströmen im Drinnenbleiben des »Ur-Ego«[77], »Ur-Ich« und »Urpols« als einzig Fungierendem, Leistendem und Konstituierendem,[78] das mit den Mitteln gegenstandsbezogener Terminologie und Erklärung kaum mehr adäquat faßbar ist.[79]

---

pp. 160–161: »Aber was die Husserlsche Phänomenologie äußerst verblüfft, ist die rätselhafte Koinzidenz der zwei scheinbar unvereinbaren Aspekte der Subjektivität im Menschen – was von Husserl ›die Paradoxie der menschlichen Subjektivität‹ [Husserliana 6.182–190] genannt wird. Die Frage, die Husserl konfrontiert, ... ist, ob das, was als das transzendentale Ego aufgefaßt wird, das als die ideale Voraussetzung für die phänomenologische Konstitution der Welt fungiert, geradewegs als *menschliches Wesen*, i.e. reales psycho-physisches, in die Welt verstricktes Wesen, angesehen werden kann.«

[71] Cf. Husserliana 6.156–193.

[72] An diesen Ausführungsschritten hat Husserl ständig Korrekturen durchgeführt, cf. Husserliana 8.132–145, 444–450; 6.247–260.

[73] Cf. E. Husserl, Cartesianische Meditationen, pp. 95, 97 §44.

[74] Cf. Husserliana 6.175.3–176.4.

[75] Auch dort ist von einer potenzierten, einer Reduktion der Reduktion die Rede, cf. Husserliana 9.293.3–7: »Wir wollen hier so vorgehen, daß wir die ›transzendentale Reduktion‹ einführen als aufgestuft auf die psychologische Reduktion, als eine weitere an dieser jederzeit zu vollziehende Reinigung und abermals mittels einer gewissen Epoché.«

[76] E. Husserl, Cartesianische Meditationen, p. 51 §20; Husserliana 6.181.14; E. Husserl, Ms. C 2 I, pp. ⟨2a, 2b⟩; Ms. C 7 I, p. ⟨17a⟩ = 20.

[77] E. Husserl, Ms. C 3 I, p. ⟨5a⟩.

[78] Cf. E. Husserl, Ms. C 2 I, p. ⟨3a⟩.

[79] Cf. E. Husserl, Ms. C 2 I, p. ⟨5a⟩: »Alle diese Ausdrücke, die die Worte Zeitigung, Zeit, Welt, damit auch Gegenstand, enthalten, sind, wo sie nicht mundan verwendet werden, von einem Sinne, der erst aus der in notwendiger Konsequenz geübten tran-

Um dies trotzdem zu vermögen, muß das »naiv gewonnene transzendentale Ich .. selbst wieder einer transzendentalen Reduktion unterworfen werden.«[80] Sie wird »die radikalste Reduktion«[81] genannt. Erst sie führt zur bis dahin im transzendentalen Ich verdeckt gebliebenen lebendigen Gegenwart, zur »Urstufe«, »Urwelt«, »Urzeit«, zum »Urboden«[82], »Urphänomen«[83], zu dem, was auch der »urphänomenale konkrete Gegenwartsstrom«[84], »transzendentales Urleben«[85] genannt wird. Dabei handelt es sich um »... das *nunc stans* eines einheitlichen Strömens ... Und in diesem Strömen ist ein stehendes und bleibendes Ur-Jetzt als starre Form für einen durchströmenden Gehalt konstituiert und als Urquellpunkt aller konstituierten Modifikationen.«[86] »Das ständige Ich ständig Urquelle, identisch nicht durch ein ›Identifizieren‹, sondern als ureinig Sein, seiend im urtümlichsten Vor-sein, das daraus entquellende und entquollene Fungieren ein ständiges Strömen, in der Ständigkeit wieder jetzt, der Strom der Selbstausquellungen des Urquellpunktes, des Ur-Selbst. Das Ich als Ur-ich, als Urquell in seiner Ständigkeit Ureins ist Bewusstseinsich, hat einheitliches Bewusstes als ständiges Gegegen-

---

szendental-reduktiven Methode sich herausstellt, also der natürlichen Sprache völlig fremd ist. Selbstverständlich beruht die Sinnesänderung bzw. -erweiterung auf wesensmäßigen Unterscheidungen und Gemeinsamkeiten.«

80 E. Husserl, Ms. C 2 I, p. ⟨8a^2⟩; bei K. Held, Lebendige Gegenwart, p. 66, zitiert mit der Seitenangabe S. 11.

81 E. Husserl, Ms. C 3 I, p. ⟨4a⟩: »Die Reduktion auf die lebendige Gegenwart ist die radikalste Reduktion auf diejenige Subjektivität, in der alles mir Gelten sich ursprünglich vollzieht, in der aller Seinssinn für mich Sinn ist und mir erlebnismäßig als geltend bewußter Sinn. Es ist die Reduktion auf die Sphäre der Urzeitigung, in der der erste und urquellenmäßige Sinn von Zeit auftritt – Zeit eben als lebendig strömende Gegenwart.« Der erste der beiden Sätze ist auch bei K. Held, Lebendige Gegenwart, p. 66, zitiert mit der Seitenangabe S. 3. Der für uns entscheidende Terminus wird dort allerdings, abweichend von dem mir vorliegenden Typoskript, mit: »die radikalisierte Reduktion« wiedergegeben. Zur ›radikalisierten Epoché‹ cf. K. Held, Lebendige Gegenwart, pp. 66–78: II. B. Die radikalisierte Reduktion. Im übrigen darf ich darauf aufmerksam machen, daß ich der Studie von Klaus Held nicht nur viel an Einsichten in die Grundstruktur der Phänomenologie verdanke, sondern durch sein ausgiebiges Zitieren aus den unveröffentlichten Manuskripten Husserls auf ungeahnte Aspekte von dessen Philosophie und wichtigste Passagen ihrer Spätphase aufmerksam wurde.

82 E. Husserl, Ms. C 2 I, pp. ⟨5a-b⟩.

83 E. Husserl, Ms. C 2 I, pp. ⟨2b, 7b, 10a, 13a⟩.

84 E. Husserl, Ms. C 2 I, p. ⟨10a⟩.

85 E. Husserl, Ms. C 2 I, p. ⟨8b⟩.

86 E. Husserl, Ms. C 2 I, p. ⟨11a⟩; cf. Ms. C 3 III, pp. 35–36; Ms. C 7 I, pp. ⟨14a⟩ = 14, ⟨15a⟩ = 16.

wartsströmen zeitliche Einheit konstituierend. Diese Einheiten für das Ich, und das Ich ist nichts ohne ›Bewusstsein und Bewusstes‹.«[87]

Nach dieser Analyse der phänomenologischen Epoché, ihrer transzendentalen Vertiefungen und den mit ihrer Hilfe erschlossenen Konstitutionsstufen dürfte es nicht mehr schwerfallen, sie als Analagon des mittel- und neuplatonischen Phasenmodells der drei Hypostasen des Einen (*'én*) zu dechiffrieren, wie es bei Plotinos in der nach dem Muster des aristotelischen *noũs poiētikós*, des schaffenden/tätigen Geistes (*intellectus agens*), dynamisierten viergliedrigen Struktur der Gattungen oder Urideen Platon's, welche wiederum auf die pythagoreische Tetraktys zurückgehen dürften, vorliegt, und ausgehend davon die gesamte Tradition des abendländischen Denkens durchzieht. Mehr. Aufgrund meines Nachweises der gleichen Strukturierung des Geistes im sogenannten Hinduismus (Vedānta; Bhagavad-Gītā etc.) und im Vijñānavāda-Buddhismus[88] könnten nun die

---

[87] E. Husserl, Ms. A V 5, p. ⟨6b⟩ = 5.

[88] In meinem Buch: H. P. Sturm, Weder Sein noch Nichtsein, finden sich analoge Schemata folgender Philosophen und philosophischer Richtungen (alphabetische Reihenfolge): Aristoteles (o. c., pp. 425–426); Nicolaus Cusanus (o. c., pp. 383[46], 397–401); Meister Eckhart (o. c., p. 174[79]); J. G. Fichte (o. c., pp. 157–166); Platon (o. c., pp. 173[77], 301, 379[29]–380, 423–424); Plotinos (o. c., pp. 174[79], 379–383); Pythagoreer (o. c., pp. 173[77], 423); Rūmī (o. c., p. 380[29]); Schelling (o. c., pp. 419–426); Vedānta (o. c., pp. 168–178, 380[29], 425[87]); Vijñānavāda (o. c., p. 174[79]); Wittgenstein (o. c., p. 167). Ein Vergleich zwischen der Vierfachstruktur bei Cusanus und in der Māṇḍūkya-Upaniṣad ist durchgeführt in H. P. Sturm, Tetralogos – Ein erster Versuch. Weitgehende Übereinstimmungen zwischen der Hypostasenstruktur in den ‹Enneaden› Plotins und der Viergliedrigkeit der »absoluten Grunddisjunktion« der ‹Wissenschaftslehre› Fichtes werden in meinem Essay: Absolute Grunddisjunktion und Hypostasen: das Vierphasen-Schema des Wissens bei J. G. Fichte und Plotin, nachgewiesen, das demnächst in den ‹Fichte-Studien› erscheinen wird. Cf. P. J. Chaudhury, Reflections on Science, Philosophy and Art, pp. 81–95: Vedanta as Transcendental Phenomenology, worin der Vedānta in vier Graden der Subjektivität dargestellt wird, die unserer Vierfachstruktur entsprechen. Der Versuch von I. Yamaguchi, Bewußtseinsfluß bei Husserl und in der Yogācāra-Schule, pp. 41–68, Husserls Zeitigungsweisen parallel zur *trisvabhāva*-Lehre der Vijñānavādin's, der buddhistischen ›Idealisten‹, zu interpretieren, müßte aus der Erkenntnis heraus neu formuliert werden, daß die »Lehre der dreifachen Wesenheiten« (o. c., p. 56) eine enge strukturelle Verwandtschaft zur Hypostasen-Doktrin Plotin's aufweist, cf. T. McEvilley, Plotinus and Vijñānavāda Buddhism, und daß, wie von mir eben gezeigt wurde, auch Husserls Typik des Ich vergleichbaren Formprinzipien folgt. Zusätzlich wäre als Korrelat zu den drei Wesensbereichen im Yogācāra die Lehre von den drei Modifikationen, Umwandlungen oder Transformationen (*pariṇāmaḥ sa ca tridhā*) des transzendenten, hyperbolischen ([*pari*]*niṣpanna*) Bewußtseins (*vijñāna*), cf. Vasubandhu, Triṃśikā-Vijñaptimātratāsiddhi 1–2, ins Spiel zu bringen. Nebenbei bemerkt weist I. Kern, Selbstbewußtsein

Übergänge der Phänomenologie zu östlichen Erkenntniswegen auf sichereren, da formal umrissenen Pfaden, gewagt werden.

---

und Ich bei Husserl, pp. 52–55, auf die Gleichheit der Husserlschen und der Position des Yogācāra hinsichtlich des Selbstbewußtseins eines intentionalen Erlebnisses.

3.2 Die Amphibolie der Phänomenologie

Dieses Wagnis sollte allerdings nicht eingegangen werden, ohne vorher noch einige Feinheiten der phänomenologischen Reduktion zur Kenntnis genommen zu haben. Schon bei der intrakulturellen Diskussion um Sinn und Umfang der Ausschaltung war es zu objektwissenschaftlichen Umdeutungen des transzendentalen Projekts Husserls gekommen, in welchen er anscheinend an den Rand des Skeptizismus gerückt wurde.[1] Dies war um so leichter möglich, als sein Zentralterminus nicht nur der traditionellen Skeptik[2] entlehnt scheint; verschärfend tritt hinzu, daß die erste Phase dessen, was mit diesem beschrieben werden soll, in einer geradezu abstandslosen Nähe zu Descartes' Zweifelsmeditation expliziert wird. Aber auch schon dem guten Cartesius wurde ja zu seinen Lebzeiten der Vorwurf gemacht, den von ihm in der Ersten, Zweiten und Dritten Meditation gerufenen bösen Geist und Täuscher(gott) nicht mehr losgeworden und so selbst zu einem Skeptiker wider Willen, einem »sceptique malgré lui«[3] geworden zu sein. Um wieviel mehr muß man hinsicht-

---

[1] Cf. Husserliana 6.157.35–158.13; 6.82.18–22; 8.479–482. Auch die Anschuldigung der Mystik ließ nicht lange auf sich warten, cf. dazu E. Wolz-Gottwald, Transformation der Phänomenologie, pp. 135, 291–292, mit Verweis auf Husserliana 27.221–222. Einigen Sätzen der Gegenwehr und der darin aufscheinenden Herabwürdigung der Mystik werden wir im Laufe unserer Darstellung noch begegnen.

[2] Der Terminus wird in dieser Schreibweise von Husserl selbst verwendet, cf. Husserliana 27.229.13.

[3] R. H. Popkin, The History of Scepticism from Erasmus to Spinoza, p. 193 (Überschrift des Kapitels X). Cf. o. c., p. 193: »Descartes fand sich sofort nachdem er seinen triumphalen Sieg über den skeptischen Drachen präsentiert hatte, selbst als gefährlicher Pyrrhonist denunziert und als erfolgloser Dogmatiker, dessen Theorien nur Phantasien und Illusionen wären. Die orthodoxen, traditionellen Denker sahen Descartes als bösartigen Skeptiker, weil seine Methode des Zweifelns gerade die Basis des traditionellen Systems leugnete.« Cf. G. Gawlick, Die Funktion des Skeptizismus in der frühen Neuzeit, pp. 90–91. Auch D. Hume, Enquiries Concerning Human Understanding, p. 150, konstatiert, daß der cartesische Zweifel, wäre er jemals möglich, unheilbar wäre. Descartes muß das aber schon vorausgeahnt haben, und nicht ganz ohne Grund. Dazu vergleiche

lich der phänomenologischen Einklammerung erst auf Genauigkeit bedacht sein, wenn man sie, wie mit einiger Überzeugungskraft bereits geschehen, mit den differenzierten Konzepten einer Tradition in Verbindung bringt, welche die Innenschau über Jahrtausende hinweg zu einer Wissenschaft (*vidyā*) ausgestaltet hat, dem Yoga und seinen speziellen Anwendungs-, Neben- und Unterformen, die an Rigidität den Methoden moderner Wissenschaften an nichts nachstehen![4]

Haben wir uns in der bisherigen Betrachtung mehr den Intensivierungsstufen der Inhibierung und den Feldern zugewendet, welche sie der phänomenologischen Detailarbeit erschließt, so müssen wir nun noch einiges dazu bemerken, wie sich ihr Vollzug vorstellen läßt. Da die Epoché die conditio sine qua non, das »Eingangstor«[5], das »Eingangstor des nie betretenen Reiches der ›Mütter der Erkenntnis‹«[6], das Tor zur Phänomenologie also darstellt, dürfte sich durch Erhellung dessen, was die Phänomenologie sein will, ebenso erhellen, was die Epoché sein kann. Phänomeno-Logie will ein Zweifaches leisten: »Jedes intellektive Erlebnis und jedes Erlebnis überhaupt … zum Gegenstand eines reinen Schauens und Fassens«[7] machen. Schauen, reine Intuition will sie sein, und Begreifen im sprachlich-symbolischen Sinne. Somit ist sie eine Hybride. Auf der einen Seite blickt sie gerade in die Richtung, in die der

man die Entschuldigung gegenüber Pater Mersenne in einem Brief an diesen vom März 1637. Dieser hatte eingewendet, daß Descartes nicht ausführlich genug erklärt hätte, woher er wüßte, daß die Seele eine vom Körper unterschiedene Substanz sei, deren Natur nur im Denken bestünde, was den Gottesbeweis unverständlich machte. Die Antwort lautet, daß die Zweifel und Skrupel (*les doutes & scrupules*), die vorgebracht werden mußten, um den Geist von den Sinnen weg- und zur Sphäre der ausschließlich vom reinen Verstand (*de l'entendement pur*) abhängigen Urteile (*iugemens*) hinzuführen, von den schwachen Geistern (*esprits foibles*) begierig aufgenommen, die Gründe zu ihrer Beseitigung aber nicht in gleicher Weise verstanden worden und sie von ihm somit in eine schlimme Enge getrieben worden wären (*que ie les eusse engagez dans vn mauuais pas*), aus der er sie hätte nicht wieder herausziehen können, cf. R. Descartes, Correspondance LXX, Œuvres 1.349.29–350.19.

[4] Cf. I. K. Taimni ⟨ed./tr.⟩, Patañjali: Yoga-Sūtra, The Science of Yoga, p. VII: »*Yoga* … behauptet sich aus eigenem Recht als eine Wissenschaft, die auf den ewigen Gesetzen des höheren Lebens basiert, und benötigt nicht die Unterstützung irgendeiner Wissenschaft oder irgendeines philosophischen Systems, um ihre Behauptungen zu verfechten. Ihre Wahrheiten basieren auf den Erfahrungen und Experimenten einer ununterbrochenen Linie von Mystikern, Okkultisten, Heiligen und Weisen, die sie durch die Zeitalter hindurch erkannten und bezeugten.«

[5] Husserliana 6.78.30.

[6] Husserliana 6.156.28–29.

[7] Husserliana 2.31.11–14; cf. 25.33.22–23, 39.6–8.

Mystiker geht, und auf der anderen in die, welche die herkömmlichen »Weltwissenschaften« (um es in Husserlscher Begrifflichkeit auszusprechen) eingeschlagen haben. »Charakteristisch scheint mir der Ausdruck: ›Schauen und Fassen‹. Darin liegt, daß das Vorstelligmachen merkwürdig ambivalent ist: es ist ineins schauendes, gewahrendes Hinnehmen und zugreifendes Erfassen. Beide Momente der phänomenologischen Reflexion liegen schon in der Maxime ›Zu den Sachen selbst!‹ impliziert. Darin ist einerseits eine Haltung gleichsam demütiger und hingebungsvoller Hinnahme des sich der Erfahrung Darbietenden spürbar. Insofern aber das fungierende Ich die Instanz ist, vor der sich die Ursprünglichkeit der Erfahrung von den ›Sachen selbst‹ entscheidet, bleibt die husserlsche Phänomenologie der neuzeitlichen Erkenntnishaltung des ›Angriffs‹, der vergegenständlichenden Erfassung verhaftet.«[8]

Gegen die zupackenden Objektwissenschaften auf der einen Seite setzt sich Husserl ab, weil sie wegen der universalen kausalen Relativität alles Realen[9] und dessen unauflöslicher Bezogenheit auf das Subjekt[10] bzw. wegen der Einbettung in ihr vergessenes Sinnfundament, die stets vorgegebene Lebenswelt,[11] Objektivität nicht erklären und verständlich machen könnten: »Naturwissenschaftliches Wissen von der Natur gibt also von der Natur keine wirklich erklärende, keine letztliche Erkenntnis, weil sie überhaupt nicht Natur in dem absoluten Zusammenhang, in dem ihr wirkliches und eigentliches Sein seinen Seinssinn enthüllt, erforscht, also an dieses Sein thematisch nie herankommt.«[12] Bei radikaler Reflexion ende jede Theorie »in Widerspruch und Widersinn .. – Neigung zum offenen Skeptizismus«[13]. Diese Tendenz sei schon in den skeptisch-sophistischen Widerlegungen metaphysischer Lehren im Altertum,[14] mit höllischer Macht letztlich im Zweifel von Descartes, sichtbar geworden. »Die radikalste frühere Skepsis hatte gegen diese Welt nicht ihren Angriff gerichtet, sondern nur ihre Relativität geltend ge-

[8] K. Held, Lebendige Gegenwart, p. 13.

[9] Cf. Husserliana 6.29; 17.288.29–32.

[10] Cf. Husserliana 6.69–71.

[11] Cf. Husserliana 6.48–54.

[12] Husserliana 6.193.16–21.

[13] Husserliana 2.3.16–17.

[14] Zu den Nachweisen in bezug auf Sophistik und Skeptizismus im Werk Husserls ↗ Anfang des Kapitels 3.1.2.

macht, zwecks Negation der ἐπιστήμη [Wissenschaft] und der in ihr philosophisch substruierten Welt an-sich.«[15]

Auf der anderen Seite ist Husserl aber auch die quasi passive Phase der Phänomenologie, die reine Schau, nicht hinreichend, weil man in ihr verweilend (genau so, das wird noch gezeigt, wie innerhalb der Klammer einer unbegrenzt universellen sophistisch-skeptischen ἐποχή) keine Wissenschaft, keine ›Logia‹ betreiben könne, sondern das 'theoretische Interesse', das auf einer innerweltlichen Sinnannahme beruhe, einer Pragmatik des Willenslebens und der Verfolgung des Heils geopfert haben müßte, so wie dies seiner Meinung nach tatsächlich geschehen ist in der antiken Sophistik – und den »orientalischen ›Philosophien‹«[16] qua »universal-mythische Weltbetrachtung«[17], welche »von der Praxis möglicherweise angeregt … dann selbst eine praktisch interessierte«[18] wird und »wie von selbst die Form mystischer Spekulation«[19] annimmt.

Zwar gilt für das Erschauen der Phänomene: »Also möglichst

---

[15] Husserliana 6.69.25–28; cf. 2.24.31–25.13; 2.83–84, etc.

[16] Husserliana 6.329.38–39, man beachte die Anführungszeichen! Cf. 6.328.28–332.22; zur Sophistik: Husserliana 7.78.21–28; 27.86.22–32. Zur 'universalen praktischen' Einstellung der indischen 'Philosophie' cf. E. Husserl, Ms. B I 21 IV, pp. 29–32, 48–50. Dazu liegt ein englischsprachiges kommentierendes Exzerpt des unveröffentlichten Manuskripts B I 21 IV vor: D. Sinha, Theory and Practice in Indian Thought: Husserl's Observations, pp. 255–264, leicht verändert abgedruckt in idem, Understanding in Human Context, pp. 39–49. Man vergleiche zudem K. Schuhmann, Husserl and Indian Thought, pp. 31–38. Wenn die Sophisten die Naivität der Metaphysik ad absurdum führten und damit den Anstoß zur echten wissenschaftlichen Methode gaben, die Wirkung ihrer Kritik, da erkenntnisverhindernd gewendet, jedoch zum wissenschaftlichen Negativismus Anlaß gab (cf. Husserliana 7.311–312; 6.69, 78, 88, etc.), dann heißt das womöglich, daß auch buddhistische (i. e. indische) Philosophie 'sophistisch' interpretiert werden muß. Sie hat echten Erkenntnisanspruch, aber praktische Ziele, wie eben der Sophismus auch (cf. Husserliana 6.78; 27.86). Nur – für den Sophisten bleiben die Ziele anscheinend doch innerweltlich, während für den Inder in radikalerer Weise gilt, daß kein Sinn in der Welt letztgültig ist, woraus die totale Transzendentalisierung folge. Und auch hierin glichen sich beide Erkenntnisrichtungen, daß auf sie der gemeinsame Vorwurf von der Verunmöglichung aller Seinswissenschaft und Zersetzung des Gemeinschaftslebens gemünzt ist, allerdings in diametral entgegengesetzter Weise: hier Rhetorik und »jeden vernünftigen Lebenssinn bestreitende Sophistik« (Husserliana 7.11; cf. 7.8; 27.86), d. h. Machtpragmatismus und damit kein wahrhaft befriedigendes Leben (cf. Husserliana 27.86), dort Bestreitung der Sinnhaftigkeit der Praxis (es gibt nur Scheinwerte) und daraus resultierende Entsagung, auch des Vernünftigen, sprich, der Wissenschaft (cf. E. Husserl, Ms. B I 21 IV, pp. 35, 48–49, 85–86).

[17] Husserliana 6.330.23.

[18] Husserliana 6.330.23–25.

[19] Husserliana 6.330.31.

wenig Verstand, aber möglichst reine Intuition; (*intuitio sine comprehensione*); wir werden in der Tat an die Reden der Mystiker erinnert, wenn sie das intellektuelle Schauen, das kein Verstandeswissen sei, beschreiben.«[20] Doch halt! Das in dieser Vision erschaute Innerste, das 'absolut Gegebene', das 'reine Ich als Ichpol' »ist .. ganz und gar nichts Geheimnisvolles oder gar Mystisches.«[21] Nicht auch ist »das eigene Wesen des Geistes … ein mystisch ›metaphysisches‹ Wesen«[22]. Ebensowenig 'metaphysisch und mystisch' ist der »Sinn der beständigen Korrelation von Erscheinungswelt und Welt an sich, erscheinenden Dingen und Dingen selbst und an sich.«[23] Auch die »Wesensschauung birgt nicht mehr Schwierigkeiten oder ›mystische‹ Geheimnisse als Wahrnehmung.«[24] Und ähnlich verhält es sich mit der Evidenz. Sie stehe qua »Einsehen« mit dem gewöhnlichen Sehen in Wesensbeziehungen und sei fernzuhalten von der Annahme eines Evidenzgefühls, »das als ein mystischer Index veri dem Urteil eine Gefühlsfärbung verleihe«[25], ein Bewußtseinsindex, der »uns wie eine mystische Stimme aus einer besseren Welt zuruft: Hier ist die Wahrheit!«[26]

---

[20] Husserliana 2.62.31–34.

[21] Husserliana 4.97.27–28.

[22] Husserliana 6.217.8–9.

[23] Cf. Husserliana 8.52.6–10.

[24] Husserliana 25.32.26–28; cf. o. c. 3/1.16.8–10.

[25] Husserliana 3/1.46.15–17.

[26] Husserliana 3/1.334.7–8. Es darf nicht verwundern, daß Husserl im darauffolgenden Satz der Mystik den Skeptizismus gegenüberstellt, was immer er unter beiden auch verstehen mag: »Wir brauchen uns mit Skeptizismen nicht mehr auseinanderzusetzen …« (Husserliana 3/1.334.10–11). In dieses Bedeutungsfeld gehört auch eine Äußerung zum Mystischen in: Husserl, Ms. B I 14 XIII, pp. 15–16: »Es ist nicht gesagt, daß wir aus unserer ›Haut‹ nicht harauskommen, es ist nicht gesagt, daß unsere Erkenntnis notwendig beschränkt ist, daß wir über die ›Grenzen‹ unserer Erkenntnis nicht hinaus kommen können oder wie immer das verstanden werden mag, über die Grenzen unseres Bewußtseinslebens. Denn sowie wir das sagen, haben wir als selbstverständlich die Möglichkeit vorausgesetzt, daß es ein Jenseits der Bewußtseinssubjektivität, der voll, konkret, universal genommenen, die ich selbst apodiktisch bin, aber eben rein als Bewußtseinssubjektivität bin – für alles, was für mich ist, sinnvoll ist – mindest denkbar, mindest möglich ist, als ein Seinsreich, das uns unzugänglich bleibt oder als ein ›Nichts‹, das nicht gebunden ist an unsere Seinsbewährungen und Seinsausweisungen, das irgend im Gefühl oder wie immer mystisch in unserer Bewußtseinssphäre anklopft, auf das die Sprache unseres Bewußtseins nicht paßt usw. Unsere prätendierte apodiktische Evidenz sagt, das ist einfach Unsinn, Widersinn.« Wir sind übrigens nicht der Meinung von R. A. Mall, The God of Phenomenology in Comparative Contrast to that of Philosophy and Theology, p. 11, daß bei Husserl in dieser durch Mall von »Mindest denkbar« bis

Nicht der mit Hilfe des methodischen Instrumentariums der Epoché operierende transzendentale Idealismus, sondern die Philosophie in unserer Gegenwart ganz allgemein drohe »der Skepsis, dem Irrationalismus, dem Mystizismus zu erliegen«[27], während demgegenüber die sich mit den höchstgelegenen aller Fragen beschäftigende »Metaphysik (im Grunde nichts anderes als die Wissenschaft, die über Welt und Menschen letzte Aufklärung schafft, ...) als Feld vager Spekulation oder als Reich einer schwärmerischen Mystik gilt.«[28] »Die noch so vollkommen gestaltete Evidenz der positiven Wissenschaften ist umgeben von transzendentalen und metaphysischen Nebeln, in denen Skepsis und Mystik ihr Spiel treiben können.«[29] Aus unserer zu Demonstrationszwecken zugegebenermaßen

»nicht paßt.« zitierten Sentenz »ein ziemlich zweideutiger Hinweis« auf »ein mystisches, nicht-intentionales Gefühl in unserem Bewußtsein« vorfindlich wäre, und daß »die Gottesvorstellung als ein tranzendentes Sein, das an der Tür des menschlichen Bewußtseins anklopft, das ist, was durch den gläubigen und sogar mystischen Christen Husserl beigesteuert wurde.« Der Kontext weist ziemlich unzweideutig aus, daß Husserl diese Vorstellung nur einführt, um durch ihre Widerlegung sein Argument stark zu machen und sie als Un- und Widersinn abzutun, was ein allgemein beliebtes Argumentationsverfahren sowohl westlicher wie östlicher Philosophen darstellt. Im folgenden stellt Mall ja selbst ganz richtig die problematische (Gegen-)Position des Phänomenologen Husserl heraus.

27 Husserliana 6.1.11–12; cf. o. c. 27.237.38–238.6: »Ein völlig neuer Modus des Philosophierens ist notwendig, welcher in einem unerhörten Radikalismus und Universalismus der skeptischen Epoché und Besinnung sich jenes allgemeinen Bodens naiver Selbstverständlichkeiten bemächtigt, seine nie befragten Fraglichkeiten aufdeckt und von ihm aus allererst zurückfragt nach dem in apodiktischer Einsicht unbedingt Letzten, das allen sinnvollen Fragen Sinn gibt. Mit anderen Worten, es gilt, die urtümliche Quelle alles Selbst- und Weltverständnisses freizulegen und in systematisch notwendigem Fortgang die urquellenmäßig echte Philosophie und Wissenschaft auf die Bahn zu bringen. Nur so kann ernstlich eine *philosophia perennis* werden und jener aus verzweifelnder Skepsis erwachsene ›Irrationalismus‹ wieder verschwinden, der uns des heroischen Kampfes um eine sinnvolle Gestaltung unseres Daseins und um eine Vergeistigung unserer Umwelt dadurch enthebt, daß er die zum Wesenssinn des Rationalismus als universaler Philosophie ständig gehörige Relativität von Verständlichkeit und Unverständlichkeit in eine Mystik und Sensation verwandelt.« Ähnlicher Wortlaut in o. c. 27.238.35–239.2. Zwei weitere Stellen, an denen Husserl die Mystik perhorresziert, um seine Form der Wissenschaftlichkeit zu verteidigen, nennt L. Eley, Die Krise des Apriori in der transzendentalen Phänomenologie Edmund Husserls, p. 107: Ms. K III 2, p. 55a; Brief an K. Löwith vom 22. 2. 1937, jetzt in Husserl, Briefwechsel 4.397.25–33.

28 E. Husserl, Briefwechsel 9.83.26–29.

29 Husserliana 8.38.20–23. Auf eine Anzahl der aufgeführten Passus zur »Mystik« im Werk Husserls wird auch hingewiesen bei E. Wolz-Gottwald, Die Transzendentale Phänomenologie und die philosophische Mystik. Zum Durchbruch eines neuen Denkens im Spätwerk Edmund Husserls, p. 99; mit leicht veränderter Formulierung später auch in

forcierten Zusammenstellung von Belegstellen geht hervor, daß das Mittelwesen Phänomenologie sein Reich sowohl mit einigem Bemächtigungswillen als auch mit spürbar abgrenzender Vorsicht zwischen zwei Extremen zu konstituieren sucht, sich gleichermaßen auf sie zu- als auch von ihnen wegbewegend.

Als die äußersten Gefahren, aber auch die besten Gefährten auf diesem Weg, scheint Husserl Skeptizismus und Mystik ausgemacht zu haben. Dabei sind natürlich, je nach Blickrichtung, verschiedene Auffassungen von diesen beiden zu unterstellen. Dem Mystizismus, so er ihn als methodisches Analogon des reinen Ideierens für sich reklamiert, er sei Ideenschau[30], so er ihn als weltanschauliches Ex-

---

idem, Transformation der Phänomenologie. Zur Mystik bei Husserl und Heidegger, pp. 134–135. Cf. l.c. (mit längerer Auslassung): ».. Belege für einen positiven Gebrauch[s] von Mystik sind jedoch keinesfalls die Regel. Husserl verwendet *Mystik* oder *mystisch* meist noch im allgemeinen oder vulgären Sinne. Der Terminus dient ihm dann dazu, das zu erklären, was er genau nicht intendiert. ... ... Es wird deutlich, daß bei Husserl kein eindeutiger, aber fast durchweg negativ besetzter Begriff von Mystik aufzuweisen ist. Mystik wird einerseits mit Gefühl oder Irrationalismus in Verbindung gebracht, andererseits als etwas von außen, gleichsam aus dem Jenseits dem Menschen Zukommendes, über das er keine Macht habe. In diesem Zusammenhang steht Mystik sogar parallel zur Metaphysik. Husserl gebraucht den Begriff Mystik genauso wie die Gegner seiner Philosophie, die sein Denken als *Mystik* und *Phantastik* aburteilen. Gegen einen solchen Vorwurf sich wehrend, war Husserl darum bemüht, eine wissenschaftliche Philosophie zu entwerfen, die gerade ›frei‹ von jeder irrationalen Mystik sein sollte. Diesem so meist in undifferenziertem und vulgären Sinn gebrauchten Begriff von Mystik läuft dann jedoch eine wenig intensiv betriebene, aber durchaus nicht irrelevante Beschäftigung mit den mystischen Traditionen selbst entgegen.« Eine Darstellung des m. E. überbetonten und überschätzten Zusammenhangs zwischen der Mystik und der Phänomenologie Husserls findet sich in o. c., pp. 75–161, 291–292, 353[194]; verstreute Bemerkungen auch in der Zusammenfassung, o. c., pp. 357–377. Die Bemerkungen zur östlichen Mystik im Kontext der Husserlschen Philosophie o. c., pp. 136–138, sind leider sehr knapp ausgefallen, obwohl Wolz-Gottwald ein Kenner der indischen Tradition ist.

[30] Wie Husserl die Platonische Ideenschau auf seine Methode hin umdeutet – »zu einer theoretischen Erkenntnis und Wissenschaft in neuem Sinne, einer wissenschaftlichen Erkenntnis mittelst Ideen, einer logischen Wissenschaft« (E. Husserl, Ms. B I 21 IV, p. 49) –, ist zusätzlich zu zitierter Stelle nachzuvollziehen in: Husserliana 7.11–13, 68–69, 198.25–32, 320–325, 327–328; 27.79–89. Während Husserl über Plotinos nur ohne Bezug auf die Phänomenologie berichtet (cf. Husserliana 7.328–329), meint er zur »*ratio sine dissensu, visio mentalis, intuitio* [Vernunft ohne Widerspruch/Meinungsverschiedenheit, geistige Schau, Intuition]« des Nicolaus Cusanus: »Das scheint nichts anderes als Wesensschau zu sein.« (Husserliana 7.330.15–16) Über Husserls Notiz zum Cusaner folgende Bemerkung bei E. Wolz-Gottwald, Die Transzendentale Phänomenologie und die philosophische Mystik, p. 100 ≈ idem, Transformation der Phänomenologie, p. 136: »Es fällt .. auf, daß Husserl hier, bei einem ganz offenbar der Tradition der christlichen Mystik zugehörigen Philosophen, durchaus sein eigenes Denken wieder-

trem im eskapistischen wie immanenten Sinne fürchtet, er sei Irrationalismus und triebe sich in den Nebeln vergeblicher menschlicher Erkenntnisbemühungen herum. Wo Husserl den Skeptizismus in den Dienst seiner Methode nimmt, schätzt er diesen durchaus als Krisis, Purgatorium und Korrektiv der Wissenschaften, wo er vor ihm als radikal verwirklichter Weltanschauung oder Weltverlust erschrickt, diffamiert er ihn als nihilistische Zweifellehre, Negativismus und Widersinn.[31] Wie aus dem Sprachgebrauch Husserls erhellt, ahnte er sehr wohl, daß seine Methode ein Manövrieren zwischen der Skylla des Mystizismus und der Charybdis des Skeptizismus darstellte. Ironisch an dieser Umklammerung ist, daß auf beiden Seiten seiner Doppelstrategie beide dieser Lehren in irgendeiner Form zu lauern scheinen. Uneingeschränkte Skepsis und Mystik im Intuieren, so daß am Ende nur noch ein Starren ins Leere übrigbliebe; mundan orientierter Skeptizismus und Mystizismus im Räsonieren, wodurch sich dieses in Unsinn und Sinnleere verkehrte.

3.2.1 Fassen – nicht zu fassen

Sollte es jemandem einfallen, dieses Resultat in negativer Hinsicht zu pressen, so müßte er Husserl vorwerfen, daß er durch die Begrenzung seines Blickfeldes genau das, was er als das Einzigartige, bislang noch nicht Dagewesene seiner Philosophie anpreist, eine absolut ra-

---

zuerkennen vermochte.« Derselbe Autor weist l.c. noch darauf hin, daß »die Entwicklung der phänomenologischen Reduktion .. mit der Lektüre der *Confessiones* des Augustinus« einhergeht; cf. o.c., p. 123; idem, Die Transzendentale Phänomenologie und die philosophische Mystik, p. 99.

[31] Man vergleiche z.B. Husserliana 2.21, 33, 36, 61, etc. und die Darstellung zu Beginn dieses Kapitels. Zur sogenannten Skepsis bei Husserl cf. A. Aguirre, Genetische Phänomenologie und Reduktion. Zur Letztbegründung der Wissenschaft aus der radikalen Skepsis im Denken E. Husserls, pp. 67–116, 187–191. J. Grenier, L'exigence d'intelligibilité du Sceptique grec, p. 365: »Die Phänomenologie verwirklichte, was vorhergehende Theorien nicht zu tun wußten: eine Wiedererwägung des Hauptpunktes des griechischen Skeptizismus, der Urteilsenthaltung, die überhaupt nicht reine und einfache ›Negativität‹ ist – und die nicht mehr, wie sie es während dreier Jahrhunderte, seit Montaigne und bis nach Bayle war, eine Waffe für die Vernunft gegen den Glauben oder für den Glauben gegen die Vernunft, ist.« Ansätze einer Kritik an Husserl aus dem Blickwinkel des Pyrrhonismus finden sich bei E. de Olaso, Objections inédites de Leibniz au principe sceptique de l'équipollence, p. 52; A. Naess, Scepticism, p. 151. Zu Husserls Verständnis der oder Unverständnis gegenüber der Skepsis werde ich einmal in einem gesonderten Essay Stellung nehmen.

tionale, gegründete, systematische, apodiktische, »völlig neuartige Grundwissenschaft«[32] zu sein, wegen seiner methodischen Einschränkungen gar nicht einlösen kann. Er scheint sich nämlich der absoluten, wirklich absoluten Wissensforderung, die einerseits viele Mystiker positiv einlösen zu können behaupten, und deren totales Scheitern und Freiwerden des Menschen aus ihrem Zugriff oder Freiwerden von allem aus dem Erkenntnisangriff der Menschen andererseits die Skeptiker demonstrieren, nicht unvoreingenommen zu stellen. Daß Husserl wenigstens ein Hintergrundbewußtsein von dieser zweifachen Beschränkung gehabt haben muß, läßt sich aufzeigen an seinen bisher unveröffentlichten Bemerkungen zum indischen, und hier wiederum besonders zum buddhistischen Wissensideal, in welchem sich diese beiden Aspekte offensichtlich gegenseitig durchdringen. Dazu später mehr.

Freilich, wenn es nur ums Intuieren ginge, dann wäre die Phänomenologie eine wahrlich apodiktische Wissenschaft – nur wäre sie dann keine (im westlichen und husserlschen Sinne)! Allenfalls könnte man ihr unter dieser Bedingung die Funktion einer *téchnē*, entfernt vergleichbar dem *sādhana* (Vervollkommnung) verschiedener indischer Heilswege zuerkennen, und dieserart fiele sie unter das Husserlsche Verdammungsurteil, praktisch orientiert zu sein und somit weit hinter der Würde abendländischer Rationalität zurückzubleiben. Phänomene erfassend zu beschreiben heißt aber, sie gedanklich zu fixieren. Auch der Mystiker und Ephektiker, und selbst noch der Buddha (ca. 563–483) nach seinem Erleuchtungserlebnis, müssen sich, so sie sprechen, des Logos bedienen, sie können uns ihre Weisheit nur schwerlich wortlos herüberreichen, auch wenn sie das Absolute in Reinform geworden wären. Dasselbe gilt für das ›Absolutheitserlebnis‹ des Seinsgläubigen: unmittelbares und unhintergehbares Gegebensein von und Affiziertsein durch sinnlich Wahrgenommenes, Erscheinendes (das schon Protagoras, Aristoteles, die Skeptiker, Epikureer usw. postuliert haben)[33]. Dazu ist die Anerkennung der Logos-

[32] Husserliana 6.158.10.

[33] Anders gewendet besagt das, daß der bewußtseinsimmanente Bereich keine höhere wissenschaftliche Dignität als der transzendente hat: das Gegebensein eines Phänomens ist unbezweifelbar, ungeachtet dessen, wovon es Phänomen ist. Jedoch, nur auf das bloße Vorkommnis oder Daß isolierter Propria (*ídia*) minimiert ist die Perzeption der Aistheta nach Aristoteles (nahezu) unfehlbar, cf. Aristoteles, Metaphysica Γ.5.1010^{b}18–22; idem, De anima B.6.418^{a}11–13; Γ.3.427^{b}11–Γ.6.430^{b}30. Dazu in Zusammenhang mit dem Skeptizismus: J. Barnes, An Aristotelian Way with Scepticism, insbesondere pp. 54–56

Struktur, der *ratio* (Vernunft/Verstand) als *relatio* (Verhältnis/Relation) unumgänglich.[34] Beschreibung impliziert, auch wenn Husserl dies nicht akzeptieren wollte, Begründung, d.h. Urteil. Ansonsten könnte sich doch jeder Galimathias unbegründet und unbeurteilbar als phänomenologischer Tiefsinn ausgeben.

Solange wir denken, d.h. Wissenschaft betreiben, kommen wir weder darüber hinaus noch dahinter zurück. Da hilft auch keine phänomenologische oder transzendentale Epoché. Was nehmen wir durch diese angeblich denn zurück? Die Ideen selbst? Nein. Ihre Mehrfachstruktur von Daß (Sein), Was (Inhalt) und Weisung (Signifikation, Bedeutung) muß doch erhalten bleiben,[35] ihr Sein soll und kann ja nicht substantiell ausgelöscht werden, auf ihm soll die neue Wissenschaft gerade fußen. Es ist der Bedeutungsgehalt von Ideen qua Universalie bezüglich sinnlich, raum-zeitlich Perzipiertem (Objektivem), der mir sagt: »Sein, Nichtsein etc. da draußen«, welcher umgewertet oder umgestürzt werden muß, um mir nun die Ideengehalte als reine Bewußtseinsgegebenheiten vorzuführen und »Sein, Nichtsein etc. da drinnen« zuzuflüstern. Durch diese Manipulation darf der relationale Charakter, der sich in der symbolischen, der signifikativen Funktion der Idee ausdrückt, nicht gänzlich vernichtet werden. Dem Phänomenologen muß nach der Epoché als Ersatz für die inhibierte Realitätssphäre des transzendent Vermeinten also eine andere »Seinsregion«[36] offenliegen: das geradezu beschworene und ersehnte »transzendentale ›Absolute‹«[37]. Um als Basis für die Ausübung der phänomenologischen Wissenschaft tauglich zu sein, kann dieses – gegen Husserl – dennoch nicht Dinge »selbst und an

(mit Fn. 14), 66–67. In dieser Isoliertheit oder Quasi-Absolutheit taugen sie aber ebensowenig für vernünftiges Erfassen (Wissenschaft) wie Husserls Selbstgegebenheiten oder Sachen selbst.

[34] Cf. M. Heidegger, Der Satz vom Grund, p. 179: »Λόγος kann das Gleiche bedeuten wie das lateinische relatio: Relation, Beziehung.« Idem, Unterwegs zur Sprache, pp. 170, 185, 188, 215.

[35] Zum Aufbau von Ideen cf. F. H. Bradley, The Principles of Logic, pp. 3–6, 45–46, 67, 168–169; cf. o.c., p. 38[5]: »›Daß‹, ›was‹, ›bedeutet‹ und ›steht für‹ (…). All diese Unterschiede implizieren Urteil, obwohl dieses inexplizit sein kann. Und wo immer man auch irgendeinen solchen Unterschied hat, hat man Transzendenz und eine Idee – wenn auch nicht immer eine explizite Idee …« Cf. B. Bosanquet, Logic or the Morphology of Knowledge 1.40–45, 70–71.

[36] Husserliana 3/1.67.11.

[37] Husserliana 3/1.182.8.

sich«[38] im Modus der 'absoluten Selbstgebung' oder »Selbstgegebenheit«[39] beherbergen, wie sie »in unmittelbarer Anschauung absolut gegeben sind«[40] und »das unterste Arbeitsfeld absolut klar gegebener Sachen«[41] darstellen, nein, die ›Sachen selbst‹ bedürfen wiederum innerer Transzendenzen, sprich, Sinnbezüge oder Bedeutungsgehalte dergestalt, daß »innerhalb dieser Epoché doch nicht jede Seinsgeltung verwehrt«[42] ist.

Was dem an das Sein Verlorenen das Aistheton ist, ist dem Phänomenologen der bewußtseinsimmanent wahrgenommene Sinngehalt, das »Vermeinte«, der »Seinssinn«, die »Welt als konstituierter Sinn«, das »cogitatum«. Anderweitig wäre ihm bei der Ausführung der Reduktion die, jetzt darf ich den phänomenologischen Terminus endlich verwenden, es wäre ihm die Intentionalität in die Unausgerichtetheit, die Verweisungs-, Bedeutungs- oder Sinnlosigkeit eines reinen Daß kollabiert. »Es ist wichtig zu bemerken, daß jede Wissensbehauptung beides hat, Form und Inhalt, obwohl der Inhalt einiger Wissensbehauptungen, wie z.B. innerhalb der Logik und Mathematik, nur innerlich wahrgenommen werden kann.«[43] Wie sollte das Husserl nicht gewußt haben? »›Formal‹ ist auch diese Deskription: Jede Einheit hat Form und Inhalt – wie auch schon das urtümliche Strömen formal beschrieben wird als ständig in

---

38 Husserliana 8.52.10.

39 Cf. E. Ströker, Husserls Werk. Zur Ausgabe der Gesammelten Schriften, pp. 203–204, Sachregister, s.v. selbstgebend, Selbstgebung, Selbstgegebenes, Selbstgegebenheit (mit Unterpunkten).

40 Husserliana 25.61.24–25.

41 Husserliana 25.61.20. ›Geben‹ ist wenigstens eine zweistellige Relation, z.B.: A gibt B etwas. »Selbstgegeben« bzw. »Selbstgehabtes, Selbsterfaßtes« (Husserliana 8.35.14–15) etc. soll den Kurzschluß einer absoluten Relation, einer Erscheinung an sich bezeichnen, eine Contradictio in adjecto, d.h. ein hölzernes Eisen oder den Sohn der Steinskulptur einer unfruchbaren Frau, Hasenhörner und Schildkrötenhaare, wie die Buddhisten zu sagen pflegen. Auf solch logischen Widersinn, welcher der Evidenztheorie à la Husserl mit dem Motto »Zu den Sachen selbst« gleichermaßen innewohnt wie der Heideggerschen mit ihrer Definition des Phänomens als »das Sich-an-ihm-selbst-zeigen« (cf. M. Heidegger, Sein und Zeit, pp. 28–31), könnte Mephistopheles' Bewertung des Hexen-Einmaleins angewendet werden: »Denn ein vollkommner Widerspruch / Bleibt gleich geheimnisvoll für Kluge wie für Toren.« (J. W. v. Goethe, Sämtliche Werke 5.221, Faust 1, Verszeilen 2557–2558).

42 Husserliana 6.79.1–2. Hierher dürfte wohl auch die Einsicht von der »immanenten Transzendenz« gehören (man beachte auch hier die Contradictio), auf welche K. Held, Lebendige Gegenwart, pp. 89–90: 3. »Erste Transzendenz« und »Ontifikation«, mit Zitat E. Husserl, Ms. C 5, p. 12, aufmerksam macht.

43 R. Puligandla, Jñāna-Yoga – The Way of Knowledge, p. 21.

Form und Inhalt.«[44] Im alten Indien hat man dieser dualen Struktur den Terminus technicus *nāma-rūpa* (Name-Form) gegeben, wobei *nāma* (Name) für das (Dia-)Noetische, Ideal-Konzeptuelle (Idee/Form/Geistiges), *rūpa* (Form/Gestalt/Erscheinung) für das Aisthetische, Real-Perzeptuelle (Inhalt/Stoff/Materielles) steht: Ur-Teilung.[45]

Hält Husserl auf der einen Seite seinen Begreifensanspruch also aufrecht, dann kann er nicht weiter als bis zu einer relationalen, innerhalb eines gewissen kategorialen Rahmens formulierten Wissenschaft alten Stils fortschreiten. »Es sollte … unmißverständlich klar sein, daß die Wissensbehauptungen, die durch *irgendein* Kategoriennetzwerk erzeugt wurden, notwendigerweise relative Wahrheiten sind (oder relative Unwahrheiten), ›relativ‹ verstanden als in bezug auf ein Netzwerk.«[46] Unter diesem Blickwinkel müßte er sich aber auch mit dem begnügen, was alle Objekt-, alle Spezialwissenschaften können, und was m. E. auch nicht zu verachten wäre. Besteht er auf der anderen Seite jedoch auf der Schau, so wären seine Invektiven gegen diejenigen, die es wagen, bis zu einer transrationalen Theoria vorzustoßen, die Mystiker z. B., die dies via Leeren und Lassen kategorialer Netzwerke versuchen, selbstwiderlegend oder willkürlich.

---

[44] E. Husserl, Ms. C 7 I, p. ⟨14b⟩ = 15.

[45] Diese Lehre, die zu einem wichtigen Bestandteil der buddhistischen ›Psychologie‹, ›Anthropologie‹ und Soteriologie werden sollte, ist in metaphysischer Ausformung schon dokumentiert in der Bṛhadāraṇyaka-Upaniṣad 1.4.7, ⟨ed./tr.⟩ S. Radhakrishnan, pp. 166–167, wo das Diese (*idam*), Unmanifestierte/Unentwickelte (*avyākṛtam*), der Ātman (Selbst), dem Nichtganzen/Geteilten (*akṛtsna*), Manifestierten/Entwickelten (*vyākriyata*) von Name [Idealem/Geistigem/Konzeptuellem] und Form [Realem/Sinnlichem/Perzeptuellem] (*nāma-rūpa*) als Namen seines Wirkens (*karma-nāmāny eva*) gegenübergestellt ist. Wer seine Aufmerksamkeit auf das eine oder andere, das einzelne (*ekaikam*) lenkt (*upāsate*), der weiß nicht(s) (*na sa veda*), denn nicht-ganz/geteilt wird Dieser durch das eine und andere, das einzelne (*akṛtsno hy eṣo'ta ekaikena bhavati*). Man soll seine Aufmerksamkeit dem Ātman selbst schenken, denn dabei wird alles [einzelne] Eins (*ātmā–ity eva-upāsīta, atra hi ete sarva ekam bhavanti*). Cf. S. Radhakrishnan, The Prinicpal Upaniṣads, p. 167 (Anmerkung zu *nāma-rūpa*), davon insbesondere die Feststellung: »Die verschiedenen *nāma-rūpas* sind die unterschiedenen/entwickelten Bedingungen des einen *nāma*, des Weltbewußtseins.« Zu einigen Feinheiten dieser Lehre cf. K. Bhattacharya, L'ātman-brahman dans le Bouddhisme ancien, pp. 152–156.

[46] R. Puligandla, Jñāna-Yoga – The Way of Knowledge, p. 26; cf. o. c., pp. 9–35; idem, Pratītya-Samutpāda of Mādhyamika and the Impossibility of Transcendental Deductions, pp. 390–395; idem, Reality and Mysticism, pp. 31–50.

Der Absolutheitsanspruch beider Forschungsmomente in Vereinigung muß zwangsläufig zu einer Auffassung des wissenschaftlichen Fortgangs führen, die schlechtweg nicht nachvollziehbar ist. Es ist die Vorstellung eines »unendlichen Progressus der Theorie«[47] zum »τόπος οὐράνιος [himmlischen Ort] der absoluten Idee, des absoluten oder reinen Wertes gegenüber dem bloß vermeinten Wert«[48], einer unendlichen Annäherung an mein »Leben selbst«[49], d. h. an »eine in ewiger Ferne liegende Limes-Idee, die selbst wieder eine Unendlichkeit von Limes-Gestalten und von unendlichen Fernpunkten in sich schließt.«[50] In jedem vollkommen Klaren fänden sich bei näherer Ansicht Leerhorizonte der Unklarheit und Undeutlichkeit;[51] »ich komme an kein Letztes«[52]. Was bleibe, sei »ein Approximationsideal«[53], »das Prinzip: In den offenen Horizont fortwirken, als ob er unendlich wäre – die Idee der unendlichen Erzeugung als regulative Idee behandeln – *in indefinitum* [ins Unbestimmte] fortschreiten.«[54]

Husserl war natürlich ein zu tiefsinniger Geist, als daß er nicht wenigstens einen leisen Verdacht gehegt hätte hinsichtlich eines derart kontradiktorischen Dogmas, daß ein »jedes Endziel .. nur relatives τέλος«[55] ist. »Vielleicht liegt nun in aller und jeder Evidenz als Selbstgebung, als Bewußtsein, Gemeintes als ›es selbst‹ zu erfassen, eine gewisse Relativität, derart daß, wo immer wir von einer adäquaten Evidenz sprechen und ihrer als solcher gewiß sind, nur ein ähnlicher und dabei ev. kontinuierlicher und frei fortzuführender Steigerungsprozeß relativer Evidenzen vorliegt, somit ein Bewußtsein stetiger und freier Annäherung an ein bewußtseinsmäßig also mitbeschlossenes Ziel, das als solches – also nur als Idee – evident wird, während es trotz der Evidenz der Annäherung doch – und evidenterweise – unerreicht bleibt. – Auch hier erheben sich alsbald weitere Fragen, ob nicht unendliche Regresse drohen usw.«[56]

---

47 Husserliana 8.14.9.

48 Husserliana 8.13.24–26; cf. 25.51–62.

49 Husserliana 8.162.32.

50 Husserliana 8.162.36–38.

51 Cf. Husserliana 8.163.3–16.

52 Husserliana 8.440.22.

53 Husserliana 8.52.12.

54 Husserliana 8.349.38–41; cf. 8.13–17, 23, 34, 52, (126,) 153, 156, 336–355; 3/1.347; 15.379.7–380.1; 27.238.12–23, dort auch die Rede von einer »unendlichen Teleologie«.

55 Husserliana 8.14.29.

56 Husserliana 8.34.8–19.

Es drohten selbstverständlich nicht nur Regresse ad infinitum [ins Unendliche] oder ad indefinitum [ins Unbestimmte], kehrte man nämlich Husserls eigene Verurteilung einer »Philosophie des Als ob« gegen ihn selbst, so müßte man die Phänomenologie nach obiger Darstellung einen falschen und widersinnigen Fiktionalismus nennen.[57] Schlimmer, für sie gälte genau das, was man jedem asymptotischen Annäherungspostulat an die Wahrheit vorwerfen muß: »Hinter ihm steht die klassische metaphysische Aporie des ›Fortschritts ins Unendliche‹. Seine vermeintliche ›unendliche Annäherung‹ an ein ideales Ziel ist ab ovo [von Anfang an] Fiktion, denn sie bleibt in jedem Augenblick und bei jedem ihrer Schritte ihrem Ziel ebenso ›unendlich‹ fern. Realiter hat die Fiktion auch gar kein Ziel; denn was als Ziel vorgegeben wird, läßt die Bedingung der Bestimmbarkeit, nämlich ›Endlichkeit‹, vermissen – und ›unendliche Unbestimmtheit‹ ist nur ein beschönigender Ausdruck für ›ewiges Chaos‹.«[58]

3.2.2 Interessiert am Schauen oder der »uninteressierte Zuschauer«

In der Weise, wie Husserl nach der Epoché am noematischen Pol als phänomenologisches Residuum nur noch das ausgedünnte Sein der transzendentalen Sphäre übrigbleibt, ersteht ihm am ichlichen Pol der dieses Beobachtende und Konstituierende ebenso bloß als reduziertes, als Rest- und Schattenwesen. »Nennen wir das natürlich in die Welt hineinerfahrende und sonstwie hineinlebende Ich an der Welt ›interessiert‹, so besteht die phänomenologisch geänderte und beständig so festgehaltene Einstellung darin, daß sich eine Ichspaltung vollzieht, indem sich über dem naiv interessierten Ich das phänomenologische als ›uninteressierter Zuschauer‹ etabliert.«[59] Wie nun also das Sein gewissermaßen verdoppelt (oder gespalten) existiert, so das Bewußtsein. Der Phänomenologe lebt sozusagen in einer Schizophrenie, einer »Ichverdoppelung«[60], einer »Ichspal-

[57] Cf. Husserliana 17.174–175.

[58] J. Widmann, »… denn wohlverstanden hat er recht«. Gedanken zu Fichtes Jenaer Bemerkungen über Leibniz, p. 468; cf. idem, Johann Gottlieb Fichte. Einführung in seine Philosophie, p. 247.

[59] E. Husserl, Cartesianische Meditationen, p. 37 § 15.

[60] Husserliana 8.93.22.

tung«[61], einer Distanz zwischen dem 'am Sein interessierten Ich'[62] mit all seinen interessierten, teilnehmenden und mitvollziehenden Aktmodi von wahrnehmen, glauben, vermuten, zweifeln, urteilen, wollen, lieben, hoffen, fürchten etc. und dem Ich, das sich diesem Mitinteresse und Mitmeinen versagt. Dieserart »weiche ich, der uninteressierte Selbstbeschauer und Selbsterkenner, von dem im Blick meiner Reflexion stehenden Ich ab.«[63] Das teilnahmslose, 'nicht sympathisierende', 'unbeteiligte'[64], 'völlig uninteressierte'[65] theoretische Ich, steht somit noch über dem Ich »der ursprünglichen Theoria … der völlig ›uninteressierten‹ (in der Epoché von allem praktischen Interesse erfolgenden) Weltschau« und sogar über dem der »Theoria eigentlicher Wissenschaft .., beide vermittelt durch die Kontrastierung von δόξα und ἐπιστήμη [Meinung und Wissen].«[66]

Deutet diese völlige Uninteressiertheit in zweiter Potenz nun auf eine totale Interesselosigkeit, Tendenzlosigkeit oder Gleichgültigkeit des ephektischen phänomenologischen ›Theoretikers‹? Wenn ja, was unterschiede ihn dann noch vom skeptischen Indifferentisten und mystischen Quietisten? Es stimmt schon: Zur Erläuterung der beschriebenen Bewußtseinsspaltung wählt Husserl die Zwiespältigkeit im Glauben bzw. im stellungnehmenden Verhalten des Skeptikers. »Als die Welt Wahrnehmender glaubt er, als reflektierender Skeptiker traut er diesem Glauben nicht, er macht ihn nicht mit, er bezweifelt oder er verwirft ihn.«[67] Es verhalte sich bei dieser ἐποχή, wie Husserl richtig konstatiert, so, »daß der Skeptiker nicht bloß eine Einzelheit der Erfahrung für Täuschung erklärt, sondern seine Skepsis gegen die universale Weltwahrnehmung richtet«[68], dem »Erfahrungsglauben eine Schicht gedanklichen Zweifels oder ⟨der⟩ Negation«[69] auflegt.

Diese Indizierungsuniversalität des Seinsglaubens stellt genau genommen aber noch keine unbedingte Abhebung des Phänomeno-

---

61 Husserliana 8.96.22; 8.111.16.
62 Cf. Husserliana 8.96.24–25.
63 Husserliana 8.97.11–13.
64 Cf. Husserliana 8.99.10–14; E. Husserl, Cartesianische Meditationen, p. 39 §15.
65 Cf. Husserliana 8.96.22.
66 Husserliana 6.332.8–13.
67 Husserliana 8.93.9–12.
68 Husserliana 8.94.26–28.
69 Husserliana 8.93[1].

logen von den Skeptikern oder Mystikern dar, weil die »lebensweltliche Epoché« jenes, seine »Berufsepoché«, im Gegensatz zu der anderer Berufe inclusive des positiven Wissenschaftlers, allgemein »praktisch-existenziell« bedeutsam ist: »Vielleicht wird es sich sogar zeigen, daß die totale phänomenologische Einstellung und die ihr zugehörige Epoché zunächst wesensmäßig eine völlige personale Wandlung zu erwirken berufen ist, die zu vergleichen wäre zunächst mit einer religiösen Umkehrung, die aber darüber hinaus die Bedeutung der größten existenziellen Wandlung in sich birgt, die der Menschheit als Menschheit aufgegeben ist.«[70] Solch quasi-religiöse Anwandlungen in Husserls Spätwerk verführten Interpreten schon dazu, ihm, wenn auch mit einiger Vorsicht, zuzusprechen, eine phänomenologische Philosophie entworfen zu haben, »die in Konvergenz zu den Entwürfen der philosophischen Mystik zu stehen scheint.«[71]

Warum hält Husserl dann trotzdem fest, daß im Falle »völliger Uninteressiertheit für die intentionale Objektivität als seiende«[72]

---

[70] Husserliana 6.140.27–33; cf. 8.424.38–425.14. Cf. auch Husserls Diskussion zur Kopernikanischen Wendung oder Drehung in E. Husserl, Cartesianische Meditationen, p. 151 §61; Husserliana 6.202. In Husserliana 5.148.27, wird von der phänomenologischen Reduktion als einer transzendentalen Umstellung gesprochen. Zur Umwendung auch Husserliana 25.6.14–33, 57.28. E. Fink, Studien zur Phänomenologie 1930–1939, pp. 157–161, versinnbildlicht die Umwendung der Epoché mit der Umwendung/Umlenkung (*peristrophē/periagōgē*) der Gefesselten im Höhlengleichnis Platon's; cf. D. R. McGaughey, Husserl and Heidegger on Plato's Cave Allegory, pp. 331–348.

[71] E. Wolz-Gottwald, Die Transzendentale Phänomenologie und die philosophische Mystik, p. 114; cf. idem, Transformation der Phänomenologie, p. 146: »Gerade wenn Husserl von Phänomenologie als *Weisheit* spricht, so scheint in der Spätphilosophie ein Denken entworfen zu sein, das in unmittelbarer Nähe zu der von der christlichen Mystik eröffneten Dimension kontemplativen Lebens steht.« O. c., p. 154: »In der *Krisis* wird .., wie in der Mystik, ein Lebens-Weg als transformativer Wandel zu einer *universal gewandelten Praxis* (ebenda 334) beschrieben.« O. c., p. 155: »Wenn einerseits mit der transformativen Philosophie existenzieller Besinnung im Spätwerk die spezifische Dimension philosophischer Mystik zum Durchbruch zu kommen scheint, so ist es jedoch gerade diese Dimension einer *Lebephilosophie* der philosophischen Mystik, die in einer Form der *metábasis* [Überschreitung] wiederum verdeckt wird.« Man vergleiche dazu allgemein o. c., pp. 110–117, 141–147, 150–161. Wichtig bezüglich dieser berühmten Sentenz Husserls ist auch die folgende Bemerkung, cf. R. A. Mall, Experience and Reason. The Phenomenology of Husserl and its Relation to Hume's Philosophy, p. 44[25], bei der es jedoch sehr auf die Betonung des Nachsatzes ankommt: »Die Ausübung von Yoga-Techniken in der indischen Philosophie des Yoga scheint einen ähnlichen Typ von radikalem Haltungswandel zu erfordern, obwohl sie ein anderes Ziel verfolgt und anders motiviert ist.«

[72] Husserliana 8.109.4–5.

von »einer skeptischen Einstellung, einer skeptischen ἐποχή ... keine Rede«[73] sein kann? Er gibt die Antwort selbst: »Ich brauche nicht zu wiederholen, daß die ἐποχή, die der Skeptiker als zweifelnder übt, Interesse am .. Sein wäre, und nicht Interesse am rein subjektiven Erlebnis, wie es in sich ist.«[74] Ähnliches hat Husserl auch dem quasiskeptischen Zweifelsexperiment Descartes' unterstellt. »Im Zweifelsversuch, der sich an eine Thesis, und wie wir voraussetzen, an eine gewisse und durchgehaltene anschließt, vollzieht sich die ›Ausschaltung‹ in und mit einer Modifikation der Antithesis, nämlich mit der ›Ansetzung‹ des Nichtseins, die also die Mitunterlage des Zweifelsversuches bildet. Bei Descartes prävaliert diese so sehr, daß man sagen kann, sein universeller Zweifelsversuch sei eigentlich ein Versuch universeller Negation.«[75]

Damit ist die Katze aus dem Sack. Der negativistische und fiktionalistische Skeptiker[76] ist denunziert als ein An-die-Welt-Verlorener und der uninteressierte, unbeteiligte Zuschauer ist gar nicht so uninteressiert wie das zunächst scheinen mochte, sein Interesse ist nur umgelenkt auf das rein subjektive Erlebnis. »Ich, als reflektierendes Ich, bin nicht in jeder Hinsicht uninteressiert. Ich vollziehe ja einen Akt, betätige ein Erkenntnisinteresse; aber diese Betätigung des reflektierenden Kenntnisnehmens und Urteilens richtet sich auf mich und mein Wahrnehmen in seinem puren Eigensein.«[77] Zwar nennt Husserl diese Blickwendung, unter welcher er die zweite Gestalt der phänomenologischen Reduktion, die kontinuierliche, nicht-

[73] Husserliana 8.109.18–19.

[74] Husserliana 8.109.19–22; cf. 6.243.8–9.

[75] Husserliana 3/1.63.34–64.3.

[76] Cf. Husserliana 7.69.30–35.

[77] Husserliana 8.97.19–23; cf. 4.26.1–27.17. Nicht leicht abzutuende Fragen hinsichtlich der Konsistenz der Theorie Husserls vom 'unbeteiligten Zuschauer' als quasi dritter Ich-Position neben der des Ich in natürlicher, weltbefangener Einstellung und der des transzendentalen Ego im Zusammenhang mit der Reduktion wirft M. Scherbel, Die transzendentale Reduktion als die Leistung eines unbeteiligten Zuschauers, pp. 135–153, auf. O.c., p. 151: »Die grundlegende Voraussetzung der natürlichen Einstellung, die sogenannte Generalthesis, die nicht einfach hingenommen, sondern durch Reduktion hinterfragt werden sollte, kehrt sie nun in abgewandelter Weise in der transzendentalen Einstellung wieder? ... ... Beruht also am Ende die Reduktion, durch die die Generalthesis und alle auf ihr basierenden Setzungen gefordert ist, selbst auf einer Setzung? Fußt die phänomenologische Theorie auf einer Fiktion, die einen Übergang von der voraussetzungsgebundenen zur vermeintlich voraussetzungslosen transzendentalen Einstellung glaubwürdig erscheinen lassen soll?«.

cartesianische, faßt,[78] »eine ganz ›unnatürliche‹ Einstellung und eine ganz unnatürliche Selbst- und Weltbetrachtung«[79], doch dürfe man diese Unnatürlichkeit nicht mißverstehen, mißverstehen, wie zu vermuten ist, in Richtung Skepsis.

»Die Epoché hinsichtlich aller natürlichen menschlichen Lebensinteressen scheint eine völlige Abwendung von ihnen zu sein (übrigens das sehr gewöhnliche Mißverständnis der transzendentalen Epoché). Aber wäre das so gemeint, dann gäbe es keine transzendentale Forschung.«[80] Das nun ist der Sinn der Begrenzung der Universalität der phänomenologischen Epoché, wie sie in den ‹Ideen I› ausgesprochen wird. »Denn wäre sie eine so umfassende, wie sie überhaupt sein kann, so bliebe, da jede Thesis, bzw. jedes Urteil in voller Freiheit modifiziert, jede beurteilbare Gegenständlichkeit eingeklammert werden kann, kein Gebiet mehr für unmodifizierte Urteile übrig, geschweige denn für eine Wissenschaft.«[81] Demnach schien Husserl eine unbegrenzt universale Epoché durchaus für möglich gehalten zu haben. Müßte man aus unseren bisherigen Ausführungen schließen, daß das die skeptisch-mystische im tiefen und echten oder die im oberflächlichen und eitlen Verständnis gewesen ist? Diese Frage werden wir noch anhand seiner Auffassungen von der indisch-buddhistischen Epoché diskutieren.

Ob Husserl wohl gewußt hat, daß die Pyrrhoneer den Beunruhigungszustand, der durch die Gleichkräftigkeit von Pro- und Contraargumenten, den Meinungsstreit der Dogmatiker und das Stekkenbleiben in logischen Unzulänglichkeiten hervorgerufen wird, mit Hilfe der ἐποχή dadurch gänzlich beseitigten, daß sie damit sowohl der Zu- wie Abneigung zum Sein als auch zum rein subjektiven Erlebnis abschworen und so in die Desinteressiertheit und Unerschütterlichkeit eingingen? Was bliebe danach aber zurück? Eine absolute Welt- und Seinsleere? Jedenfalls beklagt sich Husserl in der Krisis-Schrift, daß die sprunghafte Cartesianische Epoché das transzendentale Ego »in einer scheinbaren Inhaltsleere zur Sicht bringt«[82]. Diese Scheinbarkeit dürfte aber nicht nur an der Sehstörung seiner Leser gelegen haben. Denn auch die »leere Allgemeinheit

---

[78] Cf. Husserliana 8.418–431.
[79] Husserliana 8.121.20–21.
[80] Husserliana 6.179.37–180.3.
[81] Husserliana 3/1.65.5–10.
[82] Husserliana 6.158.7.

der Epoché« in der gemilderten phänomenologischen Form »klärt noch nichts auf, sondern ist nur das Eingangstor, mit dessen Durchschreiten die neue Welt der reinen Subjektivität entdeckt werden kann.«[83] Die Reduktion in ungezügelter Anwendung führt demnach zu nichts, sie hat selbst wieder reduziert zu werden, damit 'das Eingeklammerte nicht vollständig von der phänomenologischen Tafel weggewischt' sondern 'es im Hauptthema der Forschung ist'.[84] »Die transzendentale Reduktion kann also nicht den Sinn haben, mögliche Natur auszuschalten, wie ... nicht etwa jedes meiner Urteile über die Welt in der Weise der konsequenten Enthaltung jedes natürlichen Erfahrungsglaubens aufgehoben ist.«[85] Folglich »und genau besehen gebe ich nicht nur nicht die Überzeugung vom Sein oder der Möglichkeit einer Welt preis, sondern es ist auch nicht etwa eine wirkliche ἐποχή hinsichtlich ihrer von mir gefordert.«[86]

Vorausgesetzt wir haben Husserl hier richtig verstanden, da lassen wir uns gerne eines Bessern belehren, ist als Ergebnis unserer Diskussion und der verschärften Zurückwendung von Husserls eigenen Worten auf ihn selbst dann nicht festzuhalten, daß die transzendental-phänomenologische Epoché gegenüber der skeptischen ἐποχή und der mystischen Ausräumung durch Einschränkung, Inkonsequenz, und einen Unwirklichkeitscharakter ausgezeichnet ist? Zur Beantwortung dieser Frage bitte ich darum, insbesondere die beiden letzten Zitate noch einmal unvoreingenommen zu vergegenwärtigen und im Lichte des folgenden Ausspruchs zur Haltung des Phänomenologen (im Gegensatz zur Normaleinstellung des Seinsgläubigen) zu meditieren: »Wie sonst – und doch nicht ganz wie sonst.«[87] »In der modernen Erneuerung des Zentralgedankens der *epoché* blieb beides, ihr explizites Endziel und die dialektische Methode, welche der ausschließlichen Absicht der skeptischen Philosophie diente, (...), zunächst aus der transzendentalen Absicht der Logik Husserls ausgeschlossen.«[88] Fragt sich natürlich, was in dieser von der klassischen ἐποχή überhaupt noch übrigblieb! Jedenfalls wird dieses Resultat in

[83] Husserliana 6.260.21–24.
[84] Cf. Husserliana 3/1.159.22–25.
[85] Husserliana 8.500.20–26, mit Auslassung einer Passage, deren genaue Bedeutung hinsichtlich der Epoché nur schwer auszumachen ist, was bei unserer rein formalen Betrachtung jedoch unerheblich sein dürfte.
[86] Husserliana 8.499.44–500.2.
[87] Husserliana 6.214.8.
[88] B. Nanajivako, The Indian Origin of Pyrrho's Philosophy of Epoche, p. 334.

der Diskussion Husserls zur indischen Erkenntnishaltung noch Bedeutung gewinnen.

Welchen Weg könnte Husserl denn nun noch einschlagen, wollte er seinen exorbitanten Wahrheitsdogmatismus aufrechterhalten, ohne in den Objektwissenschaften auf der einen und im Skeptizismus bzw. Mystizismus auf der anderen Seite zu enden? Es bliebe dazwischen allenfalls das Feld der transzendentalen Methode bzw. Strukturtheorie im herkömmlichen Verständnis, die Anwendung des Denkens auf es selbst, nein, auf das durch es Gedachte. Mit ihr kann man indes weder auf Neuheit pochen noch sind mit Hilfe ihrer mehr denn formale Erkenntnisse zu gewinnen. Und zu guter Letzt muß sie gar ihr eigenes Scheitern angesichts des durch das Denken hindurch geforderten ›Absoluten‹ gestehen. »Der zu Ende gedachte Transzendentalismus ist im Grunde genommen nichts anderes als eine folgerichtige ›negative Theologie des Absoluten‹, die jede Absolutierung des Relativen oder Relativierung des Absoluten prinzipiell negiert. Die transzendentalistische Ablehnung der dogmatischen Absolutierung des Wissens und seiner Gegenstände ist nur ein Einzelfall der konsequenten Negation jeder Art Prädizierung über das Absolute. Ob das empirische Ding (naiver Realismus), die Verstandeskategorien (rationalistischer Dogmatismus), die logischen Ideen (Panlogismus), die reinen Gegenstände (Phänomenologie und Intuitivismus), die Sittlichkeit (Moralismus), das undifferenzierte Leben (Lebensphilosophie und Romantik) absolutiert werden, immer wird die negative Theologie des Absoluten durchbrochen, immer wird im letzten Grunde derselbe verhängnisvolle Fehler der Gleichsetzung eines mehr oder weniger Relativen mit dem Absoluten selbst begangen.«[89]

3.2.3 Absoluta und Absolutum

Angesichts dieser Erkenntnis der transzendentalen Reflexion ist es einigermaßen irritierend, wenn, wie das in der Phänomenologie zum Grundbestand der Argumentation gehört, Phänomene als an sich seiend, selbstgegeben, als Dinge an sich oder die Sachen selbst verabsolutiert und zu irrelationalen Wesens- oder Wissensbeständen hochstilisiert werden, wie auch immer diese gegeben sein mögen.

---

[89] G. Gurwitsch, Fichtes System der konkreten Ethik, pp. 7–8.

Hier gilt das, was schon Fichte seinen philosophischen Zeitgenossen vorwarf. »Ihr Ding ist durch ihr Denken hervorgebracht; nun aber soll es gleich darauf wieder ein Ding an sich, d. i. nicht durch Denken hervorgebracht seyn. Ich verstehe sie wahrhaftig nicht; ich kann mir weder diesen Gedanken denken, noch einen Verstand denken, mit welchem man diesen Gedanken denkt, und ich wünschte wohl durch diese Erklärung auf immer mit ihnen abzukommen.«[90] Wesentlich verwirrender ist es aber noch, wenn innerhalb einer gewissen Lehre das Absolute selbst im Plural in Erscheinung tritt. Was das mit der Phänomenologie zu tun hat, in der es eigentlich nur um Phänomene gehen dürfte?

Man kann solche Annahmen von vorneweg als geistige Konfusion zur Seite schieben. Man kann sie als einen Überschwang in der Darstellung entschuldigen. Man kann aber auch einen Sinn dahinter suchen, wenn Husserl wenigstens drei Absoluta in seine Lehre einführt, ohne auch nur ein einziges Mal zu stutzen.[91] Eines dieser Absoluten haben wir schon kennengelernt, das tranzendentale Absolute, mit welchem das Bewußtsein und dessen Heraklitisches Strömen innerhalb des einfach reduzierten Egos gegenüber dem Transzendenten qua Sinnlichem, raum-zeitlich Mundanem herausgestellt sein soll.[92]

Damit aber nicht genug. »Das transzendentale ›Absolute‹, das wir uns durch die Reduktionen herauspräpariert haben, ist in Wahrheit nicht das Letzte, es ist etwas, das sich selbst in einem gewissen tiefliegenden und völlig eigenartigen Sinn konstituiert und seine Urquelle in einem letzten und wahrhaft Absoluten hat.«[93] Auch diesem sind wir in unserer Abhandlung schon einmal nähergekommen, und zwar »im Absoluten, das stehendes-stömendes Jetzt ist.«[94] Dieses wiederum war das sogenannte »Urphänomen«, auch »Urquellpunkt« der »radikalsten Reduktion«.

Doch langsam! Wie kann ein Phänomen, und sei es ein Urphä-

---

[90] J. G. Fichte, GA 1.4.244.5–10 (Zweite Einleitung in die Wissenschaftslehre 1797/98) = SW 1.491; cf. GA 1.2.109* (Ueber den Begriff der Wissenschaftslehre) = SW 1.29; GA 1.2.412.20–30, 414.8–17 (Grundlage der gesammten Wissenschaftslehre) = SW 1.281, 283; GA 1.6.245.32–247.28 (Die Bestimmung des Menschen) = SW 2.238–240.

[91] Nicht immer einverstanden bin ich mit den Forschungsresultaten von R. Boehm, Zum Begriff des »Absoluten« bei Husserl, pp. 214–242.

[92] Cf. Husserliana 3/1.109, 125, 182; 17.279.35; E. Husserl, Ms. C 3 III, p. 37.

[93] Husserliana 3/1.182.8–13.

[94] E. Husserl, Ms. C 1, p. 6.

nomen, das Absolute sein? Und in welcher Weise kann ein Unbestimmtes und Unbestimmbares, dieserart muß das Absolute nun einmal 'bestimmt' sein, wie kann dieses entquellen lassen, d. h. in ein genealogisches Verhältnis treten und dabei absolut, irrelativ bleiben? Ist 'hinter' dem absolut Absoluten vielleicht noch ein absoluteres Absolutes zu vermuten? Zweifellos, denn was »wir also als letztlich Seiendes, als Urseiendes in Anspruch nehmen unter dem Titel ›urphänomenale Gegenwart‹, das ist gerade dadurch, daß es für uns ›Phänomen‹ ist, nicht das Letzte.«[95] Was ist dann endlich das Letzte? »Wir meinen die Transzendenz Gottes.«[96] »Es wäre .. ein ›Absolutes‹ in einem total anderen Sinne als das Absolute des Bewußtseins, wie es andererseits ein Transzendentes in total anderem Sinne wäre gegenüber dem Transzendenten im Sinne der Welt.«[97] Dieses Absolutum ist endlich das Absolutissimum der Husserlschen Philosophie. Es gehöre nicht in den Bereich der Phänomeno-logie. »Auf dieses ›Absolute‹ und ›Transzendente‹ erstrecken wir natürlich die phänomenologische Reduktion.«[98]

Allein aus diesen Bereichsbestimmungen geht hervor, daß Husserl eigentlich wußte, daß man mit der Phänomenologie an den »Urlogos«[99], die »ῥιζώματα πάντων [Wurzeln von allem]«[100] nicht herankommen kann, wozu bräuchte es sonst ein ihnen unterstelltes oder über sie gestülptes Hyperabsolutes, mit dem sich die Gründungsproblematik nur fortzeugte. Oder anders gefragt: Woher weiß Husserl überhaupt von einem solchen Über- oder Unterbau, wenn er innerhalb der Phänomenologie per definitionem niemals gegeben sein kann? Wozu auf ihn die Reduktion erstrecken? Geht es Husserl hier nicht wie Cartesius, der aus Verzweiflung am Zweifeln den allweisen und allmächtigen Gott wie einen deus ex machina ruft, wo Menschliches, Subjektives und das Ich nicht hinreichend zu sein scheinen?[101] Oder erschließt er sich nicht, wie er es in ganz anderer Hinsicht Descartes vorrechnet, eine unfragliche Realität hinzu, kann seine eigene von ihm doch willkürlich für hypothetisch inexistent erklärt werden, ohne daß sich an der Subjektivität Wesentliches än-

95 E. Husserl, Ms. C 2 I, p. ⟨10b⟩.
96 Husserliana 3/1.124.24–25.
97 Husserliana 3/1.125.27–30; cf. 3/1.109.
98 Husserliana 3/1.125.31–32.
99 Husserliana 17.280.14.
100 Husserliana 25.61.15.
101 Cf. R. Descartes, Meditationes 3.22–39 = Œuvres 7.45–52/9.1.35–42.

derte?[102] Freilich ist dieser Befund gegenüber der Hybris seines Erkenntnisanspruchs innerhalb seiner Methode verblüffend. Vielleicht gelingt es aber, ihm einige Plausibilität zu verschaffen, indem ans Licht gebracht wird, welcher Gedankengang hinter ihm zu vermuten ist.

Es gehört zu den Gemeinplätzen der Phänomenologie, daß bei jedem Versuch oder Akt, das reflektierende Ich, »das Vollzugs-Ich der Epoché«[103] selbst wieder reflektierend einzuholen, dieses als Akt-Vollzieher wiederum vorausgesetzt werden muß, »daß die ›vielen‹ Aktpole in sich evident dasselbe Ich sind, oder daß ein und dasselbe Ich in all diesen Akten seine Auftritte hat und in jedem solchen Auftritt einen verschiedenen Modus hat; ich sehe, daß es, sich in eine Vielheit von Akten und Aktsubjekten spaltend, doch ein und dasselbe ist, dasselbe Ich, das sich da spaltet … daß immer wieder ein allüberschauendes Ich sich etablieren kann, das ⟨ein⟩ alle ⟨jene Akte und Aktsubjekte⟩ identifizierendes ist, …«[104] Wie sollte es nach dieser Einsicht verwundern, wenn sich das »›über‹-zeitliche«[105] Ich qua Letztpol, qua »Ich in seiner ursprünglichsten Ursprünglichkeit«, das »nicht in der Zeit« ist,[106] qua allem Vorauszusetzendes, selbst offensichtlich Voraussetzungsloses, überhaupt nicht bestimmen ließe, da es jeder Bestimmung immer schon als das Bestimmende vorhergeht?

».. das reine Subjekt entsteht nicht und vergeht nicht, obwohl es in seiner Art ›auftritt‹ und wieder ›abtritt‹.«[107] »So reflektierend und immer wieder reflektierend finde ich immer

[102] Nachweise dazu ↗pp. 383[124]–384. M. E. kann diese gedankliche Operation nicht leisten, was sie vorgibt zu leisten: die Konstituion von Welt aus der reinen Subjektivität zu erfassen, weil die Transzendenz des welthaften Pols auch als transzendentale nicht wegzubringen ist bzw. als Konstituent (Quasi-Hypostase) des sich selbst auslegenden Geistes so notwendig, unaufhebbar und irreduzibel ist, wie die übrigen (drei). Nur im parasitären Verhältnis zu ihm funktioniert, wie Husserl zugestehen muß, seine Vorgehensweise. Übrigens gibt seine Rede von den Absoluta nur unter dem Blickwinkel der Nicht-Rückführbarkeit der Konstitutionsmomente aufeinander Sinn. Weitere Überlegungen hierzu in der angegebenen Fußnote.

[103] Husserliana 6.80.3.

[104] Husserliana 8.90.39–91.10.

[105] E. Husserl, Ms. C 10, »U_{24}«, p. ⟨18a⟩ = 31.

[106] Cf. E. Husserl, Ms. C 10, »U_{20}«, p. ⟨14a⟩ = 23.

[107] Husserliana 4.103.10-12. Cf. 3/1.123.11-31. Husserliana 11.381.4–6: »Aber jedes Menschen-Ich birgt in sich in gewisser Weise sein transzendentales Ich, und das stirbt nicht und entsteht nicht, es ist ein ewiges Sein im Werden.«

wieder gegenüber Seiendes und Ich, finde dasselbe Ich in diesen Reflexionen, finde das Immerwieder des Reflektierens und Reflektierenkönnens selbst als Gegenüber des Ich, das ein und dasselbe ist, wie es auch immer gegenüber gesetzt sein und zu dem dabei anonymen Ich reflektiert werden mag. Ich finde in diesem beständigen Sichspalten des Ich und sich dann wieder Identifizieren ein Ur-Ich, das ich als Urpol, als ursprünglich fungierendes Ich bezeichne, und das dem Ur-Ich zum Gegenüber, zum seienden gewordene Ich und den Umkreis dessen, was für dieses und für mich als anonymes Ich als Nicht-Ich da ist, ...«[108] Ihm gegenüber ist selbst sein »urtümlicher Strom der Zeitigung ... als Urform der Zeitigung« ein »urtümliches Nicht-Ich«[109], obwohl beide Urgründe »einig, untrennbar und so für sich betrachtet abstrakt«[110] sind. Das Ich »heißt eigentlich nur durch Äquivokation ›Ich‹«[111] und kann seine »Einzigkeit und persönliche Undeklinierbarkeit nie verlieren«[112]. »Das Ich ist immerfort Pol, es hat keine Breite, keine Extension, es hat nichts von einem Aussereinander, es ist nicht ein Ganzes, das miteinander verbundene Stücke hat, und so ist es auch in seinem ichlichen Was zwar auslegbar, aber nicht ein Aufbau aus Teilen, die in ihm als wie in einen Raum hineingelegt worden sind. Seine Auslegung führt notwendig in die Bewusstseinszeit und in seine Selbstzeitigung als eine Quasi-Ausbreitung des Ich über die Zeit, auf all sein ichliches Leben, auf seine Stellungnahmen, seine Geltungsvollzüge.«[113] »In sich ist es .. unwandelbar. Es ist nicht ein Identisches, ... es hat keine ursprünglichen und erworbenen Charakteranlagen, keine Fähigkeiten, Dispositionen usw.«[114] »Als reines Ich birgt es keine verborgenen inneren Reichtümer, es ist absolut einfach, liegt absolut zutage, ...«[115]

Hätte man diese Charakterisierungen in Sanskritsprache vor sich liegen, man könnte sie mit Leichtigkeit als vedāntische Negations-Beschreibungen des Ātman (Selbst, Geist) anerkennen. Und auch die Reflexion, durch welche man zu ihm kommt, unterscheidet

---

108 E. Husserl, Ms. C 2 I, p. ⟨3a⟩, cf. o. c. ⟨10b⟩; K. Held, Lebendige Gegenwart, pp. 118–122.

109 Cf. E. Husserl, Ms. C 10, »U_{21}«, p. ⟨15b⟩ = 26.

110 Cf. E. Husserl, Ms. C 10, »U_{21}«, p. ⟨15b⟩ = 26.

111 Husserliana 6.188.14–15.

112 Husserliana 6.188.33–34; cf. 13.234.

113 E. Husserl, Ms. A V 5, p. ⟨10a⟩ = 10–11.

114 Husserliana 4.104.8–9, 13–15.

115 Husserliana 4.105.5–6.

sich im Advaita (Nondualismus) Śaṅkara's kaum von der Husserlschen.[116] »Versuchen wir aber, dieses reine Ich in den Griff zu bekommen, so müssen wir eine enttäuschende Feststellung machen; denn dieses Ich läßt sich gar nicht als solches erfassen, da es abolut leer von allen Inhalten ist und nur in seinen Beziehungen lebt.«[117] Die Konsequenz, welche aus dieser Reflexion in die Leere abgeleitet werden müßte, scheint klar: ».. die ›neue‹ Rückfrage setzt kontinuierlich die Rückfrage nach dem letztfungierenden transzendentalen Ich fort, indem sie das letzte reflexiv gewonnene Wissen, die Einsicht in die Un-Anschaulichkeit, die Anonymität des stehenden ›Ich fungiere‹, das ich selbst bin, – mit in die Fragestellung hineinnimmt. Im Hinblick auf die einleitende Charakteristik der phänomenologischen Reflexion als eines ›Schauens und Fassens‹ kann dieser Schritt auch als ein ausdrücklicher, aber selbst noch phänomenologisch motivierter, Verzicht auf das Fassen-Wollen bezeichnet werden.«[118]

Dieser Verzicht wäre selbstverständlich der skeptisch-mystischen ἐποχή vergleichbar. Er wäre der praktische Schluß, welcher aus dem theoretischen Wissen über den ichlichen »Identitätspol« als einzig, gegensatz-, namen- und dimensionslos zu ziehen wäre, dar-

[116] Eine konzise Übersicht über die diesbezügliche Argumentation bei Śaṅkara mit Stellenverweisen auf die Originale findet sich bei R. Puligandla, Fundamentals of Indian Philosophy, pp. 221–223. O. c., p. 222: »Sein Argument ähnelt ein wenig Descartes' ›*Cogito ergo sum*‹ (›Ich denke, also bin ich‹).« Cf. S. Radhakrishnan, Eastern Religions and Western Thought, p. 235: »Die Existenz der Seele wird [bei Augustinus] im Stile von Śaṃkara oder Descartes erwiesen.« B.-A. Scharfstein, 'Cogito Ergo Sum': Descartes, Augustine, and Śankara, pp. 211–212: »Auf dem einfachsten, menschlichen Level ähneln sich Descartes und Śankara, von denen keiner in der Lage ist, seine eigene Existenz zu bezweifeln, und die so reagieren, wie es fast jedermann würde, wenn er mit einem extremen Skeptizismus konfrontiert wird. … Descartes … verwendet wie Augustinus das 'Cogito', um zu demonstrieren, daß er als Seele rein geistig ist; und wie Augustinus stellt er fest, daß seine menschlichen Beschränkungen die Existenz eines unendlichen Wesens, Gottes, verraten/beweisen, von dem sein Wissen und seine eigentliche Existenz herrühren.« O. c., p. 217: »Descartes' denkendes Selbst erschien bei näherer Betrachtung von Śankara's Selbst so stark unterschieden, daß man die anfängliche Ähnlichkeit zwischen Selbst und SELBST leicht als trivial auffassen hätte können. Aber der Gedanke der Selbstevidenz hat eine Geschichte und wir wurden von Descartes zu Augustinus, dessen Anwesenheit in der Cartesischen Philosophie sichtbar wurde, geführt und von Augustinus zu Plotinus. Der Vergleich zwischen Śankara und Plotinus, der sich nun anbot, zeigte eine Reihe ähnlicher, doch kontextuell unterschiedlicher Begriffe, verbunden zu Ganzheiten von unverkennbar ähnlicher Struktur.«

[117] A. Diemer, Edmund Husserl. Versuch einer systematischen Darstellung seiner Phänomenologie, pp. 144–145.

[118] K. Held, Lebendige Gegenwart, p. 145.

aus, daß sich der Erkenner selbst nicht ›erkennt‹,[119] und stünde in einer Reihe mit den Negations- und Aufhebungsmethoden des Platonismus, der Mystik und indischer Weisheitsschulen. Merkwürdigerweise hat Husserl diesen unhintergehbaren Nullpunkt als Limes aller Erkennbarkeit gewissermaßen ignoriert. Zwar hält er ihn als Aspekt des Urphänomens fest, als letzte Bewußtseinsgegebenheit, da er ja via Reflexion und transzendentale Rückfrage gewonnen ist. Anstatt sich mit einem Phänomen, und nicht mit seinem denknotwendigen 'Gegenüber', dem es de-finierenden Wirklichen oder Wesen, zufriedenzugeben, d.h. die einzig mögliche Lösung per Auflösung des Problems in der Loslösung von ihm herbeizuführen (phänomenologisch wohl als vollständige Aktualisierung der Polbewußtheit oder absolute Neutralitätsmodifikation zu beschreiben), erfindet er sich wider seine Einsicht in die Einzigkeit des Ur-Ich via »abstraktive« oder »thematische ἐποχή«[120] eine »transzendentale Intersubjektivität«, die die Gefahr des transzendentalen Solipsismus[121] bannen soll, dessen 'Verwirklichung', wie wir wissen, genau wie in den westlichen und östlichen Schulen des Monismus bzw. Nondualismus angenommen, in der 'Entwirklichung'[122] kraft totaler ἐποχή

---

[119] Cf. Bṛhadāraṇyaka-Upaniṣad 3.4.2 & 2.4.14, ⟨ed./tr.⟩ S. Radhakrishnan: der Seher des Sehens kann nicht gesehen, der Denker des Denkens nicht gedacht, der Erkenner des Erkennens nicht erkannt werden. Dīgha-Nikāya 11.85, ⟨edd.⟩ T. W. Rhys Davids & J. E. Carpenter, 1.223: niemand ist sich der Bewußtheit selbst (*viññāṇa*) bewußt.

[120] Cf. E. Husserl, Cartesianische Meditationen, p. 95 sqq. §44.

[121] Cf. Husserliana 8.182–190; E. Husserl, Cartesianische Meditationen, pp. 5 §1, 32 §13, 91 sqq. §42, 152–155 §62; Husserliana 13.154; 15.561–562; 17.244.11–16, 248.19–249.27. Siehe ganz allgemein die Bände Husserliana 13–15: ‹Zur Phänomenologie der Intersubjektivität. Texte aus dem Nachlass› und die relevanten Kapitel in der Krisis-Schrift (Husserliana 6). Daß »die skeptischen Negationen« zu einem widersinnigen Solipsismus führen, in dem sich das Weltall zu einer subjektiven Fiktion reduziert, unterstellt Husserl im ersten Teil der ‹Ersten Philosophie›, Husserliana 7.69.30–35. Phänomenologisch orientierte Verteidigungen des transzendentalen Solipsismus geben P. J. Chaudhury, Reflections on Science, Philosophy and Art, pp. 57–61: Vindication of Solipsism; R. Puligandla, Reality and Mysticism, p. 75.

[122] Meister Eckhart spricht nicht umsonst mitunter vom *entwerden* (Entwerden), cf. Meister Eckhart, DW 5.281.9; 5.283.3 (Entwerden unseres Selbsts, Willens und Begehrens); idem, ⟨ed.⟩ F. Pfeiffer, p. 180.18 (Gott wird und entwird); P. Wackernagel, Das deutsche Kirchenlied von der ältesten Zeit bis zu Anfang des XVII. Jahrhunderts 2.305–306, Nr. 463. Cf. Rulman Merswin, in: A. Jundt, Histoire du panthéisme populaire au moyen âge et au seizième siècle p. 218: »Wer an Gott haftet, der wird ein Geist mit Gott, und in diesem selben Entwerden ist auch der Geist entworden und ist ein einziges eines in dem Einen geworden. Diese entwordene Gewordenheit ist die größte Armut, …« (*Wer an gotte haftet, der wurt ein geist mit gotte, und in diesem selben entwerden-*

bestünde, die aus dem Postulat heraus vollzogen würde, daß die Cogitatio im weitesten Wortsinne als Prinzip des Vielheitlichen, Relationalen und Korrelativen selbst 'gelassen' werden muß, wenn in das durch es hindurch als ultimative Wahrheit erkannte Nichtvielheitliche oder Eine ein- und zurückgegangen werden soll.

Weil Husserl diesen Gedanken nicht in seiner Reinheit gefaßt und wie sein von ihm dessenthalben gerügtes Vorbild Descartes[123] den Subjektpol doch wieder irgendwie mit dem Seienden seiner Funktionen, Akte, Konstitutionen in eine Wesensbeziehung gebracht zu haben scheint,[124] benötigt er, da es ja viele Subjekte gibt, ein Ne-

---

de ist ouch der geist entworden, und ist ein einigestes eine in dem einen worden. Dise entwordene gewordenheit, die ist die groeste armuot, ...).

[123] Cf. R. Descartes, Meditationes 2.6 = Œuvres 7.26.26–27.17/9.1.21.

[124] Dies suggerieren auch die Ausführungen von D. Sinha, Understanding in Human Context, pp. 160–161, die wir bereits im Kontext der Typik des Ich erwähnten. Nebenbei bemerkt, wird von Husserl sogar Gott (das Absolute) 'als idealer Repräsentant der absoluten Erkenntnis' mit seinen anzunehmenden Intentionsleistungen (dem Relativen) verquickt, indem behauptet wird, daß auch ihm »so etwas wie Raumdingliches ... nur anschaubar ist durch Erscheinungen, in denen es ›perspektivisch‹ in mannigfaltigen aber bestimmten Weisen wechselnd und dabei in wechselnden ›Orientierungen‹ gegeben ist und gegeben sein muß«, cf. Husserliana 3/1.351.2–8. Zu beachten gilt es jedoch, daß wir nicht meinen, es 'gäbe' das reine Subjekt (Selbst/Ātman) ohne seine Manifestationsform, den *actus purus/yoniḥ sarvasya* des Geistes, *noũs, intellectus, buddhi, ālaya-vijñāna, aóristos duás* der Pythagoreer, bloße Genesis, Agilität, esse in mero actu bei Fichte. Beide sind in ihrer Leerheit (›Absolutheit‹) eins (man vergleiche Fichtes »Thathandlung« und Aristoteles' *noũs poiētikós*) – zusammen, übrigens, mit den beiden weiteren irreduziblen Konstitutionsmomenten von empirischem Ich (*psuchḗ/manas*) und Realität/Transzendentem (*'úlē/indriyāṇi, artha*), welche vier nur die Auslegungsgrundformen des Geistes selbst darstellen und für welche kein Genealogie-, Ätiologie-, Realitätshierarchie-, Abhängigkeits- oder Axiologieverhältnis zueinander angebbar ist, befinden wir uns doch im Bereich reiner Formen, d.h. in der starren Welt der Struktur. Damit dürfte auch das Husserlsche Theorem vom Tisch sein, daß die Subjektivität verbliebe, auch wenn die Welt nicht wäre (cf. Husserliana 3/1.61–66; 6.81; 8.72–77, 126, 128, 391–392; E. Husserl, Cartesianische Meditationen, pp. 25–26 §10; Klarstellung: Husserliana 8.160.2–5). Dazu M. Scheler, Gesammelte Werke 7.311; o.c. 9.208: »Es kommt nun hinzu, daß Husserl diese seine Lehre von der ‹Reduktion› in eine logisch keineswegs geforderte Verbindung mit seinem ‹Idealismus des absoluten Bewußtseins› bringt. Die Reduktion ist aber zunächst von dem erkenntnistheoretischen Gegensatz *‹Idealismus und Realismus› völlig unabhängig.*« Eine sehr wohlwollende pro-husserlsche Deutung hierfür gibt D. Sinha, Metaphysic of Experience in Advaita Vedānta, pp. 110**–111: »Husserl stellt die befremdliche Frage der theoretischen Möglichkeit des Nichtseins jeglicher 'dinghaften Transzendenz' (im Verhältnis zur Region des 'gereinigten Bewußtseins'): daß es denkbar ist, daß diese Welt nicht mehr existieren könnte, indem sie nur 'mutmaßliche Realität' besitzt. ... der wirkliche Akzent in dieser Weltvernichtung ruht nicht auf irgendeiner nihilistischen oder akosmischen Position,

beneinander vereinzelter transzendentaler Egos, von denen ein jedes seine eigene Welt konstituiere (wie Leibniz für seine 'fensterlosen' Monaden)[125], ein weiteres, noch über dem diese wiederum synthetisierenden »letzt-transzendentalen Standpunkt ... der transzendentalen Allsubjektivität«[126] (der Übermonade), »einer paradoxen ›vor-

---

sondern vielmehr auf dem transzendentalen Bewußtsein, das 'über' der *natürlichen* Welt in seiner 'die Welt konstituierenden' Autonomie steht. Man könnte dieses gesamte Gedankenmodell lesen als eine phänomenologische Übersetzung des Begriffs der *anirvācya māyischen* [unbestimmbar scheinhaften] Natur der Welt, die in ihrer Gesamtheit als *transzendentale* (nicht *vyāvahārika* [praktische]) Situation in Rücksicht auf *Sākṣin* [den Zeugen] (genauer, *Īśvara-sākṣin* [den schöpfergöttlichen Zeugen]), dem die gesamte Realität der saṃsārischen [Wandel-] Welt als ein *Phänomen* gegenwärtig wäre, verstanden wird. ... Nur, die Phänomenologie ginge genau genommen kaum bis zur ontoreligiösen Ebene der Gottheit.« Cf. idem, The Idealist Standpoint, pp. 132–134. Das ist jedoch der kritische Punkt, weil Husserl so kein ultimativ Reales verbleibt. Worauf es in letzter Hinsicht ankommt, ist die Verschiebung des Aktualitätszentrums vom realen Personen-Ich des nach-, neben- und übereinandergeordneten Fungierens (Akte) zum wahrhaften, dem transzendentalen »Ich« (Selbst) mit seiner reinen Zeitigung aus der Vor-, Über- oder Nicht-Zeitlichkeit (*'én*/Absolutum), was dem Vollzug einer unüberbietbaren Neutralitätsmodifikation gleichkäme (wie wir das analog bei Meister Eckharts Begreifen der Ideen ohne ›Eigenschaft‹ expliziert haben). Pendant dazu wäre – über K. Helds Einsicht hinaus, daß das reine 'Jetzt' (oder Funktions-Ego) phänomenologisch gar nicht erfahrbar, sondern ein durch Abstraktion gewonnener Limes-Begriff sei (cf. K. Held, Lebendige Gegenwart, pp. 19–21, 129–130, 134, 144) – auch die Bezweiflung der Rechtmäßigkeit, den 'Gegenwarts-Strom' als Datum der Phänomenologie zu beanspruchen. Nicht umsonst flüchtet Husserl, wenn er das ›Verhältnis‹ des formalen Fixpunktes der »›Urimpression‹« (E. Husserl, Ms. C 2 I, p. ⟨15a⟩) bzw. des »Ur-Ego« zu »Urwandlung«, »Urströmen« (o.c. ⟨15b⟩), »Ursein oder Urgeschehen« (o.c. ⟨6b⟩) zu beschreiben versucht, ins Schwärmerische: er nennt es eine »wundersame Struktur«, »eine wundersame Synthesis« (o.c. ⟨11a⟩). Hierin zeigt er eine große Nähe zu den Spekulationsmagiern Schelling und Hegel mit ihrem Kunstgriff, das Unerklärliche mit dem Verweis auf den »Zauberschlag«, »Blitz«, die »Zauberkraft« oder die »List der Vernunft« zu 'erklären', cf. G. W. F. Hegel, Werke 3.36; 3.53, etc.; F. W. J. v. Schelling, Werke 13.259. Es sei noch angemerkt, daß in dem Maße, wie der *actus purus* innerhalb der Phänomenologie obsolet würde, auch der Sinn der »radikalsten Reduktion« dahinschwände.

[125] Cf. G. W. Leibniz, Die Monadologie §7, ⟨ed./tr.⟩ H. H. Holz, 1.440/441: »Die Monaden haben keine Fenster, durch die irgendetwas in sie hinein- oder aus ihnen hinaustreten könnte.« (*Les Monades n'ont point de fenêtres, par lesquelles quelque chose y puisse entrer ou sortir.*).

[126] Husserliana 8.480.29–31; cf. 8.153, 444–445; E. Husserl, Ms. B I 14 XIII, pp. 29–35. Husserliana 8.505.29–506.5: »Danach sind allein die *ego's* in ihrer kommunikativen Aufeinanderbezogenheit absolut seiend. ... Sie sind das Absolute, ⟨sie sind die Subjektivität,⟩ ... Sofern sie aber nicht nur für sich, sondern füreinander sind, als *alter ego's*, sind sie das und können sie das nur sein durch eine substanzialisierende Sinngebung, die sie einander wechselseitig und dann, in dieser Wechselbeziehung,

menschlichen‹ Subjektivität«[127] hinaus liegendes Vereinheitlichungsprinzip »als letztlich sinngebendes totales Prinzip für Wahrheit, für Sein, ja selbst für das Sein der absoluten Subjekte und der Totalität der Subjekte, der als einheitliche absolute Subjektivität miteinander in Allverbundenheit stehenden. Der im unendlichen strömenden Geltungswandel einheitlich geltenden und sich in Relativität erfahrend-denkend-wertend bewährenden Welt, der Welt, die notwendig als ins Unendliche sich erhöhende Geltung und Bewährungseinheit ist, Einheit im Wandel von Welterscheinungen ist; ferner der ins Unendliche strömend sich wandelnden transzendentalen All-Subjektivität, im unendlichen Strom der vergemeinschafteten Konstitution der Weltgeltung und dabei der unendlichen Konstitution ›wahre Welt‹ aus Vereinheitlichung der bewährenden relativen Evidenzen lebend, entspricht als abolute ideale Polidee / die eines Absoluten in einem neuen überweltlichen, übermenschlichen, übertranszendentalsubjektiven Sinn: es ist der absolute Logos, die absolute Wahrheit im vollen und ganzen Sinn, als das unum, verum, bonum, auf die alles endlich Seiende in der Einheit alles und jedes endliche Seiende umfangenden Strebens hingerichtet ist …«[128] »Diese Ideeneinheit, die höchste und letzte, aus einer Evidenz zu erschauen, die alle sonstigen Evidenzen impliziert aber auch relativiert, ist ein ›Ideal‹, aber sie hat offenbar eine Ueberrelativität, eine Ueberwahrheit, eine Ueberwirklichkeit, ein Ueber-an-sich, die allem relativen, endlichen, weltlichen und selbst transzendentalmonadischen Sein überhaupt erst wahren Sinn gibt.«[129]

---

einander selbst auferlegen – in der Substanzialisierung oder Realisierung der Animalität und Humanität. Sie haben daher ein doppeltes Sein: ein absolutes Sein und ein Für-sich-und-für-einander-erscheinen – aus einer selbstgeleisteten Apperzeption – …« Handelt es sich bei dem hier genannten Absoluten um ein weiteres Absolutum der Husserlschen Philosophie? Was die Mystik aus dem *duplex esse*, dem zweifachen Sein, gemacht hat, haben wir oben bereits abgehandelt. Die Lehre vom doppelten Sein/Nichts und der zweifachen Wahrheit zieht sich durch die gesamte abendländische und indische Metaphysik, so daß hier keine weiteren Verweise gegeben zu werden brauchen.

[127] E. Husserl, Ms. B I 14 XIII, p. 34.

[128] E. Husserl, Ms. E III 4, pp. 60–61.

[129] E. Husserl, Ms. E III 4, p. 62. Ich habe den Terminus »Ueberrelativität« des Typoskripts wegen des vorhergenden »relativiert« und des Anschlusses im folgenden Relativsatz »die allem relativen …« sowie des Vorkommens des Synonyms »Ueberwirklichkeit« in der Reihe trotz der handschriftlichen Korrektur in »Ueberrealität« beibehalten. Verstanden als »das sich über dem Relativen Befinden« ergäbe er schon ohne die aufgewiesene kontextuelle Einbindung Sinn. Anschließend an diesen Passus weist Husserl

Sollte dieses – ganz im Stile der mystischen Spekulation besungene – Hyperabsolute das innerhalb der Reflexion als »Absolutum« (in Anführungsstrichen) angedeutete, be-deutete und denotierte sein, dann und nur dann entspräche Husserls Gedankengang dem buddhistischen, der besagt, daß das Nirvāṇa jenseits aller Vorstellung und Begrifflichkeit ist, was andererseits sagt, daß ›Nirvāṇa‹ nur ein leerer Begriff ist, daß es überhaupt nicht existiert. Einer aus dem Haufen, der breiten Masse, ein Weltling (*puthujjano*), so heißt es in der ‹Mittellangen Sammlung› des Pāli-Kanon, »faßt das Nirvāṇa als Nirvāṇa auf; Nirvāṇa als Nirvāṇa aufgefaßt habend, stellt er sich das Nirvāṇa vor, er stellt sich etwas hinsichtlich des Nirvāṇa vor, er macht sich eine Vorstellung vom Nirvāṇa, er stellt sich vor: das Nirvāṇa ist mein, er erfreut sich am Nirvāṇa; und was ist der Grund dafür? Ich sage: Er hat es nicht richtig verstanden. ...... Der aber, ihr Mönche, der ein würdiger Mönch, ein Wahnbesieger, ein Vollendeter ist, einer, der getan, was zu tun war, ein Last-Entledigter, sein Ziel erreicht Habender, ein die Daseinsfesseln durchhauen Habender, ein durch vollkommene Gnosis Abgeschiedener, auch der erkennt das Nirvāṇa als Nirvāṇa; Nirvāṇa als Nirvāṇa erkannt habend stellt er sich nicht das Nirvāṇa vor, er stellt sich nichts hinsichtlich des Nirvāṇa vor, er macht sich keine Vorstellung vom Nirvāṇa, er stellt sich nicht vor: das Nirvāṇa ist mein, er erfreut sich nicht am Nirvāṇa; und was ist der Grund dafür? Ich sage: Weil er es genau erkannt hat ... weil er durch Auslöschung (*khayā*) der Leidenschaft ohne Leidenschaft (*vīta-rāgattā*) ist. ... weil er durch Auslöschung (*khayā*) von Widerwillen/Zwietracht ohne Widerwillen/Zwietracht (*vīta-dosattā*) ist. ... weil er durch Auslöschung (*khayā*) von Verwirrung ohne Verwirrung (*vīta-mohattā*) ist. ... weil es der Tathāgata vollständig erkannt hat. ... weil er eingesehen hat, daß Lust (*nandī*) die Wurzel von Leid (*dukkhassa*), daß durch Werden Geburt, Alter und Tod der Wesen ist. Daher sage ich, Mönche, ist der Tathāgata durch gänzliche Durstlöschung (*sabbaso taṇhānaṃ khayā*), Leidenschaftslosigkeit (*virāgā*), Stillstellung/ἐποχή (*nirodhā*), durch Verzicht (*cāgā*) und Aufgeben (*paṭinissaggā*) voll erwacht zur unübertrefflichen, perfekten Erleuchtung.«[130]

auf Platon's »Idee des Guten als einem Über-Seienden«. Dazu auch anläßlich Plotin's: Husserliana 7.328–329; cf. S. Strasser, Das Gottesproblem in der Spätphilosophie Edmund Husserls, pp. 130–142; K. Held, Lebendige Gegenwart, pp. 173–184.

[130] Majjhima-Nikāya 1.4–6, ⟨edd.⟩ V. Trenckner & R. Chalmers (Mūlapariyāya-Sutta = 1. Suttam): *Nibbānaṃ nibbānato sañjānāti. nibbānaṃ nibbānato saññatvā nibbānaṃ maññati, nibbānasmiṃ maññati, nibbānato maññati, nibbānam – me ti maññati, nib-*

Im mahāyānistischen ‹Aṣṭasāhasrikā-Prajñāpāramitā–Śāstra› wird diese Einsicht iteriert. »Sogar das Nirvāṇa, sage ich, ihr Gotteskinder, ist der Māyā [Magie/Zauber/Trug/Illusion] gleich, einem Traume gleich; um wieviel mehr alles andere. … Selbst wenn es irgend etwas Ausgezeichneteres als das Nirvāṇa gäbe, ihr Gotteskinder, würde ich auch dieses der Māyā gleich, einem Traume gleich nennen. Denn, ihr Gotteskinder, Māyā und Nirvāṇa, das ist Nicht-Zweiheit, nicht Zweiheit Bildendes. Denn Traum und Nirvāṇa, das ist Nicht-Zweiheit, nicht Zweiheit Bildendes.«[131] »›Da dem so ist, exi-

---

bānaṃ abhinandati; taṃ kissa hetu: apariññātaṃ tassâti vadāmi. … … Yo pi so bhikkhave bhikkhu arahaṃ khīṇāsavo vusitavā katakaraṇīyo ohitabhāro anuppattasadattho parikkhīṇabhavasaṃyojano samma – d – aññā vimutto, so pi nibbānaṃ nibbānato abhijānāti, nibbānaṃ nibbānato abhiññāya nibbānaṃ na maññati, nibbānasmiṃ na maññati, nibbānato na maññati, nibbānam – me ti na maññati, nibbānaṃ nâbhinandati; taṃ kissa hetu: pariññātaṃ … khayā rāgassa vītarāgattā. … khayā dosassa vītadosattā. … khayā mohassa vītamohattā. … pariññātaṃ Tathāgatassâti vadāmi. … nandī dukkhassa mūlan – ti iti viditvā, bhavā jāti, bhūtassa jarāmaraṇan – ti. Tasmātiha bhikkhave Tathāgato sabbaso taṇhānaṃ khayā virāgā nirodhā cāgā paṭinissaggā anuttaraṃ sammāsambodhiṃ abhisambuddho ti vadāmîti. Cf. O. Franke, Der »Negativismus« in der alten Buddhalehre, p. 342: »Hier wird … nicht einmal dem allerhöchsten buddhistischen Ideale Realitätswert zuerkannt. Ein radikalerer Negativismus ist gar nicht denkbar, und in der Prajñāpāramitā ist kein stärker potenzierter aufzufinden. Es herrscht kein Gegensatz, sondern umgekehrt eine enge Verwandtschaft oder besser Identität, denn genau denselben Gedanken, wie den eben angeführten Schlußgedanken spricht die Aṣṭasāhasrikā (Rāj. Mitras Ausg. p. 9 Z. 13) mit denselben, offenbar von dort stammenden, Worten aus: *sa nirvāṇam api na manyate* ›ein solcher glaubt nicht einmal an das Nirvāṇa‹ … Mit M.[ajjhima] 1 ist M.[ajjhima] 49 inhaltlich verwandt.«

[131] Aṣṭasāhasrikā Prajñāpāramitā. With Haribhadra's Commentary Called Āloka, ⟨ed.⟩ P. L. Vaidya, p. 20.21–25: *nirvāṇam-api devaputrā māyā-upamaṃ svapna-upamam-iti vadāmi, kiṃ punar-anyaṃ dharmam | … tad-yadi devaputrā nirvāṇād-apy-anyaḥ kaścid-dharmo viśiṣṭataraḥ syāt, tam-apy-ahaṃ māyā-upamaṃ svapna-upamam-iti vadeyam | iti hi devaputrā māyā ca nirvāṇaṃ ca advayam-etad-advaidhīkāram | iti hi svapnaś-ca nirvāṇaṃ ca advayam-etad-advaidhīkāram ||*. Cf. R. Pandeya, Indian Studies in Philosophy, p. 75[1]: »Dieses Statement der *Aṣṭasāhasrikā Prajñāpāramitā* (Calcutta, 1932), p. 40, stellt eindeutig fest, daß *Nirvāṇa auch nur* ein bloßer Begriff *ist.*« (mit Bezug auf den vom Verfasser zitierten Original-Passus); K. Bhattacharya, L'ātman-brahman dans le Bouddhisme ancien, pp. 160–162. S. Dasgupta, Indian Idealism, p. 78: »›Das Ding an sich‹, sagt Nāgārjuna, ›ist ebensosehr ein relativer Begriff als alle relationalen Dinge, die gewöhnlich für wahr gehalten werden‹; …« Ähnliches bei einem Hauptvertreter des Vijñānavāda, Vasubandhu, der von ca. 320–380 lebte. Wir zitieren die Problembeschreibung und die sich anschließende Lösung fortlaufend, cf. Vasubandhu, Triṃśikā-Vijñaptimātratāsiddhi 27–29a: »Ja sogar durch die Auffassung ›dies hier ist nichts als Bewußtsein‹ steht man in diesem [Bewußtsein] allein nicht fest, da man etwas vor(sich hin)stellt. Wenn aber das Erkennen eine Unterlage [ein Objekt] gar nicht

stiert das Nirvāṇa überhaupt nicht; und da dieses nicht existiert, existiert keine Wandelwelt‹«.[132] Bezogen auf das personifizierte Nirvāṇa, den Tathāgata, sprich Buddha, heißt das dann: »Der Tathāgata ist ungegenständlich … der Tathāgata ist jenseits der Vorstellungspluralität.«[133] Wer glaubt, daß die indische Orthodoxie des Vedānta anderes lehrt, hat sich getäuscht: »›Von wo Sprache [und Denken zusammen] zurückkehren‹ [Taittirīya-Upaniṣad 2.4.1] – das wird von den Erlösten erkannt; die Wörter Ātman etc. sind in Wirklichkeit fiktionale Bezeichnungen/Erkenntnisse seiner [= des Ātman], nicht aus seinem Ansichsein stammend.«[134]

Zu diesem Gedankengang gibt es wiederum einen analogen in der mystischen Spekulation Meister Eckharts. Nahe am Abgrund der Häresie predigt der christliche Magister: »… daß Gott ›Gott‹ ist, dafür bin ich die Ursache; wäre ich nicht, so wäre Gott nicht ›Gott‹.«[135]

---

erfaßt, dann steht jemand in der Nur-Bewußtheit fest, wo ein Zu-Erfassendes [Objekt] nicht existiert aufgrund des Nichterfassens von diesem. Jener ist ein Geist-loser, Nichterfassender; und das ist die überweltliche/transzendente Erkenntnis/Weisheit.« (*vijñaptimātram-eva-idam-ity-api hy-upalambhataḥ | sthāpayann-agrathaḥ kiṃcit tanmātre na-avatiṣṭate || yadā tv-ālambanaṃ jñānaṃ na-eva-upalabhate tadā | sthito vijñānamātratve grāhya-abhāve tad-agrahāt || acitto'nupalambho'sau jñānaṃ loka-uttaraṃ ca tat |*) Cf. idem, Viṃśatikā-Kārikā 22; Saṃdhinirmocana-Sūtra 7.10, deutsch bei E. Frauwallner, Die Philosophie des Buddhismus, p. 294.

132 Candrakīrti, Madhyamakavṛttiḥ (Prasannapadā), 〈ed.〉 L. de la Vallée Poussin, p. 289.1: *tad-evaṃ nirvāṇam-api na-asti tad-abhāvān-na-asti saṃsāra iti* ||. Zur Doppelleere (von Relativem und Absolutem) cf. G. Vallin, Lumière du Non-dualisme, pp. 153–165: Les deux vides.

133 Candrakīrti, Madhyamakavṛttiḥ (Prasannapadā), p. 448.5–6: *avastukaḥ ca tathāgataḥ … prapañca-atītas-tathāgataḥ* |. Folgendermaßen die kommentierende Übersetzung dieses und des nicht zitierten vorhergehenden Passus bei S. Schayer, Ausgewählte Kapitel aus der Prasannapadā, p. XXI[1]: »›Die Begriffe des diskursiven Denkens sind gebunden an das gegenständliche Sein (= *vastu-nibandhanā hi prapañcāḥ*). Das Absolute (= *tathāgata*) ist aber kein Gegenstand (= *avastuka*) … Deshalb wird über das Absolute gesagt, daß es das diskursive Denken übersteigt‹.« Vor der Folie dieses Verständnisses ist Candrakīrti's ›Widerlegung‹ des unbestimmbaren (*avācya*) Ātman zu verstehen, cf. Candrakīrti, Madhyamakavṛttiḥ (Prasannapadā), p. 288.7–17: er wird stillschweigend als ein Ding unter anderen Dingen supponiert und kann dieserart auch als Ding an sich leicht widerlegt werden.

134 Yogavāsiṣṭha 3.5.5: *yato vāco nivartante yo muktair-avagamyate | yasya caātmā–ādi-kāḥ saṃjñāḥ kalpitā na svabhāva-jāḥ* ||. Meine zum Verständnis notwendige Ergänzung in eckigen Klammern.

135 Meister Eckhart, DW 2.504.2–3: »*Daz got 'got' ist, des bin ich eine sache; enwære ich niht, sô enwære got niht 'got'.*« (Übersetzung: DW 2.730); cf. DW 2.492.3–9. Meister Eckhart, 〈ed.〉 F. Pfeiffer, p. 181.1–2; 7–10: »*Got der wirt dâ alle crêatûren. Gotes sprechen dâ gewirt got. … Alsô sprechent alle crêatûren von gote. Und war umbe sprechent sie*

»Ihr sollt wissen, wer sich an dem genügen läßt, was man in Worte fassen kann: Gott ist ein Wort, Himmelreich ist ein Wort, … der soll billigerweise ungläubig heißen.«[136] »Denn auch über Gott selbst, unter diesem Namen, ja unter jedem Namen, muß die Seele hinausschreiten.«[137] »Der Mensch soll weder einen gedachten Gott haben noch sich an einem gedachten Gott genügen lassen, denn wenn der

---

niht von der gotheit? Allez daz, daz in der gotheit ist, daz ist ein, unde dâ von ist niht ze sprechenne.« Übersetzung ⟨tr.⟩ J. Quint, Meister Eckehart. Deutsche Predigten und Traktate, p. 273.10–11; 16–18: »Gott *wird* (›Gott‹), wo alle Kreaturen aussprechen: da *wird* ›Gott‹. … So also reden alle Kreaturen von ›Gott‹. Und warum reden sie nicht von der Gottheit? Alles das, was in der Gottheit ist, das ist Eins, und *davon kann* man nicht reden.« Cf. A. Silesius, Cherubinischer Wandersmann 1.8. J. Quint, Neue Funde zur Handschriftlichen Überlieferung Meister Eckharts, p. 374: »Alle Dinge sind durch mich geschehen« (*Alli ding sind durch mich geschenhen*). Die Lehre von der götter- und welterschaffenden Seele (*psuchē*) stellt neuplatonisches Gedankengut dar, cf. Plotinos, Enneaden 5.1.2–5.1.3 §§ 5–18.

136 Meister Eckhart, ⟨ed.⟩ F. Pfeiffer, p. 469.27–31: *Ir sult wizzen, wer im dâ mite lâzet gnüegen, mit dem daz man gewortigen mac: got ist ein wort, himelrîche ist ein wort, … der sol billîche ungloubic heizen.* Cf. Clemens Alexandrinus, Stromata 5.12.82.1–4. Überdeutlich bringt Plotinos, Enneaden 6.9.3.49–6.9.4.16 §§ 23–26, das Differenzbewußtsein zwischen dem im Denken konnotierten »Wahren« und dem denotierten Wahren selbst zum Ausdruck und damit das Defizienz- und Grenzbewußtsein, auf dem das Postulat der Mystik zur praktischen Grenzüberschreitung aufruht. Dasselbe wird in der Einsicht vermittelt, daß das »Jenseits«, d. h. das undenkbare Absolute oder Eine die Form des Geistes annimmt, sobald dieser jenes denkt, nämlich Vielheit, cf. o. c. 5.3.11.1–4 § 98; 5.3.13.6–11 § 121. An der Stelle o. c. 6.8.10.36–6.8.11.37 §§ 92–101, wird anläßlich der Authypostasierung des Einen gesagt, daß Es weder fremd- noch selbst-hypostasiert ist, da Es überhaupt nicht zur Hypostase wurde (d. h. Sein und Dasein erlangte), weil das weder durch anderes noch durch Es/sich selbst möglich gewesen wäre. Angesichts der Frage nach seinem Was (Wesen), Wiebeschaffen (Qualität), Warum (Grund) und Sein gilt: »Im übrigen ist schweigend abzulassen/abzugehen und – der Aporie im Urteil eingedenk – nichts weiter zu fragen.« (*ē siōpēsantas deĩ apeltheĩn, kaì en apórōj tẽj gnṓmēj theménous mēdèn éti zēteĩn.*) An einem anschaulichen Beispiel wird dann die Ursache dieser Aporie verständlich gemacht, damit sie in Zukunft vermieden werden kann. Wie der heilige Dionys diese Einsicht ausdrückte, zitierten wir im Kapitel 1.3.2; es handelt sich um die Stelle Dionysios Areopagita, De mystica theologia ad Timotheum 1.3, Corpus Dionysiacum 2.144.5–9 ≈ PG 3.1000C/1001A.

137 Meister Eckhart, LW 4.226.7–8: *Nam et ipsum deum sub hoc nomine, immo sub omni nomine debet transire anima.* Cf. A. Silesius, Cherubinischer Wandersmann 1.7, 1.15. Iacopone da Todi, Laude 84.275–280, drückt dieses reflexive Bewußtsein dadurch aus, daß er von dem am Scheitelpunkt seines spirituellen Aufstiegs in den dritten und letzten Zustand, Baum oder Himmel Angekommenen behauptet, daß er, zu einem Seraphim geworden und die Trinität kontemplierend, alle Zustände ge-/verlassen, die drei Bäume zerbrochen, die drei Himmel zertrümmert habe und von da an in der Gottheit lebe (*fatto è uno serafino, / esguarda ne la Ternetate. / E tutti li stati à lassati, / e li tre arburi à spezzati, / e li tre celi à fracassati / e vive ne la Deietate.*).

Gedanke vergeht, so vergeht auch der Gott.«[138] »Das ist ganz und gar der Wille Gottes, daß die Seele Gott verliere; denn solange die Seele Gott ergreift und Gott begreift und von Gott weiß, ist sie fern von Gott. Das ist Gottes Wunsch, daß Gott sich selbst zunichte mache in der Seele, auf daß die Seele sich selbst verliere. ... und die höchste Ehre, die die Seele Gott erweist, das ist, daß sie Gott sich selbst überlasse und seiner ledig stehe.«[139]

Endlich die transzendentalphilosophische Variante, die konstatiert: »Absolut ist selbst ein relativer Begriff, nur denkbar im Gegensatze mit dem *relativen;* u. ich wünschte das K[un]ststük, den ersten ohne das lezte zu denken, angestellt zu sehen.«[140] »... das Absolute ist kein Faktum«[141], es ist »in der *AlsForm,* durchaus, u. schlechthin *leer* ... Bloß u. lediglich ein *formales* absolute.«[142] »Daß mir darum keiner sagt: *Was* ist das absolute.«[143]

Solch einen Sinn der Husserlschen Gedankenführung zum 'intentionalen Urgrund'[144] sollte man wenigstens einmal in Erwägung ziehen, auch wenn aufgrund seiner bisher bekanntgewordenen Bemerkungen zum Letzttranszendenten alles andere denn eindeutig festzustellen ist, ob es sich tatsächlich so verhält oder nicht.[145] Nimmt

---

[138] Meister Eckhart, DW 5.205.5–7: *Der mensche ensol niht haben noch im lâzen genüegen mit einem gedâhten gote, wan, swenne der gedank vergât, sô vergât ouch der got.*

[139] (Pseudo-)Meister Eckhart, Predigt Nr. 82, ⟨ed.⟩ F. Jostes, Meister Eckhart und seine Jünger, p. 93.19–26: *Dizz ist alles di meinung gotes, daz di sele got verlies; wann als lang als di sele got hat und got bekent und got weiz, so ist si verre von got. Daz ist gots begerung, daz got sich selber zu nicht mach in der sele, uf daz die sele sich selber verliese. ... und daz ist di meist ere, di die sele got tůt, daz ist, daz si got im selber lazze und ste (si) sein ledik.* Zur Vermeidung einer Verdinglichung der Gottheit, die auf dem Reflexionsbewußtsein Eckharts beruht, und zu den Folgegedanken, cf. K. Ceming, Mystik und Ethik bei Meister Eckhart und Johann Gottlieb Fichte, pp. 62–67: Verwindung des Denkens.

[140] J. G. Fichte, GA 2.9.195.5–7 (4ter Vortrag der Wissenschaftslehre – Erlangen 1805); cf. GA 2.9.189.21–27*, 231.26–232.13, 240.15–241.11; GA 2.8.142/143.26–144/145.7 (Die Wissenschaftslehre II. Vortrag im Jahre 1804) = SW 10.162–163.

[141] J. G. Fichte, SW 10.329 (Wissenschaftslehre 1812, Fragment).

[142] J. G. Fichte, GA 2.9.279.32–280.2 (4ter Vortrag der Wissenschaftslehre – Erlangen 1805).

[143] J. G. Fichte, GA 2.7.30.17 (W. L. Innerer Geist. Konzeptionen zur Wissenschaftslehre 1804, Erster Vortrag); cf. GA 1.9.110.23–111.21 (Die Anweisung zum seeligen Leben, oder auch die Religionslehre) = SW 5.470–471.

[144] Cf. Husserliana 17.242.24–244.16.

[145] Cf. J. G. Hart, Husserl and Fichte, p. 156: »So erhebt sich die Frage, ob die Philosophie als solche jemals in der Lage ist, im eigentlichen Sinne über das Göttliche an sich und sein ihm eigenes ›Leben‹ zu sprechen. Für Husserl ist das Göttliche in der philoso-

man folgende Äußerungen, durch die sich Husserl, der bekanntlich jüdischer Abstammung war, in erster Linie als Erkenntnistheoretiker und Phänomenologe (und nicht als gläubiger Protestant) ausspricht, zum Maßstab, dann könnte man das beinahe annehmen. »Intentionaler Urgrund ist aber das ›Ich bin‹; für ›die‹ Welt nicht nur, die ich als reale anspreche, sondern auch für die mir je geltenden ›idealen Welten‹ und so überhaupt für alles und jedes, das ich in irgendeinem für mich verständlichen oder geltenden Sinne als seiend bewußt habe – …«[146] »Kann man bei dieser Sachlage sagen, diese Teleologie, mit ihrer Urfaktizität, habe ihren Grund in Gott? Wir kommen auf letzte ›Tatsachen‹ – Urtatsachen, auf letzte Notwendigkeiten, die Urnotwendigkeiten. Aber ich denke sie, ich frage zurück und komme auf sie schliesslich von der Welt her, die ich schon ›habe‹. Ich denke, ich übe Reduktion, ich, der ich bin und für mich in dieser Horizonthaftigkeit bin.«[147] »Auch Gott ist für mich, was er ist, aus meiner eigenen Bewußtseinsleistung, auch hier darf ich aus Angst vor einer vermeinten Blasphemie nicht wegsehen, sondern muß das Problem sehen. Auch hier wird wohl, wie hinsichtlich des Alterego, Bewußtseinsleistung nicht besagen, daß ich diese höchste Transzendenz erfinde und mache.«[148]

---

phischen Reflexion nur qua *Idee* oder Entelechie der eigentlich absoluten, transzendentalen Subjektivität als dem absoluten *concretum* evident. Jedoch, bei einer Gelegenheit schrieb Husserl darüber, wie die philosophische Theologie etwas mit dem zu schaffen hätte, was primär ist: das Sein Gottes als Prinzip der Teleologie, das die transzendentale Subjektivität beherrscht, ›gegenüber dem Sein des ersten Absoluten, dem Sein meines transzendentalen Ich und der sich in mir erschließenden transzendentalen Allsubjektivität‹. Wie dieses ›zweite Absolute‹ jedoch ein genuin philosophisches Thema, und nicht nur das Vorrecht der Sphäre der Religion sein könnte, ist überhaupt nicht klar. Für Fichte ereignet sich die Philosophie in gleicher Weise innerhalb des absoluten Bereichs des *Wissens,* das das ›*Da*‹ oder *Bild* Gottes ist. Und er spricht sich ebenfalls für ein Absolutes außerhalb des ersten Absoluten der eigentlichen Sphäre der Philosophie, i. e. des *Wissens,* aus.« Das englischsprachig gegebene Zitat im Zitat stammt aus E. Husserl, Briefwechsel 9.84.6–8 (von mir aus dem Original wiedergegeben). Die Zwiespältigkeit der Gottesvorstellungen bei Husserl wird herausgearbeitet von R. A. Mall, The God of Phenomenology in Comparative Contrast to that of Philosophy and Theology.

146 Husserliana 17.244.1–5.

147 Husserliana 15.385.36–386.4.

148 Husserliana 17.258.3–9.

4
Die ganz andere ἐποχή indischer Weiser? *Nirodha* und *upaśama*

4.1 Innere Stille im Hinduismus und Buddhismus

4.1.1 Phänomenologie und Yoga

Befangen in den engen Blickbahnen von Husserls ideengeschichtlichem Eurozentrismus, insbesondere der Krisis-Schrift, fiel es den Vertretern der von ihm gestifteten Phänomenologie offensichtlich nicht ein, ihre Methodik und Wissensbestände auch nur ansatzweise mit denen orientalischer Traditionen zu konfrontieren, geschweige denn, von diesen aus eine Rückfrage auf die von ihnen reklamierte Leistung, Stimmigkeit und Gültigkeit und den für selbstverständlich angenommenen Totalsinn, vorzunehmen. Hätten sich nicht einige indische und von indischer Geistigkeit inspirierte Gelehrte aufgemacht, dieses Unterfangen anzupacken, es wäre bis heute kein interkultureller Dialog zur phänomenologischen Philosophie zustandegekommen.[1] Durch ihre Pionierarbeit wurde, sieht man von den in ihrem Einfluß auf die Gelehrtenwelt kaum einschätzbaren Bemerkungen des polnischen Indologen Stanisłav Schayer (1899–1941), welche uns unten noch begegnen werden, einmal ab, die transkulturelle phänomenologische Philosophie in einer Weise auf den Weg gebracht, daß wir trotz der 'Dürre' auf diesem Forschungsfeld nun gleich zwei kurze Studien besitzen, die sich ausschließlich mit der

[1] Cf. J. N. Mohanty, Husserl's Phenomenology and Indian Idealism, pp. 147–156; idem, Phenomenology in Indian Philosophy, pp. 255–262; idem, Phenomenology and Existentialism: Encounter with Indian Philosophy, pp. 485–511, insbesondere pp. 486–500. Ad Vedānta, Mystik und Phänomenologie cf. J. Reboul, Husserl et le Vedanta, pp. 320–336. Zur Wahrnehmung: M. K. Malhotra, Die indische Philosophie und die Phänomenologie Husserls, pp. 339–346. Neuere, in unserem Zusammenhang nicht oder kaum relevante Studien zur Phänomenologie und indischen Philosophie, finden sich in den Sammelbänden von D. P. Chattopadhyaya et al. und F. M. Kirkland et al. (siehe Literaturliste). Einige relevante Details aus den Schriften des indischen Phänomenologen Debabrata Sinha, der sich in seinem Postgraduiertenstudium in Deutschland der Phänomenologie widmete, und des buddhistischen Mönchs Bhikkhu Nanajivako, eines ehemaligen Gelehrten aus Kroatien namens Cedomil Veljacic, sind in unserer Studie berücksichtigt.

Problematik von phänomenologischer Reduktion und Yoga beschäftigen.

Das Resultat der Vergleichung von Husserls Reduktion und der Technik des Yoga kann streng genommen in zwei Sätzen zusammengefaßt werden. Erstens entspreche das innerhalb der phänomenologischen Epoché geforderte Erschauen selbstgegebener Wesenheiten bei Husserl der Einsicht in das Wesen der Dinge, der Dinge an sich (*svarūpa*), wie sie innerhalb des Yoga postuliert wird.[2] Phänomenologie wie Yoga versuchten, zweitens, durch Aus- bzw. Einklammerung des Raum-Zeitlichen zur transzendentalen Subjektivität vorzudringen. Es bestehe gleichwohl eine immense Kluft zwischen dem Umfang beider Methoden der Reduktion, die von der jeweiligen Erkenntnisabsicht abhinge.[3]

Über das in beiden Essays Genannte hinaus müssen noch einige Subtilitäten erwähnt werden. Zum einen, daß die phänomenologische Epoché mit ihrer Ausschaltung des Welthaft-Sinnlichen als Urteilsbereich – zumindest formal – der fünften Stufe des achtfachen Yogapfades ähnelt, dem Zurückziehen der Sinne (*pratyāhāra*) aus der Außenwelt in das interne Bewußtseinsfeld,[4] das mit dem Einziehen der Extremitäten einer Schildkröte in ihren Panzer versinnbildlicht wird.[5] Zum anderen, daß die eidetischen Reduktionen, die Fo-

---

[2] Cf. R. Sinari, The Method of Phenomenological Reduction and Yoga, p. 226; R. Puligandla, Phenomenological Reduction and Yogic Meditation, p. 27; A. K. Banerji, Phenomenology of Yoga, p. 385.

[3] Cf. R. Sinari, The Method of Phenomenological Reduction and Yoga, p. 226; R. Puligandla, Phenomenological Reduction and Yogic Meditation, pp. 29–30. In bezug auf den Vedānta: R. Sinari, The Structure of Indian Thought, pp. 74–77, 147–150, 178–181; J. M. Mohanty, Husserl's Phenomenology and Indian Idealism, pp. 152–153; idem, Phenomenology in Indian Philosophy, pp. 258–260. Einige interessante, doch problematische Bemerkungen zu den obersten Prinzipien im Vedānta, Yoga und bei Husserl finden sich bei J. Reboul, Husserl et le Vedanta, pp. 328–329.

[4] Cf. Patañjali, Yoga-Sūtra 2.54.

[5] Cf. Bhagavad-Gītā 2.58. Mahābhārata (Anu-Gītā) 14.46.42, ⟨edd.⟩ V. S. Sukthankar & S. K. Belvalkar = P. Deussen ⟨tr.⟩, p. 979: XIV.46.44 (1302): »Die Sinne wie eine Schildkröte ihre Glieder von überallher eingezogen habend, dürfte, nachdem ihm Sinne, Denken/Ratio und Einsicht/Intellect dahingeschwunden sind, der [derart] Verstümmelte/Hinfällige klar-/allsehend sein.« (*indriyāṇy-upasaṃhṛtya kūrmo 'ṅgāni-iva sarvaśaḥ* | *kṣīṇa-indriya-mano-buddhir-nirīkṣeta nirindriyaḥ* ||). Das Bild paßt in der Sāṃkhya-Yoga-Philosophie ganz besonders, da in ihr neben fünf Tatsinnen (*karmendriya*) sechs Erkenntnissinne angenommen werden, die fünf Wahrnehmungssinne (*jñānendriya*) und der Denk- oder Zentralsinn (*manas*); den sechs Erkenntnissinnen entsprechen die vier Beine, der Schwanz und der Kopf der Schildkröte.

kussierung des Bewußtseinsstrahls und die Fixierung des geistigen Blicks zwecks Gewinnung des baren Eidos ihrer Beschreibung nach an die Vertiefungsstufen von Konzentration und Meditation der sechsten und siebten Yoga-Stufe erinnern, das Heften des Geistes an eine Stelle und Festhalten daran (*dhāraṇā*)[6] einerseits und die ununterbrochene Ausrichtung seiner gebündelten Aufmerksamkeit dorthin (*dhyāna*)[7] andererseits.

Zudem ist von der These eines Forschers zu berichten, daß die Meditation innerhalb der Phänomenologie, wie sie in Husserls ‹Cartesianischen Meditationen› erklärt wurde, »der Haltung der *epoché* in Buddho's erstem und zweitem *jhānam* (Disziplin begrifflichen und diskursiven Denkens = *vitakka-vicāro*), das in derselben Begrifflichkeit und Bedeutung am Beginn von Patañjali's Yoga-sūtrāni übernommen wurde, korrespondiert.«[8] In einer weiteren kleinen Studie desselben Gelehrten wurde ein direkter Vergleich zwischen einzelnen Aspekten der phänomenologischen Verfahrensweisen und gewissen Phasen buddhistischer Meditation mit der Absicht angestellt, Übereinstimmungen zwischen beiden Methoden herauszuarbeiten. Dieser gewagte komparative Versuch erbrachte die bedenkenswerten Resultate, daß a) Aufmerksamkeit und Intention, b) Irrelevanz und Ausklammerung der Gottesfrage und c) die Neutralitätsmodifikation moderne philosophische Varianten der Reduktion der Gegenstände (*dhamma*) und der Aussetzung von weltanschaulichen Setzungen (*diṭṭhi*) sind, welche Voraussetzungen für die buddhistische Meditation (*jhāna*) darstellen. Zudem hatte er zum Ergebnis, daß die Noesis-Noema-Differenzierung innerhalb der phänomenologischen Reduktionen ihre Entspechungen in der buddhistischen Unterscheidung von *samādhi* (Sammlung – bis zur Erlangung der Einspitzigkeit des Geistes = *citta-ekaggatā*) und *vipassanā* (Einsicht – bis zum Durchblick auf den Bereich von Weder-Wahrnehmung-noch-Nichtwahrnehmung = *nevasaññānāsaññāyatana*) auf der einen, sowie von *samādhi* (Sammlung) und *sati* (Achtsamkeit/Aufmerksamkeit) auf der anderen Seite hat, und daß die jeweiligen Reduktionen notwendig zur Erfassung des unterschwelligen Bewußtseinsstroms (*citta-santāna*) führen.[9]

---

[6] Cf. Patañjali, Yoga-Sūtra 3.1.

[7] Cf. Patañjali, Yoga-Sūtra 3.2.

[8] B. Nanajivako, The Ethos of Knowledge in Kantian and in Buddhist Philosophy, pp. 78–79, mit Hinweis auf Husserliana 1.14.

[9] Cf. B. Nanajivako (C. Veljacic), A Western Approach to Buddhist Meditation. Es

Und schließlich ist eine präzise und konzise phänomenologische Ausdeutung des Taoismus durch einen japanischen Forscher zu erwähnen, in der geltend gemacht wird, daß die phänomenologische

---

scheint fast, als habe der Autor in diesem frühen Abriß die Warnung, die er anläßlich seiner oben zitierten These ausspricht, noch nicht genügend beachtet, cf. B. Nanajivako, The Ethos of Knowledge in Kantian and in Buddhist Philosophy, p. 78[74] (mit Verweis auf idem, The Indian Origin of Pyrrho's Philosophy of Epoche): »Es wäre hier grotesk, in einer europäischen Manier anzunehmen, daß eine Bedeutung mystischer Intuition oder Empathie der Husserlschen Epoché beigelegt werden sollte, um sie mit der Idee des *citta-vivekaḥ* in den grundlegenden und ursprünglich indischen Systemen des *yogaḥ* gleichzustellen. Nur eine Differentialanalyse des intentionalen Sinnes von Husserls Epoché mit Bezug auf Pyrrhon's ursprüngliche Bedeutung desselben Begriffs wäre angemessen.« Ein Werk, in welchem diese Analyse durchgeführt sein soll, kündigte der Verfasser in idem, The Indian Origin of Pyrrho's Philosophy of Epoche, p. 332, an. Leider konnten wir es bisher nicht nachweisen. Mit hīnayānistischem Bias gefärbte kurze Hinweise auf Ähnlichkeiten (und Unterschiede) der ἐποχή des Buddhismus bzw. indischer Weisheitslehren, des Pyrrhonismus bzw. antiker Skepsis und Husserls gibt der Autor in folgenden seiner Studien: B. Nanajivako (C. Veljacic), The Ethos of Knowledge in Kantian and in Buddhist Philosophy, pp. 64, 75, 78–79 (mit Fn. 74), 82–83; idem, Buddhismus: Religion oder Philosophie?, p. 53; idem, The Indian Origin of Pyrrho's Philosophy of Epoche, pp. 329–336. Idem, Why is Buddhism a Religion?, pp. 153–155 (mit längeren Auslassungen): »Als *Weg meditativer Reduktion* mentaler Strukturen und ihrer Inhalte (*noesis* und *noema*) ist er [der Weg der Reinigung, Katharsis, buddhistisch *visuddhi-maggo*] ein Prozeß, der in der Hauptsache indessen nicht unterschieden ist von der fundamentalen philosophischen Haltung der *Epoché* in ihrer frühesten historischen Bedeutung, wie sie von Pyrrhon von Elis und Timon gepredigt wurde, deren Hauptbelang eine moralische und sogar religiöse Haltung war. ...... Die tiefste Motivation philosophischen Glaubens ist *Befreiung*, nicht *nur* als ›Suspension‹, und nicht einmal als ›Freiheit‹! Die angemessene religiöse Bedeutung von ›Suspension‹ wurde unserem Kontext am meisten adäquat in Schopenhauers ästhetischer Behandlung des Problems reiner Kontemplation ans Licht gebracht. ... Auf indischer Seite ist *mokṣa* (Pāli *vimutti*) [Erlösung] in seiner *ephektischen* oder *kathartischen* Bedeutung nicht einem positiven Erreichen von ›Freiheit zu ...‹ äquivalent. Es handelt sich um eine *Befreiung von* der ›suspendierten‹ existentiellen Seinsbejahung. Dadurch wird überhaupt keine positive Idee einer ›Freiheit zu ...‹ als Ziel angezeigt, sondern einfach und allein das Verlassen von, das zu weiteren Verwirklichungen von Ableitung/Umschwung (revulsion) und Entkommen/Befreiung (Pāli *paṭikkūlaṃ* und *nissaraṇaṃ*), von welcher ›mundanen‹ und ›kosmischen‹ Intention auch immer, führt. – Zu welchem Zweck? – Zu *keinem*. Wo die Befreiung-von nicht länger eine *Freiheit-zu* konstituiert, kann die ›Auslöschung‹ (*nibbānam*) auch nicht länger irgendeinem Zweck dienen. Dieserart enthält der Prozeß der Befreiung durch die Suspension des Existentialurteils (*epoché*) seinen moralischen und spirituellen Wert in sich. Warum bezeichnen wir sie – auch im buddhistischen Sinne – nur als Suspension/Hemmung? Der Grund enthält tiefe ontologische Implikationen. Genau so, wie Pyrrhon's *apatheia*, kann Buddha's *upekkhā* nicht als ›Vernichtung‹ (*uccheda-vādo*) betrachtet werden. Auf diese Weise kann die meditative Reduktion auf der *via negativa* religiöser Erfahrung nicht irgendeine strukturelle Begrenzung ihres Zieles zulassen. ... Die lediglich ekstatische Konzeption von Religion

Epoché in der Meditation nach Lao Tzu (6. Jh. v. Chr.) in existentieller Vertiefung vollzogen würde: »Mit der Zurückweisung äußerer Wahrnehmung als gültigen Weg der Rückkehr zum *Tao* tauchten wir in die Prüfung der ›unsichtbaren‹ Dimension ein; das ›Unsichtbare‹ faßten wir dabei als die allgemeine Bezeichnung für den noematischen Inhalt des noetischen Aktes auf, der mit der Meditation einhergeht. Ein Meditierender erzeugt künstlich eine psychologische Isolation vom Rest der Welt, indem er die ›natürliche Welt‹ (Himmel und Erde) einer *praktischen* phänomenologischen Reduktion unterwirft – ›praktisch‹, da Husserls theoretischem Gedankenexperiment entgegengesetzt.«[10]

Insgesamt bleibt der Leistungssinn der phänomenologischen Methode von dem der Yogatechnik, buddhistischer und taoistischer Meditationspraktiken dadurch verschieden, daß es ersterer qua transzendental-phänomenologischer Reduktion als »einem *Denk*verfahren«[11] um »das in der Epoché ermöglichte und geforderte neuartige Denken«[12], die Konstruktion einer auf Welt bezogenen Wissenschaft, ja Grundwissenschaft geht,[13] letzteren demgegenüber um »rücksichtslose Erkenntnis«[14], wie Husserl das »indische Denken« unter der Überschrift »Sokrates – Buddha« in einem unveröffentlichten Manuskript vom Januar 1926 charakterisiert. Tatsächlich sind diese psychophysisch-moralische Hilfsmittel zur praktischen Verwirk-

---

und der ›mystischen‹ *epoché* (wie von Jaspers ins Auge gefaßt) mißachtet … die elementar *akosmische Ausrichtung der asketischen Religion* …« Das im Text mit engl. »revulsion« recht frei übersetzte *paṭikkūlaṃ* (= *paṭikulyatā*) bedeutet wörtlich: Widerstreben, Abneigung, Widerwilligkeit, Abscheu. Die geforderte Differentialanalyse wird in unserer Untersuchung hier – formal wenigstens – so gut wie möglich vorgelegt. Allerdings stehen unsere Resultate denen, welche aus den Andeutungen Nanajivako's geschlossen werden können, einigermaßen fern.

[10] S. Nagatomo, An Epistemic Turn in the *Tao Te Ching:* A Phenomenological Reflection, p. 179.

[11] M. Scheler, Gesammelte Werke 9.207; cf. R. A. Mall & H. Hülsmann, Die drei Geburtsorte der Philosophie. China· Indien· Europa, p. 106. Auf den Unterschied zwischen dem theoretischen Motiv und Charakter der Einklammerung des naiven Glaubens an eine objektive Realität existierender Fakten bei Husserl ('transzendentale epoché') und der axiologisch-ontologischen Orientiertung des Vedānta macht D. Sinha, Metaphysic of Experience in Advaita Vedānta, pp. 83, 152–155 ≈ idem, The Idealist Standpoint, pp. 87, 162–165 & idem, Understanding in Human Context, pp. 48–49 ≈ idem, Theory and Practice in Indian Thought: Husserl's Observations, p. 264, aufmerksam.

[12] Husserliana 6.82.17–18.

[13] Cf. E. Husserl, Cartesianische Meditationen, pp. 8–16 §§3–5.

[14] E. Husserl, Ms. B I 21 IV, p. 48.

lichung eines aus der Reflexion gewonnenen Wahrheitsideals, das alles Welthafte, einschließlich der auf es gerichteten Kogitationen, in sich zusammensinken läßt. Geradezu archetypisch wird Yoga im ersten Kapitel, zweiter Vers, des Yoga-Sūtra als das An- und Zurückhalten, Inhibieren, Stillstellen, Stillegen, Unterbinden, Blockieren, die ἐποχή (*nirodha*) aller Verwirbelungen, Modifikationen, Funktionen, Bewegungen, Vorgänge, Abläufe und Zustände (*vṛtti*) des Geistes oder Gemüts (*citta*) definiert.

Daraus erklären sich die Bewertungen, die Husserls Reduktionen durch indische Forscher zuteil wurden. »Es sollte im gegenwärtigen Zusammenhang festgestellt werden, daß *Yoga*, anders als die phänomenologische Reduktion, darauf abzielt, das Bewußtsein bis zu seinem ›Null-Limit‹ hinunterzuführen.«[15] Dies sei gleichwohl kein Mangel oder Scheitern von Seiten Husserls, »denn bis zu welchem Umfang man phänomenologische Reduktionen durchführen will, hängt von jemandes Ziel ab. Nichtsdestoweniger bereitete die transzendentale Reduktion Husserl wie auch seinen Anhängern ernste Schwierigkeiten, insofern sie Unvereinbares wollten – sie zielten ab auf eine exakte Epistemologie durch transzendentale Subjektivität, aber erstere kann man nur haben innerhalb einer Matrix, in der die Subjekt-Objekt-Unterscheidung gilt. Yoga-Meditation verfällt dieser Inkonsistenz nicht, weil das Ziel des *samādhi* keine Epistemologie oder strenge Philosophie ist, sondern … eine ont(olog)ische Verwirklichung der grundlegendsten Wesensbestimmungen der Dinge, die gewissermaßen nicht vollständig beschreibbar sind. Er verschafft uns einen Zugang zu jener Bewußtseinsspitze, an der sich ein Ding ›an sich‹ (*svarūpa*), in seinem wahren Sein offenbart und der Erkenntnisfähigkeit gegenüber absolut transparent wird.«[16]

Auch wenn Husserl »im Irdischen das Ewige, im Unreinen das

---

[15] R. Sinari, The Method of Phenomenological Reduction and Yoga, p. 225. Cf. R. Puligandla, Phenomenological Reduction and Yogic Meditation, p. 30: »Abgesehen von gelegentlichen Hinweisen in seinen späteren Schriften, trieb Husserl die Reduktionen nicht bis zu dem Punkt, den Sinari treffend das ›Null-Limit‹ nennt.« J. N. Mohanty, Husserl's Phenomenology and Indian Idealism, p. 153: ».. beide, Husserl und das Sāṃkhya, sind sich darin gleich, daß ihre Übereinstimmung mit dem Vedānta, der die wirkliche Welt vom transzendentalen Standpunkt aus als annulliert und negiert auffaßt, nicht weit genug geht.«

[16] R. Puligandla, Phenomenological Reduction and Yogic Meditation, p. 30, einschließlich Zitat R. Sinari, The Method of Phenomenological Reduction and Yoga, p. 225 (von den Auslassungspunkten an). Cf. D. Sinha, Metaphysic of Experience in Advaita Vedānta, pp. 123–126, 132–133 ≈ idem, The Idealist Standpoint, pp. 129–132, 143–144.

Reine, im Endlichen das Unendliche herausahnend und in unermüdlicher Liebestat als reine Schönheit verwirklichend ... nicht bloß ›Glück‹, sondern ›Seligkeit‹«[17] in Ausübung seiner »Berufspflichten« als Philosoph, d. h. als Theoretiker zu gewinnen hofft, es bleibt eine idealistische Seligkeit in Anführungsstrichen, eine Seligkeit in unendlicher Ferne, nicht mehr als ein »Radikalismus des Willens zum Letzten, der die Unendlichkeit der reinen Idee und die Unendlichkeiten einer ganzen Ideenwelt vor Augen hat und sich nur genugtun kann im Hinleben gegen die ewigen Pole, in welchem Hinleben und Sich-schöpferisch-tätig-ausleben er sich selbst als ewiges Ich verwirklicht.«[18] Nichtsdestotrotz war Husserls Glück und Seligkeit anscheinend nicht ungetrübt, fragt er doch nachdenklich: »Aber welchen Sinn hat ein Erkenntnisstreben des Einzelnen und der ins Unendliche sich forterneuernden Forschungsmenschheit, das nie zu einem Abschluß führt?«[19]

Das frage auch ich mich und verstehe nicht, warum er das indische Erkenntnisstreben, das den Okzidentalen einiges über seinen Abschluß zu erzählen hätte, weit unter das europäische gestellt hat. Dabei wären ihm in den Werken einiger eminenter deutscher Philosophen durchaus Interpretationen vorgelegen,[20] die zu studieren dazu hätten beitragen können, daß er von seinen Herabwürdigungen, wenn auch nicht unbedingt von seinen Mißverständnissen, indischer Weisheitspraktiken, Abstand genommen hätte.

Schon Schelling hatte ein wesentliches Moment der Yoga-Lehren mit aller Deutlichkeit beschrieben, auch wenn er damit letztlich etwas ganz anderes meinte als die Yogis selbst, seine sogenannte intellektuelle Anschauung nämlich. »Von jenem Schmerz über das Zergehen und den Verlust der materiellen Einheit wendet sich das indische Bewußtseyn in seinen edleren Organen unmittelbar jenem Bestreben zu, durch absolute Beschaulichkeit und Verinnigung, die sie Yoga nennen, zur völligen Befreiung (*mokschah* genannt) zu ge-

[17] Husserliana 8.16.29–32; cf. o. c. 27.28.28–34.

[18] Husserliana 8.17.10–15.

[19] Husserliana 8.346.10–13.

[20] Es soll hier nur auf Arthur Schopenhauers Quietismus hingewiesen werden. In ihm ist das Innehalten leider nur einseitig unter dem Blickwinkel des Nolle, der Verneinung des Willens (zum Leben), der Resignation, Entsagung, Mortifikation etc. thematisiert (siehe insbesondere die Schlußkapitel der zwei Bände seines Hauptwerks und seiner Ethik-Vorlesung). Darunter leidet seine wohlwollende Darstellung indischer und westlicher Mystik, denen er richtigerweise eine gemeinsame Grundform zubilligt.

langen, zum Erlöschen in Gott, was darum keineswegs als eine substantielle Absorbtion und Vernichtung des menschlichen Wesens auch der Potenz nach zu denken ist …: also nicht als Vernichtung ist dieser Zustand der gänzlichen Vereinigung zu betrachten, wenn er auch etwa mit dem Schlaf verglichen wird.«[21] Daß diese Verinnigung durchaus im Sinne der ἐποχή zu verstehen ist, wird aus weiteren Textpassagen des Seher-Philosophen aus dem Schwabenlande zum Yoga deutlich. So, wenn er sich zur Übersetzung des Wortes folgendes fragt: »Mich wundert, daß niemand auf das deutsche Innigkeit gefallen ist, das zugleich den Begriff Innheit, des in-sich, in seiner Tiefe – und nicht in der Peripherie, in der Welt der getrennten Eigenschaften Seyn, und zugleich den Begriff der Einheit und der Einigkeit in sich schließt.«[22] Was er den indischen Erkenntnisbemühungen zubilligt, schreibt er aber auch der Philosophie von Spinoza zu. Auch sie sei eine »das Denken in Ruhestand, in völlige Quiescenz versetzende Lehre«[23], ein »System des vollendeten theoretischen und praktischen Quietismus, der wohlthätig erscheinen kann unter den Stürmen des nie ruhenden, immer beweglichen Denkens, wie Lucretius (II, 1. 2.) den Zustande [e]iner solchen Ruhe schildert …«[24] Doch nicht nur fremde Lehren bedenkt Schelling unter dem Blickwinkel des Ansichhaltens, der erste Schritt seiner eigenen Spekulation ist durch einen Akt ähnlicher Art gekennzeichnet. Mehr, er versucht durch einen Hinweis auf den Yoga diese Grundoperation seiner Philosophie zu verdeutlichen. »Der Mensch begreift wohl noch das, wozu er durch eine Bewegung seines Denkens gelangen kann, aber dieser erste Begriff wird eben nur in der Nicht-Bewegung gefaßt und wirklich gedacht. Man kann etwa sagen: das hier Gemeinte sey der vollkommene Geist als reines Selbst, in völliger Selbstentschlagung, absolutem Nichtwissen seiner selbst, wo er also (wenn Wissen dem Seyn entgegengesetzt wird) gleichsam das reinste, aber eben darum auch unnahbarste Seyn ist, das der Sitz der reinsten Aseität ist, das Seyn, dem der Verstand nichts abgewinnen kann, das er nur ausspricht, indem er schweigt, und nur erkennt, indem er es nicht erkennen will. Denn es wird nicht erkannt wie der Gegenstand in

[21] F. W. J. v. Schelling, Werke 12.574.
[22] F. W. J. v. Schelling, Werke 12.488; cf. o. c. 12.488–490.
[23] F. W. J. v. Schelling, Werke 10.35; cf. idem, System der Weltalter, p. 29.
[24] F. W. J. v. Schelling, Werke 10.35. Von der Beruhigung und dem Zur-Ruhe-Kommen (*acquiescentia*) handelt Spinoza's Denken in B. de Spinoza, Ethica 4 Prop. 52 Schol.; 4 Prop. 52; 5 Prop. 36 Schol.; 5 Prop. 42 Schol.

anderem Erkennen, indem man aus sich herausgeht, sondern im an-sich-Halten, im selbst-still-Stehen, und wenn man einer gewissen Klasse von indischen Braminen, unter deren Uebungen, durch welche sie der höchsten Contemplation oder Beschaulichkeit sich fähig zu machen suchen, auch eine besondere Praxis hinsichtlich des Athem-Einziehens oder an-sich-Haltens vorkommt, wenn man diesen Braminen oder ihren Vorgängern eine Kenntniß der Idee, welche hier entwickelt werden soll, zuschreiben wollte, so müßte man eben annehmen, daß die Erfinder dieser vielleicht jetzt gedankenlos ausgeübten Praxis damit nur die Art anzeigen wollten, wie man sich jenes Tiefsten und Innersten und gleichsam Abgeschiedensten in der Gottheit versichere, das in der That nicht in einer Expansion oder Exspiration, sondern nur in der höchsten Attraktion (Zurückziehung) und gleichsam einer absoluten Inspiration des Denkens gefunden und gewissermaßen empfunden wird.«[25]

Und letztlich ist schon kraft seiner Begrifflichkeit angezeigt, daß Schelling auch die Mystik in der Kennzeichnung seiner Selbstversicherung, dem Eingangstor zur Philosophie, zu Wort kommen läßt: »Hier muß alles Endliche, alles, was noch ein Seyendes ist, verlassen werden, die letzte Anhänglichkeit schwinden; hier gilt es alles zu lassen – nicht bloß, wie man zu reden pflegt, Weib und Kind, sondern was nur Ist, selbst Gott …… Aber nicht bloß die Objekte, auch sich selbst muß der lassen, der sich in jenen freien Aether erschwingen will.«[26] »Er muß, wie die orientalischen Weisen thaten, in die Wüste gehen. Er muß, wie griechische Weise, alles von sich werfen. – Plato stellt dieß als eine Scheidung, als eine Art des Todes dar.«[27]

---

[25] F. W. J. v. Schelling, Werke 13.251–252; cf. idem, Urfassung der Philosophie der Offenbarung, pp. 74–75; idem, Grundlegung der positiven Philosophie, p. 410.

[26] F. W. J. v. Schelling, Werke 9.217–218. Die gewaltige Differenz zwischen der existentiellen Epochē abendländischer und indischer Mystik zur idealistischen Selbstentschlagung der intellektuellen Anschauung Schellings wird nachgewiesen in H. P. Sturm, Weder Sein noch Nichtsein, 411–418, 496–497, insbesondere pp. 433–439, Kapitel II. 7. aγ: Wissensanspruch oder die intellektuale Anschauung als gedachte (re-flektierte) Mystik. Daß J. G. Fichtes »intellektuelle Anschauung« bzw. Vernichtung des Denkens, Begreifens, Begriffs oder Ich in analoger Weise vom mystischen Sich-Verlieren zu unterscheiden ist, diskutiert und dokumentiert K. Ceming, Mystik und Ethik bei Meister Eckhart und Johann Gottlieb Fichte, pp. 40–50, 200–207. Weder das Schellingsche noch das Fichtesche Verständnis der intellektuellen Anschauung deckt sich, wie weiter unten noch deutlich werden wird, mit der Bedeutung, die ihr Kant zumißt, ganz im Gegenteil.

[27] F. W. J. v. Schelling, Initia Philosophiae Universae, p. 18; cf. idem, Werke 13.76. Zu den »höheren Lehren …, sich von sich selbst zu scheiden«, cf. idem, Werke 8.295–296;

Ob es nun besser ist, indische Lehren vom Menschen, der Welt und dem Weltengrund zu verharmlosen, indem man sie, wie Schelling, wohlwollend auf die Ebene seiner begrenzten philosophischen Zielsetzung herunterzieht, oder ob es eventuell doch ehrenvoller ist, ihnen wenigstens ihre Tiefe und Wucht zu lassen, auch wenn diese für einen unerträglich und inakzeptabel scheint, so in etwa geschehen bei Husserl, das zu entscheiden, bitten wir den Leser bis zum Abschluß unserer Darstellung des Yoga, verwandter Praktiken und von Husserls eigenen Gedanken dazu, bis zum Ende des Ganges durch unser Forschungsfeld also, aufzuschieben.

4.1.2 Yoga und das Platonische Sich-in-sich-selbst-Zurückziehen

Will man ein genuines Verständnis des Yoga als Ausübung einer perfekten Kontrolle aller Geistfunktionen gewinnen, so kommt man nicht umhin, von der Bedeutung des Begriffs und seiner verbindlichen Definition auszugehen. Der sanskritische Terminus Yoga ist mit Vereinigung, Einung, Verbindung, Anschirren, Anjochen, Unterjochung zu übertragen. Seine unumstößliche Festschreibung erfährt er, wie oben bereits angemerkt, im zweiten Vers der von dem legendären Patañjali verfaßten Urschrift über diese Kunst: »Yoga ist das Ruhigstellen der Funktionen des Geistes/Gemüts.«[28] Ist diese Stilllegung, auch *nirbīja samādhi*[29], Versenkung ohne Keim [zur Wieder-

---

idem, Die Weltalter. Fragmente, pp. 164–165; idem, Philosophie der Offenbarung 1841/42, p. 170.

[28] Patañjali, Yoga-Sūtra 1.2: *yogaś-citta-vṛtti-nirodhaḥ* |. Cf. Śaṅkara, ⟨tr.⟩ T. Leggett, The Complete Commentary by Śaṅkara on the Yoga Sūtra-s. A Full Translation of the Newly Discovered Text, pp. 60–64 (Kommentar zu Vers 1.2). Idem, Kaṭha-Upaniṣad-Bhāṣya 2.1.1, ⟨Samata ed.⟩ 8.190, umschreibt den an der entsprechenden Upaniṣad-Stelle berichteten Vorgang, den der Weise vollführt haben mußte, um den Ātman zu sehen, nämlich sein Auge nach innen gewandt zu haben (*āvṛtta-cakṣur*), negativ mit: »In-Schach-Halten des Hangs zum Realen« (*svabhāva-pravṛtti-nirodhaṃ*). Cf. A. K. Coomaraswamy, Selected Papers 2.209–219. G. Bugault, La notion de ‹prajñā› ou de sapience selon les perspectives du ‹Mahāyāna›, p. 53[3]: »Es ist bemerkenswert, daß ἐποχή und *nirodha* nahe aneinandergrenzende Bedeutungen haben: Hinderung, Stillstellung.« Cf. o. c., pp. 158–159, wo die konzentrative Versenkung hinsichtlich der Abwesenheit von Merkmalen (*ānimitta-samādhi*) mit »einer ἐποχή oder Urteilsenthaltung« verglichen wird. Etymologisch betrachtet sind *yoga* (von skr. √*yuj*), gr. *zeũgma, zeũgos, zugón,* lat. *iugum,* engl. yoke und dt. Joch ein und dasselbe Wort.

[29] Cf. Patañjali, Yoga-Sūtra 1.51; 3.8. Ein häufig verwendetes Äquivalent dazu im Vedānta-Yoga ist *nir-vikalpa-samādhi,* Versenkung, Sammlung, Zusammennehmen, Syn-

geburt] genannt, vollzogen, »dann (*tadā*) weilt (*'vasthānam*) der Seher (*draṣṭuḥ*) im Selbstsein [Ansich/Eigenwesen] (*svarūpe*).«[30] Dieserart ist der Seher (*draṣṭā*) Nur-Sehen (*dṛśi-mātraḥ*); obwohl rein/lauter (*śuddho-*), ist (wird?) er ein Mitanschauer von Vorstellungen (*pratyaya-anupaśyaḥ*).[31] Wie ist das aber möglich ohne eine Trübung der Lauterkeit des Bloß-Sehens und ohne Beeinträchtigung der Abgeschiedenheit/Absolutheit (*kaivalya*)[32], die auf diese Weise in Form von Unwissenheit (*avidyā*) eintreten müßte?[33]

»Abgeschiedenheit (*kaivalyaṃ*) ist das Wieder-zu(m)–Grunde-Gehen der für den Sinn/Zweck des inneren Menschen/Ursubjekts leeren (*śūnyānāṃ*) Urqualitäten oder das Ruhen der Geisteskraft im Selbstsein.«[34] In der vollendeten Schau des Yogis müssen also die Absolutheit oder Abgeschiedenheit (*kaivalya*) als Sehen und Selbstsein bloß, das Gesehene, die Urqualitäten (*guṇānāṃ*) leer (*śūnyānāṃ*) und die damit einhergehenden mitangeschauten Vorstellungen »zu(m) Grunde gegangen« (*pratiprasavaḥ*), d.h. zu ihrer Quelle, ihrem Ausgangspunkt, Urzustand und Ursprung zurückgekehrt, in ihm auf-, untergegangen, zum Stillstand gekommen (*pratiṣṭhā*) sein. Nur durch diese beidseitige Ungehindertheit oder Lauterkeit ist der

thesis ohne vielheitliche Vorstellungsgehalte und die Unterscheidung zwischen Erkennendem, Erkenntnis und Erkanntem. In der Schrift zur ‹Unterscheidung von Wahrnehmendem und Wahrnehmbarem›, cf. Anonymus, Dṛg-dṛśya-viveka 26, wird der Geisteszustand des *nir-vikalpa-samādhi* mit der in der Windstille befindlichen Lampe verglichen (*nivāta-sthita-dīpa-vat*). Bhagavad-Gītā 6.19 (Verbatim-Übertragung zur Betonung der Begrifflichkeit des Originals aus dem Bedeutungsfeld des Zügelns): »Wie eine in der Windstille stehende Lampe nicht flackert: dieses Gleichnis wurde ersonnen für den Yogi/Gezügelten mit angeschirrtem/bezähmtem Geist/Gemüt, der angespannt [konzentriert] ist an [auf] die Anjochung/Einung des Selbst.« (*yathā dīpo nivāta-stho na-iṅgate sā-upamā smṛtā | yogino yata-cittasya yuñjato yogam-ātmanaḥ* ||) Freilich handelt es sich hierbei um eine Umschreibung von Nirvāṇa! Zu den verschiedenen Stadien des *samādhi* cf. I. K. Taimni (ed./tr.), Patañjali: Yoga-Sūtra, pp. 31–44 (Kommentar zu den Versen 1.17–18); Yogananda Paramahansa, God Talks With Arjuna. The Bhagavad Gita 1.117–122.

30 Patañjali, Yoga-Sūtra 1.3.

31 Cf. Patañjali, Yoga-Sūtra 2.20; 2.22; 2.25.

32 Cf. Patañjali, Yoga-Sūtra 3.51; 3.56; 4.26; 4.34. Aṣṭāvakra-Gītā 17.18: wer einen leeren Geist, ein leeres Gemüt hat (*śūnya-citto*), der weilt in der Abgeschiedenheit/Absolutheit (*kaivalyam iva saṃsthitaḥ*), cf. 14.1. O.c. 18.24, ist die Rede vom Weisen (*dhīrasya*) als einem, der mit der Natur eines leeren Geistes/Gemüts ausgestattet ist (*prakṛtyā śūnya-cittasya*).

33 Cf. Patañjali, Yoga-Sūtra 2.20–26.

34 Patañjali, Yoga-Sūtra 4.34: *puruṣa-artha-śūnyānāṃ guṇānāṃ pratiprasavaḥ kaivalyaṃ svarūpa-pratiṣṭhā vā citi-śakter-iti* |.

Blick des Allsehenden, trotzdem er simultan alles und jedes erblickt und (mit-)anschaut, ungetrübt und er aus seiner Warte der Einspitzigkeit (*ekāgrya, ekāgratā*)[35] des Geistes ein wahrer Epopt und Synoptiker. »Hinüberführend/errettend, alle Gegenstände aller Zeiten [umfassend] und nicht diskursiv/prozeßhaft – so ist die aus Unterscheidung geborene Erkenntnis/Gnosis.«[36]

Der Mehrfachleere von Schauer, Schauen und Geschautem begegneten wir schon in Meister Eckharts Auffassen der Ideen ohne Eigenschaft und Eigensinn.[37] Eine Anspielung darauf, daß die zweifache Eigenform als zweifache Leerform verstanden werden kann, könnte zusätzlich in Patañjali's Bestimmung des Zustandes innigster Interiorisation vorliegen, der tiefsten und letzten Versenkungsstufe (*samādhi*) des achtgliedrigen Yogapfades, in welche die Kontemplation (*dhyāna*) übergeht. »Dieselbe«, sc. die Kontemplation (*dhyāna*), »qua Aufleuchten/Erscheinen des [Kontemplations-] Gegenstands allein, gleichsam leer des Selbstseins [der Eigenform] (*svarūpa-śūnyam-iva*), ist Versenkung (*samādhi*).«[38] Wie bei Meister Eckharts Eigenschaftslosigkeit dürfte der Tief- und Hintersinn dieser Definition in der Äquivokation der Aussage liegen. Die grammatikalische Konstruktion des zitierten Verses ist nämlich nicht mit Eindeutigkeit aufzulösen. So kann sich der Einschub ›gleichsam (*iva*) leer (*śūnyam*) des Selbstseins/Eigenwesens (*svarūpa-*)‹ auf das Objekt bzw. sein Leuchten und/oder das Subjekt, den Geist, d.h. die Versenkung be-

[35] Patañjali, Yoga-Sūtra 2.41–42: [Durch Reinigung entsteht] »Reinheit des Wesens [oder: des Klarheits-Konstituenten], Heiterkeit und Einspitzigkeit des Geistes, Beherrschung der Sinne und die Fähigkeit zur Schau des Selbst; durch Zufriedenheit die Erlangung unübertrefflicher Seligkeit.« (*sattva-śuddhi-saumanasya-ekāgrya-indriya-jaya-ātma-darśana-yogyatvāni ca* | *saṃtoṣād-anuttamaḥ sukha-lābhaḥ* |). Zur Einspitzigkeit oder Punktförmigkeit des konzentrierten Geistes cf. auch o.c. 3.11–12. Schon im Pāli-Buddhismus unter *ekaggatā* ein Zentralbegriff innerhalb der Stratifikation der Kontemplation (*jhāna*).

[36] Patañjali, Yoga-Sūtra 3.55: *tārakaṃ sarva-viṣayaṃ sarvathā-viṣayam-akramaṃ ca-iti viveka-jaṃ jñānam* |. Cf. Platon, Politeia 537c: »Wer nämlich Überblick/Zusammenschau hat, ist dialektisch, wer nicht, der nicht« (*'o mèn gàr sunoptikòs dialektikós, 'o dè mḕ oú*).

[37] Zur Dreifachheit des (weltimmanenten) Erkenntnisvorgangs, dem Koinzidieren/Zusammenfallen (*samāpattiḥ*) der drei Komponenten (*grahītṛ-grahaṇa-grāhyeṣu*) cf. Patañjali, Yoga-Sūtra 1.41; und zu ihrem Enden (*paryavasānam*) im Merkmal- oder Kennzeichenlosen (*aliṅga*) cf. o.c. 1.45. Die vier Grade, Stadien oder Phasen (*parvāṇi*) der Grundkomponenten (*guṇa-*) zählt o.c. 2.19 auf.

[38] Patañjali, Yoga-Sūtra 3.3: *tad-eva-artha-mātra-nirbhāsaṃ svarūpa-śūnyam-iva samādhiḥ* |. Cf. o.c. 1.43.

ziehen.[39] Daß Patañjali analog zu unserem mittelalterlichen Seelenführer argumentiert, wird schlußendlich überdeutlich, wenn er mit Blick auf den in der Schau Aufgegangenen konstatiert: »Für den Sehenden des Unterschieds [zwischen aller Orientierung in Richtung Objektives (*prakṛti*) und reiner Subjektpol (*puruṣa*)] hört das Seiendmachen/Imaginieren des Selbstseins [Eigenseins/Eigensinns] vollständig auf.«[40]

Ruht die Geisteskraft demnach im Selbstsein oder der »Klarheit/Heiterkeit des Überselbst«[41], so ist alle Selbstsetzung eingestellt; das große Selbst oder Überselbst (*ātman/adhy-ātman*) hat das kleine Selbst oder Ich (im Yoga-Sūtra *asmitā*, sonst auch *ahaṃkāra, mamatā, mamakāra* genannt) überformt.[42] Ergeht es ihm nicht wie dem Plotinschen Einen (*'én*) auf seiner kosmischen Reise durch seine Manifestationsformen (Hypostasen)? Sie ist ein »Abscheiden/Loslösen von dem Verschiedenen/anderen hienieden … Flucht des Einsamen/einzigen zum Einsamen/einzigen.«[43] Welche Gehalte, welche Bestimmungen sollte nun ein Ansich, ein Selbst noch haben, welche sollten von ihm ausgehen, wenn es absolut einfach, ja einsam geworden und der Disjunktionen enthoben ist? »Das Karma eines Yogis ist nicht weiß, nicht schwarz; [das] der anderen ist dreifach [weiß, schwarz und beides].«[44] Was sollte es noch Be- und Ergreifen? Sich? Wie wäre es dann noch Ansich und Selbst? Etwa nichts? Einem der berühmtesten Kommentatoren des ‹Yoga-Sūtra›, Vyāsa (5/6. Jh.), gilt letzteres als eine Selbstverständlichkeit. In seiner Glosse zum wichtigsten Vers 2 des ersten Buches, dem Definitionsvers von Yoga, der oben von uns ja in aller Deutlichkeit herausgestellt wurde, hören wir zum tiefsten aller Versenkungszustände, der Versenkung ohne Keim: »Das ist die Versenkung ohne Keim. Darin wurde nicht irgend

---

[39] Zu den Interpretationsvarianten – Leere auf der Seite des Objekts und/oder des Subjekts – cf. H. Maldoner, Patañjali: Yoga-Sūtra, p. 103, Erläuterung zu Vers 3.3 mit Belegstellen aus der indologischen Fachliteratur.

[40] Patañjali, Yoga-Sūtra 4.25: *viśeṣa-darśina ātma-bhāva-bhāvanā-vinivṛttiḥ* |. Aṣṭāvakra-Gītā 18.79, wird ausdrücklich betont, daß das Selbstsein/Eigenwesen des Yogis un(be)nennbar/unsagbar ist, ja daß dieser ein solches gar nicht hat (… *anirvācya-svabhāvasya niḥsvabhāvasya yoginaḥ*), cf. o. c. 18.87; 18.96; 19.4; 20.2–3; 20.5.

[41] Patañjali, Yoga-Sūtra 1.47: *'dhy-ātma-prasādaḥ*.

[42] Cf. Bhagavad-Gītā 2.71, mit Kommentar Śaṅkara's (Gītā–Bhāṣya) zu diesem Vers.

[43] Plotinos, Enneaden 6.9.11.50–51 §79: *apallagḕ tõn állōn tõn tẽjde, … phugḕ mónou pròs mónon.*

[44] Patañjali, Yoga-Sūtra 4.7: *karma-aśukla-akṛṣṇaṃ yoginas-trividham-itareṣām* |. Cf. Bhagavad-Gītā 18.12; Śvetāśvatara-Upaniṣad 4.5.

etwas erkannt; sie heißt die ›erkenntnislose‹.«[45] Ein moderner Protagonist der zeitlosen Yoga-Technik gibt folgende Erläuterung: »Yoga wurde in den Schriften .. definiert als das Ablassen von allen begehrlichen Gedanken und als die Erlangung eines Zustands von ›Gedankenlosigkeit‹. ... Er ist kein geistiges Koma (...), sondern ein Zustand göttlichen Gleichgewichts. Sein Erreichen beweist, daß der Yogi in das schwingungslose Sein eingetreten ist – die ewig selige, ununterbrochen bewußte göttliche Leere jenseits der erscheinungshaften Schöpfung. Niemand kann ein Yogi sein, der einen Zustand geistigen Gleichgewichts aufrechterhält, frei von der inneren Verstrickung in absichtsvolle, wunscherfüllte Tätigkeiten, wenn er nicht die Identifikation mit seinem Ich und dessen unersättlichen Lust nach den Früchten des Handelns aufgegeben hat.«[46]

Wir müssen nun noch beantworten, wie das ἐπέχειν des Yoga, die Inhibierung oder Blockierung (*nirodha*) der geistigen Abläufe (*citta-vṛtti*) vollzogen wird. »Deren Unterbindung [wird herbeigeführt] durch wiederholtes Üben und Leidenschaftslosigkeit.«[47]

---

[45] Vyāsa, in: Patañjali: Patañjali's Yoga Sūtras with the Commentary of Vyāsa and the Gloss of Vāchaspati Miśra, ⟨tr.⟩ R. Prasād, p. 5 (Kommentar zu Vers 1.2): *sa-nirbījaḥ samādhiḥ* | *na tatra kiṃcit-saṃprajñāyata ity-asaṃprajñātaḥ* |. Cf. Aṣṭāvakra-Gītā 17.9; 18.15; 18.40; 18.80.

[46] Yogananda Paramahansa, God Talks With Arjuna. The Bhagavad Gita 2.593. I. Whicher, Nirodha, Yoga Praxis and the Transformation of the Mind, pp. 3–21, wehrt sich nicht ganz zu Unrecht gegen Definitionen von *nirodha* als realer Vernichtung oder tatsächlicher Auslöschung. Dagegen setzt er die Auffassung von der Nicht-Identifikation, cf. o. c., pp. 18–19: »Der Yogi ist jedoch von jeglicher Identifikation mit den *guṇas* [Urqualitäten] losgelöst (*vairāgya* [Leidenschaftslosigkeit], YS 1, 15–16), er ist nicht länger Sklave des *vṛtti*[Modifikationen]-erzeugenden Geistkomplexes. ... *nirodha* [Stillegung] weist auf eine epistemologische Betonung hin und bezieht sich auf die Transformation des Selbst-Verständnisses, nicht das ont(olog)ische Aufhören von *prakṛti* [Natur] (i. e. des Geistes und seiner Modifikationen). *Nirodha* [Stillegung] ist deshalb weder, wie viele erklärten, eine innere Bestrebung, die *vṛttis* [Modifikationen] und Gedanken vernichtet oder unterdrückt, noch die Nichtexistenz oder Abwesenheit von *vṛttis* [Modifikationen]; vielmehr umfaßt *nirodha* [Stillegung] eine fortschreitende Expansion der Wahrnehmung, die schließlich unsere wahre Identität als *puruṣa* [Ursubjekt] offenbart.« Was der Verfasser jedoch unterläßt zu erwähnen, ist die Unmöglichkeit, die besagte Identifikation auf der Basis der Yoga-Metaphysik rückgängig zu machen, welche ich deshalb in Richtung Leerheit (*śūnyatā*) zurechtlese. Die Problematik hier hat, wie deutlich erkennbar, Ähnlichkeit mit der im Kontext der stoischen Apathie und Akrisie aufgeworfenen im Kapitel 1.1.3.

[47] Patañjali, Yoga-Sūtra 1.12: *abhyāsa-vairāgyābhyāṃ tan-nirodhaḥ* |. Prägnante Erläuterungen zum bipolaren Prozeß des Yoga, dessen positiven Pol die Übung und dessen negativen Pol die Leidenschaftslosigkeit repräsentiere, und in dem epistemologische,

Und was ist Leidenschaftslosigkeit? »Der Bewußtseins-/Geisteszustand [, der] durch den Akt der Beherrschung/Unterdrückung bei jemandem [eintritt], dessen Durst/Verlangen nach sichtbaren und hörbaren Dingen gelöscht ist, ist die Leidenschaftslosigkeit. Diese als ultimative ist Begierdelosigkeit gegenüber den Urqualitäten durch Selbsterkenntnis.«[48] Leerheit und Lassen des Ich und der Urqualitäten, d.h. der die Realität (*prakṛti/pradhāna*) konstituierenden drei Elementareigenschaften oder Grundkonstituenten (*guṇa*) – darin besteht die Gnosis dessen, der den Yoga gemeistert hat.

Wüßte man nicht, woher diese Lehrinhalte stammen, man wäre versucht, sie als buddhistisch einzuschätzen (das Warum wird bei der diesbezüglichen Darstellung des Madhyamaka deutlich werden). Zu diesem Verständnis darf man allerdings von den jeweiligen Vertretern der beiden indischen Traditionslinien, die eine orthodox, die andere nicht, kein uneingeschränktes Einverständnis erwarten. So einfach nach unserer zugestandenermaßen selektiv verfahrenden, nichtsdestoweniger die genera maxima betreffenden, Zusammenstellung die Strukturverwandtschaft zwischen den ‹Yoga-Sūtra's› und dem Buddhismus nachzuweisen ist, so schwierig sind es die historischen Filiationen. Daß die Ausformulierung der im Sāṃkhya-Stile quasi-realistisch argumentierenden Sūtra's unter buddhistischer Begrifflichkeit stattfindet, scheint dennoch klar.[49] Zu welchen

psychologische, ethisch-moralische und soteriologische Aspekte ineinander verschlungen seien, gibt I. Whicher, Nirodha, Yoga Praxis and the Transformation of the Mind, pp. 21–31. Eine lehrreiche Sammlung von Beschreibungen der »Verwirklichung des ethischen Ideals« des Sāṃkhya, wie es im Mahābhārata dargestellt ist, findet sich bei J. Dahlmann, Die Sâṃkhya-Philosophie als Naturlehre und Erlösungslehre, pp. 158–168.

[48] Patañjali, Yoga-Sūtra 1.15–16: *dṛṣṭa-anuśravika-viṣaya-vitṛṣṇasya vaśīkāra-saṃjñā vairāgyam | tat paraṃ puruṣa-khyāter-guṇa-vaitṛṣṇyam |*.

[49] Cf. K. N. Upadhyaya, Early Buddhism and the Bhagavadgītā, pp. 96–97: »Das Datum des Yoga-Sūtra ist schwer zu bestimmen. Es dürfte jedoch für unseren Zweck genügen festzustellen, daß Yoga, dessen Keime in der vor-vedischen Periode nachweisbar waren, bereits vor Buddha einen hohen Entwicklungsstand erreicht hatte, und letzterer (wie er selbst zugibt) viel von ihm hergeleitet haben muß. Wir neigen jedoch zu der Annahme, daß die systematische Formulierung des Yoga durch Patañjali später als Buddha ist und daß die Entwicklung des systematischen Yoga innerhalb des Buddhismus zur weiteren Systematisierung der Yoga-Philosophie von Patañjali beigetragen haben könnte.« Es braucht nicht erwähnt zu werden, daß die Konzentration auf die Disziplin und der Rückgriff auf die Lehren des Yoga der buddhistisch-idealistischen Vijñānavāda-Schule ihren Beinamen gab: Yogācāra, cf. E. Conze, Der Buddhismus, pp. 153–165, insbesondere pp. 162–163; R. Puligandla, Fundamentals of Indian Philosophy, p. 80.

Verwerfungen dies innerhalb der Yoga-Philosophie führt, ist hier nicht zu diskutieren. Hinzuweisen ist nur darauf, daß sie davon ausgehend überdacht werden müßte, um auf diese Weise für all ihre Ungereimtheiten die reflexionslogisch stimmigen Äquivalente verstehend aufzudecken.[50]

»›Schwer zu erschauen ist das Neigungslose/Unsterbliche, wahrlich,
denn nicht leicht einzusehen ist die Wahrheit;
durchdrungen/überwunden ist der Durst [Leidenschaft/Verlangen] für den Wissenden,
für den Seher ist [gibt es] nicht irgend etwas.‹«
*(duddasaṃ anataṃ nâma, na hi saccaṃ sudassanaṃ,
paṭividdhâ taṇhâ jânato, passato n' atthi kiñcanan ti.* ||2||[51])

---

[50] Für die Yoga-Philosophie gilt in etwa dasselbe wie für den Stoizismus. Wie Sāṃkhya-Yoga (und das Vaiśeṣika) im Lichte des Vedānta zu bedenken wäre, so die Stoa (und der demokriteisch beeinflußte Epikureismus) im Lichte der Platonik. Innerhalb des Spannungsfeldes dieser vier bzw. fünf Schullinien könnte u. E. erst ein Vergleich zwischen der Metaphysik von Yoga und Stoa vorgenommen werden, der dann sicherlich interessante Ergebnisse lieferte. Cf. W. Jones, The Works of Sir William Jones in six Volumes 1.360–361: »Es dürfte genügen, hier zu den philosophischen Schulen zu erwähnen, daß der erste *Nyáya* der *Peripatetischen* analog scheint, der *zweite,* mitunter *Vaiśéshica* genannt, der *Ionischen,* die beiden *Mimánsà's,* von welchen die *zweite* oft durch den Namen *Védánta* unterschieden wird, der *Platonischen,* das erste *Sánc'hya* der *Italischen,* und das zweite oder *Pátanjala,* der *Stoischen* Philosophie; so daß Gautama dem Aristoteles korrespondiert; Cana'da dem Thales; Jaimini dem Sokrates; Vya'sa dem Platon; Kapila dem Pythagoras; und Patanjali dem Zenon: aber ein genauer Vergleich zwischen den *griechischen* und *indischen* Schulen bedürfte eines beachtlichen Bandes. Die Originalwerke jener Philosophen sind knapp; aber wie alle anderen *Sástras* werden sie von den endlosen *Upadersana* oder *Kommentaren* erläutert oder verdunkelt: eine der schönsten Kompositionen zur Philosophie des *Védánta* trägt den Titel *Yóga Vásísht'ha* und enthält die Instruktionen des großen Vasishtha an seinen Schüler Ra'ma, König von *Ayódhyà.*« (die Sanskrit-Umschrift des englischen Originals wurde beibehalten) Es ist mehr denn bedauernswert, daß der 'beachtliche Band', von welchem in dieser weitblickenden Feststellung aus dem 18. Jh. die Rede ist, niemals geschrieben wurde. Er hätte gezeigt, daß es in der vergleichenden Philosophie nicht eigentlich um interkulturelle, sondern um interontologische Problemstellungen gehen sollte, cf. A. K. Gangadean, Between Worlds, pp. 22–23, 105–106. Ein grober Überblick über die Ähnlichkeiten zwischen Sāṃkhya und Stoa findet sich bei J. Dahlmann, Die Sâṃkhya-Philosophie als Naturlehre und Erlösungslehre, pp. 255–281.

[51] Udāna 8.2, ⟨ed.⟩ P. Steinthal, p. 80; cf. o. c. 7.10. Übersetzung nach Emendation/Konjektur F. L. Woodward ⟨tr.⟩, The Minor Anthologies of the Pali Canon Part 2, p. 98[1]: anstelle von *anattaṃ* (Nichtselbst) steht danach *anataṃ* (Neigungsloses, Ungekrümmtes), das angeblich als Äquivalent von *amataṃ* (Unsterbliches) aufzufassen ist. Nach der Einschätzung von Professor Kamaleswar Bhattacharya, die er in einem Brief an mich

So sagt Buddha in der zur ‹Kleinen Lehrsammlung› des Pāli-Kanon gehörenden ‹Erbauungsrede› (Udāna). Hören wir demgegenüber die Worte, die das orthodoxe Hindutum dem legendären Dichter Vālmīki in den Mund legt: »Da notgedrungen der Zustand, Nicht-Seher zu sein, bei einem Seher eintreten dürfte, sobald jenem das Sichtbare entwird, darum wisse dies [dann] als das Abgeschiedensein vom Nichtseienden und Seienden gleichermaßen. Wenn dieser Zustand also erreicht ist, sind die Neigungen zu Leidenschaft, Abneigung u. s. w. beruhigt wie das Toben der Wellen bei Windstille.«[52]

Lassen wir noch einige feierliche Belehrungssprüche des legendären Vedānta-Sehers Aṣṭāvakra aus der Vergangenheit und Ferne Indiens zu uns herüberklingen: »›Nur ein Schwindel ist dieses All, nicht irgend etwas‹; der davon Überzeugte, Dispositions-/Neigungslose, der nur ein Funken ist, kommt wie ein Nichtetwas/Nichts zur Ruhe.«[53] »Dann ist Bindung, wenn der Geist an irgendwelchen An-

---

vom 23. 3. 1999 gab, ist das in der Ausgabe von P. Steinthal gegebene *anattaṃ* 'zweifelhaft, obwohl nicht unhaltbar, höchstwahrscheinlich aber falsch'. Unter Berücksichtigung der Dialektik von Sein und Nichts im relativen und absoluten Sinne ist dies unerheblich und kann im Kontext hier eigentlich vernachlässigt werden.

[52] Yogavāsiṣṭha 3.4.53–54: *yad-draṣṭur-asya-adraṣṭṛtvaṃ dṛśya-abhāve bhaved-balāt* | *tad-viddhi kevalī-bhāvaṃ tata eva-asataḥ sataḥ* || *tat-tām-upagate bhāve rāga-dveṣa-ādi-vāsanāḥ* | *śāmyanty-aspandite vāte spandana-kṣubdhatā yathā* ||. Cf. o. c. 3.7.1–45. K. Bhattacharya, Once More on a Passage of the Alagaddūpama-sutta, p. 28: »Die vier empirischen ›Wege der Erkenntnis‹, *dṛṣṭi, śruti, mati, vijñāna* (*vijñāti*) [Sehen, Hören, Denken, Erkenntnis {Erkennen}], werden im Buddhismus wie in den Upaniṣads anerkannt. Aber das Absolute ist jenseits von ihnen. Die *dṛṣṭi*, von der Yājñavalkya in bezug auf den *ātman* spricht, ist ein ›Sehen‹ anderer Art. Es ist die Schau des Absoluten, die streng genommen nicht einmal Schau genannt werden kann, indem sie jenseits der Subjekt-Objekt-Spaltung ist.« Plotinos, Enneaden 6.9.10.12–15 §70: »Das Geschaute aber … sieht der Schauende dann also nicht, noch unterscheidet er es, noch auch stellt er es (sich) als zweierlei vor;« (*tò dè ophthén … tóte mèn oũn oúte 'orãj oúte diakrínei 'o 'orõn oudè phantázetai dúo*·). Cf. o. c. 5.5.7.29–35 §§ 51–52.

[53] Aṣṭāvakra-Gītā 15.17: *bhrānti-mātram idaṃ viśvaṃ na kiṃcid-iti niścayī* | *nirvāsanaḥ sphūrti-mātro na kiṃcid iva śāmyati* ||. Cf. o. c. 11.8; 18.70. Bei dem genannten »bloßen Funken«, »Blitz« oder »Flimmern« (*sphūrti-mātra*) denke man an das ausgesandte Licht, den übergesprungenen Funken (*exaphthèn phõs*), der nach Platon, Epistulae 341c-d, in der Seele das Feuer des in keiner Weise aussprechbaren Höchsten oder Wichtigsten (*tà mégista*) entfacht, über welches es, wie er selbst konstatiert, von ihm keine Abhandlung gebe, an das »Seelenfünklein« (*vünkelîn, gensterlin, ganeistlîn*) der deutschen Mystik oder an den berühmten Geistesblitz, der dann allerdings im wörtlichen und tiefsten Sinne zu verstehen wäre: als bloßer Geist, reine Bewußtheit, unmittelbares Gewahren (mögliche Übersetzungsvarianten für *sphūrti-mātra*). Cf. H. Hof, Scintilla animae. Eine Studie zu einem Grundbegriff in Meister Eckharts Philosophie mit besonderer Berücksichtigung des Verhältnisses der Eckhartschen Philosophie zur

schauungen hängt; dann ist (Er-)Lösung, wenn der Geist nicht an allerlei Ansichten hängt. Wenn kein Ich ist, dann ist (Er-)Lösung, wenn ein Ich ist, dann Bindung; so gedacht habend ist es leicht: nicht irgend etwas ergreife, nicht laß es los!«[54] »Jählings, ach, mit seinen wechselvollen Wogen der Wesen/Welten ist das Entstandene, sobald sich auf dem unendlich weiten Weltmeer in mir der Wind des Geistes/Gemüts erhoben hat. Legt sich der Wind des Geistes/Gemüts auf dem unendlich großen Ozean in mir, so erfährt das [Handels-] Schiff der Welt – zum Leidwesen des Handelsreisenden, des Lebewesens – seinen Untergang. Auf dem unendlich weiten Ozean in mir erheben und brechen/überschlagen sich, wie wundersam, wogen die Wellen der Lebewesen auf und ab und tauchen, ihrem Wesen gemäß, [wieder] ein.«[55]

Durch die Verwirklichung der – innerhalb des Buddhismus so bezeichneten – vier göttlichen Verweilzustände oder Unermeßlichkeiten (*brahma-vihāra/apramāṇa*), lesen wir schließlich bei Patañjali, »durch die Verwirklichung von (Nächsten-)Liebe (*maitrī*), Mitleid [Mitempfinden/Sanftmut] (*karuṇā*), Güte [Wohlwollen/Mitfreude] (*muditā*) und Gleichmut [Gelassenheit/Gleichgültigkeit] (*upekṣā*) gegenüber Freud' und Leid, Verdienst und Schuld [wird] ein heiteres Gemüt [Geistesklarheit/Gemütsruhe] (*citta-prasādanam*) [erlangt].«[56]

Schon bei Platon finden sich Beschreibungen seelisch-geistiger Zügelung, die belegen, daß der Vollzug, der später mit dem Wort ἐποχή bezeichnet werden sollte, eine Selbstverständlichkeit seines

---

neuplatonischen und thomistischen Anschauung. Zu den in der christlichen Mystik verwandten Konzepten des *'ēgemonikón, apex mentis, scintilla animae* und *suntḗrēsis* und deren (wahrscheinlichen) stoischen Herkunft: E. v. Ivánka, Der ›Apex mentis‹, pp. 121–146; M. Tardieu, ΨΥΧΑΙΟΣ ΣΠΙΝΘΗΡ. Histoire d'une métaphore dans la tradition platonicienne jusqu'à Eckhart, pp. 225–255, historiographisch sehr fundiert, mit vielen Allegationen, auch aus der Gnosis.

[54] Aṣṭāvakra-Gītā 8.3–4: *tadā bandho yadā cittaṃ saktaṃ kāsv api dṛṣṭiṣu | tadā mokśo yadā cittam asaktaṃ sarva-dṛṣṭiṣu || yadā na-ahaṃ tadā mokṣo yadā-ahaṃ bandhanaṃ tadā | matvā-iti helayā kiṃcin mā gṛhāṇa vimuñca mā ||.*

[55] Aṣṭāvakra-Gītā 2.23–25: *aho bhuvana-kallolair vicitrair drāk samutthitam | mayy ananta-mahā–ambhodhau citta-vāte samudyate || mayy ananta-mahā-ambhodhau citta-vāte praśāmyati | abhāgyāj jīva-vaṇijo jagat-poto vinaśvaraḥ || mayy ananta-mahā-ambhodhāv āścaryaṃ jīva-vīcayaḥ | udyanti ghnanti khelanti praviśanti svabhāvataḥ ||*. Cf. o. c. 7.2.

[56] Patañjali, Yoga-Sūtra 1.33: *maitrī-karuṇā-muditā–upekṣāṇāṃ sukha-duḥkha-puṇya-apuṇya-viṣayāṇāṃ bhāvanātaś-citta-prasādanam |.*

Philosophierens, und womöglich eines beachtlichen Teils der Philosophie vor ihm, darstellte.[57] Bereits beim flüchtigen Lesen rufen sie Assoziationen an die ausgefeilte indische Einhaltekunst wach. Daß wir den Meister abendländischer Weisheitsliebe genau an dieser Stelle unserer Abhandlung zu Wort kommen lassen, liegt an der Überlegung, dadurch die frappierende Parallelität zum Yoga, die bis in die Symbolik oder Allegorik hinein reicht, sichtbar machen zu können. Folgen wir also mit den Erörterungen zum Yoga im Gedächtnis den Gedanken des Sokrates, die er zur befreienden Kraft der Philosophie im ‹Phaidon› entwickelt.

Danach verabschieden sich all jene, die sich um ihre Seele sorgen, von denen, die leben, um ihren Körper zu schulen und schreiten nicht diesen konform vorwärts, die gar nicht wissen, wohin sie gehen. Die Wissensdürstigen halten dafür, daß sie nichts tun dürfen, was der Philosophie und der (Er-)Lösung und Reinigung durch sie entgegensteht. Diese findet deren Seele völlig an den Leib gefesselt vor, an ihn geklebt, gezwungen, wie durch ein Kerker[gitter], durch ihn das Seiende zu beschauen, nicht aber durch sich selbst, sich so in allerlei Unwissen herumwälzend. Sie hat die Kraft/Gewalt dieses Kerkers genau durchschaut, diese ist ja durch Begierde (*di' epithumías*) veranlaßt, und zwar in der Weise, daß der Gefesselte selbst dauernd am meisten dem Gebundenwerden Gehilfe ist. Die Wißbegierigen erkennen, daß die Philosophie, sich ihrer Seele, so wie sie ist, annehmend, ihr ruhig/sanft zuspricht und sie zu (er)lösen versucht, indem sie zeigt, daß alles Wahrnehmen durch die Augen, durch die Ohren und die anderen Sinne voller Trug/Täuschung (*apátēs*) ist und sie überzeugt, sich aus ihnen zurückzuziehen (*anachōreĩn*), sofern es nicht nötig ist, sie zu gebrauchen; sie rät ferner an, sich in sich selbst (*autḕn dè eis 'autḕn*) zu sammeln und zusammenzunehmen (*xullégesthai kaì 'athroízesthai*) und nichts anderem zu glauben außer sich selbst, was irgend sie für sich selbst (*autḕ kath' 'autḕn*) von dem an und für sich Seienden (*autò kath' 'autò tõn óntōn*) einsieht; was im-

---

[57] Ploutarchos, Adversus Colotem (Moralia) 1121F-1122A, berichtet, daß Arkesilaos von den damaligen Sophisten beschuldigt wurde, seine Lehren von der ἐποχή und Akatalepsie/Unbegreifbarkeit Sokrates, Platon, Parmenides und Herakleitos zuzuschreiben (die ihrer gar nicht bedurft hätten), um ihnen durch diese berühmten Männer Wichtigkeit und Bestätigung zu verschaffen. Cf. dazu J. Schroeter, Plutarchs Stellung zur Skepsis, p. 21: »Schon die Geschichte der Philosophie muss nach Plutarch den Wert der ἐποχή dokumentieren: denn diese Lehre ist nicht eine Neuheit, sondern wurde schon von bedeutenden Philosophen, wie Sokrates, Platon, Heraklit und Parmenides vertreten.«

mer sie durch anderes schaut, sollte sie, indem es in anderem anderes ist/wird, für nichts Wahres erachten; solch Unwahres ist ja nun gerade das Wahrnehmbare und Sichtbare, was sie aber selbst sieht, ist das Einsehbare [geistig Vernehmbare] und Unsichtbare.

Dieser (Er-)Lösung (*lúsei*) nun, von Sokrates dem Weben der Penelope verglichen (*Pēnelópēs … ʻistòn*)[58], glaubt die Seele des wahrhaften Philosophen sich nicht entgegensetzen zu dürfen, sich deshalb der Lust und des Verlangens (*tō̃n ʻēdonō̃n te kaì epithumiō̃n*), der Unlust/Betrübnis wie auch der Furcht (*kaì lupō̃n kaì phóbōn*) enthaltend (*apéchetai*), so sehr sie kann …[59] Dies ist eben die Läuterung/Reinigung (*kátharsis*): die weitestmögliche Abscheidung/Trennung (*tò chōrízein*) der Seele vom Körper und Gewöhnung daran, sich von allen Seiten her (*pantachóthen*) aus dem Leib in sich selbst zurück- wie zusammenzuziehen (*sunageíresthaí te kaì ʻathroízesthai*) und nach Vermögen sowohl jetzt wie künftig allein in sich selbst zu weilen, wie von Fesseln vom Körper erlöst (*ekluoménēn*).[60] Sich der Zügellosigkeit, von Gelüsten beherrscht zu werden (… *ako-*

---

[58] Platon, Phaidon 84a.

[59] Der gesamte Gedankengang ist ausgeführt bei Platon, Phaidon 82d-83b. Wir haben ihn etwas gestrafft, sonst jedoch fast wörtlich wiedergegeben; der Text lautet wie folgt: *Toigártoi toútois mèn ʻápasin, ō̃ Kébēs, ekeĩnoi ʻoĩs ti mélei tē̃s ʻeautō̃n psuchē̃s allà mè̄ sō̃mata pláttontes zō̃si, chaírein eipóntes, ou katà tautà poreúontai autoĩs ʻōs ouk eidósin ʻópēj érchontai· autoì dè ʻēgoúmenoi ou deĩn enantía tē̃j philosophíaj práttein kaì tē̃j ekeínēs lúsei te kaì katharmō̃j, taútēj dè̄ trépontai ekeínēj ʻepómenoi ʻē̃j ekeínē ʻuphēgeĩtai. … Gignō̃skousi gár, ē̃ d' ʻós, ʻoi philomatheĩs ʻóti, paralaboũsa autō̃n tè̄n psuchè̄n ʻē philosophía, atechnō̃s diadedeménēn en tō̃j sō̃mati kaì proskekollēménēn, anagkazoménēn dè ʻō̃sper dià eirgmoũ daì toútou skopeĩsthai tà ónta allà mè̄ autè̄n di' ʻautē̃s, kaì en pásēj amathíaj kulindouménēn· kaì toũ eirgmoũ tè̄n deinótēta katidoũsa ʻóti di' epithumías estín, ʻōs àn málista autòs ʻo dedeménos xulléptōr eíē tō̃j dedésthai· ʻóper oũn légō, gignō̃skousin ʻoi philomatheĩs ʻóti, ʻoútō paralaboũsa ʻē philosophía échousan autō̃n tè̄n psuchḗn, ērḗma paramutheĩtai kaì lúein epicheireĩ, endeiknuménē ʻóti apátēs mèn mestè̄ ʻē dià tō̃n ommátōn sképsis, apátēs dè ʻē dià tō̃n ṓtōn kaì tō̃n állōn aisthḗseōn, peíthousa dè ek toútōn mèn anachōreĩn ʻóson mè̄ anágkē autoĩs chrē̃sthai, autè̄n dè eis ʻautè̄n xullégesthai kaì ʻathroízesthai parakeleuoménē, pisteúein dè mēdenì állōj all' ḕ autè̄n ʻautḕj, ʻó ti àn noḗsēj autè̄ kath' ʻautè̄n autò kath' ʻautò tō̃n óntōn, ʻó ti d' àn di' állōn skopē̃j en állois òn állo mēdèn ʻēgeĩsthai alēthés, eĩnai dè tò mèn toioũton aisthētón te kaì ʻoratón, ʻò dè autè̄ ʻorā̃j noētón te kaì aeidés. Taútēj oũn tē̃j lúsei ouk oioménē deĩn enantioũsthai ʻē toũ ʻōs alēthō̃s philosóphou psuchè̄ ʻoútōs apéchetai tō̃n ʻēdonō̃n te kaì epithumiō̃n kaì lupō̃n kaì phóbōn kath' ʻóson súnatai, …*

[60] Platon, Phaidon 67c: *Kátharsis dè eĩnai … tò chōrízein ʻóti málista apò toũ sō̃matos tè̄n psuchḗn, kaì ethísai autè̄n kath' ʻautè̄n pantachóthen ek toũ sō̃matos sunageíresthaí te kaì ʻathroízesthai kaì oikeĩn katà tò dunatón, kaì en tō̃j nũn parónti kaì en tō̃j épeita, mónēn kath' ʻautḗn, ekluoménēn ʻō̃sper ek desmō̃n ek toũ sō̃matos;.*

lasían tò 'upò tõn 'ēdonõn árchesthai), mit Einsicht/Klugheit (*phrónēsis*), Tapferkeit (*andreía*), Besonnenheit (*sōphrosúnē*), Gerechtigkeit/Rechtschaffenheit (*dikaiosúnē*), wahrer Tugend (*alēthès aretḗ*) und Wahrhaftigkeit/Wahrheit(sliebe) (*tò alēthès*) widersetzend (*enantiouménē*),[61] diese zügelnd (*kolázousa*), gebietet/herrscht (*despózousa*) die (philosophische) Seele;[62] sie flieht (*pheúgousa*) das Körperliche (*sõma*), scheidet/löst sich von ihm ab (*apalláttētai*),[63] um in sich selbst gesammelt [versammelt/vereinigt] zu sein,[64] und schließlich zu dem Reinen, Ewigseienden, Unvergänglichen und auf dieselbe Weise Verharrenden,[65] Intelligiblen, Einfachen, Unauflöslichen und immer auf dieselbe Weise an sich für sich Bleibenden, dem ihr Meistgleichen/Ähnlichsten,[66] dem ihr Gleichen/Ähnlichen, Unsichtbaren, Göttlichen, Unsterblichen, Einsichtigen zu entschwinden (*apérchetai*), wo ihr, dort angekommen, zuteil wird, glückselig zu sein (*eudaímoni eĩnai*), von Irrung, Wirrung/Unwissenheit, Angst, leiden-

[61] Cf. Platon, Phaidon 68c-69d. O.c. 69b-c, werden diese Haltungen und Qualitäten Katharsis oder Läuterung (*kátharsis/katharmós*) genannt.

[62] Cf. Platon, Phaidon 94c-d.

[63] Cf. Platon, Phaidon 80e-81e.

[64] Cf. Platon, Phaidon 80e: *sunēthroisménē autè eis 'eautḗn.* Die innere Sammlung, das Sich-Zusammennehmen und die Zurückziehung in sich (*xullégesthai, 'athroízesthai, sunageíresthai*) der Textstellen oben und das Sich-Sammeln hier sagen wortwörtlich das gleiche wie die fünfte Stufe des achtgliedrigen Yogapfades, cf. J. Gold, Plato in the Light of Yoga, p. 22: »Im Yoga-Sūtra (II.54) charakterisiert Patañjali *pratyāhāra* als das Sich-Zurückziehen des Verstandes und der Sinnesorgane von ihren jeweiligen Gegenständen. Das ist ähnlich (obwohl nicht gleich!) dem Argument Platon's, daß die Seele am besten einsieht/ergründet, wenn sie sich von den Sinnen und ihren Gegenständen zurückzieht.« In allgemeinerer Bedeutung koinzidieren jene Platonischen Begriffe mit dem von »Yoga« und zudem mit den letzten drei Tiefengraden der Versenkung im Yoga-Sūtra, die unter dem Namen *saṃ-yama,* Zurückhalten, Bezähmung, Unterdrückung, Kontrolle, Im-Zaum-Halten zusammengefaßt werden (zum Yoga als graduell intensiviertem Zurücknehmen und Sich-Zurücknehmen (*yam/ni-yam*) cf. auch Kaṭha-Upaniṣad 1.3.13 mit Śaṅkara-Bhāṣya = Kommentar Śaṅkara's), sowie der achten und tiefsten Stufe, *samādhi,* cf. A. K. Coomaraswamy, Selected Papers 1.456[61]: »*Samādhi* (n.) und *samāhita* (pp.) kommen von *sam-ā-dhā,* ›zusammenstellen‹, ›zusammentreffen machen‹, ›kon-zentrieren‹, ›verschmelzen‹, und reduzieren sich von daher auf ein gemeinsames Prinzip: *samādhi* ist ›Komposition‹, ›Konsens‹, und im Yoga die ›Vervollkommnung (consummation)‹ von *dhyāna* [Kontemplation]; in dieser Vervollkommnung oder Vereinigung oder diesem Bei-sammen-sein ist der Unterschied von Erkennendem und Erkanntem überschritten und die Erkenntnis allein bleibt.« Cf. idem, Selected Papers 2.92: »*samādhi* (etymologisch und semantisch ›Synthesis‹)«.

[65] Platon, Phaidon 79d: *tò katharón te kaì aeì òn kaì athánaton kaì 'ōsaútōs échon.*

[66] Platon, Phaidon 80a-b: *noētõj kaì monoeideĩ kaì adialútōj kaì aeì 'ōsaútōs katà tautà échonti 'eautõj 'omoiótaton eĩnai psuchḗ.*

schaftlicher Liebe und allen anderen menschlichen Übeln abgeschieden,[67] »sich Ruhe [Windstille/Meeresruhe des Gemüts] vor diesen verschaffend, der Vernunft nachgebend und immerdar in dieser verweilend, das Wahre, Göttliche und durch Vorstellung/Meinung nicht Erfaßbare betrachtend und sich von jenem ernährend …«[68]

Auch im ‹Phaidros› findet die Metapher vom Anjochen Anwendung, dort allerdings mehr in mythischem Kontext, indem die Gestalt der Seele als zusammengewachsene Kraft eines befiederten Gespanns und seines Fahrers gezeichnet wird, der die Aufgabe hat, den Zweispänner auf seiner kosmischen Reise zu lenken.[69] Dabei sind die drei Bestandteile der Allegorie als die drei Teile, Gattungen, Grundgestalten oder Charaktere der Seele zu verstehen, wie sie in der ‹Po-

[67] Platon, Phaidon 81a: *tò 'ómoion autẽj tò aeidès apérchetai, tò theĩon te kaì athánaton kaì phrónimon, 'oĩ aphikoménēj 'upárchei autẽj eudaímoni eĩnai, plánēs kaì anoías kaì phóbōn kaì agríōn erṓtōn kaì tõn állōn kakõn tõn anthrōpeíōn apēllagménēj.* J. Gold, Plato in the Light of Yoga, arbeitet überzeugend die Äquivalenzen zwischen Platon's Lehre und dem Yoga hinsichtlich folgender Items heraus: Befreiung entspricht der Weisheit, Bindung/Gefangenschaft dem Unwissen (pp. 17–20); Gemütsberuhigung wird herbeigeführt durch Gelöstheit und Askese (pp. 21–22). Kühn, doch sehr bedenkenswert, der Versuch des Autors, o. c., pp. 23–27, den Mythos am Ende des ‹Phaidon› (107d-114d) im Lichte der Vitalfluß-Physiologie (*prāṇa, nāḍī*'s, *cakra*'s) des Kuṇḍalinī-Yoga zu erläutern. Cf. P. Hadot, Wege zur Weisheit oder Was lehrt uns die antike Philosophie?, p. 211: »Ich will .. nicht behaupten, daß es keine ›Techniken der Atemkontrolle‹ in der griechischen Philosophietradition gegeben habe. Die Auffassung von der Seele als Hauch ist Anzeichen genug. Und vielleicht ist auch die platonische Übung, die für gewöhnlich in allen Teilen des Körpers verstreute Seele zu konzentrieren, so zu verstehen.«

[68] Platon, Phaidon 84a: *galḗnēn toútōn paraskeuázousa, 'epoménē tõj logismõj kaì aeì en toútōj oũsa, tò alēthès kaì tò theĩon kaì tò adóxaston theōménē kaì 'up' ekeínou trephoménē …*

[69] Cf. Platon, Phaidros 246a-b: *Éoiké tõj dẽ xumphútōj dunámei 'upoptérou zeúgous te kaì 'ēnióchou. Theõn mèn oũn 'íppoi te kaì 'ēníochoi pántes autoí te agathoì kaì ex agathõn, tò dè tõn állōn mémiktai. Kaì prõton mèn 'ēmõn 'o árchōn sunōrídos 'ēniocheĩ· eĩta tõn 'íppōn 'o mèn autõj kalós te kaì agathòs kaì ek toioútōn, 'o d' ex enantíōn te kaì enantíos· chalepẽ dẽ kaì dúskolos ex anágkēs 'ē perì 'ēmãs 'ēnióchēsis.* E. Bevan, Stoics and Sceptics, p. 103: »Das Bild von der Vernunft als Wagenlenker, der die irrationalen Teile der Seele kontrolliert oder zu kontrollieren unterläßt – dieses Bild, das von Platon anempfohlen wurde, ist dasjenige, das die Psychologie und Ethik zusammenfaßt, welche der Großteil der gebildeten Welt in der Ära um die Zeitenwende anerkannte. Poseidonios gebraucht es natürlich: Philon greift auf es immer wieder zurück.« Gott als Wagenlenker oder Steuermann des (beflügelten) Himmelswagens findet sich z. B. an folgenden Stellen bei Philon ⟨Ioudaios⟩: Quis rerum divinarum heres sit 99, 228, 301; De specialibus legibus 1.14; De Cherubim 24; De somniis 1.157; De fuga et inventione 101.

liteia› entwickelt werden. Nachdem er die Unsterblicheit der Seele aufgewiesen, vom Verlassen ihres himmlischen Ortes und dem Verlust ihres Gefieders erzählt hat, kommt Sokrates schließlich auf die Bedingungen zu sprechen, unter denen die Seele ihre himmlische Heimat wiedererlangen kann. Nur der Geist des Philosophen, heißt es anschließend, werde zu Recht befiedert, weil er ständig mit seiner Erinnerung nach Kräften bei jenem sei, wodurch Gott, indem er eben dort ist, göttlich sei – dem seinshaft/wirklich Seienden (*tò òn óntōs*). Indem ein Mensch das Andenken an solches nun aber recht pflege, die vollkommenen Mysterien/Weihen fortwährend vollziehe, könne er allein wirklich vollendet werden; wegen seiner Abstandnahme von menschlichen Bestrebungen und seines Verkehrs mit dem Göttlichen werde er von den Vielen zwar als Verrückter beschimpft, seine Gotterfülltheit bliebe jenen aber verborgen.[70] Die (dessenthalben) unsterblich Genannten beschauten nun das, was außerhalb/jenseits des Himmels sei, den überhimmlischen Ort, den weder irgendein Dichter hier je besungen habe noch jemals nach Würden besingen werde. Diesen Ort nehme das farblose, gestaltlose und unberührbare, seinshaft/wesenhaft seiende Sein/Wesen (*ousía óntōs oũsa*) ein, das vom Lenker der Seele allein, dem Intellect [Geist/*noũs*], geschaut werde, und um welches herum sich die Gattung/Gesamtheit wahrer Erkenntnis/Wissenschaft aufhalte/befinde.[71]

---

[70] Cf. Platon, Phaidros 249c-d: *Diò dè dikaíōs mónē pteroũtai ‘ē toũ philosóphou diánoia· pròs gàr ekeínois aeí esti mnḗmēj katà dúnamin, pròs ‘oĩsper theòs ȏn theĩós estin. Toĩs dè dḕ toioútois anḕr ‘upomnḗmasin orthȏs chrṓmenos, teléous aeì teletàs teloúmenos, téleos óntōs mónos gígnetai· existámenos dè tȏn anthrōpínōn spoudasmátōn kaì pròs tȏj theíōj gignómenos, noutheteĩtai mèn ‘upò tȏn pollȏn ‘ōs parakinȏn, enthousiázōn dè lélēthe toùs polloús.* Cf. Meister Eckhart, LW 4.441.9–10 (nach A. Augustinus, Sermo 311, PL 38.1415): »Was du auf Erden liebst, ist Vogelleim für die geistigen Fittiche, mit Hilfe deren man zu Gott fliegt.« (›*quod amas in terra, viscus est pennarum spiritualium,*‹ ›*quibus volatur ad deum*‹.). Eine ganze Abhandlung zur Seele als einem befiederten und fliegenden Wesen in abendländischen Weisheitslehren schrieb P. Courcelle, Flügel (Flug) der Seele I. Folgende Felder werden darin abgedeckt: frühgriechische Zeit (Mysterien); heidnisch-griechische Philosophie; Mittel-, Neuplatonismus und Synkretismus; griechisch- und lateinisch-christliche Philosophie und Religion bis zum Mittelalter.

[71] Cf. Platon, Phaidros 247c-d: *‘Ai mèn gàr athánatoi kaloúmenai … theōroũsi tà éxō toũ ouranoũ. Tòn dè ‘uperouránion tópon, oúte tis ‘úmnēsé pō tȏn tẽjde poiētḗs, oúte potè ‘umnḗsei kat’ axían. ‘Echei dè ‘ȏde· … ‘Ē gàr achrṓmatós te kaì aschēmátistos kaì anaphḕs ousía óntōs oũsa, psuchȇs kubernḗtēj mónōj theatḕ nȏj, perì ‘ȇn tò tȇs alētoũs epistḗmēs génos, toũton échei tòn tópon.* In bezug auf den Aufstieg zur Wahrheit bei Platon (auch im Vergleich zu indischen Philosophemen) findet sich samt Nennung wei-

Allerdings ähneln diese elementaren Beschreibungen des Innehaltens und Zügelns mehr den nahezu zeitgleichen Ausführungen der Upanischaden,[72] denn den differenzierten, methodisch geglieder-

---

terer Literatur einiges in meinem Buch: H. P. Sturm, Weder Sein noch Nichtsein, pp. 245–256, 289–302. Dort erwähnt, wegen seiner Wichtigkeit hier aber wiederholt: E. J. Urwick, The Platonic Quest, pp. 136–164, worin die Auslegung der Platonischen Aufstiegsdialektik als Parallele zum indischen Yoga (und zum Neoplatonismus), mit dem Ziel der *ékstasis*, der mystischen Versenkung und Abgeschiedenheit (*samādhi/kaivalya*) vorfindlich ist. Wie die Katharsis zur Erinnerung (*anámnēsis, mnḗmē*) führt, so reicht der Philosoph mit Hilfe der dialektischen Methode (*dialektikḕ méthodos*), indem er die Unterstellungen/Hypothesen aufhebt (*tàs 'upothéseis anairoũsa*, cf. Platon, Politeia 533c, 511b; ad hypothetisch cf. E. J. Urwick, The Platonic Quest, p. 154; T. McEvilley, Early Greek Philosophy and Mādhyamika, pp. 151–152; R. G. Collingwood, An Essay on Philosophical Method, pp. 156 sqq.), hinunter zum Nicht-Hypothetischen (*méchri toũ anupothétou*, cf. Platon, Politeia 511b), zum Ununterstellten, dem Urgrund (*archḗ*), der ge-/erfaßt werden muß (*'apsámenos*), cf. H. J. Krämer, Arete bei Platon und Aristoteles, pp. 464–467. Diese Methode erinnert an die Aufhebung der Überlagerungen/Projektionen (*adhyāropa-apavāda*) bei Śaṅkara, Gītā–Bhāṣya 13.13 = ⟨Samata ed.⟩ 6.384. Cf. H. P. Sturm, Weder Sein noch Nichtsein, pp. 252, 296. R. A. Mall, Metonymic Reflections on Śaṅkara's Concept of Brahman and Plato's Seventh Epistle, pp. 98–101, sieht zwar Gemeinsamkeiten, betont aber auch Unterschiede zwischen beiden Denkern. Daß die Platonische Philosophie in Mystik gipfelt, demonstrieren S. Radhakrishnan, Eastern Religions and Western Thought, pp. 143–152; K. Gaiser, Platons ungeschriebene Lehre, p. 5 (bereits zitiert); K. Albert, Über Platons Begriff der Philosophie, pp. 45–61, insbesondere pp. 54–61; idem, Mystik und Philosophie, pp. 70–83; idem, Griechische Religion und Platonische Philosophie, pp. 61–71; idem, Mystik und Philosophie, pp. 70–83; idem, Vom philosophischen Leben, pp. 9–28; idem, Einführung in die philosophische Mystik, pp. 103–107, 151–157. Die Thesen von K. Albert werden unhinterfragt iteriert von H. Girndt, Die Lehre vom »plötzlichen Erwachen« bei Platon und im buddhistischen Denken. John of Salisbury nennt Platon einen »*symmystes veri*«, einen Mit-Mystiker oder Mit-Mysten des Wahren, cf. Joannes Saresberiensis, Entheticus de dogmate philosophorum 937 = Opera omnia 5.269.

[72] Cf. S. Radhakrishnan, The Prinicpal Upaniṣads, p. 623: »Der Begriff Yoga, welcher von der Wurzel *yuj*, anjochen, anschirren, verbinden, herstammt, hängt mit der Symbolik der Kutsche und des Gespanns zusammen. Yoga ist die vollkommene Kontrolle der verschiedenen Elemente unserer Natur, der psychischen wie physischen, um sie für den höchsten Zweck einzuspannen. Siehe Platon: *Phaidon …*, *Phaidros* 246 f. Trotz des Unterschieds in den Details stimmen die *Kaṭha Up.* und Platon darin überein, daß sie den Intellekt als beherrschende Kraft der Seele ansehen (von der Upaniṣad *buddhi* oder *vijñāna* und von Platon *nous* genannt) und auf die Integration der verschiedenen Elemente der menschlichen Natur abzielen.« Die falsche Stellenangabe zum ‹Phaidon›, welche wir durch Auslassungspunkte ersetzten, muß richtig Phaidon 82–84 heißen. Cf. A. K. Coomaraswamy, Selected Papers 2.128[1], 347–348. H. Zimmer, Einführung und Kommentar in die Aṣṭāvakra-Gītā, L. v. Schroeder & H. Zimmer, Bhagavad-Gītā/Aṣṭāvakra-Gītā. Indiens heilige Gesänge, pp. 116–117: »Yoga, das ist ›Anschirren‹, ›Anspannen‹ und ›Bändigen‹ – wobei ursprünglich an die Sinne als Rosse gedacht war, die (wie bei Plato) vom Geist gelenkt den Wagen des Leibes ziehen, in dem das Seelenwesen

ten und systematischen Lehrsätzen und Anleitungen des Yoga-Sūtra. So wird, um den indischen Vergleichstext zu geben, in der ‹Kaṭha-Upaniṣad› das Selbst, der Innere Geist (*ātman*) als Kutscheneigner (*rathin*) beschrieben, der Intellect [*noũs*/Vernunft] (*buddhi*) als Kutscher (*sārathi*), die Ratio [*diánoia*/Verstand] (*manas*) als Zügel (*pragraha*), der Leib/Körper (*śarīra*) als Kutsche (*ratha*), die Sinne (*indriyāṇi*) als Pferde (*hayāḥ*) und die Wahrnehmungsgegenstände (*viṣayāḥ*) als (Weg-)Strecke (*gocara*).[73] Derjenige, fährt der Text nun fort, »Derjenige jedoch, der mit Einsicht lebt, beständig mit angejochtem Verstand/Denken, dessen Sinne sind unter Kontrolle wie gute Pferde eines Kutschers. … Derjenige jedoch, der mit Einsicht lebt, besonnen, immer lauter/rein, der nun erlangt diesen Ort, von dem er nicht wieder geboren wird. Derjenige jedoch, der die Einsicht als Kutscher hat, ein Mensch mit dem Verstand als Zügel, der erlangt den Kulminationspunkt des Empyreums, diesen Zenit des Viṣṇu/Himmels.«[74]

---

fährt – …« Konsequenterweise übersetzt H. Zimmer den Terminus *yukta-mānasaḥ* der Aṣṭāvakra-Gītā 18.47, welcher gewöhnlich mit »aufmerksam« übertragen wird, recht anschaulich mit den Worten: »mit angeschirrtem Sinn«. Cf. V. G. Vitsaxis, Plato and the Upanisads, pp. 65–68.

[73] Cf. Kaṭha-Upaniṣad 1.3.3–4, ⟨ed./tr.⟩ S. Radhakrishnan, pp. 623–624.

[74] Kaṭha-Upaniṣad 1.3.6 & 1.3.8–9, ⟨ed./tr.⟩ S. Radhakrishnan, p. 624: *yas tu vijñānavān bhavati, yuktena manasā sadā | tasya-indriyāṇi vaśyāni sad-aśva iva sāratheḥ || … yas tu vijñānavān bhavati samanaskas sadā śuciḥ | sa tu tat padam āpnoti yasmāt bhūyo na jāyate || vijñāna-sārathir yas-tu manaḥ pragrahavān naraḥ | so'dhvanaḥ param āpnoti tad viṣṇoḥ paramam padam* ||. Die Bedeutung von *adhvan param* ist entweder »der Scheitelpunkt des Himmels/der Atmosphäre« oder »das Ende des Weges [der Strecke/Reise]«. Wir zogen in unserer Übertragung die Himmels- und Lichtsymbolik vor; *viṣṇoḥ paramam padam* heißt wörtlich »der höchste Schritt/Ort Viṣṇu's«, des Sonnengottes. Dabei handelt es sich um den »Zenit« oder den »Kulminationspunkt der Sonne« (*viṣṇu-padam* = Himmel/Atmosphäre), wo die Seligen leben, das Elysium. Die Übereinstimmung mit Platon's beflügeltem Geist reicht noch weiter: Viṣṇu's Reittier ist nämlich Garuḍa, der König der Vögel, ein gefiedertes Wesen. O. c. 2.3.10–11, ⟨ed./tr.⟩ S. Radhakrishnan, p. 645: »Wenn die fünf Erkenntnissinne zusammen mit der Ratio stillstehen und sich der Intellect nicht bewegt: das nennen sie den höchsten Zustand. Das betrachten sie als Yoga: das beständige Zurückhalten der Sinne; so wird man aufmerksam. Denn Yoga ist Alpha und Omega [Übersetzungsvariante: denn Yoga kommt und geht (solange das Ziel nicht voll verwirklicht ist)].« (*yadā pañca-avatiṣṭhante jñānāni manasā sahā | buddhiś ca na viceṣṭati tām āhuḥ paramāṃ gatim || tām yogam iti manyante sthirām indriya-dhāraṇām | apramattas tadā bhavati yogo hi prabhava-apyayau* ||) Uddhava-Gītā 15.20–21: »Man sollte den Denkprozeß (*mano-gatiṃ*) nicht zulassen; mit angehaltenem/beherrschem Lebenshauch, mit gezügelten/bezwungenen Sinnen sollte man durch einen mit Gut-/Klarheit (*sattva*) ausgestatteten Intellect (*buddhyā*) den Verstand (*mana*) unter seine Kontrolle bringen. Diese Sammlung des

4.1.3 Das beredte Schweigen altindischer Weisheitslehren

In der neueren buddhologischen Forschungsliteratur wurde darauf hingewiesen, daß die »Stillegung des sprachlichen Bewußtseins (*saṃjñā*) .. schon ein vorbuddhistisches Ziel«[75] gewesen sei. Da Belege und Verweise diesbezüglich nicht gegeben werden, kann man als das Gemeinte hier nur den apophatischen Weg des Ṛg Veda 10.129 mit seiner Feststellung vermuten, daß das Band des Seins die Weisen, im Herzen forschend, durch Sinnen im Nichtsein fanden,[76] womög-

---

Verstandes, als höchster Yoga überliefert, ist gleich der Bändigung/Bezähmung eines Pferdes, wenn du [es] auf Schritt und Tritt mit deiner Absicht bekannt-/vertrautzumachen suchst.« (*mano-gatiṃ na visṛjej-jita-prāṇo jita-indriyaḥ | sattva-saṃpannayā buddhyā mana ātmavaśaṃ nayet || eṣa vai paramo yogo manasaḥ saṃgrahaḥ smṛtaḥ | hṛdaya-jña-tvam-anvicchan damyasya-iva-arvato muhuḥ ||*) Cf. Mahābhārata (Anu-Gītā) 14.50.1–6, ⟨edd.⟩ V. S. Sukthankar & S. K. Belvalkar = P. Deussen ⟨tr.⟩, p. 991: XIV.51.1–6 (1424–1429). Subtil ausgestaltet ist das Wagengleichnis im Mahābhārata (Mokṣa-Dharma) 12.228.8–12, ⟨edd.⟩ V. S. Sukthankar & S. K. Belvalkar = P. Deussen ⟨tr.⟩, pp. 350–351: XII.236.9–13 (8653–8657). A. K. Coomaraswamy, Selected Papers 2.128: »Der Mensch, dessen Sinne unter Kontrolle oder ›unterjocht‹ (*yuktāḥ, yujaḥ*) sind, d. h. der *yogī*, kann entsprechend sagen: ›ich joche mich an wie ein verständiges Pferd (*svayam ayuji hayo na vidvān*, Ṛ[g] V[eda] V.46.1)‹«. Das Bild vom Kutscher und seiner Kutsche kennt selbstverständlich auch der Buddhismus, cf. Dhammapada 17.2 (222); Saṃyutta-Nikāya 45.4.5.1–4; Übersetzung der letzten Stelle, einer weiteren sehr wichtigen zur gleichen Metapher (Jātaka 544) und Verweise auf weitere Loci im Kanon in o. c., ⟨tr.⟩ H. Hecker, pp. 225–227.

[75] T. E. Vetter, Gedanken zu einer Geschichte der indischen Mystik, p. 177; cf. o. c., pp. 182–183, mit Verweis auf: idem, Some Remarks on Older Parts of the Suttanipāta, pp. 36–56. In letzterer Studie wird die These mit anderen Worten wiederholt (o. c., p. 41), einen Beleg bleibt der Verfasser allerdings auch hier schuldig.

[76] Cf. C. Lindtner, Madhyamaka Causality, p. 40: »R[ig]V[eda] 10.129 ist ein äußerst wichtiger Hymnus. Wenn es Sinn ergibt zu verallgemeinern und die gesamte europäische Philosophietradition als ›eine Reihe von Fußnoten zu Platon‹ (Alfred North Whitehead [Process and Reality, p. 39]) anzusehen, könnte man ebenso sagen, daß die gesamte indische Philosophietradition ›eine Reihe von Fußnoten zu R[ig]V[eda] 10.[1]29‹ ist. Fast genauso wichtig ist R[ig]V[eda] 10.90. Aber das heißt nicht, daß der antike Buddhismus nur einen reformierten Brahmanismus darstellt.« O. c., p. 48: »Wie ich oben behauptete, kann das gesamte Forum der indischen Philosophie als eine Reihe von Fußnoten zu R[ig]V[eda] 10.[1]29 angesehen werden. Diese allgemeine Bemerkung könnte natürlich auch auf das Madhyamaka angewendet werden.« J. Dahlmann, Nirvāṇa, p. 191: »›Von keinem Wind bewegt athmete einzig dies in göttlicher Wesenheit‹ (*ānīd avātaṃ svadhayā tad ekam*). Dieses eine Sein (*tad ekam*), das in eigener Wesenheit ruhend (*svadhayā*) *avāta* ›ohne von einem Windhauch bewegt zu sein‹, wehte, ist Brahma. Von dort bis zur stillen, in Brahma leuchtenden Stätte, von *tad ekam avātam* bis zu Brahma, *çāntaṃ padam* [beruhigte/r Stätte/Zustand], von *avātam* ›von keinem Hauche bewegt‹ bis zu *nivātastho yathā dīpaḥ*, dem Bilde ›der Leuchte, die aus

lich auch den der ‹Bṛhadāraṇyaka-Upaniṣad›, wird dort doch immer wieder das Prinzip von allem als weder so noch so (*neti-neti*) bezeichnet: »Er, Dieser Ātman ist weder so noch so (*neti nety-*), er ist unbegreiflich (*'gṛhyo*), denn er wird nicht be-/ergriffen«[77]. Wenn das Eschaton das ist, »von wo Sprache und Denken zusammen zurückkehren, ohne etwas erreicht/erfaßt zu haben«[78], wie sollte es dann anders zu verwirklichen sein, denn durch Ablassen von allem Sprechen und Denken, Be- und Ergreifen? Wäre dieses Ende des Wissens (*veda-anta*) nicht die Vollendung und das Ende des Veda (*vedānta*)[79]?

Vielleicht wäre im Zusammenhang mit der *Nirodha*-Technik aber auch an den von Doxographen gern unterschlagenen, an Pyrrhon's Ethizismus erinnernden, ikonoklastischen Eudaimonismus eines Sañjaya (ca. 6./5. Jh.) zu denken. Daß Buddha seine Negationsformeln betreffend das Nirvāṇa aus dem Munde des Yājñavalkya übernommen hat, ist mittlerweile indologisches Allgemeingut.[80]

---

der Fülle flammt, gerade emporsteigend an sturmfreier Stätte, ohne hierhin und dorthin bewegt zu werden‹, führt die ungebrochene Linie der Entfaltung e i n e s Begriffes. Es ist die Idee des jeder Bestimmung entkleideten höchsten Seins, das in der Loslösung von dem Grunde aller Bestimmtheit, dem ›Ich‹ gefunden wird, eine Idee, die in den älteren Denkmälern der vedischen Zeit unbestimmt hervorbricht, in den Denkmälern der epischen Dichtung aber sich zur vollen Klarheit in Brahma-Nirvāṇa entfaltet hat.« O. c., p. 119: »Das altbrahmanische Ideal der Glückseligkeit wird in dem ganzen Reichthum seines philosophischen Schmuckes bewahrt. Buddha erstrebt Nirvāṇa und n u r Nirvāṇa.«

[77] Bṛhadāraṇyaka-Upaniṣad 3.9.26: *sa eṣa neti netyātmā'gṛhyo na hi gṛhyate*. Cf. 4.2.4; 4.4.22; 4.5.15, ⟨ed./tr.⟩ S. Radhakrishnan, pp. 242; 253; 279; 286; sowie 2.3.6 (& 3.8.8.), ⟨ed./tr.⟩ S. Radhakrishnan, p. 194 (& p. 232). A. K. Coomaraswamy, Buddha and the Gospel of Buddhism, p. 204: »… die Formeln 'Nicht so, nicht so' und 'Das bist du' zusammengenommen repräsentieren die höchste Errungenschaft indischen Denkens;«.

[78] Taittirīya-Upaniṣad 2.4.1, ⟨ed./tr.⟩ S. Radhakrishnan, p. 545: *yato vāco nivartante* | *aprāpya manasā saha* |.

[79] Es darf daran erinnert werden, daß Vedānta nicht nur die exoterische Bedeutung des zeitlichen und literarischen Abschlusses (*anta* = Ende) und der Voll-endung des Veda beigelegt werden kann, sondern auch die esoterische des höchsten Wissens (*parā vidyā*), der Vollendung des Wissens in der Henosis mit dem Geheimnisvollen, die durch Beendigung alles diskursiven, begrifflichen Wissens (*veda-anta*), auch des Wissens um die heiligen Veda-Schriften bzw. Upaniṣads (*Veda-anta*) herbeigeführt wird. Śvetāśvatara-Upaniṣad 6.22a, ⟨ed./tr.⟩ S. Radhakrishnan, p. 749: »das höchst Geheimnisvolle am Ende des Wissens [oder: im Vedānta] (*veda-ante*), in einem früheren Aion wurde es hervorgerufen [oder: gelehrt]« (*vedānte paramaṃ guhyaṃ purākalpe pracoditam* |) Cf. Muṇḍaka-Upaniṣad 3.2.6; K. N. Jayatilleke, Early Buddhist Theory of Knowledge, p. 63.

[80] Cf. P. T. Raju, Idealistic Thought of India, p. 254; E. J. Thomas, The History of Buddhist Thought, p. 225; A. Wayman, The Buddhist »Not this, Not this«, pp. 101–102; T. R. V. Murti, The Central Philosophy of Buddhism, p. 48; Y. Sōgen, Systems of

Daß sie mit Sañjaya's Bestreitungstiraden in Verbindung gebracht werden könnten, habe ich als Forschungshypothese vor kurzem in den Raum gestellt.[81] Auch die Lehre im ‹Brahmajāla-Sutta›, daß die

Buddhistic Thought, p. 199; A. K. Coomaraswamy, Selected Papers 2.202, 411; idem, Buddha and the Gospel of Buddhism, pp. 199–200; C. Sharma, The Advaita Tradition in Indian Philosophy, p. 29. Zur orthodoxen Bedeutung von Nirvāṇa im Mahābhārata cf. J. Dahlmann, Nirvāṇa, pp. 34–39; idem, Das Mahābhārata als Epos und Rechtsbuch, pp. 228–231. O. c., p. 230, wird durch Zitation von Mahābhārata 13.36.14 (Bombay edition), u. a. folgende richtige Gleichstellung vorgenommen: »*nirmanyur api nirvāṇo yatiḥ syāt samadarśanaḥ* = *nirdvandva*«, wer Gleichgültigkeit/Abgeschiedenheit, Windstille und Beruhigung der Leidenschaften erlangt hat, möge auch [alles] gleich(gültig) betrachten = Freisein von Gegensatzpaaren. Der Sanskrit-Satz des Originals wird von J. Dahlmann, Nirvāṇa, p. 38, wie folgt kommentiert: »Bedeutsam ist die participiale Verwerthung XIII 36, 14. ›Der Büsser sei leidenschaftslos, beruhigt, alles gleichmüthig betrachtend‹ …« Mahābhārata 13.36.14, ⟨edd.⟩ V. S. Sukthankar & S. K. Belvalkar, gibt *nirvāṇo* als Lesart für einige Manuskripte an, hat selbst aber *nirmāno*, der ohne Dünkel [Stolz/Neid] ist. Leider weiß Dahlmann seine Ergebnisse nicht auf den Buddhismus anzuwenden. Sein Nihilismus-Vorwurf an diesen, cf. idem, Buddha, pp. 120–161; idem, Nirvāṇa, pp. 15, 18, basiert zwar auf einer schlüssigen Logik, die die Lehre nach dem Verständnis des Theravāda-Buddhismus gnadenlos ad absurdum führt, da dieses u. E. jedoch skandalös einseitig ist, trifft sie nur eine Karikatur der Buddhalehre des Pāli-Kanon. O. c., p. 119: »Buddha erstrebt Nirvāṇa und nur Nirvāṇa. Die systematische Grundlage von Nirvāṇa hingegen wird nur bruchstückartig verwerthet. Die altbrahmanische Lehre vom ›Werden‹ erweiternd löst Buddha Alles in Werden und Leiden auf, und die Lehre von Nirvāṇa überwuchert und erstickt jede andere Regung selbständiger Auffassung.« Cf. idem, Die Sâṃkhya-Philosophie als Naturlehre und Erlösungslehre, pp. 249–254. Idem, Buddha, p. 216: »In seinem chaotischen und widerspruchsvollen Wesen ist der Buddhismus nur das Siegeszeichen einer zerstörenden Macht, die Trophäe eines farb- und kraftlosen Indifferentismus, der nicht entwickelnd und weiterbildend, sondern verneinend und austilgend in ein reiches Geistesleben eingegriffen hat.« ›Śūnyavāda‹ (die Lehre von der Leerheit) steht platt für Nihilismus, was leicht zu verifizieren ist, wenn in idem, Das Mahābhārata als Epos und Rechtsbuch, p. 230, von den »grundstürzenden Systemen der Skeptiker, Çūnyavādin, Nihilisten« die Rede ist. Für Buddha gilt in idem, Buddha, p. 33, zwar: »Buddha wollte kein Brahmavâdin, ein Philosoph des Brahma sein, aber ebensowenig ein Çūnyavâdin, ›Nihilist‹.« Cf. idem, Genesis des Mahābhārata, pp. 151–153. In idem, Buddha, p. 149, wird er aber exakt als Nihilist gescholten: »… Mit diesem cynisch ausgesprochenen Satze [daß die Vorstellung von einem unvergänglichen, ewigen, unwandelbaren und gleichbleibenden Ich nach dem Tode eine Narrenlehre sei] stellt sich Buddha auf den Boden des Nihilismus, wie er krasser und schroffer in keiner Çûnyavâda-Schule gepflegt wurde.« Sophismus, Skeptizismus und Dialektik werden als gnoseologischer Nihilismus gleichgesetzt und die Leerheitslehre aus der Dialektik abgeleitet, cf. idem, Das Mahābhārata als Epos und Rechtsbuch, p. 217: »Die Nihilisten: *çūnyavādin* sind die Frucht der Skeptiker: *tarkavādin*.«

[81] Cf. H. P. Sturm, Weder Sein noch Nichtsein, pp. 11–38; dort auch zu Sañjaya's Ethik der Streitlosigkeit und Menschenfreundlichkeit. E. A. Solomon, Indian Dialectics, pp. 684–685: »Die Buddhisten und die Jainas wie auch die Denker der vedischen Schule konnten nicht umhin, als von diesem agnostischen oder skeptischen Trend des Denkens

tiefsten Grundsätze mit dem vorstellenden Denken überhaupt nicht zu erfassen seien, scheint mit der Tradition übereinzustimmen. »Es gibt, Mönche, ganz andere Grundsätze/Dinge, tief, schwer zu erschauen, schwer zu verstehen, friedvoll, erhaben, durch Schließen und unterscheidendes Denken nicht zu fassen, sublim, verständlich nur dem Weisen …«[82] Und Meister Gotamo bleibt die Antwort darauf, wie das Eindringen in den Grund der Dinge möglich ist, ebenso nicht schuldig. Wenn das Gewebe der Welt aus Kette und Schuß von Idealem (*nāma*) und Sinnlichem (*rūpa*) besteht, dann muß man zu seiner Auflösung nur die Kettfäden ziehen und die Welt fällt auseinander.

»›Wo finden Wasser, Erde, Feuer und Luft keinen (festen) Halt/Stand? / Wo Langes und Kurzes, Feines und Grobes, Gutes und Schlechtes? / Wo sind sowohl Name als auch Form ohne Rest aufgehoben?‹ / Hier ist die Antwort: / ›[Es ist die] Unaufweisbare/kennzeichenlose Gnosis/Bewußtheit, unendlich, allseits licht. / Dort finden Wasser, Erde, Feuer und Luft keinen (festen) Halt/Stand; / dort Langes und Kurzes, Feines und Grobes, Gutes und Schlechtes; / dort sind sowohl Name als auch Form restlos aufgehoben; / dort ist dieses durch Stillegung/Ausschaltung des [endlichen] Bewußtseins (*viññāṇassa nirodhena*) aufgehoben.‹«[83] Daraus ist zu schließen,

beeinflußt zu sein, insbesondere in bezug auf transzendent(al)e Sachverhalte. … Der Einfluß von Sañjaya Bel[l]aṭṭhaputta auf buddhistisches und jainistisches Denken ist offensichtlich.«

[82] Dīgha-Nikāya 1.1.28; 1.1.37; 1.2.15; passim: *atthi, bhikkhave, aññ' eva dhammā gambhīrā duddasā duranubodhā santā paṇītā atakkâvacarā nipuṇā paṇḍitavedanīyā* … Dazu und zum Thema der Limitation des Verstandes cf. auch B. Nanajivako, My Approach to Indian Philosophy (C. Veljacic), pp. 305–306; idem, Buddhismus: Religion oder Philosophie?, p. 34. O. Franke ⟨tr.⟩, Dīghanikāya, pp. 46²–47, Anmerkung des Übersetzers mit Hinweis auf und Teilübersetzung von Majjhima-Nikāya 1.483–489 (Aggi-Vacchagotta-Sutta = 72. Suttam).

[83] Dīgha-Nikāya 11.85, ⟨edd.⟩ T. W. Rhys Davids & J. E. Carpenter, 1.223: *Kattha āpo ca paṭhavī tejo vāyo na gādhati? / Kattha dīghañ ca rassañ ca anuṃ thūlaṃ subhâsubhaṃ? / Kattha nāmañ ca rūpañ ca asesaṃ uparujjhatîti? / Tatra veyyākaraṇaṃ bhavati: / Viññāṇaṃ anidassanaṃ anantaṃ sabbato pahaṃ. / Ettha āpo ca paṭhavī tejo vāyo na gādhati, / Ettha dīghañ ca rassañ ca anuṃ thūlaṃ subhâsubhaṃ, / Ettha nāmañ ca rūpañ ca asesaṃ uparujjhati, / Viññāṇassa nirodhena etth' etaṃ uparujjhatîti.* Übersetzt unter Berücksichtigung der französischen Übertragung und Hinweise von K. Bhattacharya, L'ātman-brahman dans le Bouddhisme ancien, pp. 52–55; idem, Some Thoughts on Early Buddhism, pp. 25–31 (mit Verweisen auf Parallelstellen im Vedānta). Zum Themenkomplex der ›Stillstellung‹ im Buddhismus cf. auch B. Nanajivako, My Approach to Indian Philosophy (C. Veljacic), p. 306; L. O. Gómez, Proto-Mādhyamika in the Pāli Canon, pp. 137–165; T. E. Vetter, The Ideas and Meditative Practices of Early

daß das Schweigen des Schweigers aus dem Śākya-Geschlecht anläßlich der vierzehn eschatologisch-metaphysischen Fragen (*caturdaśa-avyākṛta-vastūni*), daß ihr Abstellen und Stehenlassen (*ṭhapanīyo*) durchaus einer Verstandesnotwendigkeit entspringt, die spätere rational versierte und orientierte Anhänger ihm sehr wohl öffentlich zu unterstellen und ihren Zeitgenossen zu demonstrieren vermochten. Letztlich sei keine Antwort schließlich auch eine Antwort, sagt das ‹Mahāprajñāpāramitā-Śāstra›[84], und wenn diese sachhaltig richtig »Nicht-Bestimmung« lautete oder besser: 'stillte', darf man dann nicht schließen, daß das, was sie derart 'bestimmt' oder 'nicht bestimmt' hat, als Bestimmungsloses zu charakterisieren ist, womöglich als Unbestimmbares? Ein 'wahr' sein sollendes Nichtbestimmen kann ja keinesfalls auf etwas Bestimmtes referieren. Indem der Weise Gautama den beforschten Gegenstand durch Stille unbestimmt und unbegründet ließ, hätte er sein Wesen faktisch exakt demonstriert und in einem damit das dadurch Denotierte praktisch eingeholt. Der Begriff davon, ›Bestimmungslosigkeit‹, offenbart sich vor diesem Hintergrund als Umweg,[85] setzt er doch nichts anderes als seine eigene Ent-Setzung und stünde sich, solange diese nicht vollzogen ist, in bezug auf sein Bedeutetes, nur selbst im Wege. Könnte man sich also eine direktere Lehrmethode als solch schweigende Rede (*mauna-vyākhyā*), solch beredtes Schweigen vorstellen? »O Meister, von dir wurde nicht eine einzige Silbe geäußert, und [doch] wurde die ganze zu belehrende Menschenmenge mit einem Regen der wahren Lehre erfreut.«[86] Dieses wortlose Lehren aus einem stillen und abge-

---

Buddhism, pp. 101–106, 54–60. Nach o. c., pp. 59–60, werde im Saṃyutta-Nikāya 12.67.26 gesagt, »daß Auffassungskraft/Erkenntnis [*viññāṇa*] und Name und Form [*nāma-rūpa*] einander stützen wie zwei Strohballen [*dve naḷakalāpiyo*], die gegeneinanderlehnen. Wenn es einem gelingt, einen der beiden umzustoßen, dann fällt [auch] der andere zu Boden und alles, was von den zwei Ballen getragen wird. Wenn es gelingt, die Auffassungskraft/Erkenntnis oder Name und Form zu eliminieren (...), dann wird [auch] das je andere eliminiert sowie die verbleibenden Bedingungen des abhängigen Entstehens.« Auf die häufigen Fehldeutungen des Pāli-Buddhismus, und folgend des gesamten Buddhismus, auch des Mahāyāna, durch Nicht-Unterscheidung zweier Bewußtseinsbegriffe und -ebenen soll hier nicht eingegangen werden.

[84] Cf. Mahāprajñāpāramitā-Śāstra 75a; 253b = É. Lamotte ⟨tr.⟩, Le traité de la grande vertu de sagesse de Nāgārjuna (Mahāprajñāpāramitā-Śāstra) 1.158; 3.1682.

[85] Betreffs J. G. Fichte expliziert diese Problematik H. Gliwitzky ⟨ed.⟩, Einleitung in: Fichte, Johann Gottlieb: Wissenschaftslehre 1805, p. LXI.

[86] Nāgārjuna, Niraupamya-Stava 7, ⟨edd./trr.⟩ F. Tola & C. Dragonetti: *nodāhṛtaṃ tvayā kiñcidekamapyakṣaraṃ vibho | kṛtsnaśca vaineyajano dharmavarṣeṇa tarpitaḥ* ||. Cf. Nāgārjuna, Mūlamadhyamaka-Kārikā 25.24, und die interessante Überset-

schiedenen Geist heraus hat in Indien Tradition. Innerhalb des Mahāyāna-Buddhismus ist das ›donnernde Schweigen‹ des Vimalakīrti (2./3. Jh.) geradewegs zum Symbol dafür geworden.[87]

Der Orthodoxie ist es natürlich ebenso nicht unbekannt. So erzählt uns Śaṅkara von einer Begebenheit der alten Zeit, die sich von Buddha's besagter Art des Predigens in keiner Weise unterscheidet. »Und als Bādhva von Bāṣkali befragt wurde, da erklärte dieser ihm das Brahman durch Wortlosigkeit selbst (*avacanena-eva*), wie die Schrift erzählt: 'und er sprach: ›lehre mir, o Ehrwürdiger, das Brahman‹. Jener aber schwieg stille (*tūṣṇīṃ babhūva*). Als nun der andere zum zweiten oder dritten Male fragte, da sprach er: ›ich lehre dir es ja, du aber verstehst es nicht; dieser Ātman ist still [friedvoll/beruhigt/gestillt] (*upaśānto'yam-ātmā*)‹.' – Ebenso wird in den Smṛti's [traditionellen Texten] das Brahman durch Ausschließung des anderen (*para-pratiṣedhena*) von ihm gelehrt.«[88]

---

zungsvariante dieses Verses von G. Bugault, Nāgārjuna: Examen critique du nirvāṇa (nirvāṇa-parīkṣā), p. 141. Al-Halladsch, in: A. Schimmel, Al-Halladsch – »O Leute, rettet mich vor Gott«. Texte islamischer Mystik, p. 50: »Die Sprache der Eingeweihten .. hat keine Worte.«

[87] Cf. Y. Sōgen, Systems of Buddhistic Thought, pp. 199–200 (mit einem längeren Zitat aus dem Vimalakīrtinirdeśa-Sūtra); É. Lamotte ⟨tr./adnot.⟩, L'enseignement de Vimalakīrti (Vimalakīrtinirdeśa), pp. 316–318 (Kapitel VIII §§ 32–33, mit Fnn.); G. M. Nagao, Mādhyamika and Yogācāra, pp. 35–49: Chapter 4: The Silence of the Buddha and its Madhyamic Interpretation. N. Luhmann & P. Fuchs, Reden und Schweigen, pp. 63–64: »Die Information ist, um zugespitzt zu formulieren, daß es keine Information gibt, die sinnvoll auf die Frage des Schülers zu beziehen wäre, wenn es denn um Nichtzweiheit geht. Der Schüler erhält eine Information, die sich selbst negiert, und gerade deshalb erhält er eine Information. Eben deshalb wäre es auch möglich zu schweigen (Vimalakirtis donnerndes Schweigen), das heißt: keine Information zu geben und dadurch zu informieren. Schweigen als kommunizierte Kommunikationsverweigerung und Reden als kommunizierte Kommunikationsverweigerung sind funktional äquivalent. Beide Möglichkeiten präsentieren die Tautologie bzw. Paradoxie der Operationsgrundlage von Zen.«

[88] Śaṅkara, Brahmasūtra-Bhāṣya 3.2.17, ⟨Samata ed.⟩ 7.587: *bāṣkalinā ca bādhvaḥ pṛṣṭaḥ san avacanenaiva brahma provāceti śrūyate – 'sa hovācādhīhi bho iti sa tūṣṇīṃ babhūva taṃ ha dvitīye tṛtīye vā vacana uvāca brūmaḥ khalu tvaṃ tu na vijānāsi | upaśānto'yamātmā' iti | tathā smṛtiṣvapi parapratiṣedhenaivopadiśyate – …* ||. Wir wählten die hier recht exakte, von uns jedoch leicht modifizierte und an wichtigen Stellen mit sanskritischen Originalbegriffen versehene Übersetzung von P. Deussen, Die Sûtra's des Vedânta oder die Çârîraka-Mîmâṅsâ des Bâdarâyaṇa nebst dem vollständigen Commentare des Çaṅkara, p. 524. Bei dem angesprochenen Brahman handelt es sich natürlich um das unterschiedslose Brahman, cf. Śaṅkara, Brahmasūtra-Bhāṣya 3.2.17, ⟨Samata ed.⟩ 7.586–587: *brahma-nirviśeṣa-tvāt.* Cf. Śaṅkara, Dakṣiṇāmūrti-Stotra, Eingangsvers, ⟨ed./tr.⟩ T. M. P. Mahadevan, The Hymns of Śaṅkara: *mauna-vyākhyā-prakaṭita-para-*

Genau das ist es, was Buddha analog in bezug auf sich selbst tut. Nicht nur beschweigt er die *diṭṭhi*'s (Ansichten, Theorien, Dogmata) der Spekulationskünstler. Zieht man die letzte Konsequenz aus seiner Lehrrede, dann wird ziemlich deutlich, daß der Erleuchtete, indem er alle Prädikate, die auf den angewandt werden, dessen Geist abgeschieden, befreit ist (*vimutta-citto*), kategorisch als unzutreffend negiert, daß er das Urteilen über die höchsten Gegenstände (*parama-artha*) sehr wohl verurteilt, um sich endlich des Urteils zu enthalten. »*N.*[*irodha* = Anhalten/ἐποχή] ist in vielen Fällen synonym mit *nibbāna* & *parinibbāna;* man kann sagen, daß das sogar ein stärkerer Ausdruck ist, insofern er die *aktive* Destruktion der Ursachen des Lebens betrifft. … … *Nibbāna* als vollkommene *Weisheit* und das, was einem solchen Zustand förderlich ist (*saṃvattati*). Die folgende Phrase ist eine der ältesten stereotypen Phrasen im Kanon und sehr häufig; sie wird für alle höchsten Mittel und Erreichungen des Verhaltens und der Meditation verwendet, und es kann von ihr gesagt werden, daß sie das Ziel vollkommener Einsicht und eine per-

---

brahma-tattvaṃ (durch schweigsame Rede die Dasheit [Wahrheit/das Prinzip] des Überbrahman [höchsten Brahman] dargelegt habend). Cf. Kena-Upaniṣad 1.3; V. Bhattacharya, The Basic Conception of Buddhism, pp. 12–23; A. K. Coomaraswamy, Selected Papers 2.201–202; idem, Time and Eternity, pp. 54–56 mit Fn. 42. Vom schweigenden Wort (*lógos siōpõn*) stiller Schaunis/Theoria spricht Plotinos, Enneaden 3.8.6.11 §37. Der Nous/Geist als Lehrer und Heiland »spricht die Wahrheit, indem er schweigt« (*metà sigẽs mèn phtheggómenos tẽn alẽtheian*), sagt Porphyrios, Ad Marcellam 26, ⟨ed./tr.⟩ W. Pötscher, p. 30.14–15. Daß man von den mystischen Regionen richtigerweise sprachlos redet, lehrt Hierotheos 2.3, ⟨ed./tr.⟩ F. S. Marsh, pp. 24*/28. Daß Schweigen auch Reden bedeutet (*'óti kaì tò siōpãn lógos*), meint F. Philostratos, Vita Apollonii 1.1, ⟨ed./tr.⟩ V. Mumprecht, p. 10.10, im Zusammenhang mit der Lehre des Pythagoras. Eine 'schweigende Hymne' an Gott (*sigõmenon 'úmnon*) singt ein anonymer Neuplatoniker, höchstwahrscheinlich Proklos, cf. Gregorios von Nazianz, Carmina 1.1.29.10, PG 37.508A ≈ W. Beierwaltes, Denken des Einen, p. 316.11. Iacopone da Todi, Laude 81.64–66: »Die Stille ist erschienen, die alle Sprache aufhob; sie spricht nun, indem sie schweigt, …« (*Lo Scilenzio c'è apparuto, / che li è tolto onne lenguaio; / allor parla en quïetaio, …*) O. c. 89.142: ich spreche schweigend (*tacendo parlo*); o. c. 90.12: ich schweige sprechend (*Parlanno taccio*). Meister Eckhart, DW 3.442.2–5: »Hiervon spricht der Hl. Augustinus: Das Schönste, das der Mensch über Gott (aus)zu(-)sagen vermag, das ist, daß er aus Weisheit inneren Reichtums schweigen könne. Deshalb schweig und schwätze nicht über Gott, denn damit, daß du über ihn schwätzt, lügst du, tust du Sünde.« (*Hie von spricht sant augustinus: ›Das schoneste, dc der mensche gesprechen mag von gotte, dc ist, das er von wisheit inners richtůmes swigen kvnne‹. do von swig vnd klafe nit von gotte; wande mit dem, so dv̍ von ime claffest, so lv̍gest dv̍, so tv̍stu svnde.*). Daß alles, was man über Gott sagen, schreiben und denken kann, eher lügen, denn Wahres sagen ist, findet sich auch bei M. Porete, Le mirouer des simples ames/Specvlvm simplicivm animarvm 119.20–22.

fekte Lebensphilosophie kennzeichnet. Sie wird in zwei Variationen, und zwar in einer simplen Form ... und in einer vollständigeren Form gegeben als ›[*etaṃ*] *ekanta-nibbidāya virāgāya nirodhāya upasamāya abhiññāya sambodhāya nibbānāya saṃvattati* [{dies} führt zur einfachsten Gleichgültigkeit, zu Leidenschaftslosigkeit, Anhalten/ἐποχή, Beruhigung, Einsicht, Erwachen, Nirvāṇa]‹ ... Häufig ist die Kombination von *virāga nirodhā nibbāna* [Leidenschaftslosigkeit, Anhalten/ἐποχή, Nirvāṇa], die fast als drei Synonyme verwendet werden ...«[89]

Dem Tathāgata haften die Attribute, die für den Sterblichen zutreffen, die fünf Faktoren des empirischen Daseins (*skandha*), nicht mehr an, weshalb er von Meister Gotamo tief/abgründig, unermeßlich und unergründlich wie der große Ozean (*gambhīro appameyyo duppariyogāho seyyathā pi mahāsamuddo*) genannt wird, und er den Diskurs über die vierzehn abzustellenden Artikel (*caturdaśa-avyākṛta-vastūni*) hinsichtlich des Tathāgata in der ‹Mittleren Sammlung› jeweils mit einer Abwehr-Tirade unterbindet, die ob ihres klar verneinenden Charakters mit Leichtigkeit Nāgārjuna unterschoben werden könnte: »›Entsteht‹, Vaccha, paßt nicht. ... ›Entsteht nicht‹, Vaccha, paßt nicht. ... ›Entsteht sowohl als auch entsteht nicht‹, Vaccha, paßt nicht. ... ›Weder entsteht noch entsteht nicht‹, Vaccha, paßt nicht.«[90] Da kann es doch nicht mehr verwundern, wenn festgehalten wird: »Des Buddha wohlerwogene ἐποχή gegenüber gängigen 'metaphysischen' *antadvayadṛṣṭi* [Theorie der zwei Extreme von ist und ist nicht] übte eine entscheidende Wirkung auf Nāgārjuna aus ...«[91]

---

[89] T. W. Rhys Davids & W. Stede, The Pali Text Society's Pali-English Dictionary, p. 371, s. v. *Nirodha* & p. 364 (durch zweimal drei Punkte getrennt), s. v. *Nibbāna*.

[90] Majjhima-Nikāya 1.486 (Aggi-Vacchagotta-Sutta = 72. Suttam): *Upapajjatîti kho Vaccha na upeti. ... Na upapajjatîti kho Vaccha na upeti. ... Upapajjati ca na ca upapajjatîti kho Vaccha na upeti. ... N' eva upapajjati na na upapajjatîti kho Vaccha na upeti.* Cf. T. E. Vetter, The Ideas and Meditative Practices of Early Buddhism, pp. 54–60. Selbstverständlich könnte für »entsteht« auch »ist« oder »existiert« stehen, wodurch die Nähe zu Nāgārjuna's Aussage-Tetralemma *catuṣkoṭi(kā)* noch offensichtlicher würde.

[91] C. Lindtner, Nāgārjuniana, p. 253; cf. L. Schmithausen, Ich und Erlösung im Buddhismus, p. 166; R. D. Gunaratne, Understanding Nāgārjuna's Catuṣkoṭi, pp. 229–231.

4.1.4 Die Befriedung der Vorstellungsvermannigfachung (*prapañca-upaśama*) im Madhyamaka-Buddhismus und Advaita Vedānta

Ārya Nāgārjuna, dieser abgrundtiefe Geist, ein Gründervater des Mahāyāna, und einer der rigorosesten Dialektiker aller Zeiten, wurde berühmt durch die logisch-eristische Überführung aller vier Urteils-Standpunkte von Sein, Nichtsein, beidem und keinem von beiden, in die Irrealität und Leerheit (*śūnyatā*) des bloß Erscheinungshaften, Nicht-an-sich-selbst-Seienden (*niḥsvabhāvatā*), ja Scheinhaften, welche den Dingen nicht nur die Durchsichtigkeit verleiht, die nötig ist, um den totalen Durchblick, die vollkommene Einsicht und Transparenz der Erleuchtung (*bodhi*) zu bekommen, sondern auch die Null- undnichtigkeit und Gegenstandslosigkeit, die es ratsam erscheinen läßt, davon Abstand zu nehmen, sie zu ergreifen und zu begreifen. »Die Wirklichkeit [Wahrheit/Dasheit] ist nicht im Bereich der Vernunft; die Vernunft wird Verhüllung genannt.«[92]

Was im Staunen über seine Meisterschaft in der Reflexion aber gerne übersehen wurde, ist ihr eigentlicher Gipfel- und Umkehrpunkt, die letzte Rückwendung (*re-flingere*) der Re-flexion auf sich selbst. Ist einmal eingesehen, daß die sogenannte Wirklichkeit durch keine Setzung von Sein, Nichtsein etc. begriffen und fixiert werden kann, dann muß die logische Konsequenz, die daraus zu ziehen ist, darin bestehen, die Differenz zwischen meinem Erfahren der Realität als einer Bestimmten (erfüllt mit diskreten Entitäten) und meinem Wissen (welches das Wahrheitskriterium liefert), daß dieses Erfahren ein irrtümliches und falsches sein muß, wenn Wirklichkeit unbestimmbar sein soll, zu überwinden, indem ich das Denken qua Bestimmen, Begreifen und Fixieren rekursiv selbst als Prinzip und Basis des Irrtums entlarve und in seinem Anhalten (*nirodha, upaśama,* ἐποχή) die Übereinstimmung herstelle, quasi nach dem zu Ende gedachten alten Motto des Empedokles (ca. 483–430), daß Gleiches nur durch Gleiches ‘erkannt’ werden kann.[93]

Die Pyrrhoneer nannten das Phänomen des aporetischen Selbst-

[92] Śāntideva, Bodhicaryāvatāra 9.2b, ⟨ed./tr.⟩ P. Sharma: *buddher-agocaras-tattvam buddhiḥ saṃvṛtir-ucyate* ||. Cf. C. Sharma, The Advaita Tradition in Indian Philosophy, pp. 65–71.

[93] Cf. Empedokles, H. Diels & W. Kranz, Die Fragmente der Vorsokratiker 1.351.20–22, Fragment B109. Weitere Textstellen bei antiken Denkern und weiterführende Literatur bei ⟨edd./trr.⟩ H. D. Saffrey & L. G. Westerink, Proklos: In Platonis Theologiam libri VI,

einschlusses überdeutlich Mit-ausstreichung, Mit-umschreibung (*sumperigraphḗ*)[94] und Mit-vereitelung, Mit-zunichtemachen, Mit-umsturz (*sumperitropḗ*)[95]. Analoges bei Nāgārjuna. Die Argumente, die die Leere evident machen, sind, wie alle Argumente, selbst leer und wesenlos: »diese Aussage hat kein eigenes Wesen«[96]. Ein Beweis des Gegners, daß sie selbst durch »Sein und Nichtsein unbestimmbar« (*anirvacanīya-sad-asattvam*)[97], d.h. doch wohl aller Bestimmung leer (*lakṣaṇa-śūnya*) sind, so der dem Ārya an aporetischer Kunstfertigkeit in nichts nachstehende Advaitin, späte Schüler und Verehrer jenes, Śrīharṣa (12. Jh.), würde die Lehre von der »Unbestimmbarkeit von allem und jedem bezüglich jeglichem« (*anirvacanīyatā-sarvasvam*)[98] nur noch stützen, 'auch sie liegt selbst ja innerhalb der gesamten Erscheinungsvielheit – was der Wortbedeutung nach alles umfaßt'[99]. 'Die [Rede/Lehre von der] ›Unbestimm-

1.135³–136 (notes complémentaires). Zusätzliche Stellen bei Proklos in unseren Zitaten und Nachweisen im Kapitel 1.3.1.

94 Cf. Sextos Empeirikos, Pyrrhoneion Hypotyposeon 1.14; 1.206; 2.47; Photios, Bibliotheca, Cod. 112, 170ª12–13.

95 Cf. Sextos Empeirikos, Pyrrhoneion Hypotyposeon 2.188; 1.197; Diogenes Laërtios, De vitis dogmatis … 9.76. O. c. 9.104: »Indem wir also sagen, daß wir nichts bestimmen, bestimmen wir nicht einmal das.« (*en 'ō̃j oũn légomen mēdèn 'orízein, oud' autò toũto 'orízomen.*) Cf. K. Jaspers, Nachlaß zur Philosophischen Logik, pp. 308–309, 424–428. Eine raffinierte Kehrtwendung der Argumentation (*anastrépsantes*) findet sich bei (Pseudo-)Porphyrios, In Platonis Parmenidem, Fragment IX, Fol. 92ʳ–X, Fol. 92ᵛ, ⟨ed./tr.⟩ P. Hadot, 2.94.26/96.11.

96 Nāgārjuna, Vigrahavyāvartanī 24 (& 29), ⟨edd.⟩ E. H. Johnston & A. Kunst, ⟨tr.⟩ K. Bhattacharya, The Dialectical Method of Nāgārjuna: *na svābhāvikam-etad-vākyaṃ*; cf. Aṣṭasāhasrikā Prajñāpāramitā, ⟨tr.⟩ E. Conze, p. 274.

97 Cf. Śrīharṣa, Khaṇḍanakhaṇḍakhādya, ⟨edd.⟩ L. S. Drâvida (& G. Jha), ⟨Chowkhamba ed.⟩, p. 131 = Śrīharṣa, Khaṇḍanakhaṇḍakhādya, ⟨tr.⟩ G. Jha, 1.41–42, Chap. 1 § 93; cf. C. Sharma, A Critical Survey of Indian Philosophy, p. 306[Fn. 3].

98 Cf. S. S. Hasurkar, The Undefinability of the Cause, p. 48; idem, The Undefinability of the Divisions of Time: As Enunciated by Shreeharsa, p. 98; idem, The Undefinability of the Entity and the Non-Entity as Proved by Shreeharsa, p. 215; G. Jha, Note ad Fasc. 1, No. 81: Śrīharṣa, Khaṇḍanakhaṇḍakhādya, ⟨Chowkhamba ed.⟩ ohne Paginierung. Śrīharṣa, Khaṇḍanakhaṇḍakhādya, ⟨Chowkhamba ed.⟩, p. 1178 (= ⟨tr.⟩ G. Jha 2.602–603): »… nennen wir durch all das unbestimmbar; und dies [gilt] nicht allein für die 'Differenz', sondern [dann] für die Welt selbst, und wie sich das mit dieser Lehre von der Unbestimmbarkeit so verhält, wurde bereits gesagt« (… *tena sarveṇānirvacanīya iti brūmaḥ* | *etacca na kevalaṃ bhedasyāpi tarhi jagata eva, anirvacanīyavādaścāyaṃ yathā tathoditaṃ prāk*)

99 Cf. Śrīharṣa, Khaṇḍanakhaṇḍakhādya, ⟨Chowkhamba ed.⟩, p. 131 (= ⟨tr.⟩ G. Jha 1.42, Chap. 1 § 93): *sāpi hi kṛtsnaprapañcaparasarvaśabdābhidheyamadhyaniviṣṭaiva* |.

barkeit‹ selbst lebt [wird] ja gerade von der Unbestimmbarkeit [bestätigt], durch welche sie abgeschlossen/beendet [widerlegt] wird'[100].

Da indessen auch noch das Urteil der Unbestimmbarkeit eine Bestimmung darstellt und sich durch neue Leugnungen von Eigenschaften und Bestimmungen der Widerspruch zwischen Urteilsform und Urteilsgehalt nur fortzeugte, ist nun die Leugnung oder Negation, dieserart zu ihrem eigenen Problem geworden, selbst zu eliminieren.[101] Dies wird im heiligen Gesang der ‹Aṣṭāvakra-Gītā› mit aller Deutlichkeit ausgesprochen. »Selbst jener, von dem das Undenkbare gedacht wird, ist der Form des Denkens hingegeben; verzichtet habend auf dieses Denken [Seiendmachen/Imaginieren], weile ich darum genau [nur/eben] so *(evam eva)*.«[102] Im Ausdruck

---

[100] Cf. Śrīharṣa, Khaṇḍanakhaṇḍakhādya, ⟨Chowkhamba ed.⟩, p. 1340 (= ⟨tr.⟩ G. Jha 2.705, Chap. 4 §205): *yena hi tannirvāhyate tadanirvacanīyatayā'pi nirvāhyānirvacanīyataiveti* |; cf. o.c. p. 131 = ⟨tr.⟩ G. Jha 1.41–42; cf. C. Sharma, A Critical Survey of Indian Philosophy, p. 306; Nāgārjuna, Mūlamadhyamaka-Kārikā 4.8–9. Zur Leerheit transzendentaler Reflexion J. G. Fichte, GA 1.6.252.25–28 (Die Bestimmung des Menschen) = SW 2.247: »Und dies ist denn das einige Verdienst, das ich an dem Systeme, das wir so eben mit einander gefunden, rühme: es zerstört und vernichtet den Irrthum. Wahrheit geben kann es nicht; denn es ist in sich selbst absolut leer.« Cf. GA 2.5.115.1–6/13–17 (Rükerinnerungen, Antworten, Fragen) = SW 5.341; GA 2.6.322.26–324.10 (Darstellung der Wissenschaftslehre aus den Jahren 1801/02) = SW 2.160–162; GA 2.7.108.21–109.7 (Vorlesungen der W. L. Im Winter 1804. 1ste.); GA 2.9.179.21–23, 288.7–290.6 (4ter Vortrag der Wissenschaftslehre – Erlangen 1805).

[101] Diese Reflexionsschleife führt (ontologisch gewendet) der Gnostiker Basileides (1./2. Jh.) unübertrefflich vor, cf. Hippolytos, Refutatio omnium haeresium 7.20.1–4. Der Kern dieser Feststellung wird, wie W. R. Inge, Christian Mysticism, p. 111[1], richtig feststellt, vom Hl. Augustinus akzeptiert und Wort für Wort wiederholt, cf. A. Augustinus, De doctrina Christiana 1.6.6. Ein weiteres wichtiges Zeugnis für diesen Maximalbereich des sich wissenden Denkens liegt vor in Damaskios, De principiis, ⟨ed.⟩ L. G. Westerink, 1.15.2–5; 1.18.5–13; 1.21.12–22; 1.62.4–9 = ⟨ed.⟩ Ruelle, 1.11; 1.13; 1.15; 1.41–42.

[102] Aṣṭāvakra-Gītā 12.7: *acintyaṃ cintyamāno 'pi cintā–rūpaṃ bhacaty asau* | *tyaktvā tad-bhāvanaṃ tasmād-evam eva-aham āsthitaḥ* ||. Das *evam* kennzeichnet in allen acht Versen des Kapitels 12 den absoluten Zustand bzw. Nichtzustand: Vers 1: Freiheit von körperlicher, sprachlicher und geistiger Tätigkeit. Vers 2: ein Herz/Sinn, das/der von der Zerstreuung zur Sammlung in einem Punkt übergegangen ist. Vers 3: das Jenseits der Versenkung. Vers 4: Gelassenheit gegenüber Anzunehmendem und Zu-Verwerfendem, Freude und Niedergeschlagenheit. Vers 5: Unabhängigkeit von Vorstellungen/Unterscheidungen, welche mit jeglicher Aktivität einhergehen. Vers 6: Unbeeinflußtheit von Tun und Lassen. Vers 7: Gedanken-losigkeit. Vers 8: Perfektion und So-Ansichsein. Cf. o.c. 14.4; 18.18; 18.21; 18.24–26; 18.47–49; 18.63–65; 18.87. ›*Evam*‹ heißt wörtlich ›so‹, ›auf solche Weise‹ und stellt hier ein Analogon der mahāyānistischen Soigkeit (*tatha-tā*) dar. L. Schmithausen, Zur Struktur der erlösenden Erfahrung im indischen Buddhismus, pp. 112–113: »*Tathatā* wird meist – … – mit ›Soheit‹ wiedergegeben, also als Abstraktbildung zu *tathā* (›so‹) aufgefaßt. Genau genommen ist das Wort aber von einem Adjektiv

anders, in der Bedeutung gleich, finden wir diesen Sachverhalt in einem anderen heiligen Buch der Hindus formuliert, dem ‹Yoga-Vāsiṣṭha›, das nach dem Volksglauben Vālmīki, dem sagenhaften Verfasser des ‹Rāmāyaṇa-Epos›, zugeschrieben wird. »Durch das leere/sinnlose Geschwätz ›weder dieses noch jenes‹ kommt man nicht zur Ruhe; im Gegenteil, durch Erzeugung von Vorstellung/Vorsatz vergrößert es die Verwirrung/Zerrissenheit durch das Wahrnehmbare [oder: das Leiden am Wahrnehmbaren].«[103]

Proklos und Nicolaus Cusanus nannten, sich in ähnlicher Lage befindend, diesen Akt denn nicht *negatio*, Negation, Verneinung, Leugnung, sondern konsequenterweise *remotio*[104], Ablehnung, Zu-

---

tatha (›soig‹, d. h. ›wahr‹) abgeleitet und bedeutet infolgedessen ›Wahrheit‹.« Auf ein Sosein-Lassen oder So-Seinlassen, das nicht mehr innerhalb von Gegensatzpaaren, d. h. gegenstandsbezogener Kategorien, denkbar ist, wird schon in einer der ältesten Upanischaden abgehoben, cf. Bṛhadāraṇyaka-Upaniṣad 3.5.1, ⟨ed./tr.⟩ S. Radhakrishnan, The Prinicpal Upaniṣads, pp. 220–221: »Das ist dein Selbst, das allem innewohnt. Welches, Yājñavalkya, wohnt allem inne? Dasjenige, das Hunger und Durst, Betrübnis und Bewußtseinstrübung/Verwirrung, Alter und Tod übersteigt. Wahrlich, nachdem sie dieses Selbst erkannt haben, nachdem die Brahmanen sowohl vom Verlangen nach Nachkommen als auch vom Verlangen nach Besitz, wie vom Verlangen nach der Welt Abstand genommen haben, wandern sie nun als Bettler umher. Was Verlangen nach Nachkommen ist, ist Verlangen nach Besitz; was Verlangen nach Besitz ist, ist Verlangen nach der Welt; diese beiden aber sind bloß(e) Verlangen. Daher dürfte der Brahmane, der die Gelehrsamkeit verlernt hat, in kindlicher Einfalt weilen wollen. Sowohl kindliche Einfalt als auch Gelehrsamkeit gänzlich verlernt habend ist er Schweigender; sowohl Nichtschweigen wie Schweigen gänzlich verlernt habend ist er Erleuchteter/Brahmane; dieser Erleuchtete/Brahmane: wodurch mag er [ein solcher] sein? Dadurch, wodurch er eben ein solcher sein mag; anderes als dies ist leidvoll.« (*eṣa ta ātmā sarvāntaraḥ-katamaḥ, yājñavalkya, sarvāntaraḥ. yo'śanāyā-pipāse śokam mohaṃ jarām mṛtyum atyeti. etaṃ vai tam ātmānaṃ viditvā, brāhmaṇāḥ putraiṣaṇāyāś ca vittaiṣaṇāyāś ca lokaiṣaṇāyāś ca vyutthāya, atha bhikṣācaryaṃ caranti. yā hy eva putraiṣaṇā sā vittaiṣaṇā yā vittaiṣaṇā sā lokaiṣaṇā, ubhe hy ete eṣaṇe eva bhavataḥ; tasmād brāhmaṇaḥ, pāṇḍityaṃ nirvidya bālyena tiṣṭhāset; bālyaṃ ca pāṇḍityaṃ ca nirvidya, atha muniḥ; amaunaṃ ca maunaṃ ca nirvidya, atha brāhmaṇaḥ. sa brāhmaṇaḥ kena syāt. yena syāt tena īdṛśa eva ato'nyad ārtam.*). Zum Verzicht cf. die Ursprungsstelle für die eben zitierte Stelle: Śatapatha-Brāhmaṇa 14.7.2.26, ⟨ed.⟩ A. Weber, p. 1090. Mahābhārata (Mokṣa-Dharma) 12.185.3.1–3, ⟨edd.⟩ V. S. Sukthankar & S. K. Belvalkar = ⟨tr.⟩ P. Deussen, pp. 173–174: XII.192.3 (7004); A. K. Coomaraswamy, Selected Papers 2.202–203.

[103] Yogavāsiṣṭha 3.1.24: *nedaṃ nedam-iti vyartha-pralāpair-na-upaśāmyati* | *saṃkalpa-janakair-dṛśya-vyādhiḥ pratyuta vardhate* ||. Zur Übersetzung von *vyādhiḥ*, gewöhnlich mit Krankheit, Leiden, Unwohlsein übertragen, cf. A. K. Coomaraswamy, Selected Papers 2.349: »*vyādhi* (√*vi-ā-dhā*, aufspalten, desintegrieren), ›Analyse‹, ein Terminus, dem man ausschließlich und bezeichnenderweise in der medizinischen Bedeutung von ›disorder‹ (Unordnung/Verwirrung/Störung) begegnet.« Cf. Kena-Upaniṣad 2.3.

[104] Cf. Proklos, Parmenides usque ad finem primae hypothesis nec non Procli commen-

rückweisung, Verwerfung, Beseitigung, Entfernung. Bei den Mādhyamika's das gleiche. Das von den vier Urteilspositionen Abgeschiedene (*catuṣkoṭi-vinirmuktam*)[105], das der Sphäre der fixen Ideen, Obsession, Illusion und Vorstellungsdiversität (*prapañca*) Enthobene (*atīta*), das durch Begriffs- und Vorstellungsentfaltung nicht Vermannigfachte, Unterschieds-, Vorstellungslose und Nicht-vielheitliche (*prapañcair-aprapañcita*) allein ist es, was den Begriff ›Wahrheit‹ und ›Wirklichkeit‹ (*tattva*)[106] verdient. »Diejenigen, die den unwandelbaren [undeklinierbaren/unausgedehnten] Buddha jenseits der Vorstellungsvermannigfachung (*prapañca-atītam-*) durch Vorstel-

---

tarium in Parmenidem, p. 74.17 (der griech. Terminus des verlorengegangenen Originals müßte *aphaíresis* oder *anaíresis* gelautet haben, cf. Proklos, In Platonis Parmenidem, col. 1172.36–38). N. Cusanus, Trialogus de possest, PTS 2.316. Das ›mystologische‹ Äquivalent dafür bei Cusanus haben wir bereits kennengelernt: *vacatio* (Leerung, Leere). Wahrscheinlich disziplinär-mystisch gemeint ist Meister Eckharts Verneinen des Verneinens und Verleugnen des Verleugnens, welche für das Eine und das Sein stehen, cf. Meister Eckhart, DW 1.361.10 (mit weiteren Textstellen in Fn. 4); 1.363.1–2; idem, LW 1.172.6–9; dazu R. Klibansky, Plato's Parmenides in the Middle Ages, p. 8/288; idem, Ein Proklos-Fund und seine Bedeutung, p. 12. Die Argumentationsfigur ist nicht zu verwechseln mit Hegels dialektischer Negation der Negation, cf. o. c., p. 13[1]: »Die Bedeutung zu kennzeichnen, die dieser in seinem Ursprung mystischer Spekulation eigentümliche Gedanke in neuzeitlichen Systemen, in der Erkenntnislehre SPINOZAS und im dialektischen Prozeß der Hegelschen Logik, einnimmt, erforderte eine besondere Untersuchung.« Sollte man es wagen, auch die *remotio* beim Hl. Thomas, cf. Thomas Aquinas, In quattuor libros Sententiarum 001 1SN ds8 qu1 ar1 ra4, ⟨ed.⟩ R. Busa, Opera omnia 1.22, hier als Parallele zu nennen?

105 Cf. Nāgārjuna, Acintya-Stava 23, ⟨edd./trr.⟩ F. Tola & C. Dragonetti, pp. 118/129. Eine kleine Textkompilation zu Äquivalenten in anderen Mahāyāna-Schriften findet sich bei V. Bhattacharya ⟨ed./tr.⟩, Gauḍapāda: Āgamaśāstra (Gauḍapāda-Kārikā), pp. 191–192 (Anmerkung). Advayavajrasaṃgraha 19.21–22, ⟨ed.⟩ M. H. Shastri: »Nicht als Sein, nicht als Nichtsein, nicht als Sein-Nichtsein, und nicht einmal als vom Wesen keines von beiden; vom Vierkant [den vier Extremen] losgelöst/abgeschieden wissen/kennen die Mādhyamika's die Wahrheit [Dasheit/Wirklichkeit].« (*na san nāsan na sadasan na cāpyanubhayātmakam | catuṣkoṭivinirmuktaṃ tattvaṃ mādhyamikā vidhuḥ* ||).

106 Zur Bedeutung von *tattva* als Wahrheit und Wirklichkeit cf. S. Schayer, Das mahāyānistische Absolutum nach der Lehre der Mādhyamikas, col. 413. Daß *tattva* auch aus dem upaniṣadischen *tat-tvam(-asi)* gebildet sein könnte, wird angedeutet in: M. S. Diener & F.-K. Ehrhard & I. Fischer-Schreiber & K. Friedrichs ⟨edd.⟩, Lexikon der östlichen Weisheitslehren, p. 388: »*Tattva*, … wörtl.: ›Wahrheit, wahres Wesen, Grundprinzip‹; *tat* als ›Das‹ bezeichnet das Wesentliche in allen Dingen, darum ist *Tattva* die ›Istheit‹ oder das wirkliche Sein. … Im Vedānta wird *Tattva* als eine Zusammensetzung von *tat* und *tvam* (›Das‹ und ›Du‹) betrachtet, womit angedeutet werden soll: ›Das (ewige Brahman) bist du (wenn du dich als Ātman erkennst).‹« Cf. C. Lindtner, Madhyamaka Causality, p. 47.

lungen vervielfachen (*prapañcayanti*), all diejenigen, durch Vorstellungen/Obsessionen vervielfacht/beeinträchtigt (*prapañca-hatāḥ*), nehmen den Tathāgata nicht wahr.«[107] »Nicht von anderem abhängig [oder: aus erkannt], ruhig, durch Begriffs- und Vorstellungsmannigfaltigkeit (*prapañcair-*) nicht vermannigfacht (*aprapañcitaṃ*), unterschieds-/vorstellungslos, nicht vielheitlich/mehrsinnig: dies ist das Kennzeichen der Wahrheit [Wirklichkeit/Dasheit].«[108]

Ihr kann man sich existentiell nur angleichen, wenn man von aller Vorstellung, allem begrifflichen Bewußtsein, jedem Urteil, jeder Meinung, jeder fixen Idee, allem Wähnen, aller Emotion und Regung, von allem, was Vielheit, Vervielfachung, Weltentfaltung und die Illusion von Seiendem impliziert (*prapañca*), abläßt, dieses zum Stillstand bringt und beruhigt (*upaśama*). »Die ambrosische Lehre von der Leerheit ist die Destruktion aller Vorstellungen [Vorsätze/Konzepte]; wer aber daran festhält, der [wurde] von Dir ein Verlore-

---

[107] Nāgārjuna, Mūlamadhyamaka-Kārikā 22.15: *prapañcayanti ye buddhaṃ prapañca-atītam-avyayaṃ | te prapañca-hatāḥ sarve na paśyanti tathāgataṃ* ||. Die Übersetzung von *prapañca* durch »obsession« mit darauf fußender Interpretation bei D. J. Kalupahana, Nāgārjuna. The Philosophy of the Middle Way, p. 310, ist nicht nur wegen der allgemeinen mahāyānistischen Konnotation des Wortes, sondern speziell wegen des Bedeutungsspektrums der im Vers vorkommenden Begriffe, das durchweg Vervielfachung und Ausdehnung mit umfaßt, nicht überzeugend. Selbst wenn man davon noch absähe: von welcher »Besessenheit«, »fixen Idee« oder »Monomanie« ist der Erwachte denn kuriert? Von der Monomanie der Polymorphie, Vielfalt, Mehrsinnigkeit, Vorstellung oder Unterschiedenheit, wie wir im Vers 18.9 hören werden (cf. auch Nāgārjuna, Acintya-Stava 42–43), von allen Extrempositionen (*anta-dvaya-dṛṣṭi*) oder Gegensatzpaaren (*pratidvandvin/dvandva*) wie ›Sein‹ und ›Nichtsein‹, ›Werden‹ und ›Vergehen‹, ›Leere‹ und ›Nichtleere‹ etc. N. Luhmann & P. Fuchs, Reden und Schweigen, p. 71: »Die binäre Struktur von Codes tranchiert die Welt. Alle Operationen, die sich an solchen Strukturen entlangsteuern, orientieren sich an einer Ja/Nein-Differenz, die – was immer vorkommt – so verdoppelt, daß jede Position ihre Negation, jede Negation ihre Position mitführt.« Cf. o. c., pp. 86–87; N. Luhmann, Die Wissenschaft der Gesellschaft, pp. 91–97. Damit ist man mit der vorgebrachten akrobatischen Übersetzung Kalupahana's nicht einen Schritt weiter als mit der gängigen. Außerdem scheint die Interpretation des besagten Autors in die Gefahr eines trivial-pyrrhonistischen Immanentismus zu führen, der ja wiederum nur ein Extrem (*anta*), den Gegensatz zum Tranzendentismus darstellt und dessen Vertreter von Ananda K. Coomaraswamy »nothing-morist«, »annähernd das bedeutend, was unter unserem ›Skeptiker‹, ›Materialist‹, ›Pragmatist‹, oder ›Atheist‹ verstanden wird«, genannt wird, cf. A. K. Coomaraswamy, Selected Papers 1.157[16]; idem, Selected Papers 2.293–294.

[108] Nāgārjuna, Mūlamadhyamaka-Kārikā 18.9: *aparapratyayaṃ śāntaṃ prapañcair-aprapañcitaṃ | nirvikalpam-anānārtham-etat-tattvasya lakṣaṇaṃ* ||. Cf. o. c. 5.8; 25.24; Dedikationsvers, in: Candrakīrti, Madhyamakavṛttiḥ (Prasannapadā), p. 11.13–16, und dazu o. c., p. 538.5–9; Dhammapada 18.20 (254).

ner [genannt].«[109] Die Ambrosia der solcherart eintretenden Ruhe und Stille setzt Nāgārjuna's später und würdiger Nachfolger Candrakīrti (7./8. Jh.) folgerichtig mit dem Nirvāṇa und der Seligkeit (*śivaḥ*) gleich, welche nichts anderes als die Nichtvorhandenheit (*apravṛttiḥ*) aller Vorstellungsproliferationen und Bestimmungen/ Kennzeichen (*prapañcānāṃ nimittānāṃ*), von Sprache (*vācām*) und Geist/Gemüt (*cittasya*), von Übel (*kleśānām*), Geburt (*janmano-*) und Dispositionen/Neigungen (*vāsanā–*), von Erkenntnisgegenständen (*jñeya-*) und der Erkenntnis selbst (*jñāna-*) darstellen:[110] »Denn der höchste Sinn/Zweck für die Heiligen ist das Stillesein.«[111]

Die ‹Bhagavad-Gītā› lehrt kaum anderes: »Wahrlich, wenn einer weder an Sinnendingen noch an Werken haftet, ein allem Vorstellen/ Vorsatz (*saṃkalpa*) Entsagender, der wird [dann] ein den Yoga [Vereinigung/Anjochung] Erlangt-Habender genannt.«[112] »So wie im indischen Denken die Enthaltung[en] aller Urteile eigentlich die Transformation des menschlichen Bewußtseins zum Ziel hat, so zielt bei Pyrrho die Epoché und aphasia [Sprachlosigkeit] auf die Seelenruhe.«[113]

Das Schweigen (*mauna*) und die vollkommene Beruhigung aller psychisch-mentalen Funktionen ist nicht substantiell mißzuverstehen, etwa als Verstummung ohne Rückkehrmöglichkeit zum Sprechen, sondern aufzufassen als ein Haltungswandel, hin zum Sein- oder Loslassen, zum Nicht-Haften und Nicht-Ergreifen,[114] oder, wie Śaṅkara es im Einklang mit den Mittelwegbuddhisten nannte, als Irrtumsaufhebung (*avidyā bādhyate*)[115], ähnlich der Beseitigung

---

[109] Nāgārjuna, Lokātīta-Stava 23: *sarva-saṃkalpa-nāśāya śūnyatā-amṛta-deśanā | yasya tasyām api grāhas tvayā–asāv avasāditaḥ ||*. Cf. idem, Ratnāvalī 1.42 (42), wo Nirvāṇa als Verschwinden/Destruktion des Festhaltens [Be-greifens/Vorstellens] von Seiendem und Nichtseiendem (*bhāva-abhāva-parāmarśa-kṣaya*) definiert ist (Sanskrit-Text aus C. Lindtner, Nāgārjuniana, p. 164). Eine nicht ganz unproblematische Diskussion der Bedeutungen von »*Vikalpa*–losigkeit« im Buddhismus findet sich bei L. Schmithausen, Zur Struktur der erlösenden Erfahrung im indischen Buddhismus, pp. 115–117.

[110] Cf. Candrakīrti, Madhyamakavṛttiḥ (Prasannapadā), p. 538.5–9.

[111] Candrakīrti, Madhyamakavṛttiḥ (Prasannapadā), p. 57.7–8: *parama-artho hy-āryāṇāṃ–tūṣṇīṃbhāvaḥ*.

[112] Bhagavad-Gītā 6.4: *yadā hi na-indriya-artheṣu na karmasu-anuṣajjate | sarva-saṃkalpa-saṃnyāsī yoga-ārūḍhas-tadā-ucyate ||*.

[113] R. A. Mall & H. Hülsmann, Die drei Geburtsorte der Philosophie, p. 206.

[114] Cf. Nāgārjuna, Mūlamadhyamaka-Kārikā 16.9; 16.3; 26.7: *an-upādāna, nir-upādāna*. Candrakīrti, Madhyamakavṛttiḥ (Prasannapadā), p. 49.14: *sarva-grāha-vinir-muktitaḥ*.

[115] Śaṅkara, Brahmasūtra-Bhāṣya 3.2.21, ⟨Samata ed.⟩ 7.593.

eines Sehfehlers, des Doppelsehens, der Diplopie (*timira*)[116], oder dem Aufwachen aus einem Traum (*svapna*)[117], nicht als Aufforderung zur substantiellen Vernichtung der vielheitlichen manifesten Welt von Gedanklichem (Name) und Sinnlichem (Form) durch das Wissen, der Vielheit, deren Charakteristikum auf der subjektiven Seite der Körper usw., auf der objektiven die Erde usw. ist; diese Anweisung zur Vernichtung wäre wahrlich eine unausführbare Sache, mit der fiktiven Folge, daß durch einen Ersterlösten die Vernichtung der Erde etc. vollbracht und die Welt nun von der Erde usw. entleert wäre.[118] Er ist nicht mißzuverstehen als die von Cartesius aus seinem ›*Cogito, ergo sum*‹ abzuleitende und von ihm auch ausgesprochene Befürchtung, daß sehr wohl eintreten könnte, falls er mit allem Denken aufhörte, daß er sogleich ganz aufhörte zu sein.[119]

Śaṅkara verrät die Herkunft seines Arguments durch die Terminologie. Was in der buddhistischen Heterodoxie *prapañca-upaśama* heißt, von ihm, der ‹Māṇḍūkya Upaniṣad› oder dem ‹Āgama-Śāstra› Gauḍapāda's (8. Jh.) entnommen, an anderer Stelle auch verwendet,[120]

---

[116] Śaṅkara, Brahmasūtra-Bhāṣya 3.2.21, ⟨Samata ed.⟩ 7.593; cf. Candrakīrti, Madhyamakavṛttiḥ (Prasannapadā), pp. 134, 237, 261.

[117] Śaṅkara, Brahmasūtra-Bhāṣya 3.2.21, ⟨Samata ed.⟩ 7.593. Der Traum ist ein gängiges Bild für das Wachbewußtsein des Weltmenschen im Madhyamaka im allgemeinen und bei Cadrakīrti im besonderen; cf. S. Yamaguchi, Index to the Prasannapadā Madhyamaka-Vṛtti, Part One, s. v. *svapna*.

[118] Cf. Śaṅkara, Brahmasūtra-Bhāṣya 3.2.21, ⟨Samata ed.⟩ 7.593: *nāma-rūpa-prapañca vidyayā pravilāpayitavyaḥ – iti* | *tatra yadi tāvad-vidyamāno-'yaṃ prapañcaḥ deha-ādi-lakṣaṇa ādhyātmikaḥ bāhyaś-ca pṛthivy-ādi-lakṣaṇaḥ … tat-pravilaya-upade-śo'śakya-viṣaya eva syāt; ekena ca ādimuktena pṛthivyādi-pravilayaḥ kṛta iti idānīṃ pṛthivy-ādi-śūnyaṃ jagad-abhaviṣyat* |. F. W. J. v. Schelling, Werke 12.574, verwehrt sich dagegen, die völlige Befreiung durch Yoga, das Erlöschen in Gott, »als eine substantielle Absorption und Vernichtung des menschlichen Wesens auch der Potenz nach zu denken«. Schellings Selbst-Widerrede dazu in o.c. 1.325. Zur Zurückweisung der Vorstellung der Substanz-, Objekt- oder Wesensvernichtung beim Übergang in das 'Nichts' durch Nichtwollen cf. A. Schopenhauer, Sämtliche Werke 5.368 (Paralipomena §161); idem, Gesammelte Briefe, pp. 291, 293 (Briefe an Julius Frauenstädt vom 21. 8. und 24. 8. 1852). Interessant die Diskussion, die analog im Sufismus geführt wurde: R. A. Nicholson ⟨tr.⟩, The Kashf Al-Mahjúb, pp. 28–29, 242–246.

[119] Cf. R. Descartes, Meditationes 2.6 = Œuvres 7.27.10–12/9.1.21: *nam forte etiam fieri posset, si cessarem ab omni cogitatione, ut illico totus esse desinerem.* Idem, La recherche de la verité par la lumiere naturelle, Œuvres 10.521; dazu R. Puligandla, An Encounter with Awareness, pp. 29–41; idem, Jñāna-Yoga – The Way of Knowledge, p. 74; idem, Reality and Mysticism, pp. 63–64.

[120] Cf. Māṇḍūkya-Upaniṣad 7, ⟨ed./tr.⟩ V. Bhattacharya, Gauḍapāda: Āgamaśāstra (Gauḍapāda-Kārikā), p. 224; Gauḍapāda, Āgama-Śāstra (Gauḍapāda-Kārikā) 2.35, ⟨ed./

bekommt hier den Namen *prapañca-pravilaya*[121]: vollständige Auflösung, Auslöschung, Aufhebung, totale Verflüchtigung, Einschmelzung, Verschwindung und Vernichtung des *prapañca*, der auf Ideenvermannigfachung basierenden vielheitlichen Vorstellungsgehalte und multiplen Form-Inhalt-Komplexe (*nāma-rūpa*), welche auch im Advaita als phantasmagorisch erzeugte und damit insubstantielle Weltausdehnung und Vielheit der Dinge, Schein, Erscheinung, Illusion, Trug, Täuschung und Zauber (*māyā*) gedeutet werden. Somit ist die ontische Relevanz des Logischen nun doch eingestanden, wenn auch nicht in dem oben abgewiesenen Sinne des Substanten und Substantiellen, sondern der 'kopernikanisch revolutionierten'[122], der gliedernden, gestaltenden und organisierenden Funktion des Konzeptuellen (*nāma*) in der Perzeption (*rūpa*).

Zudem wird hierin, sieht man einmal von dem nihilistisch mißzuverstehenden Terminus der Auflösung (*pravilaya*) ab, eine unleugbare Übereinstimmung mit der Lehre Nāgārjuna's sichtbar, in welcher dem eher auf seiten des Begrifflich-Idealen (*nāma*) anzusiedelnden Ausdruck *prapañca-upaśama* als Äquivalent auf seiten des Sinnlich-Realen (*rūpa*) der Ausdruck *draṣṭavya-upaśama*[123] (Zur-Ruhe-Kommen des Wahrnehmbaren, Sichtbaren) gegenübergestellt ist. Daß es das Absolute, Brahman selbst (*brahma-eva*) ist, das nach

---

tr.〉 V. Bhattacharya; cf. Śaṅkara, Gauḍapāda-Kārikā-Bhāṣya 2.35; idem, Māṇḍūkya-Upaniṣad-Bhāṣya 7.

121 Cf. Śaṅkara, Brahmasūtra-Bhāṣya 3.2.21, 〈Samata ed.〉 7.592–593.

122 Cf. I. Kant, Kritik der reinen Vernunft BXVI-XXIII (Vorrede zur 2. Auflage), 〈ed.〉 W. Weischedel, 3.25–29. Zu *nāma-rūpa* im Hinblick auf *adhyāsa* (Überlagerung) cf. R. Puligandla, Jñāna-Yoga – The Way of Knowledge, pp. 16–21.

123 Nāgārjuna, Mūlamadhyamaka-Kārikā 5.8: »Diejenigen aber, die die Istheit und Nicht-Istheit des Seienden wahrnehmen, sind von kurzem Verstand; sie nehmen nicht das beseligende Zur-Ruhe-Kommen (*upaśamaṃ*) des Wahrnehmbaren (*draṣṭavya*) wahr.« (*astitvaṃ ye tu paśyanti nāstitvaṃ cālpabuddhayaḥ* | *bhāvānāṃ te na paśyanti draṣṭavyopaśamaṃ śivaṃ* ||). Der Gedanke des Weltenstillstands durch das Anhalten des Denkens findet sich auch in der tibetischen und chinesischen Fassung einer kleinen Schrift des Meisters, deren Sanskrit-Wortlaut von einem indischen Gelehrten rekonstruiert wurde. Sie ist in ihrer Authentizität zwar nicht eindeutig bestimmbar, auch ist der hier relevante Vers in die Edition des wiederentdeckten Sanskritoriginals von G. Tucci nicht aufgenommen, doch gehört dieses Kleinod der Weisheit in den buddhistischen Traditionen Tibets und Chinas in dieser Lesart zum Kanon des Madhyamaka. Es darf hier somit quasi als echt zitiert werden, cf. (Pseudo-)Nāgārjuna, Mahāyāna-Viṃśaka 18, 〈ed.〉 V. Bhattacharya: »Durch das Anhalten des Gedankenrades werden alle Gegenstände/Dinge zum Stillstand gebracht; daher/dann sind alle Gegenstände/Dinge wesenlos, daher/dann auch rein.« (*sarve dharmā nirudhyante citta-cakra-nirodhataī* | *anātmānas tato dharmā viśuddhās tata eva te* ||).

Śaṅkara durch die Bestreitung (*pratyākhyānena*) der durch Unwissenheit (*avidyā*) auf dieses Eine Brahman (*brahmaṇy-ekasmin*) projizierten (*adhyasta*) Vorstellungspluralität (*prapañca*) aufgewiesen werden muß (*āvedayitavyam*),[124] scheint einen Unterschied zur Lehre der Buddhisten darzustellen, der nur dann auftritt, wenn man übersieht, daß sowohl Brahman wie Nirvāṇa leer, frei von objektiven Gehalten, quasi nichtseiend und eigenschaftslos, weder dies noch das, no-thing, *niwit/niht* (mhd.) = nicht (et)was sind, wenn man übersieht, daß Śaṅkara's Ansich (*svarūpa*), sein Dieser (*eṣaḥ*)[125], jenseits von *nāma-rūpa*, Konzept und Perzept,[126] daß Es/Er dort ist, wo Sprache und Einsicht/Geist vergangen sind,[127] daß Es/Er abgeschieden vom Tetralemma ist:[128] »Eben der Glorreiche ist von diesen Positionen/Extremen des ›ist‹, ›ist nicht‹ etc., allen vieren, unberührt, bar/leer einer unterscheidenden Vorstellung von ist usw.; so ist dies;«[129] Er/Es ist vielmehr unbegreiflich,[130] unaussprechlich,[131] unterschiedslos,[132] von Noetischem, Aisthetischem und Praktischem different,[133] eigenschaftslos[134]: »unterschiedslos [bestimmungslos/objektlos/vorstellungsfrei], leer allen Unterschieds [aller Bestimmung] ist dieses Selbst«[135].

Genau wie *nāma-rūpa* (Konzeptuell-Perzeptuelles), i. e. *māyā*, das Mirakulös-Phänomenale »durch Realität [Seiendheit/Wesenhaftigkeit], das Gegenteil davon, beides [zusammen] nicht bestimmbar/

[124] Cf. Śaṅkara, Brahmasūtra-Bhāṣya 3.2.21, ⟨Samata ed.⟩ 7.593. Ad *samāropa* (Überlagerung, Attribution) cf. Nāgārjuna, Mūlamadhyamaka-Kārikā 16.10; idem, Acintya-Stava 46, ⟨edd./trr.⟩ F. Tola & C. Dragonetti, pp. 119/131.

[125] Cf. Śaṅkara, Gauḍapāda-Kārikā-Bhāṣya 4.81, ⟨Samata ed.⟩ 8.526–527.

[126] Śaṅkara, Brahmasūtra-Bhāṣya 2.1.27, ⟨Samata ed.⟩ 7.336.

[127] Śaṅkara, Chāndogya-Upaniṣad-Bhāṣya 6.2.3, ⟨Samata ed.⟩ 9.348: *śabda-buddhī nivartete.*

[128] Śaṅkara, Gauḍapāda-Kārikā-Bhāṣya 4.87, ⟨Samata ed.⟩ 8.530: *catuṣkoṭi-varjita.*

[129] Śaṅkara, Gauḍapāda-Kārikā-Bhāṣya 4.84, ⟨Samata ed.⟩ 8.528: *sa bhagavān ābhiḥ asti nāstītyādikoṭibhiḥ catasṛbhirapi aspṛṣṭaḥ astyādivikalpanāvarjita ityetat* |.

[130] Śaṅkara, Gītā-Bhāṣya 13.15, ⟨Samata ed.⟩ 6.386: *avijñeyam.*

[131] Śaṅkara, Gītā-Bhāṣya 13.12, ⟨Samata ed.⟩ 6.383: *na kenacit śabdena ucyate.*

[132] Śaṅkara, Brahmasūtra-Bhāṣya 3.2.17, ⟨Samata ed.⟩ 7.586–587: *nirviśeṣa.*

[133] Śaṅkara, Upadeśasāhasrī 11.7: *nāma-rūpa-krīyābhyo-'nyo-.*

[134] Śaṅkara, Gītā-Bhāṣya 13.14, ⟨Samata ed.⟩ 6.385: *nirguṇaṃ.*

[135] Śaṅkara, Gauḍapāda-Kārikā-Bhāṣya 2.35, ⟨Samata ed.⟩ 8.448: *nirvikalpaḥ sarva-vikalpa-śūnyaḥ ayam ātmā*; cf. idem, Taittirīya-Upaniṣad-Bhāṣya 2.1.1, ⟨Samata ed.⟩ 8.670 = ⟨ed./tr.⟩ S. Gambhīrānanda, Eight Upaniṣads. With the Commentary of Śaṅkarācārya 1.315; A. C. Mukerji, The Nature of Self, p. 339.

aussagbar« ist,[136] in Madhyamaka-Sprache: *lakṣaṇaśūnya* oder *animitta*, bestimmungsleer sein müßte und mit *śūnyatā* (Leerheit) koinzidierte, so das Numinos-Noumenale, was in der ‹Maitrāyaṇyupaniṣad› auch ausgesprochen ist, indem nämlich das höchste Brahman (*param-brahman*), die höchste Gottheit (*paraḥ devaḥ*), »aber lautlos und wesenleer [leer des Seienden] ist und so an der höchsten Stelle (im Kopf) zu praktizieren/meditieren sei.«[137] Die Frucht dieser Bemühung ist nach Śaṅkara Leidenschafts- und Streitlosigkeit und die ruhige Schau der Nondualität. »So sind die [vier] Anschauungen der Disputierer wegen des Streits untereinander Ursachen des Kreisens (in) der Wandelwelt, Grundlagen für Fehler wie Leidenschaft und Abneigung. Daher sind diese Ansichten eben falsch. Dies mit Hilfe jener Logiken [der Disputierer] selbst erkannt habend wird als die richtige Lehre folglich – dadurch, daß sie, des Urteilsvierkants entledigt, nicht Stätte des Fehlers wie Haften usw. [ist] – der an sich stille/friedliche Anblick der Nichtzweiheit allein aufgefaßt.«[138]

[136] Cf. Śaṅkara, Brahmasūtra-Bhāṣya 2.1.27, ⟨Samata ed.⟩ 7.336: *tattva-anya-dvābhyām-anirvacanīya;* cf. o. c. 1.1.5, ⟨Samata ed.⟩ 7.39; P. Hacker, Kleine Schriften, pp. 124–125.

[137] Cf. Maitrāyaṇyupaniṣad (= Maitrī-Upaniṣad) 6.23, ⟨ed./tr.⟩ S. Radhakrishnan, p. 834, wörtlich zitierter Text: *niḥśabdaḥ śūnya-bhūtaḥ tu mūrdhni sthāne tato-'bhyaset;* cf. P. Deussen ⟨tr.⟩, Sechzig Upanishad's des Veda, p. 346. K. Bhattacharya, L'ātman-brahman dans le Bouddhisme ancien, p. 96: »Das Absolute der Upaniṣads und des Buddhismus ist leer (*śūnya/suñña*) von allem objektiven Gehalt. Vom objektiven Standpunkt aus ist es ein ‹Nicht-Sein› (*asant*).« O. c., p. 96[5]: »Der Begriff *śūnya* erscheint, das ist wahr, zum ersten Mal erst in der Maitri-Upaniṣad (...); aber wir haben gesehen, daß das *neti neti* Yājñavalkya's dieselbe Idee ausdrückt (...).« Zu den gegenseitigen Mißverständnissen zwischen dem Mahāyāna und dem Advaita Vedānta und deren Beseitigung cf. G. Vallin, La perspective métaphysique, pp. 117–120; H. P. Sturm, Weder Sein noch Nichtsein, pp. 209–264, insbesondere pp. 231–244 (mit Literaturangaben).

[138] Śaṅkara, Gauḍapāda-Kārikā-Bhāṣya 4.87 = ⟨ed.⟩ H. R. Bhagavat, Works of Shankaracharya 2.1.492 = ⟨Samata ed.⟩ 8.530 (dort statt Plural »*kāraṇāni*« Singular »*kāraṇa*«): *evamanyonyaviruddhatvāt saṃsārakāraṇāni rāgadveṣadoṣāspadāni prāvādukānāṃ darśanāni | ato mithyādarśanāni tānīti tadyuktibhireva darśayitvā catuṣkoṭivarjitatvāt rāgādidoṣānāspadaṃ svabhāvaśāntamadvaitadarśanameva samyagdarśanamityupasaṃhṛtam |*. Es ist zu beachten, daß in der Gītā Press Edition: Śaṅkara, Māṇḍūkya Upaniṣad and Gauḍapāda Kārikā Bhāṣya, Gorakhpur, s. a., p. 261, und der Übersetzung von S. Gambhīrānanda, Eight Upaniṣads 2.390–391, dieser Passus zum Vers 4.86 der Gauḍapāda Kārikā gezählt wird. Bei den vier Anschauungen der Disputierer handelt es sich um das Thesen-Tetralemma, das sich aus der Kombination der bejahenden und verneinenden Aussagemöglichkeit zu einem Sachverhalt ergibt: 1) es ist so, 2) es ist nicht so, 3) es ist sowohl so als auch nicht so, 4) es ist weder so noch nicht so.

»Dann ist jener/man Das geworden, was gerade nicht im Bereich der Sprache ist, was den Śūnyavādin's das Leere (*śūnyaṃ*) und was den Brahmakennern Brahman ist.«[139] Zu erwähnen noch, daß dieser Zustand mit der eintreten sollenden Vibrationslosigkeit bzw. Windstille verglichen wird,[140] wo nicht Nichtsein und auch nicht Sein ist,[141] ein 'Zustand', »vergleichbar einem leeren Gefäß im Himmelsraum, innen leer, außen leer, gleich einem vollen Gefäß im Ozean, innen voll, außen voll.«[142] Oder in anderer Diktion: »Der Art nach Annihilation, dem Wesen nach Negation ist der, der in allen Lebewesen weilt, der sowohl verborgen ist als auch übergehend in alles Seiende.«[143] »Was den Vertretern der Sāṃkhya-Lehre der Herr/Urmensch ist, den Vedāntisten Brahman, den Geistkennern [Vijñānavādin's] Nur-Bewußtheit [reiner Geist], das ist das Einsame und Makellose. Was den Śūnyavādin's [Mittelwegbuddhisten] das Leere, der Entfacher der Sonnenglut, Er ist das Rechte, der Sprecher, Denker, Erleider, Seher, Macher für immer und ewig.«[144]

Drei grundlegende Implikationen sind es also, welche mit dem buddhistischen Śūnyavāda (Lehre von der Leere, Vacuismus, Nullismus) verknüpft sind: das Wissen um die Leer- und Bloßheit von allem und jedem (*śūnyatā*), die daraus abzuleitende Überzeugung der Wahnhaftigkeit und Vergeblichkeit, sein Verlangen, Habenwollen, Er- und Begreifen darauf auszurichten, und schließlich der Entschluß, diese theoretische Erkenntnis praktisch im Ablassen, auch noch von der Ansicht der Leere und der Absicht des Lassens, umzusetzen. Meister Eckhart faßte diesen Gedanken, um das zu erinnern, konzise in seiner Aufforderung, die Bilder oder Ideen im Tun wie

139 (Pseudo-)Śaṅkara, Sarva-Vedānta-Siddhānta-Sārasaṅgraha 980, ⟨ed./tr.⟩ S. Tattwananda: *tatastatsaṃbabhūvāsau yadgirāmapyagocaram | yacchūnyavādināṃ śūnyaṃ brahma brahmavidāṃ ca yat ||*.

140 (Pseudo-)Śaṅkara, Sarva-vedānta-siddhānta-sārasaṅgraha 979: *pavano-'spandatām-iva.*

141 Cf. (Pseudo-)Śaṅkara, Sarva-vedānta-siddhānta-sārasaṅgraha 965: *yatra na-asan-na sac-ca-api.*

142 (Pseudo-)Śaṅkara, Sarva-vedānta-siddhānta-sārasaṅgraha 966: *antaḥ-śūnyaḥ bahiśūnyaḥ śūnya-kumbha iva-ambare | antaḥ-pūrṇo bahiḥ–pūrṇaḥ pūrṇa-kumbha iva-arṇave ||*.

143 Yogavāsiṣṭha 3.5.16: *nāśa-rūpo vināśa-ātmā yo'antaḥsthaḥ sarva-jantuṣu | gupto yo'py-atirikto'pi sarva-bhāveṣu saṃsthitaḥ ||*.

144 Yogavāsiṣṭha 3.5.6–7: *yaḥ pumān-sāṃkhya-dṛṣṭīnāṃ brahma vedānta-vādinām | vijñāna-mātraṃ vijñāna-vidām-ekānta-nirmalam || yaḥ śūnya-vādināṃ śūnyo bhāsko yo'rka-tejasām | vaktā mantā ṛtaṃ bhoktā draṣṭā kartā sadā-eva saḥ ||*.

im *Lassen* auf vernünftige Weise, jenseits aller Gegensätzlichkeit, in sich stehen zu lassen, d. h. sie ohne Eigenschaft, Eigensinn und Eigentumsanspruch gelassen und passionslos zu begreifen, sie loslassend zu durchschauen.

Nicht viel anders die Akademischen Skeptiker. Aus der Erkenntnis der Kennzeichenlosigkeit (*non propria nota*), Ununterschiedenheit (*aparallaxía*) und der damit einhergehenden Un(be)greifbarkeit (*akatalēpsía*) von allem, mit anschließender metareflektorischer Rückwendung und Selbsteinschluß ihres Arguments, welche zu Bewußtsein bringen sollten, daß auch die Unfaßbarkeit unter der Maßgabe des an sich Wahren (*verum*) und Sicheren (*certum*) nicht er-faßt, d. h. auch beim Urteil der docta ignorantia nicht haltgemacht werden kann, zogen sie den Schluß des Nicht-Erfassens oder Nicht-Zustimmens (*asugkatatheteīn*), der Urteilsenthaltung (ἐποχή). Das wurde eingangs unserer Studie ausführlich aus den Originalen vorgeführt. Was dabei aber noch nicht zur Sprache kam, ist der Tatbestand, daß sie in ihrer Reflexion wohl auch nicht zu berücksichtigen vergaßen, daß Unbegreifliches, Ununterschiedenes und Eigenschaftsloses gar nicht irgend etwas ist, dem gegenüber man Enthaltung üben könnte. Wo überhaupt nichts zu ergreifen war, kann (später) nichts gelassen werden, woraus gefolgert werden muß, daß auch gegenüber der Urteilsenthaltung noch Enthaltung zu üben ist.

Erst durch die ἐποχή zweiter Potenz wird ihre Fixierung als nihilistisch-eskapistisches Extrem, d. h. Dogma (*dóxa/opinio*), und damit eine Flucht des skeptischen Weisen aus der Welt, vermieden, wie durch ihre erste Phase einem dumpfen Versinken in ihr entgegengewirkt wurde. Das Ideal des Weisen (*sapiens*), der die intensiverte ἐποχή der Akademiker auszuüben vermag, kann somit als formales Äquivalent des Tathāgata-Gedankens aufgefaßt werden, der Idee des unendlich mitleidvollen Wanderers und Mittlers zwischen den Welten, des So-Gegangenen (*Tathā-gata*) und So-Gekommenen (*Tathā–āgata*). Entsprechend liest man im Referat Cicero's über die Lehrmeinung des Karthagers Kleitomachos (Hasdrubal) (187/6–110/9), des Schülers von Karneades, zur Enthaltungspraxis des Akademischen Weisen, »daß die Zustimmungsenthaltung des Weisen zweifach bestimmt werde, erstens, indem darunter verstanden wird, daß er überhaupt keiner Sache zustimme, zweitens, indem er sich einer zustimmenden oder ablehnenden Antwort enthalte, damit er weder irgend etwas verneint noch bejaht; unter diesem Umstand bleibe er einerseits dabei, daß er niemals zustimme, andererseits erhalte er aufrecht, da er der Glaubwürdigkeit folge, wo immer sie entweder auftrete oder fehle, entweder 'ja' oder 'nein' antworten zu können. Wenn es allerdings demjenigen, der sich der Zustimmung zu allen Dingen enthält, beliebe, sich dennoch zu bewegen und etwas zu tun, verblieben solche Vorstellungen, von denen wir zum Handeln angeregt werden, ebenso diejenigen, bei denen wir, wenn gefragt, mit 'Ja' und 'Nein' antworten können, lediglich dem folgend, was die dementsprechende Vorstellung ist, doch ohne Zustimmung«[145].

---

[145] M. T. Cicero, Academica 2. (Lucullus) XXXII.104: *dupliciter dici adsensus sustinere sapientem, uno modo cum intellegatur, omnino eum rei nulli adsentiri, altero cum se a respondendo ut aut adprobet quid aut improbet sustineat, ut neque neget aliquid neque aiat; id cum ita sit, alterum placere, ut numquam adsentiatur alterum tenere, ut sequens probabilitatem ubicumque haec aut occurrat aut deficiat aut 'etiam' aut 'non' respondere possit. Etenim cum placeat eum qui de omnibus rebus contineat se ab adsentiendo moveri tamen et agere aliquid, relinqui eius modi visa quibus ad actionem excitemur, item ea quae interrogati in utramque partem respondere possimus sequentes tantum modo quod ita visum sit, dum sine adsensu;*. Eine solche Doppeltheit und hierarchische Schichtung des Wahrheitsgeschehens, im Sanskrit *satyadvaya* oder *dvesatye* genannt, muß der Lehre der Mittleren Akademie generell zugrundegelegt werden, will man sie als konsistente (platonische?) rekonstruieren. Die weisheitliche Lebensführung nach Maßgabe des höchsten Gutes universaler ἐποχή, die die Zu- und Abneigungen sowie das Handeln im allgemeinen regle, wird bei Arkesilaos am Kriterium des *eúlogon*, des Plausiblen, Billigen, Wohlbegründeten, gut Verständlichen, Einleuchtenden, Berechtigten, einem empirisch-pragmatischen Richtscheit also, im Advaita und Madhyamaka als *vyāvahārika* bekannt, gemessen. Das höchste Gut und Lebensziel, die Glückseligkeit, so berichtet Sextos, werde nach Arkesilaos durch Weltweisheit bzw. Klugheit erlangt, und diese bestehe im Recht-Tun. Wer sich also nach dem Kriterium des Plausiblen richte, werde richtig handeln und glückselig sein (*katorthṓsei kaì eudaimonḗsei*), cf. Sextos Empeirikos, Adversus Mathematicos 7.158. Nämliches gelte für die ausgefeilte ›Wahr-scheinlichkeitslehre‹ von Karneades, der dreigestuften Doktrin vom *píthanon*, dem Glaubhaften, Überredenden, Überzeugenden, Vertrauenerweckenden, im Dienste der Lebensführung und Erlangung von Glückseligkeit, cf. o.c. 7.166–189. Zu den diesbezüglichen Akademischen Lehren auch idem, Pyrrhoneion Hypotyposeon 1.226–234. Sollte der Bericht von Sextos zutreffen, daß das höchste Gut der Glückseligkeit mit Hilfe von Weltweisheit (*dià tē̃s phronḗseōs*) zu erreichen sei, und diese im Recht-Tun bestehe, so kann man die Neuakademische Lehre vor der Inkonsistenz zweier verschiedener höchster Güter (der Enthaltung und der Seligkeit) nur dann bewahren, wenn das Rechttun als unmittelbare Begleiterscheinung der ἐποχή verstanden wird, d.h., wenn der die Enthaltung Ausübende zwangsläufig auch klug und weise, ethisch, sach- und pflichtgemäß, sprich richtig und recht, da unter der Leitung der Zügelungs- und Kontrollinstanz der ἐποχή, handelt – oder nicht handelt. Zu Karneades' Unterscheidung von unbegreiflich (*akatálēpton*) und unklar [undeutlich/unsicher] (*ádēlon*) und der mitunter notwendigen Aussetzung der Verhaltenheit (ἐπέχειν) aus der Einsicht heraus, daß nicht alles unoffensichtlich (*ádēlon*) ist, cf. Eusebeios, Praeparatio evangelica 14.7.15 (736d); M. T. Cicero, Academica 2. (Lucullus) XVIII.59.

Die ἐποχή der ἐποχή, wenn es erlaubt ist, so zu sagen, eliminiert also nicht, sie ermöglicht vielmehr erst das Auftreten von Bewußtseinsgegebenheiten (*visa*) und das darauf fußende Handeln (*actio*) und Sprachhandeln des Ja- und Neinsagenkönnens (*in utramque partem respondere possimus*) in weisheitlich geläuterter, zur Neutralität hin modifizierter und mit dem Null-Index der Nicht-Identifikation versehener Form. Sieht man einmal ab von der Frage nach der Plausibilität (*probabilitas*) von Vorkommnissen, welche im Zusammenhang mit einem Erleuchteten buddhistischer oder hinduistischer Provenienz unangebracht sein dürfte, weil dieser als allwissend (*sarva-vid/sarva-jña*) gilt, was immer das heißen mag, dann kann man, wiederum rein formal betrachtet, in der Akademischen Lehre genau die Schichtung von Standpunktlosigkeit und provisorischer Rede entdecken, die auch im Madhyamaka, dem Adṛṣṭivāda (Philosophie der Anschauungs- oder Thesenlosigkeit)[146] vorfindlich ist. Einerseits, sagt Nāgārjuna, habe der Buddha keine Silbe gesprochen und überhaupt nichts, keine wahre Lehre (*dharma*) gepredigt, nicht einmal die der ἐποχή (*prapañca-upaśama*),[147] und es existiere keine Behauptung (*pratijñā*) seinerseits,[148] was ja nur heißen kann, daß hinsichtlich des Eigentlichen weder ›leer‹ noch ›nichtleer‹, ›so‹ und ›nicht-so‹ usw. ausgesagt, das Urteilen demnach suspendiert werden soll. Andererseits werden alle vier kombinatorischen Möglichkeiten von Position und Negation zum Zwecke des Begreifens (*prajñaptyartham*) aber doch zugelassen und ausgesprochen, um den Heilsvollzug darlegen und begründen zu können und Buddha zu ermöglichen, seine Geschicklichkeit im Umgang mit den Mitteln zur Erlösung (*upāya-kauśalya*) aus Mitleid, Mitempfinden und Erbarmen (*karuṇā/anukampā*) mit der gequälten Kreatur auszuspielen.[149]

---

[146] Cf. F. Tola & C. Dragonetti, On Voidness, pp. 50[129]–51: »An keiner These festzuhalten, ist die philosophische Position der Mādhyamika-Schule, die auf der Idee der Leerheit fußt. Durch diese philosophische Position und durch das Vermeiden von Diskussionen, das sie hervorruft, wird ein moralisches Ziel erreicht: Ruhe, Heiterkeit, das Ideal der *ataraxia*, die in der indischen Spiritualität so sehr geschätzt wird.«

[147] Cf. Nāgārjuna, Niraupamya-Stava 7, ⟨edd./trr.⟩ F. Tola & C. Dragonetti; Nāgārjuna, Mūlamadhyamaka-Kārikā 25.24.

[148] Cf. Nāgārjuna, Vigrahavyāvartanī 29, ⟨edd.⟩ E. H. Johnston & A. Kunst, ⟨tr.⟩ K. Bhattacharya, pp. 14–15, 61–62, 113–114; Āryadeva, Catuḥśataka 16.25, ⟨ed./tr.⟩ K. Lang.

[149] Cf. Nāgārjuna, Mūlamadhyamaka-Kārikā 22.11: »[Es ist] ›leer‹ oder/und [es ist] ›nicht-leer‹, [es ist] ›beides‹ und [es ist] ›keines von beiden‹ möge nicht ausgesagt werden; zum Zwecke des Begreifens aber wird es ausgesprochen.« ([*śūnyamiti na vak-*

Zusammenfassend läßt sich sagen, daß sich das Summum bonum, oder besser, nullum malum (*duḥkha-nirodha*) in einer Art Überleere einstellt, der Leere der Leerheit (*śūnyatā-śūnyatā*)[150], und im Lassen der Gelassenheit, der Über-Gelassenheit: »›Ohne Ergreifen werde ich verlöschen, Nirvāṇa wird mir sein‹; denjenigen, denen ein solches Haften eigen ist, ist ein gewaltiges Haften am Ergreifen eigen.«[151] Parallel dazu Śaṅkara's gemäß der ‹Bhagavad-Gītā› gewonnene Einsicht: »... verzichtet habend (*tyaktvā*) sogar auf das Haften (*saṅgaṃ*) an der Frucht der Erlösung ... wird man nicht befleckt durch, nicht verstrickt in das Übel, wie ein Lotosblatt im Wasser nicht durch Wasser [befleckt wird].«[152]

---

tavyama] *śūnyamiti vā bhavet* | *ubhayaṃ nobhayaṃ ceti prajñaptyarthaṃ tu kathyate* ||) Cf. o.c. 24.8–10; 18.8; Āryadeva, Catuḥśataka 8.20, ⟨ed.⟩ K. Lang, p. 84. Auch der hinduistischen Orthodoxie ist das außerhalb des Bereichs von Sprache und Verstehen gelegene Ansichsein weder leer noch nichtleer (*na śūnyam-aśūnyaṃ*), cf. Śaṅkara, Aitareya-Upaniṣad-Bhāṣya 2.4.1, ⟨Samata ed.⟩ 8.585, Nr. 2.4; Avadhūta-Gītā 1.77; 3.46; 5.8; 6.6; 6.20. Zum Mitleid und Erbarmen cf. den Schlußvers des ‹Traktats von der radikalen Mitte›, Nāgārjuna, Mūlamadhyamaka-Kārikā 27.30, der in einer Fußnote unten noch teilweise zitiert werden wird. P. Schmidt-Leukel, Mystische Erfahrung und logische Kritik bei Nâgârjuna, p. 390: »Die Einsicht in den illusionären Charakter unserer begrifflich vermittelten Weltbilder soll zwar durchaus im Sinne des Nicht-Haftens zur inneren Freiheit von ihnen führen und setzt dieses Nicht-Haften auf kognitiver Ebene bereits um, aber diese existentielle und begriffliche Welttranszendenz besagt keineswegs, daß wir uns einfachhin aller Vorstellungen und Ansichten entledigen könnten oder sollten. Die Freiheit vom *prapañca* kann und soll sich vielmehr nach Auffassung des Mahâyâna-Buddhismus in der ›Geschicklichkeit der Mittel‹ (*upâyakausalya*) artikulieren, d.h. in dem bewußten und gezielten, von unverstelltem Mitempfinden motiviertem Gebrauch der begrifflich verhüllten Wahrheit zum Wohl aller Wesen.«

150 Cf. Candrakīrti, Madhyamakāvatāra 6.186 [310], ⟨ed./tr./comm.⟩ P. Fenner, p. 273. Nach Candrakīrti hat die Rede von der Leere der Leerheit den Zweck, den Irrtum zu vermeiden, sie als Seiendes aufzufassen. Cf. C. W. Huntington with G. N. Wangchen, The Emptiness of Emptiness, pp. 26, 131–132, 180 (Vers 186); G. K. Gyatso, Ocean of Nectar, p. 356; Y. Gyatso & G. Driessens & M. Zaregradsky, L'entrée au milieu de Chandrakirti, p. 320 (Vers 186 von oben entspricht hier Vers 229).

151 Nāgārjuna, Mūlamadhyamaka-Kārikā 16.9: *nirvāsyāmyanupādāno nirvāṇaṃ me bhaviṣyati* | *iti yeṣāṃ grahasteṣāmupādānamahāgrahaḥ* ||. Dieses Logion erinnert sehr an die bereits zitierte Stelle aus Majjhima-Nikāya 1.4–6 (Mūlapariyāya-Sutta = 1. Suttam) und mahāyānistischen Nachdichtungen. Cf. Nāgārjuna, Yuktiṣaṣṭikā-Kārikā 58, von mir ins Deutsche übertragen nach der englischen Übersetzung aus dem Tibetischen von ⟨edd./trr.⟩ F. Tola & C. Dragonetti, p. 41: »Wenn ein Standpunkt existiert, (existiert) Leidenschaft; und wenn (der Standpunkt) zerstört ist, tritt Leidenschaftslosigkeit ein; (aber) für die großen Wesen, die keinen Standpunkt einnehmen, gibt es weder Leidenschaft noch Leidenschaftslosigkeit.«

152 Śaṅkara, Gītā-Bhāṣya 5.10, ⟨Samata ed.⟩ 6.162: ... *mokṣe'pi phale saṅgam tyaktvā ... lipyate na sa pāpena na saṃbadhyate padma-patram-iva ambhasā udakena* |. Cf.

Wiederum parallel das Verständnis Johannes Taulers und anderer mittelalterlicher Mystiker: »So muß der Mensch sich fassen lassen, sich leeren und vorbereiten lassen. Er muß alles lassen, dieses Lassens selbst noch ledig werden und es lassen, es für nichts halten und in sein lauteres Nichts sinken.«[153] Dasselbe in Kurzform bei

---

Bhagavad-Gītā 2.48 (mit Śaṅkara-Bhāṣya = Kommentar Śaṅkara's). R. Gramlich, Die Gaben der Erkenntnisse des 'Umar as-Suhrawartī, p. 69: »Es heißt: Sufitum ist Verzicht auf Sufitum und Preisgabe des Geistes.«

[153] J. Tauler, Die Predigten Taulers, ⟨ed.⟩ F. Vetter, p. 306.1–4, Übersetzung von ⟨tr.⟩ G. Hofmann, 1.171: *Also můs sich der mensche lossen vahen und italen und bereiten und al lossen und des selben lossendes also gar und ze mole us gon und lossen und dannan ab von allem dem nút enthalten denne vallen in sin luter nicht.* Cf. M. Nambara, Die Idee des absoluten Nichts in der deutschen Mystik und seine Entsprechungen im Buddhismus, p. 235, wo ein entsprechender Gedanke bei Valentin Weigel (ca. 1533–1594) auf Meister Eckhart zurückgeführt wird, ohne daß Tauler auch nur genannt wäre. Gerechtfertigt scheint dies dann, wenn man Meister Eckharts Lassen Gottes als eine Parallele zu unserer gelassenen Gelassenheit zuläßt: »Das Höchste und Nächste, das der Mensch zu lassen vermag, das ist, daß er Gott durch [die] Gott[heit] lasse.« (*Daz hœhste unde daz næhste, daz der mensche gelâzen mac, daz ist, daz er got durch got lâze.*) (Meister Eckhart, DW 1.196.6–7; cf. idem, ⟨ed.⟩ F. Pfeiffer, p. 532.8, und unsere Zitate dazu im Kapitel 3.2.3). Zum Terminus ›lassen‹ (und übrigen Wortformen) bei Eckhart cf. L. Völker, Die Terminologie der mystischen Bereitschaft in Meister Eckharts deutschen Predigten und Traktaten, pp. 80–91. Sprachgeschichtliches zusätzlich in idem, »Gelassenheit«. Zur Entstehung des Wortes in der Sprache Meister Eckharts und seiner Überlieferung in der nacheckhartschen Mystik bis Jacob Böhme. Cf. o. c., p. 303: »Von Eckharts Gelassenheits-Vorstellung aus betrachtet stellen sich diese ersten 300 Jahre ›Gelassenheit‹ als ein Vorgang zunehmender Entleerung des ursprünglichen spekulativen Bedeutungsgehalts dar. In dem Maße, wie im Zusammenhang mit einer allgemeinen Richtungsänderung der Mystik die ontologischen Voraussetzungen des Begriffs abgebaut werden und das Moment der Reinheit der Erkenntnis, der Losgelöstheit vom Geschaffenen, an Bedeutsamkeit verliert, orientiert sich der Begriff an emotiven, affektiven und voluntativen Gesichtspunkten und erfährt dadurch eine Wendung ins Ethische, die auch durch den spekulativen Neuansatz bei Weigel und Böhme nicht rückgängig gemacht wird.« Darauf ist zu antworten, daß ›Gelassenheit‹ eine Haltung bezeichnet, die durch das Verhalten der Verhaltung hervorgerufen wird und somit, wie auch immer, eine ethische oder praktische ›Kategorie‹ darstellt, auch wenn diese Haltung gegenüber dem Wissen gepflegt wird. Ob diese ›Kategorie‹ einen spekulativen Unterbau hat oder theoretisch gerechtfertigt wird, ändert an der Bedeutung selbst nichts. Lassen ist in jedem Falle Ab-, Los-, Verlassen und Sich-Überlassen, Zu-, Geschehenlassen, beides in einem, unabhängig davon, welches Moment ich (theoretisch oder praktisch) betone; dies wird auch in der Studie von A. Bundschuh, Die Bedeutung von gelassen und die Bedeutung der Gelassenheit in den deutschen Werken Meister Eckharts unter Berücksichtigung seiner lateinischen Schriften, pp. 102, 110, herausgestellt, der die Forschungsresultate von L. Völker zugrundeliegen, cf. o. c., pp. 100–110. Schon Pyrrhon wußte, daß man der Gelassenheit durch das Gute oder Gott teilhaftig werde. Und für den Taoismus entsteht rechtes Tun daraus, daß man sich und seine Eigeninter-

Heinrich Seuse (1300–1365): »Eine Gelassenheit oberhalb aller Gelassenheit ist gelassen sein in der Gelassenheit.«[154]

Mit drastischen Worten faßt Nāgārjuna, und wir mit Hilfe dieser, das Gesamt dieser Einsicht, und damit das Prasaṅgāpādana (den mahāyānistischen Konsequenzialismus), zusammen: Leerheit = Gelassenheit (gegenüber aller *dóxa, opinio,* Meinung oder Vorstellung). »Durch die Siegreichen wurde die Leere (*śūnyatā*) als das Ablassen/

---

essen gelassen, daß man sich auf das Tao eingelassen und diesem überlassen hat. Weder ist der Zustand der 'spekulativen' Gelassenheit unabhängig von seinen ethisch-praktischen Begleiterscheinungen, ich weise diesbezüglich zurück auf das Schema der Retentionstechnik, noch ist die Gelassenheit selbst als erfahrene durch Absenz oder Wegbrechen der lehrhaften Fundierung existentiell verunmöglicht. Das Fehlen einer die Mystik begleitenden 'Scholastik' sagt allerdings einiges darüber aus, ob sie von Verstandes- oder eher von Gefühls- und Tatmenschen betrieben wird; Bildung, soziale und andere Komponenten sind dabei zu berücksichtigen. Cf. J. Böhme, Sämtliche Schriften 7.XVII.36.50: Gelassenheit (*Verlassenheit*) als '*der Bilder der Buchstaben ersterben*', *Ausgehen aus aller vernünftlichen Wissenheit, Verlassen von Kunst oder Witze, Sich-Willen-los-Geben,* und »*einig allein in sich selber Einig werden*«. Böhme lebte von 1575–1624. A. Silesius, Cherubinischer Wandersmann 2.141: »Der Grundgelassene. *Ein Grundgelassner Mensch ist Ewig frey und Ein: Kan auch ein Unterscheid an jhm und GOtte seyn?*« O. c. 2.92: »Die geheimste Gelassenheit. / *Gelassenheit fåht GOtt: GOtt aber selbst zulassen / Jst ein Gelassenheit / die wenig Menschen fassen.*« O. c. 1.130; 1.164; 2.208.

[154] H. Seuse, Deutsche Schriften, ⟨ed.⟩ K. Bihlmeyer, p. 232.16–17: *Ein gelazenheit ob aller gelazenheit ist gelazen sin in gelazenheit.* Man beachte den editorischen Hinweis zu dieser Stelle o. c., p. 232 (Fußnote), in dem auf zwei mittelalterliche Schriften hingewiesen wird, die diesen Spruch übernehmen. Eine davon ist Rulman Merswin, in: A. Jundt, Histoire du panthéisme populaire au moyen âge et au seizième siècle, pp. 217–218 (mit langer Auslassung): »Eine Gelassenheit über aller Gelassenheit ist gelassen in die Gelassenheit hinein; … … denn eine gelassene Gelassenheit an Geist und Körper ist einem wachsenden Menschen der sicherste Weg.« (*Eine gelossenheit obe aller gelossenheit ist gelossen in in gelossenheit; … … wanne eine gelossene gelossenheit in geiste und in naturen, das ist eime zuonemenden menschen der sicherste weg.*) Zu neuerlichen philosophischen Ehren ist die Gelassenheit durch Martin Heidegger gekommen, cf. M. Heidegger, Gelassenheit; idem, Holzwege, p. 69. Dazu gibt es mittlerweile reichhaltig Interpretationsliteratur. Angesichts der hier vorgetragenen Lehre muß konstatiert werden, daß Heideggers Einsicht in idem, Gelassenheit, p. 33: »… weil die Gelassenheit *nicht* in den Bereich des Willens gehört«, bereits im Mittelalter formuliert war, auch wenn in o. c., pp. 33–34, unterstellt wird, daß dies nicht der Fall gewesen sei: »… dadurch, daß auch die Gelassenheit noch innerhalb des Willensbereichs gedacht werden kann, wie dies bei älteren Meistern des Denkens, z. B. dem Meister Eckhart, geschieht.« Eine Richtigstellung dieser Heideggerschen Supposition liefert J. Wagner, Meditationen über Gelassenheit, pp. 135–137, 172–179. Bedenkenswerte Überlegungen zum »Seinlassen« a) in der Technik, b) der *theoria,* c) im Tun und d) im Nicht(s)tun als Antwort auf das gegenwärtige Fortgerissensein in Machbarkeit, Meßbarkeit und Medialität stellt A. Baruzzi, Alternative Lebensform?, pp. 147–158; idem, Machbarkeit, pp. 80–88, 196–207, an.

Abgehen (*niḥsaraṇaṃ*) von allen Anschauungen (*sarva-dṛṣṭīnāṃ*) verkündet; diejenigen, denen aber die Anschauung von der Leerheit [eigen] ist, sind unheilbar genannt worden.«[155] Wie sollte der Buddha dann Leere und Lassen überhaupt als eine wahre Lehre, ein Dogma, als irgend etwas, woran man sich festhalten kann, verkündet haben? »Nicht wurden die Beruhigung (*upaśamaḥ*) allen Er-/Begreifens (*upalambha*), die Beruhigung (*upaśamaḥ*) der Vorstellungsentfaltung (*prapañca*), die Seligkeit, vom Buddha irgendwo irgendwem als irgendeine Lehre/Sache dargelegt.«[156]

Die Essenz dieses Lehrstücks vom Übergang der Theorie im heutigen zur Theoria im antiken Verständnis liest sich in phänomenologische Begrifflichkeit übersetzt wie folgt: »Für die Mādhyamikas ist das *anta-dvaya-rahitatva* [Abgeschiedenheit/Ablassen von den zwei Extremen des Seins und Nichtseins] ein Synonym der Aufhebung aller Thesen (= *sarva dṛṣṭīnām niḥsaraṇam*), der absoluten ἐποχή gegenüber Konstruktionen des diskursiven Denkens. Dabei wird aber wiederholt betont, daß der wahre Weise auch in der Mitte nicht stehen bleibt. Die *śūnyatā* [Leerheit] ist keine *dṛṣṭi* [Anschauung].«[157]

---

[155] Nāgārjuna, Mūlamadhyamaka-Kārikā 13.8: *śūnyatā sarvadṛṣṭīnāṃ proktā niḥsaraṇaṃ jinaiḥ | yeṣāṃ tu śūnyatādṛṣṭistānasādhyān babhāṣire* ||. Cf. o. c. 27.30, den Schlußvers der ‹Kārikā›, in dem Buddha gepriesen wird, aus Mitleid/Erbarmen (*anukampām*) die gute/wahre Lehre (*sad-dharmam*) vom Aufgeben aller/Ablassen von allen Anschauungen (*sarva-dṛṣṭi-prahāṇāya*) verkündet zu haben (*adeśayat*); idem, Yuktiṣaṣṭikā-Kārikā 42; 50. Candrakīrti, Madhyamakavṛttiḥ (Prasannapadā), pp. 247–249, mit dem Gleichnis von der Medizin (*bhaiṣajya*), die, nachdem sie die Krankheit vertrieben hat, im Organismus verbleibt und dort noch größeren Schaden anrichtet als die Krankheit vorher. Zum Abführmittel (Kathartikon) der Skepsis haben wir bereits im Kapitel 2.3.1 die wichtigsten Nachweise gegeben.

[156] Nāgārjuna, Mūlamadhyamaka-Kārikā 25.24: *sarvopalambhopaśamaḥ prapañcopaśamaḥ śivaḥ | na kva citkasya citkaściddharmo buddhena deśitaḥ* ||. Cf. idem, Niraupamya-Stava 7.

[157] S. Schayer, Ausgewählte Kapitel aus der Prasannapadā, pp. 69[49]–70. Cf. P. Schmidt-Leukel, Mystische Erfahrung und logische Kritik bei Nâgârjuna, pp. 382–387, hier p. 383: »Die Kritik der Begriffe und Denkkategorien dient nicht nur der Überwindung aller Ansichten, sondern ist zugleich die Demontage des *prapañca*.« Unter *prapañca* faßt der zitierte Autor (o. c., p. 382) in unserem Sinne die in Unterscheidungen wahrgenommenen Phänomene, die begriffliche Konstruktion der Welt aus Entitäten und deren Relationen. D. Dunkel, Stufen der Wahrheit, pp. 14, 28, identifiziert die Urteilsenthaltung mit dem Mittelweg, cf. o. c., p. 14: »Diese ἐποχή, das Sich-Enthalten jeden positiven Urteils wird in der Folgezeit das wichtigste Kennzeichen der einen Richtung des Mahāyānabuddhismus; ihre Anhänger nennen sich deshalb Mādhyamikas, diejenigen, die den mittleren Weg gehen.« O. c., p. 28, wird diese ἐποχή noch »von einem

Kann es sich angesichts dieser Unzweideutigkeit in der Beurteilung von Gelassenheit, Abstandnahme, Verzicht und Entsagung durch die großen Asketen bei der Aburteilung der 'asketischen Ideale der Heiligen' durch Friedrich Nietzsche (1844–1900) um etwas anderes denn eine perfide Pervertierung handeln? »Was bedeuten asketische Ideale? ...... bei Heiligen endlich einen Vorwand zum Winterschlaf, ihre novissima gloriae cupido [letzte Ruhmsucht], ihre Ruhe im Nichts (›Gott‹), ihre Form des Irrsinns. Dass aber überhaupt das asketische Ideal dem Menschen so viel bedeutet hat, darin drückt sich die Grundthatsache des menschlichen Willens aus, sein horror vacui: er braucht ein Ziel, – und eher will er noch das Nichts wollen, als nicht wollen.«[158] Genau das scheint, welch nihilistische Ironie, auf den Erfinder des Übermenschen mit seinem unstillbaren, unersättlichen Willen zur Macht selbst, nicht aber auf die Heiligen, welchen Bekenntnisses auch immer, zuzutreffen: »Denn ›Wille‹ ist als Wille zur Macht: Macht zur Macht, oder wie wir gleich gut sagen können, *Wille zum Willen,* zum Obenbleiben und Befehlenkönnen«[159], obzwar man Nietzsche auch zugestehen muß, seine Form der Gelassenheit, eine stolze allerdings, von welcher man folglich nicht genau sagen kann, wie sie ihren Namen verdient haben sollte, zelebriert zu haben,[160] seine skeptische Freiheit von allen Überzeugungen, überzeugt gleichwohl von der Stärke und der großen Leidenschaft, genossen zu haben,[161] seine »Form des Irrsinns« einer my-

anderen Gesichtspunkt her« betrachtet, »von dem des Tuns nämlich, weil dieser die Lehre in eine augenfällige Nähe zu Eckhart rückt« (mit anschließendem Zitat aus Bhāvaviveka, Hastaratna (Tchang tchen), zu datieren auf das 6. Jh., und dem Hinweis auf das Handeln aus dem Grunde und ohne Warum).

[158] F. Nietzsche, KSA 5.339.9, 21–27 (Zur Genealogie der Moral. Dritte Abhandlung § 1) = KGW 6.2.357. KSA 10.660.14 {24[26]} (Nachgelassene Fragmente, Winter 1883–1884) = KGW 7.1.702: »die Mystik, der wollüstige Genuß der ewigen Leere.« KSA 5.266.3–4 (Zur Genealogie der Moral. Erste Abhandlung § 6) = KGW 6.2.280: »Nichts (oder Gott: – das Verlangen nach einer unio mystica mit Gott ist das Verlangen des Buddhisten in's Nichts, Nirvâna – und nicht mehr!)« KSA 5.380.24–25 = KGW 6.2.398: »... eine gesammt-indische Auffassung .., ebenso brahmanisch als buddhistisch.« Cf. KSA 5.377.10–382.7 = KGW 6.2.395–400; KSA 11.14.32–15.4 {25[13]} = KGW 7.2.10–11; KSA 11.202.5–12 {26[199–200]} = KGW 7.2.200.

[159] M. Heidegger, Nietzsche 2.65.

[160] Cf. F. Nietzsche, KSA 5.231.22–25 (Jenseits von Gut und Böse § 284) = KGW 6.2.241: »Mit einer ungeheuren und stolzen Gelassenheit leben; immer jenseits –. Seine Affekte, sein Für und Wider willkürlich haben und nicht haben, sich auf sie herablassen, für Stunden; sich auf sie setzen, wie auf Pferde, oft wie auf Esel –«.

[161] Cf. F. Nietzsche, KSA 6.236.10–21 (Der Antichrist § 54) = KGW 6.3.234: »Ein Geist,

stischen Intuition als Ursprung und Zweck des Philosophierens vertreten[162] und seine »Seltenere Enthaltsamkeit«, sich über andere kein Urteil zu bilden, für ein Zeichen von Humanität gehalten zu haben: »Es ist oft kein geringes Zeichen von Humanität, einen Andern nicht beurtheilen zu wollen und sich zu weigern, über ihn zu denken.«[163]

Die Position der Heiligen formuliert dagegen Marguerite Porete, als hätte sie den Mißverstehenden wie Nietzsche geantwortet. »Und deshalb kann man sehr wohl sagen, daß der klein und arm ist, der oft [etwas] verlangt, sogar der noch, der [ein] Nichts verlangt. Denn jedwedes Seiende ist nichts als ein Ball- und Kinderspiel gegenüber dem höchsten Sein, nichts zu wollen, in welchem Sein die Freien bleiben, ohne sich wegzubewegen; denn wer frei in seinem rechten Sein ist, vermag weder etwas zurückzuweisen noch zu wollen, noch zu versprechen …«[164]

---

der Grosses will, der auch die Mittel dazu will, ist mit Nothwendigkeit Skeptiker. Die Freiheit von jeder Art Überzeugungen gehört zur Stärke, das Frei-Blicken-können … Die grosse Leidenschaft braucht, verbraucht Überzeugungen, sie unterwirft sich ihnen nicht, – sie weiss sich souverain.«

162 Zur mystischen Intuition als Einheitsschau und Ursprung der Philosophie bei Thales (ca. 640–546), Anaximandros (ca. 610–546) und Xenophanes cf. F. Nietzsche, KSA 1.813, 817, 821, 840–841, 844–845 (Die Philosophie im tragischen Zeitalter der Griechen) = KGW 3.2.307, 311, 315, 334–335, 338–339. Zur selben als Ziel der Philosophie cf. KSA 11.232.21 {26[308]} (Nachgelassene Fragmente, Sommer-Herbst 1884) = KGW 7.2.230: »Eigentlicher Zweck alles Philosophirens die intuitio mystica.«

163 F. Nietzsche, KSA 3.303.2–4 (Morgenröthe §528) = KGW 5.1.307. Dagegen KSA 5.137.25–31 (Jenseits von Gut und Böse §208) = KGA 6.2.141: »Der Skeptiker nämlich, dieses zärtliche Geschöpf, erschrickt allzuleicht; sein Gewissen ist darauf eingeschult, bei jedem Nein, ja schon bei einem entschlossenen harten Ja zu zucken und etwas wie einen Biss zu spüren. Ja! und Nein! – das geht ihm wider die Moral; umgekehrt liebt er es, seiner Tugend mit der edlen Enthaltung ein Fest zu machen, …«

164 M. Porete, Le mirouer des simples ames/Specvlvm simplicivm animarvm 57.44–50: *Et pource peut l'en bien dire que cil est petit ou pouvre, qui souvent demande, voire encore, qui rien demande. Car tout estre, quel qu'il soit, n'est que ung jeu de pelote et jeu d'enfant envers le souverain estre de nient vouloir, ouquel estre les francs demourent sans remouvoir; car celuy qui est franc en son droit estre, ne pourroit ne refuser ne vouloir ne rien promectre, …*

4.2 Buddha's Epoché im Lichte der Phänomenologie

4.2.1 S. Schayers Darstellung der Anschauungslosigkeit und Neutralitätsmodifikation

Schon zu Lebzeiten Husserls verwendet der polnische Indologe und Buddhologe Stanisław Schayer zur Explikation buddhistischer Philosophie an manchen Stellen seiner Doktorarbeit ‹Vorarbeiten zur Geschichte der mahāyānistischen Erlösungslehren›, die im Jahr 1921 unter demselben Titel als Buch veröffentlicht wurde, phänomenologisches Gedankengut. Freilich dürfte das kein Zufall sein, sondern seine Begründung darin finden, daß der Korreferent, d. h. der Zweitgutachter dieser akademischen Arbeit kein Geringerer als Edmund Husserl war. Dieser bescheinigt Schayer in seiner Expertise, »daß er von der modernen Phänomenologie guten methodischen Gebrauch zu machen verstand und in großen Strecken innerlich verstehbare Zusammenhänge herausgearbeitet hat. Vorurtheilslos und in anerkennenswerter Vorsicht setzt er auch indische und abendländische Philosopheme in Beziehung.«[1]

Indem wir einige Passus aus dessen Schriften wiedergeben, verschaffen wir uns einen ersten Eindruck von diesem wahrlich außergewöhnlichen, von Husserl selbst gutgeheißenen Versuch, der in der Forscherwelt leider kaum Nachahmer gefunden hat. So konstatiert er, daß die Absicht des Buddha »nicht die exakte und erschöpfende Lösung der metaphysischen Probleme, sondern die Erlösung, d. h. die stufenweise Auflösung des Universums« gewesen sei, und daß »gerade in dieser theoretischen ἐποχή Buddha's die ganze Paradoxie und zugleich die ganze Lebensfähigkeit seiner Lehre enthalten ist, wie das noch später namentlich aus der Betrachtung der mahāyānistischen *śūnyatā* [Leerheit] hervorgehen wird.«[2] Diese Betrachtung stellt er

---

1 E. Husserl, Briefwechsel 8.174.15–19.

2 S. Schayer, Vorarbeiten zur Geschichte der mahāyānistischen Erlösungslehren, p. 15.

nun direkt unter Zuhilfenahme Husserlscher Terminologie an, ohne nun in Anspruch zu nehmen, daß das Dargestellte mit der phänomenologischen ἐποχή vollkommen identisch sei.[3] Dabei blitzt zum ersten Mal in der Geschichte der Phänomenologie die Möglichkeit auf, durch eine freie Übertragung ihrer Begrifflichkeit und der hinter ihr stehenden Ideenwelt fremde Philosopheme für unser Verständnis aufzubereiten und in unsere Denkhorizonte zu übertragen.

»Der Mahāyānist leugnet .. nicht das Dasein der Dinge, er betrachtet sie aber als ›unecht‹, er ist an ihnen ›nicht interessiert‹ und nimmt sie nicht ›ernst‹, so wie es niemandem einfallen würde in einer Gandharven-Stadt [Wolkenkuckucksheim/Luftschloß] zu rasten, oder ein künstliches Bildnis für die abgebildete Person selbst zu halten. Die ›Streitlosigkeit‹ erweitert sich auf diese Weise zu einer universalen ἐποχή nicht nur gegenüber den Meinungen und Ansichten (*dṛṣṭi*), sondern auch gegenüber der Daseinssetzung der dinglichen, in sich beharrenden Welt, sie umfaßt Personen und Sachen, Lebewesen und Gegenstände, klammert sie ein, ohne sie zu durchstreichen, schaltet sie aus, ohne sie zu negieren, und eröffnet so den Weg zum ewigen Ursprung alles Seienden – zum allumfassenden Nichts – zu der unaussprechlichen Leerheit. So viel über die epochistische Grundhaltung des Mahāyāna.«[4]

Während sich Schayer bei der Abfassung seiner Doktorarbeit, aus welcher wir soeben zitierten, anscheinend noch nicht ganz klar darüber war, welchen Leistungssinn er der phänomenologischen Epoché im Gegensatz zur buddhistischen zubilligen solle, spricht er einige Jahre später in geläuterter Deutlichkeit. »Die *śūnyatā* [Leerheit] als Fahrenlassen sämtlicher *dṛṣṭis* [Anschauungen] ist selbst keine *dṛṣṭi* [Anschauung]: alle Sätze, die der Mahāyānist ausspricht,

---

Analog zum Mahāyāna o. c., p. 54: »Die Er-lösung erweist sich alsdann als Auf-lösung der kosmischen Phantasmagorie – als eine fortschreitende Reduktion auf den Ursprung.«

[3] Cf. S. Schayer, Vorarbeiten zur Geschichte der mahāyānistischen Erlösungslehren, p. 44[1]: »Die Ausdrücke, die hier zur Explikation der mahāyānistischen Grundhaltung gebraucht wurden, sind zum Teil wörtlich der von Husserl begründeten Phänomenologie entnommen, … Daß die mahāyānistische Streitlosigkeit mit der phänomenologischen ἐποχή direkt identisch ist, möchte ich … nicht behaupten …« Cf. M. Walleser, Die Streitlosigkeit des Subhūti, pp. 1–51, zur Streitlosigkeit (*araṇā*) als »Seelenruhe oder vielmehr, da der Buddhist keine Seele kennt, die Freiheit von sich bekämpfenden Gefühlen und Geisteszuständen« (o. c., p. 51).

[4] S. Schayer, Vorarbeiten zur Geschichte der mahāyānistischen Erlösungslehren, pp. 43–44; cf. o. c., p. 40.

sind epochistisch eingeklammert; sie sind nur *prasaṅga-vākyas* [Folgerungen] und keine *pratijñās* (= keine Thesen eines Systems).«[5] Diese »*prasaṅga-vākyāni* [Folgerungen], mit denen die Metalogik der Mādhyamikas operiert«, sind ihm nun »eigenartige, 'neutralisierte' Sätze … und gleichsam Aussagen in Anführungszeichen, zum Teil mit den ›Annahmen‹ Meinongs, zum Teil mit den ›eingeklammerten Urteilen‹ Husserls vergleichbar. Es erübrigt sich aber zu sagen, daß die ›phänomenologische‹ Epoche Husserls, trotz der offenbaren Verwandtschaft, mit der mahāyānistischen Epoche nicht identisch ist.«[6]

Richtigerweise wird auch die entscheidende Differenz angegeben. »Ich mache nur auf den Hauptunterschied aufmerksam, daß die Husserlsche Epoche auf das räumlich-zeitliche Dasein beschränkt ist und die Sphäre des ›reinen Bewußtseins‹ erschließen soll. Die mahāyānistische Epoche ist absolut universell.«[7] Und ein Zusätzliches leistet besagter Forscher. Was im oben zitierten Text bereits angedeutet ist, daß es sich bei den eingeklammerten Urteilen um neutralisierte Sätze handle, wird durch einen Fußnotenhinweis explizit gemacht, den diesbezüglichen Verweis auf die »Neutralisierungsmodifikation«[8], wie er schreibt, in den ‹Ideen I›, die genau gesprochen ›Neutralitätsmodifikation‹ heißen muß.[9] »Die neutralisierten Setzungen unterscheiden sich« von den nichtneutralisierten Setzungen »wesentlich dadurch, daß ihre Korrelate nichts Setzbares, nichts wirklich Prädikables enthalten, das neutrale Bewußtsein spielt in keiner Hinsicht für sein Bewußtes die Rolle eines ›Glaubens‹.«[10] Vielmehr gilt für die neutralisierten Noesen, daß für sie »die Frage nach Vernunft und Unvernunft keinen Sinn gibt. Ebenso, korrelativ, für die Noemen. … das bloße Sich-denken ›setzt‹ nichts, es ist kein positionales Bewußtsein. Der ›bloße Gedanke‹ von Wirklichkeiten, Möglichkeiten usw. ›prätendiert‹ nichts, er ist weder als richtig anzuerkennen, noch als unrichtig zu

---

[5] S. Schayer, Die mahāyānistische Kritik des hīnayānistischen Pluralismus (im Anschluß an das Problem des svabhāva), p. 106. Idem, Das mahāyānistische Absolutum nach der Lehre der Mādhyamikas, col. 402: »… die Lehre Nāgārjunas … eine Verbindung absolutistischer Mystik mit negativistisch-epochistischer Dialektik …«

[6] S. Schayer, Ausgewählte Kapitel aus der Prasannapadā, p. XXV.

[7] S. Schayer, Ausgewählte Kapitel aus der Prasannapadā, p. XXV[1].

[8] S. Schayer, Ausgewählte Kapitel aus der Prasannapadā, p. XXV[1].

[9] Cf. Husserliana 3/1.247–278.

[10] Husserliana 3/1.249.4–8.

verwerfen.«[11] Das neutralisierte Objekt ist somit »weder als seiend, noch als nichtseiend, noch in irgendeiner sonstigen Setzungsmodalität vor uns; oder vielmehr, es ist bewußt als seiend, aber als gleichsam-seiend in der Neutralitätsmodifikation des Seins.«[12]

Wichtig in unserem Kontext ist jetzt aber Husserls Hinweis, daß die modifizierende Klammer der Neutralitätsmodifikation »derjenigen nahe verwandt« ist, »von der wir früher soviel gesprochen haben, und die für die Wegbereitung der Phänomenologie so wichtig ist«[13], der Epoché nämlich. Ausschließlich durch seine von einem schonungslosen Erkenntnisrigorismus aus gesehen willkürliche Beschränkung der Epoché entgeht die Phänomenologie, wie gezeigt, der Null-Indizierung, dem Weder-noch der Ne-utralitätsmodifikation, in die der Mahāyāna-Buddhismus alle Setzungen überführt, dem Fiktionalismus, der dann einträte, wenn jedes Bewußtseinsdatum in die ephektische Klammer genommen würde, d. h. die Grundoperation der Phänomenologie radikal angewendet und aufrechterhalten würde, da die Daten bzw. Fikta sonst ja mittelbar auf Sein bezogen und beziehbar blieben. Der Rest wäre ähnlich dem, was Husserl am Fiktionalismus à la Hume perhorresziert, welcher nur einen »in wesenloser Leere schwebenden Haufen von Daten«[14] sehe: »Schatten«[15], »*quasi*-Objekte…, bloße Fiktionen«[16], '›als-ob‹-Objekte'[17], »*quasi*–Wirklichkeit«[18]. Das wäre die konsequente Beschreibung dessen, was aus einem anonymen, unbestimmten, ja unbestimmbaren Ur-Ego hervorgehen, was von ihm, um es in der Originalterminologie auszudrücken, fingiert, geleistet, konstituiert werden könnte: Bestimmungsloses.[19] Es

[11] Husserliana 3/1.249.15–16, 21–25.

[12] Husserliana 3/1.252.19–22; cf. 3/1.255–262, 270.16.

[13] Husserliana 3/1.248.35–37.

[14] Husserliana 17.264.12–13.

[15] Cf. Husserliana 3/1.261.18, 20.

[16] Husserliana 8.115.20–21.

[17] Cf. Husserliana 8.114.39; 8.112–119; E. Husserl, Cartesianische Meditationen, pp. 60–61 §25 (zum Als-ob). Interessant ist der Versuch Husserls, den traumlosen Schlaf – dem Vedāntin qua Tiefschlaf (*suṣupti*) und reiner, direkter Bewußtheit (*prājña*) dritter Fuß des 'Subjekts' (*ātman/puruṣa*) – nicht »als völlige Weltlosigkeit zu interpretieren«, sondern als »einen Null-Modus des Vermögens der Aktivität«, cf. E. Husserl, Ms. C 10, »U_{21}«, p. ⟨15b⟩ = 26–27. Ad »Null-Affektion« und »Null-Implikate« o. c. »U_{14}«, ⟨8a⟩ = 12 – »U_{16}«, ⟨10a⟩ = 16.

[18] Husserliana 8.117–118.

[19] Das hier dargestellte Problem ist in Analogie zur doppelseitigen Unbestimmbarkeit

ist kaum anzunehmen, daß dieses Forschungsresultat von Husserl akzeptiert worden wäre, auch wenn er im Zusammenhang mit der Notwendigkeit von Phantasie als phänomenologischer Methode (nicht ohne auf die Gefahr der Mißdeutung – der wir uns hier zu Zwecken der Hervorhebung durch Übertreibung ganz absichtlich aussetzen – in einer Note aufmerksam gemacht zu haben) meint: »So kann man denn wirklich, wenn man paradoxe Reden liebt, sagen und, wenn man den vieldeutigen Sinn wohl versteht, in strikter Wahrheit sagen, daß die ›Fiktion‹ das Lebenselement der Phänomenologie, wie aller eidetischen Wissenschaft, ausmacht, daß Fiktion die Quelle ist, aus der die Erkenntnis der ›ewigen Wahrheiten‹ ihre Nahrung zieht.«[20]

Was Stanisław Schayer unter Verwendung Husserlscher Terminologie und Einsichten für die Buddhisten allgemein und die Mādhyamika's im besonderen geltend macht, stellt also nur die Folge einer strikten Anwendung, sprich Rückwendung der phänomenologischen Basalmethode auf die Phänomenologie selbst dar. »Das normale Mittel zur Verwirklichung dieses Zieles [der restlosen Aufhebung des begrifflich-diskursiven Denkens] ist die methodisch geübte Yoga-Praxis. In der lange vorbereiteten Ekstase (*yogi-pratyakṣa*) hat der Heilige die All-Einheit geschaut und erfaßt, und obwohl er wieder zum normalen Leben erwacht, d. h. wieder an die Subjekt-Objekt-Spaltung gebunden ist, Farben, Töne, usw. empfindet, begrenzte, räumliche Gegenstände wahrnimmt, Gefühle fühlt und Gedanken denkt, so ist doch sein Bewußtsein der Wirklichkeit in tiefgreifender Weise durch die ›postekstatische Retrospektion‹ (*pratyavekṣaṇa*) umgestaltet, und zwar in diesem Sinne, daß nunmehr alles Wirkliche leer und unecht, traumhaft und illusorisch erscheint. In dieser Einstellung gibt es keine Möglichkeit, irgendwelche ›Dasein setzende Akte‹ zu vollziehen und mithin schwindet auch die Möglichkeit, irgend etwas zu behaupten und zu postulieren. Man verzichtet auf alle Denkstellungnahmen und lebt in der eigenartigen Epoche, die zugleich die Quelle der Ataraxie, der verständnisvollen Nachsicht, des Mitleids und der Ruhe ist. Gleichwohl gibt es eine Kategorie von Aussagen, welche selbst in der Sphäre des modifizier-

von Absolutem und Relativem zu verstehen, cf. R. Puligandla, Reality and Mysticism, p. 44: »… unsere Unfähigkeit zu erklären, warum es Brahman [das Absolute] gibt, ist zugleich unsere Unfähigkeit, die Existenz der Welt [das Relative] zu erklären.«

[20] Husserliana 3/1.148.26–31.

ten, postekstatischen Bewußtseins ihre Gültigkeit besitzen und überhaupt erst durch die mahāyānistische Epoche zur Geltung gelangen: die rein negativen Aussagen, welche nichts behaupten und lediglich die radikale Urteilsenthaltung explizieren, d.h. den Anspruch auf Objektivität, welcher in jeder These der natürlichen Einstellung enthalten ist, zurückweisen, ohne dadurch den Anspruch der Gegenthese anzuerkennen ...«

Und hier folgt nun der von uns oben bereits zitierte Passus zu den ›neutralisierten Sätzen‹, den ›eingeklammerten Urteilen‹ Husserls und den ›Annahmen‹ Meinongs. Der Text fährt dann folgendermaßen fort: »... Die Neutralisierung aller Existenzurteile kann auch auf einem anderen Wege erreicht werden. Solange das Denken in dem Wahn eines pluralistischen Universums befangen ist, gilt der Satz, daß die Negation einer Aussage die Affirmation ihres Gegenteils impliziert. Denn man setzt voraus, daß den begrifflichen Dichotomien *a – non-a, b – non-b* eine wirkliche Differenzierung des Seienden korrespondiert, so daß jeder reale Gegenstand notwendigerweise entweder die Attribute *a* oder *non-a* besitzen muß. Auf diesem Axiom ist nicht nur die Möglichkeit des rationalen Absurditätsbeweises (*tarka*), sondern überhaupt das ganze System der realistischen Logik des Nyāya aufgebaut. Die Mahāyānisten bekämpfen die Theorie des ›mittelbaren Schlusses‹ und behaupten, zeigen zu können, daß von den vier möglichen Aussagen (*catuṣkoṭi*): '*p*', '*non p*', '*p* und *non p*', 'weder *p* noch *non p*' keine wahr ist, vielmehr alle zugleich falsch sind. Das ist aber gleichbedeutend mit der Feststellung, daß kein Gegenstand möglicher Prädizierung real ist, daß es überhaupt keine ›Gegenstände‹ im Sinne der pluralistischen Ontologie gibt und daß die absolute Wirklichkeit im Urteil überhaupt nicht erfaßt werden kann. Man denkt die letzten Konsequenzen einer These und deduziert aus ihrer Affirmation die Negation; so wird die antinomiale Struktur des diskursiven Denkens aufgedeckt und die Selbstaufhebung des ›thetischen‹ Bewußtseins, die mahāyānistische Reduktion aller Aussagen auf ›neutralisierte Sätze‹, das ›Fahrenlassen‹ aller *dṛṣṭis* [Anschauungen] vollzogen.«[21]

Bei aller Genialität dieser phänomenologisch gefärbten Ausführungen zur Philosophie der buddhistischen Mittelwegschule, die hier großenteils unkommentiert wiedergegeben werden sollten, komme

[21] S. Schayer, Ausgewählte Kapitel aus der Prasannapadā, pp. XXIV–XXVI (mit Auslassungen).

ich nicht umhin, daran drei Sachverhalte im Sinne meiner Explikationen oben richtigzustellen. Da wäre erstens die an die Adresse von Nāgārjuna gerichtete implizite Unterstellung einer Verletzung der Denkgesetze und der Aufweichung der zweiwertigen Logik, auf welcher der apagogische Schluß beruht. Unabhängig davon, ob Schayer, einem (wie einige seiner Aufsätze beweisen) ausgezeichneten Logiker, ein solcher Irrtum tatsächlich unterstellt werden kann, möchte ich darauf hinweisen, daß ich diese Problematik in meinem Buch ‹Weder Sein noch Nichtsein› ausführlich diskutiert und aufgeklärt habe. Deshalb darf ich mich hier der Aufgabe einer diesbezüglichen Darstellung entledigen, indem ich einfach auf die einschlägige Passage meines Werkes verweise.[22]

Zweitens muß ein Wort zur »Ekstase« und »postekstatischen Retrospektion« gesagt werden. In der Ausführung Schayers scheint das »Erwachen aus der Ekstase« in die Alltagswelt zwar vom Nachglanz der lichthaften Schau durchglommen zu sein, die eigentliche Durchsichtigkeit der Dinge, wie sie in der Erleuchtung herrschen soll, scheint dabei dennoch entscheidend getrübt zu werden. Für diesen Zustand gibt der Verfasser das Beispiel eines Augenkranken, der zwar um seine Krankheit weiß, aber noch nicht geheilt ist, eines Träumenden, »der ohne zu erwachen seines Träumens bewußt geworden ist.«[23] Natürlich ist diese Beschreibung der Postekstase unzutreffend. Die Unterscheidung selbst schon zwischen Ekstase und Postekstase ist irrig. Zieht man die Letztstellung der Madhyamaka-Lehre in Betracht, wonach die Leerheit der Wandelwelt (*saṃsāra*) und die Leerheit des Weltenstillstands (*nirvāṇa*) koinzidieren, Saṃsāra sich in nichts vom Nirvāṇa und Nirvāṇa sich in nichts vom Saṃsāra unterscheidet,[24] dann muß das ›Erlebnis‹, das damit einher-

---

[22] Cf. H. P. Sturm, Weder Sein noch Nichtsein, pp. 146–150 (mit Literaturverweisen). Eine Antwort auf Kritiken an meiner Darstellung, die überwiegend von Unterstellungen ausgehen, von Annahmen also, die weder in den Lehren der Mādhyamika's selbst noch in meiner Interpretation zu finden sind, werde ich hoffentlich bald vorlegen können.

[23] S. Schayer, Ausgewählte Kapitel aus der Prasannapadā, p. 71[50]. Gemäß der vom Verfasser nach Vinītadeva (7. Jh.) gegebenen Definition an der hier belegten Textstelle handelt es sich beim *pratyavekṣaṇa* nicht um eine unmittelbare, absolute Erkenntnis jenseits der Subjekt-Objekt-Spaltung, sondern nur um ein metempirisches, und damit mittelbar empirisches Wissen, beruhend »auf der höheren Betrachtung im Einzelnen«.

[24] Cf. Nāgārjuna, Mūlamadhyamaka-Kārikā 25.19: »Es ist [gibt] nicht irgendein die Wandelwelt vom Nirvāṇa Unterscheidendes; es ist [gibt] nicht irgendein das Nirvāṇa von der Wandelwelt Unterscheidendes.« (*na saṃsārasya nirvāṇātkiṃ cidasti vi-*

geht, die Einsicht in die, das Verschmelzen mit und Zerschmelzen in der Leerheit als ununterbrochene Unterschiedslosigkeit oder Identität von 'weltabgewandtem' und 'weltzugewandtem' Wissen und Sein (welche Worte darüber angesichts der Unvorstellbarkeit und Unaussprechlichkeit freilich auch wiederum nur meta-phorischen Charakter haben) im Sinne des *nirvikalpa-samādhi* (Sammlungszustand ohne Unterscheidungen) des Vedānta-Yoga verstanden werden. Streng genommen gibt es dann weder eine 'Ekstase' oder ein 'Erwachen', noch ein 'post', weder ein 'retro' noch eine 'Spektion', da weder ein Innen existiert, aus dem man hinausstehen könnte, oder ein Traumzustand, aus dem es ein Aufwachen gäbe, noch ein 'ante', zu dem es ein 'post', weder ein 'porro', zu dem es ein 'retro', noch eine 'Species', die in der 'Spektion' gesehen werden könnte, mit einem Wort, keine 'postekstatische Retrospektion'. Schayer selbst spricht es an anderer Stelle auch aus, doch kann er das kaum so meinen, wie man es aufgrund der Traditionen, auf die er anspielt, verstehen müßte. »Dem normalen, durch Unwissenheit und Leidenschaft getrübten Denken ist die Allwissenheit, die Totalität des Seienden schlechthin unzugänglich. Denn jeder Begriff ist an einen Aspekt gebunden, ist ein Begreifen vom bestimmten Standpunkt, eine *dṛṣṭi* [Anschauung]. Der vollendete Geist des Tathāgata ist aber frei von dieser Gebundenheit: indem er jeden *dharma* [Trägerpartikel der Realität] als leer, illusorisch und irreal weiß, weiß er zugleich die Ganzheit. Er schaut das All in jedem Teile und alle Teile in dem All. Vgl. Pr. 128 *ekena sarvaṃ jānāti sarvam-ekena paśyati.* Durch die Gabe des *pratyavekṣaṇa-jñāna* besitzt er die Allwissenheit eines intellectus archetypus [Ur(bild)vernunft]: in adäquater, eindeutiger Terminologie (*anurūpam nāmadheyam*) expliziert er restlos die Vielheit der empirischen Wirklichkeit.«[25] Der *intellectus archetypus* spielt offensicht-

śeṣaṇaṃ | na nirvāṇasya saṃsārātkiṃ cidasti viśeṣaṇaṃ ||) Cf. o.c. 25.20; 16.10; 25.9; 18.7. F. Tola & C. Dragonetti, On Voidness, pp. XIX–XX: »Die Lehre von der universalen Gleichheit (*Samatā*)«.

[25] S. Schayer, Ausgewählte Kapitel aus der Prasannapadā, p. 78[54]; der Hinweis bezieht sich auf Candrakīrti, Madhyamakavṛttiḥ (Prasannapadā), p. 128.13 (Zitat aus dem Samādhirāja-Sūtra). O.c., p. 128.4: was die Leerheit eines [Seienden] ist, das ist die Leerheit aller (*ekasya śūnyatā yaiva saiva sarvasya śūnyatā*). Allgemein heißt *pratyavekṣaṇa* oder *pratyavekṣā* Berücksichtigung, Rücksicht(nahme), Sehen nach, Kümmern um, Sorge um und im weitesten Sinne Beachtung, Achtsamkeit, Aufpassen, Gewahren. Das Wort ist in der ‹Prasannapadā› nur einmal, p. 248.7, belegt, cf. S. Yamaguchi, Index to the Prasannapadā Madhyamaka-Vṛtti, Part One, s.v. *pratyavekṣā*. Seine Bedeutung dort ist sehr unspezifisch, etwa: Einsicht, Erkenntnis. Genau so wird es von

lich auf Immanuel Kants Verständnis vom urbildlichen (göttlichen) Geist an, dem es möglich ist, die Dinge hinschauend zu erschaffen, dem die Anschauungsart, »durch die selbst das Dasein des Objekts der Anschauung gegeben wird«, der »*intuitus originarius*« oder die »intellektuelle Anschauung« eignet,[26] welche dem Menschen, dessen Verstand diskursiv, nicht intuitiv verfahre, grundsätzlich unverfügbar sei. In der Gleichstellung der von ihm so verstandenen postekstatischen Retrospektion der Mahāyāna-Buddhisten mit der Gott, dem Urwesen, vorbehaltenen Originaleinsicht der intellektuellen Anschauung Kants wird Schayer entweder der Kantschen Bedeutung des kreativen Muster- und Vorbildintellekts nicht gerecht oder umgekehrt seinem eigenen Verständnis der postekstatischen Retrospektion. Die Nähe dieses zur intellektuellen Anschauung von Cusanus, Fichte oder Schelling wäre dagegen bedenkenswert, obwohl die Parallelisierung von Madhyamaka bzw. Buddhismus und spätmittelalterlich christlich-neuplatonischer Spekulation einerseits und Deutschem Idealismus andererseits bedenklich wäre.

Wenn nun, drittens, doziert wird, daß »Ähnliche Störungen im Erleben der Wirklichkeit .. nicht selten in Psychosen beobachtet«[27] werden, und daß »Vom Standpunkt der abendländischen Psychiatrie .. eine derartige epochistische Haltung als eine schwere pathologische Störung der '*fonction du réel*' [etwa: Wirklichkeitssinn] angesehen werden«[28] mag, dann muß man sich allen Ernstes fragen, ob es sich bei den Andeutungen durch den besagten Autor nur um zufällige Übereinstimmungen von Wortlauten oder gedanklich geordnete Einsichten in die transzendentale Typik der humanen Erkenntnis handelt. Es bleibt allerdings zu hoffen, daß letzteres der Fall ist.

S. Schayer, Ausgewählte Kapitel aus der Prasannapadā, p. 38, auch übersetzt. Hat sich in dieser Ungenauigkeit und Zweideutigkeit Schayers vielleicht eine tiefere Einsicht Bahn brechen wollen?

[26] Cf. I. Kant, Kritik der reinen Vernunft B 72, B 159, ⟨ed.⟩ W. Weischedel, 3.95, 153. Zum *intellectus archetypus* vgl. idem, Kritik der reinen Vernunft B723/A695, ⟨ed.⟩ W. Weischedel, 4.600, und idem, Kritik der Urteilskraft B351/A347, ⟨ed.⟩ W. Weischedel, 8.526.

[27] S. Schayer, Ausgewählte Kapitel aus der Prasannapadā, p. XXIV[2].

[28] S. Schayer, Ausgewählte Kapitel aus der Prasannapadā, p. 71[50].

4.2.2 E. Husserl und M. Scheler zur indisch-buddhistischen Epoché

Daß sich Stanisław Schayer mit seiner an Husserl angelehnten Erläuterung der »buddhistischen ›mystischen Skepsis‹« nicht jenseits der Möglichkeiten der Phänomenologie bewegt und somit durchaus ihre Tauglichkeit zur Analyse außergewöhnlicher Bewußtseinszustände erweist,[29] wollen wir abschließend anhand einiger Bemerkungen der zwei Giganten phänomenologischer Philosophie, Edmund Husserl und Max Scheler, zur Epoché innerhalb indischer Weisheitslehren diskutieren. Wir beginnen dabei mit einem kurzen Textstück eines unveröffentlichten Nachlaßmanuskriptes Husserls aus dem Jahre 1926, welches wir oben bereits genannt haben. In diesen Aufzeichnungen wird an einigen Stellen der Unterschied zwischen der griechischen Erkenntnishaltung und der indischen bzw. buddhistischen herausgestellt. Auch davon war oben schon die Rede, und es kann auf eine nochmalige Darstellung verzichtet werden. Worum es uns hier im besonderen zu tun sein soll, ist selbstverständlich durch unsere Themenstellung der Epoché vorgezeichnet. Darauf wollen wir uns konzentrieren.

Ausgangspunkt von Husserls Fragestellung der genannten Notizen ist der von ihm so verstandene Rationalismus der griechischen Wissenschaft. Es wurde schon gezeigt, daß dieser von ihm umgedeutet und so als sein eigenes Wissenschaftsideal ausgegeben wurde. Eine Implikation davon war die unendliche Annäherung an das Erkenntnisziel der »Allwissenheit«[30] mit seiner praktischen Begleit-

---

[29] In der Monographie von D. Sinha, Metaphysic of Experience in Advaita Vedānta, wird der Vedānta unter freier Anwendung der Phänomenologie Husserls dargestellt, cf. o. c., p. XIII = idem, The Idealist Standpoint, p. XII: ».. Quellenstudien der Phänomenologie … erhärteten nur noch meine Überzeugung, daß der phänomenologische Ansatz geeignet ist, den grundlegenden vedāntischen Standpunkt der Subjektivität von neuem zu interpretieren.« Cf. idem, Understanding in Human Context, pp. 26–27. Eine mindestens ebenso kühne und interessante Anwendung phänomenologischen Gedankenguts auf asiatische Methoden der Bewußtseinsfreilegung stellt das Essay von S. Nagatomo, An Epistemic Turn in the *Tao Te Ching:* A Phenomenological Reflection, dar. In ihm wird das ‹Tao Te Ching› unter freier, von Husserls Bedeutungen durchaus abweichender Verwendung phänomenologischer Kategorien meditationspragmatisch interpretiert.

[30] Cf. Husserliana 8.344.14–26; 8.12–17; 6.6–11; 7.6.9–15; 25.51–62; E. Husserl, Cartesianische Meditationen, p. 14 § 5. Unsere Darstellung mit Stellenlese dazu ↗ gegen Ende des Kapitels 3.2.1.

erscheinung der Befriedigung, welche der Wissenschaftler dabei erfahre. »Ein Leben durchgehender theoretischer Konsequenz ist ein Leben in beständiger theoretischer Befriedigung, bezw. in der befriedigenden Gewißheit, daß theoretische Erfüllung, Bewahrheitung möglich ist und methodisch, wenn auch progressiv erreichbar ist, in einer Gemütsbefriedigung, die aus der konsequenten Bewährung, aus der Erzielung endgültiger Wahrheit entspringt. Ebenso für ein Leben in durchgängiger praktischer Konsequenz, in Hinordnung auf die Idee praktischer Wahrheit.«[31] Solch ein Leben im Sinne der 'Endgültigkeit' sei nun ein absoluter, ein apodiktischer Wert.[32] Aus der Annahme der Forderungen, welche aus ihm erwachsen, in der Übernahme des Sinnes der Welt, die zugleich Akzeptanz der Sinnhaftigkeit des Willenslebens ist, in der Sichtweise, daß es Willensendgültigkeit gibt, »treibe ich Wissenschaft in reiner Gesinnung und frage nicht, ob unsere Wissenschaft, die, an der ich arbeite, sich wirklich in infinitum [ins Unendliche] erhalten werde, oder ob nicht die Erde in Trümmer gehen könnte oder wird, mit all ihrer Kultur und allem, was zu Menschen irgend als absolute Forderung spricht. So ist die europäische Stellungnahme in ihrer transzendentalen Gestalt –«[33].

Ehrlich gesagt, wenn solch eine fraglose Hinnahme des im Fatum einer absoluten Forderung vordergründig Gegebenen, solch ein Seins-, Erkenntnisglaube und Aktionismus tatsächlich die einzige und alleinige europäische Stellungnahme in ihrer transzendentalen Gestalt wäre – es wäre eine bedauernswerte und eine Abdankung des abendländischen Geistes. Ganz wohl muß es Husserl bei seiner Einschätzung der europäischen 'Rationalität' allerdings nicht gewesen sein. Irgendwie beschlich ihn anscheinend doch das Gefühl, daß er dabei von etwas, vom Wesentlichen vielleicht, abstrahierte, von der grundsätzlichen Ungesichertheit des mundanen Lebens nämlich und der Konsequenz, die daraus zu ziehen wäre. »Ist es da nicht besser, mir zu sagen: Weltleben ist Wahn, ziellos, es kommt nichts dabei heraus –? Ich kann mein Leben in der Menschengemeinschaft und der Welt nicht endgültig bejahen, ich könnte es nur, wenn ich an den Sinn der Welt glaubte. ›Theoretisch‹ habe ich keinen Grund ⟨dazu⟩. Ich kann aus der Erfahrung her nichts ⟨darüber⟩ beweisen (Kant), die Erfahrung lehrt, daß, wenn im einzelnen auch manches

[31] E. Husserl, Ms. B I 21 IV, pp. 32–33.
[32] Cf. E. Husserl, Ms. B I 21 IV, p. 33; Husserliana 15.379.11–35, 381.5–16.
[33] E. Husserl, Ms. B I 21 IV, p. 36; cf. o. c., pp. 48–49, 85–86.

gelingt, im ganzen doch alles mißrät. Nichts ist endgültig, alle Endgültigkeit ist relative. Der universale Untergang verschlingt alles vermeintlich ewig Wertvolle. Kann ich nicht die Welt in mir überwinden, alles Streben inhibieren? Mich von allem sinnlosen Streben erlösen, eingehen in das ewig streit- und strebenslose Ich, in der ›beseligenden‹ Sicherheit, dadurch mich zu ›erlösen‹? ... Welche konsequenten Stellungnahmen sind hier möglich, welche ›Methoden‹, gegenüber dem betrachteten universalen Leben universale Bejahung oder Verneinung zu üben – im Bewußtsein absoluter Richtigkeit?«[34]

Zwar rationalisiert Husserl die Überzeugungskraft dieser Daseinsanalyse, Daseinshinterfragung und -befragung damit hinweg, daß er seine Idee des rationalen, theoretisch konsequenten Lebens nur als durch relative Gefährdungen beeinträchtigt ausgibt, dessenungeachtet gesteht er indirekt beunruhigt ein, daß man diese Vorgehensweise auch als Verharmlosung und Verdrängung der allgemeinen Ungesichertheit und Irrationalität der Existenz und ihrer unabwendbaren Implikationen verstehen könnte. Wäre dies der Fall, so müßte die Sphäre rein 'rationaler', theoretischer Erkenntnisfragen umgriffen werden durch eine höhere, ja äußerste Schicht letzter, absoluter Fragen, welche Anworten auf das Rätsel unseres In-der-Welt-Seins oder wenigstens Stellungnahmen zu dessen Lösbarkeit herausforderten, die über das Rationale hinausgehen. Es ist bezeichnend, daß Husserl dieses Trans-Rationale als Irrationales mißversteht: »Ist aber ein solches Leben eine Idee, die von mitverflochtenen relativen Wertaufhebungen, Störungen, wie Zufälle, Schicksale etc., nur abstrahiert aber ihnen und ihrer mit zugehörigen Notwendigkeit nicht genug tut, so eröffnet sich eine höhere Stufe – die der Fragen der absoluten Forderungen, der kategorischen Imperative, und die Gottesfrage. Es eröffnet sich damit ev. eine über alle solche[n] Befriedigungen in ihrer Relativität auf das Irrationale hinaushebende und doch ihnen genugtuende ›Seligkeit‹ in Gottesgeborgenheit.«[35]

Das vom ethischen Streben des abendländischen Erkenntnismenschen unterschiedene Streben sei nun exakt das von den Indern praktizierte »Glückseligkeitsstreben«[36], auch wenn es damit, wie wir noch sehen werden, bei jenen bzw. bei Buddha eine ganz besondere

---

[34] Husserliana 8.355.3–21.

[35] E. Husserl, Ms. B I 21 IV, p. 33. Ich muß darauf hinweisen, daß ich mir hinsichtlich der Deutung dieser Textstelle nicht vollkommen sicher bin. Cf. Husserliana 6.7.4–36.

[36] E. Husserl, Ms. B I 21 IV, p. 32.

Bewandtnis habe; aus ihm sei nämlich ein hedonistisches Motiv des Lustgewinns ausgeschlossen! Das Denken, das mit dieser Haltung einhergeht, sei im Gegensatz zur griechischen Philosophie mit seiner Scheidung von wissenschaftlichem Denken und »Erkennen des Lebens« »nicht in seiner Form (und Logik sozusagen) vom natürlichen Denken unterschieden, sondern durch seine Konsequenz, seine Vorurteilslosigkeit, seine Entschlossenheit in der Ausschaltung des natürlichen Lebensinteresses, und der interesselosen Bewertung desselben und Ausprägung der Wertungen in Wissensurteilen.«[37] »Indisches Denken geht auf Erlösung, auf Seligkeit durch rücksichtslose Erkenntnis.«[38] Es nehme das Irrationale des Willenslebens in der Gestalt einer ständig und überall lauernden Möglichkeit der Vereitelung und des Scheiterns, im Gegensatz zur europäischen Abwendung davon, gerade in den Blick und ziehe daraus seine Folgerungen. »Gegenüber dem ›Rationalismus‹ der griechischen Wissenschaft und einer Ethik, die philosophisches Leben auf philosophischem Wissen, also auf Wissenschaft in einer Weise gründet, die dem Irrationalen in seiner prinzipiellen Bedeutung nicht genugtut, ruht der Blick des Inders gerade auf dem Irrationalen. Ihm bietet sich ein Ausweg.«[39]

Liest man die Husserlschen Sätze, mit denen er den indischen »Ausweg« beschreibt, einigermaßen genau, dann kann man daraus nur schließen, daß dieser unumwunden die konsequente Verwirklichung des transzendentalen Gedankens genannt werden muß: Ausübung der praktischen und theoretischen Epoché, der Weg heraus aus allen ethischen wie onto-phänomeno-logischen Setzungen und Gegensetzungen, um durch diesen Überweg, diese Met-hodos zum Telos von Theoria, Synopsis und Epoptie zu gelangen, wahrhaft »allüberschauendes Ich«[40], *adhyakṣa* (Aufseher), *sākṣin* (Zeuge), *paridraṣṭṛ* (Beobachter) und *upadraṣṭṛ* (Zuschauer),[41] blanke und leere Subjektivität, 'reines, absolut einfaches und absolut zutage liegendes

[37] E. Husserl, Ms. B I 21 IV, p. 49.

[38] E. Husserl, Ms. B I 21 IV, p. 48.

[39] E. Husserl, Ms. B I 21 IV, pp. 34–35. Der Gedankengang zieht sich insgesamt über o.c., pp. 33–35.

[40] Wir borgen uns zu Demonstrationszwecken an dieser Stelle die Terminologie von Husserliana 8.91.9, weisen aber allerdeutlichst darauf hin, daß sie dort eine vollkommen verschiedene Konnotation besitzt.

[41] Der erste der vier Sanskrit-Termini findet sich schon im Ṛg Veda 10.129.7. Zu den übrigen cf. A. K. Coomaraswamy, Time and Eternity, pp. 137–138 mit Fn. 69; idem, Selected Papers 1.407²–408; idem, Selected Papers 2.225; idem, The Transformation of Nature in Art, p. 200⁵².

Ich'[42], pure Offenbarkeit und Evidenz, kurz: das transzendentale Ich, rein in sich, zu werden.[43] Von dieser Perspektive aus betrachtet ist es sicherlich kein Zufall, daß Husserl im Zusammenhang mit dem Buddhismus nicht nur von der 'höchsten Blüte indischer Religiosität', sondern von »einer nicht ›tranzendenten‹, sondern ›transzendentalen‹«[44] Religiosität spricht.

Ganz im Gegensatz zu einem modernen Exegeten können wir darin, daß dem Buddhismus hier das von Husserl ansonsten gerne der Phänomenologie vorbehaltene Nobelprädikat ›transzendental‹ zuerkannt wird, allerdings nicht sehen, daß »das auf nichts weniger hinausläuft als die Gleichsetzung von Buddhismus und Phänomenologie.«[45] Die dem Buddhismus zugedachte Transzendentalität ist in ihrer Qualität als Limesnullpunkt ja überhaupt keine phänomenologische Gegebenheit![46] Andernteils wissen wir sehr wohl die Fraglichkeit eines japanischen Gelehrten auszuräumen, die darin besteht, daß ihm »nicht ganz eindeutig« ist, was Husserl »als ›transzendental‹ im Buddhismus gesehen hat«[47]. Genau das nämlich, kann entgegnet werden, was besagter Gelehrter selbst darunter verstanden hat: »Wenn vom ›transzendentalen Zuschauer‹ die Rede ist, besagt die

---

[42] Cf. Husserliana 4.105.5–6. Auch hier gilt, was zum 'allüberschauenden Ich' angemerkt wurde.

[43] Cf. D. Sinha, Metaphysic of Experience in Advaita Vedānta, pp. 110**–111. O. c., pp. 117–118 = idem, The Idealist Standpoint, pp. 122–123: »*Jīva* – für gewöhnlich mit [dem Wort] *Ich* gemeint und beschränkt durch die Nichtwissens-Korrelate des seelischen Apparats, der Sinnesorgane und der zwei Körper, feinstofflich und grobstofflich – würde in groben Zügen dem ›weltverhafteten Ego‹ des Phänomenologen entsprechen. Was die Husserlschen Schritte des beobachtenden, sich entziehenden (›Epoché ausübenden‹) Ego und des *transzendentalen* Ego betrifft, so scheinen beide vom Prinzip des *sākṣin* [Zeugen] im Advaita abgedeckt zu sein. Der Begriff des *sākṣin* weist in erster Linie auf 'den theoretischen transzendentalen Beobachter' und schließt keinen erkenntnistheoretischen *Zweck* ein, die Welt zu setzen – [sei es] theoretisch oder atheoretisch. Dies darf jedoch nur als das 'immanente' (*taṭastha*) Moment des *sākṣin* angesehen werden, wo der Bezug zum Erlebniskontinuum, obschon offenliegend, notwendigerweise anwesend wäre. Aber neben dieser 'immanenten' Phase könnte auch ein 'transzendentes' (*kūṭastha*) Moment gedacht werden, wo das Bewußtsein vollkommen selbsterfüllt stehen müßte.«

[44] Cf. Husserliana 27.125.11–13.

[45] K. Schuhmann, Husserl and Indian Thought, p. 27.

[46] Cf. Husserliana 4.99.24–31; E. Husserl, Ms. C 10, »U_{21}«, p. ⟨15b⟩ = 26. K. Helds Einsicht, daß das reine 'Jetzt' (Funktions-Ego/Ich-Pol) phänomenologisch gar nicht 'erfahrbar', ein durch Abstraktion gewonnener Limes-Begriff sei, haben wir – verschärft um die Problematik der »Urwandlung« (*actus purus*) – bereits referiert ↗ pp. 383[124]–384.

[47] I. Yamaguchi, Bewußtseinsfluß bei Husserl und in der Yogācāra-Schule, p. 67.

buddhistische Ansicht, daß im Zustand, in dem der Zuschauer und das Geschaute einander gegenübergestellt sind, kein reines, in echtem Sinne von allen Interessen, auch von den theoretischen Interessen freies Schauen der Wirklichkeit möglich ist.«[48]

In dem Maße, wie Husserl – im Einklang mit dem gängigen eurozentrisch-objektivistischen Vorurteil vieler westlicher Philosophen – Welt und Denkwissen immanentistisch zum Wert an sich erhebt und den Vorgang vollständiger Transzendentalisierung transzendentistisch oder eskapistisch vermeinend als »Weltüberwindung«[49], »Weltentsagung«[50], »Entwertung aller weltlichen Imperative und aller Sonderwollungen«[51] und »Weltabwendung«[52] diffamiert, wird das höchste Gut indischer Weisheit entwertet, mehr, er fordert gar dazu auf, diese »unserer europäischen völlig entgegengetzte Art, die Welt anzuschauen, … religiös-ethisch zu überwinden«[53], da die in uns historisch lebendige Religion eine »keineswegs an diesen Buddhismus irgend preiszugebende Religion«[54] sei; vielmehr sollte der Einbruch indischer Religiosität gerade »zu einer neuen Verlebendigung und Vertiefung christlicher Intuition beitragen«[55].

Worin besteht nach ihm nun aber exakt der Ausweg aus dem Relativismus, dem Wahn des Weltlebens, worin die Erlösung des »Inders«, der hier mit Buddha gleichzusetzen ist? »Im Transzendentalismus. Die Welt ist bloß Phänomen in der Subjektivität. Das (Einzel-)Subjekt kann zwar den Lauf der Phänomene und das Weltphänomen nicht wirklich beseitigen, aber es kann den Blick davon abwenden; es kann die absolute Seinssetzung der Welt inhibieren, es kann unterlassen, sich auf ihren Boden zu stellen. In aller und jeder Praxis des natürlichen Weltlebens ist die Welt absolut gesetzt und der Wille Wille in sie hinein, sie gestalten; in ihr soll Zufriedenheit und Glückseligkeit erreicht werden. Das Ich kann aber Epoché üben, ›theoretische‹, wie praktische überhaupt, sofern seine Welt praktische ist. Dann verschwinden alle Gegensätze zwischen Rationalität und Irrationalität, in sich gekehrt lebt das Ich in gewollter

---

48 I. Yamaguchi, Bewußtseinsfluß bei Husserl und in der Yogācāra-Schule, p. 67.
49 Husserliana 27.125.25–27.
50 E. Husserl, Ms. B I 21 IV, p. 36.
51 E. Husserl, Ms. B I 21 IV, p. 37.
52 E. Husserl, Ms. B I 21 IV, p. 86.
53 Husserliana 27.125.19–21.
54 Husserliana 27.126.14–15.
55 Husserliana 27.126.25–26.

Willenslosigkeit, in theoretischer und praktischer Weltentsagung. In diesem Gedankengang ist das hedonische Motiv, das Streben nach Glückseligkeit im Sinne beständigen Wohlbehagens, beständiger Lust, ausgeschaltet. Natürlich gibt es für solche indische Einstellung keine Weltwissenschaft als Ziel, und Wahrheitserkenntnis hat nur Bedeutung als Erkenntnis gerichtet auf das Herausstellen des transzendentalen Standpunktes, also der Welt als Phänomen, ferner auf das allgemeinste Wesen universalen Willenslebens überhaupt und auf seinen möglichen Zielsinn.«[56]

Was es nach Husserl zu kritisieren gilt, die (vermeintliche) Flucht aus *ē̃thos* und *éthos*, Welt, Lebenswelt und Intersubjektivität durch willentliche Willenlosigkeit, uneingeschränkte ἐποχή, für Max Scheler stellt es den innersten Wert der Lehre Buddha's dar: den Weg aus dem Leid durch Nicht-Widerstehen.[57] »Dieser Weg ist eine fortlaufende Loslösung des überindividuellen Selbst von aller individualisierenden Begierde, d. h. von jener Kraft, die den brennenden Wirklichkeitsakzent auf die puren Inhalte der Welt wechselnd setzt, und die mit dem Leide gleich umfänglich ist. … … Das Ziel besteht in jener Begehren, Individuum und Leid auflösenden und erlöschenden Meeresstille des Gemüts, in der sich das All und die Individualität entwirklichen, indem sie ganz *Bild* werden.«[58] »Was Buddha ›Wissen‹ nennt, … ist ausschließlich Aufhebung des Daseins*charakters* der Welt durch Durchhauung des Begierdebandes, das uns an die Welt knüpft 〈und ihr Dasein erst *möglich* macht〉, ist Abstellung des Spieles und Streites vom Dasein und Nichtdasein dieses uns je eben gegenwärtigen oder doch mit dem Band der ‹Gegenwart› eben noch kausal verknüpfbaren Weltgehaltes – damit aber auch se-

---

[56] E. Husserl, Ms. B I 21 IV, p. 35. Da hier aus einem bisher unveröffentlichten Typoskript zitiert wurde, sollte jeglicher Eingriff (Hervorhebung) aus dokumentarischen Gründen vermieden werden, weshalb die entscheidende Wendung hier mit unserer Kursivierung wiederholt wird: »Im *Transzendentalismus*. … Das Ich kann aber *Epoché* üben, ›*theoretische*‹, wie *praktische* überhaupt …« Cf. D. Sinha, Understanding in Human Context, p. 182, Fn. 9 = idem, Theory and Practice in Indian Thought: Husserl's Observations, p. 262[12]: »Es ist hier zu bemerken, daß Husserl nach Belieben Gebrauch von der phänomenologischen Denkweise machte, um das Motiv indischen Denkens zu interpretieren. Dieserart kommt der in der phänomenologischen Philosophie fundamentale Begriff der ›Epoché‹ ins Spiel, d. h. ein Ausschalten (oder ›Einklammern‹, wie es Husserl ausdrückt) des natürlichen Glaubens an die Welt.«

[57] Cf. M. Scheler, Gesammelte Werke 6.57–63; 9.46.

[58] M. Scheler, Gesammelte Werke 6.54.

kundär: prinzipielle Aufhebung des Daseins*urteils* (als Daseinsbejahung *oder* -verneinung).«[59]

Die Husserlsche Reduktion bleibe demgegenüber hinter diesem Ziel der Aufhebung des Realitätsmoments zurück und gehe so der Möglichkeit von Wesenserkenntnis verlustig. »Nicht um die Zurückhaltung des Daseins*urteils* kann es sich hier handeln, sondern um die Abstreifung des Realitätsmomentes *selbst*, das dem Prädikate des Daseinsurteils Erfüllung gibt, respektive um die Ausschaltung der Akte, die dieses Moment *selber* geben. Das bloße Daseinsurteil zurückzuhalten ist freilich kinderleicht, sehr schwer jedoch, das Realitätsmoment selbst durch Außerkraftsetzen der es gebenden (unwillkürlichen) Funktionen zu beseitigen.«[60] Zwar bin ich nicht der Meinung, daß die Epoché Husserls überhaupt keine Überwindung eines Daseinswiderstandes impliziere, das muß Scheler indirekt auch eingestehen, wenn er einräumt, daß nach Husserl das Urteil schon in jeder natürlichen Wahrnehmung liege,[61] weswegen dieser vom Vorurteil der Positivität vortheoretischer Art,[62] von einem ursprünglichen Mitinteresse,[63] einer habituell fortwirkenden Motivationskraft[64] und davon sprach, daß in allen Akten Thesen steckten,[65] deren Einklammerung als mit einem Willensentschluß verbunden vorgestellt werden müßte,[66] die 'Überwindung', die er vollzieht, ist indes eher einer Umlenkung gleichzustellen, die das Grundproblem des menschlichen Daseins, die Leidhaftigkeit qua Intentionalität (Gegen-Ständlichkeit), wie Scheler richtig sah, nicht zu annihilieren vermag, da dazu eine schwer zu erlernende Technik, ein Verfahren inneren Handelns, eine »Bio- und Seelentechnik der Selbsterlösung« notwendig wäre,[67] hinter der das Husserlsche Absehen von Existenzaussagen unendlich weit zurückbliebe. »Die Einklammerung der Daseinssetzung hat

---

[59] M. Scheler, Gesammelte Werke 6.63; cf. dazu ganz allgemein o. c. 6.33, 53–63; 7.90–91; 9.46, 254–255, 279.

[60] M. Scheler, Gesammelte Werke 9.207. Zur Reduktion cf. o. c. 7.309–310; 8.138–139; 9.42–46, 204–209, 245–255, 279; 10.461.

[61] Cf. M. Scheler, Gesammelte Werke 9.44.

[62] Cf. Husserliana 8.461.24; cf. 8.465.7–25; E. Husserl, Cartesianische Meditationen, p. 37 §15.

[63] Cf. Husserliana 8.98.23.

[64] Cf. Husserliana 8.77.11–12.

[65] Cf. Husserliana 3/1.268–272.

[66] Cf. Husserliana 8.98.22–23, 143–144.

[67] Cf. M. Scheler, Gesammelte Werke 6.33, 55; 7.90–91; 8.138–139; 9.46, 206–207, 250, 255.

nichts zur Folge als ein schärferes Heraustreten des *zufälligen Soseins* des Gegenstandes, der dabei seine Raum- und Zeitstelle durchaus behält. Vom *Wesen* bleiben wir dabei *völlig* fern – und verwundert muß man sich fragen: wozu denn das Ganze?«[68] Wäre Husserl tatsächlich in die reine Wesenswelt vorgedrungen, so wäre ihm die Wirklichkeit in die Ungegenständlichkeit entworden: »In dem absoluten Bewußtsein Husserls wäre die Realität ebensowohl verschwunden als im absoluten Schlaraffenland. Im Paradies des Koran gibt es Realsein sowenig als in der vollkommen phänomenologisch reduzierten Welt oder der Welt des Buddha – vor seinem Erlöschen.«[69]

Scheler beschreibt das Erlöschen des Buddha, die Abkehr vom Leiden an und in der Welt in mehrfacher Hinsicht. »‹Leidensaufhebung› heißt hier also nichts anderes als das gleichsam objektive ‹Lügen›, als das Phantom, den Schein der sich also daseinsautonom und selbstgesetzlich gebenden Dinge durch spontan erreichtes Wissen zu *entschleiern;*«[70]. Die Etablierung des Erleuchtungswissens kommt dem Herausziehen des reinen Bewußtseins aus den Weltgegebenheiten, der »Loslösung des überindividuellen Selbst«[71] gleich, was bereits vorgeführt wurde. Scheler nennt dieses auch »Seelentechnik des *Sichzurücknehmens* aus dem Kausalzusammenhang von Tat und Dasein«[72]. Buddha erstrebe dieses Sichzurücknehmen, diesen »Akt der Reduktion«[73] oder »*Hemmungsakt* – die Inaktualisierung jenes Gefühlsdrangzentrums«[74], das »*konstitutionelle* ‹Nein› zum Triebe«[75], »diese Kunst des vollständigen ‹Stillehaltens›«[76] mit den mantrischen Formeln »‹Das bin ich nicht›, ‹Dies ist nicht mein Selbst›, ‹Dies ist nicht mein Besitz›«[77]. An anderer Stelle wird dieses

---

68 M. Scheler, Gesammelte Werke 9.207.
69 M. Scheler, Gesammelte Werke 9.279.
70 M. Scheler, Gesammelte Werke 6.62–63.
71 Siehe unser Zitat oben aus M. Scheler, Gesammelte Werke 6.54.
72 M. Scheler, Gesammelte Werke 6.59.
73 M. Scheler, Gesammelte Werke 9.42; cf. 9.247, 251.
74 M. Scheler, Gesammelte Werke 9.44.
75 M. Scheler, Gesammelte Werke 9.45.
76 M. Scheler, Gesammelte Werke 7.91.
77 M. Scheler, Gesammelte Werke 6.63. Es handelt sich hierbei um die berühmten Vergegenwärtigungs-Formeln *attā na me ti* und *na me so attā* (das ist nicht mein Selbst), *n'etaṃ mama* (das ist nicht mein), *n'eso 'ham asmi* (ich bin das nicht), die Urdefinitionen der *anattā*-Lehre, welche zu dem buddhistischen Mißverständnis einer quasi-nihilistischen Selbst-Losigkeitsbehauptung Anlaß gaben. Zur vermeintlichen Leugnung des *ātman/brahman* durch Buddha und Richtigstellung dieser Fehleinschätzung cf. A. K.

Verfahren von Scheler »Netitechnik«[78] genannt, obgleich dafür wohl besser das paßte, was er zur »Yogatechnik« ausführt: sie »entsingularisiert und universaliert das ‹reine Leben› im Menschen, indem sie zur Einsicht führt, der Leib sei nur ichfremder Gegenstand des Bewußtseins und Schauplatz des universalen Vitalflusses durch alles Da-Seiende hindurch.«[79]

Gemeint ist damit in letzter Konsequenz »das ‹Heraustreten› des Ich aus dem kausalen Nexus, durch den Akt der Herstellung ‹heiliger Indifferenz›, durch Erreichung der ‹Abgeschiedenheit› und Abscheidung des tiefsten Ichkernes aus dieser Kette der heillosen ‹Kausalität›«[80]. Anders ausgedrückt bedeutet dies die »*Aufhebung des*

Coomaraswamy, Hinduism and Buddhism, pp. 56–63, 72–74, 85[298]; idem, Selected Papers 2.101[28]; idem, The Reinterpretation of Buddhism, pp. 575–590; idem, Rebirth and Omniscience in Pāli Buddhism, pp. 25–31; idem, Sources of Wisdom, pp. 122–123, 131–132; A. K. Coomaraswamy & I. B. Horner, The Living Thoughts of Gotama the Buddha, pp. 23–30; E. Conze, Buddhist Thought in India, pp. 36–39; idem, Buddhist Studies 1934–1972, [1.] 241–242; G. Grimm, Die Wissenschaft des Buddhismus, pp. 35–49; V. Bhattacharya, The Basic Conception of Buddhism, pp. 46–95; K. Bhattacharya, L'ātman-brahman dans le Bouddhisme ancien; idem, Some Thoughts on Early Buddhism (mit Literaturverweisen); H. Nakamura, The Problem of Self in Buddhist Philosophy, pp. 99–118; T. E. Vetter, Gedanken zu einer Geschichte der indischen Mystik, pp. 181–182.

[78] Cf. M. Scheler, Gesammelte Werke 7.90: »die Netitechnik (‹Das bin ich nicht, ist nicht mein Besitz›)«. Skr. *neti* = *na-iti* besagt: nicht so, »nein«. Scheler setzt hier – beabsichtigt oder irrtümlicherweise – das *neti-neti:* weder so noch so, »weder-noch«, »nein, nein« der Bṛhadāraṇyaka-Upaniṣad mit der buddhistischen Nicht-Identifikationsformel gleich. Daß dies nicht ganz abwegig ist, zeigt K. Bhattacharya, Some Thoughts on Early Buddhism, p. 18, indem er die Abweisungsformeln des Buddha mit den Mahāvākya's (Großen Sprüchen) der Orthodoxie in Verbindung bringt: »Die Pronomen *dies* und *das* sind einander entgegengesetzt und das *tat tvam asi* [Das bist du], richtig verstanden, impliziert in Wirklichkeit die Negation, die von Buddha geäußert wurde: *n' eso 'ham asmi,* ›dies bin ich nicht‹ (i. e. das psycho-physische Individuum).«

[79] M. Scheler, Gesammelte Werke 7.90. Ad Buddha und Yoga cf. o. c. 6.55.

[80] M. Scheler, Gesammelte Werke 6.62. Dieser »Ichkern«, das »überindividuelle Selbst« liegt noch jenseits der »Person«, welche ihrerseits schon über der Zeit steht, cf. o. c. 9.299: »Die Person ‹schwebt› als Wesen- und Aktzentrum über ihrer Geschichte – … Dieser Schwebe-Stand oder besser dieser Nicht-*stand,* dieser Mangel im ποῦ σιῶ auch in der Zeit, ist, was die Mystiker ‹nunc stans› nannten. Man darf es nicht aufheben wie Heidegger – ohne der Person *den freien Atem aus der Luft der Ewigkeit zu versagen;*« (bei dem griechischen Ausdruck muß ein Druckfehler vorliegen, es müßte richtig wohl ποῦ σιοῦ, »wo/wie Gottes« heißen). Es ist nur konsequent, wenn für den Buddhismus festgehalten wird, daß der »Zielpunkt dieses Weges .. hier nicht Errettung der Person, Herausarbeiten eines seligen individuellen Selbst aus der dunklen Verworrenheit des Organischen« (o. c. 6.54) ist, »und daß der Kulminationspunkt in den Stufen der Erlösung – der stets doppelseitigen Erlösung des Ich-seins und Welt-seins – auch die

Wirklichkeitscharakters der Dinge, der Welt«[81]. Sie besteht darin, die Gegenstände in ihre eigentliche Leerheit hinunterzuführen, die ihnen in der klaren Bewußtheit des vollkommen transparenten Geistes, d.h. auf ihre (Un-)Wesensform reduziert, zukommt. »Leidensaufhebung heißt, die Leere des ‹*Nichts*› – ein Wort das hier keineswegs ‹Nicht-etwas-Sein› bedeutet, sondern ausschließlich das ‹Nicht-Dasein› als den *Nicht-mehr-Widerstand* der Dinge – eben dahin zu setzen, wo und wann vorher die Dinge frisch und frech in ihrer Daseinsautonomie erglänzten. Darum sind für das *vollkommene* ‹Wissen› als Folge das vollständige In-geistiger-Gewalt-Haben der Welt und das Nichts = Nirwana streng parallele Korrelate. …… Buddha … steht jenseits von Dasein und Nichtdasein, jenseits von Bejahung und Verneinung der Welt. Die heilige *Indifferenz* als Folge der Einsicht in die Übergegensätzlichkeit des puren Wissens und seines Korrelates, d.h. des Nichtdaseienden und ‹Nicht-nicht-Daseienden› überhaupt, das ‹Nirwana›, ist ihm Ziel der Erlösung, subjektiv die ‹Erlöschung›.«[82]

Heiterkeit, Stille, Ruhe als *reinste* Formen der Lust *nicht* mehr enthält, welche die vorhergehenden Stufen der Versenkung mit sich bringen.« (o.c. 6.61) Dazu ist zu bemerken, daß Scheler den »Mystikern« nicht in vollem Umfang gerecht wird, da er den hyperbolischen Sinn des *nunc stans* verkennt. Zudem scheint er nicht zu wissen, daß besagte Heiterkeit, Stille und Ruhe innerhalb des (späteren) Buddhismus durchaus auch im Letztsinn des Erleuchtungszustands verstanden werden kann, und in der Mystik, das sei noch angemerkt, geradezu verstanden werden muß. Verifizieren läßt sich die Berechtigung unserer Kritik an Schelers Idee der »*Selbst*deifizierung« qua »*Mit*verwirklichung der ewig nur ‹wesenden› Idee der *geistigen* Gottheit« (cf. o.c. 9.101), welche ganz hegelisch und pantheistisch, aber ganz unmystisch, im Sinne neoplatonischer Entwerdungsmystik (und damit unbuddhistisch, nicht-yogamäßig und un-advaitisch), »nicht ein bloßes Schauspiel für einen ewig vollkommenen göttlichen Betrachter und Richter, sondern .. hineingeflochten in das Werden der Gottheit selbst« (o.c. 9.101–102) ist. An diesen Lehrgegenständen wird der Unterschied zwischen Schelers eigener Auffassung und der von ihm in fast gleicher Begrifflichkeit beschriebenen indischen und abendländischen ›Transzendenzmystik‹ deutlich.

81 M. Scheler, Gesammelte Werke 9.42; cf. 9.46.

82 M. Scheler, Gesammelte Werke 6.63. Cf. unser obiges Zitat aus derselben Buchseite. Da dem »Dasein« an anderen Stellen des Schelerschen Werkes das »Sosein« mit der Bedeutung des zufälligen raum-zeitlichen Hier-Jetzt und der Möglichkeit des Andersseins gegenübergestellt ist, dürfte das ‹Nicht-etwas-Sein› des Zitats als Gegenbegriff zu Dasein, und damit als »Sosein« gemeint sein. Cf. auch o.c. 9.100, wo eine von drei Grundbestimmungen menschlicher Geist- und Vernunftfunktionen folgendermaßen definiert ist: »Die Fähigkeit, das Was-sein (Wesen) vom Daß-sein (Dasein) zu scheiden und an diesem ‹*Wesen*›, das durch Aufhebung und Zerschneidung unserer Begierdebezogenheit zu der Welt und durch Zurückweichen des an diese Bezogenheit geknüpften

Konziser und präziser könnte man die ἐποχή der Originalschriften von Hinduismus und Buddhismus mit deren eigenen Worten kaum zusammenfassen: Ausdifferenzierung des reinen Wissens qua Entschleierung des Realitätsscheins als eine zweimal zweifache Indifferenzierung – des Erkenners und Erkannten in kognitiver wie affektiver Hinsicht.

Daseinseindrucks gleichsam sich enthüllt, Einsichten zu vollziehen, die gelten und wahr bleiben für alle zufälligen Dinge und Fälle desselben Wesens (‹Apriorieinsicht›).«

Schlußbetrachtung und Ausblick

Beschließend kann festgehalten werden, daß die Epoché Husserls, auch wenn ihr Umfang (aufgrund methodischer Überlegungen) begrenzt ist, sich sehr wohl dazu eignet, ein erstes Verständnis zu wekken für echte Skepsis als Erkenntnisdisziplin und Lebensführung (*agōgḗ*), sowie für westliche und östliche Mystik, indem sie ein Analogon liefert für eine wichtige Grundoperation, die darin zum Einsatz kommt.[1] Ein Studium der Phänomenologie ist also dem Warten »auf die ἐποχή des Seins«[2] à la Heidegger vorzuziehen, da diese ja ihm, dem Sein selbst, gehört,[3] und wir deshalb womöglich sehr lange schicksalsergeben, nein, dem Seinsgeschick ergeben, seinshörig, hinwarten müßten auf das »reine *Geben*, das selbst auf das Es, das gibt, zurückdeutet, das als das Ereignis verstanden wird«[4], obwohl die Ver-

---

[1] Cf. D. I. Lauf, Vom Wesen des Ursprungs, p. 90: »Alle späteren Formen der phänomenologischen Analytik und des Existentialismus gehen in irgendeiner Weise auch wieder auf Husserl zurück. Zugleich aber hat er für uns eine Weise des Denkens erschlossen, dessen Grundprinzipien in der östlichen Philosophie bereits durchweg vorhanden waren und auf spezifische Weise nicht nur gedacht, sondern auch praktisch verwendet wurden.« Cf. o. c., p. 94: »Wir möchten hervorheben, daß Husserls Denken und seine phänomenologische Methode höchst bedeutsame Implikationen für das Verstehen östlichen und westlichen Denkens im Rahmen einer vergleichenden und nach Möglichkeit integralen Philosophie mit sich bringen. Die von Husserl erworbenen Positionen stellen nicht nur eine entscheidende Erneuerung innerhalb und für die westliche Philosophie dar, die damit um die Dimension der Phänomenologie bereichert wurde, sondern sie bilden auch einen geeigneten Ausgangspunkt und die Grundlage, um einen Zugang zum Verstehen östlicher Philosophie zu finden.«

[2] M. Heidegger, Vier Seminare, p. 103. Cf. B. Nanajivako, The Indian Origin of Pyrrho's Philosophy of Epoche, p. 330: »Heidegger eröffnete im ›Entzug des Seins‹ und seiner Tendenz, sich in der Vergessenheit und im Nichts zu verbergen, eine neue existentiale Bedeutung von *epoché*.«

[3] Cf. M. Heidegger, Holzwege, p. 333: »Dieses dem Sprachgebrauch der Stoa entnommene Wort nennt hier jedoch nicht wie bei Husserl das Methodische des Aussetzens der thetischen Bewußtseinsakte in der Vergegenständlichung. Die Epoche des Seins gehört ihm selbst.«

[4] M. Heidegger, Vier Seminare, p. 103.

kündigung für den Skeptiker und Mystiker einigermaßen verheißungsvoll klingt, daß im Sein-*lassen,* das sich als die Epoche des Seins ereigne, »sogar für den Namen Sein kein Raum mehr«[5] sei.

Zweifellos gilt, »daß die Reflexion Husserls nur einen ersten Ansatz zu dem darstellt, was in seiner ganzen Fülle beim Hl. Johannes vom Kreuz, bei den Mystikern Indiens und den Sufis des Islam zum Ausdruck kommt.«[6] Mit einiger Wahrscheinlichkeit auch, daß Husserl »in seiner Selbstbeschränkung auf das Abendland nicht ahnte, daß seine Entdeckungen viertausend Jahre zuvor schon gemacht und seither von den Mystikern der drei Kontinente weit überholt worden sind«[7]. Keine Zustimmung erteilen kann man der Behauptung, daß Husserl »eine bedeutende Rolle dabei« gespielt habe, »die Europäer auf diesen Weg zu bringen.«[8] Nicht nur ist es Husserl nicht gelungen, sondern die Europäer befinden sich auch noch gar nicht auf diesem Weg.

Wenn es einem Phänomenologen zuzutrauen wäre, hier einen Impuls geben zu können, so wäre es ob seines durchdringenden Blicks in dieser Sache gewiß Max Scheler, auch wenn er seine über weite Strecken erhellenden Reflexionen zum Ansichhalten im Buddhismus auf vergleichbare doktrinale Gebilde anderer Philosophierichtungen nicht anzuwenden weiß und ihm dessenthalben genau das vorzuwerfen ist, was Ploutarchos dem Kolotes (4./3. Jh.), einem Schüler Epikurs vorgeworfen hat, daß es ihm nämlich wie den Abc-Schützen erginge, die die Buchstaben auf ihren eigenen Täfelchen zwar zu lesen wüßten, aber in Zweifel und Verwirrung gerieten (*amphignooũsi kaì taráttontai*), sobald sie sie anderswo geschrieben sähen.[9]

Spricht nicht allein schon die Terminologie Bände, die Scheler im Zusammenhang mit der Problematik des altgriechischen Eudaimonismus gebraucht? Da ist z. B. davon die Rede, daß die christliche Lehre in ihrem Kampf um das Glück »nicht wie die Stoa und die alten Skeptiker die Apathie, d. h. die Abstumpfung gegen das sinnliche Gefühl als gut ansah«[10], daß die Wege der »Leidens*abstumpfung* bis

[5] M. Heidegger, Vier Seminare, p. 103. Zu diesem Problemkomplex auch H. P. Sturm, Weder Sein noch Nichtsein, pp. 139–143.
[6] R. Garaudy, Biographie des 20. Jahrhunderts: ein philosophisches Testament 1.46.
[7] R. Garaudy, Biographie des 20. Jahrhunderts: ein philosophisches Testament 1.46.
[8] R. Garaudy, Biographie des 20. Jahrhunderts: ein philosophisches Testament 1.46.
[9] Cf. Ploutarchos, Adversus Colotem (Moralia) 1120F.
[10] M. Scheler, Gesammelte Werke 2.358. Zu Epikurs ‘bloßer Schmerzlosigkeit und Gemütsruhe (Ataraxie)’ cf. o. c. 6.64.

zur Apathie, *heroischer Kampf* gegen das Leiden, und Leidensverdrängung bis zum Versuch seiner *Wegillusionierung* ... im Altertum ... vom *Kynismus* und von dessen späterem Abkömmling, der *stoischen* Schule, beschritten worden«[11] wären, das »vernunftstolze Ideal der Apathie .. einem Phantom« gelte und »die antike Sklavenmoral des Leidenden«[12] gewesen sei. Wir hören, daß »die negative asketische Methode der Abstumpfung und der ‹Askesis›«, die »bloße Erlösung vom Leide durch Abtötung des Begehrens und des (vermeintlich) in ihm konstituierten *Wirklichseins* der Welt« ihr »Gegenteil bei voll erhaltenem Welt*inhalte*« im »Nirwanagedanken[s]«[13] habe. »Die Erlösung vom Leide und vom Übel *ist* ... Buddha .. die Seligkeit«[14]. Sie geschehe via »*Objektivierung* des Leides durch Erkenntnis seines (vermeintlichen) Grundes im Wesen der Dinge selbst und die resignative Abfindung mit ihm, sofern es dann als *notwendige* Folge und Teil eines im Wesen der Dinge gegründeten Weltleides aufgefaßt wurde.«[15] Während in der indischen Auffassung der Grund des Leides in den Dingen gefunden werde, befinde er sich für den Stoiker in der Vorstellung und sei »durch energisches Denken zu unterdrücken oder so zu verändern .., daß das Leiden aufhöre.«[16]

Was hieße es nun, muß man Scheler fragen, wenn Vorstellung und Ding nur als die zwei Gesichter des einen Januskopfes zu betrachten wären, in der Art von Name und Form, *nāma-rūpa?* Was hieße es, wenn das »wahrhafte Sein« und das »Nichtsein« – jenes als das Erkenntnisziel des altgriechischen, dieses als das des altindischen »Intellektualismus« ausgegeben[17] – ebenso nur zwei Aspekte, ja Ausdrucksweisen ein und derselben Sache wären? Und was bedeutete es, wenn die damit einhergehende Art der Zielerreichung, die unterstellte »Seinsbemächtigung« (Aktion) auf griechischer und die »Seinserlösung« (Resignation) auf indischer Seite[18] letztlich auch nur die beiden gegenstrebigen Momente ein und derselben Bewegung wären, wie das die Zentrifugal- und Zentripetalkraft in der

[11] M. Scheler, Gesammelte Werke 6.65; cf. o.c. 6.65–68.
[12] M. Scheler, Gesammelte Werke 6.66.
[13] M. Scheler, Gesammelte Werke 2.358.
[14] M. Scheler, Gesammelte Werke 2.358–359.
[15] M. Scheler, Gesammelte Werke 2.358; cf. o.c. 6.78–79.
[16] M. Scheler, Gesammelte Werke 6.67.
[17] Cf. M. Scheler, Gesammelte Werke 6.78–82.
[18] Cf. M. Scheler, Gesammelte Werke 6.80, 82.

Physik sind? Kann man das nicht aus Schelers Gedankengang selbst herauslesen? »Das buddhistische Verhalten ist genauso wenig *bloße* Duldung, Hinnahme, Ertragen des Leidens wie der aktivste westliche Heroismus, der in der Technik, systematischer Hygiene, Therapie, Zivilisation, Kulturarbeit seinen heißen, leidenschaftlichen Willen auf die Aufhebung der äußeren Übel und Leidursachen geworfen hat, die er für real hält. Gerade dieser *aktive* heiße Wille, das Leiden bis zu seinem kleinsten Atom und bis in seine tiefste Wurzel ganz und radikal aus der Welt zu schaffen – diese Zielidee des Willens und der fanatische Glaube an die Möglichkeit, dieses Ziel auch praktisch zu erreichen –, *verbindet* Buddha mit den Erscheinungen des *aktivsten* westlichen Heroismus«[19].

Zu den obigen Schiefen kommt erschwerend noch Schelers Pauschalurteil »zum christlichen Gedankenkreis mit seiner Idee vom unendlichen Wert und der wahrhaften Substantialität jeder individuellen Seele«[20], das mit Hinweis auf die christlichen Mystiker in der Traditionslinie Dionysios Areopagita's gegengewichtet werden muß. Und schließlich die Herabwürdigung aller indischen Lehren von Welt und Mensch zu einer 'negativen Theorie des Menschen und des Geistes', ja zu einem »Biologismus«, die Degradierung Buddhas zu einem »Psychiker«, der, wie die gesamte indische Kultur, die »abendländische Kategorie des Geistes nicht besaß«, »weder im Menschen noch im Weltgrunde«[21].

---

[19] M. Scheler, Gesammelte Werke 6.57. R. A. Mall, Schelers Konzept der kosmopolitischen Philosophie. Grenzen der Vergleichbarkeit verschiedener Weltanschauungen, p. 4: »Den Ausgleich, der die künftige Entwicklung der Menschheitsgeschichte leiten soll, siedelt Scheler in der goldenen Mitte zwischen der Selbstbeherrschung asiatischer Prägung und der Naturbeherrschung europäischen Stils an.« Zu den gängigen Vorurteilen hinsichtlich der Unterschiede der Kulturen cf. S. Radhakrishnan, Eastern Religions and Western Thought, pp. 64–80; Ś. Aurobindo, Birth Centenary Library Bd. 14.

[20] M. Scheler, Gesammelte Werke 6.80.

[21] Die zitierten Stellen sind zu finden bei M. Scheler, Gesammelte Werke 9.46 Abs. 3–4; 9.48 Abs. 2. Bei seiner Abwertung der indischen Kultur nimmt Scheler die Hierarchie von Menschentypen zu Hilfe, die der gnostischen Psychologie und Mystagogie ein griffiges Raster zur Klassifikation der Heilsfähigkeit von Individuen und Gruppen liefert. Sie ist auch in der Schule des bedeutendsten aller Gnostiker, Valentinos (gestorben nach 165), vorfindlich, cf. Eirenaios, Contra haereses 1.6.1–4 & 1.7.5 & 1.8.3: An unterster Stelle stehen die Sinnen- oder Fleischesmenschen (Hyliker, Sarkiker); sie sind der Materie verfallen und können nicht erlöst werden. Eine Mittelstellung nehmen die Seelenmenschen (Psychiker) ein. Sie besitzen zwar nicht die vollkommene Gnosis, können aber durch ihre Taten und bloßen Glauben gerettet werden. An der obersten Position stehen die Geistmenschen (Pneumatiker). Sie sind in die Mysterien eingeweiht und

Dem stehen allerdings Einsichten gegenüber, die den Schelerschen Ansatz der ›Reduktion‹ zu einem erfolgversprechenden Instrument interkultureller Annäherung an die (unbegrenzte) ἐποχή machen: daß es einen »*indisch-griechischen* Typus der Auflösung unserer Frage«[22] nach dem Zusammenhang von Leidenschaft und Erkenntnis gebe; daß im griechischen wie indischen Weisheitsstreben »die volle Erreichung der Erkenntnis in der puren Kontemplation – dort des ὄντος ὄν [Seins des Seienden], hier des ‹Nichtseins› – auch mit einer *Auslöschung* des Individuums, seinem Verschweben in die Sphäre des überindividuellen Seins zusammenfallen«[23]; daß der Weg der Leidensüberwindung Buddha's »In weit weniger konsequenter Form ... auch von der spätrömischen *Stoa* (Epiktet) und vom *Christentum* aufgenommen worden«[24] und »in den Endstadien der epikureischen Schule, ferner beim Gründer des Trappistenordens, bei Schopenhauer (nur leider in der weit häßlicheren Gestalt des Entrüstungspessimismus)«[25] wahrzunehmen sei. Ist man über die Anerkennung der dargestellten Forschungsresultate hinaus auch noch bereit, seine Ausführungen zur »Erlebnisstruktur der Welt«[26] in der Weise zu lesen, daß sie als Bedingungsgeflecht der affektiven, impulsiven und intellektiven Komponenten verstanden wird, um damit die (wenigstens in der Explikation der buddhistischen Epoché und der Kritik der Husserlschen Reduktion vorfindliche) Überbetonung des »automatischen Vitaltriebes« darin auszugleichen und die Korrelation der drei Funktionen anzuerkennen, die besagt, daß bei Neutralisation einer die beiden anderen gleichfalls neutralisiert werden, dann ersparte man sich in der zukünftigen Forschung auf dem hier betretenen Wissensgebiet mit Schelers geistiger Landkarte einige Umwege, einige Unwegsamkeiten und einige Stürze.

---

werden durch dieses Wissen umgestaltet zu Vollendeten und Erkennern Gottes (Gnostikern). Klemens aus Alexandreia polemisiert gegen diese Rangordnung, indem er die Aufforderung von 1 Petr 2.11 an die geliebten Glaubensbrüder: »Enthaltet euch der fleischlichen Begierden, welche auch immer der Seele widerstreiten« (*apéchesthai tõn sarkikõn epithumiõn, 'aítines strateúontai katà tẽs psuchẽs*), aufgreift und in Clemens Alexandrinus, Paedagogus 1.6.31.2, geltend macht, daß die Gläubigen, die die fleischlichen Begierden von sich täten, gleich und Pneumatiker zu Seiten des Herrn wären (*'oi pántes apothémenoi tàs sarkikàs epithumías ísoi kaì pneumatikoì parà tõj kuríõj*).

[22] M. Scheler, Gesammelte Werke 6.78.

[23] M. Scheler, Gesammelte Werke 6.80.

[24] M. Scheler, Gesammelte Werke 6.55.

[25] M. Scheler, Gesammelte Werke 7.91.

[26] Cf. M. Scheler, Gesammelte Werke 6.81.

»Für Scheler ist die Realität nicht so sehr durch das bloße Denken, sondern in der Hauptsache durch das Erleben des Widerstandes gegeben. Reduktion als eine geistige Technik soll uns befähigen, ›unsere Begierdebezogenheit zur Welt‹ zu zerschneiden und aufzuheben (vgl. GW IX, 100). Ein solches Verständnis der eine Transformation der Person bewirkenden Reduktionspraxis weist einige erhellende Ähnlichkeiten und Differenzen mit der asiatischen Yogatechnik auf. Scheler spricht auch von dem Menschen als Asketen des Lebens. Schopenhauer stand hier Pate.«[27] »Die Vermutung liegt nahe, daß die Schelersche neue Deutung der phänomenologischen Reduktion nicht im Sinne der Husserlschen Denktechnik der Urteilsenthaltung, sondern im Sinne einer geistig-seelischen Übung unter dem Einfluß des Studiums der indischen Philosophie geschehen sein könnte. Scheler sieht im Buddha einen Philosophen, der die phänomenologische Reduktion in diesem Sinne angewandt hat.«[28]

Bleibt nur noch zu hoffen, daß sie in der westlichen Welt nicht nur richtig ausgedeutet, sondern auch wirklich angewendet wird, denn »obwohl westliche Phänomenologen für sich in Anspruch nehmen, phänomenologische Forschung zu *betreiben*, bestehen ihre Untersuchungen unglücklicherweise aus sehr viel Gerede und wenig oder keinem wirklichen Experimentieren.«[29]

---

[27] R. A. Mall, Schelers Idee einer werdenden Anthropologie und Geschichtsteleologie, p. 66.

[28] R. A. Mall, Schelers Konzept der kosmopolitischen Philosophie, p. 4; ebenso in R. A. Mall & H. Hülsmann, Die drei Geburtsorte der Philosophie, p. 106.

[29] R. Puligandla, An Encounter with Awareness, p. X; cf. idem, Jñāna-Yoga – The Way of Knowledge, p. XIII.

Anhang

Epoché in Be- und Umschreibungen

Husserliana Bd. 2, Idee der Phänomenologie (1907)

»... phänomenologische Reduktion, Ausschluß aller transzendenten Setzungen« (5.35–37); »... der phänomenologischen Reduktion. Sie besagt: alles Transzendente (mir nicht immanent Gegebene) ist mit dem Index der Nullität zu versehen, d. h. seine Existenz, seine Geltung ist nicht als solche anzusetzen, sondern höchstens als Geltungsphänomen.« (6.25–30) »nicht Ausschluß des reell Transzendenten (...), sondern Ausschluß des Transzendenten überhaupt als einer hinzunehmenden Existenz« (9.16–19); »So ist also das Feld jetzt charakterisiert; es ist ein Feld absoluter Erkenntnisse, für das Ich und Welt und Gott und die mathematischen Mannigfaltigkeiten und was immer für wissenschaftliche Objektivitäten dahingestellt bleiben, die also auch von ihnen nicht abhängig sind, die gelten was sie gelten, ob man in Bezug auf jene Skeptiker ist oder nicht. All das bleibt also bestehen.« (9.31–37) »... jede Erkenntnis trägt den Index der Fraglichkeit.« (33.9) »... bei jeder erkenntnistheoretischen Untersuchung ... ist die erkenntnistheoretische Reduktion zu vollziehen, d. h. alle dabei mitspielende Transzendenz mit dem Index der Ausschaltung zu behaften, oder mit dem Index der Gleichgiltigkeit, der erkenntnistheoretischen Nullität, mit einem Index, der da sagt: die Existenz aller dieser Transzendenzen, ob ich sie glauben mag oder nicht, geht mich hier nichts an, hier ist nicht der Ort, darüber zu urteilen, das bleibt ganz außer Spiel.« (39.10–18) »... ἐποχή in Betreff alles Transzendenten. Das Ich als Person, als Ding der Welt, und das Erlebnis als Erlebnis dieser Person, eingeordnet – sei es auch ganz unbestimmt – in die objektive Zeit: das alles sind Transzendenzen und sind als das erkenntnistheoretisch Null. Erst durch eine Reduktion, die wir auch schon phänomenologische Reduktion nennen wollen, gewinne ich eine absolute Gegebenheit, ...« (44.14–21) »... ist ausgeschaltet, d.h. suspendiert.« (45.8–9) »... während für das Sein und Nichtsein der Wirklichkeit doch nichts präjudiziert ist.« (45.22–23) »... in reduziertem Sinn, ... ohne jede existenziale Mitsetzungsbeziehung« (75.35–38).

Husserliana Bd. 3/1, Ideen zu einer reinen Phänomenologie = ‹Ideen I› (1913)

»Radikale Änderung der natürlichen Thesis. Die ›Ausschaltung‹, ›Einklammerung‹.« (61, §31, Überschrift, cf. 62–66) »Die Thesis ... erfährt eine .. Modifikation – während sie in sich verbleibt, was sie ist, setzen wir sie gleichsam ›außer Aktion‹, wir ›schalten sie aus‹, wir ›klammern sie ein‹ ... machen von ihr .. ›keinen Gebrauch‹, und das natürlich nicht als Privation verstanden ...« (63.13–24) »Umwertung ... steht gegenüber allen der Thesis zu koordinierenden und in der Einheit des ›Zugleich‹ mit ihr unverträglichen Denkstellungnahmen, wie überhaupt allen Stellungnahmen im eigentlichen Wortsinne.« (63.31–35). »... ich übe die ›phänomenologische‹ ἐποχή, die mir jedes Urteil über räumlich-zeitliches Dasein völlig verschließt.« (65.25–27) »... im modifizierenden Bewußtsein der Urteilsausschaltung ...« (66.1–2)

Husserliana Bd. 8, Erste Philosophie (1923/24), Zweiter Teil. Theorie der phänomenologischen Reduktion

»... mit der ersten philosophischen Tat beginnen, ... mit dem universellen Umsturz aller vorangegangenen und wie immer gewonnenen Überzeugungen« (23.4, 7–8, cf. 68.27); »Das Als-nichtig-Ansetzen, das Zunichtemachen dieses Weltalls läßt meine empirische Seele, die Seele als solche, verschwinden; (74.17–19) »... das Mittel jener methodischen Außergeltungsetzung der Existenz des Weltalls.« (77.26–27) »... nachdem ich jeden Weltglauben unterbunden habe und in der allwirksamsten Form einer evident möglichen hypothetischen Nichtigerklärung der ganzen Welt außer Kraft gesetzt habe ...« (77.28–31) »Das Außergeltungsetzen der Welt ...« (78.1–2) »Nur durch die freie Tat der Urteilsenthaltung, des Willentlich-sich-loslösens vom ursprünglichen Mitinteresse, kann hierbei jene Einstellung des unbeteiligten Betrachtens zustandekommen, ...« (98.21–24, cf. 107.30–31) »... eine ἐποχή, die allen thematischen Objekten der jeweiligen Akte das Interesse der Geltung versagt.« (108.27–29) ».. eine ganz ›unnatürliche‹ Einstellung und eine ganz unnatürliche Selbst- und Weltbetrachtung. Das natürliche Leben vollzieht sich als eine ursprüngliche, als eine anfangs durchaus notwendige Welthingabe, Weltverlorenheit.« (121.20–23) »... die höhere, die transzendental-universale Reduktion ...« (130.6) »Inhibierung aller Geltungen« (155.19); »Einstellung, die jedes Seinsinteresse ausschaltet, oder was gleichwertig ist, vor aller Frage nach Sein oder Nichtsein, nach Möglichsein, Wahrscheinlichsein usw.« (160.5–7)

Cartesianische Meditationen (1929)

»... nicht mehr den natürlichen Seinsglauben der Welterfahrung in Vollzug.« (21 §8) »Sichenthalten, Außergeltungsetzen der Stellungnahmen« (21 §8); »daß das aufmerkende Ich ... Enthaltung übt.« (21 §8) »Dieses universale Außergeltungsetzen (›Inhibieren‹, ›Außerspielsetzen‹) aller Stellungnahmen zur vorgegebenen objektiven Welt, und so zunächst der Seinsstellungnahmen (betreffend Sein, Schein, Möglicherweise-Sein, Vermutlich-, Wahrscheinlich-Sein u. dgl.) – oder wie auch gesagt zu werden pflegt, diese ›phänomenologische ἐποχή‹ oder dieses ›Einklammern‹ der objektiven Welt« (22 §8, cf. 26 §11); »die phänomenologische ἐποχή ... inhibiert die Seinsgeltung der objektiven Welt und schaltet sie damit ganz und gar aus dem Urteilsfelde aus, ...« (27 §11) »Das Nicht-Mitmachen der Seinsstellungnahme ... Das Nicht-Mitmachen, Sich-Enthalten« (36 §15); »die universal betätigte ἐποχή hinsichtlich des Seins oder Nichtseins der Welt« (38 §15).

Husserliana Bd. 6, Die Krisis der europäischen Wissenschaften und die transzendentale Phänomenologie (ca. 1935)

»... unvermeidlich, mit einer Art radikaler skeptischer Epoché anzufangen, die das Universum aller.. bisherigen Überzeugungen in Frage stellt, vorweg jeden Urteilsgebrauch von denselben verwehrt, jede Stellungnahme zu ihrer Gültigkeit oder Ungültigkeit.« (77.20–25) »›Cartesianische‹ Epoché‹« (77.29); »... durch die Hölle einer nicht mehr zu übersteigernden quasi-skeptischen Epoché hindurch zum Eingangstor in den Himmel einer absolut rationalen Philosophie vorzudringen ...« (78.28–31) »... setze ich alle Stellungnahmen zu Sein oder Nichtsein der Welt aus, enthalte ich mich jeder auf die Welt bezüglichen Seinsgeltung ...« (78.38–79.1) »... daß ich ... diese Geltungen nicht mehr in der natürlichen Weise schlicht vollziehen und erkenntnismäßig verwerfen darf. In meinem Stande der Epoché über ihnen allen – darf ich sie nicht mehr mitmachen.« (79.20–24) »(›einklammert‹)« (80.24, cf. 81.31); »... von der Epoché außer Aktion gesetzt, und somit außer Aktion das ganze natürliche Dahinleben, das auf die Wirklichkeiten ›der‹ Welt hin gerichtet ist.« (153.32–34) »Interessen ›außer Spiel‹ setzt ...« (154.3); »... daß er es sich versagt – als Philosoph, ... den ganzen natürlichen Vollzug seines Weltlebens fortzuführen, d.i. auf dem Boden der vorhandenen Welt Fragen, Seinsfragen, Wertfragen, praktische Fragen, Fragen für Sein oder Nichtsein, Wert-, Nützlich-, Schön-, Gutsein usw. zu stellen. Alle natürlichen Interessen sind ja außer Spiel gesetzt.« (155.5–11, cf. 159.7–25, 178.22–29)

Abschließend darf ich einige Stellen im Gesamtwerk Husserls angeben, an denen expressis verbis von der Urteilsenthaltung oder -ausschaltung gesprochen wird: Husserliana 3/1.64.13, 65.25–26, 66.2, 68.7; 6.77.23–24; 8.85.25, 98.22, 109.17, 306.39.

Literatur

Advayavajrasaṃgraha: ⟨ed.⟩ Shastri, Mahamahopadhyaya Haraprasad, Baroda/India 1927

Agrippa von Nettesheim, Henricus Cornelius: De incertitudine et vanitate scientiarum atque artium, Declamatio, in: idem: Opera, Vol. 2, Hildesheim et al. 1970 (reprograph. Nachdruck d. Ausg. Lyon s. a. [1600]), 1–314

Agrippa von Nettesheim, Henricus Cornelius: De incertitudine et vanitate scientiarum atque artium, Declamatio, nach der anonymen Übersetzung Köln 1713 verbessert herausgegeben von Mauthner, Fritz: Die Eitelkeit und Unsicherheit der Wissenschaften und die Verteidigungsschrift (2 Bde.), Vaduz 1969 (Neudr. d. Ausg. München [1]1913)

Aguirre, Antonio: Genetische Phänomenologie und Reduktion. Zur Letztbegründung der Wissenschaft aus der radikalen Skepsis im Denken E. Husserls, Den Haag 1970

al-Ghazālī ↗ Ghazālī

Albert, Karl: Einführung in die philosophische Mystik, Darmstadt 1996

Albert, Karl: Griechische Religion und Platonische Philosophie, Hamburg 1980

Albert, Karl: Mystik und Philosophie, Sankt Augustin [1]1986

Albert, Karl: Über Platons Begriff der Philosophie, Sankt Augustin [1]1989

Albert, Karl: Vom philosophischen Leben, Würzburg 1995

Albrecht, M.: Skepsis, Skeptizismus, II. Neuzeit, in: Historisches Wörterbuch der Philosophie, Bd. 9, ⟨edd.⟩ Ritter, Joachim & Gründer, Karlfried, Darmstadt – Basel 1995, 950–974

Allard, G. H.: Johannis Scoti Eriugenae Periphyseon indices generales, Montréal – Paris 1983

Amstutz, Jakob: Zweifel und Mystik besonders bei Augustin, Bern 1950

Aṅguttara-Nikāya: ⟨tr.⟩ Nyanatiloka, ⟨ed.⟩ Nyanaponika: Die Lehrreden des Buddha aus der Angereihten Sammlung (5 Bde.), Köln [3]1969

Annas, Julia & Barnes, Jonathan: The Modes of Scepticism, Cambridge et al. 1986 (Reprint d. Ausg. [1]1985)

Anonymus (Meister Eckhart): Der lateinische Kommentar zum Granum sinapis (lat./dt.), ⟨ed./tr.⟩ Bindschedler, Maria, Basel 1949

Anonymus: Die Wolke des Nichtwissens, ⟨tr.⟩ Riehle, Wolfgang, Einsiedeln [2]1983 ([1]1980)

Anonymus ⟨tr.⟩: Gedichte des Heiligen Johannes vom Kreuz (span./dt.). Nachwort: Ludwig Burchard, München 1924

Anonymus: The Cloud of Unknowing and Related Treatises, ⟨ed.⟩ Hodgson, Phyllis, Analecta Cartusiana 3, Salzburg – Exeter 1982

Anonymus: Theologia Deutsch, ⟨ed.⟩ Mandel, Herm., Leipzig 1908

Aristoteles: Ars rhetorica (gr./frz.), ⟨ed./tr.⟩ Dufour, Médéric & Wartelle, André: Aristote. Rhétorique (3 tomes), Paris 1967–1973
Aristoteles: De anima (gr./dt.), ⟨tr.⟩ Seidl, Horst, ⟨edd.⟩ Biehl, Wilhelm & Apelt, Otto: Über die Seele, Hamburg 1995
Aristoteles: Ethica ad Nicomachum (gr./engl.), ⟨tr.⟩ Rackham, H.: The Nicomachean Ethics, Cambridge/MA – London ²1990 (Reprint d. Ausg. ²1934; ¹1926)
Aristoteles: Ethica Eudemia (gr./engl.), ⟨tr.⟩ Rackham, H.: The Athenian Constitution. The Eudemian Ethics. On Virtues and Vices (Loeb Classical Library: Aristotle, Vol. 20), Cambridge/MA – London 1971 (rev. & repr.; ¹1935), 189–481
Aristoteles: Fragmenta, ⟨ed.⟩ Rose, Valentinus, Stuttgart 1967 (Nachdr. d. Ausg. ¹1886)
Aristoteles: Fragmente, ⟨tr.⟩ Gohlke, Paul, Paderborn 1960
Aristoteles: Magna Moralia (gr./engl.), ⟨tr.⟩ Armstrong, G. Cyril (Loeb Classical Library: Aristotle, Vol. 18), Cambridge/MA – London 1969 (Repr. d. Ausg. ¹1935), 425–688
Aristoteles: Metaphysica (2 Halbbde., gr./dt.), ⟨ed.⟩ Seidl, Horst, ⟨tr.⟩ Bonitz, Hermann, Hamburg ³·ᵛᵉʳᵇ·1989 & ²·ᵛᵉʳᵇ·1984
Aristoteles: Topica (gr./engl.), ⟨ed./tr.⟩ Forster, E. S., in: idem & Tredennick, Hugh: Posterior Analytics. Topics, London – Cambridge/MA 1966 (Repr. d. Ausg. 1960)
Arnim, Johannes von: Stoicorum veterum fragmenta (4 Bde.), Stuttgart 1968 (Reprint d. Ausg. ¹1903–1924)
Āryadeva: Catuḥśataka (teilw. tib./skr./engl.), ⟨ed./tr.⟩ Lang, Karen, Copenhagen 1986
Asaṅga: Mahāyānasūtrālaṃkāra (skr./frz.), ⟨ed./tr.⟩ Lévi, Sylvain: Exposé de la doctrine du Grand Véhicule selon le système Yogācāra (2 tomes), Paris 1907–1911
Asaṅga: Mahāyānasūtrālaṃkāra (skr./engl.), ⟨ed./tr.⟩ Limaye, Surekha Vijay, Delhi 1992
Aṣṭasāhasrikā Prajñāpāramitā. With Haribhadra's Commentary Called Āloka: ⟨ed.⟩ Vaidya, P. L., Darbhanga 1960
Aṣṭāvakra-Gītā: ⟨ed./tr.⟩ Hauschild, Richard: Die Aṣṭāvakra-Gītā (skr./dt.), Abhandlungen der sächsischen Akademie der Wissenschaften zu Leipzig. Philosophisch-historische Klasse 58, Heft 2 (1967), Berlin 1967
Aṣṭāvakra-Gītā: ⟨tr./comm.⟩ Zimmer, Heinrich, in: ⟨trr./comm.⟩ Schroeder, Leopold von & Zimmer, Heinrich: Bhagavad-Gītā/Aṣṭāvakra-Gītā. Indiens heilige Gesänge, München ⁸1994, 101–173
Atanasijevic, Ksenija: The Metaphysical and Geometrical Doctrine of Bruno as Given in His Work De Triplici Minimo, St. Louis/MO 1972
Aubenque, Pierre: Sur la notion aristotélicienne d'aporie, in: ⟨ed.⟩ Symposium Aristotelicum (Louvain) 2 (1960): Aristote et les problèmes de méthode, Louvain – Paris, 3–19
Aubin, Paul: Plotin et le christianisme. Triade Plotinienne et trinité Chrétienne, Paris 1992
Augustinus, Aurelius: Confessiones (lat./dt.), ⟨ed./tr.⟩ Bernhart, Joseph, Frankfurt/M. 1987 (¹1955)
Augustinus, Aurelius: Contra Academicos libri tres, in: ⟨ed.⟩ Knöll, Pivs: Sancti Avreli Avgvstini Opera (Sect. I Pars III), Corpvs scriptorvm ecclesiasticorvm latinorvm, Vol. 63, Wien – Leipzig 1922
Augustinus, Aurelius: Contra Academicos, ⟨tr.⟩ O'Meara, John J.: St. Augustine: Against the Academics, Westminster/MD 1950
Augustinus, Aurelius: De continentia, ⟨tr.⟩ Keseling, Paul: Aurelius Augustinus: Die Enthaltsamkeit, Würzburg 1949

Augustinus, Aurelius: De quantitate animae de magistro (lat./dt.), ⟨ed.⟩ Andresen, Carl, ⟨tr.⟩ Lütcke, Karl-Heinrich: Die Größe der Seele der Lehrer: Philosophische Spätdialoge, Zürich – München 1973
Augustinus, Aurelius: De trinitate libri XV (2 vol.), ⟨ed.⟩ Mountain, W. J., Corpvs Christianorvm. Series Latina 50 & 50A, Turnholti 1968
Augustinus, Aurelius: Enchiridion de fide spe et caritate (lat./dt.), ⟨ed./tr.⟩ Barbel, Joseph, Darmstadt [1]1960
Augustinus, Aurelius: Œuvres complètes de Saint Augustin (33 tomes, lat./frz.), ⟨ed./tr.⟩ Péronne et al., Paris 1869–1878
Augustinus, Aurelius: Retractationum libri duo (lat./dt.), ⟨ed./tr.⟩ Perl, Carl Johann, Paderborn 1976
Aurobindo, Śrī: Birth Centenary Library (30 Vols.), Pondicherry/India 1970
Avadhūta-Gītā: ⟨ed./tr.⟩ Thomi, Peter: Avadhūtagītā (skr./dt.), Wichtrach/Schweiz 1996
Babut, Daniel: Parerga. Choix d'articles de Daniel Babut (1974–1994), Lyon 1994
Bacht, Heinrich: Euagrios Pontikos, in: ⟨edd.⟩ Ruhbach, Gerhard & Sudbrack, Josef: Große Mystiker. Leben und Wirken, München 1984, 36–50
Baer, Didier: Incrompréhensibilité de Dieu et théologie négative chez Philon d'Alexandrie (1re partie), in: Présence orthodoxe 8 (1969), Paris, 38–46
Balmer, Hans Peter: »Taghelle Mystik«. Esoterik in Robert Musils »Mann ohne Eigenschaften«, in: ⟨edd.⟩ Keller, Adalbert & Müller, Severin: Esoterik als neue Volksreligion. Hat das Christentum ausgedient?, Augsburg 1998, 64–76
Balthasar, Hans Urs von: Kosmische Liturgie. Das Weltbild Maximus' des Bekenners, Einsiedeln [2]1961 (völlig veränderte Auflage)
Balthasar, Hans Urs von: Metaphysik und Mystik des Evagrius Ponticus, in: Zeitschrift für Aszese und Mystik 14 (1939), Innsbruck – Wien – München, 31–47
Balthasar, Hans Urs von: Origenes: Geist und Feuer. Ein Aufbau aus seinen Schriften, Salzburg – Leipzig 1938
Banerji, Anil Kumar: Phenomenology of Yoga, in: Prabuddha Bhārata 57 (1952), Calcutta, 384–389
Bardy, G.: Apatheia, in: ⟨ed.⟩ Viller, Marcel: Dictionnaire de spiritualité ascétique et mystique, tome 1, Paris 1937
Barnes, Jonathan: An Aristotelian Way with Scepticism, in: ⟨ed.⟩ Matthen, Mohan: Aristotle Today. Essays on Aristotle's Ideal of Science, Edmonton/Canada 1987, 51–76
Barnes, Jonathan: The Belief of a Pyrrhonist, in: Elenchos 4 (1983), Napoli, 5–43
Bartsch, Karl: Beiträge zur Quellenkunde der altdeutschen Literatur, Straßburg 1886
Barua, Benimadhab: A History of Pre-Buddhistic Indian Philosophy, New Delhi et al. 1981 (3rd repr.; [1]1921)
Baruzzi, Arno: Alternative Lebensform?, Freiburg – München 1985
Baruzzi, Arno: Machbarkeit. Perspektiven unseres Lebens, Freiburg – München 1996
Baruzzi, Arno: Mensch und Maschine. Das Denken sub specie machinae, München 1973
Baumer, Franklin L.: Religion and the Rise of Scepticism, New York 1960
Bayle, Pierre: Oeuvres diverses. Volumes supplémentaires, Vol. 1.2: Choix d'articles tirés du Dictionnaire Historique et Critique, ⟨ed.⟩ Labrousse, Elisabeth, Hildesheim – New York 1982 (Nachdr. der Ausg. Amsterdam et al. [5]1740)
Behn, Irene: Spanische Mystik. Darstellung und Deutung, Düsseldorf [1]1957
Behn, Irene ⟨tr.⟩: Theresia von Jesus. Johannes vom Kreuz. Gedichte, Einsiedeln 1959
Beierwaltes, Werner: Denken des Einen. Studien zur neuplatonischen Philosophie und ihrer Wirkungsgeschichte, Frankfurt/M. 1985

Beierwaltes, Werner: Eriugena. Grundzüge seines Denkens, Frankfurt/M. 1994

Beierwaltes, Werner: Proklos. Grundzüge seiner Metaphysik, Frankfurt/M. ²1979

Benavides, Gustavo: Prasaṅga and Double Bind, in: ⟨ed.⟩ Katz, Nathan: Buddhist and Western Psychology, Boulder 1983, 199–209

Berkeley, George: The Principles of Human Knowledge. Three Dialogues between Hylas and Philonous, ⟨ed.⟩ Warnock, G. J., s. l. 1989 (12th impr.)

Bevan, Edwyn: Stoics and Sceptics, New York 1979 (¹1913)

Bhagavad-Gītā: Verschiedene Ausgaben/Übersetzungen ↗Deussen, Paul ⟨tr.⟩: Vier philosophische Texte des Mahâbhâratam; ↗Gambhīrānanda, Swāmī; ↗Aṣṭāvakra-Gītā/ Bhagavad-Gītā, ⟨trr./comm.⟩ Schroeder, Leopold von & Zimmer, Heinrich; ↗Yogananda Paramahansa

Bhattacharya, Kamaleswar: L'ātman-brahman dans le Bouddhisme ancien, Publications de l'École Française d'Extrême-Orient, Volume XC, Paris 1973

Bhattacharya, Kamaleswar: Once More on a Passage of the Alagaddūpama-sutta, in: ⟨edd.⟩ Kiefer-Pülz, Petra & Hartmann, Jens-Uwe: Bauddhavidyāsudhākaraḥ. Studies in Honour of Heinz Bechert. On the Occasion of His 65th Birthday, Indica et Tibetica 30 (1997), Swisttal-Odendorf, 25–28

Bhattacharya, Kamaleswar: Some Thoughts on Early Buddhism with Special Reference to its Relation to the Upaniṣads, Pune/India 1998

Bhattacharya, Vidhushekhara: The Basic Conception of Buddhism, Calcutta 1934

Bien, G.: Hypolepsis, in: Historisches Wörterbuch der Philosophie, Bd. 3, ⟨edd.⟩ Ritter, Joachim & Gründer, Karlfried, Darmstadt 1974, 1252–1254

Bindschedler, Maria: Mittelalter und Moderne. Gesammelte Schriften zur Literatur. Zur Feier des 65. Geburtstages, ⟨ed.⟩ Schnyder, André, Bern – Stuttgart 1985

Blanchet, Léon: Les antécédents historiques du ‹Je pense, donc je suis›, Paris 1985 (Reprint d. Ausg. Paris 1920)

Blau, Ulrich: Wahrheit von innen und außen, in: Erkenntnis 25 (1986), Dordrecht et al., 1–30

Blumenberg, Hans: Licht als Metapher der Wahrheit, in: Studium Generale 10 (1957), Berlin et al., 432–447

Boehm, Rudolf: Zum Begriff des »Absoluten« bei Husserl, in: Zeitschrift für philosophische Forschung 13 (1959), Meisenheim/Glan, 214–242

Böhme, Jacob: Sämtliche Schriften (11 Bde.), ⟨ed.⟩ Peuckert, Will-Erich, Stuttgart 1955–1960 (Faksimile-Neudruck d. Ausg. 1730)

Boëthius: Consolatio philosophiae (lat./dt.), ⟨ed./tr.⟩ Gigon, Olof: Boethius. Trost der Philosophie, Zürich – Stuttgart ²1969 (¹1949)

Bonitz, Hermannus: Index Aristotelicus, Aristotelis opera volumen quintum, Berolini 1961

Bosanquet, Bernard: Logic or the Morphology of Knowledge (in 2 Vols.), New York ²1968 (Reprint d. Ausg. ²1911)

Bradley, Francis Herbert: Appearance and Reality, Oxford et al. ²1978 (17th impr.)

Bradley, Francis Herbert: Essays on Truth and Reality, Oxford ¹1962 (Reprint d. Ausg. ¹1914)

Bradley, Francis Herbert: The Principles of Logic (2 Vols.), London ²1928 (¹1883)

Braun, Felix ⟨tr.⟩: Johannes vom Kreuz. Die dunkle Nacht der Seele. Sämtliche Dichtungen, Salzburg s. a. [1952]

Braun, Rainer: Kohelet und die frühhellenistische Popularphilosophie, Berlin – New York 1973

Bréhier, Émile: Histoire de la philosophie (3 tomes), Paris 1981 ([1]1931)
Bréhier, Émile: Les idées philosophiques et religieuses de Philon d'Alexandrie, Paris [3]1950
Brochard, Victor: Études de philosophie ancienne et de philosophie moderne, Paris 1926 (nouvelle édition) ([1]1912)
Brucker, Johann Jacob: Historia critica philosophiae (5 Bde. in 6 Tln.), Hildesheim 1975 (Nachdr. d. Ausg. Lipsiae 1742–1767)
Brucker, Johann Jacob: Kurtze Fragen aus der Philosophischen Historie (8 Bde. in 10 Tln.), Ulm 1731–1737
Bruno, Giordano: Cabala del cavallo pegaseo, ⟨tr.⟩ Neubauer, Kai: Die Kabbala des Pegasus. Mit einer Einleitung von Michele Ciliberto, Hamburg 2000
Bruno, Giordano: Dialoghi Italiani (2 vol.), ⟨ed.⟩ Aquilecchia, Giovanni, Firenze [3]1985 (seconda ristampa)
Bruno, Giordano: Die Fackel der dreißig Statuen (Lampas triginta statuarum), ⟨tr.⟩ Rojas, Erika, Peißenberg 1999
Bruno, Giordano: Gesammelte Werke (6 Bde.), ⟨tr.⟩ Kuhlenbeck, Ludwig, Leipzig – Jena 1904–1909 (z. Tl. 2. Auflage)
Bruno, Giordano: Jordani Bruni Nolani Opera Latine Conscripta (3 Bde. in 8 Tln.), ⟨edd.⟩ Fiorentino F. & Tocco, F. & Vitelli, H., Stuttgart – Bad Cannstatt 1961–1962 (Nachdr. d. Ausg. Florenz 1879–1891)
Brush, Craig B.: Montaigne and Bayle. Variations on the Theme of Skepticism, The Hague 1966
Buber, Martin: Die Schriftwerke, Köln – Olten 1962 (Neubearbeitete Ausg.)
Bugault, Guy: La notion de ‹prajñā› ou de sapience selon les perspectives du ‹Mahāyāna›, Paris 1982
Bugault, Guy: Nāgārjuna: Examen critique du nirvāṇa (nirvāṇa-parīkṣā), in: Asiatische Studien (Études asiatiques) 46–1 (1992), Bern et al., 81–146
Bundschuh, Adeltrud: Die Bedeutung von gelassen und die Bedeutung der Gelassenheit in den deutschen Werken Meister Eckharts unter Berücksichtigung seiner lateinischen Schriften, Frankfurt/M. et al. 1990
Bunge, Gabriel: Drachenwein und Engelsbrot. Die Lehre des Evagrios Pontikos von Zorn und Sanftmut, Würzburg 1999
Bunge, Gabriel: Geistliche Vaterschaft. Christliche Gnosis bei Evagrios Pontikos, Regensburg 1988
Bunge, Gabriel: Mysterium Unitatis. Der Gedanke der Einheit von Schöpfer und Geschöpf in der evagrianischen Mystik, in: Freiburger Zeitschrift für Philosophie und Theologie 36 (1989), Freiburg/Schweiz, 449–469
Bunge, Gabriel: Praktike, Physike und Theologike als Stufen der Erkenntnis bei Evagrios Pontikos, in: ⟨edd.⟩ Schneider, Michael & Berschin, Walter: Ab oriente et occidente (Mt 8, 11). Kirche aus Ost und West. Gedenkschrift für Wilhelm Nyssen, St. Ottilien 1996, 59–72
Burnet, John: »Sceptics«, in: Encyclopaedia of Religion and Ethics, Vol. 11, ⟨edd.⟩ Hastings, James et al., Edinburgh – New York [3]1954, 228–231
Burnyeat, Myles F.: Can the Skeptic Live His Skepticism?, in: ⟨ed.⟩ idem: The Skeptical Tradition, Berkeley – Los Angeles – London 1983, 117–148
Campbell, Roy ⟨tr.⟩: The Poems of St. John of the Cross (span./engl.), London 1951 (2nd impr.)

Candrakīrti: Madhyamakāvatāra, Verschiedene Ausgaben/Übersetzungen ↗Fenner, Peter; ↗Gyatso, Geshe Kelsang; ↗Gyatso, Yonten et al.; ↗Huntington, C. W.

Candrakīrti: Mūlamadhyamakakārikā-Vṛtti, ⟨ed.⟩ Vallée Poussin, Louis de la: Mūlamadhyamakakārikās de Nāgārjuna avec la Prasannapadā Commentaire de Candrakīrti, Osnabrück 1970 (Neudruck d. Ausg. 1903–1913)

Caputo, John D.: The Nothingness of the Intellect in Meister Eckhart's »Parisian Questions«, in: The Thomist 39 (1975), Washington/DC, 85–115

Cariyāpiṭaka: ⟨tr.⟩ Horner, I. B.: Basket of Conduct, The Minor Anthologies of the Pali Canon, Part 3, London 1975

Cariyāpiṭaka: ⟨ed.⟩ Law, Bimala Churn, Poona [2]1949 ([1]1924)

Ceming, Katharina: Mystik und Ethik bei Meister Eckhart und Johann Gottlieb Fichte, Frankfurt/M. et al. 1999

Charron, Pierre: Œuvres. Dernière édition. Revues corrigées et augmentées (2 tomes), Genève 1970 (réimpr. de l'éd. de Paris 1635)

Chattopadhyaya, D. P. & Embree, Lester & Mohanty, Jitendranath ⟨edd.⟩: Phenomenology and Indian Philosophy, New Delhi [1]1992

Chaudhury, Prabas Jivan: Reflections on Science, Philosophy and Art, Calcutta 1966

Chuang Tzŭ: ⟨tr.⟩ Graham Angus C.: Chuang-Tzŭ. The Inner Chapters, London – Boston – Sydney [1]1986 (paperback ed. from [1]1981)

Chuang Tzu: ⟨tr.⟩ Watson, Burton: The Complete Works of Chuang Tzu, New York – London 1968

Chuang Tzu: ⟨tr.⟩ Wilhelm, Richard: Dschuang Dsi. Das Wahre Buch vom südlichen Blütenland, Düsseldorf – Köln 1982

Cicero, Marcus Tullius: Academica (lat./engl.), ⟨tr.⟩ Rackham, H.: De natura deorum. Academica. Cicero in twenty-eight Volumes, Vol. 19, Cambridge/MA – London 1979 (Reprint d. Ausg. 1933)

Cicero, Marcus Tullius: De divinatione (lat./dt.), ⟨ed./tr./adnot.⟩ Schäublin, Christoph: Marcus Tullius Cicero: Über die Wahrsagung, München – Zürich 1991

Cicero, Marcus Tullius: De finibus bonorum et malorum (lat./engl.), ⟨tr.⟩ Rackham, H.: Cicero in twenty-eight Volumes, Vol. 17, Cambridge/MA – London [2]1971 (Reprint; [1]1914)

Cicero, Marcus Tullius: De natura deorum (lat./engl.), ⟨tr.⟩ Rackham, H.: De natura deorum. Academica. Cicero in twenty-eight Volumes, Vol. 19, Cambridge/MA – London 1979 (Reprint d. Ausg. 1933)

Cicero, Marcus Tullius: De officiis (lat./engl.), ⟨tr.⟩ Miller, Walter: Cicero in twenty-eight Volumes, Vol. 21, Cambridge/MA – London 1968 (Reprint d. Ausg. [1]1913)

Cicero, Marcus Tullius: Epistulae ad Atticum (lat./dt.), ⟨ed./tr.⟩ Kasten, Helmut, München [3]1980 ([1]1959)

Cicero, Marcus Tullius: Hortensius, Lucullus, Academici libri (lat./dt.), ⟨edd./trr.⟩ Straume-Zimmermann, Laila & Broemser, Ferdinand & Gigon, Olof, München – Zürich 1990

Cicero, Marcus Tullius: Tusculanae disputationes (lat./engl.), ⟨tr.⟩ King, J. E.: Cicero in twenty-eight Volumes, Vol. 18, Cambridge/MA – London 1971 (revised; Repr. d. Ausg. [1]1927)

Clemens Alexandrinus: ⟨ed.⟩ Stählin, Otto: Clemens Alexandrinus (4 Bde.), Leipzig 1905–1936 (Bde. 1, 3, 4), Berlin [4]1985 (Bd. 2)

Clemens Alexandrinus: ⟨tr.⟩ Stählin, Otto: Des Clemens von Alexandreia ausgewählte Schriften aus dem Griechischen übersetzt (5 Bde.), München 1934–1938

Clemens, F. J.: Giordano Bruno und Nicolaus von Cusa. Eine philosophische Abhandlung, Bonn 1847
The Cloud of Unknowing, Die Wolke des Nichtwissens ↗ Anonymus
Collingwood, R. G.: An Essay on Philosophical Method, Oxford [1]1965 (4th impr.)
Conche, Marcel: La méthode pyrrhonienne de Montaigne, in: Bulletin de la Société des Amis de Montaigne, 5e Série, 10–11 (1974), Paris, 47–62
Conze, Edward: Buddhist Studies 1934–1972 (Thirty Years of Buddhist Studies, 1967 & Further Buddhist Studies, 1975 [in einem Bd.]), San Francisco s. a.
Conze, Edward: Buddhist Thought in India, London et al. 1983 (repr. with corrections from [1]1962)
Conze, Edward: Der Buddhismus, Stuttgart – Berlin – Köln – Mainz [8]1986
Coomaraswamy, Ananda K.: Buddha and the Gospel of Buddhism, New York et al. 1964 (rev. repr. from [1]1916)
Coomaraswamy, Ananda K.: Elements of Buddhist Iconography, New Delhi [2]1972 ([1]1935)
Coomaraswamy, Ananda K.: Hinduism and Buddhism, Westport/CT 1971 (Repr. d. Ausg. [1]1943)
Coomaraswamy, Ananda K.: Notes on the Kaṭha Upaniṣad, in: New Indian Antiquary 1 (1938), Bombay, 43–56, 83–108, 199–213
Coomaraswamy, Ananda K.: Rebirth and Omniscience in Pāli Buddhism, in: Indian Culture 3 (1937), Calcutta, 19–33
Coomaraswamy, Ananda K.: Selected Papers 1: Traditional Art and Symbolism, ⟨ed.⟩ Lipsey, Roger, Princeton/NJ 1989 (3rd. pbk. printing)
Coomaraswamy, Ananda K.: Selected Papers 2: Metaphysics, ⟨ed.⟩ Lipsey, Roger, Princeton/NJ 1987 (1st. pbk. printing)
Coomaraswamy, Ananda K.: Sources of Wisdom, Colombo 1981
Coomaraswamy, Ananda K.: The Reinterpretation of Buddhism, in: New Indian Antiquary 2 (1939), Bombay, 575–590
Coomaraswamy, Ananda K.: The Transformation of Nature in Art, New York [2]1956 (republication of [2]1934)
Coomaraswamy, Ananda K.: Time and Eternity, Ascona/Schweiz 1947
Coomaraswamy, Ananda K. & Horner, I. B.: The Living Thoughts of Gotama the Buddha, New Delhi [1st Ind.]1982 ([1]1948)
Couissin, Pierre: Carnéade et Descartes, in: Travaux du IXe Congrès international de philosophie (International Congress of Philosophy), Études Cartésiennes III, Paris 1937, 9–16
Couissin, Pierre: L'origine et l'évolution de l' ΕΠΟΧΗ, in: Revue des études grècques 42 (1929), Paris, 373–397
Couissin, Pierre: Les sorites de Carnéade contre le polythéisme, in: Revue des études grècques 54 (1941), Paris, 43–57
Couissin, Pierre: The Stoicism of the New Academy, in: ⟨ed.⟩ Burnyeat, Myles F.: The Skeptical Tradition, Berkeley – Los Angeles – London 1983, 31–63
Courcelle, Pierre, Flügel (Flug) der Seele I., in: ⟨ed.⟩ Klauser, Theodor: Reallexikon für Antike und Christentum, Bd. 8, Stuttgart 1972, 29–65
Courcelle, Pierre, Opvscvla selecta. Bibliographie et Recueil d'articles publiés entre 1938 et 1980, Paris 1984
Creel, Herrlee G.: Chinese Thought from Confucius to Mao Tsê-tung, Chicago – London [1]1972 (8th reprint from [1]1953)

Crenshaw, James L.: The Birth of Skepticism in Ancient Israel, in: ⟨edd.⟩ idem & Sandmel, Samuel: The Divine Helmsman, New York 1980, 1–19
Croce, Giovanna della: Johannes vom Kreuz und die deutsch-niederländische Mystik, Wien 1960
Crouzel, Henri: Origène et Plotin. Comparaisons doctrinales, Paris 1992
Curley, E. M.: Descartes against the Skeptics, Oxford 1978
Cusanus, Nicolaus: Nicolai Cusae Cardinalis Opera (3 Vol.), Frankfurt/M. 1962 (Nachdr. d. Ausg. Parisiis 1514)
Cusanus, Nicolaus: Opera omnia, Vol. 16.2, Sermones 5–10, ⟨edd.⟩ Haubst, Rudolf et al., Hamburg 1973
Cusanus, Nicolaus: Philosophisch-theologische Schriften (3 Bde., lat./dt.) (Sigle: PTS), ⟨ed.⟩ Gabriel, Leo, ⟨trr.⟩ Dupré, Dietlind & Wilhelm, Wien [1]1982 (Nachdruck von [1]1964–1967)
Dahl, Axel: Augustin und Plotin. Philosophische Untersuchungen zum Trinitätsproblem und zur Nuslehre, Lund 1945
Dahlmann, Joseph: Buddha. Ein Culturbild des Ostens, Berlin 1898
Dahlmann, Joseph: Das Mahābhārata als Epos und Rechtsbuch. Ein Problem aus Altindiens Cultur- und Literaturgeschichte, Berlin 1895
Dahlmann, Joseph: Die Sâṃkhya-Philosophie als Naturlehre und Erlösungslehre. Nach dem Mahâbhârata, Berlin 1902
Dahlmann, Joseph: Genesis des Mahābhārata, Berlin 1899
Dahlmann, Joseph: Nirvāṇa. Eine Studie zur Vorgeschichte des Buddhismus, Berlin 1896
Damaskios: De principiis (3 Vols., gr./frz.), ⟨ed.⟩ Westerink, Leendert Gerrit, ⟨tr.⟩ Combès, Joseph, Paris 1986–1991
Daor, Dan: Modes of Argument, in ⟨edd.⟩ Scharfstein, Ben-Ami et al.: Philosophy East/Philosophy West. A Critical Comparison of Indian, Chinese, Islamic, and European Philosophy, Oxford 1978, 162–195, 315–319
Dasgupta, Surendranath: Indian Idealism, Cambridge 1962 (Repr. d. Ausg. 1933)
De Lacy, Phillip: Plutarch and the Academic Sceptics, in: Classical Journal 49 (1953–54), Evanston/IL, 79–85
Decleva Caizzi, Fernanda: Pirrone Testimonianze, Napoli 1981
Decleva Caizzi, Fernanda: Tῦφος. Contributo alla storia di un concetto, in: Sandalion 3 (1980), Roma 53–66
Dempf, Alois: Evagrios Pontikos als Metaphysiker und Mystiker, in: Philosophisches Jahrbuch 77 (1970), Freiburg – München, 297–319
Descartes, René: Meditationes de Prima Philosophia (lat./dt.), ⟨ed./tr.⟩ Schmidt, Gerhart, Stuttgart 1986
Descartes, René: Œuvres (13 Bde. in 11 Tln.), ⟨edd.⟩ Adam, Charles & Tannery, Paul, Paris 1971–1975 (Neuausg. d. Ausg. 1897–1913)
Descartes, René: Philosophische Werke (2. Bde.), ⟨tr.⟩ Buchenau, Artur, Leipzig [4]1922
Deussen, Paul: Allgemeine Geschichte der Philosophie (2 Bde. in 6 Abt.), Leipzig 1894–1915
Deussen, Paul: Die Sûtra's des Vedânta oder die Çârîraka-Mîmâṅsâ des Bâdarâyaṇa nebst dem vollständigen Commentare des Çaṅkara, Leipzig 1887
Deussen, Paul: Sechzig Upanishad's des Veda, Leipzig 1897
Deussen, Paul: Vier philosophische Texte des Mahâbhâratam: Sanatsujâta-Parvan –

Bhagavadgîtâ – Mokshadharma – Anugîtâ. In Gemeinschaft mit Dr. Otto Strauss aus dem Sanskrit übersetzt, Bielefeld 1980 (Repr. d. Ausg. Leipzig [1]1906, [2]1922)
Dhammapada: ⟨ed./tr.⟩ Radhakrishnan, Sarvepalli, Madras et al. 1987 ([1]1950)
Diemer, Alwin: Edmund Husserl. Versuch einer systematischen Darstellung seiner Phänomenologie, Meisenheim/Glan [2]1965
Diener, M. S. & Ehrhard, F.-K. & Fischer-Schreiber, I. & Friedrichs, K. ⟨edd.⟩: Lexikon der östlichen Weisheitslehren, Bern – München – Wien 1995 ([1]1986)
Diels, Hermann & Kranz, Walther: Die Fragmente der Vorsokratiker (3 Bde., gr./dt.), Zürich – Hildesheim [6]1972–1985 (Nachdruck)
Dīgha-Nikāya (3 Vols.): ⟨edd.⟩ Rhys Davids, T. W. & Carpenter, J. Estlin, London 1890–1911
Dīgha-Nikāya: ⟨tr.⟩ Franke, Otto: Dīghanikāya. Das Buch der Langen Texte des Buddhistischen Kanons. In Auswahl übersetzt, Göttingen – Leipzig 1913
Dillon, Emile Joseph: The Sceptics of the Old Testament, New York 1973 (Repr. d. Ausg. 1895)
Dillon, John: The Golden Chain. Studies in the Development of Platonism and Christianity, Aldershot – Brookfield 1990
Diogenes Laërtios: De vitis dogmatis et apophthegmatis eorum qui in philosophia claruerunt (gr./engl.), ⟨ed./tr.⟩ Hicks, R. D.: Lives of Eminent Philosophers (2 Vols.), Cambridge/MA – London 1980 & 1979 (viele Nachdr.)
Dionysios Areopagita: Corpus Dionysiacum I. De divinis nominibus, ⟨ed.⟩ Suchla, Beate Regina, Berlin – New York 1990
Dionysios Areopagita: Corpus Dionysiacum II. De coelesti hierarchia. De ecclesiastica hierarchia. De mysica theologia. Epistulae, ⟨edd.⟩ Heil, Günter & Ritter, Adolf Martin, Berlin – New York 1991
Dionysios Areopagita: De divinis nominibus, ⟨tr.⟩ Suchla, Beate Regina: Die Namen Gottes, Stuttgart 1988
Dionysios Areopagita: De ecclesiastica hierarchia, in: ⟨ed.⟩ Migne, J.-P.: Patrologia Graeca, tomus 3, Paris 1857, 369–584
Dionysios Areopagita: De mystica theologia ad Timotheum, in: ⟨ed.⟩ Migne, J.-P.: Patrologia Graeca, tomus 3, Paris 1857, 997–1068
Dionysios Areopagita: De mystica theologia ad Timotheum, ⟨tr.⟩ Ritter, Adolf Martin: Über die mystische Theologie und Briefe, Stuttgart 1994
Dionysios Areopagita: De mystica theologia ad Timotheum, in: ⟨ed./tr.⟩ Thomson, Robert, W.: The Armenian Version of the Works Attributed to Dionysius the Areopagite, Lovanii (Leuven) 1987, 160–164
Dionysios Areopagita: Epistulae, ⟨tr.⟩ Tritsch, Walter: Dionysius Areopagita: Mystische Theologie und andere Schriften. Mit einer Probe aus der Theologie des Proklus, München 1956, 175–209
Dodds, E. R.: The *Parmenides* of Plato and the Origin of the Neoplatonic 'One', in: Classical Quarterly 22 (1928), London – New York, 129–142
Dörrie, Heinrich: Ὑπόστασις. Wort- und Bedeutungsgeschichte, in: Nachrichten der Akademie der Wissenschaften Göttingen. Philologisch-Historische Klasse, Jg. 1955, Göttingen, 35–92
Dörrie, Heinrich (Begründer) & Baltes, Matthias (Fortführer), unter Mitarbeit von Mann, Friedhelm: Der Platonismus in der Antike. Grundlagen – System – Entwicklung (bisher 5 Bde. in 6 Tln.), Stuttgart-Bad Cannstatt 1987–1998

Dorotheos von Gaza (gr./frz.): ⟨edd./trr.⟩ Regnault, L. & Préville, J. de: Oeuvres spirituelles, Sources chrétiennes 92, Paris 1963
Dṛg-dṛśya-viveka. An Inquiry into the Nature of the 'Seer' and the 'Seen' (skr./engl.), ⟨ed./tr.⟩ Nikhilananda, Swami, Mysore 1976 (6th edition)
Driscoll, Jeremy: Gentleness in the *Ad Monachos* of Evagrius Ponticus, in: Stvdia Monastica 32 (1990), Barcelona, 295–321
Duclow, Donald F.: Divine Nothingness and Self-Creation in John Scotus Eriugena, in: Journal of Religion 57 (1977), Chicago, 109–123
Düsing, Klaus: Die Bedeutung des antiken Skeptizismus für Hegels Kritik der sinnlichen Gewissheit, in: Hegel-Studien 8 (1973), 119–130
Dunkel, Dieter: Stufen der Wahrheit. Der erkenntnismetaphysische, ontologische und theologische Wahrheitsrelativismus bei indischen und christlichen Mystikern, Bonn 1963 (Phil. Diss.)
Durant, Will: Kulturgeschichte der Menschheit, Bd. 3: Das klassische Griechenland, München [1]1977 (engl. Originalausg. New York 1939)
Eckhart ⟨Meister⟩: Die deutschen Werke, Bde. 1–3 & 5 (Sigle: DW), ⟨ed./tr.⟩ Quint, Josef, Stuttgart 1958–1976
Eckhart ⟨Meister⟩: Die lateinischen Werke, Bde. 1–5 & 1.2 (Sigle: LW), ⟨edd./trr.⟩ Weiss, Konrad et al., Stuttgart 1956–1992
Eckhart ⟨Meister⟩: ⟨ed.⟩ Pfeiffer, Franz: Deutsche Mystiker des 14. Jahrhunderts, Bd. 2: Meister Eckhart, 1. (einzige) Abteilung: Predigten, Traktate. Aalen 1991 (2. Neudruck d. Ausg. Leipzig 1857)
Eckhart ⟨Meister⟩: ⟨tr.⟩ Blakney, Raymond Bernard: Meister Eckhart. A Modern Translation, New York 1941
Eckhart ⟨Meister⟩: ⟨tr.⟩ Landauer, Gustav: Meister Eckhart, Mystische Schriften, Frankfurt/M. 1991 ([1]1903)
Eckhart ⟨Meister⟩: ⟨ed./tr.⟩ Quint, Josef: Meister Eckehart. Deutsche Predigten und Traktate, [Zürich] 1979 (Ausg. d. Neuedition 1963)
Eirenaios: Contra haereses, in: ⟨ed.⟩ Migne, J.-P.: Patrologia Graeca, tomus 7, Paris 1882, 431–1226
Eisler, Rudolf: Kant-Lexikon. Nachschlagewerk zu Kants sämtlichen Schriften, Briefen und handschriftlichem Nachlaß, Hildesheim – Zürich – New York 1984 (unveränd. Nachdruck d. Ausg. Berlin 1930)
Eisler, Rudolf: Wörterbuch der philosophischen Begriffe (3 Bde.), Berlin [4]1927–1930
Eley, Lothar: Die Krise des Apriori in der transzendentalen Phänomenologie Edmund Husserls, Den Haag 1962
Epiktetos: Diatribae (gr./engl.), ⟨ed./tr.⟩ Oldfather, W. A.: Epictetus. The Discourses as Reported by Arrian, the Manual, and Fragments (2 Vols.), Cambridge/MA – London 1966–1967 (Reprints d. Ausg. [1]1925–1928)
Epikouros: Epicurea, ⟨ed.⟩ Usener, Hermannus, Stuttgart 1966 (Repr. von [1]1887)
Epikouros: Epicurus. The Extant Remains (gr./engl.), ⟨ed./tr⟩ Bailey, Cyril, Hildesheim – New York 1975 (Nachdruck der Ausg. Oxford 1926)
Erasmus (von Rotterdam), Desiderius: Opera omnia (bisher 27 Bde. in 9 Abteilungen), Amsterdam 1969–1999
Erdin, Franz: Das Wort Hypostasis. Seine bedeutungsgeschichtliche Entwicklung in der altchristlichen Literatur bis zum Abschluß der trinitarischen Auseinandersetzungen, Freiburg/Br. 1939

Erdmann, Johann Eduard: Grundriß der Geschichte der Philosophie (2 Bde.), Berlin [4]1896 ([1]ca. 1865/66)
Eriugena ↗ Joannes Scotus
Euagrios Pontikos: Ad monachos, ⟨ed./tr.⟩ Driscoll, Jeremy: The 'Ad Monachos' of Evagrius Ponticus. Its Structure and a Select Commentary, Roma 1991, 45–70
Euagrios Pontikos: Ad virginem, ⟨ed.⟩ Gressmann, Hugo: Nonnenspiegel und Mönchsspiegel des Euagrios Pontikos, Texte und Untersuchungen zur Geschichte der altchristlichen Literatur 39–4 (1913), Leipzig, 143–151
(Pseudo-)Euagrios Pontikos: Admonitio de signis quietis (syr./frz.), ⟨ed./tr.⟩ Muyldermans, J.: Evagriana Syriaca. Textes inédits du British Museum et de la Vaticane, Louvain 1952, 120–122, 154–155
Euagrios Pontikos: Capita practica ad Anatolium (gr./frz.), ⟨edd./trr.⟩ Guillaumont, Antoine & Claire: Évagre le Pontique: Traité pratique ou le moine (2 tomes), Sources Chretiennes 170/171, Paris 1971
Euagrios Pontikos: Capita practica ad Anatolium, ⟨tr.⟩ Bunge, Gabriel: Evagrios Pontikos: Praktikos oder der Mönch. Hundert Kapitel über das geistliche Leben, Köln 1989
Euagrios Pontikos: De malignis cogitationibus (gr./frz.), ⟨edd./trr.⟩ Géhin, Paul & Guillaumont, Claire & Antoine: Évagre le Pontique: Sur les pensées, Sources Chretiennes 438, Paris 1998
Euagrios Pontikos: De octo spiritibus malitiae, ⟨ed.⟩ Migne, J.-P.: Patrologia Graeca, tomus 79: S. P. N. Nili Abbatis opera, Paris 1865, 1145–1164
Euagrios Pontikos: De octo spiritibus malitiae, ⟨tr.⟩ Bunge, Gabriel: Über die acht Gedanken, Würzburg 1992
Euagrios Pontikos: De octo vitiosis cogitationibus, ⟨ed.⟩ Migne, J.-P.: Patrologia Graeca, tomus 40, Paris 1858, 1271–1278
Euagrios Pontikos: De oratione, ⟨ed.⟩ Migne, J.-P.: Patrologia Graeca, tomus 79: S. P. N. Nili Abbatis opera, Paris 1865, 1165–1200
Euagrios Pontikos: De vitiis quae opposita sunt virtutibus, ⟨ed.⟩ Migne, J.-P.: Patrologia Graeca, tomus 79: S. P. N. Nili Abbatis opera, Paris 1865, 1140–1144
Euagrios Pontikos: Epistula ad Melaniam, pars II (syr./frz.), ⟨ed./tr.⟩ Vitestam, Gösta: Seconde partie du traité, qui passe sous le nom de ‹La grande lettre d'Évagre le Pontique à Mélanie l'Ancienne›, Lund 1964
Euagrios Pontikos: Epistula fidei (8. Basilius-Brief), in: ⟨ed./tr.⟩ Forlin Patrucco, Marcella: Basilii Caesariensis: Epistulae, Vol. 1 (gr./ital.), Torino 1983, 84–113
Euagrios Pontikos: Epistulae, ⟨tr.⟩ Bunge, Gabriel: Evagrios Pontikos: Briefe aus der Wüste, Trier 1986
Euagrios Pontikos: Gnosticus (gr./frz.), ⟨edd./trr.⟩ Guillaumont, Antoine & Claire: Évagre le Pontique: Le Gnostique ou à celui qui est devenu digne de la science, Sources Chretiennes 356, Paris 1989
Euagrios Pontikos: Kephalaia Gnostica (syr./frz.), ⟨ed./tr.⟩ Guillaumont, Antoine: Les six centuries des »Kephalaia Gnostica« d'Evagre le Pontique, Patrologia Orientalis, tome 28.1, Nr. 134, Turnhout 1977
Euagrios Pontikos: Praktikos. Über das Gebet, ⟨tr.⟩ Joos, Guido (aus dem Englischen), Münsterschwarzach 1986
Euagrios Pontikos: Scholia ad Ecclesiasten (gr./frz.), ⟨ed./tr.⟩ Géhin, Paul: Évagre le Pontique: Scholies à l'Ecclésiaste, Sources Chretiennes 397, Paris 1993
Euagrios Pontikos: Scholia ad Proverbia (gr./frz.), ⟨ed./tr.⟩ Géhin, Paul: Évagre le Pontique: Scholies aux Proverbes, Sources Chretiennes 340, Paris 1987

Euagrios Pontikos: Scholia ad Psalmos, bisher nicht ediertes Manuskript Vaticanus graecus 754. Identifikation und Zuordnung der membra disiecta nach ↗ Rondeau, Marie-Josèphe
Euagrios Pontikos: Skemmata/Capita cognoscitiva (gr./lat./teilw. armen.), in: Muyldermans, J.: Evagriana. Extrait de la revue Le Muséon, t. XLIV, augmenté de: Nouveaux fragments grecs inédits, 1er fascicule, Paris 1931, 15–28
Euagrios Pontikos: The Praktikos. Chapters on Prayer, ⟨tr.⟩ Bamberger, John Eudes, Spencer/MA 1970
Euagrios Pontikos: Tractatus ad Eulogium monachum, ⟨ed.⟩ Migne, J.-P.: Patrologia Graeca, tomus 79: S. P. N. Nili Abbatis opera, Paris 1865, 1093–1140
Eusebeios Pamphilos ⟨Caesariensis⟩: Demonstratio evangelica, ⟨ed.⟩ Heikel, Ivar A., Eusebius Werke, Bd. 6, Leipzig 1913
Eusebeios Pamphilos ⟨Caesariensis⟩: Praeparatio evangelica (9 Vols., gr./frz.), ⟨edd./trr.⟩ Sirinelli, Jean & Places, Éduoard et al., Paris 1974–1991
Farber, Marvin: The Foundation of Phenomenology. Edmund Husserl and the Quest for a Rigorous Science of Philosophy, Cambridge/MA 1943
Faye, Eugène de: The Influence of Greek Scepticism on Greek and Christian Thought in the First and Second Centuries, in: Hibbert Journal 22 (1923–24), London, 702–721
Fenner, Peter: The Ontology of the Middle Way, Dordrecht et al. 1990
Fichte, Johann Gottlieb: Fichtes Werke (11 Bde.), ⟨ed.⟩ Fichte, Immanuel Hermann, Berlin 1971 (Nachdruck der Sämmtlichen Werke von 1834/35 & Nachgelassenen Werke von 1845/46) (Sigle: SW)
Fichte, Johann Gottlieb: Gesamtausgabe der Bayerischen Akademie der Wissenschaften, ⟨edd.⟩ Lauth, Reinhard et al., Stuttgart (-Bad Cannstatt) 1962–noch andauernd (Sigle: GA)
Fichte, Johann Gottlieb: Wissenschaftslehre 1805, ⟨ed.⟩ Gliwitzky, Hans, Hamburg 1984
Filliozat, Jean: La doctrine des brâhmanes d'après saint Hippolyte, in: Revue de l'histoire des religions 130 (1945), Paris, 59–91
Fink, Eugen: Studien zur Phänomenologie 1930–1939, Den Haag 1966
Flintoff, Everard: Pyrrho and India, in: Phronesis 25 (1980), Assen, 88–108
Fogelin, Robert J.: Wittgenstein and Classical Scepticism, in: International Philosophical Quarterly 21 (1981), New York, 3–15
François de Sales: Deutsche Ausgabe der Werke des Hl. Franz von Sales (11 Bde.), ⟨edd.⟩ Oblaten des hl. Franz von Sales unter Leitung von Reisinger, Franz, Eichstätt – Wien 1959–1983 (nach der frz. Originalausgabe: Annecy 1892–1931)
François de Sales: Œuvres complètes de Saint François de Sales, évèque et prince de Genève (12 tomes), Paris 1857–1859
Franke, Otto: Der »Negativismus« in der alten Buddhalehre, in: Ernst Kuhn zum 70. Geburtstage: Aufsätze zur Kultur- und Sprachgeschichte vornehmlich des Orients, Breslau 1916, 336–344
Frankenberg, W.: Euagrius Ponticus, in: Abhandlungen der königlichen Gesellschaft der Wissenschaften zu Göttingen, Philologisch-historische Klasse, Neue Folge, Bd. 13, Nr. 2, Berlin 1912
Frauwallner, Erich: Die Philosophie des Buddhismus, Berlin 1956
Frede, Michael: Des Skeptikers Meinungen, in: Neue Hefte für Philosophie 15–16 (1979), Göttingen, 102–129
Frede, Michael: The Sceptic's two Kinds of Assent and the Question of the Possibility of

Knowledge, in: ⟨edd.⟩ Rorty, Richard et al.: Philosophy in History, Cambridge et al. 1984, 255–278

Frenkian, Aram M.: Der griechische Skeptizismus und die indische Philosophie, in: Bibliotheca Classica Orientalis 3 (1958), Berlin, 212–249

Frick, Heinrich: Ghazālīs Selbstbiographie. Ein Vergleich mit Augustins Konfessionen, Leipzig 1919

Friedell, Egon: Das letzte Gesicht, Zürich – Leipzig 1929

Fromm, Erich: Haben oder Sein. Die seelischen Grundlagen einer neuen Gesellschaft, München [5]1980

Früchtel, Ursula: Die Kosmologischen Vorstellungen bei Philo von Alexandrien, Leiden 1968

Fulda, Hans Friedrich & Horstmann, Rolf-Peter ⟨edd.⟩, Skeptizismus und spekulatives Denken in der Philosophie Hegels, Veröffentlichungen der Internationalen Hegel-Vereinigung, Bd. 21, Stuttgart 1996

Gabriel, Leo: Vom Brahma zur Existenz, Wien – München 1954

Gaiser, Konrad: Philodems Academica. Die Berichte über Platon und die Alte Akademie in zwei herkulanensischen Papyri. Supplementum Platonicum 1, Stuttgart – Bad Cannstatt 1988

Gaiser, Konrad: Platons ungeschriebene Lehre, Stuttgart 1963

Galenos: De optimo docendi genere. Exhortatio ad medicinam (Protreptikos) (gr./ital.), ⟨ed./tr.⟩ Barigazzi, Adelmo, Corpvs medicorvm graecorvm 5.1.1, Berlin 1991

Galenos: De placitis Hippocratis et Platonis, ⟨ed./tr.⟩ De Lacy, Phillip: Galen. On the Doctrines of Hippocrates and Plato (3 Vols.; gr./engl.), Berlin 1978–1984

Galloway, Brian: Some Logical Issues in Madhyamaka Thought, in: Journal of Indian Philosophy 17 (1989), Dordrecht – Boston, 1–35

Gambhīrānanda, Swāmī ⟨ed./tr.⟩: Bhagavad-Gītā. With Commentary of Śaṅkarācārya (Gītā–Text: skr./engl.; Commentary Text: engl.), Calcutta [1]1984

Gambhīrānanda, Swāmī ⟨ed./tr.⟩: Eight Upaniṣads. With the Commentary of Śaṅkarācārya (2 Vols., Upaniṣad Text: skr./engl.; Commentary Text engl.), Calcutta 1989 (Vol. 1: 1st; Vol. 2: 2nd)

Gangadean, Ashok K.: Between Worlds. The Emergence of Global Reason, New York et al. 1998

Gangadean, Ashok K.: Meditative Reason. Toward Universal Grammar, New York et al. 1993

Garaudy, Roger: Biographie des 20. Jahrhunderts: ein philosophisches Testament (2 Bde.), Hannover – Frankfurt 1986–1988

Garfield, Jay L.: Epoche and Śūnyatā: Skepticism East and West, in: Philosophy East and West 40 (1990), Honolulu, 285–307

Gauḍapāda: Āgama-Śāstra (Gauḍapāda-Kārikā), ⟨ed.⟩ Bhattacharya, Vidhushekhara, Delhi et al. [1]1989 (Reprint d. Ausg. [1]1943)

Gawlick, Günter: Die Funktion des Skeptizismus in der frühen Neuzeit, in: Archiv für Geschichte der Philosophie 49 (1967), 86–97

Géhin, Paul: Nouveaux fragments grecs des lettres d'Évagre, in: Revue d'histoire des textes 24 (1994), Paris, 117–147

Gellius, Aulus: Noctes Atticae (lat./engl.), ⟨tr.⟩ Rolfe, John C.: The Attic Nights of Aulus Gellius in three Volumes, Cambridge/MA – London 1961–1967 (Repr.)

al-Ghazālī, Abū-Ḥāmid Muḥammad: Der Erretter aus dem Irrtum (al-Munqid min aḍ–ḍalāl), ⟨tr.⟩ Elschazlī, ʻAbd-Elṣamad ʻAbd-Elḥamīd, Hamburg 1988 al-Ghazālī, Abū-Ḥāmid Muḥammad: Tahāfut al-falāsifah, ⟨tr.⟩ Kamali, Sabih Ahmad: Al-Ghazali's Tahafut al-falasifah (The Incoherence of the Philosophers), Lahore 1963

al-Ghazālī, Abū-Ḥāmid Muḥammad: Tahafut al-falasifa (arab./engl.), ⟨ed./tr.⟩ Marmura, Michael E.: The Incoherence of the Philosophers, Provo/UT 1997

Gilson, Étienne: Étude sur le rôle de la pensée médiévale dans la formation du système cartésien, Paris ³1967 (¹1930)

Gilson, Étienne: Introduction à l'étude de Saint Augustin, Paris ³1949 (¹1928)

Gilson, Stefan: Der heilige Augustin. Eine Einführung in seine Lehre, aus dem Französischen übersetzt von Böhner, P. Philotheus & Sigge, P. Timotheus, Hellerau s. a. [1930]

Gimello, Robert M.: Mysticism and Meditation, in: ⟨ed.⟩ Katz, Steven T.: Mysticism and Philosophical Analysis, London – New York 1978, 170–199

Girndt, Helmut: Die Lehre vom »plötzlichen Erwachen« bei Platon und im buddhistischen Denken, in: ⟨ed.⟩ idem: Zeit und Mystik. Der Augenblick im Denken Europas und Asiens, Sankt Augustin ¹1992

Glucker, John: Antiochus and the Late Academy, Hypomnemata 56, Göttingen 1978

Gnädinger, Louise: Der Abgrund ruft dem Abgrund, in: ⟨edd.⟩ Haas, Alois M. & Stirnimann, Heinrich: Das ‹Einig Ein›, Freiburg/Schweiz 1980, 167–207

Gnädinger, Louise ⟨ed./tr.⟩: Deutsche Mystik, Zürich 1989

Goedeckemeyer, Albert: Geschichte des griechischen Skeptizismus, Aalen 1968 (Neudr. d. Ausg. Leipzig 1905)

Görler, Woldemar: Älterer Pyrrhonismus. Jüngere Akademie. Antiochos aus Askalon, in: ⟨ed.⟩ Flashar, Hellmut: Grundriss der Geschichte der Philosophie (Begr. v. F. Ueberweg). Die Philosophie der Antike, Bd. 4.2: Hellenistische Philosophie, Basel 1994, 717–989

Görler, Woldemar: Ein sprachlicher Zufall und seine Folgen. 'Wahrscheinliches' bei Karneades und bei Cicero, in: ⟨edd.⟩ Müller, Carl Werner & Sier, Kurt & Werner, Jürgen: Zum Umgang mit fremden Sprachen in der griechisch-römischen Antike, Stuttgart 1992, 159–171

Görler, Woldemar: Untersuchungen zu Ciceros Philosophie, Heidelberg 1974

Goethe, Johann Wolfgang [von]: Sämtliche Werke (18 Bde.), ⟨edd.⟩ Beutler, Ernst et al. [Nachdruck der Artemis-Gedenkausgabe], Zürich – München 1977

Gold, Jeffrey: Plato in the Light of Yoga, in: Philosophy East and West 46 (1996), Honolulu, 17–32

Gómez, Luis O.: Proto-Mādhyamika in the Pāli Canon, in: Philosophy East and West 26 (1976), Honolulu, 137–165

Gomperz, Theodor: Griechische Denker (3 Bde.), Berlin ⁴1973 (Repr. d. Ausg. Berlin 1922–1931)

Gouhier, Henri: Doute méthodique ou négation méthodique, in: Études Philosophiques, Nouvelle Série 9 (1954), Paris, 135–162

Govinda, Lama Anagarika: Grundlagen tibetischer Mystik. Nach den esoterischen Lehren des Großen Mantra *oṃ maṇi padme hūṃ*, Frankfurt/M. 1975

Gramlich, Richard: Die Gaben der Erkenntnisse des 'Umar as-Suhrawartī, Wiesbaden 1979

Gregorios von Nazianz: Carmina, ⟨ed.⟩ Migne, J.-P.: Patrologia Graeca, tomus 37, Paris 1862, 397–1600

Gregorios von Nazianz: Orationes, ⟨ed.⟩ Migne, J.-P.: Patrologia Graeca, tomus 35 & 36, Paris 1857–1858, 35.395–36.664

Gregorios von Nyssa: Der Aufstieg des Moses, ⟨tr.⟩ Blum, Manfred, Freiburg/Br. 1963
Gregorios von Nyssa: De vita Moysis, ⟨ed.⟩ Migne, J.-P.: Patrologia Graeca, tomus 44, Paris 1863, 297–430
Gregorios von Nyssa: De vita Moysis, ⟨ed.⟩ Musurillo, Herbertus: Gregorii Nysseni opera, vol. 7.1, Leiden 1964
Grenier, Jean: L'exigence d'intelligibilité du Sceptique grec. Considérations à propos de Sextus Empiricus, in: Revue philosophique de la France et de l'étranger 147 (1957), Paris, 357–365
Grenier, Jean: Le sceptique masqué, in: La Table ronde 22 (1949), Paris, 1504–1513
Grenier, Jean: Sextus et Nāgārjuna, in: Revue philosophique de la France et de l'étranger 160 (1970), Paris, 67–75
Grimm, Georg: Die Wissenschaft des Buddhismus, ⟨edd.⟩ Keller-Grimm, M. & Hoppe, Max, s.l., s.a. (nach der Ausg. Leipzig 1923 mit Verbesserungen nach Manuskripten)
Grimm, Jacob und Wilhelm: Deutsches Wörterbuch (17 Bde. in 33 Tln.), Leipzig 1854–1960
Grundy, Dominick: Skepticism in Two Essays by Montaigne and Sir Thomas Browne, in: Journal of the History of Ideas 34 (1973), New York, 529–542
Gueroult, Martial: Descartes selon l'ordre des raisons (2 parties), Paris ²1968 (¹1953)
Guillaumont, Antoine: Evagrius Ponticus, in: Theologische Realenzyklopädie (TRE), Bd. 10, ⟨edd.⟩ Krause, Gerhard & Müller, Gerhard et al., Berlin – New York 1982, 565–570
Guillaumont, Antoine: Études sur la spiritualité de l'orient chrétien, Bégrolles-en-Mauges 1996
Gunaratne, R. D.: Understanding Nāgārjuna's Catuṣkoṭi, in: Philosophy East and West 36 (1986), Honolulu, 213–234
Gurwitsch, Georg: Fichtes System der konkreten Ethik, Hildesheim – Zürich – New York 1984 (Nachdruck der Ausg. Tübingen ¹1924)
Guthrie, Kenneth Sylvan: The Pythagorean Sourcebook and Library. An Anthology of Ancient Writings Which Relate to Pythagoras and Pythagorean Philosophy, ⟨ed.⟩ Fideler, David R., Grand Rapids/MI. 1987
Gyatso, Geshe Kelsang: Ocean of Nectar, London 1995
Gyatso, Yonten & Driessens, Georges & Zaregradsky, Michel: L'entrée au milieu de Chandrakirti, Anduze 1985
Hacker, Paul: Kleine Schriften, ⟨ed.⟩ Schmithausen, Lambert, Wiesbaden 1978
Hadoardus (Presbyter): Des Presbyter Hadoardus Cicero-Excerpte. Nach E. Narducci's Abschrift des Cod. Vat. Reg. 1762, ⟨ed.⟩ Schwenke, Paul, in: Philologus, Supplementband 5, Heft 3, Göttingen 1889, 397–588
Hadot, Pierre: Christlicher Platonismus. Die theologischen Schriften des Marius Victorinus, ⟨trr.⟩ Pierre Hadot & Ursula Brenke, Zürich – Stuttgart 1967
Hadot, Pierre: Exercices spirituels et philosophie antique, Paris 1981
Hadot, Pierre: Philosophie als Lebensform. Geistige Übungen in der Antike, Berlin 1991
Hadot, Pierre: Plotin ou la simplicité du regard, Paris ²1973 (¹1963)
Hadot, Pierre: Wege zur Weisheit oder Was lehrt uns die antike Philosophie?, Frankfurt/M. 1999
Halder, Alois & Müller, Max: Philosophisches Wörterbuch. Erweiterte Neuausgabe, Freiburg – Basel – Wien 1993
Hansen, Chad: Linguistic Skepticism in the Lao Tzu, in: Philosophy East and West 31 (1981), Honolulu, 321–336

Hart, James G.: Husserl and Fichte: With special regard to Husserl's lectures on »Fichte's ideal of humanity«, in: Husserl Studies 12 (1995), The Hague, 135–163
Hasler, Ludwig: Die skeptische Zerstörung der Esoterik, in: ⟨edd.⟩ Holzhey, Helmut & Zimmerli, Walther Ch.: Esoterik und Exoterik der Philosophie, Basel – Stuttgart 1977, 32–51
Hasurkar, Srinath S. : The Undefinability of the Cause, in: Bharatīya Vidyā 18 (1958), Bombay, 32–48
Hasurkar, Srinath S. : The Undefinability of the Divisions of Time: As Enunciated by Shreeharsa, in: Indian Philosophy and Culture 4 (1959), Vrindaban/India, 89–97
Hasurkar, Srinath S. : The Undefinability of the Entity and the Non-Entity as Proved by Shreeharsa, in: Vedanta Kesari 46 (1959), Madras, 209–215
Hausherr, Irénée: Ignorance infinie, in: Orientalis Christiana Periodica 2 (1936), Roma, 351–362
Hausherr, Irénée: Ignorance infinie ou science infinie?, in: Orientalis Christiana Periodica 25 (1959), Roma, 44–52
Hausherr, Irénée: Nouveaux fragments grecs d'Evagre le Pontique, in: Orientalis Christiana Periodica 5 (1939), Roma, 229–233
Hayes, Richard P.: Dignāga on the Interpretation of Signs, Dordrecht – Boston – London 1988
Hayes, Richard P.: Nāgārjuna's Appeal, in: Journal of Indian Philosophy 22 (1994), Dordrecht – Boston – London, 299–378
Hegel, Georg Wilhelm Friedrich: Werke (20 Bde.), ⟨Editionsredaktion⟩ Moldenhauer, Eva & Michel, Karl Markus, Frankfurt/M. 1986
Heidegger, Martin: Der Satz vom Grund, Pfullingen [5]1978 ([1]1957)
Heidegger, Martin: Einführung in die Metaphysik, Tübingen [4]1976 ([1]1953)
Heidegger, Martin: Gelassenheit, Stuttgart [11]1999 ([1]1959)
Heidegger, Martin: Holzwege, Frankfurt/M. [6]1980 ([1]1950)
Heidegger, Martin: Nietzsche (2 Bde.), Pfullingen [4]1961
Heidegger, Martin: Sein und Zeit, Tübingen [15]1979
Heidegger, Martin: Unterwegs zur Sprache, Pfullingen [7]1982 ([1]1959)
Heidegger, Martin: Vier Seminare. Le Thor 1966, 1968, 1969; Zähringen 1973, Frankfurt/M. 1977
Heidegger, Martin: Wegmarken, Frankfurt/M. [2]1978 ([1]1967)
Heine, Heinrich: Sämtliche Schriften, Vol. 5, ⟨ed.⟩ Briegleb, Klaus, München 1974
Heinrichs, Maurus: Katholische Theologie und asiatisches Denken, Mainz 1963
Heinrichs, Maurus: Synderesis und Apatheia. Ein Beitrag zur Theologie Bonaventuras im östlichen Raum, in: ⟨ed.⟩ Commissio internationalis Bonaventuriana: S.[anctus] Bonaventura 1274–1974, Vol. 3: Philosophica, Grottaferrata 1973, 623–695
Heinrichs, Maurus: Wu wei et Apatheia. Studium perfectionis humanae comparativum, in: Collectanea Commissionis Synodalis 14B (1941), Peking, 602–641, 948–975, 1094–1112
Heiser, John H.: Saint Augustine and Negative Theology, in: The New Scholasticism 63 (1989), Washington/DC et al. 1989, 66–80
Held, Klaus: Lebendige Gegenwart, Den Haag 1966
Hendrikx, Ephraem: Augustins Verhältnis zur Mystik. Eine patristische Untersuchung, Würzburg 1936
Henry, Paul: Die Vision zu Ostia, in: ⟨ed.⟩ Andresen, Carl: Augustinus-Gespräch der Gegenwart verbunden mit Augustinus-Bibliographie, Köln 1962, 201–270

Hermes Trismegistos: Corpvs Hermeticvm (gr./lat./frz.), 4 tomes, ⟨edd.⟩ Nock, A. D. & Festugière, A.-J., ⟨tr.⟩ Festugière, A.-J., Paris 1945–1954
Hiecke, Gotthard: Meister Eckhart und die Stoa, Rostock 1969 (Theol. Diss.)
Hieronymos, Sophronios E.: Epistulae, Pars 3: CXXI-CLIV, ⟨ed.⟩ Hilberg, Isidorvs, Vindobonae – Lipsiae 1918
Hieronymos, Sophronios E.: In Hieremiam libri VI, ⟨ed.⟩ Reiter, Sigofredvs: S. Hieronymi Presbyteri opera, Pars 1.3, Corpvs Christianorvm. Series Latina 74, Turnholti 1960
Hierotheos: The Book of the Holy Hierotheos Ascribed to Stephen Bar-Sudhaile (*c* 500 A.D.) (syr./engl.), ⟨ed./tr.⟩ Marsh, Fred Shipley, Amsterdam 1979 (Repr. d. Ausg. London – Oxford 1927)
Hippolytos ⟨Papa, Antipapa⟩: Refutatio omnium haeresium, ⟨ed.⟩ Marcovich, Miroslav, Berlin – New York 1986
Höck, Wilhelm: Die Gnade des Zweifels. Skepsis und die Bereitschaft fürs Neue, Unbekannte, in: Edith-Stein-Jahrbuch 2 (1996), 283–290
Hof, Hans: Scintilla animae. Eine Studie zu einem Grundbegriff in Meister Eckharts Philosophie mit besonderer Berücksichtigung des Verhältnisses der Eckhartschen Philosophie zur neuplatonischen und thomistischen Anschauung, Lund – Bonn 1952
Høffding, Harald: Religionsphilosophie, Leipzig 1901
Holl, Karl: Augustins innere Entwicklung, Abhandlungen der Preussischen Akademie der Wissenschaften. Philosophisch-historische Klasse, Jg. 1922, 4. Abhandlung, Berlin 1922
Horatius: Carmina (lat./engl.), ⟨ed./tr.⟩ Bennett, C. E.: Horace: The Odes and Epodes, Cambridge/MA – London 1968 (repr. and revised; ¹1914)
Horkheimer, Max: Die gesellschaftliche Funktion der Philosophie. Ausgewählte Essays, Frankfurt/M. ²1976
Hossenfelder, Malte: Einleitung in: Sextus Empiricus. Grundriß der pyrrhonischen Skepsis, Frankfurt/M. ¹1985, 9–90
Hülser, Karlheinz ⟨ed./tr./adnot.⟩: Die Fragmente zur Dialektik der Stoiker (4 Bde.), Stuttgart-Bad Cannstatt 1987–1988
Hugo de Santo Victore: In Salomonis Ecclesiasten homiliae, ⟨ed.⟩ Migne, J.-P.: Patrologia Latina, tomus 175, Paris 1879, 113–256
Hugueny, Et.: Circulaire, rectiligne, hélicoïdal. Les trois degrés de la contemplation, in: Revue des sciences philosophiques et théologiques 13 (1924), Paris, 327–331
Hume, David: A Treatise of Human Nature & An Abstract of a Book lately Published, Entituled, A Treatise of Human Nature, ⟨ed.⟩ Nidditch, P. H., analytical index by Selby-Bigge, L. A., Oxford 1987 (repr. from ²1978)
Hume, David: Ein Traktat über die menschliche Natur, ⟨tr.⟩ Lipps, Theodor, ⟨ed.⟩ Brandt, Reinhard, Hamburg 1973 (Nachdruck d. Aufl. von 1904 und 1906)
Hume, David: Enquiries concerning Human Understanding and concerning the Principles of Morals, ⟨ed.⟩ Nidditch, P. H., analytical index by Selby-Bigge, L. A., Oxford 1988 (repr. from ³1975)
Hume, David: The Natural History of Religion, ⟨ed.⟩ Colver, A. Wayne, and Dialogues concerning Natural Religion, ⟨ed.⟩ Price, John Valdimir, Oxford 1976
Huntington, C. W. with Wangchen, Geshé Namgyal: The Emptiness of Emptiness, Honolulu 1989
Husserl, Edmund: Briefwechsel (10 Bde.), Husserliana Dokumente 3. Tl., ⟨ed.⟩ Schuh-

mann, Karl, in Verbindung mit Schuhmann, Elisabeth, Dordrecht – Boston – London 1994
Husserl, Edmund: Gesammelte Schriften (8 Bde. + Zusatzbd.), ⟨ed.⟩ Ströker, Elisabeth, Hamburg 1992
Husserl, Edmund: Husserliana. Husserls gesammelte Werke (bisher 29 Bde.), verschiedene Editoren, Den Haag 1950–noch andauernd
Husserl, Edmund: Unveröffentlichte Manuskripte (Typoskripte) des Husserl-Archivs der Universität zu Köln:
A V 5, pp. 1–11 (1933) & pp. 12–27 (1930)
B I 14 XIII (1933)
B I 21 IV (ca. 1923–1926)
C 1 (1934)
C 2 I (1931–1932)
C 3 I (1930)
C 3 III (1931)
C 7 I (1932)
C 10 (ohne Datierung, ca. 1931)
E III 4 (1930)
Iacopone da Todi: Laude, ⟨ed.⟩ Mancini, Franco, Roma – Bari 1974
Iacopone da Todi: Laude, ⟨tr.⟩ Beck, Theodore ↗ Underhill, Evelyn
Iacopone da Todi: Laude, ⟨tr.⟩ Federmann, Hertha: Lauden des Jacopone da Todi [Auswahl] (it./dt.), Köln 1967 ([1]1924)
Iacopone da Todi: Laude, ⟨trr.⟩ Hughes, Serge & Elizabeth: The Lauds, New York – Ramsey/NJ – Toronto 1982
Iacopone da Todi: Laude, ⟨tr.⟩ Portier, Lucienne: Les ‹Laudi›, Paris 1996
Iacopone da Todi: Laude, ⟨trr.⟩ Schlüter, C. & Storck, W.: Ausgewählte Gedichte Jacopone's da Todi, Münster 1864
Inge, William Ralph: Christian Mysticism. Considered in eight Lectures Delivered before the University of Oxford (The Bampton Lectures, 1899), London 1899
Irenaeus ↗ Eirenaios
Irrgang, Bernhard: Skepsis in der Aufklärung. Zur Rekonstruktion der Bedeutung skeptischer Argumentation und ihrer Widerlegung in Versuchen der Rechtfertigung ihres Anspruchs als »Siècle Philosophique«, Frankfurt/M. 1982
Ishigami, Michiko: La Sagesse et la Condition Humaine selon l'Humanisme de Montaigne et le Bouddhisme de Kenkô, in: Bulletin de la Société des Amis de Montaigne, 4e. Série 1 (1965), Paris, 25–37
Ishigami, Mitchiko: Le Bouddha, Pyrrhon et Montaigne, in: Bulletin de la Société des Amis de Montaigne, 5e. Série 5 (1973), Paris, 11–23
Ivánka, Endre von: Der ›Apex mentis‹, in: ⟨ed.⟩ Beierwaltes, Werner: Platonismus in der Philosophie des Mittelalters, Darmstadt 1969, 121–146
Ivánka, Endre von ⟨tr.⟩: Dionysius Areopagita. Von den Namen zum Unnennbaren, Einsiedeln [2]1981
Jacopone da Todi ↗ Iacopone da Todi
Jaeger, Werner: Aristoteles. Grundlegung einer Geschichte seiner Entwicklung, Berlin [2]1955
Janáček, Karel: Philon von Alexandreia und skeptische Tropen, in: Eirene 19 (1982), Praha, 83–97
Janáček, Karel: Sextvs Empiricvs, Vol. 4: Indices, Lipsiae (Leipzig) 1962

Janáček, Karel: Zur Interpretation des Photios-Abschnittes über Ainesidemos, in: Eirene 14 (1976), Praha, 93–100
Jardine, Lisa: Lorenzo Valla: Academic Skepticism and the New Humanist Dialectic, in: ⟨ed.⟩ Burnyeat, Myles F.: The Skeptical Tradition, Berkeley et al. 1983, 253–286
Jaspers, Karl: Der philosophische Glaube angesichts der Offenbarung, München 1962
Jaspers, Karl: Nachlaß zur Philosophischen Logik, ⟨edd.⟩ Saner, Hans & Hänggi, Marc, München – Zürich 1991
Jaspers, Karl: Philosophie (3 Bde.), München – Zürich 1994 ([1]1932)
Jaspers, Karl: Psychologie der Weltanschauungen, München – Zürich 1985 (Repr. d. Ausg. [6]1971; [1]1919)
Jaspers, Karl: Von der Wahrheit, München – Zürich [3]1983
Jayatilleke, K. N.: Early Buddhist Theory of Knowledge, Delhi et al. [1]1980 (Reprint d. Ausg. [1]1963)
Joannes Saresberiensis (John of Salisbury): Opera omnia (5 Vols.), ⟨ed.⟩ Giles, J. A., Leipzig 1969 (Nachdr. d. Ausg. Oxonii 1848)
Joannes Saresberiensis (John of Salisbury): Policraticus (2 tomi), ⟨ed.⟩ Webb, Clemens C. I., Frankfurt/M. 1965 (repr. from London 1909)
Joannes Saresberiensis (John of Salisbury): Policraticus. Of the Frivolities of Courtiers and the Footprints of Philosophers, ⟨tr.⟩ Nederman, Cary J., Cambridge et al. 1990
Joannes Scotus Eriugena: De divisione Naturae (Periphyseon), in: ⟨ed.⟩ Migne, J.-P.: Patrologia Latina, tomus 122, Paris 1853, 439–1122
Johannes Scotus Eriugena: Über die Einteilung der Natur (2 Bde. in einem), ⟨tr.⟩ Noack, Ludwig, Hamburg [3]1994 (Nachdruck der Ausg. Berlin 1870–1874)
Jones, William: The Works of Sir William Jones in six Volumes, London 1799
Jostes, Franz: Meister Eckhart und seine Jünger, Freiburg/Schweiz 1895
Juan de la Cruz: Obras de San Juan de la Cruz, Doctor de la Iglesia, ⟨ed./adnot.⟩ Ruano, Lucinio, in: Jesus, Crisogono de & Niño Jesus, Matias del & Ruano, Lucinio: Vida y Obras de San Juan de la Cruz, Madrid 1978, 343–1206 (Sigle: VO)
Juan de la Cruz: Obras del Místico Doctor San Juan de la Cruz, Edición crítica (3 Bde.), ⟨ed.⟩ Gerardo de San Juan de la Cruz, Toledo 1912–1914 (Sigle: OEC)
Juan de la Cruz (Johannes vom Kreuz): Gesammelte Werke (bisher 4 Bde.), ⟨trr.⟩ Dobhan, Ulrich & Hense, Elisabeth & Peeters, Elisabeth, Freiburg – Basel – Wien 1995–1999
Juan de la Cruz (Johannes vom Kreuz): Sämtliche Werke (5 Bde.), ⟨trr.⟩ P. Aloysius ab Immac. Conceptione & P. Ambrosius A. S. Theresia, München 1956–1970 (verschiedene Neuauflagen) (Sigle: SW)
Jundt, Auguste: Histoire du panthéisme populaire au moyen âge et au seizième siècle, Frankfurt/M. 1964 (Nachdruck der Ausg. Paris 1875)
Kafka, Franz: Hochzeitsvorbereitungen auf dem Lande und andere Prosa aus dem Nachlaß, ⟨ed.⟩ Brod, Max: Gesammelte Werke, Taschenbuchausgabe in acht Bänden, Frankfurt/M. 1998
Kafka, Franz: Sämtliche Erzählungen, ⟨ed.⟩ Raabe, Paul, Frankfurt/M. 1970
Kakkuri-Knuuttila, Marja-Liisa: Dialectic and Inquiry in Aristotle, Helsinki 1993
Kalupahana, David J.: Ethics in early Buddhism, Honolulu 1995
Kant, Immanuel: Werke (10 Bde.), ⟨ed.⟩ Weischedel, Wilhelm, Darmstadt 1983 (Sonderausgabe)
Kern, Iso: Selbstbewußtsein und Ich bei Husserl, in: Akademie der Wissenschaften und der Literatur Mainz, Abhandlungen der Geistes- und Sozialwissenschaftlichen Klas-

se, Jg. 1989, Nr. 3: ⟨ed.⟩ Funke, Gerhard: Husserl-Symposion Mainz 27.6./4.7.1988, Wiesbaden – Stuttgart, 51–63

Kierkegaard, Søren: Gesammelte Werke, 10. Abt.: Philosophische Brocken. De omnibus dubitandum est, ⟨edd.⟩ Hirsch, Emanuel & Gerdes, Hayo, Gütersloh ²1985

Kierkegaard, Søren: Gesammelte Werke, 16. Abt., 1. & 2. Tl.: Abschließende unwissenschaftliche Nachschrift zu den Philosophischen Brocken, ⟨edd.⟩ Hirsch, Emanuel & Gerdes, Hayo, Düsseldorf – Köln 1957–1958

Kirkland, Frank M. & Chattopadhyaya, D. P. ⟨edd.⟩: Phenomenology. East and West: Essays in Honor of J. N. Mohanty, Dordrecht 1993

Kjellberg, Paul: Skepticism, Truth, and the Good Life: A Comparison of Zhuangzi and Sextus Empiricus, in: Philosophy East and West 44 (1994), Honolulu, 111–133

Klibansky, Raymond: Ein Proklos-Fund und seine Bedeutung, in: Sitzungsberichte der Heidelberger Akademie der Wissenschaften. Philosophisch-historische Klasse, Jg. 1928–29, 5. Abhandlung, Heidelberg, 1–41

Klibansky, Raymond: The Continuity of the Platonic Tradition during the Middle Ages & Plato's Parmenides in the Middle Ages, Millwood/NY – London – Nendeln/Liechtenstein 1982 (Repr. d. Ausg. 1939)

Klopfenstein, Martin A.: Die Skepsis des Qohelet, in: Theologische Zeitschrift 28 (1972), Basel, 97–109

Koch, Hugo: Pseudo-Dionysius Areopagita in seinen Beziehungen zum Neuplatonismus und Mysterienwesen. Eine Litterarhistorische Untersuchung, Mainz 1900

Köster: ὑπόστασις, in: ⟨ed.⟩ Gerhard Friedrich, Theologisches Wörterbuch zum Neuen Testament. Begründet von Gerhard Kittel, Bd. 8, Stuttgart et al. 1969, 571–588

Kolakowski, Leszek: Leben trotz Geschichte. *Lesebuch.* Ausgewählt und eingeleitet von Reinisch, Leonhard, München 1977

Kopper, Joachim: Die Stellung der ›Kritik der reinen Vernunft‹ in der neueren Philosophie, Darmstadt 1984

Krämer, Hans Joachim: Arete bei Platon und Aristoteles, Abhandlungen der Heidelberger Akademie der Wissenschaften. Philosophisch-historische Klasse, Jg. 1959, 6. Abhandlung, Heidelberg 1959

Krämer, Hans Joachim: Platonismus und hellenistische Philosophie, Berlin – New York 1971

Krahe, Maria-Judith (Hertha): Von der Wesensart negativer Theologie. Ein Beitrag zur Erhellung ihrer Struktur, München 1976 (Phil. Diss.)

Kristeller, Paul Oskar: Der Begriff der Seele in der Ethik des Plotin, Tübingen 1929

La Mothe Le Vayer, François de: Œuvres. Nouvelle édition revue et augmentée, précédée de l'Abrégé de la vie de la Mothe le Vayer (2 vol.), Genève 1970 (Faksimile-Nachdruck der Ausg. Dresden 1756–1759)

La Mothe Le Vayer, François de: Dialogues faits à l'imitation des anciens, texte revu par Pessel, André, s. l. [Paris] 1988 (Sigle: Dialogues)

Lactantius, L. Caelus Firmianus: Opera omnia, Pars 1: Divinae institutiones et epitome divinarum institutionum, ⟨ed.⟩ Brandt, Samuel, Pragae – Vindobonae – Lipsiae 1890

Landauer, Gustav: Skepsis und Mystik. Versuche im Anschluß an Mauthners Sprachkritik, Münster – Wetzlar 1978 (¹1903, Nachdr. d. Aufl. ²1923)

Lao Tzu: ⟨tr.⟩ Chan Wing-tsit: A Source Book in Chinese Philosophy, Princeton/NJ 1973, 136–176

Lao Tzu: ⟨tr.⟩ Chang Chung-yuan: Tao: A New Way of Thinking, New York et al. 1975

Lao Tzu: ⟨tr.⟩ Henricks, Robert G.: Te-tao ching. A New Translation Based on the Recently Discovered Ma-wang-tui Texts, New York 1989
Lao Tzu: ⟨tr.⟩ Lin Yutang: The Wisdom of Laotse, New York 1976
Lao Tzu: ⟨tr.⟩ Möller, Hans-Georg: Laotse. Tao Te King [Laozi, Daodejing]. Die Seidentexte von Mawangdui, 500 Jahre älter als andere Ausgaben, Frankfurt/M. 1995
Lao Tzu: ⟨tr.⟩ Strauss, Victor von: Laò-Tsè's Taò tě kīng, Leipzig 1924
Lao Tzu: ⟨tr.⟩ Ulenbrook, Jan: Lau Dse. Dau Dö Djing. Das Buch vom rechten Wege und von der rechten Gesinnung, Frankfurt/M.–Berlin [5]1990
Lao Tzu: ⟨tr.⟩ Wilhelm, Richard, Laotse. Tao te king. Das Buch vom Sinn und Leben, Düsseldorf – Köln 1979
Lauf, Detlef Ingo: Vom Wesen des Ursprungs. Phänomene von Koemergenz und Simultaneität im westlichen und östlichen Denken, Stuttgart 1987
Le Blond, J. M.: Logique et méthode chez Aristote. Étude sur la recherche des principes dans la Physique Aristotélicienne, Paris 1939
Leder, Hermann: Untersuchungen über Augustins Erkenntnistheorie in ihren Beziehungen zur antiken Skepsis, zu Plotin und zu Descartes, Marburg 1901
Lee Joo-Dong: Taoistische Weltanschauung im Werke Franz Kafkas, Frankfurt/M. – Bern – New York 1985
Leibniz, Gottfried Wilhelm: Philosophische Schriften (4 Bde. in 6 Tln., lat./frz./dt.), ⟨ed./tr.⟩ Holz, Hans Heinz, Frankfurt/M. 1996
Lenz, Joseph: Die docta ignorantia oder die mystische Gotteserkenntnis des Nikolaus Cusanus in ihren philosophischen Grundlagen, Würzburg 1923
Lévy, Carlos: Cicero Academicus. Recherches sur les *Académiques* et sur la philosophie Cicéronienne, Roma 1992
Lévy, Carlos: Le Concept de doxa des Stoïciens à Philon d'Alexandrie: essai d'étude diachronique, in: ⟨edd.⟩ Brunschwig, Jacques & Nussbaum, Martha C.: Passions & Perceptions. Studies in Hellenistic Philosophy of Mind, Cambridge et al. 1993, 250–284
Lévy, Carlos: Le ‹Scepticisme› de Philon d'Alexandrie: Une influence de la Nouvelle Académie?, in: ⟨edd.⟩ Caquot, A. & Hadas-Lebel, M. & Riaud, J.: Hellenica et Judaica. Hommage à Valentin Nikiprowetzky, Leuven – Paris 1986, 29–41
Levy, Ludwig: Das Buch Qoheleth, Leipzig 1912
Lieh Tzu: ⟨tr.⟩ Wilhelm, Richard: Liä Dsi. Das wahre Buch vom quellenden Urgrund, Düsseldorf – Köln 1980
Lindtner, Christian: Madhyamaka Causality, in: Hōrin. Vergleichende Studien zur japanischen Kultur 6 (1999), München, 37–77
Lindtner, Christian: Nāgārjuniana, Delhi et al. 1987 ([1]1982)
Locke, John: An Essay concerning Human Understanding, ⟨ed.⟩ Nidditch, Peter H., Oxford et al. 1990 (repr. from edition 1975)
Lohfink, Norbert: Studien zu Kohelet, Stuttgart 1998
Long, A. A.: Aristotle and the History of Greek Scepticism, in: ⟨ed.⟩ O'Meara, Dominic J.: Studies in Aristotle, Washington/DC 1981, 79–106
Long, A. A.: Hellenistic Philosophy. Stoics, Epicureans, Sceptics, London [2]1986 ([1]1974)
Long, A. A.: Stoa and Sceptical Academy: origins and growth of a tradition, in: Liverpool Classical Monthly 5 (1980), Liverpool, 161–174
Long, A. A.: Timon of Phlius: Pyrrhonist and Satirist, in: Proceedings of the Cambridge Philological Society 204 (New Ser.) 24 (1978), Cambridge, 68–91
Lossky, Vladimir: Les éléments de ‹Théologie négative› dans la pensée de saint Augu-

stin, in: Avgvstinvs Magister: Congrès International Augustinien, Paris, 21–24 septembre 1954, Communicatios. Études Augustiniennes, Paris 1954, 575–581

Loukianos: ⟨ed./tr.⟩ Harmon A. M. et al.: Lucian in eight Volumes (gr./engl.), Cambridge/MA – London 1961–1972 (Repr.)

Loy, David: Nonduality. A Study in Comparative Philosophy, New Haven – London 1988

Lucretius: De rerum natura (lat./engl.), ⟨tr.⟩ Rouse, W. H. D. (revised by: Smith, Martin Ferguson), Cambridge/MA – London 1955

Lütkehaus, Ludger: Der Buddha vom Bodensee. Fritz Mauthners »Atheismus«, in: Die Zeit 46 (10.11.1989), Rubrik Literatur, Hamburg 10.11.1989, 13

Luhmann, Niklas: Die Wissenschaft der Gesellschaft, Frankfurt/M. 1992

Luhmann, Niklas & Fuchs, Peter: Reden und Schweigen, Frankfurt/M. [3]1997 ([1]1989)

Mahābhārata, ⟨edd.⟩ Sukthankar, Vishnu S. & Belvalkar, S. K.: The Mahābhārata (19 Vols. in 29 Parts Text + 6 Vols. Pratīka-Index), Poona 1933–1966 (Text), 1967–1972 (Index)

Mahāprajñāpāramitā-Śāstra: ⟨tr.⟩ Lamotte, Étienne: Le traité de la grande vertu de sagesse de Nāgārjuna (Mahāprajñāpāramitāśāstra), 5 tomes, Louvain La Neuve 1970–1981 (z. Tl. Nachdrucke)

Majjhima-Nikāya (4 Vols.): ⟨edd.⟩ Trenckner, V. & Chalmers, R., London 1888–1925

Majjhima-Nikāya: ⟨tr.⟩ Horner, I. B.: Middle Length Sayings (3 Vols.), London 1954–1959

Mal, Bahadur: The Religion of the Buddha and Its Relation to Upaniṣadic Thought, Hoshiarpur/India [1]1958

Malherbe, Abraham, J. ⟨ed.⟩: The Cynic Epistles (gr./engl.), Atlanta/GA 1986 (Repr. d. Ausg. [1]1977)

Malhotra, M. K.: Die indische Philosophie und die Phänomenologie Husserls, in: Zeitschrift für philosophische Forschung 13 (1959), Meisenheim/Glan, 339–346

Mall, Ram Adhar: Experience and Reason. The Phenomenology of Husserl and its Relation to Hume's Philosophy, The Hague 1973

Mall, Ram Adhar: Humes Erfahrungsphilosophie oder sein gemäßigter Skeptizismus als die wahre Philosophie, in: ⟨ed.⟩ Sandkühler, Hans Jörg: Theorien, Modelle und Tatsachen: Konzepte der Philosophie und der Wissenschaften, Frankfurt/M. et al. 1994, 183–207

Mall, Ram Adhar: Metonymic Reflections on Śaṅkara's Concept of Brahman and Plato's Seventh Epistle, in: Journal of Indian Council of Philosophical Research 9 (1992), New Delhi, 89–102

Mall, Ram Adhar: Schelers Idee einer werdenden Anthropologie und Geschichtsteleologie, in: Phänomenologische Forschungen 28–29 (1994), Freiburg – München, 35–69

Mall, Ram Adhar: Schelers Konzept der kosmopolitischen Philosophie. Grenzen der Vergleichbarkeit verschiedener Weltanschauungen, in: Trierer Beiträge. Aus Forschung und Lehre der Universität Trier 11 (1982), Trier, 1–10

Mall, Ram Adhar: The God of Phenomenology in Comparative Contrast to that of Philosophy and Theology, in: Husserl Studies 8 (1991), The Hague, 1–15

Mall, Ram Adhar & Hülsmann, Heinz: Die drei Geburtsorte der Philosophie. China – Indien – Europa, Bonn 1989

Mansfeld, Jaap: Philosophy in the Service of Scripture. Philo's Exegetical Strategies, in: ⟨edd.⟩ Dillon, John M. & Long, A. A.: The Question of »Eclecticism«. Studies in Later Greek Philosophy, Berkeley – Los Angeles – London 1988, 70–102

Marc-Wogau, Konrad: Der Zweifel Descartes' und das *Cogito ergo sum*, in: Theoria 20 (1954), Lund – Copenhagen, 128–152
Marcel, Gabriel: The Philosophy of Existence, ⟨tr.⟩ Harari, Manya, London s. a. [1948]
Marcus Aurelius: In se ipsum (ΤΑ ΕΙΣ ΕΑΥΤΟΝ) (gr./dt.), ⟨ed./tr.⟩ Nickel, Rainer: Wege zu sich selbst, München – Zürich 1990
Maritain, Jacques: Die Stufen des Wissens oder durch Unterscheiden zur Einung, Mainz s. a.
Maritain, Jacques: Ransoming the Time, New York 1972 (¹1941)
Maritain, Jacques et Raïssa: Œuvres complètes, Vol. 4, Fribourg – Paris 1983
Massignon, Louis: The Passion of al-Hallāj. Mystic and Martyr of Islam (4 Vols.), translated from the French with a biographical foreword by Mason, Herbert, Princeton 1982 (1. frz. Ausg. Paris 1922)
Masson-Oursel, Paul: La philosophie comparée, Paris 1923
Matilal, Bimal Krishna: Logical and Ethical Issues of Religious Belief, Calcutta 1982
Matilal, Bimal Krishna: Mysticism and Reality: Ineffability, in: Journal of Indian Philosophy 3 (1975), Dordrecht, 217–252
Mauthner, Fritz: Beiträge zu einer Kritik der Sprache (3 Bde.), Leipzig ³1923
Mauthner, Fritz: Der Atheismus und seine Geschichte (4 Bde.), Hildesheim 1963 (reprograph. Nachdruck d. Ausg. Stuttgart – Berlin 1920–1923)
Mauthner, Fritz: Der letzte Tod des Gautama Buddha, München 1913
Mauthner, Fritz: Die Sprache, Frankfurt/M. 1906
Mauthner, Fritz: Die drei Bilder der Welt. Ein sprachkritischer Versuch, ⟨ed.⟩ Jacobs, Monty, Erlangen 1925
Mauthner, Fritz: Gottlose Mystik, Dresden s. a. [1925]
Mauthner, Fritz: Fritz Mauthner (Selbstdarstellung), in: ⟨ed.⟩ Schmidt, Raymund: Die Philosophie der Gegenwart in Selbstdarstellungen, Bd. 3, Leipzig ²1924, 123–145
Mauthner, Fritz: Skeptizismus und Judentum, ⟨edd./adnott.⟩ Betz, Frederick & Thunekke, Jörg, in: Studia Spinozana 5 (1989), Würzburg, 275–307
Mauthner, Fritz: Spinoza. Ein Umriß seines Lebens und Wirkens, Dresden 1922 (11.–16. Aufl.)
Mauthner, Fritz: Wörterbuch der Philosophie. Neue Beiträge zu einer Kritik der Sprache (3 Bde.), Leipzig ²1923–1924
Maximos Homologetos (Maximus Confessor): Ambigua (De variis difficilibus locis Sanctorum Dionysii et Gregorii), in: ⟨ed.⟩ Migne, J.-P.: Patrologia Graeca, tomus 91, Paris 1865, 1027–1418
Maximos Homologetos (Maximus Confessor): Ambigua, ⟨tr.⟩ Ponsoye, Emmanuel: Saint Maxime le Confesseur: Ambigua, Paris – Suresnes 1994
Maximos Homologetos (Maximus Confessor): Capita de caritate, ⟨ed./tr.⟩ Ceresa-Gastaldo, Aldo: Massimo Confessore: Capitoli sulla carità (gr./ital.), Roma 1963
Maximos Homologetos (Maximus Confessor): Capita de Charitate, in: ⟨ed.⟩ Migne, J.-P.: Patrologia Graeca, tomus 90, Paris 1865, 958–1080
Maximos Homologetos (Maximus Confessor): Capita de caritate, ⟨tr.⟩ Balthasar, Hans Urs von: Kosmische Liturgie. Das Weltbild Maximus' des Bekenners, Einsiedeln ²1961 (völlig veränderte Auflage), 414–481
Maximos Homologetos (Maximus Confessor): Capita ducenta ad theologiam Deique Filii in carne dispensationem spectantia (Capita gnostica), in: ⟨ed.⟩ Migne, J.-P.: Patrologia Graeca, tomus 90, Paris 1865, 1081–1174
Maximos Homologetos (Maximus Confessor): Capita ducenta ad theologiam Deique

Filii in carne dispensationem spectantia (Capita gnostica), in: ⟨tr.⟩ Berthold, George C.: Maximus Confessor. Selected Writing, New York – Mahwah/NJ – Toronto 1985, 127–180 (zitiert als Capita gnostica)
(Pseudo-)Maximos Homologetos (Maximus Confessor): Diversa capita ad theologiam et œconomiam spectantia deque virtute ac vitio, in: ⟨ed.⟩ Migne, J.-P.: Patrologia Graeca, tomus 90, Paris 1865, 1177–1392
(Pseudo-)Maximos Homologetos (Maximus Confessor): Diversa capita ad theologiam et œconomiam spectantia deque virtute ac vitio, ⟨tr.⟩ Soppa, Wilhelm: Die Diversa Capita unter den Schriften des heiligen Maximus Confessor in deutscher Bearbeitung und quellenkritischer Beleuchtung, Dresden 1922 (Diss.)
Maximos Homologetos (Maximus Confessor): Epistolæ, in: ⟨ed.⟩ Migne, J.-P.: Patrologia Graeca, tomus 91, Paris 1865, 361–650
Maximos Homologetos (Maximus Confessor): Epistolae, ⟨tr.⟩ Ponsoye, Emmanuel: Saint Maxime le Confesseur: Lettres, Paris 1998
Maximos Homologetos (Maximus Confessor): Expositio orationis dominicae, in: ⟨ed.⟩ Van Deun, Peter: Maximi Confessoris opvscvla exegetica dvo, Corpvs Christianorvm. Series Graeca 23, Turnhout 1991, 25–74
Maximos Homologetos (Maximus Confessor): Expositio orationis dominicae (Orationis Dominicæ brevis expositio ad quemdam???? Christo devotum), in: ⟨ed.⟩ Migne, J.-P.: Patrologia Graeca, tomus 90, Paris 1865, 871–910
Maximos Homologetos (Maximus Confessor): Expositio orationis dominicae (Die Auslegung des Vaterunsers), ⟨tr.⟩ Bausenhart, Guido: Drei geistliche Schriften, Einsiedeln 1996, 20–54
Maximos Homologetos (Maximus Confessor): Liber asceticus, in: ⟨ed.⟩ Migne, J.-P.: Patrologia Graeca, tomus 90, Paris 1865, 911–958
Maximos Homologetos (Maximus Confessor): Liber asceticus, ⟨tr.⟩ Garbas, Maximilian: Des heiligen Maximus Confessor Buch vom geistlichen Leben, Breslau 1925
Maximos Homologetos (Maximus Confessor): Mystagogia, in: ⟨ed.⟩ Migne, J.-P.: Patrologia Graeca, tomus 91, Paris 1865, 657–718
Maximos Homologetos (Maximus Confessor): Mystagogia, ⟨tr.⟩ Balthasar, Hans Urs von: Kosmische Liturgie. Das Weltbild Maximus' des Bekenners, Einsiedeln ²1961 (völlig veränderte Auflage), 366–407
Maximos Homologetos (Maximus Confessor): Qvaestiones ad Thalassivm (2 vol.), ⟨edd.⟩ Laga, Carl & Steel, Carlos, Corpvs Christianorvm. Series Graeca 7 & 22, Turnhout 1980–1990
Maximos Homologetos (Maximus Confessor): Quæstiones ad Thalassium, in: ⟨ed.⟩ Migne, J.-P.: Patrologia Graeca, tomus 90, Paris 1865, 241–786
Maximos Homologetos (Maximus Confessor): Quaestiones ad Thalassium, ⟨tr.⟩ Ponsoye, Emmanuel: Saint Maxime le Confesseur: Questions à Thalassios, Suresnes 1992
Maximos Homologetos (Maximus Confessor): Qvaestiones et dvbia, ⟨ed.⟩ Declerck, José H., Corpvs Christianorvm. Series Graeca 10, Turnhout 1982
Maximos Homologetos (Maximus Confessor): Quaestiones et dubia, ⟨tr.⟩ Ponsoye, Emmanuel: Saint Maxime le Confesseur: Questions et difficultés, Paris 1999
Maximos Homologetos (Maximus Confessor): Scholia in opera beati Dionysii, ⟨ed.⟩ Migne, J.-P.: Patrologia Graeca, tomus 4, Paris 1889
Maximos Tyrios: Philosophumena, ⟨ed.⟩ Hobein, H., Lipsiae 1910
Mayer, Günter: Index Philoneus, Berlin – New York 1974
McCann, Leonard A.: The Doctrine of the Void. The Doctrine of the Void as Propounded

by St. John of the Cross in his Major Prose Works and as Viewed in the Light of Thomistic Principles, Toronto – Rochester 1955

McEvilley, Thomas: Early Greek Philosophy and Mādhyamika, in: Philosophy East and West 31 (1981), Honolulu, 141–164; ebenso in: Singh, Nagendra Kumar ⟨ed.⟩: International Encyclopaedia of Buddhism, Vol. 18 (Greek), New Delhi 1996, 55–76

McEvilley, Thomas: Penelope's Night Work: Negative Thinking in Greek Philosophy (Essay, das mir der Verfasser i. J. 1987 zugeschickt hat, mit dem Hinweis, daß es in »Krisis« erschienen sei; in den relevanten Jahrgängen der Zeitschrift, die in Amsterdam herausgegeben wird, ist es jedoch nicht enthalten; auch ist es in den einschlägigen bibliographischen Nachschlagewerken nicht nachweisbar), ca. 1986, 41–58

McEvilley, Thomas: Plotinus and Vijñānavāda Buddhism, in: Philosophy East and West 30 (1980), Honolulu, 181–193; ebenso in: Singh, Nagendra Kumar ⟨ed.⟩: International Encyclopaedia of Buddhism, Vol. 18 (Greek), New Delhi 1996, 86–97

McEvilley, Thomas: Pyrrhonism and Mādhyamika, in: Philosophy East and West 32 (1982), Honolulu, 3–35; ohne Fnn. ebenso in: Singh, Nagendra Kumar ⟨ed.⟩: International Encyclopaedia of Buddhism, Vol. 18 (Greek), New Delhi 1996, 98–124

McGaughey, Douglas R.: Husserl and Heidegger on Plato's Cave Allegory: A Study of Philosophical Influence, in: International Philosophical Quarterly 16 (1976), New York, 331–348

McNeile, A. H.: An Introduction to Ecclesiastes with Notes and Appendices, Cambridge 1904

Mead, G. R. S. : Apollonius of Tyana. The Philosopher-Reformer of the First Century A.D., London – Benares 1901

Melanchthon, Philippus: Opera quae supersunt omnia, ⟨ed.⟩ Bindseil, Henricus Ernestus, New York – London – Frankfurt/M. 1963 (reprint der Ausg. Braunschweig 1834–1860)

Menn, Stephen: Descartes and Augustine, Cambridge et al. 1998

Merguet, H.: Lexikon zu den Schriften Cicero's mit Angabe sämtlicher Stellen. Zweiter Teil. Lexikon zu den philosophischen Schriften (3 Bde.), Jena 1887–1894

Merleau-Ponty, Maurice: Phänomenologie der Wahrnehmung, ⟨tr.⟩ Boehm, Rudolf, Berlin 1974 ([1]1945)

Mertens, Karl: Zwischen Letztbegründung und Skepsis. Kritische Untersuchungen zum Selbstverständnis der transzendentalen Phänomenologie Edmund Husserls, Freiburg – München 1996

Mette, Hans Joachim: Weitere Akademiker heute (Fortsetzung von Lustrum 26, 7–94): Von Lakydes bis zu Kleitomachos, in: Lustrum 27 (1985), Göttingen, 39–148

Mette, Hans Joachim: Zwei Akademiker heute: Krantor von Soloi und Arkesilaos von Pitane, in: Lustrum 26 (1984), Göttingen, 7–94

Meyer, Ruth: Maister Eghart sprichet von Wesen bloss. Beobachtungen zur Lyrik der deutschen Mystik, in: Zeitschrift für deutsche Philologie 113 (1994), Sonderheft: Mystik, ⟨ed.⟩ Cormeau, Christoph, Berlin et al., 63–82

Michalski, Konstanty: La philosophie au XIVe siècle. Six études, Frankfurt/M. 1969

Michel, Diethelm: Qohelet, Darmstadt 1988

Milindapañha: ⟨ed.⟩ Trenckner V.: The Milindapanho Being Dialogues between King Milinda and the Buddhist Sage Nagasena, London – Edinburgh 1880

Milindapañha: ⟨tr.⟩ Nyanatiloka, ⟨ed.⟩ Nyanaponika: Milindapanha. Die Fragen des Königs Milinda, Interlaken 1985

Mohanty, Jitendra Nath: Husserl's Phenomenology and Indian Idealism, in: Philosophical Quarterly 24 (1951), Amalner (resp. Madras et al.), 147–156
Mohanty, Jitendra Nath: Phenomenology and Existentialism: Encounter with Indian Philosophy, in: International Philosophical Quarterly 12 (1972), New York, 485–511
Mohanty, Jitendra Nath: Phenomenology in Indian Philosophy, in: Proceedings of the XIth International Congress of Philosophy, Vol. 13: History of Modern and Contemporary Philosophy 13 (1953), Amsterdam – Louvain, 255–262
Molière: Œuvres complètes (2 tomes), ⟨ed.⟩ Couton, Georges, s. l. [Paris] 1971
Molière: Molières sämtliche Werke in sechs Bänden, ⟨ed.⟩ Becker, Philipp August, Leipzig s. a.
Molinos, Miguel de: Der geistliche Führer, ⟨tr.⟩ (aus dem Englischen) Priem, Georg, Leipzig s. a.
Molinos, Miguel de: Guia espiritual, ⟨ed./adnot.⟩ Idígoras, José Ignacio Tellechea, Madrid 1976
Mommaers, Paul & Braht, Jan Van: Mysticism Buddhist and Christian. Encounters with Jan van Ruusbroec, New York 1995
Monrad, M. J.: Ueber den sachlichen Zusammenhang der neuplatonischen Philosophie mit vorhergehenden Denkrichtungen, besonders mit dem Skepticismus, in: Philosophische Monatshefte 24 (1888), Heidelberg, 156–193
Montaigne, Michel de: Essais. Erste moderne Gesamtübersetzung, ⟨tr.⟩ Stilett, Hans, Frankfurt/M. 1998
Montaigne, Michel de: Essais [Versuche] nebst des Verfassers Leben nach der Ausgabe von Pierre Coste ins Deutsche übersetzt (3 Bde.), ⟨tr.⟩ Tietz, Johann Daniel, Zürich 1996 ([1]1753–1754)
Montaigne, Michel de: Gesammelte Schriften Michel de Montaignes, Bde. 3–4, ⟨trr.⟩ Flake, Otto & Weigand, Wilhelm, München – Berlin 1915 (Sigle: GS)
Montaigne, Michel de: Les Essais (5 vols. en 3 vols.), ⟨edd.⟩ Strowski, Fortunat & Gebelin, Francois & Villey, Pierre, Hildesheim – New York 1981 (Nachdruck d. Ausg. Bordeaux 1919–1933)
Montaigne, Michel de: Œuvres complètes, ⟨edd.⟩ Thibaudet, Albert & Rat, Maurice, Paris 1967 (Sigle: OC)
More, Paul Elmer: Hellenstic Philosophies, Princeton – London 1923
Mortley, Raoul: From Word to Silence (2 Vols.), Bonn 1986
Mukerji, A.[nukul] C.[handra]: The Nature of Self, Allahabad [2]1943 ([1]1938)
Muller, Robert ⟨tr./adnot.⟩: Les Mégariques. Fragments et témoignages, Paris 1985
Murphy, Roland: Kohelet, der Skeptiker, in: Concilium 12 (1976), Einsiedeln – Zürich – Mainz, 567–570
Murti, T.[irupattur] R.[amaseshayyer] V.[enkatachala]: The Central Philosophy of Buddhism, London [2]1960 ([1]1955)
Muyldermans, J.: Evagriana. Extrait de la revue Le Muséon, t. XLIV, augmenté de: Nouveaux fragments grecs inédits, 1er fascicule, Paris 1931
Naess, Arne: Psychological and Social Aspects of Pyrrhonian Scepticism, in: Inquiry 9 (1966), Oslo, 301–321
Naess, Arne: Scepticism, London – New York 1968
Nagao, Gadjin M.: Mādhyamika and Yogācāra, Albany 1991
Nāgārjuna: Acintya-Stava ↗ Catustava
Nāgārjuna: Catustava (skr./tib./engl.), ⟨edd./trr.⟩ Tola, Fernando & Dragonetti, Carmen: On Voidness. A Study on Buddhist Nihilism, Delhi 1995, 101–153

(Pseudo-)Nāgārjuna: Mahāyānaviṃśaka (skr./tib./chin./engl.), ⟨ed./tr.⟩ Bhattacharya, Vidhusekhara, Calcutta 1931
(Pseudo-)Nāgārjuna: Mahāyānaviṃśikā (skr./engl.), ⟨ed./tr.⟩ Tucci, Giuseppe: Minor Buddhist Texts, Part 1, Roma 1956, 201–207
Nāgārjuna: Mūlamadhyamaka-Kārikā (skr./engl.), ⟨ed./tr.⟩ Kalupahana, David J.: Nāgārjuna. The Philosophy of the Middle Way, Albany 1986
Nāgārjuna: Mūlamadhyamaka-Kārikā, ⟨ed.⟩ Vallée Poussin, Louis de la: Mūlamadhyamakakārikās de Nāgārjuna avec la Prasannapadā Commentaire de Candrakīrti, Osnabrück 1970 (Neudruck d. Ausg. 1903–1913)
Nāgārjuna: Niraupamya-Stava ↗ Catustava
Nāgārjuna: Suhṛllekha, ⟨trr.⟩ Jamspal, Lozang & Chophel, Ngawang Samten & Della Santina, Peter: Nāgārjuna's Letter to King Gautamīputra, Delhi et al. [1]1978
Nāgārjuna: Suhṛllekha, ⟨ed./tr.⟩ Kalupahana, David: Nāgārjuna's Moral Philosophy and Sinhala Buddhism (Sahṛdlekhā and Lōvāḍasaṅgarāva), Kelaniya/Sri Lanka 1995, 39–127
Nāgārjuna: Vigrahavyāvartanī (skr./engl.), ⟨edd.⟩ Johnston, E. H. & Kunst, Arnold, ⟨tr.⟩ Bhattacharya, Kamaleswar: The Dialectical Method of Nāgārjuna, Delhi et al. [2]1986 ([1]1978)
Nāgārjuna: Yuktiṣaṣṭikā-Kārikā (tib./engl.), ⟨edd./trr.⟩ Tola, Fernando & Dragonetti, Carmen: On Voidness. A Study on Buddhist Nihilism, Delhi 1995, 19–51
Nagatomo, Shigenori: An Epistemic Turn in the *Tao Te Ching:* A Phenomenological Reflection, in: International Philosophical Quarterly 23 (1983), New York, 173–189
Nakamura, Hajime: A Comparative History of Ideas, London et al. [2]1986
Nakamura, Hajime: The Problem of Self in Buddhist Philosophy, in: ⟨edd.⟩ Coward, Harold & Sivaraman, Krishna: Revelation in Indian Thought. A Festschrift in Honour of Professor T. R. V. Murti, Emeryville/CA 1977, 99–118
Nambara, Minoru: Die Idee des absoluten Nichts in der deutschen Mystik und seine Entsprechungen im Buddhismus, in: Archiv für Begriffsgeschichte 6 (1960), Bonn, 143–277; 306–319
Nanajivako, Bhikkhu (Veljacic, Cedomil): A Western Approach to Buddhist Meditation, in: The Buddhist 30 (1959), Colombo, 78–81
Nanajivako, Bhikkhu: Buddhismus: Religion oder Philosophie?, in: 60. Schopenhauer-Jahrbuch 1979, Frankfurt, 31–55
Nanajivako, Bhikkhu (Velyachich, Chedomil): My Approach to Indian Philosophy, in: Indian Philosophical Annual 2 (1966), Madras, 303–315
Nanajivako, Bhikkhu: The Ethos of Knowledge in Kantian and in Buddhist Philosophy, in: Kant-Studien 77 (1986), Berlin – New York, 59–83
Nanajivako, Bhikkhu: The Indian Origin of Pyrrho's Philosophy of Epoche, in: Indian Philosophical Quarterly 12 (1985), Poona, 319–340
Nanajivako, Bhikkhu (Veljacic, Cedomil): Why is Buddhism a Religion?, in: Indian Philosophical Annual 7 (1970), Madras, 132–159
Negele, Manfred: Ein Skeptiker im Alten Testament. Das Buch Kohelet philosophisch gelesen, in: ⟨edd.⟩ Schreiber, Stefan & Stimpfle, Alois: Johannes aenigmaticus. Studien zum Johannesevangelium für Herbert Leroy, Regensburg 2000, 13–30
Negele, Manfred: Grade der Freiheit. Versuch einer Interpretation von G. W. F. Hegels »Phänomenologie des Geistes«, Würzburg 1991
Negele, Manfred: »hören – ent – sprechen« (unveröffentlichtes Manuskript vom 4. 2. 1992), [Augsburg 1992], 5 pp.

Nicholson, Reynold A. ⟨tr.⟩: The Kashf Al-Mahjúb, London [2(repr.)]1970 ([2]1936, [1]1911)
Nietzsche, Friedrich: Kritische Studienausgabe (15 Bde.), ⟨edd.⟩ Colli, Giorgio & Montinari, Mazzino, München – Berlin – New York [2]1988 (Sigle: KSA)
Nikiprowetzky, V.: Le commentaire de l'Écriture chez Philon d'Alexandrie, Leiden 1977
Nikolaidis, A. G.: Aristotle's Treatment of the Concept of ΠΠΑΟΤΗΣ, in: Hermes 110 (1982), Wiesbaden, 414–422
Novum Testamentum Tetraglotton (gr./lat./dt./engl.), ⟨edd.⟩ Theile, C. G. G. & Stier, R., Zürich 1981 (Nachdruck d. Ausg. 1858)
Olaso, Ezequiel de: El significado de la duda esceptica, in: Revista Latinoamericana de Filosofía 1 (1975), Buenos Aires – Birmingham/AL, 27–37
Olaso, Ezequiel de: Leibniz and Scepticism, in: ⟨edd.⟩ Popkin, Richard H. & Schmitt Charles B.: Scepticism from the Renaissance to the Enlightenment, Wiesbaden 1987, 133–167
Olaso, Ezequiel de: Objections inédites de Leibniz au principe sceptique de l'équipollence, in: ⟨ed.⟩ Funke, Gerhard: Akten des 4. Internationalen Kant-Kongresses, Bd. 1.2, Berlin – New York 1974, 52–59
Oldenberg, Hermann: Buddha. Sein Leben, seine Lehre, seine Gemeinde, Berlin 1881
Oracula Chaldaica: ⟨ed./tr.⟩ des Places, Édouard: Oracles chaldaïques avec un choix de commentaires anciens (gr./frz.), Paris 1971
Origenes: Commentarium in Canticum Canticorum, in: ⟨ed.⟩ Baehrens, W. A.: Werke, Bd. 8, Leipzig 1925, 26–241
Origenes: Commentarium in Epistulam ad Romanos (lat./dt.), ⟨ed./tr.⟩ Heither, Theresia: Origenes. Römerbriefkommentar (6 Bde.), Freiburg/Br. et al. 1990–1999
Origenes: Commentarium in Epistulam ad Romanos, in: ⟨ed.⟩ Migne, J.-P.: Patrologia Graeca, tomus 14, Paris 1862, 837–1292
Origenes: Commentaria in evangelium secundum Matthaeum, in: ⟨ed.⟩ Migne, J.-P.: Patrologia Graeca, tomus 13, Paris 1862, 829–1600
Origenes: Commentaria in evangelium secundum Matthaeum, ⟨tr.⟩ Vogt, Hermann J.: Origenes: Der Kommentar zum Evangelium nach Mattäus (3 Bde.), Stuttgart 1983–1993
Origenes: De principiis libri IV (lat./dt.), ⟨edd./trr.⟩ Görgemanns, Herwig & Karpp, Heinrich: Origenes. Vier Bücher von den Prinzipien, Darmstadt 1976
Origenes: De oratione, in: ⟨ed.⟩ Migne, J.-P.: Patrologia Graeca, tomus 11, Paris, s. a., 413–562
Origenes: Homilia in Librum Regnorum I, in: ⟨ed.⟩ Baehrens, W. A.: Werke, Bd. 8, Leipzig 1925, 1–25
Origenes: Homiliae in Jeremiam, ⟨ed.⟩ Nautin, Pierre, nach ⟨ed.⟩ Klostermann, Erich: Origenes Werke, Bd. 3: Jeremiashomilien, Klageliederkommentar, Erklärung der Samuel- und Königsbücher, Berlin [2]1983 ([1]1901)
Origenes: Homiliae in Jeremiam, ⟨tr.⟩ Schadel, Erwin: Die griechisch erhaltenen Jeremiashomilien, Stuttgart 1980
Origenes: In Jesu Nave Homilia (lat./frz.), ⟨ed./tr.⟩ Jaubert, Annie: Origène. Homélies sur Josué, Sources Chretiennes 71, Paris 1960
Origenes: In Psalmos, in: Pitra, Joannes Baptista Card.: Analecta sacra specilegio Solesmensi parata, tomus 2, Paris 1884, 444–483 & tomus 3, Paris 1883, 1–364
Origenes: Selecta in Osee, in: ⟨ed.⟩ Migne, J.-P.: Patrologia Graeca, tomus 13, Paris 1862, 825–828

Origenes: Selecta in Psalmos, in: ⟨ed.⟩ Migne, J.-P.: Patrologia Graeca, tomus 12, Paris 1862, 1053–1686
Owen, John: The Skeptics of the French Renaissance, London – New York 1893
Owen, John: The Skeptics of the Italian Renaissance, Port Washington/NY – London 1970 (repr. from 1908)
Pandeya, Ramchandra: Indian Studies in Philosophy, Delhi et al. [1]1977
Parmentier, Martin: Evagrius of Pontus' »Letter to Melania« I + II, in: Bijdragen, tijdschrift voor filosofie en theolgie 46 (1985), Louvain, 2–38
Pascal, Blaise: Œuvres complètes (2 tomes), ⟨ed.⟩ Le Guern, Michel, s.l. [Paris] 1998–2000
Pascal, Blaise: Pensées et Opuscules, ⟨ed.⟩ Brunschvicg, Léon, Paris s.a. (imprimé a. d. letzten Druckseite: 1971)
Patañjali: Yoga-Sūtra, ⟨ed./tr.⟩ Taimni, I. K.: The Science of Yoga. The Yoga-Sūtras of Patañjali in Sanskrit with Transliteration in Roman, Translation and Commentary in English, Adyar, Madras – Wheaton/IL – London 1986 (Repr. d. Ausg. [1]1961)
Patañjali: Yoga-Sūtra (skr./dt.), ⟨tr.⟩ Maldoner, Helmuth, Hamburg [1]1987
Patañjali: Patañjali's Yoga Sūtras with the Commentary of Vyāsa and the Gloss of Vāchaspati Miśra, ⟨tr.⟩ Prasād, Rāma (Text und Kommentar: skr./engl., Glosse: engl.), Sacred Books of the Hindus, Vol. 4, Pt. 1, Allahabad 1910
Patrick, Mary Mills: The Greek Sceptics, New York 1929
Penelhum, Terence: Skepticism and Fideism, in: ⟨ed.⟩ Burnyeat, Myles F.: The Skeptical Tradition, Berkeley et al. 1983, 287–318
Petrarca, Francesco: Brief an die Nachwelt. Gespräche über die Weltverachtung. Von seiner und vieler Leute Unwissenheit, ⟨tr.⟩ Hefele, Hermann, Jena 1910
Petrarca, Francesco: Das lyrische Werk. Der Canzoniere. Die Triumphe. Nugellae, ⟨tr.⟩ Geiger, Benno, Darmstadt – Berlin-Spandau – Neuwied/Rhein 1958
Petrarca, Francesco: Dichtung und Prosa, ⟨tr.⟩ Heintze, Horst, Berlin 1968
Petrarca, Francesco: Opera (4 tomi), Ridgewood/NJ 1965 (Reprint der Ausg. Basileæ 1554)
Petrarca, Francesco: Opera omnia, ⟨ed.⟩ Stoppelli, Pasquale, Roma 1997 (CD-ROM)
Petrarca, Francesco: Rerum senilium libri I-XVIII, ⟨trr.⟩ Bernardo, Aldo S. & Levin, Saul & Bernardo, Reta A.: Francis Petrarch: Letters of Old Age (2 Vols.), Baltimore – London 1992
Petrarca, Francesco: Sämmtliche Canzonen, Sonette, Ballaten und Triumphe, ⟨tr.⟩ Förster, Karl, Leipzig [2]1833
Philon ⟨Ioudaios⟩ von Alexandrien, ⟨edd.⟩ Cohn, Leopold & Wendland, Paul: Philonis Alexandrini opera quae supersunt (6 Bde. + 1 Doppel-Indexband), Berlin 1962–1973 (Nachdr. von [1]1896–1930)
Philon ⟨Ioudaios⟩ von Alexandrien, ⟨edd.⟩ Cohn, Leopold & Heinemann, Isaak & Adler, Maximilian & Theiler, Willy: Philo von Alexandria. Die Werke in deutscher Übertragung (7 Bde.), Berlin [2]1962–1964
Philon ⟨Ioudaios⟩ von Alexandrien: ⟨edd./trr.⟩ Colson, F. H. & Whitaker, G. H.: Philo in ten Volumes and two Supplementary Volumes (gr./engl.), Cambridge/MA – London 1960–1971 (Repr.)
Philostratos, Flavius: Vita Apollonii (gr./dt.), ⟨ed./tr./adnot.⟩ Mumprecht, Vroni: Das Leben des Apollonios von Tyana, München – Zürich 1983
Philostratos, Flavius: Vitae sophistarum (gr./engl.), ⟨ed./tr.⟩ Wright, Wilmer Cave: Phi-

lostratus and Eunapius: The Lives of the Sophists, Cambridge/MA – London 1968 (Reprint d. Ausg. [1]1921)
Photios: Bibliotheca (gr./frz.), ⟨ed./tr.⟩ Henry, René: Photius, Bibliothèque, Tome 3, Paris 1962
Picavet, François: Essais sur l'histoire générale et comparée des théologies et des philosophies médiévales, Paris 1913
Picavet, François: Explication d'une inscription importante pour l'histoire du Pyrrhonisme, in: Revue de philologie, de littérature et d'histoire anciennes, N. S. 12 (1888), Paris (Reprint: Amsterdam 1973), 185–186
Picavet, François: Hypostases Plotiniennes et trinité chrétienne, in: Annuaire de l'École pratique des Hautes-Études, Section des Sciences Religieuses, Jg. 1917, Paris, 1–52
Pico, Gian Francesco: Examen uanitatis doctrinae Gentium, in: Pico della Mirandola, Giovanni & Pico Gian Francesco, Opera Omnia (1557–1573), tomus 2, Hildesheim 1969 (Nachdruck d. Ausg. Basel 1557), 710–1264
Platon: Werke (9 Bde., gr./dt.), ⟨ed.⟩ Eigler, Gunther, Darmstadt [3]1990 (Sonderausgabe von [3]1990 der Ausg. Darmstadt 1973)
Plotinos: ⟨ed./tr.⟩ Harder, Richard: Plotins Schriften [Enneaden], (gr./dt.), 6 Haupt-/6 Ergänzungsbände, Hamburg 1956–1971
Plotinos: ⟨edd.⟩ Henry, Paul & Schwyzer, Hans-Rudolf: Plotini opera (3 Vols.), Oxonii (Oxford) 1964–1982
Ploutarchos: Moralia 1–1147, Fragments, Index (gr./engl.), verschiedene Edd. & Trr.: Plutarch's Moralia in Seventeen Volumes, Cambridge/MA – London 1962–1976 (z. Tl. Reprints)
Ploutarchos: Vitae parallelae (gr./engl.), ⟨tr.⟩ Perrin, Bernadotte: Plutarch's Lives in 11 Volumes, Cambridge/MA – London 1961–1970
Pohlenz, Max: Die Stoa. Geschichte einer geistigen Bewegung (2 Bde.), Göttingen [4]1970 (Bd. 1) & [2]1955 (Bd. 2)
Pohlenz, Max: Kleine Schriften, Bd. 1, ⟨ed.⟩ Dörrie, Heinrich, Hildesheim 1965
Polybios: Historiae, ⟨ed./tr.⟩ Paton, W. R.: The Histories of Polybius in 6 Volumes, Cambridge/MA – London 1968–1975 (Reprints der Ausg. [1]1922–1927)
Popkin, Richard H.: Hume and Kierkegaard, in: Journal of Religion 31 (1951), Chicago, 274–281
Popkin, Richard H.: Kierkegaard and Scepticism, in: Algemeen Nederlands tijdschrift voor wijsbegeerde en Psychologie 51 (1959), Assen, 123–141
Popkin, Richard H.: Leibniz and the French Sceptics, in: Revue internationale de philosophie 76–77 (1966), Bruxelles, 228–248
Popkin, Richard H.: Pierre Bayle's Place in 17th Century Scepticism, in: ⟨ed.⟩ Dibon, Paul: Pierre Bayle. Le philosophe de Rotterdam, Paris 1959, 1–19
Popkin, Richard H.: Skepticism and the Counter-Reformation in France, in: Archiv für Reformationsgeschichte 51 (1960), Gütersloh, 58–87
Popkin, Richard H.: Scepticism in the Enlightenment, in: Studies on Voltaire and the 18th Century 26 (1963), Genève, 1321–1345
Popkin, Richard H.: The High Road to Pyrrhonism, ⟨edd.⟩ Watson, Richard A. & Force, James E., San Diego 1980
Popkin, Richard H.: The History of Scepticism from Erasmus to Spinoza, Berkeley – Los Angeles – London 1979
Popkin, Richard H.: The 'Incurable Scepticism' of Henry More, Blaise Pascal and Søren

Kierkegaard, in: idem & Schmitt, Charles B.: Scepticism from the Renaissance to the Enlightenment, Wiesbaden 1987, 169–184
Popkin, Richard H.: The Sceptical Crisis and the Rise of Modern Philosophy I–III, in: Review of Metaphysics 7 (1953), New Haven, 132–151, 307–322, 499–510
Popkin, Richard H.: The Skeptical Precursors of David Hume, in: Philosophy and Phenomenological Research 16 (1955), Buffalo, 61–71
Popkin, Richard H.: The Third Force in Seventeenth-Century Thought, Leiden 1992
Popkin, Richard H.: Theological and Religious Scepticism, in: Christian Scholar 39 (1956), Somerville/NY, 150–158
Porete, Margareta: Der Spiegel der einfachen Seelen, ⟨tr.⟩ Gnädinger, Louise, Zürich – München 1987
Porete, Marguerite: Le miroir des âmes simples et anéanties et qui seulement demeurent en vouloir et désir d'amour, ⟨tr.⟩ Huot de Longchamp, Max, Paris 1984
Porete, Marguerite: Le mirouer des simples ames/Specvlvm simplicivm animarvm (altfrz./lat.), ⟨edd.⟩ Guarnieri, Romana (altfrz.) & Verdeyen, Paul (lat.), Corpvs Christianorvm. Continuatio Mediaeualis 69, Turnhout 1986
Porphyrios: Ad Marcellam (gr./dt.), ⟨ed./tr.⟩ Pötscher, Walter: ΠΡΟΣ ΜΑΡΚΕΛΛΑΝ, Leiden 1969
Porphyrios: De abstinentia (3 tomes, gr./frz.), ⟨edd./trr.⟩ Bouffartique Jean & Patillon, Michel & Segonds, Alain Ph., Paris 1977–1995
Porphyrios: Die Sentenzen des Porphyrios, ⟨tr.⟩ Larrain, Carlos J., Frankfurt/M. et al. 1987
(Pseudo-)Porphyrios: In Platonis Parmenidem (gr./frz.), ⟨ed./tr.⟩ Hadot, Pierre: Fragments du commentaire de Porphyre ‹Sur le Parménide›, in: idem, Porphyre et Victorinus, tome 2, Paris s. a. [1968], 59–113
(Pseudo-)Porphyrios: Les textes porphyriens dans l'œuvre théologique de Marius Victorinus, ⟨ed.⟩ Hadot, Pierre: Porphyre et Victorinus, tome 2, Paris s. a. [1968], 13–57
Porphyrios: Sententiae ad intelligibilia dvcentes, ⟨ed.⟩ Lamberz, Erich, Leipzig 1975
Priest, John F.: Humanism, Skepticism, and Pessimism in Israel, in: Journal of the American Academy of Religion 26 (1968), Philadelphia, 311–326
Probst, P. (I.) & Dierse, U. (II.): Seelenruhe, in: Historisches Wörterbuch der Philosophie, Bd. 9, ⟨edd.⟩ Ritter, Joachim & Gründer, Karlfried, Darmstadt 1995, 94–105
Proklos: De providentia, ⟨tr.⟩ Borger, Theo: Proklos Diadochos über die Vorsehung, das Schicksal und den freien Willen an Theodoros, den Ingenieur (Mechaniker) §§ 1–32, Köln 1971 (Diss.)
Proklos: De providentia, libertate, malo, übersetzt und erläutert nach Vorarbeiten von Theo Borger von Erler, Michael: Proklos Diadochos. Über die Vorsehung, das Schicksal und den freien Willen an Theodoros, den Ingenieur (Mechaniker), Meisenheim/Glan 1980
Proklos: Elementa Theologiae (gr./engl.), ⟨ed./tr./comm.⟩ Dodds, E. R.: Proclus. The Elements of Theology, Oxford [2]1992 ([1]1932)
Proklos: Hymni (gr./frz.), traduits et présentés par Saffrey, Henri D.: Proclus. Hymnes et prières, ⟨ed.⟩ Vogt, E., Paris 1994
Proklos: In Platonis Alcibiadem, ⟨ed./tr.⟩ Segonds, A. Ph.: Sur le premier Alcibiade de Platon (2 tomes, gr./frz.), Paris 1985–1986
Proklos: In Platonis Parmenidem, ⟨ed.⟩ Cousin, Victor: Procli philosophi platonici opera inedita, pars tertia, continens Procli commentarium in Platonis Parmenidem, Hildesheim 1961 (Repr. der Ausg. Parisiis 1864), 617–1314

Proklos: In Platonis Parmenidem, ⟨trr.⟩ Morrow, Glenn R. & Dillon John M.: Proclus' Commentary on Plato's *Parmenides*, Princeton/NJ 1987
Proklos: In Platonis Theologiam libri VI (gr./frz.), ⟨edd./trr.⟩ Saffrey, Henri D. & Westerink, Leendert G.: Proclus. Théologie platonicienne (livres I-V, 5 tomes), Paris 1968–1987
Proklos: In Platonis Theologiam libri VI, ⟨tr.⟩ Taylor, Thomas: Proclus. The Theology of Plato, Frome/Somerset ²1995 (¹1816)
Proklos: Kommentar zu Platons Parmenides 141E–142A (lat./dt.), ⟨tr.⟩ Bartholomai, Rainer, Sankt Augustin 1990
Proklos: Parmenides usque ad finem primae hypothesis nec non Procli commentarium in Parmenidem, pars ultima adhuc inedita, interprete Guillelmo de Moerbeka (lat./engl.), ⟨edd./trr.⟩ Klibansky, Raymundus & Labowsky, Carlotta, London 1953
Proklos: Tria opuscula (De providentia, libertate, malo) (lat./gr.), ⟨ed.⟩ Boese, Helmut, Berlin 1960
Proklos: Tria opuscula, ⟨ed./tr.⟩ Isaac, Daniel: Proclus: Trois études sur la providence (3 tomes), Paris 1977–1982
Przyluski, Jean: Les trois hypostases dans l'Inde et à Alexandrie, in: Annuaire de l'Institut de Philologie et d'Histoire Orientales et Slaves 4 (1936), Mélanges Franz Cumont I + II, Bruxelles 1936, 925–933
Puligandla, Ramakrishna: An Encounter with Awareness, Wheaton/IL et al. 1981
Puligandla, Ramakrishna: Fundamentals of Indian Philosophy, Lanham – New York – London 1985 (¹1975)
Puligandla, Ramakrishna: Jñāna-Yoga – The Way of Knowledge, Lanham – New York – London 1985
Puligandla, Ramakrishna: Phenomenological Reduction and Yogic Meditation, in: Philosophy East and West 20 (1970), Honolulu, 19–33
Puligandla, Ramakrishna: Pratītya-Samutpāda of Mādhyamika and the Impossibility of Transcendental Deductions, in: Mahā Bodhi 80 (1972), Colombo, 390–395
Puligandla, Ramakrishna: Reality and Mysticism. Perspectives in the Upaniṣads, New Delhi 1997
Quint, Josef: Neue Funde zur Handschriftlichen Überlieferung Meister Eckharts, in: Beiträge zur Geschichte der deutschen Sprache (West) 82 (1960), Tübingen, 352–384
Rabelais, François: Gargantua und Pantagruel (2 Bde.), ⟨trr.⟩ Widmer, Walter & Horst, Karl August, München 1968
Rabelais, François: Œuvres complètes, ⟨ed.⟩ Huchon, Mireille, Paris 1994
Rad, Gerhard von: Theologie des Alten Testaments, Bd. 1, München ⁶1969
Radhakrishnan, Sarvepalli: Eastern Religions and Western Thought, Delhi et al. ²1982 (4th impr.; ¹1939)
Radhakrishnan, Sarvepalli: Indian Philosophy (2 Vols.), London – New York ²1971 (9th impr.)
Radhakrishnan, Sarvepalli ⟨ed./tr.⟩: The Principal Upaniṣads (skr./engl.), with introduction and notes, Atlantic Highlands/NJ 1993 (2nd. pbk. printing of 1st. publ. London 1953)
Rahner, Karl: Die geistliche Lehre des Evagrius Pontikus, in: Zeitschrift für Aszese und Mystik 8 (1933), Innsbruck – Wien – München, 21–38
Rai, Ram Kumar: Encyclopedia of Yoga, Varanasi 1975
Raju, P.[oolla] T.[irupati]: Idealistic Thought of India, New York – London 1973 (repr. from the 1953 ed., with a new Preface)

Raju, P.[oolla] T.[irupati]: Scepticism and its Place in Śaṅkara's Philosophy, in: Philosophical Quarterly 13 (1937), Madras et al., 46–57
Raphael, Max: Die pyrrhoneische Skepsis, in: Philosophische Hefte 3 (1931), Berlin, 47–70
Raphals, Lisa: Skeptical Strategies in the *Zhuangzi* and *Theaetetus*, in: Philosophy East and West 44 (1994), Honolulu, 501–526
Reboul, Jean: Husserl et le Vedanta, in: Revue de métaphysique et de morale 64 (1959), Paris, 320–336
Ṛg Veda: ⟨ed.⟩ Aufrecht, Theodor: Die Hymnen des Ṛgveda (2 Bde.), Darmstadt [3]1955 (Nachdruck von [2]1877)
Rhys Davids, T. W. & Stede, William: The Pali Text Society's Pali-English Dictionary, Oxford 1992 (Repr. d. Ausg. 1921–1925)
Richter, Raoul: Der Skeptizismus in der Philosophie (und seine Überwindung) (2 Bde.), Leipzig 1904–1908
Rist, J. M.: Stoic Philosophy, Cambridge 1969
Rodier, David F. T.: Meditative States in the Abhidharma and in Pseudo-Dionys, in: ⟨ed.⟩ Harris, R. Baine: Neoplatonism and Indian Thought, Delhi 1992 (reprint from [1]1982), 121–136
Röttges, Heinz: Dialektik und Skeptizismus, Frankfurt/M. 1987
Rochefort, Robert: Kafka oder die unzerstörbare Hoffnung, Wien – München 1955 (franz. Originalausg.: Paris [1]1947)
Rondeau, Marie-Josèphe: Le commentaire sur les Psaumes d'Evagre le Pontique, in: Orientalia christiana periodica 26 (1960), Roma, 207–348
Rousseau, Jean-Jacques: Emile oder über die Erziehung, ⟨ed.⟩ Rang, Martin, ⟨tr.⟩ Sckommodau, Eleonore, Stuttgart 1965
Rousseau, Jean-Jacques: Œuvres complètes de Jean-Jacques Rousseau (5 tomes), ⟨edd.⟩ Gagnebin, Bernard & Raymond, Marcel, s. l. [Paris] 1959–1995
Rousseau, Jean-Jacques: Schriften (2 Bde.), ⟨tr.⟩ Ritter, Henning, München 1978
Rüther, Theodor: Die sittliche Forderung der Apatheia in den beiden ersten christlichen Jahrhunderten und bei Klemens von Alexandrien, Freiburg 1949
Ruh, Kurt: Geschichte der abendländischen Mystik (4 Bde.), München 1990–1999
Ruh, Kurt: Kleine Schriften, Bd. 2, Berlin – New York 1984
Ruh, Kurt: Meister Eckhart: Theologe, Prediger, Mystiker, München [2]1989
Ruusbroec, Jan van: Opera omnia, Bd. 10 (mnl./engl./lat.), ⟨edd.⟩ Baere, G. de & Mertens, Th. & Noë, H., ⟨trr.⟩ Lefevere, A. & Surius, L., Corpus Christianorum Continuatio Mediaeualis CX, Turnhout 1991
Sadānanda: Vedāntasāra, ⟨ed./tr.⟩ Nikhilananda, Swami: Vedanta-Sara (The Essence of Vedanta) of Sadananda Yogindra (skr./engl.), Calcutta 1990 (9th impr.)
Sales, François de ↗ François de Sales
Salisbury, John of ↗ Joannes Saresberiensis
Saṃdhinirmocana-Sūtra: ⟨ed./tr.⟩ Lamotte, Étienne: L'explication des mystères (tib./frz.), Louvain – Paris 1935
Saṃdhinirmocana-Sūtra: ⟨tr.⟩ Powers, John: The Wisdom of Buddha: The Saṃdhinirmocana-Sūtra, Berkeley 1995
Saṃyutta-Nikāya (6 Vols.): ⟨ed.⟩ Feer, Léon (Vol. 6: Indexes by Rhys Davids, C. A. F.), London 1884–1904
Saṃyutta-Nikāya: ⟨trr.⟩ Geiger, Wilhelm & Nyānaponika Mahāthera & Hecker, Hellmuth: Die Reden des Buddha. Gruppierte Sammlung, Stammbach 1997

(Pseudo-)Śaṅkara: Moha-Mudgara (skr./dt.), in: ⟨ed./tr.⟩ Brockhaus, Hermann: Ueber den Druck Sanskritischer Werke mit Lateinischen Buchstaben. Ein Vorschlag, Leipzig 1841, 87–92

(Pseudo-)Śaṅkara: Sarva-Vedānta-Siddhānta-Sārasaṅgraha (skr./engl.), ⟨ed./tr.⟩ Tattwananda, Swami: The Quintessence of Vedānta, Kalady, Ernakulam/India [3]1979 ([1]1960)

Śaṅkara: Śrīśāṃkaragraṃthāvaliḥ (Complete Works of Sri Sankaracharya, 10 Vols.), ⟨Samata edition⟩, Madras [rev.]1981–1983 ([1]1910)

Śaṅkara: Stotra's (skr./engl.), ⟨ed./tr.⟩ Mahadevan, T. M. P.: The Hymns of Śaṅkara, Delhi et al. [2]1986

Śaṅkara: ⟨tr.⟩ Leggett, Trevor: The Complete Commentary by Śaṅkara on the Yoga Sūtra-s. A Full Translation of the Newly Discovered Text, London – New York 1990

Śaṅkara: Upadeśasāhasrī (skr./engl.), ⟨ed./tr.⟩ Alston, A. J.: The Thousand Teachings of Śaṅkara, London [1]1990

Śaṅkara: Vivekacūḍāmaṇi (skr./engl.), ⟨ed./tr.⟩ Madhavananda, Swami, Calcutta 1982 (11th reprint)

Śaṅkara: Works of Shankaracharya, Vol. 2: The Upanishadbhashya (2 Pts.), ⟨ed.⟩ Bhagavat, Hari Raghunath, Poona 1927–1928

Śāntideva: Bodhicaryāvatāra (skr./engl.), ⟨ed./tr.⟩ Sharma, Parmananda (2 Vols. mit durchlaufender Paginierung), New Delhi [1]1990

Saresberiensis, Joannes ↗ Joannes Saresberiensis

Śatapatha-Brāhmaṇa: ⟨ed.⟩ Weber, Albrecht, Varanasi/India [2]1964

Scharfstein, Ben-Ami: 'Cogito Ergo Sum': Descartes, Augustine, and Śankara, in ⟨edd.⟩ idem et al.: Philosophy East/Philosophy West. A Critical Comparison of Indian, Chinese, Islamic, and European Philosophy, Oxford 1978, 199–217, 319–322

Schayer, Stanisław: Ausgewählte Kapitel aus der Prasannapadā, W Krakowie 1931

Schayer, Stanisław: Das mahāyānistische Absolutum nach der Lehre der Mādhyamikas, in: Orientalistische Literaturzeitung 38 (1935), Leipzig, 401–415

Schayer, Stanisław: Die mahāyānistische Kritik des hīnayānistischen Pluralismus (im Anschluß an das Problem des svabhāva), in: Zeitschrift der Deutschen Morgenländischen Gesellschaft, Neue Folge 9 (1930) (Bd. 84), Wiesbaden, 105–106

Schayer, Stanisław: Vorarbeiten zur Geschichte der mahāyānistischen Erlösungslehren, München-Neubiberg 1921

Scheffler, Johannes ↗ Silesius, Angelus

Scheler, Max: Gesammelte Werke (14 Bde.), ⟨edd.⟩ Scheler, Maria & Frings, Manfred S., Bern – München 1954–1993 (verschiedene Auflagen)

Schelling, Friedrich Wilhelm Joseph von: Die Weltalter. Fragmente, ⟨ed.⟩ Schröter, Manfred, München 1946

Schelling, Friedrich Wilhelm Joseph von: Grundlegung der positiven Philosophie, ⟨ed.⟩ Fuhrmans, Horst, Torino 1972

Schelling, Friedrich Wilhelm Joseph von: Philosophie der Offenbarung 1841/42, ⟨ed.⟩ Frank, Manfred, Frankfurt/M. [2.erw.]1993 ([1]1977)

Schelling, Friedrich Wilhelm Joseph von: Schellings Werke (12 Bde.), ⟨ed.⟩ Schröter, Manfred, München 1958 (unveränderter Nachdruck des 1927 erschienenen Münchener Jubiläumsdruckes)

Schelling, Friedrich Wilhelm Joseph von: System der Weltalter, ⟨ed.⟩ Peetz, Siegbert, Frankfurt/M. 1990

Schelling, Friedrich Wilhelm Joseph von: Urfassung der Philosophie der Offenbarung

(2 Teilbände mit durchlaufender Paginierung), ⟨ed.⟩ Ehrhardt, Walter E., Hamburg 1992

Scherbel, Martina: Die transzendentale Reduktion als die Leistung eines unbeteiligten Zuschauers, in: Perspektiven der Philosophie. Neues Jahrbuch 19 (1993), Amsterdam – Atlanta, 135–153

Schimmel, Annemarie: Al-Halladsch – »O Leute, rettet mich vor Gott«. Texte islamischer Mystik, Freiburg – Basel – Wien 1995

Schmidt-Leukel, Perry: Mystische Erfahrung und logische Kritik bei Nâgârjuna. Zum Verhältnis von meditativer, begrifflicher und existentieller Welttranzendenz im Buddhismus, in: ⟨edd.⟩ Kreiner, Armin & Schmidt-Leukel, Perry: Religiöse Erfahrung und theologische Reflexion. Festschrift für Heinrich Döring, Paderborn 1993, 371–393

Schmithausen, Lambert: Ich und Erlösung im Buddhismus, in: Zeitschrift für Missionswissenschaft und Religionswissenschaft 53 (1969), Münster, 157–170

Schmithausen, Lambert: Zur Struktur der erlösenden Erfahrung im indischen Buddhismus, in: ⟨ed.⟩ Oberhammer, Gerhard: Transzendenzerfahrung, Vollzugshorizont des Heils, Wien 1978, 97–119

Schmitt, Charles B.: Cicero Scepticus, The Hague 1972

Schmitt, Charles B.: Gianfrancesco Pico Della Mirandola (1469–1533) and His Critique of Aristotle, The Hague 1967

Schmitt, Charles B.: The Rediscovery of Ancient Skepticism in Modern Times, in: ⟨ed.⟩ Burnyeat, Myles F.: The Skeptical Tradition, Berkeley et al. 1983, 225–251

Schopenhauer, Arthur: Gesammelte Briefe, ⟨ed.⟩ Hübscher, Arthur, Bonn 1978

Schopenhauer, Arthur: Philosophische Vorlesungen (4 Bde.), ⟨ed.⟩ Spierling, Volker, München – Zürich ²1987–1990 (¹1984–1986)

Schopenhauer, Arthur: Sämtliche Werke (5 Bde.), ⟨ed.⟩ Löhneysen, Wolfgang Frhr. von, Frankfurt/M. ¹1986 (Lizenzausg. d. Ausg. 1960)

Schreiber, Michael: »Ihr sollt euch kein Bild – …« Untersuchungen zur Denkform der negativen Theologie im Werk Franz Kafkas, Frankfurt/M.–Bern – New York 1985

Schroeter, Johannes: Plutarchs Stellung zur Skepsis, Greifswald 1911, reprinted in: ⟨ed.⟩ Tarán, Leonardo: Greek & Roman Philosophy, Vol. 30: Plutarch: Three Studies, New York – London 1987

Schuhmann, Karl: Husserl and Indian Thought, in: ⟨edd.⟩ Chattopadhyaya, D. P. & Embree, Lester & Mohanty, Jitendranath: Phenomenology and Indian Philosophy, New Delhi ¹1992, 20–43

Seneca, L. Annaeus: Ad Lucilium Epistulae morales (3 Vols.; lat./engl.), ⟨tr.⟩ Gummere, Richard M., Cambridge/MA – London 1962–1970 (Reprints)

Seneca, L. Annaeus: De clementia, ⟨ed./tr.⟩ Büchner, Karl: De clementia. Über die Güte (lat./dt.), Stuttgart 1970

Seng-Ts'an (Sōsan): Hsin-hsin-ming, ⟨tr.⟩ Deshimaru-Roshi, Taisen: Shinjinmei. Gedichtsammlung über den Glauben an den Geist von Meister Sosan (?–606), Berlin 1978 (frz. Originalausgabe: Paris 1976)

Seng-Ts'an (Sōsan): Hsin-hsin-ming (chin./dt.), ⟨tr.⟩ Jarand, Ursula: Die Meisselschrift vom Glauben an den Geist. Das geistige Vermächtnis des dritten Patriarchen des Zen in China. Mit Erläuterungen von Soko Morinaga Rōshi, Bern – München – Wien ¹1991

Seuse, Heinrich: Deutsche Schriften, ⟨ed.⟩ Bihlmeyer, Karl, Stuttgart 1907

Sextos Empeirikos: Adversus Mathematicos (3 Vols.; gr./engl.), ⟨ed./tr.⟩ Bury, R. G.:

Sextus Empiricus in four Volumes, Vols. 2–4 , Cambridge/MA – London; Vol. 2: [1]1983; Vol. 3: [1]1968; Vol. 4.: [1]1971 (Reprints)
Sextos Empeirikos: Pyrrhōneiōn Ypotypōseōn (gr./engl.), ⟨tr.⟩ Bury, R. G.: Sextus Empiricus in four Volumes, Vol. 1, Cambridge/MA – London [1]1976 (Repr. d. Ausg. 1933)
Sextos Empeirikos: Sexti Empirici viri longe doctissimi Adversus Mathematicos, Gentiano Herveto Avrelio interprete. Eivsdem Sexti Pyrrhoniarvm Hypotypωseωn libri tres. Item, Clavdii Galeni Pergameni contra Academicos & Pyrrhonios, D. Erasmo Roterdamo interprete. Ex officina Christophori Plantini, Antverpiae 1569
Sextos Empeirikos: Sexti Philosophi Pyrrhoniarum Hypotypωseωn libri III, Quibus in tres philosophiae partes severissime inquiritur. Interprete Henrico Stephano, [Parisiis] 1562
Sharma, Chandradhar: A Critical Survey of Indian Philosophy, Delhi et al. 1991 (reprint from [1]1960)
Sharma, Chandradhar: The Advaita Tradition in Indian Philosophy, Delhi 1996
Sherwood, Polycarp: The Earlier Ambigua of Saint Maximus the Confessor and His Refutation of Origenism, Roma 1955
Silesius, Angelus (Scheffler, Johannes): Cherubinischer Wandersmann (Kritische Ausgabe), ⟨ed.⟩ Gnädinger, Louise, Stuttgart 1984
Sinari, Ramakant: The Method of Phenomenological Reduction and Yoga, in: Philosophy East and West 15 (1965), Honolulu, 217–228
Sinari, Ramakant: The Structure of Indian Thought, Springfield/IL 1970
Sinha, Debabrata: Metaphysic of Experience in Advaita Vedānta. A Phenomenological Approach, Delhi 1995 ([1]1983)
Sinha, Debabrata: The Idealist Standpoint. A Study in the Vedantic Metaphysic of Experience, Santiniketan 1965
Sinha, Debabrata: Theory and Practice in Indian Thought: Husserl's Observations, in: Philosophy East and West 21 (1971), Honolulu, 255–264
Sinha, Debabrata: Understanding in Human Context. Themes and Variations in Indian Philosophy, New York et al. 1996
Sleeman, John H. & Pollet, Gilbert: Lexicon Plotinianum, Leiden – Leuven 1980
Smith, Martin F.: Three Textual Notes on Lucretius, in: Classical Review, New Ser. 16 (1966) = 80 (1966), Oxford, 264–266
Sōgen, Yamakami: Systems of Buddhistic Thought, Calcutta 1912
Solomon, Esther A.: Indian Dialectics. Methods of Philosophical Discussion (2 Vols.), Ahmedabad 1976–1978
Sozomenos, Hermeias: Historia ecclesiastica, in: ⟨ed.⟩ Migne, J.-P.: Patrologia Graeca, tomus 67, Paris 1859, 843–1630
Spann, Othmar: Gesamtausgabe, Bd. 18: Meister Eckeharts Mystische Philosophie, ⟨edd.⟩ Brandstätter, Veronika & Sulek, Erwin, Graz [1]1974 (durchgesehene Aufl.)
Spinoza, Benedictus de: Ethica (lat./dt.), ⟨ed.⟩ Gebhardt, Carl, ⟨tr.⟩ Stern, Jakob, Stuttgart 1990
Spinoza, Benedictus de: Opera Werke (lat./dt.), Bd. 2: Tractatus de intellectus emendatione – Ethica, ⟨ed./tr.⟩ Blumenstock, Konrad, Darmstadt 1967
Sprung, Mervyn: Nietzsche and Nāgārjuna, in: ⟨edd.⟩ Coward, Harold & Sivaraman, Krishna: Revelation in Indian Thought. A Festschrift in Honour of Professor T. R. V. Murti, Emeryville 1977, 159–169
Sprung, Mervyn: The Origins and Issues of Scepticism: East and West, in: Journal of Chinese Philosophy 12 (1985), Honolulu, 75–84

Śrīharṣa: Khaṇḍanakhaṇḍakhādya, ⟨edd.⟩ Drâvida, Lakshmana Sâstrî (& Jha, Ganganatha) ⟨Chowkhamba edition⟩, Benares 1914 (1904–1914)
Śrīharṣa: Khaṇḍanakhaṇḍakhādya (2 Vols.), ⟨tr.⟩ Jha, Ganganatha, Delhi [2]1986 ([1]1911–1918)
Śrīmad-Bhagavad-Gītā (skr./engl.), ⟨ed./tr.⟩ Swarupananda, Swami, Calcutta [13]1982
Staeudlin, Carl Fridrich: Geschichte und Geist des Skepticismus vorzueglich in Rucksicht auf Moral und Religion (2 Bde.), Leipzig 1794
Stegmüller, Wolfgang: Metaphysik Skepsis Wissenschaft, Berlin – Heidelberg – New York [2.verb.]1969
Stelzenberger, Johannes: Die Beziehungen der frühchristlichen Sittenlehre zur Ethik der Stoa, München 1933
Stephenson, Gunther: Gottheit und Gott in der spekulativen Mystik Meister Eckharts. Eine Untersuchung zur Phänomenologie und Typologie der Mystik, Bonn 1954 (Diss.)
Sthiramati ↗ Vasubandhu: Vijñaptimātratāsiddhi
Stough, Charlotte L.: Sextus Empiricus on Non-Assertion, in: Phronesis 29 (1984), Assen, 137–164
Strabon: Geographica, Libri XV-XVI (gr./engl.), ⟨ed./tr⟩ Jones, Horace Leonard: The Geography of Strabo in Eight Volumes, Vol. 7, Cambridge/MA – London 1966 ([1]1930)
Strasser, Stephan: Das Gottesproblem in der Spätphilosophie Edmund Husserls, in: Philosophisches Jahrbuch 67 (1959), Freiburg – München, 130–142
Striker, Gisela: Sceptical Strategies, in: Schofield, M. et al: Doubt and Dogmatism, Oxford 1980, 54–83
Ströker, Elisabeth: Das Problem der ἐποχή in der Philosophie Edmund Husserls, in: Analecta Husserliana 1 (1970), Dordrecht, 170–185
Ströker, Elisabeth: Husserls Werk. Zur Ausgabe der Gesammelten Schriften. Register, Zusatzband zu: Husserl, Edmund: Gesammelte Schriften (8 Bde. + Zusatzbd.), ⟨ed.⟩ Ströker, Elisabeth, Hamburg 1992
Sturm, Hans P.: Absolute Grunddisjunktion und Hypostasen: das Vierphasen-Schema des Wissens bei J. G. Fichte und Plotin, in: Fichte-Studien (vermutlich Jg. 2001 oder 2002)
Sturm, Hans P.: Ethische Evokationen der Sophistik. Sokrates und die Aufklärung der Protagoreischen Widerspruchsunmöglichkeit, in: ⟨edd.⟩ Baruzzi, Arno & Takeichi, Akihiro: Ethos des Interkulturellen. Was ist das, woran wir uns jetzt und in Zukunft halten können?, Würzburg 1998, 125–146
Sturm, Hans P.: Hypostasen, Geist und Absolutes: die Struktur der Erkenntnis als Fünffachheit bei Plotin und Fichte, bisher unveröffentlicht
Sturm, Hans P.: Tetralogos – Ein erster Versuch. Die vier Positionen der Aussage und die vier Glieder des Geistes in der Māṇḍūkya-Upaniṣad und der ars coniecturalis des Nicolaus Cusanus, in: ⟨edd.⟩ Schneider, Notker & Mall, Ram Adhar & Lohmar, Dieter: Einheit und Vielfalt. Das Verstehen der Kulturen, Studien zur Interkulturellen Philosophie, Bd. 9, Amsterdam – Atlanta 1998, 85–98
Sturm, Hans P.: Weder Sein noch Nichtsein. Der Urteilsvierkant (catuṣkoṭi) und seine Korollarien im östlichen und westlichen Denken, Würzburg 1996
Sureśvara: Naiṣkarmyasiddhi (skr./engl.), ⟨ed./tr.⟩ Balasubramanian, R.: The Naiṣkarmyasiddhi of Sureśvara, Madras 1988
Sureśvara: Naiṣkarmyasiddhi (skr./engl.), ⟨ed./tr.⟩ Alston, A. J.: The Realization of the Absolute, London [2]1971 ([1]1959)

Tafel, D. J. F. I.: Geschichte und Kritik des Skepticismus und Irrationalismus in ihrer Beziehung zur neueren Philosophie, mit besonderer Rücksicht auf Hegel, Tübingen 1834

Tardieu, Michel: ΨΥΧΑΙΟΣ ΣΠΙΝΘΗΡ. Histoire d'une métaphore dans la tradition platonicienne jusqu'à Eckhart, in: Revue des études Augustiniennes 21 (1975), Paris, 225–255

Tauler, Johannes: Die Predigten Taulers, ⟨ed.⟩ Vetter, Ferdinand, Berlin 1910

Tauler, Johannes: Predigten (2 Bde.), ⟨ed./tr.⟩ Hofmann, Georg, Einsiedeln-Trier [3]1987

Tertullianus, Quintus Septimus Florens: De anima, ⟨ed.⟩ Waszink, Jan H., Amsterdam 1947

Tertullianus, Quintus Septimus Florens: De anima, in: ⟨tr.⟩ Waszink, Jan H.: Tertullian über die Seele, Zürich – München 1980, 47–183

Theiler, Willy: Porphyrios und Augustin, Schriften der Königsberger Gelehrten Gesellschaft, Geisteswissenschaftliche Klasse, 10. Jahr, Heft 1, Halle (Saale) 1933

Theologia Deutsch ↗ Anonymus

Thiaucourt, C.: Les Académiques de Cicéron et le Contra Academicos de Saint Augustin, Paris 1903

Thomas Aquinas: S. Thomae Aquinatis opera omnia (7 vol.), ⟨ed.⟩ Busa, Roberto, Stuttgart-Bad Cannstatt 1980

Thomas, Edward J.: The History of Buddhist Thought, London – New York 1933

Tola, Fernando & Dragonetti, Carmen: On Voidness. A Study on Buddhist Nihilism, Delhi 1995

Tonelli, Giorgio: Kant und die antiken Skeptiker, in: ⟨edd.⟩ Heimsoeth, Heinz et al.: Studien zu Kants philosophischer Entwicklung, Hildesheim 1967, 93–123

Tonelli, Giorgio: Pierre-Jacques Changeux and Scepticism in the French Enlightenment, in: Studia Leibnitiana 6 (1974), Wiesbaden, 106–126

Tonelli, Giorgio: The »Weakness« of Reason in the Age of Enlightenment, in: Diderot Studies 14 (1971), Genève, 217–244

Tugwell, Simon: Ways of Imperfection. An Exploration of Christian Spirituality, London 1984

Udāna: ⟨ed.⟩ Steinthal, Paul, London 1948 (Repr. d. Ausg. [1]1885)

Udāna: ⟨tr.⟩ Woodward, F. L.: The Minor Anthologies of the Pali Canon Part 2. Udāna: Verses of Uplift and Itivuttaka: As it was said, London 1948 ([1]1935)

Uddhava-Gītā: ⟨ed./tr.⟩ Madhavananda, Swami: Uddhava Gita or the Last Message of Shri Krishna (skr./engl.), Calcutta 1978 (4th impr.)

Underhill, Evelyn: Jacopone da Todi: Poet and Mystic — 1228–1306. A Spiritual Biography with a Selection from the Spiritual Songs, the Italian Text Translated into English Verse by Mrs. Theodore Beck, London – Toronto – New York 1919

Upadhyaya, Kashi Nath: Early Buddhism and the Bhagavadgītā, Delhi et al. 1971

Upaniṣads: Verschiedene Ausgaben/Übersetzungen ↗ Deussen, Paul; ↗ Gambhīrānanda, Swāmī; ↗ Radhakrishnan, Sarvepalli

Urwick, E. J.: The Platonic Quest, London – Santa Barbara – New York 1983 ([1]1920)

Vallée Poussin, Louis de la ⟨ed.⟩: Mūlamadhyamakakārikās de Nāgārjuna avec la Prasannapadā Commentaire de Candrakīrti, Osnabrück 1970 (Neudruck d. Ausg. 1903–1913)

Vallin, Georges: La perspective métaphysique, Paris [1]1959

Vallin, Georges: Lumière du Non-dualisme, Nancy 1987

Vansteenberghe, E.: Autour de la docte ignorance. Une controverse sur la théologie

mystique au XVe siècle, Beiträge zur Geschichte der Philosophie des Mittelalters, Bd. 14, H. 2–4, Münster 1915
Vasubandhu: Trisvabhāva-Kārikā (skr./engl.), ⟨edd.⟩ Tola Fernando & Dragonetti, Carmen, in: Journal of Indian Philosophy 11 (1983), Dordrecht, 225–266
Vasubandhu: Vijñaptimātratāsiddhi (skr./engl.) [Viṃśatikā-Kārikā & Vṛtti; Triṃśikā & Bhāṣya] (With Sthiramati's Commentary), ⟨ed./tr.⟩ Chatterjee, K. N., Bhadaini – Varanasi 1980
Veljacic, Cedomil ↗Nanajivako, Bhikkhu
Vetter, Tilmann E.: Erfahrung des Unerfahrbaren bei Śaṅkara, in: ⟨ed.⟩ Oberhammer, Gerhard: Transzendenzerfahrung, Vollzugshorizont des Heils, Wien 1978, 45–59
Vetter, Tilmann E.: Gedanken zu einer Geschichte der indischen Mystik, in: Zeitschrift für Missionswissenschaft und Religionswissenschaft 78 (1994), St. Ottilien, 175–190
Vetter, Tilmann E.: Some Remarks on Older Parts of the Suttanipāta, in: ⟨edd.⟩ Ruegg, David Seyfort & Schmithausen, Lambert: Earliest Buddhism and Madhyamaka, Leiden et al. 1990, 36–56
Vetter, Tilmann E.: The Ideas and Meditative Practices of Early Buddhism, Leiden et al. 1988
Viller, Marcel: Aux sources de la spiritualité de S. Maxime. Les œuvres d'Evagre le Pontique, in: Revue d'ascétique et de mystique 11 (1930), Toulouse, 156–184, 239–268, 331–336
Viller, Marcel & Rahner, Karl: Aszese und Mystik in der Väterzeit. Ein Abriß der frühchristlichen Spiritualität, Freiburg – Basel – Wien 1989 ([1]1939)
Vimalakīrtinirdeśa-Sūtra: ⟨tr./adnot.⟩ Lamotte, Étienne: L'enseignement de Vimalakīrti (Vimalakīrtinirdeśa), Louvain 1962
Vitsaxis, Vassilis G.: Plato and the Upanisads, New Delhi [1]1977
Völker, Ludwig: Die Terminologie der mystischen Bereitschaft in Meister Eckharts deutschen Predigten und Traktaten, Tübingen 1964 (Phil. Diss.)
Völker, Ludwig: »Gelassenheit«. Zur Entstehung des Wortes in der Sprache Meister Eckharts und seiner Überlieferung in der nacheckhartschen Mystik bis Jacob Böhme, in: ⟨edd.⟩ Hundsnurscher, Franz & Müller, Ulrich: 'Getempert und gemischet' für Wolfgang Mohr zum 65. Geburtstag von seinen Tübinger Schülern, Göppingen 1972, 281–312
Voltaire: Œuvres complètes. Nouvelle édition (52 tomes), ⟨ed.⟩ Moland, Louis, Nendeln 1967 (Nachdr. der Ausg. Paris 1877–1885)
Wackernagel, Philipp: Das deutsche Kirchenlied von der ältesten Zeit bis zu Anfang des XVII. Jahrhunderts, Bd. 2, Leipzig 1867
Wagner, Jürgen: Meditationen über Gelassenheit. Der Zugang des Menschen zu seinem Wesen im Anschluß an Martin Heidegger und Meister Eckhart, Hamburg 1995
Wahle, Richard: Geschichtlicher Überblick über die Entwicklung der Philosophie bis zu ihrer letzten Phase, Wien – Leipzig 1895
Walde, Alois: Vergleichendes Wörterbuch der indogermanischen Sprachen (3 Bde.), ⟨ed.⟩ Pokorny, Julius, Berlin – Leipzig [2]1973 ([1]1927–1932)
Walleser, Max: Die Streitlosigkeit des Subhūti. Ein Beitrag zur buddhistischen Legendenentwicklung, in: Sitzungsberichte der Heidelberger Akademie der Wissenschaften. Philosophisch-historische Klasse, Jg. 1917, 13. Abhandlung, Heidelberg, 1–51
Wallis, Richard T.: ΝΟΥΣ as Experience, in: ⟨ed.⟩ Harris, R. Baine: The Significance of Neoplatonism, Norfolk/VA 1976, 121–153

Wayman, Alex: The Buddhist »Not this, Not this«, in: Philosophy East and West 11 (1961), Honolulu, 99–114
Weischedel, Wilhelm: Die Frage nach Gott im skeptischen Denken, ⟨ed.⟩ Müller-Lauter, Wolfgang, Berlin – New York 1976
Weischedel, Wilhelm: Skeptische Ethik, Frankfurt/M. 1980
Welte, Bernhard: Das Licht des Nichts, Düsseldorf [1]1980
Welte, Bernhard: Meister Eckhart. Gedanken zu seinen Gedanken, Freiburg – Basel – Wien 1992 (durchges. Neuausg.)
Whicher, Ian: Nirodha, Yoga Praxis and the Transformation of the Mind, in: Journal of Indian Philosophy 25 (1997), Dordrecht, 1–67
Whitehead, Alfred North: Process and Reality. An Essay in Cosmology, ⟨edd.⟩ Griffin, David Ray & Sherburne, Donald W., New York – London 1978 (corrected edition) ([1]1929)
Whittaker, John: Studies in Platonism and Patristic Thought, London 1984
Widmann, Joachim: »… denn wohlverstanden hat er recht«. Gedanken zu Fichtes Jenaer Bemerkungen über Leibniz, in: ⟨edd.⟩ Hammacher, Klaus & Mues, Albert: Erneuerung der Transzendentalphilosophie im Anschluß an Kant und Fichte. Reinhard Lauth zum 60. Geburtstag, Stuttgart-Bad Cannstatt 1979, 456–478
Widmann, Joachim: Johann Gottlieb Fichte. Einführung in seine Philosophie, Berlin – New York 1982
Wilke, Annette: Ein Sein – Ein Erkennen. Meister Eckharts Christologie und Śaṃkaras Lehre vom Ātman: Zur (Un-)Vergleichbarkeit zweier Einheitslehren, Bern et al. 1995
Williams, Bernard: Descartes's Use of Skepticism, in: ⟨ed.⟩ Burnyeat, Myles F.: The Skeptical Tradition, Berkeley et al. 1983, 337–352
Williams, Michael: Descartes and the Metaphysics of Doubt, in: Rorty, Amélie Oksenberg: Essays on Descartes' *Meditations*, Berkeley – Los Angeles – London 1986, 117–139
Winkler, Norbert: Meister Eckhart zur Einführung, Hamburg [1]1997
Wittgenstein, Ludwig: Werkausgabe in 8 Bänden, Frankfurt/M. [1]1984
Wölfel, Eberhard: Luther und die Skepsis. Eine Studie zur Kohelet-Exegese Luthers, München 1958
Wolfson, Harry Austryn: Philo. Foundations of Religious Philosophy in Judaism, Christianity, and Islam (2 Vols.), Cambridge/MA – London [5]1982 ([1]1947)
Wolz-Gottwald, Eckard: Die Transzendentale Phänomenologie und die philosophische Mystik. Zum Durchbruch eines neuen Denkens im Spätwerk Edmund Husserls, in: Philosophisches Jahrbuch 101 (1994), Freiburg – München, 98–115
Wolz-Gottwald, Eckard: Transformation der Phänomenologie. Zur Mystik bei Husserl und Heidegger, Wien 1999
Wundt, Wilhelm: Einleitung in die Philosophie, Leipzig [5]1909
Wundt, Wilhelm: Metaphysik, in: ⟨ed.⟩ Hinneberg, Paul: Die Kultur der Gegenwart 1.6 (Systematische Philosophie), Leipzig – Berlin [3]1924 (2. Abdruck), 98–134
Wyttenbach, Daniel: Lexicon Plutarcheum (2 tomi), Plutarchi Moralia operum tomus VIII, Index graecitatis, Hildesheim 1962 (Nachdr. d. Ausg. Oxford 1830)
Yamaguchi, Ichiro: Bewußtseinsfluß bei Husserl und in der Yogācāra-Schule, in: ⟨ed.⟩ Nitta, Yoshihiro: Japanische Beiträge zur Phänomenologie, Freiburg – München 1984, 41–68
Yamaguchi, Susumu: Index to the Prasannapadā Madhyamaka-Vṛtti, Part One: Sanskrit-Tibetan, Kyoto 1974

Yogananda Paramahansa ⟨tr./comm.⟩: God Talks With Arjuna. The Bhagavad Gita (skr./engl.). Royal Science of God-Realization (2 Vols. mit durchlaufender Paginierung), Los Angeles 1995

(Yoga-)Vāsiṣṭha-Saṅgraha (skr./engl.), ⟨ed.⟩ Bharati, Jnanananda, ⟨tr.⟩ Samvid, Sri: The Essence of Yogavaasishtha, Madras [1]1982

Yogavāsiṣṭha, ⟨ed.⟩ Pansikar, Vasudeva Laxmana Sharma: The Yogavāsiṣṭha of Vālmīki. With the Commentary Vāsiṣṭhamahārāmāyaṇatātparyaprakāśa (2 Vols.), Delhi et al. 1984 ([1]1918)

Yoga-Vāsiṣṭha-Mahārāmāyana of Valmiki (4 Vols. in 7 Parts), ⟨tr.⟩ Mitra, Viharilala, Delhi – Varanasi 1978–1994 (Repr. der Ausg. Calcutta 1891–1899)

Yogavāsiṣṭha[-Saṅgraha], ⟨ed./tr.⟩ Thomi, Peter: Yogavāsiṣṭha. Die Lehren des Weisen Vasiṣṭha. Nach der Version des Vāsiṣṭha-Saṃgraha (2 Bde., skr./dt.), Bd. 1 (Übersetzung): Interlaken 1988, Bd. 2 (Text und Konkordanz): Wichtrach/Schweiz 1988

Yukteswar, Swami Sri: The Holy Science, Los Angeles [7]1974 ([1]1949)

Zakzuk, Mahmud H. A.: Al-Ghazalis Grundlegung der Philosophie. Mit einer Erörterung seines philosophischen Grundansatzes im Vergleich mit Descartes, München 1968 (Phil. Diss.)

Zeller, Eduard: Die Philosophie der Griechen in ihrer geschichtlichen Entwicklung, Bde. 2.1 & 3.1, Leipzig [3]1875 & [5]1923

Ziebritzki, Henning: Heiliger Geist und Weltseele. Das Problem der dritten Hypostase bei Origenes, Plotin und ihren Vorläufern, Tübingen 1994

Zimmer, Heinrich: Philosophie und Religion Indiens, Frankfurt/M. 1973 (engl. Originalausg.: New York 1951)

Personenregister

(Autoren, Kompilatoren, historische Persönlichkeiten und ohne Verfassernamen überlieferte Quellenschriften)